河北师范大学历史文化学院双一流文库

河北师范大学历史文化学院主编

中国古代文明探研·上册

沈长云先生八十寿辰纪念文集

中国社会科学出版社

图书在版编目（CIP）数据

中国古代文明探研：沈长云先生八十寿辰纪念文集：全二册 / 河北师范大学历史文化学院主编. -- 北京：中国社会科学出版社，2024.8. -- ISBN 978-7-5227-3918-2

Ⅰ. K220.7-53

中国国家版本馆CIP数据核字第2024D3R457号

出 版 人	赵剑英
责任编辑	安　芳
特约编辑	刘中平
责任校对	张爱华
责任印制	李寡寡

出　　版	中国社会科学出版社
社　　址	北京鼓楼西大街甲158号
邮　　编	100720
网　　址	http://www.csspw.cn
发 行 部	010-84083685
门 市 部	010-84029450
经　　销	新华书店及其他书店
印　　刷	北京君升印刷有限公司
装　　订	廊坊市广阳区广增装订厂
版　　次	2024年8月第1版
印　　次	2024年8月第1次印刷
开　　本	710×1000　1/16
印　　张	59.5
字　　数	985千字
定　　价	298.00元（全二册）

凡购买中国社会科学出版社图书，如有质量问题请与本社营销中心联系调换
电话：010-84083683

版权所有　侵权必究

图 1　沈长云先生在中国历史研究院讲座

图 2　沈长云（左）、赵光贤（中）、晁福林（右）合影

图 3　沈长云先生家庭合影

图 4　沈长云先生在山西倗国墓地考察

图 5　沈长云先生在河北永年老城考察

图 6　沈长云先生在河北师范学院历史系 86 级毕业 20 年聚会上讲话

图7　与先秦史学会彭邦本、蔡运章合影

图8　沈长云与朱凤瀚、赵伯雄、张翠莲诸学人在中山国遗址合影

图 9　魏建震、沈长云、何艳杰、李腾在天津梁启超故居合影

图 10　沈长云先生与众弟子合影

图 11　沈长云先生与先秦史诸学人在周原博物馆合影

图 12　南京大学组织的文明探源研讨会留影

贺语老沈八十诞辰

老伴——于亚萍

我首先感谢河北师大历史文化学院为庆贺老沈八十诞辰出版他的文集，同时感谢他的同学、学生及同事们为会议论文集撰写文章以表祝寿祝福。我作为他的老伴和学友也借此机会写上几句以示祝贺。

我和老沈在北京师大是学友和文工团友。老沈的多才多艺让我们从相识、相知到相爱，最终走到了一起。

半个多世纪以来，我们在学习、工作和共同生活的日子里，让我感动最深的事是老沈对先秦史的专心致志、心无旁骛地学习和研究。我想一个人在工作中能有所成绩，需要的就是这种数十年如一日、始终如一的锲而不舍的学习精神。这一精神在当今缺少踏实却比较浮躁的社会中，更值得提倡和学习。

老沈的学者风范是我们孩子的榜样，也是我一生的骄傲！

在老沈八十诞辰之际，祝你：

福寿绵长活百岁

厚德载物硕果累

2023 年 2 月

《河北师范大学历史文化学院双一流文库》编辑委员会

主　任　贾丽英　李志军
副主任　宋　坤　陈瑞青　申艳广　贺军妙
委　员（以姓氏笔画为序）
　　　　王向鹏　牛东伟　邢　铁　汤惠生　李　君
　　　　陈灿平　张怀通　张翠莲　吴宝晓　武吉庆
　　　　郭　华　徐建平　倪世光　康金莉　董文武

总 目 录

沈老师自述 我为什么选择学习先秦史 …………………… 沈长云 / 1

上 册

文明起源研究

沈长云先生在先秦史研究领域的重要贡献 …………………… 李禹阶 / 3
历史学是否科学？……………… 易建平 王一岚 张 旭 唐智安 / 17
从"氏族之人"到"编户齐民"
　　——试论先秦时期社会成员身份的变迁 …………… 晁福林 / 41
古史辨的贡献和局限与上古史的重建 …………………… 王震中 / 53
"出日""入日"与"日月之象" ………………………… 赵世超 / 99
考古报告河南偃师"新砦"地名成因及影响 ………… 李维明 / 128
中亚安诺石印文字及其相关问题 ………………………… 蔡运章 / 133
"文明起源"史观之意味："中西马"视角的
　　考察 ………………………………………… 陈立柱 陈希红 / 144
渭河流域史前文化的文明化进程 ………………………… 霍彦儒 / 167
论龙山时代 …………………………………… 赵春青 梁亚男 / 177
由多重资料所见"封建"看中国古代国家起源中的
　　幽燕类型 ………………………………………… 谢乃和 / 210
中国古代国家起源与形成的途径
　　——重读《中国古代国家起源与形成研究》导言 …… 王玉亮 / 229
全球视域下的指定服役制度研究 ………………………… 卢中阳 / 240

 总目录

夏史研究

夏文明中的肖家屋脊文化因素
　——以瓦店二里头玉鹰笄为例 ………………… 朱乃诚 / 265
再论夏代早期国家的形成 ……………………………… 江林昌 / 278
夏代王朝体制的建立与内外服制的形成 ……………… 徐义华 / 285
顾颉刚先生的夏史研究 ………………………………… 强　晨 / 299

商史研究

商汤诸名讳考略 ………………………………………… 朱彦民 / 321
敔盉铭文的宗族史研究价值 …………………………… 陈　絜 / 336
谈谈宾组卜辞特征字与殷代正体文字的关系 …… 刘　源　王梦薇 / 343
读《甲骨文捃》（三） ………………………………… 郜丽梅 / 349

西周历史研究

由义尊与义方彝等周初铜器论及西周早期年代 ……… 朱凤瀚 / 383
说说"野人" ……………………………………………… 赵伯雄 / 396
曾侯膺编钟1号钟铭文发微 …………………………… 罗运环 / 401
广惩楚荆析疑 …………………………………………… 杜　勇 / 416
周代裼袭礼辨疑 ………………………………………… 彭　林 / 422
井田制度中的户籍管理问题 …………………………… 邢　铁 / 437
试论清华简《蟋蟀》的"作者"问题及周公的
　戒慎思想 ……………………………………………… 许兆昌 / 449
由"卿士"一词的源流说《厚父》的性质及周人的
　经典重建 ……………………………………………… 宁镇疆 / 462
今本《逸周书·武寤》"约期于牧"笺释 …………… 张怀通 / 479
论两周之际鲁国非平王继立的支持者 ………………… 白国红 / 493
再论西周时期的君统与宗统 …………………………… 耿　超 / 501
汉阳诸姬始封年代辨析 ………………………………… 赵燕姣 / 513

清华简《四告》所见周公告祭皋陶新解 ……… 杜　勇　旷开源 / 525

下　册

春秋历史研究

孔子思想核心问题再讨论
　　——读金景芳先生名作《论孔子思想的两个核心》
　　　有感 ………………………………………… 宫长为 / 541
"汤之盘铭"与东周箴规类器物铭 ……………… 鲁　鑫 / 548
论两周之际晋国政治立场的变化及影响 ………… 李玲玲 / 568
鬼方后裔"赤狄说"疑义兼论"廧咎如" ………… 常雅楠 / 582
"郱"立国及其相关史事考论 …………………… 李爱玲 / 600
清华简《芮良夫毖》所见"国人暴动"之社会
　　背景探析 …………………………………… 李金璇 / 612
春秋时期"蒐礼"功能刍议 ……………………… 管金蓉 / 624
春秋中期东阳之地三题补证 ……………………… 贾　腾 / 633
出土文献与齐国基层地域组织研究 ……………… 李秀亮 / 642
赵文化的内涵结构与渊源 ………………………… 张渭莲 / 660
《赵世家》中"霍泰山三神竹中书"与赵国史事 … 雷鹄宇 / 685
试论三孔布"南行唐"的辖境 …………………… 张润泽 / 692
《史记·十二诸侯年表》校勘札记一则 ………… 李　腾 / 704

战国历史研究

战国秦汉时期商学和兵学的互用与融通 ………… 王子今 / 718
平等与效率
　　——墨法两家政治学说之对立 …………… 张荣明 / 735
《周易》"谦"卦中的治国理政之道 …………… 郭君铭 / 745
从苏秦事迹看《战国纵横家书》的史料价值 …… 魏建震 / 754
《韩非子》"重刑"思想解读 ………… 陈春君　刘俊男 / 766

汪中、焦循与墨学"十论"
　　——兼与戴卡琳教授商榷 ················· 李若晖 / 781
《管子》中富民、爱民的民本思想 ················· 王威威 / 787
考古学视野下的先秦杂技研究 ··················· 何艳杰 / 799
先秦时期的"中华"观念 ······················· 杨　博 / 831
诗的歧义和《诗经》学中的因循与存真
　　——以《大雅·韩奕》为例 ················· 张　海 / 850

其他研究

邯郸铁牌祈雨的政治文化意蕴 ··················· 董丛林 / 872
民国时期大名水利环境整治研究 ················· 徐建平 / 882
董仲舒《山川颂》解析 ························· 曹迎春 / 891
学术史视野下批校本的价值及研究方法 ············· 樊　宁 / 905
写在导师沈长云先生八十寿辰之际（贺寿诗）········· 赵艳霞 / 920
它山之石，可以攻玉
　　——受益终身的"方法论"··················· 石延博 / 921
师门琐记
　　——贺业师沈长云先生八十华诞··············· 李　晶 / 927

后　记 ······································· 何艳杰 / 932

目录

（上　册）

文明起源研究

沈长云先生在先秦史研究领域的重要贡献 …………… 李禹阶 / 3
历史学是否科学？ ………… 易建平　王一岚　张　旭　唐智安 / 17
从"氏族之人"到"编户齐民"
　　——试论先秦时期社会成员身份的变迁 ………… 晁福林 / 41
古史辨的贡献和局限与上古史的重建 ………………… 王震中 / 53
"出日""入日"与"日月之象" …………………………… 赵世超 / 99
考古报告河南偃师"新砦"地名成因及影响 …………… 李维明 / 128
中亚安诺石印文字及其相关问题 ………………………… 蔡运章 / 133
"文明起源"史观之意味："中西马"视角的
　　考察 ………………………………………… 陈立柱　陈希红 / 144
渭河流域史前文化的文明化进程 ………………………… 霍彦儒 / 167
论龙山时代 …………………………………… 赵春青　梁亚男 / 177
由多重资料所见"封建"看中国古代国家起源中的
　　幽燕类型 ………………………………………… 谢乃和 / 210
中国古代国家起源与形成的途径
　　——重读《中国古代国家起源与形成研究》导言 …… 王玉亮 / 229
全球视域下的指定服役制度研究 ………………………… 卢中阳 / 240

夏史研究

夏文明中的肖家屋脊文化因素
　　——以瓦店二里头玉鹰笄为例……………………… 朱乃诚 / 265
再论夏代早期国家的形成……………………………… 江林昌 / 278
夏代王朝体制的建立与内外服制的形成 ……………… 徐义华 / 285
顾颉刚先生的夏史研究 ………………………………… 强　晨 / 299

商史研究

商汤诸名讳考略………………………………………… 朱彦民 / 321
敢盉铭文的宗族史研究价值…………………………… 陈　絜 / 336
谈谈宾组卜辞特征字与殷代正体文字的关系…… 刘　源　王梦薇 / 343
读《甲骨文捃》（三）…………………………………… 郜丽梅 / 349

西周历史研究

由义尊与义方彝等周初铜器论及西周早期年代 ……… 朱凤瀚 / 383
说说"野人"…………………………………………… 赵伯雄 / 396
曾侯與编钟1号钟铭文发微 …………………………… 罗运环 / 401
广惩楚荆析疑…………………………………………… 杜　勇 / 416
周代裼袭礼辨疑………………………………………… 彭　林 / 422
井田制度中的户籍管理问题…………………………… 邢　铁 / 437
试论清华简《蟋蟀》的"作者"问题及周公的
　　戒慎思想…………………………………………… 许兆昌 / 449
由"卿士"一词的源流说《厚父》的性质及周人的
　　经典重建…………………………………………… 宁镇疆 / 462
今本《逸周书·武寤》"约期于牧"笺释……………… 张怀通 / 479
论两周之际鲁国非平王继立的支持者 ………………… 白国红 / 493
再论西周时期的君统与宗统…………………………… 耿　超 / 501
汉阳诸姬始封年代辨析………………………………… 赵燕姣 / 513
清华简《四告》所见周公告祭皋陶新解 ……… 杜　勇　旷开源 / 525

沈老师自述　我为什么选择学习先秦史

沈长云

"你为什么要学习先秦史？"这是当年我报考先秦史专业研究生时，业师赵光贤先生给我们出的一道试题。我的回答一会儿再告诉大家，先谈谈我报考研究生时的处境。

那是1979年，国家恢复研究生考试的第二年，其时我正在包头第二冶金公司一所子弟中学当历史教师。虽然我在包头这个地方已经待了整整10年，却从来没有想过要在这里一直待下去。我是南方人，本不适应塞外的生活，当初大学毕业分配到这里来也是迫不得已的。另外，我也不太适应中学教师这份工作，因为我管不了调皮的学生。我因而总想着找机会离开这个地方，同时离开中学教师的行业。没想到国家恢复招收研究生，直接给了我这个机会。高兴之余，感到党和国家的各项政策正在发生深刻变化，知识分子的春天正在来临。

那时招收历史专业研究生的单位并不多，记得北京就只有人大和师大两个学校可以报考。是否还有北京大学，我记不起来了。人民大学有我大学的同班同学先报考了，我不想与他发生冲突，便报考了北师大。说来北师大是我的母校，我于1962—1968年在那里念本科，环境和老师都比较熟悉。应该说，我的这一报考决定了我后半辈子的职业生涯。

学习历史是我很早的选择。我出生在重庆市，上小学时住在市中区的七星岗。附近有个地方叫莲花池，那里有座将军坟，是战国时期巴族首领巴蔓子的坟墓，我亦常领了妹妹到那一带玩儿。这算是我和历史最初的接触。后来因父亲工作关系的变动，我们举家迁到了南岸区弹子石，我也因此进了南岸的重庆第十一中学。这所学校的两位历史教师给了我很深的印象。一位是初中历史教师，今已忘其名，只记得他在"反右"斗争中被批判，大概是因为他说了几句对地方干部不满的话，那被批判的场景至今留在我的脑海里。另一位是高中的莫老师，课讲得极其生动，还带表情，同学私下给他起了个外号，叫"莫神经"。虽然如此，大家对他还是比较喜欢的。因为莫老师的讲授，我对学习历史产生了不小的兴趣。

当然，我那时感兴趣的不只是历史，对于语文，也比较用心。因为我比较喜欢写作。开始是自得其乐地写点小诗歌，也办过墙报、黑板报之类。大约在高中二年级，学校举办过一次外语诗歌朗颂会，会后我写了一篇小报导，投给了《重庆日报》，没想到报纸竟然给登了。同学中传为美谈，有人竟给我起了个"记者"的外号，让我有些小得意。随后进入高三，要分文、理班，我便主动去了文科班。须知我那时理科成绩也不错，一些老师也动员我考理科，但我雷打不动，也不知哪来的自信。

轮到填报自愿，我却又犯了踌躇：到底选中文还是选历史？还有选择什么学校的问题。去北京读书自然是首选，但是去北京哪所学校？我拿不定主意。结果老师帮助填写，将北京师范大学历史系选作第一自愿。他们说，"咱十一中去年就有一位姓牟的女生考上了北师大历史系，你再报那儿，录取的机会比较大"。我那时只想进北京，于是稀里糊涂便同意了。

被录取之初，我自是兴高采烈。可是入学后不久，听同学传来的消息，我考的是全班第一，平均分87点多，这个分数高出所有高校的录取线，包括北京大学。我于是又有些懊悔，但事已至此，也只有认命了。

北师大是五年制，我（19）62年入学，本应（19）67年毕业，因"文化大革命"，拖到了（19）68年才分配。本来，大学生活应是丰富多彩的，然而，因为正赶上上面大搞阶级斗争和路线斗争，我这六年的大学生活，不是参加这样那样的"运动"（例如"四清"运动），就是整天的思想改造，自己跟自己过不去，检查自己灵魂深处的所谓"资产阶级思想"。我那时是"落后分子"，不靠近组织，满脑子的"自由化"，连共青团都不爱入。我在班里年龄较小，大家认为这是我年轻不成熟的表现，倒也没怎么难为我，我则继续我行我素，成天漫无目的地读书混日子，不单是历史书，像所喜欢的文学类书籍，包括唐诗宋词、外国小说，也找来乱看一气。由于爱好唱歌，我又参加了学校的文工团。没想到在这里遇见了我的夫人于亚萍，她是政教系的学生，低我一年，喜欢舞蹈。我们交往不

2

沈老师自述　我为什么选择学习先秦史

久，感情直线上升，便兀自定下终身。不久毕业分配，我先去了包头，她也毅然跟着我去了包头。这就回到了本文一开始叙述的场景。

我在包头的时间长达10年，虽仍可归结为勉强混日子，但也读了一些书，知道了一些历史学上的问题，这使我报考研究生时，能够回答出先生提出的一些问题。对于上述先生提出的"你为什么选择学习先秦史？"我回答说："为把我国刚进入文明时期的历史搞清楚，因为这段历史十分重要，又存在着不少模糊不清的问题。"我想先生大概是比较满意我的回答，后来传出先生给了我比较高的分数，便是一个证明。

考上研究生是我一生新的开始，我明白今后的生涯就与先秦史挂上钩了。研究生要做的事情是研究，因而从再次踏入师大校门开始，我就在考虑今后从事研究的具体内容了。上面谈到我回答先生的问题说，我之所以选择学习先秦史，就是为把我国刚进入文明时期的历史搞清楚，所谓我国刚进入文明时期的一些模糊不清的问题，主要是指夏商周三代的社会形态问题。那时学术界乃至整个社会关注于先秦历史的，也主要是这个问题。熟悉中华人民共和国成立初期历史研究状况的学人应都知道，20世纪五六十年代，史学界曾有"五朵金花"之说，所谓"五朵金花"，即围绕中国古代史分期、封建土地所有制形式、农民战争、资本主义萌芽、汉民族形成等五大问题展开的讨论。其中古代史分期问题要讨论的，就是中国古代社会形态问题，亦即所谓中国奴隶制社会与封建社会的划分应定在哪个时期的问题。这个问题在上述"五朵金花"中占据了首要位置，可见人们对它重视的程度。受此影响，我也考虑把它作为我硕士学位论题的选择范围。那时古代史分期有好几家说法，其中主要的有三家，即战国封建说、西周封建说、魏晋封建说。先生是西周封建说，为此而专门作有《周代社会辨析》，在我们入校之前才刚出版。不过我考虑的却是打算写一篇《中国无奴隶社会论》的论文。我想这也属于社会形态研究的范畴。我把论文提纲交给先生，没想到却得到先生的首肯。原来，先生也是赞成中国无奴隶社会的，他之所以主张西周封建说，其出发点仍在于表达中国没经历过奴隶社会的观点。只因当时的政治环境，不许你说中国无奴隶社会，更不许你反对"五种社会形态说"，于是便只好主张西周是封建社会，不对西周以前的社会形态表态。听说徐中舒等西周封建论者也是这样一种态度，这显示了老一辈学者在那个特殊年代的学术操守和智慧。

3

沈老师自述 我为什么选择学习先秦史

于是，我便开始认认真真地写作《中国无奴隶社会论》一文了，可是写到一半，我却突然感到有些问题。因为论文是需要答辩的，如果答辩老师不同意你的观点，咋办？而这是完全有可能的。先生也觉得这是个问题，紧急商议之下，决定另改论文题目。我过去对先秦民族史有些兴趣，于是决定另作《论华夏民族的形成》。这篇论文也很快完成了，由王玉哲、李学勤等先生组成的答辩委员会顺利地通过了论文答辩，并授予我硕士学位。我的研究生同学晁福林也通过了答辩，他写的是《周礼》乡遂制度研究。

研究生这几年我没有白念。首先，我学到了不少有关先秦史的知识和研究方法。先秦史研究是一种综合性的研究，它必须调动文献、考古、古文字等多门学科的手段，还必须懂得一些民族学和文化人类学知识，才能有所进取。其时赵先生已是七十高龄，为让我们学到一些考古知识，他竟不辞辛劳，亲自带领我们到各地的考古发掘工地或博物馆院广为考察，从河南到陕西，又到山西、河北，像孔夫子带领弟子周游列国。然而我却是第一次接触到考古工地并对考古与文物有了初步的认识。对于古文字包括训诂知识，我则充分利用师大雄厚的师资资源，独自在这方面下功夫。记得为了学习古文字，我曾独自跑到中文系去听陆宗达先生的训诂课；对于音韵学这门高深的学问，我只感到它对于阅读古文献的重要性，却难入其门，于是赵先生又主动请了陆宗达的入室弟子王宁老师到宿舍来为我们讲授有关知识。须知这些先生都是些大师级别的人物，看在赵先生的面子上，他们才愿意接受为我们授课的邀请，这无疑为我以后的继续学习打下了基础。

其次，我因为拿到学位而改换了工作环境，由中学教师变成了大学教师，工作地点也换到了内地，到了河北省会城市石家庄，这自然也使我的生活与工作环境有了根本的改观。更重要的是我所写的毕业论文，包括那篇写到一半的《中国无奴隶社会》的论文，为我以后的研究打下了良好的基础。我后来所从事研究的基本思路，大都来自这两篇论文的引申。其中《中国无奴隶社会论》的论文决定了我对于中国古代社会形态的基本思路，我不仅主张中国古代没有过奴隶制社会，更主张中国古代走的就根本不是古希腊罗马那样的路径，或者说中国根本就没有经历过什么"五种社会形态"。有先生质问我："你不赞成中国经历了五种社会形态，那么中国古代到底应归结为什么样的社会形态呢？总不

4

能说是亚细亚社会形态吧!"一句话提醒我,其实古代中国正是一个典型的亚细亚社会形态的社会!我们看亚细亚社会的基本特征,如自然经济、小农业与家庭手工业的结合、专制主义、普遍奴隶制等,哪一项在中国不是典型的存在?所以我现在干脆打出中国古代是亚细亚社会形态的旗号。前不久在山东大学《文史哲》举办的亚细亚生产方式专题研讨会上,我就是这样说的。我希望有人和我公开辩论,然而到现在,也没有人站出来同我进行过这样的商榷。

谈到我的《论华夏民族的形成》的学位论文,我想最好把它与我最近从事的研究项目《西周时期的民族与民族关系》加以比较和对读。这项研究列入我的同门师弟杜勇申报的国家社科基金重大项目《多卷本西周史》的子课题,自然属于西周史研究的范畴。长期以来,我对于西周时期的民族与民族关系,已进行过不少研究,写过不少篇文章,这些,都可充作这个子课题的重要内容。其实西周民族史很大程度也就是华夏民族形成史,因为西周春秋正是我国华夏民族形成的时期。现在不少学者也在大谈华夏民族的形成,却把我国华夏民族产生的时间上推到距今四五千年的史前时期,实匪夷所思。他们不知民族的形成是与国家同时产生的道理,更不知"华夏"的族名实来自"周人称夏"这件事情;不了解"华夏"这个称呼产生之前,还有"诸夏""诸华"这些称呼,它们也都产生在西周春秋时期。至于有人把"华夏"的族称与我国历史上的夏王朝混为一谈,就更不值一提了,"华夏"是民族的称呼,"夏"则是王朝的称号;华夏族是周人创立的,包含了众多不同的氏族,且是汉族的前身,夏族则只是华夏族内部所包含的一支姒姓氏族,二者怎么能混淆在一起呢?我过去对于这些似是而非的说法,也都进行过回应,不拟在此细谈了。

我对先秦史的研究当然不只限于上述两篇论文及一些相关的作品,随着视野的开阔及受国际国内学术发展的影响,我所关心的问题也不断转移。特别是近年来国家提倡对中华早期文明进行探索,我的研究旨趣也逐渐集中到对所谓五帝时代及夏朝历史进行探究上来。不过我对这两个时代的看法却大不同于社会一些研究机构的学者的认识。对于"五帝",我承认他们就是司马迁《史记》所归纳的黄帝、帝颛顼、帝喾、帝尧和帝舜五位古帝,但对于《史记》所称他们在历史上的先后次序及相互关系,却并不认同。我想这五位古帝原本就是后来各个地方一些著名氏族的祖先，他们之间并没有如《史记》《大戴礼记》所描述的亲属关系，也没有在时间上的先后次序，谁能说颛顼就一定是黄帝的孙辈后人，一定应当排在黄帝之后呢？我考证黄帝原本是周族以及众多白狄族的祖先，黄帝氏族活动的地域应在陕北黄土高原，而颛顼则是东方有虞氏族的祖先，活动在今河南省东部平原一带。把黄帝、颛顼及其他古帝拉扯到一起，实只是战国以后各古老部族实现了民族大融合，并皆融入一个新的民族共同体以后的事情。

我对夏朝的认知也与许多人们，尤其是考古界的一些先生存在着差距。这当然不是指我们对于夏朝在历史上的存在有什么不同认识，而是指对于夏朝（或者说"夏族"）居住地域认识上的差距。如今流行的说法是以夏居住在豫西晋南，我却遵循王国维的说法，以"夏自太康以后以迄后桀，其都邑及它地名之见于经典者，率在东土，与商人错处于河济之间"，认为夏居住在豫东鲁西一带。我不否定二里头作为夏都邑的存在，但认为那只是夏朝末年在西方经营的一处别都，夏本部则自始至终都是在东方的，这只要看看《诗经》描述商汤伐夏桀的进军路线，就明白这个道理了。

以上，是我对自己学习历史以及从事先秦史研究的简单回顾。我这一生平淡无奇，没有大的波澜起伏，没取得什么荣耀，也没有吃过什么苦头。可庆幸者，是我教授过不少学生，他们现工作在不同的岗位，分布在祖国的四面八方，不少人并一直保持着与我的联系。这部论文集，就是他们为纪念我的八十寿辰操持的。我感谢写作论文的诸位先生，也感谢我的这些学生，祝大家幸福，今后取得更大的成绩。

文明起源研究

沈长云先生在先秦史研究领域的重要贡献

李禹阶

沈长云先生是我国先秦史研究的著名学者，在先秦史研究领域作出了重要贡献。沈长云先生的学术生涯，应该说始于我国改革开放初期拨乱反正的年代，这个年代亦是我国史学界思想解放、思潮迭起的时期。从20世纪80年代起，我国先秦史领域即进入一个思想解放、革故鼎新的时代。在这个时期，诸多先秦史研究领域的学者在对中国古代社会和"五种社会形态"理论的检讨、探索中，提出了许多富于新见的学术认知，使先秦史成为我国史学界与时俱进、新知迭出、开拓创新的重要研究领域。尽管在这种摒除旧识、开新立说的氛围中，学者们对诸多重大问题也存在种种歧异与争论，但是先秦史领域的一个优良传统，就是即使持不同观点的学者，均认为在历史唯物论指导下，需要以具体、翔实的史料和地下出土材料为基础，实事求是地重新审视该时代社会结构、文化特质与史学研究理论，辩证、科学地探讨先秦时期的"社会形态"与分期理论。正是在这种实事求是、史论并重的学术氛围中，我国先秦史研究在改革开放的初期即得到快速发展，不论在整体研究领域，还是在中观、微观的历史问题上，都取得了丰硕并富有创意的重要成果。

沈长云先生的先秦史研究，正与我国改革开放初期炽热的"百花齐放""百家争鸣"的时代思潮同步。事实上，自原始社会至夏、商、西周、春秋、战国时代的社会形态、制度模式及其分期等问题，不仅对于中国古代史有着重要理论意义，同时亦对我们进一步探讨、研究秦汉以降的中国帝制时代的国家体制、社会结构及政治文化亦有着重要价值。尤其是如何真实、客观地解析中国文明起源及早期国家产生等问题，更是直接关系中国五千年文明源头及中国早期国家产生的独特道路等问

文明起源研究

题。因此,如何从新的高度,实事求是地重新认识我国史前文明、国家的起源、产生,如何正确建构夏商周三代王朝的国家制度、社会形态思想文化等问题,就成为整个史学界都关注的理论热点。沈先生正是在这么一个时代思潮中,刻苦钻研、潜心探索,在先秦史研究中提出诸多新见,取得了丰硕成果。由于沈先生在先秦史领域涉猎颇广、论著甚丰,故本文限于篇幅,只能挂一漏万,重点从沈先生的治学风格及治学特点谈谈他在先秦史研究上的贡献。

一 浓厚的理论志趣及强烈的问题意识

沈长云先生是自改革开放以来较早主张解放思想,反对教条主义与本本主义,并在先秦史研究提出自己独立见解的学者。早在20世纪80年代中期,沈长云先生便提出了对先秦社会发展阶段的颇为深刻的认识。他在《关于奴隶制几个基本理论问题的商讨》[①]一文中,提出了"奴隶制是否是人类普遍必经的社会发展阶段"的疑问,指出了"马恩关于奴隶制生产方式的概念,以及这个概念是否对于各种类型的奴隶制都具有普遍意义";"农奴制是否可以继原始公社制之后产生,以及这种农奴制的性质";"奴隶制社会的概念,以及如何理解奴隶制社会形态的差异性"等当时史学界关注的热点。对于这些重大历史理论问题的研究,沈先生主张既应当遵循马克思历史唯物主义的基本原则,同时也应该将理论与实际相结合,从理论的本质层面去理解、剖析马克思历史唯物论的精髓。所以,在世界历史中,古典时期的希腊、罗马,由于其生态、人文环境与奴隶制经济的高度发展,使奴隶劳动成为在农业、制造业、航运业等方面的统治形式。但是对古代东方的广大地区,尤其是古代印度、两河流域及中国而言,虽然也存在着一定数量的奴隶制经济,但其发展的趋势和前途并不是以奴隶制为主而是代之以其他的经济形式,例如古代印度、中国的"村社"就是当时社会结构的基础,它与古代希腊、罗马的奴隶制是不同的,因此应当以不同国别、地区的历史实际来判断其社会结构、性质。在这个基础上,沈先生认为中国古代社会与希腊、罗马的古典奴隶制有着极大差异。为此,沈先生提出需重

---

① 沈长云:《关于奴隶制几个基本理论问题的商讨》,《历史研究》1989年第1期。

沈长云先生在先秦史研究领域的重要贡献

新认识中国古代"无奴"社会的性质、特征，主张从实证的原则出发，根据历史实际重新认识中国古代社会性质与特质。正因如此，沈先生成为在先秦史领域中主张中国古代"无奴派"的早期代表性学者之一。

20世纪90年代，随着中国古代社会形态理论的深入探索，先秦史研究逐渐突破原有理论框架和教条主义的局限，不少学者从新的角度、理论和方法去探索中国古代社会的发展道路与社会形态问题。尤其随着与国际学术界交往的日益增多，许多学者对国外在民族学、人类学、考古学等学科所取得的丰硕理论成果日益关注，并将之介绍到国内，使先秦史研究展现出新视野、多层次、整体性的特征。当时，关于中国文明起源及早期国家产生，华夏民族的兴起与发展、夏商周国家的历史进程及社会变迁等重大问题，成为先秦史学界的关注热点。沈先生通过对先秦史料的整理、扒梳，提出了马克思关于东方亚细亚生产方式与中国社会结构相关联的历史理论问题，认为，"我国西周春秋的国家还保留着浓厚的氏族社会的因素，表现在政权结构上，主要是带有氏族社会印记的贵族世袭专政，享有着统治封地上土地、人民的权力；表现在社会结构上，则是前面提到的血缘组织作为社会细胞的长期存在……也就是说，还没有形成后世那种专制君主对作为'普遍奴隶'的臣民直接对立的关系。这种状况的改变约始于春秋后期，改变的契机看来正是由作为地缘组织的农村公社普遍取代血缘组织开始的"[1]。在当时先秦史领域关于社会形态的讨论中，"东方亚细亚生产方式"理论多被学者所重视，特别是对于大规模"公共工程"如"治水"等导致东方专制权力的理论则为诸多学者所青睐。但是沈长云先生却对这种生产方式的时代特征和内涵提出了自己的独到见解。在他看来，我国专制主义中央集权的政治制度并不单纯是由统一管理水利工程的需要产生的，而是其时生态与人文环境等多种因素的共同作用，并且这种生产方式及其制度形态产生的时代并不是很早。沈先生从中国古代国家的政治机制及春秋战国时的土地制度等方面对中国早期的"东方亚细亚生产方式"理论进行了辩证，认为中国古代国家的专制王权制度是于春秋战国之际伴随着地缘性村社结构取代氏族性血缘组织而开始的。尽管其后随着新的考古

---

[1] 沈长云：《亚细亚生产方式在中国的产生及相关历史问题》，《天津社会科学》1991年第2期。

5

材料及出土古文书的发现，学界对这些问题的研究不断深化着，可是当时沈先生在这些问题上的研究却自成一家之言。

20世纪90年代，先秦史学界关于文明起源与早期国家研究渐成热点，其重要特征则是通过借鉴国外历史学、人类学、考古学的理论成果，结合中国历史实际而提出新的理论阐释。尤其是80年代中期美国新进化论学派代表人物如埃尔曼·塞维斯和莫顿·弗里德等人的"酋邦"理论引入我国，受到我国学界的广泛关注并进行了热烈的讨论，亦成为探讨文明起源和早期国家形成的理论焦点。对于"酋邦"概念及其基本特征，我国学者也提出了不同的解读。沈长云先生在这种炽热的学术氛围中，通过对不同理论模式的比较，积极开展关于华夏民族的起源、形成，古代中国政治组织的形成道路的研究。沈先生对利用"酋邦"理论开展先秦史研究采取了开放的态度，他虽然并不赞成完全运用"酋邦"理论套用于中国上古时代的社会阶段及历史发展进程中，但是他认为这些理论并不是与马克思、恩格斯有关国家形成的思想相对立的，而恰恰是一个有益的补充。尤其在史前文明起源与早期国家产生等问题上，埃尔曼·塞维斯和莫顿·弗里德的"酋邦"理论在我国上古史研究有着重要的启迪性。沈先生由此提出鉴于中国古代社会历史道路的特殊性，中国社会则直接由血缘氏族组织而进入早期的国家形态。例如夏商国家就是一种氏族联合组织而非地缘组织的社会构成。直到西周大封建之后，华夏各部族才开始由部落状态向民族共同体演化。[①] 对古代中国政治组织发展进程的研究中，他主张中国早期政治组织走的并不是以私有财产发展而导致的贫富两极分化为标志的社会分化的道路，而是走的一条由社会各大小氏族、部落首领由"公仆"而蜕变为统治阶层的道路。概括而言即那些掌握政治共同体权力的大大小小的邦君，也就是各宗族或某些大家族的族长逐渐演变为早期国家的各级统治者。[②] 而"家国同构"这种国家权力结构则在历史演进中成为此后帝制时代的君主专制主义的基础。[③] 这些见解在当时作为一种新观点，对促进史前中国文明起源及早期国家产生的历史道路的认知，无疑具有重要

---

① 沈长云：《华夏民族的起源与形成过程》，《中国社会科学》1993年第1期。
② 沈长云、张渭莲：《中国古代国家起源与形成研究》，人民出版社2009年版。
③ 沈长云：《古代中国政治组织的产生及其模式》，《史学理论研究》1998年第2期。

沈长云先生在先秦史研究领域的重要贡献

价值。

总体来看，对历史理论问题的关注始终是沈长云先生治学中特有的研究志趣。在沈先生看来，改革开放以来的先秦史研究之所以取得很大成绩，除了新发现材料的助力外，思想观念的转变及理论的创新，对新时期先秦史研究面貌的改变起到了十分关键的作用。① 故在他与张渭莲教授合著《中国古代国家起源与形成研究》② 一书中，十分注重中国古代社会形态的理论阐释。该书的一个重要特点，即是注重理论与史料、传世文献与考古材料的结合。例如该书认为，世界历史的发展具有普遍性与独特性的特点，恩格斯的《家庭、私有制和国家起源》并没有按照古希腊、古罗马和古日耳曼人国家产生的路径及国家产生的制度模式来规范古代中国社会形态，因此我们应当根据中国历史实际，提出中国古代国家产生走的是一条与古典奴隶制不同的历史道路，即氏族社会各个组织的首领因其权力的集中与其独立化倾向，由"社会公仆"转变为"社会的主人"，从而结成一个统治者阶级，促使原始社会向阶级社会的转化。2011年沈先生发表《先秦史研究的10个理论问题》一文，在该文中沈先生批评了史学界部分学者忽视理论研究的倾向，提出坚持理论与实际相结合的史学路径对史学研究的重要性。为此，他提出先秦史研究中应该关注的10个理论问题，例如中国古代文明的起源与形成；中国古代国家的起源及形成；中国前国家时期的社会形态即所谓"酋邦"理论是否适用于古代中国；酋邦对古代社会是否具有普遍性；何谓"早期国家"，这一概念提出的学术背景；早期国家与酋邦的区别；夏商周三代社会形态为何等问题。③ 客观地说，这些问题正是当时中国历史与考古学界关于史前至三代国家社会结构及其制度演变的重要问题。近几十年来我国先秦史研究的大量成果表明：由史前相对平等社会发展到早期国家阶段，是一个在史前社会复杂化过程中，由量变到质变的历史演进过程。尤其是古代中国，其史前社会的复杂化和"家国同构"社会结构不仅与古代希腊、罗马有着显著区别，也与古代埃及、两河流域的文明发展道路有着很大差异，故此沈先生认为，在上古中国历史研

---

① 沈长云：《改革开放30年的先秦史研究》，《史学月刊》2008年第11期。
② 沈长云、张渭莲：《中国古代国家起源与形成研究》，人民出版社2009年版。
③ 沈长云：《先秦史研究的10个理论问题》，《史学月刊》2011年第8期。

文明起源研究

究中,需要从早期国家自己的特色出发,通过理论与史料的结合,再现早期中国文明起源与国家产生的历程。应该说,沈先生对中国文明起源及早期国家产生的理论关注及相关问题的敏锐认知,对我国上古史和三代社会形态的研究有着重要意义。

二 严谨认真、视野开阔的治学风格

沈长云先生在先秦史研究中具有视野开阔、富于创新、严谨认真的学术精神。他在先秦史领域涉及旨趣广泛,不人云亦云,在诸多问题上都有自己的独特见解,由此形成了从史料出发,于求实中创新的实事求是的治学风格。

华夏民族起源是先秦史领域中的重要问题。由于古代中国特有的民族、国家、文化相互影响的历史传统,因此它在深化中国古代独特演进历程的研究中有重要的学术价值。沈长云先生是改革开放以来较早关注该问题的学者。1993年沈先生在《华夏民族的起源与形成过程》一文中,从理论到史料对华夏民族的起源及其演进历程进行了探索。他针对50年代以来我国学界在民族问题上的教条主义、公式主义的趋向,重新对马、恩经典著作中的"民族"概念进行了阐释。他认为马、恩经典著作中的"民族"概念,从一个广义角度看,指世界范围内自文明社会以来的各民族共同体,它既包含了我们熟知的近代"资产阶级民族"概念在内,也包括一些古老文明中的原始社会部落集团的"古代民族"。因此,以马、恩经典著作中的"民族"概念具有广泛内涵,只有将它视为涵盖古代文明社会直到资产阶级民族出现的各民族共同体,才能既符合马、恩经典著作的原意,亦对历史上"古代民族"的研究具有指导意义。在此基础上,沈先生提出"根据中国古代社会实际,我们虽然可以说夏商出现了凌驾于社会成员之上的权力机构,但并不可以说这个时期出现了普遍的地域组织。我们只能说夏商国家建立在氏族联合组织的基础之上,而不能说它们建立在地缘组织的基础之上。这正是中国古代社会发展的特殊性,也是中国早期国家形成的特殊途径"[1]。因此,对于我国"古代民族"的研究,应当不简单地囿于近代民族理

---

[1] 沈长云:《华夏民族的起源与形成过程》,《中国社会科学》1993年第1期。

沈长云先生在先秦史研究领域的重要贡献

论，而应该根据各大洲、地区文明与民族发展的特征，从基本的史料出发，实事求是地给予分析、探讨。故在中国上古史研究中，华夏民族的起源与形成，只能根据中国古代社会的生态环境及其社会结构，"在领会马克思主义民族形成理论的精神实质的基础上，从我国氏族组织崩坏，地区行政组织普遍代替血缘组织的进程中，从成熟的国家政治组织的建立过程中，去探寻华夏民族的形成"①。在沈先生看来，中国先秦时期"古代民族"的发展，不仅是血缘意义的，更加重要的是与其时的生产力水平、文明发展程度和社会结构相关的。例如夏代国家产生，并不是在生产力高度发展的基础上实现的，而是其时氏族、部落联盟所受到的内外环境压力有关。正是这种环境压力，使上古中国社会过早建立了具有"国家"性质的政治组织，国家的形成经历了由早期的部族国家（由氏族和部落组成的国家）到完全以地域组织为基础的国家这样两个发展阶段。而在早期国家地域组织并没有建立的情况下，人们生活在血缘组织之中，他们的财产单位或生产劳动的基本单位是家长制大家族及之上的宗族组织，这一时期的华夏民族还只是部落型的族群状态。夏代国家的重要特征就是以这种部落状态的族群组织——"氏"构成夏代国家的核心。例如夏后氏是这个国家的王所由产生的氏族，除了这个核心氏族外，和它一起组成国家的还有它的同姓氏族有扈氏、有男氏、斟寻氏、斟灌氏、彤城氏、有莘氏、有寒氏，以及它的姻亲氏族有仍氏、有虞氏、昆吾氏、有鬲氏等。正是这些同姓氏族和婚姻氏族构成夏后氏国家的族群主体。华夏"古代民族"正是在这种血缘组织中建构的，在早期国家的发展中不断孕育、成长，并在西周分封建国的历程中，通过血缘组织与地缘组织的交叉而逐渐向民族共同体演化。所以，在沈先生看来，华夏民族真正形成于社会格局大转折中的春秋战国之际。这正是中国"古代民族"在形成、发展中的独特性。

沈长云先生注重通过传世文献与考古材料、出土古文书相结合的方式进行中国上古史研究。他认为"作为广义历史科学的组成部分，考古学对于历史研究具有重要意义。人们依靠考古学手段来获取文献记载之外的历史资料，尤其是古代地理环境及社会物质生产方面的资料，以构建更为可信的历史场景，同时利用考古学发现的实物资料检验相关研究

---

① 沈长云：《华夏民族的起源与形成过程》，《中国社会科学》1993年第1期。

文明起源研究

的可靠性。中华文明起源研究更加需要考古材料。"[1] 例如在对"九州"观念的探讨中，沈先生以传世文献与铭文为依据，对"九州"观念及有关问题进行了分析、研究，提出"九州"是从"四域"的观念发展而来的，其在最初则仅仅是一个笼统的国家疆域的概念。在他看来，早期文献中的"九州"与"禹划九州"中的"九州"内涵不同；"禹划九州"的观念应该是战国时期各国普遍实行行政区划后才产生的，《禹贡》九州的分布与魏惠王霸业的建立关系密切，这正是他在对文献的梳理、剖析中得出的独特认识。再如对五帝之一的黄帝的传说、神话，沈先生也多所辨析。如对"黄帝乐名咸池"的传说，沈先生通过研究后认为当时既然建立了礼仪制度，与之相应的礼乐也应出现。他从裴李岗文化贾湖遗址出土的约8000年前的骨笛，河姆渡文化出土的骨哨及陶埙而论，直到距今5000年左右考古遗址发现的各类乐器等，认为很可能黄帝时代确已出现与礼仪制度有关的乐曲。再如关于夏王朝建立时的地域问题，沈先生主张夏王朝形成于"河济"一带。为此，他十分重视早期夏文化研究中的考古学证据，认为在考古学材料中关于夏代产生于"河济"并非没有线索可寻，夏的部分都邑及诸侯居邑就可与河济地区考古遗址相对应。如濮阳高城之于夏后相所都之帝丘，曹县莘冢集之于有莘氏，滕州薛国故城叠压着的龙山夯土层之于任姓薛国等。同时，《禹贡》所述禹时民众"降丘宅土"，豫东鲁西一带至今仍留有许多土丘，不少可上溯到龙山时期，当时人们很可能是依靠这些土丘躲避洪水。在考古发现中，古河济地区还保存不少龙山时代的夯土城址，这些城址的城墙不仅有着防御功能，亦有着抵御洪水的功能，这也从一个侧面反映出鲧禹在此抗御洪水的真实性。沈先生关于夏早期都城产生于豫东鲁西的说法尽管在学术界还存在较大争议，但是主张从传统文献与考古材料的结合来实事求是地分析、探讨问题，于求实中创新，却是沈先生在史学研究中的风格。

在20世纪初以来史学界"疑古"与"信古"的长期争论中，沈长云先生既注意对先秦传世文献的运用，同时又注重对这些文献的考订、甄别。在沈先生看来，不能笼统地主张某时代史籍所载传说故事的"可

---

[1] 沈长云：《中华文明起源的历史学、考古学与人类学考察》，《历史研究》2021年第1期。

10

信度",也不能一概否定传世文献中包含的真实的历史内容。他认为经过春秋战国时代的历史传承中,传世文献的内容大多有着后人增删、笔削或者重新进行思想加工或组合的痕迹,但是其中部分的原生神话传说也带有上古时代人们活动的历史记忆与真实内容。故在对待传世文献,完全的"疑古"与"信古"都是不可取的,而是要认真辨别文献中的真伪混杂,这就需要我们一篇一篇文献地、一件一件事地进行具体分析,通过考辨来厘清其中历史真实。为此他强调做学问应做到历史与考古的整合,审慎地使用、鉴别传世古代文献材料,注意在考古材料与文献材料二者的最佳结合点上提出问题。例如对陶寺遗址为有唐氏遗址;夏后氏起源于古河济之间;商族起源于太原盆地和忻定盆地为中心的晋中地区;周族来源于北方的戎狄等,沈长云先生都十分注重在历史文献与考古材料的整合上加以研究,尽可能地以文献记载与考古材料的双重证据来说明问题。这在沈先生所著《先秦史》①中表现特别明显。在该书中,他注重在传世文献的基础上,吸收田野考古、甲骨文、青铜器铭文、简帛佚籍等资料,通过各类资料的相互印证,而得出可信结论。如商奄之地在文献中被称为鲁国故城,但是曲阜及其附近未找到商末大型遗址,而是在其南的滕州发现了较多且集中的商代遗址。作者并未就此否定曲阜乃商奄之地,而是认定滕州应是奄国的势力范围。再如对古崇山的地望,作者打破传统的崇山即嵩山的认识,提出先秦时期嵩山只称太室山或外方山,嵩山之名乃后起,故古崇山并非当今的嵩山,当在古代的河、济二水之间。这种注重将各类材料相互整合的研究方法,使沈先生的诸多研究令人耳目一新,也感到其认知有论有据。

三 于"融通"中求新解,在求实中见新意

沈长云先生的先秦史研究,往往在一些重要学术问题上独出一格,屡有新解。例如周人是否出自夏人后裔,在治先秦史学者中便有不同认识。特别是自傅斯年《夷夏东西说》出世,主张三代及近于三代之前期,大体上有东西不同的两个系统。这两个系统因对峙而生争斗,因争

---

① 沈长云:《先秦史》,人民出版社2006年版。

斗而起混合。夷与商属于东系，夏与周属于西系。傅斯年之说法在近代史坛中甚有影响，几成定说。沈先生则在潜心对史实的剖析中，认为周人姬姓，夏人姒姓，二者姓氏不同，在古者"异姓则异德，异德则异类"的环境中，这种说法首先就会碰上其族氏的无法克服的矛盾，推而论之，将夏人视为上古时期与周人同出西系则有失客观。再如《左传》称夏人后裔杞为"夷"，诸多学者认为杞之所以被称为夷，是因为它用夷礼而被贱视之的原因。但沈先生通过近年发现的西周中期铜器《史密簋》中"惟十又二月，王令师俗、史密曰'东征'。会南夷卢、虎会杞夷、舟夷谨，不坠，广伐东国……"记载，认为周人早就把杞排除在华夏之外。历史上杞被贱视之的真正原因并不在于杞用夷礼，而是杞本就是华夏族公认的东夷国族。沈先生的这些见解无疑对深化先秦史的研究具有昭示、启发的作用。

沈长云先生对古代中国早期国家产生、形成的途径也颇有见地。从理论上说，他主张按照恩格斯《家庭、私有制与国家起源》的思想，提出国家形成应该遵循两个基本条件，即马、恩在经典著作中提出的国家形成的两个标志理论，这两个标志，一是"按地区来划分它的国民"，二是"公共权力的设立"。沈先生认为，经典著作是从国家与氏族社会的根本对立角度来谈论这个问题的。在中国国家起源与形成中，一方面我们仍应当毫无保留地坚持使用马克思、恩格斯提出的国家形成的两个标志，不可随意改动或轻言放弃；另一方面又需要根据我国夏商周三代仍然存在血缘组织这一现象来判断中国早期国家的形成问题。他进一步认为，这一问题涉及对中国早期国家特殊性的理解，我们称夏商周三代为"早期国家"，就是因为三代国家仍然保存着氏族社会遗留下来的许多东西。其中最重要的一点，就是原始社会的各种血缘组织，即遍布各地的许许多多氏族或族邦，并没有像古希腊和古罗马那样"被炸毁"，而是作为我国早期国家的基层社会细胞被保留了下来。因此，在上古中国并没有由于财富的两极分化而导致氏族组织崩溃的历史。但是，夏商周三代既然系"国家"组织，也一定需要具备作为国家的必要条件，它不仅要有公共权力的设立，还应当有按地区对居民的划分，也就是按地区设立的一套行政组织。这些族邦就单个来说，是单纯的血缘组织，但当它们被国家编织进一个共同体，各自长期占有某一固定地域，那就会逐渐演变为国家下属的地域性的行政单位。西周文献《尚书·梓材》称："王曰：'封，以厥庶民暨厥臣达大家，以厥臣达王惟邦君。'"表明王的政令正是通过贵族及各族邦的邦君下达到其所管辖的臣民中，这正体现了各族邦是王权下属的行政单位的性质。因此，夏代国家在治水、战争等大规模公共工程和社会活动中，需要长时间大规模地集中人力物力，要对各族邦的人力物力进行调配、指挥和统一管理，这个过程就容易使原来较为松散而缺乏约束力的联合体发生质的变化，促使联合体领导机构发生权力集中的倾向，以致最终过渡到使各族邦沦为自己臣属的具有专制主义性质的权力机构。[①] 应该说，沈先生关于夏代国家产生的道路，既遵循了经典作家关于国家形成的基本思想，又结合了我国上古时期的社会结构实际，有着丰富的学术内涵。

　　沈长云先生还将这种观念运用到华夏民族的发展历程中。例如，他认为周初封建虽然开创了我国各部族混居和融合的新局面，但是周初封国在开始时并不具有很大的规模。周初封国虽然为数不少，但就全国范围来说，在"方百里，方五十里"的诸夏封国之外，仍广布着尚未进入"诸夏"混居圈子里的旧部族居民。因此，要达到我国旧部族集团的完全混居，并基本融合成一个新的民族共同体，还必须再经过一段历程。此外，在周人封国的内部（包括周王室直接统治的王畿），虽然包含有不同族姓的居民，但在封国成立之初，这些居民仍然是按自己的氏族组织生活在一起的。例如鲁国都城内的周人与土著夷人不仅分区居住，互不混淆，连坟墓都分区。新的共同体虽然把他们联合在一个统一的国度里，使他们有了共同的国家利益，但要最终消除居民之间的血缘组织，代之以按地域行政关系的组织系统，还需要一个相当长的过程。这个过程实际也是由早期国家向成熟国家演变的历史进程，是华夏族群在融合中不断向"古代民族"进化的历史。为此，他主张春秋战国之际社会结构的变化才真正导致我国政治社会的成熟，也使华夏民族在族群融合的基础上最终形成。沈先生的这一思想在先秦政治、社会、民族的历史研究方面无疑具有一定价值。

---

　　① 沈长云：《关于夏代国家产生的若干理论与实证问题》，《中原文化研究》2015 年第 1 期。

四　科学、合理的研究方法

事实上，伴随改革开放40年以来的发展，先秦史研究领域不仅产生了丰硕的颇具学术价值的成果，也形成了一批具有精湛理论水平和学术造诣的学者群体。沈先生可以说正是这个优秀学者群体中具有代表性的学者之一。沈先生的一个重要的学术特点，就是其所提出的史学思想，只要他认为是正确的，就一以贯之地加以坚持，并不断深化其学术理念、内涵。例如前述关于中国早期国家没有形成奴隶劳动为主的生产方式；中国早期国家仍然需要"按地区来划分它的国民"和"公共权力的设立"这两个标志来进行甄别；夏王朝产生于"河济之间"；商族起源于太原盆地和忻定盆地为中心的晋中地区；周族源于北方戎狄，周人与夏人并没有族属方面的传承关系等。这些观念随着新的考古材料、青铜器铭文和地下古文书的不断涌现，虽然沈先生对其有一些修正，但是其基本观念却始终是其所坚守的。例如关于夏王朝产生于"河济之间"的问题，尽管在史学界诸多学者对其有不同认识，但是沈先生却一直坚持己见，并通过新发现的青铜器铭文、地下古文书和相关考古材料来证明着自己的观点。学术研究本身是一个不断切磋、交流、又不断求新的"争鸣"过程，在不同意见的相互碰撞、互辩中，才最容易溅出思想的火花，促进学术的创新、发展。沈先生的这种坚持自己学术见解的品格，对于上古史研究的"争鸣"及"求新"无疑具有一定意义。

沈长云先生的史学研究旨趣广泛，学术自成一体的品格，应该与他的治史方法有密切联系。沈先生在治学中，正如他自己一再强调的，需要坚持走解放思想、实事求是的道路，由此反对教条主义和公式主义的束缚。事实上，从改革开放以来，我国历史学、考古学就在"史学危机"的困扰中不断地求新思变，这种求新思变的史学研究道路，既需要学者从教条主义、本本主义中走出来，也需要通过解放思想，以实事求是的科学态度去探讨、阐释中国古代社会所走过的独特的历史演进道路。尤其是近数十年来大量考古材料、殷墟和西周甲骨、西周青铜器铭文、战国秦汉简牍等新材料的发现，使这种求实创新的要求更加迫切。近40年来，我国许多学者在从事上古史的理论和实证研究中，使先秦史领域在诸多具体问题和理论研究上有着突飞猛进的发展。沈先生作为

改革开放以来颇有建树的学者,在这种学术氛围中也形成了其方法论特点:

其一,主张历史理论与实际史料的结合,在多种类型的史料梳理、整合中发现、分析和研究问题,使一些过去被忽略或尚为模糊的重要学术问题通过"沉下心"来的研究而得出了新的答案。例如关于上古中国是否存在西方古典的以奴隶劳动为主要生产方式的社会制度,或是以"东方亚细亚生产方式"来体现马克思、恩格斯关于人类初期社会的史学观点等,都是在理论与史料的有机结合中所成就的。

其二,注重不同类别历史资料、考古材料的综合运用。近数十年来,随着大量的考古材料、殷墟和西周甲骨、西周青铜器铭文、战国秦汉简牍等新材料的不断发现,如何通过这些不同类型史料的运用而客观地认识中国古代历史进程,尤其是深入地认识当时人们的社会生活及生产方式,社会形态与社会组织等,都成为先秦史研究领域的重要问题。沈先生在研究中注意各种史料的综合运用。如他在夏代历史文化的讨论中,一以贯之地对夏王朝的存在持肯定的观点。他认为尽管目前尚未有夏代文字的出现,但许多具有"可信度"的文献资料以及濮阳高城等史前文化遗址的发掘,为夏代并非后人杜撰的论点提供了有力的实证支持。[1] 同时,在对待传世文献的态度上,他既主张对传世文献需要认真的考证、甄别,去伪存真,同时也反对一概否定的"疑古"态度。他认为近年发现的大批战国、秦汉的简帛文字材料如帛书《周易》《老子》、竹书《论语》《老子》(郭店简)、《晏子》《孙子》《尉缭子》《六韬》《文子》等,可以证明传世文献虽然有被后人增删的诸多痕迹,但是也保留了许多真实的史实,使我们在研究工作中有着更丰富的前人未见的历史材料。这就使沈先生在上古史研究中屡有新见问世。

其三,即是对西方历史学、考古学、人类学理论的态度。在改革开放的环境中,中国史学界在坚持以唯物史观指导历史研究的同时,也不断吸收、借鉴西方历史学、考古学、人类学理论中的学术思想,这包括英国考古学者格林·丹尼尔和美国人类学者克拉克洪的关于文明社会的理论、英国史学家阿诺德·约瑟夫·汤因比的文明起源与挑战应战的理

---

[1] 沈长云:《关于夏代国家产生的若干理论与实证问题》,《中原文化研究》2015 年第 1 期。

论、法国年鉴学派布罗代尔的长时段理论、美国新进化论埃尔曼·塞维斯和莫顿·弗里德等人的理论等。特别是西方新进化论的代表人物埃尔曼·塞维斯、莫顿·弗里德等提出的"酋邦"理论传入中国后,在我国文明起源与早期国家产生等研究中产生了一定的影响。对于"酋邦"概念及其基本特征,我国学者提出多种解读。沈先生对西方早期国家即"酋邦"理论等采取了开放的态度,他认为这些理论对我们认识史前社会的漫长发展过程起着有益的理论参考作用。事实上,文明起源等问题的研究既是一个考古学实证问题,也是一个重要的史学理论问题,要把这项意义重大的学术研究推进到一个新的高度,提高到一个新的水平,就必须对其理论及方法论进行认真的思考和探索,以便尽快形成一套符合中国国情的科学的理论和方法论体系。故沈先生在对上古历史的研究中,既注意以实证的史料依据作为研究基础,也注重吸取对上古史有益的中、西方史学理论,这使他的研究工作别具特色。

综上所述,沈长云先生在先秦史研究中作出的贡献,是与其求实的创新精神、独具一格的学术视野和科学、合理的研究方法有着密切关系的。正是在这种史学思想与方法论引导下,沈长云先生能够独出一格、自成一体,在诸多学术问题形成自己的新颖见解,并为改革开放 40 年来的先秦史研究作出了重要贡献。

(李禹阶,重庆师范大学历史与社会学院二级教授,博士生导师)

历史学是否科学？

易建平　王一岚　张　旭　唐智安

历史学是否科学？这个问题在学术界争论已久，至今尚未达成共识。

早在17世纪，培根和笛卡尔的现代科学思想就开始对历史学产生了影响。进入19世纪，自然科学迅速发展，传统历史学开始大量利用其研究方法。[1] 以兰克为代表的历史学家努力以客观的态度对史料进行严谨的考证，以求尽可能真实地叙述历史。他们倾向于将历史学看作一门科学，并且引入了许多自然科学的理论和方法，力图"让历史学成为由经过专业训练的历史学家从事的严谨科学"[2]。在另外一个重大问题上，也就是，历史学是否可以在历史现象中发现普遍规律，就像自然科学可以在自然现象中发现的那种规律一样，兰克没有给出肯定的回答，而是倾向于宗教性的解释，将历史的发展变化归因于上帝的力量。[3] 实证主义历史学家则对此提出了新的认识。比如巴克尔相信，人类文明的发展存在规律，历史学要做的就是科学地证明人类活动的规律性。[4] 总体上，客观主义和实证主义实际上都把历史学看作一门科学，它们的发展推动了历史学的科学化进程。

遗憾的是，数十年后，这一进程逐渐停滞了下来，甚至有所逆转。

---

[1] George Macaulay Trevelyan, *An Autobiography and Other Essays*, Longmans, 1949, p. 54.

[2] Georg G. Iggers, *Historiography in the Twentieth Century: From Scientific Objectivity to the Postmodern Challenge*, Wesleyan University Press, 2005, pp. 24-25.

[3] Leopold Von Ranke, *The Secret of World History: Selected Writings on The Art and Science of History*, ed. and trans. by Roger Wines, Fordham University Press, 1981, pp. 160, 241.

[4] Henry Thomas Buckle, *History of Civilization in England*, Vol. 1, D. Appleton and Company, 1920, p. 1.

新一代的学者没有像兰克和巴克尔等人那样，努力将历史学发展成为自然科学那样的科学。这些学者的理论基础可以上溯到叔本华，他认为历史学只能直接认识单一的、一次性的事物，而无法通过普遍事物认识个别事物，因而它不是科学，不具备科学的可靠性。[①] 文德尔班虽然也说历史研究是科学，但是强调，它针对的是特殊的事物，因而只是"事件科学"；自然研究针对的则是普遍的事物，那才属于"规律科学"。[②] 受他们两个影响，李凯尔特虽然也把历史学看作是一种科学，但在科学前面冠以了"文化"一词，从而将其与"自然科学"区分了开来。在他看来，历史本身只有个别性，而没有自然那种一般性。因此，他把"文化科学"与"自然科学"二者严格对立了起来，认为作为"文化科学"之一种的历史学使用的是个别化的研究方法，"自然科学"使用的则是普遍化的研究方法，二者之间存在本质区别。[③] 柯林武德也认为，历史学与自然科学截然不同。[④] 他提出二者在研究方法上有一个关键区别：气象学、化学等"观察和实验的科学"通过实时观测和严格受控条件下的重现，探寻恒定的或重复出现的自然现象；与此相对，历史学则无法做到这一点，它只是用推理的方式研究无法进行观察的历史事件。[⑤] 虽然他也承认，历史学的研究方法受到了自然科学很深的影响。[⑥] 屈维廉更是直接主张，历史学根本就不是科学，因为，历史不会像自然现象一样重复出现，由此"历史学无法像物理科学那样推导出普适性的因果律"[⑦]。他是在与伯里论战时这样说的。伯里早年确实致力于推动历史学的科学化，但他的历史观在晚年出现了较大变化，转而认为历史在很

[①] ［德］叔本华：《叔本华美学随笔》，韦启昌译，上海人民出版社2009年版，第27—38页。

[②] Wilhelm Windelband, *Präludien: Aufsätze und Reden zur Philosophie und ihrer Geschichte*, Felix Meiner Verlag, 2021, S. 383–404.

[③] ［德］H. 李凯尔特：《文化科学和自然科学》，涂纪亮译，杜任之校，商务印书馆1991年版，第48—55页。

[④] R. G. Collingwood, *The Idea of History*, Oxford University Press, 1946, pp. 222–223; R. G. Collingwood, *The New Leviathan*, Oxford University Press, 1942, p. 280.

[⑤] R. G. Collingwood, *The Idea of History*, Oxford University Press, 1946, pp. 250–252.

[⑥] R. G. Collingwood, *The Idea of History*, Oxford University Press, 1946, p. 228.

[⑦] G. M. Trevelyan, Clio, *A Muse and Other Essays*, London: Longmans, Green and CO, 1949, p. 143.

大程度上受机缘巧合的影响,历史学因而难以科学地总结其发展规律。①

　　大致言之,20世纪西方历史学界不再那么追求将历史学发展成为物理学等那样的科学,历史学家们更多地倾向于将历史学纳入与科学（sciences）相对的人文学科（arts & humanities）。伊格尔斯将这个趋势总结为,"历史学家们能够自信地写下'历史学是一门科学,不多也不少'的日子早已远去了"②。

　　有意思的是,在中国,我们在20世纪上半期,却看见了历史学科学化的兴起。代表人物有梁启超、③ 王国维、胡适、④ 顾颉刚和傅斯年等。其中,傅斯年直接认为历史学就是史料学,号召"要把历史学语言学建设得和生物学地质学等同样"⑤。顾颉刚则明确提出,社会、历史都是科学研究的领域,中国历史学家的研究主旨就是"用了科学方法去驾驭中国历史的材料"⑥。他们也是当时最为杰出的历史学家,在各自的研究领域都取得了很大的成就。

　　进入20世纪50年代以后,受到马克思主义主导,中国大陆的绝大多数历史学家不容置疑地断言,"历史学是科学";历史学可以发现,甚至已经掌握了历史发展的普遍规律。当然,这与其说是一种学术观点,不如说是一种信仰;并无学者纯粹从学术的角度进行过历史学就是

---

① H. Temperley, ed., *Selected Essays of J. B. Bury*, Cambridge University Press, 1930, pp. 23-42, 60-69.

② Georg G. Iggers, *New Directions in European Historiography*, Wesleyan University Press, 1975, p. 4.

③ 但是,在1922年出版的《中国历史研究法》中详细列述了史学研究的科学方法之后,梁启超却将历史现象与自然现象截然相对立;他认为历史是一度的、个性的、与时空紧密相关的。梁启超:《中国历史研究法》,商务印书馆1922年版,第200—203页。一年后,梁氏甚至直接否定了自己以前主要的观点。他自称受到李凯尔特的影响,提出历史学的研究方法"十有九要从直觉得来,不是什么归纳演绎的问题"。梁启超:《研究文化史的几个重要问题》,《大公报》(长沙)1923年3月10日。

④ 不过,到了晚年,胡适认为历史学不是实验的科学,因为"历史科学的证据大部分只能搜求,只能发现,而无法再造出来反复实验"。参见胡适《历史科学的方法》,《中国地质学会会刊》(台北)1959年第2期。

⑤ 傅斯年:《历史语言研究所工作之旨趣》,《傅斯年全集:第三卷》,欧阳哲生主编:湖南教育出版社2000年版,第12页;傅斯年:《史学方法导论》,《傅斯年全集:第二卷》,第308页。

⑥ 顾颉刚:《一九二六年始刊词》,《北京大学研究所国学门周刊》1926年第2卷第13期。

科学的论证。同时期，台湾地区的声音则有所不同。如殷海光认为，历史不能重复，因而历史学不能从当中找到规律。①

到了20世纪80年代，国外的学术影响逐渐进入了中国大陆，我们的学者们又开始讨论历史学的学科性质，不少人将历史学和科学视为不同性质的两个研究领域，认为，"历史学即便是科学，也不是自然科学那样的科学，而是性质不一样的人文科学"，"历史学介于科学与人文学科之间"，"历史学既有科学的一面，也有艺术的一面"，等等。② 何兆武便是其中的代表性人物。比如，他在与人合作撰写的一篇文章中提出，历史无法通过重复实验总结规律，历史没有必然的客观规律，因而，"在这种意义上，历史学不是科学"③。叶文宪也主张，历史学不能通过实践验证逝去的历史，由此无法证实历史的是非对错，因而不可能成为自然科学那样的科学。④ 李桂海、张绪山都认同历史学研究成果无法检验的观点，认为其原因在于任何历史现象都是在特定的时空条件下出现的，任何历史事实或现象都不能重复，故而它们都不具有一般性和普遍性。⑤ 概括起来看，他们大致都认为，历史现象是个别性的，历史学研究因而也就提不出来具有普遍意义的科学理论。这与前述许多西方许多史学家的论证逻辑基本相同。可以说，李凯尔特、屈维廉等人（甚至早到叔本华和文德尔班）的说法成为中国大陆历史学界20世纪80年代以来甚为流行观点的理论基础。

正是在东西方这种历史学非科学观流行的基础之上，出现了许多实际上损害了历史学科学化发展的说法。比如，克罗齐认为，历史学的责任不在于描述事实和寻找规律，而在于叙述历史。⑥ 罗素甚至认

---

① 王元化主编：《殷海光林毓生书信录》，上海远东出版社1994年版，第143—144页。
② 例如李洪岩：《历史学：科学与人文学的统一》，《江汉论坛》1993年第2期；马强：《历史审美初论》，《学术月刊》1996年第9期；以及下文提到的多篇文章。这些观点并非是最近几十年才出现的，它们可以追溯至兰克。关于兰克的说法，参见 Leopold von Ranke, *The Theory and Practice of History*, eds. and trans. by Georg G. Iggers and Konrad von Moltke, Bobbs-Merrill Company, 2011, pp. 33–46.
③ 何兆武、张丽艳：《历史学是科学吗？》，《山东社会科学》2005年第9期。
④ 叶文宪：《历史学是科学还是人文——科学主义批判》，《探索与争鸣》2007年第5期。
⑤ 李桂海：《历史学既是科学也是艺术》，《学习与探索》1994年第3期；张绪山：《历史学是何种意义上的"科学"？》，《首都师范大学学报》（社会科学版）2009年第4期。
⑥ Benedetto Croce, *History: Its Theory and Practice*, trans. by Douglas Ainslie, Harcourt, Brace and Company, 1921, pp. 11–26.

为，叙述事实都是次要的，创作有趣的作品吸引公众关注历史才是历史学的主要任务。①国内许多学者也部分是在这类观点的影响下部分是继承了传统史学理论后提出，历史学要扩展想象力，历史学的写作要有艺术性，历史学应该起到教化作用，历史学要服务于现实政治，等等。②

综上所述，可以看得出来，"历史学不是科学"或"历史学不完全是科学"，俨然成为20世纪以来的主流观点。其核心论点可以概括为三。第一，与自然现象所具有的"普遍性"不一样，历史现象是"个别性"的，不能重复出现的。第二，历史学的假设（理论），不能像自然科学的那样，使用重复实验手段进行实证检验。第三，历史现象的出现没有规律，历史学也就无从发现规律。这三个论点的核心在于，历史现象的不可重复性，使历史学不能成为科学。本文首先讨论这三点，看看作为否定历史学成为科学的基础理由，能否成立。

一 理想的"应然"历史学

以研究对象是否能够重复出现来看历史学是否可以成为科学，这一点验之以大家并无疑义视作科学的物理学与生物学便知不能成立。研究宇宙演化的，难道能够让宇宙倒退到奇点来验证大爆炸理论吗？研究生物学的，难道可以让人类变回到森林古猿来验证进化论吗？当然不能。这与历史学不能让秦始皇复活来研究秦代的帝制一样。一门科学的研究对象是否可以重复出现，并不是科学之所以成为科学的基础理由。

其实，早在两千多年前，古希腊人就已经知道，人不可能两次蹚过同一条河流。世界上出现过的任何事，不管是自然现象还是人类社会活动，都不可能完全重复出现。任何两次科学实验，不管条件可以控制到

---

① ［英］罗素：《论历史》，何兆武、肖巍、张文杰译，生活·读书·新知三联书店1991年版，第1—12、62—83页。
② 参见李桂海《历史学既是科学也是艺术》，《学习与探索》1994年第3期；黄文学：《行走在科学与艺术之间——拓展历史学的想象力》，《黑河学刊》2014年第2期；舒晓昀：《历史学不仅仅是一门科学》，《史学理论研究》2001年第4期；田昌五：《马克思主义与中国历史发展规律》，《学术月刊》1997年第1期。

如何相似，也不可能做到完全相同，因而，都不可能获得绝对一致的结果。历史学固然无法让历史事件完全重演，物理学同样不能让天体一次次运行在绝对一致的轨道上。甚至，在微观的基本粒子观测领域，原先对之信心满满的宏观物理学的定律都已经失效。要预测电子的运行轨道，只能使用波函数；它不再是物理学家可以精确预测的固定轨道，而仅仅是指电子在原子核外空间出现概率较大的区域而已。决定论的牛顿力学被概率论的量子力学代替了。泡利不相容原理甚至直接指出，两个或更多费米子不能在量子系统中同时占据相同的量子态。比如在电子排布上，如果两个电子处于同一轨道，它们的自旋方向一定不同；如果自旋方向相同，它们一定不在同一轨道上。其他自然现象与科学研究领域也一样。同卵的孪生兄弟不会生长得一模一样。现代生物学即便是使用克隆技术，也无法复制出来两个绝对一致的个体。在处于永恒运动的物理世界及其副产品比如意识当中，每一个观察到的现象的出现都是独一无二的。我们的研究对象，不管是历史学的，还是物理学的或者其他科学的，都是"个体的"，严格意义上都是不具有"普遍性"的。将"普遍性"看作物理学化学生物学等研究对象的专有属性，严格意义上只是测量精度上的一种误解而已。自然现象与人类社会历史现象在"普遍性"上的区别，只是自然科学与历史学测量工具精度区别造成的假象而已。因而，以此来否定历史学是一门科学，就如以此来否定物理学是一门科学，理由同样不能成立。

　　既然"历史学不是科学"的第一个核心论点不能成立，逻辑上，其第二个论点自然失去了确立的基础。但是，即便如此，实际上，在一般人的认识当中，历史学的理论（假设）确实都不像物理学等自然科学的那样，往往可以在实验室里使用所谓的"重复实验"手段进行实证检验。对此怎么进行解释呢？

　　首先，我们认为，所谓的"重复实验"只是一种误解。上面我们论证过，任何科学实验，都不可能做到绝对相同。所谓的"重复"，只是测量精度上的一种误解或者忽略而已。更为准确地说，我们通常谈到的所谓的"重复实验"，不过是在实验室里使用所谓的"相同的"其实是相似的实验手段所进行的实证检验罢了。核心在于，实证检验。而不在于，实证检验手段与结果的绝对相同。①

其次，实际上，由此看来，历史学也与物理学等自然科学一样，都在使用实证研究手段检验理论这一方法。许多人认为没有使用这种方法，原因在于，他们多半是按照后者的实验室检验模式去观察前者的，才得出了这么一个结论。其实，历史学如果不使用实证手段检验理论的方法，学科本身就失去了存在的意义。在历史研究当中，就使用实证手段检验解释这一点来看，它与物理学等学科使用的并无本质区别。区别只是在于，历史学假设的实证检验手段远为多元而已，它不像后者那样，更多的是在实验室里，使用误解了的所谓的"重复"检验手段。最为经常看到的比如有，历史学不仅仅使用自己这门学科专有的实证分析手段，比如文献辨别、音韵分析、语义分析、档案分析、个案比较等常用手段，而且使用地质学物理学化学生物学等自然科学的技术，包括实验室里所谓的可以"重复"使用的检验技术。历史学解释的实证检验手段的多元化，本身反映了历史学研究对象的复杂性，远远超过了自然科学某一门类的研究对象。如此而已。

历史学家与许多自然科学家最为相似的时候，是在他们研究考古材料的时候。比如，他们经常运用生物学的检测技术，来鉴定墓葬中提取的古人类 DNA，以获取墓主人的许多信息，包括他（她）的身份、与其他个体的关系和迁徙历史，等等。② 借助物理学的检测技术，研究者也可以分析古代玉器的微痕，从而认识史前时期的治玉技术，而据此展开的模拟实验，可以大致让人了解当时制作玉器的过程。③ 依据碳元素自然放射性衰变的原理，提取古遗址中的木炭、种子、骨头等有机物进行放射性碳活性测量，研究者可以大体确定该遗址存在的年代。④ 在进行这类工作的时候，历史学家的形象与许多门类自然科学家的并无多大

---

① 波普尔甚至认为，只有可以进行实证检验也即理论上存在实证证伪可能性的，才叫作科学。[英] 卡尔·波普尔:《猜想与反驳：科学知识的增长》，傅季重、纪树立、周昌忠、蒋弋为译，上海译文出版社 2005 年版，第 47—92 页；[英] 卡尔·波普尔:《科学发现的逻辑》，查汝强、邱仁宗、万木春译，中国美术学院出版社 2007 年版，第 3—24、54—68 页。
② 付巧妹:《古 DNA 探秘东亚人群演化图谱》，《科学通报》2022 年第 32 期。
③ 徐飞、邓聪、叶晓红:《史前玉器大型钻孔技术实验研究》，《中原文物》2018 年第 2 期。
④ W. F. Libby, "Atmospheric Helium Three and Radiocarbon from Cosmic Radiation", *Physical Review*, Vol. 69, No. 11 – 12, 1946, pp. 671 – 672.

区别。

当然，大多数历史学家的研究对象在直接性上通常与物理学家等自然科学家的区别也很大。在文字出现之前，历史学家研究的对象是过去人类活动的遗迹，这与天体演化物理学家的研究对象许多时候是过去天体活动的遗迹，其在直接性上并无不同。在研究者与研究对象之间，并未存在中间媒介。然而，大多数历史学家的研究对象却是存在于文字材料出现并且较为丰富了之后。这就使得情况大大改变了，研究者更多时候并不能够通过直接观察研究对象的遗迹而进行了。在研究者与研究对象之间，横亘了文字记载这一媒介。这个时候，与绝大多数自然科学家不一样，历史学家并不能够直接研究对象，而需要通过文字媒介这一座桥梁。[①] 因而，历史学家更多地使用的是历史学特有的方法，先对中间媒介进行分析辨别，然后才能够探寻其所记载历史事件的真实性。当然，同时，历史学家也要处理过去人类活动遗留下来的文字以外的遗迹材料，因而也常常需要使用前面提到的各种自然科学比如物理学化学生物学等的技术手段。这倒是与某些自然科学课题研究的方法相似。比如，研究历史上气候变化的学者，不仅仅需要处理这门学科专有技术获得的数据，也需要处理人类通过大量文字记载留下来的关于过去几千年的气候变化数据。

其实，即便是多了一个文字媒介之后，历史学家的工作本质上也与其他自然科学家的没有多大不同。形式逻辑工具之外，他们都在使用各种可以使用的实证技术手段，来探求研究对象的真实性。他们观察或者阅读或者同时，然后分析、归纳、推理、演绎，获得假设；然后继续重复上述过程，对假设进行检验。故而有人认为，"历史学家研究过程中所使用假设的地位，与科学家所使用假设的地位看起来如出一辙……我认为，他们二者研究问题所采用的方法并无本质区别"[②]。

历史学并非科学的第三个核心论点，历史现象的出现并无规律性，历史学不可能通过其研究得出自然科学那样的普遍性的规律，同样不能成立。

---

① 此处讨论的研究对象主要是历史上的人类社会活动。当然，思想史哲学史之类，文字本身即是研究对象本身。
② E. H. Carr, *What is History*? Ed. by R. W. Davies, Penguin Books, 1987, pp. 60–61.

我们知道，即便证明了前两个核心论点不能成立，仍然有许多学者会赞同第三个论点。甚至，在持有历史学是科学观点的学者中间，也常有人认为，历史学不能找到人类社会运作的普遍性规律。

所谓规律，无非是指出现在自然界和人类社会中诸种现象之间必然的关系，它决定着现象本身表现的形态和变化，而与现象本身是否"个体性"的并无必然联系。① 这样，我们的上述问题就可以划分为以下两个。

第一，历史学研究的对象本身也即过去人类活动的本身之间是否存在着必然的关系；这种关系决定着那些活动本身表现的形态与变化。毫无疑问，答案应该是肯定的。在这一方面，存在着一些没有疑义的公理性的规律。首先是一些生物学上的规律，比如，人不进食便会饿死；男女相互吸引，生物学上的目的是通过交配繁衍后代，以留下尽可能多的基因。在这样的公理性规律的基础之上，我们可以很容易地观察、归纳并推理出来一些决定了人类活动方式的社会学上的定理性规律。比如，在食物短缺时，为了维持生存，人们便会相互竞争，甚至相互屠杀。又比如，如有可能，成年人都会尽力获取尽可能多的异性。马斯洛的需求层次理论，越是处于底层的，越是可以看作历史学研究对象的公理性规律；越是处于上层的，越是可以看作是公理性规律的扩展推理。

第二，处于不同地理空间当中的历史学研究的对象是否表现出共性。我们认为，对此答案也是肯定的。正是由于存在着生物学等之上的公理及其社会学等之上的推理，人类社会在不同的地理空间当中，在时间轴上的相似段上，往往表现出相似的存在形态与发展趋势。比如，在原生②社会当中，不同地区的人类社会都出现了从简单到复杂、从平等到等级、从缺乏强制性的合法权力到国家的演化过程。

二 遗憾的"实然"历史学

当然，历史学是否科学，这一问题的解决，不仅仅只该问其"应

---

① 一切现象都是"个体性"的，这我们前面论证过了。
② "原生"概念，我们这里采用人类学家弗里德的用法。Morton H. Fried, *The Evolution of Political Society: An Essay in Political Anthropology*, Random House, 1967, pp. 111, 198.

然",还要看其"实然"。

所谓科学,广义上,无非是指人们进行的最终可以以实证手段来进行假设(理论)检验的求真研究;狭义上,通常是指经过某些种类特殊训练的人如物理学家化学家生物学家等进行的最终可以以实证手段来进行假设(理论)检验的求真研究。在科学研究的整个过程当中,采用的主要方法是形式逻辑与实证分析。形式逻辑用以检验假设(理论)在形式上的真伪,实证分析用以检验假设(理论)在内容上的真伪。在科学那里,求真是唯一的目的。从方法与目的上看,历史学完全可以满足科学的定义。历史学也主要使用形式逻辑与实证分析手段检验解释,探求过去发生在人类社会当中事件的真实性。

虽然,与物理学化学生物学等门类的自然科学不一样,历史学检验假设(理论)的实证分析手段,远为多样,远为复杂。这是因为,历史学研究的对象远为复杂。这导致了历史学解释的远为不确定。即便如此,从这也并不能推论出来历史学并非科学的结论。

遗憾的是,这仅仅是就其"应然"而言。

"实然"的情况是,虽然,在历史学这里,求真本来也应该是唯一的目的,但是,实际上,却出现了许多"不应该"的非求真的干扰,它们妨碍了历史学真正地成为科学。换句话说,我们认为,与物理学化学生物学等一样,历史学本来也是科学(应然);但是,在历史学发展的实际当中,这许多的"不应该",又妨碍了历史学真正成为物理学化学生物学等那样的科学(实然)。

其中,最大最多出现的"不应该",在"实然"的历史学当中,无论古今中外,遗憾的是,将求真当作唯一目的的情况并不多见。正是在这一点上,我们看到了历史学与现代物理学化学生物学等自然科学的巨大区别。正是这一点最使得历史学未能成为本该成为的"应然"的科学。几千年来,历史学家的传统就是,在求真之外,甚至,在求真之上,将教化等当作了历史学的重要甚至主要甚至最高目的。历史学的求真很多时候都屈从于其价值引导功能。

科学本来只能用之于求真,也就是只能用之于进行事实判断。在进行事实判断的时候,我们可以找到共同的标准与方法,对事实判断本身进行事实判断。但是,一个人如果进行价值判断,那就很容易偏离求真目标干扰求真活动;而且,其他人难有共同的标准与方法,对其价值判断本身进行价值判断。对事实判断进行事实判断的标准是真伪，使用的方法同样主要是形式逻辑与实证分析，因而，不同的研究者之间，很容易就可以找到共识。而对某个价值判断进行价值判断的标准就不能是真伪了，而是判断者自己的立场也即自己的利害关系考量；形式逻辑与实证分析方法这个时候往往也有可能会失效了。每一个人的立场也即利害关系思考都可以不一样，加上难以使用共同的检验方法，因而，至今难以对不同主体所作的价值判断进行共识的价值判断。虽然，自古以来人类都在探求具有普遍意义的价值判断标准与方法，但至今也很难说已经成功。比如，对同一个历史事件或者同一个历史人物进行好坏或者善恶判断，不同时代不同地区的历史学家之所持有的价值判断标准与实际检验方法很多时候完全不同。这在我们阅读孔子、左丘明、司马迁、班固、陈寿、欧阳修、司马光、万斯同、梁启超、王国维、陈寅恪、郭沫若、钱穆、傅斯年、希罗多德、修昔底德、色诺芬、波利比阿、李维、普鲁塔克、塔西佗、普罗科匹厄斯、格雷戈里、比德、吉本、布洛赫、汤因比、布罗代尔和内藤湖南等人著作时候，很容易看得出来。比如，司马迁撰写《史记》，以自己的"王道"标准对历史事件和历史人物进行取舍进行价值判断，班固却对其很不赞同，甚至大加谴责："其是非颇缪于圣人，论大道则先黄、老而后六经，序游侠则退处士而进奸雄，述货殖则崇势利而羞贱贫。"[1]

下面，我们中外各举古今两家例子，来看看学者们是如何定位价值判断在历史学当中作用的。

刘知几：

> 盖史之为用也，记功司过，彰善瘅恶，得失一朝，荣辱千载。[2]
> 夫人之生也，有贤不肖焉。若乃其恶可以诫世，其善可以示后，而死之日名无得而闻焉，是谁之过欤？盖史官之责也。[3]

---

[1] （汉）班固著，（唐）颜师古注：《汉书》卷62《司马迁传》，中华书局1962年版，第2737—2738页。

[2] （唐）刘知几著，浦起龙释：《史通通释》卷7《曲笔》，上海古籍出版社2009年版，第185页。

[3] （唐）刘知几著，浦起龙释：《史通通释》卷8《人物》，第220—221页。

何兆武：

……但历史学之成其为历史学则已恰在一切操作既已完成之后，最后还要联系到并归结为人文价值的理想。一切历史和人们对历史的体验（历史学）都要由历史学家的人文价值的理想加以统一。在这种意义上，每个历史学家首先都是一个历史哲学家，历史学的对象是一堆史实，历史学家则是用自己的哲学按自己心目中的蓝图把这一堆材料构筑成一座大厦。因此，历史学家就其本性而言，就既不可能是实证主义的（科学的），也不可能是理性主义的（逻辑的）。对历史的理解，取决于历史学家对人性（人所表现的一切性质）的理解，其中既有经验的因素，又复有非经验的因素；这两种因素大抵即相当于人们确实都做了些什么（史实）以及人们应该都做些什么（人文价值的理想）。①

……特别是因为人文因素里面包含有一个价值判断的问题，你认为这样好，他认为那样好，这本来可以有不同的情况……这个价值观念在自然科学家那里可以没有，但是在历史学家、在人文学家那里就有。②

塔西佗：

他（塔西佗——引者）所标榜的写作，意在展示政治上的善恶典范，让后人加以赞美和谴责，并且通过他的叙述来教导读者们：好公民可以生活在坏统治者的治下——尽管这些叙述充满单调的恐怖情节，容易令他的读者感到厌倦。③

梅尼克：

……没有坚实的伦理基础的历史概念就会成为波浪的游戏；在

---

① 何兆武：《对历史学的若干反思》，《史学理论研究》1996 年第 2 期。
② 何兆武、张丽艳：《历史学是科学吗?》，《山东社会科学》2005 年第 9 期。
③ H. Furneaux, ed., *Cornelii Taciti Annalium Libri*, I–IV, Clarendon Press, 1885, pp. 3–4.

良知的声音中，一切流动的、相对的东西突然都获得了固定的、绝对的形式……通过良心之口，更高层次的历史力量——民族、祖国、国家、宗教等——也对个人说话，尽管这些力量具有个人化的特征，但它们传达给个人的东西，仍然具有令人惊叹的绝对性和强制性，这也保护了社会生活不至于陷入个人意志的无序状态。因此，良知是人类社会的强大黏合剂，同时也是人的真正形而上学源泉。在良知中，个体性与绝对性合二为一，历史性与当下性合二为一。所以，正是通过良知，瞬间才被赋予了我们所说的永恒内容。历史的所有永恒价值最终都源于行动者的良知决定。[1]

我们的历史思考在很大程度上是在为国家和民族而从事斗争的过程中发展起来的。[2]

当然，远不止这几位学者。其他著名的如刘勰、[3] 曾巩、[4] 叶适、[5] 郑思肖、[6] 刘泽华、[7] 刘家和、[8] 黑格尔、[9] 克罗齐、[10] 胡塞尔、[11] 屈维廉、[12] 雅斯贝斯、[13] 埃尔顿[14]，等等，这个名单可以列得很长。

---

[1] Friedrich Meinecke, "Geschichte und Gegenwart", im *Werke*, Band 4, *Zur Theorie und Philosophie der Geschichte*, De Gruyter Oldenbourg, 1965, S. 99 – 100.

[2] 转引自 Lionel Gossman, *Basel in the Age of Burckhardt*, University of Chicago Press, 2000, p. 446.

[3] （南朝齐）刘勰著，黄叔琳注，李祥补注，杨明照校注拾遗：《增订文心雕龙校注》卷4《史传》，中华书局2012年版，第209—210页。

[4] （宋）曾巩著，陈杏珍、晁继周点校：《曾巩集》卷11《南齐书目录序》，中华书局1984年版，第188页。

[5] 叶适：《习学记言序目》卷9《春秋》，中华书局1977年版，第117页。

[6] （宋）郑思肖著，陈福康校点：《郑思肖集·古今正统大论》，上海古籍出版社1991年版，第132页。

[7] 刘泽华、张国刚：《历史研究中的价值认识》，《世界历史》1986年第12期。

[8] 刘家和：《史学的求真与致用问题》，《学术月刊》1997年第1期。

[9] ［德］黑格尔：《历史哲学》，王造时译，上海书店出版社2001年版，第14页。

[10] Benedetto Croce, *History: Its Theory and Practice*, trans. by Douglas Ainslie, Harcourt, Brace and Company, 1921, p. 86.

[11] ［德］埃德蒙德·胡塞尔：《欧洲科学的危机和超验现象学》，张庆熊译，上海译文出版社1988年版，第6—7页。

[12] George Macaulay Trevelyan, *An Autobiography and Other Essays*, pp. 56 – 57.

[13] Karl Jaspers, *The Origin and Goal of History*, Yale University Press, 1953, p. 231.

[14] G. R. Elton, *The Practice of History*, Sydney University Press, 1967, p. 134.

甚至像章学诚这样的一再强调求实的学者也说：

> 或问《周官》府史之史，与内史、外史、太史、小史、御史之史，有异义乎？曰：无异义也……皆守掌故，而以法存先王之道也。①
>
> 史之大原，本乎《春秋》；《春秋》之义，昭乎笔削。笔削之义，不仅事具始末，文成规矩已也，以夫子"义则窃取"之旨观之，固将纲纪天人，推明大道。所以通古今之变，而成一家之言者，必有详人之所略，异人之所同，重人之所轻，而忽人之所谨；绳墨之所不可得而拘，类例之所不可得而泥，而后微茫杪忽之际，有以独断于一心；及其书之成也，自然可以参天地而质鬼神，契前修而俟后圣，此家学之所以可贵也。②
>
> 学诚……读书著文，耻为无实空言，所述《通义》，虽以文史标题，而于世教民彝，人心风俗，未尝不三致意，往往推演古今，窃附诗人义焉。③

三　"实然"历史学再讨论

比较起来，以求真为唯一目的的科学主张，在几千年来的历史学发展过程当中，实际上淹没于了以教化等为目的的科学以外的呼声与实践当中了。以中国历史学的发展为例，我们实际上看到的是，历史学家一直受到各种意识形态的影响，使得他们不断强调价值导向功能，诸如明道义、辨善恶等，并且，往往将这种价值判断的工作凌驾于事实判断的之上。这种传统早在春秋时代甚至更早时候就开始了。孔子作"春秋"，使用了"微言大义"手法来贯彻其史学的教化与政治功能，这成为后世的楷模。在儒家学说成为正统之后，春秋史观更是被摆上了不可动摇的指导地位。

---

① 章学诚著，叶瑛校注：《文史通义校注》卷3《史释》，中华书局2004年版，第230页。
② 章学诚著，叶瑛校注：《文史通义校注》卷5《答客问上》，中华书局2004年版，第470—471页。
③ 章学诚：《章学诚遗书》卷29《上尹楚珍阁学书》，文物出版社1985年版，第330页。

更不必说，历史学一直为胜利者所操弄，用来诠释自己权力的合法性。大权在握者甚至经常赤裸裸地以暴力来危害历史学的科学性。在这种情况之下，可能以生命为代价的求实求真工作，又有几个人能够坚持下去呢？西晋的史官就为了保全身家性命，不得不回避司马昭使人当街杀死曹髦的史实。

除此之外，历史学家的不端品行也给历史学带来了负面影响。班固有"征贿鬻笔"的不光彩记录。① 陈寿不但有"索米立传"的污点，还挟私报复，对历史人物进行了后人看来不公正的评价。②

正是主要因为或主动或被动地将价值判断工作插入事实判断工作之内甚至置于其上的这种现象，使得本该是以求真为唯一目的的科学的历史学成为矮人一等的政治与教化的奴仆。政治与教化的口号听起来很崇高，但在破坏了历史学的科学性之后，损害了历史学求真的基础之后，往往使其成为权力掌控者欺骗公众、愚弄人民的工具。著名的纳粹史学就是一个很好的例子。

所以，我们的结论是再次强调，作为"应然"的历史学，与物理学化学生物学等一样，都是科学。但是，作为"实然"的历史学，很多时候，甚至可以说大多数时候，正是主要因为非科学的价值判断导向极大地干扰了科学的事实判断工作，使得本来应该成为科学的历史学，实际上成为非科学半科学。

麻烦在于，历史学本来就是一门处理历史事件的科学，而所有的历史事件尤其其主角历史人物，研究者都不可避免地认为自己会对其天然负有一种历史价值的评价任务，而大多数的历史价值评价，都是属于价值判断领域的工作，也就是说，这种工作是以判断者自身利害关系考量为标准的，故而，许多时候它们不可能不损害到历史学的科学性。历史学研究当中所谓的"求善"许多时候不可能不妨碍"求真"。概括起来

---

① （南朝齐）刘勰著，黄叔琳注，李祥补注，杨明照校注拾遗：《增订文心雕龙》卷4《史传》，第208页："及班固述汉，因循前业，观司马迁之辞，思实过半。其《十志》该富，赞序弘丽，儒雅彬彬，信有遗味。至于宗经矩圣之典，端绪丰赡之功，遗亲攘美之罪，征贿鬻笔之愆，公理辨之究矣。"

② （唐）房玄龄等：《晋书》卷82《陈寿传》，中华书局1974年版，第2137—2138页："或云丁仪、丁廙有盛名于魏，寿谓其子曰：'可觅千斛米见与，当为尊公作佳传。'丁不与之，竟不为立传。寿父为马谡参军，谡为诸葛亮所诛，寿父亦坐被髡，诸葛瞻又轻寿；寿为亮立传，谓亮将略非长，无应敌之才，言瞻惟工书，名过其实，议者以此少之。"

说这就是，如果价值判断是历史学不可避免的工作，那么，许多时候历史学本质上也就不可能成为一门如物理学化学生物学那样纯粹的"求真"的科学。

这样，看起来，任何时候都要让历史学成为一门科学，同时要让历史学家可以名正言顺地进行价值判断属性的历史评价，几乎是一件不可能做到的事情。

对此，我们的解决办法首先是，对历史学进行纯粹的科学定义，将其解释为仅仅研究历史事实的科学，而把有可能干扰事实判断的价值判断完全排除于其专业工作范围之外。历史学只是一门求真于过去发生事件的科学。这一个基本点我们必须坚持。

其次，是将历史学家在做本职科学工作与进行有可能干扰这种工作的价值判断时候的身份尽可能分开。这要求，在进行这种价值判断时候，历史学家本人需要尽可能意识到，自己已经不再是一位在做本职科学工作的历史学家了。这个时候他应该充分地保持警惕，尽可能地不让这种活动干扰自己的科学的历史学研究的工作。在做这种价值判断属性的历史评价时候，他应该尽可能清醒地认识到，自己只是一位普通人，一位与从事其他职业的人比如政治家、经济学家、物理学家、生物学家、电焊工或者农民一样的普通人，在以自己的价值标准也即自己的利害关系考量为标准进行这类历史评价。历史学家本职工作的任务，仅仅是为这样一种历史评价提供专业研究之后的史实。没有任何理由，将这类历史评价工作视为历史学家不容他人染指的领域。更何况，事实上，在进行这类历史评价时候，更没有任何标准可以依之进行判断，历史学家的评价，高于从事任何其他职业的人，高于比如政治家、经济学家、物理学家、生物学家、电焊工或者农民。更何况，事实上，在漫长的历史学发展过程当中，历史学家进行这类历史评价的价值判断标准，经常并不是自己的标准，而是掌权的政治家甚至"很坏的"大权在握的政治家的标准。"求善"本来就是这个世界上每一个人的本能，很多时候也是责任。即便涉及历史，也是每一个人可以做并且可能曾经做过、实际在做的事情，而不是只有历史学家才有能力才有责任去做的事情。历史学家专有的责任是历史事实"求真"，历史学的"求真"工作需要特殊的专业训练，只有历史学家可以做好。反之，进行这种价值判断属性的历史评价不需要经过专业训练，每一个人都有自己的价值评断标准，每一个人都可以做。

这样处理之后，我们就可以尽可能地既不破坏历史学的科学性，让历史学家专心地做好自己的本职工作，进行历史"求真"，同时，又可以让历史学家大胆地像从事任何其他职业的人一样，安稳地进行"求善"，进行这种价值判断属性的历史评价。在这两者之间，历史学家一直要尽可能地保持清醒的头脑，尽可能地不让后者损害其本职工作的科学性。这样，历史学家就可以甩掉包袱，认真地进行本职的"求真"工作，大胆地像一个普通人那样进行"求善"活动，两不耽误。这才真正有利于恢复历史学应有的科学价值，同时促进社会的人文进步。

写到这里，我们不由想起来爱因斯坦的说法。他认为，客观知识为我们实现某些目标提供了强有力的工具，但终极目标本身以及达到目标的渴望必须来自另一个来源，"因为科学只能确定'是什么'，而不能确定'应该是什么'，在科学领域之外，各种价值判断仍然是必不可少的"[1]。当然，这并不是他首创的说法。这是一种常识。我们在此常识之上进一步引申，科学本身无法进行价值判断；社会需要价值判断；在科学研究当中，如果不保持充分警惕，让价值判断干扰事实判断，科学工作便很有可能遭受损害；但是，无人可以阻止科学家进行价值判断；何况，科学家也与任何其他人一样，也有责任"求善"，进行价值判断；为了两不耽误，科学家在进行事实判断与价值判断时候，应该有意识地尽可能地将自己的两种活动两种身份分辨清楚，根本目的在于，不让后两者干扰前两者。在进行事实判断工作时候，他是科学家；在做有可能干扰这一工作的价值判断时候，他只是普通人。

回到历史学。相反地，如果坚持认为，任何形式任何阶段的所有价值判断都是历史学不可分割的一部分，像自古以来太多的学者所认为的那样，那么，历史学不仅难以成为真正的科学，而且，在"求善"的旗帜之下，最终收获的很有可能却是"罪恶"。下面我们来引用一份曾经著名的历史学杂志的主编的话：

---

[1] Albert Einstein, *Ideas and Opinions*, new translations and revisions by Sonja Bargmnn, Crown Publishers, 1954, pp. 42, 45.

……在一个技术变革无比剧烈,整个人类的历史都在因此发生变化的时代……几乎所有的民族都在经历深刻的变革。旧的价值标准正在失效,曾经崇高的法律法规正在破碎……在这样的时代,我们的思想必须清醒,我们的意识必须觉醒,我们的行动能力必须提高……这是当今各国历史研究所面临的任务。

……我们德国人民,在这个时代的风云变幻中,充分意识到了这一点,在一位伟大而富有创造性的领袖的号召和激励下,从一个新的内在社会中建立了一个新的帝国,从古老的分裂走向统一,从泛滥的、往往是无形的多样性走向统一的形式。在他们身上,时代的运动是双倍的强大,每一个任务都是双倍的充满责任;但同时,这个意志也得到了一个伟大的引领目标的鼓舞。

我们德国历史学如果不经受这场我们民族正在经历的彻底革命的深刻影响,那么它早就会停滞不前了。过去二十年来,不仅是士兵和群众的坚定步伐在每一个学者的书房里回荡;我们的工作本身,其内在本质也随着时代的风暴节奏而摆动……无论是否愿意,科学也不能摆脱这个时代普遍规律的影响,尤其是历史学,它与政治的领域密切相关。它今天面临着特殊的责任,要推动我们民族中正在形成的新精神,甚至要在科学斗争的战场上引领前进,为德意志的未来贡献力量。

《历史杂志》也要在自己不大的领域内为这项任务服务……"它应该……对……严肃学术和爱国主义精神保持忠诚"……在(过去)76个年头里,它帮助维持了德国历史学的荣耀和声誉……它也在最前线参与了建立和巩固我们第二帝国也即俾斯麦时代国家的思想斗争;它的创始人的民族思想在1918年的世界大战和崩溃之后,始终如一地保持不变……

……新时代的氛围充满着深厚的意识,我们是一个不可分割、同等重要的整体民族的一部分,我们与它生死相依,与它共享不可阻挡的意志和具有突破力的信仰,这些信仰正是在旧体制崩溃后与我们的领袖一起从深渊中升起的:重新站在一个奋斗的民族当中。

……与杂志创办时相比,我们今天所代表的是一个明确的全德意志观……我们的视角是包含我们所有人的统一的德国民族的……我们生活的思想环境已不再是过去德国中产阶级的环境，而是一个从头开始改造的民族的环境，这个民族正在为新的、全面的共同体以及新的领导结构而奋斗。

……

……时代的重大问题不容推迟，它们需要解决。我们看到，腐朽的和平思潮在思想领域毒害最大。我们希望在力所能及的范围内作出贡献，努力确保我们的民族最终能够清晰地表达自己的意愿。

……很少有人意识到，我们当下的决定同时也决定着我们整个民族未来的命运。从正在发生的事情中，我们追溯和审视已经发生的事情，并且用我们的血液赋予它们生机；从真实的过去中，我们认识和增强着今天的生命力。历史学从来都是受到行动激励的，就像它的近亲诗歌一样，它有能力再次行动。与时代共鸣，希望由此我们的学科也将获得新生；通过我们的学科，希望新的勇气和力量之泉将再次流向我们的民族。①

如果不知道背景，上述话语读起来是不是也很有可能会让人热血沸腾？它出自纳粹历史学家米勒，出自他1936年担任德国长期以"科学"和"独立"著称的《历史杂志》主编后为其所写的导言。自此，杂志迅速纳粹化，大量刊发了反犹主义、种族主义、德意志主义等类型的文章，对德国社会和历史学的发展产生了在大多数后人看来是恶劣的影响，最终"降低了德国传统政治史学的权威性，削弱了杂志自身的可信度和公信力，使其丧失了在全球史学界原有的地位"②。

四 结束语：概括回答几个可能的疑问

本文进行了一些可能过于大胆的探索，提出了一些与主流史学认识不太一致的观点，欢迎方家批评指正。其中，最有可能引起争议的是，

---

① Karl Alesander von Müller, "Zum Geleit", *Historische Zeitschrift*, Bd. 153, Nr. 1, 1936, S. 1–5.

② 刘山明：《德国纳粹时期〈历史杂志〉的纳粹化》，《史学月刊》2022年第6期。

历史学家求真与有可能干扰求真的求善两者的分身问题。在文章的征求意见过程当中，几位师友的批评也主要集中在这方面。为了避免误解，我们下面先尽量引用原话列出来他们提出的疑义。

1. 既然历史学家可以"普通人"身份做价值判断，那么如何保证这个身份不越界干预其"史家"工作？

2. 其他人对一个史家的成果进行评判时，又以什么为标准区分哪是他作为普通人的判断，哪是他作为史家的判断？

3. 特别是隐性价值判断，比如问题意识、选题方向、史实选择范围和解释取向等，如何判断所有这些方面是出自其事实判断，还是出自其价值立场的作用？

4. 是否出自价值立场的选题、解释一定不科学，而出自事实判断的选题、解释一定比前者科学？

5. 既然价值判断是"本能"甚至也是"责任"，那么比其他普通人对"事实判断"更专业更有优势的史家，其价值判断比其他"普通人"不应该更值得参考吗？或者史家不是比其他人更应该负起提供正确的价值判断的责任吗？

6. 归根到底，历史学的科学性真的必须以价值判断撤出历史学职业目标之外为前提吗？若然，则如写《墓碑》《夹边沟纪事》者，他们之"求真相"的动力岂不是无处挂搭了吗？另，陈寅恪向被称为实证史学大师，但繁琐考证的《柳如是别传》也是寄托心曲之作，只当问真不真的王国维所以辛亥后弃哲学转向考古，从古文字入手一头扎进古学考证，这一转向和选择不是出于事实判断，而是在世衰道微的时候要"返经信古"。他这么大的成就，傅斯年一辈人对他敬服得五体投地，郭沫若也封他为科学史学开山，但是他的目的却是坐实"先公先王"，恢复周公集大成的道德文化，他的两考和《殷周制度论》是一体的，前者是手段，后者才是目的。

7. 落伍的价值目的诞生了举世钦敬的科学成绩，这个现象怎么评说呢？

8. 如果历史学仅仅是一门求真的科学，那么历史学家求什么之真？他要选择什么样的研究对象去求其真？选择对象这件事本身有没有价值判断渗透其中？离开价值判断，怕是连研究对象都无法选择了。

9. 任何历史学家都是一个完整的人，不可能人格分裂，他如何能够做到先把自己作为一个科学家去作事实判断，然后再做普通人去做价值判断？进一步说，在很多情况下，历史学家的所谓事实判断与价值判断是搅和在一起的，是无法截然分开的。所以，将其分开，在实际的历史研究中可能不好把握，难以落到实处。

这些问题有的正文中实际上都已经做过讨论，师友们仍旧产生了疑问，可见我们的论证还是不够。这里不妨再做些总结性的回复，可能有的是重复了正文有过讨论的回复。

更为概括地看，前述几个问题可以进一步归纳为四个。

首先一大问题是，如何区分历史学研究当中的事实判断和价值判断。

综合本文的论证看，这两大判断的区分其实已经说得十分清楚。在目的上，前者是求真，后者是"求善"。在手段上，前者主要使用形式逻辑与实证分析，后者则无一定；而且，形式逻辑与实证分析这两种方法对"求善"并不一定具有正向作用；甚至，有的时候具有反向作用。在标准上，前者所有行为主体都是一致的，后者要求所有行为主体都一致则几乎没有可能。综合起来，由此，前者相对容易产生共识，后者产生共识则极其困难。举个历史研究当中的具体例子。东汉是否存在曹操这个人物是一个事实判断的问题，不同的研究者相对容易达成结论上的共识。曹操这个人是好是坏，则是一个价值判断的问题，判断结论往往会因判断者判断"好""坏"标准的不同而异。

第二大问题是，价值判断是否有"先进""落后"或"正确""错误"之分？较之普通人，因其专业知识，历史学家的价值判断是否比前者的更为正确更有价值？

价值判断的标准说到底是基于判断者个人的利害关系考量所设立的，因而，要对价值判断进行"先进""落后"或"正确""错误"之分，需要先对"先进""落后"或"正确""错误"本身进行定义，而这类定义的标准最后又是定义者本人的利害关系考量。这结果就是，每一个人的标准都有可能不一致。既然难有共同的标准，也就难以对价值判断达成共识的"先进""落后"或"正确""错误"之区分。历史学家的价值判断标准说到底也是基于判断者个人的利害关系考量所设立，不能因为他是历史学家，拥有丰富的历史学专业知识，便认定其利害关系考量标准更为"先进"更为"正确"，由此不能认定其基于其上标准进行的价值判断比普通人更为"先进"更为"正确"。"梁效"班子里的大历史学家所做价值判断就是一个最好的例证。何况，古今中外，所谓历史学家的价值判断标准，都不乏其实是权力掌握者甚至"很坏的"独裁者价值判断标准的例子。

第三大问题是，价值判断是否一定会破坏事实判断的科学性？由之产生的相关问题是，因着价值偏好而来的问题意识、选题方向、史实选择范围和解释取向是否一定不科学？

在这一大问题上，答案不能是简单的肯定或否定。在研究过程当中，科学家包括历史学家在进行价值判断的时候，有可能会破坏其进行事实判断的科学性，但也并不必然如此。尤其是在发现问题和进行选题的时候。尤其是在现代科学产生的早期阶段。当时，宗教笼罩了整个历史大背景。宗教对现代科学的产生有过很大的阻碍，但也起过推动作用。比如，哥白尼"日心说"的提出，其选题就是为了把当时神学体系中的托勒密"地心说"化繁为简。笛卡尔从"上帝不可变"的宗教观出发，进行了物质运动规律的选题研究，最终大致推出了惯性定律。牛顿进行力学研究的动机也是寻找上帝设置的规律。"由清教主义（以及其他教派——引者）促成的正统价值体系于无意之中增进了现代科学"，[①]这所谓的"默顿命题"不是没有道理的。不过，应该注意到的是，随着现代科学的成熟，价值偏好产生的"问题意识"与"选题方向"是越来越少了（人文学科也许是个例外）。出自价值立场而刻意限定"史实（材料或数据）选择范围"，更是现代科学研究所不能容忍的。只利用有利于自己价值偏好的材料，故意忽略不利于的材料，这样的所谓学者只能打上引号。他绝不是一位好的科学家包括历史学家；甚至，他根本就不是一位合格的现代科学家包括历史学家。一位科学家包括历史学家是否合格，现在检验的重要标准之一就是，能否按照科学要求对待不利于自己价值偏好的材料，不利于自己论点的材料。更不能容忍的是，现代科学研究当中出自价值偏好的"解释取向"。如果自己的事实判断工作证明，结论有悖于自己的价值偏好，但依旧歪曲材料与数据去进行有利于自己价值观论点的

[①] [美]罗伯特·金·默顿：《十七世纪英格兰的科学、技术与社会》，范岱年等译，商务印书馆2000年版，第183页。

"解释"，这是完全相悖于科学工作的。在古代，在现代科学产生的早期阶段，限定"史实（材料或数据）选择范围"，进行价值偏好的"解释"，受到时代的限制，这种做法确实经常存在。也许在后代有些人看起来，正是它们帮助取得了"举世钦敬的科学成绩"。但其实，这两者同"成绩"之间，更多的只是一种时间上的偶然存在关系，而不是一种必然的因果关系。"成绩"的取得，必然原因很难说是这种违背科学规则规范的行为，而恰恰更大可能是研究者有意无意地遵循了自己当时并未明确的科学研究的规则规范。现代科学首先是一系列需要严格遵守的规则规范。虽然，即便是严格遵循了它们的现代科学研究工作，也并不必然取得"成绩"。非科学也并不必然不能取得"成绩"，尤其是在古代，以及在现代科学产生的早期阶段。概率大小而已。

讨论到这里，随之而来的相关追问是，离开价值判断，科学研究是否可能正常进行？回答自然是肯定。虽然，出自价值立场的问题意识与选题并不必然干扰科学工作，但是，毫无疑问，离开价值判断，科学研究包括历史研究不仅可以正常进行，而且可以做得很好。以选题为例。固然，出自价值偏好的选题并不必然干扰研究者其后的事实判断工作，但是，这并不能够证明，离开价值偏好，学者就无法进行科学包括历史学选题。波粒二象性研究的选题，完全就是一种纯粹科学的选题，不是取得了巨大的成就吗？

第四大问题是，在科学研究包括历史研究当中，如何可能将自己明确地区分为科学研究者与有可能干扰科学研究的价值判断者，如何不让后者的"求善"干扰前者的"求真"。换句话说，在进行科学研究包括历史研究当中，严格区分辨别干扰"求真"的价值判断与事实判断是否可能。

我们的回答是：完全可能。首先，研究者应该尽可能有意识地不断地提醒自己，到底是在"求真"还是在"求善"。若是"求真"，一定要严格地按照科学研究的规律规范进行，一定要尽可能有意识地尽量避免自己的价值偏好干扰自己的"求真"工作（前面讨论过的"问题意识"与"选题方向"情况除外）。其次，学术是公器，一项科学研究包括历史研究往往都是在同行的监督之下进行的，凡是价值偏好干扰了研究者"求真"工作的时候，很难避开其他学者的批评。在很大程度上，正是这样的监督批评，让较为纯粹的科学研究包括科学的历史研究成为可能。

附识：

在本文撰写过程中，杨春梅、李振宏、李红岩、晁天义和焦兵几位先生认真阅读了本文并提出了许多十分宝贵的建设性意见，在此一并致谢！

（易建平，华南师范大学历史文化学院教授，博士生导师；王一岚，华南师范大学历史文化学院博士研究生；张旭，华南师范大学历史文化学院硕士研究生；唐智安，华南师范大学历史文化学院博士研究生。）

从"氏族之人"到"编户齐民"

——试论先秦时期社会成员身份的变迁

晁福林

先秦时期社会成员身份变化的最为显著时期是春秋战国。社会成员身份的变化折射出时代的巨大变革，反映了社会形态的深刻变化。[①] 这些变化和变革，值得我们进行探讨，今不揣简陋，试作分析如下，敬请专家指教。

一 氏族之"人"

上古时代社会成员的身份称谓最初是"人"。"人"的概念起源甚早，文献记载，夏商时期就有"人"之称，如"六事之人"[②]"百执事之人"[③]，指在朝廷任差事的职官。甲骨卜辞里，"人"可指各种身份的人，如"众人"指普通的农人，"予一人""余一人"则是商周之王的自称，"戈人"[④] 是指执戈的武士，周代，居住于国都城里者称为"国

[①] 晁福林：《春秋战国的社会变迁》，商务印书馆2011年版，第545页。
[②] 语出《尚书·甘誓》。（汉）孔安国撰，（唐）孔颖达等正义：《尚书正义》卷7，（清）阮元校刻：《十三经注疏》卷2，中华书局1980年版，第155页。
[③] 语出《尚书·盘庚》下。（汉）孔安国撰，（唐）孔颖达等正义：《尚书正义》卷7，（清）阮元校刻：《十三经注疏》卷2，中华书局1980年版，第172页。按，周代彝铭里所称的"正（政）人""师氏人"（舀壶，《集成》4469），应当就是这里所说的"执事之人"。出纳王命者称为"事（使）人"（伯矩鼎，《集成》2456）。中国社会科学院考古研究所：《殷周金文集成》（修订增补本），中华书局2007年版，本文简称《集成》。
[④] 按，卜辞有令"戈人"讨伐之例，如"惟羽令以戈人伐舌方"（《英藏》564）。中国社会科学院历史研究所、伦敦大学亚非学院编：《英国所藏甲骨集》，中华书局1985年版，本文简称《英藏》。

人"，居住在郊野者则称为"野人"或"鄙人"，普通百姓称为"庶人"，周代贵族之妻称为"夫人"。春秋时期，品德低下的人被称为"小人"，明哲之人被称为"圣人"，某国之人，则以国为称，谓其为"鲁人""宋人""楚人"等。总之，人的概念范围甚广，举凡社会上的一切等级身份者都可以称为"人"。①

"人"与"族"关系密切。起初"人"的观念隐于"族"中，夏商西周时期，社会上几乎所有的人都生活于"族"之中。这些"族"，周代以前称为"氏族"，周代则多称为"宗族"。那个时代少有人逸出于氏族（宗族）之外。甚至可以说，社会上的人都是"族人"。但后来的发展表明，"人"的观念的普遍意义大增，其所指的范围则远大于"族"。例如，《左传》载宋国贵族名华合比者"纳亡人之族"②，逃亡国外的人称"亡人"，这些"亡人"里面包括一些族，所以称为"亡人之族"。战国时期，国家力量对于社会的控制增强，影响力加大。遂将某族之人称为"族人"。这个称谓只见于战国以后，这种情况表明，"族人"只是社会居民的一个部分。战国时期随着经济的繁荣，生口日繁，居民成分渐趋复杂。不少人走出了氏族、宗族谋生，与"族"的关系趋于淡漠。

二 社会成员身份的复杂化

最初的"族"，夏商时期指氏族，至周代则指宗族，战国以降又指家族。一些相近的族则统称为"族类"。春秋时期鲁人语谓"《史佚之志》有之曰：'非我族类，其心必异。'"③ "族类"即指同类之族。春秋时人还说："鬼神非其族类，不歆其祀。"唐儒孔颖达释其意谓"鬼

---

① 关于我国上古时代对于"人"的认识以及"人"观念的变迁，愚有小文进行讨论，敬请参阅拙文《认识"人"的历史：先秦时期"人"观念的萌生及发展》（《学术月刊》2008 年第 5 期）。

② 语出《左传》昭公六年。（晋）杜预集解，（唐）孔颖达等正义：《春秋左传正义》卷 43，（清）阮元校刻：《十三经注疏》卷 7，第 2044 页。

③ 语出《左传》成公四年。（晋）杜预集解，（唐）孔颖达等正义：《春秋左传正义》卷 26，（清）阮元校刻：《十三经注疏》卷 7，第 1901 页。

神"（按，指祖先），所享祭祀，"惟当子孙自祭"①，若非子孙之祭，作为祖先的"鬼神"就不会歆享。可见"族类"即指同祖的氏族或宗族。这些同氏族或宗族的人，又称为"族属"，或"族党"②。大致来说，西周春秋时期普通民族以其"族"为称，反映了氏族、宗族的普遍存在。春秋时期强宗大族的影响力甚强。春秋前期宋国的"戴、武、宣、穆、庄之族"③联合起来平定国内叛乱，这些族就是宋戴公、武公、宣公、穆公、庄公等国君的后裔。他们势力强盛，可以左右宋国政局。还有不少族以著名的任卿大夫的宗族长的名字为称，再如"羊舌氏之族""伯氏之族""巫臣之族""[晏]婴之族"④等，亦是有影响力的大族。

随着社会经济的发展，氏族（宗族）日益壮大，亦不断分化。清儒王梓材辑佚战国时期的记载周代氏族的《世本》一书时，曾经感慨那个时代氏族（宗族）变化之繁杂，说道：

> 氏族之不知所出者。不可胜稽。其有可稽。而同国同氏实异出者。如齐有国高之高。又有栾高之高。鲁有孝公时臧氏。又有孝公后臧氏。郑有七穆良氏。而良佐已在穆公前。晋有世家箕氏。而韩

---

① 语出《左传》僖公三十一年。（晋）杜预集解，（唐）孔颖达等正义：《春秋左传正义》卷17，（清）阮元校刻：《十三经注疏》卷7，第1832页。

② 按，"族属"之称见《礼记·大传》"同姓从宗，合族属"。孔疏云："同姓，父族也。从宗，从大小宗也。合族属者，谓合聚族人亲疏使昭为一行，穆为一行。"（汉）郑玄注，（唐）孔颖达正义，郜同麟点校：《礼记正义》卷34，（清）阮元校刻：《十三经注疏》卷6，第1507页。"族党"之称，见《左传》襄公二三年"尽杀栾氏族党"。"族党"指与栾氏同居一地的同族亲属。（晋）杜预集解，（唐）孔颖达等正义：《春秋左传正义》卷35，（清）阮元校刻：《十三经注疏》卷6，第1978页。

③ 语出《左传》庄公十二年。（晋）杜预集解，（唐）孔颖达等正义：《春秋左传正义》卷9，见（清）阮元校刻：《十三经注疏》卷7，第1770页。按，以诸侯国先君为称的"族"，还有"桓庄之族"（《左传》僖公五年，同上书卷12，第1795页）、"穆襄之族"（《左传》文公七年，同上书卷19上，第1845页）、"戴氏之族"（《左传》文公八年，同上书卷19上，第1846页）和"平元之族"（《左传》哀公十二年，同上书卷59，第2171页）等。

④ 前三均见于《左传》，依次为《左传》襄公二十一年、《左传》定公四年和《左传》成公七年。分别为（晋）杜预集解，（唐）孔颖达等正义《春秋左传正义》卷34，第1971页；卷54，第2136页；卷26，第1903页，见（清）阮元校刻《十三经注疏》卷7。"[晏]婴之族"出自《晏子春秋·内篇·问下》，见吴则虞《晏子春秋集释》卷4，中华书局1962年版，第254页。

氏又别为箕氏。襄之世有辅跞。而知过又别为辅氏。又士氏即范氏之先。而先蔑亦称士伯。宋有孔氏。孔父之后也。而襄公之孙。又为孔叔。楚有蒍氏。在春秋前。而蒍章之后。又为蒍氏。周氏为周公之后。而汝南周氏别为一宗。特未见经传耳。王子成父之后为王氏。而太子晋之后亦为王。①

古人称族为某氏者不可胜数，但"氏族"之称则较晚，盖自东汉时期始用于世。《汉书·叙传上》载班彪《王命论》云："是故刘氏承尧之祚，氏族之世，著乎《春秋》"②，其所说的"氏族"，指刘氏之族，虽然已有"氏族"之意，但还未将其用为一词。

夏商时期，普遍存在的社会组织是氏族，至西周春秋时期则是宗族。春秋战国时期，氏族与宗族力量渐退，由国家直接管理的"编户齐民"逐渐走上社会舞台。③ 在春秋中期，一个地域的民众，未必只有一族，居于某地的民族就被称为某地之人，亦即某地之民。春秋时期的普通民众，一般都同时有两种身份，一是某族之人，二是某国之人。

春秋战国时期是我国上古时代经济发展的繁荣期，农业、手工业、商业等都有了长足进展。经济的发展带动了人口繁衍的增速。在各地生口数量增加的前提下，从春秋后期以降，直至战国时期居住在同一地区的人，情况渐趋复杂。关于此方面的情况，上古文献里有一份宝贵的资料可资为证。当时齐国统治者曾经为弄清楚居民情况而进行社会调查，为调查而列出的提纲保存在《管子·问》篇里，④ 这是我们所能见到的

---

① 王梓材：《世本集览通论》，见《世本八种·王梓材撰本》，商务印书馆1957年版，第60页。按，春秋后期以降，世人对于氏族谱系的重视渐衰，所以当时人对于不少氏族（宗族）的源流不甚了了（上引氏族不知所出，即为其例）。春秋时期能言此者往往被誉为博学。战国时人有追溯氏族源流的潮流，贵族热衷于此，其目的据宋儒郑樵说是"使贵有常尊，贱有等威者也"（郑樵撰，王树民点校：《通志二十略·氏族略第一·氏族序》，中华书局1995年版，第1页），所以有《世本》之作。

② 《汉书》卷100《王命论》，中华书局1964年版，第4208页。

③ 关于我国古代社会结构的变化，愚有小文加以讨论，敬请参阅。见晁福林《论中国古史的氏族时代：应用长时段理论的一个考察》，《历史研究》2001年第1期。

④ 《管子》一书的性质，学界一般认为是战国时期的稷下学宫学者们的论文集，其中也包括了稷下学者所能见到的齐国官府的一些文件《问》的性质，黎翔凤谓"此为当时之调查纲要"（黎翔凤：《管子校注》卷9，中华书局2004年版，第484页），其说甚是。

一个非常宝贵的材料。其中关于社会上普遍存在的宗族情况的调查有以下几项：

> 问宗子之牧昆弟者，以贫从昆弟者几何家？
> 余子仕而有田邑者，今入者几何人？
> 子弟以孝闻于乡里几何人？
> 余子父母存，不养而出离者几何人？①
> 问国之弃人，何族之子弟也？②

从这些调查里可以看到当时宗族变化的情况。依照宗法原则，宗子是宗族的核心，作为宗族嫡长子，宗子是财产的主要继承者，对于庶子之族的贫困无助人员，宗子有"收族"的责任。③ 从这个提纲里可以看到有些宗族依然是大宗占主导地位，宗子之昆弟（亦即庶子）之族，受大宗庇护（"牧"），有些大宗之家衰败而靠昆弟接济（"以贫从昆弟"）。宗族里的庶子（"余子"）因为做官而得到田邑，并从这些田邑收税（"今入"），显然，这些"余子"在这么多方面已经走出了宗族而成为国家之人。这也是宗族制度削弱的一个表现。当时社会上已经出现不守孝道的情况，虽然宗族里也有恪守孝道的人（"子弟以孝闻"），但也有不守孝道，与父母分居别爨的人（"不养而出离者"）。还有的人被宗族逐出，而成为"国之弃人"。

关于居住在乡里而又非宗族之人的普通民众的情况，有如下的调查：

---

① 《管子·问》，黎翔凤：《管子校注》卷9，中华书局2004年版，第487页。按，当时不照顾同宗亲属的典型例子，见《管子·轻重丁》篇所载："城阳大夫嬖宠被缔纷，鹅鹜含余秫，齐钟鼓之声，吹笙簧，同姓不入，伯叔父母远近兄弟皆寒而不得衣，饥而不得食。"（黎翔凤：《管子校注》卷24，中华书局2004年版，第1490页）

② 黎翔凤：《管子校注》卷9，中华书局2004年版，第486页。

③ 关于"收族"，有研究者指出，其初始的意义是延续大宗的统绪，使大宗成为聚扰宗族的核心。春秋以降，"收族"之旨逐渐向宗族内部的扶贫济困转变［说见王青《说"收族"：兼论周代社会保障体系的一个特色》，《苏州大学学报》（哲学社会科学版）2014年第6期］。孔子说："同姓为宗，合族为属。虽国子之尊，不废其亲，所以崇爱也，是以缀之以食。"（《孔丛子·杂训》，见傅亚庶《孔丛子校释》，中华书局2011年版，第112页）此可见春秋末期宗族为自身的巩固发展所进行的努力。

> 问理园圃而食者几何家？
> 人之开田而耕者几何家？①
> 所辟草莱有益于家邑者几何家？
> 士之有田而不使者几何人？吏恶何事？
> 士之有田而不耕者几何人？身何事？
> 群臣有位而未有田者几何人？
> 外人之来而未有田宅者几何家？②

从调查提纲里可以见到当时乡里间有靠种植菜蔬瓜果（"理园圃"）为生的家庭，有开荒种地（"开田而耕""辟草莱"）为生的家庭。也有有田而不耕种的家庭（"有田而不使""有田而不耕"），这些家庭的人以何事（"身何事"）谋生呢？依情理看，无外乎从事手工工艺或商贾之业两类，虽不可确定是哪一项，但其不务农作则是可以肯定的。不务农作的，除了田不耕的农士以外，还有官府小吏（"群臣有位"）以及从外迁徙而来（"外人之来"）的家庭。

关于当时乡里社会居民贫富分化的情况，③ 提纲有如下的调查：

> 问乡之良家，其所牧养者几何人矣？
> 问邑之贫人，债而食者几何家？
> 贫士之受责（债）于大夫几何人？
> 问人之贷粟米有别券者几何家？④

当时乡里社会上的贫民为谋生计而投靠富人，富人（"良家"）给予帮助（"牧养"）。战国时期已经出现了"佣耕而食"的情况。关于出

---

① 语出《管子·问》，见黎翔凤《管子校注》卷9，中华书局2004年版，第487页。
② 语出《管子·问》，见黎翔凤《管子校注》卷9，中华书局2004年版，第494页。其中"群臣"的"群"原作"君"，依黎翔凤引豬饲彦博及王引之说（黎翔凤：《管子校注》卷9，中华书局2004年版，第490页注一四）改。
③ 关于春秋战国时期齐国的社会基层组织的情况，《国语·齐语》谓五家为轨，十轨为里，四里为连，十连为乡（见徐元诰撰，王树民、沈长云点校《国语集解》卷6，中华书局2002年版，第223页），大致反映了当时居民的组织结构情况。《管子·问》篇有"子弟以孝闻于乡里"之说，实取乡、里二字组词，以"乡里"作为基层社会的代称。
④ 语出《管子·问》，见黎翔凤《管子校注》卷9，中华书局2004年版，第486—487页。

卖劳力者的心态，韩非子曾有所论说，他指出："夫卖庸而播耕者，主人费家而美食、调布而求易钱者，非爱庸客也，曰：如是，耕者且深耨者熟耘也。庸客致力而疾耘耕者，尽巧而正畦陌畦畤者，非爱主人也，曰：如是，羹且美钱布且易云也。"① 主人剥削"卖庸"者，在调查提纲里被说成"牧养"，虽然颠倒了是非，但在那个时代却是存在于乡里社会的现实。

从上面的调查纲要里可以看出，当时的乡里居民身份显然比过去的氏族制、井田制之下的情况复杂化了。其中有两个方面的情况值得注意：一是，传统的宗法家族在逐渐解体，宗法家族内部的贫富分化在发展，宗法制度对于家族内部普通成员的保护趋于削弱；二是，居民身份多样化，不少居民不依靠宗法家族的保护也可以谋生，甚至生活得比在家族内部还要好一些，这也在一定程度上削弱了宗法家族的影响。从乡里居民的生活情况看，贫富分化亦是可见的现象。这两个方面都可以说明当时社会成员间的血缘关系的影响在削弱，而国家地域的关系的影响在增强。

三 "民"之身份的演变

商周时代，民是社会身份低下之人，和奴仆相近，郭沫若从"民"字的源起方面，说明其社会地位低下的情况。他指出：

> 民字于卜辞未见，即从民之字亦未见。殷彝亦然。周代彝器如康王时代之《盂鼎》已有民字，曰："遹相先王受民受疆土"，其字作![]，《克鼎》惠于万民"作![]"，《齐侯壶》人民"字作![]"，均作一左目形而有刃物以刺之。……疑民人之制实始于周人，周人初以敌囚为民时，乃盲其左目以为奴征。②

---

① 语出《韩非子·外储说左上·说三》，见陈奇猷《韩非子新校注》卷11，上海古籍出版社2000年版，第683—684页。
② 郭沫若：《甲骨文字研究·释臣宰》，见郭沫若《郭沫若全集（考古编）》第1卷，科学出版社1982年版，第70—71页。

文明起源研究

西周初年分封鲁国时，曾赐予"殷民六族：条氏、徐氏、萧氏、索氏、长勺氏、尾勺氏"，分封卫国时，则赐予"殷民七族：陶氏、施氏、繁氏、锜氏、樊氏、饥氏、终葵氏"①。这些商王朝的氏族被分封以后，并不是解散了氏族，都成了周人的家内奴仆，而是还作为氏族在存，只不过其社会地位要比周人之氏族低一些罢了。周人称这些氏族为"殷民"，可见"民"的社会地位不高。

随着社会的发展，民的社会地位在春秋战国时期有逐渐上升的趋势。《国语·周语》中篇载周卿单襄公途经陈国的时候，见到"民将筑台于夏氏"，韦昭注云："民，陈国之人也。"②这说明陈国所居住的所有宗族的人，皆是陈国之"民"。战国时期"人"与"民"皆指某国之民众。两者混用无别，如郭店简《六德》篇谓：

聚人民，任土地，足此民尔，生死之用，非忠信者莫之能也。③

这段话的意思是，聚集人民，分发给他们土地，满足民众维持生命的需用，若非忠信之人是不能完成这样任务的。简文的"足此民"的"民"，就是这段话开头所说的"人民"。

春秋战国时期虽然人、民多混用无别，但两者的使用却出现了有所侧重的情况。称某族的成员，可称"某族之人"④，但未见称"某族之民"或"族民"者。春秋战国时期，"人"所包含的范围甚广，各类、各阶层、各个职业以及各地的人员皆可称"人"，但称"民"者则多是某地之民或下层民众。如"向之民"⑤"国内之民"⑥"共滕之

---

① 语出《左传》定公四年。（晋）杜预集解，（唐）孔颖达等正义：《春秋左传正义》卷54，（清）阮元校刻：《十三经注疏》卷7，第2134—2135页。
② 徐元诰撰，王树民、沈长云点校：《国语集解》卷2，中华书局2002年版，第62页。
③ 语出郭店简《六德》第3—4简，见荆门市博物馆《郭店楚墓竹简》，文物出版社1998年版，第187页。按，简文"土地"二字由裘锡圭先生释出，见上书第189页注[四]。
④ 称"族之人"者，例见《韩诗外传》卷4"以为亲邪？则异族之人也；以为故耶？则未尝相识也"（屈守元：《韩诗外传笺疏》卷4，巴蜀书社1996年版，第391页）。春秋以降的收族与合族多为一事。
⑤ 语出《左传》桓公七年，（晋）杜预集解，（唐）孔颖达等正义：《春秋左传正义》卷7，（清）阮元校刻：《十三经注疏》卷7，第1753页。
⑥ 语出《左传》庄公十四年，（晋）杜预集解，（唐）孔颖达等正义：《春秋左传正义》卷9，（清）阮元校刻：《十三经注疏》卷7，第1771页。

民为五千人"①"晋国之民"②"天下之民"③"巴越之民""氐羌之民"④"沃土之民……瘠土之民"⑤"戎狄之民"⑥"末作之民"⑦等。这些不同的称谓提示我们要注意到一个十分重要的现象,即"民"能够以地域为称,但并不以族为称,它所表现的是社会成员的地域特征,而"人"则可以表现其作为某族的血缘关系特征。

春秋战国时期,社会成员身份的巨大变化是由氏族(宗族)之人变成了国家控制下的编户齐民。将所有的民众置于国家的名籍之上,这是战国时期各国变革的主旋律。这种变革以秦国最为彻底,楚国也有与秦国类似的情况。反映战国中期楚国情况的《包山楚简》,其中有"集箸(书)",就是登记汇集各籍的竹简,《周礼·秋官·司民》称"司民"的职守是"掌登万民之数,自生齿以上,皆书于版,辨其国中,与其都鄙,及其郊野,异其男女,岁登下其死生,及三年大比"⑧。《周礼》成书于战国后期,"司民"所载其"登万民之数",应当是当时实行居民登记情况的反映。

《包山楚简》的"集箸(书)",相当于后世的"户籍"。《包山楚简》的"集箸(书)"记载战国时期那个地区的居民身份有"里人",如"尚之己里人青辛""安陆之下陸里人屈犬"。⑨还有"邑人",如

---

① 语出《左传》闵公二年,(晋)杜预集解,(唐)孔颖达等正义:《春秋左传正义》卷11,(清)阮元校刻:《十三经注疏》卷7,第1788页。
② 语出《左传》襄公十三年,(晋)杜预集解,(唐)孔颖达等正义:《春秋左传正义》卷32,(清)阮元校刻:《十三经注疏》卷7,第1954页。
③ 语出郭店简《唐虞之道》第7简,荆门市博物馆:《郭店楚墓竹简》,文物出版社1998年版,第157页。
④ 语出《吕氏春秋·义赏》,陈奇猷:《吕氏春秋新校释》卷14,上海古籍出版社2002年版,第786页。
⑤ 语出《国语·鲁语》下,徐元诰撰,王树民、沈长云点校:《国语集解》卷5,中华书局2002年版,第194页。
⑥ 语出《国语·晋语》二,徐元诰撰,王树民、沈长云点校:《国语集解》卷8,中华书局2002年版,第288页。
⑦ 语出《韩非子·亡征》,陈奇猷:《韩非子新校注》卷5,上海古籍出版社2000年版,第302页。
⑧ 《周礼·秋官·司民》,(汉)郑玄注,(唐)贾公彦疏:《周礼注疏》卷35,(清)阮元校刻:《十三经注疏》卷4,第878页。
⑨ 这两例关于"里人"的记载,见《包山楚简》第31、62号简,湖北省荆沙铁路考古队:《包山楚墓》上册,文物出版社1991年版,第351、352—353页。

"罗之庑或之至者邑人陸女""湛母邑人屈庚"①，还有只以居住地为称的"人"，如"新都人奠逃""东阪人登步、东阪人登型""鄙人秦赤"②，上面这些"里""邑"是为楚国居居组织之名称，某地（如"新都""东阪""鄙"）之人，也应当是属于此地由国家管理的居民。陈伟先生认为关于这些人的简文记载，"体现了纯粹的地缘关系。以这一方式称述的'人'，当是国家直接控制的居民，相当于后世所谓编户齐民"③，这个说法是很正确的。由于楚国变法不够彻底，所以社会上还有不少人为封君或官吏私人，这在一定程度上削弱了国家的力量。这些人见诸包山简者如"鄝莫嚣之人周壬""阳厩尹郚之人戜邦""圣夫人之人宗縶"④，等等。

"编户齐民"肇端于战国时期诸国授田制度的实施，到秦代则成为国家控制天下民众的最主要的制度。史载汉高祖刘邦及其所率领的将军，当初都是秦王朝的"编户民"⑤，就是一个明证。"编户齐民"作为系统而完整的制度成型于汉代。汉代规定"天下男子年二十始傅"⑥，国家给予土地，亦是"民年二十受田"⑦，颜师古注《高帝纪》云："傅，著也。言著名籍，给公家徭役也。"⑧汉代所形成的"编户齐民"情况是非常清楚的，就是将民众的人口情况，以户为单位登记在国家的户籍上。所谓"编户"，即在编（"国家户籍"）之户；所谓"齐民"，即编在国家户籍上的居民，因为大家都有同等待遇，整齐划一，故称"齐

---

① 这两例关于"邑人"的记载，见《包山楚简》第83号简，湖北省荆沙铁路考古队：《包山楚墓》上册，第354页。按简文"至"字不识，这个字又见于《包山楚简》第261号简，或与"至"字合为一，以"石"为偏旁，专家指出原简"据红外影像释，石也许是'至'的偏旁"[陈伟主编：《楚地出土战国简册（十四种）》，经济科学出版社2009年版，第127页注90]，若此不误的话，则《包山楚简》遗册有"二硁"之载，疑为石制武器之名。疑简文"至者"或当为从事某种手工业的工匠（如石匠）之称。
② 这几例简文，见《包山楚简》第165、167、168、168号简，湖北省荆沙铁路考古队：《包山楚墓》上册，文物出版社1991年版，第361、362页。
③ 陈伟：《包山楚简初探》，武汉大学出版社1996年版，第110页。
④ 这几例简文，见《包山楚简》第29、38、61、84号简，湖北省荆沙铁路考古队：《包山楚墓》上册，文物出版社1991年版，第351、352、354页。
⑤《史记》卷8《高祖本纪》，中华书局1959年版，第392页。
⑥《汉书》卷5《景帝纪》，中华书局1964年版，第141页。
⑦《汉书》卷24上《食货志》，中华书局1964年版，第1120页。
⑧《汉书》卷1上《高帝纪》，中华书局1964年版，第38页。

民"。需要注意的是"汉承秦制",汉代的这些规定皆源自秦国商鞅变法前后实际的制度,这个制度的最简明的说法,见于《商君书·境内》篇,是篇说:

> 四境之内,丈夫女子皆有名于上,生者著,死者削。①

据此可知,所有的秦民,无论男女在国家的名籍上皆有登记,出生即载,死即削去。

商鞅特别清楚"民"之重要。"编户齐民"是国家赋税的主要缴纳者,国家所拥有编户的多寡,直接影响国家的财政收入,影响王朝的盛衰。所以他变法的着眼点即在于利"民",他认为"法者,所以爱民也"②,商鞅强调不利于"民"的旧礼制必须改变。战国时期各国变法运动的核心是土地制度的变革,秦国商鞅变法"废井田,开阡陌"③,彻底改变土地制度,又采取措施,推动国家直接控制的个体小农的普遍出现。秦国的社会成员,无论其原先为何族,也不论其原先居住何地,一皆为"秦民",即秦国之民。

这样的居民,多数成为授田制之下的农民。战国时期秦以外的其他国家的变革情况虽不及秦国彻底,但大方向是一致的,即将原先的氏族（宗族）之人,变为国家直接控制的"民"。可以说到了战国后期社会居民的身份大体上已经由原先的氏族之人转变为"编户齐民"。这种居民身份的变化深刻地影响着古代中国的历史发展。

作者附记

忆昔读大学时,长云学长为有盛誉的校合唱队男高音领唱,一表人才的帅小伙加之以裂石穿云之声,赢得合唱队以及本系众多美丽女生倾

---

① 《商君书·境内》,蒋礼鸿:《商君书锥指》卷5,中华书局1986年版,第14页。
② 《商君书·更法》,蒋礼鸿:《商君书锥指》卷1,中华书局1986年版,第3页。
③ 《资治通鉴》卷2。关于"开阡陌"的"开",古有两种理解,一是开辟,即设置;二是废去。20世纪80年代,四川省青川县发现的木牍文字,表明"开阡陌"的"开",应以前说为是。至于蔡泽所说商鞅"决裂阡陌"(《战国策·秦策》卷3《蔡泽见逐于赵》,范祥雍:《战国策笺证》卷5,上海古籍出版社2006年版,第360页),指破坏旧的井田之阡陌,与"开阡陌"指开辟(即设置)阡陌之意并不相左。

慕。其中最优者被选定为伴侣，至今为其贤内助。忆昔就读于赵光贤师门下时，恩师每赞长云横溢之才华。他随师周游至洛阳，赋唐诗状景，恩师拈长须笑而赞之，是为一时美谈。长云学长以丰硕成果，长执学术界牛耳。今欣逢学长八秩华诞，特撰此文志庆。

（晁福林，北京师范大学铸牢中华民族共同体意识研究基地首席专家、教授）

古史辨的贡献和局限与上古史的重建*

王震中

古史辨是20世纪上半叶中国学术界古史研究领域影响最大的学派。在古史辨中，一百年前顾颉刚先生提出的"层累地造成的中国古史"观和"四个打破"最具理论特色。一百年过去了，今天反思古史辨派，我认为它有贡献亦有局限。当我们反思古史辨派的贡献和局限的时候，重建中国上古史的理念也会再次进入我们的视野。

一　顾颉刚"层累说"和"四个打破"的提出及其影响

以顾颉刚先生为旗手的古史辨派，得名于顾颉刚等编辑的1—7册的《古史辨》。辛亥革命以后，1919年五四新文化运动以来，西方的史学理论特别是兰克的"实证史学"开始传入中国，古史辨派就是在这一环境中形成的。由于古史辨派摧毁了所谓"自从盘古开天地，三皇五帝到如今"的传统的古史系统，古史辨派的兴起也被称为是一场史学革命。

顾颉刚"层累地造成的中国古史"（简称"层累说"）的观点是1923年在胡适主办的《读书杂志》上发表的，文章的名称是《与钱玄同先生论古史书》。之所以如此取名是因为之前顾颉刚与从日本留学回国的、新文化运动干将钱玄同先生通过书信往来而讨论经书辨伪问题，1923年，胡适请顾颉刚给他主办的《读书杂志》写稿，顾颉刚因给钱

---

* 本文系国家社科基金中国历史研究院重大历史问题研究专项2022年度重大招标项目"五帝时代到夏代王权与国家形态研究"（22VLS003）的阶段性成果。

文明起源研究

玄同的信寄出两月而未得回音，就把他寄给钱玄同的信中论古史的一段抄出，并加上按语，在《读书杂志》第九期上发表，也想借此逼一逼钱玄同给他回信。这就是著名的《与钱玄同先生论古史书》。

顾颉刚在《与钱玄同先生论古史书》一文中说他的"层累地造成的中国古史"有三个方面的含义：

第一，"时代愈后，传说的古史期愈长"，"周代人心目中最古的人是禹，到孔子时有尧、舜，到战国时有黄帝、神农，到秦有三皇，到汉以后有盘古等"；第二，"时代愈后，传说中的中心人物愈放愈大"，比如舜"在孔子时只是一个'无为而治'的圣君，到《尧典》就成了一个'家齐而后国治'的圣人，到孟子时就成了一个孝子的模范了"；第三，"即不能知道某一件事的真确的状况，但可以知道某一件事在传说中的最早的状况。我们即不能知道东周时的东周史，也至少能知道战国时的东周史；我们即不能知道夏、商时的夏商史，也至少能知道东周时的夏商史"①。

顾颉刚说他在整理《诗经》《尚书》《论语》里的古史传说时，"把这三部书中的古史观念比较着看，忽然发现了一个大疑窦——尧、舜、禹的地位问题！《尧典》和《皋陶谟》我是向来不信的，但我总以为是春秋时的东西；哪知和《论语》中的古史观念一比较之下，竟觉得还在《论语》之后。我就将这三部书中说到禹的语句抄录出来，寻绎古代对于禹的观念，知道可以分作四层：最早的是《商颂·长发》的'禹敷下土方……帝立子生商'，把他看作一个开天辟地的神；其次是《鲁颂·閟宫》的'后稷……奄有下土，缵禹之绪'，把他看作一个最早的人王；其次是《论语》上的'禹、稷躬稼'和'禹……尽力乎沟洫'，把他看作一个耕稼的人王；最后乃为《尧典》的'禹拜稽首，让于稷、契'，把后生的人和缵绪的人都改成了他的同寅。尧、舜的事迹也是照了这个次序：《诗经》和《尚书》（除首数篇）中全没有说到尧、舜，似乎不曾知道有他们似的；《论语》中有他们了，但还没有清楚的事实；到《尧典》中，他们的德行政事才灿然大备了。因为得到了这一个指示，所以在我的意想中觉得禹是西周时就有的，尧、舜是到春秋

---

① 顾颉刚：《与钱玄同先生论古史书》，《古史辨》第一册，上海古籍出版社1982年版，第59—60页。

末年才起来的。越是起得后,越是排在前面。等到有了伏羲、神农之后,尧、舜又成了晚辈,更不必说禹了。我就建立了一个假设:古史是层累地造成的,发生的次序和排列的系统恰是一个反背"①。

顾颉刚在《与钱玄同先生论古史书》中还写道:

> 至于禹从何来?……我以为都是从九鼎上来的。禹,《说文》云:"虫也,从内,象形。"内,《说文》云:"兽足蹂地也。"以虫而有足蹂地,大约是蜥蜴之类。我以为禹或是九鼎上铸的一种动物,当时铸鼎象物,奇怪的形状一定很多,禹是鼎上动物的最有力者;或者有敷土的样子,所以就算他是开天辟地的人。……流传到后来,就成了真的人王了。②

此文刊出后,先是钱玄同在《读书杂志》第十期上发表了长篇回信,认为顾颉刚关于古史的意见"精当绝伦",并谈到许多六经的真相及孔子与六经的关系。但他不同意顾颉刚所说的对禹的推测,因为《说文》中从"内"的字,甲骨文、金文中均不从"内",如"禽""兽""萬"诸字。那"象形,九声"而义为"兽足蹂地也"之"内"字,大概是汉人据讹文而杜撰的字。接着,东南大学的刘掞藜在《读书杂志》第十一期上发表《读顾颉刚〈与钱玄同先生论古史书〉的疑问》,针对顾颉刚提出的"东周初年只有禹是从《诗经》上推知的"观点,他也以《诗经》为文献依据,引用大量《诗经》中的《长发》《闷宫》诸篇驳斥顾颉刚对禹的解释,认为在《诗经》里禹丝毫不带神秘意味,对于顾颉刚关于禹从何而来的推测,刘掞藜认为是想入非非任意编造附会。其对顾颉刚关于《尧典》在《论语》之后等观点,也进行了辩驳。《读书杂志》第十一期上还发表了胡堇人《读顾颉刚先生论古史书以后》的文章。胡文也对顾颉刚进行了质疑。

针对刘、胡二人的批评,顾颉刚又写了长篇文章《讨论古史答刘胡二先生》,发表在《读书杂志》第十二至第十六期上。在该文中,

---

① 顾颉刚:《自序》,《古史辨》第一册,上海古籍出版社1982年版,第52页。
② 顾颉刚:《与钱玄同先生论古史书》,《古史辨》第一册,上海古籍出版社1982年版,第63页。

顾颉刚论述了禹的天神性、禹与夏的关系、禹的来源、尧舜禹的关系以及后稷非舜臣、文王非纣臣等问题。还提出了"四个打破"的问题。

顾颉刚在《答刘胡两先生书》中提出必须打破四项传统观念：

一，打破民族出于一元的观念，认为"商出于玄鸟，周出于姜嫄，任、宿、须句出于太皞……他们原是各有各的始祖"，"自从春秋以来，大国攻灭小国多了，疆界日益大，民族日益并合，种族观念渐淡，而一统观念渐强，于是许多民族的始祖的传说就亦渐渐归到一条线上，有了先后君臣的关系，《尧典》《五帝德》《世本》诸书就因此出来"。

二，打破地域向来一统的观念，认为"《禹贡》的九州，《尧典》的四罪，《史记》的黄帝四至乃是战国时七国的疆域，而《尧典》的羲、和四宅以交趾入版图更是秦汉的疆域。中国的统一始于秦，中国人民的希望统一始于战国；若战国以前则只有种族观念，并无一统观念"。"若说黄帝以来就是如此，这步骤就乱了"，"所以我们对于古史，应当以各时代的地域为地域，不能以战国的七国和秦的四十郡算做古代早就定局的地域"。

三，打破古史人化的观念，认为"古人对于神和人原没有界限，所谓历史差不多完全是神话"。"人与神混的，如后土原是地神，却也是共工氏之子"，"人与兽混的，如夔本是九鼎上的罔两，又是做乐正的官；饕餮本是鼎上图案画中的兽，又是缙云氏的不才子"。"兽与神混的，如秦文公梦见了一条黄蛇，就作祠祭白帝"等等，举不胜举。所以，这种史"决不是信史"。"自春秋末期以后，诸子奋兴，人性发达，于是把神话中的古神古人都'人化'了"，这就"在历史上又多了一层的作伪"，"所以我们对于古史，应当依了那时人的想像和祭祀的史为史，考出一部那时的宗教史，而不要希望考出那时以前的政治史，因为宗教是本有的事实，是真的，政治是后出的附会，是假的"。

四，打破古代为黄金世界的观念，认为"古代很快乐的观念为春秋以前的人所没有"。"我们要懂得五帝、三王的黄金世界原是战国后的学者造出来给君王看样的,庶可不受他们的欺骗"。①

这"四个打破"可以说是"层累说"的进一步发展,有了这"四个打破"才能更明确地说明中国古史之层累地造成说。

顾颉刚提出著名的"层累地造成的中国古史"观轰动学术界,也引起学者们的广泛讨论。1926年,顾颉刚以《古史辨》为书名,把学术界自1923年以来有关古史和辨伪讨论的论文编辑在一起出版。自1926年《古史辨》第一册出版开始,至1941年止,十五年间先后出版了七册,发表论文三百五十余篇,对古史进行了前所未有的深入讨论,古史辨派成为20世纪影响最大的学术思潮。胡适在《古史辨》第一册出版后即发表评论说:"这是中国史学界的一部革命的书,又是一部讨论史学方法的书。此书可以解放人的思想,可以指示做学问的途径,可以提倡那'深澈猛烈的真实'的精神。"② 郭沫若在1929年评价顾颉刚的"层累说""的确是个卓识","他的识见是有先见之明"③。

王汎森评价说:古史辨运动"对近代史学发展的最大意义是使得过去凝固了的上古史系统从解榫处解散开来,使得各个上古史事之间确不可变的关系松脱了,也使得传统史学的视野、方法及目标有了改变,资料与资料之间有全新的关系。故即使不完全相信他们所留下的结论,但至少在传统古史系谱中,已经没有任何人或事可以安稳地被视为当然,而都有遭遇到怀疑或改写的可能"。"综括地说,这个运动使得史学家们能有用自由的眼光去看待上古史的机会。"④

西方史学界对顾颉刚及古史辨派的学术思潮也是广泛称赞,如美国史学家施耐德说:"顾的反传统主义乃革命的一部分,他对中国学术上的贡献,同样地也是他对20世纪中国革命过程的贡献。"⑤

---

① 顾颉刚:《答刘胡两先生书》,《古史辨》第一册,上海古籍出版社1982年版,第99—102页。

② 胡适:《介绍几部新出的史学书》,《古史辨》第二册,上海古籍出版社1982年版,第333页。

③ 郭沫若:《中国古代社会研究》附录九《夏禹的问题》,《郭沫若全集》历史编第1卷,人民出版社1982年版,第304页。

④ 王汎森:《古史辨运动的兴起》,台北:允晨文化实业股份有限公司1987年版,第295—296页。

⑤ 施耐德:《顾颉刚与中国新史学》,梅寅生译,台北:华世出版社1984年版,第20页。

二 "层累说"和"四个打破说" 贡献与局限相交织

今日我们重新思考顾颉刚"层累地造成的中国古史"观，既感到它对摧毁"自从盘古开天地，三皇五帝到如今"的旧古史体系有积极的一面，又感觉到事情并非顾先生考虑得那么单纯。

顾先生对"三皇五帝"古史体系之辨，其方法论是从古书辨古史，即从古书成书年代的先后来推论古史形成的过程，因此他得出："古史是层累地造成的，发生的次序和排列的系统恰是一个反背。"这是"层累说"的关键，他由此不相信"三皇五帝"古史系统，有其自洽的一面。但是，三皇五帝系统究竟是怎么来的，其历史文化背景是什么，顾先生并没有进一步说明，然而却很有深究的必要。

（一）"三皇"形成过程的反思与"三皇"所代表的时代

"三皇"有不同的组合，这些不同组合确实如顾颉刚先生所言出现在秦以后。但是，被组合在三皇中的一个个具体人物（或可称为"上古诸帝"）及其事迹却出现在战国时期。也就是说，组合的三皇与被组合到三皇中的上古诸帝是两个不同的概念，前者出现在秦汉以来，而后者出现在战国诸子的论述之中，对于这一点我们应加以区分。

作为泛称的"三皇五帝"之名见于《周礼·春官宗伯》以及《庄子》和《吕氏春秋》等书。《周礼·春官宗伯》云："外史职书外令。掌四方之志，外史职掌三皇五帝之书。"[1]《庄子·外篇》中的《天运篇》说："故夫三皇五帝之礼义法度，不矜于同，而矜于治。故譬三皇五帝之礼义法度，其犹柤梨橘柚邪？其味相反而皆可于口。"[2]《吕氏春秋》的《禁塞篇》曰："上称三皇五帝之业，以愉其意，下称五伯名士之谋，以信其事。"[3]《吕氏春秋》的《贵公篇》《用众篇》《孝行篇》中也都提到"三皇五帝"，但都如《禁塞篇》所言，只作泛称。三皇五

---

[1] 杨天宇：《周礼译注》，上海古籍出版社2016年版，第507页。
[2] （清）王先谦集解，方勇校点：《庄子》，上海古籍出版社2013年版，第167—168页。
[3] （清）王先谦集解，方勇校点：《庄子》，上海古籍出版社2013年版，第141页。

帝到底指谁，上引《周礼》《庄子》《吕氏春秋》并未指实，而秦汉以来文献中关于三皇五帝的说法却有多种组合模式，情况甚为复杂。

关于三皇，根据我的统计，秦汉以来的三皇至少有七种组合模式：（1）天地人三皇说（《尚书大传》）；（2）伏羲、女娲、神农为三皇（《春秋元命苞》）；（3）燧皇、伏羲、女娲为三皇（《春秋命历序》）；（4）伏羲、神农、燧人为三皇（《白虎通·德论》。另《礼含文嘉》排列为："宓戏、燧人、神农"）；（5）伏羲、神农、共工为三皇（《通鉴外记》）；（6）伏羲、神农、黄帝为三皇（《玉函山房辑佚书》引《礼稽命征》、孔安国《尚书传序》、皇甫谧《帝王世纪》）；（7）伏羲、神农、祝融为三皇（《白虎通·德论》）。①

以上七种说法中，第一种"天地人"三皇说，也见于《史记·秦始皇本纪》，其曰："古有天皇，有地皇，有泰皇，泰皇最贵。"这里的泰与大同音，大字像人形，故有学者提出泰为大之音借，大为人形之讹。② 与"天地人三皇说"相关的是"天地人三才说"。《古今注》载"程雅问董仲舒曰：'自古何谓称三皇五帝'对曰：'三皇，三才也……'"③ "三才"指"天、地、人"。《易传·系辞下》："有天道焉，有人道焉，有地道焉，兼三才而两之。"④ 通观中华思想文化史，"天地人"三皇说是一种哲学式的构思，它与由人组成的"三皇五帝"古史体系不属一类。

七种三皇说的另外六种，究竟以哪三人为三皇，说法各异。对此，诚如东汉末年的王符在《潜夫论·五德志》中所言："世传三皇五帝，多以伏羲、神农为二皇，其一者或曰燧人，或曰祝融，或曰女娲。其是与非，未可知也。"⑤ 王符这段话所透露的无可奈何与无所适从，是当时人们构筑三皇古史系统时的实情。

作为学术反思，我认为顾先生"层累说"提出组合的"三皇"出

---

① 王震中：《三皇五帝传说与中国上古史研究》，《中国社会科学院历史研究所学刊》第七集，商务印书馆2011年版，第3—4页。
② 吕思勉：《先秦史》，上海古籍出版社2020年版，第44页；又见翁独健《顾颉刚、杨向奎〈三皇考〉跋》，《古史辨》第七册，上海古籍出版社1982年版，第279页。
③ （晋）崔豹撰，牟华林校笺：《〈古今注〉校笺》，线装书局2015年版，第201页。
④ （清）李道平撰，潘雨廷点校：《周易集解纂疏》，中华书局1994年版，第675页。
⑤ （汉）王符：《潜夫论》，河南大学出版社2008年版，第251页。

现在秦汉以来的文献是有贡献的。但是，三皇各种组合中的一个个"人物"（或可称为"上古诸帝"，或可称为"三皇式'人物'"）却出现在战国时期，并非从秦汉才开始叠加上去的；对于某些三皇式"人物"，我们可以把他们作为历史进步的时代性符号或时代性名词来对待。①

我这样说的理由有二：其一，周秦时人在说到上古诸帝时，有时将他们作并列处理，但也有很多地方是把他们作为一种历史的推移和递进来讲的。如《战国策·赵策二》载赵武灵王说：

> 古今不同俗，何古之法！帝王不相袭，何礼之循！宓戏（伏羲）、神农，教而不诛；黄帝、尧、舜，诛而不怒。及至三王，观时而制法，因事而制礼。②

《庄子·缮性篇》：

> 逮德下衰，及燧人、伏羲始为天下，是故顺而不一。德又下衰，及神农、黄帝始为天下，是故安而不顺。德又下衰，及唐虞始为天下，兴治化之流。③

《商君书·更法篇》：

> 伏羲、神农教而不诛，黄帝、尧、舜诛而不怒。④

《风俗通义》：

> 三皇结绳，五帝画像，三王肉刑，五霸黜巧，此言步骤稍有优劣也。⑤

---

① 王震中：《三皇五帝传说与中国上古史研究》，《中国社会科学院历史研究所学刊》第七集，商务印书馆2011年版，第12页。
② 何建章：《战国策注释》，中华书局2019年版，第740页。
③ （清）王先谦集解，方勇校点：《庄子》，上海古籍出版社2013年版，第180页。
④ 蒋礼鸿：《商君书锥指》，中华书局2017年版，第4页。
⑤ （汉）应劭撰，王利器校注：《风俗通义校注》，中华书局1981年版，第622页。

《淮南子·氾论训》：

　　神农无制令而民从，唐虞有制令而无刑罚，夏后氏不负言，殷人誓，周人盟。①

桓谭《新论》：

　　夫上古称三皇、五帝，而次有三王、五霸，此皆天下君之冠首也。故言三皇以道治，而五帝用德化；三王由仁义，五伯用权智。其说之曰：无制令刑罚，谓之皇；有制令而无刑罚，谓之帝；赏善诛恶，诸侯朝事，谓之王；兴兵约，约盟誓，以信义矫世，谓之霸。②

　　可见，在战国时期人们所论的古史系统中，从伏羲、神农到黄帝、尧、舜，以至于三王、五伯的这种排列，表达了一种历史递进关系。这种历史递进关系属于战国时期人们的一种历史观。我们今天在重建上古史时，对战国诸子有关我国上古历史的这种统括和划分，对这些古史传说所反映的历史阶段，当然应该是在辨析的基础上，结合考古发现和民族学、人类学资料而加以利用。

　　其二，把战国诸子所说的三皇式"人物"事迹与社会经济形态相对照，可以指示出社会历史演变的阶段性特征。对于不同的三皇组合模式，这里姑且以燧人、伏羲、神农为三皇，此三皇代表了历史发展的三个时代：燧人氏代表我国历史上人工取火的发明和成就，考古发现旧石器时代晚期发明了人工取火，所以燧人氏代表了旧石器时代晚期，是该时代的"指示名词"或"文化符号"；伏羲氏代表了由高级渔猎经济向农业的过渡，并有了像八卦这样朴素的辩证思维，属于从旧石器时代向新石器时代过渡；神农氏关于农业的发明代表了距今12000多年的新石器时代早期，而神农氏对于耒耜的发明则代表了距今8000年到7000年的耜耕农业，属于新石器时代中期，是农业发明之后的第一个发展阶

---

① （汉）刘安等著，（汉）高诱注：《淮南子》，上海古籍出版社1989年版，第138页。
② （汉）桓谭：《新论》，上海人民出版社1977年版，第2页。

段，再加上我国南方的稻作农业与北方的黍粟类旱作农业是两大系统，所以从一万多年开始，南方有南方的神农氏，北方有北方的神农氏，而南北各地的神农氏从12000多年到7000年前跨越了五六千年的历程，可见神农氏也是"指示时代的名称"或"文化符号"，它是中华大地农业的发明这样一个伟大历史进步的概括，它表达了社会进入农耕时代，并取得了初步的显著发展。

例如《韩非子·五蠹》说：

> 上古之世，人民少而禽兽众，人民不胜禽兽虫蛇；有圣人作，构木为巢以避群害，而民悦之，使王天下，号之曰有巢氏。民食果蓏蚌蛤，腥臊恶臭而伤害腹胃，民多疾病；有圣人作，钻燧取火以化腥臊，而民悦之，使王天下，号之曰燧人氏。中古之世，天下大水而鲧禹决渎。近古之世，桀纣暴乱而汤武征伐。今有……①

《庄子·盗跖》：

> 古者禽兽多而人民少，于是民皆巢居以避之。昼拾橡栗，暮栖木上，故命之曰有巢氏之民。古者民不知衣服，夏多积薪，冬则炀之，故命之曰知生之民。神农之世，卧则居居，起则于于，民知其母，不知其父，与麋鹿共处，耕而食，织而衣，无有相害之心，此至德之隆也。然而黄帝不能致德，与蚩尤战于涿鹿之野，流血百里。尧舜作，立群臣，汤放其主，武王杀纣。自是以后……②

《易传·系辞下》：

> 古者庖牺氏之王天下也，仰则观象于天，俯则观法于地，观鸟兽之文与地之宜，近取诸身，远取诸物，于是始作八卦，以通神明之德，以类万物之情。作结绳而为网罟，以佃以渔，盖取诸离。庖牺氏没，

---

① 张觉等撰：《韩非子译注》，上海古籍出版社2007年版，第673页。
② （清）王先谦集解，方勇校点：《庄子》，上海古籍出版社2013年版，第357—358页。

神农氏作，斲木为耜，揉木为耒，耒耨之利，以教天下，盖取诸益。日中为市，致天下之民，聚天下之货，交易而退，各得其所，盖取诸噬嗑。神农氏没，黄帝尧舜氏作，通其变，使民不倦，神而话之，使民宜之。易穷则变，变则通，通则久。是以自天右之，吉无不利。①

在上述战国诸子对于远古社会的种种推测与描述中，有巢氏不在三皇之列，但在《韩非子》和《庄子》等书中，显然是把他作为人类的初期阶段的代表来对待的。此时人类混迹于禽兽之中，为规避野兽的伤害，有巢氏教人"构木为巢"，"暮栖木上"②。从这一角度来看，把有巢氏划定在旧石器时代早期，应该是有充分理由的。只是，作为人类初期的历史文化特征，在由猿转变为人之后，考古发现的北京人等旧石器时代早期的人类是居住在洞穴之中的，人类在居于洞穴之前，是否有一个阶段是普遍居住在树上，现在还不能得到考古学上的印证，实际上也很难印证。而考古学所发现的诸如河姆渡那样的干栏式房屋建筑遗址，其时代却属于新石器时代中期，距离旧石器时代早期有百万年以上的历史。所以，庄子等人在说"有巢氏之民"时，很可能是参照了当时"南越巢居，北朔穴居"的民俗，而把它安排在了人类历史进程的初期，在今天尚无法确知旧石器时代早期的人类是否普遍地居住在树上的情况下，笔者不主张用"有巢氏"来作为我国旧石器时代早期阶段的特征的概括，以免引起不必要的误解或误导。

燧人氏的"钻燧取火"，已不是利用天然之火而属于人工取火。我国远古先民利用天然之火的历史可以从距今180万年前的山西芮城西侯度遗址和距今170万年的云南元谋人算起，一直持续到距今70万—50万年的北京人等。到了距今5万—1.2万年的旧石器时代晚期，发明了人工取火。其中，在内蒙古伊盟乌审旗萨拉乌苏河畔河套人居住过的遗址里发现有三处篝火遗迹；河北阳原桑干河岸边的虎头梁遗址是一处猎人宿营地，其中有三处篝火遗迹；在山顶洞人那里也有用火的遗存。这

---

① （清）李道平撰，潘雨廷点校：《周易集解纂疏》，中华书局1994年版，第621—627页。

② 张觉等撰：《韩非子译注》，上海古籍出版社2007年版，第673页；（清）王先谦集解，方勇校点：《庄子》，上海古籍出版社2013年版，第357页。

些都说明到了旧石器时代晚期已知道用人工取火了。

燧人氏传说的文化特征属于旧石器时代晚期，年代在距今5万—1.2万年前这一范围内。在笔者看来，燧人氏实为旧石器时代晚期人工取火这一文化特征的一个"指示时代的名词"或"文化符号"。

伏羲的文化特征有三个方面：一是"教民以猎"①，"作结绳而为罟，以佃以渔"②，"取牺牲以供庖厨"③；二是"制以俪皮嫁娶之礼"④；三是"始作八卦"⑤。"教民以猎"可视为高级狩猎，而"以佃以渔"则属于渔猎经济向农业经济的过渡；"制嫁娶"可以看作由"原始群婚"开始进入氏族社会的"族外婚"；"始作八卦"则说明已出现原始、朴素的逻辑思维和辨证思维。所以，伏羲氏代表我国从旧石器时代向新石器时代文化的过渡，年代为距今1.5万—1万年间。

神农氏，在《易传·系辞下》中是紧接伏羲氏而兴起的。从先秦文献中，既可以看到神农氏发明了农业，也可以看到神农氏发明了耒耜。农业的发明可以与距今1.2万年的农业起源相联系，而在农业生产中使用耒耜则属于距今七八千年前的史前农业的第一个发展阶段，所以神农氏的年代为距今1.2万—7000年前，跨度有5000年。

关于燧人氏、伏羲氏、神农氏是否为真实的人物，我赞成徐旭生先生的说法。徐旭生在《中国古史的传说时代》一书中指出："就现在所能得到的材料去研讨，我们可以推断神农与有巢、燧人为同类，是战国时的思想家从社会进步的阶段而想出来的指示时代的名词。至于伏羲、女娲却同太皞、蚩尤为一类，是另一集团的传说中的英雄，他们的真实人格也许可以存在，也许并不存在。"⑥

我们说"神农"是一个"指示时代的名词"或"文化符号"，也与我国史前农业分为南北两大系统、分布范围甚广以及神农氏既可代表距

---

① （战国）尸佼著，（清）汪继培辑，朱海雷撰：《尸子译注》，上海古籍出版社2006年版，第54页。
② （清）李道平撰，潘雨廷点校：《周易集解纂疏》，中华书局1994年版，第624页。
③ （晋）皇甫谧等著，陆吉等点校：《帝王世纪　世本　逸周书　古本竹书纪年》，齐鲁书社2010年版，第2页。
④ （晋）皇甫谧等著，陆吉等点校：《帝王世纪　世本　逸周书　古本竹书纪年》，齐鲁书社2010年版，第63页。
⑤ （清）李道平撰，潘雨廷点校：《周易集解纂疏》，中华书局1994年版，第622页。
⑥ 徐旭生：《中国古史的传说时代》，商务印书馆2023年版，第298页。

今一万多年前的农业起源又可代表距今七八千年前的耜耕农业有关。

说到农业的发明，根据考古发现，我国的农业起源于距今 1 万年前左右，分南北两大系统，南方是水稻、稻作农业系统，北方是小米和黄米黍粟类农业系统。在南方发现的遗址，有距今 1 万年以上的湖南道县玉蟾岩遗址、江西万年仙人洞和吊桶环遗址、距今 1 万年至 9000 年左右的浙江浦江上山遗址、距今 9000—8000 年的湖南澧县彭头山遗址、距今 7000 年的浙江余姚河姆渡遗址等。在北方也有距今万年左右的新石器时代早期遗址，如河北徐水县南庄头遗址、北京门头沟区东胡林遗址等，但在这些遗址中目前还没有谷物农作物的发现，在距今 7000 多年的中原地区的磁山、裴李岗文化、陕西的老官台文化、山东的北辛文化等遗址中发现有谷物农作物遗存。依据上述考古发现，我国农业的起源不但分作南北两个系统，而且无论是南方还是北方，都不是由一个地方起源的，是多个中心、在不同地区分散起源的。①

其次，就农业起源后的第一个发展时期而论，在距今 8000—7000 年的南北各地的农业都有显著的发展。例如，在北方，距今 7000 多年的裴李岗·磁山文化时期，农业已进入所谓"锄耕"或"初级耜耕"农业阶段，当时整个黄河流域及其东北地区，已出现包括翻土工具在内的成套农具，如从砍伐林木和加工木器用的石斧、松土或翻土用的石铲（即石耜）、收割用的石镰或石刀到加工用的石磨盘、石磨棒，一应俱全，而且制作精致。特别是在河北武安磁山遗址中发现 88 个窖穴储存着粮食，经计算 88 个窖穴的粮食堆积体约为 109 立方米，折合重量约为 13.82 万斤，②足以说明这一时期的粮食产量已相当可观。在南方，长江下游地区距今 7000 年的浙江余姚河姆渡遗址中，不但有发达的骨耜木铲，用于水稻农业中开挖排灌管道和翻土整地，属于典型的稻作耜耕农业，而且与发现大批木构建筑一起，在 400 多平方米范围内，普遍发现由稻谷、稻秆、稻叶混在一起的堆积物，这些在仓库中储存的稻谷遗存如换算成新鲜稻谷，当在 10 万公斤以上，③也说明了其农业的

---

① 王震中：《中国文明起源的比较研究（增订本）》，中国社会科学出版社 2013 年版，第 23—37 页。
② 佟伟华：《磁山遗址的原始农业遗存及其相关的问题》，《农业考古》1984 年第 1 期。
③ 严文明：《中国稻作农业的起源》，《农业考古》1982 年第 1 期。

发达。

这样看来，既然神农氏代表着农业的起源和它的早期发展，而考古发现又表明农业是在不同地区分散起源的，而且在距今7000多年的第一个显著发展阶段，南北各地的农业都是非常发达的，由此我们就不能说神农氏只是一个人，而应该说南北各地有各地的神农氏，也就是说，所谓"神农氏"也实为"指示时代的名称"或"文化符号"，它是中华大地农业的发明这样一个伟大的历史进步的概括，它表达了社会进入农耕时代，并取得了初步的显著发展。所以，神农氏与燧人氏一样，我们不应将其理解为一个人或一个氏族部落，而应理解为时代性标签，可视为社会历史发展的文化符号。鉴于我国农业起源于距今1万多年前的新石器时代初期，其第一个显著发展时期为距今7000年前的新石器时代中期，所以我们将三皇中的神农氏所反映的时代拟定为中国新石器时代的早期和中期，具体年代为距今1.2万—7000年的范围内，应是妥当的，而且没有证据表明距今7000年前中华大地已出现父系氏族社会，所以，距今1.2万—7000年的范围也与神农之世"民知其母，不知其父"的社会特征相吻合。

（二）五帝及其相关问题的反思

"层累说"和"四个打破"，也涉及五帝：一是认为五帝等诸帝都是神而不是人，这涉及所谓古史由神变为人的"人化"问题；一是认为五帝等谱系不是一系而是虚构的。古史神话的"人化"的说法，我认为是片面的，问题很多，对此我们后面再具体讨论；对《史记·五帝本纪》等文献所列五帝之间血缘谱系仅止于否定而不进一步探究其原因，我认为是"破而未立"或者说是"破有余而力不足"。

关于五帝，也有不同的组合。一类是按照四时、五行、五方位横向排列的组合，一类是按照血缘的纵向排列的组合。按照四时、五行、五方位横向排列的组合的五帝，见于《吕氏春秋·十二纪》《礼记·月令》《淮南子·天文训》等，如《淮南子·天文训》说："东方，木也，其帝太皞，其佐句芒，执规而治春……南方，火也，其帝炎帝，其佐朱明，执衡而治夏……中央，土也，其帝黄帝，其佐后土，执绳而制四方……西方，金也，其帝少皞，其佐蓐收，执矩而治秋……北方，水也，其帝颛顼，其佐玄冥，执权而治冬。"① 对于这种以五行相配的五帝组合模式，有学者说它是战国秦汉时的"学者为落实五帝说的编造"，并认为"神学上的五帝说为人间的五帝说提供了理论依据"②。

其实按照四时、五方位横向排列组合的五帝，是把上古的诸帝按五行的五方位作了横向上的分布组合，因而是先有上古诸帝的存在而后才有与四时五行相配合的五帝。然而，这种五方帝的组合模式却可透露出组成五帝的上古诸帝原本有可能不属于一个地域族系，他们当来自不同的地域族团。

按照血缘纵向排列的组合的五帝，有三种组合：（1）《易传》《大戴礼记·五帝德》《国语》《史记·五帝本纪》所记载五帝为：黄帝、颛顼、帝喾、帝尧、帝舜。（2）孔安国《尚书序》以少皞、颛顼、帝喾、唐尧、虞舜为五帝。（3）郑玄注《中侯敕省图》，"以伏牺、女娲、神农三代为三皇，以轩辕、少昊、高阳、高辛、陶唐、有虞六代为五帝"③。关于六人而称为五帝，郑玄的解释是："德合五帝座星者称帝，则黄帝、金天氏、高阳氏、高辛氏、陶唐氏、有虞氏是也。实六人而称五帝者，以其俱合五帝座星也。"④ 这样的解释实属牵强附会。

诸种不同组合五帝的出现，包括列有六人而称为五帝的情况说明，第一，应当是先有"三皇五帝"这样"三、五"概念的存在，而后出现用不同的古帝去填充它；第二，"五帝"与远古诸帝是一个既有联系又有区别的概念，"五帝"可视为远古诸帝的代表或概括，因而应当把对"五帝"的研究置于远古诸帝的整体研究之中。

关于按照血缘谱系排列组成的五帝，表述最完整的是《史记·五帝本纪》中的"黄帝—颛顼—帝喾—尧—舜"。按照《五帝本纪》中的排列顺序，黄帝为五帝之首，其余四帝都是黄帝的后裔。颛顼是黄帝之子昌意的儿子，即黄帝之孙。帝喾的父亲叫蟜极，蟜极的父亲叫玄嚣，玄嚣与颛顼的父亲昌意都是黄帝的儿子，所以，帝喾是颛顼的侄辈，黄帝的曾孙。尧又是帝喾的儿子。而舜则是颛顼的六世孙。这一组合模式表

---

① （汉）刘安等著，（汉）高诱注：《淮南子》，上海古籍出版社1989年版，第28页。
② 叶林生：《古帝传说与华夏文明》，黑龙江教育出版社1999年版，第63、65页。
③ 安居香山、中村璋八辑：《纬书集成》（上），河北人民出版社1994年版，第440页。
④ 安居香山、中村璋八辑：《纬书集成》（上），河北人民出版社1994年版，第440页。

达出两个方面的内容：一是展现出五帝在历史舞台上称雄先后的时间顺序，二是按照司马迁所述五帝之间是一脉相承的祖孙关系。笔者认为《五帝本纪》中五帝在历史舞台上称雄先后的时间顺序应该没什么大的问题，但认为黄帝与其他四帝即五帝之间在血统血缘上都是一脉相承的关系，是有疑问的。

从姓族来看，黄帝族有十二姓，以姬姓为主；① 颛顼和帝喾不知何姓，"颛顼—祝融"属于一个族系，祝融有八姓：己、董、彭、秃、妘、曹、斟、芈，都不在黄帝十二姓之列；帝舜姚姓，也不在黄帝十二姓之列，而且孟子还说舜是"东夷之人"②；只有帝尧祁姓，在黄帝十二姓之中。上古的姓与姓族表现的是血缘关系，由此我认为在司马迁所说的五帝中，只有黄帝与帝尧属于同一族系，而其他三帝与黄帝在血缘族系上不是一系。为此，我曾将五帝所表现出的先后时代关系称为符合历史实际的"实"，而将其一脉相承的血缘谱系称为不符合历史实际的"虚"。③

我们知道，上古时期中华大地上的新石器文化星罗棋布，新石器文化遗址数以万计，创造这些新石器文化的氏族部落部族林立，即使后来组合成几个大的部族集团，各大族团之间起初也是互不统属，根本不可能是万古一系。司马迁等人把原本属于不同部族或族团的黄帝、颛顼、帝喾、尧、舜等的族属描写成一系的做法，因而需要予以纠正。

但是，当我们追问司马迁为什么要把五帝之间说成是一脉相承的血缘关系时，问题就变得复杂起来了。《国语·鲁语》和《礼记·祭法》中有虞氏和夏后氏等都有以黄帝为其远祖的说法，例如《国语·鲁语上》说："故有虞氏禘黄帝而祖颛顼，郊尧而宗舜。夏后氏禘黄帝而祖颛顼，郊鲧而宗禹。商人禘喾而祖契，郊冥而宗汤。周人禘喾而郊稷，祖文王而宗武王。"④ 从《国语·鲁语》和《礼记·祭法》看，黄帝与

---

① 《国语·晋语四》："凡黄帝之子，二十五宗，其得姓者十四人，为十二姓：姬、酉、祁、己、滕、箴、任、荀、僖、姞、儇、依是也。"参见（三国吴）韦昭注，徐元诰集解，王树民、沈长云点校《国语集解》，中华书局2019年版，第353—354页。

② 《孟子·离娄下》："舜生于诸冯，迁于负夏，卒于鸣条，东夷之人也。"参见（清）焦循撰，沈文倬点校《孟子正义》，中华书局1987年版，第537页。

③ 王震中：《三皇五帝传说与中国上古史研究》，《中国社会科学院历史研究所学刊》第七集，商务印书馆2011年版，第14页。

④ （三国吴）韦昭注，徐元诰集解，王树民、沈长云点校：《国语集解》，中华书局2019年版，第168—169页。

颛顼、尧、舜是有祖先关系的；周人禘喾，周人与黄帝都是姬姓，这样帝喾与黄帝也就有了血缘关系，由此而言黄帝、颛顼、帝喾、尧、舜不就都有血缘关系了吗？也有学者把五帝之间的血缘关系称为"拟血缘关系"。《国语》和《礼记》都是战国时期成书的，那么，战国时期的人为何要把原本不属于同一姓族的诸帝描述为同一血缘系统，并都以黄帝为远祖而进行祭祀呢？我认为这主要是春秋战国时期华夏民族融合的结果：当时华夏民族的民族自觉意识特别强烈，已越过了自在民族，早已成为自觉民族，[①] 需要一个民族标识，姬姓的黄帝族与姬姓的周人乃属同一族系，[②] 这样，华夏民族共推黄帝为自己的始祖就成为一种时代意识和时代需求。黄帝之外的其他四帝虽说多数不与黄帝族为同一姓族而无血缘关系，但他们在五帝时代就先后成为华夏民族的组成部分，并从夏代开始融合为华夏民族一员，所以从战国到汉代采用"拟血缘关系"把他们组合成为一系是不难理解的。当时实际情况应该是这样：黄帝、颛顼、帝喾、尧、舜原本代表不同的部族，他们先后来到中原或活动于中原地区，之后又融合而形成华夏民族，在融合的过程中，他们在中原地区的称雄有先有后，《五帝本纪》中"黄帝—颛顼—帝喾—尧—舜"的排列，就透露出称雄的先后。《国语》和《礼记》的作者以及司马迁正是鉴于华夏民族的组成和融合情况，才给出了五帝在血缘上出于同一族系的记述，这主要是因为战国秦汉时期并没有今日的民族学概念，只得按照传统做法把民族融合表达为血缘或拟血缘关系并用祭祀谱系表现出来。若从华夏民族形成过程来看，炎帝、黄帝、颛顼、帝喾、尧、舜、禹或因其先后来到中原或因其原本就在中原，最后都成为华夏民族的组成部分，在民族共同体的意义上他们都同属于华夏民族成员，只是有一个形成过程而不是自古一系而已。为此，我认为古史辨派在摧毁"自从盘古开天地，三皇五帝到如今"的古史系统时"破有余而立不足"，而把五帝之关系与华夏民族起源和形成过程相联系，才会"有破有立"。由此，我们鉴于五帝属于不同姓族而否定他们为一系，而又提

---

① 实际上从西周开始，华夏民族就已进入自觉民族的发展阶段。关于由华夏民族由夏商时期的"自在民族"发展为周以后的"自觉民族"的过程，参见王震中《从复合制国家结构看华夏民族的形成》，《中国社会科学》2013年第10期。

② 王震中：《商周之变与从帝向天帝同一性转变的缘由》，《历史研究》2017年第5期。

出在华夏民族形成过程中五帝乃极重要源头。这一点较顾先生"层累说"和"打破民族出于一元的观念"的认识又前进了一步，也属于重建上古史的一种考虑。

（三）关于"打破地域向来一统的观念"的反思

顾先生"四个打破"中的"打破地域向来一统的观念"确有建树，但也需辩证地对待。如本文第一节所引，顾先生认为，"《禹贡》的九州，《尧典》的四罪，《史记》的黄帝四至乃是战国时七国的疆域，而《尧典》的羲、和四宅以交趾入版图更是秦汉的疆域。中国的统一始于秦，中国人民的希望统一始于战国，若战国以前则只有种族观念，并无一统观念"。"若说黄帝以来就是如此，这步骤就乱了"，"所以，我们对于古史，应当以各时代的地域为地域，不能以战国的七国和秦的四十郡算作古代早就定局的地域"。

诚如顾先生所言，战国时期希望统一的愿望是强烈的。《孟子·梁惠王上》记载梁惠王问孟子："天下恶乎定？"孟子回答说："定于一。"王又问："孰能一之？"孟子回答说："不嗜杀人者能一之。"① 这里的"一"就是"统一"。这段话清楚地表现了战乱时期的人们对安宁统一的渴望。战国时的各国特别是战国七雄属于独立的国家，然而在各国独立的现实社会基础上却产生出统一的思想观念。用社会存在决定社会意识的唯物史观来分析这一现象，战国时的统一思想若不能以战国社会现实中各国是独立的为基础的话，那么除了人民厌恶战争之外，战国之前的夏商西周的国家形态结构——三代社会政治，就成为战国时统一思想的历史渊源。也就是说，大一统的思想和地理格局是由大一统的政治决定的，按照我的考察，中国历史上的"一统"有三个层次、三种形式：第一，秦汉至明清中央集权的以郡县制为机制的"大一统"；第二，夏商周三代多元一体的复合制王朝国家形态结构的"一统"观念；第三，五帝时代中原地区族邦联盟机制下的带有联盟一体色彩的"一统"观念。

地理格局是与国家政治形态联系在一起的。顾先生说的秦汉以来的大一统，是以中央集权的郡县制为机制的大一统，这也是史学界的共

---

① （清）焦循撰，沈文倬点校：《孟子正义》，中华书局1987年版，第71页。

识。对于夏商西周三代的地理和王朝结构，百年来的学术研究，其认识是逐渐清晰的。关于夏商西周的国家形态结构，传统的观点有两种。这里以商朝为例，第一种观点认为，"……商王国是一个统一的君主专制的大国"，"商王对诸侯如同对王室的臣僚一样……诸侯政权对商王室的臣属关系，在实质上，就是后世中央政权与地方政权的一种初期形态"①；或者说商朝是确立了"比较集中的中央权力的国家"②。第二种观点认为商朝时期并不存在真正的中央权力，而把商代看作一个由许多"平等的"方国组成的联盟，③或者称之为"共主制政体下的原始联盟制"国家结构。④

在上述两种观点之外，我在近年提出：包括商朝在内的夏商周三代都属于多元一体的复合制国家结构，只是其发展的程度，商代强于夏代，周代又强于商代。⑤ 在夏代，其复合制国家的特征主要是由夏王乃"天下共主"来体现的；到了商代，除了商王取代夏而成为新的"天下共主"外，其复合制国家结构主要是由"内服"和"外服"制构成；到了周代，周王又取代商而为"天下共主"，其复合制国家结构则通过大规模的分封和分封制而达到了鼎盛，被分封的诸侯邦国属于"外服"系统，周王直接统辖的王邦则属于"内服"系统。换言之，所谓"复合制国家结构"，就像复合函数的函数套函数那样，处于"外服"系统的各个诸侯邦国是王朝内的"国中之国"；处于"内服"系统的王邦即王国，属于王朝内国中之国的"国上之国"，是王权的依靠和基础，而"内外服"即整个王朝又是一体的。⑥ 这样的一体性，构成了另外一层

---

① 杨升南：《卜辞中所见诸侯对商王室的臣属关系》，原载胡厚宣主编《甲骨文与殷商史》，上海古籍出版社1983年版，第166、169页；又收入杨升南《甲骨文商史丛考》，线装书局2007年版，第48、51页。

② 谢维扬：《中国早期国家》，浙江人民出版社1995年版，第383页。

③ 林沄：《甲骨文中的商代方国联盟》，《古文字研究》第六辑，中华书局2005年版，第74页。

④ 周书灿：《中国早期国家结构研究》，人民出版社2002年版，第7页。

⑤ 王震中：《夏代"复合型"国家形态简论》，《文史哲》2010年第1期；《商代都邑》，中国社会科学出版社2010年版，第456、485、486页；《中国古代国家的起源与王权的形成》，中国社会科学出版社2013年版，第436—440、471—485页。

⑥ 王震中：《夏代"复合型"国家形态简论》，《文史哲》2010年第1期；《论商代复合制国家结构》，《中国史研究》2012年第3期；《中国古代国家的起源与王权的形成》，中国社科出版社2013年版，第436—440、471—485页。

次的"大一统"即我们一般所说的"一统"或"统一"。

夏商周三代王朝"多元一体复合制王朝国家结构",其一体性即在一统王权支配下的王朝国家的一统性,也可由国土观念和结构得以说明。在国土观念方面,用《诗经·小雅·北山》里的话来讲就是"溥天之下,莫非王土;率土之滨,莫非王臣"①,《左传·昭公九年》载周天子的大臣詹桓伯也说过类似的话:西部岐山和山西一带的"魏、骀、芮、岐、毕,吾西土也",东部齐鲁之地的"蒲姑、商奄,吾东土也",南方的"巴、濮、楚、邓,吾南土也",北部的"肃慎、燕、亳,吾北土也"②。

战国时期的大一统思想源自夏商西周三代王朝多元一体的复合制结构这样的政治,而在夏商周三代之前的五帝时代,则有族邦联盟。当时,一方面是邦国林立,史称"万邦";另一方面,在中原地区又结成了族邦联盟。五帝时代史称"万邦",其政治格局是邦国林立与中原族邦联盟并存。在族邦联盟机制下,产生出带有联盟一体色彩的"一统"观念,这就是《尚书·尧典》所说的帝尧能"协和万邦",《礼记·礼运》所说尧舜禹时"天下大同"的思想观念。

可见,从黄帝、颛顼、帝喾、尧、舜、禹经三代再到秦汉乃至明清,伴随着国家形态和结构的变化,先后产生了三种背景指向的"一统"观念,即与尧舜禹时代族邦联盟机制相适应的带有联盟一体色彩的"天下一统"观念;与夏商西周"复合制王朝国家"相适应的大一统观念;与秦汉以后郡县制机制下的中央集权的帝制国家形态相适应的大一统思想观念。这三种背景指向、三个层次的"大一统"思想观念,是历史发展的三个阶段的标识。③ 顾先生"四个打破"中"打破地域向来一统的观念"固然有其建树的一面,但我们也不应以此为满足,还可以再向前走一步,即联系夏商周三代的复合制王朝国家形态结构和五帝时代族邦联盟的情形来追索战国"大一统"思想的历史渊源。

---

① 程俊英:《诗经译注》,上海古籍出版社2004年版,第349页。
② 杨伯峻编著:《春秋左传注》五(修订本),中华书局2016年版,第1449—1450页。
③ 王震中:《论源远流长的"大一统"思想观念》,《光明日报》2019年6月10日"史学版";《"大一统"思想的由来与演进》,《海南大学学报》2022年第3期。

（四）古史人物究竟是人还是神以及"神化"和"人化"问题

顾先生"四个打破"中的"古史人化"的问题，指的是他认为古史传说人物都是神而不是人，都是由神而"人化"为人。对古史辨派来说这是他们的最大建树，然而在我看来这是古史辨派最主要的局限。

古史传说中的人物固然呈现出许多神性，但并不能以此就说明他们是神而不是人。古史传说人物所具有的神性，究其原因有两个方面：其一是因为远古人的思维具有两重性——逻辑思维与原逻辑思维的统一体，[①] 其中的原逻辑思维的机制是神秘主义的"互渗律"[②]，在原逻辑的互渗思维机制下，原始人对自己死去的祖先或活着的酋长、英雄人物赋予神力和神性，是必然的；其二是远古时代的人名、族名、图腾名、神名是可以同一的，这样，从人名的角度看他是人，而从图腾名和神名的角度看呈现出的就是神。

对于古史传说人物究竟是人还是神的问题，笔者在《炎黄学概论》[③] 一书中已有谈及，这里仅就黄帝以及顾先生特别举出的大禹为例，来回答古史人物究竟是人还是神，并进而分析所谓"由神到人"的古史"人化"问题。

关于黄帝，黄帝名号的由来就涉及黄帝究竟是人还是神的问题。黄帝名轩辕，又称为有熊。黄帝、轩辕、有熊的名号是如何来的？这里我们先从"黄帝"一名说起。《史记·五帝本纪》说黄帝"有土德之瑞，故号黄帝"[④]。《论衡·验符篇》说："黄为土色，位在中央，故轩辕德优，以黄为号。"[⑤] 这是按照"金木水火土"五行中的"土德"来解释黄帝名号的来源。中国古代五行最盛行的时期是战国，从战国到秦汉，

[①] 法国学者列维-布留尔《原始思维》（丁由译，中华书局1981年版）一书强调原始人的思维不属于逻辑思维，而是一种"原逻辑"的神秘的"互渗律"思维。笔者认为，原始人的思维固然有"原逻辑"的"互渗律"思维的一面，但它也有逻辑思维的一面，而且这二者可以统一在一个人的脑海里，也统一在他们的活动中，统一在他们的宗教崇拜中。参见拙作《论原始思维的两重性：逻辑思维与原逻辑思维的交叉重叠》，待刊。

[②] ［法］列维-布留尔：《原始思维》，丁由译，商务印书馆1981年版，第71页。

[③] 李俊、王震中主编：《炎黄学概论》，人民出版社2021年版，第37—43页。

[④] （汉）司马迁撰，（宋）裴骃集解，（唐）司马贞索隐，（唐）张守节正义：《史记》，中华书局2014年版，第7页。

[⑤] （汉）王充：《论衡》，上海人民出版社1974年版，第306页。

"五德始终说"政治哲学影响深远，司马迁和王充用土德来解释黄帝名号的由来，是不难理解的。但黄帝及其所在的时代远在远古，此时还没有五行的说法，所以黄帝因土德之瑞得名不足为据。

在先秦文献中"黄"与"皇"可通用。例如，《庄子·齐物论》"是皇帝之所听荧也。"①《经典释文》："皇帝，本又作黄帝。"② 又《庄子·至乐篇》曰："吾恐回与齐侯言尧、舜、皇帝之道……"③《吕氏春秋·贵公》："丑不若黄帝而哀不己若者。"④ 毕沅校曰："'黄帝'刘本（明刘如宠本）作'皇帝'，黄、皇古通用。"⑤《易传·系辞》："黄帝、尧、舜，垂衣裳而天下治。"⑥《风俗通义·音声篇》作"皇帝"⑦。可见黄帝与皇帝通用的例子甚多。而在《尚书·吕刑》中"黄帝"乃皇天上帝："蚩尤惟始作乱……上帝监民……皇帝哀矜庶戮之不辜，报虐以威，遏绝苗民，无世在下。乃命重黎绝地天通……皇帝请问下民。"⑧依据这些文献中黄帝与皇帝通用的例子，当年古史辨派主张黄帝是神而不是人。⑨ 但也有许多先秦文献说黄帝是人，例如《国语·晋语》："昔少典娶于有蟜氏，生黄帝、炎帝。黄帝以姬水成。炎帝以姜水成，成而异德，故黄帝为姬，炎帝为姜。"⑩

从文献来看，黄帝既是神又是人。这究竟是怎么回事？这是因为从远古开始，人名、族名、图腾名、神名就可以同一。就神名而言，黄帝之所以与皇天上帝之皇帝相同一，缘于"天"是黄帝族最重要的图腾。我们知道黄帝姬姓，而在周代的青铜器铭文中以"天"为族徽者也是姬姓。青铜器中以"天"（ 或 ）为族徽的器物，邹衡先生在《论先周文化》中说他曾找到有这样族徽的铜器 50 余件，其中《天姬自作

---

① （清）王先谦集解，方勇校点：《庄子》，上海古籍出版社 2013 年版，第 30 页。
② （唐）陆德明撰，黄焯断句：《经典释文》，中华书局 1983 年版，第 364 页。
③ （清）王先谦集解，方勇校点：《庄子》，上海古籍出版社 2013 年版，第 174 页。
④ 许维遹撰，梁运华整理：《吕氏春秋集释》，中华书局 2016 年版，第 19 页。
⑤ 许维遹撰，梁运华整理：《吕氏春秋集释》，中华书局 2009 年版，第 19 页。
⑥ （清）李道平撰，潘雨廷点校：《周易集解纂疏》，中华书局 1994 年版，第 627 页。
⑦ （汉）应劭撰，王利器校注：《风俗通义校注》，中华书局 1981 年版，第 267 页。
⑧ 顾颉刚、刘起釪：《尚书校释译论》（四），中华书局 2018 年版，第 2009 页。
⑨ 杨宽：《中国上古史导论·黄帝与皇帝及上帝》，《古史辨》第七册，上海古籍出版社 1982 年版，第 197 页。
⑩ （三国吴）韦昭注，徐元诰集解，王树民、沈长云点校：《国语集解》，中华书局 2019 年版，第 355—356 页。

壶》"可以证明天族是姬姓"①。所以,"黄帝"即"皇天上帝"亦即"天帝",它来源于以天为图腾。

"轩辕"一名也来自图腾名。郭沫若曾依据《国语·周语》"我姬氏出自天鼋"②,指出青铜器铭文中的族徽"🐸"(图1:A)可释为"天鼋",就是轩辕黄帝之轩辕③。后来,于省吾认为"🐸"应释为"天黾",黾是青蛙,鼋是龟鳖,族徽铭文中"天"字下面的"🐸"动物的双腿,画得盘曲而较长,并且没有尾巴,而龟形短足有尾,所以"🐸"应释"天黾"④。现在学者们多遵从于先生的释读,释"🐸"为"天黾",如此说来,似乎青铜器铭文"🐸"就与轩辕黄帝之轩辕没有关系了。而我认为,就字形而论,"🐸"应释为"天黾",但"天黾"之"黾"与"天鼋"之"鼋"在读音上可通假。"黾"(发音即"渑池"之"渑")字古音可归入元部韵,与"鼋"字古音为元部韵相同,叠韵可通假,因而"天黾"与"天鼋"乃一声之转,在发音上二者是通假字。因为发音上的通假,周人把"天黾"写作"天鼋",后来到春秋战国时期又写作"轩辕",都是通假的缘故。这样,🐸(天黾)族徽即轩

图1 天鼋与天兽族徽

(A 天鼋,1—6 天兽)

---

① 邹衡:《夏商周考古学论文集》,科学出版社2001年版,第311页。
② (三国吴)韦昭注,徐元诰集解,王树民、沈长云点校:《国语集解》,中华书局2019年版,第133页。
③ 郭沫若:《殷彝中图形文字之一解》,《殷周青铜器铭文研究》卷1,《郭沫若全集》考古编第4卷,科学出版社2002年版,第7页。
④ 于省吾:《释黾、鼋》,《古文字研究》第七辑,中华书局2005年版,第2—3页。

辕黄帝之轩辕。㿟这个族徽可与仰韶文化和马家窑文化彩陶上的蛙形纹样相联系（图2），是黄帝族在仰韶时代的图腾艺术表现。

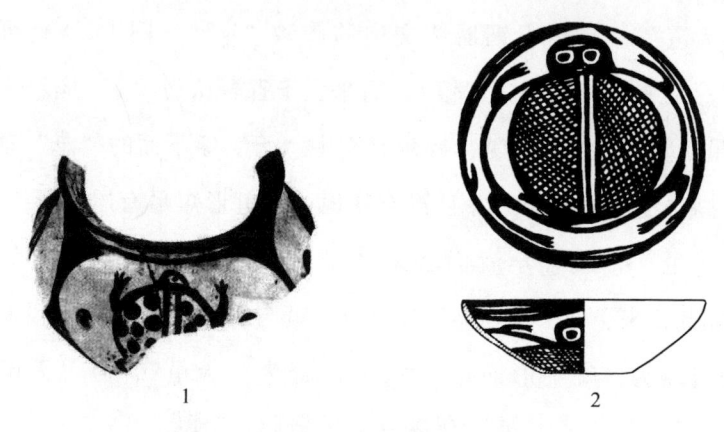

图2　仰韶文化和马家窑文化中的蛙纹
1. 河南陕县庙底沟遗址出土；2. 甘肃师赵村遗址出土。

黄帝又号称有熊氏，有熊一名也来自黄帝族的图腾名。皇甫谧《帝王世纪》说："黄帝有熊氏，少典之子，姬姓也……受国于有熊，居轩辕之丘，故因以为名，又以为号。"① 又曰："黄帝都有熊，今河南新郑是也。"② 也许有学者认为《帝王世纪》是西晋时期的书，不足为据。但是《史记·五帝本纪》和《大戴礼记·五帝德》记载黄帝与炎帝在阪泉之野作战时，曾用了以兽为名的六支不同图腾的军队：熊、罴、貔、貅、豹、虎③。这六支以图腾为名号的军队以熊为首领，"有熊"是这些图腾的概括或代表，可见《帝王世纪》说"黄帝有熊氏"④ 是有依据的。有熊氏也可以在青铜器上找到其族徽铭文。邹衡提出"天兽"

---

① （晋）皇甫谧等著，陆吉等点校：《帝王世纪　世本　逸周书　古本竹书纪年》，齐鲁书社2010年版，第5页。
② （晋）皇甫谧等著，陆吉等点校：《帝王世纪　世本　逸周书　古本竹书纪年》，齐鲁书社2010年版，第8页。
③ （汉）司马迁撰，（宋）裴骃集解，（唐）司马贞索隐，（唐）张守节正义：《史记》，中华书局2014年版，第4页。（清）孔广森撰，王丰先点校：《大戴礼记补注》，中华书局2013年版，第129页。
④ （晋）皇甫谧等著，陆吉等点校：《帝王世纪　世本　逸周书　古本竹书纪年》，齐鲁书社2010年版，第5页。

族徽（图1：1—6），即在"天"字图形之下铸有各种兽类图形的铭文，他联系《史记·五帝本纪》和《大戴礼记·五帝德》记载黄帝率领以熊图腾为首的六支军队与炎帝作战的史实，认为这些天兽类族徽是与黄帝有联系的，[①] 即青铜器铭文中的天兽类族徽是由黄帝族中以兽为图腾转化而来的。

黄帝号称轩辕氏，又称有熊氏；既以天为图腾，也以青蛙（天黾）和熊罴貔虎等（天兽）为图腾。究其原因，是因为"黄帝"也代表一个族团。如《国语·晋语》说："凡黄帝之子、二十五宗，其得姓者十四人，为十二姓：姬、酉、祁、纪、滕、箴、任、荀、僖、姞、儇、衣是也。唯青阳与苍林氏同于黄帝，故皆为姬姓。"[②] 二十五宗、十二姓显然不是一个人，也不是一个氏族，而属于一个部族。在这个部族中，有的首领以天为图腾，有的首领以天黾（青蛙）为图腾，有的首领以天兽（有熊等）为图腾。我曾提出氏族图腾是由氏族酋长的个人图腾转化而来的，这些图腾还可以进而转化为部族宗神，[③] 黄帝族与周人乃一个族系，周王称天子（即天的儿子），以天为至上神，也是由此而来的。[④] 这也进一步证明了远古时代的人名、族名、图腾名、宗神名可以同一。

总括上述，关于黄帝名号，从文献看有"黄帝""轩辕""有熊"；从族徽的视角看，有"天""天黾""天兽"等；在"天""天黾""天兽"之中，"天"是共同的；在"黄帝""轩辕""有熊"之中，"黄帝"是共同的。从这两个方面的共同性出发，我认为，对于黄帝族而言，"天"是总名，"天黾"和"天兽"可以包括在"天"之下，这和春秋战国以来"黄帝"（既是皇天上帝即天帝，亦是作为人的人文初祖，还是春秋战国华夏民族的标识）是总名，"轩辕氏"和"有熊氏"是其别名一样。这一认识是把各方面的材料和现象融会贯通的结果，黄帝名号的由来及其意义由此也就清晰起来了。

[①] 邹衡：《夏商周考古学论文集》，科学出版社2001年版，第313页。

[②] （三国吴）韦昭注，徐元诰集解，王树民、沈长云点校：《国语集解》，中华书局2019年版，第353—354页。

[③] 王震中：《图腾的起源、转型与考古发现》，《重建中国上古史的探索》，云南人民出版社2015年版，第21页。

[④] 王震中：《商周之变与从帝向天帝同一性转变的缘由》，《历史研究》2017年第5期。

在大禹的问题上，顾先生主张大禹是神而不是人，他在《与钱玄同先生论古史书》中依据《说文》“禹，虫也，从内，象形”①，而认为禹“是九鼎上铸的一种动物”②。确实，从“禹”字的构形来看，禹在青铜器铭文中是蛇形龙的形象。例如《禹方鼎》写作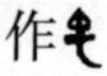、，《禹鼎》写作，《叔向父禹簋》写作，《秦公簋》写作，均为从虫、从九的象形兼会意字。“从九”即《说文》所说的“从内”③，这大概与禹霸九州有关系。禹字写作蛇形龙并非说它是动物龙，而是以龙为图腾的缘故。龙是禹的图腾，禹为夏族之国君，龙也就会成为夏族的宗神。所以，《列子·黄帝篇》说：“……夏后氏，蛇身人面。”④ 说的就是夏的王族是以龙为图腾。《国语·郑语》说：“夏之衰也，褒人之神化为二龙，以同于王庭，而言曰：‘余，褒之二君也。’”⑤ 褒为姒姓，乃夏禹之后，褒氏是夏的同姓族邦中“用国为姓”者之一。姒姓褒国两位先君“化为二龙”的神话，显然出自夏族以龙为图腾的传说。

关于图腾崇拜及其与祖先崇拜之关系，近年来笔者有新的研究。对于图腾是如何起源发生的，众说纷纭，这是图腾研究的一个难点。笔者认为图腾崇拜起源于远古时期的人们在不了解性交与怀孕有何关系的情况下，女性对其怀孕生育现象的解释，也是对本族来源的一种解释。在由猿转变为人、进入人类社会之后的旧石器时代乃至新石器时代，人类的繁衍都是由妇女怀孕生育实现的，关于性交与生育的关系，即男性在生育方面的作用，人类最初是不清楚的。也就是说，由动物进化而来的人类，其最初只是在本能上有性交方面的生理要求和感情冲动，而并不知道这类行为所带来的怀孕的结果。甚至到了旧石器时代中晚期氏族制度尚未出现或处于萌芽的时候，人类也还是不具备关于性交与怀孕关系方面的知识，或者说女性怀孕生育被认为与男子无关。这一方面是男女性交这一受孕行为与怀胎的象征（初次明显的胎动等）距离太远；另

① （汉）许慎著，（宋）徐铉等校：《说文解字》，中华书局1985年版，第485页。

② 顾颉刚：《与钱玄同先生论古史书》，《古史辨》第一册中编，上海古籍出版社1982年版，第63页。

③ （汉）许慎著，（宋）徐铉等校：《说文解字》，中华书局1985年版，第485页。

④ 严北溟、严捷译注：《列子译注》，上海古籍出版社2016年版，第69页。

⑤ （三国吴）韦昭注，徐元诰集解，王树民、沈长云点校：《国语集解》，中华书局2019年版，第502页。

一方面，当时尚处于"群始"，性交关系十分随便，而且性交未必皆生子。因此认为性交与怀孕生子没有关系是很自然的事。然而，人类的思维和求知欲又促使他们力图对怀孕生育现象做出自认为合乎道理的解释。在当时那种"原逻辑"的"互渗思维"机制的作用下（即世界上可见的和不可见的所有事物都是相互联系、相互渗透、相互感应、相互转化的）①，女性很自然地会将母体胎儿明显的胎动与当时所看见、所接触或所吃的东西联系起来，构成原始人的因果推理，从而认为怀孕和生育是这一动植物进入母体的结果。这也就是商族的祖先契被认为是简狄吞玄鸟卵因孕而生、周族的祖先后稷被认为是姜嫄踩巨人足迹因孕而生，② 以及澳大利亚阿兰达人（Aranda）认为怀孕与性交及父亲的作用没有任何关系，而只是"图腾祖先的神灵进入母体的结果"的缘由。③

如果我们承认图腾起源于原始社会的妇女对其怀孕生育现象的解释的话，那么，最初的图腾就只能是个人图腾，而不是传统观点所说的氏族图腾（氏族集体的图腾），即先有个人图腾，后有氏族图腾这是因为，第一，女性怀孕和生育都是个体行为，她们对自己怀孕生育的解释也都是具体的，涉及的也都是一个个的个人，其产生的图腾当然是个人图腾。第二，当时还没有出现氏族，也没有所谓氏族制度，因而不可能有氏族图腾。氏族图腾的出现已属图腾转型。

所谓图腾的转型，其一指的是由发生于旧石器时代、氏族制之前的个人的图腾转变为氏族社会及其之后的图腾，也就是说当社会进入氏族制之后，原有的图腾崇拜为了适应氏族制度的需要，所做的相应的转型演变。这种转型演变呈现出三种形态：第一种形态是由氏族酋长的个人图腾转变为氏族集体图腾；第二种形态是转型为氏族名称、

---

① 笔者认为原始思维具有两重性，即逻辑思维与原逻辑思维交叉重叠在一起。其中的"原逻辑思维"的机制则是"互渗律"，即世界上可见的和不可见的所有事物都是相互联系、相互渗透、相互感应、相互转化的。

② 《诗经》和《史记》中有关商族男始祖和周族男始祖诞生的神话故事，既是图腾崇拜方面的材料，也是祖先崇拜方面的材料。图腾崇拜与祖先崇拜的关系是：图腾崇拜发生在前，祖先崇拜发生在后，而后来出现的祖先崇拜是可以把先头出现的图腾崇拜包括在内的。这就使得我们既可以把《诗经》《史记》记载的始祖诞生神话故事用来研究图腾崇拜，又可以用来研究祖先崇拜。

③ [美] 乔治·彼得·穆达克：《我们当代的原始民族》，童恩正译，四川民族研究所1980年版，第27页。

徽号、标识、族徽铭文等，并转变为保护神；第三种形态是在祖先崇拜中包含有图腾崇拜，即图腾崇拜发生在前，祖先崇拜发生在后，但后出的祖先崇拜是可以包含之前的图腾崇拜的，这就使得祖先"感生神论"既可以作为祖先崇拜的材料来使用，亦可以作为图腾崇拜的材料来使用。

图腾转型的第一种形态是在原有的个人图腾的基础上出现了与氏族集体相联系的氏族图腾，我们从澳大利亚阿兰达人中大量的个人图腾与一小部分氏族集体图腾并存现象，以及在我国远古社会作为想象中的全氏族部落共同的女祖先与图腾交感受孕的神话也即应运而生的现象；可以推知许多氏族图腾应该是由氏族酋长的个人图腾转化而来的。因为在氏族内那些个人图腾每每会因其个人的死去而被人遗忘，只有那些为本氏族做过贡献的英雄的图腾，特别是氏族酋长的图腾才会在其死后依然被人们所传颂，一代一代地口耳相传，并成为该氏族代表性图腾，氏族图腾就是由这样一些人的个人图腾转化而来。

图腾转型的第二种形态是图腾演变为氏族名称、徽号、标识、族徽铭文等，并转变为保护神。随着氏族制度的发展，某一动植物，对早期以此为图腾的某一氏族团体来说，尚具有图腾祖先的含义，依旧同氏族徽号、标识、氏族团体相联系，但作为其保护神的另一重要作用，也获得了独立的发展。随着这一氏族部落在本部族集团中地位的上升，渊源于这一氏族部落的图腾保护神，将会升华为本部族集团的保护神，其他氏族部落将会自觉地引之为崇拜物，从而呈现出一种所谓"时代风尚"。不过，这种崇拜对于别的氏族部落来说，不是作为"图腾祖先"对待的，而是取其保护神的意义。久而久之，这一崇拜物就具有维系本部族集团团结的功能，成为这一部族集团在整体上区别于其他部族或部落集团的标志物。当氏族组织本身在形式和结构上有进一步的转型或处于动态演变的过程之中时，并且文明和铸铜技术的发展使得人们易于用青铜器铭文来表现氏族徽号时，图腾名称就转变成了族徽铭文，即氏族的族徽铭文渊源于氏族图腾名称。

大禹和夏部族的情况就是如此。"禹"字构形为蛇形龙，即因为蛇形龙是禹的图腾，也即禹的名称来源于他的图腾名，并非禹就是动物；而禹乃夏的君王，禹的图腾转化为夏部族图腾是自然而然的事，因此，

《列子·黄帝篇》说"夏后氏，蛇身人面"①。夏为姒姓，姒字也是蛇形龙，姒姓族的夏以蛇形龙为图腾是由禹的图腾转化而来的。《国语·郑语》说姒姓的"褒人之神化为二龙"②，也说明夏人以龙为其最高图腾，蛇形龙是夏族的宗神。由此我们说"禹"这样的人名与"夏禹"这样的带有族属意味的名称，以及夏的图腾神乃至宗神之名完全同一，这是我们解决包括夏禹在内的古史人物究竟是神还是人这样问题的关键所在。我们的结论是：夏禹是人，而他之所以称为禹是以其图腾名称呼的，这一图腾神还上升为夏部族的宗神。③

当然，提出禹为神的观点，并非仅仅依据禹字的构形，还与大禹治水传说夹杂着许多神话成分有关。例如《诗经·小雅·信南山》："信彼南山，维禹甸之。"④《大雅·韩奕》："奕奕梁山，维禹甸之。"⑤《大雅·文王有声》："丰水东注，维禹之绩。"⑥这些大山河川也都是禹开垦疏浚的。《诗经·商颂·长发》："洪水茫茫，禹敷下土方。"⑦《山海经·海内经》："洪水滔天，鲧窃帝之息壤以埋洪水。不待帝命，帝令祝融杀鲧于羽郊。鲧复生禹。帝乃命禹卒布土以定九州。"⑧郭璞注："息壤者，言土自长息无限，故可以塞洪水也。"⑨这些传说虽然反映了大禹作为族邦联盟的盟主，他所领导的治水范围并非限于自己邦国所在地，而是遍及黄河和长江流域，但是传说中也包含着大量的神话，诸如以"身执耒锸"这样的工具，而竟能做出"凿龙门、辟伊阙""决江河"之类非当时人力所能为的治水功绩，当然显示出其神力和神性。这

---

① 严北溟、严捷译注：《列子译注》，上海古籍出版社 2016 年版，第 69 页。
② （三国吴）韦昭注，徐元诰集解，王树民、沈长云点校：《国语集解》，中华书局 2019 年版，第 502 页。
③ 从考古学上看，笔者提出二里头遗址是夏朝后期王都，而二里头出土了包括绿松石蛇形龙在内的许多蛇形龙。笔者认为，在没有本朝文字记载本朝史事的情况下，作为二里头遗址一种重要的文化特质——对于蛇形龙的崇拜，与文献记载相联系之后，这一文化特质所说明问题，其价值就会大大提升，它完全可以作为二里头是夏代王都的一个强有力的佐证。参见王震中《论二里头乃夏朝后期王都及"夏"与"中国"》，《中国社会科学院大学学报》2022 年第 1 期。
④ 程俊英：《诗经译注》，上海古籍出版社 2004 年版，第 361 页。
⑤ 程俊英：《诗经译注》，上海古籍出版社 2004 年版，第 493 页。
⑥ 程俊英：《诗经译注》，上海古籍出版社 2004 年版，第 434 页。
⑦ 程俊英：《诗经译注》，上海古籍出版社 2004 年版，第 565 页。
⑧ （清）吴任臣撰，栾保群点校：《山海经广注》，中华书局 2020 年版，第 535 页。
⑨ （清）吴任臣撰，栾保群点校：《山海经广注》，中华书局 2020 年版，第 538 页。

就属于古史传说中神话与历史相交融、相混杂的问题。

大禹在治水中表现出的那么多神性与远古先民对自己部族酋长、部族英雄和祖先不断加以神化有关。而之所以被神化，主要是远古先民的世界观和思维方式与后人不同。原始思维是"逻辑思维"与"原逻辑思维"两重性的交叉混合，这种交叉混合可以体现在一个人身上，也可以体现在原始人的活动和作品中。在这样的思维机制中，上古时期的人似乎不借助于神话就不可思想。在"原逻辑"思维的神秘主义作用下，那些强有力的部落酋长和部落英雄，在其活着的时候就可能被视为具有神力或神性，成为半人半神者，其死后变为部族神，其神性被不断地加以强化，并在部族中或部族间广泛流传，这都是有可能的。所以，在神话传说的历史化、文献化过程中，有的经历的是由神到人的所谓"人化"过程，也有的经历的是由人到神或半人半神的所谓"神化"过程，有的甚至是"人化"与"神化"交织在一起，亦即经历了：远古时是活着的部落酋长（是人但具有神力、神性，乃至被视为半人半神者）——死后为部落或部族神——在进入有文字记载的历史以后，又被历史化、人化为人或具有神力的人。也就是说，从远古开始，在先民们口耳相传的古史传说中所谓"神化"与"人化"就交织在一起，从远古到春秋战国，英雄的祖先经历了由人到神，人神混合，再由神到人等演化过程。可见所谓"古史人化"或"神化"的问题，是极其复杂的，由神到人的现象是有的，但并非仅仅是由神到人。这也就使得古史传说呈现出的是"历史中有神话，神话中富于历史"，[①]笔者称之为古史传说中有"实"亦有"虚"，"实"指的是历史或历史的素地，"虚"指的就是神话。[②]而古史辨派则把这些人物一概作为神和神的"人化"来对待，这当是古史辨派最大的局限，这对于重建中国上古史是没有帮助的。

（五）古史人物名号的沿袭性问题

在说到古史传说人物究竟是人还是神的问题时，还需要回答为何这

[①] 杨向奎：《历史与神话交融的防风氏》，《传统文化与现代化》1998年第1期。
[②] 王震中：《三皇五帝传说与中国上古史研究》，《中国社会科学院历史研究所学刊》第七集，商务印书馆2011年版，第14页。

些传说人物活的时间那么长，一个"五帝时代"或"炎黄时代"何以可跨越千年乃至二千年？这里也涉及古史传说诸人物的时代区分。不能回答这类问题，也还是无法彻底解决古史传说人物究竟是人还是神的问题。

关于古史传说诸人物的时代区分，笔者认为，所谓黄帝时代、颛顼时代、尧舜禹时代或其他什么时代，是指黄帝族、颛顼族、唐尧族、虞舜族或其他什么族的称雄时期。因为作为古老的氏族部落或部族，其存续的时间是相当长久的，而它留在先民们的记忆中的年代每每是其称雄阶段，在其称雄之前或衰落之后，该族实际上都是存在的，只是它不在历史舞台的中心而已。在"黄帝—颛顼—帝喾—尧—舜"这一五帝谱系中，黄帝族称雄时间较早，因而黄帝也被视为"人文初祖"，继而是颛顼族、帝喾族称雄，最后是尧、舜称雄，大禹属于过渡期人物——他的前半段属于五帝时代的族邦联盟时期，后半段则向夏朝过渡。

每个传说人物所在的族群都有自己源远流长的历史，其间的每一个传说人物及其神话传说都有其"时间深度"。所谓神话传说的"时间深度"，指的是在口耳相传的神话和传说中，每每把不同时期的一连串的神话传说挤压在一起，成为一个神话传说。对此，张光直先生做过一个很好的论述：

> 任何的神话都有极大的"时间深度"，在其付诸记载以前，总先经历很久时间的口传。每一个神话，都多少保存一些其所经历的每一个时间单位及每一个文化社会环境的痕迹。过了一段时间，换了一个文化社会环境，一个神话故事不免要变化一次；但文籍中的神话并非一连串的经历过变化的许多神话，而仍是一个神话；在其形式或内容中，这许多的变迁都挤压在一起，成为完整的一体。[①]

由于古史传说人物所代表的族群都有相当长久的存续时间以及神话传说所具有的"时间深度"，这使得古史人物名号及其族群名号具有了沿袭性，这种沿袭性也体现在考古发现的图案纹样等图腾艺术的演变痕迹上。

---

① 张光直：《中国青铜时代》，生活·读书·新知三联书店1983年版，第256页。

有些古史人物在文献中是跨越时代存在的，属于古史人物名号沿袭性的显例。例如善射的后羿，《淮南子·本经训》说唐尧的时候，十日并出，猰貐、凿齿、九婴、大风、封豨、修蛇，皆为民害。"尧乃使羿诛凿齿于畴华之野，杀九婴于凶水之上，缴大风于青邱之泽；上射十日，而下杀猰貐，断修蛇于洞庭，禽封豨于桑林；万民皆喜，置尧以为天子。"①《山海经》的《海外南经》和《大荒南经》也讲到"羿与凿齿战于寿华之野，羿杀之"②的故事。这是用神话故事来讲述当时诸部族间的斗争。在这里，羿与唐尧是同一时代的人物。然而，《竹书纪年》和《左传》襄公四年却有"后羿自鉏迁于穷石，因夏民以代夏政"③的记载，这是说后羿是夏代太康时的人。后羿跨越了唐尧、虞舜、大禹、夏启、太康五代。

　　再如皋陶，依据《论语》《墨子》以及《尚书》中的《尧典》《皋陶谟》和《史记·夏本纪》，皋陶和虞舜、大禹属于同时代的人。《尚书·尧典》说："帝曰：皋陶，蛮夷猾夏，寇贼奸宄，汝作士。"④《尚书·皋陶谟》中记录有皋陶与禹的对话；《史记·五帝本纪》也是把皋陶和虞舜、大禹放在一起进行叙述。皋陶是舜和禹时掌管刑罚之官。在《论语·颜渊篇》中有"子夏曰：舜有天下，选于众，举皋陶。"⑤《墨子·所染》篇说："舜染于许由、伯阳，禹染于皋陶、伯益，汤染于伊尹、仲虺，武王染于太公、周公。此四王者所染当，故王天下。"⑥因而在传统的史学中，皋陶是与尧舜禹同一时代的人物；《史记·夏本纪》明确说皋陶卒于夏禹之时。然而，在清华简《厚父》篇中，咎繇（皋陶）乃夏启时卿事。因此，清华简《厚父》篇的整理者说这"颠覆了过去咎繇卒于夏禹时的说法"⑦。其实，皋陶原本也属于一个沿袭性人名，既有尧舜禹时期的皋陶，也有夏启时的皋陶。

　　在中国上古史中，之所以会出现这种沿袭性称号，是因为从远

---

① （汉）刘安等著，（汉）高诱注：《淮南子》，上海古籍出版社1989年版，第80页。
② （清）吴任臣撰，栾保群点校：《山海经广注》，中华书局2020年版，第325、467页。
③ 杨伯峻编著：《春秋左传注》四（修订本），中华书局2016年版，第1027页。
④ 顾颉刚、刘起釪：《尚书校释译论》（一），中华书局2005年版，第201页。
⑤ 金良年：《论语译注》，上海古籍出版社2004年版，第142页。
⑥ 吴毓江撰，孙启治点校：《墨子校注》，中华书局2006年版，第16页。
⑦ 赵平安：《〈厚父〉的性质及其蕴含的夏代历史文化》，《文物》2014年第12期。

古时代起，氏族部落酋长之名与氏族部落之名可以同名。这也是一种上古族名与人名可以相同的现象。作为一个酋长或邦君，其寿命是很有限的，而作为一个氏族部落或部族其前后存在的时间是很长的，完全可以跨越不同的时代。这就是笔者所说的古史人物名号具有沿袭性。

（六）古史辨派贡献与局限之小结

古史辨派的兴起也被称为是一场史学革命，今日反思之，应该说既有贡献亦有局限。其贡献，概括地讲有这几个方面：第一，"层累说"和"四个打破"在总体上动摇了传统的古史体系，为建立实证史学的新体系做了尝试。第二，古史辨派推动了我国近代以来第一次大规模的古籍整理，特别是以确认成书年代为基本内容的古籍整理。徐旭生是反对古史辨派的，但是，1960年他评价古史辨派"最大的功绩就是把古史中最高的权威，《尚书》中的《尧典》《皋陶谟》《禹贡》三篇的写定归还在春秋和战国的时候。……由于疑古学派（广义的）历史工作人员和考古工作人员双方的努力，才能把传说时代和狭义历史时代分开"[①]。第三，顾颉刚和他的古史辨派推动了对以《禹贡》为首的上古历史地理的深入研究。第四，古史辨派强调审查史料，去伪求真，是史学研究的必备条件。第五，古史辨派促进了学术界对考古学的重视。学术研究有破有立，古史辨派破掉了旧的史学体系，在建立新的史学体系时光靠文献是难以奏效的，这就使得人们不得不转向对考古学的重视。诚然，考古也不是万能的，考古学也有它解决不了的问题，需要多种学科的整合并从多个思维向度描绘出丰富多彩的历史画卷。

古史辨派有建树亦有局限，其局限性最主要有三点：第一，就是学术界通常所说的"疑古过度"的问题，主要是把一些属于先秦古籍写定的时间说成是秦汉以后，如《周礼》一书顾颉刚先生认为它成书于汉代，而现在一般认为《周礼》成书于战国时期，其中包含有西周的许多素材。第二，古史辨派提出古史传说人物都是神而不是人，顾先生的"层累说"已提出这一问题，"四个打破"中的"古史人化"

[①] 徐旭生：《中国古史的传说时代》，商务印书馆2023年版，第51页。

又进一步论述了这个问题。这是把古书中描写为具有神性的人物等同于就是神灵，其实这二者是有区别的。第三，就是古史辨派在许多地方表现出"破有余而立不足"，需要我们"有破有立"地重建中国上古史。

三　在多学科整合中重建中国上古史

（一）重建中国上古史的提出

"重建中国上古史"的倡导并非始于今日，早在20世纪20年代古史辨派兴起之后，在学术界"信古、疑古、释古"三种范式和态势并行之时，古史研究的一些学者的著述中就有这样的提法。20世纪50年代以后，在我国台湾的古史学界也可以听到这样的声音。我们大陆的学者在20世纪70年代末改革开放以来，这样的呼吁更是越来越多。

如何重建中国上古史？一般的提法是"三重证据法"。所谓"三重证据法"是指用历史学、考古学和人类学（民族学）三个方面的证据来证明一些历史问题。三重证据法的前身是王国维提出的"二重证据法"。可是，王国维"二重证据法"的原意是说用地下出土的文字资料与地上传世的文献资料相互进行印证。尽管地下出土的文字资料也是考古物的一种，但它与考古学毕竟不是一个概念，而后来人们所说的"二重证据法"乃至"三重证据法"中的那一重证据已由地下出土的文字资料扩展为考古学，也就是说，它既包括出土物中的文字资料，亦包括非文字资料。王国维的"二重证据法"是两种文字资料之间的直接印证，具有证明的直接性，而后来所谓二重和三重证据法中的考古学资料往往并不含有文字资料（特别是新石器时代至二里头文化时期的考古学资料），其证明就有间接性的问题。这种证明的间接性是由考古学的特性决定的，对此我们后文再作进一步说明。

"三重证据法"，把人类学（包括民族学）看作其中一重证据。但在我看来，在这里人类学并非真正意义上的证据，而只是一个参照系。除了以人类学的资料为参照外，人类学还有一重价值是可以提供一种理论思维和理论模式，并由此把考古学与历史学等学科连接在了一起。总之，"二重证据法""三重证据法"的概念，有时有用，有时又略感有缺陷，由此笔者转向使用"整合"这一概念。

（二）历史学、考古学、人类学、自然科学各自的优势与局限

将考古学、历史学和人类学三者相结合来重建中国上古史，也是对三者的整合；随着科技考古愈来愈多地深入考古发掘和研究之中，整合就不仅是三者的整合，而是包括自然科学在内的多学科整合。多学科整合时就需要清楚地知道多学科中各自的优势和各自的局限，也就是说，每个学科各有每个学科的长处，但也有它解决不了的问题。

1. 考古学的优势与劣势

考古学是通过古代人类的实物遗存来进行研究的，所以它是有确凿根据的，也不受历史记载的约束。而且，考古学的文化编年是以地层的先后叠压或打破关系为基础的，所以，考古学所反映的社会文化方面的变化，可以寻找出逻辑与历史的统一。然而，考古学又是阐释性的，遗迹遗物本身不会说话，需要人们利用技术的、经济的、环境的、人口学、测年学、遗传学等自然科学的知识和手段对人类活动的方式和文化乃至社会的变迁等做出符合上古实际的分析和解释。所以，考古发掘出土的材料是客观的，但对这些材料的阐释却不可避免地夹杂有主观的因素，阐释的高明与否也与阐释者的知识结构及其智慧密不可分。

在对考古资料的分析和解释中，往往形成一些理论，也会借鉴一些原有的理论，包括历史学的、人类学的、文化学的等等理论。因此，这里还存在理论与考古学实践相结合的问题。笔者曾说："国家与文明起源的研究，既是一个考古学实践问题，亦是一个理论问题，而且还需二者紧密地结合。"① 对此，李学勤先生给予了充分的肯定，他说："我觉得这说得很对，古代国家与文明起源形成，归根到底是一个理论问题。对这样重大课题的研究，如果没有提高到理论的高度，就不能说有真正的成果。"②

关于考古学的局限性，正如德国前总统罗曼·赫尔佐克在其《古代的国家——起源和统治形式》一书所指出的："研究史前和上古历史的

---

① 王震中：《中国古代国家的起源与王权的形成》，中国社会科学出版社2013年版，第503页。

② 李学勤：《中国古代国家的起源与王权的形成·序》，中国社会科学出版社2013年版，第2页。

科学，一般都是面对地下发现的断壁残垣、各种艺术品和日常生活用品，特别是那些永不变质的陶制品。从这些物件中，这门科学可以引出关于早期历史上各民族的文化发展、迁徙，关于各种贸易关系、各居民点的建立和扩大等方面的结论。而那些地底下没有保存下来的东西——木制品、纺织品、皮革、纸张——，尤其是那些根本就不能进入地下的东西，对这门科学来说就意味着丧失净尽了。这里特别是指人的思想和人的社会生活。早期人类生活于其中的制度，是不能从地下挖掘出来的，正如早期人类的宗教，还有那——不论以这种或是那种方式——对人来说是命中注定摆脱不掉的国家、以及人的语言这些现象一样，一律无法从地下挖出来。"[①] 罗曼·赫尔佐克说的不能直接从地下挖出社会的制度、宗教、国家等，并不是说对它们就不可以研究。事实上，今天的考古学在调动各种手段进行这方面的研究后，可以提出有关上古社会的制度、宗教、国家等问题上的解释，当然其解释的观点也可以是多种多样的。总之，有些学术问题是考古学能够解决的，有些是它不能解决的。尽管如此，作为重建中国上古史的框架性材料，我们还需以考古学为基础，因为它毕竟是当时的人遗留给我们的直接材料。

2. 上古史学的优劣

中国上古史的范畴，包括国际学术界曾提出的"史前时期""原史时期"（Protohistory）和"历史时期"的一部分这样三个时期。所谓"原史时期"，西方学者一般将其定义为紧接史前，但是又早于能以书写文件证明的历史，其时间段被界定在史前与历史两大阶段的过渡阶段。例如，中国的夏代历史，至今尚未发现像甲骨文、金文那样用本朝文字记录有关本朝史实的情形，《史记·夏本纪》是用周代以后的文献记载的材料来叙述夏王朝的历史和文化，所以，夏代历史的性质就目前的考古发现而论，尚属于"原史"的范畴。[②]

---

① ［德］罗曼·赫尔佐克：《古代的国家——起源和统治形式》，赵蓉恒译，北京大学出版社1998年版，第2页。
② 笔者认为夏代应该有成系统的文字，只是没有发现，也特别难以发现。因为像书写甲骨文金文的甲骨和青铜器都不是用于书写的正常材质，上古用于书写的正常材质应该是竹简木牍之类，但这些材料埋在地下，在北方的环境下，一般是难以保存的，因而也特别难以发现。这样就造成目前只能把夏代视为"原史时期"。

从文献的角度讲，史前和原史都属于古史传说的历史时代。谓古史传说，是因为在没有文字记载出现的时候，历史是人们以口耳相传的方式来保存和流传的，这些内容后来用文字表现出来以后便成为文献中的古史传说。口耳相传的古史传说，从实证史学的角度来看，必然是有"实"有"虚"，虚实相混。[①] 对于古史传说中的"实"，尹达先生称之为"史实素地"[②]。古史传说所含有的史实素地，或者表现为对重大历史事件的浓缩性、神话性说明，或者表现为对远古社会的合理推测和想象；或者是把族团与族团之间的衍生、繁衍、分化表现为"某某生某某"式的父亲、儿子、孙子相传相生关系。古史传说中也含有许多纯粹属于神话的成分，其中有的属于古人对宇宙起源、人类起源的想象和解释，有的则属于古人对自然现象的解释。例如女娲抟土造人的神话传说，就是古人用神话来解释人类的起源。再如，共工"怒触不周山"的神话传说，《淮南子·天文训》说："昔者共工与颛顼争为帝，怒而触不周之山，天柱折，地维绝。天倾西北，故日月星辰移焉；地不满东南，故水潦尘埃归焉。"[③] 在这个传说中，一方面是意在表明共工氏与颛顼氏有过激烈的称霸之争，并以共工的失败而告终；另一方面也解释了中国地理西北高、东南低的地形地貌和许多江河都流向东南的河流走向。所以，古史传说是一种历史与神话的交融，用杨向奎先生的话讲，就是"历史中有神话，神话中富于历史"[④]。对古史体系中虚妄的部分和荒诞不经的神话，我们当然需要去伪存真，对其伪可能地予以剥离。现在对古史传说进行虚实分析时，有的做法是借用考古发掘的成果，也即能被考古学所证实的古史传说，就归于史实。然而，所谓"被考古学所证实"，不能拘泥于某一遗址是否就是某一传说人物的遗留。至今为止，凡是说某个遗址就是古史传说中的某个人物的遗址，很难得到学术界认可；而说某个考古学文化类型是某个传说人物所代表的那个族群或部落集团的某个时期的文化遗存，倒是有可能的，但也需要从时空和文

---

① 王震中：《古史传说的"虚"与"实"》，《赵光贤先生百年诞辰纪念文集》，中国社会科学出版社2011年版，第114页；《三皇五帝传说与中国上古史研究》，《中国社会科学院历史研究所学刊》第七集，商务印书馆2011年版，第14页。
② 尹达：《衷心的愿望——为〈史前研究〉的创刊而作》，《史前研究》1983年第1期。
③ （汉）刘安等著，（汉）高诱注：《淮南子》，上海古籍出版社1989年版，第27页。
④ 杨向奎：《历史与神话交融的防风氏》，《传统文化与现代化》1998年第1期。

化特征等多个方面予以论证。所以，探寻考古学文化与古史传说的对应，远距离、大体上的对应才是较为合理的。古史传说所反映的历史文化，在时代特征或时代背景上能与考古学上的时代相一致，就应该说这样的传说包含有史实素地及合理内核。可见，对于古史传说中的"虚"与"实"的分析和剥离，是需要的，但其成效也是相对的。所以，古史传说中的实与虚，在与考古学相结合进行研究时，要作辩证分析，还要以研究者对考古学文化与古史传说都有系统的梳理、分析和研究为基础，而不能简单地比附，乱点"鸳鸯谱"。

上述关于古史传说中的"虚"与"实"及"去伪存真"的问题，就是上古史学历史文献的特点与局限性的问题。当然，古史传说性质的历史文献只是上古史学的一个方面而已，对作为与考古学、人类学相结合的历史学来说，以重建上古史为目的的历史学理论是重要的，它也起着把历史学和考古学以及人类学连接起来的纽带作用。

3. 人类学的优势与劣势

在上古史的重建中，人类学就其材料而言有所谓"活化石"的意义，它弥补了考古学资料只见物而不见活生生的人的局限，然而"活化石"的意义也是有限的。人类学材料、民族志材料给我们提供了人类社会某些原始的状态，这对我们了解已经逝去的远古社会是有帮助的。但是，现存的这些原始的土著民族，他们自己至少也有几千年乃至上万年的历史，他们近代以来的生存环境（包括生态环境和社会环境）与远古是有差异的，有的甚至差异很大，特别是与中国远古时代的差异更大。因此，就材料而言，人类学所提供的这些原始民族的材料和社会现象，其原始性也是相对的；它们有参照意义，但不能说成是直接证据。

人类学的另一个价值是它的理论建树和理论模式，特别是其理论被当作解释人类早期社会演化的便利工具。人类学的理论模式是通过对那些鲜活真实、看得见摸得着的社会类型、社会制度、社会习俗、思想观念和原始宗教崇拜等具体事例的研究而建构起来的，在这个意义上，它具有真实性基础。但是，人类学理论并非没有假说的成分。

我们以塞维斯的"游团—部落—酋邦—国家"理论模式为例来剖析酋邦理论的局限性问题。第一，塞维斯"是按照社会进化观点将民族学上可以观察到的各种类型的社会加以分类排列而成的，因而其逻辑色彩很强。但是，对于史前社会的研究，若想达到逻辑与历史的统一，除了人类学或民族学之外，还必须借助于考古学，因为考古学可以依据遗迹的地层叠压关系确定其时代的早晚和先后顺序，从而观察到社会的发展和变化。"①

第二，塞维斯把生产的地区分工与再分配机制作为酋邦兴起的模式也属于一个假说。依据这一模式，酋邦兴起于某种特殊的地理环境之中，即由于环境资源的不同，不同的村落之间出现生产的地区分工和交换的需求，从而产生相关的协调活动和再分配机制。如果酋邦只产生于这种特殊的地理环境之中，那么大部分属于自给自足的聚落群或社区，就无法由部落发展为酋邦，酋邦也就不具有普遍意义。塞维斯的"再分配机制"这一假说只可视为对酋邦兴起原因的一种探讨。不赞成他这一说法的学者，在面对酋邦是如何产生的，以及酋邦演进过程的动力等课题时，都提出过自己的新说，诸如人口增长压力说、战争说、对集体化生产活动的管理与对贵重物品的控制说等。应该说这些新说也含有假说的成分，也属于假说的范畴。理论需要联系实际，这些假说能否成立，关键在于它是否符合历史实际，这既是理论创新的魅力所在，也需要我们继续进行深入的研究。

第三，塞维斯不承认酋邦社会里存在弗里德在其"社会分层理论"②中所说的具有经济意义的社会分层，这是塞维斯独特的学术观点，也是酋邦理论的一个局限。在塞维斯的酋邦概念中，酋邦社会的不平等只是由血缘身份地位造成的，是社会性的而不是经济性的。而在我们看来，这样的酋邦只是酋邦社会的初级阶段，并非所有酋邦皆是如此。在史前社会中，虽然说是先有血缘性的身份地位的分等，后有经济性的社会分层；而且也有从军事的宗教的社会职能和职务中产生出贵族和统治者的情况，即社会分层有起源于政治途径的情形，但这不等于说在原始社会末期没有经济意义上的社会分层。在这方面上，同样属于主张酋邦理论的厄尔和约翰逊就与塞维斯完全不同。厄尔和约翰逊认为酋

---

① 王震中：《中国文明起源的比较研究（增订版）》，中国社会科学出版社2013年版，第5—6页。

② Morton H. Fried, *The Evolution of Political Society: An Essay in Political Anthropology*, New York: Random House, 1967, p.185.

邦与此前简单社会最为重要的区别就在于分层，在于社会成员掌握生产资料权力的差异，这当然是占有重要经济资源权力不平等的一种制度，也就是说，在厄尔和约翰逊看来，具有经济意义的社会分层并非在酋邦社会之后，而是始于酋邦社会之中。笔者认为厄尔和约翰逊主张酋邦有社会分层的观点，以及厄尔把酋邦分为"简单酋邦"和"复杂酋邦"做法，都属于对酋邦理论的发展。

第四，酋邦概念和定义的极不统一，也可以视为酋邦理论的局限。例如，奥博格将酋邦定义为在一个最高酋长管辖下由次一级酋长控制的、以一种政治等级从属关系组织起来的多聚落的部落社会。塞维斯把酋邦定义为"具有一种永久性协调机制的再分配社会"[1]。"斯图尔特将酋邦定义为由许多小型聚落聚合而成的一个较大的政治单位，他进而将酋邦分为军事型和神权型两种。……弗兰纳利认为酋邦是社会不平等世袭的开始，自此社会中不同血统是有等级的。不管个人的能力如何，其地位的高贵和低贱与生俱来。血统和地位也与财产的拥有相联系……弗兰纳利认为，酋邦从考古学上辨认的诀窍是看是否有高等级的幼童和婴儿墓葬，可以说明权力和地位的世袭。……皮布尔斯同意酋邦为一种不平等的社会体制，贵族和酋长具有实施控制的权力，这种权力多少依赖神权来取得合法地位，以便对社会进行管理和控制。……卡内罗赞同酋邦是一种超聚落的政治结构，将它定义为一个最高酋长永久控制下的由多聚落或多社群组成的自治政治单位。"[2] 厄尔把酋邦划分为"简单酋邦"和"复杂酋邦"，认为酋邦是一种区域性组织起来的社会，"社会结构由一个酋长集中控制的等级构成"[3]。"克里斯廷森认为，人类社会组织最基本的区别在于部落社会与国家社会，酋邦只是部落社会的一种变体，或者说，酋邦是社会组织的一种部落形式。"[4]

欧美学者对酋邦有种种定义，其根源在于酋邦类型的多样性。酋邦

---

[1] 陈淳：《文明与早期国家探源——中外理论、方法与研究之比较》，上海书店出版社2007年版，第95页。

[2] 陈淳：《文明与早期国家探源——中外理论、方法与研究之比较》，上海书店出版社2007年版，第141—143页。

[3] 陈淳：《文明与早期国家探源——中外理论、方法与研究之比较》，上海书店出版社2007年版，第146页。

[4] 易建平：《部落联盟与酋邦——民主·专制·国家：起源问题比较研究》，社会科学文献出版社2004年版，第294—295页。

类型的多样性，是由于原始社会后期或由史前向国家的转变时期不平等现象和形式本身就是形形色色的，也就是说，是社会的复杂性和不平等的多样性才使得学者们对于酋邦的定义和特征的归纳存在着许多差异。如果我们一定要将那些各种不同类型的社会形态（即从刚刚脱离原始部落的较为平等的状态一直到非常接近国家的复杂社会的各种不同类型的社会形态）都冠名以酋邦的话，就只能牺牲丰富性和具体性而上升到抽象性，将酋邦的主要特征概括为：早期酋邦或简单酋邦的特征是血缘身份与政治分级相结合的一种不平等的原始社会类型；晚期酋邦或复杂酋邦则是已出现经济意义上的社会分层的原始社会类型。张光直曾说："酋邦的主要特征是其政治分级和亲属制度的结合。"[①] 在这里，我们对酋邦主要特征的概括与张光直的概括是一致的，也兼用了厄尔"简单酋邦"与"复杂酋邦"来表示酋邦社会中不平等的发展程度和酋邦演进中的前后两个阶段这样的认识。

4. 科技考古的优势与局限

运用自然科学的技术手段进行考古发掘和研究，是考古学长足进步的表现。在一般情况下，使用自然科学的各种测年技术，可以解决考古遗址的年代；用科学技术可以测定分析出遗址的生态环境，从而解决人地关系和气候变化等方面的问题；用古 DNA 分析技术可以从血缘上检测出聚落遗址究竟属于母系还是父系等问题；用锶同位素技术可以检测出遗址内人与动物迁徙移动等问题；用碳和氮稳定同位素分析可以研究人和动物的食物组成等问题；用铅同位素可以检测出金属冶炼中铜等矿石的来源等问题，如此等等，不一而足。这些都属于科技考古的优势。那么，科技考古有没有局限性呢，当然是有的。首先，标本采样是有严格要求的，若在采样中让标本受到了污染，测试出的结果当然是有误的。其次，用古 DNA 测定某一聚落遗址的血缘究竟是母系还是父系是有用的，但用古 DNA 来测定某一区域或早期国家是否已脱离血缘关系而进入地缘关系则是困难的，需要对该地域内数量相当多的成批的人骨标本进行测定，而且这些人骨标本与都邑、村邑、居邑或房屋群的居住关系必须是清晰的，否则很难说明问题。

此外，近年来有一种做法是对已测定的碳十四标本再用计算机进行

[①] 张光直、陈星灿：《古代世界的商文明》，《中原文物》1994 年第 4 期。

所谓"系列拟合"的数据压缩，这是通过计算机而做的人为压缩。用计算机对某些数据进行压缩，压缩得好有可能使原来的碳十四测定的数据更接近历史的真实；压缩得不好，则会起到误导作用。例如，二里头第一期的97VLT3H58标本的测年数据，碳十四测年专家曾拟合过两次，但这两次拟合的结果是不同的。一次是把它与二里头遗址2005—2006年测定的属于二里头一、二期之交及二里头二期的一些数据以及断代工程中测定的一些数据放在一起进行的拟合，即把二里头遗址本身的第一期至第五期的数据放在一起进行的拟合，其拟合的结果是二里头第一期的97VLT3H58测年数据被拟合为公元前1885—前1840年。① 另一次是把它与新砦遗址的龙山晚期和新砦期的数据与二里头遗址第一至五期的数据放在一起进行拟合，其结果，二里头第一期的97VLT3H58测年数据被拟合为公元前1735—前1705年。② 对于这两种拟合，我在《论二里头乃夏朝后期王都及"夏"与"中国"》③等论述中指出，后一种拟合是可疑的。

  问题一，所谓"系列拟合"，就是把已经测定的系列数据所呈现的时间范围人为地加以压缩。我们知道，被拟合的系列数据之间，最理想的条件是所采集的标本属于同一遗址内具有上下地层叠压关系的测年标本，只有这样的标本，其系列数据之间才具有确实无疑的前后年代关系。用这种具有确实无疑的前后年代关系的系列数据来压缩拟合，其拟合的结果才会较为可靠。然而，在后一种拟合中，即"新砦、二里头第一至五期的拟合"中，新砦期的数据与二里头第一期的数据是两个不同的遗址的数据，二者之间先后关系的排序只是根据它们文化分期之间的年代关系，而并非依据同一遗址内的直接地层关系，所以其拟合的条件不是最理想的。

---

① 张雪莲、仇士华、蔡莲珍等：《新砦—二里头—二里岗文化考古年代序列的建立与完善》，《考古》2007年第8期，表十〇"二里头第一至五期拟合结果"。另见中国社会科学院考古研究所编著《二里头（1999—2006）》（叁），文物出版社2014年版，第1230页。
② 张雪莲、仇士华、蔡莲珍等：《新砦—二里头—二里岗文化考古年代序列的建立与完善》，《考古》2007年第8期，表八"新砦、二里头第一至五期拟合结果"。另见中国社会科学院考古研究所编著《二里头（1999—2006）》（叁），文物出版社2014年版，第1227页，该标本被拟合的数据是公元前1710—前1685年。
③ 王震中：《论二里头乃夏朝后期王都及"夏"与"中国"》，《中国社会科学院大学学报》2022年第1期。

问题二，关于"新砦期"与"二里头第一期"之间的文化分期关系，在"新砦、二里头第一至五期的拟合"中，拟合者采纳的是新砦期早于二里头第一期的观点，但这只是考古学者中的一种观点。而另有学者却认为，新砦期与二里头第一期在年代上具有重叠交叉的关系，二里头第一期可以划入新砦期文化。[①] 尽管整个新砦期文化是否与二里头一期文化相重叠，我们还可以继续进行讨论，笔者的判断是至少新砦晚期与二里头第一期具有重叠或交叉的关系。如果新砦晚期尤其是整个新砦期与二里头第一期实为同一个时期，却把二者作为前后两个时期加以人为拟合，并用新砦期的数据来向后压缩拟合二里头第一期的测年数据，其结果当然会使二里头第一期的拟合日历后的年代大大偏晚。这样的"系列拟合"，不仅使二里头第一期的年代偏离了真实，它也会连带地使二里头二期和三期的年代人为地向后压缩太多而偏离了真实。因此，如果说所谓"系列拟合"数据有可取之处的话，对于二里头遗址的系列样品测年数据拟合的两次结果，我们更有理由相信"二里头第一至五期的拟合数据"。以"二里头第一至五期的拟合数据"为依据，二里头第一期的拟合年代是公元前1885—前1840年。反之，依据"新砦、二里头第一至五期的拟合"所得出的"二里头第一期年代上限为公元前1710年"[②]，是不可靠的，也是不可信的。[③] 因此，对某些已测出年代的碳十四数据再用计算机进行所谓"系列拟合"压缩数据时，虽然其初衷是好的，但这种人为的"压缩拟合"究竟是接近真实还是背离真实，是需要综合考虑才能做出正确判断的，否则压缩拟合的数据有可能受到质疑。对于受到质疑的数据，有相当多的学者只好弃之不用或不予理睬。

由此可见，历史学、考古学、人类学、科技考古等都有自己的特殊优势以及局限，都有自己解决不了的问题。也正因如此，整合才成为必要，才成为解决问题的途径。整合可以发挥各自的特殊优势，也可以弥

---

① 杜金鹏：《新砦文化与二里头文化：夏文化再探讨随笔》，中国社会科学院考古研究所夏商周考古研究室编《三代考古》（一），科学出版社2004年版，第71页。

② 张雪莲、仇士华、蔡莲珍等：《新砦—二里头—二里岗文化考古年版代序列的建立与完善》，《考古》2007年第8期；中国社会科学院考古研究所编著：《二里头（1999—2006）》（叁），文物出版社2014年版，第1227页。

③ 王震中：《论二里头乃夏朝后期王都及"夏"与"中国"》，《中国社会科学院大学学报》2022年第1期。

补彼此的缺陷。对此，我称之为"互补互益"，并提出"以考古学材料为骨架，以文献材料为血肉，以人类学材料为参照，来重建中国上古史体系"①。这是一种从资料的个性特征上整合三者优势来重建中国上古史的考虑。

（三）多学科整合中的主体性与多个思维向度的学术创新性

我们在上古史研究中究竟如何整合历史学、考古学、人类学、科技考古？我认为，这种整合并非拼盘式地综合或凑和，它应该是围绕某一课题或问题，以某一学科为主去整合相关学科，整合要为创造性思考服务，多学科要体现多个思维向度，共同构建和描绘出丰富多彩的历史画卷。

多学科整合中首先涉及的是以谁为主的问题，即多学科整合中的主体性问题。对此，我曾提出要以聚落形态学和社会形态为主，去整合酋邦理论和社会分层理论。② 之所以这样做，与当时这一课题的主题、自己的学术体系和所依靠的主要材料的特点有关系。

我们说历史学既是实证性的亦是解释性的。研究上古史，特别是研究文明和国家起源过程这一时段的上古史，材料的基础是考古学材料。在考古学中，聚落考古学研究的是聚落内的社会关系以及聚落与聚落之间的社会关系，故而通过对聚落形态演变的分析可以看出其社会形态、社会类型的发展变化，也能做到逻辑与历史的统一。这就决定了把聚落考古学与社会形态相结合成为研究上古时代的文明和国家起源的主体对象，而人类学在这里虽然可以提供理论上的支撑和作为"活化石"的参照，但它在这里毕竟是为解释上古史服务的。所以我提出"以聚落形态学和社会形态为主，去整合酋邦理论和社会分层理论"，主要是从中国文明和国家起源研究的整体上着眼的。在某些具体问题上，历史学、考古学、人类学三者的整合主体性应该是具体问题具体对待。

在这里，我们以大汶口文化发现的"🌣""⚭"（炅）陶文（也有人称之为图画文字）为例，来说明历史学、考古学、人类学三者的整合

---

① 王震中：《重建中国上古史的探索·绪论》，云南人民出版社2015年版，第2页。
② 王震中：《中国古代国家的起源与王权的形成》，中国社会科学出版社2013年版，第55页。

主体性应该是具体问题具体对待的问题。伴随"🌝""🌚"的考古发现，值得注意的两个现象是：（1）它们出土的陵阳河、大朱家村、诸城前寨等山东地区的大汶口文化遗址，其社会复杂化是明显的，而它们出土的安徽蒙城尉迟寺的大汶口文化遗址，其社会复杂化的程度远低于陵阳河、大朱家村聚落。(2)在安徽蒙城尉迟寺遗址中，它们不是出现在成人墓葬中，而主要是出土在婴儿或儿童的瓮棺葬，是刻画在作为瓮棺的葬具上，也有三例是出土于祭祀坑中和地层中。在我的研究中，我认为分布于山东、湖北、安徽的约定俗成"🌝""🌚"陶文，表现的是当时的"火正"对大火星的观察和观象授时。① 如果这一研究不误的话，那么，尉迟寺遗址"🌝""🌚"陶文没有一例出现在成人墓葬，而主要是出现在婴儿或儿童的瓮棺葬的这个现象，说明担任对大火星进行观察和祭祀的所谓"火正"职务是与生俱来的，是在一个特殊家族或宗族中传承和世袭的。我们将这一情况与弗兰纳利的酋邦理论相联系，有助于说明考古学与人类学相整合的一些具体情景。弗兰纳利强调酋邦社会中不平等的世袭来自血统，而不管个人的实际能力如何，为此他认为酋邦从考古学上辨认的诀窍是看是否有高等级的幼童和婴儿墓葬，以此判断是否有权力和地位的世袭。由此我对"🌝""🌚"在尉迟寺遗址中不出现在成人墓葬而出现于儿童的瓮棺葬的详细解释是："瓮棺葬M96、M177、M215、M289、M321五位死者原本在其成长过程中通过该家族和宗族中长辈的传授，来掌握对大火星的观察和观象授时的本领，然后继承'火正'一职；然而他们尚未长大成人，就不幸夭折死亡，聚落的人们（也许是他的家族）为了纪念他，就在他的瓮棺葬具上刻画了'🌝'和'🌚'这样的图画文字。因此，尉迟寺遗址'🌝'和'🌚'图像资料的出土情形告诉我们，'火正'一职在一开始出现时就是世袭的。"②

此外，尉迟寺聚落遗址的复杂化程度低于山东大汶口文化中的相关遗址，如果我们说观象授时的"火正"的出现是一种社会分工的话，

---

① 王震中：《试论陶文"🌝""🌚"与"大火"星及火正》，《考古与文物》1997年第6期；收入王震中《中国古代文明的探索》，云南人民出版社2005年版，第108页。

② 王震中：《从尉迟寺婴儿瓮棺上刻画"🌝""🌚"图像文字看火正世官的起源》，《南方文物》2014年第4期。

那么我们就可以推论：一是社会职务的分工早于社会不平等的产生，即它并非以社会的不平等为前提；二是这样的社会分工以及由此开始的分化，却可以促进该聚落和聚落群沿着社会复杂化的方向发展，这也是社会阶层和阶级产生的途径之一。

蒙城尉迟寺的例子告诉我们，考古学与人类学相整合而产生的学术观点、学术见解，就像人类学理论服务于历史学上的解释需求一样，考古学对解释学的需求也可以通过人类学理论的引入而获得启发。

以上我们从方法论视角探讨了多学科整合以重建中国上古史的课题。至于本文所论"古史辨的贡献和局限与上古史的重建"，我觉得它们之间是互为表里的：古史辨派以打破旧史学体系为主，破有余而立不足，但毕竟先"破"然后才能"立"；我们无论是在古史辨派贡献的基础上再前进一步，还是通过对其局限的反思而向前迈出一大步，都是在走向重建中国上古史。上古史的重建，我认为主要分为三个方面：一是整合多学科并在诸多具体问题研究上取得新进展和突破，二是做出理论创新，三是在前二者的基础上重新撰写中国上古史。这是一个任重而道远的长期任务，其成果更多地呈现为阶段性和时期性，因而也是相对的，特别是随着考古新发现而产生的新学问，以及对古代文献和古文字资料进行新解读而做出的新学问，都会使得我们始终处在"路漫漫其修远兮，吾将上下而求索"的追求之中。

（王震中，中国社会科学院研究员，河南大学黄河文明省部共建协同创新中心教授）

"出日""入日"与"日月之象"

赵世超

关于太阳崇拜，先贤时彦，多论及之，读后颇觉受益匪浅。但在某些细微之处，似仍有进一步讨论的必要。故不揣孤陋，用《出日和入日》为题，再作老生常谈。

一

太阳以其勃勃生机和普照的光很自然地引起了古人的高度关注。他们很快也便知道，日夜之分、冷暖之度乃至万物的生长无不取决于太阳，进而不免又会对日食、星坠怪而畏之，常常担心红日会不会按时出现在东方天际，能否顺利走完一天的行程，并在隐入西山后折返。于是，如何保证太阳升起和行走，就成为摆在古人面前的重大课题。

古时候，最早流行的是巫术文化。巫术活动的思想原则，第一是同类相生或果必同因，第二是物体一经互相接触，在中断实体的接触后还会继续远距离地相互作用。从前一原则出发，古代的巫师坚持说，通过模拟他便能够实现想要做的事；从后一原则出发，古代的巫师又坚持说，通过曾经与某人或某物接触过的东西（如发、须、爪、衣服、皮、角等），便可对其本身施加影响。建立在上述两大原则基础上的巫术分别叫"模拟巫术"和"接触巫术"。但两种巫术不仅常常合用，而且都承认物体之间能够产生某种神秘的交互感应，因此，也可以通称为交感巫术。[1] 古人帮助太阳升起和行走的办法在形式上看就是模拟，它

---

[1] ［英］詹·乔·弗雷泽：《金枝》，徐育新、汪培基等译，大众文艺出版社1998年版，第19—21页。

所凭依的理论则是感应。专司其事的巫师宣称，正是他表演的法术把一种无比强大的灵力传导过去，才支撑住了太阳初升时不稳的脚步，并走完了一天之中从东到西的漫漫长途。他的这套把戏既与人们的原始心理状态相一致，又有频繁的成功率。因为太阳的确几乎总是每天早晨都在东方点燃起金色的明灯。芸芸众生对巫师的大言只会疯狂地信从，绝不会产生丝毫的怀疑。

  对于早晨呼唤日出的仪式，人类学家早有报道和研究。他们写道：印第安人对日出的迎祭从夜间开始，一直进行到黎明，在一块围着松枝的空地上，点燃着架起的巨大木柱，人们用白黏土将脸和全身涂成象征太阳的白色，围着火堆跳舞，从东到西移动脚步，表演太阳的运行；拂晓时分，则由十六个男子抬着一个太阳的画像，让它随着歌声缓慢地升起；[①] 新喀里多尼亚的巫师则一手持着带孔的圆盘状的石头，一手把燃烧着的木片反复穿过洞孔，借此帮助太阳的初升，并让这团巨大的火球也尽快变得炽热；而在班克斯列岛上，居民们每天都用一个仿制的太阳来求得阳光，他们拿来一个很圆的名叫"瓦特·洛阿"或"太阳石"的石头，缠上红色的穗带，再粘上猫头鹰的羽毛以代表光线，低吟着祝颂的祷词，将它高悬在圣地中大榕树或木麻黄树顶上。[②] 在这些实例中，我们不仅看到了形象逼真的模拟，而且看到了仪式中所用的道具——太阳的模型。

  那么，中国是怎么做的呢？由于原始文化相对来说都是简单的，人类在遇到同样的简单问题时，采取的破解之道也会往往趋同，所以，在我国的典籍中，同样保留有与上述实例极其类似的记载。最重要的就是关于"羲和生日"的神话。

  羲和一名屡见于《尚书》《山海经》《楚辞》《淮南子》等书，非常值得关注。可惜这些书都是较晚的时候根据传说记录整理编成的，而历代注家又按他那个时代的文化习惯去理解从前的事物，时而把羲和视作一个具体的人名，时而又说是历代执掌天文之官的官名，或则把他说成是太阳之母、太阳本身或太阳所乘车子的驭手，羲和生日神话的真实

[①] 何新：《诸神的起源》，北京工业大学出版社2007年版，第20—21页。
[②] [英]詹·乔·弗雷泽：《金枝》，徐育新、汪培基等译，大众文艺出版社1998年版，第119页。

历史内核反而被弄得模糊不清了。

《说文解字》曰："羲，气也。"其实，羲之本义就是指早晨如气一般蒸腾的日光，因与日相关，故常加日旁写作曦，进而又把阳光称作曦光，把太阳称作曦轮，或者干脆以一个曦字指代太阳。如文献中有"曦月"一词，"曦月"就是"日月"①。和的本义是调，如《周礼·食医》"掌和王之六食、六饮、六膳、百羞、百酱、八珍之齐"句下，郑玄注即曰："和，调也。"高诱注《吕氏春秋·察传》"夔能和之"一句，注《淮南子·原道训》"其德优天地而和阴阳"一句，也都说："和，调也。"调的目的是要达到可否相济，发而皆中节，物无乖争或刚柔得宜，故古代的注释家又说："和，谐也。"②"和，睦也。"③"和，适也。"④今人杨树达在注《论语·学而》"礼之用，和为贵"一语时，更清楚地说："和今言适合，言恰当，言恰到好处。"⑤以字义求之，羲和即和羲，实指调节曦光、使太阳的出升及明暗皆能适当有度的人，他应包括古代负责主持迎日活动的所有巫师，不能理解为一个具体的人名，也不是主管天文的官。直到王莽建立新朝，出于标榜复古的需要，才设过羲和这个官职。

欲知上古这些被统称为羲和的"调羲"之人如何迎日，还得看《山海经》原文。《大荒南经》曰："东南海之外，甘水之间，有羲和之国。有女子名羲和，方日浴于甘渊。"此节袁珂先生以为当在《大荒东经》"有甘山者，甘水出焉，生甘渊"之后。郝懿行《山海经》笺疏指出："《北堂书钞》一百四十九卷引此经无'南'字。"可知文中的"东南海"实为"东海"，"甘渊"在东，不在南，今本系之《大荒南经》或确为错简。"日浴"，诸家皆以为当作"浴日"，可从。更有意思的是郭璞的注。他说："羲和，盖天地始生主日月者也……作日月之象

---

① 《水经注·江水二》："自三峡七百里中，两岸连山，略无阙处……自非亭午时分，不见曦月。"文中的曦月就是指日月。（北魏）郦道元著，陈桥驿校：《水经注校证》，中华书局2007年版，第786页。

② 《广雅·释诂》，（清）钱大昭：《广雅疏义》，中华书局2016年版，第265页。

③ 《国语·周语》"言惠必及龢"韦昭注。（春秋）左丘明著，徐元诰撰，王树民、沈长云点校：《国语集解》，中华书局2002年版，第88页。

④ 《淮南子·俶真训》"不足以滑其和"高诱注。（汉）刘安编，何宁撰：《淮南子集释》，中华书局1998年版，第110页。

⑤ 杨树达：《论语疏证》，上海古籍出版社2007年版，第28页。

而掌之，沐浴运转之于甘水中，以效其出入旸谷、虞渊也。"象即物的形象。《周礼·冢人》提到过"鸾车象人"，《孟子·梁惠王上》记仲尼之言曰："始作俑者，其无后乎！为其象人而用之也。"焦循正义云："俑则能转动象生人，以其象生人，即名象人。《冢人》之象人，即俑之名也。"以俑人、偶人习称象人例之，则郭璞所谓的"日月之象"，应该就是太阳的偶像，即仿制的太阳。浴的本义是洒，是洗，但《大戴礼记·夏小正》却说："浴也者，飞乍高乍下也。"可见凡频繁上下升降或旋转的动作都可叫浴。对关键性的词语有了正确认识之后，便不难窥破故事的真相。原来，所谓的"羲和生日"，既不是如母亲生子一般地"生日"，也不是给太阳洗澡，而是由专职调羲的巫师把一个日的模型——"日月之象"，从水中托起来，沉下去，沉下去，再托起来，乍高乍下，循环往复，用逼真的模拟来效仿太阳的升起。这种模拟与国外人类学家报道过的迎日仪式上的做法只有细节的区别，没有本质的差异，同属于巫术活动。郭璞在注中还引《启筮》一书的话说："空桑之苍苍，八极之既张，乃有夫羲和，是主日月，职出入，以为晦明。"此语进一步佐证，羲和确为上古负责控制羲光的明暗、帮助太阳顺利升起的人，我们将"羲和"理解为"调羲"者的共名，似乎并无不妥。郭璞不仅是一位大学问家，而且是晋朝有名的术士，他的神机妙算在《晋书》本传里有生动的记载，应该相信，他对远古文化的理解要比普通儒生的看法更加准确。

　　另外一篇记有羲和事迹的重要文献是《尚书·尧典》。文中说："乃命羲和，钦若昊天，历象日月星辰，敬授人时；""分命羲仲，宅嵎夷，曰旸谷，寅宾出日，平秩东作；""申命羲叔，宅南交，平秩南讹，敬致；""分命和仲，宅西，曰昧谷，寅饯纳日；""申命和叔，宅朔方，曰幽都，平在朔易。"羲仲、羲叔、和仲、和叔乃四方观念产生后由羲和一名分化而来，也可视作古代迎日巫师们的别称。他们"历象日月星辰"的重点在于一早一晚的"出日"和"纳日"。寅，敬也；宾，导也；饯，送也；作，起也。为了保证太阳按时起落，巫师们要肃穆地用导与送的动作进行表演，这种表演归根结底仍不过是对日轮出入的仿效和模拟。而表演中所用的道具则可能就是《尧典》下文提到的璇玑玉衡。

　　依《尧典》所记，舜受禅后，"在璇玑玉衡，以齐七政"。"璇"通

"璿",故"璇玑"又叫"璿玑"。《说文解字》曰:"璿,美玉也","玑,珠不圆也"。据此,璇玑不过是一种外轮不圆的玉器。清人吴大澂在《古玉图考》中却说它可以与玉琮配合,组成能够旋转的窥管,用以观测星宿,因而应叫浑天仪。1984年,夏鼐先生发表《所谓玉璇玑不会是天文仪器》一文,对旧说作了否定性澄清,并对璇玑的形制加以描述,认为考古发现中的璇玑是"外缘有三处作牙状突起的玉璧,三牙的尖部都朝一个方向,犹如儿童玩具中的风车"①(图1)。近年来,已有专家明确指出,璇玑的造型源于日晕,②圆璧或环形的主体代表太阳,三组锯齿状凸起用绘画表示就是芒刺纹,代表光芒。③ 在我看来,璇玑实为经过较好加工的"日月之象"。如果《尧典》所记尧舜事迹可以依信,则舜"在璇玑玉衡,以齐七政"就可以理解为舜运转太阳的模型——玉璇玑,用模拟巫术保证了太阳的正常升起,从而迎来了风调雨顺,天下太平,他也因此受到了百姓的衷心拥护。石峁文化韩家圪旦出土的璇玑套在死者的上肢骨上(图2),反映此地存在巫师靠抖动手臂以旋转"日月之象"的情况,这种做法与《山海经》所记似略有不同。夏鼐先生说,璇玑出现于龙山文化晚期,在商代仍有保留,到西周则退化为璧形或环形玉饰。后来,栾丰实先生在进一步研究的基础上指出,璇玑始于距今5500年前的大汶口文化中期,以距今5000—4300年的大汶口文化晚期和龙山文化前期数量最多,且集中分布在山东和辽东。至夏、商、周三代,上述两地璇玑的数量骤然减少,但分布范围却有较大的扩散。东周以后,璇玑基本退出了历史舞台。④ 璇玑既起源于容易看到日出之景的东部濒海地区,其盛衰变化过程又与中国古代巫术文化向祭司文化的过渡相一致,据此,我们大致即可推定,处于前国家阶段或文明初曙期的尧舜,可能仍是一个负有调羲迎日责任的部落联盟首领兼巫师,即古羲和群体中的重要一员。

《尧典》究竟成于何时,一直存在争议。顾颉刚先生说此篇始作于战国,而今天的传本则修订于汉武帝之世。⑤ 由于多数学者都认为殷人

---

① 夏鼐:《所谓玉璇玑不会是天文仪器》,《考古学报》1984年第4期。
② 尤仁德:《古代玉器通论》,紫禁城出版社2004年版,第55—56页。
③ 陆思贤、李迪:《天文考古通论》,紫禁城出版社2000年版,第92页。
④ 栾丰实:《牙璧研究》,《文物》2005年第7期。
⑤ 《顾颉刚古史论文集》卷8,中华书局2011年版,第153页。

文明起源研究

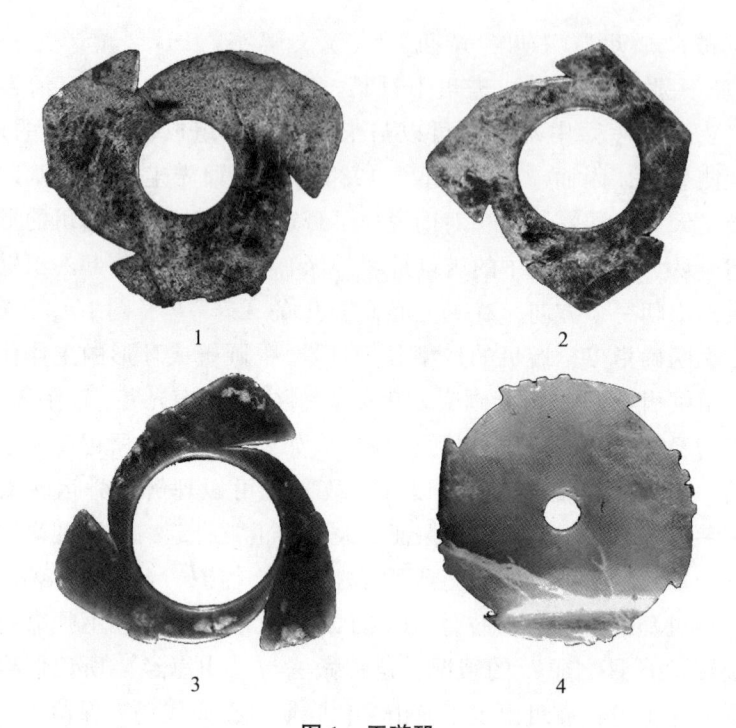

1

2

3

4

图1 玉璇玑

1—3. 龙山文化五莲丹土遗址出土①；4. 前掌大商周墓葬出土。

图2 石峁文化韩家圪旦贵族墓出②

---

① 周婀娜:《山东大汶口—龙山时期出土的几件玉器小论》,《河南博物院院刊》2021年第1期,图2。
② Zhouyong Sun et al., "The First Neolithic Urban Center on China's North Loess Plateau: The Rise and Fall of Shimao", in Archaeological Research in Asia, Vol. 14, 2018, pp. 33 – 45.

才有风雨来自四方、四方各有神主之的观念，① 所以，我也感到已将羲和一分为四的《尧典》出现必定较晚。但在晚出的作品中带上了作者所处时代的文化因素是一回事，其中保留有较古的传说和习俗则是另一回事，两者并不冲突，反而往往相互混杂。研究者的任务是如何仔细地将新旧不同的文化因素区分开。我当前的看法是：《尧典》中的"寅宾出日""寅饯纳日"同于《山海经》中的"羲和生日"，反映了人类早期迎日活动的实质和真相，而由羲仲、羲叔、和仲、和叔分宅四方，以及观测日月星辰，记录天象，敬授人时等，则是派生的和后起的。

二

一些学者曾把中国的太阳神话分为日出、运行、日没三要素。其实，三者之间既有区别，又有联系，都出于对自然现象转换原因的错误判断和幻想。古人既然认定太阳要靠人的帮助才会升起，同样也就必然认定太阳自己不会行走，要靠某种外力才能完成每天横跨苍穹的漫漫征途。在太阳运行的神话中，出现较早的是"金乌负日"说。《山海经·大荒东经》曰："汤谷上有扶木。一日方至，一日方出，皆载于乌。"近年，在河姆渡、大汶口及良渚文化的玉器、骨器或陶器上，都发现了鸟负日、双鸟负日或双鸟夹日而飞的图案。而被认为是最典型的"金乌负日"图，则见于仰韶文化庙底沟类型的陶器上（图3，1），除太阳恰巧置于鸟的背部外，又在更靠上的地方划出一道简单的弧线表示天穹，鸟翅、双腿十分飘逸地向后伸，惟妙惟肖地展现了太阳靠金乌驮载巡行于太空的动态形象。② 而在河南南阳、成都等地发现的汉代画像石中，则有两只乌鸦驮着太阳相向而飞和乌鸦背负日论、周围环以点点繁星的画面（图3，2—5）。③ 这些由考古所得的珍贵资料为《山海经》的说法提供了实物证据，表明古人最早确曾把大鸟或金乌当作太阳的运载工具。

---

① 胡厚宣：《殷代之天神崇拜》，见《甲骨学商史论丛初集》，河北教育出版社2002年版，第240页。
② 苏秉琦：《苏秉琦考古学论述选集》，文物出版社1984年版，第166页，图八。
③ 南阳汉代画像石编辑委员会：《南阳汉代画像石》，文物出版社1985年版，图版141、518、519。

文明起源研究

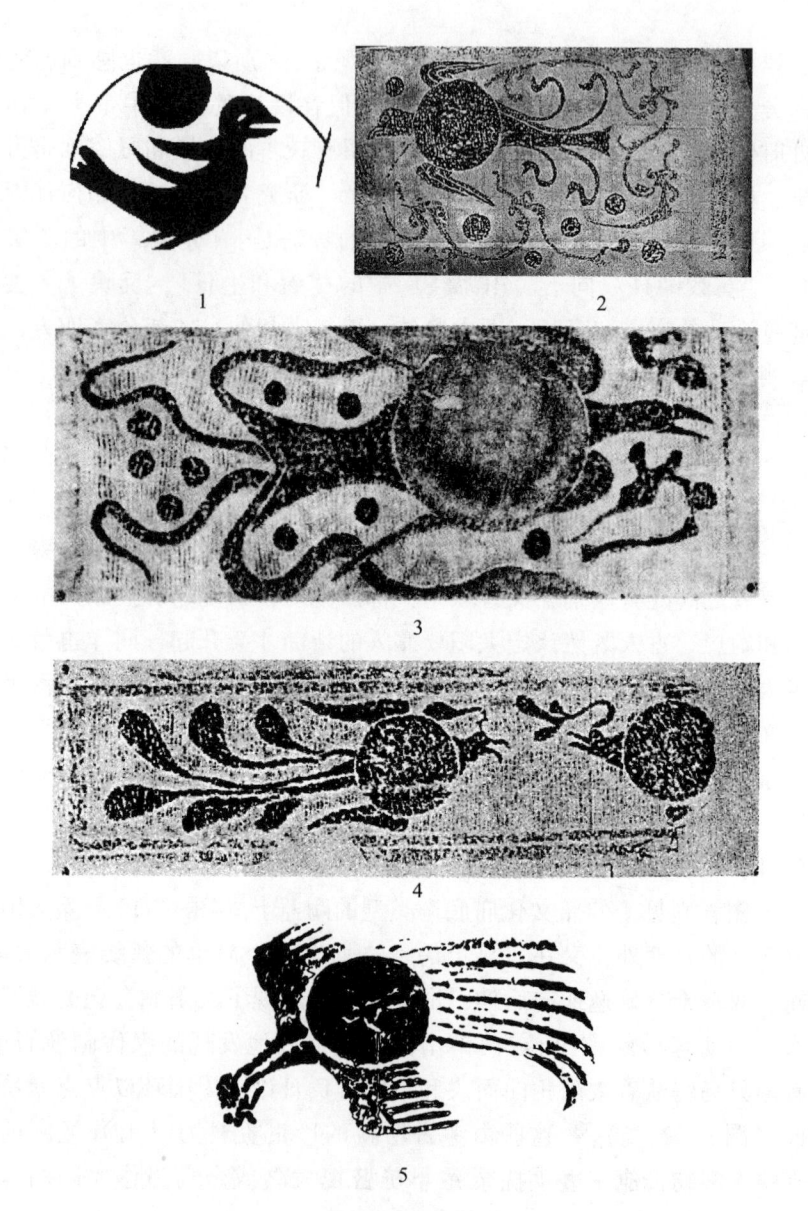

图3 金乌负日图

1. 泉护村 H165 出土；2—4. 南阳汉代画像石；5. 成都汉代画像石①

---

① 引自袁广阔《仰韶文化的一幅"金乌负日"图赏析》，《中原文物》2001 年第 6 期，图三，2。

"出日""入日"与"日月之象"

后来，随着天文学的发展，以车的广泛使用为现实基础，星象家开始把北斗七星视为帝车。于是，太阳的运行又被认为要靠羲和驾车拉动才能完成。《楚辞·离骚》曰："吾令羲和弭节兮，望崦嵫而勿迫。"弭为停止，节指马鞭，弭节即停车不进，崦嵫乃日入之处的神山。王逸注曰："羲和，日御也。"洪兴祖《补注》："日乘车驾以六龙，羲和御之。"《初学记》卷一引《淮南子》则云："日出于旸谷，浴于咸池，拂于扶桑，是谓晨明……爰止羲和，爰息六螭，是谓悬车；薄于虞泉，是谓黄昏……"高诱注也曰："日乘车驾以六龙，羲和御之，日至此而薄于虞泉，羲和至此而回六螭。"羲和本为手持"日月之象"，用模拟巫术帮助太阳升起的人，只因这种人与太阳的关系最为密切，所以又被想象成了"日御"，即太阳车的驾驶者。他御日而行，驰骋天空，起于旸谷，晨往夜返，已是一位天神，而不再是半人半神的巫师。

那么，人们已放弃把自己强大无比的力传导给太阳的幻想了吗？显然没有，我们不妨再看看《楚辞·九歌·东君》。这是一首弥足珍贵的迎日乐歌，虽可能已经过屈原这样的士大夫修润、加工，但还可以再现楚国祭祀太阳神的真实场面。

乐歌首节曰："暾将出兮东方，照吾槛兮扶桑。抚余马兮安驱，夜皎皎兮既明。"其中的第一人称"吾""余"，王逸《楚辞章句》以为指日，朱熹却斥之为谬说，认为应是指"主祭迎日之人"[①]。因为在他看来，只有这样理解，才能与下文的"长叹息兮将上，心低徊兮顾怀"相应，而那高悬于天上的太阳，是不会看见下方所陈之乐，并因声色极盛而恋恋不舍的。据此，聂石樵作《楚辞新注》时即判定首节与"青云衣兮白霓裳，举长矢兮射天狼"一节均为扮太阳神的巫师所唱，其余则为迎神女巫与他的对唱。林河《九歌与沅湘民俗》一书则举出许多实地调查所得的材料，说明朱熹所谓的"主祭迎日之人"，就是由巫师扮演的太阳神，他一边"抚余马兮安驱""撰余辔兮高驰翔"，一边与被称作"灵保""贤姱"的漂亮女巫们歌舞对唱，唱词在一定程度上受到了楚地民间情歌的影响。[②]

如此说来，人们在幻想着羲和御日，横越苍穹的同时，实际上，还

---

① （宋）朱熹集注：《楚辞集注》，上海古籍出版社1979年版，第188页。
② 林河：《九歌与沅湘民俗》，生活·读书·新知三联书店1990年版，第208页。

要由自己装作太阳神，乘车载旗，安驱委蛇，煞有介事地在地上进行逼真的表演。这种表演也许使用了真正的车和马，也许只以形体语言呈现，但就本质而言，却都是模拟，仍是希望通过神秘的感应，用模拟来帮助太阳准确无误地周巡天际，仍是因为对事物的起因缺乏认识，就妄想用仿造的办法来生成他们生命所依存的重要自然现象。可见在"其俗信鬼而好祀"的南郢之邑、沅湘之间，祭神活动只不过是巫术仪式的一种变相而已。

前一节我们已经说过，人类早期的文化不可避免地具有趋同性，所以，与《楚辞》记录下来的歌舞相类似的巫术性的表演也普遍见之于世界各地。古埃及作为太阳代表的国王常肃穆地绕着一个庙宇的围墙转圈，为的是保证太阳也将完成它每天的行程，不至于因日蚀或其他意外而停顿；奇尔科廷印第安人在祭日仪式中不停地绕着圆圈走，他们撩起长袍，拄着棍子，做出很用力的姿态，想这样去支持太阳环绕天空时的已经疲倦的脚步；伊格卢利克的爱斯基摩人在春天太阳向北移动时，开始玩那种"木棒接球"的游戏去加快它的运转；① 古代欧洲的农民在仲夏节之夜点燃篝火，进行火炬游行，滚火轮子，把做成太阳形状的火饼抛向天空，② 等等，其用意都是期望利用模拟产生感应，以便给天上的太阳补充力量。这些例子对我们正确理解《九歌·东君》和中国的太阳神话很有帮助。同时也表明，在古代社会里已行之久远、根深蒂固的巫术文化，是不会轻易退出历史舞台的，有时候它只不过是被别的文化现象包裹起来了。

三

巫术赖以建立的基础毕竟是错误的和虚妄的。所以，人类社会越往前发展，巫术的荒诞和无能就会为更多智力发达的人看破。于是，社会渐渐开始倾向于承认超人力量的存在，由试图通过模拟和感应，靠自己

---

① [英]詹·乔·弗雷泽：《金枝》，徐育新、汪培基等译，大众文艺出版社1998年版，第119—121页。
② [英]詹·乔·弗雷泽：《金枝》，徐育新、汪培基等译，大众文艺出版社1998年版，第875—877页。

去控制自然力，变为通过迎合和抚慰来祈求神灵的佑助，让神去完成已不再幻想可以由人来完成的事情。于是，宗教逐步取巫术而代之，巫师逐步为祭司所排斥。《礼记·表记》曰："夏道遵命"，"近人而忠焉"，"殷人遵神，率民以事神"。说明在中国，可能直到夏商之际，才真正实现了从巫术文化向祭司文化的过渡。后来，周公制礼作乐，使诸神"各有典礼而淫祀有禁"①，孔子论六经时，又把"国殊窟穴，家占物怪，以合时应"的巫术活动记录均视为"禨祥不法"的文字和图籍，采取"记异而说不书"的办法处理，致使"至天道命不传"②，则可视为两次较大的净化运动。尽管如此，巫术的根子却还深深扎在社会的沃土里。巫师不仅因审于生死、能去苛病等，受到民众乃至部分贵族的信任，而且因可以承担驱除恶鬼、祓除不祥等辅助性的责任，还在各类祀典中被保留了一席之地，故司巫、男巫、女巫等职便与大祝、小祝一起被《周礼》同列于春官，甚至不少祭司原本就是由巫师转化而来的。而在经过统治阶级一再整理的祭礼中，也仍能看到模拟巫术的影子。其中，祭日礼便是一个典型。

周人举行祭日之礼十分频繁。孙诒让"综校诸说"后指出："盖天子朝日之礼，每岁凡十有四举：一立春日，二春分日，并十二月每月朔日为十四……十四者之中，唯春分之朝为特祭，其礼尤重。"③他的结论大致不差。但《仪礼·觐礼》说"诸侯觐于天子"时，天子要率诸侯"出拜日于东门之外"，《左传》昭公元年记子产之语云："日月星辰之神，则雪霜风雨之不时，于是乎禜之。"两者虽祭无定时，却也属于大祭，加起来已不以十四为限。

更值得我们关注的是，杨希枚在《中国古代太阳崇拜研究》中，从语言文字和社会生活等不同角度反复论证，认为"商周以来至于汉代，古代所谓帝、天或天神、上帝、昊天、皇天、旻天都主要指称太阳神"④。这样一来，典籍中的祭天、祭帝也便具有祭日的性质。《太平御览·礼仪部》引《五经异义》曰："王者一岁七祭天地。"《礼记·效特

---

① 《汉书·郊祀志》。
② 《史记·天官书》。
③ （清）孙诒让撰：《周礼正义》，中华书局2013年版，第1578页。
④ 杨希枚：《中国古代太阳崇拜研究》（语文篇），《先秦文化论集》，中国社会科学出版社1995年版，第749页。

牲》孔疏引皇氏云："天有六天，岁有八祭。冬至圜丘，一也。夏正郊天，二也。五时迎气，五也。通前为七也。九月大飨，八也。""夏正郊天"，《郊特牲》正文已明谓是"迎长日之至也，大报天而主日也"，连五时迎气，据杨希枚说，所祭的五帝也不过是"因季节之不同而自同一上帝太阳神分化之五个化身而已"①。

那么，到底怎样祭呢？我们可以看一看下边的有关细节。

《礼记·郊特牲》曰："祭之日，王被衮以象天。"《玉藻》篇曰："天子玉藻，十有二旒，前后邃延，龙卷以祭，玄端而朝日于东门之外。"郑玄注："端当作冕字之误也。玄冕，玄衣而冕也。"孙希旦《礼记集解》指出，此即《国语》所谓的"大采朝日"，并认为"孔晁以大采为衮冕是也"。以上说明，无论是祭天还是祭日，作为主祭人的天子，所服必为衮冕。冕饰"十有二旒"，《玉藻》已有明文，暂且按下不表。关于衮的样式，旧注则有九章和十二章两说。前者认为上边应画有山、龙、华虫、宗彝、藻、火、粉米、黼、黻九种图案，后者认为除此九种之外，还有日、月、星辰，加起来共十二种。清儒戴震说："周之祭服，宗庙所用，九文而止耳。至于郊祀，何必废古之十二章不用也？"金鹗也说："盖天子有十二章之衮衣，有九章之衮衣。享先王衮冕，九章之衮也；祭昊天服大裘而冕，十二章之衮也。"孙诒让在引述两家意见后进而判定："而戴震、金鹗同谓天子有十二章及九章之衮，说尤精核矣！"② 这就告诉我们，祭日时周王所服为十二章之衮，衣服上不仅有太阳图案，而且太阳才是整个构图的中心。

《大戴礼记·朝事》篇曰：天子"乘大辂，建大常十有二旒……率诸侯而朝日东郊"。《仪礼·觐礼》曰："天子乘龙，载大旂，象日月，升龙，降龙，出拜日于东门外。"郑玄注："大旂，大常也。"《周礼·节服氏》之职曰："掌祭祀朝觐衮冕，六人维王之大常。"由此可知，周王祭日、祭天时所打的旗子叫大常，它插在车上，需要六个人从旁护持。《周礼·司常》职曰："日月为常。"《礼记·郊特牲》曰："龙章而设日月，以象天也。"足见大常的图案也以太阳为主，那一条头向上，

---

① 杨希枚：《中国古代太阳崇拜研究》（语文篇），《先秦文化史论集》，中国社会科学出版社1995年版，第751页。

② （清）孙诒让撰：《周礼正义》，中华书局1987年版，第1630—1631页。

一条头向下，似在空中翻腾着的"升龙降龙"，只不过是用来衬托太阳的背景。

天子大祭时所乘的车叫玉路。《周礼·巾车》职曰："王之五路，一曰玉路，锡，樊缨，十有再就，建大常，十有二斿，以祀……""以祀"当首先指的是祭天、祭日。驾驶玉路的马均极长大，起码应在七八尺以上。《周礼·廋人》职曰："马八尺以上为龙。"《吕氏春秋·本味》篇高诱注引《周礼》则曰："马七尺以上为龙。"这样雄健的天驷当然只能用龙来形容，故《仪礼·觐礼》记天子率诸侯朝日时，便直接说："天子乘龙。"王的车上还装有鸾铃，因而又叫鸾车。《左传》桓公二年曰："锡、鸾、和、铃，昭其声也。"鸾为凤属，鸾铃发出的声音当似凤鸣。杨希枚说：苍龙为东方太阳神的象征物，凤凰为南方太阳神的象征物。[①] 根据杨先生的意见，王所乘的车子龙、凤两种符号俱备，其意实在于表示这是一辆太阳车。

《周礼·典瑞》职曰："四圭有邸以祀天，旅上帝。"郑玄注认为这里的"祀天"系指"夏正郊天"，并引郑司农之语云："于中央为璧，圭著其四面，一玉俱成"，所谓"四圭有邸"者，"圭末四出故也"。孙诒让《正义》进一步解释道："圭上剡者为末，下连璧为本，四圭共著一璧为柢，四末纵横歧出矣。"[②]《周礼·大宗伯》职曰："礼神者必象其类，璧圆，象天。"如前所言，祭天实为祭日，因此，与其说所用瑞玉是以圆璧象天，不如说是以圭璧象日。请看，那用一玉通体琢成、四边都有歧出圭末的圭璧，不正酷似光芒四射的太阳吗？如果这样理解不错，那就等于说，虽然已经到了西周，而天子祭日时手中所持仍不过是一个玉制的"日月之象"。它同羲和运转于甘渊的太阳模型和国外其他民族的太阳石相比，只有精粗之分，却没有本质上的差异。或者也不妨说它更像"舜在璇玑玉衡"的玉璇玑，一个以三组齿形代表光芒，一个以"圭末四出"代表光芒，都是要仿制得更像天上的太阳。

天子在祭日之时，乘着太阳车，穿着绘有太阳图案的衮衣，高张起"龙章而设日月"的大旗，手拿着用玉精制而成的"日月之象"，前往

[①] 杨希枚：《中国古代太阳崇拜研究》（生活篇），《先秦文化史论集》，中国社会科学出版社1995年版，第780页。

[②] （清）孙诒让撰：《周礼正义》，中华书局1987年版，第1584页。

祭祀的现场，与"南郢之邑，沅湘之间"的巫师扮作太阳神，在地上表演驾车驱驰，用意完全一样，都是要通过仿造帮助天上的太阳正常运行。但西周的主流文化已经是祭司文化，这种文化的物化表现形式是礼仪制度，人们已把绘有日月星辰的祭服叫作衮冕或大裘，把"龙章而设日月"的旌旗叫作"大常"，把饰有玉质鸾鸟的太阳车叫作玉路，把酷似太阳的圭璧叫作瑞玉，并将其统统视为天子至高无上身份的体现，没有人记得所有这些都曾与巫术活动的装配有关，有的甚至是巫师模拟太阳升起和行走的最必不可少的道具。祭司文化取代了巫术文化，却又是从巫术文化发展而来的，两者之间难免存在千丝万缕的联系。把祭日、祭天当作"国之典祀"，固然是为了把周天子的行为说成是奉天行事，借以证明周人"奄甸万姓"合理合法，但从中我们还是窥见了模拟和感应的遗意。可见礼制的内容是复杂的，它新旧含融，玄妙深微，不可只用单线思维去进行观察。

四

商周时期，巫术的感应理论和模拟式的表演融进了礼仪，巫师手中的道具变成了礼器，那个使用最为广泛的"日月之象"，即太阳的模型，更成为各类器物花纹构图时的艺术母题。巫术文化与祭司文化的关系真是扯不断、理还乱。

太阳的模型自然是圆的。能够存留下来的，当以不易腐朽的石、陶制品为多。但因器形简单，朴素无华，用途不易判断，故向来不为考古界所重。报道时，所使用的名字极不统一，更鲜有人将其与太阳或仿制的太阳联系起来。甘肃武威皇娘娘台齐家文化墓葬出土的被称作石璧，湖北京山屈家岭遗址出土的被称作陶球[1]，新疆塔城卫校新石器时代遗址出土的被称作石球，四川通江擂鼓寨遗址和湖南澧县彭头山遗址出土的被称作盘状器，[2] 二里头遗址及早商期墓葬中出土的被称作圆形陶片

---

[1] 中国社会科学院考古研究所编：《新中国的考古发现和研究》，文物出版社1984年版，第121、131页。

[2] 文物出版社编：《新中国考古五十年》，文物出版社1999年版，第482、377、297页。

"出日""入日"与"日月之象"

或涂朱圆陶片,[①] 海南新石器时代遗址出土的被称作陶饼,台湾东部海岸麒麟文化遗址出土的被称作中孔石盘,[②] 等等,不一而足。而且,很可能还有一些已被归入了纺轮。如屈家岭文化的陶、石纺轮,有的"个体较大偏重",开始认为是纺粗线的工具,后来研究者才意识到,它们"可能不全是有实用功能的器类"[③]。发现了圆形陶片的早商墓葬不仅随葬有青铜礼器,而且还有伴随出土卜骨及玉柄器形的情况,墓底常常铺有朱砂,宗教意味十分明显,甚至可以推定墓主人属于祭司阶层。诸种文化信息提示我们:这些非实用的圆球或圆饼状物,都有可能是迎日巫师们手中所持的太阳模型,或是后来祭日礼仪中祭司所用的仿日礼器。

"1975年,在二里头遗址出土了四件圆牌状铜器,均镶嵌着绿松石,其中编号为K4:2的一件,正面周缘镶嵌着61块长方形绿松石片,形成似钟表的刻度,中间用绿松石片镶嵌成两周共二十六个十字形图案。"[④](图4)考虑到十字纹原是发光体的符号,我们认为这种圆牌应是太阳模型中的精品。如果说涂朱圆陶片的使用者只是不同族氏的低级祭司的话,那么华丽"日月之象"的拥有者则非王者或最高祭司莫属。可以与之媲美的高档"太阳石"还有玉璇玑和《周礼·典瑞》所说的圭璧。璇玑出现于大汶口文化,盛行于龙山时期,商代仍然流行,到西周,则退化为圆形的环和璧。这是因为用模拟式的表演帮助太阳升

图4 二里头K4:2圆牌状铜器及X光片(赵海涛提供)

[①] 《中国考古学》夏商卷,中国社会科学出版社2003年版,第242、245、280、281页。
[②] 文物出版社编:《新中国考古五十年》,文物出版社1999年版,第350、530页。
[③] 文物出版社编:《新中国考古五十年》,文物出版社1999年版,第279页。
[④] 《中国考古学》夏商卷,中国社会科学出版社2003年版,第117页。

文明起源研究

起的巫术活动已经逐步衰落，"出日入日"演变成了郊外祭日礼，用三组齿状突起或四出的圭末表示光芒、以便使道具更像太阳的必要性降低了。

在近年不断引起轰动的三星堆文化中，太阳模型的遗存也十分丰富。早在20世纪30年代初，人们就于广汉月亮湾遗址发现了许多石璧。① 三星堆两座祭祀坑发掘清理时，不仅出土有璧，更出土了青铜神树和颇似方向盘的太阳形器。②（图5）在三星堆城址之外，真武仓包包出有石璧和镶嵌绿松石的铜牌饰，仁胜村墓葬出有玉璇玑形器和石球。③ 而时代较晚的成都金沙遗址则以四鸟绕日金饰而举世闻名（图6，1、2）。同一地点出土的还有铜璧形器（图6，3、4）和铜人（图6，5）。璧形器一侧有柄，以便于握持，其图案依然是"金乌绕日"，但鸟儿却只有三只。铜人头戴羽冠，冠帽的俯视图恰似光芒四射的太阳，举在胸前的双手作持物状，这不免会使人想到，他手中所持，正是那被加工成璧形的铜制的"日月之象"，而更加精美的四鸟绕日金箔可能附着在一件特别重要的神器上。④ 在中国古代，北方黄河流域较早进入文明，却面临着生产工具落后，环境险恶，灾害频发和竞争激烈的压力，不得不依靠家族集体去战胜困境，谋求发展，故祖先崇拜、宗庙祭祀和礼乐制度发达。南方气候湿热，雨量丰沛，有各类自然物可供利用，所以，生活在这里的人们首先考虑的是如何处理好自己与自然的关系。他们举行盛大祭典的地方是野外、坛上或河畔，而不是在庙里，他们祭祀的主要对象是天，是太阳，而不是祖宗。日本学者林巳奈夫把三星堆发现的青铜树视为太阳顺之而升、顺之而落的扶木（扶

图5 三星堆太阳形器（K2出）

---

① 中国社会科学院考古研究所编著：《新中国的考古发现和研究》，文物出版社1984年版，第356页。
② 文物出版社编：《新中国考古五十年》，文物出版社1999年版，第379页。
③ 文物出版社编：《新中国考古五十年》，文物出版社1999年版，第379—380页。
④ 《中国考古学》两周卷，中国社会科学出版社2004年版，第549页。

"出日""入日"与"日月之象"

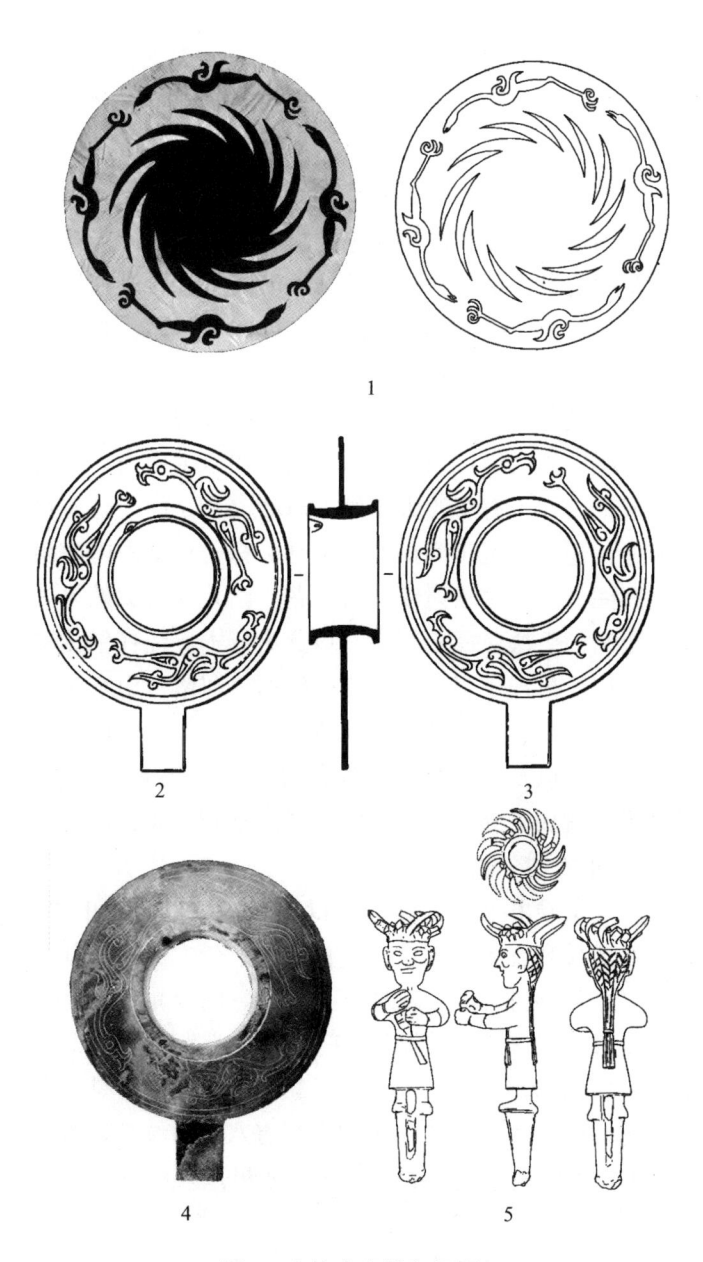

图6　金沙出金器和铜器

1、2. 金沙2001CQJC：477；3、4. 2001CQJC：588；5. 2001CQJC：17[①]

---

① 成都市文物考古研究所：《成都金沙遗址Ⅰ区"梅苑"东北部地点发掘一期简报》，《成都考古发现》2002年，第101页图五、第110页图一四、第116页图一九。

桑)、若木，把围着铜树进行的祭祀活动视为太阳祭，①我们认为这很符合3000年前成都平原的自然条件和古蜀文化的发展水平，要比把三星堆祭祀坑的性质定为拜山、封禅或宗庙之祭好得多。既然当年蜀地盛行太阳崇拜，在接受林巳奈夫意见的基础上，进而把各处出土的石璧、金沙遗址出土的铜璧形器和三星堆祭祀坑出土的太阳形器都看作主祭者用以模拟太阳的道具，便似乎没有什么不妥的了。透过神树和这么多仿日的实物，我们甚至能够想象出众人手捧各种材质的"太阳石"且歌且舞，欢呼太阳升起的热烈场面。

太阳的图像最早出现在新石器时代的陶器和玉器上。郑州大河村，杭州萧山跨湖桥，湖南通江市高庙，河南汝州市洪山庙，甘肃永靖莲花台瓦渣咀等遗址，都出有彩绘太阳纹的陶片（图7）②。这些纹饰无论是出现于器壁上，还是出现于圈足的外底部，都是在圆圈内涂出色调浓重的圆点，在圆圈外加绘多条射线代表光芒，给人的视觉效果是朴素、生动和逼真，绘画的手法应属于写实。以此为标本，经仔细比对，使我清楚地感觉到，广泛出现于青海、甘肃、陕西、河南、山东各省新石器时代陶器上的同心圆纹、圆圈纹、中间带十字的圆圈纹、内填网纹的圆圈纹、连续圆圈纹，以及六角星纹、漩涡形纹等（图8），实际上都是太阳纹，只是为了增加美感，古代的画师经过重新构思，已将其变成了以太阳为中心的抽象化图案。

安徽含山凌家滩出土的刻纹玉版以刻有八角星纹的小圆圈为内心，向外辐射出八条排列有序的羽状纹，再围绕以较大圆圈，并于大圆圈外刻出四条羽毛，分别指向玉版四角（图9，1、2）。古人把太阳光叫"阳羽"，毫无疑问，玉版所刻画的正是一轮光芒四射的太阳。同一遗址出土的还有所谓的"玉鹰"（图9，3、4），双翅虽刻成动物嘴部之形，但作为构图中心的圆片状鸟腹却也刻有八角星纹，让人不免会联想到"羲和生日""皆载于乌"的神话。③如果这样的分析能够成立，则

---

① ［日］林巳奈夫：《中国古代的日晕与神话图像》，［日］西江清高主编：《扶桑与若木——日本学者对三星堆文明的新认识》，徐天进等译，巴蜀书社2002年版，第185页。
② 中国社会科学院考古研究所编著：《新中国的考古发现和研究》，文物出版社1984年版，第47—49页。
③ 文物出版社编：《新中国考古五十年》，文物出版社1999年版，第185页；尤仁德：《古代玉器通论》，紫禁城出版社2002年版，第37—38页。

"出日""入日"与"日月之象"

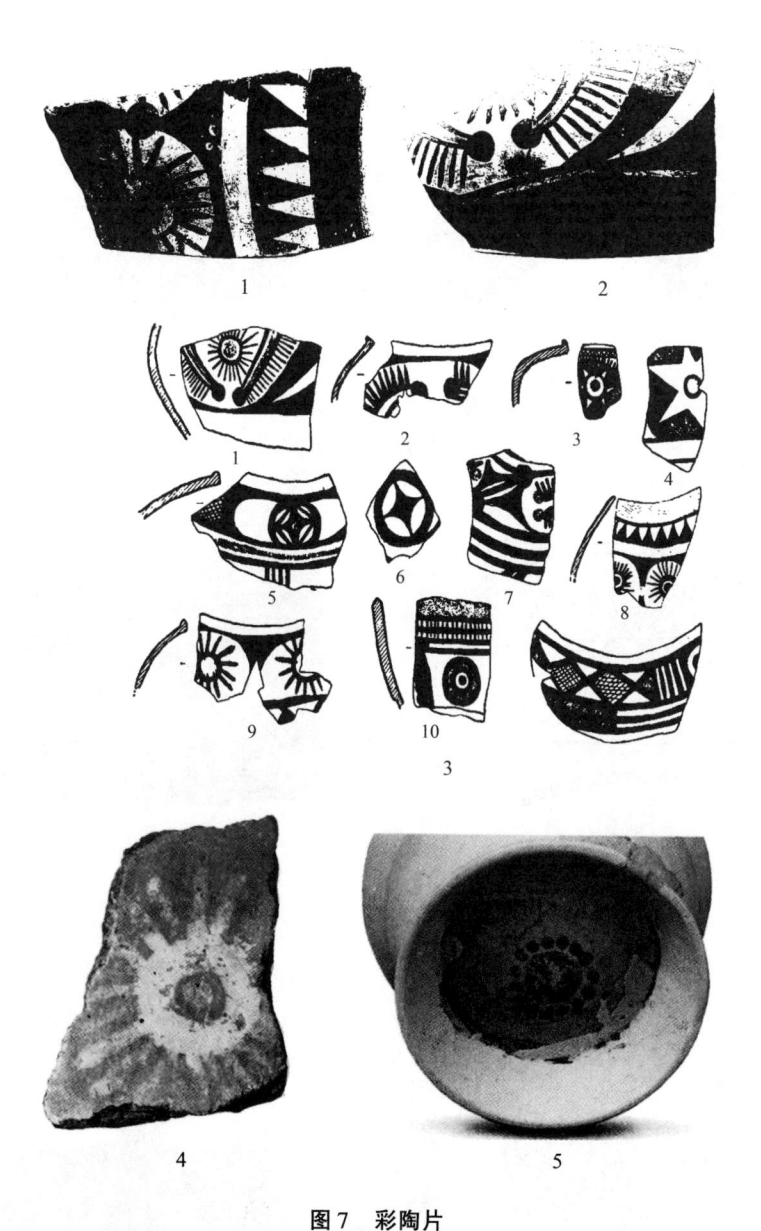

图7 彩陶片

1—3. 大河村遗址出①；4. 跨湖桥文化出；5. 高庙遗址出

---

① 郑州市博物馆：《郑州大河村遗址发掘报告》，《考古学报》1979年第3期，第325页图一九，1—11。

117

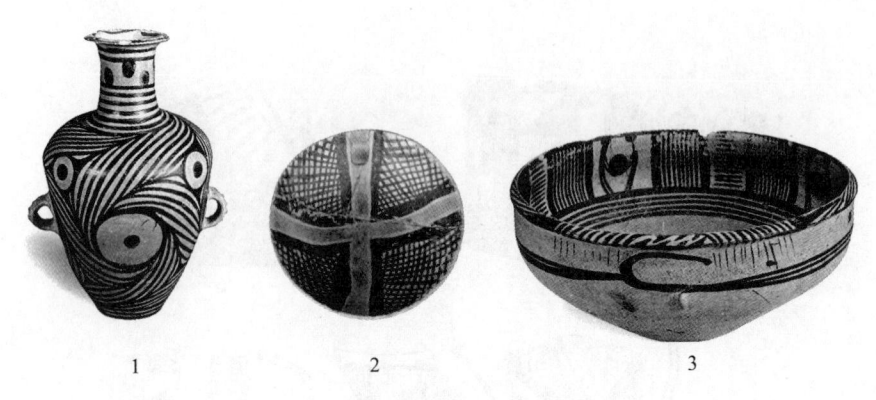

图 8　马家窑彩陶

1. 彩陶瓶；2. 陶碗；3. 陶盆。均藏于青海省博物馆

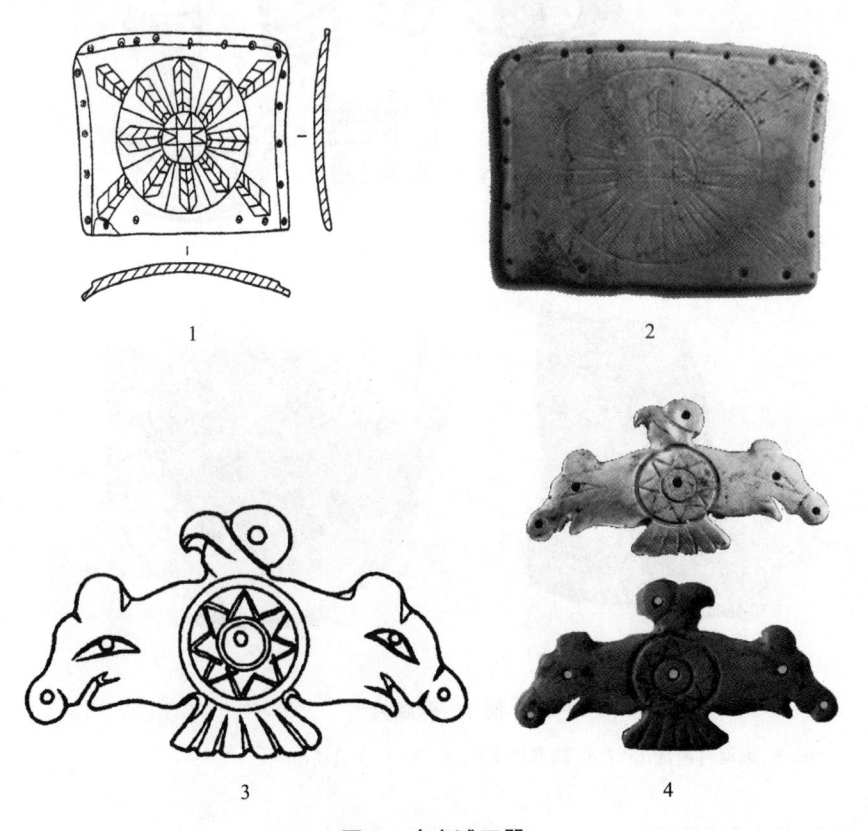

图 9　凌家滩玉器

1、2. 玉版 87M4：30；3.4. 玉鹰 98M29：6

"出日""入日"与"日月之象"

河姆渡遗址所出骨器上的雕刻图案（图10）便应理解为鸟负日或双鸟御日，而不应再称为双鸟朝阳。①

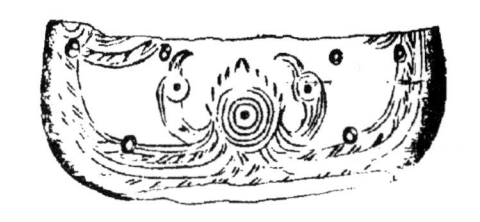

图10 河姆渡双鸟朝阳象牙雕刻 T226③：79②

大汶口陶尊上的符号习惯地被说成是由日、月或日、月、山组成（图11），古文字学者望文生义，作出过各种不同的隶定，长期陷在无谓的争论中不能自拔。实际上这是图，不是文字，是东海之滨古代先民对日出景象的记录和描绘。那处在圆球状物体下方的图形似月而非月，因为只要认真观察，就会发现，在月牙内弦的中间，还有一个乳状突起，与圆球紧密相接。鉴于此，何新在《诸神的起源》一书中将有乳突的月牙形视作"日出于大海中时，从海水到天空映照烘托着太阳的云华"③。

而林巳奈夫则称作日晕，并用计算机模拟太阳的弧晕图式，认为日出时左右延伸的两条晕线会在太阳处交织，随着太阳一起升高，形成乳突④。如果你目睹过红日跃出水面时的壮丽景观，你便不能不承认，他们的意见要比看图识字所得的结论更加可信。既然带乳突的月牙只是日晕或太阳与大海之间的云华，那么，画在最下边的齿状纹饰也应该代表起伏的波涛，而不会是山峦。用刻有"日出图"的器物举行祭日活动，显然是希望图中的景象会在自然界中顺利呈现。因此，大口尊不仅是用

---

① 中国社会科学院考古研究所编著：《新中国的考古发现和研究》，文物出版社1984年版，第148页。
② 河姆渡遗址考古队：《浙江河姆渡遗址第二期发掘的主要收获》，《文物》1980年第5期，第10页图七，1、图版叁，7。
③ 何新：《诸神的起源》，北京工业大学出版社2007年版，第103页。
④ [日] 林巳奈夫：《中国古代的日晕与神话图像》，[日] 西江清高主编：《扶桑与若木——日本学者对三星堆文明的新认识》，徐天进等译，巴蜀书社2002年版，第191页。

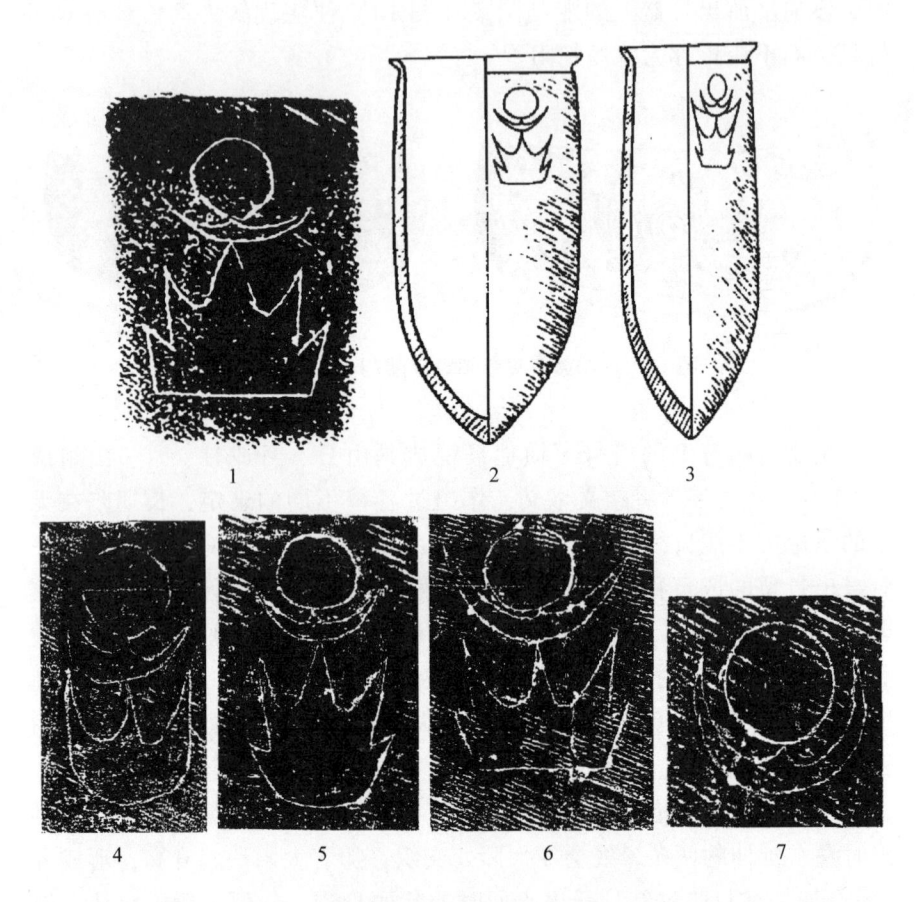

图11 大汶口文化陶大口尊上及刻划符号

1. 陵阳河采集，2—3. 尉迟寺第一阶段 M96∶2、JS4∶1，4—7. 尉迟寺第二阶段 T2512⑥∶2、M321∶2、M289∶1、JS10∶4。①

于祭祀的神器，也是巫师们"出日"时必不可少的道具。

良渚文化的玉璧或玉琮上也常见表现日出景象的图形符号。根据尤仁德《古代玉器通论》收集到的材料，这些符号大致可分为四类：②

---

① 引自王树明、刘红英《蒙城尉迟寺发现图像文字及其相关问题研究》，《华夏考古》2012年第4期，第39页图六，2、3、5、4。

② 尤仁德：《古代玉器通论》，紫禁城出版社2002年版，第30—31页。引用时依照由简到繁的原则对尤先生所作分类顺序作了调整。

第一类比较简单（图12，1），分别见于美国弗利尔美术馆所藏玉镯及中国历史博物馆、上海博物馆所藏的玉琮上。其中两件用阴线刻出月状云华承托日轮之形，另一件则只勾勒出一弯明显带乳突的月牙，从构图手法和所蕴含的意境来看，与大汶口文化陶尊上的刻画符号可谓异曲同工。第二类共两件（图12，2），分别见于浙江余杭安溪出土的玉璧和法国吉斯所藏的玉琮上。共同之处是都在顶部呈阶梯状的方框内刻出背部浑圆的飞鸟，差别是法国所藏的一件又于顶端正中刻了由月牙状云华承托的连珠纹，并在三颗连珠的周围及上方，用短线刻出四射的光芒。很显然，所谓连珠，实为逐步高升的太阳。这类图形与第一类既有一脉相承的地方，又增加了鸟的元素，说明人类对太阳起落运行的原动力有了新的思考。第三类分别见于美国弗利尔美术馆所藏玉璧和首都博物馆所藏的玉琮上（图12，3）。除在顶部呈阶梯状的方框内刻有飞鸟、在顶端正中刻有三至四颗连珠纹外，又于连珠纹之上，刻出虽然站立却昂首振翅、跃跃欲飞的鸟纹。第四类分别见于美国弗利尔美术馆所藏的两件玉璧上（图12，4），均刻有顶端呈阶梯状的方框、连珠纹和连珠纹上方的立鸟，但与第二、第三类相比，方框内的飞鸟却换成了代表太阳的圆圈，圆圈内又刻出七组曲卷的阴线以象征云气。对出现在后三类图形中的顶部呈阶梯状的方框，有人称之为五峰山，并因山上有鸟而释作岛字，有人看作是良渚人的鸟形图腾柱，有人则说是祭坛。但从它是太阳或太阳鸟步步高升之处考量，我认为它仍代表波涛起伏不平的海，等同于大汶口陶器图形符号最下边的齿状纹。目前来看，在中国的新石器文化中，只有大汶口文化和良渚文化才把太阳脱离海面的景象描绘得如此细腻，这显然与他们的居住地距海较近有关。而在甘青陕豫地区的马家窑文化、齐家文化及仰韶文化中，太阳只被表现为光芒四射的日轮，没有云华，没有海波，更不会想到用连珠纹刻画旭日步步高升的动态过程。

随着文明的演进，用为祭日、出日道具的"日月之象"消失了，用白描的手法来绘制太阳或日出之景也不再流行，但以太阳或太阳的模型为原型而产生出来的纹饰却大量见之于各类器物上。

最简单的是十字纹。它曾是新石器时代陶器的重要装饰花纹，后来又常常出现在商周青铜礼器、铜镜及战国秦汉的瓦当上。何新在《诸神的起源》一书中指出，十字纹可分为卍形和+形两大类，"大体都是太

文明起源研究

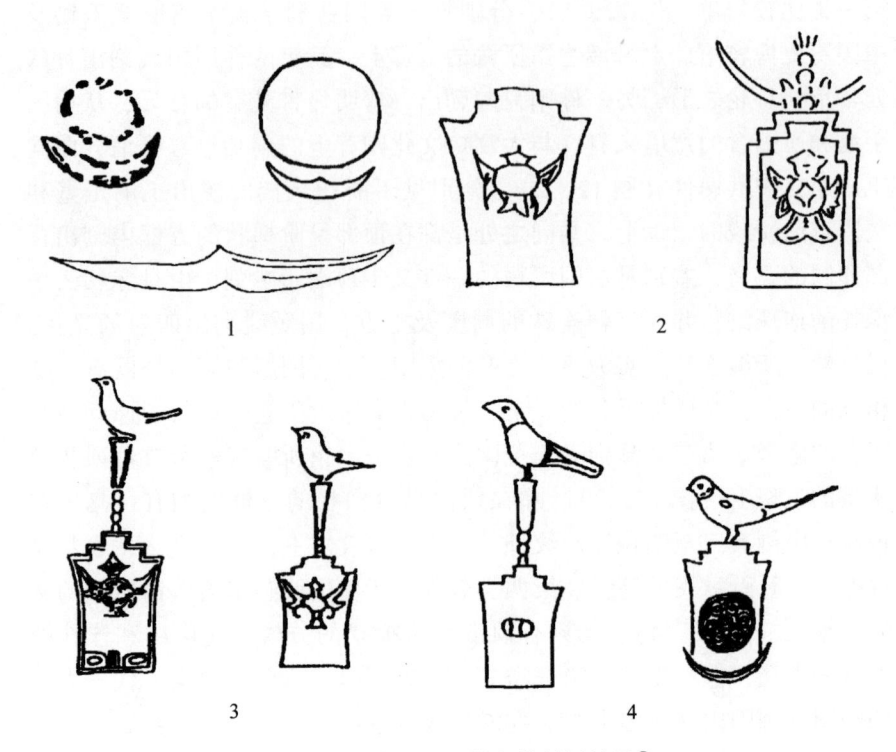

图12　良渚文化玉器上的刻划符号①

阳图案的各种简化和变形形式"。并引用《符号的传播》作者德尔维拉的话说："十字在开始时只是表示太阳照射的四个主要方位，后来变成了发光体的符号。"② 我对何新和德尔维拉的看法深表赞同，进而建议应把所谓的四蒂纹、柿蒂纹、四叶纹等等，也都归入十字纹这一类别中，多从"向四方射出光芒"切入，来理解其深层含义。

青铜器上多见囧纹，也有人称之为涡纹或圆涡纹，认为它表现的是水或风的漩涡。马承源《中国青铜器》一书定名为火纹，说它的主要特征是圆形，中间略有突起，沿边有四至八道旋转的弧线，表示光焰的流动，实为"太阳的标志"③。此论显然更有道理。不过，在我看来，

---

①　引自尤仁德《古代玉器通论》，紫禁城出版社2004年版，第31页图一九，8—10、6—7、4—5、1—2。

②　何新：《诸神的起源》，北京工业大学出版社2007年版，第2—3页。

③　马承源：《中国青铜器》，上海古籍出版社1988年版，第338页。

"出日""入日"与"日月之象"

这种突起的图形更可能直接源自太阳的模型——日月之象。因为火纹最早出现在新石器时代的陶纺轮上，而纺轮又与模仿太阳的圆饼状物难以区分，可以推测火纹是由圆饼状物扩及纺轮，又在青铜时代到来时，转移到了铜器的肩部或腹部（图13）。

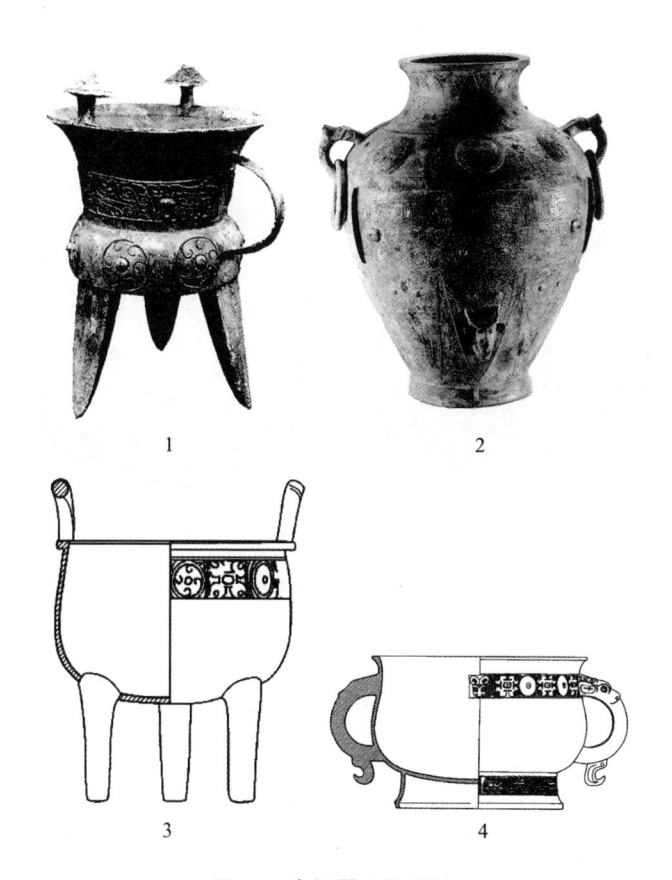

图13 青铜器上的涡纹

1. 盘龙城 PLZM1：10①；2. 郭家庄 M160：140；3. 长安沣河铁路桥西 M5：1；② 4. 前掌大 M18 出。③

---

① 湖北省文物考古研究所：《盘龙城：1963—1994年考古发掘报告》，文物出版社2001年版，彩版二二，2。

② 中国社会科学院考古研究所沣镐工作队：《1984—1985年沣西西周遗址、墓葬发掘报告》，《考古》1987年第1期，第22页图一〇，2。

③ 中国社会科学院考古研究所：《滕州前掌大墓地》，文物出版社2005年版，第223页。

铜镜一般呈圆形，正面磨砺光洁，用以照人，背面有纽可供穿系，其形状特别接近于圆饼状的太阳模型——"日月之象"。故汉代流行的日光镜镜铭为"见日之光，天下大明"（图14，1），昭明镜也多铸有"内清质以昭明，光而象夫日月"等字样（图14，2），都公然以太阳自命。其他如星云纹镜、卷云纹镜、云雷纹镜等，都没有远离太阳这个艺术母题。铸上此类纹饰固然有追求装饰效果的目的，同时更是要表现日出时表面云气的多姿与缤纷。

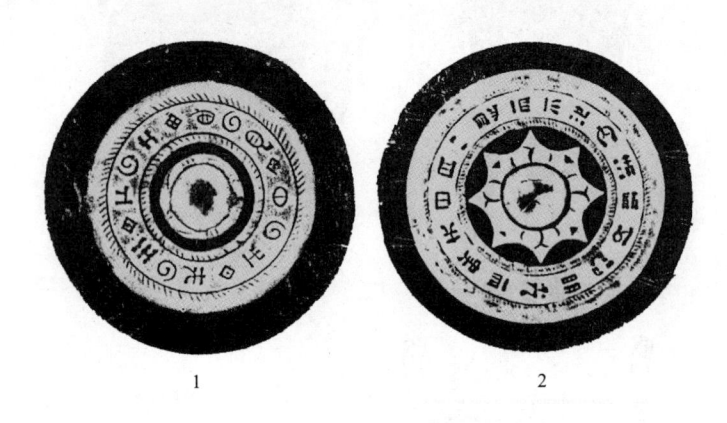

图14 长安铜镜

1. 日光镜2001XGSM13：8；2. 昭明镜1997TKFM13：9。[①]

石璧是出现最早的"日月之象"，璇玑和圭璧是供上层人物使用的精致的"日月之象"，玉璧源自石璧，同时也与璇玑和圭璧的退化有关。用以表现光芒的三组齿形或四出的圭末被省掉了，璇玑和圭璧就变成了边大孔小的璧和边孔相等的环。过去为了配合"劳动创造一切"理论，说玉璧出于环状石斧，实在有些牵强。现在，多数人秉持"璧圆象天"说，严格说来，也是误解。因为天圆地方是盖天说发展起来以后才有的观念，早期先民见不及此，只将太阳视为自然的主宰，名曰祭天，实为祭日，所用的道具或法器也是"象日"，而不是"象天"。基于这样的认识，我坚定地认为玉璧的原型是太阳或仿制的太阳——"日

[①] 程林泉、韩国河：《长安汉镜》，陕西人民出版社2002年版，第95页，图二十三，5；第108页，图二十七，4。

月之象",它上边的刻纹,如云纹、卷云纹和所谓的谷纹等(图15),都有表现日出之景的意蕴。

图15 玉璧

1. 长沙浏城桥M1出①；2. 旬邑转角村出②；3. 曾侯乙墓出③；4. 长沙陈家大山出④；5.、6. 为上海博物馆藏⑤。

瓦当既有蔽护屋檐,防止风雨侵蚀的实用价值,又极富装饰效果。有人将其比为大型建筑物上的项链,在我眼中,它们则是被整齐排列起来的"小太阳"。鸟纹、凤纹、夔凤纹瓦当画的都是日中阳鸟,即所谓的"金乌"(图16,1)。四神瓦当则不过是四方、四季观念影响下想象出来的太阳的四个化身。太阳纹瓦当以一圆点为中心,绘出多条向外辐

---

① 湖南省博物馆：《长沙浏城桥一号墓》,《考古学报》1972年第1期,图版拾贰,2；丁哲：《东周玉璧简析》,《文物鉴定与鉴赏》第55页,图2。
② 丁哲：《东周玉璧简析》,《文物鉴定与鉴赏》2014年第3期,第55页,图4。
③ 丁哲：《东周玉璧简析》,《文物鉴定与鉴赏》2014年第3期,第57页,图12。
④ 引自湖南省博物馆官网。
⑤ 引自上海博物馆藏官网。

射的曲线，极具动感地表现出一个流光溢彩的日轮。过去被命名为葵纹瓦当、涡纹瓦当、炯纹瓦当者，都应归于此类（图16，2—4）。而四叶纹瓦当、花瓣纹瓦当、星光纹瓦当、云纹瓦当等，可看作被附加了新鲜因素的太阳纹（图16，5—8）。即便是文字瓦当，也均以乳钉状的圆心和十字纹强烈地显示着自己的发光体性质，而将文字填写在由十字隔开的空隙中（图16，9—10）。

图16　秦汉瓦当[①]

汉画像石中有十分生动的金乌负日图。随着天文学的发展，在墓的穹顶上，又出现了星座与金乌或蟾蜍相互搭配的天象图。而在部分墓门立石或门楣上，则可见到女神单手或双手托一圆饼状物的图像（图17，

[①] 傅嘉仪：《秦汉瓦当》，陕西旅游出版社1999年版，第333页图六五九、第54页图一〇八、第120页图二三九、第81页图一六一、第58页图一一六、第223页图四四三、第220页图四三七、第209页图四一五、第492页图九七四、第498页图九八五。

1)。从女神非动似动的手形可以判定，此图所绘正是迎日巫师"作日月之象而掌之"，"沐浴运转"，以效仿太阳的升起。可惜汉代去古已远，人们既对古代巫术一知半解，又受到战国以来勃兴于各地的神话的影响，遂将"羲和生日"和"伏羲女娲人首蛇身"传说相嫁接，把女神的下体画作蛇形。现代考古学者或称之为"羲和主日图"，或称之为"羲和持日图"（图17，2、3），或称之为日神，莫衷一是。其实，图中女神只是古巫群体的抽象，不必指实为羲和、女娲或常羲，她所持的圆饼状物也不是日，而是太阳的模型——日月之象。

图17 南阳汉画像石
1. "女娲捧璧"；2. "羲和主日"；3. "羲和主日与常曦主月"。

我已衰迈，且患眼疾。本文仅依第二、三手的材料形成一种假说，目的在于为古器物研究提供参考。不妥之处，诚望方家正之。

（赵世超，陕西师范大学历史文化学院教授，博士生导师）

考古报告河南偃师"新砦"地名成因及影响

李维明

河南偃师有地名"新寨",考古报告写作"新砦"。有迹象显示,这一同地异字现象似对日后河南密县考古报告中将当地地名"新寨"写作"新砦"有所影响。

一 考古报告以"新砦"替代"辛寨""新寨"

《1959年夏豫西调查"夏墟"的初步报告》(《考古》1959年第11期,简称《报告》)介绍河南偃师境内地名时,出现以"新砦"替代"辛寨镇"这样的同地异字现象。

《报告》称:"乾隆偃师旧志说:'高辛故都在治(旧)西五里今高庄。'孙星衍考订为西亳当在旧县治(在今县治东南三里许)西,'辛寨镇(今图作新砦,约在旧县治西十一二里处)以西,皆古亳邑。'……高庄在今县治南三里余……去新砦约2—3公里,过洛河南,即至二里头村。"

据此可知,《报告》提及的"辛寨镇"与"新砦"为同一地点,其所在地理位置与文献记载商汤所都的古亳邑有关。《报告》文图均以"新砦"替代清代文献所记的"辛寨镇"。

问题是,《报告》文中所言"今图",不知是指《报告》配发的"河南偃师县遗址地形图",还是另有所指,也未注解"今图"的材料出处。

对于这一同地异字现象,邹衡先生曾在《西亳与桐宫考辨》(1990年)一文中明确指出,今作"新砦"者原来应作"辛寨"。

邹文进一步举出清代文献对"辛寨镇"地名所存异字现象：

（清）江永《春秋地理考实》："今河南府偃师县西南有新蔡镇，即古尸乡。"《乾隆偃师县志》卷一，地理志上，星衍按语："盖自辛寨镇已西十余里皆古亳邑也。"《嘉庆一统志》《县志》："今县西十余里，新塞铺即故尸乡。"

邹氏考辨清代文献中出现的新蔡、辛寨、新塞，因蔡、寨、塞形音易混，凡此殆"新寨"之误。

大致排列笔者所见清代以来的文献材料，可以大致显示"辛寨镇""新寨""新砦"称名流变。（表1）

表1　　　偃师"辛寨镇""新寨""新砦"称名流变示意

时间	称名	材料出处	备注
清代	辛寨镇	《乾隆偃师县志》孙星衍按语	《嘉庆一统志》《县志》作新塞
1932年	新寨镇	《偃师县自治区域图》	偃师县档案馆存
1959年	新寨	徐旭生5月16日《日记》	调查往返二里头村时，途经新寨
	新砦	《报告》所言"今图"	《考古》1959年第11期
1965年	新砦	《偃师县地图》	偃师县人民委员会编印
1990年	新寨（村）	邹衡《西亳与桐宫考辨》	1984年初稿，1990年发表
1999年	新寨	《偃师市地图》	河南省地图院编印

"辛寨镇""新寨""新砦"流变现象显示，以清代文献记偃师境内"辛寨镇"出现为早。

清代文献出现"新塞铺""辛寨镇"，因"新""辛"可通，"塞""寨"同韵，可通作"新寨"，民国时期地图标明"新寨镇"。

1959年《报告》所言"新砦"称名出现较晚。

至今地名复作"新寨"。

二　"新砦"何以替换"新寨"

2019年10月19日至20日，"纪念二里头遗址科学发掘60周年国际学术研讨会"在洛阳偃师召开。会议期间，有学者传示徐旭生先生

1959年5月16日调查日记资料，日记具体写明当天去二里头村调查时，往返途经"新寨"，"午饭在新寨吃"。

问题是，稍后发表的《报告》为何不用"新寨"，而用"新砦"。

笔者注意到20世纪50年代，考古报告存有将特定区域内地名"寨""砦"统一写作"砦"的现象（参见《考古学报》1957年第1期第54页图一）。大概出于"砦""寨"字音有相同之处（zhai），均有防守营垒、村寨之意（表2）。"砦"较"寨"笔画少，字体疏朗便于书写等缘由。因此考古报告中不乏出现同一地名中的"寨""砦"异字现象，如郑州"牛寨""牛砦"，"董寨""董砦"等。

表2　　　　　　　寨、砦两字音义异同比较示意

寨、砦音义比较	寨	砦	参考材料
相同	拥兵立寨	结砦、营砦	寨《陈书》，砦《宋书》
	篱落，士迈切	篱落，士迈切	《类篇》
	防御用的栅栏、营垒，也作"砦""柴"	守卫用的栅栏、营垒	《辞源》
	村庄、村落、村寨 zhai音	村寨 zhai音	《汉语大字典》
不同	羊宿处		《玉篇》
	羊栖宿处，犲夬切音塞，安也	山居以木栅	《广韵》
		喂物之器	《越谚》卷
	qian音，同槏，木名		《汉语大字典》据《集韵》

查阅偃师境内地名，"砦""寨"共存，且以"砦"为多。《报告》用"新砦"替代"辛寨镇""新寨"，或可能本于当时当地材料，或可能受当时出现将地名"砦""寨"统一写作"砦"的文风影响所致。

需要注意的是，"新砦"出现在《报告》"二、介绍调查的简要经过及比较重要的遗址"，这一部分内容是据徐旭生等三个人的工作记录综合整理的。有学者回忆，《报告》中文献资料那部分（按，即《报告》"一"）是徐老本人写的，考古资料（按，即《报告》"二"）是他

人所写（《记忆 北大考古口述》一，2012 年）。

三 偃师"新砦"与密县"新砦"

20 世纪 50 年代末，偃师考古《报告》出现以"新砦"替换之前"辛寨镇""新寨"的同地异字现象。至 80 年代初，密县考古也出现以"新砦"替换当地"新寨"地名的现象（《河南密县新砦遗址的试掘》《考古》1981 年第 5 期）。从而再次出现相关考古报告中"新砦"与当地地名"新寨"的同地异字现象。

排列笔者所见 20 世纪 50 年代以来相关材料，可以看出 80 年代初考古报告将"新寨"改为"新砦"的流变轨迹。（表 3）

表 3　　密县（今新密市）"新寨""新砦"流变轨迹

时间	名称	材料出处	备注
20 世纪 50 年代	新寨	《密县志》	密县地方史志编纂委员会编
1970 年	新寨	《密县地图》	密县革命委员会制
1980 年	新寨、新砦	《密县古文化遗址概述》	《河南文博通讯》1980 年第 3 期
1981 年	新砦	《河南密县新砦遗址的试掘》	《考古》1981 年第 5 期
1985 年	新寨	《密县地图》	河南省测绘局、密县地名办公室编印
	新砦	《河南考古》	中州古籍出版社 1985 年版
1991 年	新寨	《河南省全国重点、省级文物保护单位分布图》《中国文物地图集》河南分册	河南省文物局编印 中国地图出版社
2000 年以来	新砦	《河南新密市新砦遗址 1999 年试掘简报》	《华夏考古》2000 年第 4 期

观察偃师、密县考古以"新砦"替换"新寨"的现象，具有相似之处。

偃师新寨南面临洛河，北边有老寨。密县新寨南面有洧水（笔者按，相关考古报告误作双洎河），西北有老寨。

偃师、密县考古以"新砦"替换原有"新寨"地名的现象，均出自同一考古单位的考古工作者在当地主导开展的考古工作，以及稍后发表的考古报告。

据此判断，密县"新寨"被改写为"新砦"，或可看作同一考古单位的考古工作者继20世纪50年代末在偃师考古《报告》中以"新砦"替代"辛寨""新寨"之后，80年代初在密县考古报告中再次将相同地名"新寨"改为"新砦"的惯例延续。

不同之处在于，偃师"新砦"因不是作为考古遗址介绍，在相关研究文章中出现频率相对较少，影响有限。

密县"新寨"是一处重要的古遗址，被考古报告改写为"新砦"后，在相关研究文章中出现频率相对较多，影响较大。由此导致日后对该遗址的称名出现紊乱现象。比如：

同一学者在不同论著中分别使用"新寨"或"新砦"。

同一学者在同一考古论著中交互使用"新寨"或"新砦"。

不同学者，或在文中写作新寨、新寨村、新寨遗址、新寨期、新寨文化。或在文中写作新砦、新砦村、新砦遗址、新砦期、新砦文化。

由此可见，考古报告中以"砦"替换当地地名中"寨"，既疏略了当地地名的历史沿革，也疏略了"砦""寨"两字音义还存有差别之处。

由此产生的同一地名异字现象，有失学术规范，从而导致出现考古报告中"新砦"与当地至今使用地名"新寨"用字抵牾的混乱现象。

（李维明，中国国家博物馆研究馆员）

中亚安诺石印文字及其相关问题

蔡运章

2001年5月13日,美国《纽约时报》第一版刊登在土库曼斯坦安诺遗址出土一枚石质印章的消息。因为这枚印文具有中国史前陶器符号的基本特征,便引起中外学术界的高度关注。本文谨就这则石印文字的释读及其相关问题,略作考述。

一　安诺石印的发现和探索

2000年6月,美国宾夕法尼亚大学希伯尔特博士到土库曼斯坦安诺遗址进行考古发掘时,在一处多间土坯房遗址下面,发现一枚有光泽的黑玉印章。印面呈正方形,背上有横置的瓦形钮,边长略小于1英寸(1英寸约合2.54厘米)。印面刻有5个"符号"(图1),笔画里涂有红色痕迹。对与这枚印章同时出土的遗物进行碳十四检测,年代为公元前2300年。[1]

图1　安诺石印及其印文

---

[1] 李学勤:《中亚安诺遗址出土的石印》,《中国文物报》2001年7月4日第7版。

2001年5月12日，希伯尔特博士在哈佛大学的学术研讨会上，对这枚石印进行了介绍，他"确信这是一枚刻有某些符号和文字的印章"。这枚石印的发现，引起中外学术界的热烈讨论和争议。这就"迫使我们重新用一种根本不同的方法，考虑中国文字的起源问题"①。

当年5月，李学勤先生正在我国台湾地区讲学，有位美国友人告知安诺遗址出土石印章的消息。他查阅《纽约时报》的报道后，为了尽快使国内读者了解情况，便撰写了《中亚安诺遗址出土的石印》一文，发表在《中国文物报》2001年7月4日第7版。

面对学术界的诸多争讼，李学勤又撰写《安诺石印的启发》一文。他指出：这件石印的形制，和西亚、印度河谷等地印章，包括钤印的、滚印的都不相似。看其正方的印面和类于瓦钮的印钮，确实很像年代远在其后的中国印玺。"符号笔画里不知怎么造成的红色，更加深了这种印像。"有外国汉学家怀疑它与中国的印玺有某种联系，不是没有理由的。细看石印所刻符号，不是中国印玺上的汉字，也不是与汉字早期形态的甲骨文、金文那一类文字。就年代而言，如果与石印有关的测定可据，比现已发现的最早骨文也早了许多。安诺石印上的符号，均由直线笔画构成，姑且以笔画连接为标准，分解为"五个"。考虑到印面上的符号是反的，钤印成的顺序应该是："丨、艹、Ⅹ、一、匚"。特别重要的是，这五个不同形状的"符号，都可以在中国史前陶器符号中找到"②印证。李学勤的卓越见解，为我们揭开这件石印文字的奥秘，奠定了坚实的基础。

二　安诺石印文字解读及其用途

我们试在李学勤研究的基础上，再对这件石印文字及其相关问题，略作考述。

（一）石印是祭祀天神时使用的法器

李学勤曾发问：石印"符号笔画里不知怎么造成的红色"？其实，

---

① 陈星灿：《〈纽约时报〉关于安诺出土石印的争论》，《历史千年网·考古发现》栏，2001年10月24日。

② 李学勤：《安诺石印的启发》，《中国书法》2001年第10期。

我国古代祭祀神灵的礼器上，常见涂抹红色朱砂的痕迹。大汶口文化陶尊上"刻划符号"的周围，常"涂有朱红的颜色，颇带些神秘色彩"。这些陶尊就是祭祀太阳神的礼器。①陶寺古城遗址出土一件陶壶残片上，用"朱砂"书写着"文尧"二字。这件陶壶则是祭祀帝尧的礼器。②

我国古代祭祀天神时，常随季节变化而佩戴不同颜色的玉器。据《礼记·月令》记载，春季"服仓（苍）玉"，夏季"服赤玉"，秋季"服白玉"，冬季"服玄玉"。《吕氏春秋》《淮南子·时则训》也有相同的记述。"服"即佩戴之义。由此可见，这件涂有朱红颜料的石印，当是祭祀天神时使用的法器。

天空白天呈青兰色，夜晚就会变成玄黑色。《诗经·幽风·七月》"载玄载黄"。毛传："玄，黑而有赤也。"《大戴礼记·夏小正》载："玄也者，黑也。"《说文·玄部》："黑而有赤色者为玄。"这枚石印的颜色，黑而略微泛红，可称之为"玄色"。《周礼·考工记·画缋》载："天谓之玄。"《老子》第一章"同谓之玄"河上公注："玄，天也。"《释名·释天》说："天又谓之玄。"这说明石印的颜色与夜晚的天色正相符合。

"印""神"音近义通。《释名·释书契》："印，信也。所以封万物为信验也。"蔡邕《独断》卷上："印，信也。"信，通作"伸"。《仪礼·士相见礼》"君子欠伸"郑玄注："古文伸作信。"《孙子兵法·九地》"信已之私"杜牧注："信，伸也。"《广雅·释诂四》："申，伸也。"《集韵·真韵》："伸，申也。"《说文·申部》："申，神也。"均是其证。

印章也是古代道士驱鬼避邪的法物。据《抱朴子·登涉》记载："古之人入山者，皆佩黄神越章之印。"王明校释："《善斋吉金录·玺印录》具载'黄神越章之印'数图。"③释玄光《辨惑论》说：道士

---

① 任日新：《山东诸城前寨遗址调查》，《文物》1974年第1期；邵望平：《远古文明的火花——陶尊上的文字》，《文物》1978年第9期；蔡运章：《大汶口陶曇文字及其相关问题》，《山东师范大学学报》（人文社会科学版）2013年第2期。

② 何驽：《陶寺考古：尧舜"中国"之都探微》，《帝尧之都中国之源：尧文化暨德廉思想研讨会文集》，中国社会科学出版社2015年版。

③ 王明：《抱朴子内篇校释》，中华书局1985年版，第313、322页。

"造黄神越章，用持杀鬼"（《弘明集》卷八）。1980年，洛阳出土东汉永寿二年陶瓶朱书劾鬼文，有"移大黄印章"驱鬼的记录，"大黄"即"黄神"，指天神黄帝而言。①

由此可见，安诺石印可以充当沟通人神的法器，信而有征。

（二）安诺石印文字的解读

这件石印文字的内容，应"与其载体的名义和用途相符合"②。兹略作说明：

第一个符号，是在一竖笔的上下两端加刻相反方向的钩笔，李学勤"称为'乙'字的符号"。这种"符号"见于陕西临潼姜寨仰韶文化遗址出土彩陶钵口沿下的黑色宽带上，以及西安半坡、铜川李家沟仰韶文化陶器和蚌埠双墩新石器遗址出土的陶器上（图2∶1）。③其构形与《玺汇》2540印文"乙"字相类同，④故当是"乙"字。

1. 姜寨陶钵上的"乙"字　　2. 姜寨陶钵上的"木"字

图2

《说文·乙部》："乙，象春艸木冤曲而出，阴气方强，其出乙乙也。"《白虎通·五行》载："乙者，物蕃曲有节欲出。""乙"字的本

---

① 蔡运章：《东汉永寿二年镇墓瓶陶文考略》，《考古》1989年第7期。
② 蔡运章：《论远古纺轮刻辞及其重要价值》，《古文字研究》第二十七辑，中华书局2008年版；《大汶口陶尊文字及其相关问题》，《山东师范大学学报》（人文社会科学版）2013年第2期。
③ 高明：《高明论著选集》，科学出版社2001年版，第2页；徐大力：《蚌埠双墩新石器遗址陶器刻划初论》，《文物研究》第五辑，黄山书社1989年版，第254页。
④ 汤馀惠主编：《战国文字编》卷14，福建人民出版社2001年版。

义是草木在春天里发芽欲出，艰难生长的样子。这说明祭祀天神的时间，当发生在草木艰难生长的仲春季节。

第二个符号，李学勤"试称为'木'字形符号，比较复杂。同样形状的符号，也见于姜寨出土的半坡类型彩陶钵口沿下黑带"上面（图2：2）。因其构形，与古玺文"杜""柜""桐"诸字所从的"木"旁相类同，① 故当是"木"字。

《说文·木部》："木，冒也。冒地而出，东方之行。"《素问·玉机真藏论》载："东方木也，万物所以始生也。"《白虎通·五行》说："木在东方。东方者，阳气始动，万物始生。""木"的本义是指春季里"万物始生"的意思。

这个"木"字位于印面正中央，占据印面近半位置，足见其诏示的并非一般神灵。《礼记·月令》载：春季里"其日甲乙"高诱注："甲乙，木日也。"《汉书·律历志》说：草木"出于甲，奋轧于乙。""木"本指草木，而草木大都在春天里负甲生长。因此，印文"木"字实指主掌春天的天神而言。

第三个符号，李学勤谓"可称作'五'字形符号。同样的符号，见于青海乐都柳湾所出马家窑文化马厂类型陶器，是写于彩陶壶上"（图3）。同时，这种符号在大溪文化、良渚文化、马桥文化和龙山文化陶器上，都屡见不鲜。② 因其构形与商周甲骨文和金文"五"字均相类同，③ 故当是"五"字。

第四个符号，李学勤谓"'一'字形符号，当然在多种文化陶器符号里都有，不烦举例。"因其构形与商周甲骨文和金文"一"字相同，故当是"一"字。

印文中的"五""一"两字上下连署，当读为"五十一"的合文。这种合体文字，在商周甲骨文和金文中时常见到。例如，"十三""十五""六十""八十"等合体数字，都可资参考。④ 印文"五十一"当表示呈献"五十一"份祭品来祭祀天神的意思。

---

① 罗福颐主编：《古玺文编》卷6，文物出版社1981年版，第121—122页。
② 王蕴智：《远古符号综类摹萃》，《中原文物》2003年第6期。
③ 高明：《古文字类编》，中华书局1980年版，第3、535—537页。
④ 高明：《古文字类编》，中华书局1980年版，第3、535—537页。

文明起源研究

图3 青海乐都柳湾陶器符号①

第五个符号，李学勤谓"最后一个'匚'形符号，也见于柳湾马厂类型彩陶"（图3），但未予释读。我们细审其构形，与甲骨文和金文"匚"字相类同。此字在殷墟甲骨文中屡有发现，口部或朝左、或向右，本无差别。② 当是"匚"字的初文。

"匚"，当读如筐。《说文·匚部》："匚，受物之器。……读若方。"朱骏声通训定声："匚，据许说，即匡之古文。""匡"同筐。《说文·匚部》："匡，饭器，筥也。匡，或从竹。"《周易·归妹》"有女承筐"《经典释文》："筐，郑作筥。"《玉篇·匚部》说："匡，亦作筐也。"是其证。《诗经·召南·采蘋》"维筐及筥"。毛传："方曰筐，圆曰筥。"《诗经·周南·卷耳》"不盈顷筐"。朱熹集传："筐，竹器也。"《淮南子·时则训》"具扑曲筥筐"。高诱注："方底曰筐。"这里的"筐"字当指祭祀天神时盛放食品的器具。

那么，这个竹筐里盛放着什么样的祭品？据《礼记·月令》记载，春季祭祀"其帝太皞，其神句芒……食麦与羊，其器疏以达。"孙希旦

---

① 高明：《高明论著选集》，科学出版社2001年版，第4页。
② 高明、涂白奎：《古文字类编》（增订本），上海古籍出版社2008年版，第113页；徐中舒主编：《甲骨文字典》，四川辞书出版社1989年版，第1391、1392页。

《集解》:"伏羲氏乘木德而王,其号亦曰太皞,祭木帝则以配食焉。"这是说春天祭祀天神太皞和句芒时,要奉献以麦、羊肉为主的食物,盛放祭品的器物要粗疏而通达。而麦制食品和羊肉,正是西亚地区的特产。大约在距今9000年前,伊朗高原开始饲养山羊;大约距今8000年前,西亚地区开始栽培大麦和小麦。① 因此,用筐来盛放麦制食品和羊肉,与中亚地区先民的生活习俗正相符合。

由上所述,这则石印文字的大意是说:在万物萌生的春季里,向主掌草木生长的天帝神灵,呈献五十一筐祭祀食品。

三 安诺石印显示的礼仪和年代

这方石印文字表示的基本内涵,就是祭祀主掌春天的神灵,祈盼草木茁壮生长,给人类带来丰收的果实。因此,澄清石印文字显示的礼仪和年代,颇有意义。

(一)安诺石印是祭祀太阳神的法器

中华先民有崇奉的天帝神灵。《淮南子·原道训》载:"神者,生之制也。"《说文·示部》说:"神,天神,引出万物者也。"《礼记·月令》"其日甲乙,其帝太皞",郑玄注:"春时万物皆解孚甲,自乙轧而出东。此苍精之君,木官之臣,自古以来著德立功者也。"《汉书·律历志》说:"炮牺继天而王,为百王先,首德始于木,故为帝太昊。"这说明中华民族的人文始祖太皞伏羲氏,就是主宰万物生长的天帝神灵。

世界许多民族都有崇尚太阳神的社会习俗。《礼记·郊特牲》有"迎长日之至"的"郊祭"活动。《尚书·尧典》和殷墟甲骨文都有祭"出入日"的典礼。② 这是冬至、夏至时节祭祀太阳神的礼义。同时,《国语·周语上》载:古者先王"崇立上帝、神明而敬事之,于是乎有朝日、夕月以教民事君"。韦昭注:"上帝,天也。明神,日月也。"

---

① 布朗丛书公司编著:《古代文明》,老安等译,山东画报出版社2003年版,第109、110、152页。

② 宋镇豪:《夏商社会生活史》,中国社会科学出版社2005年版,第781—783页。

《礼记·祭义》载："祭日于坛，祭月于坎，以别幽明，以制上下。"孙希旦集解："此谓春分朝日，秋分夕月之礼也。"《礼记·玉藻》说："朝日于东门之外。"所谓"春分朝日"就是"春分"那天早晨，在东门外祭祀太阳神的典礼。因"春分朝日"的时间在太阳升起之前，当时天色尚暗，这就是安诺石印选用黑色石料的重要原因。

古埃及人尊奉太阳为"创造之神"，因而"太阳神在古王国时代就获得了特殊的地位"①。同时，巴比伦尼亚的宗庙和吉萨的金字塔以及狮身人面像"都是朝向东方"。而"幼发拉底河和底格里斯河是在春分时泛滥"，古埃及的洪水是在夏至"那天前后到来的"②。这就是巴比伦和古埃及人都要祭祀太阳神的重要原因。

由此可见，我国古代有"春分朝日"的礼仪。安诺石印，就是史前先民在"春分"时节祭祀太阳神时佩带的法器。

（二）安诺石印形制特征的考古学佐证

安诺石印的文字及其书法特征，已从史前和殷商时期的古文字得到佐证。安诺石印与距今约5300年前苏美尔文明陶质圆形印章的形制和文字，③判然有别。然而，这件石印的形制特征，却能在史前和殷商时期的古印里找到线索。

首先，中国古代印玺起源的年代，相当久远。西晋傅玄《印铭》说："往昔先王，配天垂则，乃设印章，作信万国。"（《初学记》卷二十六）。在距今8000多年前的河南舞阳县贾湖裴李岗文化遗址出土被编为H141：1号的长条形石印戳，截面上阴刻有一个"乙"字（图4）④。这是我国目前所知年代最早的石印实物。

其次，安诺石印背部呈桥钮，与中国古代"铜印鼻钮"的形制相同（《初学记》卷二十六）。而印面方形，字体疏朗，不但与殷墟出土的

---

① 《图说天下·世界历史系列》编委会编：《文明的曙光——告别蒙昧时代》，吉林出版集团有限公司2009年版，第34页。
② ［英］赫·乔·韦尔斯：《世界史纲——生物和人类的简明史》，吴文藻、谢冰心等译，人民出版社1982年版，第223页。
③ 曹锦炎：《古代印玺》，文物出版社2002年版，第3页。
④ 河南省文物考古研究所：《舞阳贾湖》，科学出版社1999年版，第207页，图一七〇：3；彩版四八：3。

"亚禽"诸印的形制类同（图4：2）①，而且也与距今约5000年前印度河流域"印章文字"的形制相似（图4：3）②。由此可见，这枚4300年前在西亚安诺遗址出现的石印形制，并非不可思议。

1. 贾湖 M141：1 号石印戳　　2. 殷墟出土"亚禽"石印

3. 古印度的印章文字

图 4

（三）安诺石印是东西方文化交流的产物

世界东西方文化交流，早在距今四五千年前的仰韶文化和龙山文化

---

① 曹锦炎：《古玺通论》，上海书画出版社1995年版，第5页。
② 布朗丛书公司编著：《古代文明》，老安等译，山东画报出版社2003年版，第109、110、152页。

时期，就已初见端倪。

大约5000年前，"从中国黄土高原腹地到黑海之滨，丝绸之路沿线国家都曾出现以农业为基础的彩陶文化，连接成带，如同跨越欧亚大陆桥的彩虹"。这种彩陶文化，虽然分布地域广袤，但却"具有相似的艺术表达形式"，[1] 正是东西方文化相互交流的产物。

塞伊玛—图尔宾诺文化是广布于欧亚草原东部的考古学文化，距今约4200—1800年。目前，塞伊玛—图尔宾诺文化的倒钩铜矛，已在我国甘肃、陕西、山西和河南等地发现10余件。特别是2008年，在河南淅川下王岗龙山文化遗址出土的4件倒钩铜矛（图5），年代属龙山文化晚期。[2] 这说明安诺石印与塞伊玛—图尔宾诺文化倒钩铜矛东传的年代相接近。

图5　淅川下王岗龙山文化遗址出土的西亚带勾铜矛

由此可见，早在距今四五千年前，东西方文化就已开始相互交流。安诺石印可能是距今4300年前，中原地区西行的商客或西迁部族，在安诺地区举行"春分朝日"祭祀典礼时遗留下来的珍贵文物。

---

[1] 韩建业：《再论丝绸之路前的彩陶之路》，《文博学刊》2018年第1期；李新伟：《横跨欧亚大陆的彩虹：马家窑文化和丝绸之路沿线史前彩陶文化》，《中国文物报》2022年6月14日第4版。

[2] 河南省文物考古研究所：《淅川下王岗：2008—2010年考古发掘报告》，科学出版社2020年版；林梅村：《塞伊玛—图尔宾诺文化与史前丝绸之路》，《文物》2015年第10期。

四　结语

　　文字记录的产生是文明社会开始的重要标志。中国"连字成组"的纪事文字，在距今5300—4200年前的良渚文化时期就已出现。上海马桥遗址良渚文化层出土的陶杯底部刻有"田戉"两字、江苏吴县澄湖良渚文化古井出土的贯耳陶壶上刻有"冓戈五矢"四字，说明良渚文明已进入有文字记录的信史时代。[①] 在距今约4100年前的陶寺遗址发现一件陶壶残片上有朱书"文尧"两字，是尧舜时代的文字记录。[②] 安诺石印的年代，正处于良渚文化之后、陶寺文化之前，因而具有重要的学术价值。

　　综上所述，安诺石印的发现及其相关问题的梳理和解读，对研究中国文字起源以及史前时期东西方文化的交流等问题，都具有重要的学术意义。

说明

　　本文是拙作《刻画符号与中国文字起源》书中的一节，将由文物出版社出版发行。值此好友沈长云先生八十华诞之际，谨奉上此稿，表示恭贺。祝长云君如长空彩云，光辉灿烂，眉寿无疆！

2022年6月16日稿
2022年11月2日修订
（蔡运章，洛阳市文物考古研究院研究员、中国先秦史学会顾问）

[①] 蔡运章、赵晓军：《良渚文化两则陶器"符号"解诂》，《洛阳考古》2022年第1期。
[②] 蔡运章：《陶寺古城与纪事文字》，《洛阳考古》2022年第1期。

"文明起源"史观之意味："中西马"视角的考察

陈立柱　陈希红

一　问题的提出："文明起源"适合于说明上古中国一段历史吗？

"文明起源"问题，近些年成为考古与古史学界提的最多的问题，也是包括夏商周三代及其之前数千年中国历史文化研究的热点。尽管学界对于"文明""文明起源"如何断限与定义争得不亦乐乎，发表了大量的论著。如最近集合数百位学者参与的"中华文明探源工程"项目就是代表，项目组认为距今 5800 年前后中国大地上出现了"文明"的迹象。① 实际上用"野蛮""文明""文明起源"来说明人类早期一段历史是从西方近代开始的，中国是从西方学来的。至于西方为什么要用"野蛮""文明"与"文明起源"来说早期一段历史？中国学者借来说明早期中国一段历史的演进合适不合适？这两个事关早期中国历史研究本身的大问题也是关键性问题，国内未见有深入讨论的。从"文明"的基础含义看它是一个形容词，是对于某一个人或集体行为的肯定性认知，不是一个中性的词，用它来说明现实社会某些精神文化、物质文化创造的成就当然可以，一般人说中国有五千年文明，主要表现的是对于民族历史文化的自豪感，也没什么大问题。但是用它来描述、称谓某一历史发展阶段的整体状况是否合适？

笔者研究这一时段的历史，深刻意识到此一时期到处充满野蛮与残酷行径，如战争杀伐的开始与不断扩大，阶层分化与人性分裂不断加

---

① 王巍、赵辉：《"中华文明探源工程"及其主要收获》，《社会科学文摘》2023 年第 3 期。

"文明起源"史观之意味:"中西马"视角的考察

剧,赤裸裸地抢夺与兼并逐渐增多,族群争战与人口掠夺越来越多,杀戮大量人口当作人牲、人殉填入贵族的墓穴,如此等等,都是从这个时期开始并逐步展开的,也是这一时期历史的标志与特征。曾有学人将沾染人牲血祭的青铜纹饰(青铜时代即"文明起源"时期)描述为"狰狞之美"①,一定程度上反映了这一时代的残酷与野蛮性。这样一种情况用所谓"文明""文明起源"或"早期文明史"加以概括,总是让人感到扞格不通、名不副实。因此,与其用"文明"去说它而表现为赞赏,不如实事求是地叙述它,这才是基本的历史表述之道。关键词的形容词化容易对历史本身形成掩蔽,也有更多以论代史的色彩。

　　再一方面,对于这一个时期的历史变化,中国古代史家与诸子代表人物都有过深入研究和总结,他们普遍将更早期的氏族社会视之为"小国寡民""兼相爱交相利""大和均"的社会,也是最好的时代,"大道之行也天下为公"时期;相应地随之而来的"三代"也即当今学者所说的"文明起源"阶段,则被认为是"小康"社会,"各私其私各子其子",也即私心为用的时代和"以物易其性矣"的开始,如此等等,比之前的"大同"社会大大不如了(详下)。这种思想对于中国历史文化的影响深刻而长远,是中国思想与史学自觉精神的体现,与"文明""野蛮"史观相去甚远。中国古人这样看待这一时期的历史为什么与今人差异如此之大?追根溯源,说这一时期为"早期文明史",是"野蛮"向"文明"过渡即"文明起源"阶段,实际上是西方近代产生的历史观念,体现的是西方资产阶级的历史价值论和资本主义精神,即对于物质文化的特别看重、对于人性人道人本精神的轻视与忽视,带有深刻的西方中心色彩。19世纪以后这一思想传播于全世界,影响各国对于历史的认知。很显然,晚近中国就是在这样一种背景下学习使用"野蛮"与"文明"的西洋镜看待上古一段历史的。

　　以上问题,即"文明起源"史观是否适合拿来说明从氏族社会向阶级社会过渡的历史变化?过去没有人专门提出来讨论。晚清民国初年中国面临救亡图存的任务,那个时候是学习西方为主,还来不及更多地反思,但是今天不同了,我们不能再像以前一样用带有西方中心思考意识的认知继续来说中国的古史文化,从而造成更多的掩蔽与误解。作为一

---

① 李泽厚:《美的历程》,生活·读书·新知三联书店2009年版,第31页。

段历史的总结与命名，需要准确、中正与平实，也就是说需要选择更中性的词语来表达。今天已经需要根据这一时段历史发展的实际，结合也是融汇中西方历史文化精神，对"文明"一词之来龙去脉以及"文明起源"阶段研究的实情重新加以思考与反省了。历史学是反思过去的学科，中国史学也不需要继续鼓吹西方资产阶级的历史观与价值观，"文明"与"文明起源"用语本身需要进行彻底性反省以揭开其本来的面相。当中国学界正在思考与建设具有中国特色的学科体系与话语体系时，反思西方传来的"文明起源"史观无疑是必要的，意义重大的。本文只是初步思考，不妥之处欢迎批评指正。

二 "文明起源"史观体现的是西方资产阶级历史价值观

"文明"二字在中国出现很早，学者们也经常论及，但不是一个词，而是两个字，主要见于《周易》的"彖辞"与"象辞"（不是《周易》经文），如"见龙在田，天下文明"，用孔颖达的话诠释就是"阳气在田始于万物，故天下有文章而光明"[①]（《乾》）。还有如"文明以健，中正而应，君子正也"[②]（《同人》）；"其德刚健而文明，应乎天而时行，是以元亨"[③]（《大有》）；"刚柔交错，天文也；文明以止，人文也。观乎天文以察时变，观乎人文以化成天下"[④]（《贲》）；"内文明而外柔顺，以蒙大难，文王以之"[⑤]（《明夷》）。《尚书·舜典》形容帝舜"濬哲文明"[⑥]，因而得以命位。此处"文明"，按照孔颖达的说法即

[①] （魏）王弼、（晋）韩康伯注，（唐）孔颖达疏：《周易正义》卷1，（清）阮元校刻：《十三经注疏》卷1，中华书局2009年版，第29页。

[②] （魏）王弼、（晋）韩康伯注，（唐）孔颖达疏：《周易正义》卷2，（清）阮元校刻：《十三经注疏》卷1，中华书局2009年版，第57页。

[③] （魏）王弼、（晋）韩康伯注，（唐）孔颖达疏：《周易正义》卷2，（清）阮元校刻：《十三经注疏》卷1，中华书局2009年版，第59页。

[④] （魏）王弼、（晋）韩康伯注，（唐）孔颖达疏：《周易正义》卷3，（清）阮元校刻：《十三经注疏》卷1，中华书局2009年版，第75页。

[⑤] （魏）王弼、（晋）韩康伯注，（唐）孔颖达疏：《周易正义》卷4，（清）阮元校刻：《十三经注疏》卷1，中华书局2009年版，第101页。

[⑥] （汉）孔安国传，（唐）孔颖达等正义：《尚书正义》卷3，（清）阮元校刻：《十三经注疏》卷2，中华书局1980年版，第264页。

"经纬天地曰文,照临四方曰明"①。

简单一点说,古文献中的"文明"主要是用来描述周及此前统治者文章光明、通达聪慧的,因而谓之圣人、人之君,即"文明"和统治者个人的光辉形象与聪明睿智密切相关,反映的是对当时上层统治者的肯定与褒扬。而"彖辞"与"象辞"的时代大体可定在西周后期到春秋早期,即"厉始革典"②前后人们对于历史人物的认知。之前没有,之后的老子、孔子等所处之"礼崩乐坏"的春秋中后期,他们反思早期中国的历史发展,将我们今天通常所说的"文明起源"这一时期出现的重物欲、严等级与争杀伐等现象视为世风日下,人心不古,社会道德堕落,并非什么更美好的时代。因而反对奢华,倡导素朴节俭,就很少使用"文明"来说明此时期历史的演变了。是以,我们在春秋后期到战国时期的诸子著述中,很少见到"文明"两字连用的情况就是这个原因,之前重视文采华丽的一面已不再是这个大反思时代文化人的价值取向。而现在一般学者所谓的"文明",带有浓厚的历史进化论色彩,最初来自 Civilization,是近代西方的术语观念。如明末来华的传教士利玛窦在《畸人十篇》中说"惟言,众人以是别禽兽,贤以是别愚,文明之邦以是别夷狄也"③。这里的"文明"就有与落后野蛮相对应的历史进化的意味,与后来严复所说的"文者以言其条理,明者所以别于草昧。出草昧,入条理,非有化者不能也"④相接近。

关于 Civilization 即"文明"一词的起源,研究者很多⑤,其最初的

---

① (汉)孔安国传,(唐)孔颖达等正义:《尚书正义》卷3,(清)阮元校刻:《十三经注疏》卷2,中华书局1980年版,第264页。
② (三国吴)韦昭注,徐元诰集解,王树民、沈长云点校:《国语集解》,中华书局2019年版,第100页。
③ 朱维铮编:《利玛窦中文著译集》,复旦大学出版社2001年版,第466页。
④ 引文出自严复《天演论》手稿本,本文转引自黄兴涛《晚清民初现代"文明"和"文化"概念的形成及其历史实践》,《近代史研究》2006年第6期。
⑤ 关于"文明"一词的起源、演变及相关内容,国内外研究者甚为多见,国内学者的研究较集中的介绍与讨论,可参考庄锡昌、顾晓鸣、顾云深等编《多维视野中的文化理论》,浙江人民出版社1987年版;朱乃诚《中国文明起源研究》,福建人民出版社2006年版;中国社会科学院考古研究所、中国社会科学院古代文明研究中心《中国文明起源研究要览》,文物出版社2003年版;李学勤主编、孟世凯副主编《中国古代文明起源》,上海科学技术文献出版社2007年版;陈星灿主编《考古学家眼中的中华文明起源》,文物出版社2021年版。此外,如汝信主编《世界文明大系》(中国社会科学出版社1999年版)、汝信主编《世界文明通论》(福建教育出版社2010年版)、袁行霈等主编《中华文明史》(北京大学出版社2010年版)、马克垚主编《世界文明史》(北京大学出版社2004年版)等也有讨论。

词根是 civil（公民），civilis（公民的，国家的），civilitas（彬彬有礼的），来自拉丁语，主要指住在城里有修养的人。文艺复兴以后，这个词渐渐就指代住在城里、有自由身份和有礼貌修养的人，亦即获得自由身份的有钱人，说白了就是资产阶级和新贵族，他们因为有钱而可以接受教育、有修养，进而将 Civilization 和城市生活、公民社会、自然权利、社会进步等价值观逐步结合起来。显然这都是城市资产阶级的追求，并因为其经济基础雄厚而政治地位不断提高，从而其价值观逐渐成为一般社会的追求。18 世纪被称为"理性时代"或"启蒙时代"，其所启蒙的就是这些资产阶级的基本价值观而使之登上历史舞台。他们把"中世纪"说成是"黑暗时代"，就是突出自己时代的进步与文明性。而与"野蛮"相对应的"文明"一词的最初使用，据沃勒斯坦研究是 18 世纪法国人米拉波和英国的弗格森①，即出于对亚非拉民族的比较认知，而后者多数被认为是野蛮人。

17—18 世纪是西方市民阶级发展起来的重要阶段，他们逐渐独立出来成为社会的有生力量，并取代旧有的贵族阶级，这些人特别注重投资、物质利益的获取，以及以私有制为基础的法权制度对于财产所有权的肯定等，也制定了很多有利于资本家的法律制度等，这些都被视为进步和有修养而成为"文明的"表现。相对地，很多非西方社会就很少这些明文法规。从而，在西方逐渐统治世界的背景下，非此类者即被视为落后、野蛮与半开化，需要从"文明"中剔除出去。说得再明白些就是文明历史观展示的是 18—19 世纪西方资产阶级对于自身文化精神之认可而视之为进步与合乎历史发展趋势，甚至谓之为"山巅之城""自由灯塔"而具有"普世性"。当其由现实社会价值取向折射到上古历史的认知当中时就表现为特别重视物质技术的发生，如城市的出现、技术的发明等。这种认知颇近于庄子所谓的"以物（理）观之，自贵而相贱"②，就是拿一种反映自己文化精神的概念、标准去衡量过去以及其他世界的历史与现实，自然就出现符合自己标准的就被认为是好的，具有历史进步意义的。至于社会分化导致的人性异化或大部分人的

---

① 何芳川主编：《中外文化交流史》，国际文化出版公司 2008 年版，第 4 页。
② （晋）郭象注，（唐）成玄英疏，曹础基、黄兰发点校：《庄子注疏》，中华书局 2011 年版，第 313 页。

被奴役成为奴隶而过着悲惨的生活,自然不是什么"文明"现象,对于坚持私有制的资本主义时代的学人来说有时也会提一下,但只是提一下而已,不会成为历史的主要内容与核心问题即"文明的要素"。所以他们写的世界史,这方面经常是一笔带过。如此,我们要了解西方何以会出现文明与野蛮对立的历史观,就需要深入理解18—19世纪西方资本主义文化精神展现之意味。随着历史进步论影响的扩大尤其是进化论出现后,"文明"与"野蛮"又成为西方学者研究世界历史的一对重要概念,文明以西方为代表也意味着进步,而落后、野蛮、半开化甚至停滞不前等等,就成为西方描述其他地区历史的常用词。在此背景下,青铜器的发明、城市的出现与字母文字的使用就成为上古历史或"文明起源"的标志,此即"文明三要素"。显然,这些都是西方资产阶级历史价值观的体现,即重视物质形态的文化内涵,忽视人的精神形态或人文道德变化的历史意义。

自以为文明的认知,是西方对于历史上处于统治地位意识形态的继承与发扬。与此同时反对这种文明观的认识也开始出现,即学者的反思注意到人的自然性一面,而非一味地强调或看重物质利益与技术的发明,以及对于过去自以为"文明"而视别人为野蛮的意识形态的批判,指出其缺少平等的认知视野。我们下面分析马克思、恩格斯论说"文明"特别强调它之代表统治阶级的虚伪、剥削、杀戮、自以为是以及维护自身利益的国家镇压机器等方面,这也是一种对于注重物质利益忽视人性文明观的批判。

要深入理解这一点,还要知道西方史学自身的特点,这就是它的逻辑先导性,先有理论预设,再去结合资料加以讨论。这个情况是从古希腊开始的。如古希腊赫西俄德就把过去历史分为前后相继的五个时期,即黄金种族时代、白银种族时代、青铜种族时代、英雄种族时代与黑铁种族时代,每一个时代都是一代不如一代。[①] 很显然,历史上没有什么"黄金时代""白银时代"这样的历史时期,这个说法是根据希腊人重视黄金与白银,以此为基础对于远古时代的推度,与历史本身没有什么关系。还有柏拉图《法律篇》说到上帝创造世界,大约过了三万六千

---

① [古希腊] 赫西俄德:《工作与时日·神谱》,张竹明、蒋平译,商务印书馆1991年版,第4—7页。

年后世界出现了衰败的征兆，逐渐退化，世界逐渐陷于混乱，这时上帝重新掌舵，一切才逐渐好起来。他在另一文中还说过理想社会是梭伦之前的九千年。① 这样看来，19世纪西方学者拿新出现的代表资产阶级价值观的"文明"概念去解说早期人类的历史，实际上是继承了西方"以今论古"的传统，这也是克罗齐名言"一切真历史都是当代史"②的思想文化基础。

19世纪中后期，"野蛮""文明""文明起源"成为西方一般研究上古历史的常用语，如恩格斯《家庭、私有制和国家的起源》就曾引用如《文明的起源》一类的著作。而将"文明"作为历史发展一个阶段之代称而且深刻影响了马克思、恩格斯的则是摩尔根，他在《古代社会》一书中明确把人类历史划分为蒙昧时期、野蛮时期与文明时期三个阶段，像很多印第安人的情况，他认为都属于野蛮或半开化的阶段，还没达到文明的标准。③ 摩尔根在易落魁人中间生活40年，对于他们有很深入的了解与研究，依然认为他们是野蛮与半开化的社会，主要是欧洲经过几个世纪的征服与殖民，已经统治了世界绝大部分地区，亚非拉大多数地区成了他们的殖民地，这种情况下西方社会逐渐形成了西方的优势、文明、发展与进步史观，其他地方落后野蛮，西方人高人一等处在进化的顶端，西方是"老爷"是"恩主"④，如此等等。世界在西方的脚下，所以他们看问题经常表现为十足的霸权与知性专断。如说印度、中国没有历史，没有哲学等，就是19世纪黑格尔、兰克等西方著名学者的基本观点，影响至于今天。从而，包括中国这样很早就建立礼乐制度的国家，他们虽然不得不承认中国发展得早，但依然认为中国停滞不前，没有发展能力，不在文明的代表之列。这样一来，文明就成为一个历史学术语，即比之前"野蛮"阶段更高级、更开化与更进步的历史阶段，它以西方为代表，从而西方历史发展就具有了历史普遍性，即其

---

① 参考王晴佳《西方的历史观念：从古希腊到现在》，北京师范大学出版社2013年版，第16—18页。

② [意]贝奈戴托·克罗齐：《历史学的理论与实际》，傅任敢译，商务印书馆1986年版，第2页。

③ [美]路易斯·亨利·摩尔根：《古代社会》，杨东莼、马雍、马巨译，江苏教育出版社2005年版，第3—14页。

④ [美]斯塔夫里阿诺斯：《全球通史：1500年以后的世界》，吴象婴、梁赤民译，上海社会科学院出版社1992年版，第565—566页。

他社会必然也要走的道路。这就是19世纪"文明"一词赋予历史的基本意义。

从西方"野蛮""文明""文明起源"的出现与进入历史认知的简单回顾可看出,它的根在市民与城市化,是资产阶级上升阶段逐渐形成的自以为是的价值观、世界观与历史观,从而非城市化或乡村生活的情况自然就是落后、野蛮、不文明或半开化。说得更直接一点,这是资本主义文化精神对于自我的肯定与褒扬。那么,"文明"对于历史的某些方面加以肯定而忽视另一些别的文化或阶层可能更重视的内容,并且褒义明显的用词是否适合于说明人类某一阶段历史的整体特征?或者使用"文明起源"描述某一历史时期体现了怎样的历史价值观?我们认为这才是问题的核心。这些过去学者忽视的问题,对以马克思主义思想为指导、又有数千年自身历史传统的中国史学研究来说无疑是重要的,必须清理的。

为搞清西方主流思想界对于人类历史为什么会形成"西方中心主义"的认知方式,我们曾研究过18世纪以来欧美与其他地区的关系及由此形成的历史认知,将其主要表现总结为以下三个方面:

> 一是把西方或欧洲各个不同时期的思想观念与历史发展看作是正常的演变,即具有普遍性的历史进程。"希腊人是正常的儿童",这句话最能体现这一点。
>
> 二是把西方的价值观念看成是世界共同的观念,即西方的(先是西欧的后来主要是美国的)就是世界的也是其他民族未来的,西方的取向即世界各民族共同的前进方向。
>
> 三是强调用西方近代以来的科学、进步、发展等观念看待世界与东方,用李约瑟的一句话说,"欧洲中心主义的根本错误是那样一种心照不宣的假设,即事实上在文艺复兴的欧洲才扎下根来的现代科学和技术是普遍的——随之而来的则是,凡是欧洲的,就同样是普遍的"。[①]

[①] 陈立柱:《西方中心主义的初步反省》,《史学理论研究》2005年第2期;陈立柱:《"中国史学理论不发达"刍议》,《江苏行政学院学报》2007年第1期。

可以看出"文明"史观其产生之初即隐含于西方中心主义的深处,是资产阶级利益观、价值观在历史研究上的呈现,它奠基于理性工具化(如"经济人"的提出)、白人种族优越论、西方经济军事优势地位、历史进步论以及西方普遍性等的思想基础之上,是西方资产阶级世界观、历史观的具体体现。

进入20世纪,经过一次世界大战的洗礼,施本格勒看到西方社会因为利益争夺而走向战争与毁灭,认识到任何社会都有兴起、发展与衰落,西方并不比其他社会更理性,因而借用文明概念提出世界有八个文明体的认识,撰成《西方的没落》①,企图打破自黑格尔以来西方自以为更文明的知性专断。接着的汤因比在他的基础上进一步提出有21个文明体(后来提出更多),认为与人类数十万年相比,"文明史"只有不过几千年,因而提出平等看待各个文明体的观点。然而,"文明"一词深含历史进化论的意味说明其西方中心意识并没有从根本上改变,而忽视时间性差异显然意味着非历史性认知的继续,即不是在具体历史环境中看历史问题,而是在某种观念的范围内研究历史,所以他用所谓挑战与应战来解释所有"文明体"的兴亡,忽视历史变化的复杂性与多样性因素交合的作用,最后必然提出文明程度高低不同的分别。和兰克认为每个时代都直通上帝一样,汤因比晚年也相信"每一个人都回到了他(上帝)那里"②。过去受《圣经》影响,西方多以为人吃了上帝的智慧果,可以有着上帝一样的智慧,因而可以驾驭"普遍理性"而达到真理的彼岸。而其他地方人们则没有这样的幸运,包括印度和中国,"这些民族悠久的年岁就如同传说一般,因此其与自然史更加接近"③。东方社会没有进步就是在这样的逻辑推导下出现的,有一些被称为文明的社会也是非常低级的。

与此同时,通过殖民与文化传播,世界各地逐渐接受了西方近世的世界观与历史观,也都学着西方一样的方式看待问题。比如,晚近中国的"物竞天择适者生存"观念的迅速传播,"唯科学主义"思潮盛行,

---

① [德]施本格勒:《西方的没落》,花永年编译,浙江人民出版社1989年版。
② [英]汤因比:《文明经受着考验》,沈辉等译,顾建光校,浙江人民出版社1988年版,上卷"序"。
③ [德]兰克:《论普遍历史》,王师译,载刘小枫编《从普遍历史到历史主义》,谭立铸等译,华夏出版社2017年版,第191页。

尤其是"理性""逻辑"这些西方文化的核心用语大行其道等。而这一切,包括海德格尔、德里达等西方当代代表性学者都指出其中隐含着话语的霸权,需要深刻地批判与解构。但是此时此刻很多非西方世界的国家正在借助西方的理念谋求自身的独立与发展,习惯于运用已经学会的西方术语进行思考,以至于西方自己走向后现代,非西方学人反而成为近世西方理念的维护与强调者了,对于西方如潮水般的后现代思潮反而持批评态度的居多了。世界西方化了,也即西方世界化了,西方中心意识隐含在西方近世思考与认识的很多方面,隐含在亚非拉学人思考方式的内里深处。这就是为什么很多反对西方中心主义者的思考本质上也是西方中心论的根源。懂得这些,20世纪以来的中国等国家用带有西方中心理念的"文明"史观看待历史就是可以理解得了。[①] 当然,使用这类话语也还有着当时的时代背景因素,这就是在西方强势的背景下维护自身文化尊严的需要,包括中国在内的亚非拉地区都被西方认为是没有能力发展自己的,落后的甚至野蛮的,需要西方的拯救。他们用西方的话语反抗西方的污蔑,是世界西方化的必然结果,或者说必然经历的命运。

三 中国古人和马克思恩格斯对"文明起源"历史的理解与认知

通常所说"文明起源"这一历史时段,在中国大致相当于距今5000多年到3000年之间的时段,从历史发展的实际情况看,主要是私有制起源与发展并逐渐走向国家机器出现的阶段。之所以出现这些情况,原因较复杂,基本的方面是生产力的发展、族群流动的加快与组织能力的提升等。考古学上的重要表现即青铜器出现、城市的兴起与文字的使用,此即所谓"文明起源"的主要依据。

今天我们知道私有制之所以出现,主要是社会上、下层之间开始分化,上层开始奴役剥削下层;另一方面,族与族之间你争我夺的兼并战

[①] 梁启超1899年9月15日发表于《清议报》的《文野三界之别》,将西方学者的"蛮野之人""半开之人""文明之人"介绍得很详细,是较早传布这一史观的人。更早的郭嵩焘出使日记曾提到西方关于文明等级的说法,但影响小。

争逐渐增多，战俘开始被奴役。所以从彼时开始，剥削、劫掠、杀戮，特别是不断扩大的战争成为此时最显著的历史特征，西方所谓的"英雄时代"即是对于这一时期的简单描述，因为战争杀戮创造英雄。所以，西方古代历史著作写的主要是战争，激情描写战争场面，从而崇拜英雄成为其道德的一个重要方面，高卢人与罗马人对话中有一句名言"战败者活该倒霉"，即这种历史情况的写照。欧洲早期盛行奴隶制，就是通过战争把对手打败，夷灭其宗族，毁坏其文化，把战败者卖为奴隶，是以奴隶市场特别发达。早先的国族文化湮灭不在，历史成为断裂的过去。在中国，此时也常通过战争夺取利益，凝聚族群，神道设教以为统治的合法性所用。不过在表现与认知上与西方有很多不同，比如对于"协和万邦"①的强调，对于战败族裔的分封，所谓灭国不灭祀，兴灭国继绝世，等等。

西周初年是中国历史意识产生的重要时期。周人将之前的商与夏放在时间之轴上分出先后，并通过主君个人的作为即人的因素去分析历史递变之因缘，从而走出巫史神道思维，"周初八诰"②很多内容讨论的就是这些历史变化问题。这当是世界上最早从人的角度认知不同历史阶段与其变化因缘的开始，也即历史意识的最初呈现。在这个背景中，"人无于水监，当于民监"③ "我不可不监于有夏，亦不可不监于有殷"④"殷鉴不远，在夏后之世"⑤的观念逐渐形成。这种情况慢慢发展到春秋，深刻的历史比较出现了。如公元前7世纪的由余与秦缪（穆）公的一段对话就是对比分析历史的生动例证：

（缪公）问曰："中国以诗书礼乐法度为政，然尚时乱，今戎夷无此，何以为治，不亦难乎？"由余笑曰："此乃中国所以乱也。夫自上圣黄帝作为礼乐法度，身以先之，仅以小治。及其后世，日

---

① （清）皮锡瑞：《今文尚书考证》卷1《尧典》，中华书局1989年版，第13页。
② "八诰"指的是《尚书·周书》中"大诰""康诰""酒诰""梓材""洛诰""召诰""多士""多方"诸篇，主要是周公、召公与成王等对于夏商周历史递变所作的讨论。
③ （汉）孔安国传，（唐）孔颖达等正义：《尚书正义》卷14，（清）阮元校刻：《十三经注疏》卷2，中华书局1980年版，第440页。
④ （清）皮锡瑞：《今文尚书考证》卷15《酒诰》、卷17《召诰》，第326、341页。
⑤ （汉）毛公传，郑玄注，（唐）孔颖达等正义：《毛诗正义》卷18，（清）阮元校刻：《十三经注疏》卷3，中华书局1980年版，第1194页。

以骄淫。阻法度之威，以责督于下，下罢极则以仁义怨望于上，上下交争怨而相篡弑，至于灭宗，皆以此类也。夫戎夷不然。上含淳德以遇其下，下怀忠信以事其上，一国之政犹一身之治，不知所以治，此真圣人之治也。"①

由余对于古今治乱问题的认知，与之后的老子、孔子等人重视素朴、自然忠信诚实的观念可谓精神一贯。如老子重视"朴"，重视"俭"，说"我有三宝：一曰慈，二曰俭，三曰不敢为天下先"，并且因为重视上古社会的素朴自然而倡导"小国寡民"，以践行其"道法自然"的追求。② 这类思想在《庄子》中尤其丰富而表达得更明确，如他崇尚上古时代人与自然的合一，贬斥三代以来的崇尚礼仪是虚华浮象，因为这导致大家争权夺利，结果就是出现更多的动乱，"礼者，道之华而乱之首也"③。甚至认为"自三代以下者，天下莫不以物易其性矣"，"丧己于物、失性于俗者，谓之倒置之民"，就是大家都重视物质利益，彼此争夺，结果导致社会分裂，人性乖异而民倒悬，风俗日坏。因而他倡导"物物而不物于物"，就是不要成为物质财富的奴隶。④ 至于儒家的看法，孔子著名的"大同""小康"之论可为代表：

> 孔子曰："大道之行也，与三代之英，丘未之逮也，而有志焉。大道之行也，天下为公，选贤与能，讲信修睦。故人不独亲其亲，不独子其子，使老有所终，壮有所用，幼有所长，矜、寡、孤、独、废、疾者皆有所养，男有分，女有归。货恶其弃于地也，不必藏于己；力恶其不出于身也，不必为己。是故谋闭而不兴，盗窃乱贼而不作，故外户而不闭。是谓大同。今大道既隐，天下为家，各亲其亲，各子其子，货力为己，大人世及以为礼，城郭沟池以为固，礼义以为纪。以正君臣，以笃父子，以睦兄弟，以和夫妇，以

---

① 《史记》卷5《秦本纪》，中华书局1982年版，第192—193页。
② 陈鼓应：《老子今注今译》，中华书局2004年版，第310、169、345页。
③ （晋）郭象注，（唐）成玄英疏，曹础基、黄兰发整理：《庄子注疏》，中华书局2011年版，第390页。
④ （晋）郭象注，（唐）成玄英疏，曹础基、黄兰发整理：《庄子注疏》，中华书局2011年版，第177、303、360页。

设制度，以立田里，以贤勇、知，以功为己。故谋用是作，而兵由此起。禹、汤、文、武、成王、周公，由此其选也。此六君子者，未有不谨于礼者也。以著其义，以考其信，著有过，刑仁讲让，示民有常。如有不由此者，在势者去，众以为殃。是谓小康。"①

孔子说的"大同"社会是"天下为公"的社会。具体说就是人都没有私心，而且一体看待，所以说"人不独亲其亲，不独子其子"，而且所有人都得到供养，包括"鳏寡孤独废疾者"。这样的社会和今天研究的上古氏族社会财产共有、公平分配与相互守望原则是一致的，精神相通的，所以一般又把氏族社会说成是"原始共产主义"社会，而时限上对应的正是摩尔根等人所说的"野蛮时代"。接着大同的是"小康"，这个时候是私心为用的时代，"各亲其亲，各子其子，货力为己"，一切都是为了自己与家人，而为了自己及其家族的利益必然会有争战，所以说"兵由此起"，从此开始了你争我夺、高筑城墙以保卫自己。这种情况因而被称为"大道既隐，天下为家"的小康时代，夏商周三代的情况就是这个时代的代表，主要依靠等级尊卑等礼法来统治，农奴处在社会的底层，城郭沟池与制礼作乐真正保护的是上层统治者与其财产。小康时代即早期私有化开始的时代，从时段上说即是"文明起源"阶段。

儒道之外，还有墨家的相关论述整体上与儒道的说法也比较接近。如墨子崇尚节俭节用节葬，认为最好的社会是"兼相爱交相利"的社会，在这个社会里，人们不单独亲爱自己的亲人，所有人都一样看待，这样的情况都发生在上古，所以要"法古"；大禹的时候茅屋草椽，随死易葬，所以他特别推崇大禹，他的节葬、节用等观念明说就是跟大禹学习来的，并认为大禹治水利天下而自养甚俭，"虽子墨子之所谓兼者，于禹求焉"②。是以墨子的思想被《淮南子》总结为"用夏政"③。《墨子》一书中反对三代以来暴力情况的言论非常之多，也是对于一边讲礼

---

① 孙希旦：《礼记集解》，中华书局1989年版，第581—583页。
② 朱越利点校：《墨子》卷4《兼爱》下，辽宁教育出版社1997年版，第34页。
③ 《淮南子·要略》言："墨子学儒者之业，受孔子之术，以为其礼烦扰而不悦，厚葬靡财而贫民，久服伤生而害事，故背周道而用夏政。"

"文明起源"史观之意味:"中西马"视角的考察

仪一边又相互倾轧这种表里不一情况的揭露。

老子、孔子、墨子是中国文化中最具代表性的三位学人,通过他们早期社会历史研究的简要叙述[1]可知,他们认可最早期社会是"大道之行也天下为公"的时代,之后则是私有化不断发展的家天下"小康"社会,与"大同"社会比较"小康"社会在道义精神方面大大不同,所以是人心不古、世风日下的情势。这种历史总结体现了他们的价值取向,就是洗去铅华归于朴实,讲忠信尚自然。显然,这种历史价值论深切影响后来中国历史文化的发展方向,"贵公""去私""大公""小私""大同""小康"等从此成为中国社会的重要观念,无疑也是中国历史文化的主体精神,难怪"大同"观念一直为中国人的最高理想了。

与中国古人对于"文明起源"这一阶段历史的反思与批判性研究相比较,马克思、恩格斯晚年对于这一时段历史的态度与认知形式上不同,但精神是相通的,即认为私有化带来战争、虚伪、剥削、压迫、阶级分化与国家镇压机器,带来人性的分裂和大多数人的贫穷与痛苦,算不得真正的历史进步。这只要看看二人对于氏族社会与国家产生的认知与理解是很容易明白的。

马克思、恩格斯撰写《共产党宣言》时认为"至今一切社会的历史都是阶级斗争的历史"[2],说明19世纪中期以前西方不知道人类曾经有过一个氏族公有社会阶段。实际上17世纪中期霍布斯写作《利维坦》时提出早期社会是"丛林法则"的社会,也说明这一点。直到1888年《共产党宣言》英文新版出版,恩格斯才给上面一句话加注说:"这是指有文字记载的全部历史。在1847年,社会的史前史、成文史以前的社会组织,几乎还没有人知道。"[3] 恩格斯的注释很长,讲述从哈克斯特豪森到摩尔根等人的研究揭示了很多族群早期的土地公有情况,以及氏族内部的组织结构,此后人们才知道氏族社会的一般状况。可以看出,19世纪中后期西方学者对于人类早期社会历史的研究促进了马克思、恩格斯重新思考历史唯物主义思想的基础问题,这就是当初他们对

---

[1] 关于先秦诸子的古史观念,笔者另有文专论,这里只是简要论及。
[2] 《马克思恩格斯选集》第1卷,人民出版社2012年版,第400页。
[3] 《马克思恩格斯选集》第1卷,人民出版社2012年版,第251页。

于人类早期历史认识不足的情况。在这个背景下，马克思搁下正在写作中的《资本论》第二、三卷工作，拿出时间研究早期人类的历史状况，直到过世。近十年间马克思写作了大量的研究笔记、书信等，主要是思考讨论氏族社会的组织、财产关系与社会关系，以及向国家阶段过渡等等问题。有的外国学者甚至认为晚年的马克思成为礼赞原始社会、鄙视现代社会之怀旧的思想家①，就是看到晚年马克思沉浸于各地氏族社会即"古代社会"历史的研究，提出了诸如亚细亚生产方式、超越"卡夫丁峡谷"等说法，希望通过对于氏族社会公有制的深入思考，通过嫁接资本主义社会创造的生产力来实现东方国家社会主义革命的尝试。当然，马克思的愿望与研究最后没有能形成系统的论述。是以，恩格斯在马克思过世后完成了《家庭、私有制和国家的起源》一书的写作。恩格斯明确指出，完成这本书"某种程度上是实现遗愿。不是别人，正是卡尔·马克思曾打算联系他的——在某种限度内我可以说是我们两人的——唯物主义的历史研究所得出的结论来阐述摩尔根的研究成果，并且只是这样来阐明这些成果的全部意义"②。

那么，阐述这些成果的意义在哪儿呢？仅仅只是把它们当作历史问题而加以澄清吗？这些显然是必要的，如恩格斯的研究工作，但不应是全部意义之所在。从马克思耐心严肃且反复思考修改回复俄国追随者查·苏利奇关于俄国农村公社制度意义的回信可以看出，马克思有着要利用东方农村公社公有制的基础，借鉴西方资本主义社会的生产力来实现社会主义革命之可能性，即他早年在《关于费尔巴哈的提纲》中提出的"改变世界"而不只是"解释世界"的愿望。③ "亚细亚生产方式"与跨越"卡夫丁峡谷"都是为着这一愿望而做出的探索。

整体看，马克思的工作更多的是通过研究家庭起源、氏族社会内部构成与财产制度、物质生产与生存技术如何走向国家的出现，而国家的出现意味着国家镇压机器和私有制度的进一步发展，带来剥削压迫和大多数人的被奴役。而人的全面发展和大多数人的翻身解放是马克思特别

---

① 江丹林：《西方关于马克思晚年"人类学笔记"主要观点论析》，《北京大学学报》（哲学社会科学版）1990年第1期。
② 《马克思恩格斯选集》第4卷，人民出版社2012年版，第12页。
③ 《马克思恩格斯选集》第1卷，人民出版社2012年版，第136页。

关注的，也是马克思主义的出发点。所以马克思研究如何通过东方社会依然存在的农村公社来实现历史的跨越，即超越资本主义的"卡夫丁峡谷"问题。1877年，马克思在《给〈祖国纪事〉杂志编辑部的信》中明确回应尼·康·米海洛夫斯基提出的俄国农村公社的命运问题，他说："如果俄国继续走它在1861年所开始走的道路，那它将会失去当时历史所能提供给一个民族的最好的机会，而遭受资本主义制度所带来的一切极端不幸的灾难。"[1] 这即是马克思所说的跨越"卡夫丁峡谷"，也就是超越资本主义制度带来的灾难。只有避开资本主义，才能避免因实行资本主义而必然会有的灾难。这个资本主义灾难，当即马克思在各种文本中通过各种方式指出的资本主义的剥削、压迫、虚伪、经济危机与无产阶级的贫困等，也即大多数劳动人民的不幸。那又如何避开呢？这就是马克思此一时期积极探索之所在。由于此一时期很多俄国追随者不断与马克思联系，希望他能指引俄国革命前进的方向，使得马克思对于东方国家有了更多关注，对俄国农村公社有更多的研究，因而看到俄国如果能借助西欧社会发达的生产力而避免资本主义道路的可能性。故他提出："这种农村公社是俄国社会新生的支点；可是要使它能发挥这种作用，首先必须肃清从各方面向它袭来的破坏性影响，然后保证它具备自由发展所必需的正常条件。"[2] 如果能做到，这是一个超越"卡夫丁峡谷"灾难的好机会。超越资本主义灾难，实际也包括超越私有制以来阶级社会带来的所有灾难，或者说下层人民长期以来遭遇的灾难。所以他才要寻找从农村公社直接走向社会主义道路的可能性，才去研究私有制与国家何以产生，从而超越之。马克思终生的使命是推翻资本主义，他认为私有制发展到资本主义，意味着"即将成为以财富为唯一的最终目的的那个历程的终结，因为这一历程包含着自我消灭的因素……这（即是更高级的社会制度）将是古代氏族的自由、平等和博爱的复活，但却是在更高级形式上的复活"[3]。可以看出，马克思对于氏族社会的原则与精神评价是极高的，在社会主义革命中可以充分利用的，和他倡导的社会主义制度有着本质的接近，后者只是前者更高级别的复活而

---

[1] 《马克思恩格斯全集》第19卷，人民出版社1965年版，第129页。
[2] 《马克思恩格斯全集》第19卷，人民出版社1965年版，第269页。
[3] 《马克思恩格斯全集》第45卷，人民出版社2003年版，第398页。

已。此与中国诸子提出的"大道之行也天下为公"的"大同""大和均"认识可谓殊途而同归，即氏族社会的共有公平公正原则是值得珍惜的历史遗产，尽管马克思是用当时西方的话语方式表述的。

相比较马克思主要通过资料阅读、研究问题、指引革命道路与方向，恩格斯的工作则是在马克思研究笔记的基础上，结合自己以及摩尔根的研究成果，深入探讨了家庭、私有制和国家的起源问题，即主要在学术研究上通过古代历史研究，丰富完善马克思主义的历史理论。这就是《家庭、私有制和国家起源》（以下称《起源》）一书的完成。这可能与恩格斯更强调人类一般发展道路的必然性有更多关系。国外一些学者因此认为马克思、恩格斯该时期存在思想对立，是没有全面考虑二人基本思想的一致性与具体研究上存在的个性化造成的。其实，在《起源》一书中，恩格斯对于私有制出现及其向国家演变的认识，原则上与马克思是一致的，且看他对于"文明"与"国家"的论述：

> 走到文明时代的门槛……一个寄生阶级，真正的社会寄生虫阶级形成了，它从国内和国外的生产上榨取油水，作为对自己的非常有限的实际贡献的报酬，它很快就获得了大量的财富和相应的社会影响；正因为如此，它在文明时期便取得了越来越荣誉的地位和对于生产的越来越大的统治权，直到最后它自己也生产出自己的产品——周期性的商业危机为止。
>
> 国家是文明社会的概括，它在一切典型的时期毫无例外地都是统治阶级的国家，并且在一切场合在本质上都是镇压被压迫被剥削阶级的机器。
>
> ……鄙俗的贪欲是文明时代从它存在的第一日起直至今日的起推动作用的灵魂；财富，财富，第三还是财富——不是社会的财富，而是这个微不足道的单个的个人的财富，这就是文明时代唯一的、具有决定意义的目的。
>
> 由于文明时代的基础是一个阶级对于另一个阶级的剥削，所以它的全部发展都是在经常的矛盾中进行的。生产的每一进步，同时也就是被压迫阶级即大多数人的生活状况的一个退步。[①]

[①] 《马克思恩格斯选集》第4卷，人民出版社2012年版，第181—182、193、194页。

类似的表述在《起源》一书中还有不少。从恩格斯最经典的概括我们可以看到以下两点：一是大家经常引用的"国家是文明的概括"一句话，恩格斯紧接着就明确指出这个被称为"文明"之概括的国家本质上是一个阶级压迫另一个阶级的工具；而所谓文明时代发展的动力则是"卑劣的贪欲"，并认为这是所谓文明时代的"唯一的具有决定意义的目的"。这实际上已经否认了"文明"的本质意义。二是指出文明社会的发展带来物质生产的进步，同时也是被压迫阶级即大多数人之生活的退步，这实际上又否认了所谓"文明"的进步性。可以看出，站在大多数人即被压迫阶级的立场上看待历史发展问题，恩格斯与马克思没有区别，这个立场意味着对于剥削压迫、镇压机器、虚伪、卑劣手段、阶级性、战争杀戮、财富积累意义等的分析与批判。所以，虽然他也如马克思一样使用他那个时代常用的"文明""野蛮"之类的语词说话（这是时代使然），但是对于这些语词所包含内容的实质还是十分清醒并一而再地指出来，绝不让人产生误会，说白了"文明"只不过是有钱阶级为了自身价值利益而发明的遮羞布而已。

分析至此，则中国古人"公天下"与"家（私）天下"的区分与认知，对私有化兴起以来产生的人性分裂展开的批判性研究，与马克思、恩格斯揭示和批判的文明与阶级社会的本质特征，认可氏族社会公平原则在根本上是一致的。这也说明只要对符合大多数人利益尤其是下层人民利益的公有制持肯定的态度，必然会对私有制度拒斥、批判与揭露。这也是中国社会没有选择以私有制为基础的资本主义道路的根源，数千年"大同"思想深刻地影响着中国人，同时也成为中国走上以公有制为基础的社会主义道路的历史文化基础与保障，因为大同思想的基础正是公有制。可以看出在人类社会理想方面，中国历史文化的终极追求在根本方面和马克思主义的基本精神是相通的，这在对公有制社会的充分肯定和对私有化社会的深刻批判中充分体现出来。

四 可用"中国文化源"研究替代"中国文明起源"研究

由上，"文明"与"文明起源"内含的是西方资产阶级历史价值观，明显带有西方中心论的印迹，不适合描述私有制早期发展这一阶段历史的整体特征。不过，目前学界很少有人如此反思，考古与古史学研究基本都是按照西方文明起源观念诠释早期中国历史文化的发展。而比较研究的结果发现，中国的青铜器出现比之西亚要晚两千年以上，而且新近的主流意见还认为中国的青铜技术是从中亚等西部传来的；中国最早的城市出现也比西亚北非要晚上数百上千年以上；至于中国的文字根本不是摩尔根强调的拼音字母文字，因而被很多人视为原始落后的象形文字，以至于民国时期有人提出"汉字不灭，中国必亡"，不少机构与个人都在尝试用拉丁字母文字取代汉字。可以看出，按照西方提出的文明三要素标准，中国"四大文明古国"的位置是要被排除的。

另一方面，"文明起源"视角意味着考古学者必然会在"文明"与"野蛮"视野中继续寻找文明起源的中国特点。其中礼制的出现与发展被很多人认为是最具有中国文明自身的特点，因为当时的遗址、墓葬以及器物组合、祭坛、建筑、玉器、铜器、陶器等方面，都有礼仪制度性建设的萌芽与不断发展的例证。因此礼制的起源被认为是拓展了文明起源的新要素。目前，中国文明起源的要素、时间与特点研究正在激烈的争论之中，有学者概括中华文明探源工程所提出的文明起源要素的中国标准。①

我们认为，在中国方式的学科建设、话语建设的今天讨论上古历史文化的发展，需要走出"文明起源"研究视角，需要从中国的历史实际与思想文化精神角度重新思考。远古氏族公有社会向私有化、国家出现这一时期的转变是多数民族重要历史文化因素形成阶段。研究这一阶段历史文化，我们认为可以用"文化源"代替"文明起源"。"文化"一词，古汉语中也是两个字，"文"字的甲骨文、金文是人身上有纹饰，"化"的甲骨文、金文则为颠倒过来的两个人形，寓意颠覆改变，二字合在一起即通过人的积极作为而有所改变、变革，所以有"文以化成"之说，其人本主义的特点正是中国文化的主体精神。这方面过去具体讨论得非常之多，我们不再重复。今天"文化"一词也是对于各种文化事相的概括性用语，所以比较中性一些，没有"文明"一词那么明显的褒义取向，更适合用来说明人类历史活动带来的各种物质与精神产品。季羡林先生也指出：

---

① 王巍：《考古实证中华文明五千年》，新华网，2022年1月1日。

"文明起源"史观之意味:"中西马"视角的考察

> 文化有一个很突出的特点,就是,文化一旦产生,立即向外扩散,也就是我们常说的"文化交流"。文化决不独占山头,进行割据,从而称王称霸,自以为"老子天下第一",世袭珍藏,把自己孤立起来。文化是"天下为公"的。不管肤色,不择远近,传播扩散。人类到了今天,之所以能随时进步,对大自然,对社会,对自己内心认识得越来越深入细致,为自己谋得福利越来越大,重要原因之一就是文化交流。[①]

从季先生形象生动的分析可以看出,与"文明"相比,"文化"在相互交流中发展,没有"独占山头"比别人更高等的文明意识与霸权意识,以及自以为是的知性专断。从根本上说,文化不如"文明"的褒义意味深厚,后者天然地内含着等级性。

我们提出用"中国文化源"而非"中国文化起源"来代替"中国文明起源",是将"文化源"或"文化源头"置于古今之变的视野中来思考的。文化源头问题是一个不断研究也会发生变化的历史问题,随着考古学与古史学研究的深入以及观念的改变,"源头"也在不断地伸缩延宕,除非不能追溯。而"起源"意味着开始与原因,也就意味着断开。今天"中国文明起源"从何开始,一如"中国"从何开始(或"何以中国")一样,争论不休,各以为是,皆因各自的定义不一样,而各人的定义又必然会不一样,这就难免争论,表面看繁荣了学术市场,百家争鸣,其实对于中国历史文化本身的研究来说,没有多少积极意义。过多的个人意志尤其容易产生意见纷纭的乱象。而"文化源"则意味着研究与思考随着观念与资料的改变自然地更新,是事实层面的叙说,不是预设或假设层面的确定。将"文明起源"研究改为"文化源"研究,简洁明了,也符合汉语文习惯,更少价值偏向,同时避免了"文明"与"野蛮"的对立,更能体现中国历史文化连续性发展的特点,和对历史、古人的敬慎态度,符合中国文化取向,也适合于考古研究中讨论早期历史文化演进的过程与特点,出于史学而精神与之不悖。中国文化源头研究成为中国文化认知、比较、贯通与反省的时代性课

[①] 季羡林:《东方文化集成》丛书"总序",见拱玉书等《世界文明起源研究:历史与现状》,昆仑出版社2015年版。

163

题，同时也是对于古代以来中国史学精神的发扬、提升及再创造。

叙说历史文化的观念与概念要平实中性，就需要在用语上慎重选择。从而西方的命题进入汉语文背景思考需要考虑"汉化"的问题，即转换为我们文化思想中可以命名的术语。过去因为不太注意这些，产生了很多的"伪命题"，甚至"积非成是"。今天再也不能附会或直接套用西方的思想观念进行中国历史阐释了。事实上，"文化"与"文明"两词的使用也不是绝对的，传统社会的学术研究与生活语言就是相统一的。这意味着在古史研究中用"文化""文化源"取代"文明"或"文明起源"不存在根本性问题。历史肩负着爱国教育的责任，"文化"一词也更容易把民族因素提炼出来，又不会产生自以为是的"文明现象"，避免了霸权意识与知性专断等西方中心主义的影响。因此，"中国文化源"研究不影响承担激发爱国心的任务，且能更好地展现平等意识与和平精神，以及学术思考的严谨性。

结　语

"天下事凡风气所趋，虽善必有其蔽。"① 这提醒我们在"文明"与"文明起源"大热的情况下，认真反思这种"热"对于中国文化精神的传承和未来中国文化建设的实际意义，以及对于中国古史研究目前如何走向中国化的学科建设之影响。对于深嵌西方资产阶级历史价值观的"文明"与"野蛮"即"文明起源"古史观缺少反省与检讨，本身即是学习西方而自觉不够的表现。今天站在中国学科发展的角度加以反思无疑是必要的，意义重大的。史学作为一门反思性的学问，近世以来在中国变成了主于解释但很少反思的研究。这种情况需要改变。

有个据说是真实的故事流传甚广：一战期间，一位西方人类学家在食人族部落里进行研究。一天，他告诉部落首领说，欧洲正在打仗，已经死了好几百万人。首领就问他："杀这么多人，你们吃得完吗？"学者说："不，我们欧洲不吃人。"首领听了很惊讶："不吃，干嘛杀这么多人？你们欧洲好野蛮！"

这个故事的真实性暂且不论，它的字面意义很明白，野蛮或文明与

---

① 章学诚：《章学诚遗书》，文物出版社1985年版，第62页。

否是认识出发点问题,不是历史行为本身问题。今日还有不少人用这是野蛮民族、那是文明民族、西方更文明之类的话语思考问题,其中暗含的西方中心意识以及对于其他民族的傲慢心态,稍作分析很容易见出。这种带有自以为是又以别人为非的认知心态,正是19世纪西方霸权与知性专断意识的产物。20世纪,施本格勒、汤因比等用"文明"思考世界各民族历史文化,表面看将各族群平等视之,都是"文明",实则"文明"一词根性内涵的非平等意识依然隐含其中。汤因比认为几十种文明思考方式只有希腊式的与中国式的值得注意,而他之所以关注中国乃是因为他认为21世纪是中国的世纪,中国因此而进入他的视野,即从未来性而不是历史性看待各个所谓的"文明"的价值,结果其他文明的实际意义在他不断地比较中"消失"了。事实上,他晚年还是回到了上帝身边,回到了西方与世界的两极话语之中,而其他民族也不能如他对待希腊方式那样获得同等的尊重。费正清利用汤因比的冲击反应模式解释近世中国的历史变化,实际上内含着的还是18—19世纪西方认为的中国社会停滞不前,即只有西方文明的冲击才会有中国的苏醒。这种观念到了今天已开始受到批判,包括一些西方学者都意识到需要从中国自身来看中国的变化,就像从西方角度看西方一样,如此才是理解性认知。① 没有看到这些变化以及内涵的实质性是无法认识到"文明"一词所深嵌的西方中心意识的。习近平总书记《在哲学社会科学工作座谈会上的讲话》指出:"观察当代中国哲学社会科学,需要有一个宽广的视角,需要放到世界和我国发展大历史中去看。"② 正是在这样的视角中我们认知了"野蛮""文明"与"文明起源"的来龙去脉,看清它作为西方资产阶级价值观的本质,与马克思主义基本精神的内在矛盾,从而提出在中国历史研究中慎重使用它的必要性。

西方社会关于概念的讨论都有一种追求普遍性的取向,即其概念的认识与确定,一方面需要具有确定性的内涵,另一方面可以指向普遍真理性认知。当这种取向是在霸权意识与知性专断背景下展开时,走向自以为是或自我中心常常是必然的。这是其整体思考缺少历史性与宽容度

---

① [美]柯文:《在中国发现历史:中国中心观在美国的兴起》,林同奇译,中华书局2002年版,第166页。

② 习近平:《在哲学社会科学工作座谈会上的讲话》,《人民日报》2016年5月19日。

的关键,而历史性意味着个别、具体性、变化与理解性。后现代思潮出现以前,这是西方思想界一般的情况,20世纪开始的反思潮流正在改变这一切。但是在中国,西方近代思考方式自晚清以降系统输入,逐渐成为主流,使用定性的概念而不是生活用语也成为我们历史叙事的基本取向,从而改变了中国原来关于历史的基本观念。这些在今天都到了需要反思的时候了。不能在西方人开始注意到历史性认知如马克思、海德格尔、海登怀特等,并全面反思黑格尔等西方中心主义代表者的思想时,反而是我们自己将之视为不可改变不需讨论的真理。近代中国向西方学习是必要的,我们的文化是有容乃大的文化,不学习世界各民族文化尤其是今天在科学技术上有甚多创新的西方文化,无法融通世界,创造新的自我。在百年巨变的今天,"学生"的心态已经需要改变,尤其是在历史学方面,需要对于学习的成果进行检讨与反思。只要使用母语思考,只要本民族历史文化继续主导该民族的生存与发展,任何民族理解认识历史文化都需要有自己的理念、思想与术语,不能总是借来、拿来就用而一直不去反省。何况我们是一个史学大国,过去有一套完整的对于人类历史认知做出过贡献的方式方法,几千年来不断发展,并且这种思想与方法的某些方面正在被当代西方史学发展所验证。术语本身即思想与价值理念的体现。历史学思考与研究,既需要反思时代,也需要与时俱进。习近平总书记反复强调要发扬中国五千年历史文化精神,就是对于这一历史趋势的深刻把握。反思"野蛮""文明"与"文明起源"的历史认知观,可以说正是这种学习、反思与发扬的具体表现。孔子云"必也正名乎!……名不正,则言不顺;言不顺,则事不成"[1],荀子又说"名定而实辨"[2]。名之确定,可不慎乎?

(陈立柱,华南师范大学教授;陈希红,华南师范大学副教授)

---

[1] (宋)朱熹著,陈戍国标点:《四书集注》,岳麓书社1997年版,第206页。
[2] 张觉:《荀子译注》,上海古籍出版社1995年版,第475页。

渭河流域史前文化的文明化进程

霍彦儒

渭河是黄河的一条最大支流。它发源于甘肃渭源县的鸟鼠山，其间流经甘肃的陇西、武山、天水和陕西的宝鸡、咸阳、西安、渭南等地区，至陕西潼关入黄河。全长818千米，流域面积约为13.4万平方千米，在这个相对独立的区域孕育和兴起的史前文化，是黄河远古文化的重要组成部分，亦是中华远古文化的重要方面，并在历史上是最先进入文明时代的文化区之一。

渭河以陇山和子午岭为界，分为上、中、下三个流域区。上游为甘肃的陇东流域区，渭北属黄土高原陇中盆地，渭南系西秦岭陇南山地，覆盖有很厚的黄土层，其支流有葫芦河、牛头河、榜沙河、散渡河等；渭河的中下游为陕西的关中流域区，是一个东西狭长的盆地，东边宽，西边窄。从地质构造上讲，关中盆地是属于鄂尔多斯台地南缘的下沉地带，南边是秦岭山脉，北边是北山山系，中间是广阔的平野，地面上覆盖着很厚的黄土。源出于南北两山的清姜河、石头河、骆谷河、黑河、涝河、洋河、灞河、炉河、戏水、千水、雍水、泾河、石川河等数十条小河川，穿过盆地，注入渭河，使渭河构成一条羽状水系。

在盆地南缘和渭河两岸的阶地上，由于河流长期的侵蚀和冲刷，被切割成了宽度不等、深度不同的峡谷，形成头道塬、二道塬、三道塬的阶地，高度为数米、数十米到数百米。总之，渭河流域山、川、塬复杂的地形，丰沛的水量，茂密的草木，肥沃的土壤和温暖湿润的气候，从古至今就是人类居住的理想之地。

张忠培先生曾指出：从中国远古文化的几支考古学文化谱系来看，不是在"这些大河、大江（即黄河、长江、西拉木伦河）的整个流域，也不是这些大河、大江的本体，而是注入这些大江、大河的某一支流，才是某支谱系的考古学文化形成和发展的核心地区……才处于中华文化摇篮的核心位置。"并说:"即使将其置于与其同时的世界,也找不到可与之比肩的另一谱系的考古学文化",所以,"为中国或中华文化与文明的孕育、形成与发展作出最大贡献者,乃是渭河流域,可以说,渭河乃是中华文化与文明的第一母亲河"。[①] 考察渭河流域远古文化和文明化的发展进程,张先生的这一观点无疑具有其合理性,为我们研究渭河流域远古文化和文明的起源、形成和发展,为研究早期中国提供了理论依据。

渭河流域的远古文化可追溯至距今 100 多万年前的旧石器时代。1963 年在陕西蓝田县公王岭考古发现一颗猿人牙齿化石,定名为"蓝田中国猿人"(又称"蓝田人")。经测定,他的时代距今 80 万至 100 万年,比"北京人"更原始。继之,又发现了"陈家窝人",其年代距今五六十万年。随后,还发现了早期智人的代表性化石"大荔人"和现代智人的代表性化石"黄龙人"。此外,在天水、眉县、麟游、潼关、渭南等地相继亦有旧石器时代遗存的发现。这些远古人类遗存的发现,说明渭河流域在 100 万年前后,就是原始先民活动较为集中的地区。

反映这一时期文化的基本特征,是从"蓝田人"化石遗址中,发现了石器和石制器,包括大型三棱尖状器、大型多边砍砸器、交互多边的打击砍砸器、带尖的刮削器、有使用痕迹的石片和石球等。从出土的种类繁多的脊椎动物化石看,"蓝田人"以狩猎、采集为生。更重要的是从类猿人文化堆积层中的木炭屑,证明他们已能利用自然火以烧烤食物,照明取暖,防御野兽。这时期的社会结构属于血缘家族公社时期,已有了简单的语言。旧石器时代的中、晚期,即距今二三十万年至一万年,人类发展到由直立人到早期智人(亦称古人)和晚期智人(亦称新人),开始了外婚制,以母系血缘关系为纽带的氏族组织开始萌芽。渭河流域的早期智人化石及其遗存主要有大荔古人(距今 23 万年至 18 万年)和晚期智人涝池河古人(距今 10 万年至 1.8 万年之间)。反映这一时期的文化内涵,大荔人、涝池河人生产能力较蓝田人、陈家窝人有了提高,石制工具在打击、砸击之后,又经二次加工,且有不同用途

[①] 张忠培:《中国考古学:尽到自己的心》,故宫出版社 2018 年版,第 169、173 页。

而定型。并在打制石料过程中，逐渐学会了摩擦生火的技术。旧石器时代晚期，母系氏族公社完全确立，氏族公社内部，按性别、年龄及体力状况，有了不稳定的分工。人们除穴居外，为避免野兽侵害，逐渐开始了"构木为巢"。此时，已有了原始"宗教"观念的图腾崇拜意识。

距今约1万年，原始社会由旧石器时代进入新石器时代，母系氏族公社也进入一个发展和繁荣的阶段。遍布于渭河流域氏族公社的人们，在长达五六千年的历史进程中，先后创造了老官台文化、仰韶文化和龙山文化。渭河流域成为中华文明的重要发祥地之一。老官台文化（亦称前仰韶文化）是属于新石器早期的一种文化遗存，距今8000—7000年。此类文化在陕西、甘肃境内，主要分布于渭河流域及其支流。在渭河上游有3处，以秦安大地湾Ⅰ期（属前段）、师赵村Ⅰ期（属后段）遗存为代表；在渭河中游有13处，多分布在宝鸡附近的渭河两岸及其支流，现发掘的只有宝鸡北首岭下层；在渭河下游发现有7处，多分布于华县与临潼之间的渭河两岸，其中经过正式发掘的有临潼白家和零口、渭南北刘和白庙村、华县老官台和元君庙、长武下孟村等遗址。

此时期文化的基本特征：经济生活以粟作农业为主，渔猎、采集经济占相当的比重。聚落和房屋面积均较小，房屋多为结构简单的圆形半地穴式，居住面为长期踩踏而形成的硬土面。

窖穴有圆形、长方形、袋状不规则形等，一般较小而浅。墓葬形式多为长方形竖穴土坑，常见的有仰身直肢葬，也有屈肢葬和瓮棺葬，已有了随葬品的出现，说明此时已有了灵魂观。石器分为打制和磨制两种，打制石器较多并含有少量的细石器；磨制石器一般仅磨刃部，有斧、刀、铲、凿等。陶器均为手制，胎壁厚、火候低、硬度较小；多为夹细砂陶，泥质陶很少；陶色多呈红褐色，表面常见灰色或黑色斑块，往往有器物内表黑而外表红的现象；纹饰以绳纹最常见，还有锯齿纹、乳钉纹、戳划纹和少量简单的彩绘等；主要器形有三足罐、三足钵、圈底或平底钵、圈足碗、小口鼓腹罐等。特别值得重视的是，在临潼白家、大地湾早期等遗址内发现有迄今为止最早的彩陶，对探讨中国彩陶的起源，具有重要的意义。老官台文化的产生，说明其主人是继承发展新人文化的，标志着渭河流域的母系氏族社会已进入一个新阶段。

据古史传说和文献记载，在这一时期，渭河流域的文化主人，即氏族部落有：古华胥氏族、伏羲氏族、少典氏族和有蟜氏族。华胥氏。有学者认为华胥氏生于今甘肃东部渭河流域的华池一带或今天水市北的古成纪，还有的认为生于陕西渭河之畔的今蓝田一带（另一说华胥氏初兴于山东泰山一带，系东夷族的老祖先，后成为"天下"共祖）。华胥族向西、向东、向北的发展将其彩陶文化传播到陕、豫、晋交界地区，创造了前仰韶文化。这与华胥氏族崇拜花有着直接的关系。伏羲氏。三皇之首，中华民族的人文始祖之一。古史传说他诞生于古成纪，今天水一带。《诗纬含神雾》云："大迹出雷泽，华胥履之，生宓牺。"《河图稽命徵》亦云："华胥于雷泽履大人迹，而生伏牺于成纪。"成纪、雷泽地望，司马贞的《三皇本纪》云："雷泽，泽名，即舜所渔之地。在济阴。成纪，亦地名。按：天水有成纪县。"此地至今还遗存有伏羲的传说及与之有关的地名、祭祀庙宇。传说伏羲氏曾在今陕西宝鸡一带建都，在今陕西蓝田华胥镇有伏羲墓冢。这说明伏羲氏最初生活于渭河流域，后活动范围扩大，所以，在河南东南部亦有关于伏羲氏的传说和遗迹。又有传说伏羲、女娲为古苗蛮人的祖先。少典氏。少典氏亦是一个非常古老的氏族。其族主要活动于今河南新郑一带，约与古华胥氏同期。后华胥氏族有支后裔向陕甘迁徙，少典氏支族也随之迁入今甘肃天水一带。何光岳先生在《炎黄源流史》一书中考证：少典"是发明文字""最早的人"，"仓颉是在少典氏创造文字的基础上加以规范化和形象化。所以典字后来衍化为典册、典籍、典章、典型、典范等名词"。[①] 有蟜氏。以蟜虫为图腾崇拜。有蟜部落分布于洛阳至陕西华山一带，与少典氏、华胥氏关系密切。后它又向南、向西、向北发展，支族有入居秦岭以南之陕南的，有入居秦岭以北渭河以南的，有入居北洛水乔山一带的。这个氏族以善于造桥而著名。有蟜氏与少典氏互为婚姻，繁衍后代。传说炎帝、黄帝为其后裔。

把以上氏族和部落的事迹与渭河流域前仰韶文化的遗存相印证，不难发现，他们在渭河流域这块古老的土地上劳动、生息，创造了"老官台文化"。他们"上承新人，下启仰韶文化的族民，在旧石器时代末向新石器时代过渡以至于新石器时代初期，有着相当重要的地位和作用。这一时期是图腾崇拜、原始宗教、原始农业、族外婚出现并有所发展的

[①] 何光岳：《炎黄源流史》，江西教育出版社1992年版，第63页。

时期，也是定居和村落、房屋逐渐发展的时期。"①

在老官台文化的基础上，距今六七千年又诞生了仰韶文化。此类文化遗址以河南、山西南部、陕西关中为中心，向四方扩展，涉及整个黄河流域，而又以渭河流域的关中地区最为密集。如苏秉琦先生所说：中国古文化有两个重要区系，其中一个是源于渭河流域的仰韶文化。② 仰韶文化分早、中、晚三期，先后延续了2000多年，距今7000—5000年，相当于仰韶文化前期至龙山文化的出现，即母系氏族繁荣阶段，以及由母系氏族社会向父系氏族社会的过渡阶段。在目前发现的数千处仰韶文化遗址中，有代表性的遗址共有9处。其中，渭河流域就占有6处；西安半坡、临潼姜寨、宝鸡北首岭（中上层）、长武下孟村、华县元君庙、秦安大地湾等。具体地说：渭河上游，仰韶文化早期是以大地湾仰韶文化早期、王家阴洼下层、师赵村Ⅱ期等遗存为代表；中期是以大地湾仰韶文化中期、王家阴洼上层、师赵村Ⅲ期等遗存为代表；晚期，是以大地湾仰韶文化晚期等遗存为代表。

在陕西的渭河中下游，根据仰韶文化延续时间长、分布地域广的特点，考古学界又分为早期的半坡和史家类型，中期的庙底沟类型，以及晚期的半坡晚期或西王村类型的三阶段四类型。早期：距今7000—6000年，又分为前后两段。前段（7000—6500年），以西安半坡早期、宝鸡北首岭中层、临潼姜寨Ⅰ期等遗存为代表；后段（6500—6000年），以渭南史家、华阴横阵墓地、华县元君庙、临潼姜寨Ⅱ期等遗存为代表。中期：距今6000—5500年，以宝鸡福临堡Ⅰ期、姜寨Ⅲ期、泉护村Ⅰ期、案板Ⅰ期，王家嘴早期等遗存为代表。晚期：距今5500—5000年，以半坡晚期、姜寨Ⅳ、北首岭上层、福临堡Ⅱ—Ⅲ、泉护村Ⅱ期、案板Ⅱ期、王家嘴晚期等遗存为代表。

从考古发现看，反映这一时期的基本文化特征：一是农业是仰韶文化的基础经济，在大地湾、半坡、北首岭、下孟村、泉护村等遗址内发现有粟，姜寨遗址中发现有黍，半坡遗址中还发现了白菜或芥菜籽，早于中原仰韶文化达千年以上。生产工具有石、骨、角、蚌、陶等多种质地，磨制石器有斧、锄、刀、磨盘、磨棒等，其中长方形穿孔石刀和两

---

① 杨东晨：《陕西古代史》，陕西人民教育出版社1994年版，第28页。
② 苏秉琦：《华人·龙的传人·中国人——考古寻根记》，《中国建设》1987年第9期。

侧带缺口的石刀较具特色。家畜饲养尚不发达,可确认的家畜有猪、狗,还可能有鸡。渔猎、采集仍占有一定比重,常见的有网坠、鱼钩、鱼叉、镞、矛等工具,彩陶中多见有反映渔猎生活的鱼纹、网纹、鹿纹、鸟纹等。二是聚落多呈向心或凝聚式的圆形布局,半坡、姜寨等聚落的居住区有壕沟围绕。房屋多为圆形或方形的半地穴式,也有地面建筑,较晚阶段出现了墙基挖槽起建的大型房屋。居住面用草泥土涂抹,或以加有料礓石粉的混合土铺垫,也有经火烧烤者,较晚阶段出现了白灰居住面。房屋周围分布有窖穴,其形状有袋状、桶状、锅底形等。居住区外的周边,一般分布有陶窑和公共墓地等。又如秦安大地湾F901"大房子",总面积达420平方米,分主室、东西侧室、后室、门前附属建筑四部分。这座大型建筑已不是原始居民的普通住室,而是氏族或部落联盟进行公共活动的场所。因而,有学者认为:"这最具有代表性的大房子,它是中国宫殿式建筑的雏型和先驱。"它的发现"对探索中国古代建筑的渊源,对5000年中华文明的形成提供了重要的线索",是"中华文明的曙光"。① 三是制陶业有了较大的发展,陶窑以横穴式最为常见。陶器多用手制,并出现了轮修口沿的技术;器形以细泥红陶的尖底瓶、圆底或平底钵、盆等最具代表性;施纹方法有拍印、戳刺、刻划、贴附和彩绘等形式,以绳纹、线纹、弦纹为主,各种纹样的彩陶最富有特征。在半坡等遗址的陶器黑彩上,还发现了50多种刻画符号,有人认为是起源阶段的简单文字。此外,在仰韶文化的晚期,随着社会的进一步分工,出现了剩余产品,有了贫富差别,随之也有了交换,私有制开始萌芽。

在这一时期,古史传说的氏族和部落除了古华胥族、伏羲氏、少典氏、有蟜氏等部落继续存在、发展外,炎黄二族先后在宝鸡渭水流域崛起。《国语·晋语四》云:"昔少典氏娶于有蟜氏,生黄帝、炎帝,黄帝以姬水成,炎帝以姜水成,成而异德,故黄帝为姬,炎帝为姜。二帝用师以济也,异德之故也。"郦道元《水经注·渭水》载:"岐水又东,迳姜氏城南,为姜水。"郭沫若在《中国史稿》(第一册)中指出,"据说炎帝生于姜水,姜水在今陕西岐山东,是渭河的一条支流,从渭河流域到黄河中游,是古代羌人活动的地方,所以炎帝可能是古羌人氏族部

---

① 张忠尚、王建祥:《大地湾遗址与中国古代文化》,《甘肃社会科学》1993年第1期。

落的宗神。"从古至今，历史和考古学家多认为：炎帝最早生于距今约六七千年的渭河支流"姜水"。又根据前引《国语·晋语四》所说，黄帝与炎帝都出自少典氏族，是"双胞胎"，又是通婚族，因而，多有学者认为，黄帝而"成"的"姬水"很可能与炎帝而"成"的"姜水"离得不远，"相邻而居"。所以有学者认为今天流入渭河的另一条支流"漆水河"即黄帝的起源地。① 当然，依据《帝王世纪》："黄帝生于寿丘，长于姬水，因以为姓。居轩辕之丘，因以为名，又以为号"的说法，有说"寿丘"，"在山东曲阜"（《史记·五帝本纪·正义》；有说"轩辕之丘"，在今河南新郑，有说在甘肃清水，有说在陕西渭北等。

再考之于炎帝、黄帝的生活年代和事迹，与北首岭、半坡、姜寨、庙底沟等仰韶文化遗存相印证，有学者认为，以半坡文化类型为代表的仰韶文化的早中期（距今7000—5500年）可能为炎帝与炎帝族创造的文化，以庙底沟文化类型为代表的仰韶文化的中晚期（距今6500—5000年）可能为黄帝与黄帝族创造的文化。为此，又有学者指出，陕西凤翔水沟仰韶文化遗址有可能为"炎帝都邑"②，高陵杨官寨庙底沟遗址有可能为"黄帝故都"③。这两处百万平方米以上的遗址均在渭河中游。随着炎黄二族的壮大，其先后沿着渭河向西、向东、向南、向北迁徙，因而，在渭河流域的周围地区，即黄河中下游流域相继诞生了丰富的仰韶文化和大汶口文化。在此期间，渭河流域生活的炎帝裔族有彤鱼氏、有邰氏以及灵恝、并、戏、殳、延、后土、共工、夸父、太岳、井、申、吕、许等；黄帝裔族有帝鸿氏等。他们在开创渭河流域仰韶文化方面作出了重要贡献。对此，石兴邦先生曾指出：从历史评价来说，炎黄时代实现了中国远古史上部族大融合，也是氏族部落文化的大融合，可以说他是第一个中华原始文化共同体，或者说炎黄二帝是华夏联盟的奠基人，为后来华夏民族的壮大和发展奠定了基础。④

对这一时期发生在渭河流域的考古学文化，张忠培先生总结为半

---

① 罗琨：《论阪泉之战与涿鹿之战》，《炎黄文化研究》1999年（总）第6期。
② 胡义成：《凤翔水沟遗址应即最早"炎帝都邑"》，《宝鸡社会科学》2020年第1期。
③ 胡义成：《西安是"黄帝古都"吗？——对三处考古学"黄帝故址"的简单比较》，《周文化和黄帝文化管窥》（下），陕西人民出版社2015年版，第318页。
④ 参见石兴邦《炎黄文化研究及有关问题》，《中国社会科学院古代文明研究中心通讯》2006年第11期。

坡—西阴谱系的考古学文化，并给予高度的评价。他说："渭河流域成长起来的这支谱系的考古学文化，同其共时的分布于黄河下游、长江流域和西拉木伦河流域诸支谱系的考古学文化相比，是一支最为强势的文化，对其他诸支谱系的考古学文化均产生了积极的影响，为促进中华文化的形成和发展发挥了最为重要的作用。"[1]并进一步指出："这一谱系的考古学文化，演进到半坡四期文化之时，与黄河下游、长江流域和西拉木伦河的其他诸同时的考古学文化一起，步入文明的门槛。"在"中华文明形成的满天星斗中，渭河流域形成的最初文明，是这满天星斗中一颗亮星"[2]。不仅如此，"即使将其置于与其同时的世界，也找不到可与之比肩的另一谱系的考古学文化"[3]。美籍华人学者何炳棣先生曾说：渭河流域1300多处仰韶文化聚落遗址，尤其宝鸡渭河流域不足一百千米的范围内所具有的500多处仰韶文化遗址，这比西亚古文化分布密度大数倍，是全世界古文化分布密集最高的地区。[4]

将以上文献记载与考古学文化加以相互印证，我们不难发现，宝鸡渭河流域是炎黄二帝的最早起源地即故里，是完全有可能的。

继仰韶文化之后，是龙山文化。渭河流域的龙山文化分为早期、晚期。其年代在距今5000—4000年。为新石器时代末期至铜石并用时代，是父系氏族公社发展和原始社会解体的时期，相当于野蛮高级阶段向文明社会的过渡阶段。龙山文化遗址，在目前渭河流域发现有近千处。渭河上游的龙山文化早期有天水师赵村遗址的第Ⅴ、Ⅵ期，晚期有师赵村第Ⅶ期等；渭河中下游的龙山文化分为庙底沟二期和客省庄二期两种类型。前者主要有陕西华阴县横阵村，华县泉护村、虫陈村，武功县浒西庄、赵家来，扶风案板村等。其年代在距今5000—4400年。为龙山文化的早期。后者的年代在距今4400—4000年。分为康家、双庵两个类型。康家类型以临潼渭河北岸康家遗址为典型代表。主要分布于关中的渭河下游地区。试掘或发掘的有长安客省庄二期，西安米家崖，临潼姜寨五期、康家等。双庵类型以岐山县北部山脚下的双庵遗址为典型代

---

[1] 张忠培：《中国考古学：尽到自己的心》，故宫出版社2018年版，第169页。
[2] 张忠培：《中国考古学：尽到自己的心》，故宫出版社2018年版，第171页。
[3] 张忠培：《中国考古学：尽到自己的心》，故宫出版社2018年版，第172页。
[4] 参见石兴邦《炎黄文化研究及有关问题》，《中国社会科学院古代文明研究中心通讯》2006年第11期。

表。此类遗址主要分布于关中的中、西部地区，以泾河、雍水、漳水、漆水等渭河干支流一带为中心。试掘或发掘的有陕西的岐山双庵、武功赵家来、凤翔大辛村等。

　　反映此期文化的基本特征是：农业和畜牧业较仰韶文化时期有了较大发展。石器多为磨制，并大都棱角清晰，制作精细，钻孔技术普遍应用；还大量地使用了蚌器，采用了新农具木耒骨耜。在龙山文化后期，又出现了人拉的三角石犁。文献记载的共工氏和鲧、禹父子的"壅防百川""疏通九州"及凿井技术的发明，说明龙山时期渭河流域的先民已有了田间管理、兴修水利的知识和技术。农作物不仅有粟、黍，还有稻、豆、油菜、芥菜等。从出土的家畜遗骨看，猪、狗、牛、羊、马、鸡"六畜"均已齐全，说明此时的饲养业已很发达，手工业也比仰韶文化时期进步。陶器制作由家庭副业而变为富有经验家庭的专业。制作方法更多地采用轮制，并且掌握了高温封窑技术。因而陶器壁薄、质坚、造型端正规整。陶器多有绳纹、篮纹；器形中尖底瓶、圆底器基本消失，三足器增多，新出现了斝、鬲、鼎等器物。陶色以灰陶为主，在渭河东部有一部分黑陶，西部有一部分红陶；此期的村落遗址密集，仅宝鸡渭河两岸探测的就有200余处，有些遗址面积很大，如岐山双庵达100多万平方米，其他大都在10万平方米以上。房屋内普遍为白灰涂抹居住面，一般为单间建筑，也有双间和分间的，说明当时父系家庭的社会结构已基本稳定，在武功赵家来遗址首次发现了板筑夯土墙。在甘泉营盘山遗址还发现了可能为中国最早之一的瓦。居址附近很少发现墓地，一些遗址的灰坑中常见人骨架，即"乱葬坑"，反映了社会成员已不平等。卜骨的出土，说明已有了巫术。从长安斗门镇花园村龙山文化遗址窖穴中发现的十五块兽骨、兽牙、骨笄上有刻划符号看，已不同于仰韶时期的陶器刻划符号，已有了图形文字，与黄帝命"仓颉作书"的传说是基本吻合的。

　　渭河流域的龙山时代遗存中，渭河中下游的关中地区的文化序列较为清楚；以浒西庄、案板遗址为代表的关中西部龙山时代早期文化，源自本地区的仰韶晚期文化，并进一步发展为龙山时代晚期的客省庄文化。在以后的发展过程中，一种意见认为演变为典型的齐家文化，另一种意见认为可能与先周文化有一定的关系。考古与传说、文献记载相应证可知，渭河流域的龙山文化主人是黄帝后裔族，以及炎帝后裔族、有蟜氏后裔族、伏羲氏太昊后裔族等。其分别是：有邰氏、弃氏族、防风氏族、孤竹氏族、甘氏族、箕氏族、虎氏族、互（氏）人氏族、灵氏族、殳氏族、咸氏族、雍氏族、岐氏、漆族、汪氏族、莱族、夸父氏族、酉氏族、仓颉部族、驩兜（丹朱）氏族、桥氏族、方雷氏族、首氏族、令人氏族、彤鱼氏族、有辛氏族、梁氏族、许氏族、向氏族、吕氏族、申氏族、骆氏族、圭氏族、禺京氏族、郁氏族、盘瓠氏族、共工氏裔族、老童氏族、长人氏族、女娲裔族、吴回裔族、陆终氏族、陈丰氏族、劳氏族、且（沮）氏族、赤氏族等。他们共同在仰韶文化的基础上创造出了灿烂的渭河流域的龙山文化，为中华文明起源、形成和发展的奠基者和开创者。

总之，渭河流域的史前文化，从旧石器时代到新石器时代，从百万年前的蓝田文化到一万年前后的老官台文化、仰韶文化，再到龙山文化，以及夏商时期的齐家文化、先周文化等，形成了一条前后相继完整的发展序列。从这一发展序列中，我们可以窥见其渭河流域史前文化的文明化进程，即"渭河流域孕育出了远古文化和最初的文明"[1]。

（霍彦儒，宝鸡市社会科学院研究员，现任宝鸡炎帝与周秦文化研究会会长）

---

[1] 张忠培：《中国考古学：尽到自己的心》，故宫出版社2018年版，第169页。

论龙山时代[*]

赵春青　梁亚男

"龙山时代"一词，是由著名考古学家严文明先生于1981年首次阐发的。迄今，50多年的时光过去了，龙山时代的概念早已被学界广泛接受。1991年金秋，在山东济南召开了纪念城子崖遗址发掘60周年国际学术讨论会，会上严文明先生发表《龙山时代考古新发现的思考》一文，认为可以将庙底沟二期文化、大汶口文化晚期、良渚文化、屈家岭文化等归入龙山时代早期，提出"龙山时代的年代就当是公元前3000年到公元前2000年左右，持续达一千年"[②]。自此，龙山时代已成为考古学、历史学，甚至民族学界对我国远古时代最后一个历史阶段的代名词，不过，龙山时代的面貌亦随着考古学资料的不断深化，而得以不断地丰富。

一　龙山时代的文化分布格局

截至目前，越来越多的考古学资料表明，龙山时代的文化分布格局为多元一体有核心。其中，核心区在中原地区，多元体现在中国东北的辽河流域以及黄河、长江流域诸地区的考古学文化。在主体区之外的中国东北、西北、西南、南方和东南诸地区又分布着众多的考古学文化，而这些文化之间特别是相邻的文化之间，也往往具有龙山时代的文化统

---

[*] 本文系"中原和海岱地区文明进程研究"课题（课题号2020YFC1521602），属于国家重点研发计划"重大自然灾害监测预警与防范"重点专项（文化遗产保护利用专题任务）研究成果。

[②] 严文明：《龙山时代考古新发现的思考》，载张学海主编《纪念城子崖遗址发掘60周年国际学术讨论会文集》，齐鲁书社1993年版，第39页。

一性。

中原龙山文化由内部的核心区和环绕核心区的边缘区所构成。核心区有陶寺文化、王湾三期文化和三里桥文化；边缘区包括东边的造律台文化、南边的下王岗文化、西边的客省庄文化、北边的后冈二期文化和西北的石峁文化等。

中原龙山文化的四邻包括东边的龙山文化、南边的石家河文化、东南的良渚文化、西边的宝墩文化、北边的石峁文化、东北的小珠山上层文化等。这些文化与中原龙山文化拥有千丝万缕的文化关系，总体可以视之为龙山时代文化分布的主体区。

主体区之外，中国东南地区有昙石山文化和台湾的凤鼻头文化、南方的石峡文化、西南的曲贡文化、西北地区的齐家文化早期，北边的老虎山文化和东北的昂昂溪文化等。

龙山时代这种以中原龙山文化中心区域为核心的文化分布格局，奠定了中华民族多元一体的向心式分布格局模式，为最初中国的诞生奠定了坚实的文化基础。

（一）核心区考古学文化

1. 东部的王湾三期文化

王湾三期文化主要分布在河南省中部以嵩山为中心的地区，其范围东起郑州左近，西至渑池，北达济源，南到驻马店一带，位于中原地区的核心地带。典型遗址有洛阳王湾、新密古城寨[①]、登封王城岗、煤山、郝家台、禹州瓦店[②]等。该文化的陶器特征是大量使用灰色、深灰色陶器，包括泥质灰陶和夹砂灰陶两种，还有少量的泥质或夹砂红陶和泥质黑陶。纹饰有绳纹、篮纹、方格纹、附加堆纹和弦纹等。常见器形有罐形鼎、矮足鼎、斝、鬶、甑、深腹罐、小口鼓腹罐、敛口罐、盆、

[①] 河南省文物考古研究所、新密市炎黄历史文化研究会：《河南新密市古城寨龙山文化城址发掘简报》，《华夏考古》2002年第2期。

[②] 方燕明：《河南禹州瓦店遗址龙山文化大型聚落》，载国家文物局主编《2008中国重要考古发现》，文物出版社2009年版，第34页；方燕明：《河南禹州瓦店龙山文化遗址》，载国家文物局主编《2010中国重要考古发现》，文物出版社2011年版，第33页。

钵、碗、杯、盘、豆等。

2. 北部的陶寺文化

陶寺文化因山西襄汾陶寺遗址发现的龙山时期文化遗存而得名，主要分布在晋南地区的临汾盆地一带。陶器以夹砂和泥质灰陶为主，还有少量的泥质磨光黑陶。纹饰主要有绳纹和篮纹，其次为方格纹、附加堆纹、旋纹、乳钉纹、刻划纹等纹饰，同时还有彩绘陶。器类有釜灶、鼎、斝、鬲、甗、缸、瓮、罐、尊、簋、甑、壶、扁壶、瓶、盆、钵、盘、豆、碗、觚、杯、器盖等。

3. 西部的三里桥文化

三里桥文化主要分布在河南渑池以西的豫西地区，汾水以南的晋西南地区和关中的华山以东地区。陶器以灰陶为主，夹砂灰陶和泥质灰陶次之，还有少量的夹砂红陶和泥质黑陶。纹饰以绳纹为主，其次为篮纹和方格纹。常见器形有单把鬲、鋬手鬲、斝、单耳罐、深腹罐、小口折肩罐、罐形甑、双耳瓮、双腹盆、单耳或双耳杯、簋、鬶、器盖等，未见鼎。

（二）边缘文化分布带

1. 东部的造律台文化

造律台文化主要分布在豫东地区和鲁西南及皖西北地区。造律台文化的陶器，以泥质和夹砂灰陶为主，同时褐陶也占有一定的比例，还有少量蛋壳黑陶和白陶。纹饰以方格纹为主，次为篮纹和绳纹。常见器形有罐形鼎、甗、深腹罐、子母口罐、瓮、镂孔高圈足盘、大口平底盆、豆、鬶、钵、碗和杯等，缺少鬲、斝、直口鼓腹双耳罐、长流鬶等。

2. 南部的下王岗文化

下王岗龙山时代文化主要分布在豫西南的南阳盆地。陶器以泥质灰黑陶居多，其次是夹砂灰陶和少量的泥质和夹砂棕陶。纹饰以绳纹为主，次为篮纹和方格纹，还有少量弦纹和附加堆纹。常见器形有罐形锥足鼎、盆形鼎、圆腹罐、高领罐、单耳或双耳罐、罐形甑、簋、豆、盉、盆、碗、杯、器盖和器座等。鼎和圆腹罐最多而未见鬲、斝、甗是其最大的特征。

3. 西部的客省庄文化

客省庄文化主要分布在渭水及其支流两岸河旁台地上，经过发掘的重点遗址有陕西长安客省庄、武功赵家来[①]、岐山双庵[②]、宝鸡石嘴头[③]、临潼姜寨[④]、康家[⑤]、蓝田泄湖[⑥]、华阴横阵[⑦]、天水师赵村遗址[⑧]等等。陶器以灰陶为主，还有一定数量的红陶。制法采用泥条盘筑法，但部分袋足器的足部采用模制法。纹饰主要有篮纹和绳纹，方格纹极少见。器类主要有单把鬲、斝、鬶、盉、罐、尊、豆、盘、盆、碗、甑、瓶、盖等。

案板三期文化是庙底沟二期在关中西部地区的文化的发展，陶器多用绳纹和附加堆纹，流行单耳罐和敛口罐，斝多为盆形斝，鼎多为盆形鼎。

4. 北部的后冈二期文化

后冈二期文化主要分布在豫北和冀南地区，可达冀中平原的子牙河和滹沱河流域，影响范围兼及鲁西和皖西北部分地区。经过发掘的典型遗址有安阳后冈、安阳大寒南岗、邯郸涧沟、汤阴白营、磁县下潘汪、永年台口、辉县孟庄（1994年全国十大考古新发现）等等。陶器以灰

---

① 中国社会科学院考古研究所：《武功发掘报告——浒西庄与赵家来遗址》，文物出版社1988年版，第85页。

② 西安半坡博物馆：《陕西岐山双庵新石器时代遗址》，载《考古》编辑部编《考古学集刊》第3集，中国社会科学出版社1983年版，第51—68页。

③ 西北大学历史系考古专业82级实习队：《宝鸡石嘴头东区发掘报告》，《考古学报》1987年第2期。

④ 半坡博物馆、陕西省考古研究所、临潼县博物馆：《姜寨》，文物出版社1988年版，第15页。

⑤ 西安半坡博物馆：《陕西临潼康家遗址第一、二次试掘简报》，《史前研究》1985年第1期；陕西省考古研究所康家考古队：《陕西临潼康家遗址发掘简报》，《考古与文物》1988年第5、6期合刊；《陕西省临潼县康家遗址1987年发掘简报》，《考古与文物》1992年第4期。

⑥ 中国社会科学院考古研究所陕西六队：《陕西蓝田泄湖遗址》，《考古学报》1991年第4期。

⑦ 中国社会科学院考古研究所陕西工作队：《考古》编辑部《陕西华阴横阵遗址发掘报告》，《考古学集刊》第4集，中国社会科学出版社1986年版，第1—39页。

⑧ 中国社会科学院考古研究所：《师赵村与西山坪》，中国大百科全书出版社1999年版，第11页。

陶为主，同时还有少量的磨光黑陶和白陶。纹饰以绳纹为主，其次为篮纹及方格纹。常见器形有无錾无把鬲、深腹罐、甗、束腰盆式斝或罐式斝、大口鼓腹小平底罐、直口鼓腹双耳罐、瓮、缸、腰有双耳的大口深腹盆、双腹盆、大口平底盆、圈足盘、钵、碗、器盖等，还有山东龙山文化中常见的鸟头式或"V"字式鼎足的鼎、长流鬶及少量蛋壳陶等。

5. 西北的石峁文化

石峁文化是以石峁遗址为代表的龙山文化，石峁城址是中国已发现的龙山晚期到夏早期时期规模最大的城址，位于陕西省石峁村的秃尾河北侧山峁上，地处陕北黄土高原北部边缘。发现有房址、灰坑以及土坑墓、石椁墓、瓮棺葬等，出土陶、玉、石器等数百件，尤以磨制玉器十分精细，颇具特色，其原料主要为墨玉和玉髓，器类有刀、镰、斧、钺、铲、璇玑、璜、牙璋、人面形雕像等。

（三）主体区考古学文化

1. 黄河下游的龙山文化

黄河下游的龙山文化主要指山东龙山文化，其源自大汶口文化，1928年的春天，考古学家吴金鼎在山东省济南市历城县龙山镇发现了举世闻名的城子崖遗址。在此之后，考古学家们先后对城子崖遗址进行多次发掘，取得了一批以精美的磨光黑陶为显著特征的文化遗存。山东龙山文化延续时间较长，分布范围广大，各地区反映的文化面貌也不尽相同，形成既相近，又有区别的一些特点，根据各文化类型所反映的物质文化遗存特征的不同，可将龙山文化分为东西两大区域，基本以沂蒙山、鲁山、弥河为界。西部的主要分为城子崖类型、尹家城类型和教场铺类型，东部的分为姚官庄类型、尧王城类型和杨家圈类型。

（1）城子崖类型

主要分布于泰山北侧的山前丘陵和冲积平原上，东到淄河沿岸，西到津浦铁路沿线，南连泰山，北至渤海。重要遗址有城子崖、丁公、田旺、乐盘[1]、

---

[1] 严文明：《昌乐县乐盘大汶口文化至商代遗址》，载中国考古学会编《中国考古学年鉴（1986）》，文物出版社1988年版，第136页。

刑寨汪①、宁家埠②、西河③、焦家④和董东遗址⑤等。主要遗迹有城址、房址、灰坑、墓葬、陶窑、水井等。在城子崖、丁公和田旺三个遗址中发现城址。陶器以黑陶和灰陶为主，红陶较少。器表以素面为主，另有一定数量的弦纹、附加堆纹、刻划纹、篮纹和方格纹等。典型器物有盆形鼎、罐形鼎、素面鬲、甗、罐形斝、中口罐、平底盆、子母口罐、鬶等。

（2）姚官庄遗址

分布区域的中心位于沂山北侧的冲积平原，东以胶莱河为界、西与城子崖类型接壤、南接沂山、北临渤海。重要遗址有姚官庄、边线王、西朱封、三里河、鲁家口、狮子行⑥、凤凰台⑦、邹家庄遗址⑧等。主要遗迹有城垣、墓葬、窖穴、灰坑等。城址仅在边线王遗址发现。陶器中黑陶占有相当的比例，另有少量灰陶和白陶等。器表多素面或磨光，常见纹饰有篮纹、附加堆纹、弦纹、刻划纹等。典型器物主要有鼎、鬶、罍、罐、盆、豆、盂、杯等，而最具特色的是蛋壳黑陶大量出现。

（3）尧王城类型

位于蒙山以东，东临黄海、西接蒙山，南达陇海铁路，北与姚官庄类型接壤。主要遗址有尧王城、两城镇、东海峪、丹土、大范庄、化家村⑨、藤花落遗址等。该类型遗址已发掘的数量较多，发现有大型城

---

① 德州地区文物工作队：《山东禹城刑寨汪遗址的调查与试掘》，《考古》1983年第11期。
② 山东省文物考古研究所：《章丘宁家埠遗址发掘报告》，载《济青高级公路章丘工段考古发掘报告集》，齐鲁书社1993年版，第5页。
③ 山东省文物考古研究所：《山东章丘市西河新石器时代遗址1997年发掘报告》，《考古》2000年第10期。
④ 李学训：《章丘县焦家新石器时代至商周遗址》，载中国考古学会编《中国考古学年鉴(1991)》，文物出版社1992年版，第202页。
⑤ 曹元启：《章丘县董东新石器时代至商周遗址》，载中国考古学会编《中国考古学年鉴(1991)》，文物出版社1992年版，第204页。
⑥ 潍坊市艺术馆、潍坊市寒亭区图书馆：《山东潍县狮子行遗址发掘简报》，《考古》1984年第8期。
⑦ 山东省文物考古研究所：《青州市凤凰台遗址发掘》，载张学海主编《海岱考古》第一辑，山东大学出版社1989年版，第159页。
⑧ 北京大学考古实习队、昌乐县图书馆：《山东昌乐县邹家庄遗址发掘简报》，《考古》1987年第5期。
⑨ 山东大学历史系考古专业、莒南县文物管理所：《山东莒南化家村遗址试掘》，《考古》1989年第5期。

址，主要是在两城镇和丹土遗址。陶器以黑陶为主，灰陶次之，红陶极少。器表多素面或素面磨光，纹饰主要有篮纹、弦纹、附加堆纹、刻划纹、泥饼等。典型器物有罐形鼎、高柄杯、鬶、筒形杯、单耳杯、子母口盆、子母口罐等。该类型自身特征明显，文化面貌单纯。

(4) 杨家圈类型

主要分布于胶东半岛。主要遗址有杨家圈、紫荆山、北城子[1]、大口[2]、北庄[3]、小管村[4]、于家店遗址[5]等。主要遗迹有房址、墓葬、灰坑等。陶器以黑陶为主。纹饰有弦纹、附加堆纹、篮纹、刻划纹等，其中大量为素面和素面磨光。常见器形有鼎、鬶、甗、大口缸等。

(5) 尹家城类型

主要分布于泰山以南，蒙山以西的丘陵地带，西到京杭运河，南部靠近微山湖。主要遗址有尹家城、西吴寺、西夏侯、程子崖、薛故城[6]、邹县南关[7]、南兴埠[8]等遗址。主要遗迹有城垣、墓葬、房址、井、灰坑等。陶器中以灰陶的比例占多数，另有一定比例的黑陶。一般以素面居多，常见纹饰以弦纹、绳纹、方格纹、篮纹等。典型器物有罐形鼎、盆形鼎、鬶、甗、素面鬲、子母口罐等。

(6) 教场铺类型

分布于鲁西黄河冲积平原上，东与城子崖类型接壤，西界应以卫河及大运河连线以东为界，南至废黄河故道，北到德州、平原一线。主要

---

[1] 韩榕：《栖霞县北城子龙山文化及岳石文化遗址》，载中国考古学会编《中国考古学年鉴（1989）》，文物出版社1990年版，第171页。

[2] 中国社会科学院考古研究所山东队：《山东省长岛县砣矶岛大口遗址》，《考古》1985年第12期。

[3] 北京大学考古实习队、烟台地区文管会、长岛县博物馆：《山东长岛北庄遗址发掘简报》，《考古》1987年第5期。

[4] 北京大学考古实习队、烟台市文管会：《乳山小管村的发掘》，载北京大学考古系、烟台市博物馆编《胶东考古》，文物出版社2000年版，第221页。

[5] 北京大学考古实习队、山东省文物考古研究所：《莱阳于家店的小发掘》，载北京大学考古系、烟台市博物馆编《胶东考古》，文物出版社2000年版，第207页。

[6] 济宁市文物管理局：《薛国故城勘查和墓葬发掘报告》，《考古学报》1991年第4期。山东省文物考古研究所：《薛故城勘探试掘获重大成果》，《中国文物报》1994年6月26日第1版。

[7] 国家文物局考古领队培训班：《山东邹县南关遗址发掘简报》，《文物》1991年第2期。

[8] 山东省文物考古研究所：《山东曲阜南兴埠遗址的发掘》，《考古》1984年第12期。

遗址有教场铺、尚庄、景阳岗、南陈遗址[①]等。主要遗迹有城垣、房址、陶窑、墓葬、灰坑和灰沟等。陶器以灰陶为主，黑陶次之，红陶和白陶较少，纹饰以篮纹、弦纹、附加堆纹、刻划纹、泥饼为主，其余皆素面。陶器主要有鼎、罐、平底盆、圈足盆、三足盆、甗、鬶、尊形器、圈足盘、蛋壳黑陶杯等。

2. 长江下游的良渚文化

良渚文化因最初发现的典型遗址浙江余杭县良渚镇而得名。其晚期已经进入龙山时代。良渚文化主要分布在江苏南部和浙江北部的太湖周围地区，其中心地区应大致在今谢桥、太仓至马桥一线的古海岸线以西，古钱塘江以北，茅山以东和古长江以南的范围内。陶器陶质有夹砂陶和泥质陶，以素面为主，纹饰主要有凸弦纹、凹弦纹、竹节纹、划纹、镂孔和鸟蛇纹图案等，个别的器物上还发现了刻划符号。典型陶器主要有鱼鳍足和"T"字形足鼎、竹节状把豆、双鼻壶、贯耳壶、圈足盘、宽把带流壶、宽把带流杯、鬶等。除了陶器以外，良渚文化的玉器也达到了中国史前玉器发展的顶峰。良渚玉器不仅种类繁多、数量巨大，而且制作精湛，玉器上大多刻有神人兽面纹及其各种变体、鸟纹、卷云纹等良渚文化特有的图案。特别流行用玉器作随葬品，在良渚文化各地的墓葬中都有发现，为良渚文化最具有代表性的一类遗物。此外，人工堆筑的大型墓地兼祭坛也是良渚文化的主要特色。

3. 长江中游的石家河文化

石家河文化以首次发现的湖北天门石家河遗址而得名，它是长江中游地区继屈家岭文化以后发展起来的一支考古学文化。主要分布在以江汉平原中部为中心的地区，其范围北到南阳盆地南缘和桐柏山北侧，东止于麻城、黄冈和大冶一线，东南以幕阜山和九宫山为界，南到洞庭湖地区，西抵西陵峡西口。陶器以泥质灰陶为主，也有泥质黑陶和泥质红陶、夹砂红陶和夹砂黑陶。素面陶为多，有纹饰者以篮纹为主，其次是方格纹和绳纹，再次为弦纹、镂孔、附加堆纹，早期还有少量彩陶和彩陶纺轮，施彩纹技法和图案等与屈家岭文化相同。主要器类有罐、鼎、釜、甑、钵、碗、壶、高圈足豆、喇叭形刻槽盆、缸、瓮、盘、杯、器

---

① 山东大学历史系考古教研室：《山东省茌平县南陈庄遗址发掘简报》，《考古》1985年第4期。

座、器盖等十余种。

4. 长江上游的宝墩文化

宝墩文化遗址主要分布在成都盆地及边缘浅丘低山地区，以成都附近的岷江两岸为分布的中心地区。陶器为手制并采用轮修技术，陶质以夹砂褐陶和泥质灰陶为主，还有一定数量的泥质黑衣陶。纹饰主要是绳纹，还有附加箍带纹和弦纹等，流行在器口压印齿状花边装饰。代表性器形有绳纹花边口罐、侈口深腹盆、高领壶、宽沿平底尊、矮圈足深腹杯等，以宽沿翻沿器、平底器和圈足器多见，不见三足器和圜底器。石器以磨制的小型斧、锛、凿多见，不见横刃的刀、镰等。

5. 黄河上游的齐家文化早期

齐家文化在黄河上游及其支流渭河、洮河、大夏河、湟水与西汉水等流域均有分布，但其中心是渭河上游、洮河中下游与湟水中下游地区。以行政区划定位，东起甘肃省庆阳地区宁县，西至青海湖北岸沙柳河，北入内蒙古阿拉善左旗，南抵甘肃省文县，地跨甘、青、宁、蒙四个省区，东西长达800多千米。依照地域不同和文化差异，可分为东、中、西三区。东区包括泾、渭及西汉水上游，又可分为师赵村和七里墩两个类型。中区即甘肃中部地区，包括黄河上游以及其支流洮河大夏河流域。西区甘肃西部和青海东部地区，包括青海境内的黄河上游及其支流湟水和河西走廊。西区又可分为皇娘娘台和柳湾两个类型。

6. 北方地区的老虎山文化

老虎山遗址，分布范围主要为大青山以南、黄河南流段以东的内蒙古中南部，岱海地区是它的中心地带。陶器分夹砂陶和泥质陶两类。夹砂陶的比重明显大于泥质陶，陶色以灰陶为主。纹饰主要有篮纹、绳纹、泥条堆纹、方格纹和戳印纹等等。器形种类主要有侈口罐、广肩罐、小口双耳罐、直壁缸、矮领瓮、大口瓮、敛口瓮、斝、高领尊、折腹盆、单耳罐等等。石器以斧、锛、刀、纺轮等磨制石器较为常见，还存在镞、矛等细石器。

7. 燕辽地区的小珠山上层文化

小珠山上层文化是一支分布于辽东南部地区的新石器时代晚期的考古学文化，因1978年发掘的小珠山上层遗存而得名。陶器以夹砂黑褐陶或红褐陶为主，并有少量的泥质红陶和泥质黑陶，偶见蛋壳黑陶。泥质陶器有相当多数为轮制成形。陶器外表最常见的是素面或刻划纹，后者有成组平行线、网状、几何纹、斜线三角纹等。器类以不同形式的鼓腹罐在数量上占据首位，其次为敞口斜壁或弧壁的筒形罐、平底盆、三环足或柱足的盆形鼎、钵、豆、器盖、杯、盘和壶类，还有少量的空三足鬶。

（四）外围区考古学文化

1. 东南地区的昙石山文化

昙石山文化因首次发现于福建省闽侯县甘蔗镇昙石山遗址而得名。分布地域主要在闽江下游和福建东部沿海地区，经过发掘的遗址有闽侯榕岸庄边山下层、闽侯白沙溪头遗址下层、福清东张遗址下层和福建闽清南木墩新石器时代遗址①等。文化遗物包括陶器、石器、骨器和蚌器等。陶器以夹砂陶为主，泥质陶次之。主要器形有斜沿折腹或鼓腹尖圜底釜、折腹尖圜底方柱状足鼎、下口鼓腹或折腹高领圈足壶、圈足罐、圈足碗、圈足盘等。

凤鼻头文化分布于台湾中南部海岸与河谷地区，其绝对年代在公元前2500年至公元1600年。各个时期的文化特征均出现于高雄县林园乡凤鼻头遗址，称凤鼻头文化。陶器以细质红陶、素面、刻划黑陶为主。

2. 南方地区的石峡文化

石峡文化因首次发现于广东省曲江县马坝镇石峡遗址②而得名。该遗址共分三层，下层文化遗存被命名为石峡文化③。

石峡文化主要分布在粤北北江中上游地区的马坝河、浈河和翁江沿岸，遗址类型以山岗为主，也有台地和洞穴遗址。同类遗址还有曲江县马坝狮头岩4号洞、乌石床板样、乌石狮子山、广州黄埔茶岭遗址④等等。

文化遗物包括陶器、石器和玉器等，陶器有夹砂和泥质陶两种，多呈灰褐色或灰黄色，盛行三足器、圈足器和圜底器，平底器极少见。子口器发达是该文化陶器形制的特征之一。主要器形包括盘形鼎、釜形

---

① 温松全：《福建闽清南木墩新石器时代遗址》，国家文物局主编：《2013中国重要考古发现》，文物出版社2014年版，第10页。

② 广东省博物馆、曲江县文化局：《广东曲江石峡墓葬发掘简报》，《文物》1978年第7期。

③ 苏秉琦：《石峡文化初论》，《文物》1978年第7期。

④ 国家文物局：《2018中国重要考古发现》，文物出版社2019年版，第31页。

鼎、盆形鼎、釜、圈足或圜底罐、壶、瓮、三足或圈足盘等。器表装饰以素面为主，纹饰以绳纹、刻划纹、附加堆纹为主。生产工具主要有长身弓背两端带刃的镬、锛、有肩石铲、凿等。武器有石钺和石镞等。玉石器有琮、璧、瑗、璜、环、玦等。

石峡文化可分为三期，绝对年代在公元前 3000—前 2000 年。

3. 云贵高原的龙山时代诸文化

云南的新石器文化不是单一的文化。就目前已经发掘的材料来看，大体可以划分为下列几个地区：洱海地区、金沙江中游地区、滇池地区。另外，在澜沧江上中游地区和滇东北地区，也分布有新石器时代文化。

（1）洱海地区新石器时代文化

这一地区的新石器文化可以宾川白羊村遗址为代表。考古工作者对该遗址曾作过发掘，出土遗迹与遗物较为丰富。遗址下层经过碳十四测定，年代为距今 4000 多年。

文化遗迹有居址、灰坑和墓葬等。生产工具也是以石器为主，皆为磨制，有长条形石斧、梯形石锛、柳叶形石镞和较多的新月形弧刃穿孔石刀等。陶器以砂质褐陶最多，砂质灰陶次之，器表饰划纹、绳纹、点线纹、篦齿纹等。盛行圜底器，有侈口圜底釜、敛口卷沿圆腹罐、小口深腹罐、敛口钵等。

发掘中除发现有许多石农具外，在部分窖穴内还发现有大量灰白色粮食粉末和稻谷、稻秆等遗存。另外还有许多牛、猪、狗、兔、羊、鹿、野猪、龟的遗骸。

其社会经济状况是以种植水稻的农业生产为主，兼营畜牧与狩猎。

（2）金沙江中游地区的新石器文化

元谋大墩子位于金沙江南岸的高原盆地中，是近年来云南滇中地区发掘面积较大和遗迹与遗物比较丰富的一处遗址，它也许代表着分布于金沙江中游及其支流地区的一种新石器文化。遗址分早晚二期，早期碳十四测定年代为距今 3000 多年。

文化遗迹有村落居址、房基、灰坑和墓葬等。生产工具以石器为主，少量骨、角、蚌器。石器以磨制为主，也有少量打制石器。石器有扁体石斧、石锛、扁长条形石凿、扁新月形（或长条形）双孔石刀、柳叶形石镞和石球、石杵、石纺轮和打制的刮削器等。还有骨角质的锥、凿、镞和蚌镞及有孔的蚌刀。陶器以砂质灰褐陶为主，另有少量砂质红陶、砂质橙黄陶、泥质红陶等。陶器的制法以泥条盘筑为主。器形以罐最多。

在大墩子遗址中曾发现有大量炭化的稻谷颗粒，窖穴内堆积有谷糠与禾草类粉末等遗存，稻遗存经鉴定属于粳稻。遗址中还有大量与饲养和渔猎有关的猪、狗、牛、羊、鸡、鹿、麝鹿、豪猪、野兔、松鼠、黑熊、猕猴等动物骨骼以及蚌、鱼、田螺壳等遗骸。

其经济生活特征为：以种植水稻为主，饲养猪、牛等家畜，并从事狩猎、捕鱼和采集。

（3）滇池地区

从1953年起，在滇池周围连续进行了几次调查，发现了新石器文化多处。经过试掘的有晋宁石寨山遗址和昆明官渡遗址。多数遗址有一个明显的特点，即存在较厚的螺蛳壳堆积。有的厚达8—9米。滇池新石器文化年代未经测定，关于它的年代有待今后更多材料出土才能揭晓。

其生产工具以石器为主，也有少量骨、蚌、陶器。石器有斧、双肩石斧、梯形石锛、亚腰石铲、锥、镞等。还有骨锥、骨铲和有孔蚌刀。另有陶纺轮、陶弹丸和陶网坠等。陶器主要是一种泥质红陶，火候甚低，手制，制作时用谷穗或谷壳作垫，故器物上能看到谷壳的痕迹；器身少见纹饰；器形简单，有小碗、盘、钵等，特征是凹底浅壁。

在部分陶器的内外壁与胎质内还发现夹杂有稻谷壳、稻谷穗芒等遗痕。据陶片上的谷壳痕迹来看，其品种也是一种粳稻。

新石器时代滇池周围的居民以经营原始农业为主要生活来源，兼有渔猎与采集，当时人们要在滇池中捕鱼和捞螺作为食物的补充，大量螺壳堆积即是当时人们食后所遗。

4. 西南地区的曲贡文化

曲贡遗址位于拉萨市北郊5000米的曲贡村附近，海拔3685米。发掘出的主要遗迹为灰坑，个别灰坑中还出土人头骨。出土物十分丰富，为石器、骨器、陶器；石器为大型打制石器和细石器、磨制石器，大型打制石器数量较多，在许多石器上涂有红色矿物颜料。和曲贡遗址相同的遗存，还有拉萨市堆龙德庆县德龙查遗址、山南地区琼结县邦嘎遗址和贡嘎县昌果沟遗址。上述遗存分布在雅鲁藏布江中部，因文化面貌独特，命名为曲贡文化。其时代为距今约3700年的新石器时代晚期。

（1）拉萨曲贡遗址的出土物有打制石器、磨制石器、骨器和陶器。打制石器较多，器形有刮削器和砍砸器，及少量的石铲和网坠。磨制石器较少，器形有斧和锛。骨器有针、钵、匕、镞等。陶器有夹砂和泥质两种，陶色有灰、褐、黑三种。器表多素面磨光。制法为手制，出现慢轮修整。器类有罐、钵、豆、壶等。曲贡遗址还出土石磨盘、齿镰等工具，显示其是一处新石器时代的农耕遗址；但曲贡遗址尚未确切报道有何农作物遗存。

（2）昌果沟遗址位于西藏山南地区贡嘎县果乡昌果沟，分布在雅鲁藏布江北岸的一个支沟——昌果沟内，遗址海拔3570米。1994年7月对其进行了考古发掘，出土了包括打制石器、磨制石器、陶器、骨器在内的丰富的考古遗存。经木炭取样的碳十四年代测定，其树轮校正的上限年代为公元前1370年，为距今约3500年前后的新石器时代晚期遗存。

昌果沟遗址发掘的重大成果是，科学家在灰坑内的烧灰中发现并采集到一批新石器时代的农作物遗存——农作物种子炭化粒。这批农作物遗存，除部分燃烧前已击碎的炭化果核外，较大粒的多类似于麦类的种子，子粒小的则均类似于粟的种子，另有少量其他植物种子的炭化粒以及部分难以划分类别的炭化种子。经鉴定与研究，已确认遗址内的农作物遗存以青稞和粟的炭化粒为主，在大量青稞种子炭化粒中混杂有少数几粒小麦种子的炭化粒。除麦与粟的种子炭化粒外，其他植物种子的炭化粒均很少见。

昌果沟遗址内发现粟的农作物遗存是整个青藏高原上首次发现的一处青稞与粟两种粮食作物并存的新石器时代遗址。"昌果沟遗址无论对青稞或粟以及对青稞与粟的并存而言，都可以认为是前世界上海拔最高的新石器时代农耕遗址，它表明除传统农作物青稞之外，粟肯定是西藏高原上长期广泛栽培过的一种作物，这对于全面把握西藏高原的史前农耕与栽培植物起源演化历史均具有重要的意义。"

（3）曲贡文化的经济以农业为主，农作物为青稞、粟、小麦等，饲养的家畜有牦牛、羊、狗等。狩猎业也很发达。曲贡文化的人们有在石头上"涂红"的习惯，对猴、鸟等崇拜。发掘者认为曲贡遗址灰坑中有人头骨，为"人祭坑"，与"祈求丰产或报祭地母有关"。这种农耕文明的存在，反映了农业在经济生活中的重要地位及人们对农业的重视。

5. 东北地区的昂昂溪文化

昂昂溪文化是指以梁思永和路卡徐金在昂昂溪五福Ⅲ号沙丘发现的M1和M2为代表的遗存，主要分布在嫩江及松花江流域。昂昂溪文化的特征表现为，该文化墓葬均为长方形土坑竖穴墓，无葬具。流行单人仰身直肢葬，随葬品较少，多以石器、骨器、陶器为基本组合。陶器种类单一，形制变化小，以罐、钵、盆为基本器类。其中尤以直口罐、圆腹圜底罐、带流盆和平地钵最具特色。器表流行附加堆纹，刻划纹较少。骨器磨制精细，具有标志意义的骨器为单排倒刺穿孔鱼镖、曲柄骨枪头和侧边带凹槽的骨刀柄。工具中以压制石器最具特点，器类主要以三角形石镞、石叶、刮削器、尖状器、切割器和石片为主。

二　龙山时代的城址

龙山时代的城址早在新中国成立前已有零星发现，1977年河南登封王城岗遗址肯定了在龙山时代已经出现了城址，引来学术界不小的震动。随后，龙山时代的城址发现的数量不断增加，发现龙山时代城址的地区由黄河中下游扩展到长江流域和北方地区，目前，已经多达80余处，而且城址的规模也不断突破，最初只有数万、十多万平方米，不久见到三五十万甚至一百多万平方米，目前，已有数座城址的面积达300万甚至更大的面积。

（一）龙山时代城址的分类

龙山时代的城址大小有别，有的仅仅带一周围墙的土围子，也有数十万平方米的中等城址，更有百万以上平方米的"王城"，王城内不仅有豪华的宫殿，往往还包括高级大墓——王墓。

从功能上看有带围墙的土围子、地方性中心城址和王都城址至少三类城址。龙山时代城址从营造材质方面可以归纳为石城、土城和水城三大类。尤其值得重视的是石峁城址的皇城台、陶寺文化的宫城和良渚文化城址与水坝。

石峁城址由"皇城台"、内城和外城构成，城外有哨所等城防设施，城内面积逾400万平方米，结构清晰、形制完备、保存良好，是目前中国发现最大的史前城址。城址初建于4300年前后，沿用至距今3800年前后。城墙依山势大致呈东北—西南分布，面积约210万平方米，外城利用内城东南部墙体再向东南方向扩筑一道弧形石墙形成封闭空间，城内面积约190万平方米。内、外城各发现四座城门，城外还分布着具备预警功能的"哨所"类建筑。在外城东门址发现了内瓮城和外瓮城。这将瓮城的历史又往前推了两千多年。瓮城一般与城墙同高，围绕在城门外壕之内，多为圆形或方形，主要目的是使城门不直接暴露在外，同时能多面抵御攻打进攻之敌。马面是突出在城垣外侧的一种台状的城垣附属性设施，一方面起到加固城墙本体作用，也有利于防守者观察和防御从侧面来袭击的敌人。

陶寺城址按时代分为早期和中期两个时期，年代距今4300—4000年。早期城址位于陶寺遗址东北部，平面呈椭圆形，大致呈西北—东南向，面积约56万平方米。早期城址发现有数段城墙。中期城址平面为圆角方形，城内面积约280万平方米，城的建置同早期小城一致，已发现东、南、北墙。一系列的考古证据链表明，陶寺遗址在年代、地理位置、内涵、规模、等级以及所反映的文明程度等方面，都与尧都相当契合，越来越多的学者认为，陶寺遗址很可能就是尧的都城[①]。

良渚古城遗址由宫殿、城墙、外郭组成。最中心为面积约30万平方米的莫角山宫殿区，其外分别为面积约300万平方米城墙和面积约800万平方米的外郭所环绕，堆筑高度也由内而外逐次降低，显示出明显的等级差异，形成类似后世都城的宫城、皇城、外郭的三重结构体系。同时古城北部和西北部还分布着规模宏大的水利系统和设计精巧的瑶山、汇观山祭坛及贵族墓地，在古城外围也存在着广阔的郊区。整个良渚古城系统包括良渚古城核心区、水利系统、外围郊区占地面积达到100平方千米，规模极为宏大。良渚古城以其300多万平方米的规模和等级、布局等各个方面都足以证明良渚古城是长江下游以太湖流域为核

---

① 王震中：《陶寺与尧都：中国早期国家的典型》，《南方文物》2015年第3期；何努、高江涛：《薪火相传探尧都——陶寺遗址发掘与研究四十年历史述略》，《南方文物》2018年第4期。

心的良渚文化的都城。

(二) 龙山时代城址的分群

如果从城址所在的区域划分，是龙山时代的核心区和主体区，可将迄今发现的龙山时代城址分为七个城址群：

1. 北方城址群

以石峁城址为代表，石峁城址位于陕西榆林市神木市高家堡镇，地处黄土高原北端的黄河西岸，石峁城址初建于公元前2300年前后，废弃于公元前1800年前后，面积达400万平方米以上，是中国已知规模最大的龙山时代晚期城址，被誉为"石破天惊"的重要考古发现。[1]

石峁遗址是以"皇城台"为中心、内城和外城以石砌城垣为周界的一座罕见大型石头城，气势恢宏，构筑精良，城垣结构清晰，城门、墩台、马面、角台等附属城防设施形制完备、保存良好。调查结果显示，"皇城台"为大型宫殿及高等级建筑基址的核心分布区，三面临沟，仅北侧偏东有一窄梁通往外界。台顶面积约8万平方米，分布有成组的建筑基址，北侧还有"池苑"遗迹。内城将"皇城台"包围其中，城内密集分布着大量房址、墓葬及手工业作坊和"池苑"、大型高台建筑等，城墙依山势大致呈东北—西南分布，面积约210万平方米，外城利用内城东南部墙体再向东南方向扩筑一道弧形石墙形成封闭空间，城内面积约190万平方米。内、外城各发现四座城门，多数城门地表仍可见墩台、瓮城等石构建筑，城外还分布着具备预警功能的"哨所"类建筑。

2. 黄河中游城址群

以陶寺城址为代表。陶寺城址是目前发现的黄河流域史前最大的一座城址。陶寺城址平面应为圆角长方形，方向312°。最内侧北墙Q3与内侧南墙Q6之间长度约1725米，中间一道北墙Q2与外侧南墙Q6之间长度约1800米，最外侧北墙Q1与外侧南墙Q5之间长度2150米，南墙Q6即城址的宽度约1500米。

Q4东墙长1660米左右，宽8—9米。IT1、IT3中，Q4地基平坦，无墙基槽，其建筑方法为先在内外两侧分段板筑夯土挡土墙，每段长约

---

[1] 陕西省考古研究院等:《陕西神木石峁遗址》,《考古》2013年第7期。

1.4米、宽0.8—0.9米、残高1.5米。挡土墙夯土质量高，夯窝直径约0.05米。夯层厚0.1—0.25米。IT3、Q4东外侧墙根保留夹板筑痕迹，每条板痕宽0.25米、长1.4米。两侧挡土墙打好后，再于挡土墙之间填土踩踏或夯砸形成墙芯。墙芯填土比较坚实，分层明显，每层厚0.05—0.25米。Ⅰ区探沟所揭露的Q4墙体均被陶寺文化晚期地层和灰坑所叠压或打破。墙体中包含陶寺文化中期的陶片，可辨器类有单把鬲、釜灶、扁壶、折肩罐等。墙体又叠压着陶寺文化中期的地层或遗迹，故Q4年代当始建并使用于陶寺文化中期，于陶寺文化晚期被废弃。

新发现南墙两道，外侧（南侧）一道编为Q5，内侧（北侧）一道编为Q6。Q5与Q4连接，近于曲尺形，总长约875米。Q6位于Q5的北侧，二者大致平行，相距200米。在Q5向北曲折部位，二者相距约100米。Q6的东端向Q5靠拢，尽头处相距约10米。Q6西端到达宋村沟边。Q6长度约1550米。Q5、Q6宽度接近，均在8—9米。在城址东南部Q5、Q6之间，还钻探出一堵方向与Q6垂直的墙，编号为Q7，其北端与Q6相接，长度可确定部分约长50米；其南端距Q5约150米。

陶寺城址结构布局较为复杂，夹板石砸夯土的主要建筑方法比长江中游屈家岭文化古城的堆筑法进了一大步，但是落后于夏商时期城垣和夯土台基集束棍夯法，这些都说明陶寺城址正向城址发展的高级阶段迈进。另一方面，陶寺城内外已发现有红铜铃与砷青铜齿轮形器，朱书"文字"，分级墓葬包括大型"王墓"，礼乐重器包括"土鼓"、鼍鼓、特磬等多种与文明起源密切相关的物质遗存。大型窖穴的存在暗示陶寺城址内大型仓储功能区的存在，这是早期国家所应当具备的功能区。大型窖穴废弃堆积中出土的精美刻花白墙皮和高质量的夯土及墙皮，都说明城内有高等级的夯土建筑。

3. 黄河下游城址群

以城子崖城址为代表。龙山文化城址平面近方形，东、西、南三面城垣较完整，北面城垣弯曲并向北外凸。城垣拐角呈弧形。城内东西宽约430米，南北长约530米，面积约20万平方米。残存的城墙深埋于地表以下2.5—5米，残厚8—13米。城墙大部分挖有基槽。城墙夯土结构有两种：一种用石块夯筑，一种用单棍夯筑。发掘者认为城子崖龙山文化城是中国东方某一方国的中心。

4. 淮河下游城址群

以藤花落城址为代表。藤花落城址位于江苏省连云港市中云办事处西诸朝村南部，南云台山和北云台山的谷地冲积平原上，海拔高度6—7米。藤花落城址由内外两道城垣组成。外城平面呈圆角长方形，由城墙、城壕、城门等组成，面积约14万平方米。南北长435米、东西宽325米、城周1520米。墙宽21—25米、残高1.2米，由堆筑和版筑相结合筑成。内城有城垣、道路、城门和哨所等。内城平面呈圆角方形，面积约4万平方米。南北长207—209米、东西宽190—200米，城周806米。墙宽14米、残高1.2米，主要由版筑夯打而成。内城墙体夯土中均发现非常密集而又粗壮的木桩。整个内城墙的建造，耗费的木桩数以万计。外城为生产区，外城垣有明显的防洪功能。内城为生活居住区。在内城里发现30多座房址，分长方形单间房、双间房、排房、回字形和圆形房等各种形状。门大多朝向西南，与现代民居方向一致。房址有等级区分。其中最大的一座平面呈"回"字形，外间面积达100平方米，内间面积31平方米，应是一座与宗教、祭祀或其他大型集会活动有关的建筑设施。

5. 长江上游城址群

长江上游城址群以宝墩城址为代表。宝墩古城址位于龙马乡宝墩村，地貌为西北高东南低，缓慢倾斜。地面上有较为明显的土埂为新石器时代晚期人工修筑城垣，城址由内城、外城组成。内城平面呈长方形，东北—西南向，方向约45°，以东北垣、东南垣北段、西北垣北段保存较为完整，东南垣南段、西北垣南段皆残留一段，西南垣尚存一定高度，西南垣与西北垣的拐角保存较好。根据城垣计算，城址长约1000米，宽约600米，整个城址面积约60万平方米。在内城墙以外四个方向都确认有城墙或壕沟，其中东北边外城与内城城墙重合。外城墙体残存宽度15—25米，残存高度1.5—4米不等；墙体外侧壕沟宽10—15米。从平面形状看，城址大致呈不甚规整的圆角长方形，方向与内城一致，约北偏东45°城墙周长近6200米。以壕沟外侧边为界，城址面积约276万平方米。

外城分布着板凳桥、干林盘、罗林盘、刘林盘、小余林、姜河湾、沈林、罗林、刘林等9个聚落点，这些聚落点呈向心式分布于以田角林为中心聚落的内城外围。内城中心鼓墩子三组大型建筑基址分布于一条线上，呈一字排开；田角林二组大型建筑基址不在一条线上，但方向相同；蒋林（杨机坊）三组建筑呈"品"字形分布，当为统一规划的大型建筑群。

6. 长江中游城址群

以天门石家河城址为代表。石家河遗址位于湖北省天门市石河镇，地处大洪山南麓、江汉平原北部的山前地带。遗址总面积约8平方千米，是长江中游地区发现的面积最大、延续时间最长、等级最高的史前聚落群。

石家河城址平面为长方形，其中南城垣西段呈东西向，在三房湾东侧与黄金岭南侧间有一个长400米的缺口。石家河面积达120万平方米大型城址以及凤凰咀等周边十多座围绕石家河城的类似卫星的城址的出现，和石家河印信台大型祭祀场所、三房湾大型专业制陶作坊，以及肖家屋脊M7大型墓葬、持钺羽冠人物画像、陶鼓和兽面纹陶铃等，表明石家河文化已经进入文明高度发达的王国时代。

7. 长江下游城址

以良渚城址为代表。城址是良渚城址的核心，北、西、南三面被天目山余脉围合，位居三山之中。长命港、钟家港等古河道逶迤穿过这片城址，与城址内外星罗棋布、纵横交错的河流湖泊，共同形成了山环水抱的选址特征，并将城址划分出若干不同的功能区块。城址空间布局呈向心式三重结构，自内而外由宫殿区、内城与外城三组人工营造的遗存组成。

宫殿区包括位居内城中心的莫角山台地及其南侧的皇坟山台地、池中寺台地，三处地势最为高爽的台地曾是良渚最高统治者居住和活动的场所。其中，莫角山台地整体呈长方形覆斗状，东西长670米、南北宽450米，面积约30公顷，台顶与周边稻田的高差为9—15米。

莫角山台地顶部的居中部位，还矗立着大莫角山、小莫角山和乌龟山三座呈"品"字形分布的小型台基，三座台基之间，则是一个特意用砂砾和黏土夯筑形成的砂土广场，面积约7万平方米。近年来在莫角山台地顶部共发现35座房屋基址，其中7座位于大莫角山台基上，4座位于小莫角山台基上。这些房屋建筑的体量和规模，体现出只有宫殿与神庙才配有的恢宏气势。

外城位于内城外围，面积约500公顷，由17处断续分布的人工营造台地构成。这些台地主要是墓地与居址复合的遗址,其中长垄状的扁担山、和尚地、里山、郑村、高村、卞家山等台地,断续相连,基本跟内城北、东、南三面城墙保持平行,从而构成了外城半闭合的轮廓框架。其中,美人地台地考古揭示出临河而居的村落景观,以及人工河道两侧用木板精心构建的护岸设施。卞家山台地则是一处包含房屋居址、部族墓地、水岸码头、河沟埠头等复杂内涵的临水而居的聚落遗址。

外围水利系统由谷口高坝、平原低坝和山前长堤等人工堤坝遗址,由相关的山体、丘陵、孤丘以及天然溢洪道等自然地形组成。整个水利系统通过11条人工堤坝与山体、孤丘等构成了高坝区和低坝区上、下两级系统。谷口高坝与相连山体形成高坝系统,山前长堤、平原低坝与相连的山体、孤丘形成低坝系统,它们与具有溢洪功能的山体间的天然隘口,构成了较为完整的水利体系。整个水利系统东西两端相距11千米,南北相距5.5千米,总占地面积76.2公顷,堆筑的总土方量达288万立方米。

三 龙山时代的建筑

(一)房址与水井

在数处河南龙山时期遗址清理出成批房址,为研究不同类别的聚落构成和当时的建筑工程技术等提供了新材料。

如河南淮阳平粮台城址(1979—1980年),城门处专设门卫房及在其路土下埋设陶排水管道,城内高台基址上建造有土坯排房。淮阳平粮台城内夯土台基上建有土坯墙排房,南城门内两侧建有门卫房,并在南门道下埋设陶质排水管道。

郾城郝家台城址(1986—1987年),城内发现成排房基,有的还铺木地板。

河南汤阴白营遗址,发现40多座圆形房址,普遍为白灰居住面,排列较整齐,还首次发现叠置46层"井"字形木框护架的深水井。

安阳后冈遗址,集中清理出39座河南龙山时期房址,多属地上圆形白灰面的房址,除垛泥墙、木骨垛泥墙外,又新出现土坯墙,还发现在房址附近或房基下用儿童奠基的现象。

王油坊遗址发现四连间房子、单间方形房子和土坯墙圆房,有的房基下以儿童、成人作奠基牺牲；还发现小型石灰窑、石灰坑和石灰膏等遗迹遗物。

煤山遗址，发现有连间房址、陶窑与相邻的水井、附有铜液（青铜成分）的坩埚残片等。

（二）窑洞

窑洞建筑在岔沟、白燕、陶寺等遗址都发现过，其中以岔沟发现的19座早期横穴式窑洞最典型，平面多呈"凸"字形，穹隆顶，分居室、门道和门槛几部分，有的居室内还有一两个柱洞，有的门外还有一片平整的院落。F5保存较好，居室平面略呈椭圆形，面积10余平方米，居住面为白灰面，中央有一圆形灶坑，四壁向内拱曲成穹隆顶；门道在居室南面，门道和门之间横放一块石板作为门槛，门前有二级土台阶；门外到断崖边有东西宽约6米，南北长约2.7米的一片院落。这样的窑洞复原后为穹隆顶的窑洞。岔沟发现的窑洞均位于较陡的黄土坡上，三五成群地排列在一起，上下高差六七米，构成一处窑洞村落。窑洞由于修建简便，不需要什么建筑材料，既能挡风避雨，又冬暖夏凉，因此成为黄土高原地区人们所喜爱的建筑形式一直流传至今。岐山双庵遗址，有少数的半地穴式方形的内外套间房屋，普遍涂抹白灰面。还发现并列的3座半窑洞半起墙（前墙）式房址，分别筑有夯土围墙形成相邻的两个院落建筑。

（三）宫殿及宫城

中心城址和宫殿性质建筑突出的如新密古城寨、淮阳平粮台、连云港藤花落等城址。

新密市古城寨城内发现在夯土台基址上有三面庑廊呈"凹"字形的大型宫殿建筑，另有封闭式的大型廊庑，已发现一段长度60余米。

连云港市藤花落城址分小城、大城，小城的主路路面专用多层料礓间隔黄灰砂土铺成，两侧还开出路沟。小城一处夯土大台基上建有"回"字形廊式房址和附设挑檐柱的房址，规格都较高；夯土台下就近的数座房址工程做工，也明显优于城内另一部分的房址。

山西襄汾陶寺早期城址面积56万平方米，城内南部有多座夯土建筑，包括上层贵族大墓在内的墓地设在城外南部。中期城址扩大至280

万平方米，这是中国目前最大的史前城址。

湖北天门石家河城址面积120万平方米，城内外发现有多处居民点房屋建筑、手工业生产遗存、祭祀性遗迹、墓地等，几类地点的主要功能各有不同。

余杭良渚遗址群在约50平方千米范围内有遗址（点）130多处，在整个良渚文化中实属高端权力中心的"首府"性质的要地，包括有高规格大型建筑遗迹的中心地莫角山，一批村落遗址并形成几个群组，在人工堆筑土墩上营建的最高贵族专用墓地反山，利用小山丘顶修建的祭坛兼贵族专用墓地瑶山、汇观山，以及一般中小型墓地等。

四　龙山时代的国王级别的"王墓"

（一）陶寺文化的大墓

陶寺文化墓地位于山西省襄汾县，遗址总面积达300多万平方米。陶寺早期的王族墓地位于宫城外东南，约有上万座。已发掘清理的千余座墓葬表明，当时的阶级分化已经相当明显。大型高等级墓葬内，可见棺底铺满朱砂的木棺、丰富而精致的陪葬品。其中，陶寺遗址有6座陶寺文化早期的"一类甲型"大墓，墓室面积七八平方米，原来应有二层台和木棺，但基本都被毁坏，有大量珍贵物品随葬。以M3015为例，面积约8平方米，有木棺，遭破坏后残存随葬品200多件，包括彩绘鼍鼓、陶鼓、石磬、玉钺、V形石厨刀、彩绘陶壶、彩绘木豆、木俎、彩绘木仓明器，以及猪骨等。其他此类大墓还出土彩绘蟠龙纹陶盘等重器。

陶寺文化的大墓，随葬品十分丰富，既有大量玉器、彩绘陶器、彩绘木器等珍贵器物，也有不少普通实用陶器和猪骨，饮食共存，礼乐互见，富贵并重，与其他中原龙山文化的情况有显著区别。

（二）山东龙山文化的大墓

山东临朐发掘出两座规模罕见的龙山文化大型墓葬，M202和M203。M202墓底距地表2.02米，墓深2—2.1米，墓室为长方形，东西长6.68米，南北残存宽度2.2—3.15米，该墓为一棺一椁，椁呈长方形，墓中发现大量彩绘、随葬品。M203位于M202东北约3米处。

墓室长方形，东西向。墓底距地表1.72—1.85米，墓深1.48—1.72米。东西长6.3—6.44米，南北宽4.1—4.55米。该墓为重椁一棺。外椁、内椁皆呈"井"字形。墓中随葬品十分丰富，具有大量彩绘遗迹。

（三）良渚文化的大墓

1987年发掘瑶山祭坛与大墓复合的山顶遗址，顶部平面呈"回"字形三重土色结构，12座墓葬分为南北两列。其中以M7随葬品最为丰富，位于红土台南端，深至生土。长方形竖穴土坑墓，墓坑长3.2米，宽1.6米，深0.64—1.3米。坑壁较直，墓内填灰色斑土，发现有残留的人头骨，头向朝南，出土随葬品160件（组），玉器多达148件（组），种类为琮、钺、三叉形器、锥形饰、冠状饰、带钩、串饰等。另外还有石钺3件；陶器4件，组合为鼎、豆、罐、缸；镶玉漆器1件，鲨鱼牙4枚。

反山人工高土台墓地，11座大墓随葬器物1200余件（套），90%以上为玉器。其中M20，墓坑长3.95米，宽1.96米，深1.32米。坑壁较直，墓内填灰色斑土，发现有残留的人头骨，头向朝南，陶器2件、石器24件、象牙器9件、鲨鱼牙齿1枚、玉器170件（组），出土随葬品547件，该墓地大墓规格和等级在迄今已知整个良渚文化墓地中是最高的。

五 龙山时代的文字

刻划记号曾见于龙山文化和良渚文化的遗存中。

（一）中原龙山文化的文字

河南永城王油坊上层属造律台类型的陶器中曾发现两例刻划符号。一件为碗，外壁划有交叉和一竖道符号。另一件为高领罐口，肩上刻有五个"五"字形符号。

新砦遗址龙山文化时期的陶器上发现有陶文"五"。为圈足盘，泥质磨光黑皮陶盘内刻有类似汉代五铢钱的"五"字，大口，尖圆唇，浅弧腹，盘底较平，粗阁足下部略收，底端外鼓。

（二）陶寺文字

陶寺晚期的一件扁壶，正面鼓腹部朱书一字符，酷似甲骨文和金文中的"文"字。背面另有一个朱书字符，如何释读，有多种说法。有学者释读为"易"，也有学者释读为"邑"，还有的学者释读为"尧"。尽管存在分歧，但学界普遍认为这是与甲骨文最接近的文字。近年来我们又在陶寺宫城内发现另两件陶寺晚期扁壶残片朱书"尧"字的残笔①。

（三）山东龙山文化的文字

山东章丘城子崖。一例为一陶碗，外面刻竖形符号和"×"形符号；另一例为一高领瓮，肩上刻五个"五"符号②。

"丁公陶文"指的是在山东省邹平县丁公龙山文化遗址中发现的，文字刻在一件泥质磨光灰陶大平底盆底部残片的器内面，计有5行11个字。这块陶片长4.6—7.7厘米、宽约3.2厘米、厚0.35厘米。右起一行为3个字，其余4行每行均为2个字。这些刻文笔画流畅，独立成字，刻写有一定章法，排列也很规则，已经脱离了符号和图画的阶段。文字中除一部分为象形字外，有的可能是会意字，表现了一定的进步性。

对于丁公陶文的解读，均采用了与后代文字相比较而加以隶定释读的方法。冯时先生认为，"丁公陶文是古彝文，"并将全文释写为："魅卜，阿普渎祈，告。吉长，百鸡拐爪……"其性质为"招祖护佑，驱邪求吉的卜辞"③。

（四）良渚文化的文字

良渚文化目前共发现750多个刻符，340多种类型。有单个符号，像花、鸟、龙虾、鳄鱼，还有类似咬了一口的苹果那样的符号。其中，

---

① 何努：《陶寺遗址展示的古代文明》，《人民日报》2022年7月23日第8版。
② 中国社会科学院考古研究所河南二队等：《河南永城王油坊遗址发掘报告》，载《考古》编辑部编辑《考古学集刊》5，中国社会科学出版社1987年版，第79页。
③ 冯时：《山东丁公龙山时代文字解读》，《考古》1994年第1期。

庄桥坟遗址是目前良渚文化遗址中发现刻划符号最多的一处遗址，在242件器物上发现了刻符，在符号总数上占了近三分之一。它们大部分发现于陶器上。石器上共有7件刻有符号，刻文石钺两件。其中一件石钺的A面，也就是6个符号排成一排的"句子"，可以有多重的释读顺序。

在江苏高邮市龙虬庄遗址，一块磨光的黑陶残片上，也有排列成行的8个符号，年代比丁公陶文略晚。

（五）石家河遗址邓家湾陶缸刻符

石家河遗址群的刻划符号最早发现于1987年，迄今已在肖家屋脊、邓家湾两个遗址点共发现约55个。对于这些符号，有的像号角，或像石钺或玉钺的，似与军事有关；有的像石镰，当与农事有关；还有的像高柄杯或红陶杯中插一小棍的，似乎与祭祀有关。这些符号大多以简单的直线和弧线勾勒而成，看起来以象形为主，但又颇有点写意的味道。应当说，石家河发现的刻划符号与文字有密切联系，已初步具备原始文字的特征。

文字的统一将不同的族群连接成一个伟大的民族，随着岁月的变迁，天下分分合合，但"书"必"同文"成为顽强的文化原则，也成为华夏儿女割不断的纽带。

六　龙山时代的铜器

龙山时代铜器的发现，主要集中在三个区域：一是黄河上游的西北地区（含新疆），二是黄河中游的中原地区，三是黄河下游的海岱地区。在湖北和安徽也有零星的铜器与冶炼遗物出土。

（一）西北地区的铜器

西北地区早期铜器的发现地点和数量多，种类多样，以各种小型装饰品、小型工具、铜镜以及权杖头等宗教仪仗用品为特征，但不见礼乐器、容器出现。主要有甘肃东乡林家的马家窑文化铜刀（公元前2740年）1件，为铸制锡青铜，同时出土有"铜碎渣"，推测系采用铜铁氧化共生矿冶炼未成功的遗物。马厂文化（公元前2300—前2000年）的铜器3件，分别为出土于甘肃永登蒋家坪的铸制锡青铜刀、酒泉高苜蓿地的铸造红铜块和照壁滩的锻造红铜锥。齐家文化（公元前2200—前1800年）发现铜器已超过130件；出土铜器的地点相当广泛，重要的遗址有甘肃广河齐家坪和青海贵南尕马台等十余处。近期属齐家早期的青海同德宗日等齐家文化遗址也发现有砷铜的存在。

（二）黄河中游的中原地区

山西襄汾陶寺遗址有陶寺文化中期（公元前2300—前2100年）的铜环、铜容器残片各1件，陶寺文化晚期（公元前2100—前1900年）的铜铃、铜齿轮形器各1件。经检测，铜环、铜容器残片和铜铃为红铜，前者应为单面范铸造而成，后两者为复合范铸成，铜齿轮形器为铸制砷铜。较多砷铜的出现则可能反映的是有意选择含砷的铜矿石用来冶炼，这却是人们开始认识砷、锡、铅等金属元素及合金物理属性的第一步，是青铜冶铸技术的认识基础。

河南登封王城岗遗址四期（公元前2050—前1990年）出土1件铜容器残片，系铸造锡青铜。郑州董砦和开封杞县鹿台岗遗址分别发现1件铜片和2个疑似小刀残片及与冶炼有关的遗物。周口鹿邑栾台遗址出土铜块1件。另外，在山西曲沃东白冢出土的陶寺文化坩埚片，系铸造遗物。河南临汝煤山遗址的坩埚残片若干，经检测属于冶炼红铜的工具。郑州牛砦遗址的坩埚残片若干，经检测应用来冶炼铅青铜。新密古城寨遗址发现有熔炉残块。

在淮阳平粮台遗址发现铜渣1块，年代约公元前2300年。

（三）海岱地区

黄河下游的有大汶口遗址一件小骨凿上的附着铜绿，年代为公元前3000—前2600年，属大汶口文化晚期。该铜绿含铜为9.9%，可能是铜器加工的遗迹。山东龙山文化（公元前2300—前1800年）发现铜器和铜炼渣的遗址有若干处。

此外，在湖北和安徽也有零星的铜器与冶炼遗物出土。这些区域铜器的特点主要有以下三点：一是出土数量极少，齐家文化较多些；二是种类以工具及武器为主，极少见铜容器；三是以红铜为主，铸造技术以锻造为主，少见合金铜器与范铸而成。

七　龙山时代的礼制

山西芮城清凉台墓地、山西襄汾陶寺文化墓地、山东龙山文化西朱封大墓等，都是具有礼制色彩的高等级墓葬。最近，在河南平顶山市叶县余庄遗址，发现了距今 4000—4500 年的龙山时代的较大型墓葬，其中 10 号墓，随葬陶器 33 件，即陶豆、瓠、碗等，制作精美，排列有序，器类成组，呈现出鲜明的礼制色彩。

玉礼器制度更是良渚文化的宗教物化形式。琮、璧、冠形器、三叉形器、锥形器、璜、牌形器等均为宗教礼仪专用的礼器。这些重器在不同等级墓葬中的种类、数量、质量都有差别。最高等级墓葬中各种礼器具备，且制作精良，其他各等级墓葬随等级的降低，礼器的规格也降低。

八　龙山时代的宗教

（一）北方地区

在北方地区发现的原始宗教遗存，以内蒙古中南部河套地区的一些石城内或石城外的祭祀性建筑址最为重要。如凉城岱海西南部的板城遗址西北岗梁上的 5 个方形石堆①，准格尔旗寨子圪旦石城内的"品"字形祭坛址等②。有学者认为这些祭坛或为"社"，应是氏族或部落的祭祀场所和集会中心。③

小河沿文化出土的陶尊的刻划龙纹。尊在小河沿文化中见有报告的 10 件。虽然数量少却是小河沿文化的典型器类。主要集中于南台地遗址（F2∶16、F4∶1）、大南沟石棚山墓地（M20∶2、M32∶11、M56∶1、

---

①　田广金：《内蒙古长城地带石城聚落址及相关诸问题》，载张学海主编《纪念城子崖遗址发掘 60 周年国际学术讨论会文集》，齐鲁书社 1993 年版，第 119 页。

②　王大方、杨泽蒙：《内蒙古中南部史前考古又有新发现》，《中国文物报》1999 年 6 月 6 日第 1 版。

③　于锦绣：《大青山西段莎木佳、黑麻板、阿善村落和祭坛遗址》，载于锦绣、杨淑荣主编《中国各民族原始宗教资料集成·考古卷》，中国社会科学出版社 1996 年版，第 91 页。

M77∶3)、石羊石虎山遗址与白音长汗遗址（AT23）。其形制特点是长颈、颈口外侈、腹部较浅且直收、颈部与腹肩部之界限不十分明显大多有双耳在颈部与腹肩部之间。尊形器是小河沿文化分布区中赵宝沟文化代表性器物。赵宝沟文化陶尊与小河沿文化陶尊相比颈部较腹部深、腹部鼓圆、器腹与颈部的分界明确、没有双耳。而颈部的演变趋势是由敛口渐变为直口，小河沿文化敞口陶尊符合这一发展变化的趋势、应当是赵宝沟陶尊的继承者。

黄河上游发现的这一时期的原始宗教及习俗遗存，重要的有青海民和阳山马家窑文化半山、马厂类型时期的墓地祭祀坑①，乐都柳湾彩塑人像彩陶壶②，齐家文化的卜俗、石圆圈祭坛和以男性为主的男女合葬墓、人殉墓等。

（二）中原地区

河南杞县鹿台岗遗址位于黄淮平原的中部，现今海拔只有56米，附近百千米之内没有高山，在古代，这里是沼泽地带，古济水、黄河及其他河流经常泛滥成灾，对这个地区造成极大的危害。面对如此恶劣的生存环境，龙山时代的鹿台岗先民是无能为力的，只有对大自然进行祭祀，祈求上天、大地的恩惠，因此祭祀建筑应运而生。其中较具代表性的是1号遗址。

1号遗迹高出当时的周围地面约1米，是一内墙呈圆形、外墙为方形、外室包围内室（圆室）的特殊建筑。其中内墙直径4.7米，墙宽0.2米，在其西面、南面各设有门道。圆室内有一呈东西—南北向的十字形"通道"，宽约0.6米，土质坚硬，土色为花黄土，与房内地面呈灰褐色土迥然不同。此外，十字形通道的交叉点附近有一柱洞，西门一侧也有柱洞。外墙略呈圆角方形，墙宽0.2米，仅存东、西、南三面墙，在其西墙和南墙中部亦各有一缺口。由于外室西墙缺口恰与内室西门及十字形通道的西端呈直线相通，且三者宽度相同；同样，外室南墙缺口又与内室南门及十字形通道南端在一直线上，且三者宽度也相同；

---

① 青海省文物考古研究所：《民和阳山》，文物出版社1990年版，第146页。
② 青海省文物管理处考古队、中国社会科学院考古研究所：《青海柳湾——乐都柳湾原始社会墓地》，文物出版社1984年版，第1页。

还由于内室和外室的中心点亦相同，故知内、外室及十字形通道应属同一时期的建筑。

（三）黄河下游

黄河下游发现的龙山时代的原始宗教及习俗遗存，重要的有江苏新沂花厅的人殉墓葬①，郯县三里河石块祭祀性建筑址②，莒县陵阳河、大朱村、诸城前寨、安徽蒙城尉迟寺等遗址发现的刻符陶尊等祭祀性礼器③。

江苏新沂花厅遗址1989年发掘的6座大墓中的5座，皆发现人殉现象。在M60中，墓主人是30岁上下的强壮男子，周围有60多件各类陶器，胸部有精致的玉质项饰，坑内除在其脚后殉葬着一头猪和一条狗外，在随葬品左侧，殉葬着中年男女骨架各一具。在女体的身旁依偎着一个10—12岁的儿童骨架，在他们的头上方，还有一具6—7岁幼儿骨架，在其右下侧墓坑边上又有一具侧身少年骨架。在M50中。墓主人是25岁上下的强壮男子。其脚后并排着两具儿童骨架。一具10—11岁。一具8—9岁。儿童骨架性别有待进一步鉴定。此外，M35虽主体骨架不存。脚后置10岁左右和9—11岁儿童骨架2具；M35的青年墓主脚后置一儿童骨架。M61墓主为一意外死亡的20岁女性青年。左侧偏下置一女性少年。两次发掘的八个实例。从其葬式、布局和墓区内重复出现的情况明显看出，当时部落内重要首领人物，死后用人殉已是十分通行。成为固定的习俗或礼仪。

郯县三里河遗址有两处龙山文化祭祀遗迹：一为以河卵石铺成的长方形地面，长0.9米、宽0.6米，其西南1米处，有一具完整的狗骨架，狗骨架之下，整齐地平铺着七块黑陶片。遗迹西北侧不远有一座

---

① 南京博物院：《1987年江苏新沂花厅遗址的发掘》，《文物》1990年第2期；南京博物院：《1989年江苏新沂花厅遗址的发掘》，载徐湖平主编《东方文明之光——良渚文化发现六十周年纪念文集1936—1996》，海南国际新闻出版中心1996年版，第35页。

② 中国社会科学院考古研究所：《胶县三里河》，文物出版社1988年版，第132页。

③ 山东省文物管理处、济南市博物馆：《大汶口——新石器时代墓葬发掘报告》，文物出版社1974年版，第115页；王树明：《山东莒县陵阳河大汶口文化墓葬发掘简报》，《史前研究》1987年第3期；山东省文物考古研究所、莒县博物馆：《莒县大朱家村大汶口文化墓葬》，《考古学报》1991年第2期；王吉怀：《试论大汶口文化尉迟寺类型》，载中国社会科学院考古研究所编著《考古求知集》，中国社会科学出版社1997年版，第213页。

墓。另一祭祀遗迹为河卵石铺底的园坑，外径 1.2 米、内径 0.85 米、深 0.19 米。圆坑经过了较为繁杂的加工，其底先铺一层厚 0.03 米的硬黄土，再铺一层厚 0.04—0.1 米的灰白硬土，之上又为一层厚 0.05 米的黄灰硬土，最后在上面铺河卵石块，坑壁也经过了多道工序的铺打。坑之西北 1 米处有一座基。

山东莒县陵阳河遗址墓葬内出土的 79M25：1、79M19：40、79M17：1 均在颈部发现有陶文；山东莒县大朱家村遗址的采：01、M17：1、M26：3 在腹部及近底部发现刻划图像；诸城前寨大汶口文化遗址刻有图像文字的陶缸残片。安徽蒙城尉迟寺遗址发掘的一处瓮棺葬 M96，是用两个相对的缸作为葬具，其中一件上有刻划符号，和山东莒县陵阳河墓地，大朱家村墓地出土的刻划符号相同。这个图像文字，由自上而下三部分组成，上面是一个圆圈，中间舟形或月牙形，下面是相联的五个齿状图形。三个遗址发现的这种刻划符号应该是有着联系。

（四）长江中游

长江中游地区的原始宗教及习俗，有一定的地域特色。石家河文化的宗教活动遗存，主要是在石家河城内西北部的邓家湾发现的相接成排的陶缸及其附近的火堆遗迹，出自灰坑中的数千件猪、狗、牛、羊、鸡、猴、象、鸟、鱼、人抱鱼等陶塑品，以及在城内西南部的三房湾发现的数以十万计的非实用陶杯。①

这些与宗教活动有关的遗物，数量如此之多，表明当时的原始宗教活动十分频繁。

九 龙山时代的艺术

（一）陶寺出土的鼍鼓与石磬

陶寺遗址出土的 8 件鼍鼓、4 件石磬都是陶寺文化早期墓葬的随葬品，年代相当于公元前 2400—前 2300 年。陶寺遗址仅有的 5 座早期一类大型墓葬中，共出土有 8 件鼍鼓、4 件石磬、5 件土鼓。发掘者认为

---

① 严文明：《龙山时代考古新发现的思考》，载张学海主编《纪念城子崖遗址发掘 60 周年国际学术讨论会文集》，齐鲁书社 1993 年版，第 39 页。

"由此可确证石磬与鼍鼓应为互相配合的同一组乐器,其配组方式为鼓二、磬一"。这3种乐器主要是祭祀和日常使用的礼仪乐器。这5座早期一类大型墓墓主皆为男性,除鼓磬乐器组合外,还随葬有陶制彩绘龙盘和玉钺等礼器,随葬品多达一二百件,表明5座大型墓的墓主人至少应该是部落或方国贵族首领之类的人物,而随葬这一乐器组合已经成为墓主人权力与地位的象征。从龙山文化时期到商周之际,鼓磬组合是王室、诸侯及方国首领专用的礼制重器,甚至已成为等级制度的象征。

(二) 石峁城址出土的簧

我国先秦文献的远古乐器——"簧"是一种独立乐器,多以骨或竹制成,以口腔作为共鸣器,由簧鞘、簧舌及拉线等组成,通过拨动弹性簧舌振动发出的基频音及其谐波音来演奏曲调,是汉唐铁簧、明清口琴的前身。在我国先秦文献中多有"簧"的记载,如《诗经·君子阳阳》:"君子阳阳,左执簧,右招我由房";《诗经·小雅·鹿鸣》也云:"我有嘉宾,鼓瑟吹笙。吹笙鼓簧,承筐是将。"

石峁遗址出土骨制口簧的数量达二十余件,制作规整,呈窄条状,中间有细薄弦片,一般长8—9厘米、宽逾1厘米,厚仅0.1—0.2厘米,绝对年代距今约4000年前,系目前国内所见年代最早、数量最多的口弦乐器。

(三) 新砦城址出土的陶铃

新砦遗址采集到一枚陶铃,现陈列展出于郑州市博物馆。该陶铃为泥质,器表灰黑色,陶胎较厚。俯视呈桂叶形,平顶,铃壁较直,自而下稍外侈,无底中空,底口略大于顶部。陶铃顶部沿长轴方向,有两个不规则的圆形穿孔。顶部散刻划斜线纹,四周侧壁刻划叶脉纹。高4.3厘米,顶部长10.6厘米、宽4.3厘米,底口长11.4厘米、宽5.5厘米,铃壁厚0.7—0.9厘米。在郑州地区陶铃在仰韶文化大河村类型已经出现。新砦陶铃与在陶寺遗址采集的陶铃(Ⅳ06采)的形态甚为接近。

（四）石家河城址出土的陶塑小动物

石家河文化距今4600—4300年，是长江中游灿烂辉煌的龙山时代的考古学文化。这里出土动物陶塑各种陶塑动物已有五千多件。主要有鸡、鸟、狗、羊、猪、猴、兔、貘、鳖、龟等十余种，特别是出现了企鹅、猩猩等在本地难以见到的动物。

（五）龙山文化的蛋壳黑陶杯

"蛋壳陶"通常是指一种陶胎极薄的特制黑陶高柄杯，这是仅见于山东龙山文化的一种薄胎陶器精品。蛋壳陶因其陶胎薄如蛋壳而得名，陶胎之薄，无与伦比，最薄部位多在盘口部位，一般厚度在0.2—0.3毫米，其余最厚的地方也不足0.5毫米，重则不超过70克。陶质极纯，皆为精加淘洗的细泥质黑陶，不含任何杂质，也没有任何掺料。龙山文化发现的蛋壳黑陶杯以"黑如漆，亮如镜，薄如纸，硬如瓷，掂之飘忽若无，敲击铮铮有声"而闻名于世，世界考古学界称其为"四千年前地球文明最精致之制作"。

蛋壳陶的制作工艺极为讲究，盘口、杯部及底座部分都有细密的同心圆轮纹，极致的工艺使黑陶杯独步天下。制作蛋壳陶的陶土非常细密，必须把要采用的陶土放在水中反复淘洗，去掉杂质，去粗取精，然后用快轮拉坯成型，再放入高温陶窑中烧制。蛋壳陶通体漆黑油亮，光可鉴人，且表里一致，几乎没有渗水性，足见当时烧窑的渗碳技术已掌握得十分纯熟，对火候的控制技术出神入化。在烧制的过程中，要不断地向窑内注水，产生大量的浓烟，烟中的炭粒附着在陶器表面，渗透到胚体的空隙中，从而形成内外漆黑的黑陶。这点连后世陶器生产也很难做到。

目前发现的蛋壳黑陶杯均出自龙山文化时期的大、中型墓葬中，往往被身份高贵或富有者所占有，单独摆放在墓中显要的位置，不与其他随葬品混在一起，应是供社会上层专用的一种礼器。

龙山文化的大型墓葬当中存在一套相对固定的礼器组合，它们以蛋壳黑陶杯为中心和主要代表，另外还有鼎、鬶、罐、盆、甗等，而且这些陶器大多数以单数的形式有序摆放在墓葬中，已经具有了商周时期用不同数量的青铜鼎和青铜簋来随葬以显示其身份和地位的礼仪制度的雏形。

十　中国文明的形成

　　龙山时代已经进入邦国时代，只不过邦国有大小之分，大者如良渚王国和陶寺王国，不仅拥有宫城和王城，还有宫殿基址等大型建筑及高等级遗物，小者仅有一周城垣而已。那时，天下有万国之称，国与国之间，差异明显；如中原地区的陶寺王国和石峁王国，多见的朴素的王者风范，石家河王国盛行祭祀风尚，宝墩王国城垣高筑，而良渚王国则过于奢靡。东方地区的龙山王国，城址浩大且礼器如蛋壳黑陶和纹饰繁缛的玉器造型优美，无不彰显王都风范。相比之下，城址内外，常见乱葬坑内散乱的人骨，或平民墓葬，墓葬狭小，仅能容身，不见任何随葬品，或只有一两件最常见的日用品。社会上，常见箭镞等武器，表明当时战争频仍，征伐不断，烽火连天，家无宁日。龙山时代的贫富分化严峻，城堡林立的局面，说明当时的社会正处于文明社会，可以说，中国文明已经正式形成，从此开始，中国已经迈入文明时代。

　　　　　　　　　　　　（赵春青，中国社会科学院考古研究所研究员；梁亚男，郑州市文物考古研究院助理馆员）

由多重资料所见 "封建" 看中国古代国家起源中的幽燕类型

谢乃和

关于中国古代文明与国家起源这一论题，学界近年多聚焦于从宏观层面探讨其起源过程中的内在动力、演进路径及国家形态等方面，在具体研究对象上虽突破了传统学术所瞩目的中原地区，对中国古代文明与国家起源过程中 "满天星斗" 的多个区域类型给予了较多的关注。尽管如此，学界对中国上古时期幽燕地区古族邦的国家形成及其与中原夏商周三代王权之间的关系关注仍然较少。本文有鉴于这一学术史现状，尝试从传世文献、古文字与田野考古等多重资料所见 "封建" 对中国上古幽燕地区国家起源与形成路径进行个案研究。希冀以之助益于学界对中国古代文明起源从 "满天星斗" 到 "众星拱月" 多元一体格局的深入认知，并运用中国本土概念 "封建" 来解读上古时期国家起源与形成的演进模式。

一 前封建时期幽燕地区的 "神守" 型古族邦

虞夏以前，远古中国邦族林立。这些古族邦因人口增殖或征服兼并需要常存 "别生分类"[1] 的现象。如《国语·晋语四》有 "黄帝之子二十五宗，其得姓者十四人，为十二姓"[2]，所记乃黄帝支族增殖分衍情

---

[1] 《尚书》卷3《舜典》，（清）阮元校刻：《十三经注疏》，中华书局2009年版，第278页。

[2] 徐元诰撰，王树民、沈长云点校：《国语集解》，中华书局2002年版，第333—334页。

形。又《郑语》记祝融支族自然分衍为己姓、董姓、彭姓、秃姓、妘姓、曹姓等族姓组织，① 皆为其例。此时，尚未出现以王权为主导的"封邦建国"式"封建"政治，各族邦之间也处于互不臣属的地位。因此，这一时期可称之为前封建时期。

在虞夏之际王权产生以前的前封建时期，"神守"型古国应是一种较为普遍存在的社会组织形态。《国语·鲁语下》记孔子之言："昔禹致群神于会稽之山……山川之灵，足以纪纲天下者，其守为神；社稷之守者为公侯，皆属于王者。"②《鲁语》所载夏王权的肇创者大禹在会稽山会盟古族邦，当即《左传·哀公七年》禹会诸侯于塗山时所谓"执玉帛者万国"之"万国"③，而《鲁语》谓其为"禹致群神"。所谓"群神"，应如三国韦昭注"主山川之君"④之说。章太炎先生将其进一步界定为"神国"或"神守之国"，并总结"神守"型古国的三大社会特征是不守社稷、不设兵卫、不务农战。⑤ 据先秦古书记载，"神守"型古国是王权产生前夕普遍存在的社会组织主要类型。如《尚书·尧典》就记载，虞舜继唐尧首领之位以后"望于山川，遍于群神"⑥。可见，"神守"型古国乃尧舜禹部落联合体时期普遍存在的社会组织形态。

在虞夏之际早期王权国家产生以后，这类"神守"型古国仍是诸多古族邦常见的社会组织形态。如《国语·鲁语下》中被大禹斩杀的群神之一"防风氏"和《论语·季氏》载东周时期为"东蒙主"的"颛臾"，皆是"山之神守"的例证。不惟如此，史书中还有"川之神守"的记载。如《左传·昭公元年》载："昔金天氏有裔子曰昧，为玄冥师，生允格、台骀。台骀能业其官，宣汾、洮，障大泽，以处大原。帝用嘉之，封诸汾川。沈、姒、蓐、黄，实守其祀。今晋主汾而灭之矣。由是观之，则台骀，汾神也。"⑦ 据之，自虞夏以前至春秋时，作为台

---

① 徐元诰撰，王树民、沈长云点校：《国语集解》，中华书局2002年版，第466—468页。
② 徐元诰撰，王树民、沈长云点校：《国语集解》，中华书局2002年版，第202页。
③ 杨伯峻：《春秋左传注》（修订本），中华书局2016年版，第1833页。
④ 徐元诰撰，王树民、沈长云点校：《国语集解》，中华书局2002年版，第202页。
⑤ 章太炎：《封建考》，《章太炎全集·太炎文录初编》，上海人民出版社2014年版，第111—112页。
⑥ 《尚书正义》卷3《舜典》，（清）阮元校刻：《十三经注疏》，中华书局2009年版，第266页。
⑦ 杨伯峻：《春秋左传注》（修订本），中华书局2016年版，第1347—1348页。

骀之后的沈、姒、蓐、黄诸国,一直为汾河之"神守"。可见,远古中国"神守"型是邦族林立的古族邦的普遍社会组织类型。

文献记载还表明,"神守"型古国也是虞夏之际王权产生以前幽燕地区古族邦主要的社会组织形态。据传为虞夏之际禹益所作且记录远古中国各区域山川河流和神话传说之渊薮的《山海经》所载虽不可尽信,但其存有上古时期诸多真实史影得到普遍认同。① 其中,《五藏山经》就记载了前封建时期"山神之守"在远古时期各区域古族邦广泛分布的情况,幽燕地区古族邦也概莫能外。广义的幽燕地区包括今天河北北部、内蒙古东南部及辽宁一带。据谭其骧先生《五藏山经的地域范围提要》一文所考,《山海经》中《北山经》即为幽燕地区之山川记录。② 仅以《北次三经》为例,其文载:

> 自太行之山以至于无逢之山,凡四十六山,万二千三百五十里。其神状皆马身而人面者廿神。其祠之,皆用一藻、茝瘞之。其十四神状皆彘身而载玉。其祠之,皆玉,不瘞。其十神状皆彘身而八足蛇尾。其祠之,皆用一璧瘞之。大凡四十四神,皆用稌糈米祠之,此皆不火食。③

据之,仅《北次三经》所载四十六山就分别有"廿神""十四神""十神",总计四十四神,表明上古幽燕地区与《尧典》《鲁语》所载其他区域普遍存在"群神"现象类同,均存有诸多山之神所在的"神守"型古国,《北山经》中这些神守型古国当包含先秦古文献所载幽燕地区的山戎、东胡、貉、孤竹、令支、屠何、青丘等古族邦。

新石器时代考古可证实《山海经》中所载虞夏之际王权产生前夕幽燕地区的"神守"型古国并非乌托邦式虚构。按照族群形成规律,幽燕地区史前文化遗迹应与该区域古族邦先民密切相关。目前幽燕地区已发现诸多新石器时代文化遗存,其年代上起8000多年下迄4000年左右。如新

---

① 谢乃和、杨昕玥:《〈山海经〉与东夷古史研究——以鸟崇拜为中心》,《黑龙江民族丛刊》2010年第4期。
② 中国《山海经》学术讨论会:《山海经新探》,四川省社会科学院出版社1986年版,第13—14页。
③ 袁珂:《山海经校注》,上海古籍出版社1980年版,第99页。

石器时代早期阶段的小河西文化、兴隆洼文化、新乐下层文化、小珠山下层文化，中期阶段的赵宝沟文化、富河文化、上宅文化、红山文化，晚期阶段的小河沿文化、雪山二期文化、小珠山上层文化等，可进一步划分为燕山南北地区、下辽河流域、辽东半岛南部、鸭绿江入海口及千山东麓地区等若干个子文化区，① 而这种区域文化差异实则为幽燕地区不同古族群的"镜像"。其中，红山文化是其中最为发达的一支新石器时代考古学文化，尤其是该文化晚期阶段的社会复杂化达到了一个相当高的程度，形成了玉礼制的雏形、祭祀中心为代表的社会分层以及较为复杂的聚落等级。② 某种意义上，红山文化是远古中国幽燕地区在三代王权产生之际迈向文明时代与国家形成之路从考古学解读的关键线索。

整体而言，红山文化的社会面貌与文献中"神守"型古国特征契合。从考古发现来看，红山人缺乏对军事的关照，尚处于粗放型原始农业阶段，但十分崇尚神权祭祀。红山文化至少具有三处祭祀中心遗址，分别是朝阳市地区的牛河梁遗址、东山嘴遗址和赤峰市敖汉旗境内的草帽山遗址，并以牛河梁遗址为最高等级的祭司圣地，反映出对生育女神、地母、天神或祖神的祭祀和崇拜。③ 这些祭祀圣地均位于山梁或丘陵台地之上，与《尧典》《国语》和《山海经》等神守型古国居山的记载相类。不惟如此，红山人葬俗也颇具神权色彩。《说文》释"巫"为"祝也，女能事无形，以舞降神者也。"又释"灵"曰"巫也，以玉事神，从玉"④。据之，"事神""降神"是巫的主要职责，并与祭礼相结合，形成了巫者事神降神以玉礼器作为重要媒介的文化现象。牛河梁遗址随葬文化不仅具有十分特殊的"唯玉为葬"特点，而且出土玉器中很多就属于"事神"的玉礼器范畴。如第十六地点中心大墓 M4 所出土的 1 件玉人，整体形象写实且表现出一种十分虔诚的姿态，⑤ 堪称是红山人"事神"仪式乃至巫者的生动写照。

---

① 赵宾福：《东北地区新石器时代考古学文化的发展阶段与区域特征》，《社会科学战线》2004 年第 4 期。
② 刘国祥：《红山文化研究》，科学出版社 2015 年版，第 43—165 页。
③ 索秀芬、李少兵：《红山文化研究》，《考古学报》2011 年第 3 期。
④ (东汉)许慎撰，(清)段玉裁注：《说文解字注》，上海古籍出版社 1988 年版，第 201、19 页。
⑤ 辽宁省文物考古研究所编著：《牛河梁红山文化遗址发掘报告（1983—2003 年度）》，文物出版社 2012 年版，第 394—405 页。

要之，虞夏之际王权产生前夕以红山文化为代表的幽燕地区古族邦曾以神权为中心的社会组织形态形成"神守"型古国，与文献所载其他远古中国地区类同。《国语·楚语下》曾以"民神不杂""民神杂糅"和"绝地天通"①作为虞夏商周王权产生前夕的三个社会发展阶段。所谓"民神不杂"应该就是"神守"型和"社稷守"两种社会组织形态并存但以"神守"型为主的前封建时期。随着"绝地天通"后中原王权的逐渐形成，民事与神事皆为王权所垄断，含括幽燕地区在内无论是"神守"型还是"社稷守"的古族邦也随之成为虞夏商周早期王朝国家的复合制国家结构的重要组成部分。

二 早期封建时期幽燕地区的"褒封"型古族邦

夏商周时期，随着三代早期王权的形成，中国古史进入了以封建制形塑社会形态的王政时代。②其中，夏商早期王朝国家由于"封建"而形塑了以王权为中心的内外服式的复合制国家结构，这种分封呈现出显著的早期性。因此，这一时期可称为早期封建时期。

夏商王权的这种早期封建进而形塑了四土边域地区古族邦国家形成路径及其与王权的关系。一方面，王权自上而下的"封建"逐渐改变了前封建时期边域古族邦自然长成的原生型国家生成模式，③造就了夏商"天子之尊"乃为"诸侯之长"④的政治结构，这一时期幽燕地区逐渐形成的孤竹、山戎、东胡、貊、蓟、令支、屠何、高夷、青丘等古族邦，处于夏商北土边域的外服地区，与夏商中央王朝形成了从属关系。

---

① 徐元诰撰，王树民、沈长云点校：《国语集解》，中华书局2002年版，第512—516页。
② 谢乃和：《夏商周三代社会形态为封建社会说》，《史学理论研究》2021年第2期。
③ 本文"原生型"与"次生型"概念，乃借鉴苏秉琦的"原生型""次生型"和"续生型"中国古代文明起源与国家形成的三模式理论。（详见苏秉琦《中国文明起源新探》，生活·读书·新知三联书店2019年版，第115—152页）由于苏秉琦的"次生型"和"续生型"概念均强调国家形成受本身和外来因素的双重影响而学界存有不同理解，基于行文方便，这里将"次生型"与"续生型"概念合二为一。具体到幽燕地区而言，原生型国家主要指受古族邦自身本地因素发展而成的国家类型，次生型国家指既有本地因素又有外来因素影响发展而来的国家类型。
④ 王国维：《殷周制度论》，《观堂集林》卷10，中华书局2004年版，第467页。

另一方面，王权初生使夏商王朝国家"封建"具有早期性，王权对四土边域族群治理时只有少数授土授民的实封，多对服属古族邦原有领土与人口加以承认以换取对方臣服与支持，古书中将这种类型的封建谓之为"褒封"。东汉何休论曰："有土嘉之曰褒，无土建国曰封。"[①] 据之，"褒封"具有土著性，这种土著性表现在其分封对象多是前封建时期自古栖息在各区域的众多旧有古族邦之后裔，夏商王权对其分封并没有实质性的土地与人口的封赐。

试以世居商代西土的"周"古族邦为例。据古书记载，周人首领就常受到商王册封。如《逸周书·商誓》载周王对商人讲话曰："在商先誓王明祀上帝，□□□□亦惟我后稷之元谷用，告和，用胥饮食，肆商先誓王维厥故，斯用显我西土"[②]，即谓自古栖息在殷商西边的周族邦首领受到商先王封赐而为西土诸侯。又《左传·昭公七年》载卫襄公卒，"卫齐恶告丧于周，且请命，王使臣简公如卫吊，且追命襄公曰：'叔父陟恪，在我先王之左右，以佐事上帝，余敢忘高圉、亚圉。'"杜注："二圉，周之先也，为殷诸侯，亦受殷王追命者。"[③]《逸周书》及《左传》杜预注说周人先公曾受到商人册封应有所本，今本《竹书纪年》虽为晚出，其书中就存有比较系统的商王册封周族首领的记载，具有一定参考价值。如其文载："祖乙十五年，命邠侯高圉""盘庚十九年，命邠侯亚圉""祖甲十三年，命邠侯组绀""武乙元年，邠迁于岐周""武乙三年，命周公亶父，赐以岐邑"[④]，皆为其例。古本《竹书纪年》中亦有"周王季命为殷牧师也"[⑤]，其书虽佚仅见一条商王册命周人的记录，但足见《今本竹书纪年》有关商王册封周族邦之首领的记载并非向壁虚构。不惟如此，古书中还有商周之际文王昌被册命的记

---

① 《春秋公羊传注疏》卷1《隐公元年》，（清）阮元校刻：《十三经注疏》，中华书局2009年版，第4769页。
② 黄怀信、张懋镕、田旭东：《逸周书汇校集注》（修订本），上海古籍出版社2007年版，第453—454页。
③ 《春秋左传正义》卷44《昭公七年》，（清）阮元校刻：《十三经注疏》，中华书局2009年版，第4453页。
④ 王国维：《今本竹书纪年疏证》，《王国维全集》第5卷，浙江教育出版社2009年版，第239、242、245、246、247页。
⑤ 参见《后汉书·西羌传》："于是太丁命季历为牧师"这一句注中所引《竹书纪年》原文。《后汉书》卷87《西羌传》，中华书局1999年版，第1940页。

录。如《吕氏春秋》载"命文王称西伯，赐之千里之地"①。又《史记·殷本纪》中记载文王献出洛西之地后，"纣乃许之，赐弓矢斧钺，使得征伐，为西伯"②。以上诸例皆为传世古书所记商人封建周人之记载。相关记载也得到了古文字资料的佐证。如周原甲骨有两条卜辞就记载了周人首领受商王册封的记录，其文曰：

H11：82："在文武丁［裸］，贞，王其诏帝口、天咸，殷晋周方伯口口，囟正，亡左自口口口口口王受有祐。"

H11：84："贞，王其祷侑大甲，晋周方伯履，囟正，不左于受有祐。"③

论者多认为这两条卜辞与商王册命周方伯有关，④而周方伯乃夏商西土外服地区旧有古族邦，商王对其册封并无实质性的授土授民。可见，"褒封"并非实封，只是肯定旧有古族邦存立以为王权之服属，幽燕地区即使到了晚商时期商人北土所及只到河北石家庄以南地区，⑤因而幽燕地区古族邦在夏商王权下的封建当亦属于上述"褒封"型为主。从文献记载、古文字和考古学等多重资料来看，夏商王权对处于北土边域幽燕地区古族邦的"褒封"主要有三种模式。

第一种模式，是夏商王权对幽燕地区同姓古族邦的"褒封"。这类古族邦作为中原王室的同姓族，在上古时期由于人口增殖等原因作为"支族"而播迁栖息至幽燕地区，从现有资料来看，这类古族邦在夏商王权产生之后与中原王朝关系比较密切。如子姓商人支族地处辽西古廊道的孤竹就是商王权控驭商北土边域族群的重要军事据点。《史记·殷本纪》载："契为子姓，其后分封，以国为姓，有殷氏、来氏、宋氏、

---

① 许维遹撰，梁运华整理：《吕氏春秋集释》，中华书局2018年版，第202页。
② （汉）司马迁：《史记》卷3《殷本纪》，中华书局1959年版，第106页。
③ 释文中［ ］内的内容是根据辞例所补的字，口表示缺一字，以下引用甲骨卜辞皆同。释文中的文字考释意见较多，本文采用董珊：《重论凤雏H11出土的殷末卜甲刻辞》文中的释文。详见蔡玫芬、蔡庆良主编：《赫赫宗周：西周文化特展》，台北"故宫博物院"2012年，第340、342页。
④ 许子潇：《近70年西周甲骨研究的回顾与思考》，《中国史研究动态》2021年第1期。
⑤ 韦心滢：《殷代商王国政治地理结构研究》，上海古籍出版社2013年版，第346—391页。

空桐氏、稚氏、北殷氏、目夷氏"①。据之，以契为始祖的商族至夏商自然增殖为"有殷氏"等多种支族，孤竹就是其分布于幽燕地区族名为"目夷氏"的一支，所谓"目夷氏"乃孤竹国地处东北被视为东北夷的称呼，其君则称"墨胎氏"。古书记载孤竹作为古族邦至殷商鼎革之际商汤对其进行分封。《史记·伯夷列传》司马贞《索引》称孤竹是"殷汤三月丙寅日所封……其君姓墨胎氏"②。孤竹作为虞夏之际传承至商的同姓支族之封建，并无实质性的授土授民，本质上仍是一种"褒封"。孤竹被封当是出于商人控制北土边域古族邦的需要。甲骨卜辞有40余例将孤竹记为"竹"，金文中始见"孤竹"③。值得注意的是，甲骨文中有商王册封的"竹侯"④的记录。裘锡圭先生指出，侯的前身是一种经商王任命的商代边境"为王斥候"的武官，且卜辞中的"侯"一般已经具有诸侯的性质。⑤ 孤竹受封为"侯"表明其承担着重要的军事职责，其勤王助事的记录就常见于卜辞，如《合集》20333 载："丁丑卜，王贞，令竹求伐于卜（外），彐（肩）由（堪）朕事。"不惟如此，卜辞还有孤竹捕获北土边域敌对方国"召方"⑥作为商王祖先祭品的记录。如《屯南》⑦1116 载："己亥卜贞，竹来，以召方，于大乙柬。"又《屯南》4317 "□□卜贞，竹来，以召方……羲于大乙"，皆为其例。由此可见，孤竹是商王镇守北土边域以为"藩屏"的角色。除了军事职责外，孤竹还一直与商王室保持着朝贡臣属关系。如《合集》902 "竹入十"、《合集》108 "取竹刍于丘"等辞例均为其证。不惟如此，孤竹贵族还常在商王室担任地位很高的贞人、卜人，表明与商王权关系之密切。如《合集》23805 "卜竹"、《合集》637 "丁丑卜，

---

① （汉）司马迁：《史记》卷3《殷本纪》，中华书局1959年版，第109页。
② （汉）司马迁：《史记》卷61《伯夷列传》，中华书局1959年版，第2123页。
③ 喀左县文化馆等：《辽宁喀左县北洞村出土的殷周青铜器》，《考古》1974年第6期；李学勤：《试论孤竹》，《社会科学战线》1983年第2期。
④ 郭沫若主编：《甲骨文合集》3324，中华书局1978—1982年版。简称《合集》。
⑤ 裘锡圭：《甲骨卜辞中所见的"田""牧""卫"等职官的研究——兼论"侯""甸""男""卫"等几种诸侯的起源》，《裘锡圭学术文集》第5卷，复旦大学出版社2012年版，第164页。
⑥ "召方"的地望可参看唐英杰《商代甲骨文地名统计与地望研究》，博士学位论文，西南大学，2021年。
⑦ 中国社会科学院考古研究所编：《小屯南地甲骨》，中华书局1980年版。简称《屯南》。

竹、争贞"等，皆为其证。正因为孤竹在商王权经略北土和王朝政治中的重要角色，商王常与其通过婚姻来巩固关系。如《合集》2863"竹妾"、《合集》5097 臼"妇竹"等辞例均为孤竹的女子与王室通婚之例。一言以蔽之，经册封成为商之外服诸侯后，孤竹在政治、军事和礼仪等方面较为鲜明地体现出国家政权的特点，《帝王世纪》载"汤特封墨胎氏于孤竹，后九叶，孤竹君二子伯夷、叔齐以让国去之"[①]，称商末幽燕地区的孤竹为"国"。应该说，孤竹早期国家演进模式除了早期封建时期"褒封"具有自然长成的"土著"性特点外，由于其常具有为中原王权控驭北土幽燕地区的军事职责角色而较多受到中原王朝外来因素的影响。

第二种模式，是夏商王权对幽燕地区与中原王朝交好的异姓古族邦的"褒封"。这类古族邦作为夏商王朝的异姓族，乃自古栖息在幽燕地区的"土著"。在夏商王权产生后由于交好的缘故，中原王朝常通过对其进行"褒封"，不仅意在表明王权对这类古族邦继续治理原有土地人口合法性的承认，而且还常以这类交好的古族邦来控驭周边其他土著族群。这种模式可举 1977 年发现的北京平谷刘家河墓地考古学文化为代表的古族邦为代表。刘家河墓葬应从属"围坊三期文化"，这种考古学文化呈现出中原商文化与北方土著文化相融合的青铜文化特征。[②]墓中随葬商文化风格的礼容器主要由两部分组成，分别是二里岗上层二期风格的甗、斝、袋足封顶盉、球形腹长颈提梁卣和殷墟一期风格的小方鼎、饕餮纹圆鼎、鬲、罍、长颈提梁盉、瓿、卵底爵等器物。这些具有组合式的商代礼容器的遗存不仅彰显了刘家河墓主对中原商文化的认同，而且铁刃铜钺的发现更是中原商王权与刘家河墓葬代表的古族邦政治从属关系的标识性礼器，上文征引的诸多文献就常见夏商早期王权赐予交好的地方服属族邦首领"钺"以示赋予其征伐之权的例证。值得注意的是，刘家河墓葬所出的青铜礼器虽大多具有中原商文化特征，同时少部分例如腹部施以连珠纹的云雷纹方鼎、三锥足、盖钮与提梁处有环套接的盉等器物也具有燕山南麓的土著文化色彩，特别是

---

① 原书已佚，此句为吴卓信《汉书地理志补注》卷 73《辽西郡》所引，见二十五史刊行委员合编《二十五史补编》第 1 册，中华书局 1955 年版，第 948 页。

② 杨建华：《燕山南北商周之际青铜器遗存的分群研究》，《考古学报》2002 年第 3 期。

独见于燕山地区商周时期的金臂钏和喇叭口金耳环等这类装饰品遗存表明了墓主真实的土著族群认同和审美观念，其所代表的族群应属于冀北燕山南麓地区的一支土著族群。不难看出，该墓葬所出的青铜礼器系统和铁刃铜钺反映了其与商王国之间存在政治统辖关系，应受到商王权的政治控制，接受商王的册命与赏赐。[①] 其考古文化双重特征彰显早期封建时期"褒封"对土著族群影响的同时，也蕴含着浓郁的幽燕地区"在地"文化因素，这种模式下的古族邦若向早期国家演进，其演进模式当受到夏商王权封建和"土著"自然长成的内外双重因素影响。

第三种模式，是夏商王权对幽燕地区其他异姓古族邦的"褒封"。这类古族邦既不属于中原王室的同姓族，也非交好的异姓族，只是因一时震服归附于夏商王权而得到了"褒封"，其与王权的关系比较疏远，常随中原王朝实力强弱的变化而叛服无常，其考古学文化遗存则呈现出浓厚的幽燕地区本地土著性文化特征。如夏家店下层文化是夏商之际幽燕地区的一支重要考古学文化，早期与晚期的社会组织形态差别迥异。其考古学文化在出现大规模筑城以前，随着生产力水平的提高和人口增长，逐渐形成了存在中心聚落和山顶型祭祀中心的聚落群。至晚期阶段，聚落数量大幅度增长，并出现了具有分区规划的墓葬群和涌现了大批的城址群等，表现出诸多早期国家的特征。[②] 这与考古学界所总结的国家起源"聚落三形态"演进理论——"大体平等的农耕聚落形态发展为含有初步不平等和社会分化的中心聚落形态，再发展为都邑国家形态"基本一致。[③] 可见，夏家店下层文化的国家演进之路具有较为完整的发展链条，凸显出"土著"自然成长的特点。尽管如此，在夏家店下层文化的国家形成的过程中也应受到夏商"褒封"因素的影响。夏家店下层文化出土的某些陶器、青铜器兼具本地风格同时兼有夏商中原文化元素。特别是大甸子遗址贵族墓葬中出土与中原二里头遗址文化特

[①] 王坤鹏：《论商代中后期的北土经略——以北京平谷刘家河墓葬遗存为中心的考察》，《中原文化研究》2023年第3期。
[②] 王文轶：《先秦辽西地区的早期国家起源模式与形态研究》，博士学位论文，东北师范大学，2020年。
[③] 王震中：《中国文明起源的比较研究》（增订本），中国社会科学出版社2013年版，第181页。

征类似的陶鬶、陶爵，表明其与中原王权之间曾有一定礼仪往来。① 大甸子遗址墓葬的年代跨度为公元前1735—1463年间，② 年代跨度总体上属于夏家店下层文化的晚期阶段，而夏家店下层文化所出土的杖首等属于权力标识的礼器也基本见于这一时期。由此推断，夏家店下层文化与夏商中原王权关系最密切的时期正是其步入国家文明之际，并因被中原王权"褒封"而密切了彼此的交流与联系，应是"褒封"在其向国家演进的过程中曾起到一定"催化剂"作用。

要之，由于夏商早期封建时期幽燕地区属于中原王朝直接控制的北土边域之外，夏商早期王权对幽燕地区的"褒封"虽有多种类型，该地区古族邦的早期国家形成模式也随之呈现出王权封建和土著自然长成交互变奏的样态。但总体而言，前两种与王权密切的"褒封"仅是据点式存在，第三种"褒封"模式才是夏商早期封建时期的主流。尽管如此，三种模式下的幽燕地区古族邦国家形成之路均具有王权外来褒封与土著自然长成的双重因素，进而呈现出"原生型"与"次生型"相互杂糅的模式。

三　成熟封建时期幽燕地区的"方伯"型古国

商周鼎革后，中国的王政时代迈入周代王权主导的封建时期。周公等周初政治精英基于"夏鉴"和"殷鉴"的史鉴意识，为实现"藩屏"周王室的目的，以宗法制为核心、以"封建亲戚"为对象与以"授民授疆土"为内容大行分封。③ 这种对同姓子弟和异姓功臣进行的实封，至成康时期最终建立起以姬姓族邦为中心、异姓族邦为同盟和庶姓族邦为辅翼且递为藩屏的天下治理体系。④ 周人这种"封建"无论是分封的目的对象、内容体系还是藩屏实效，均有别于夏商早期封建时期以"褒

---

① 塔拉：《内蒙古东南部地区商周时期文化与中原文明的互动》，《三代考古》，科学出版社2009年版，第425—427页。
② 中国社会科学院考古研究所：《大甸子——夏家店下层文化遗址与墓地发掘报告》，科学出版社1996年版，第208页。
③ 《左传·僖公二十四年》。杨伯峻：《春秋左传注》（修订本），中华书局2016年版，第459页。
④ 谢乃和：《周代政治中的族姓有别现象述论》，《唐都学刊》2005年第1期。

封"为主的分封。因此，这一时期可称为成熟封建时期。

周代王权的这种成熟封建使其四土经略呈现出有别于夏商早期封建时期的新模式，不仅使早期王权加强了四土边域地区古族邦的控制力，而且也影响了周代四土边域所在古族邦国家形成的路径。一方面，夏商早期封建时期的"褒封"模式被周人继承，四土边域所在的古族邦通过"褒封"被确认了封建从属关系，至西周末年最终形成周王畿与四个方向封国连成一片区域的疆域面貌，形成了《左传·昭公九年》"我自夏以后稷、魏、骀、芮、岐、毕，吾西土也。及武王克商，薄姑、商奄，吾东土也，巴、濮、楚、邓，吾南土也，肃慎、燕、亳，吾北土也"①的"四土"的政治地理结构。另一方面，周代通过封建亲戚和异姓功臣，对王畿四土边域具有战略意义的地理要冲分封同姓子弟和异姓功臣以加强控制。《左传·昭公二十八年》记载："昔武王克商，光有天下，其兄弟之国者，十有五人，姬姓之国者，四十人，皆举亲也"②。《荀子·儒效篇》也说周公"兼制天下，立七十一国，姬姓独居五十三人"③。对此，王国维对"封建亲戚"的功能论断说："逮克殷践奄，灭国数十，而新建之国皆其功臣昆弟甥舅，本周之臣子。而鲁卫晋齐四国，又以王室至亲为东方大藩，夏殷以来古国，方之蔑矣。由是天子之尊，非复诸侯之长而为诸侯之君。"④

针对周代王权由"长"变"君"的事实，应包含有两层含义。其一，"四土"古族邦对王权具有更加明确的臣之职事"服"，含括北土幽燕地区在内的服属古族邦根据对王权承担职事不同的"服"分别被转化为宾服、要服、荒服，⑤遂与王邦及其所建之"侯"构成了"邦内甸服，邦外侯服，侯卫宾服，蛮夷要服，戎狄荒服"⑥的五服制。其二，"四土"古族邦与周代王权具有更为明确的等级臣属关系。周人所建"四土"之侯藩是周代王权之区域代理进而成为"四土"土著古族邦之长"方伯"，使周代封建形成了周天子—方伯—古族邦三级等级制

---

① 杨伯峻：《春秋左传注》（修订本），中华书局2016年版，第1449页。
② 杨伯峻：《春秋左传注》（修订本），中华书局2016年版，第1663页。
③ 王先谦撰，沈啸寰、王星贤点校：《荀子集解》，中华书局2013年版，159页。
④ 王国维：《殷周制度论》，《观堂集林》卷10，中华书局2004年版，第467页。
⑤ 葛志毅：《周代分封制度研究》，黑龙江人民出版社2004年版，第145—146页。
⑥ 徐元诰撰，王树民、沈长云点校：《国语集解》，中华书局2002年版，第6—7页。

文明起源研究

国家结构。近年新刊布的西周中期铜器士山盘揭示了相关内容，其铭文载：

> 唯王十又六年九月既生霸甲申，王才周新宫，王各大室，即立，士山入门立中廷，北乡，王乎作册尹册命山曰："于入中侯，出，徽都、刑（荆）、方服，暨大籍服、履服、六孳服。中侯、都、方宾贝、金。"士拜稽首，敢对扬天子子不显休，用乍文考釐中宝尊盘盉，山其万年永用。①

士山奉王命到中侯国巡视，并检查了南方蛮夷都、刑（荆）、方等国的"服"，所谓"服"即指对周王朝的职贡。按照服制的规定，服属的诸侯对周王职贡有祭享、贡纳和服从等职事，士山对诸国检查"大籍服，履服，六孳服"等祀贡职事，应是周代服制存在的证明。不宁如是，士山巡视诸国过程中，先在中侯有所停留，当是中侯地位较高为蛮夷古族邦之方伯的缘故。类似例证还有1974年陕西武功出土的西周晚期铜器驹父盨，其铭载：

唯王十又八年正月，南中邦父命驹父即南诸侯，率高父见南淮尸，厥取厥服。至，尸俗（欲）坠，不敢不敬畏王命，逆见我，厥献厥服。我乃至于淮，小大邦亡敢不具逆王命，四月还至于蔡。乍旅盨，驹父其万年永用多休。②

南中邦父命令驹父向淮夷索取职贡——"厥献厥服"，途中亦经由南诸侯，且由其臣高父率同前往，所记与士山盘中周代天子—方伯—古族邦的国家结构类同。

这种周王主导的区域王权代理之"方伯"型国家结构，使包括周代"北土"幽燕地区古族邦在内的"四土"古族邦的国家形成具有更多中原王权影响而呈现更多"次生型"特点。从现有文献、古文字与考古资料看，周代王权对处于北土幽燕地区古族邦的"封建"经略主要有两种模式。

---

① 吴镇烽编著：《商周青铜器铭文暨图像集成》14536，上海古籍出版社2012年版。简称《铭图》。

② 吴镇烽编著：《商周青铜器铭文暨图像集成》05675。

第一种模式，是周代王权对幽燕地区"土著"古族邦的"褒封"，这种分封与夏商早期封建时期一样并无实质性的封赐，仅是周王对这些古族邦之归附通过象征性的分封礼仪予以其对原土地人口治理权合法性的一种承认。据载，武王克商后，曾以追思先圣王的名义对幽燕地区的古族邦进行封建。《礼记·乐记》载："武王克殷返商，未及下车，而封黄帝之后于蓟"[①]，蓟在今北京广安门附近，表明西周初期为了稳定幽燕之地，最初不得不"褒封"原来亲商的幽燕地区古族邦予以怀柔安抚。至成王平定三监之乱后，周王室渐成广域王权，其"北土"边域也随之扩展至长白山周边。《史记·周本纪》载："成王既伐东夷，息慎来贺，王赐荣伯作《贿息慎之命》。"[②] 长白山附近的肃慎来朝，说明西周"北土"自幽燕地区至长白山周边应皆为周人朝贡服属之臣邦。《国语·鲁语下》载武王克商"通道于九夷百蛮，使各以其方贿来贡，使无忘职业。于是肃慎氏贡楛矢、石砮，其长尺有咫"[③]。更为偏远的肃慎来朝，表明更近于周王畿的幽燕地区也应概莫能外。《逸周书·王会解》就载周成王成周之会幽燕地区孤竹等古族邦曾以贡纳之"服"朝见周王的盛况曰："北方台正东，高夷嗛羊；嗛羊者，羊而四角。独鹿邛邛距虚，善走也。孤竹距虚，不令支玄模，不屠何青熊。东胡黄罴，山戎菽"[④]，其中孤竹、令支、高夷、屠何、东胡、山戎皆为当时幽燕地区的古族邦，出席成周会盟时同列于外台北边中轴线向东位置，[⑤] 孤竹等幽燕地区古族邦分别贡献周王室"距虚""嗛羊""玄獏""青熊""黄罴""戎菽"等地方特产，当是以贡纳形式对武王以来臣服关系传统的再次确认。这种褒封模式下的幽燕地区古族邦向国家演进因受周王权控驭加强而受到更多封建等级制为核心内涵的周礼文化影响，该地区古族邦归属由商代泛称的"外服"到周代则进一步细化为五服制下的宾、要、荒诸"服"，其国家演进也由于中原王权外在因素的介

[①]《礼记正义》卷39《乐记》，（清）阮元校刻：《十三经注疏》，中华书局2009年版，第3344页。按，《史记·周本纪》将《乐记》所载"封黄帝之后于蓟"说成"帝尧之后于蓟"，实为误记。参见（汉）司马迁《史记》卷4《周本纪》，中华书局1959年版，第127页。

[②]（汉）司马迁：《史记》卷4《周本纪》，中华书局1959年版，第133页。

[③] 徐元诰撰，王树民、沈长云点校：《国语集解》，中华书局2002年版，第204页。

[④] 黄怀信、张懋镕、田旭东：《逸周书汇校集注》（修订本），上海古籍出版社2007年版，第875—881页。

[⑤] 黄怀信：《逸周书校补注译》，西北大学出版社1996年版，第357页。

入而呈现出更多"次生型"的特点。

第二种模式,是周代王权将四土经略的"天子——方伯——古族邦"的三级制模式运用到幽燕地区,将来自中原周王室的同姓支族作为"方伯"封建至这一地区以控驭周边古族邦,周代这种经略北土幽燕地区的模式与夏商早期封建时期的"褒封"有着本质的不同,是一种既授土又授民的实封。文献彝铭表明,经过周初三监之乱,周人在"褒封"幽燕地区古族邦基础之上,自南而北成一线的封建了姬姓子弟与支族——卫、邢和燕。其中,国处"北土"最北幽燕地区的燕国乃姬姓支族周初重臣召公的封国。据周初金文太保簋"王伐录子圣,叡反,王降征令大保,大保克(敬)亡(谴),王(永)大保,易休土,用(兹)彝对令"①记载,成王赐太保"休土",太保当即召公,金文中多称召公奭为大(太)保,也有直接称为"保"例证(保卣,《铭图》13324)。周初三监之乱中召公北伐给予北土古族邦极大震慑,召公在北伐结束后被封于燕,但与周公封鲁一样,均"以元子就封"②。20 世纪 80 年代北京房山县琉璃河 1193 号燕侯墓所出克罍、克盉证实了古书记载召公之子就封的情况。两器同铭曰:

> 王曰:"大保,唯乃明乃心,享于乃辟。余大对乃享,令克侯于匽(燕),使羌、狸、虘雩(于)驭(御)髟③。"克宅匽(燕),入土眔厥司,用作宝尊彝。(克罍,《铭图》13831;克盉,《铭图》14789)。

铭文的主要内容是周成王对召公说的话,开头直呼"太保",而册命就封燕国的是太保之子"克",这与《尚书·洛诰》中"王命周公后"的情形一致。④ 周成王将部分幽燕地区的土著之民和土地划归燕国

---

① 吴镇烽编著:《商周青铜器铭文暨图像集成》5139。
② (汉)司马迁:《史记》卷 34《燕召公世家》,中华书局 1959 年版,第 1549 页。
③ "髟"字考释意见甚众,本文从林沄先生的意见,释为"髟",是一个方国或部族名,商末周初时髟人主要活动于辽西的大凌河流域和河北唐山地区的滦河流域。详见林沄《释史墙盘铭中的"逖虘髟"》,《林沄学术文集》古史卷,中国大百科全书出版社 1998 年版,第 174—183 页。
④ 《尚书正义》卷 15《洛诰》,(清)阮元校刻:《十三经注疏》,中华书局 2009 年版,第 641 页。

管理，① 这些所属之民应当构成了燕国立国的基础，可见燕国属于周王室经略北土所格外倚重的既授民又授疆土的实封。不唯如此，燕国作为周王所封重臣召公藩屏北土的同姓封国，其立国途径并非幽燕地区本地自然长成而是属于周室"建侯"式的"次生型"。

周人上述封建的两种模式，一为褒封，一为实封。其中"褒封"主要是武王伐纣之后的周初，至成王时期北土情势已定，② 建立同姓支族的燕国管理土著古族群的"实封"不仅成为周人的自觉政治建置，而且成为周王权对幽燕之地古族邦监管的主要方式。换言之，周成王以后的周人对幽燕地区的经略随着燕国的封建形成了周王—方伯（燕）—古族群的政治等级结构。其中，燕的方伯角色可比照《诗经》中周人北土另一封国"韩"，韩是周武王之子被封于北土担负重要军事职事的"侯"。《诗经·大雅·韩奕》载：

> 韩侯受命，王亲命之：缵戎祖考，无废朕命。夙夜匪解，虔共尔位，朕命不易。榦不庭方，以佐戎辟。……溥彼韩城，燕师所完。以先祖受命，因时百蛮。王锡韩侯，其追其貊。奄受北国，因以其伯。实墉实壑，实亩实籍。献其貔皮，赤豹黄罴。③

据《韩奕》所载，韩侯朝见周王被册命，命其继承先祖"奄受北国，因以其伯"的封建使命，继承其先祖作为"百蛮""追""貊"等北土古族群的诸侯长——方伯，在北方区域建立城防，代理周王清理田亩，征收赋役以及贡献土产等，所谓"实墉实壑，实亩实籍。献其貔皮，赤豹黄罴"④ 是也。燕国与韩国一样是周王室的北土之"侯"受封，考古发现周初燕国在今北京市房山区琉璃河的董家林古城附近筑城

---

① 李仲操：《燕侯克罍盉铭文简释》，《考古与文物》1997 年第 1 期。
② 清华简《系年》第 3 章："周武王既克殷，乃设三监于殷。武王陟，商邑兴反，杀三监而立录子耿（圣）。成王屎（践）伐商邑，杀录子耿。"简牍所载与金文太保簋一致，都载周成王时杀商纣王之子录子圣后，北土情势已定。参见清华大学出土文献研究与保护中心编、李学勤主编《清华大学藏战国竹简（贰）》，中西书局 2011 年版，第 141 页。
③ 《毛诗正义》卷 18《大雅·韩奕》，（清）阮元校刻：《十三经注疏》，中华书局 2009 年版，第 1229—1233 页。
④ 王坤鹏：《"因以其伯"——西周时期族群治理的一种方式》，《古代文明》2018 年第 3 期。

为都，周边有山戎、东胡、孤竹、令支、屠何等土著古族邦环伺，其职当亦如韩侯代理周王一样为诸侯长监管幽燕地区古族邦。

燕国作为周王封建在幽燕地区的古族邦之长的方伯，其职责具有双重性。一方面，其作为方伯有代周王监管幽燕地区古族邦之责。1973年辽宁喀左发现一批青铜器窖藏，其中有一件孤竹父丁罍①载"父丁，孤竹，亚䰜"，器主作为孤竹支族以亚䰜为族徽。前述克罍与克盉提及周人封燕"侯"，令其带领羌、狸、虘三族参与对䰜族的统御，两铭之"䰜"当即一族。团结附近方国共同抵御䰜族入侵，此又是燕侯作为周王室分封于幽燕地区作为古族邦之长的职责体现。不惟如是，清同治年间北京近郊出土的亚盉更是直接揭示了燕侯在幽燕地区古族邦之长的角色。其铭曰："䚄侯亚矣，匽（燕）侯锡亚贝，作父乙宝尊彝"②。诚如学者所考，䚄侯亚矣是族徽，其族是殷末周初幽燕地区土著古族，燕侯对其首领亚赏赐，显示了䚄侯亚矣族服事燕侯的一种上下主从关系。③而西周末年，"蓟微燕盛，（燕）乃并蓟居之"④，相关记载也不失为燕之"方伯"具有军事征伐之权的又一旁证。直至春秋初期王权式微、霸权迭兴的霸政时期，山戎不听周王室及其封国燕国号令，燕国由此也中断了向周王的朝贡。而作为诸侯之长的霸主齐国擎起"尊王"旗号，北伐山戎，一并灭掉了山戎的两大盟友令支、孤竹。《国语·齐语》记载齐桓公："遂北伐山戎，刜令支，斩孤竹而南归。"三国韦昭注曰："二国（令支与孤竹），山戎之与也。刜，击也。斩，伐也。令支，今为县，属辽西，孤竹之城存焉。"⑤春秋霸主齐桓公代燕国行方伯之职，当是继承燕国在西周时期的旧职。另一方面，燕国对幽燕地区古族邦诸如政治服属、军事监管和经济贡纳方面的职责必须定期朝觐周王进行述职，彰显其作为方伯只是周代王权的区域代理角色。如周初金文燕侯旨鼎载："匽（燕）侯旨初见事于宗周，王赏旨贝廿朋，用作又（有）姒宝尊彝"⑥。铭文说燕侯旨第一次到宗周朝觐王室，由于"见事"述职

---

① 吴镇烽编：《商周青铜器铭文暨图像集成》13810。
② 吴镇烽编：《商周青铜器铭文暨图像集成》14763。
③ 孔华、杜勇：《䚄国地望新探》，《中国国家博物馆馆刊》2016年第1期。
④ （汉）司马迁：《史记》卷4《周本纪》，中华书局1959年版，第128页。
⑤ 徐元诰撰，王树民、沈长云点校：《国语集解》，中华书局2002年版，第233页。
⑥ 吴镇烽编：《商周青铜器铭文暨图像集成》2203。

而得到周天子的赏赐,是燕侯作为"侯",其见事当包括方伯之职按礼制定期朝见天子,燕侯旨鼎提供了这方面的证据。

要之,周代成熟封建期实行褒封和实封两种模式而又以实封为主导的封建,对周代幽燕地区经略形成了以燕国这一"方伯型"为主导而土著族邦为之从属的政治格局。这种格局使幽燕地区古族邦较夏商时期更多地受到周王权和燕文化的影响,这些古族邦若向早期国家迈进,其国家形成与发展当与方伯"燕"立国类同,受到周人成熟封建因素影响大,呈现出方伯型主导的"次生型"国家形成特点。王权强盛的西周中前期燕山南北考古文化呈现出以中原周文化和姬燕文化为主导的文化面貌为这种"次生型"提供了考古学证据。[①] 不惟如此,这种格局还使幽燕地区建立起了一种以周代王权为中心的政治等级隶属关系,相较商代以褒封为主导的"北土"边域实控之外的"据点式"族邦联盟关系,周代幽燕地区及其古族群则通过燕国"实封"成为周人"北土"疆域的重要组成部分。

结　语

如上所论,中国古代国家早期起源、形成与发展若以中国本土理论概念术语"封建"进行阶段划分,则可分为虞夏以前的前封建时期、夏商早期封建时期和周代成熟封建期三个阶段。

从传世文献、古文字和考古资料来看,上古幽燕地区古族邦在上述不同阶段里以"封建"的成熟度作为其国家形成的内在动力,则分别经历了虞夏以前的前封建时期"神守"型古国、夏商王权影响下的早期封建时期的"褒封"型古国和周代的成熟封建时期"方伯"型为主导之古国。就早期国家演进路径而言,从早期分封到成熟封建,上古幽燕地区依次经历前封建时期的原生型国家起源之路,至早期封建时期的褒封型主导的次生型国家形成之路,再到成熟封建时期以方伯型为主导的次生型国家演进之路。

不惟如此,夏商周三代"封建"尤其是周代方伯型主导的成熟封建

[①] 纪烈敏:《燕山南麓青铜文化的类型谱系及其演变》,《边疆考古研究》第1辑,科学出版社2002年版,第103—122页。

使得幽燕地区古族邦在政治体系上成为中原广域王权"北土"的重要组成部分，不仅为东周王权式微后燕国设郡县政区直接治理幽燕地区提供了历史基础，而且成为中国文明从"满天星斗"式的区域起源向以中原王权为中心的"众星拱月"多元一体格局演进的典型个案。

（谢乃和，东北师范大学历史文化学院教授）

中国古代国家起源与形成的途径

——重读《中国古代国家起源与形成研究》导言

王玉亮

一 闲话

沈长云师的《中国古代国家起源与形成研究》出版于2009年4月，我是于2014年9月赴北京与众师兄弟为沈老师过生日时，获赠此书。这期间曲折不能尽述：自1998年硕士毕业离开石家庄、就职于廊坊后，到2009年，就极少拜见沈老师，是因当时在学术上自觉未有建树，且后来转读了英国中世纪史方向博士（招生录取时是以"史学理论与史学史"这一方向），更因这十年间结婚、成家、立业、生子、读博、任行政工作、本科合格评估、奉老等，无头无绪地忙乱，直至2008年下半年才稍能做些教学科研的设想。于是2009年秋尽时节，借赴参加河北省社科学术年会之机再到石家庄，偶然得知老师小感却治成大疾，赶赴医院探望，病榻一见顿时泪目，即使此时，还能清晰记得师母、沈周兄、杨博、秀亮等在场情景。古有云：子欲养，而亲不在。自此暗誓：以后无论如何，务必常常探望恩师。后来，老师终于转到北京协和医院，我于半余月后去北京看望，沈老师精神矍铄，朗朗而言，病态几消矣！幸甚！此后，便常常联系，尤其是近四五年来，借微信群之便，与沈师、师母，加之"群"中之众师兄弟，日常问候，学术往来，如每日相见一般。

然而，就《中国古代国家起源与形成研究》一书，第一遍已忘记是何时简略读过，仅在我2022年末再读时发现有曾经读过的痕迹，从当时的旁记看，并无深刻认识。即使近几年给本科生开设了一门"中外文明起源与形成比较"的选修课程，也竟然没有通读、深读此书；2020

年秋季偶遇任世江老师①,他向我高度赞扬了沈老师关于中国古代国家起源与形成的学术观点,通过与国内其他学者观点的比较,明确指出这一专著:符合马克思主义唯物史观,符合中国文明起源、国家起源的实情,国家起源与形成的阶段性及特征论说非常有力,等等。只可惜,当时是在楼道里,较为杂乱,时被往来师生干扰,对于他的评说,我也未能记得许多。但也正是他劝我继续挖掘沈老师对国家起源与形成的研究,成为我再读《中国古代国家起源与形成研究》的重要原因之一。

二 导言再读受教心得

导言是全书纲要,是全书思想灵魂精髓。在不能静静地读完一本书的聘期绩效考评时代,再读导言也许是最好的法子了。《中国古代国家起源与形成研究》的导言从三个理论分歧谈起。

(一) 对三个理论分歧的认识

理论上的分歧首先表现在如何对待马克思和恩格斯的理论。世界史专业的本科生和硕士研究生,基本上都会研读西方经典原著,其中必定包括恩格斯的《家庭、私有制和国家的起源》。学生们研读这部著作确实非常必要,这是马克思主义关于国家起源与形成的重要理论著作,有关国家的概念、国家产生的基本途径、国家形成的标志等,都是历史学专业在相关问题上的研究指南。但是,受诸多因素影响,仍有生搬硬套现象,甚至以古代希腊、古罗马和古日耳曼人国家作为标准,批判中国古代国家起源与形成,误导学生产生中国自文明形成、国家起源起就存有缺陷的认识。恩格斯这部著作据以分析古代国家起源及国家产生标志的例证,主要是古代希腊、古罗马和古日耳曼人的国家,这三个国家产生的时代背景同古代东方文明古国的产生无疑有着很大差异。生搬硬套恩格斯关于国家起源的论断,就是因为既没有深读原著的史料依据和著作背景,更没有与中国历史的具体实际相结合,如果结合恩格斯的《反

---

① 原《历史教学》主编,现为天津师范大学《经济社会史评论》外聘执行主编,我们办公室同在一个楼层。我与任老师相识、相交、相熟近20年,也常常三五相聚小酌,他2020年秋才偶知我与白国红为同门,都曾师从于沈老师,因而特意跟我谈及此事。

杜林论》，就不会出现这样的问题。沈长云师指出，"我们的一些学者未曾区分古代中国与古希腊罗马国家这两种不同国家形式，往往拿了恩格斯据古希腊罗马奴隶制国家归纳出的国家形成的标志及其产生的具体途径作尺子，去衡量中国古代国家的形成，这种做法，自然要与坚持从中国历史实际出发的学者的意见发生冲突。例如，一些学者提出，中国古代国家的形成，走的也是如同古希腊罗马奴隶制国家形成所经历的那样一种军事民主制的道路，古代中国的国家形式也是如同古希腊罗马那样一些奴隶制城邦"①。沈老师虽早已指出这一问题，但当前有关教学中仍然存在，学术观点被接纳并被落实到教学实践中，确实存在延迟、滞后现象。包括古代中国在内的东方文明古国实际上完全不同于古代希腊、古罗马和古日耳曼人国家的形成途径，甚至在国家形成的两个标志（即"公共权力"和"地域组织"）上也不能完全照搬。以往出现过削足适履现象，如恩格斯提出国家与原始氏族公社制度的根本区别，在于国家是按地区来划分它的国民，而氏族公社则是按血缘亲属关系组成。于是在肯定夏朝既定前提下，如何像古希腊罗马那样"由血缘氏族组织发展到地域组织"从而过渡到"政治社会"呢？只能以"神话传说所暗示由血缘氏族组织到地域组织的转变形迹"的解释，强行对应古希腊罗马的国家生成模式。今日人们已经充分认识到，东方文明自有独特的国家形成途径，也有各自文明起源与国家形成的鲜明标志。

  理论分歧的第二个方面是关于现代西方人类学的某些理论，尤其是酋邦理论。因本人约20年前接触酋邦理论，曾研读过几篇文章，也粗略看过易建平老师的著作，当时还与正在做此方面博士论文的同窗好友李友东②探讨过相关问题。酋邦理论主要是美国人类学者塞维斯等人提出来的，此外还有荷兰人类学者克列逊等提出的"早期国家"理论。20年前的自己学识浅薄，也不具备当前网络技术及学术资源等学术便利条件，仅能购置纸质著作、阅读纸质期刊，学术交流极少，因而对这

---

① 沈长云、张渭莲：《中国古代国家起源与形成研究》，人民出版社2009年版，导言第2页。

② 李友东（1975— ），天津师范大学历史文化学院教授、博导。硕士学位论文为《金融危机前后印度尼西亚和马来西亚现代化进程比较研究》，为世界现当代史研究，但其博士学位论文则转向中国国家起源的理论研究。与我恰相反，我硕士研究方向是先秦文献与考古，博士则跳到了英国中世纪晚期到近代的转型。我们博士同窗，后为同事，20余年同风雨。

些理论还谈不上有何评论，多是学习吸收。现在想起来，一是当时难以完全理解酋邦理论，二是有一点将西方人类学理论套用中国国家起源的感觉。当然也非常肯定地认为，酋邦理论的传入，给中国文明和国家起源研究注入新的气象，带来新的视野，"十分有利于中国原始社会的研究，十分有利于中国文明和国家起源的研究"①，但这个"有利于"并非直接解决了这些问题，而是给人以更多思考、更多研究角度。后来才看到李学勤先生对酋邦理论的看法，"酋邦制只是通过一些特定的民族和地区考察后归纳提出来的""从多线进化的观点看，很难认为古代诸文明古国都是通过酋邦这种形式由史前走向文明的"。② 我自己的感觉，与李先生的看法相合，其实多数学者也都明晓东西方在文明起源、形成及内涵上是有极大差异的，除了人类社会由低级向高级发展进步这一普遍规律外，很难有其他普遍适用的理论。就如苗圃百花，荣枯是百花的生命规律，但花期、颜色、大小皆不相同。

  理论上的第三个分歧是关于文明起源的标志。学界近年来的看法、观点日趋理性，然而非学界却针锋相对，关于中国何时进入文明社会，有的完全以西方标准贬抑中国夏商文明，有的为抬高中国古代文明而把其他古代文明论作中国古代文明的衍生，在驳杂纷争中也把一些学者卷入其内。因而在本人"中外文明起源比较"教研交流中，每每有学生在课堂研读时将网络上各种说法提将出来，涉及文明物化标志的几个要素问题，文明起源与形成的途径、方式问题，对恩格斯《家庭、私有制与国家的起源》理解，中华文明起源的独特性，物化的文明要素与东西方文明的异同问题，以及文明起源与形成研究的学术史，③ 等等。文明起源的物化标志，最初是美国人类学者克拉克洪和英国考古学者格林·丹尼尔提出来的，他们主张通过考古发现的文字证据、城市遗址和复杂的礼仪中心遗址等文明要素来辨别某个地域是否进入文明状态，而且认为只要这三个方面具备了两项，就可以认定进入文明社会。两人的这一主张其实并非绝对的标准、依据，应该是两人的看法和建议，而且是开放性的，是需要完善的。当然学界也确实在不断争议与完善，如提出考

---

① 易建平：《部落联盟与酋邦》，社会科学文献出版社2004年版，第153页。
② 李学勤主编：《中国古代文明与国家形成研究》，云南人民出版社1997年版，第13页。
③ 参见孙进己、干志耿主编《文明论》，人民出版社2011年版。

古发现中的金属器证据，后又完善为必须是金属的冶炼与使用。然后自两人提出文明标志"要素论"后，便有人拿来作尺子，从片面地衡量东西文明诞生早晚，到言语攻击他人，乃至崇西贬中或迷推东方的地步。这些评判文明标志的"要素"仅是"物化"性的片面依据，怎么可以作为全面衡量的尺子呢？而且，更为重要的是，这些"物化"要素与各古代文明的内涵、特征、样貌以及后来历史走向，没有什么关联。大河流域的古代文明，其文明异同与这些物化要素有关吗？古代东方文明与古希腊、古罗马文明的社会面貌、政治结构等等，也与这些要素具备的多少、早晚无关吧！我想，权力聚散、国家形成途径甚至上古神话的流传，与这些文明内涵的建构，更有关联。这些非"物化"的要素在文明起源与国家形成过程中的作用更值得重视。

除了上述三个理论分歧外，沈老师在导言中还指出另一个分歧，表现在对待文献资料及使之与考古资料相互结合的态度上。"不正确的态度来自两个极端，一是过分怀疑文献资料，主张单纯用考古资料来研究中国古代文明与国家的起源；二是主张对文献资料全部拿来，反对或轻视对文献资料进行时代、真伪及文字训诂的处理，在未有这些处理的情况下便急于去使文献与考古资料'对号入座'"①。这一问题虽早于2009年指出来，但从2020—2022年间各类"研究"、各类"论坛"来看，这两种极端仍很盛行，或是极端爱国情怀，无限拔高中国文明起源的时限与文明内涵，或是极力诋毁中国的"文明古国"，从贬斥梁启超的无知，到人身攻击司马迁，以西方的语言概念虚无中国文明内涵，以物化的文明标志缩短中国文明历史。因此，《中国古代国家起源与形成研究》导言中对这两种极端态度的指陈并没有过时，既应在理性、科学、客观的学术研究中继续遵循，又应作为评判现实各种非理性声音的武器。

（二）对中国古代国家起源的认识

人们对规律的认识，是从个别到一般，经过汇总、分析、分类、归纳等认知的深化，才形成"规律"，也就是说，规律是从多数的相似性

---

① 沈长云、张渭莲：《中国古代国家起源与形成研究》，人民出版社2009年版，导言第3页。

中归纳出来的，是大概率化的认知结果。但这个结果反过来，是不可能与所有个别、个体都对应、符合的，更不能用这个结果来排斥、剔除某个（些）个体。

国内外学者对于古代中国，公认为人类社会少数几个已知的原生的早期文明或原始国家之一。如汤因比把人类 6000 年历史划分为 26 个文明，其中 21 个为发展成熟的文明；在 6 个第一代原生文明（母体）中就有古代中国，在从第一代文明派生出来的 15 个次生文明中仍然有中国；他认为文明具有两个特点：一是都经历起源、生长、衰落、解体和死亡 5 个发展阶段，二是文明和文明之间具有一定的历史继承性，就像几代人生命的延续。又如克列逊提出的 21 个"早期国家"，就有古代中国的殷商和周朝；但在 21 个"早期国家"中只有 6 个处于过渡形态（指向成熟国家过渡），包括中国；在这 6 个当中，只有两个后来达到了成熟国家的水平，当然也有中国。① 无论是汤因比还是克列逊，都是极尽搜罗所有早期文明，从中寻找共性，然后从自己的视角、方法发明出自己的理论与观点。就像学者们撰写的家庭史、婚姻史等等一样，大概率上、粗框架上大致是那样的，然而一旦与某地域的婚姻家庭一一对照的话，就会发现无数细节上的复杂性。

国外学者对于中国文明起源与早期国家形成虽然极为关注，但由于对文献和考古方面接受与认知的限制，再加之一些情感甚至意识形态方面的影响，往往并不符合中国历史实际。就如沈师所指出的，克列逊将中国商周社会认作处于过渡状态的早期国家，这一点值得肯定。可是按照他给出的处于过渡状态的早期国家的特征，如所谓"贸易与市场具有重要的作用""官吏任命制度占据主要地位""土地私有制度显得越来越重要""取得固定薪水的职员占绝大多数""税收体制发展已臻完善"等来衡量商周社会，即使稍有先秦历史认知的国人，也可以知道没有几项是相符合的。② 克列逊对早期国家上述特征的归纳，是不符合中国历史实情的。西方学者往往熟知并使用西方历史资料，同时也是从大概率

---

① 克列逊：《早期国家的演化》，《中国社会科学院古代文明研究中心通讯》2007 年第 13 期。

② 克列逊：《关于早期国家的早期研究》，《中国社会科学院古代文明研究中心通讯》2006 年第 12 期；沈长云、张渭莲：《中国古代国家起源与形成研究》，人民出版社 2009 年版，导言第 4 页。

中得出这些认识,并非完全对应西方所有早期国家,更不用说古代中国。西方学者的理论、方法可以借鉴参考,但其结论则须慎重。

对沈老师有关中国古代国家起源与形成看法的理解:

古希腊罗马是由酋邦时代直接过渡到国家/文明社会,古代中国是由酋邦→早期国家/文明社会→成熟国家/文明社会;

酋邦(政治分级与亲属制度)→早期国家(公共权力与亲属制度)→成熟国家(公共权力与地区组织);

酋邦时代(五帝时期,仰韶中晚期—龙山时期)→早期国家时代(夏、商、西周)→成熟国家时代(春秋战国,与古希腊、古罗马同期)。

具体来说:

一是向国家迈进前的酋邦时代:中国原始社会时期经历了由平等的氏族社会向不平等的(出现阶层分化)氏族社会的发展历程。从全球各古代文明看,这一历程具有普遍性。沈老师认为,出现不平等阶层分化现象的氏族社会,其基本组织结构就是酋邦;在远古中国,酋邦表现为政治分级与亲属制度的结合,相当于传说中"五帝"时期"天下万邦"的"邦",在考古学上对应自仰韶中晚期至龙山时期各地出现的由若干聚落结成的二级或三级聚落群结构。我国古代国家的产生即源自这种不平等的氏族社会组织。而对于古代埃及,则相当于公元前3500—前3100年下埃及尼罗河三角洲一带众多的"诺姆";古罗马王政时代之前的状态也是如此。但他们的酋邦则表现为贫富分化、政治分级和血缘关系的疏解。

二是早期国家时代:我国古代最早产生的国家属于早期国家,因为仍普遍存在着各种由血缘亲属关系结成的社会组织,酋邦这种不平等的氏族组织作为基本政治单位也仍然存在于这些国家之中。中国早期国家,其实是由某一势力强大的大邦作为"共主"对其他众邦的统治。因此,判定我国早期国家的产生就不能像西方早期国家那样仅简单用出现"公共权力"和建立"地区组织"这两个标志来衡量。也就是说,西方早期国家可以用这两个标志,而中国仍处于血缘组织聚居状态。我国的早期国家时代仍然具有酋邦时代的残存,最主要的是,众邦仍以血缘聚居（氏族或部族）形式作为"地区组织"。

三是从酋邦到早期国家的形成途径。我国早期国家形成途径，与古希腊罗马奴隶制国家的产生是不同的。古希腊罗马国家产生和形成过程中，是以氏族组织内部分化为起点，如希腊半岛上众多城邦，每个城邦基本源于同一氏族，由氏族内部分化、血缘关系瓦解逐渐演变为城邦，因而城邦规模都不大；由于血缘关系消解，不再以血缘聚居为社会组织单位，而是以社会成员按行政区为基本组织形式；城邦的征召是面向家庭与个人，而非家族或部族，社会成员也是直接面向城邦。中国早期国家的产生与形成是在"天下万邦"发生大小强弱分化的基础上，由大邦首领渐行公共事务之权力（文献上的五帝时期，考古学上为多元一体"重瓣花朵"化），但无论大邦还是众小邦，仍以部族血缘聚居形式分布于各地，即万邦并非地缘划分，而是以血缘组织聚居于某地，地域为自然属性，血缘组织才是社会属性。

如夏代，还没有现代民族学意义上的"民族"，也没有演化为马克思主义理论意义上的"民族"[①]。夏代这一早期国家就是由众多氏族（或族邦）构成，既包含有历代夏王所由产生的夏后氏这一支氏族，更包含有夏后氏的众多同姓氏族，如有莘氏、有扈氏、斟灌氏、斟寻氏、彤城氏……还包括许多夏的姻亲与盟邦，如有虞氏、有仍氏、昆吾氏、豕韦氏、有鬲氏之类，甚至还有一些慑于夏的威势被迫与夏结盟的氏族。其中夏后氏乃是各族邦共同拥戴的"共主"。此即夏代国家的组织形式。[②]

虽然各邦内部也发生贫富两极、政治分级、权力集中等分化，但中国早期国家不是从单一酋邦内部发生形成的，而是在众邦之间分化的基础上形成的。其结果：一是规模都超越了单一酋邦，人口较多、地域范围广大；二是虽形式上有地域分布之别，但属于血缘聚居之自然形成，非国家行政划定的"地区组织"。

四是夏、商、周三朝为我国早期国家时期。我国上古中原地区最早

[①] 按马克思主义民族形成理论，民族应是在超越了亲属血缘关系及氏族组织所造成的地方局限性的基础上，在更大范围内按地区行政关系组织起来的人们共同体。参见沈长云《华夏民族的起源与形成过程》，《中国社会科学》1993 年第 1 期。

[②] 沈长云、张渭莲：《中国古代国家起源与形成研究》，人民出版社 2009 年版，导言第 26 页。

中国古代国家起源与形成的途径——重读《中国古代国家起源与形成研究》导言

出现的夏、商、周三个王朝，即是由以夏后氏、有商和有周三个酋邦为首的势力集团分别建立的国家。这三个国家虽然前后迭相兴起，并且统治的地域也前后相互继承，但它们一开始却各自出现在不同的地区，并均是在这个地区众多酋邦组成的联盟的基础之上建立起来的。以夏后氏为首的夏族人是我国第一个早期国家。夏的建立者起于古河济之间，主要包含了夏的同姓和姻亲酋邦，是一个大的酋邦对其他众邦既联合又控制的统一。同样，商朝是以商族的同姓和姻亲酋邦为主体，周朝是以周族的同姓和姻亲酋邦为主体，或松或紧与其他部族（酋邦）结成联盟。为管理众邦公共事务，大邦掌握着"公共权力"，而所谓"地区组织"仍是各个小邦，而大邦、小邦仍是血缘聚居状态。因此，从这个意义上说，它们均属于早期国家的性质。

在夏、商、周早期国家阶段，社会组织基本上还是以血缘关系为基础的氏族公社血缘关系没有被破坏，也没有迅速过渡到奴隶制。"这种社会性质，可以从当时农业生产仍普遍使用石制工具，社会结构仍以父系大家族公社为主并保持着原始的集体共耕制度，主要生产者'众'或'众人'是家族公社成员，而非奴隶。"① 夏、商、周三代为何是早期国家，为何仍是血缘组织聚居而非"地区组织"，为何与古希腊罗马进入国家的途径不同，深层原因应与当时的生产力尤其是生产工具、劳动者的生产能力有着密切关系。就如沈师所言，"当我们谈到国家产生时所应达到的物质生产力或者经济发展水平时，就不一定要求各个地区都像古希腊罗马那样进入铁器时代，或使用金属工具的时代；谈到作为国家产生的基本标志之一的地域关系的建立时，也不一定要求这种地域关系是像古希腊罗马那样，要在打破居民原有的氏族组织的基础上对居民实行按地区的行政编制，也可以认为它是作为第一步，保留原有的氏族组织，先将若干不同血缘关系的氏族编制进一个具有集中管制权力的政治组织之内，待今后财产与阶级关系进一步发展后再实行对居民的地区行政编制。所有这些，都应视各地区各个民族的具体情况而定"。因

---

① 于省吾：《从甲骨文看商代社会的性质》，《东北人民大学学报》（人文社会科学版）1957年第2—3期合刊。

此，对中国古代国家产生标志的衡量"怎么可以用同一把尺子去衡量它们的社会经济及阶级分化、社区结构等方面的进化程度呢"①。

五是从早期国家向成熟国家的发展。早期国家与成熟国家的区别，主要表现在是否保有原始氏族社会的某些残余，其中最主要的不再是建立在由血缘亲属关系结成的各种族的组织基础之上，而是建立在按地区划分的行政组织基础之上，而这发生在春秋战国时期。从国家的"公共权力"和"地区组织"这两个标志看，中国在早期国家阶段形成、确立了"公共权力"，而在春秋战国时期确立了"地区组织"（郡、县、乡、里），完成了国家的建构。

表1

阶段	内容	备注
酋邦↓	由平等的氏族社会向不平等的氏族社会发展	氏族
	本质特征：政治分级与血缘亲属制度相结合	
早期国家↓	仍普遍存在各种血缘亲属关系结成的社会组织	部落↓部落联盟
	酋邦时代的不平等的氏族组织，作为基本政治单位仍然存在	
	权力形成方式与途径：（氏族—部落—部落联盟）酋邦首领因权力的集中及"独立化"渐由"社会公仆"变为"社会的主人"，渐成一个统治阶级，普通成员相对成为被权力支配的阶级；权力的来源与集中，是应对酋邦共同体的各种公共（共同）事务的，如治水、对外战争、宗教事务、内部纠纷等的调解管理	
	夏、商、周三代皆由以三个酋邦为首的势力集团分别建立的早期国家（由众酋邦联合而成的酋邦联盟——首领权力高度集中而"家天下"）	
成熟国家	不再是建立在由血缘亲属关系结成的各种族的组织基础之上，而是建立在按地区划分的行政组织基础之上。即使聚族而居，只是一种自然社会形态，而非国家行政区划	氏族、部族基本存于中原区之周边
	由早期国家向成熟国家的过渡是在春秋战国时期	

沈老师有一个看法很有创意，那就是：从中国古代社会的事实出发

---

① 沈长云、张渭莲：《中国古代国家起源与形成研究》，人民出版社2009年版，第18页。

中国古代国家起源与形成的途径——重读《中国古代国家起源与形成研究》导言

重新考虑给"国家"下一个新的包容性更广泛的定义,像上古中国这样的国家,完全是一种自然生长的原生类型的国家,其社会结构与组织形式应更具有普遍意义,而古希腊罗马作为非原生类型或次生的国家,它的产生应不具有典型的意义,我们完全有理由根据古代中国及其他一些文明古国的实际情况对国家的概念作出更新的界定。而不必按国外学者提出的两个条件作为国家标准,把中国古代这种基于血缘关系的国家形式归入特殊的"亚细亚式的国家"范畴。[①] 长期以来,中国学术研究一直以西方的学术理论、学术概念与话语研究本国的历史,既难以揭示本国历史进程的真相、文明内涵与发展规律,又难以形成自身的学术话语与理论。就如"国家"这个概念,是西方学者基于西方16世纪以后资产阶级民族国家的历史,仅对国家外部特征作出一般性概括。而对于国家的实质及国家起源的社会历史原因却避而不谈,是由恩格斯在《家庭、私有制与国家的起源》《法兰西内战》导言中才做出明确的表述。这说明不仅西方学者在"国家"概念上存在不同看法,而且是基于西方的历史尤其是近代以来的历史,那么为何要套用西方这一概念来裁量中国历史呢?再如"文明"这一话语概念,东西方在词源、内涵上也完全不相对应,用西方"文明"概念话语来理解东方文明或衡量东方文明优劣短长也是完全不合适的。

(王玉亮,天津师范大学历史学院教授)

[①] 沈长云、张渭莲:《中国古代国家起源与形成研究》,人民出版社2009年版,第41页。

全球视域下的指定服役制度研究

卢中阳

指定服役制度由徐中舒在20世纪50年代提出来。1955年他在《试论周代田制及其社会性质》一文中率先提出商代的侯、田（甸）、男、卫是四种指定服役制。① 1960年他在《巴蜀文化绪论》中，重申"殷代奴隶主对于部族的统治，采取的是指定服役制"。② 唐嘉弘接续指定服役制度这一新见解。1982年在其文章《论殷周的外服制》中认为指定服役制度"不仅是一种政治方式，也是一种社会经济方式"。③ 赵世超对指定服役制度内涵阐释及其学术定位做出重要贡献。1999年他在《指定服役制度略述》一文中将指定服役制度定义为"分工具体、指定某部分人专服某役、且世代相传、长期不变的服役形式"。④ 其后，在其论文《服与等级制度》及论著《周代国野制度研究》修订版中反复强调殷周社会"人皆有服"，即殷周时期每个族都要服与其特长及地域特产相适应的指定劳役。⑤ 卢中阳继承了指定服役制度研究的传统，并将其推广到民族志研究当中。⑥ 关于指定服役制度的研究成果具有开

---

① 徐中舒：《试论周代田制及其社会性质：并批判胡适井田辨观点和方法的错误》，《四川大学学报》（哲社版）1955年第2期。
② 徐中舒：《巴蜀文化续论》，《四川大学学报》（哲社版）1960年第1期。
③ 徐中舒、唐嘉弘：《论殷周的外服制：关于中国奴隶制和封建制分期的问题》，《人文杂志》（增刊）1982年。
④ 赵世超：《指定服役制度略述》，《陕西师范大学学报》（哲社版）1999年第3期。
⑤ 赵世超：《服与等级制度》，《陕西师范大学学报》（哲社版）2014年第2期；赵世超：《周代国野制度研究》（修订本），人民出版社2020年版，第101—110页。
⑥ 卢中阳：《商周指定服役制度研究》，台北：花木兰文化出版社2013年版；卢中阳：《西双版纳指定服役制度研究》，《思想战线》2019年第2期；卢中阳：《中国西南少数民族历史上的指定服役制度》，《陕西学前师范学院学报》（哲社版）2015年第2期；卢中阳：《从西双版纳的指定服役制度看早期国家》，《博士后研究工作报告》，云南大学历史与档案学院，2016年；卢中阳：《从"指定服役制度"看早期国家起源》，《中国社会科学报》2020年11月16日第A04版。

创性，但远未完善。首先，已有成果研究对象主要集中于中国先秦和西南少数民族，缺乏世界民族资料的佐证及比较研究；其次，对指定服役制度在人类历史上的价值和影响认识不够。因此，本文以中国先秦、日本大和国、笈多王朝以前的古代印度、南美洲印加帝国、英国殖民者占领前缅甸为主要研究对象，并参与世界其他早期文明，成此专论，以就教于学界方家。

一　什么是指定服役制度

指定服役制度是国家主导下的一种强制分工，指固定由相应群体世代负责谋役的服役形式。[①] 其内容表现为劳役和贡纳两种。[②] 指定服役制度在世界文明史上具有普遍性。

在中国，就商代而言，《尚书·酒诰》中提到"越在外服，侯甸男卫邦伯"。关于侯、甸、男、卫之所指，贾公彦、孔颖达、孔晁、伪孔传等观点较为一致。侯，是王的"斥候"。甸，即"田也"，是负责为王"治田入谷"。男者，"任也"，负责"任王事"。卫，负责"为王捍卫"。在注释家看来，侯、甸、男、卫对于王而言各有分职。周初分给鲁周公的"殷民六族"及分给卫康叔的"殷民七族"。[③] 有学者认为施氏是旌旗工，锜氏是错刀工或釜工，陶氏是陶工，索氏是绳索工，长勺氏、尾勺氏是酒器工，樊氏是篱笆工，终葵氏是锥工，繁氏是马缨工。[④] 以族为单位从事某项劳役得到出土资料的证实，张光直先生通过对青铜器族徽研究，认为商代时期各族群的职业明显趋向于专一化，这

[①] 赵世超将指定服役制度定义为"分工具体、指定某部分人专服某役且世代相传、长期不变的服役形式"，见赵世超《指定服役制度略述》，《陕西师范大学学报》（哲社版）1999年第3期。本文界定是在此基础上的抽象概括。

[②] 劳役是就服役的形式而言，贡纳是就服役的结果而言，在人类社会早期阶段，两者很难截然区分，有时可以相互转化。赵世超：《服与等级制度》，《陕西师范大学学报》（哲社版）2014年第2期；卢中阳：《从西双版纳的指定服役制度看早期国家》，《博士后研究工作报告》，云南大学历史与档案学院，2016年，第7—15页。

[③] 《左传》定公四年。

[④] 杨伯峻编著：《春秋左传注》，中华书局1990年版，第1536—1538页；李亚农：《殷代社会生活》，上海人民出版社1955年版，第50页。

些族当中有的从事生产各种手工业品，有的族则从事某种特殊的服务。①

在古印度笈多王朝以前，指定服役制度又称为"瓦尔那"和"阇提"制度，中国人习惯上将两者统称为种姓制度。"瓦尔那"出现于公元前15世纪前后，原意为"色""质"，最初是用来区别白皮肤征服者雅利安人与黑皮肤被征服者印度土著而获名。在晚期吠陀时期，种姓制度按照职业区分为婆罗门、刹帝利、吠舍、首陀罗，规定婆罗门负责教授吠陀和祭祀，刹帝利负责保护众生，吠舍负责畜牧、经商、务农，首陀罗负责心甘情愿地侍候上述诸种姓。② 四个"瓦尔那"经过发展衍化，又在各自内部分化出了许多更小的职业集团，这些集团印度人称之为"阇提"。从古印度法典来看，他们的职业可分为航海者、伶工、榨油人、占星家、猎人、缝衣匠、铁匠、金匠、养狗人、洗衣匠、皮革匠、理发匠、牧人等。③ 国王规定不同种姓要为国家服劳役，并且不得改业，在他们看来"越出本业，就会搅乱这个世界"。④

在日本，指定服役制度名为"部民制"。据《日本书纪》记载，大和国鼎盛时期曾经拥有180多个部。⑤ 这180多个部，有负责为王室占卜吉凶的卜部，负责掌管国家财政的藏部，负责掌管争讼事务的解部，负责为皇室提供饮食膳羞的膳部，负责统治乘辇事务的车持部，负责提供水的水部，负责看守宫门的门部，负责酿酒事务的酒部，负责生产祭祀用品的玉作部、镜作部，负责在田庄中从事耕作的田部等。⑥ 总之，事无巨细，皆有部为之。这些部民被统治者以集团的形式组织起来，分别从属于天皇或贵族，并让其世代从事某一固定的职业。

在缅甸，指定服役制度被称为"筐托"或"阿赫木旦"。"筐托"

---

① ［美］张光直：《商文明》，张良仁等译，生活·读书·新知三联书店2013年版，第253—254页。

② 蒋忠新译：《摩奴法论》，中国社会科学出版社1986年版，第6、12页；［法］迭朗善译：《摩奴法典》，马香雪转译，商务印书馆1982年版，第10、18页。

③ 蒋忠新译：《摩奴法论》，中国社会科学出版社1986年版，第54、85—86、89、160页。

④ 蒋忠新译：《摩奴法论》，中国社会科学出版社1986年版，第173、214页。

⑤ 《日本书纪》推古纪二十八年，圣德太子与苏我马子共同商议"录天皇记及国记、臣连伴造国造百八十部并公民等本记"；《日本书纪》孝德纪即位前纪，记载"百官臣连国造、伴造百八十部，罗列匝拜"。

⑥ ［日］井上清：《日本历史》（上册），天津市历史研究所译，天津人民出版社1974年版，第37—40页；李卓：《部、部民及其区别》，《日本论坛》1986年第2期。

最早出现于蒲甘王朝时期,其后"筐托"改称"阿赫木旦",并且服役的内容更加丰富。到了东吁王朝时期,形形色色的阿赫木旦组织已经达到上百种之多。仅他隆王公元1635年的命令中提到从事各色杂役的阿赫木旦组织就包括40多种。其中包括持伞、制伞、提箱子、抬轿子、供水、送水、放牛、厨师、洗衣、养花、制胶、编篮子、编织、制梳子、占卜、驱赶鸟雀、为僧侣送食品等。① 到了雍籍牙王朝时期,《缅甸悉档》中也记录有七八十种阿赫木旦组织。②

在南美洲的印加帝国,有学者将指定服役制度称为"米达制"(Mita)、"柯威"(Corvee)或"劳役摊派制"(Repartmiento),③ 这是西班牙统治者赋予的称谓。指定服役制度在印加国家发展史上扮演着非常重要的角色。印加王外出巡视时有专门的两省负责为其抬轿子,国王死后也有专门的诗人和歌手为他赞颂生前的功绩。其他省份亦有不同的分工,有些省份提供最善于采矿的人负责采矿,而另一些省份则提供金属工匠或木匠负责手工业加工。④ 到16世纪西班牙殖民者入侵以后,指定服役制度又成为侵略者奴役和剥削印加人民的重要手段。⑤

非洲历史上的一些小王国中也保持着指定服役制度较为原始的形态。如非洲维多利亚湖附近的布干达(Buganda)王国,整个王国共分成36个以血缘外婚为特征的氏族,每个氏族都有自己的图腾,并以图腾为自己的氏族命名。国家具体事务都明确分配给各个氏族,如鼠氏族负责国王警卫,水牛氏族负责为国王承担挑东西劳役,猴氏族负责守卫王陵,田菌氏族负责为国王宫廷守门,河马氏族负责为国王担任鼓手,獭氏族负责为国王选择妻子。⑥ 在豪萨城邦国,这个国家共由7个豪萨

---

① 贺圣达:《阿赫木旦制度与缅甸封建经济的特点》,《世界历史》1991年第5期。
② Trager Frank N. and Koenig William J., *Burmese Sit-tàns 1764 – 1826: Records of Reral Life and Administration*, Tucson: The University of Arizona, 1979.
③ 张铠:《秘鲁历史上的米达制》,《世界历史》1982年第6期;韩琦:《拉美历史上的劳役分派制》,《烟台师范学院学报》(哲社版)1989年第4期;George Peter Murdock, *Our Primitive Contemporaries*, New York: The Macmillan Company, 1934, p. 420.
④ William H. Prescott, *History of the Conquest of Peru*, London: J. M. Dent & Sons Ltd., 1924, pp. 16, 20, 34.
⑤ [秘鲁]印卡·加西拉索·德拉维加:《印卡王室述评》,白凤森、杨衍永译,商务印书馆1993年版,第375—376页。
⑥ George Peter Murdock, *Our Primitive Contemporaries*, New York: The Macmillan Company, 1934, p. 528.

组成，卡诺和腊诺负责纺织和印染；卡齐纳和道腊负责商业贸易；戈比尔负责保卫各城邦国家；扎里亚成负责提供奴隶劳动力。① 在安科勒（Nkore Ankole）王国，各种职业也是被指定分配给各个氏族。如布韦祖（Buwhezhu）和巴尼亚卢古卢（Bunya-ruguru）负责为国家行猎时提供猎手；阿瓦伊加拉（Abaigara）氏族负责为国王制作凉鞋，同时负责种植和贡纳国王烟草；科基（Keki）氏族负责为国王演奏巴干达长笛；阿巴辛戈（Abasingo）氏族负责为国王提供饮用的魔水。②

此外，在两河流域城邦时代、阿卡德帝国、乌尔第三王朝、亚述帝国，③ 古埃及赛索斯特里斯（十二王朝）以前，④ 古希腊迈锡尼文明，⑤ 小亚细亚赫梯文明，⑥ 伊朗高原米底王国、阿契美尼德王朝、萨珊王朝，⑦ 中美洲阿兹特克帝国，⑧ 法国殖民者占领前的老挝，⑨ 朱拉隆功改革前的泰国，⑩ 以及非洲加涅姆—博尔努王国的赛福瓦王朝、阿散蒂帝国，⑪ 都存在指定服役制度。

二 指定服役制度的起源

指定服役制度产生于血缘共同体内部的分工。在人类社会早期，为了维护生存的需要，人们往往会利用天然血缘联系结成一定的原始共同

---

① 李安山：《非洲古代王国》，北京大学出版社2011年版，第129—133页。
② [英] M. 福蒂斯、E. E. 埃文思－普里查德：《非洲的政治制度》，刘真译，商务印书馆2016年版，第129—130页。
③ 杨建华：《两河流域：从农业村落走向城邦国家》，科学出版社2014年版，第255—256页；于殿利：《巴比伦与亚述文明》，北京师范大学出版社2013年版，第115、165、200页；国洪更：《亚述赋役制度考略》，中国社会科学出版社2015年版，第68、75、182页。
④ 尚会鹏：《种姓与印度教社会》，北京大学出版社2001年版，第335页。
⑤ [美] 伊恩·莫里斯、巴里·鲍威尔：《希腊人：历史、文化和社会》，陈恒等译，上海人民出版社2014年版，第77—78页。
⑥ 李政：《赫梯文明研究》，昆仑出版社2018年版，第271、307页。
⑦ [美] 奥姆斯特德：《波斯帝国史》，李铁匠等译，上海三联书店2010年版，第88—89、219、353—354页；施治生、徐建新主编：《古代国家的等级制度》，中国社会科学出版社2003年版，第226—227页。
⑧ 韩琦：《拉美历史上的劳役分派制》，《烟台师范学院学报》（哲社版）1989年第4期。
⑨ 申旭：《老挝史》，云南大学出版社2011年版，第138页。
⑩ 赵永胜：《古代泰国政治中的亲属关系和依附制度》，《东南亚》1999年第1期。
⑪ 李安山：《非洲古代王国》，北京大学出版社2011年版，第121、225—226页。

体，它是人类面对大自然挑战和未知威胁时自然选择的结果。然而当共同体发展到一定规模后，分工便不可避免地出现了。

在中国先秦时期，关于指定服役制度的起源，有两个重要的现象需要引起重视。一是劳役服务对象与族氏首长的同一性。周公诰教"小子""奔走事厥考厥长"。"小子"即同文之"庶士有正"，代指下级统治者或族长。"厥考厥长"是指同文之"父母"或上级统治者。文王筑灵台时，"庶民攻之，不日成之。经始勿亟，庶民子来。"庶民像儿子般地踊跃参加城筑劳役。同样的事情还发生在周公营建洛邑之时，"庶邦享作，兄弟方来"，庶邦如同兄弟般前来供役。① 可见，服役关系中的上下级关系，又是形式上父子、兄弟关系。另一个现象便是劳役多假托祭祀神灵的名义。《左传》昭公七年叙述将人划分"十等""以待百事"的目的是"下所以事上，上所以共神也"。《国语·周语上》祭公谋父劝谏周穆王要"日祭，月祀，时享，岁贡，终王"，其目的是想借祭神来实现剥削和统治。文献中提及农业劳役时多会指出是为了享祀时求"媚于神"以及"烝畀祖妣""献之皇祖"。② 而"崇立上帝、明神而敬事之"的本质是供养君主和"教民事君"。③《左传》襄公十四年记载师旷言："夫君，神之主也，民之望也。若困民之主，匮神乏祀，百姓绝望，社稷无主。"无疑道出了君与神的关系。对于中国先秦时期来说，族权、神权以及由此产生的政权是三位一体的。服务家长、祭祀鬼神与为统治者服役，本质上并无区别。因此，指定服役制度作为国家主导下的一种强制分工，从一定意义上讲应该起于一源，即源自血缘共同体内部的分工。

在日本，指定服役制度起源于古老的"伴"制，"伴"原为氏族或部落社会内部最古老的分工。《古事记》所记载大和国的五伴绪"各分担职司"，并伴随着天孙从天而降。其中"天儿屋命是中臣连的祖先，布刀王命是忌部首等的祖先，天宇受卖命是援女君等的祖先，伊斯许理度命是镜作连的祖先，玉祖命是玉祖连等的祖先"④。"中臣""忌部"

---

① 《尚书·酒诰》《诗经·大雅·灵台》《尚书·梓材》。
② 《国语·周语上》《诗经·小雅·大田》《诗经·小雅·信南山》《诗经·周颂·载芟》。
③ 《国语·周语上》。
④ [日] 安万侣：《古事记》，邹有恒、吕元明译，人民文学出版社1979年版，第48页。

文明起源研究

"援女""镜作""玉祖"分别是大和国掌管祭祀、制造祭器、演奏神乐、制造铜镜和管理玉器的部,"连""首""君"是其首领的姓氏。所谓的五伴绪"各分担职司",应该肇始于日本大和国出现以前天孙族氏内部的亲族分工。随着大和国的形成和发展,传统的"伴"制受到朝鲜"部司制"的影响,从而正式更名为"部民制",① 指定服役制度也因此得到确立。

在古印度《梨俱吠陀》的《原人歌》中,原人作为"包摄大地,上下四维"的超验存在,亦是印度四种姓制的缔造者。"原人之口,是婆罗门;彼之双臂,是刹帝利;彼之双腿,产生吠舍;彼之双足,出首陀罗。"② 原人又称普鲁沙,即生主神,他的口化身婆罗门种姓;双臂产生刹帝利种姓;双腿形成吠舍种姓;双足衍生出首陀罗种姓。从印度社会发展史来看,这是关于印度种姓制度起源的最原始记录。印度法典中也有与之类似的记载,同时指出神为由口、臂、腿、脚生出的种姓派定了各自的业。③ 把种姓的产生说成是神的安排自然不雅驯,但正如世界其他早期文明一样,人类历史多混杂于神话传说之中。因此具有识见的学者便洞悉出种姓制度产生与雅利安人族内分工密切相关这一事实,如林承节认为,"到《梨俱吠陀》后期,一方面随着雅利安人部落内部分工的进一步发展,瓦尔那被用来区分雅利安人因分工地位不同而形成的不同社会集团"④。布兰特亦指出,各种姓的行业先于卡斯特(Caste)而存在,或造成该卡斯特的建立。⑤ 故而古印度种姓制度同样起源于族内分工。

在非洲豪萨城邦国,传说巴亚吉达与道腊的儿子巴沃加里登上王位,而两人的其他子嗣则分别成为卡诺、道腊、戈比尔、扎里亚、卡齐纳、腊诺等城邦的统治者。这6个源自同一祖先的城邦国家被指派了明确的分工,如卡诺和腊诺是"靛青之王",主要从事纺织品和印染业;

---

① 李卓:《部、部民及其区别》,《日本论坛》1986年第2期。
② 巫白慧译解:《〈梨俱吠陀〉神曲选》,商务印书馆2010年版,第253—259页。
③ 蒋忠新译:《摩奴法论》,中国社会科学出版社2007年版,第6、12页;[法]迭朗善译:《摩奴法典》,马香雪转译,商务印书馆1982年版,第10、18页。
④ 林承节:《印度史》,人民出版社2004年版,第20—21页。
⑤ [法]路易·杜蒙:《阶序人:卡斯特体系及其衍生现象》,王志明译,浙江大学出版社2017年版,第172页。

卡齐纳和道腊是"集市之王",主要负责经营商业贸易;戈比尔是"战争之王",主要职责是保卫各城邦国家不受外敌侵犯;扎里亚成为"奴隶之王",主要为其他城邦提供奴隶劳动力。① 这 6 个城邦传说为兄弟之国,说明这些劳役最早亦源自部落内部的分工。

在人类社会早期,族氏首长一般由族内年龄和辈分稍长的老年男性担任,他在组织生产及其他活动过程中,逐渐成为家族财产和人身的支配者,家族成员则变为供其驱使以及无偿奉献劳动成果的服役者,从而形成"有事弟子服其劳"原始分工形式。当国家出现后,这种原始共同体内部的分工被继承和固定下来,并赋予国家强制力的保障,这样原有共同体的分工就变成了国家统治下的指定劳役。

随着国家的发展,统治者还将本于族内分工的指定劳役又以构建仿族组织的方式推及被征服者身上。②

在中国先秦时期,对待被征服者"无遗寿幼"式的斩尽杀绝并不多见,往往是"服之而已"。③ "服"字,甲骨文作 ,金文作 。像用手按跪跽之人或推跽人于盘。引申为服从或服事,作名词用代指所服之事。"服之而已"的根本之点在于迫使失败者服役。帝舜臣服了高阳氏和高辛氏的"十六族"后,将其"纳于百揆",从此"百揆时序"。④ "百揆"即百事,"时序"即承顺。犹言派给十六族事务,各种事务都办得条理且妥帖,故而"无废事也"。⑤ 殷人典册中记载,殷革夏命后,对待夏遗民是"迪简在王庭",让其"有服在百僚"。⑥ 周人亦继承了这一传统,不仅让殷遗民"尚有尔土""宅尔邑""畋尔田",只要殷多士"尚尔事""攸服奔走臣我多逊",便可以"侯于周服",其上层亦可以简择在"大僚"。⑦ 贡纳楛矢、石砮的肃慎氏,进献白狼和白鹿的犬戎氏,以及负担贡纳丝织品、粮食和"进人"的南淮夷,都应该是臣服

---

① 李安山:《非洲古代王国》,北京大学出版社 2011 年版,第 129—130 页。
② 仿族组织,即征服者与被征服者之间通过建立拟(假)血缘关系而形成的族氏认同组织。
③ 《禹鼎》(《集成》2833)、《国语·越语上》。
④ 《左传》文公十八年。
⑤ 杨伯峻编著:《春秋左传注》,中华书局 1990 年版,第 642 页。
⑥ 《尚书·多士》。
⑦ 《尚书·多方》《尚书·多士》《诗经·大雅·文王》。

后被纳入服制范畴的国族。① 被征服者以集体形式"降为臣",② 并以称"子"的形式与征服者结成仿族组织,从而为周人服指定劳役。③

随着大和国家的建立,不仅族氏内部的分工得到了巩固,同时把这种分工作为现成管理模式推广到被征服者身上。大和国在征服各地族氏后,通常不破坏被征服集团原有的氏族结构,并按照当地特产或被征服者的特长指定其服一定的劳役。④ 对待归服者也采用同样的统治方式,来自朝鲜半岛的移民被编入锦织部、衣缝部、锻冶部、鞍部等手工业生产的部。有些移民会记录和书写,因此被编为史部和文部。也有部分人从事农业生产。⑤

在古印度,雅利安人征服印度土著后,不愿将其同化进自己的社会集团,于是统治者参照雅利安人自身族内分工将黑皮肤的土著人纳入其中,把他们作为独立的社会集团整体地加以奴役。梵语"瓦尔那"一词意为"色""质",最初是用来区别征服者与被征服种族,目的是保持雅利安人的统治地位。⑥ 婆罗门、刹帝利、吠舍属于雅利安人,高鼻白肤。首陀罗属于印度土著,扁鼻黑肤。纯洁污浊观念产生以后,印度社会中又产生出一个新的社会阶层——不可接触者,即贱民。这些贱民有的是原来的首陀罗,有的是违反种姓制度被开除出种姓者,但绝大部分是先后被征服的印度土著部落。⑦ 因此,种姓制度的形成,不但与族内分工相关,而且与种族压迫和奴役联系在一起。

印加帝国原本是当地众多部落中的一个小部落,大约于公元12世纪在安第斯山地迅速崛起,并逐步征服和吞并了周围的其他小部落,形成了强大的国家,从而建立了被称为"米达"的服役制度。⑧ 米达制本于印加部落内部的分工,但随着国家的发展而逐渐发展成为整个帝国的制度。有学者曾指出,这一制度虽然最初是为小国所设计,"但是却像

---

① 《兮甲盘》(《集成》10174)。
② 《左传》襄公三十一年。
③ 赵世超:《服与等级制度》,《陕西师范大学学报》(哲社版)2014年第2期。
④ [日]井上清:《日本历史》(上册),天津市历史研究所译,天津人民出版社1974年版,第12—15页。
⑤ 向洪武:《新编世界上古史》,贵州人民出版社1989年版,第197页。
⑥ 林承节:《印度史》,人民出版社2004年版,第20页。
⑦ 陈峰君主编:《印度社会述论》,中国社会科学出版社1991年版,第159—160页。
⑧ 张铠:《秘鲁历史上的米达制》,《世界历史》1982年第6期。

阿拉伯故事中的魔帐一样",既能适应初级型态的国家,又能适应强盛的帝国。①

对于战败者或者是归服者,统治者以现成的家族管理模式为蓝本,于是将指定服役制度推广到被征服者身上,臣服族氏作为次级统治机构或基层社会单位被完整地吸纳到新的管理系统中。这种指定劳役根植于族内的分工,通过武力征服或归服又将其推及被征服者身上,从而成为整个国家的制度形式。

三 指定服役制度的特征

首先是劳役具有强制性。指定服役制度从根本上说是建立在人身控制基础上之"超经济强制"的产物。②

在中国先秦时期,统治者除了采用传统的家长制支配权利外,实现劳役摊派的方式具体表现为"祀"与"戎"。祭祀在先秦时期被认为是"国之大事",是政府第一要务,祭祀对象主要集中于天神和祖先神。统治者之所以如此重视,实质上是想通过"明命鬼神",以达到让"百众以畏,万民以服"的目的。③ 文献中所谓的"日祭""月祀""时享",无外乎是假托祭祀神灵名义"赋事""献功"而已。④ 如果意识形态领域的"假威鬼神"不管用,便要采取军事上的"阻兵而保威"。⑤ 统治者随时置有"攻伐之兵""征讨之备","刑不祭,伐不祀,征不享"。⑥ 被征服者"比事臣我宗多逊"方则罢了,不然便"大罚殛之",迫使其"离逖尔土"。更有甚者是"劓殄灭之,无遗育",老少全部杀

---

① William H. Prescott, *History of the Conquest of Peru*, London: J. M. Dent & Sons Ltd., 1924, p. 24.

② "超经济强制"是马克思提出的一个术语,又译为"经济外强制""非经济强制",指通过族权、宗教权、军权等超经济力量以建立人身依附和服役关系,区别于以占有生产资料为前提的经济支配。马克思:《资本论》(第3卷),中共中央马克思恩格斯列宁斯大林著作编译局译,人民出版社1975年版,第891页;[德]马克斯·韦伯:《经济与社会》上册(第2卷),阎克文译,上海人民出版社2010年版,第1081页。

③ 《礼记·祭义》。

④ 《国语·周语上》《国语·鲁语下》。

⑤ 《史记·秦始皇本纪》《吕氏春秋·诚廉》。

⑥ 《国语·周语上》。

尽。① 祀与戎被誉为"国之大事",其根本之点在于通过"超经济强制"实现人身控制,并将劳役摊派到被统治者身上。

在日本大和国,部民制建立在"超经济强制"的基础之上。一方面,在大和国向外扩张的过程中,通过军事征服和武力威慑将一些氏族或部落编为部民,让其为国家提供劳役或贡纳;另一方面,大和国的各级统治者同时也是氏族长或部落酋长,他们对内握有裁决族内争论、支配集团财产、主持祭祀等权力,对外代表集团与朝廷或其他集团交涉。因此,"部民"与朝廷的关系是人身被占有的关系。故日本学者说,部民并不是作为由主人分给土地以地租形式剥削其剩余劳动,而是部民的人身集体地为主人所有。②

在古印度,瓦尔那制度也是"超经济强制"的产物。活动于中亚地区的雅利安人征服了印度次大陆之后,将原住民称作"达休"或"达萨",意为敌人。在《梨俱吠陀》中可以看到,把黑皮肤的被征服种族称为"达萨瓦尔那",雅利安人自称"雅利安瓦尔那"。同时,血缘关系可能在维护种姓间的等级制度上亦起到重要作用,如路易·杜蒙指出,在印度法律的演进过程中父子关系是模仿一种互相依赖的关系,也就是卡斯特体系里高阶者与低阶者之间的关系。③

缅甸阿赫木旦制度的建立同样通过"超经济强制"手段来实现。东吁王朝的良渊王和阿那毕隆为了增加阿赫木旦的人数,每次出征后都把大批战俘带回上缅甸,编成为王室服役的阿赫木旦组织。他隆王从勃固迁都阿瓦时,亦带回大批孟人、缅人、老挝人、掸人、印度人,把他们安置在皎克西、敏养、亲敦江流域、牟河沿岸等农业灌溉区,并让他们为王室服役。④

印加建国的历史就是一部征服史。乌拉马卡、维尔卡、乌图苏利亚、昌卡、安科瓦柳等部族,都是慑于武力而臣服并为印加服"米达"

---

① 《尚书·多士》《尚书·多方》《尚书·盘庚中》。
② [日] 井上清:《日本历史》(上册),天津市历史研究所译,天津人民出版社1974年版,第41页。
③ [法] 路易·杜蒙:《阶序人:卡斯特体系及其衍生现象》,王志明译,浙江大学出版社2017年版,第95—96页。
④ 贺圣达:《缅甸史》,人民出版社1992年版,第120—122页。

劳役，本质上属于"超经济强制"。①

指定服役制度的另一个特征是整体性。马克思说："我们越往前追溯历史，个人，也就是进行生产的个人，就显得越不独立，越从属于一个更大的整体。"② 古人不会预作政治设计，只能利用自然生成的族或仿族组织对臣服者进行编联。在指定服役制度下，无论是基于族氏内部的分工，还是通过构建仿族组织推及被征服者身上的劳役，都是依照族团整体摊派劳役，并不针对个人。

在中国先秦时期，"天子有公，诸侯有卿，卿置侧室，大夫有贰宗，士有朋友，庶人、工、商、皂、隶、牧、圉皆有亲昵"，以满足"下所以事上，上所以共神"的目的。③ 在这种国家结构中处在社会最顶端是王族，其他族氏则等而下之。换句话说，指定服役制度是建立在族团对族团进行剥削和奴役的基础上。④ 劳役发生在两种族团之间，注定服役具有整体性。

日本大和国，国家在征服过程中，一般并不破坏被征服者原有的血缘组织，并让其以"部"的形式隶属于王室或贵族。同一部的部民，要么是血缘共同体，要么结成拟血缘关系，所以一般会把伴造当作氏上，把部民当作氏人。⑤ 氏姓贵族的部民大多冠以主家的氏名，如苏我氏的部民称"苏我部"，大伴氏的部民称"大伴部"。故而有日本学者认为，部民制本来就是一种以氏族为单位服务于大王的原始组织。⑥

在古印度，传统的"瓦尔那"和"阇提"都是世袭某一职业的血缘集团。无论在欧洲语言中还是在印度梵语中，种姓的称谓"卡斯特"

---

① ［秘鲁］印卡·加西拉索·德拉维加：《印卡王室述评》，白凤森、杨衍永译，商务印书馆1993年版，第281页。
② 马克思、恩格斯：《马克思恩格斯选集》（第2卷），中共中央马克思恩格斯列宁斯大林著作编译局译，人民出版社1972年版，第87页。
③ 《左传》襄公十四年、昭公七年。
④ 关于先秦劳役的整体性早已为学者所注意，见侯外庐《中国古代社会史论》，河北教育出版社2000年版，第176页；嵇文甫《中国古代社会的早熟性》，历史研究编辑部编《中国的奴隶制与封建制分期问题论文选集》，生活·读书·新知三联书店1956年版，第68—73页；袁林《两周土地制度新论》，东北师范大学出版社2000年版，第123—146页。
⑤ ［日］井上清：《日本历史》（上册），天津市历史研究所译，天津人民出版社1974年版，第39页。
⑥ ［日］鬼头清明：《大化改新的主体势力与部民制》，北京大学日本研究中心编：《日本学》（第一辑），北京大学出版社1989年版，第273页。

和"阇提",其本义都是指亲族集团或亲属群。① 胡顿曾将种姓制度的社会界定为"自我维持"和"绝对分离"的单位。② 种姓隔离如一道篱,将职业与某一种姓以整体的形式建立起了联系。

在缅甸,无论是筐托,还是阿赫木旦组织,都是按照职业聚村而居。同样职业集团的成员,居住在同一个村镇。如"Sinkha"是象轿生产者村、"Pontha"是音乐演奏村、"Shwega"是盾牌生产村等。③ 这些村镇构成了国家统治以及为国家服役的基本单位。缅甸学者貌素生曾经这样描绘当时的社会,无论在生活上还是耕作上,都按照集体组织共同生活和劳动。④

在印加帝国,负责耕种"太阳田"和"印加田"的村庄、负责某项手工业劳役的省份以及库斯科城周围专门服勤杂劳役的村寨等,都是以被剥削者的整体为对象,并不针对个人进行剥削。⑤

指定服役制度的第三个特征就是固定性。指定服役制度作为国家主导下的强制分工,这种分工一旦分配下去便在一定时期内具有稳定性。

在先秦时期,指定劳役往往成为某一族氏的"宗职""世职"或"常职",⑥ 文献中常称之为"业"。⑦ 不同家族专职司掌,且世代相承,并由此出现了以其所服为氏的现象。如豢龙氏、御龙氏因担任专业巫师而获氏,晋国籍氏因"司晋之典籍"而获氏,鲁国匠庆、晋国匠丽氏因从事木工劳役而获氏,鲁国卜楚丘和卜齮、晋国卜偃和卜招父因职从占卜"守龟"之事而获氏。⑧ 有的族氏还将所掌职事标识在族徽中,这

---

① 施治生、徐建新主编:《古代国家的等级制度》,中国社会科学出版社 2003 年版,第 63 页;[法] 路易·杜蒙:《阶序人:卡斯特体系及其衍生现象》,王志明译,浙江大学出版社 2017 年版,第 84 页。

② Hutton, J. H., *Caste in India, Its Nature, Function, and Origins*, Cambrige, 1946, 4th ed, Oxford: Oxford University Press, 1963, p. 48.

③ Aung Thwin Michael Arther, *The Nature of State and Society in Pagan: An Institutional History of 12th and 13th Century Burma*, Ph. D. dissertatiion, The University of Michigan, 1976, p. 132.

④ [缅] 貌素生:《缅甸的农业经济》(上),《南洋资料译丛》1957 年第 2 期。

⑤ George Peter Murdock, *Our Primitive Contemporaries*, New York: The Macmillan Company, 1934, p. 425.

⑥ 《左传》成公三年、襄公十年、文公六年。

⑦ 《左传》昭公元年、昭公十六年、襄公九年,《国语·周语上》。

⑧ 《左传》昭公二十九年、昭公十五年、襄公四年、闵公元年、闵公二年、僖公十七年、昭公二十一年、定公五年、哀公二十四年,《国语·晋语六》,《尚书·洛诰》。

些族徽与族氏所从事的职业有关,是服役固定性的重要表征。[1]

古代印度的种姓制度,各种姓所属的职业是固定不变的。法典还规定,国王应该努力让吠舍和首陀罗各行其业。[2] 因此,一个编织匠要终身从事编织,昌巴要把做鞋和制革作为自己毕生的职责,铁匠的儿子仍要做铁匠,木匠的儿子永久是木匠。[3] 同时,为了维护各个种姓在职业上的固定性,还实行种姓内婚制。属于同一种姓的人只能同本种姓的人结婚,种姓之间的通婚被严格禁止。马克思曾指出,一个种姓同另一个种姓有所区别,各种姓之间不允许因婚姻而混乱,每一个种姓都有自己独特和不变的职业。[4]

在缅甸,筐托和阿赫木旦的职业都是世袭的,具体表现为居住在同一个村庄或城镇的居民往往以其从事的职业命名。如陶工村、鼓手村、金匠村、石匠村、猎人村、铜匠村、象耕村、煮盐村、步兵村、骑兵村等。东吁王朝对阿赫木旦组织的通婚也有严格规定,不允许阿赫木旦因为通婚而改变子女的职业。到雍籍牙王朝孟云统治时期,还规定阿赫木旦不准离开本组织,必须各守其职。[5]

在日本大和国,部民的职事分配下去后,便在一定时间内长期固定不变。因此,一些部按照从事的专业劳役被命名,如弓削部、土师部、膳部、锦织部、锻冶部、豚养部、山部等都由他们所从事的职业命名。[6]

在印加帝国,分配给各个整体的劳役通常也是父子世代相传,并且固定承担劳役的观念在印加社会中根深蒂固。[7] 为了防止通婚引起服役人员的流失,帝国规定印加贵族和平民实行严格的氏族内婚制。国王的法定婚姻被控制在王族内部,王后人选严格地限制在印加王的亲姐妹之

---

[1] [美]张光直:《商文明》,张良仁等译,生活·读书·新知三联书店2013年版,第253—254页;卢中阳:《商周铜器族徽中所见家族职事研究》,《殷都学刊》2013年第1期。
[2] 蒋忠新译:《摩奴法论》,中国社会科学出版社1986年版,第173页。
[3] 尚会鹏:《种姓与印度教社会》,北京大学出版社2001年版,第41页。
[4] 马克思:《马克思资本主义生产以前各形态》,日知译,人民出版社1954年版,第13页。
[5] 贺圣达:《阿赫木旦制度与缅甸封建经济的特点》,《世界历史》1991年第5期。
[6] [日]井上清:《日本历史》(上册),天津市历史研究所译,天津人民出版社1976年版,第38—39页。
[7] [美]戴尔·布朗:《印加人:黄金和荣耀的主人》,段长城译,华夏出版社2002年版,第63—64页。

中。平民必须在本村和亲属中寻找结婚对象，不允许不同省份村寨间相互通婚。①

指定服役制度的三个特征中，强制性是本质特征，是制度的根本属性。整体性和固定性是辨识性特征，是制度的表象。

四 指定服役制度的衰变

指定服役制度是特定社会发展阶段的产物。在文明和国家形成初期，统治者凭借强制，通过族氏首长将劳役和贡纳直接摊派并固定到各族，不仅满足统治者自身的物质需要，而且保证了国家机器的运转。然而随着社会的发展，制度自身的局限性日益凸显，并成为社会发展的桎梏。

首先是限制人身自由，制约生产积极性。由于指定服役制度本质上是对人的一种"超经济强制"，谁控制劳动者人身，就是控制了劳役和财产的来源。故而我们发现，个人在指定服役制度存在的社会是不自由的，各方面都要受到限制。中国先秦时期在等级和礼制的双重约束下，服役者要想改变自己的等级和职业几乎是不可能的。按照礼的规定，"民不迁，农不移，工贾不变，士不滥"②。在印度，种姓宣扬"业力"观，即人的现世、前世和来世都是"业力"决定的，实际上等于宣布种姓之间的不平等是合理和神圣的。路易·杜蒙指出不论"卡斯特在其他方面如何改进，身份还是提升不了"③。有学者指出，"那种普遍存在的为改善自己命运而进行诚实劳动的伟大动机。""野心，贪婪，好更张，病态的不满足，这些最激动人的激情"，对印加人而言并不适用。④

其次是劳役没有量的规定，限制生产发展。服役内容的多样性，决定了指定服役制度在劳役量上并没有统一的标准。在中国先秦时期，除了以"不违农时"作为"起役动众"的基本原则外，其他再无任何量

---

① 沈小榆：《失落的文明·印加》，华东师范大学出版社 2001 年版，第 160 页。
② 《左传》昭公二十六年。
③ [法]路易·杜蒙：《阶序人：卡斯特体系及其衍生现象》，王志明译，浙江大学出版社 2017 年版，第 171 页。
④ William H. Prescott, *History of the Conquest of Peru*, London: J. M. Dent & Sons Ltd., 1924, pp. 37-38.

的限度和计算比例，全都听凭统治者主观意愿，且必须随叫随到。"王事适我，政事一埤益我""君子于役，不知其期""王事靡盬，继嗣我日""颠之倒之，自公召之"①，这些都是劳役量没有限度的真实写照。政治清明时尚且还好，一旦激发了统治者贪欲，便会成为服役者的灾难，从而限制生产的发展。在中国先秦时期，《诗经·小雅·大东》言："大东小东，杼柚其空。"《诗序》曰："刺乱也，东国困于役而伤于财，谭大夫作是诗以告病。"随着统治者贪欲的累日激增，对被统治者敲骨吸髓式地剥削，致使人民根本没有足够的资本扩大生产和改进生产工具。在印加帝国，统治者向臣民施加繁重劳动的同时，又花费大量的时间和资源庆祝各种活动，每年这些庆祝活动大概花去三分之一的时间。② 这些奢华的公共礼仪消耗大量的食物储备，束缚了生产的发展。指定服役制度的上述局限性，成为导致指定服役制度衰亡的根本原因。

综观全球范围内指定服役制度衰亡，主要可以归纳为两种类型：一种是随着自身发展，产生了对指定服役制度改革的需要，从而促使其衰亡。中国先秦时期、日本大和国、古印度等属于这一类型。另一种是由外部力量介入，带来对指定服役制度的改革，从而造成衰亡。印加帝国、缅甸、非洲布干达王国等属于这种类型。

在中国春秋战国时期，随着列国社会的发展，指定服役制度自身缺陷日益凸显，各国接续走上变法改革道路。这些改革见诸文献的有齐国之"相地而衰征"，晋国之"作爰田""作州兵"，鲁国之"初税亩""以田赋"，楚国之"量入修赋"，以及后来秦国之"出租禾"。对于改革内容的理解，学者争论不休，其核心之点是按地区征役和实物代役取代固定由族氏承担的指定劳役。③ 铁之战，赵简子为鼓舞士气提出的激励措施更为直截了当，"庶人工商遂，人臣隶圉免"，"遂"与"免"意思相近，即免其所服职役，"得遂其自由"。④

部民制在日本的命运随着大和国自身的发展以及外部因素的影响，

---

① 《诗经·邶风·北门》《诗经·王风·君子于役》《诗经·小雅·杕杜》《诗经·齐风·东方未明》。
② [美]戴尔·布朗：《印加人：黄金和荣耀的主人》，段长城译，华夏出版社2002年版，第166页。
③ 赵世超：《服与等级制度》，《陕西师范大学学报》（哲社版）2014年第2期。
④ 杨伯峻编著：《春秋左传注》，中华书局1990年版，第1614页。

文明起源研究

至日本推行"大化改新"而被废止。大化元年（646），孝德天皇重新起用改革派势力，宣布进行"大化改新"。改革的内容是废除皇族以及贵族、豪族的领地和部民，收归土地和人民为天皇所有，只保留朝廷的品部民。推行统一税制，仅征收租、庸、调、杂徭等类目，制定和推行《班田受授法》。① 至此，日本部民制被国家正式在法律层面废除。

在印度，公元前6世纪以后，刹帝利、大商人、富裕农业主与婆罗门之间矛盾愈发尖锐。随着这种矛盾冲突的白刃化，种姓制度逐渐走向衰落。在佛教经典中常常看到描写婆罗门江河日下和颓废之状。许多婆罗门放弃了传授《吠陀》，背离"业道"，而选择从事其他职业。与此同时，一些刹帝利也受当时形势的影响，被迫从事手工业、商业、歌手、厨师、演奏等职业。吠舍亦有人放弃"业道"，从事打短工、卖蔬菜之类的工作。② 随着激烈的社会变动，以种姓为表现形式的指定服役制度便踏上衰亡的道路。但由于这一时期印度并没有发生国家层面的改革，故而公元前6世纪以后种姓制度依托经济因素获得了再生。然而，与早晚吠陀时期建立在"超经济强制"基础上的种姓制度，早已不可同日而语。

指定服役制度在印加的命运，随着西班牙殖民者的改革和秘鲁建国而最终走向衰亡。由于西班牙殖民当局内部矛盾的增加和自由主义改革运动，1719年，殖民者以书面形式废止了矿山米达制劳役。但是在一些地区，指定劳役仍然被殖民者所利用。③ 直至1821年秘鲁宣告独立，从而结束了国家利用指定服役制度奴役人民的历史。

指定服役制度在缅甸的历史，随着英国殖民者的入侵而逐渐宣告终结。英国殖民政府占领下缅甸后推行"帕达"制，允许当地居民和外来移民使用20英亩以下的土地。1876年，英国殖民政府规定连续耕种12年并如期向政府纳税的土地，可以成为私人财产。这一法令在下缅甸承认土地私有权的同时，也确立了土地和财产为依据的新税收制度。1885年，英国吞并上缅甸，他们参照下缅甸的土地政策以及印度"莱特瓦尔制"的经验，于1889年颁布了一项法令，允许土地私有并在上

---

① 《日本书纪》孝德纪二年。
② 尚会鹏：《种姓与印度教社会》，北京大学出版社2001年版，第207—211页。
③ [美]胡恩菲尔特：《秘鲁史》，左晓园译，东方出版中心2011年版，第64页。

缅甸实行新的税制。新税制的诞生，标志着指定服役制度的衰亡。

在非洲布干达王国，19世纪英国殖民者在该地推行梅洛（Mailo）制度，规定了土地可以自由持有。1927年，殖民者又颁布了恩武约和布苏卢法律，把徭役折成货币缴纳。① 至此，传统的指定劳役便在当地消失了。

指定服役制度衰亡以后，对于普通民众而言，除向国家缴纳田税、兵赋以及服少量地区性劳役外，相当一部分劳役已经不必亲履，赋税在剥削量上开始有了比例，生产剩余可以全部归个人所有，且可以自由支配劳动时间。人民从指定服役制度下直接控制人的僵化状态中解放出来，变为通过以生产资料间接与国家建立依附关系，人身第一次获得了相对的自由，从而极大地调动了劳动者生产积极性。

五　指定服役制度存在的原因

首先，指定服役制度是商品经济不发达的产物。

在先秦时期，"时"被视为"事之征也"，"时以作事""田以时""时顺而物成"被誉为"生民之道"，而"时用民"的根本之点在于"不违农时"。② "事"以"不违农时"为原则，说明各种职事并没有彻底从农业劳动中分离出来。《诗经·唐风·鸨羽》云："王事靡盬，不能艺稷黍""不能艺稻粱"，《左传》宣公十五年楚国兴师围困宋国，楚申叔时建言"筑室反耕者"，这些都带有兼顾农业生产的用意。在考古资料中，一些手工业者的居住区多伴有农具出土，因此有学者指出他们是"就近进行农业生产"。③ 由于服役者并没有脱离农业劳动，说明以市场为导向的社会分工并没有发展起来，同时也意味着商品经济不发达。在家族或其他形式的族团仍普遍存在的前提下，生产只能在狭小范

---

① ［英］奥德丽·艾·理查兹：《东非酋长》，蔡汉敖、朱立人译，商务印书馆1992年版，第36—51页。

② 《左传》闵公二年、文公六年、襄公四年、成公十六年、成公十八年，《孟子·梁惠王上》。

③ 俞伟超：《中国古代都城规划的发展阶段性：为中国考古学会第五次年会而作》，《文物》1985年第2期；雷兴山、种建荣：《周原地区商周时期铸铜业刍论》，陈建立、刘煜主编：《商周青铜器的陶范铸造技术研究》，文物出版社2011年版，第173—182页。

畴内以自给自足的方式进行。

在古印度吠陀时代，据学者研究，虽然货币和市场已被人们认识，牛和金饰品开始充当交易的媒介，但当时贸易的主要形式仍然是物物交换。① 再加上种姓的自我封闭，手工业与商人成了相互排斥的种姓，于是阻碍了手工业和商业向更高层次发展。马克斯·韦伯曾指出，要在种姓制度上产生工业资本主义的现代组织是不可能的，在种姓制度下，劳动技术的变化以及职业的变动，都会引起社会地位的降低。在这种情况下，要产生经济和技术革命是不可能的。②

在英国人入侵以前，缅甸仍然处在自给自足的自然经济阶段。当时缅甸的基层社会组织是"谬"，它由一个城镇及其附近的村庄组成。"谬"是一个独立的、封闭的、自给自足的政治经济单元，"谬"内绝大多数居民既从事农业生产，又生产绝大部分生活必需品。交换极不发达，往往限于在"谬"的范围内进行。③ 意大利传教士圣迦曼诺指出，除了泥瓦匠、木匠以及建造船、僧院、房屋、宝塔工具的铁匠等，很少能遇到手工艺人。每个男人都会建造竹楼，每个妇女都能缝制衣服。④ 在阿赫木旦组织中，几乎每一种职业都是由国家或统治者根据需要组织起来的。尽管行业较多，分工很细，却没有横向的联系和交换，只有同国家或统治者的垂直联系。农业、手工业、矿业等首要目的是服务国家和统治者，而不是考虑市场的需要，也并没有建立手工业和商业的城市。

在印加帝国，商品经济非常不发达。印加的每一个氏族，甚至每一个家庭，实际上都是经济上自给自足的。妇女都能制篮、纺织、制陶器、缝衣服、编席。男子都能作战、狩猎、耕地、制造武器、放牧以及从事建筑。除了少数工艺，其他技艺人人都通晓。⑤ 在印加社会贸易非常不发达，往往采取以物易物的形式进行，更没有产生货币。大宗产品

---

① 尚会鹏：《种姓与印度教社会》，北京大学出版社2001年版，第204页。
② Max Weber, *The Religion of India*, Translated by Hans H. Gerth and Don Martindale, Glencoe: The Free Press, 1958, p. 112.
③ 贺圣达、辛竞：《英国入侵前的缅甸经济》，《东南亚》1986年第4期。
④ Sangermano Father, *A Description of the Burmese Empire*, London: Sulil Gupta, 1966, p. 185.
⑤ George Peter Murdock, *Our Primitive Contemporaries*, New York: The Macmillan Company, 1934, pp. 426–427.

均由政府控制和调运,① 此外, 日本大和国时期, 自给自足的自然经济仍然处于主导地位, 商品经济也没有发展起来。②

商品经济不发达, 意味着剩余产品和人力很少投入市场流通, 国家和统治者的各种需要并不能直接通过市场调节获得。为了解决这一问题, 统治者只有根据实际需求, 选择某一族氏指定其负责某项劳役或贡纳某种物品。而随着商品经济的发展, 国家和统治者需要的物品和劳役可以通过商品交换和雇佣来实现, 指定服役制度因此失去了存在的必要性。

其次, 血缘共同体普遍存在是指定服役制度存在的又一重要原因。

中国殷周时期剧烈的征服和迁徙并未能从根本上打破血缘组织, 从血缘到地缘的转变至春秋时期仍未完成, 家族依然是国家政治经济生活的基本单位。商代卜辞有关"族"的记载很多, 如王族、子族、多子族, 也有单称族以及族字前加族名或数字的。③ 西周时期家族仍然普遍存在, 周初分封时所授之民, 大多不脱离原族氏组织。周公告诫殷遗民"尔小子乃兴, 从尔迁", 曾运乾曰: "小子, 同姓小宗也。"④ 春秋时期, 晋文公率军包围了曹国, "令无入僖负羁之宫而免其族"。齐国大夫庆封逃奔吴国, "吴句余予之朱方, 聚其族焉而居之, 富于其旧"。⑤ 早已有学者就中国古代社会的"早熟"性, 提出三代"氏族制度尚有活力", 仍"保留着氏族组织的躯壳"。⑥

在古印度, 当种姓制度形成以后, 并没有把血缘关系完全排挤掉, 而是充分地加以利用。在印度法典中记载, 与梵域毗邻的"梵仙邦", 包括俱卢族地区、摩茨亚族地区、般遮勒族地区和舒罗塞那迦族地区, 而这些族氏被赋予的职事就是充当国家战争的先锋。⑦ 印度种姓是一种严格的内婚制集团, 属于一个集团的人只能同本集团的人结婚, 因此西

---

① 郝名玮、徐世澄:《拉丁美洲文明》, 中国社会科学出版社1999年版, 第86—87页。
② 吴廷璆:《日本史》, 南开大学出版社1994年版, 第36页。
③ 朱凤瀚:《商周家族形态研究》(增订本), 天津古籍出版社2004年版, 第28、34页。
④ 曾运乾:《尚书正读》, 中华书局1964年版, 第219页。
⑤ 《左传》僖公二十八年、襄公二十八年。
⑥ 嵇文甫:《中国古代社会的早熟性》, 历史研究编辑部编:《中国的奴隶制与封建制分期问题论文集》, 生活·读书·新知三联书店1956年版, 第68—73页; 侯外庐、赵纪彬、杜国庠:《中国思想通史》, 人民出版社1980年版, 第31页。
⑦ 蒋忠新译:《摩奴法论》, 中国社会科学出版社1986年版, 第17、133页。

方学者开始重新审视"caste"一词的内涵，进而指出"卡斯特"和部落（tribe）在英文中没有区别，"卡斯特的原型是和罗马的姓族（gens）相当的，是古印度民族的亲属群"①。在古代印度，亚种姓"阇提"其字义本身也是指亲族集团。②

在缅甸历史上，社会基本单位仍然是建立在血缘关系基础之上的氏族或部落团体。蒲甘王朝建立后，以前的氏族或部落单位逐渐拥有经济和政治的功能，它们被分成不同的劳动和行政管理单位。一些氏族或部落通过征服被纳入王国服役体系当中，以整体形式成为固定的职业团体，即形形色色的筐托组织。③ 东吁王朝在征服的过程中，也把大批被征服者带回缅甸，将其编为阿赫木旦组织。但是并不破坏他们的血缘组织结构，且仍由血缘酋长作为地域组织的头人。④

在印加帝国，国家政治经济生活的基本单位被称为"艾柳"（Ayllu）。⑤ 一个"艾柳"即是一个氏族，每个"艾柳"都有共同崇拜的图腾祖先。⑥ 在印加建国过程中，这种氏族组织并没有遭到破坏，并且被完整地被吸收到国家组织结构当中。如印加帝国统治的卢帕卡人共有7个省，每个省分为两个分支，每个分支包括10—15个"艾柳"，"艾柳"便是一个指定服劳役的单位。⑦ 所以有学者认为印加帝国是由氏族而发展成为国家，是对血缘组织最小破坏的情况下完成的。氏族在没有遭到破坏的情况下，被完整吸收到帝国组织当中。⑧

在日本大和国，大化革新前，氏族仍然是日本的社会基础，政治、

---

① ［法］路易·杜蒙：《阶序人：卡斯特体系及其衍生现象》，王志明译，浙江大学出版社2017年版，第75、84页。

② 施治生、徐建新主编：《古代国家的等级制度》，中国社会科学出版社2003年版，第63页。

③ Aung Thwin Michael Arther, *The Nature of State and Society in Pagan: An Institutional History of 12th and 13th Century Burma*, Ph. D. dissertation, The University of Michigan, 1976, pp. 132 - 133.

④ 贺圣达：《缅甸史》，人民出版社1992年版，第120—122页。

⑤ "艾柳"是库斯科的克丘亚语，卢帕卡人称之为"阿塔"（hatha），有时还被译作"世系"。

⑥ George Peter Murdock, *Our Primitive Contemporaries*, New York: The Macmillan Company, 1934, p. 410.

⑦ ［英］莱斯利·贝瑟尔主编：《剑桥拉丁美洲史》，中国社会科学院拉丁美洲研究所译，经济管理出版社1995年版，第71页。

⑧ George Peter Murdock, *Our Primitive Contemporaries*, New York: The Macmillan Company, 1934, p. 415.

经济和文化都围绕着氏族这个中心运转。每一个氏族都有自己的"氏上",氏上掌握本血缘集团的财产,并负责主持氏族神祭祀和拥有统领本氏族成员的权力。[1]

血缘共同体在满足原始居民生存需要的同时,亦成为限制个人独立和自由的壁垒。每个人作为家族的附属物,从属于一个大的整体。统治者征派劳役并不能越过集团整体而对单个人。从统治学的角度来说,当国家还不甚发达且国家结构相对简单的情况下,利用被剥削者固有的集团对其实行统治,也是最省力和有效的方式。另一方面,血缘公共体亦为指定服役制度的顺利实施提供保障。在血缘共同体内部基于原始平均主义而形成的轮替服役制度,让每个个体在不耽误生产的同时亦有喘息的机会,从而使得统治者的负担显得不那么沉重。生产力发展以后,个人逐渐从血缘共同体中分离出来。从国家的角度上来说,氏族制度本身的异化过程,实际上也是国家发展的过程。[2] 国家在"排挤"掉血缘组织的同时,指定服役制度也走向了衰亡。

六 余论

上述国家和地区,或将指定服役制度称为"筐托"和"阿赫木旦",或名作"贡滥",或谓之"部民制",或叫作"部司制",或名为"瓦尔那"(Varna)和"阇提",或称作"米达"(Mita)、"瓜特基尔"(Coatequitl)和"劳役摊派"(Repartmiento)制。虽然叫法各异,但皆是由相应群体世代固定负责某役或提供某种贡品的服役形式,即都属于指定服役制度。从时间上来说,上起公元前4000年前下至20世纪中叶都有指定服役制度存续的身影;从空间上来说,横跨亚、欧、非、美四大洲均见证了指定服役制度发展的历史。指定服役制度与早期国家起源密切相连,上述存在指定服役制度之社会均正处于或还没有完全走出国家不甚发达的早期阶段。早期国家阶段普遍存在的问题是商品经济未能发展起来及血缘共同体还没打破,于是便决定了这种国家不可能像成熟国家那样针对地区和单个人摊派税役。因此原有血缘共同体内部的分工

---

[1] 于洪波:《日本教育的文化透视》,河北大学出版社2003年版,第36—37页。
[2] 汪连兴:《荷马时代·殷周社会·早期国家形态》,《社会科学战线》1994年第5期。

被赋予了国家强制力,并以构建仿族组织的方式推及被征服者身上。可以说,指定服役制度是早期国家自然选择的结果,本质上是一种国家主导下的强制分工。有学者指出,文明"最初的形式可以被定义为一种基于统治者和生产食物的种植者之间因分工不同而形成复杂社会秩序的发展过程。"[1] 从这个意义上说,指定服役制度构筑了人类早期的分工体系,无疑是文明出现的表征。在早期国家起源研究中,相比于学界专注于国家概念和标志的争论,哈赞诺夫提出"唯一可行的办法就是把早期国家的一些特性或不同特征,以及与之有关联的过程分析出来,随着这些特征和过程的逐渐消失,国家就变得愈益发展,也即不再成为'早期'国家了"[2]。从这一思路出发,指定服役制度作为早期国家的基础制度,对其研究不失为探索早期国家起源的最有效途径。因此,指定服役制度不仅是具体历史问题,更是学理和方法问题。

(卢中阳,陕西师范大学历史文化学院副教授)

---

[1] [美]金·麦夸里:《印加帝国的末日》,冯璇译,社会科学文献出版社2017年版,第58页。
[2] [苏联] A. M. 哈赞诺夫:《关于早期国家研究的一些理论问题》,中国世界古代史学会编:《古代世界城邦问题译文集》,黄松英译,时事出版社1987年版,第269页。

夏史研究

夏文明中的肖家屋脊文化因素

——以瓦店二里头玉鹰笄为例

朱乃诚

瓦店玉鹰笄和二里头玉鹰笄发现于中原核心地区夏文明的代表性文化遗存中，分别属于瓦店二期文化遗存和二里头文化二期文化遗存。然而，它们却是主要分布在长江中游两湖平原地区肖家屋脊文化的作品[①]。

瓦店玉鹰笄与二里头玉鹰笄的文化属性和出土现象显示，其承载着十分丰富的历史文化信息。它们既是说明肖家屋脊文化与瓦店二期及二里头文化二期之间文化关系的重要资料，也表明了夏文明中存在着肖家屋脊文化的因素。这一发现揭示了一个重要现象，即组成夏文明的考古学文化因素是相当复杂的。瓦店玉鹰笄和二里头玉鹰笄即是研究说明夏文明是由多种文化因素组成的重要线索之一。本文论证瓦店玉鹰笄与二里头玉鹰笄的考古学文化性质，揭示肖家屋脊文化对夏文明的影响。

一 瓦店玉鹰笄和二里头玉鹰笄的基本特征和出土信息

（一）瓦店玉鹰笄

瓦店玉鹰笄于1997年发现于河南省禹州瓦店遗址1号瓮棺内。器物标本号：瓦店ⅣT4W1∶4，原称为玉鸟，全长6.3厘米，最大直径

[①] 肖家屋脊文化原由张绪球于1991年分析称为"石家河文化晚期"，1997年孟华平改称为"后石家河文化"，2006年何驽提出"肖家屋脊文化"的命名。笔者赞同将之称为"肖家屋脊文化"。

1.5厘米（图1）①。形制为短粗的圆锥体，分为上下三段五节，制作不甚精工。上段三节为简化的立鹰形态，由上而下分别为鹰首、束颈及胸腹部位（包括腿爪与尾翼，已模糊不清），刻纹简略，仅有首部的轮廓与胸腹两侧的双翅翼纹饰较为清晰。短喙、束颈，双翅收合，胸腹两侧分别雕刻四道减地阳纹表现翅翼，并延伸至背部呈角形相接。中段第四节很短，为略微收缩的圆柱体，在正面正中单面穿一孔，孔径0.4—0.1厘米。下段第五节收缩呈圆锥体，但中间有一棱，棱以下为圆锥形榫头。从整器短粗、下端为圆锥形榫头的特征观察，这是一件发笄的组合件，是插入有机质笄杆上的笄首，所以也可以称为玉鹰笄首。

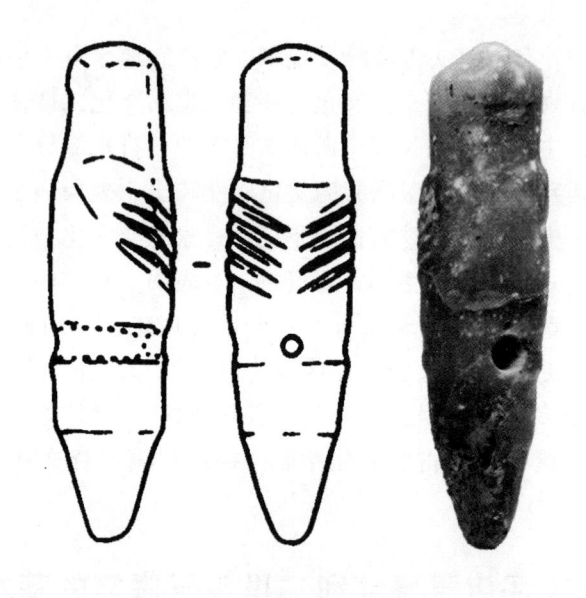

图1 瓦店ⅣT4W1∶4玉鹰笄

瓦店ⅣT4W1∶4玉鹰笄所属的瓮棺，葬具为上下两件相扣的陶瓮，瓮棺内人骨为一具蹲踞葬的成年男性，瓮棺内随葬1件玉鸟（玉鹰笄）、1件玉铲，在瓮棺外侧的瓮棺坑内土台上随葬一件陶甗②。该瓮棺

---

① 河南省文物考古研究所编著：《禹州瓦店》，世界图书出版社2004年版，第109页图一四一，2，第198页彩版八，1、2、3。河南博物院编著：《中原古代文明之光》，科学出版社2011年版，第46页。

② 河南省文物考古研究所编著：《禹州瓦店》，世界图书出版社2004年版，第36、37页。

的相对年代为瓦店遗址第二期。据《禹州瓦店》分析，瓦店遗址第二期的年代大致与王城岗遗址第三期同时，王城岗三期的年代在公元前2090—前2030年。[①] 该瓮棺随葬有两件玉器，是目前在中原地区发现的瓦店二期阶段瓮棺中的唯一现象。

（二）二里头玉鹰笄

目前在二里头遗址出土的玉鹰笄有两件，分别为二里头2002VM3：13玉鹰笄、二里头2002VM5：6玉鹰笄。

1. 二里头2002VM3：13玉鹰笄

二里头2002VM3：13玉鹰笄原称为鸟首玉饰[②]，后称为玉鸟形器，下部残缺，残长6.94厘米，直径1.18—1.4厘米（图2）[③]。整器制作精工，分为上中下三段五节。上段三节为立鹰，由上而下分别为鹰首、颈、胸腹（包括腿爪与尾羽）三部分。短喙、束颈，双翅肩部起两道凸弧棱，双翅收合，胸腹部有八字形棱，胸腹两侧分别雕刻四道减地阳纹表现翅翼，双翅翼延伸至背部呈斜十字交叉相接，右翅翼重叠在左翅翼上。在立鹰底端边缘起一周凸棱。中段第四节为内收的圆柱体，饰有五道平行凸棱纹，并在上部正面向背面穿一孔。下段第五节内收呈圆锥状，已残断，大部残缺，残断处保留有半个穿孔，该穿孔是从左侧面向右侧面钻孔。上段立鹰部分为玉笄的首部装饰，中段第四节与下段第五节为玉笄的笄杆部分，第五节残缺的部分可能有一定的长度。

二里头2002VM3：13玉鹰笄所属的二里头2002VM3号墓于2002年发掘，后整取到室内进行清理，位于二里头遗址宫城3号宫殿基址南院。墓葬平面为长方形，方向为356°，西南部被二里岗文化晚期灰坑打破，南北长2.24米，北端东西宽1.19米，现存深0.72—0.79米，墓底南北长2.2米，东西宽1.06—1.28米。墓主人位于墓坑内偏西部，为30—35岁的成年男性，仰身直肢，头北，面向东，部分人骨架被毁。

---

① 河南省文物考古研究所编著：《禹州瓦店》，世界图书出版社2004年版，第132、133页。
② 中国社会科学院考古研究所二里头工作队：《河南偃师二里头遗址中心区的考古新发现》，《考古》2005年第7期。
③ 中国社会科学院考古研究所编著：《二里头：1999—2006》贰，文物出版社2014年版，第1004页图6-4-3-4-2D，肆，彩版二八九，1、2、3。

保存的随葬品大部分位于墓底东部，有37件，其中陶器有鼎、平底盆、豆、高领尊、盉、爵、器盖、斗笠形器、圆陶片，漆器有觚、漆勺、漆匣、圆形圜底漆器，以及铜铃、石铃舌、玉鸟形器（玉鹰笄）、绿松石龙形器、绿松石珠、绿松石片、海贝串饰、螺壳等。墓葬的相对年代为二里头文化二期晚段。① 该墓规模较大，随葬品丰富，而且品位较高，是二里头遗址迄今发现的墓葬中属等级最高的一级墓葬。

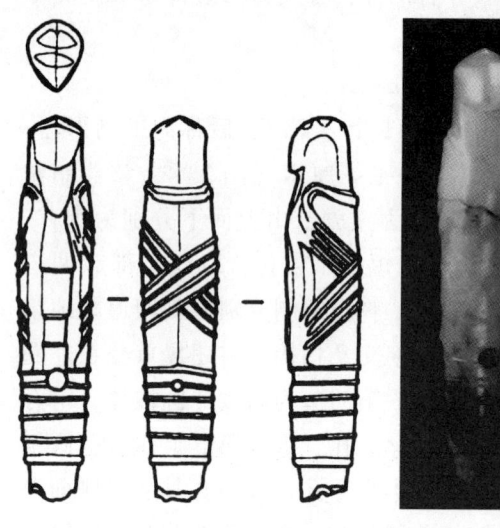

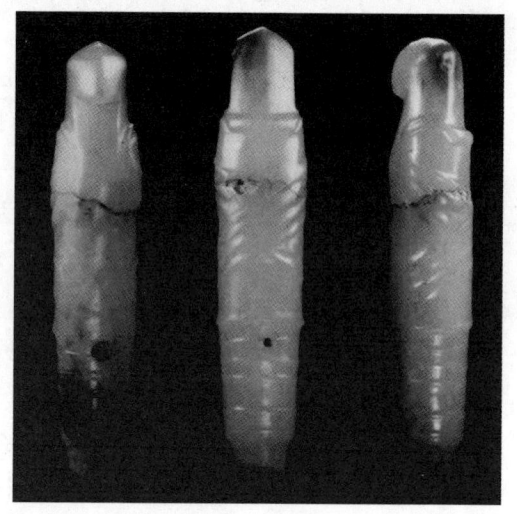

图2 二里头2002VM3∶13 玉鹰笄

2. 二里头2002VM5∶6 玉鹰笄

二里头2002VM5∶6玉鹰笄原称为玉柄形器，出土时已经从玉鹰笄中部的穿孔部位断为两段，复原后，整器长8.98厘米，最宽1.099厘米，最厚0.83厘米。② 整器分为上中下三段五节（图3）③。上段三节，分别为由立鹰形态演化形成的圆首、束颈、八棱状胸腹三部分，在底端

---

① 中国社会科学院考古研究所编著：《二里头：1999—2006》贰，文物出版社2014年版，第998—1006页。

② 中国社会科学院考古研究所编著：《二里头：1999—2006》贰，文物出版社2014年版，第1015、1016页。

③ 中国社会科学院考古研究所编著：《二里头：1999—2006》贰，文物出版社2014年版，第1004页，图6-4-3-6-2B，肆，彩版二八九，3。

边缘起一周凸棱，在正面的边缘凸棱之上穿一孔，孔径0.45—0.15厘米。中段第四节为内收的圆柱体，饰有五道平行减地凸棱纹。下段第五节较短，为内收呈圆锥状的榫头，端面略平。这件玉鹰笄首部的立鹰形态已经弱化，表现鹰的主要特征消失，如果不知其是由立鹰演化而来的，很难辨别，所以也可以称为鹰形玉笄。

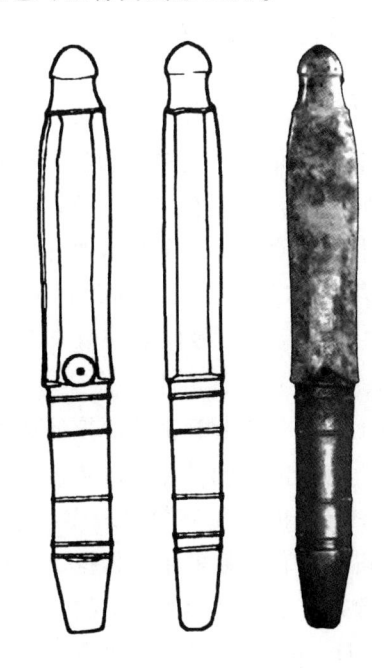

图3　二里头2002VM5∶6玉鹰笄线图

二里头2002VM5∶6玉鹰笄所属的墓葬也位于二里头遗址宫城3号宫殿基址南院，与二里头2002VM3号墓相邻。墓葬大部分被破坏，残余部分呈三角形，推测平面为长方形，方向为350°，南北长2.4米，东西宽0.65米，深0.74—1.20米，可能有熟土二层台，人骨架不存。保存的随葬品有23件，其中陶器有鼎、盆、平底盆、高领罐、鬶、盉、爵、器盖，漆器有觚、圈足器、弦纹漆器等，以及玉柄形器（玉鹰笄）、蚌饰等。墓葬的相对年代为二里头文化二期晚段。① 该墓规模较

---

① 中国社会科学院考古研究所编著：《二里头：1999—2006》贰，文物出版社2014年版，第1012—1016页。

大，虽然绝大部分已经被破坏，但在保存的不足三分之一残墓中保留了23件随葬品，而且有数件漆器等品位较高器物，也是二里头遗址迄今发现的墓葬中属等级最高的一级墓葬。

二 瓦店玉鹰笄和二里头玉鹰笄的考古学文化性质

瓦店玉鹰笄和二里头玉鹰笄虽然出自瓦店二期文化遗存和二里头文化二期晚段文化遗存中，但是，它们的形制特征显示是肖家屋脊文化的作品，其考古学文化属性为肖家屋脊文化。分析如下。

目前考古发掘出土的玉鹰笄，除了瓦店遗址与二里头遗址外，主要见于肖家屋脊文化土坑墓和瓮棺，以及湖北省黄陂盘龙城商代墓葬[1]、河南省安阳小屯M331号墓葬[2]、殷墟妇好墓[3]、淮阳冯塘商代遗存[4]、平顶山西周应国墓地、安徽省庐江叶屯汉代墓葬[5]等遗迹中。其中商代墓葬至汉代墓葬中出土的这类玉鹰笄都是晚期使用的早期作品，属于遗玉的再利用，其出土单位不能说明其原本的考古学文化属性。而肖家屋脊文化土坑墓和瓮棺中出土的玉鹰笄数量较多，包括年代最早的作品，是说明这类玉鹰笄考古学文化属性的主要依据。

目前出自肖家屋脊文化土坑墓和瓮棺中的玉鹰笄有8件。分别为湖北省钟祥六合高二山M1∶4玉鹰笄[6]、荆州枣林岗WM1∶2玉鹰笄[7]、枣林岗WM39∶4玉鹰笄[8]、天门石家河肖家屋脊012玉鹰笄[9]、湖南省

---

[1] 湖北省文物考古研究所：《盘龙城——1962—1994年考古发掘报告》，文物出版社2001年版，第204页图一四〇，6。
[2] 石璋如：《小屯·第一本丙编五·丙区墓葬上》，台北："中研院"历史语言研究所，1980年，第97、98页插图三十六，第104页插图三十七。
[3] 中国社会科学院考古研究所编著：《殷墟妇好墓》，文物出版社1980年版，第192页图九六，2。
[4] 古方主编：《中国出土玉器全集·河南》，科学出版社2005年版，第112页。
[5] 古方主编：《中国出土玉器全集·安徽》，科学出版社2005年版，第149页。
[6] 荆州地区博物馆：《湖北荆门、钟祥、京山、天门四县古遗址调查》，载《文物》编辑委员会编《文物资料丛刊》第10集，文物出版社1987年版，第45—46页。
[7] 荆州博物馆编著：《石家河文化玉器》，文物出版社2008年版，第108、109页。
[8] 荆州博物馆编著：《石家河文化玉器》，文物出版社2008年版，第110页。
[9] 荆州博物馆编著：《石家河文化玉器》，文物出版社2008年版，第107页。

夏文明中的肖家屋脊文化因素——以瓦店二里头玉鹰笄为例

澧县孙家岗 M9：1 鹰形玉笄①、孙家岗 M9：5 玉鹰笄②、孙家岗 M120：15 鹰形玉笄首③、孙家岗 M136：7 玉鹰笄④等。依据这些玉鹰笄的形制特征，可以将它们分为四型。

Ⅰ型玉鹰笄，以六合高二山 M1：4 玉鹰笄为代表（图4）⑤。形制为一只站立的鹰，通长4.9厘米。首部特征鲜明。喙为尖钩状，似有鼻孔纹饰，两侧有目。翼纹线条清晰，为减地阳文，双翅肩部起两道凸弧棱，翅根部内三道翅翼纹头端为带钩状，长翅收合，双翅翼延伸至背后呈角形相接。胸腹间有八字形棱，腹下双腿站立。整器底端面中部有小孔。该小孔显示这件玉鹰的使用方式是插入有机质的笄杆上，玉鹰仅是作为发笄首部的装饰，是为笄帽。依据其形制特征可以称之为玉鹰笄首。

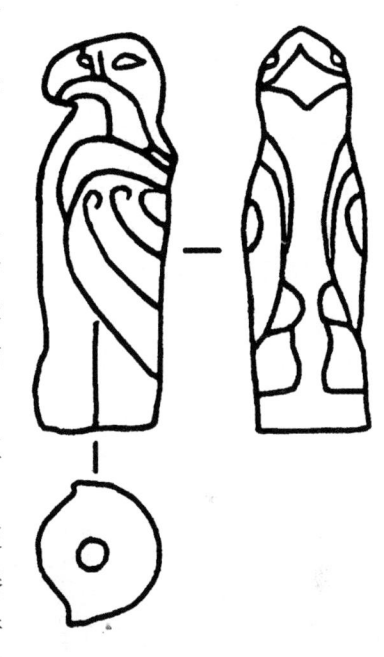

图4　高二山 M1：4 玉鹰笄

Ⅱ型玉鹰笄，以荆州枣林岗 WM1：2 玉鹰笄为代表（图5）⑥。形制为上下三段五节，上段三节为立鹰，中段第四节为圆柱体，下段第五节为圆锥体的榫头。全长5厘米，最大径1.15厘米。上段立鹰为圆雕作品，鹰的特征十分醒目。喙与冠的分界明显，额部与颈后起棱，表现了

---

① 荆州博物馆编著：《石家河文化玉器》，文物出版社2008年版，第112页。
② 湖南省文物考古研究所、澧县文物管理处：《澧县孙家岗新石器时代墓群发掘简报》，《文物》2000年第12期，第37页图五，6。
③ 湖南省文物考古研究所、澧县博物馆：《湖南澧县孙家岗遗址墓地2016—2018年发掘简报》，《考古》2020年第6期，图五，8。
④ 湖南省文物考古研究所、澧县博物馆：《湖南澧县孙家岗遗址墓地2016—2018年发掘简报》，《考古》2020年第6期，第70页图五，9。
⑤ 荆州地区博物馆：《湖北荆门、钟祥、京山、天门四县古遗址调查》，载《文物》编辑委员会编《文物资料丛刊》第10集，文物出版社1987年版，第45页图四，4。
⑥ 荆州博物馆编著：《石家河文化玉器》，文物出版社2008年版，第108、109页。

凸首覆冠披羽至颈后的形态。喙内钩，一对圆鼻孔，橄榄形目，眼纹凸出而清晰。束颈，挺胸，有胸脊，收腹，胸腹之间有八字形棱。胸内侧翅翼纹旁各有一弧钩形刻纹。双翅收合，翅肩部起凸弧棱。以四道减地阳纹表现翅翼，翅根部呈弯钩状，双翅翼延伸至背部呈角形相接。在背部颈下、双翅翼相交处之上的近三角形区域内有刻纹。在背部和两侧翅翼下，宽尾羽下垂，尾羽上有阴刻的短羽毛纹，尾羽两边和下端起棱。腹下有鹰腿，呈站立状，鹰爪内勾。在鹰爪下正面穿一孔，为单面穿，孔口径0.3厘米，底径0.1厘米。这件玉鹰笄器形较短，但是可以分为上中下三段，而且下段作为榫头，形制规范，特征鲜明。榫头的特征显示其使用方式也是插入有机质的笄杆上的，玉鹰也是作为发笄首部的装饰，也可以称之为玉鹰笄首。

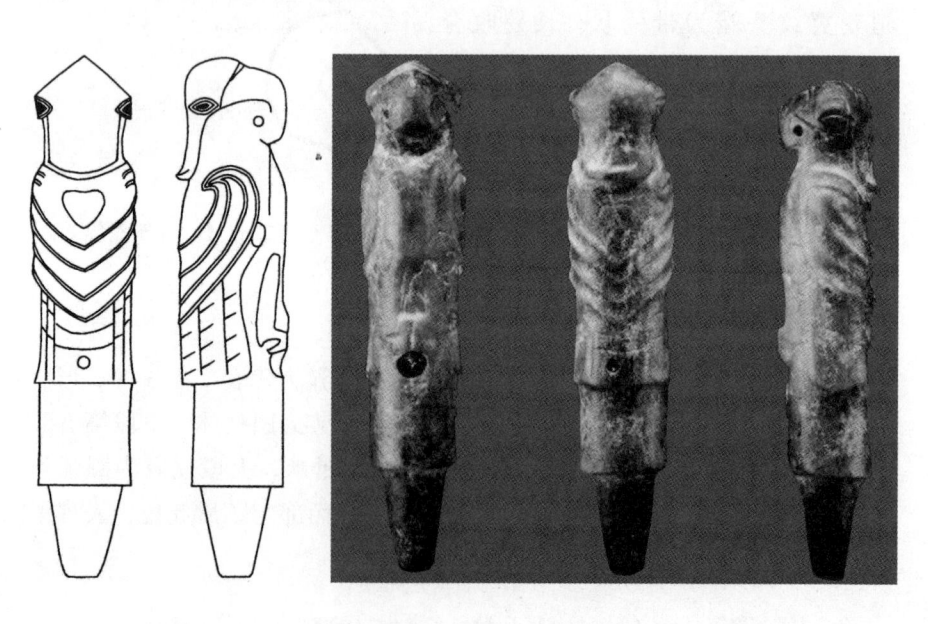

图5　枣林岗WM1∶2玉鹰笄

Ⅲ型玉鹰笄，以孙家岗M136∶7玉鹰笄为代表（图6）[①]。形制为上中下三段五节，长15.8厘米、最大径1.9厘米，整器受沁较重。上

---

　　① 湖南省文物考古研究所、澧县博物馆：《湖南澧县孙家岗遗址墓地2016—2018年发掘简报》，《考古》2020年第6期，第70页图五，9。

夏文明中的肖家屋脊文化因素——以瓦店二里头玉鹰笄为例

段三节为立鹰，由上而下分别为鹰首、颈、胸腹（包括腿爪与尾羽）三部分。鹰首顶部起纵向与横向的脊，在顶部中心呈十字相交。面部呈三角形前凸，钩喙。双翅肩部起两道凸弧棱，胸腹两侧分别雕刻四道减地阳纹表现翅翼，双翅收合，延伸至背部呈斜十字交叉相接，右翅翼重叠在左翅翼上。腹部微凹弧内收，腹下为鹰腿，鹰爪不清。立鹰底端边缘略微起棱。中段第四节为略内收的圆柱体，在圆柱体的上端正面向背面单向钻孔，似未穿透。中段第四节与下段第五节交界处起一周凸棱。下段第五节为圆锥体，较长，底端呈六面锥状。中段第四节和下段第五节是为笄杆。

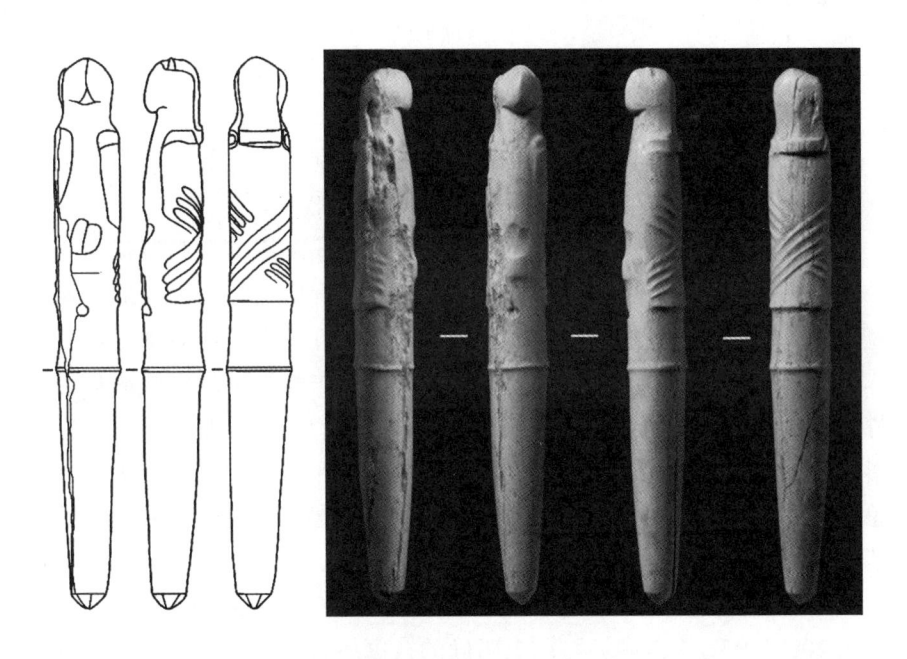

图6　孙家岗 M136∶7 玉鹰笄

Ⅳ型玉鹰笄，以孙家岗 M9∶1 玉鹰笄为代表（图7）[1]。形制为上中下三段五节，长10.6厘米，最大直径1.2厘米。上段三节的立鹰形态已经演化的面貌全非，首部呈盏顶状，束颈，颈部有两道凸棱。胸腹部位没有施刻表现鹰翅翼、尾翼、腿爪特征的纹饰，仅是以棱线象征区

---

[1] 荆州博物馆编著：《石家河文化玉器》，文物出版社2008年版，第112页。

夏史研究

分，断面呈椭圆形。中段第四节收缩为椭圆柱体，在上部正面向背面穿一孔。下段第五节为圆锥体。中段第四节和下段第五节是为笄杆部分。这类玉鹰笄若不参照Ⅲ型玉鹰笄，很难将之作为鹰笄来认识。依据其形制特征及与Ⅲ型玉鹰笄的形态联系，可以称之为鹰形玉笄。

依据上述分析的玉鹰笄的形态特征，尤其是鹰的形态特征，可以明确这四型玉鹰笄之间的相对年代关系，基本上是Ⅰ型玉鹰笄最早，Ⅱ型玉鹰笄次之，Ⅲ型玉鹰笄再次之，Ⅳ型玉鹰笄最晚。并且可以将这四型玉鹰笄分别作为这类玉鹰笄早晚四个发展阶段的代表。

依据这四型玉鹰笄的形制特征及年代早晚关系，可以看出这类玉鹰笄的形制和立鹰的形态存在着一个较为清晰的演化序列。即玉鹰笄由作为笄帽的立鹰演化为带

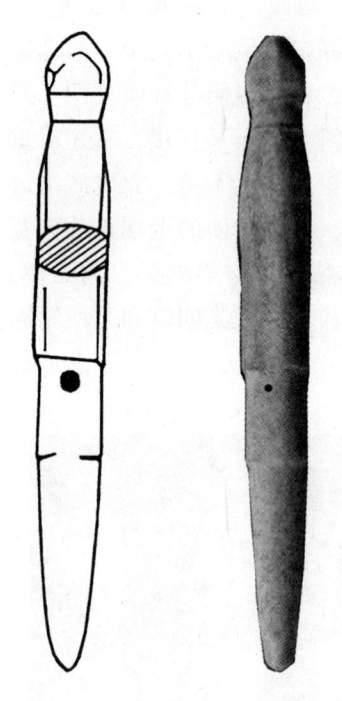

图7　孙家岗M9∶1鹰形玉笄

榫头的笄首立鹰，再演化为有长条形笄杆的鹰首玉笄，最后演化为立鹰形态特征逐步消失的鹰形玉笄；鹰形态由较为形象的立鹰演化为生动形象的立鹰，再演化为简化的抽象形态的立鹰，最后演化为立鹰形态特征消失。

如果将瓦店ⅣT4W1∶4玉鹰笄及二里头2002VM3∶13玉鹰笄、二里头2002VM5∶6玉鹰笄与以上明确的肖家屋脊文化玉鹰笄形制及立鹰形态发展演化序列进行比较，可以看出它们各自所处的玉鹰笄演化序列中的相对位置。

瓦店ⅣT4W1∶4玉鹰笄，形态短粗，榫头特征明显，缺乏笄杆部分的特征，其使用方式显然是将下段的榫头插入有机质的笄杆上，作为发笄首部的装饰，是为玉鹰笄首，与Ⅱ型玉鹰笄的使用方式相同，而立鹰的形态特征已经简化，据此可以推定其相对年代大致与Ⅱ型玉鹰笄的接近或略晚，早于Ⅲ型玉鹰笄，大致属于玉鹰笄形制发展演化序列中的第二阶段。

274

二里头2002VM3：13玉鹰笄的形制及立鹰形态与Ⅲ型玉鹰笄基本相同，据此可以推定其相对年代大致与Ⅲ型玉鹰笄的同时，属于玉鹰笄形制发展演化序列中的第三阶段。

二里头2002VM5：6玉鹰笄的形制与Ⅳ型玉鹰笄的接近，据此可以推定其相对年代大致与Ⅳ型玉鹰笄的接近，属于玉鹰笄形制发展演化序列中的第四阶段。

通过以上分析，基本明确瓦店ⅣT4W1：4玉鹰笄及二里头2002VM3：13玉鹰笄、二里头2002VM5：6玉鹰笄分属肖家屋脊文化玉鹰笄形制发展演化序列中的第二阶段、第三阶段、第四阶段。它们都是由属于第一阶段的Ⅰ型玉鹰笄发展演化而来。这现象说明瓦店ⅣT4W1：4玉鹰笄及二里头2002VM3：13玉鹰笄、二里头2002VM5：6玉鹰笄都具有肖家屋脊文化传统，考古学文化属性都是肖家屋脊文化，是肖家屋脊文化的作品。

三　肖家屋脊文化对夏文明的影响

上述分析揭示的瓦店二期与二里头文化二期都存在有肖家屋脊文化制作的玉鹰笄这一现象，直接说明了瓦店二期与二里头文化二期都受到了肖家屋脊文化的影响。目前多数研究者认同二里头文化是夏文化的代表。而二里头文化二期的年代大致在公元前1680—前1610年[1]，在夏代年代范围之内，可以认为是夏王朝晚期的遗存。瓦店二期文化遗存的年代大致在公元前2090—前2030年，《禹州瓦店》将其作为早期夏文化遗存[2]。瓦店二期和二里头文化二期受到肖家屋脊文化的影响，实际上表明了肖家屋脊文化对夏文化、对夏文明产生了文化影响。

目前在中原核心地区发现明确的瓦店二期至二里头文化二期阶段的肖家屋脊文化遗存，数量很少，但是这已经说明了在夏文化、夏文明中

---

[1] 本文标记的二里头文化各期的年代，主要依据以下两篇论文公布的研究成果。仇士华等：《关于二里头文化的年代问题》，杜金鹏、许宏主编《二里头遗址与二里头文化研究》，科学出版社2006年版，第321—332页；张雪莲等：《新砦—二里头—二里冈文化考古年代序列的建立与完善》，《考古》2007年第8期。

[2] 河南省文物考古研究所编著：《禹州瓦店》，世界图书出版社2004年版，第136—138页。

夏史研究

存在着肖家屋脊文化因素这一现象。其实，在二里头2002VM3∶13玉鹰笄所属的墓葬中，作为墓主人头部装饰件的蜗形状的斗笠形陶器（图8）①，与肖家屋脊文化瓮棺中的一种蜗形状的玉器（图9）②，形态十分接近，而且都是三件组合使用，或许这也是肖家屋脊文化影响二里头文化二期的一种现象。据此推测，伴随着发现的增多，研究的深入，夏文化、夏文明中存在有肖家屋脊文化因素的现象将会进一步得到揭示。

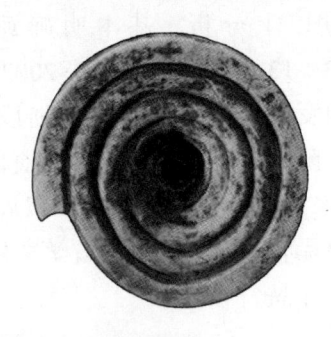

图8　二里头2002VM3∶1斗笠形陶器

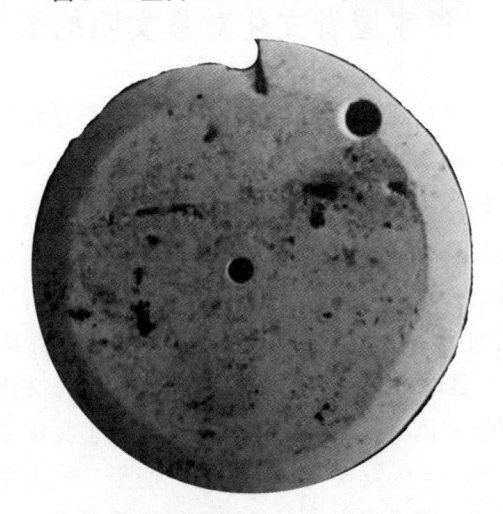

图9　谭家岭M4∶1玉牙璧形器

---

① 中国社会科学院考古研究所编著：《二里头：1999—2006》肆，文物出版社2014年版，彩版二六八，1。
② 湖北省文物考古研究所、北京大学考古文博学院、天门市博物馆编著：《石家河遗珍：谭家岭出土玉器精粹》，科学出版社2019年版，第132页。

瓦店玉鹰笄和二里头文化玉鹰笄体现的肖家屋脊文化对夏文化、夏文明产生的影响，还提示了以下两个重要问题。

第一，肖家屋脊文化与二里头文化的关系可能不是一种普通的文化交流关系。二里头遗址二期两件玉鹰笄所属的墓葬都是迄今为止在二里头遗址发现的墓葬中属等级最高的一级墓，而且两件玉鹰笄都是作为墓主人的发笄使用。在等级如此高的贵族中使用肖家屋脊文化玉鹰笄作为头部装饰部件，显示肖家屋脊文化与二里头文化的关系可能不是一种普通的文化交流关系。至于形成肖家屋脊文化对瓦店二期和二里头文化二期发生文化影响的这种文化现象的原因是什么？这种文化现象表明的肖家屋脊文化与夏文化、夏文明之间的何种关系，以及所蕴含着何种史实信息，尚需作深入的探索。

第二，瓦店玉鹰笄和二里头文化玉鹰笄所体现的肖家屋脊文化对夏文化、夏文明发生文化影响的现象，显示了构成夏文化、夏文明的文化因素是相当的复杂。夏文化、夏文明可能汇集了多方面、多种文化因素，尤其是可能汇集了源自四方的一些高档文化因素，这些高档文化因素大都可能不是陶器所能体现的。所以，在夏文化、夏文明中探索陶器以外的高档文化因素的考古学文化属性，是今后探索夏文化、夏文明中需要特别注意的问题。

此外，以往有研究者将瓦店二期玉鹰笄作为说明古代文献传说"禹征三苗"事件的重要证据。[①] 然而，殊不知这是错认了瓦店二期玉鹰笄的考古学文化属性。这现象提示了一个需要研究者引起重视的问题：应用考古学资料探索古史传说时代的有关事件，需要十分谨慎。

（朱乃诚，中国社会科学院考古研究所研究员、中华炎黄文化研究会史前文化研究分会会长）

---

① 韩建业：《肖家屋脊文化三题》，《中华文化论坛》2021年第4期。

再论夏代早期国家的形成

江林昌

二十年前，笔者曾从父权制世袭权的争夺、部落制军事权的加强、联盟制共主地位的确立等方面，对夏代早期国家的形成，作过初步探索。① 现在重读旧作，认为所述几方面因素大致成立，但仍不够全面。兹就大禹治水、黄河改道的文明史意义再作申论，作为本人旧论的补充。

过去，学术界讨论较多的是，距今 4000 年左右尧舜鲧禹治水的成败得失、教训与经验。其结论是：共工、伯鲧等用"堵"的方法而失败了；大禹、皋陶、伯益等用"疏"的办法成功了。由此引申到政治方面，便是要广开言路，疏通民意。其中最经典的总结是《国语·周语上》召公谏厉王弭谤时所指出的"防民之口，甚于防川。川壅而溃，伤人必多，民亦如之。是故为川者决之使导，为民者宣之使言。"这几乎成了历代开明君主的治政纲要，也是典型的中国经验，值得继承弘扬。

然而，这场治理洪水、改道黄河的伟大工程，还有一层更重大的意义，却一直没有被史学界所注意。这就是它的文明史意义。在这里，需要特别作出讨论。

一百年的中国现代考古学已经用大量实物材料从时间的系统性与空间的广阔性等方面，充分证明了中国一万年来黄河流域与长江流域两大农业区的连续发展，证明了 5000 多年来在这两大农业文明区内"八大文明区"的差不多同时独立起源：

---

① 江林昌：《夏商周文明新探》，浙江人民出版社 2001 年版，第 149—199 页；《中国上古文明考论》，上海教育出版社 2005 年版，第 63—81 页。

黄河流域的海岱文明区、中原文明区、甘青文明区；
长江流域的江浙文明区、江汉文明区、巴蜀文明区；
黄河以北的河套文明区、燕辽文明区。①

在先秦秦汉文献中，关于海岱文明区、中原文明区、江汉文明区内的古族古国的记载较多。著名历史学家蒙文通与徐旭生因此总结为"三大集团说"：河洛地区的华夏集团、海岱地区的东夷集团、江汉地区的苗蛮集团。②

到了五帝时代中晚期，这三大集团中以黄河中游的华夏集团与黄河下游的东夷集团交流最为密切频繁。著名历史学家傅斯年先生因此总结为中国历史上的"夷夏东西说"③。这一特殊阶段的历史表现便是，华夏部族集团与东夷部族集团之间实行"夷夏二头政权联盟禅让民主制"。这些历史学上的总结已经得到了考古学上的中原地区仰韶文化、龙山文化与海岱地区大汶口文化、龙山文化的交流、渗透、融合等方面的印证。

然而，据文献记载，这五帝时代晚期的"夷夏二头政权联盟禅让的民主制"最后却变成了以"夏部族一头政权世袭的专权制"。在考古学上也出现了中原龙山文化持续发展为更先进的代表夏代夏族的二里头文化，而海岱龙山文化则衰变为落后于二里头文化的代表夏代东夷族的岳石文化。④

是什么原因造成这些变化呢？

过去，历史学上解释为夏禹与夏启父子采取军事政变而阴谋篡权。古本《竹书纪年》说"启杀益"，《天问》说："启代益作后。"而《韩非子·外储说》则叙述得更为详细：

---

① 有关这方面的情况，考古学界已有相当多的讨论，并已取得了共识。详细情况可参考古学家苏秉琦、严文明、张忠培、赵辉、栾丰实、王巍等人的论著。
② 蒙文通：《古史甄微》，巴蜀书社2021年版，第34—59页；徐旭生：《中国古史的传说时代》，商务印书馆2023年版，第72—105页。
③ 傅斯年：《夷夏东西说》，《民族与古代中国史》，河北教育出版社2002年版，第3—61页。
④ 江林昌：《五帝时代中华文明的重心不在中原》，《东岳论丛》2007年第2期；《论虞代文明》，《东岳论丛》2013年第1期。

夏史研究

禹爱益而任天下于益,已而以启人为吏。及老,而以启为不足任天下,故传天下于益,而势重尽在启也。已而启与友党攻益而夺之天下。是禹名传天下于益,而实令启自取之也。此禹之不及舜明矣。

考古学上则将夷衰而夏兴的原因归咎于自然灾害。认为这是距今4000年左右的那场大洪水造成了夷夏格局的变化。正如俞伟超先生所指出:"在4000至5000年以前的我国的文明曙光时代,以东方的龙山和东南的良渚文化的光芒最亮,同时期黄河中游的龙山阶段诸文化,其发展水平还不到这个高度。然而,接近距今4000年之时,情况忽然大变。龙山文化突变为岳石文化,良渚文化突变为马桥、湖熟等文化。""4000多年前我国曾发生一次延续了若干年的特大洪水灾难,应该是历史事实。当洪水泛滥时,大河大江流域所遭灾难,必以下游为重。""于是,黄河中游的河南龙山文化仍正常地向前发展,从而最早进入文明时代,出现了夏王朝。如果4000多年前不发生这场大洪水,我国最初的王朝也许而且应该是由东夷建立的。"①

现在看来,以上意见虽然是促进夏王朝建立的因素之一,但肯定不是主要的因素。主要的因素还应该按照马克思主义的唯物史观,从社会政治学角度去分析把握。这就是当时这场史无前例的治理洪水并使黄河改道的波澜壮阔的伟大工程中,以夏禹为代表的夏部族发挥了组织者、领导者的作用,从而使夏部族成为黄河中下游众多部落联盟的共主,并由此催化了中华早期国家形态的形成。

前文讨论时指出,在距今4000年左右洪水没有发生之前,海岱地区东夷先民所创造的山东龙山文化比中原地区河洛先民创造的河南龙山文化要先进。当洪水发生后,首先遭殃的是海岱地区。按常理,组织这场抗击洪水并使黄河改道的主体者应该是东夷各部族。然而,不知道是什么原因,在这场人与自然的伟大斗争过程中,东夷各部族没有站起来担当历史使命,反而是夏部族发挥了领导者组织者的作用。

《左传》哀公七年:禹合诸侯于涂山,执玉帛者万国。

---

① 俞伟超:《龙山文化和良渚文化衰变的奥秘》,《文物天地》1992年第3期。

《荀子·成相篇》：禹有功……躬亲为民，行劳苦，得益、皋陶、横革、直成为辅。

《楚辞·天问》：禹之力献功，降省下土四方，焉得彼涂山女，而通之于台桑。

《绎史》卷12引《随巢子》：禹娶涂山，治洪水，通轩辕山，化为熊。涂山氏见之，惭而去。至嵩高山下，化为石。禹曰，归我子。石破北方而生启。

由以上材料可知，大禹治水曾经在淮河中上游"涂山"这个地方召开过动员大会。如今安徽省蚌埠市怀远县的淮水南岸仍有"涂山"；在其南麓，还有"禹会村"。这些山名、村名应该就是这一历史事件的流传记忆。禹在这里娶涂山女，实际上是联合当地的涂山部族共同治水。

在整个治理洪水、改道黄河的过程中，参与的氏族部族众多，所以文献说"执玉帛者万国"。而涂山氏、皋陶氏、伯益氏、横革氏、直成氏、共工之从孙四岳等，仅仅是其中比较著名的部族而已。治水的范围遍及豫东、鲁西、淮北、华北等广大区域，已述之于上。

夏部族在原有"夷夏二头政权联盟禅让民主制"基础上，联合这广大区域范围内的所有氏族、部族共同治水，团结一致，增强凝聚力。又分层管理、分工协作、合理调配人力与物资。在总结以往因"堵"而失败的教训，根据高高下下的地形地貌，改用"疏""导""决""排""注"等方法治理洪水，既丰富了治水经验，又提高了管理水平。最后，洪水终于治理成功，夏部族也在夷夏联盟集团中树立了空前的威信。夏禹夏启父子如同领导治水时因势利导一样，在社会管理方面也因势利导，实行改革，变"夷夏二头政权联盟禅让民主制"为"夏族一头政权世袭专权制"。

夏部族还在此基础上南征三苗部族、北屈先商部族、西连先周部族，建立起以中原夏部族为核心的更大范围的"部落联盟共主制"，从而开启了夏商周三代中华早期文明的新征程。《尚书·大禹谟》记载了大舜主持下大禹在人神共同拥护的基础上接受天下共主的过程：

帝曰：来，禹！降水儆予，成允成功，惟汝贤。克勤于邦，克俭于家，不自满假，惟汝贤。汝惟不矜，天下莫与汝争能。汝惟不伐，天下莫与汝争功。予懋乃德，嘉乃丕绩，天之历数在汝躬，汝终陟元后。人心惟危，道心惟微，惟精惟一，允执厥中。……钦哉！慎乃有位，敬修其可愿。四海困穷，天禄永终。……

禹曰：枚卜功臣，惟吉之从。

帝曰：禹！官占，惟先蔽志，昆命于元龟。朕志先定，询谋佥同，鬼神其依，龟筮协从，卜不习吉。

禹拜稽首，固辞。

帝曰：毋！惟汝谐。

正月朔旦，受命于神宗，率百官若帝之初。

这说明，夏部族成为天下部落联盟共主乃是人心所向，历史必然。马克思在《不列颠在印度的统治》中指出：

利用水渠和水利工程的人工灌溉设施成了东方农业的基础。……

在东方，由于文明程度太低，幅员太大，不能产生自愿的联合，因而需要中央集权的政府进行干预。所以亚洲的一切政府都不能不执行一种经济职能，即举办公共工程的职能。①

虽然，大禹治水、改道黄河这个伟大的工程，开始是由于黄河泛滥这一自然灾难引起的，而不是如马克思所说的主动举办。但在这个工程中，夏部族确实起到了"政府干预""中央集权"的作用效能。如果没有这场治水活动，那么中华早期文明也许不会如期形成；如果在这场治水活动中，夏部族首领大禹没有主动联合各部族，"会诸侯于涂山"，那么，中华早期文明也许不会由夏族开启；如果大禹的领导组织工作由皋陶、伯益等来担任，那么，中华早期文明也许会由东夷部族来生成；如果夏部族与东夷部族都没有积极联合治水，任由洪水泛滥，黄河逞凶，那么，中华早期文明的步伐可能还要推迟；如果当时黄河没有改道由北线入海，那么，夏商周三代早期文明也许是另一种格局。

这就是大禹治水、黄河改道在中华文明史上的重大意义！

---

① 《马克思恩格斯选集》（第1卷），人民出版社2012年版，第850—851页。

不仅如此，研究中华早期文明的形成，我们还需要在分析夏族大禹在治理洪水、改道黄河过程中发挥特殊作用的基础上，更进一步总结大禹治水成功之后在社会管理方面的经验与效果。这就是"平定水土，划定九州"，开启以中原夏族为核心的整个天下多部族共同联合体的农耕文明管理模式与华夏文化的同化力、融合力等等核心问题。事实上，古代文献对此早有高度评价。

《左传》襄公四年：茫茫禹绩，画为九州。经启九道，民有寝庙。

《诗·商颂·长发》：洪水茫茫，禹敷下土方。

《墨子·尚贤中》：禹平水土，主名山川。

而《尚书·禹贡》对夏禹划定九州的情况作了全面的总结叙述："禹敷土，随山刊木，奠高山大川。"然后叙述其所划定的九州为：

冀州、兖州、青州、徐州、扬州、荆州、豫州、梁州、雍州。

就"九州"的分布范围看，实际上以黄河中游中原大地的冀州为中心，① 而以黄河下游海岱地区为重心，间及长江中下游、黄河上游。这与考古学上所划定的八大文明圈大致相当。最后，《禹贡》又总结说："五百里甸服……五百里侯服……五百里绥服……五百里要服……五百里荒服。"结果是"九州攸同……东渐于海，西被于流沙，朔南暨声教讫于四海。禹锡玄圭，告厥成功"。

《尚书·禹贡》是有关中华早期文明形成的一篇重要文献。我们应当根据考古新资料，结合相关理论，从社会学、经济学、历史学、文明史的角度作出新的阐释，作出规律性的总结，从而为当今中国特色社会主义道路提供具体生动的历史依据。

总之，夏部族领导的治理洪水、改道黄河与平定水土、划定九州等两项伟大工程，开启了中华早期文明的新时代，意义是多元而深远的。

---

① 关于古"冀州"的地理范围与意义，见江林昌《远古部族文化融合创新与〈九歌〉的形成》，《中国社会科学》2018 年第 5 期。

它标志着中华文明由起源形成向早期文明的提升；标志着中华文化由五帝时代"多元并行发展"格局向夏商周三代"多元一体发展"格局的转变；标志着中国大地上众多氏族、部族在农耕文明基础上的第一次大团结、大融合，从而为春秋战国时期以六经传承、诸子争鸣为特征的中国古典学诞生奠定了第一块坚实的远古文化基石。

（江林昌，山东大学历史学院特聘教授，中国先秦史学会副会长）

夏代王朝体制的建立与内外服制的形成

徐义华

洪水迫使江、河、淮、济下游的人群向中原迁徙，奠定了中原的中心地位。在治水的过程中，逐渐建立起跨地域、跨血缘的政治联盟，并向早期国家发展。禹和启在早期国家的基础上，经过强化天下共主观念，建立起中央王朝。中央王朝缺乏强制力和控制力，只能依据地域和融合程度确定中央与地方的关系，由此形成了内外服制。

一 中原政治共同体与早期国家的形成

从考古文化看，早期没有明确的政治和文化集中区。从6000年前开始，各地文化开始复杂化，先后在各地出现过多种类型的复杂社会，例如在辽河上游有宗教中心型的红山文化，在山东地区有经济礼仪中心型的龙山文化，在宁沪杭平原有宗教中心型的良渚文化，在黄土高原北部有军事中心型的石峁文化等等。直到距今4100年前左右，才出现融合四方文化因素的陶寺文化，中原地区的中心地位开始凸显。中原地区的中心地位形成有多种因素，其中洪水是最主要因素之一。

（一）洪水与中原中心地位的提升

尧、舜、禹时期，是中国历史上政治一体化的重要时期。这时候中原地区开始出现跨地域、跨血缘的雏形国家。

经过颛顼、帝喾的融合，到尧、舜、禹时期，中原地区已经成为政治和文化的中心区域，中心对于周边的优势也已经显现出来。在中原地区进行政治整合的过程中，出现了许多冲突和战争。从关于尧、舜、禹时期的相关记载可以看出，这时候的战争有中原部族的冲突，例如舜、禹时期曾经伐共工：

  舜流共工于幽州，放驩兜于崇山，杀三苗于三危，殛鲧于羽山，四罪而天下咸服。《孟子·万章》
  禹有功，抑下鸿，辟除民害逐共工。《荀子·成相》
  是以尧伐驩兜，舜伐有苗，禹伐共工。《荀子·议兵》

共工是中原地区的部族，① 经过战争逐渐融入夏人的文化圈内。
尧舜时期最多的战争是中原部族与周边部族之间的冲突：

  三苗为乱，行其凶德，如九黎之为也。尧兴而诛之。《国语·楚语下》
  尧战于丹水之浦，以服南蛮；舜却苗民，更易其俗。《吕氏春秋·恃君览》
  有苗处南蛮不服，尧征而克之于丹水之浦。《帝王世纪》
  （舜）南征三苗，遂死苍梧。《淮南子·修务训》
  尧战于丹水之浦，舜伐有苗……《淮南子·兵略训》
  禹劳心力，尧有德，干戈不用三苗服。《荀子·成相》
  昔者三苗大乱，天命殛之……禹亲把天之瑞令，以征有苗。《墨子·非攻》
  昔者尧北教乎八狄，道死……舜西教乎七戎，道死……《墨子·节葬下》
  有苗氏负固不服，舜乃修文教三年，执干戚而午之，有苗请服。《帝王世系》
  三苗不服，禹请攻之，舜曰以德可也，行德三年而三苗服。《吕氏春秋·上德》
  干戈不用，三苗服。《荀子·赋篇》

---

① 牛红广：《共工氏地望考辨》，《洛阳师范学院学报》2006 年第 1 期；张新斌：《共工氏与中华洪姓始祖及祖地探研》，《河南科技学院学报》2018 年第 1 期。

> 乃修教三年，执干戚舞，有苗乃服。《韩非子·五蠹》

这些战争的地点都在中原的边缘，尤其是发生在南阳盆地一带，是中原粟作文化与南方稻作文化的分界地，[1] 也是中原河洛部族与苗蛮部族的分界地。这说明，中原地区的部族整合已经基本完成，冲突主要在中原部族与周边部族之间发生。同时，从文献所显示的用语看，表示出明显的针对边远地区族群的文化骄傲和信仰传播的色彩，中原地区的优势地位已经形成。尧舜禹时代的战争，对于中原与周边地区的整合和促进国家的形成，发挥过一定作用。[2]

除了战争之外，促成中原地区社会组织紧密化的更重要原因是治水工程，[3] 治水不仅促进了不同地区、不同部族之间的合作，更最终促成了国家的形成。

尧、舜、禹时代，广大地域内发生了大洪水：

> 当尧之时，天下犹未平，洪水横流，泛滥于天下。《孟子·滕文公上》
>
> 汤汤洪水方割，荡荡怀山襄陵，浩浩滔天。《尚书·尧典》

大地域的洪水，引起河流泛滥，尤其是中国大部分河流都是向东汇入大海，东方处于河流的下游，更容易受洪水的影响，黄河可能曾在此时发生过改道。[4] 洪水迫使东部地区、东南地区的低洼地带的部族向上游迁徙，以避洪水，华北平原北部的人群沿黄河上溯进入洛阳盆地，或穿过太行山的孔道进入山西盆地群，山东半岛的人群沿济水进入洛阳盆地，东南地区的人群沿淮河上溯到达嵩山周围，长江中下游地区人群则沿汉水上溯到达嵩山周围。由此，在晋南、豫西地区形成了多个地区部

---

[1] 钱耀鹏：《略论中国史前农业的发展及其特点》，《农业考古》2000年第1期。
[2] 陈建魁：《部族战争与中国文明的起源——兼论大禹时期国家的形成》，《河南理工大学学报》2017年第2期。
[3] 王润涛：《洪水传说与中国古代国家的形成》，《湖北大学学报》1990年第2期；姚义斌：《洪水传说与中国早期国家的形成》，《史学月刊》1997年第4期；张新斌：《上古时期的洪水治理与国家的形成》，《河南师范大学学报》2019年第4期。
[4] 杨玉珍：《黄河的历史变迁及其对中华民族发展的影响刍议》，《古地理学报》2008年第4期。

族汇集局面，中原地区的文化呈现出多样性和复杂化。

这种多样和复杂的人群、文化、思想结构，使中原地区的社会组织形式不得不做出调整，以适应新的社会结构，中原地区政治组织模式发生本质的变化，国家形态出现并发展起来。[①] 这一时期出现的陶寺遗址，即处于山西南部地区，陶寺文化以庙底沟二期文化为母体，广泛吸收融合良渚文化、大汶口与龙山文化、红山文化、屈家岭与石家河文化等不同地区文化的因素与精华。[②] 四方文化向陶寺文化汇集的迹象十分明显，说明陶寺已成为当时政治、文化中心，标志着中原地区的中心地位初步形成。

（二）治水与中原政治共同体的形成

洪水的另一个意义是促进了公共权力的形成。为了降低洪水带来的灾害，尧时期就开始了治水工程。先是由共工、鲧等承担治水的任务，共工和鲧都采取的筑坝的方式，工程的范围局限在中心城邑周边，规模较小，对于公共权力的促进不大。后来由大禹负责治水，禹吸取了共工、鲧失败的教训，采取疏导的方式治水。疏导治水需要疏浚河道，河流不仅工程量巨大，而且需要对广大流域内进行综合规划和治理，需要广大地域内的氏族共同行动，这需要有强大的公共权力才能实现大地域内大规模的人力、物力集中。禹治水的范围很大：

> 高高下下，疏川导滞，钟水丰物。封崇九山，决汨九川，陂鄣九泽，丰殖九薮，汨越九原，宅居九隩。合通四海。（《国语·周语》）
>
> 禹疏九河，瀹济、漯而注诸海；决汝、汉，排淮、泗而注之江。（《孟子·滕文公上》）

范围几乎遍及中国古代江、河、淮、济四大河流流域。参与的部族

[①] 李双芬：《从大洪水到广土定居：最初"中国"形成的地理空间及文化考论》，《中原文化研究》2022 年第 6 期。

[②] 何驽：《陶寺文化谱系研究综述》，载《考古》杂志社《考古学集刊》第 13 集，中国大百科全书出版社 2000 年版，第 151—177 页。

也很多，据文献记载：

> 契长而佐禹治水有功。(《史记·殷本纪》)
> 维秦之先，伯翳佐禹。(《太史公自序》)
> 伯益佐禹治水，封于梁。(《汉书·五行志》)
> 伯益佐禹有功，封其子若水于徐，后以为氏。(《路史》)
> 太公望吕尚者，东海上人，其先祖尝为四岳，佐禹平水土甚有功。(《史记·齐太公世家》)
> 共工氏从孙伯夷，佐尧掌四岳，佐禹治水，封为吕侯，为吕姓之始。(《吕氏世系表》)

徐旭生先生认为除了南方的苗蛮部族外，中国东方的华夏、东夷各部族都参加了治水。[①] 为了统筹规划共同行动，必须加强公共权力，把各地纳入同一个政治系统当中。同时也要求加强决策者的权威性，使之拥有整合、配置各地资源的能力，以应对治水工程的需要。

在这种局面下，中原地区的中心领导作用不断得以发挥，各地部族也在共同工程协调下，逐渐接受统一调度，以中原为中心的跨地域、跨血缘的政治共同体逐渐形成，这个政治共同体被后世学者称为部落联盟或邦国联盟。

(三) 早期国家与禅让制

跨地域、跨血缘部落联盟形成的一个重要标志，即是不同部族共同最高首领的出现，这个首领拥有跨地域、跨血缘的管理权。在中国历史早期，不同部族公认的最高首领出现的标志性制度是禅让制。禅让制在《尚书》《左传》和《国语》等多种文献当中都有记载，《郭店楚简》的《唐虞之道》篇中也有：

> 唐虞之道，禅而不传；尧舜之王，利天下而弗利也。禅而不传，圣之盛也。利天下而弗利也，仁之至也。故昔贤仁圣者如

[①] 徐旭生：《中国古史的传说时代》，广西师范大学出版社2003年版，第170页。

此。……故唐虞之道，禅也。①

从相关记载可以看出，禅让制是最高首领的选举和传承形式，通常是原首领年老时，通过推举选择一位有才德的继任者，经过考验合格后，立为摄政者，原首领去世后，由继任者担任最高首领。禅让制并非一种稳定的制度，而是群体融合突破血缘单位和地域单元形成跨血缘跨地域政治实体之后，原本在政治实体内部按血缘传承权力的模式不再适用，而由各政治实体协商产生最高权力的一种短时期内的过渡方式。②当时的社会中，各个地方性的部族已经高度发达，进入前国家状态，同时首领的确定和传承已经形成了成熟的世袭制。但当出现跨血缘、跨地域的大地域国家之后，就需要新的首领，于是人们从原有各部族的首领中推举德高望重者担任，尧应该是第一个跨地域国家的首领，他的地位很可能来自他原本是中原当地部族首领的地位。尧年老后，四岳推举舜为继承人，这时候依据的是个人的才德。后来，舜又依禅让的方法，把最高首领的位置传给了禹。禅让制反映的正是中国早期不同政治实体整合成为一个政治共同体的过程。

由禅让制产生的最高首领在名义上超越所有地方政治组织的首领，成为王中之王，是各地共同尊奉的共主，这是天下共主模式的开端。

经过尧、舜时期的发展，到禹的时候，中原地区已经形成了紧密的政治实体，可以视作早期国家。

二　夏代王朝体制的建立与内外服制的形成

夏朝是在尧舜时期部落联盟的基础上建立起来的，这个政治联盟是基于组成部族的平等地位建立的。这一基石导致了夏王朝政治机制和社会结构的基本特点。

---

① 荆门市博物馆编：《郭店楚墓竹简》，文物出版社1998年版，第157页。
② 周苏平：《尧、舜、禹"禅让"的历史背景》，《西北大学学报》1993年第2期。

（一）夏王朝的建立

夏代的实际开创者，应该是大禹。[①]

大禹治水产生了多个重要效果，一是促进了社会组织的发展。因为治水范围很大，涉及河流整个流域甚至几个大河流域，是当时超大型工程，[②] 需要广大地域内的人群紧密合作，这就要求加强人群融合和建立更紧密的社会组织；二是中央权力不断加强。为了协调大地域内的人群合作，要求提高中央决策者的权威，所以中央权力不断加强；[③] 三是构建起了大范围内的交通体系。治水通过疏导河道的方式进行，在建成排泄洪水通道的同时，也构筑起了水路交通体系，把广大地区联结起来，[④] 为建立统一的行政体系奠定了交通的基础。大禹治水极大促进了早期国家形态的进展。大禹作为治水工程的领导者，很自然成了广大地域内各个族群共同拥戴的实际首领，也就是说早在舜在位时期，禹已经成为实际上的最高决策者。

禹在担任最高首领时，形势已经发生了变化。我们看到，尧处在跨地域政治组织初步形成的时期，制定共同的时间标准是首要任务，还没有真正进行政治制度的建设。舜时期开始巡狩天下，颁瑞给各地首领，并祭祀山川，初步划分出部族的地域，制定法律，设置管理水土、农业、教化等职能的官员，进行政治制度的建设。由于制度建设的初期，需要将实权分给官员，以摸索和形成确实能够实施的规章，舜本人只是最终的裁决者。最高首领更多是名义上的，而不是实际运作中的。到大禹时期，政治制度的形成，公共权力的加强，以及行政体系的建立，禹的实际权力大大加强，成为实际上的最高决策者。

同时，与尧、舜较早让出实际权力而作名义上的最高首领不同，大禹在位的时间很长，一直是实际权力的掌握者。随着制度的建设，禹的

[①] 李殿元：《论大禹"夏"国的国家体制》，《文史杂志》2017 年第 2 期。

[②] 张磊：《大禹治水地域范围新论——以出土文献和考古发现为参照》，《古代文明》2015 年第 1 期。

[③] 徐彦峰：《"大禹治水"传说与古代政治权威的形成》，《柳州职业技术学院学报》2019 年第 2 期。

[④] 王昆：《大禹系中国运河文化人文始祖的溯源探索——兼析大禹"国家漕运"古运河文化特征》，《北京水务》2020 年第 6 期。

权威不断加强，王族的地位也随之提高，其家庭成员掌握了重要权力，成为整个政治结构中的中心力量。尤其是禹的儿子启，原本就有继承父亲在本部族中地位的资格，更是掌握了重要权力。即随着时间的推移，禹和他家族由于长期掌握权力，使得最高权力逐渐与特定的人物和家族产生了固定的联系，日益被大家习惯和接受，默认了禹及其家族的特殊地位。禹的家族的特殊地位，使之成为部落联盟中特殊的存在，逐渐超越原有的部族组织，成为部落联盟中的神圣家族。而当时在各地的部族或邦国之中，首领传位于子的世袭制早已经成为惯例，是人们普遍认同的君位传承方式。所以，启接替禹的位置具有部族或邦国的君位世袭传统为基础，只要将世袭上升为邦国联盟首领传承规则就可以了。

而经过尧舜禹时代的发展，邦国联盟已经普遍得到认同，成为高于各地部族和邦国的政治实体，并逐步发展为早期国家，[①] 成为大家自身认知和定位的前提。同时，最高首领的祖先的地位也不断提高，成为联盟的公共神灵，例如《尚书·舜典》有：

舜让于德弗嗣。正月上日，受终于文祖。……月正元日，舜格于文祖。

对于文祖，《史记·五帝本纪》中说："正月上日，舜受终于文祖。文祖者，尧大祖也。"即舜在举行公共事务时，要祭祀尧的祖先文祖，尧的祖先成为政权合法性的授予者。舜成为最高首领后，舜的祖先也成为公共神灵，《尚书·尧典》有：

岁二月，东巡狩……归，格于艺祖。用特。

艺祖是舜巡狩归来所祭之祖，《礼记·王制》："天子将出造乎祢。"即天子《礼记·曾子问》："诸侯适天子，必告于祖，奠于祢……反亦

[①] 王树民：《夏、商、周之前还有个虞朝》，《河北学刊》2002年第1期；王宇信：《帝舜与我国早期文明国家的形成》，《武汉科技大学学报》2009年第5期；王钧林：《舜与虞朝的建立》，《东岳论丛》2011年第12期；姚义斌：《洪水传说与中国早期国家的形成》，《史学月刊》1997年第4期。

如之。诸侯相见，必告于祢……反，必亲告于祖祢。""艺祖"即"祢祖"，如孙志祖《读书脞录》言："今案《书》之艺祖，即《礼记·王制》《尚书大传》《白虎通》之祖祢也。艺、祢声相近。"那么，艺祖则是指舜的祖、父之庙，舜的祖先成为国家事务中的重要神灵。这说明最高首领的祖先已经成为公共神灵，具有了国家神的性质。① 这就为首领家族地位的特殊化提供了充足的理论支持。

到了大禹时代，对自己的父亲进行了进一步神化，把鲧与上帝联系起来。《墨子·尚贤》有：

> 昔者伯鲧，帝之元子，废帝之德庸，既乃刑之于羽郊，乃热照无有及也。

把鲧为"帝之元子"这种观念的成熟可能较晚，直接用于表述禹时代的情况未必准确，但从关于鲧的记载看，鲧的确被多方面神化，成为一个很特殊的人物，② 为禹和启长期掌握最高权力提供了神灵观念上的支持。

大禹的长年在位和继承人资历不足更是为世袭制提供了前提。从尧、舜、禹的禅让过程看，前一代首领对后继者是有一个较长时间的培养和训练期的，后继者在前任在位期间即行"摄政"之事，逐步熟悉部落联盟的管理，并日渐确立自己的权威。③ 但禹的后继者却没能够完成这一步骤。大禹年老之后，先是选择皋陶作为自己的继承人，但皋陶还没有得到实权即去世了，权力依然由大禹掌握。后来，大禹又选择伯益为继承人，但伯益当上继承人不久，尚未实际行使最高权力，大禹就去世了，这时候伯益还没有得到大家的接受和承认。也就是说，大禹在位期间，并没有真正培养出一名可以服众的继任者。禹死后，伯益按照惯例，先是推辞君位，避禹之子启于箕山之阴。《孟子·万章上》云："禹之相舜也，历年多，施泽于民久。启贤，能敬承继禹之道。益之相禹也，历年少，施泽于民未久。"伯益不足以服众，启的亲信趁机拥戴

---

① 徐义华：《祖先神观念与商周时期的族群认同观念》，《南方文物》2014年第4期。
② 徐峰、张瑞芳：《鲧禹化生神话考辨》，《百色学院学报》2013年第6期。
③ 唐冶泽：《略论禅让制的性质》，《史学月刊》1998年第6期。

启继位为王，夏朝正式建立起来。可以说，是禹和启共同开启了世袭制的时代。① 至此，禅让制走到了尽头，中国历史从此进入了"家天下"的时代。

经过禹时期的发展，最终由启用"家天下"的方式取代了禅让制。而与禅让制一起瓦解的是部落联盟体制，"家天下"带来的是中央王朝国家。

（二）王朝体系与天下共主地位的确立

夏朝的建立和"家天下"的出现，是中国政治发展的一个重要转折。

在夏朝以前，政治共同体本质上还是部落联盟。大家通过"禅让"的方式，选举出部落联盟的最高政治首领，最高政治首领表面上拥有至高无上的地位，但在实际政治生活中，权力受到很大限制。构成部落联盟的各个部族之间，也是平等的关系，不存在等级上的差别。

到夏朝建立后，出现了一个中央王朝，夏王成为最高政治首领，夏王所在的部族成为核心部族，构成政治共同体的各个部族不再是平等关系，由是出现了中央与地方的等级关系。

夏朝是在原部落联盟的基础上建立起来的，禹、启原本是众多部落联盟首领中的一员，禹通过禅让制，被推举为共同首领，其最高首领的合理性本质上来源于两个方面：一是神灵意志，早期社会中神灵意志几乎贯穿于所有社会事务当中，关于尧舜时代的神灵、天命观念并不全是后人的构建；② 二是公众意志，即由继位者是最高首领与群臣协商、推举和选择的结果。启则违背了已经实行了两代的禅让惯例，继承了父亲的位置成为共同首领，原有的神灵意志和公众意志不能适用这种新的"世袭"的传承方式，这就需要对"家天下"其合理性加以解释。

启的王位合理性是通过加强王权的神圣化完成的，在这个过程中，为王权的神圣化提供理论支持的是天命观。夏人天命观主要有两点：一是君权神授，认为政权是由上天授予的，君主是上天在人间的代表，由

---

① 戚怀亮：《论"家天下"的夏朝乃禹、启共同建立》，《文史杂志》2017年第1期。
② 郑杰文：《禅让学说的历史演化及其原因》，《中国文化研究》2002年第1期。

上天选择，代替上天在人间行使权力；二是中央权力具有唯一性，夏人经历了从族群融合到中央权力的形成的过程，从中认识到一元化的最高政治权力是实现社会秩序的重要基础，只有权力集中才能确保中央王朝政治体系的正常运作，所以夏人宣扬王即是太阳，具有世间唯一性。[①]通过天命观，夏王成为唯一的具有神授权力的最高统治者，取得了天下共主的名号。由此，形成了天下共主观念。

夏代天下共主观念包括三个方面的内容：一是夏王的宗教地位，夏王是上天的儿子，拥有天子的称号；二是夏王的政治地位，夏王是中央王朝和属下各部族的最高首领，拥有王的称号；三是夏王的表率性，夏王不仅有功于民，而且拥有与地位相适应的能力。

夏王具有特殊的宗教地位，是上天在人间的代表，代替上天处理事务，启在与有扈氏战争时即说"有扈氏威侮五行，怠弃三政，天用剿绝其命，今予恭行天之罚"[②]，即是以天命的执行者自居，为自己披了神圣的光环。同时，夏王还神圣化自己的出身，力图将自己与上天和神灵联系在一起，例如禹就有出生神话：

> 鲧窃帝之息壤以湮洪水，不待帝命，帝令祝融杀鲧于羽郊。鲧腹生禹，帝乃命禹卒布土以定九州。（《山海经·海内经》）

"鲧腹生禹"，显然是神化禹的，为禹的特殊地位提供支持。类似的出生神话也出现在启身上，传说启是从石中出征的。夏王这种特殊的身份，将其与神灵、上帝联系在一起，从而获得了带有宗教色彩的天子称号。天子观念的产生，极大影响了中国历史的进程。

借助宗教和神圣化，以及夏王朝在各部族的中央地位，建立起了夏王超越其他各部族首领的观念，确保了夏王的至高无上性；经过神圣化，将权力与出身固定在一起，可以在家族内世袭，不接受选举，从而使王位具有天然性，确保了其政治地位的稳定。

五帝时期对于最高首领才德的要求依然保留下来，如前文所述，人们能够接受启世袭其父的位置，重要原因是"启贤，能敬承继禹之

---

① 参《尚书·牧誓》："时日何丧？予与汝偕亡。"
② 《尚书·甘誓》。

道",而启继位之后,依然要展现自己的才能,例如传说夏后启从上天那里得到《九辩》与《九歌》,发展出名为九韶的歌舞,在巡狩的时候就向诸侯展示九韶之乐。音乐在古代的宗教、政治领域占有重要地位,是达成人神沟通,实现等级礼仪的重要工具,夏后启从上天那里得到《九辩》和《九歌》的传说,是为了证明夏后启有能力沟通神灵并熟练掌握音乐。"启会乘龙上天,自然是个神性的人物,他的传说特别与音乐有关,或许原来是个乐神。"①

值得注意的是,夏代虽然有天下共主的观念,但夏王并不是天下的占有者,而是天下事务的主持者。夏朝主要是通过大型工程完成的,战争和征服较少,所以没有大量征服而获取的土地、财富和人口,国家形成过程和人们的观念中对这些事物的占有观念不强。政权和人民依然属于上天所有,夏王只是被上天选择的委托管理者,是"代天牧民"。商周以后的天下共主观念中,王对政权、土地和人口呈现出很强的所有权特征,与夏代天下共主观念有所不同。

夏王朝建立后,要确立和推广中央权威,必须借助武力为后盾。夏王朝经常进行军事行动,例如夏后启讨伐有扈氏,杼在位时征伐东夷。在借助宗教合理性的同时,军事的威慑性也是保证中央王朝地位的重要力量。

(三) 内外服制的建立

夏朝的建立,是中原、东夷等广大地域内的人群融合达到一定程度后,中原地区人群率先组织紧密化的结果。所以,中央王朝建立后,面临中央秩序向外拓展的任务。中央秩序的拓展需要强大的中央权力,但在夏朝建立的过程中,虽然也有军事因素的推进,可中央权力主要是通过治水等大型公共工程逐步集中和加强起来的,中央王朝的协调能力很强,但强制力十分有限,加之受当时传播条件的限制,很难在短时间内将中央王朝的政治秩序和运行原则推广到远方。所以,夏王朝的拓展是逐渐进行的,呈现出波次特征,空间上越接近中央的地区和时间上越早融入中心群体的部族,与中央的认同度越高,中央在对这些地区和族群

---

① 顾颉刚、童书业:《夏史三论》,顾颉刚编:《古史辨》第七册,海南出版社2005年版,第608页。

的管理体制也与中央地区越类似；而空间上远和时间上晚融入的群体，则独立性相对较强，中央王朝对这些地区的管理也更多保留本地传统。因此，夏王朝的政治构架上呈现出以中央为中心的从内向外的波次变化，形成国家治理上最早的内外服制。

从历史文献记载看，夏朝的政治中心是处于不断的变动之中的，整个夏代都城迁徙十余次，其范围也及于河南、山东、山西、陕西多地，范围很大。[1] 所以，夏朝的内外服制很难从政治地理的角度划分，更多应该是从人群的角度划分，即与中央王朝关系的密切程度，是决定内外服制的主要因素。这种情况直到商代早中期依然存在，所以，在如何认识商代畿服划分上，学界也有地理划分标准和职官划分标准两观点。[2]

内外服制使夏王朝在向外拓展的过程中，保留了此前部落联盟长期奉行的抚柔传统，所以虽然很多时候也依靠武力向前推进疆界，但武力手段的主要目的不是征服和占领，而是迫使对方归服。只要被征伐的部族承认中央的天下共主地位，即被认同为王朝的地方势力，由中央王朝授予名号，成为天子之下的诸侯，并按这些部族原有的权力结构和风习继续运行。在内外服制下，从中央层面而言，夏王朝侧重的是地方对中央名义上的归服，而不是对地方实际上的行政管理，所以即使中央力量不是很强，依然能够实现对众多部族的威慑；从地方层面而言，服从的只是中央名义上的领导权，实际权力和资源由地方掌握的原状没有大的改变，还会从中央获得名号、封赏和一定的保护，所以不会竭力抵制中央王朝。依靠内外服制的这种灵活性，夏王朝在实力较弱和交通条件较差的情况下，依然把中央王朝的国家体系推广到很远的范围之内，使中国在历史早期即建立起地域广大的国家。内外服制基本保留了诸侯和方国的原有的氏族组织、权力结构和信仰风习，使得血缘属性和各地信仰较完整地保留在王朝政治体系当中。内外服制的这种机制，在内部治理时体现的是中央与地方关系，扩而大之用于对外关系，即是朝贡体系，对后来的历史产生了深远的影响。

---

[1] 李民：《试探夏族的起源与播迁》，《郑州大学学报》1985年第2期；李玉洁：《夏人"十迁"及夏都老丘考释》，《中州学刊》2013年第2期。

[2] 裘锡圭：《甲骨卜辞中所见的"田""牧""卫"等职官的研究》，载中华书局编辑部《文史》第19辑，中华书局1983年版，第37—50页；杜勇：《商朝政区蠡测》，载《2004年安阳殷商文明国际学术研讨会论文集》，社会科学文献出版社2004年版，第195—203页。

因为夏王朝实行的是管理宽松的内外服制，给予各地原有的社会组织和风俗文化留下了充足的空间，所以各地基本保持原有的统治方式。这样，夏王朝表面上对所有臣服和服属的地方主国行使整体上的管理功能，但各个地方主国又保留相当一部分独立的国家功能，夏王朝从总体上呈现出复合制国家形态。①

三　小结

夏朝是在原有部落联盟的基础上，通过占据最高首领地位，将夏人政治地位神圣化，最终实现最高权力世袭化，建立起王朝体制。

王朝体制需要将原本平等的部落联盟机制，转化为中央领导地方的主从机制，这需要对政治合理性做出圆满解释，所以天下共主观念、天子观念等思想产生出来。

夏王朝的内外服制是当时政治权力结构的自然演化，融合程度高与中央关系密切的人群成为最主要的中坚力量，构成王朝的内服，关系疏远的人群构成外服。

夏代以抚柔为主的政治策略和内外服的政治结构，使得夏人的统治具有很大的灵活性和弹性，即使在控制力有限的情况下，也可以把国家的范围扩展到很远的地区。

（徐义华，中国社会科学院古代史研究所研究员、中国历史研究院甲骨学研究中心）

---

① 王震中：《夏代"复合型"国家形态简论》，《文史哲》2010 年第 1 期。

顾颉刚先生的夏史研究

强 晨

顾颉刚先生以"层累地造成的中国古史"观闻名于世,领导了冲决上古史系统的"古史辨"运动,在疑古精神、对进步史观的积极追求与接纳、考信而后用之的文献使用原则、历史与考古研究相结合的治史方法等方面为我们留下了丰厚的史学遗产。夏史研究是先秦史领域中的重大议题之一,对探索中国早期文明以及国家起源等问题具有重要意义。顾颉刚先生的夏史研究内涵丰富,涵盖夏代人物、史事、地理、民族等多方面内容。但现今学者所论多止于其对大禹传说的考察,间或还有一些误解,因此很有必要对顾颉刚先生的夏史研究进行一番系统性梳理。

顾颉刚先生对夏代历史的探讨始于1923年发表的《与钱玄同先生论古史书》,一直到1979年,86岁高龄的顾先生还在思考"夏后"之称的问题,[①] 历时长达半个多世纪。本文主要从大禹的传说、夏代人物及史事、夏代地理、夏与诸族的关系四个方面,对顾先生的学术观点及其演变进行总结,以期较为全面地反映出顾颉刚先生夏史研究的全貌。

一 大禹的传说

《史记·夏本纪》开篇即为"夏禹,名曰文命"。"夏禹"之称亦见于更早的《国语·郑语》等先秦文献中。《国语·周语下》记载,由于大禹治水成功,"皇天嘉之,祚以天下,赐姓曰'姒',氏曰'有夏',谓其能以嘉祉殷富生物也"。可以说,古人对于禹为夏祖是没有任何怀

---

① 顾颉刚:《林下清言》,《顾颉刚读书笔记》卷14,中华书局2011年版,第387页。

疑的。

　　1922年，顾颉刚先生在编纂《中学本国史教科书》的过程中，发现尧、舜、禹的地位存在很大问题。具体到大禹，顾先生将《诗经》《尚书》与《论语》中的有关内容进行了排比，分作四个层次："最早的是《商颂·长发》的'禹敷下土方……帝立子生商'，把他看作一个开天辟地的神；其次是《鲁颂·閟宫》的'后稷……奄有下土，缵禹之绪'，把他看作一个最早的人王；其次是《论语》上的'禹、稷躬稼'和'禹……尽力乎沟洫'，把他看作一个耕稼的人王；最后乃为《尧典》的'禹拜稽首，让于稷、契'，把后生的人和缵绪的人都改成了他的同寅。"① 历史记载发生的次序和排列的系统恰好是一个反背，古史是层累地造成的思想就此在顾颉刚心中萌生。顾先生正式将这一设想形诸文字便是《与钱玄同先生论古史书》，在这篇文章中顾先生还进一步提出，"'禹'和'夏'并没有发生什么关系"，"禹或是九鼎上铸的一种动物"。②

　　顾颉刚先生的宏论受到部分学者推许的同时，也遭到了刘掞藜、胡堇人、柳诒徵等人的诘难。反对的声音促使顾先生寻找更多的证据，修正、完善自己的观点，他先后发表了《答刘胡两先生书》和《讨论古史答刘胡二先生》作为回应。前一文提出了推翻非信史的四大标准：打破民族出于一元的观念；打破地域向来一统的观念；打破古史人化的观念；打破古代为黄金世界的观念。③ 后一文详论禹是否有天神性、禹与夏有没有关系、禹的来源在何处等问题。顾先生坚持禹最初为天神而非人王的理由有三点，依据还是《诗经》《尚书》的记载：一是禹平水土是受上帝之命；二是禹的足迹是很广的，无所不至；三是禹的功绩是铺地、陈列山川、治洪水。禹的神职在西周中期为山川之神，西周后期又为社神。《诗》《书》《论语》中言禹不冠夏，言夏不及禹，直至战国中晚期的《左传》《墨子》《孟子》等书中才有"夏禹"的连称，因此顾

---

①　顾颉刚：《古史辨第一册自序》，《顾颉刚古史论文集》卷1，中华书局2011年版，第45页。

②　顾颉刚：《与钱玄同先生论古史书》，《顾颉刚古史论文集》卷1，中华书局2011年版，第183页。

③　顾颉刚：《答刘胡两先生书》，《顾颉刚古史论文集》卷1，中华书局2011年版，第200—204页。

先生主张禹和夏本没有关系。"禹为动物,出于九鼎"之说最受抨击,顾颉刚先生虽也罗列七条史料,陈说他作此假设的缘故,但也坦言这个假设前半还不误,后半则有修正的必要:禹是南方民族神话中的人物,自越传至群舒,再传至楚,西周中期传入中原。①

上述二文发表后,刘掞藜先生再次著文反击,顾颉刚先生因冗务迭至未能及时公开答复。不过从顾先生的读书笔记中可以看出,他仍在持续思考这些问题,并不断深入。在《淞上读书记》(五)中顾先生解释了禹与夏关系的产生:"禹之所以置于夏初之故,乃因当时所知道的历史只从夏起,夏后有商、周,夏前便没有了,禹既是最古的人,自然放在夏初。他虽非夏王,而因放在夏初之故,就渐渐成为夏的始祖。"②《尚书·吕刑》载:"禹平水土,主名山川。"顾先生曾颇为看重这句话,将之理解成"主领名山川,为名山川之神"③,作为禹有神性的重要证据。顾先生又引《史记·夏本纪》"于是天下皆宗禹之明度数声乐,为山川神主"为证,言"此亦以'主名山川'为神主山川,则禹之性质可知矣"④。《诗经·大雅·卷阿》云"俾尔弥尔性,百神尔主矣。"朱熹注曰:"使尔终其身常为天地山川鬼神之主也。"顾先生读后观点有所动摇,在笔记中写道:"看此,似禹'主名山川'不能说为有天神性。"⑤

1926年,顾颉刚先生将关于前一阶段古史问题争论双方的书信、论文等编辑为《古史辨》第一册出版,他在自序中进一步阐述了禹由神变人的道理,反驳了刘掞藜、冯友兰等学者禹由人变神的主张:

> 禹之是否实有其人,我们已无从知道。就现存的最早的材料看,禹确是一个富于神性的人物,他的故事也因各地的崇奉而传布

---

① 顾颉刚:《讨论古史答刘胡二先生》,《顾颉刚古史论文集》卷1,中华书局2011年版,第217—256页。
② 顾颉刚:《顾颉刚读书笔记》卷2,中华书局2011年版,第103页。
③ 顾颉刚:《讨论古史答刘胡二先生》,《顾颉刚古史论文集》卷1,中华书局2011年版,第223页。
④ 顾颉刚:《泣吁循轨室笔记》(五),《顾颉刚读书笔记》卷2,中华书局2011年版,第260页。
⑤ 顾颉刚:《蕲闲室杂记》(二),《顾颉刚读书笔记》卷2,中华书局2011年版,第322页。

得很远。至于我们现在所以知道他是一个历史上的人物，乃是由于他的神话性的故事经过了一番历史的安排以后的种种记载而来。我们只要把《诗》《书》和彝器铭辞的话放在一边，把战国诸子和史书的话放在另一边，比较看着，自可明白这些历史性质的故事乃是后起的。①

1937年，《禹贡》半月刊第7卷第6、7合期刊载了顾颉刚先生《九州之戎与戎禹》一文。顾先生以"禹兴于西羌"（《史记·六国年表》）的传说与"戎禹"（《潜夫论·五德志》）之称为线索，据《尚书·吕刑》推断禹为戎族的先人，将大禹传说的来源地确定为西方九州之戎的区域，修正了禹是南方民族神话人物的旧说。②

20世纪30年代末，顾颉刚与童书业合作发表了《鲧禹的传说》，是文在结论上与顾先生此前讨论鲧、禹传说的文章整体差别不大，只是补充了鲧、禹治水传说的本相与其演变。在细节方面，顾先生对既往论述有不少补充完善之处。例如，上文提及的"百神尔主矣"（《大雅·卷阿》），顾先生解释说："所谓'主'乃是祭主的主……但是我们抽绎先秦的其他书，知道这'主'字原有领主的意义。"③ 至此，顾先生对大禹传说的研究基本定型，仅在1957年又发表了一篇《息壤考》，对鲧、禹以息壤治水的神话作了新的考辨。④

最后，还需要对"顾颉刚说禹为虫"问题稍加说明。顾颉刚先生在《与钱玄同先生论古史书》中曾联系《说文解字》对"禹"与"禸"字的释义，推测禹的原型为"虫而有足蹂地"的蜥蜴类动物。⑤ 是说一石激起千层浪，刘掞藜、胡堇人、柳诒徵均对这一问题作重点反驳。钱玄同先生对"层累地造成的中国古史"观极度赞许，但也指出，"《说

---

① 顾颉刚：《古史辨第一册自序》，《顾颉刚古史论文集》卷1，中华书局2011年版，第55、56页。
② 顾颉刚：《九州之戎与戎禹》，《顾颉刚读书笔记》卷5，中华书局2011年版，第118—142页。
③ 顾颉刚：《鲧禹的传说》，《顾颉刚古史论文集》卷1，中华书局2011年版，第511页。
④ 顾颉刚：《息壤考》，《顾颉刚古史论文集》卷1，中华书局2011年版，第613—625页。
⑤ 顾颉刚：《与钱玄同先生论古史书》，《顾颉刚古史论文集》卷1，中华书局2011年版，第183页。

文》中从'内'的字,甲文金文中均不从'内'(如'禽''万''兽'诸字)。那'象形,九声'而义为'兽足蹂地'之'内'字,殆汉人据讹文而杜撰的字"①。顾颉刚认同了钱先生的说法,回应柳诒徵先生时就表示已将这个假设丢掉了,②在其他文章中也一再声称放弃了这个假说。③不过,顾先生同时也强调,"所以放弃的理由,乃为材料的不足"④。

从顾颉刚先生的读书笔记中,我们可以看到,他并未轻易放弃"大禹为虫"的观点,还在不断寻找证据完善旧说。《虬江市隐杂记》(四)中"叔向名禹"一则言:

> 《叔向父簋铭》云:"叔向父禹曰",孙诒让云:"《说文》:'蠁,知声虫也。重文蚃,司马相如说:从向。'《玉篇·虫部》云:'蠁,禹虫也。'若然,'禹''蠁'一虫。禹字叔向,即取虫名为义。向,即蚃之省。此可证司马相如、顾野王说矣。"(《古籀余论》卷中)禹之为虫,又得一证。⑤

《法华读书记》(二一)中"高山族之蛇图腾"一则云:

> 近在中央民族学院见台湾高山族之器物,其族以蛇为图腾,其器物亦多蛇形之刻镂,或延体于筒,或申颈于壶,或蟠于人像之两肩。以此可以推想禹为夏族之图腾,其器物刻镂亦必若此。夏器固尚未发现,然观殷周铜器,所有盘螭、盘虺纹者,疑即禹图腾之遗

---

① 钱玄同:《答顾颉刚先生书》,收入顾颉刚编著《古史辨》卷1,上海古籍出版社1982年版,第69页。
② 顾颉刚:《答柳翼谋先生》,《顾颉刚古史论文集》卷1,中华书局2011年版,第321页。
③ 顾颉刚:《古史辨第二册自序》,《顾颉刚古史论文集》卷1,中华书局2011年版,第92、93页;顾颉刚、童书业:《夏史三论》,《顾颉刚古史论文集》卷1,中华书局2011年版,第553页。
④ 顾颉刚、童书业:《夏史三论》,《顾颉刚古史论文集》卷1,中华书局2011年版,第553页。
⑤ 顾颉刚:《顾颉刚读书笔记》卷4,中华书局2011年版,第540、541页。

留也。①

1980年，行将就木的顾颉刚先生发表了《我是怎样编写古史辨的?》，再次谈起"顾颉刚说禹为虫"的往事，不再重申放弃此说，而是转为"疑禹本是古代神话里的动物。这本是图腾社会里常有的事情，不足为奇"②。

二　夏代人物及史事

有关夏代史料，顾颉刚先生曾在20世纪20年代中期进行过一番整体性估计：《尚书》《论语》《孟子》《左传》《世本》《史记》等典籍中有关夏代史事的记载仅是传说，至于能够反映史实的材料则尚未发现。③终顾颉刚先生一生，此种看法没有太大的改变，这使顾先生对夏代人物及史事的研究蒙上了浓厚的疑古色彩。

顾颉刚先生在读书时注意搜集不同文献对夏史人物记载的差异，提出了一些很是大胆的假设。例如他曾在《东山笔乘》（二）中记有"二重人格之启"一则，列举《山海经》《墨子》和《楚辞》中的《离骚》《天问》等文献，提出夏后启"是一个好音乐的人，不幸与圣贤之道相冲突，故此传说后即歇绝，而孟子之说乃盛行"④。又如，顾先生看到《史记·夏本纪》不载后羿、寒浞之事，便推测《左传》中有关此二人的段落为后来窜入，⑤可能是以羿、浞来影射王莽，借少康中兴称颂汉光武帝。⑥

1936年，顾颉刚与童书业合作发表了《夏史三论》，这是顾先生关

---

① 顾颉刚：《顾颉刚读书笔记》卷6，中华书局2011年版，第316页。
② 顾颉刚：《我是怎样编写古史辨的?》，《顾颉刚古史论文集》卷1，中华书局2011年版，第166页。
③ 顾颉刚：《东山笔乘》（二），《顾颉刚读书笔记》卷2，中华书局2011年版，第392页。
④ 顾颉刚：《顾颉刚读书笔记》卷2，中华书局2011年版，第407页。
⑤ 顾颉刚：《泣吁循轨室笔记》（三），《顾颉刚读书笔记》卷2，中华书局2011年版，第216页。
⑥ 顾颉刚：《遂初室笔记》（二），《顾颉刚读书笔记》卷3，中华书局2011年版，第107页。

于夏代人物及史事最为系统的研究成果。是文提出的中心问题有二：一是太康、仲康、少康的传说从夏后启分化而来，二是少康中兴的故事是东汉人造出的。针对前一问题，顾颉刚在1930年曾写过一篇《启与太康》，主张太康是启的化身，惜未能最终完稿。童书业则是在做墨家的古史说研究时看出太康是启的分化，二人想法不谋而合。后一问题则是顾颉刚先生早有酝酿，童书业在顾氏的提点下于1934写作札记《少康中兴辨》，进行了更为完善的论证。① 1935年夏，童书业来到北平，担任顾颉刚的私人助理，顾请童将《启与太康》续写完成。因童书业对此问题早有思考，一动笔就是数万言，在顾颉刚建议下，准备进一步扩写为《夏史考》一书，并拟定了诸章的目录，《鲧禹的传说》即是《夏史考》的第四章，《夏史三论》为第五、六、七章。② 顾、童二人的合作方式为先由童书业搜集材料、写出初稿，顾颉刚再修改成最终的定稿。③ 因此，《夏史三论》虽为童书业主撰，仍反映了顾先生对夏史的认识。

《夏史三论》分析的问题很多，作者先是引据《墨子》《山海经》、古本《竹书纪年》等文献推测启原本可能是一个乐神，继而又将《离骚》与扬雄《宗正卿箴》对读，提出少康为启的分化，其原名当径作"康"。启有五子的传说来自于《国语·楚语》中的"启有五观"，韦昭注引《左传》"夏有观、扈"之语，"五"与"扈"音近，"五观"当为"观、扈"的倒文。启在儒家以外的传说里是一个得位不正的淫昏之主，是禹的不肖之子，但在《孟子》中却一变而成为克家的令子了。先秦文献中启的儿子只有五观，太康与中康在《史记》里才出现，他们曾有一个时期被列为五观中的二人。少康最早见于《楚辞》，《天问》中有少康逐犬颠陨浇的脑袋的故事，浇的传说与虞舜之弟象的传说有关，少康与舜的传说或相混合，少康娶有虞二姚的事可能就是从尧妻舜以二女的事变化出来。早期文献有关羿的传说非常纷歧：《山海经》中的羿是上帝派下来的神人；《淮南子》中的羿是帝尧的功臣，射十日、

---

① 童书业：《夏史三论·后记》，《童书业史籍考证论集》，中华书局2005年版，第272—274页。
② 顾颉刚、童书业：《夏史三论》，《顾颉刚古史论文集》卷1，中华书局2011年版，第553—555页。
③ 童教英：《童书业传》，中国大百科全书出版社2018年版，第60页。

杀猰貐，去了百姓的大害；《楚辞》中的羿是夏启以后的人，因淫游佚畋，其家被"浞"所夺；《论语》言羿有善射之技却不得善终；《孟子》记载羿是被他的学生逢蒙因妒忌而害死；《荀子》中的羿不仅是一个人，还是一个世职的名称；《吕氏春秋》《墨子》皆云羿作弓；《荀子·解蔽》载弓为倕所作，羿只是利用了他人的发明；《左传》中羿灭封豕的故事是神话的人化……西汉末年以来，羿的形象才被固定为夏时淫游佚畋的君主，东汉以降才被视作为一个篡位之君。夏室中灭中兴的说法东汉以前的人知之甚少，经高贵乡公曹髦极力表彰后才大显于世。①

七七事变骤起，顾颉刚先生北上绥远，后辗转赴川，童书业避乱安徽，二人自此天各一方，直至抗战胜利后才再度聚首，然时移世易，他们的工作重点已有转变，宏大的《夏史考》规划未能最终完成。根据童书业先生编辑《古史辨》第七册时所附加的按语，《夏史考》中已完成的篇章还有《〈伪古文尚书〉里的夏史》《〈路史〉里的夏史》《夏都邑考》《〈史记·吴世家〉疏证》，②但后来未见发表。《夏民族的实际的推测（夏与杞、鄫、越的关系附考）》《桀的故事（相、杼、孔甲等附考）》《今本〈竹书纪年〉里的夏史》《夏时考（夏年附考）》与《〈韶〉乐考》或没能写出。

顾颉刚先生于《夏史三论》的前言中还曾谈道："相大约是商祖相土的分化，他原是个'四征不庭'的贤君。杼的来源虽不能确知，但似与商族的上甲微，周族的高圉、太王差不多。孔甲大约是商王祖甲的分化，关于他的故事，大部分是西汉人所造。至于皋、不降等，我们差不多只知道一个名字而已，他们是不是真正的夏王，已不可知了。"③根据《史记·夏本纪》、上博简《容成氏》等文献的记载，自启至桀，夏代共有十六位君主，顾颉刚质疑其真实性的几近半数。

顾先生之所以将夏后孔甲和商王祖甲视作一人之分化，或是有见于两人行事风格相类，早在20年代的笔记中，他就曾发出疑问："夏孔甲

---

① 顾颉刚、童书业：《夏史三论》，《顾颉刚古史论文集》卷1，中华书局2011年版，第556—611页。
② 顾颉刚、童书业：《夏史三论》，《童书业史籍考证论集》，中华书局2005年版，第213页。
③ 顾颉刚、童书业：《夏史三论》，《顾颉刚古史论文集》卷1，中华书局2011年版，第556—611页。

淫乱，殷帝甲亦淫乱（均见《史记》），何名甲者之多淫乱乎？"① 到了50年代，顾先生又将古本《竹书纪年》中的夏后胤甲②与商王河亶甲联系了起来，理由是"不同代而皆名甲，而皆徙居于西河，何其巧合乃尔"③。顾颉刚将前人视作真实存在历史人物视作为神话传说人物，寻绎其分合演变的路径，这是他研究夏史人物的基本思路。

1965年，童书业致书顾颉刚，谈及他对夏史的新认识：

> 孟、墨等"托古改制"也有限度，如果没有古代氏族社会的酋长选举制的传说和古代劳动人民治水的实绩，他们也决造不出禅让故事和鲧、禹治水等某些故事来。即使是少康中兴故事，其中伯明后寒弃寒浞，"家众"杀后羿而烹之，少康为仍牧正，为有虞庖正，少康有田一成、有众一旅等情节，亦符合古代社会情况，绝非汉人所能伪造……《左传》中此两段文字绝不类东汉人手笔，且古代社会情况及制度东汉人亦不熟悉，如果为彼辈所造，必然露出后世社会情况及制度之痕迹。④

童先生还提出，少康中兴的故事原是楚地的传说，因楚是昆吾的支裔，昆吾是夏重要的同盟，所以夏人的传说流行于楚地。⑤ 顾颉刚采纳了童书业的观点，他在修订读书笔记"展禽论祀爰居不及少康"一则时补充道："少康中兴疑出楚人传说，故入《楚辞》及《左传》，中原人所不知耳，故不列于夏史耳。"⑥

顾颉刚先生虽然在具体问题上看法有所改变，但对夏代人物与史事的基本认识绝无动摇。直到1974年，顾颉刚还表示，"夏代历史，除

---

① 顾颉刚：《东山笔乘》（二），《顾颉刚读书笔记》卷2，中华书局2011年版，第394页。
② 胤甲即《史记》中帝廑，《太平御览》卷82皇王部七引《纪年》曰："帝廑一名胤甲。"
③ 顾颉刚：《古柯庭琐记》（一），《顾颉刚读书笔记》卷7，中华书局2011年版，第37页。
④ 顾颉刚：《愚修录》（十），《顾颉刚读书笔记》卷13，中华书局2011年版，第37页。
⑤ 顾颉刚：《愚修录》（十），《顾颉刚读书笔记》卷13，中华书局2011年版，第37页。
⑥ 顾颉刚：《法华读书记》（三），《顾颉刚读书笔记》卷5，中华书局2011年版，第100页。

《史记》所载王名外，竟是一篇空白"①。

三　夏代地理

尽管顾颉刚先生对待夏代人物及史事采取了几近虚无的态度，但他坚信夏是存在的。面对那种因考古发现中未见夏代遗物便怀疑夏真实性的观点，顾颉刚也积极进行反驳："没有铜器，是不是他们尚在新石器时代？没见夏的文字，是不是那时尚未有文字？还是这些东西尚没有给我们发见？"②顾先生晚年谈到夏王朝时也还保持着这一认识："夏代虽成立了一个国家，但文化尚低，没有创造文字，所以现在发现的古器物中找不到夏王朝的遗迹。猜想起来，它相当于龙山文化的黑陶阶段，所以《礼记》上说'夏后氏尚黑'。"③顾先生对真实夏史的探索主要集中在夏代地理问题方面，他认为即使是那些后世追述的故事，也能借以考察夏人活动的历史舞台。

在古史地理问题上，顾颉刚先生提出过一个著名的古史地域扩张学说。他认为从夏到秦诸中原政权实际控制的地域，乃是由小到大，一次次递增，逐渐向外拓展扩张的，并非自古以来即犹如秦汉时期那样的一统地域。夏的疆域不过占有了黄河下游一段地方，与夏交通的只有济水流域为繁密，西周比之于夏恐要大上两三倍。④顾先生古史地域扩张的学说影响甚广，赞成者与反对者均不乏其人，笔者无意在此全面评价这一学术观点，仅想指出，顾先生后来对夏代疆域的看法发生了很大变化。

《礼记·缁衣》引《尹吉（诰）》中有"西邑夏"之名，《左传》《国语》等文献中皆有"东夏"之称。顾颉刚先生据此认为，"夏境兼有东、西两方，足见其疆宇之恢扩也"⑤。《山海经·海内南经》云：

---

① 顾颉刚：《甲寅杂记》，《顾颉刚读书笔记》卷14，中华书局2011年版，第309页。
② 顾颉刚：《春秋战国史讲义第一编》，《顾颉刚古史论文集》卷4，中华书局2011年版，第114页。
③ 顾颉刚：《古史杂记》（三），《顾颉刚读书笔记》卷14，中华书局2011年版，第30页。
④ 顾颉刚：《古史中地域的扩张》，《顾颉刚古史论文集》卷5，中华书局2011年版，第75—81页。
⑤ 顾颉刚：《西庑读书记》，《顾颉刚读书笔记》卷4，中华书局2011年版，第161页。

"夏后启之臣曰孟涂，是司神于巴。"《水经注》卷三十四《江水》载："江水又东径巫县故城南……历峡东径新崩滩……其下十余里有大巫山……神孟涂所处。"顾颉刚读此二则记载后在笔记中写道："夏之区域，西南至巴，诚广远矣。"①顾颉刚在与杨向奎的通信中提出"夏在东、西、北三方面都有极广的开拓"，"疆域之广可谓超轶商、周"。②杨向奎虽有反驳，但顾先生对此观点未有动摇，在讨论"周族东渐"时还是主张"周人将夏、商之中原以及鸟夷之东土兼包有之，其疆土略少于夏而大于商"③。

对于夏民族活动的中心区域，顾颉刚最初相信西晋学者皇甫谧的说法，认为是在山西省，④但他很快发现是说有误。在《淞上读书记》（五）中，顾先生从夏之后裔、夏之与国、夏后陵墓所在地、夏桀败亡地四个角度罗列证据，说明夏都山西说之非。⑤1933年，在燕京大学编写"春秋战国史"讲义时，顾颉刚梳理了与夏王朝关系密切的国族，通过考察其地望，推知夏民族的政治中心在今河南省，其势力范围大部分在山东，小部分在河北、山西。⑥到了50年代，顾先生又详考历代夏后王都所在，进一步论证夏王朝政治中心始终未远离河南。⑦直至1972年，顾颉刚在与李民的通信中依然强调，"河、洛之间为夏代政治中心自然无疑义"⑧。可以说，夏民族的活动中心在河南，是顾颉刚先生对夏代地理问题的一项基本认识。不过，我们也注意到，在一些顾先生与他人合写的著作中，存在着明显与此相异的表述。

---

① 顾颉刚：《汤山小记》（五），《顾颉刚读书笔记》卷8，中华书局2011年版，第105页。
② 顾颉刚：《法华读书记》（九），《顾颉刚读书笔记》卷5，中华书局2011年版，第323页。
③ 顾颉刚：《古史杂记》（一），《顾颉刚读书笔记》卷14，中华书局2011年版，第6页。
④ 顾颉刚：《答刘胡两先生书》，收入氏著《顾颉刚古史论文集》卷1，中华书局2011年版，第201页。
⑤ 顾颉刚：《顾颉刚读书笔记》卷2，中华书局2011年版，第105页。
⑥ 顾颉刚：《春秋战国史讲义第一编》，《顾颉刚古史论文集》卷4，中华书局2011年版，第114—116页。
⑦ 顾颉刚：《法华读书记》（十四），《顾颉刚读书笔记》卷6，中华书局2011年版，第26页。
⑧ 顾颉刚：《顾颉刚书信集》卷3，中华书局2011年版，第499页。

1938年，商务印书馆出版了顾颉刚、史念海二人合著的《中国疆域沿革史》，是书为历史地理学发展史上具有标杆意义的著作。该书所总结的夏民族活动范围是："中夏以先，夏之政治中心似在今山东省，其势力及于河北、河南，晚夏则移居河东及伊、洛流域，然东方仍有其孑遗也。"①顾颉刚先生去世后，《中国历史地理论丛》刊发了他与王树民在1979年合作的文章《"夏"和"中国"——祖国古代的称号》。是文称："唐叔是西周时分封的晋国的始祖，他的封地在今山西南部汾水流域，而称作'夏墟'，可见古代的夏国就在这个地区。"②以上两处论断不仅不同于顾先生的一贯表述，而且彼此也有矛盾，需要加以辨析。

《中国疆域沿革史》成书的过程相当曲折，③虽然署名为顾颉刚、史念海二人，但顾先生主要负责发凡起例，具体内容则多由史念海执笔，参与起草工作的还有杨向奎，童书业、韩儒林、张维华也多有助力。④杨向奎与史念海是在1936年初受顾颉刚之命开始搜集资料、撰写初稿。同年夏，杨向奎在写好上古到秦的部分后即留学日本，后面的工作才由史念海一力承担。⑤根据顾先生的指示，《中国疆域沿革史》在撰写初稿时，汉代及其以后皆以地理志为准，汉代以前则于文献记载外兼取学者的成说。⑥杨向奎在写作"夏代疆域"时参考的时人著作主要有四种：分别是顾颉刚编著的《古史辨》第一册，顾颉刚所作《州与岳的演变》、钱穆的《周初地理考》和他本人撰写的《夏代地理小记》。⑦参考顾先生的著作主要在论证大禹治水分州的传说具有神话性质，不足以判断夏代政治范围。《周初地理考》在《夏代地理小记》中便有引用，用以探讨"大夏""夏虚"所在。《中国疆域沿革史》中对

---

① 顾颉刚、史念海：《中国疆域沿革史》，《顾颉刚古史论文集》卷6，中华书局2011年版，第18页。
② 顾颉刚、王树民：《"夏"和"中国"——祖国古代的称号》，《顾颉刚古史论文集》卷1，中华书局2011年版，第643页。
③ 参见丁超《史地徘徊》，商务印书馆2016年版，第110—116页。
④ 史念海：《我与〈中国疆域沿革史〉》，载王兆成主编《历史学家茶座》第4辑，山东人民出版社2006年版，第116、117页。
⑤ 童教英：《童书业传》，中国大百科全书出版社2018年版，第90页。
⑥ 史念海：《我与〈中国疆域沿革史〉》，载王兆成主编《历史学家茶座》第4辑，山东人民出版社2006年版，第116页。
⑦ 顾颉刚、史念海：《中国疆域沿革史》，《顾颉刚古史论文集》卷6，中华书局2011年版，第18页。

夏民族活动范围的论述主要采纳了杨向奎本人的观点。

《夏代地理小记》中大半篇幅在讨论与鲧、禹有关的地名，认为尧殛崇伯鲧之"羽山"在今江苏东海县与山东临沭县交界处，古崇国在山东南部，禹会诸侯之"会稽"即"涂山"，在泰山脚下。杨先生还提出："古代黄河下游，今山东泰山之西，江苏之北，河北之南，乃黄河冲积层，平原沃野，最宜初民社会，中国历史之黎明当启发于此，故传说上中国奠定江山之人物，大禹，亦当于此地求之。"① 这些论述虽未被写入《中国疆域沿革史》，但将夏王朝早期的政治中心确定在今山东省，明显受此影响。若再联系杨向奎稍后发表的《夏民族起于东方考》，② 对这一点将看得更加清楚。1953 年，杨向奎致书顾颉刚，再次谈及他对夏族起源于东方的认识："生总有一种坚定的想法，以为泰山一带是夷、夏交争的地区，是古代文化摇篮，如果发掘一定有史前古物出现。十余年前在北大读书，曾因夏族起源与傅斯年争吵。到现在我更坚信我的说法了。"③

傅斯年主张夷夏东西之说，他根据《左传》《国语》《诗经》《史记》等书的记载，将夏之区域总结为："今山西省南半，即汾水流域，今河南省之西部中部，即伊洛嵩高一带，东不过平汉线，西有陕西一部分，即渭水下流。东方界限，则其盛时曾有济水上流，至于商邱，此便是与夷人相争之线。"④ 顾颉刚对傅斯年与杨向奎的观点均不完全同意，他认为"夏人本居西方，后迁东方"⑤，杨、傅二人的争论不过是各就一方面立论而已。顾先生虽然承认有夏一代与东方夷族交往频繁，但他将这一现象归结为夏族积极向东方开拓，谓"杨拱辰君（按，杨向奎字拱辰）不解此义，以为夏族起东方，误矣"⑥。

从顾颉刚与王树民合作撰写《"夏"和"中国"——祖国古代的称

---

① 杨向奎：《夏代地理小记》，《禹贡》半月刊第 3 卷第 12 期。
② 杨向奎：《夏民族起于东方考》，《禹贡》半月刊第 7 卷第 67 合期。
③ 顾颉刚：《法华读书记》（九），《顾颉刚读书笔记》卷 5，中华书局 2011 年版，第 322 页。
④ 傅斯年：《民族与古代中国史》，河北教育出版社 2002 年版，第 31 页。
⑤ 顾颉刚：《纯熙堂笔记》，《顾颉刚读书笔记》卷 4，中华书局 2011 年版，第 280、281 页。
⑥ 顾颉刚：《法华读书记》（十四），《顾颉刚读书笔记》卷 6，中华书局 2011 年版，第 27 页。

夏史研究

号》的过程可以看出，顾先生对这篇文章仅有整体上的把关，其中有关夏在晋南表述应主要反映了王先生的学术主张。该文写作的缘起是1979年初王树民造访顾宅，其间论及中国所以称"夏"、称"华"之由来，因顾先生年迈耳聋，王先生声音又低，双方交流并不顺畅，顾嘱王将所论内容形诸文字。王树民原拟写作《区夏·中国·华夏·中华诸名号试释》，先写成《"区夏"试释》寄给了顾先生。[1] 顾先生本就注意这个问题，并搜集了不少有关资料，他读后表示很同意王树民的看法。经过几次交换意见，由王树民执笔完成了《"夏"和"中国"——祖国古代的称号》一文。由于印刷工作缓慢，1980年11月间打出清样时，顾颉刚已住在医院，无法细看，[2] 这年年底顾先生就与世长辞了。

前文业已指出，以晋南"夏墟"为夏后氏故居是顾颉刚很早就放弃的观点。顾先生曾明确言道："世谓禹都安邑者非矣。山西之大夏，当是商灭夏后夏裔所迁。"[3] "大夏"一名见于《左传》昭公元年，其文曰：

迁实沈于大夏，主参，唐人是因，以服事夏、商。其季世曰唐叔虞。当武王邑姜方震大叔，梦帝谓己："余命而子曰虞，将与之唐，属诸参，而蕃育其子孙。"及生，有文在其手曰虞，遂以命之。及成王灭唐，而封大叔焉，故参为晋星。

将此段材料同《左传》定公四年"分唐叔以大路……命以《唐诰》而封于夏虚"的记载对读，可以看出晋地即大夏，亦即夏虚。顾先生还推测，"大夏"乃是夏朝覆灭后其遗族奔于戎地所建之号。[4]

后来，顾颉刚又将《逸周书·史记解》中的"西夏"与"大夏"联系到一起，从夏遗民迁徙的角度对其观点进行了补充。《史记解》

---

[1] 顾颉刚：《读尚书随笔》，《顾颉刚读书笔记》卷11，中华书局2011年版，第321—323页。
[2] 王树民：《怀念顾颉刚先生》，载氏著《曙庵文史续录》，中华书局2004年版，第313页。
[3] 顾颉刚：《东山笔乘》（二），《顾颉刚读书笔记》卷2，中华书局2011年版，第26页。
[4] 顾颉刚：《法华读书记》（十四），《顾颉刚读书笔记》卷6，中华书局2011年版，第32页。

载:"昔者西夏性仁非兵,城郭不修,武士无位,惠而好赏,屈而无以赏。唐氏伐之,城郭不守,武士不用,西夏以亡。"顾先生认为"西夏"即"大夏","大夏"是其自号,"西夏"则为他称,因夏遗民西迁于河、汾,故别之曰"西"。约在商代中叶,西夏亡于唐,其部众进一步向西迁徙,进入陕、甘之境,故陕西古有夏阳之地,甘肃至今还有大夏河。①

除却对夏朝疆域的整体思考外,顾颉刚先生还对很多夏代地名进行了考索。1953年春,地图出版社委托顾颉刚、章巽两位先生编著《中国历史地图集》(古代史部分)。以此为契机,顾先生广泛搜集了各类夏代地名,分列都城类10个、邑筑类6个、山名9个、水名5个、方国地名36个,写作了一篇《夏代地名今释》。②顾先生在对夏代地名进行简明扼要的今释时,在部分今释后标有问号以示存疑,例如涂山、会稽、泰华、莘、巴等。需要强调的是,这些今释并不完全反映顾先生的个人见解,可能是他同章巽协商如何编绘地图时所形成的意见。

以传说中大禹广会诸侯的涂山为例试作说明。文献中所载涂山有四,一在会稽,一在渝州,一在濠州,一在当涂,《夏代地名今释》所取为安徽濠州说,但顾颉刚此前就有专门论述,力陈四者皆非。顾先生言:

> 涂山四处,其在山阴县者即由禹会会稽而来,不必论。其在渝州者,盖渝为嘉陵江入大江之处,秋水大至,动辄成灾,自有其平治之需求,故假涂山之名以名其山,祠禹与涂君焉。在濠州者,淮水所经,淮受水最多,为灾亦甚,与渝有同样之需要。在当涂者,其地密迩芜湖,位伍子胥所开中江之首,并出于祭祀水神之蕲向。至于真正之涂山,即《左传》所云三涂,在河南嵩县西南。③

---

① 顾颉刚:《汤山小记》(十二),《顾颉刚读书笔记》卷9,中华书局2011年版,第36、37页;顾颉刚:《辛丑夏日杂钞》,《顾颉刚读书笔记》卷10,中华书局2011年版,第75页。

② 顾颉刚:《法华读书记》(二〇),《顾颉刚读书笔记》卷6,中华书局2011年版,第252—255页。

③ 顾颉刚:《法华读书记》(七),《顾颉刚读书笔记》卷5,中华书局2011年版,第247页。

夏史研究

　　不久，顾颉刚先生又撰写一长则笔记"涂山与三涂"，① 对上引观点进行了更为严密的论证。

　　《中国历史地图集》（古代史部分）出版后，顾颉刚也没有停止对夏史地理问题的研究，在其笔记中屡见对扈、鸣条、穷石、寒、戈等夏代地名的探讨，现择顾氏分析最多之"扈"略述于下。

　　有扈氏是夏初的重要部族，《尚书·甘誓》记载夏后启因其"威侮五行，怠弃三正"，与有扈大战于甘地。《夏代地名今释》采取了《汉书·地理志》以来的传统旧说，谓扈乃夏同姓国，在陕西鄠县北二里，甘在鄠县西南五里。② 顾先生对此有所怀疑，他表示，"汉儒徒因'扈'音近'鄠'，说在宗周畿内，亦不可信。夏之立国，偏于东方，若扈在渭水流域，则鞭长莫及矣"③。文献中"扈"与"甘"均不止一处，顾颉刚曾搜罗文献中有关河南之"扈""甘"的记载，认为"'大战于甘'不必索之于陕西矣"④。

　　《左传》昭公十七年，郯子言少皞氏职官中有"九扈"为九农正，顾颉刚推测有扈氏或与之有关，"有扈氏即以扈为其图腾，犹之爽鸠氏以鸠为其图腾而即以名其国也"⑤。《春秋》庄公二十三年载齐、鲁两君于扈地举行盟会，杜预释此扈地为河南郑国之扈，顾先生以为齐、鲁会盟不应远赴郑地，该扈必在齐、鲁之间。"齐、鲁之间有扈，郑地亦有扈，是皆鸟夷族之遗迹也。其关中之扈或鄠，或以音同而附会，或以鸟夷之扈有西迁者，与嬴姓之秦同。"⑥

　　而后，顾先生又通过文字学的考察，将"扈""雇"与"顾"串联了起来。"顾"见于《商颂·长发》，是夏桀的与国，为商汤所伐，甲

---

① 顾颉刚：《法华读书记》（十六），《顾颉刚读书笔记》卷6，中华书局2011年版，第125—127页。
② 顾颉刚：《法华读书记》（二〇），《顾颉刚读书笔记》卷6，中华书局2011年版，第254页。
③ 顾颉刚：《读尚书笔记》（四），《顾颉刚读书笔记》卷11，中华书局2011年版，第168页。
④ 顾颉刚：《读尚书笔记》（二），《顾颉刚读书笔记》卷11，中华书局2011年版，第52页。
⑤ 顾颉刚：《粤游杂记》，《顾颉刚读书笔记》卷10，中华书局2011年版，第127页。
⑥ 顾颉刚：《读尚书笔记》（六），《顾颉刚读书笔记》卷11，中华书局2011年版，第243页。

骨文中"顾"作"雇",其地在原山东范县东南五十里,距离太昊族之任、宿、须句不远。①"顾即扈,本鸟夷之一,为夏所灭而封其同姓,故为己姓。"②

四　夏与诸族的关系

顾颉刚先生在同刘掞藜、胡堇人两位先生讨论古史时便提出了"打破民族出于一元的观念",倡导"应当依了民族的分合为分合,寻出他们的系统的异同状况"③。顾先生对中国古代民族分合的整体性认知受傅斯年的影响很大,他也将古代族群分为东方族与西方族两大系统。东方族主要有虞、商两支,二者皆属鸟夷;西方族主要是夏、姜、周三族。④

东、西两系族群关系并不和睦,夏人势力不断向东扩展,伐观与扈而据有中原,⑤ 古本《竹书纪年》所载夏代征夷、命夷、夷来宾、夷来御事甚多,"此可见夏之势力东展之盛。此所以太康居斟鄩而斟鄩国得迁于潍水,相居斟灌而斟灌国得迁于寿光之故也"⑥。

在夏代,陆终氏也拥有很大的地盘。顾颉刚细致整理过载籍所见陆终氏分衍出的各国族,指出其"占有河北、河南、山东诸地","广袤直不亚于夏"⑦。陆终第一子昆吾氏为夏伯。昆吾初居濮阳,顾先生推测此乃因这时夏后相为羿所迫,都于帝丘,昆吾在旁保护。⑧ 此后昆吾

---

① 顾颉刚:《愚修录》(八),《顾颉刚读书笔记》卷12,中华书局2011年版,第333页。
② 顾颉刚:《古史杂记》(二),《顾颉刚读书笔记》卷14,中华书局2011年版,第20页。
③ 顾颉刚:《答刘胡两先生书》,《顾颉刚古史论文集》卷1,中华书局2011年版,第202页。
④ 顾颉刚:《古史杂记》(七),《顾颉刚读书笔记》卷14,中华书局2011年版,第103页。
⑤ 顾颉刚:《愚修录》(十二),《顾颉刚读书笔记》卷13,中华书局2011年版,第114页。
⑥ 顾颉刚:《法华读书记》(十四),《顾颉刚读书笔记》卷6,中华书局2011年版,第27页。
⑦ 顾颉刚:《法华读书记》(十四),《顾颉刚读书笔记》卷6,中华书局2011年版,第28页。
⑧ 顾颉刚:《法华读书记》(十四),《顾颉刚读书笔记》卷6,中华书局2011年版,第27页。

迁都于许,与夏旧都阳翟接壤,藩卫王室,直至与桀一同被灭,其后裔可能远徙西北。①

周人尝自称为夏,有一些学者据此主张周人亦属夏民族或为夏人后裔。对此,顾颉刚先生的态度是比较审慎的,他在笔记中多次谈到,是因周土旧为夏境,周人才以夏自居。②

文献中明确记载为夏人后裔的国族主要是杞与鄫。《国语·周语下》记周太子晋之言曰"有夏虽衰,杞、鄫犹在"可以为证。顾先生猜测,鄫是夏族主体东迁中原后仍居西土者之后裔,杞则是夏亡后继续留居中原者。西周末年,鄫(缯)人与申侯、犬戎一同伐周,可以确定此时鄫国必在关中。《左传》僖公十四年有"鄫子来朝",襄公六年载"莒人灭鄫",此时鄫国已迁至今山东枣庄峄城区东八十里处。《左传》襄公元年还见有一郑国之鄫,在今河南柘城县北,为鄫人东迁中途停住之处。③

司马迁在《史记》中将越与匈奴也列为夏之后裔。《越王句践世家》言:"越王句践,其先禹之苗裔,而夏后帝少康之庶子也。封于会稽,以奉守禹之祀。"《匈奴列传》载:"匈奴,其先祖夏后氏之苗裔也,曰淳维。"有关越的族姓,文献中还有芈姓之说,《国语·吴语》韦昭注曰:"句践,祝融之后,允常之子,芈姓也。《郑语》曰:'芈姓夔、越。'《世本》亦云:'越,芈姓也。'"顾颉刚赞同越为芈姓说,认为司马迁因游览会稽,见过"禹穴",遂为当地传说所欺蒙,以越为禹之后裔。④ 王国维著有一篇名文《鬼方昆夷玁狁考》,考辨鬼方、昆夷、玁狁为一族之异名,乃是匈奴之先。⑤ 顾颉刚读此文联想到

---

① 顾颉刚:《法华读书记》(十),《顾颉刚读书笔记》卷5,中华书局2011年版,第382页。
② 顾颉刚:《古柯庭琐记》(二),《顾颉刚读书笔记》卷7,中华书局2011年版,第98页;顾颉刚:《缓斋杂记》(二),《顾颉刚读书笔记》卷7,中华书局2011年版,第174页;顾颉刚:《汤山小记》(一),《顾颉刚读书笔记》卷8,中华书局2011年版,第11页;顾颉刚:《高春琐语》(五),《顾颉刚读书笔记》卷13,中华书局2011年版,第369、370页。
③ 顾颉刚:《法华读书记》(二三),《顾颉刚读书笔记》卷6,中华书局2011年版,第403、404页。
④ 顾颉刚:《法华读书记》(三),《顾颉刚读书笔记》卷5,中华书局2011年版,第99页。
⑤ 王国维:《鬼方昆夷玁狁考》,载氏著《观堂集林》,中华书局1959年版,第583—606页。

《左传》定公四年唐叔虞受封的记载，唐叔所居者为夏虚之地，所治者为怀姓之民，所疆者为戎人之法，足证鬼方与夏族颇有关系。"王氏以匈奴为鬼方之后，而《史记》谓匈奴祖淳维为夏后氏之苗裔，似此中甚有线索可求也。"① 顾颉刚晚年又言："东夏为商所灭，桀奔南巢，其子奔匈奴而为其君，又有一大部分迁居西土，而有'大夏'之名。"② 观此，顾先生最后还是否定了鬼方作为夏族发展到匈奴族的中间环节。

楚人芈姓，陆终之后，本与夏无涉。然顾颉刚先生在笔记有一短则名曰"楚、徐、莒"，通过同音假借将楚、疋、夏三字相系联，提出了"楚人盖夏遗"③ 的假设。

结　语

纵观顾颉刚先生近60年的夏史研究历程，我们可以看出他始终走在探索的道路上，不断搜罗资料、完善、修正自己的观点。受时代所限，顾颉刚讨论夏史主要依靠传世文献，但也积极吸收考古学、民族学的资料来进行阐释。在很多问题上，顾先生对史料都进行了竭泽而渔式的搜集，故能建立独树一帜的夏史体系。

顾颉刚对夏代人物与史事基本持否定态度，他推断禹本为天神，其与夏朝发生关系乃是古史人化，少康中兴也只是故事传说，整部夏史近乎一片空白。不过顾先生依然坚信夏是真实存在的，其疆域甚为广大。他考察夏民族的活动中心在今河南，山西的"大夏"是夏遗民建立的政权，提出有扈氏为东方鸟夷族，夏人东进灭之而据有中原。昆吾为夏的重要与国，其迁都转徙多为藩屏王室。昆吾属于陆终氏一族，陆终占有河北、河南、山东诸地，广袤不亚于夏。夏之后裔有杞、鄫，杞为夏亡后继续留居中原者，鄫是夏族主体东迁中原后仍居旧地的一支。夏桀

---

① 顾颉刚：《浪口村随笔》（一），《顾颉刚读书笔记》卷4，中华书局2011年版，第75页。
② 顾颉刚：《古史杂记》（一），《顾颉刚读书笔记》卷14，中华书局2011年版，第9页。
③ 顾颉刚：《古史杂记》（一），《顾颉刚读书笔记》卷14，中华书局2011年版，第9页。

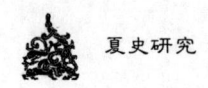

之子奔于匈奴为君，故匈奴亦可视作夏人后裔。

在治史态度上，顾颉刚始终坚持疑古。在治史方法上，则是"辨伪"与"考信"并重，二者相辅相成，一以贯之。一些学者主张顾颉刚是"始于疑终于信"，至少从其夏史研究来看，这一认识并不准确。

（强晨，邯郸学院文史学院讲师）

商史研究

商汤诸名讳考略

朱彦民

商汤是商族发展历史上一个划时代的人物，他是打败夏王朝的联盟领袖，是建立商王朝的开国元勋。他沐风栉雨、南征北战，为商族先商时代画上了一个圆满的句号，同时他修德经武、创业垂统，也昭示着商族的一个新的发展阶段历程的开始。正因为商汤有着如此非凡的功绩和显赫的地位，所以在甲骨卜辞中、在古典文献里，后人赋予了他许多含义美好的名讳。

今本《竹书纪年》说他："汤有七名而九征。"(《天平御览》卷八三引)① 汤有"七名"，古有此说，《金楼子·兴王篇》云："（成汤）凡有七号：一名姓生，二云履长，三云痔肚，四云天成，五云天乙，六云地甲，七云成汤。"或出于纬书，不尽可信。杨树达先生云："按《太平御览》八十三引古本《竹书纪年》云：'汤有七名而九征。'今汤名可知者，汤（卜辞作唐）、太乙、履三名而已。"② 严一萍先生则拘于"汤有七名"之说，以"唐""成""大乙""成唐""履""武王""帝乙"等以当之③。

其实，我们依今天所能见到的材料看，成汤之名不止七个，更不止三个。集合甲骨文、金文和古代文献的记载，成汤至少有如下几种名字和庙号：

---

① 按，《路史·后记》则引作"七月九征"。《太平御览》影宋刻及鲍刻本皆作"七名"《存真》《辑校》同，《订补》改作"七命"，无说。
② 杨树达：《竹书纪年所见殷王名疏证》，载《积微居甲文说》，《杨树达文集》之五，上海古籍出版社1986年版，第35页。
③ 严一萍：《殷商史记》卷3，《成汤本纪》，台北：艺文印书馆1989年版，第49、50页。

一　汤

　　这是史籍中所见最多的对成汤的称呼。首见于《尚书·汤誓》，篇目中即称作"汤"。其次见于《诗经》，如《商颂·那》："汤孙奏假""于赫汤孙""汤孙之将"，《烈祖》："汤孙之将"，《长发》："至于汤齐""汤降不迟"，《殷武》："汤孙之绪""昔有成汤"等。《晏子·内谏篇》："汤武用兵而不为逆"等，《左传》庄公十一年："禹、汤罪己"，文公二年："汤不先契"，襄公二十六年："此汤所以获天福也"，昭公六年："商有乱政，而作《汤刑》"，定公元年："仲虺居薛，以为汤左相"等。《国语·鲁语》："汤以宽治民而除其邪"，"商人禘舜而祖契，郊冥而宗汤"，"自玄王以及主癸莫如汤"，"未尝跻汤与文、武"，"汤有太甲"等。《礼记·祭法》也有"殷人禘喾而郊冥，祖契而宗汤"。《吕览·仲春纪》："汤染于伊尹、仲虺"等多处称汤。《竹书纪年》："汤有七名而九征。"《世本》《论语》《孟子》《韩非子》《庄子》《战国策》等也都称之为汤。《周易·革卦》："汤武革命顺乎天而应乎人。"《天问》："汤谋易旅，何以厚之？""妹嬉何肆，汤何殛焉？"《离骚》："汤、禹俨而祗敬兮，周论道而莫差"，"汤、禹俨而求合兮，挚、咎繇而能调"等，《殷本纪》："自契至汤八迁""汤始居亳"以下，全篇大多称汤。后世称之为汤者更为多见。汤者，或以为名，或以为字，或以为谥，或以为号。《史记集解》引张晏曰："禹，汤，皆字也。二王去唐、虞之文，从高阳之质，故夏、殷之王皆以名为号。"引《谥法》曰："除虐去残曰汤。"是对成汤名及何以名汤的一种解释。

二　成汤

　　成汤是仅次于汤的称法。成汤首见于《尚书·仲虺之诰》，曰："成汤放桀于南巢。"他如《泰誓》"天乃佑命成汤，降黜夏命"，《微子之命》"乃祖成汤"，《酒诰》"自成汤咸至于帝乙，成王畏相"，《多士》"乃命尔先祖成汤革夏"，《君奭》"成汤既受命"，《多方》"大降显休命于成汤"，《立政》"亦越成汤陟"等，都是称成汤者。《荀子·成相篇》："……十有四世，乃有天乙，是成汤。"《诗经·殷武》："昔有成汤。"今本《竹书纪年》:"殷商成汤名履。"《吕览·季夏纪》:"故成汤之时,有谷生于庭。"《慎大览》:"立成汤之后于宋以奉桑林。"《楚辞·天问》:"成汤东巡,有莘爰极。"《淮南子》也有"朝成汤之庙"等。《史记·殷本纪》:"主癸卒,子天乙立,是为成汤。"又有"复居成汤之故居""尊成汤之德"。《易纬乾凿度》等书籍也均以成汤见称。

三　商汤

《左传》昭公四年:"商汤有景亳之命。"

四　殷汤

《吕览·仲夏纪》:"殷汤即位,夏为无道。"《仲秋纪》:"殷汤良车七十乘。"《世本》:"殷汤封夏后于杞,周又封之。"(殷敬顺《列子·天瑞篇》引)《列子·汤问篇》:"殷汤问于夏革曰:'古实有物乎?'"

五　武汤

《诗经·商颂·玄鸟》:"古帝命武汤。"毛传云:"天帝命有威武之德者成汤。"

六　成商

《逸周书·史记》:"成商伐之,有洛以亡。"晋孔晁注曰:"汤号曰成,故曰成商。"

七　武王

《诗经·商颂·长发》:"武王载旆。"《玄鸟》:"武王靡不胜。"毛传云:"武王,汤也。"

八　履

《墨子·兼爱下》："汤曰：'惟予小子履，敢用玄牡。'"今本《竹书纪年》："殷商成汤名履。"《帝王世纪》："……汤，故名履，字天乙，是为成汤，一名帝乙。"《宋书·符瑞志》也称汤为履。

九　天乙

《荀子·成相篇》："……十有四世，乃有天乙，是成汤。"《世本》"王侯大夫谱"云："汤名天乙。"（《尚书·汤誓释文》引）《史记·殷本纪》："主癸卒，子天乙立，是为成汤。"《帝王世纪》："主癸之妃曰扶都，见白气贯月，意感以乙日生汤，故名履，字天乙，是谓成汤。一名帝乙。"等皆称之"天乙"。《宋书·符瑞志》也有类似记载。

十　大乙

见于甲骨卜辞之中。罗振玉率先指出了史籍中的"天乙"乃甲骨文中"大乙"之讹，云："大乙《史记》作天乙（书释文同），《索隐》引谯周说：'天亦帝也，殷人尊汤，故曰天乙。'案，天与大形近易讹，故大戊卜辞中亦作天戊。以大丁、大甲诸名例之，知作大者是，谯周为曲说矣。"① 王国维先生继其说而考曰："卜辞有大乙无天乙，罗参事谓天乙为大乙之讹。观于大戊卜辞亦作天戊（前编卷四第二十六叶），卜辞之'大邑商'，《周书·多士》作'天邑商'，案，卜辞亦屡作'天邑商'见下，盖天大二字形近，故互讹也。且商初叶诸帝如大丁、如大甲、如大庚、如大戊，皆冠以大字，则汤自当称大乙。又卜辞……以大乙与伊尹并言，尤大乙即天乙之证矣。"② 所论至确。甲骨文中所见的"大乙"又作"乙大"（《合集》19821、32434）。郭沫若先生云："乙

---

① 罗振玉：《殷虚书契考释》上卷，东方学会1927年增订影印本，第2页。
② 王国维：《殷卜辞所见先公先王考》，《观堂集林》卷9，中华书局1991年版，第271页。

大当是大乙之倒文。"① 案，甲骨文中先公先王名称之倒称者，除此"大乙"作"乙大"者外，另有"大甲"之作"甲大"，"中丁"之作"丁中"，"大戊"之作"戊大"，"且乙"之作"乙且"，"且丁"之作"丁且"，"戋甲"之作"甲戋"以及"且庚"之作"庚且"等。此外，先妣名称也有倒称者，如"妣己"之作"己妣"，"妣庚"之作"庚妣"，"妣丁"之作"丁妣"等。按，这些先王先妣名称之倒文，与卜辞的读法顺序有关。

甲骨卜辞所引大乙辞例：

（1）乙亥卜，尹贞：王宾大乙祭，亡祸？（《合集》22630）

（2）乙巳卜，尹贞：王宾大乙彡，亡尤？在十二月。（《合集》22723）

（3）乙未卜，其又岁于高且乙？（《合集》33425）

（4）癸丑卜：其又升岁大乙伐卯二牢？（《合集》26999）

（5）壬申卜：贞：蒸多宁以邕于大乙？（《屯南》2567）

（6）己丑卜，在小宗又升岁，自大乙？（《合集》34047）

（7）丙午卜，贞：王宾大乙奭妣丙舂，亡尤？（《合集》36198）

（8）丙寅卜，贞：王宾大乙奭妣丙翌日，亡尤？（《合集》36194）

（9）乙巳卜，扶［贞］：屮于大乙母妣［丙］牝？（《合集》9817）

（10）乙丑酒大乙牛三，祖乙牛三，小乙牛三，父丁牛三？（《屯南》777）

（11）癸亥贞：王其伐虎羊，告自大乙？甲子自上甲告十示又一牛？兹用。在果四阵？（《屯南》994）

（12）叀商方步，立于大乙戋羌方？（《合集》27982）

（13）庚子贞：其告鼓于大乙六牛，隹龟祝？（《合集》32418）

"大乙"又称"高祖乙"。祭祀大乙的卜辞从祖甲开始，并且一直

---

① 郭沫若：《殷契粹编》第82片释文，科学出版社1965年版，第375—376页。

沿用了下去。

十一　帝乙

　　《易纬乾凿度》:"易之帝乙为成汤。"《潜夫论》:"帝乙以义故囚。""帝乙"即"成汤",又见于《帝王世纪》:"主癸之妃曰扶都,见白气贯月,意感以乙日生汤,故名履,字天乙,是谓成汤。一名帝乙。"(《宋书·符瑞志》也有类似的记载。按,此文献中的所谓"帝乙",与甲骨文中的"帝乙"所指不同,此为成唐大乙,而彼为殷商末季帝辛之父帝乙。

十二　成

　　古人曾有怀疑"成"是汤之谥或号者,如《尚书·仲虺之诰》孔传曰:"汤伐桀,武功成,故号成汤。一云成,谥也。"又如《逸周书·史记》:"成商伐之,有洛以亡。"晋孔晁注曰:"汤号曰成,故曰成商。"甲骨文中有人名"成",也是商人所尊崇祭祀的先祖。陈梦家先生认为:"祭成的卜辞,成与先王所出的地位跟大乙、唐所出的完全一致,列表如下:上甲—唐—大丁—大甲(《佚》214·4)上甲—大乙—大丁—大甲(《佚》986)上甲—成—大丁—大甲(《乙》5302、7016)由此可知大乙、成、唐并是一人,即汤。"[①]案,卜辞中对于成的祀日多在乙日,益证陈氏此考,至确不移。

　　有关于"成"的祭祀,也主要存在于武丁时代的第一期卜辞中:

　　(1) 求于上甲、成、大丁、大甲、下乙?二告。(《合集》6947正)

　　(2) 翌乙酉虫伐于五示上甲、成、大丁、大甲、且乙?(《合集》248正)

　　(3) 贞:疋来羌用自成、大丁、大甲、大庚、大乙?(《合集》231)

[①] 陈梦家:《殷虚卜辞综述》,中华书局1988年版,第411页。

（4）自成告至于丁？勿自成告？（《合集》6583）

（5）㞢于成、大丁、大甲、大庚、大戊、仲丁、祖乙……（《合集》1403）

（6）告于上甲眔成？（《合集》6583）

（7）乙未卜，勿用羌于成？（《合集》423）

（8）贞：成禁丁宗？（《合集》13536）

（9）庚子卜，贞：㞢于成？七月。（《合集》1243）

（10）丁亥卜，贞：翌□戊用于三豚酒于成、祖乙？□□卜，贞：今日用三豚于成？（《合集》1371）

（11）贞：成［保］我田？贞：成……大……保？□□卜，宾贞：大甲保？（《合集》1730）

（12）贞：翌乙酒成用宰宝？（《合集》672正）

（13）辛亥卜，争贞：今来乙卯㞢于成十牛？（《合集》6943）

（14）今来乙酉㞢于成五宰？七月。（《合集》1379）

（15）癸亥卜，宗成又羌卅，岁十牢？（《合集》32052）

（16）庚戌卜，殻［贞］：……于成，允若？（《合集》1346）

（17）甲午卜，殻贞：王奏兹王，成左？……王奏兹王，成弗左？（《合集》6653）

（18）癸巳卜，成祟我？（《合集》32444）

（19）贞：告戍于上甲、成？（《英藏》594正）

十三　唐

文献史籍及甲骨文字中都曾记载成汤为"唐"。《太平御览》卷八三引《归藏》云："昔者桀筮伐唐，而枚占于荧惑曰：不吉不利。"《博物志》云："唐亦即汤。"甲骨文中的"唐"，王国维先生认为即是"汤"字："卜辞又屡见唐字，亦人名。其一条有汤、大丁、大甲三人相连，而下文不具（铁云藏龟第二百十四叶）。又一骨上有卜辞三：一曰贞于唐告吾方，二曰贞于大甲告，三曰贞于大丁告吾（书契后编卷上第二十九叶）。三辞在一骨上，自系一时所卜。据此则唐与大丁大甲连文，而又具其首，疑即汤也。《说文·口部》唴古文唐，从口昜，与汤字形相近。《博古图》所载《齐侯镈钟》铭曰：虩虩成唐，有严在帝所，专受天命。又曰奄有九州，处禹之都。夫受天命，有九州，非成汤其孰能当之。……案，唐亦即汤也。卜辞之唐必汤之本字，后转作喝，遂通作汤。然卜辞于唐之专祭必曰王宾大乙，惟告祭等乃称唐，未知其故。"① 卜辞中的"唐"与"大乙"虽未必有如此分别，周祭中用大乙，告祭之外，岁祭、䖵祭、酒祭、集祭等也都称"唐"，但王氏考证的甲骨文中的"唐"即是"汤"之结论仍是正确的。只是甲骨文中的"唐"除作人名为大乙成汤之外，还有一些是用为地名的。

甲骨卜辞文中关于"唐"的祭祀，如下：

（1）丁酉卜，大贞：告其鼓于唐衣，亡尤？九月？（《合集》22746）

（2）乙丑卜，即贞：王宾唐翌亡尤？三月。（《合集》22744）

（3）贞：告工口舌方于上甲？贞：于唐告？（《合集》6135）

（4）壬申卜，㱿贞：于唐告舌方？贞：于大丁告舌？贞：于大甲告？（《合集》6301）

（5）于河告，告舌方于上甲？于唐告？（《英藏》546 正）

（6）贞：勾舌方于上甲？贞：于唐勾？（《英藏》558）

（7）贞：告土方于唐？（《合集》6387）

（8）贞：御自唐、大甲、大丁、且乙百羌百牢？二告。（《合集》300）

（9）贞：翌乙亥侑升岁于唐三十羌卯三十牛？六月。（《合集》313）

（10）壬戌卜，争贞：翌乙丑侑伐于唐？用。（《合集》952 正）

（11）癸卯卜，宾贞：井方于唐宗夔？（《合集》1339）

（12）甲寅卜，争贞：勿御妇果于唐？（《合集》2774 正）

十四　成唐

《叔夷钟》铭文亦云："夷篯其先旧，及其高祖，虩虩成唐。"此

---

① 王国维：《殷卜辞所见先公先王考》，《观堂集林》卷 9，中华书局 1991 年版，第 272 页。

外，周原甲骨文中也有对"成唐"的祭祀，为文王、帝辛时周之卜辞也。其辞曰：

> 癸巳彝文武帝乙宗，贞：王其邵祭成唐，鼎御服二女，其彝血牡三，豚三，吏有足？（岐山凤雏 H11：1）①

十五　武唐

此名仅见于甲骨文中：

> ……卜出……今日俞……武唐允俞……（《合集》36770）

按，唐即为汤，则此"武唐"应为《诗经·商颂·玄鸟》中之"武汤"。

十六　殷天乙唐

此名仅见于春秋时期宋国所出青铜器铭文之中，用以追溯其先祖商汤。比如《宋公簠》二铭：

> 有殷天乙唐孙宋公䜌乍（作）其妹句敔（吴）夫人季子媵匿（簠）。（《殷周金文集成》4589、4590）

近年在山东枣庄徐楼发现的《宋公鼎》中，也有这一称呼：

> 有殷天乙唐孙宋公䭬乍（作）㝬（费）弔（叔）子馎鼎，其眉寿万年，子子孙孙永保用之。②

除此之外，后世商人追先怀古、慎终思远时，又为成汤冠上了各种

---

① 周原考古队：《陕西岐山凤雏村发现周初甲骨文》，《文物》1979年第10期。
② 李学勤：《枣庄徐楼村宋公鼎与费国》，《史学月刊》2012年第1期。

的美名嘉号。如"先后",《诗经·商颂·玄鸟》:"商之先后,受命不殆。"郑笺曰:"先后,成汤也。""高祖",甲骨文中又"高祖乙""高祖唐",《叔夷钟》铭文中也有:"夷簋其先旧,及其高祖,虢虢成唐。"等等。

按,这些众多的成汤名号,何者为本,何者为别,今已难知其详。《史记索隐》:"汤名履,书曰'予小子履'是也。又称天乙者,谯周云'夏、殷之礼,生称王,死称庙主,皆以帝名配之。天亦帝也,殷人尊汤,故曰天乙'。"所云芜靡莫辨,未知何者达诂。清儒崔述曾认为"成汤为本号","武王非自号",并论及与其他名号之关系云:

> 按,《尚书·酒诰》《多士》《立政》等篇皆称"成汤",无但称汤者。盖禹,名也;成汤,号也。古多以一字名,未闻有以一字号者。然则成汤即其本号,汤则后世之省文也。《商颂·殷武》亦称"成汤",《玄鸟》称"武汤",唯《长发》或但称"汤",或称为"武王"。盖史册主于纪实,诗人主于颂美,故其称参差不一。武王者,子孙近崇之称,即后世谥法所自仿;即或省文为汤,因以"武"加之为"武汤"耳。春秋战国以后,率但称汤,称成汤者鲜矣。今从本号称为成汤,不敢从省,亦致慎之义也。
>
> 《史记》云:汤曰:"吾甚武,号为武王。"余按:《论语》载汤言:"有罪不敢赦,帝臣不蔽,简在帝心。"圣人之谦且慎如是,乌有自高其功,为号以自标美者哉!盖谥法虽相传为周制,而其实亦由渐而起。成汤既没,其子孙群臣以为拨乱反正,创业垂统,功莫及之,故追崇之而号之为武王。周人因之,以文武谥二王,而其后子孙群臣遂相沿为例耳。不得泥《大戴礼》之文,遂谓周以前必无谥,而武王为汤之自号也。①

陈梦家先生有如此的解释:"大乙是庙号而唐是私名,成则可能是生称的美名,成唐犹云武汤。"② 陈氏以为"成"乃成汤之考确然,唯以"成"为成汤之生称美名,未敢确信。

---

① 崔述:《崔东壁遗书》,上海古籍出版社 1983 年版,第 131—133 页。
② 陈梦家:《殷虚卜辞综述》,中华书局 1988 年版,第 411 页。

而周鸿翔先生综合古今学说,认为:"汤以乙日生,故名'大乙',古籍讹为'天乙'。履、汤皆生时别名,犹帝喾之名夋。汤音转为唐(契文仅见唐未见汤,颇疑本为唐,古籍音误作汤)。至成汤、武汤、成唐、武唐、武王等,则皆商殷后人追号耳。《殷本纪》引申《诗(长发)》'武王'一名谓汤自言吾甚威武,号曰武王。王若虚《滹南遗老集》、崔述《商考信录》皆谓汤决无此语,其说甚确(商殷先公名,所见皆为庙号,另有私名者,则起自'天乙'以迄'帝辛',俱载于今本纪年)。"① 则言各有一得之处,可备一说。

姚孝遂、肖丁先生也曾分别商汤的各种称谓:"'大乙'或称'成',或称'唐',典籍谓之'成汤'。至于为什么有'大乙''成''唐'等不同的名称,是有其理由的。祖庚、祖甲卜辞可以称'大乙''唐',而不会出现'成'这一称谓。或者说,凡是父王为'父丁'者,只能称'大乙'而不会称'成'。""卜辞之'大乙',即典籍之'天乙',亦即'成汤'。卜辞于'大乙'又称'成'、称'唐',即典籍成汤之所本。《叔夷镈》则称为'成唐'。目前还难于确证'大乙'何以又称'成'、又称'唐'。或以为'大乙是庙号而唐是私名,成则可能是生称的美名,成唐犹云武汤。'(《综述》412)纯属揣测之辞,并无任何根据。若据张光直先生《商王庙号新考》的观点,是否有可能:'丁'系的王称'大乙'为'成'。目前所见资料,凡时代准确无疑者,唯武丁卜辞称'大乙'或称'成',盖'成'字从'丁'。是否可以断言,凡称'大乙'或为'唐'者,均属祖庚卜辞,盖'唐'字从'庚'。此种可能性之推测,尚有待于进一步之证明。然而无论情况如何,'大乙'为主要称谓,并贯彻始终。"②

甲骨卜辞中何以会既有"大乙",又有"成",复有"唐"的称呼呢?论者根据张光直氏的商王庙号理论,"大乙""成""唐"可能是不同世系争以为宗主,故而或称"大乙",或称"成",或称"唐","成"为丁系,"唐"为庚系,自祖甲以后卜辞统称为"大乙"。我们不同意张氏的庙号新说,但于此解释成汤多名之原因,这种解释却是新颖,给学界提供了一个继续研究此一问题的思路。

---

① 周鸿翔:《商殷帝王本纪》"天乙"注2,香港,1958年。
② 姚孝遂、肖丁:《小屯南地甲骨考释》,中华书局1985年版,第36、38页。

甲骨文中另有"咸"和"咸戊",在卜辞中也是商人所祭祀的对象。而且因为与"成"字有些缠绕不清的瓜葛,所以在此一并加以讨论。

对于此"咸"和"咸戊"为何许人也,学界也有着不同的认识。甲骨学名家如罗振玉、王国维、叶玉森、徐中舒、郭沫若、陈梦家、岛邦男诸氏皆认为,"咸"或"咸戊"即商代名臣"巫咸",文献中或作"巫戊"①。这似乎是无可争议、已成定谳的事实。但是由于甲骨文中的"成"与"咸"字形相近,"成"从戌从丁,"咸"从戌从口,所以两者容易混淆。因字形的近似而引起争论,或认为两者为一字,即"咸"为"成",是成汤大乙;或认为两字迥然有别,"成"是大乙,而"咸"为巫咸。

陈梦家先生作了辨别,认为"成"即成汤,"咸"即巫咸,二者判然有别:"《说文》戊部成字从戊丁声,西周金文则从戌丁声。卜辞口耳之口作'ᑌ',丙丁之丁作'☐',两者是有分别的。咸戊之'咸'从戌从口,成汤之'成'从戌从丁。由此分别,则我们向来犹疑不定的人名成,才得解决。"② 但香港学者饶宗颐先生反对陈氏的分别,认为"成汤省称曰成,古籍乏证,兹仍旧说",即认为此人名指"巫咸"而非"成汤"③。

吴其昌先生依据金文,以为"𢦏"其字乃一钺一砧相连之形,本意为"杀"也,与"成"为一字。④ 台湾甲骨学家张秉权先生也认为"𢦏"与"𢦏"二者无别,不必强分作从口从丁,都认作"咸"字,他认为此"咸"非"巫咸"而是成汤大乙。⑤ 胡厚宣先生比较了祭祀"咸"的大量卜辞认为:"其所祭列王世次,咸在上甲之后,大丁之前,

---

① 罗振玉:《殷虚书契考释》上卷,东方学会1927年增订影印本,第13页下;王国维:《古史新证》,清华大学出版社1994年版,第50—51页;叶玉森:《殷虚书契前编考释》第1卷,上海大东书局1934年版,第39页;徐中舒:《甲骨文字典》,四川辞书出版社1992年版,第92页;郭沫若:《卜辞通纂》考释第237片释文,科学出版社1983年版;陈梦家:《殷虚卜辞综述》,中华书局1988年版,第365页;[日]岛邦男:《殷墟卜辞研究》(中译本),台湾鼎文书局1975年版,第250—251页。
② 陈梦家:《殷虚卜辞综述》,中华书局1988年版,第411页。
③ 饶宗颐:《巴黎所见甲骨录》,香港影印本1956年版,第14页。
④ 吴其昌:《殷虚书契解诂》,台北:艺文印书馆影印本1959年版,第74—76页。
⑤ 张秉权:《殷虚文字丙编考释》,台北:"中研院"历史语言研究所专刊1959年版,第69、72—75页。

又卜辞凡单祭咸的多在乙日，则咸必为大乙汤无疑。《尚书·酒诰》说'自成汤咸至于帝乙'，《竹书纪年》说'汤有七名'，《金楼子》说'汤有七号'，疑'咸'者或为汤有别名之一。"① 近年陈絜重论"咸为成汤"说，认为后世"成汤"之称是由误"咸"为"成"所致，言外之意是说，该字本为"咸"而误作"成"；但又说也可能"咸""唐"二字是同字异构，一为侧视之形，一为正视之状，二字上部之形状就如商周青铜器纹饰中的蛇纹一样，侧面是一头一尾，而正面之形往往是一头两尾。② 近年来，台湾甲骨学者蔡哲茂先生也认为，卜辞之"𢆶"与"𢆶"俱为咸字，均指成汤，前贤谓《尚书·酒诰》及《礼记·缁衣》的"汤咸"，即卜辞中指成汤之"咸"，是可信的；不过他又认为卜辞中的"𢆶"，从字形分析来看，则为成汤之"成"。③ 也就是说，虽然"成"（𢆶）"咸"（𢆶、𢆶）两字的三种写法不一，但在卜辞中所指都是人名成汤。蔡氏的观点也是非常值得注意的。

我们认为，"𢆶"与"𢆶"二者在字形上确实有差异，但是从卜辞中有"成"或咸"字的辞例内容来看，尤其是那些"成"和"咸"与众多先公先王合祭辞例中的排列次序来看，"成"与"咸"所指的商族先公先王都是成汤大乙，因此我们也认为无须另作分别。所以会出现把成汤大乙或刻作"成"或刻作"咸"的这种现象，我们推测可能二字字形相近，容易误刻的缘故。所以在前引的诸多辞例中，我们不作分别，统称作"成"。饶氏认为二者不必分别是对的，但说"成汤省称曰成，古籍乏证"，则不免有些刻板；卜辞中与文献中人物名称不完全一致，比比皆是；人物名称作单称者甚夥，亦不足为怪。如前举之"上甲微"，卜辞单称"甲"或"上甲"，而文献也单称为"微"或"昏微"。文献中既有大量"成汤"的称谓，晚商金文中又有"成唐"称谓，于卜辞中省称为"成"，不知有何不可。张秉权氏没有注意到甲骨文中此字既有"成"又作"咸"的现象，所以均隶作"咸"，不以"咸"为"巫咸"，而称之为"成汤"。称此字所指为"成汤"是对的，但以

---

① 胡厚宣：《甲骨文商族鸟图腾的遗迹》，《历史论丛》（第一辑）1964年，第131页。
② 陈絜：《重论"咸为成汤说"》，《历史研究》2002年第2期。
③ 蔡哲茂：《论殷卜辞中的"𢆶"字为成汤之"成"——兼论"𢆶""𢆶"为咸字说》，台北：《中央研究院历史语言研究所集刊》第七十七本第一分，2006年，第16页。

"咸"为成汤,则须解决"古籍乏证"的问题。为此,张氏引金文"咸文乙"鼎铭和《诅楚文》中"丕显大神王咸"为据,又擅自改动《礼记·缁衣篇》所引《尚书》逸文"惟尹躬及汤,咸有一德"的断句,作"惟尹躬及汤咸,有一德",以证"咸"为商代人王,"汤咸"为"成汤"名讳,颇嫌迂曲与牵强。按,张氏于此所引有关"咸"的辞例,有些本是"成",有些虽作"咸"字形也应作"成"字解。作"成"字形的自不必说了,作"咸"字形的解以"成"义,不仅于字形分析合情合理(形近误刻),不仅与卜辞中显示的商族先公先王世系次序相合,而且与文献中"成汤"也有"咸"名(详下)正可呼应作答,强似以"咸有一德"为"成汤"的附会解释不啻百倍千倍。

按,胡厚宣先生所引的《尚书·酒诰》:"自成汤咸至于帝乙",倒是指"咸"为汤的"古籍有征"例证。"自成汤咸至于帝乙"一句中的"咸"字,历来注疏者均指为语词,如《孔传》《孔疏》都直说"从汤至帝乙"。至清代中叶江声《尚书集注音疏》始释"咸"为徧(遍),意为"自成汤遍至于帝乙"。其后学者多以"编""覃""延"注之,如牟庭《同文尚书》、黄式三《尚书启幪》、章炳麟《尚书拾遗定本》、吴汝伦《尚书故》等。然而毕竟也有别开蹊径者,如朱骏声《尚书古注便读》云:"咸,疑当作戊,太戊也。"这是把"咸"当作人名、当作商族先公先王的开始。陈梦家先生也曾怀疑"咸或者是大戊的私名",或许即是受此启发。[1] 但是从这一句的意思来看,应是遍指商代的先王,从开国之君直至商代末叶的商王帝乙。由于《酒诰》为周人所作,商代的亡国之君帝辛(纣)他们不会提及,所以称商王迄于帝乙。遍称商王一首一尾足矣,没有必要于其间再加以太戊,况且太戊作为一代商王其政绩并不突出,无法与成汤相提并论。所以我们认为"成汤咸"当同指成汤,或如胡厚宣先生所云"咸"为成汤的名字。

值得注意的是,甲骨文中的"咸"与"咸戊"似不能混而为一,一概而论。"咸戊"当是另一人名,此"咸戊"之"咸"恐怕就不是"成"之误刻了,当然也不是"成汤大乙"了,而是商代名臣"巫咸"。也就是说,甲骨文中单称"成"或"咸"时,所指是成汤大乙;"咸

---

[1] 陈梦家:《殷虚卜辞综述》,中华书局1988年版,第365页。

戊"二字联文时则指名臣"巫咸"。而甲骨文中有关"咸戊"的卜辞辞例，正显示了巫咸这位商王大戊时期的王佐名臣的神格地位，堪与成汤时期的贤相辅弼伊尹媲美抗衡。

有关"咸戊"的卜辞辞例，兹不赘引。

(朱彦民，南开大学历史学院教授，博士生导师，中国社会史研究中心研究员，先秦史研究室主任)

敢盉铭文的宗族史研究价值

陈 絜

周代敢盉一器，由王长丰率先公布，据说出土于山西省境内。① 从形制特征、纹饰风格、铭文内容与字体等多方面综合判断，该器铸造年代似在西周早、中期之际。器盖内铸有铭文4行32字（含重文2字），多处文字为锈迹所掩，王文给出的隶释除铭文首字"敢"被误析为"囩""畀"二字、第二列末字"乍"错认作"我"，其余基本可以依从。铭文如何断读，王文未作交代。史语所《资料库》NB0848所提供的句读方案，殆受王文释读的影响，个别断句仍不尽如人意。该器铭文虽短，对周代宗族史与宗法制度研究却有较高价值，是剖析宗族组织祭祖权属及内部小子、公室间经济互动的极佳个案，且有利于其他相关铜器铭文内涵的更深入的揭示。可惜自发布以来的十余年间，罕见被人提及。今不揣谫陋，就其文字、内容再作疏解，以期对研究利用有所助益。

现依其行款隶写铭文如下，以便讨论：

敢曰余小子舞鷹于
公室享㞷余自乍
孝考障般盉霝子子孙孙
其万年永宝用享

器铭首字右上锈蚀严重，约略可辨者为近似于"弁"的"㿟"形，王文把它与伯敢盨"㿟"字相关联，思路原本是对的。惟王氏信从《保利藏金》及刘雨、卢岩《近出殷周金文集录》对"㿟"字的误释，把模

---

① 王长丰：《近出囩畀盉铭文考释》，《中原文物》2010年第6期。

糊不清的"敢"字残构离析为毫不相干的"囦""弁"二形,其结论自然不可取。按伯敢盨铭"🔲"字,实乃甲骨金文(《英藏》2525)、(《集成》5379)诸形的字画繁化、增饰"口"形并无端讹变的异构,①《资料库》改释为"敢"、定器物之名为"敢盉",是举非常正确。第二列第四字右部漫漶,结合文例,实为金习见"🔲(期)"②(不期簋,《集成》4328)字之残,即所从"丌"字为铜锈所掩或笔画锈蚀而漫漶,文本中当读作"其",属句首语助词。二列末字同样锈蚀较严重,残存者惟横竖各数道,结合金文文例并细审照片残迹可知,实乃"🔲"字残构。以上补充合理与否,希望有机会接触原器的先生能多加留意,或重新发布清晰的照片与精良的拓本,公布尺寸、重量等方面的精准信息,以嘉惠学林。

以上文字方面的私见若能成立,则该器铭文应断读为:

敢曰:余小子舞(无)膺(荐)于公室享,期(其)余自乍(作)孝考陴般(盘)盉,雩(粤)子子孙孙其万年永宝用享。

显而易见,这是一件由小子出资铸造并进献于公室,用于宗庙祭祀的沃盥礼器。西周早中期墓葬中,往往是一盘一盉配套随葬,琉璃河M251、济阳刘台子M6、随州叶家山M28与M65、宝鸡茹家庄M1、扶风强家M1等墓葬所出均可为例。盘盉组合为用实际应追溯至殷商时期,可视为周人对商代祭祀仪礼中的器用文化之继承。周代有铭器中比较典型的有山西省翼城县大河口西周墓地M2002所出气盘与气盉。③ 其他如吴盘与吴盉、④ 𫘧盘与𫘧盉、⑤ 小子圣盘(《资料库》NB1639)与小子圣盉(《资料库》NB1640)等有铭器,虽出土信息不明,但属同

---

① 参拙文《说"敢"》,中国先秦史学会编:《史海侦迹——庆祝孟世凯先生七十岁文集》,香港新世纪出版公司2006年版,第28—40页。
② 按金文"🔲"字习惯隶定为"䙴",但所谓从"女"实际是繁构"丌"字足部的讹变,故隶写作"陴"更为可信。此外,也可看作"🔲(諆)"字之残,同样读作语助词"其"。同铭其、陴、諆换用例可参𠭯伯簋(《集成》3846)、柞伯鼎(《资料库》NB1059)等。
③ 谢尧亭:《山西翼城大河口西周墓地2002号墓发掘》,《考古学报》2018年第2期。
④ 朱凤瀚:《简论与西周年代学有关的几件铜器》,《新出金文与西周历史》,上海古籍出版社2011年版,第45—51页。
⑤ 吴镇烽:《𫘧器铭文考释》,《考古与文物》2006年第6期。

337

墓所出的沃盥组器似毋庸置疑。成套盘、盉若铸写铭文，其内容通常一字不差完全相同，个别如气盘、气盉，盉盖铭为截取盘铭部分内容而成，当以特例视之。① 同套盘、盉通常皆以"盘盉"联称自名而不加区分，旨在彰显两种礼器的固定组合关系，这一点尤须关注。质言之，盘盉组器是宗庙临祭净手时配套使用的沃盥礼器，盉以盛浇净水，盘以承接弃水，其功用与西周晚期以降的盘、匜套器同。② 由此推断，应该还有一件文字内容与敢盉完全相同或内容更为详尽的敢盘，这在日后须加留意。③ 下面就文本主旨再大略说上几句。

"小子"一词商周金文习见，过去多视为业已别族的小宗首领之称。这一理解似不够准确。私以为"小子"是依然生活在宗氏组织实体内的个体家庭的户主之称，相当于"庶子"或西周文献中的"宗子"，他们以夫妇为核心，拥有家庭私财，饮居独立，但无祭祀权与独立的家庭名号，是宗氏组织的有机组成因素。④

"䕞"字王文及《资料库》直接隶写为"荐"，大意不差。按两周金文"荐+礼器专名"类铜器自名例比较常见，例如"荐鬲"（奠登伯鬲，《集成》597—599、《资料库》NB2055；□鬲《资料库》NA0458）、"荐鼎"（鄦公鼎，《集成》2714）、"荐簠"（叔朕簠，《集成》4620—4622）、"荐壶"（华母壶，《集成》9638）、"荐鉴"（吴王光鉴，《集成》10298—10299）、"荐𥂴"（梧）"（曾大保盨，《资料库》NB2396），荐字均从舛（艸）、从䕞。但也有个别例外，如邵王之諻簠（《集成》3634）曰"𥂴（盧）簠"、奠师遼父鬲（《集成》731）曰"𥃁（䣄）鬲"，前字从皿、从䕞，后字从䕞、从示，但均读作"荐"似无疑义。战国慎克簠（《资料库》NB1704）自名"䕞𥂴"，当然也应读作"荐

---

① 按气盉铭文（51字）铸刻于盖内，因面积小，容字量有限，故采用节录盘铭（151字）的变通方式，导致叙事完整性受到影响。

② 文献中有"凡祼事沃盥"（《周礼·春官·郁人》）、怀嬴"奉匜沃盥"（《左传》僖公二十三年）之辞，西周早中期以盘、盉为临祭沃盥用器，晚期以降则为盘、匜所替代。

③ 同样的道理，如伯羗盘（《资料库》NA1732）、士山盘（《资料库》NA1551）、应侯盘（《资料库》NA0077）、吕服余盘（《集成》10169）、甾皇父盘（《集成》10167）、免盘（《集成》10161）、秡盉（《集成》9386）、王仲皇父盉（《集成》9447）、丰妊单盉（《集成》9438）等以"盘盉"自名的单一器，也应有相对应的盉与盘，日后或能一一发现而配套成组。

④ 陈絜、田秋棉：《商周宗亲组织的结构与形态》，《中国社会科学》2022年第4期；陈絜：《"宗子维城"与善鼎"宗子"解诂》，《中国史研究》2021年第1期。

篡"。由此可知，荐字实以廌为谐声偏旁，《说文》从廌、艸（草）会意之说可信度不高。所以敢盉"廌"字被径读为"荐"，亦是合理。"荐"有进献义，如《周礼·宰夫》"以式法掌祭祀之戒具，与其荐羞"、《庖人》"以共王之膳，与其荐羞之物，及后世子之膳羞"，金文陈侯因齐镈（《集成》4649）"虔荐吉金"，即恭敬地进献吉金之谓，所以敢盉"舞（无）廌（荐）"就是无所进献的意思，实属器主自谦之辞。

"公室"文献习见，在周代是"公族宗法系统"的核心，它以诸侯为族长，涵盖尚未别族的若干以公子、公孙为家长的个体家庭，共同拥有同一个宗庙祭祀体系的亲缘宗氏组织。如"公族，公室之枝叶也，若去之则本根无所庇荫矣"（《左传》文公七年）、鲁国公族三桓"三分公室而各有其一"（《左传》襄公十一年）、"虽吾公室，今亦季世也"、"庶民罢敝，而宫室滋侈""公室将卑，其宗族枝叶先落，则公从之""公室无度，幸而得死"（以上《左传》昭公三年）等。而金文"公室"一般指外服诸侯及王朝卿士的宗氏组织，涵盖似较文献为广。前者如"王弗忘应公室"（禹簋，《文物》1999·9①），指以姬姓应国国君为核心的，包括国君夫妇与未别族的公子与公孙个体家庭成员的宗亲团体。后者则有王朝卿士荣伯的"荣公室"（卯簋盖，《集成》4327）、由逆担任家宰的叔氏"公室"（逆钟，《集成》60—63）。② 由此而论，敢的身份应是公子或公孙，其所在公室属封君一级的宗氏，在山西境内，差不多是最顶层的贵族家族团体了。

"雩"字文献或金文又作"粤""聿""越""曰"，多为句首或句中语助词。相关材料大家都很熟悉，就不再一一胪列。

至此，整篇铭文似可意译如下：

> 敢对宗氏首领说：作为宗氏小子的我，对于公室祭祖活动没有像样的祭祀用品可以进献，故而斗胆私铸沃盥组器一套，以备公室祭祀先父孝考之需，并祈祷先考的子嗣后代能永久保有且享祭

---

① 李家浩：《应国禹簋铭文考释》，《文物》1999年第9期。
② 何尊（《集成》6014）有"公氏"，所指殆与"王室"同。何尊铭文中的"公"，实与卿大夫私家之"私"相对成辞，并不表示周王可自谦称"公"。

商史研究

无极。

毫无疑问，这是一篇颇具讲话技巧的周代佳作，三言两语间，主人公谦恭而圆通的形象已跃然纸上。当然，其中所含"支庶助祭"的宗法信息更值得重视。

小子铸祭祀礼器，在商金文中比较多见，如小子父己方鼎（《集成》1874）、小子父己盆鼎（《集成》2015）、小子父己方鼎（《集成》2016）、小子母己卣（《集成》5375、5376）等。更为著名而系统的晚商小子器则与东土举族相关，有小子蠢卣（《集成》5417）、小子启尊（《集成》5965）、小子□簋（《集成》4138，旧称"小子䍙簋"）、小子䎽簋（《集成》3904）及小臣缶鼎（《集成》2653）等。商代小子铸器有两个显著特点：一是铸器事出有因，或任王臣，或立军功，或勤勉于族内庶务而得族长嘉赏；二是祭祀对象仅限于父辈，也即小子的生身父母。但有一个问题，小子所铸礼器究竟置放于族氏宗庙或自己的小家庭，铭文本身所提供的线索大多不够清晰，我们只能依照祭祀对象仅限父辈这一点而作出有限的推测，即晚商若有宗氏支庶家祭生身父母，基本属于族长恩准后的行为，也即对宗氏祭祀权的部分让渡。

周代的情况也基本如此，庶子家祭与否，全凭族长意愿，其典型者即殷遗由氏家族礼器矩尊与胛卣（北京故宫藏，器物形制未公布），其中矩尊有铭曰：

豺（？）。由伯曰："矩钆（禦），作障彝。"曰："母（毋）入于公。"曰由伯子曰："矩为厥父彝，丙日唯母（毋）入于公。"（矩尊，《集成》5998）

矩为由伯昆弟，身份为未经别族的宗氏小子。① "钆"可读禦，《说文》："禦，祀也。""公"即公室宗氏。也就是说，矩铸器祭祀父丙是受族长之命而为，而且所铸器物被准许"毋入于公"，也即庶子可以在自己的家庭内祭祀先考。胛卣恐怕也是缘此而作，在此就不再讨论了。

设与前述敢盉铭文合观，我们对周代庶子铸器与庶子私祭问题便有

---

① 陈絜、田秋棉：《商周宗亲组织的结构与形态》，《中国社会科学》2022年第4期。

了一个清晰的认知：

其一，庶子铸造祭祀礼器，在很大程度上属于助祭行为。所谓助祭，《礼记·内则》有曰："嫡子、庶子祇事宗子宗妇……夫妇皆齐而宗敬焉。"郑注："当助祭于宗子之家。"《仪礼·特牲馈食礼》记诸侯之士于宗庙祭祀祖祢，除主祭者"宗子"而外，尚有"子姓（孙）[1]、兄弟"参与其事，对此郑玄解释为"宗子祭则族人皆侍"，亦属助祭。据此，我们往往会将族人助祭局限在祭祀活动中的奔走出力。但庶子出资铸器以进献宗氏宗庙，恐怕也是助祭的一种重要形式。类似的例子还有虡钟（《集成》88、89，西周晚期）、夨䵼壶（《集成》9671，西周晚期）与作册大方鼎（《集成》2758—2761，西周早期）等，惟作册大方鼎铭开篇便讲"公来铸武王、成王异（祀）鼎"，也即王族成员召公奭助祭周王室而铸造祭祀武王与成王的礼器，属小宗分族对大宗王室祭典的助祭。

其二，礼书反复强调支子不祭，如"庶子不祭祖者，明其宗也"（《礼记·丧服小记》）、"庶子不祭，明其宗也。庶子不得为长子三年，不继祖也"（《礼记·大传》）、"丧从死者，祭从生者，支子不祭"（《礼记·王制》）、"支子不祭，祭必告于宗子"（《礼记·曲礼下》），孔颖达疏："支子，庶子也。祖祢庙在适子之家，而庶子贱，不敢辄祭之也。"可知周代宗族首领对于家族祭祀活动具有主宰权。但上引礼书文字也透露出了两个细节：庶子不祭主要强调的是不能祭祖，原因在于周代宗法嫡庶制度下的庶子属旁系，无权"继祖"，即祭祀与继统是高度一致的。但从亲情孝悌的角度考虑，祭奠哀悼生身父母属天然自成，这也是习见庶子铸祭祀父考礼器的一个重要根源。惟庶子尚未别族，不可私建考庙，所以才有"支子不祭，祭必告于宗子"之说，也会发生嫡长子（也即"宗子"）在特殊情况下准许庶子自行铸器于家内私祭，或赐予庶子宗氏宗庙礼器[2]于家私祭。这也彰显礼的一个基本属性，即

---

[1] 按朱熹《诗集传·麟之趾》："公姓，公孙也。"此处"子姓"亦当读"子孙"。
[2] 典型者如繁卣（《集成》5430）公锡繁"宗彝一𦘒（䩜）"、冎组器（《资料库》NB1204、NB1600、NB1772、NB1780、NB1782）"遣伯𠦪（胙）冎宗彝"等。此外器瘭簋（《集成》4159，西周早期晚段）也非常有代表性，其辞曰："隹正月初吉丁卯，瘭造公，公锡瘭宗彝一䩜（䩜），锡鼎二，锡贝五朋。瘭对扬公休（𢓋），用作辛公簋，其万年孙子宝。"大意是讲瘭在正月初吉日造访族长（颇似后世正月特定日的拜年活动），受到了族长"公"包括宗庙祭器在内的丰厚赏赐，故铸器私祭亡父辛公。私以为瘭的身份殆属族内庶子。李学勤先生认为繁卣、瘭簋相互间关系密切，似可从。

《礼记·坊记》所讲"礼者,因人之情而为之节文"。

此外,《仪礼·丧服》宣称宗族成员间"异居而同财,有余则归之宗,不足则资之宗"。从方方面面的材料作综合判断,族内各家庭"异居"基本可信,但"同财"的适用度似乎不太高。如果非说宗族同财,主要体现在祭器与祭品上,因为祭祀是宗族公共事务。这部分缘于宗族公共事务而积聚的族产,主要由族长掌控。这是理想型的礼规擘画与现实间的差别。

以上所论,谨供同好参考,也希望学界师友能不吝赐教。

(陈絜,南开大学历史学院教授)

谈谈宾组卜辞特征字与殷代正体文字的关系

刘 源 王梦薇

殷墟甲骨卜辞的分类断代工作，始于董作宾对贞人这一线索和标准的创造性发现，他进而提出甲骨断代的十项标准。① 董作宾实际上也有先分类，后断代的工作程序，然其学术表达则给人一种错觉，即往往认为他把分类与断代两个步骤混为一谈。《甲骨学五十年》一书就已指出，第一期应包括祖庚，不能只限于武丁；何是第三期贞人，可以早到第二期。② 此后，经陈梦家等学者的继续研究，李学勤提出甲骨两系说，③ 林沄指出字体是甲骨分类的唯一标准，④ 古文字、殷商史等领域的学者，逐渐接受以字体分类的方法，来精细开展甲骨学各方面的研究，取得了丰硕的成果。其中，宾组概念经陈梦家提出，彭裕商、黄天树、崎川隆等学者又进行进一步字体分类工作，使这部分接近2万片的有字甲骨得到更细致的分析与研究。⑤ 目前，如何推进和完善宾组卜辞的字体分类工作呢？我们认为，若从殷代正体文字与变体异同这一角度

---

* 本文是"古文字与中华文明传承发展工程" G1603 "殷墟甲骨文史料解读"阶段性成果。本文获中国社会科学院学科建设"登峰战略"资助计划资助，编号 DF2023YS15。

① 董作宾：《甲骨文断代研究例》，《庆祝蔡元培先生六十五岁论文集》上册，历史语言研究所，1933年。

② 常玉芝：《殷墟甲骨断代标准评议》，中国社会科学出版社2020年版，第9页；刘源：《使君元是此中人》，《读书》2004年第12期。

③ 李学勤：《殷墟甲骨分期的两系说》，《古文字研究》第十八辑，中华书局1992年版，第26—31页。

④ 林沄：《小屯南地发掘与殷墟甲骨断代》，《古文字研究》第九辑，中华书局1984年版，第111—155页。

⑤ 李学勤、彭裕商：《殷墟甲骨分期研究》，上海古籍出版社1996年版；黄天树：《殷墟王卜辞的分类与断代》，科学出版社2007年版；崎川隆：《宾组甲骨文分类研究》，上海人民出版社2011年版。

着眼，应可取得更深入客观的认识，至少有助于学者更好地掌握其特征性字体的特点，① 做到知其然，并知其所以然。

殷代，即盘庚迁殷之后的商代后期。唐兰早已认识到，殷代文字的正体是毛笔书写的青铜器铭文一类字体。② 裘锡圭明确提出殷代金文是正体，甲骨文是日常使用俗体字。我们则改用正体、变体的说法。③ 蒋玉斌在考释"屯"字时，已注意到甲骨文字不同字体，与正体存在不同程度的简化、变形现象，并举"子"字为例。蒋玉斌据"子""屯"字形指出，师宾间、宾一等类与正体尚近，但已有明显省变，而典宾类与宾出类是最俗简的写法。④ 这一意见是首次把正体、变体思想，引入甲骨文字体分类的实践工作之中，很有启发意义。我们认为，宾组卜辞中的各类字体，确实与殷代文字正体存在程度各异的差距，即使同一个特征字，在宾组各类中，简化变形情况亦有较大不同。如果要找出宾组各类特征字的刻写规律，必须要考察与正体文字的关系，做好这一点，更容易讲清楚其真正的特征是什么，使学者之间消除分歧，同时让初学者也能够轻松掌握。

此前学者对宾组字体的分类研究，影响较大的主要是黄天树、彭裕商、崎川隆提出的三种方案。黄天树的方案是：师宾间类、宾一类、典宾类（相当于宾二类）和宾三类。彭裕商的方案是：师宾间类、宾一A类、宾一B类、宾二类。崎川隆已指出，彭氏方案中宾一A类相当于黄氏的宾一类，其宾一B类相当于黄氏的典宾类。⑤ 崎川方案基本同于黄氏意见，但认为各类可再细分为典型字体、非典型字体，而且各类之间还存在过渡字体，因此又根据字形的间架结构、笔画走势分出9个小类，即典型师宾间类、非典型师宾间类、过渡①类、典型宾一类、过渡②类、典型典宾类、过渡③类、典型宾三类、非典型宾三类。⑥ 从上述

---

① 特征性字体的概念，为林沄提出，被黄天树、崎川隆等学者采用。参见林沄为崎川隆《宾组甲骨文分类研究》作的序言。
② 唐兰：《中国文字学》，上海古籍出版社1979年版，第118—119页。
③ 刘源：《试论甲骨文是殷代正规文字的一种变体》，《古文字研究》第三十四辑，中华书局2022年版，第87—92页。
④ 蒋玉斌：《释甲骨金文的"蠢"兼论相关问题》，《复旦学报》（社会科学版）2018年第5期。
⑤ 崎川隆：《宾组甲骨文分类研究》，上海人民出版社2011年版，第105页。
⑥ 崎川隆：《宾组甲骨文分类研究》，上海人民出版社2011年版，第188—189页。

研究成果看，宾组字体分类是一项专业性较强的细致工作，由于学者对各类字体特征没有清晰说明，且特别强调字形和笔画的细致区别，使得上述方案在实际应用的层面，仍存在较大难度。下面以黄天树、崎川隆研究为基础，着重考察各类字体与正体的关系，谈谈如何更好地认识宾组各类字体演变规律。

总体上看，殷墟卜辞在初期，即师组阶段的字体基本是模仿正体契刻的。有的学者因此误以为师组字体原始，之所以有这种看法，是没有认识到其接近正体的特征。师组中贞字，有的写成其原本的鼎形，[①] 就是典型正体写法。师组大字类，又称肥笔类，其王、屮、子（地支）、丁、止、酉等字，都近于殷金文中毛笔书写的正体，但更、午等字已有简化、勾勒轮廓的变形现象。[②] 目前师组字体分类工作愈发细致，但仍没有充分重视，结合正体进行比较分析的研究方法，这是今后需要加强的。师组之后，村北系的宾组和村中南系的历组，其字体演变走了两条不同道路。村北一系字体在简化变形方面步伐很大，本文即以宾组为例来谈这个现象。村中南一系则保留较多正体特征，如酉、更、午等字就是典型例子，发展至无名组阶段仍是这个情况，以后再撰文详论。两系最终回归正体，即黄组字体是接近金文正体的，这一点李学勤早已提出过。村北系宾组字体的发展，其基本规律是：所谓师宾间类与师组相比，已有大幅度简化。宾一类整体风格接近师宾间类，但有个别字（如贞人名"敲"）具有明显正体特征。典宾类趋于极简风格，基本没有接近正体的字。宾三类整体上继承典宾类书体，但个别字又向正体靠拢，这既影响到后来出组、何组卜辞的契刻，又导致何组出现诸多回归正体的现象。

以下结合实例来具体谈谈宾组字体演变，及与正体的关系，相关字形图片多采用崎川隆、黄天树的摹本。先看师宾间类字体，其整体上为方便刻写，和师组相比已有较大幅度的简化，如王、贞、酉，特别是酉字的精简，和历组酉字遵循正体，形成强烈反差（参见表1）。师宾间类接近正体的字，则以隹、忧为代表，隹字特别强调弯曲的鸟足，忧字则着重刻写牛胛骨的臼部，均有鲜明的特点。此外，受字上面的爪形，也受正体影响，笔画较为弯曲。儿子的子字，手臂上扬，也有正体的痕

[①] 黄天树：《殷墟王卜辞的分类与断代》，科学出版社2007年版，第22页。
[②] 黄天树：《殷墟王卜辞的分类与断代》，科学出版社2007年版，第11页。

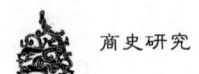

迹（参见表2）①。

表1

特征字 \ 字体类型	师大类	师小类	师宾间类	历一类	历二类
王					
贞					
酉					

表2

特征字 \ 字体类型	师宾间类	宾一类	典宾类	宾三类
隹				
忧				
受				
子				
翌				
于				
乎				
丑				
亥				

宾一类较师宾间类，其字体整体简化的趋势更加明显。隹、忧等字

---

① 崎川隆：《宾组甲骨文分类研究》，上海人民出版社2011年版，第58—62页。

进一步简化，隹的鸟足不再刻成曲笔，忧的臼部也出现仅刻一横画的字形（参见表2），这对典宾类字体均有影响。① 此外，翌字内部简化为近乎两横一竖的结构，继承宾一类的简化形式。另一方面，宾一类仍存在个别较严格模仿正体的字，如贞人名𣪘，其中"南"的肩部，仍和金文（《集成》2971）相同，写成斜线和两竖相交的正规字形，没有简化（参见表3），成为宾一类最具代表性的特征字。亥字也写出两足，其足虽未像金文亥字那样写有竖画，但仍是接近正体的写法。

表3

𣪘簋		宾一类接近正体
		典宾类明显简化

发展至典宾类，村北系字体出现极简的风格。不但王、贞、酉、隹、更等字的简化得以保留与强化。宾一类中接近正体，或部分保留正体笔画的字，也都从结构上加以简省，其目的显然是方便契刻。如忧字臼部只刻一条横线，𣪘字"南"的肩部用弧线从上至下一次刻成，不再像正体那样分为斜笔与竖笔两部分（参见表3）。丑、亥的爪、足也进一步省略，丑仅保留上面两爪，一部分亥字只存一足。此前的斜笔，也多改为较平的短横，如子字的手臂、于、乎等字中的横画（参见表2）。②

宾三类字体，基本仍继承典宾类的简化结构，如酉、贞等字，但书写风格有所变化，如贞字中横画、斜笔都向中部聚拢，其竖画则向外倾斜；酉字刻写得较小且紧密，这都影响了后来出组的写法（参见表4）。另一方面，宾三类中的隹、亥、翌等字，出现回归正体的趋势，如隹的鸟足刻得较为弯曲，类似师宾间类的风格；亥有两足；③ 翌字结构较为

---

① 崎川隆：《宾组甲骨文分类研究》，上海人民出版社2011年版，第110—111页。
② 崎川隆：《宾组甲骨文分类研究》，上海人民出版社2011年版，第137—140页。
③ 崎川隆：《宾组甲骨文分类研究》，上海人民出版社2011年版，第161—163页。

复杂，崎川隆指出与其他三类明显不同，① 通体呈折矩形（参见表2）。

表4

字体类型 特征字	典宾类	宾三类	出一类
贞			（合集 23532 = 摹系 32416）
酉			（合集 23717 = 摹系 32409）

通过以上分析和总结，我们可得出如下一些认识：

首先，在殷墟卜辞字体分类工作过程中，必须结合正体加以考察与分析，这样有利于更清楚地讲明字体特征与演变规律。

其次，从正体、变体的角度来看，宾组各类字体演变，是符合两系说理论的，即继承师组，发展出村北系简化风格，与村中南系注重正体的保守风格形成明显对比。

最后，以前学者在宾组字体分类方面，做了大量细致工作，取得了卓有成效、令人信服的结论。宾组各类字体与正体的关系，如上所述，各有其规律和特点，反映了此前字体分类的正确性。

当然，字体分类是一项很复杂的工作，崎川隆划分出来的非典型类、过渡类字体，就可说明其繁难程度。本文提出的宾组各类字体与正体的关系，尚未涉及这些小类，但希望这一结合正体来分析甲骨文字形结构的思路，有助于更好概括宾组各种字体的特点，及解释其字形变化的内在原因。

（刘源，中国社会科学院甲骨学殷商史研究中心研究员；王梦薇，中国社会科学院大学历史学院）

---

① 崎川隆：《宾组甲骨文分类研究》，上海人民出版社2011年版，第163页。

读《甲骨文捃》（三）

郜丽梅

　　《甲骨文捃》（以下《简称《文捃》）现藏于中国社会科学院古代史研究所先秦史研究室，为曾毅公先生所捐赠。其按藏家分类成册。其中，《文捃》725 至《文捃》1635 为罗振玉先生旧藏，材料精而丰富。当年，部分拓本被揭去，直接用于《甲骨文合集》（简称《合集》）、《甲骨文合集补编》（简称《合补》）的编纂。目前，罗振玉旧藏部分被揭去的拓本中有304版，依据《合集》《合补》材料来源表，以及《合集》《合补》编纂时保存下来的相关资料，能够予以复原。此外，还有61版拓本被揭去之后未用于《合集》《合补》，但不知所踪，目前亦无相关资料可循。所以我们现在所看到的《文捃》罗振玉旧藏部分也已是残缺的拓本集。

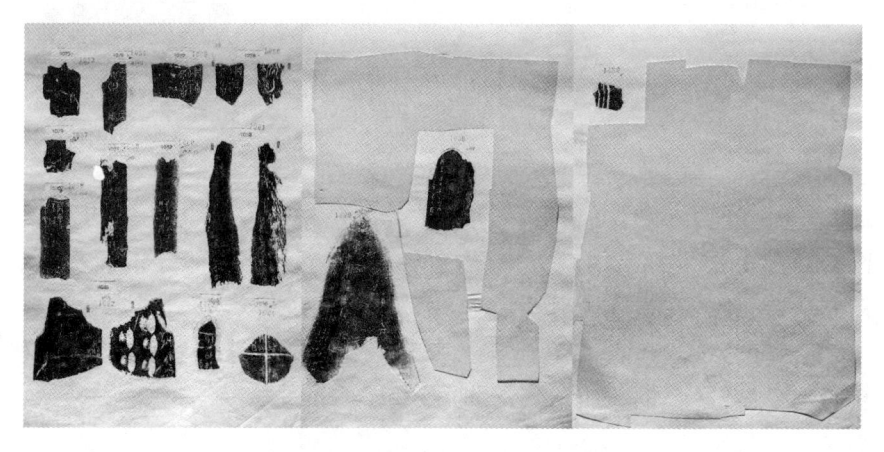

《文捃》罗振玉旧藏拓本的目前情况

商史研究

《文捃》罗振玉旧藏部分,有两版拓本漏编号码。《文捃》1048 标记为面、背的两版拓本,实际非同一版甲骨的正、反拓。这部分自重的有 11 组:《文捃》784 与《文捃》894 自重,《文捃》902（1）与《文捃》1105 自重,《文捃》974 与《文捃》975 自重,《文捃》999 与《文捃》1021 自重,《文捃》1020 与《文捃》1026 自重,《文捃》1032 与《文捃》1247 自重,《文捃》1055 与《文捃》1056（正）自重,《文捃》1330 与《文捃》1875 自重,《文捃》1340 与《文捃》1802 自重,《文捃》1448 与《文捃》1454 自重,《文捃》1595 与《文捃》1597（拓本清晰）自重。

这部分拓本中目前有 38 版未曾见于其他著录,其余拓本有些曾出现于几种著录书中,且具体著录情况有所不同,以下仅对同一版甲骨在《文捃》中与其他著录中出现的不同情况,做一简单说明。①

1. 《文捃》727 见于《合集》3940、《北图》2377、《前》6.31.1、《合补》4804（乙上部）。

《前》6.31.1　　《文捃》727　　《合集》3940

《合补》4804乙

其中《前》6.31.1 拓本完整,《文捃》727、《合集》3940、《北图》2377 拓本左部空白缺失,《合补》4804（乙）上部分拓本左部空白亦缺失,但多下部分拓本。

2. 《文捃》735 见于《合集》26583、《北图》2121。《文捃》735 缺右侧小片,《合集》26583、《北图》2121 完整。

---

① 有关《文捃》较《合集》拓本完整的相关部分,见拙文《读〈甲骨文捃〉》,《博物院》2019 年第 6 期,在此不再赘述。

读《甲骨文捃》（三）

《文捃》735 　　　《北图》2121 　　　《合集》26583

3. 《文捃》744 被揭去，据《合补来源表》可知，《文捃》745 即《合补》3598，与《合集》13351、《北图》2518 同版。《合集》13351、《北图》2518 字迹清晰，《合补》3598 字迹不清晰。

《合补》3598 　　　《合集》13351 　　　《北图》2518

4. 《文捃》745 被揭去，据《合补来源表》可知，《文捃》745 即《合补》9481，与《合集》12186、《合集》24825、《北图》2117、《前》3.16.4 同版。《合集》12186 字迹漫漶不清，《合集》24825、《北图》2117 字迹清晰。《文捃》745、《合补》9481、《前》3.16.4 字迹不清晰。

351

《合集》12186　　　《合集》24825　　　《合补》9481　　　《前》3.16.4

5.《文捃》773 见于《合集》10041、《合集》10045（正、臼）、《粹》870、《善》9019（正、臼）。《文捃》773 与《合集》10041 拓本相同，左部大片缺失，且缺臼。《合集》10045 拓本完整，有臼。《粹》870 拓本不完整，较《文捃》773 少下部小片，缺臼。

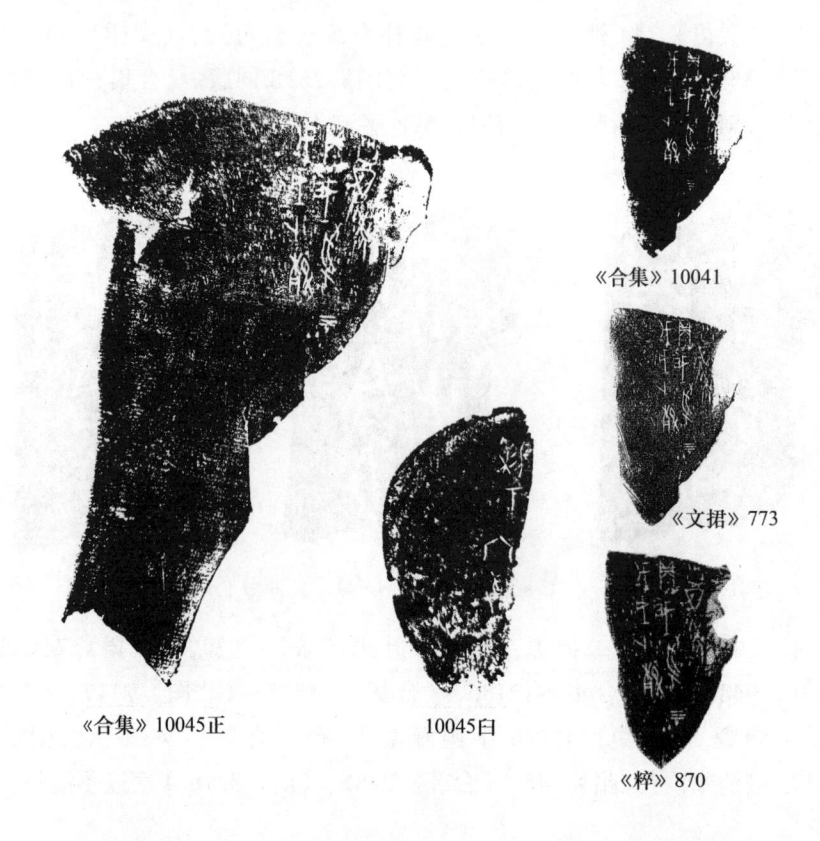

《合集》10041

《文捃》773

《粹》870

《合集》10045正　　　　10045臼

6.《文捃》778 见于《合集》9758、《前》3.1.2、《通》9、《综

352

述》12.1。《文捃》778 缺反拓，正拓不完整。《合集》9758 正拓完整，且有反拓。《前》3.1.2 拓本不完整。《通》9 拓本不完整，且一些字迹不清。《综述》12.1 为反拓，缺正拓。

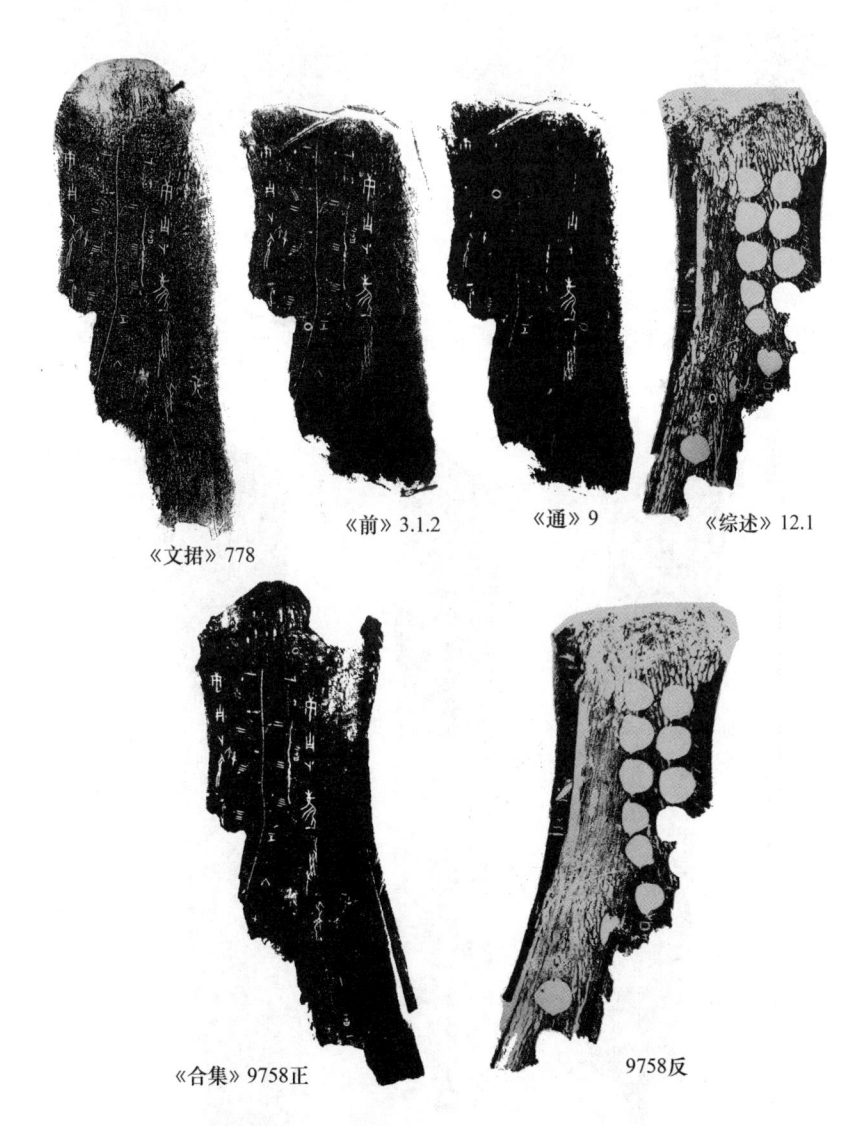

《文捃》778　　《前》3.1.2　　《通》9　　《综述》12.1

《合集》9758正　　9758反

7. 《文捃》786 见于《合集》14155、《续存上》481、《善》89。《文捃》786 拓本左部空白不完整，右下部拓本完整。《合集》14155 左部完整，右下部小片缺失。《续存上》481 左部空白不完整，右下部小片缺失，字迹较《文捃》786 更清晰。

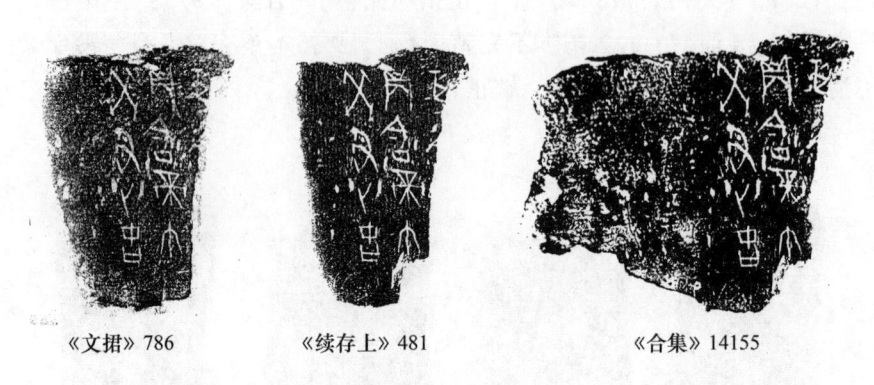

商史研究

《文捃》786　　《续存上》481　　《合集》14155

8. 《文捃》792 见于《合集》385、《北图》2406。《文捃》792、《合集》385 拓本相同,《北图》2406 下部"丁"字残。

《文捃》792　　《合集》385　　《北图》2406

9. 《文捃》800 见于《合集》14666。《文捃》800 左、右空白不完整。《合集》14666 拓本完整。

读《甲骨文拇》（三）

《文拇》800 　　　　　　　　《合集》14666

10.《文拇》805 见于《合集》14694、《后上》24.6、《北图》2466。《文拇》805 与《北图 2466》拓本完整，但上部"贞"字残缺。《合集》14694 与《后上》24.6 拓本相同，下部空白不完整，但上部"贞"字完整。

《文拇》805 　　《北图》2466 　　《合集》14694 　　《后上》24.6

11.《文拇》806 被揭去用于《合集》846，拓本完整。还见于《前》4.17.3、《通》339，二者拓本上、下部分不完整，上部"祷年"二字未见。

12.《文拇》807 被揭去用于《合集》7920，拓本完整。《前》1.47.6 上部不完整，下部有剪裁。

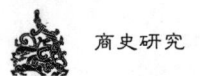

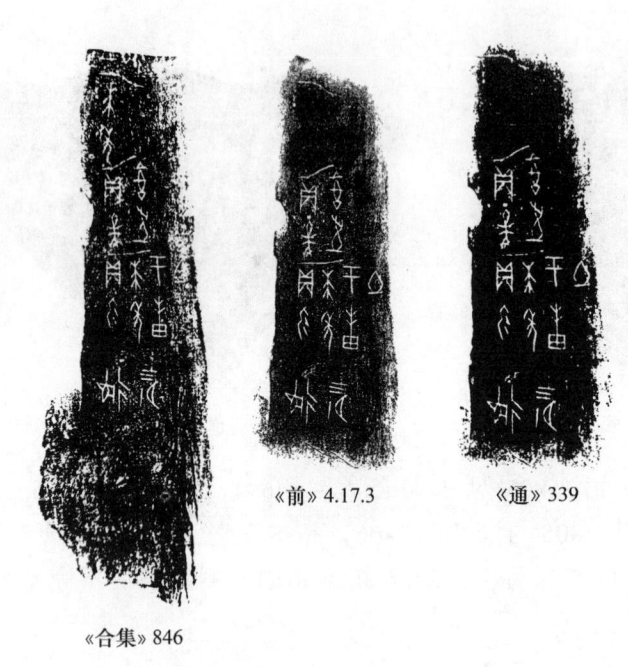

商史研究

《前》4.17.3   《通》339

《合集》846

《前》1.47.6

《合集》7920

13. 《文捃》811 拓本完整。《合集》6135、《前》1.47.5 拓本上部不完整。

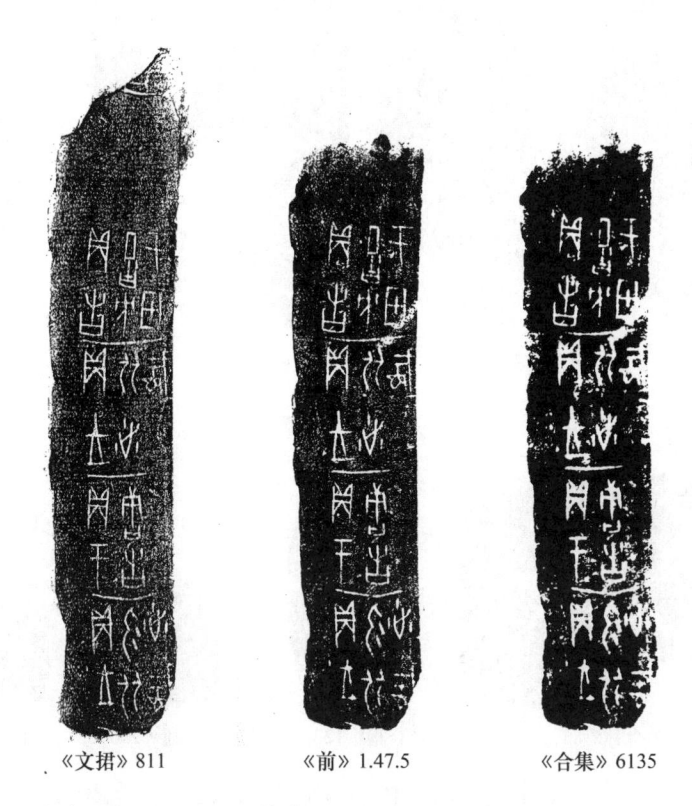

《文捃》811　　　《前》1.47.5　　　《合集》6135

14. 《文捃》813 见于《合集》356、《北图》2167、《后上》28.2、《通》167。《文捃》813、《合集》356、《北图》2167 拓本相同，左下部分小片缺失。《后上》28.2、《通》167 拓本相同，右部空白不完整，但左下部较《文捃》813 多拓小片。

15. 《文捃》817 被揭去用于《合补》85，拓本完整。又见于《合集》1272、《山博》155、《前》1.47.1、《通》256。《合集》1272、《山博》155 拓本相同，不完整。《前》1.47.1、《通》256 拓本相同，与《合集》1272 相比较，上部空白缺失。

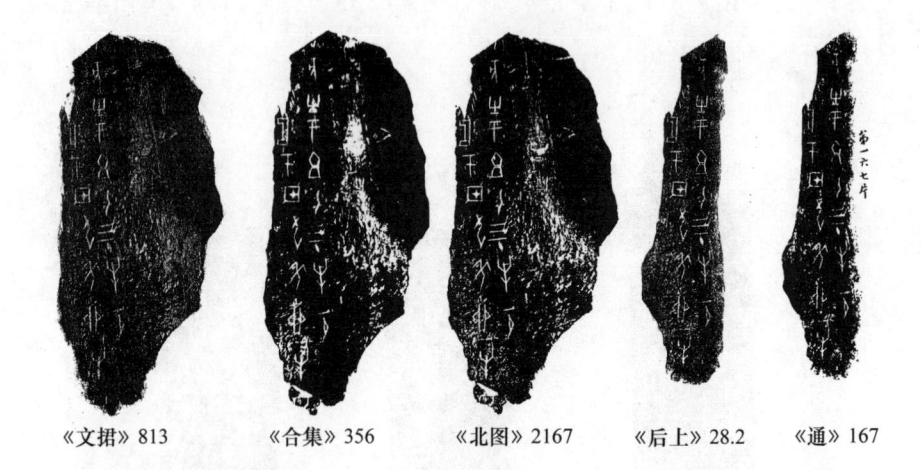

《文捃》813　　《合集》356　　《北图》2167　　《后上》28.2　　《通》167

《合补》85 　　《合集》1272 　　《通》256 　　《前》1.47.1

16. 《文捃》819 被揭去用于《合集》1445，拓本完整。《前》1.5.5、《通》228 拓本相同，下部空白缺失。

17. 《文捃》821 被揭去用于《合集》1481，拓本完整，但字迹不清晰。《前》1.13.8、《通》127 拓本相同，右部裁去。

18. 《文捃》823 右上部不完整，缺臼。《合集》9065 正、臼完整。《山博》868 正、臼，但臼与《合集》9065 臼非同版。

19. 《文捃》872 正，缺反拓。《合集》13933 正、反拓本完全。《前》3.33.8 上、下空白缺失，缺反拓。

20. 《文捃》873 正，左部空白不完整。缺臼。《合集》17074 正、臼完整。《山博》835 正完整，亦缺臼。

读《甲骨文捃》（三）

《合集》1445

《前》1.5.5

《通》228

《合集》1481

《前》1.13.8

商史研究

《文捃》823　　　《合集》9065正、臼　　　《山博》868正、臼

《文捃》872　　　《合集》13933正、反　　　《前》3.33.8

《文捃》873　　　《合集》17074正、臼　　　《山博》835

读《甲骨文拼》（三）

21.《文拼》902（1）、《文拼》1105 自重。《文拼》902（1）、《合集》15839 拓本完整。《文拼》1105、《北图》2087 拓本相同，右上、左上小片缺失。

《文拼》902 　　《合集》15839 　　《文拼》1105 　　《北图》2807

22.《文拼》926、《北图》2340 拓本相同，左上部小片缺失。《合集》3463、《前》1.51.5 左上部完整。

《文拼》926 　　《北图》2340 　　《合集》3463 　　《前》1.51.5

23.《文拼》953 左部空白不完整，右部小片缺失。《合集》6412、《山博》1042 拓本完整。

《文拼》953 　　《合集》6412 　　《山博》1042

24.《文拼》958 正，右上边缘不完整，缺臼。《合集》7380 右上侧边缘完整，右下小片缺失，有臼。《山博》843 右下部小片缺失，

商史研究

无臼。

《文捃》958　　　《合集》7380正、臼　　　《山博》843

25.《文捃》963左、右空白不完整。《合集》3381、《山博》880完整。《前》4.3.4左、右、下部不完整。

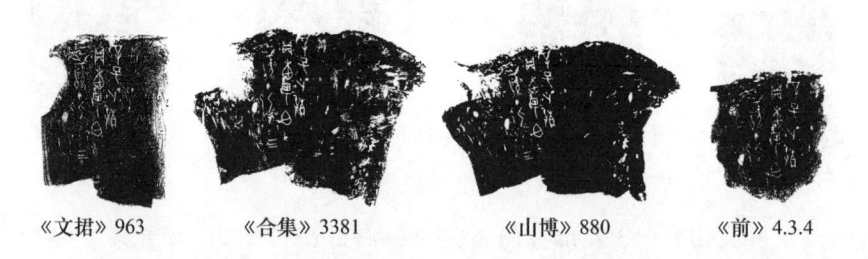

《文捃》963　　《合集》3381　　《山博》880　　《前》4.3.4

26.《文捃》974与《文捃》975自重。《文捃》974完整，但无反拓。《文捃》975、《合集》6892（正、反）、《北图》2178正、反完全，只是正拓上部空白不完整。

27.《文捃》1002正拓缺上部，有反拓。《北图》2231正、反拓本与《文捃》1002相同。《前》6.51.6拓本与《文捃》1002正拓相同，缺反。《合集》6813正片完整，缺反拓。《通》538较《文捃》1002多左上片（即《前》5.7.7）。

28.《文捃》1010正、反完全，但正左下半部缺失。《北图》2225正、反拓本同《文捃》1010。《合集》19095正、反完全，正拓完整。《前》6.57.6完整，缺反。

读《甲骨文拐》（三）

《文拐》974　　　　　　《文拐》975

《合集》6892正、反　　　《北图》2178正、反

《文拐》1002正、反　　《通》538　　《合集》6813

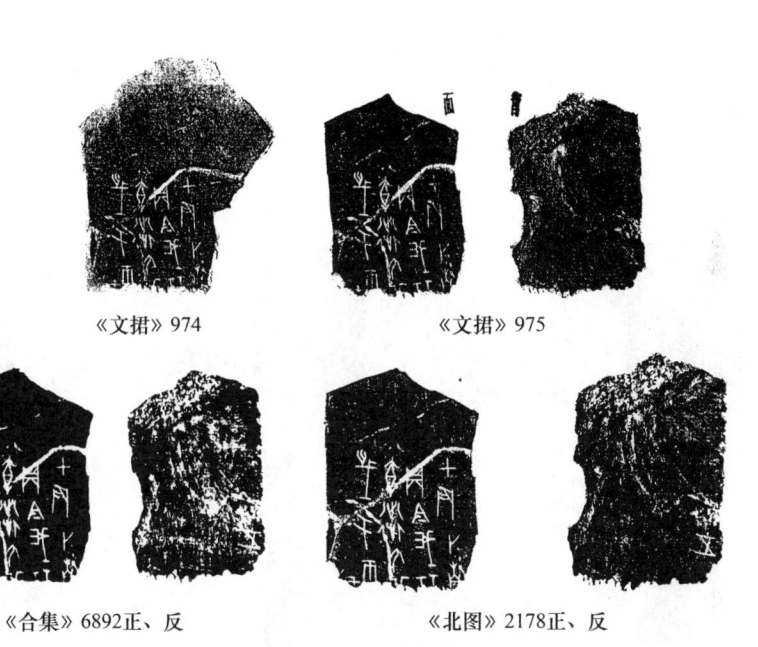

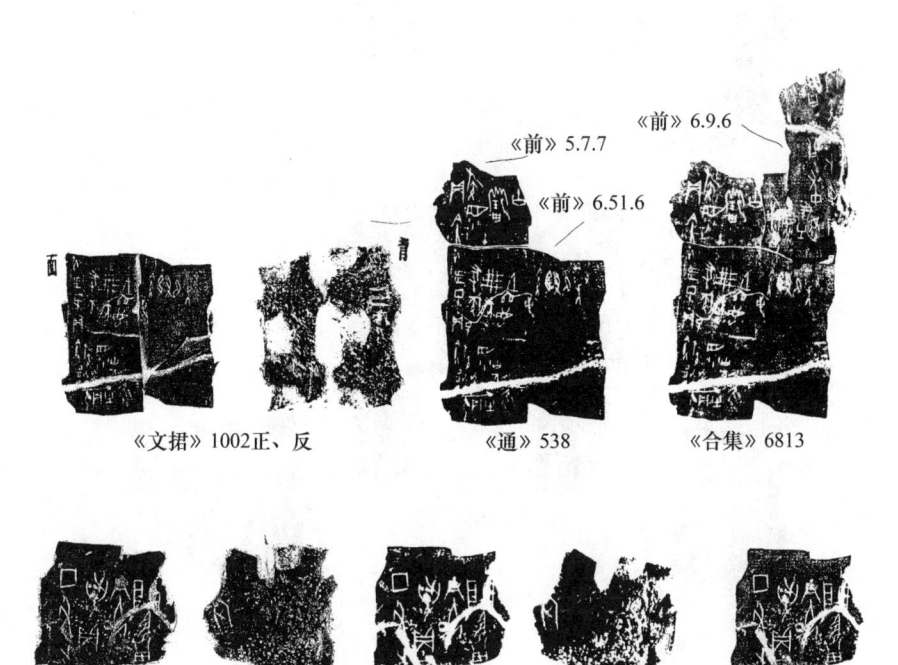

《前》5.7.7
《前》6.9.6
《前》6.51.6

《文拐》1010正、反　　《合集》19095正、反　　《前》6.57.6

商史研究

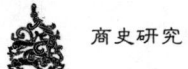

29.《文捃》1049 正、反、臼，被揭去用于《合集》8996，正片拓本完整。《续存下》57 正缺下片，《续存下》58 反、《续存下》59 臼。《综述》21.1 正完整。《山博》926 正缺下片、臼。《存补》1.66 正缺下部，《存补》1.67 反。

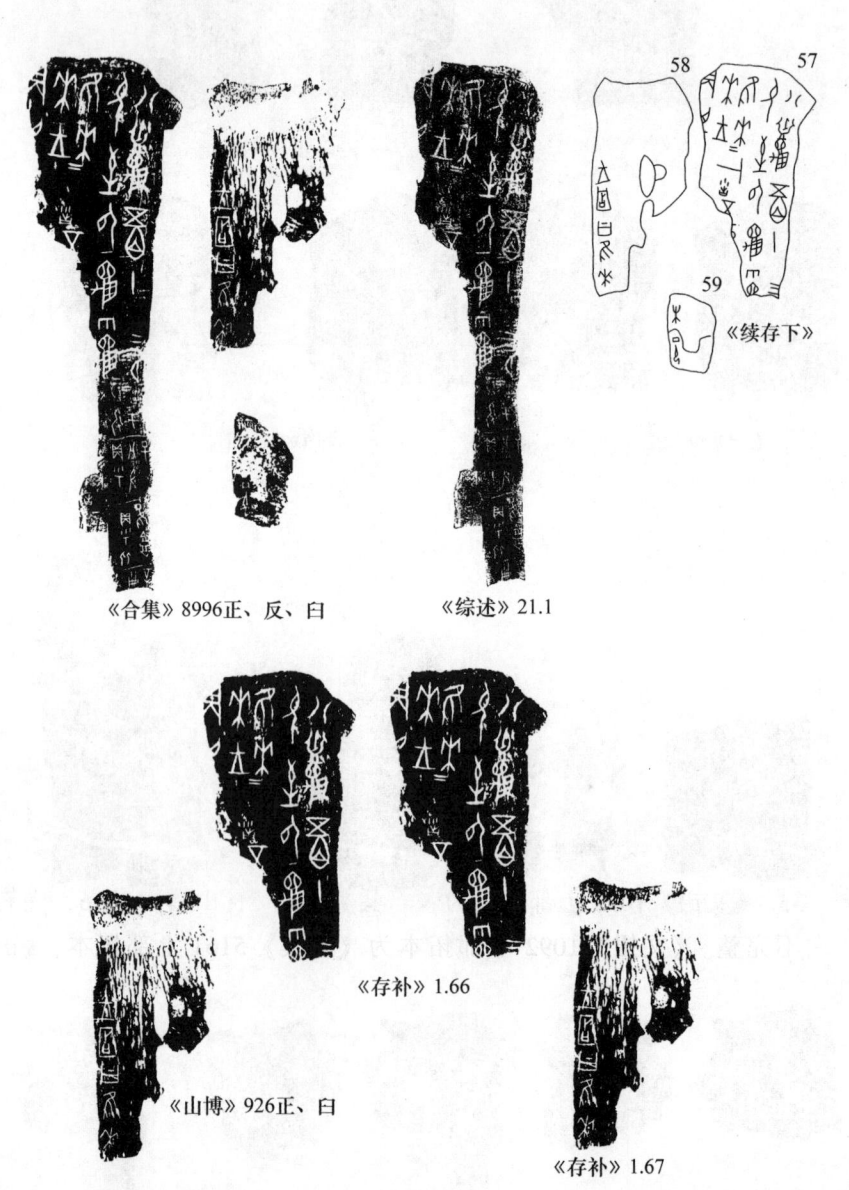

《合集》8996正、反、臼　　《综述》21.1　　《续存下》

《山博》926正、臼

《存补》1.66

《存补》1.67

读《甲骨文捃》（三）

30.《文捃》1055（正）与《文捃》1056自重。《文捃》1055拓本左部分完整，缺反片。《文捃》1056正、反完全，但正拓左部缺失。《合集》6857正、反完全，正拓左部缺失。《北图》2257正、反完全，正拓左部缺失。

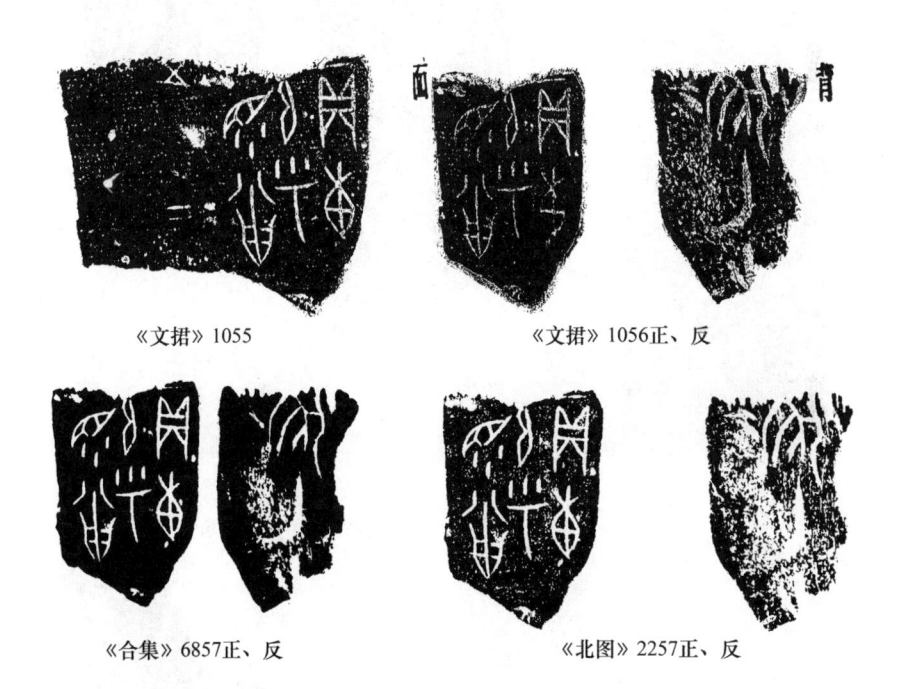

《文捃》1055　　　　　　《文捃》1056正、反

《合集》6857正、反　　　　　《北图》2257正、反

31.《文捃》1058拓本完整。《合集》4444下部不完整。《前》6.21.6下部空白缺失。

32.《文捃》1063拓本不完整，右部空白缺失。《山博》382+《山博》166拓本同《文捃》1063，缺右部空白片。《合集》3405完整。

33.《文捃》1092上部拓本为《合集》5167、《山博》1066，左右空白不完整。《文捃》1092下部拓本为《合集》5161上部拓本、《山博》55，《文捃》缀合不成立。

34.《文捃》1157左右边缘不完整，《合集》13587、《山博》1043拓本完整。

35.《文捃》1169拓本完整，《合集》592右部空白缺失。《前》4.24.2右部空白缺失。

《前》6.21.6

《合集》4444

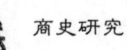

《文捃》1058

《山博》382

《文捃》1063　　《山博》166　　《合集》3405

读《甲骨文捃》（三）

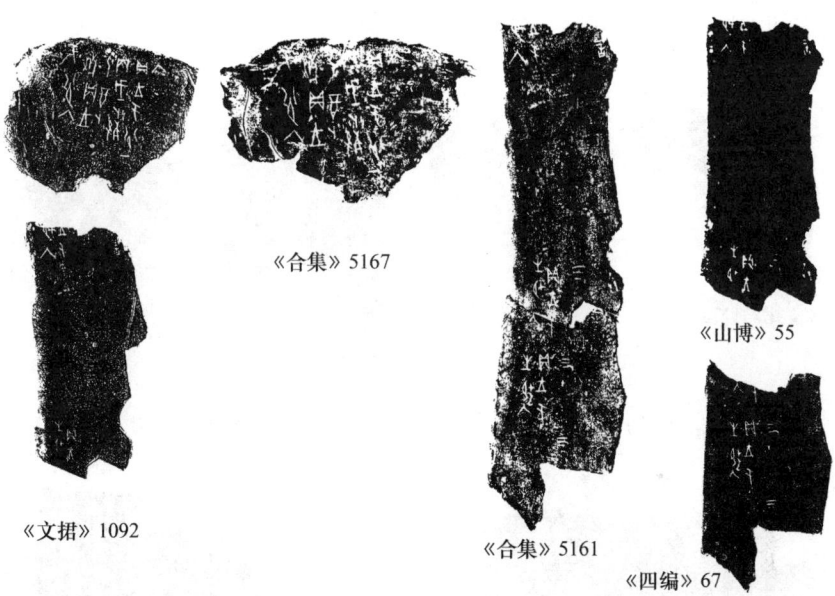

《合集》5167

《山博》55

《文捃》1092

《合集》5161

《四编》67

《文捃》1157

《合集》13587

《山博》1043

《文捃》1169

《合集》592

《前》4.24.2

36.《文捃》1178（1）、《北图》2144、《合集》18250 拓本不全，缺下片。《合集》10917、《后上》6.8 完整。

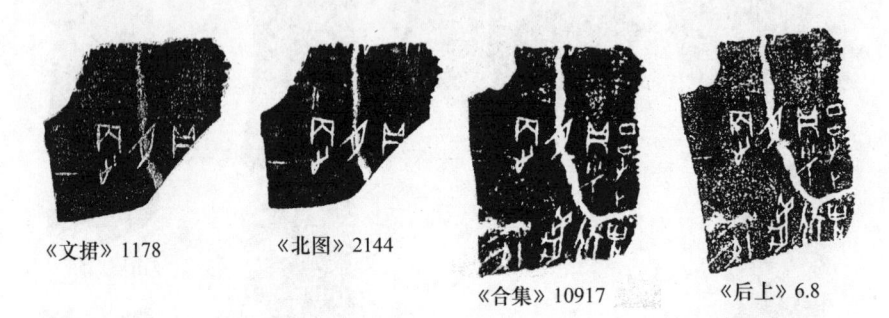

《文捃》1178　　《北图》2144　　《合集》10917　　《后上》6.8

37.《文捃》1232 拓本下部边缘完整，《合集》5657 边缘不清晰。

《文捃》1232　　《合集》5657

38.《文捃》1260 缺正拓，反拓右部不完整。《合集》9188 正、反完全。《山博》244 反，缺正拓。

《文捃》1260　　《合集》9188正、反　　《山博》244

读《甲骨文捃》（三）

39.《文捃》1266 臼，缺反拓。《合集》17584 反、臼。《粹》1498 臼。《善》14411 反、臼。

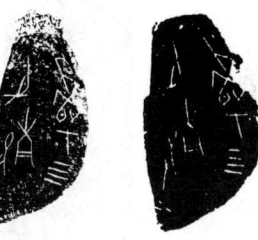

《文捃》1266 　　　《合集》17584反、臼　　　《粹》1498臼

40.《文捃》1272 揭去用于《合补》8007，拓本同《北图》2477，缺左上小部分。《合集》24316、《前》6.34.4 拓本完整。

《合补》8007 　　《北图》2477 　　《合集》24316 　　《前》6.34.4

41.《文捃》1284 揭去用于《合补》6961，缺右部大片。《合集》22625 拓本右部完整。

42.《文捃》1296 揭去用于《合补》6983。《合集》22918、《前》1.11.3 拓本下部空白不完整。

43.《文捃》1301 揭去用于《合补》6998，拓本完整。《合集》23054、《通》223、《前》1.22.6 右部空白不完整。

44.《文捃》1303 揭去用于《合补》7030，拓本完整。《合集》23263、《前》1.26.3 拓本相同，左部空白缺失。

45.《文捃》1333 拓本右上、左下不完整。《合集》22548 下部不完整。《前》6.16.1、《通》768 仅存上部有字部分。

46.《文捃》1396 左侧、右上部不完整，《合集》32093 拓本完整，《山博》1162 拓本完整。

369

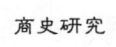

商史研究

《合补》6961　　《合集》22625

《合补》6983 　　《合集》22918 　　《前》1.11.3

《合补》6998 　　《合集》23054 　　《前》1.22.6 　　《通》223

读《甲骨文拐》（三）

《合补》7030 　　　《合集》23623 　　　《前》1.26.3

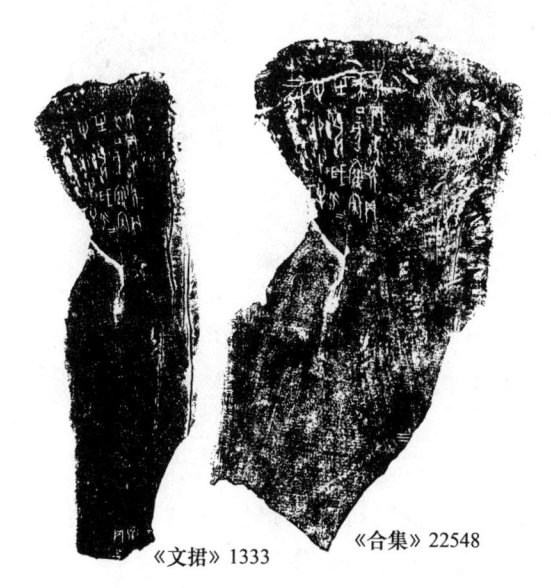

《前》6.16.1 　　《通》768

《文拐》1333　　　《合集》22548

《文拐》1396 　　　《合集》32093 　　　《山博》1162

商史研究

47.《文捃》1425 右部边缘不完整。《合集》18386、《北图》2271 拓本相同，左部边缘不完整。

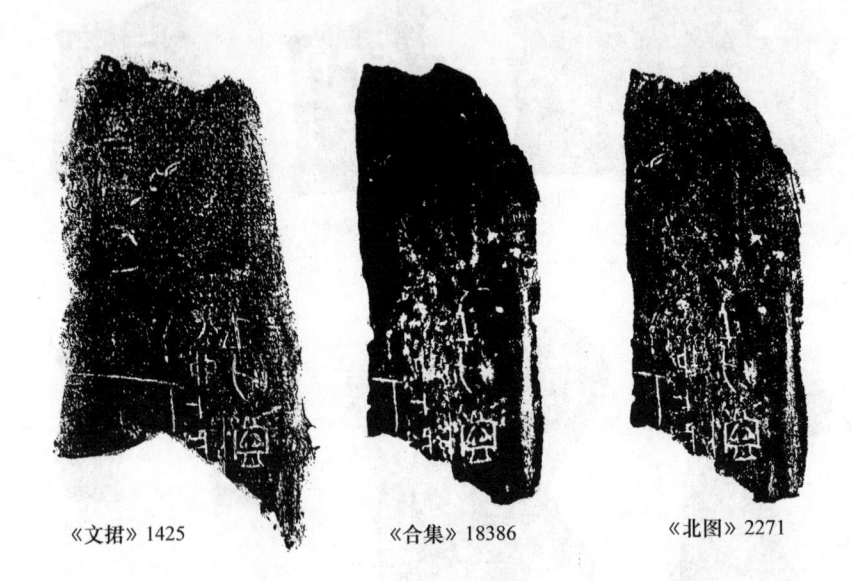

《文捃》1425　　　　　《合集》18386　　　　　《北图》2271

48.《文捃》1448 与《文捃》1454 自重。《文捃》1448 揭去用于《合补》11516，《文捃》1454 揭去用于《合补》11602。《合补》11516、《前》3.9.4 空白不完整。《合补》11602 多上部大片（《前》3.9.2），但下部空白不完整。

49.《文捃》1469 揭去用于《合补》11234。《合集》36487、《通》570《前》2.6.6 拓本相同，左侧、下部不完整。

50.《文捃》1493 上部边缘不完整。《合补》11637、《四编》084、《尊》66、《中历藏》1797、《罗四》337 均完整。

51.《文捃》1520 揭去用于《合补》11013。《合集》35840 拓本右部缺失。《前》1.17.6 右部空白不完整。

52.《文捃》1606 又见于《合集》37460、《前》2.24.1、《北图》2264、《通》624。《文捃》1606 拓本与《北图》2264 相同，多右部空白拓，缺上部拓本（《前》2.26.7）。《前》2.24.1 仅存有字部分。《合集》37460、《通》624 拓本相同，由《前》2.26.7 +《前》2.24.1 缀合而成。

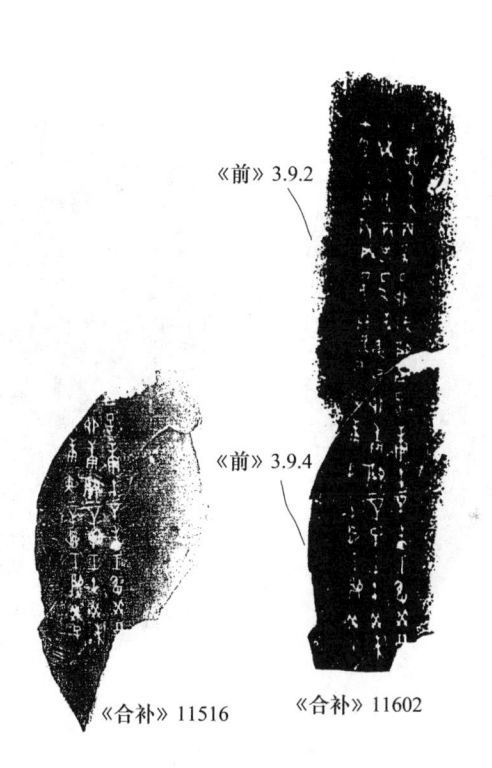

读《甲骨文捃》(三)

《前》3.9.2

《前》3.9.4

《合补》11516　　《合补》11602

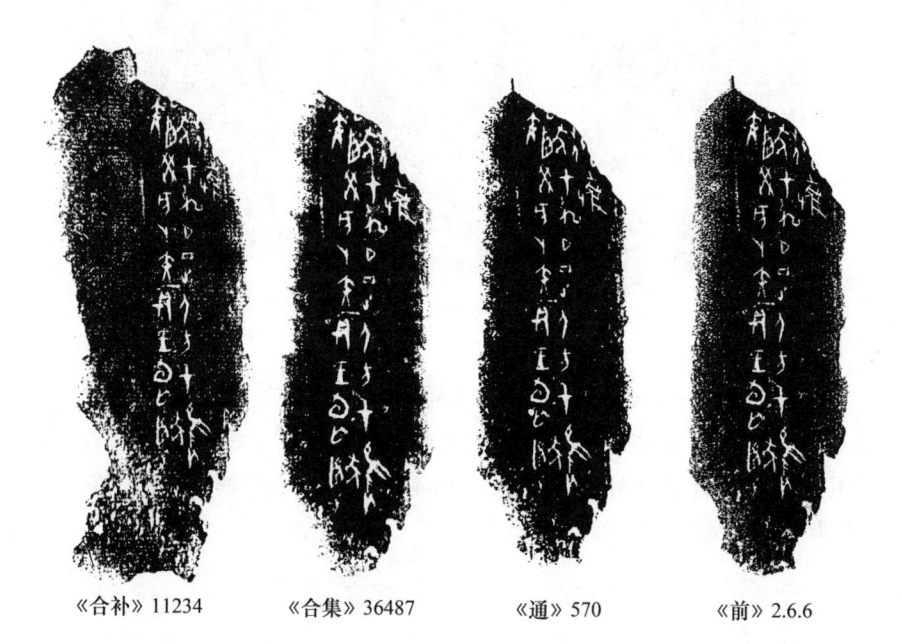

《合补》11234　　《合集》36487　　《通》570　　《前》2.6.6

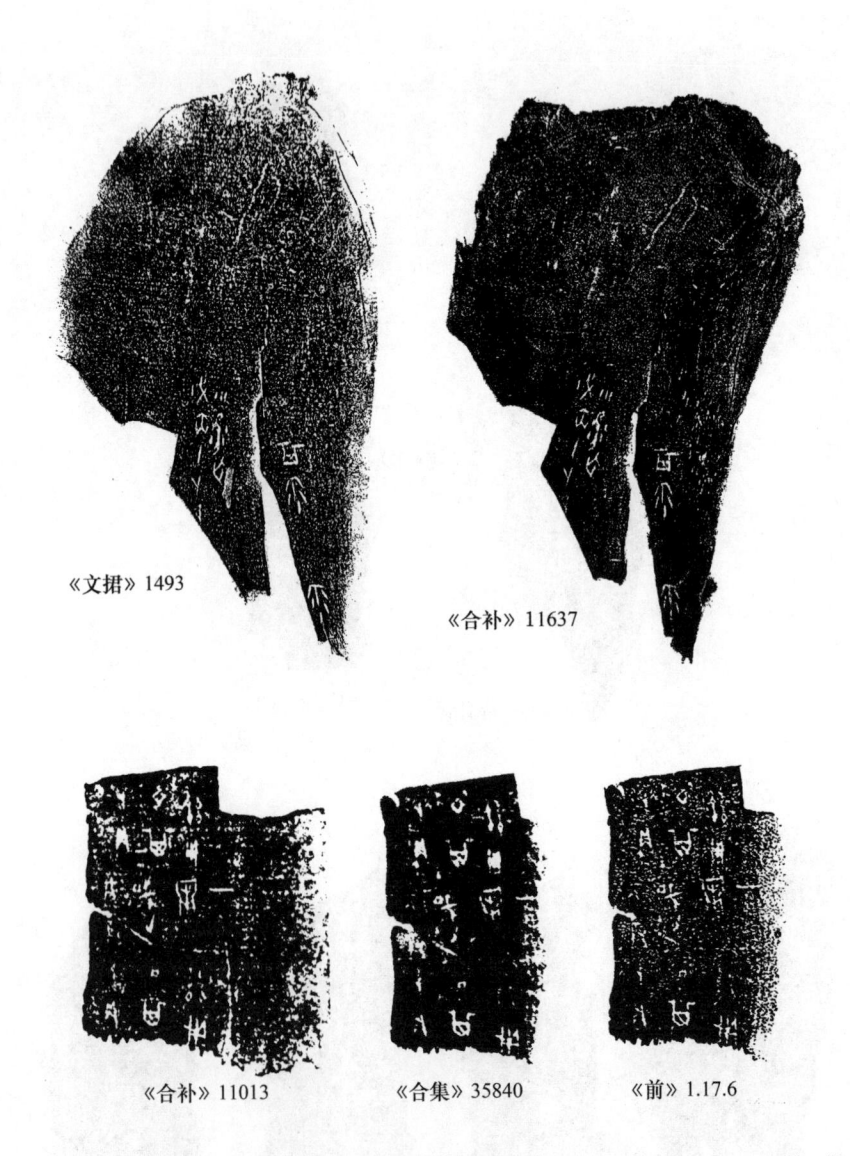

商史研究

《文捃》1493　　《合补》11637

《合补》11013　　《合集》35840　　《前》1.17.6

53.《文捃》1608 见于《山博》951、《前》2.24.5、《合集》36642。《文捃》1608 上部空白不完整。《山博》951 完整,《前》2.24.5 存左下有字部分。《合集》36642 上部同《山博》951。左下部拓本为《珠》411。

读《甲骨文捃》（三）

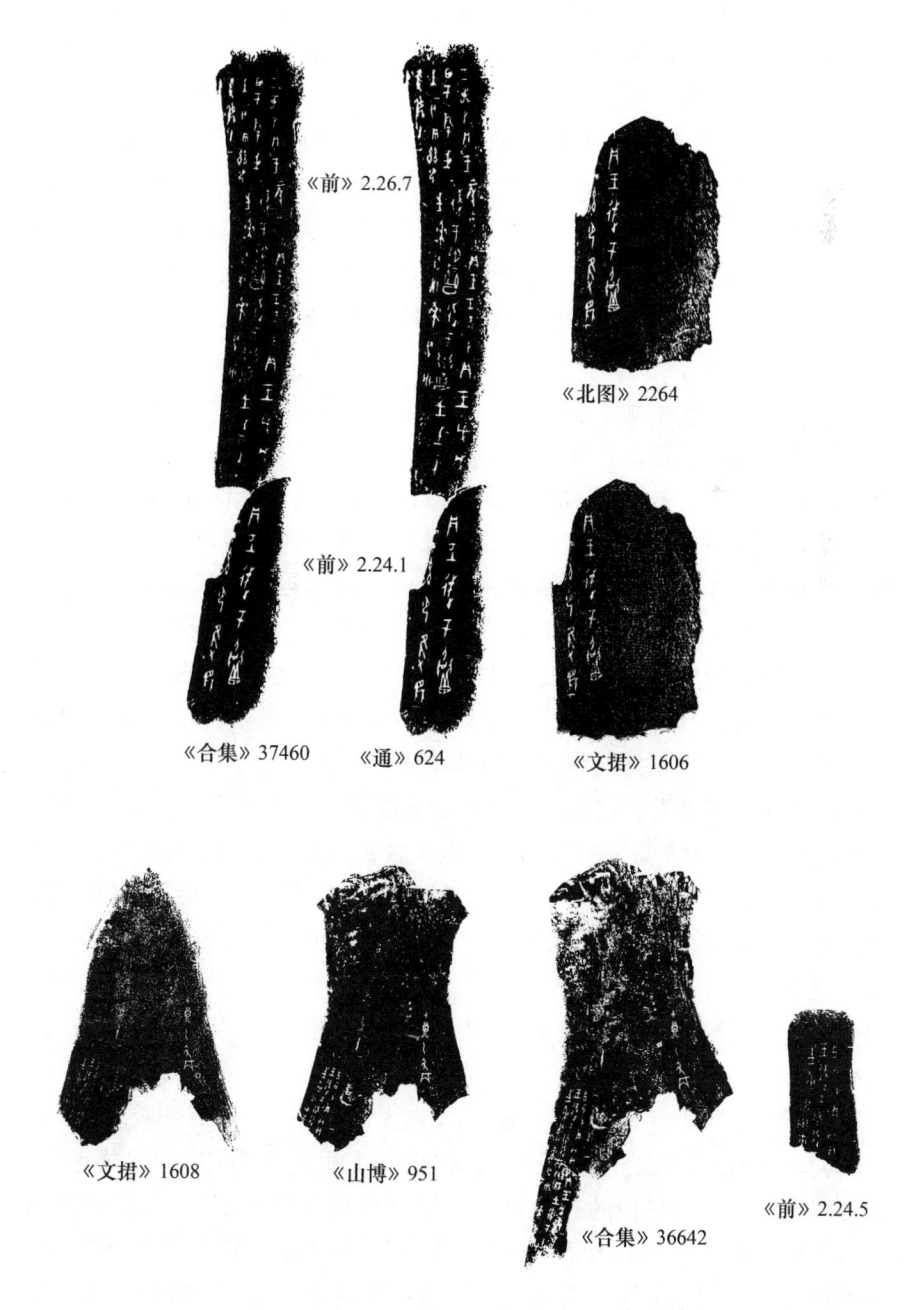

《前》2.26.7

《北图》2264

《前》2.24.1

《合集》37460　《通》624　《文捃》1606

《文捃》1608　《山博》951　《前》2.24.5

《合集》36642

由上可知，《文捃》罗振玉旧藏部分同一版甲骨多则出现在五种不同的著录当中，且著录情况多有不同，存在四种、三种、两种等情况。

375

出现四种不同著录情况的有4版，其中《文捃》1049拓本较其他著录完整。出现三种不同著录情况的有18版，其中《文捃》817、《文捃》1058、《文捃》1520拓本较其他著录完整。存在两种不同著录情况的拓本有31版，其中《文捃》806、《文捃》807、《文捃》811、《文捃》819、《文捃》821、《文捃》974、《文捃》1055、《文捃》1169、《文捃》1296、《文捃》1301、《文捃》1303、《文捃》1448、《文捃》1469拓本较其他著录完整。这些完整的拓本，大多被揭去直接用于《合集》当中，剩余的部分也多被揭去用于《合补》中，余下少量未直接用于《合集》《合补》。

胡厚宣先生曾经考证了罗振玉所藏甲骨的流向："罗氏早期搜集的甲骨流散于国内者有：吉林大学、北京图书馆、旅顺博物馆、辽宁博物馆、吉林博物馆、故宫博物馆，特别是山东博物馆，他装的盒子最多的、好的材料都在这里……罗振玉所藏甲骨在罗氏去世之后分得很散，除上述博物馆外，像流入刘体智、方地山、顾承运、罗氏后人罗福葆、罗福颐、罗继祖等，而今归北京图书馆、上海博物馆、南京博物院、南京大学、中国历史博物馆、北京大学、中国社会科学院考古研究所及我们历史研究所，日本亦有东京大学、京都大学、天理参考馆等十余家公私单位收藏，但山东博物馆的材料非常重要。"[1]

就目前整理来看，《文捃》中罗振玉这部分拓本见于《合集》（575版）、《北图》（385版）、《合补》（260版）、《前》（117版）、《山博》（51版）、《通》（32版）、《善》（21版）、《后》（18版）、《续存》（11版）、《京》（11版）、《粹》（9版）、《续》（4版）、《综述》（4版）、《北珍》（3版）、《中历藏》（3版）、《簠拓》（3版）、《吉博》（3版）、《存补》（2版）、《邺》（2版）、《上博》（2版）、《四编》（2版）、《罗四》（1版）、《尊》（1版）、《南师》（1版）、《摭佚》（1版）、《拾》（1版）、《佚》（1版）、《吉大》（1版）、《旅博》（1版）、《辽博》（1版）、《铁》（1版）、《文拓》（1版）等多达32种著录中。能够明确原骨现藏单位的有北京图书馆（今国家图书馆）、山东省博物馆、中国社会科学院历史研究所（今古代史研究所）与考古研究所、上海博物馆、北京大学、吉林大学、吉林博物馆、辽宁博物馆、旅顺博

---

[1] 刘敬亭：《山东省博物馆藏甲骨墨拓集》，齐鲁书社1998年版，"序"，第5页。

物馆，这与胡先生所述是一致的。

　　这部分拓本中，未见于其他著录的甲骨拓本，对于丰富当前甲骨拓本资料是非常有意义的。其他如完整的拓本，或是不如其他著录完整的拓本，或是可以相互补充完整的拓本、对于厘清该部分甲骨源流与传拓以及甲骨拼合也是非常重要的。

附表　　　　　　**本文所收《文捃》拓本著录简表**

序号	《文捃》	《合集》	《合补》	其他著录	揭去与否
1	727	3940	4804	《北图》2377、《前》6.31.1	
2	735	26583		《北图》2121 完整	
3	744	13351	3598	《北图》2518 清晰	揭去
4	745	12186、24825	《合补》9481	《北图》2117、《前》3.16.4	揭去
5	773	10041，10045 正、臼		《粹》870、《善》9019 正、臼	
6	778	9758 正、反		《善》8889 正、反，《前》3.1.2 正、《通》9（正）、《综述》12.1（反）	
7	786	14155		《续存上》481、《善》89	
8	792	385		《北图》2406	
9	800	14666			
10	805	14694		《北图》2466、《后上》24.6	
11	806	846		《前》4.17.3、《通》339	揭去
12	807	7920		《前》1.47.6	揭去
13	811	6135		《前》1.47.5	
14	813	356		《北图》2167、《后上》28.2、《通》167	
15	817	1272	85	《前》1.47.1、《通》256、《山博》155	揭去
16	819	1445		《前》1.5.5、《通》228	揭去
17	821	1481		《前》1.13.8、《通》127	揭去

续表

序号	《文捃》	《合集》	《合补》	其他著录	揭去与否
18	823	9065 正、臼		《山博》868 正、臼，但臼与《合集》9065 臼非同版	
19	872	13933 正、反		《前》3.33.8	
20	873	17074 正、臼		《山博》835 正，缺臼	
21	902（1）	15839		《北图》2087（不全）缺右上、左上小片	
22	926	3463		《北图》2340、《前》1.51.5	
23	953	6412		《山博》1042	
24	958	7380 正、臼		《山博》843	
25	963	3381 完整		《前》4.3.4、《山博》880	
26	974	6892 正、反		《北图》2178 正、反	
27	1002 面、背	6813 正，完整缺反		《北图》2231 正、反，《前》6.51.6 缺反，《通》538	
28	1010 面、背	19095 正、反		《北图》2225 正、反，《前》6.57.6 正，缺反	
29	1049 面、背、臼	8996 正、反、臼		《续存下》57（正）、58（反）、59（臼），《综述》21.1（正），《山博》926 正（缺下片）、臼，正为上半部。《存补》1.66 正（缺下部）、1.67 反	揭去
30	1055	6857 正、反		《北图》2257 正、反	
31	1058	4444		《前》6.21.6、《吉博》20	
32	1063	3405		《山博》382 + 《山博》166 同《文捃》1063，缺右部空白片	
33	1092	5167 为上片，5161 上片为《文捃》1092 下片		《山博》1066 为上片，《山博》55 为下片	
34	1157	13587		《山博》1043	

续表

序号	《文捃》	《合集》	《合补》	其他著录	揭去与否
35	1169	592 右部空白缺失		《前》4.24.2 右部空白缺失	
36	1178（1）	18250、10917 完整		《北图》2144、《后上》6.8	
37	1232	5657			
38	1260 背	9188 正、反		《山博》244 反，缺正	
39	1266 臼	17584 反、臼		《粹》1498 臼，《善》14411 反、臼	
40	1272	24316	8007	《北图》2477、《前》6.34.4	揭去
41	1284	22625	6961	簠拓 0105	揭去
42	1296	22918	6983	《前》1.11.3	揭去
43	1301	23054	6998	《通》223、《前》1.22.6	揭去
44	1303	23263	7030	《前》1.26.3	揭去
45	1333	22548		《前》6.16.1、《通》768	
46	1396	32093		《山博》1162	
47	1425	18386		《北图》2271	
48	1448		11516、11602	《前》3.9.2 + 《前》3.9.4 = 《合补》11602	揭去
49	1469	36487	11234	《前》2.6.6、《通》570	揭去
50	1493		11637	《四编》084、《尊》66、《历藏》1797、《罗四》337	
51	1520	35840	11013	《前》1.17.6	揭去
52	1606	37460		《北图》2264、《前》2.24.1、《通》624	
53	1608	36642		《山博》951、《前》2.24.5	

附：甲骨文著录书或拓本简称：

《北图》北京图书馆

《前》《殷虚书契》

《后》《殷虚书契后编》

《续》《殷虚书契续编》

《山博》《山东省博物馆藏甲骨墨拓集》

《通》《卜辞通纂》

《善》《善斋甲骨拓本》

《续存》《甲骨续存》

《京》《战后京津新获甲骨集》

《粹》《殷契粹编》

《综述》《殷虚卜辞综述》

《北珍》《北京大学珍藏甲骨文字》

《中历藏》《中国社会科学院历史研究所藏甲骨集》

《簠拓》《簠室甲骨拓本》

《吉博》《吉林博物馆》

《续存》《甲骨续存》

《存补》《甲骨续存补编》

《邺》《邺中片羽》

《上博》《上海博物馆珍藏甲骨文字》

《四编》《殷虚书契四编》

《振玉》《殷虚书契五种》

《尊》《徐宗元尊六室甲骨拓本集》

《南师》《南北师友所见甲骨录》

《摭佚》《殷契摭佚》

《拾》《铁云藏龟拾遗》

《佚》《殷契佚存》

《铁》《铁云藏龟》

《文拓》《中国社会科学院古代史研究所藏甲骨文拓》

《历拓》《中国社会科学院历史研究所藏拓本》

(郜丽梅，中国社会科学院甲骨学殷商史中心)

西周历史研究

由义尊与义方彝等周初
铜器论及西周早期年代

朱凤瀚

2019年山西省破获文物盗窃案收缴的青铜器中有义尊(《铭图三编》①1015，图1：1)、义方彝(《铭图三编》114，图1：2)，二器铭文同，其文曰：

隹（唯）十又三月丁亥，
武王昜（赐）义贝
卅朋，用乍（作）父乙
宝䵼彝，🐘。

因作器者义出自有名的商人大族🐘，而铭文显示在武王克商时际，属此一族之人，如义这样的贵族即忠心耿耿地投靠了周人，使人无不对周人征服商人之迅速成功与殷周变革给商人带来的巨大政治观念差异而感叹，诸家多有文章议论及此。② 义还做有一件圆鼎和两件方鼎(《铭图三编》0182、0183、0184)，方鼎仅见铭文。但是有一个细节，似乎少有学者提起，即义器的铭文写明，武王赐给义贝的时间是"十又三月丁亥"，这表明武王克商后在位的几年中闰月有丁亥日。商、西周历日，只要经历三年即会包含一个闰月，但闰月不一定会有丁亥日，所以这一点，也可以成为探讨武王克商年代的一个参考。

吴镇烽先生的《铭图三编》著录了两件私人藏器"贝罍尊""贝罍

---

① 吴镇烽编著：《商周青铜器暨图像集成三编》，上海古籍出版社2020年版，本文简称为《铭图三编》。
② 韩炳华：《新见义尊与义方彝》，《江汉考古》2019年第4期；张昌平：《谈新见义尊、义方彝的年代及装饰风格》，《江汉考古》2019年第4期。

卣"(《铭图三编》1020、1140，图 2)，亦同铭。

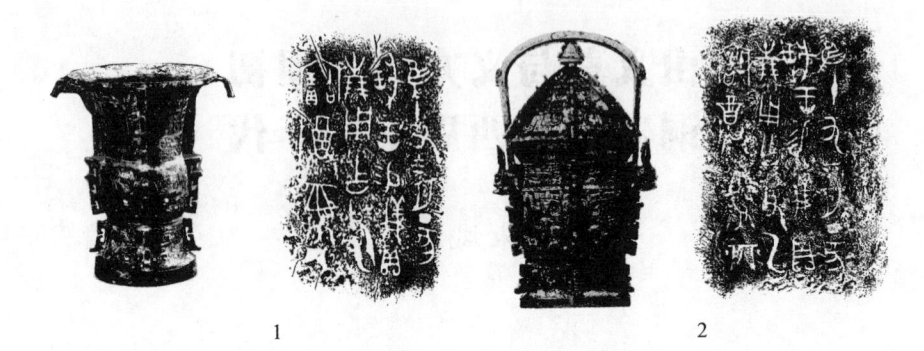

1

图 1　义尊、义方彝

引自《国宝回家：2019 山西公安机关打击文物犯罪成果精粹（一）》，2019 年；《国宝回家：2020 年山西公安机关打击文物犯罪成果精粹（二）》，2020 年。

器铭　　盖铭
1

2

图 2　1. 贝鼄卣；2. 贝鼄尊

吴先生定此二器年代为"西周早期后段",可能是因为尊已近同于"两段式",即中腹已下垂,圈足变矮。但二器的铭文却很重要,且表明年代似不会在西周早期后段,其文曰:

> 隹(惟)四月,王初禴禷于成周。
> 丙戌,王各于京宗,王易(赐)宗
> 小子贝。毳眔丽,易(赐)毳,
> 对王休,用乍(作)斋(薛)公
> 宝隣彝。隹(惟)王五祀。

"王赐宗小子贝"处当断,故器主人名"毳",不当称"贝毳"。"毳眔丽","丽"即"俪"。在此是"辅助""伴侍"之义。类似用法见于陶觥(《铭图》① 0893)、京簋(《铭图》04920)、尹光方鼎(《铭图》2312),是讲毳参与此事,伴侍王赐众宗小子贝,当是因表现好,故受王赏赐。毳似乎不属于王同宗小子,只是"工作人员"。值得注意的是,此器铭所记时日、地点、王的活动,均同于何尊(《铭图》11102)。即发生于"惟王五祀"之四月丙戌日,而且也是王在成周,王在行毕祭礼后,在京宫(何尊称"京室")会见宗小子,何尊铭文记为"王诰宗小子"。

在何尊铭文中,何未言自己有服侍于成王的职事,而是详记了成王的诰辞,并记自己受王赏赐贝卅朋,从这种情况看来,何应属于受训诰的王的"宗小子"。与毳的身份不同,宗小子受赐贝,也与毳尊、卣铭中所言相合。故毳尊、卣也是成王器,所记事同于何尊。而且何尊铭文言"惟王初迁宅于成周,复禀(禀)珷(武)王豊(礼)禴自天",毳尊、卣铭文则曰"王初禴于成周",这所讲的亦应是同一件事。何尊之"禀"是"禀受",《左传》昭公二十六年记晏子与齐公曰"先王所禀于天地,以为其民也,是以先王上之"。杜预注:"禀,受也。"②

---

① 吴镇烽编著:《商周青铜器暨图像集成》,上海古籍出版社2012年版,本文简称为《铭图》。

② (晋)杜预集解,(唐)孔颖达等正义:《春秋左传正义》卷52,(清)阮元校刻:《十三经注疏》卷7,中华书局2009年版,第4594页。

"礼"在此是"馈赠"之义,见《礼记·杂记下》"执事不与于礼"郑玄注。① "禩"从示,右边偏旁是双手持有流口的酒器(爵类),本义当是持酒器以祭之义(学者或释作"祼",但其在金文中用法似不尽合于"祼")。何尊所言"禀"禩是言受"禩",则这里的"禩"应是名词,指禩祭武王之祭品,即福胙。② 学者或释此字为"福",③ 何尊言"复禀"是说再一次"领受",李学勤先生认为是先曾在镐京祭武王,故云到成周再次接受祭武王之福胙,④ 实际是在成周再次禩祭武王的另一种说法。所言"自天",是因为武王灵魂在天,享受祭品在天。毳尊、卣铭云"王初禩于成周",则也是记成王在其五祀时在成周初次禩祭武王之礼,用的是"禩"作动词的用法。在《西清续鉴甲编》中有卿方鼎,言成王于四月丙戌在成周京宗赏贝事。虽铭文摹写不尽准确,但从所记时日与事件看,应与何尊所记为同时同一事件。⑤

也同何尊所言之时日与事件可能有联系的,是吴镇烽先生在《铭图续》⑥ 中著录的棘狀鼎(《铭图续编》0217),鼎为有盖的附耳方鼎,垂腹,但仍当属西周早期偏早,此种附耳有盖方鼎,常作垂腹型,如1975年房山琉璃河西周燕国墓地 M253 出土的圉鼎(《铭图》02019)。其铭文(盖铭)曰:

> 隹(惟)王初蒆于成周,
> 乙亥,王酌祀才(在)北宗,
> 易(赐)棘狀贝十朋,用乍(作)毳中(仲)
> 隋彝,扬王休,永宝。

---

① (汉)郑玄注,(唐)孔颖达正义,郜同麟点校:《礼记正义》卷42,(清)阮元校刻:《十三经注疏》卷6,中华书局2009年版,第3388页。
② 胙,不仅是指祭肉,也包括酒,《左传》僖公四年"归胙于公",杜预注"胙,祭之酒肉"。"胙"也可作赐福胙讲,《国语·晋语四》"命公胙侑",引申而有赐义。"禩"可作祭祀动词,又可作祭祀物之称。
③ 参见唐兰:《西周青铜器铭文分代史征》,上海古籍出版社2016年版,第72页。
④ 李学勤:《何尊新释》,《中原文物》1981年第1期。
⑤ 参见唐兰:《西周青铜器铭文分代史征》,上海古籍出版社2016年版,第72页。
⑥ 吴镇烽编著:《商周青铜器暨图像集成续编》,上海古籍出版社2016年版,本文简称为《铭图续编》。

铭文未记年、月，但言"王初祼于成周"，记干支为"乙亥"，与以上毳器铭文所记四月"王初禩于成周，丙戌，王各于京宗赏贝"之"丙戌"日，只是早了十天，很可能都是成王至成周亲政那一段发生的事情。鼎铭记"初祼"，是笼统讲祭名，毳器铭言"初禩"则可能是祼祭时具体的祭祀方式，未必是不同的祭礼。

与何尊及毳尊、卣所云之事有联系的，还有德方鼎（《铭图》02266），吴镇烽《铭图三编》也收有同铭方鼎一件（《铭图三编》0268，2017年4月香港嘉德春季拍卖会拍品，图3），铭文言：

隹（惟）三月，王才（在）
成周，延（延）珷（武王）
禩自蒿（镐），咸，
王易（赐）德贝廿朋，
用乍（作）宝隣彝

此三月，应下承何尊与毳尊、卣的四月，所谓延武王禩自镐，即是说要将在镐京对武王的禩祭在成周继续进行，这与以上何尊、毳尊、卣所云禩祭武王可能也是说的同一件事，如是，则由此铭亦可知，此年的三月王已在成周何尊所云成王迁宅于成周，至晚在其五祀的三月即已实现。

图3　德方鼎

从以上所举诸器看，成王东迁宅于成周是西周历史上一件大事，成王在京宗接见宗小子并赏赐贝事亦为宗小子们通过所作器铭传颂。此成王五祀，应是指周公致政成王那年或次年开始计的，乃成王亲政之第五年或第六年。周公致政成王，是在周公辅佐成王之第七年，即《洛诰》所云"惟周公诞保文武受命惟七年"①。《召诰》《洛诰》记在此一年召公、周公先后抵达洛邑，此时洛邑已初步建成，但王所宅即王宫尚未建，召公先于周公在此"相宅"，周公又通过占卜，取得王居洛邑之吉兆，决定在洛邑为王修建宫寝。周公在此年请成王亲政，即"致政成王"，但在成王迁宅于洛邑前，洛邑不叫成周，金文中叫"新邑"，所以言"新邑"的器铭宜定在何尊所铭成王五祀前，如㪤士卿尊云"丁巳，王在新邑，初䍩，王赐㪤士卿贝朋"（《铭图》11779），这应该是《洛诰》所记周公致政成王那一年（成王七年）年末王初次到刚建成的洛邑时。成王在此一年并未留居成周，而请周公留任成周，事见《洛诰》。自此至第五年洛邑王宫建成，成王迁宅于此，洛邑应自此年始称成周。② 何尊与疌尊、卣等器，既背景明确，纪年清楚，自然应作为讨论周初年代的材料。

西周早期诸王年代，因为没有具"四要素"（王年、月份、月相、干支）的金文资料，在断代工程进行时即讨论得不深入，武王克商年的确定是综合商后期年代与西周（主要是中后期）的金文历谱权衡得出的。此后，一系列新的青铜器铭发现（如朕公簋铭文），使西周早期诸王年代的考订突破了断代工程所定年限，武王克商年有必要再重新考虑，且由于盄簋等器物的发现，更使西周中期诸王在位年数有重新斟酌的必要，同时也使深入讨论西周早期诸王年代成为可能。③

迄今所见能够作为探讨西周早期诸王在位年有用的、所属王年较明确的资料，可以排列如下：

  武王元年　利簋："珷（武王）征商，唯甲子朝。"（《铭图》

---

① （汉）孔安国撰，（唐）孔颖达等正义：《尚书正义》卷15，（清）阮元校刻：《十三经注疏》卷2，中华书局2019年版，第461页。
② 参见朱凤瀚《〈召诰〉、〈洛诰〉、何尊与成周》，《历史研究》2006年第1期。
③ 参见朱凤瀚《关于西周金文历日的新资料》，《故宫博物院院刊》2014年第6期。

5111）

《汉书·律历志下》引《武成》："唯一月壬辰旁死霸，若翌日癸巳，武王乃朝步自周，于征伐纣。""粤若来二月既死霸，粤五日甲子，咸刘商王纣。"①

天亡簋：乙亥，王又（有）大豊（礼）……丁丑，王卿（饗）大宜。(《铭图》5303)

《逸周书·世俘》："维四月乙未日，武王成辟，四方通殷命有国。""辛亥，荐俘殷王鼎。"（壬子、癸丑、甲寅、乙卯日陆续行礼)②

武王在位年　义方彝、义尊：惟十又三月丁亥

成王七年（周公摄政七年）

《召诰》："惟二月既望，越六日乙未，王朝步自周，则至于丰。""惟太保先周公相宅，越若来三月，惟丙午朏。越三日戊申，太保朝至于洛，卜宅。厥既得卜，则经营。越三日庚戌，大保乃以庶殷攻位于洛汭。越五日甲寅，位成周。若翼日乙卯，周公朝至于洛，则达观于新邑营，越三日丁巳，用牲于郊，牛二；越翼日戊午，乃社于新邑，牛一、羊一、豕一；越七日甲子，周公乃朝用书……"③

成王五祀　何尊："惟王初迁宅于成周……在四月丙戌，王诰宗小子于京室。"

䍙尊、卣："惟四月，王初𧗟（延）禩于成周。丙戌，王格于京宗，王赐宗小子贝。"

---

① 《汉书》卷21下《律历志》1下，中华书局1962年版，第1015页。
② 《逸周书·世俘》记武王克商返回周都后举行的一系列礼仪活动，但文中有两个"辛亥"段落，所载礼制均安排在此两个段落中，其相互关系请参见张怀通《〈逸周书〉新研》，中华书局2013年版，第276—282页。
③ （汉）孔安国撰，（唐）孔颖达等正义：《尚书正义》卷15，（清）阮元校刻：《十三经注疏》卷2，中华书局2009年版，第448页。

成王去世年	《顾命》："惟四月哉生魄，王不怿。甲子，王乃洮頮水，相被冕服，凭玉几。……越翼日乙丑，王崩。"①
康王十二年	《毕命》："惟十有二年六月庚午朏，越三日壬申，王朝步自宗周至于丰。"②
康王二十三年	庚嬴鼎：惟廿又（二）【三】年四月既望己酉，王客（格）㝬宫，衣（卒）事。……③（《铭图》02379）

以上诸项历日资料之可信性是基本上为学界认可的。除金文外，书类文献中所详记的历日严谨有序，亦当出自史官实录。此外，小盂鼎铭文孤拓本记"惟王廿又五祀""惟八月既望，辰在□□"，旧或以为"辰在"后面为"甲申"，因为文中有"雩若翌乙酉"，但"甲申"实不可见。《夏商周断代工程报告》④也说明"甲申"二字"难于辨识，铭文中段缺字又很多，或有可能插有其他干支"，所以小盂鼎的信息暂可不用。

现以上举王年、干支为支点来试排诸王年历表。关于所设诸王在位年代需说明的是，穆王元年设为996年是据金文资料推拟的，⑤ 李学勤

---

① （汉）孔安国撰，（唐）孔颖达等正义：《尚书正义》卷18，（清）阮元校刻：《十三经注疏》卷2，中华书局2009年版，第505页。
② （汉）孔安国撰，（唐）孔颖达等正义：《尚书正义》卷19，（清）阮元校刻：《十三经注疏》卷2，中华书局2009年版，第520页。
③ 庚嬴鼎，初为《西清古鉴》著录（三·三九），铭文为摹本，王年摹为"惟廿又二年四月"，诸家多列入康王。"廿又二年"，《夏商周断代工程报告》的表2-9"西周金文历谱"认为摹本中"二"本应是"三"，此暂从之。见夏商周断代工程专家组《夏商周断代工程报告》，科学出版社2022年版，第80页。
④ 夏商周断代工程专家组：《夏商周断代工程报告》，科学出版社2022年版，第72页。
⑤ 参见朱凤瀚《关于西周金文历日的新资料》，《故宫博物院院刊》2014年第6期。穆王在位年仍按《史记·周本纪》定为五十五年，这个年数在西周时代的确很长（在中国历史上帝王在位年数中也算较长的了），但《史记》所给出的这个年份，现在虽然没有金文资料可以确证之为可信，但也没有足以否定此说的资料。目前所见金文中最长的穆王在位年数是大英博物馆藏鲜簋（《铭图》05188）的三十四年（"惟王卅又四祀唯五月既望戊午，王在荅京寷于昭王"）。《太平御览》引《纪年》有穆王四十七年"伐纡，大起九师，东至于九江"文，他书引《纪年》多作三十七年，似较可信。穆王在位年数有无可能大于三十七年，或不超过三十七年，在没有确切证据之前，似宜维持《史记·周本纪》的说法。

先生在考证静方鼎铭文时亦有同样的年代判定。① 以此年上推,设昭王为十九年(《开元占经》卷 101 引《纪年》:"周昭王十九年,天大曀,雉兔皆震。"②),则昭王元年为前 1015 年;康王在位年为 26 年(《太平御览》卷 84 引《帝王世纪》"康王在位二十六年,崩"③。上引庚嬴鼎铭文记"廿又三年",小盂鼎铭文纪制铭之年为康王二十五年)。则康王元年为前 1041 年。

成王在武王逝世后继位,因年少而由周公摄政,第七年周公致政成王。但成王亲政时间,是从这一年计还是从次年计,历来学者们即有二说,④ 笔者亦曾从王国维《周开国年表》说,以周公致政成王年,即成王七年为亲政元年(即元祀),⑤ 但在本文排列历表中,即遇到如以周公致政年为成王亲政年,则会与属成王五祀(即成王亲政五年)何尊的历日不合,故下表采用了汉以后学者多采用的说法,以周公致政成王的次年(成王八年)为成王亲政元年(元祀)。成王自迁宅于成周始亲政,其在位年数,据文献与诸家梳理文献,主要有三十年、三十六年、三十七年(均含周公摄政年数)三说。究竟以何者为是,应综合文献、金文历日资料,通过对整个诸王历谱的合理安排来决定,⑥ 下边暂以下限三十年与上限三十七年为计,分别向上推溯武王克商年。

武王在位时间取三年说,详王国维《周开国年表》,⑦ 王国维指出武王崩年,根据《周本纪》是"武王既克殷后二年",《史记》此条记载"根据最古",《金縢》曰:"既克商二年,王已有疾弗豫……武王既丧……""《金縢》于武王之疾书年,于其丧也不书年,明武

---

① 李学勤:《静方鼎与周昭王历日》,见朱凤瀚、张荣明编《西周诸王年代研究》,贵州人民出版社 1998 年版,第 351—355 页。
② 瞿昙悉达撰,常秉义点校:《开元占经》卷 101,中央编译出版社 2006 年版,第 730 页。
③ 吴其昌著,吴会华编:《史学论丛·殷商之际年历推证·疏注之二》,三晋出版社 2007 年版,第 67 页。
④ 参见朱凤瀚《典籍所记西周诸王年代研究述评》,见朱凤瀚《甲骨与青铜器的王朝》(中册),上海古籍出版社 2022 年版,第 790—823 页。
⑤ 参见朱凤瀚《〈召诰〉、〈洛诰〉、何尊与成周》,《历史研究》2006 年第 1 期。
⑥ 朱凤瀚、张荣明:《西周诸王年代研究述评》,见朱凤瀚、张荣明编《西周诸王年代研究》,贵州人民出版社 1998 年版,第 388—431 页。
⑦ 谢维扬、房鑫亮主编:《王国维全集》第 14 卷,浙江教育出版社 2009 年版,第 153—160 页。

之崩即在是年。"①

综上述，以武王在位三年，成王在位三十年，康王在位二十六年计，共五十九年，由前 1015 年上推 59 年，即前 1074 年。如假设前 1074 年为武王元年，以武王克商之年文献与金文历日信息检验其可否成立，如不能成立，则应由此年向上延长（由于设定成王不低于 30 年，故不能向下缩短年数）。依此原则，由于前 1074 年的历日不能与上述信息相合，故向上延及最少年数至前 1076 年。现以前 1076 年为武王元年。

据上举金文、文献记载之历日与暂设定的王在位年数，排定历日表如下（表 1。合天历日据张培瑜《三千五百年历日天象》，岁首建正略有调整，有一个月的摆动②）：

表 1　　　　　　西周早期武王至康王历日表（一）

王年	公元前年代	月朔日	金文与文献记载	对应的时日
武王元年	1076	正月丙寅 二月丙申	《武成》："惟一月壬辰旁死霸""二月既死霸，越五日甲子"	一月二十七日壬辰，二月二十四日己未，越五日二十九日甲子
		三月乙丑	天亡簋："乙亥，王有大豊……丁丑，王卿大宜"	三月十一日乙亥，十三日丁丑
		四月乙未	《逸周书·世俘》："维四月乙未日，武王成辟……""辛亥，荐俘殷王鼎"	四月一日乙未，十七日辛亥
		十三月辛酉	义方尊、卣："惟十又三月丁亥"	十三月二十七日丁亥
成王元年 （周公摄政元年）	1073	正月庚辰		

---

① 谢维扬、房鑫亮主编：《王国维全集》第 14 卷，浙江教育出版社 2009 年版，第 157 页。

② 阴阳历闰月岁首建正在排历表时可以有一个月的变幅，参见张培瑜《西周年代历法与金文月相纪日》，《中原文物》1997 年第 1 期。

续表

王年	公元前年代	月朔日	金文与文献记载	对应的时日
成王七年（周公摄政七年）	1067	正月甲辰		
		二月甲戌	《召诰》："惟二月既望，越六日乙未"	二月十六日己丑既望，越六日二十二日乙未
		三月癸卯	"越若来三月，惟丙午朏"	三月四日丙午（后天一日）
		十二月己巳	《洛诰》："戊辰，王在新邑烝祭，岁。……王宾杀禋咸格，王入太室裸。王命周公后，作册逸诰。在十有二月"	十一月三十日戊辰
成王八年（元祀）	1066	正月戊辰		
成王十二年（五祀）	1062	正月乙巳		
		四月甲戌	何尊："在四月丙戌" 毳尊、卣："惟四月……丙戌……"	四月十三日丙戌
成王三十二年	1042	正月乙卯		
		四月丁未	《顾命》："惟四月哉生霸，王不怿。甲子，王乃洮頮水……越翼日乙丑，王崩"	四月十八日甲子，十九日乙丑
康王元年	1041	正月癸酉		
康王十二年	1030	正月己亥		
		六月丙寅	《毕命》："惟十有二年六月庚午朏，越三日壬申"	六月五日庚午（约后天二日，本月十六日辛巳望）
康王二十三年	1019	正月丙寅	庚寅鼎："惟廿又（二）【三】年，四月既望己酉"	四月甲午朔，十六日己酉
康王二十六年	1016			

约昭王十三年（前1003）以后，昭王始经营南国，派下属伐豺方，省南国设应，在此时段内有若干件青铜器之历日可试作安排。①

---

① 朱凤瀚：《新见西周金文二篇读后》，见北京大学出土文献研究所编《青铜器与金文》第4辑，上海古籍出版社2020年版，第39—48页。

西周历史研究

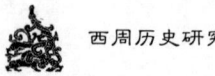

表1展示了西周早期诸王在位年数的一种可能性安排，是以设成王在位32年推测周初诸王年历的，如设成王在位37年，[①] 则武王元年，即为前1081年，亦可排周初诸王年历表如下（表2）：

表2　　　　西周早期武王至康王历日表（二）

王年	公元前年代	正月朔日	金文与文献记载	对应的时日
武王元年	1081	正月丙寅 二月乙未	《武成》："惟一月壬辰旁死霸""二月既死霸，越五日甲子"	一月二十七日壬辰，二月二十六日庚申，三十日甲子
		三月乙丑	天亡簋：乙亥，王有大豊……丁丑，王卿大宜	三月十一日乙亥，十三日丁丑
		四月甲午	《逸周书·世俘》："维四月乙未日，武王成辟……""辛亥，荐俘殷王鼎……"	四月二日乙未，十七日辛亥
		十三月庚申	义方彝、尊：惟十又三月丁亥	十三月二十八日丁亥
成王元年（周公摄政元年）	1078	正月戊寅		
成王七年（周公致政成王年）	1072	正月癸卯		
		二月癸酉	《召诰》："惟二月既望，越六日乙未"	二月十七日己丑，越六日二十三日乙未己丑望，（后天二日，本月丁亥望）
		三月壬寅	"越若来三月，惟丙午朏"	三月四日丙午（后天一日）
		十二月戊辰	《洛诰》："戊辰，王在新邑烝祭，岁。……王宾杀禋咸格，王入太室祼。王命周公后，作册逸诰。在十有二月"	十二月一日戊辰

[①] 𥃲公簋铭文纪年为"惟王廿又八祀"，如此处所言"祀"实即是成王在位年（𥃲公是商遗民，也可能习惯以"祀"称王年），则以设成王在位三十二年或三十七年皆可成立；此"廿又八祀"之"祀"如亦同何尊所言"祀"，廿八年即指成王亲政年数，则此种情况下，成王在位即当以三十七年为妥。

394

续表

王年	公元前年代	正月朔日	金文与文献记载	对应的时日
成王十二年（五祀）	1067	正月甲辰		
		四月癸酉	何尊："惟王初迁宅于成周……在四月丙戌，王诰宗小子于京室" 𣄰尊卣："惟四月……丙戌"	四月十四日丙戌
成王三十七年	1042	正月己卯		
		四月丁未	《顾命》："惟四月哉生霸王不怿。……越翼日乙丑，王崩"	四月丁未朔，十八日甲子，越翼日十九日乙丑

康王元年（前1041）以后历日表同以上表1。

公元前1081年与前1076年相差5年，按排年历表规律，则武王元年以公元前1076年或前1081年计时，文献、金文历日与历表相协的关系可以大致重现。①

以上二表展示了西周早期诸王在位年数的两种可能性安排，相信随着新资料的发现，有关年代仍会不断修正，但会更接近西周真实的历日。

（朱凤瀚，北京大学历史系与中国古代史研究中心教授，北京大学博雅讲席教授）

---

① 如将西周元年设为前1081年或前1076年，则西周积年分别为312年或307年，此积年数可与《孟子》中涉及西周积年的话语相应。《孟子·公孙丑下》："五百年必有王者兴，其间必有名世者，由周而来，七百有余岁矣。"[（汉）赵岐注，（宋）孙奭疏：《孟子注疏》卷4下，（清）阮元校刻：《十三经注疏》卷13，中华书局2009年版，第5871页。]"余岁"有多少？《孟子·尽心下》："由文王至于孔子，五百有余岁……由孔子而来至于今，百有余岁。"[（汉）赵岐注，（宋）孙奭疏：《孟子注疏》卷14下，见阮元校刻：《十三经注疏》卷13，第6050页] 孔子卒于前479年，如自此年算起至孟子作《尽心下》时（《尽心下》应当作于其晚年，至晚作于孟子卒年前，孟子卒于前305年），即从前479年至前305年计，亦达174年，所以有"百有余岁"，当超过150年。依此，《公孙丑下》所云"由周而来，七百有余岁"，可以认为不短于750年。《公孙丑下》写成必是在孟子去齐（即齐宣王五年，前313年）后不久，约前312年，自西周元年至前312年有750年以上，则西周元年应在前1062年之前。从春秋元年（前770年）至前312年为458年，西周积年如为312年，加458年，为770年；西周积年如为307年，加458年，为765年，均为750年以上。

说说"野人"

赵伯雄

我先前对先秦史上的"国人"问题曾做过一些研究，所得结论是：《左传》《国语》中的"国人"，本不是一个表示阶级的概念，国人的成分其实很复杂，居于社会上层的贵族和居于社会下层的民众，有时都被称作"国人"；春秋以上之国人，也不单是指所谓城里人或者国都中的居民，主要是泛指本国疆域内之人。论者又或将国人与野人对立起来，称国人是自由人，野人是奴隶，而所谓"国野制度"体现了当时的阶级对立，并以此为据，论证西周是所谓奴隶社会，这种看法是值得商榷的。本文打算再就"野人"做一些探讨，意在说明"野人"其实也不是一个阶级概念。

较为可信的西周文献及金文中均不见"野人"之称，"野人"应该是春秋战国时期出现的一个词汇。《左传》定公十四年："过宋野，野人歌之曰"，僖公二十三年："乞食于野人，野人与之块。"《论语·先进》："子曰：先进于礼乐，野人也；后进于礼乐，君子也。"《仪礼·丧服》："禽兽知母而不知父，野人曰：父母何算焉。都邑之士则知尊祢矣。"[①]《吕氏春秋》"野人"一语多见。《爱士》："昔者秦缪公乘马而车为败，右服失而埜（野）人取之。"《异宝》："宋之野人耕而得玉，献之司城子罕，子罕不受。野人请曰：'此野人之宝也（按陈奇猷说"野人之"三字为衍文，甚是），愿相国为之赐而受之也。'子罕曰：'子以玉为宝，我以不受为宝。'"《必己》："孔子行道而息，马逸，食

[①] （汉）郑玄注、（唐）贾公彦疏：《仪礼注疏》卷30，中华书局影印本《十三经注疏》，第1106页。

说说"野人"

人之稼，野人取其马。"① 从上引这些文句中，可以看出"野人"确是指生活在"野"的人，与所谓"都邑之士"是不一样的。"野"在甲骨文中作"🔣"，是个会意字。《说文》中作"野"，从田从土，予声，是个形声字。文献中的"野"有"田野""旷野"之义，《小雅·鹿鸣》："呦呦鹿鸣，食野之苹"，《鸿雁》："之子于征，劬劳于野"，《鹤鸣》："鹤鸣于九皋，声闻于野"，《大雅·公刘》："京师之野，于时处处，于时庐旅"，均其例。直至《左传》，这个意思还很明显，如僖公二十六年："野无青草。"襄公四年："民狎其野。"襄公三十一年："裨谌能谋，谋于野则获，谋于邑则否。""与裨谌乘以适野。"对"野"字的训诂，汉儒已有了一整套说法，《尔雅·释地》："邑外谓之郊，郊外谓之牧，牧外谓之野，野外谓之林，林外谓之坰。"《尔雅》此说，可能源于《诗经》毛传，《诗经·鲁颂·駉》"駉駉牧马，在坰之野"，毛传云："坰，远野也。邑外曰郊，郊外曰野，野外曰林，林外曰坰。"郑玄对"野"字的注释有两种说法，一说较为简单，如注《周礼》"委人"职文云："野，谓远郊之外也。"笺《叔于田》、注《费誓》均曰："郊外曰野。"另一说则增加了一些内容，较为繁复，如注"县士"职文云："地距王城二百里以外至三百里曰野。"注"司会"职文云："野，甸、稍也。"注"县师"职文云："野谓甸、稍、县、都也。"注"遂人"职文又云："郊外曰野，此野谓甸、稍、县、都。"已有学者指出，郑玄有关"野包有甸、稍、县、都"的说法是存在着许多疑点的，这很显然是因为郑玄看到了晚出的《周礼》中已有了所谓甸、稍、县、都的区分而曲为之说，绝非"野"字的确诂。② 这种判断是正确的。从文献中"野"字的使用来看，"野"就是指城邑之外的广阔土地，或者再细致一点区分，"野"指较之"郊"更远一些的地方，即所谓"邑外曰郊，郊外曰野"。当然，从旷野、田野等意思是很容易引申为广大农村地区这样一个意思的。"野人"则是生活于"野"之上的民众。从目前所能看到的春秋战国时期的材料分析，古人所称的"野人"，指的首先就是农民。前引《左传》僖公二十三年那条材料，说的是晋公子重耳流亡在外，腹中饥饿，于是"乞食于野人，野人与之块"，《国语·

---

① 本节所引《吕氏春秋》，均见陈奇猷《吕氏春秋校释》，上海学林出版社1984年版。
② 赵世超：《周代国野制度研究》，陕西人民出版社1991年版，第14页。

晋语四》亦记此事，也是说"乞食于野人，野人举块以与之"，这随手拿起土块递给重耳等人的显然是地里的耕作者。《吕氏春秋》之《异宝》《必己》两条材料更为明显，野人显然是农民。另外，野人应是居地远离城邑之人，《孟子·滕文公》："远方之人愿为氓，氓，野人也。"《尽心》："舜之居深山之中……其所以异于深山之野人者几希。"在春秋战国时的士大夫眼里，"野"是与"文"相对立的概念，故野人是粗鄙的，无知的，不识仁义的，孔子曰："质胜文则野。"（《论语·雍也》），包注曰："野如野人，言鄙略也。"《荀子·大略》："管仲之为人，力功不力义，力知不力仁，野人也，不可以为天子大夫。"因为管仲只重事功，重利轻义，故荀子骂他是"野人"。可见在荀子眼中，野人就是群氓，与大夫、士阶层有云泥之判。《吕氏春秋·高义》："秦之野人，以小利之故，弟兄相狱，亲戚相忍。"甚至在"用兵"这种事情上，也有"君子"和"野人"之分，《吕氏春秋·期贤》："君子之用兵，莫见其形，其功已成，其此之谓也。野人之用兵也，鼓声则似雷，号呼则动地……无罪之民其死者量于泽矣，而国之存亡，主之死生，犹不可知也，其离仁义亦远矣。"当然，这里的"野人"已非真正的"居于野之人"，而只是粗鄙无文、不知生生之为贵、不解仁义为何物者的代称了。

在儒者看来，野人无疑是被统治者，是与作为统治者的"君子"相对待而存在的，君子是治人者，而野人则是被"治"者。孟子曰："无君子莫治野人，无野人莫养君子。"野人的存在，就是要生产劳作，用收获物奉养统治者。尽管如此，野人也不是与国事毫不相干，他们有时也会用歌谣的形式表达看法，前引《左传》定公十四年的那条材料，说的是卫灵公宠爱夫人南子，而这位南子在她的母国宋国时曾与宋朝通奸，而卫灵公竟为南子将宋朝召到卫国来（而且可能羁留的时间很久了）。卫国的太子蒯聩有一次因公路过宋国，"过宋野，野人歌之曰：'既定尔娄猪，盍归吾艾豭。'"据杜预注，娄猪是发情的母猪，这里喻南子；豭则是公猪，艾豭指宋朝。野人的歌谣是说，既然你们家夫人已经完事了，何不放回我们的宋朝！卫太子听了甚是羞惭，决心回卫国要杀死南子。我们看"野人"这歌，实际上已关涉到宫闱的秘事，直接讥讽了外国的太子，这与《左传》《国语》中常见的"国人歌之""舆人诵之"之类的下层民众议论国事并无二致。前引《吕氏春秋·爱士》

那条材料，说的是秦穆公有一次在路上车坏了，一匹套车的马跑了，穆公自去寻取。可到了那里他发现，野人们正要杀他的那匹马吃肉呢。穆公见了非但没有制止，反而说吃马肉必须饮酒，于是命人送酒给野人们吃。后来，在秦晋一次大战中，穆公被晋军包围，情势危急，而"野人之尝食马肉于岐山之阳者三百有余人，毕力为缪公疾斗于车下，遂大克晋"。《吕氏春秋》的作者总结说，"君贱人则宽，以尽其力"。意思是说，做"贱人"的君主要宽厚，这样才能够使他们尽力。"野人"被看作"贱人"这是毫无疑问的；但此例也说明，人们常说的什么国人可以当兵、野人不能当兵的话是靠不住的。

《孟子·滕文公上》中有一段话，对人们理解国人、野人影响很大，其辞曰：

> 夫滕，壤地偏小，将为君子焉，将为野人焉。无君子莫治野人，无野人莫养君子。请野九一而助，国中什一使自赋。卿以下必有圭田，圭田五十亩；馀夫二十五亩。死徙无出乡，乡田同井，出入相友，守望相助，疾病相扶持，则百姓亲睦。方里而井，井九百亩，其中为公田。八家皆私百亩，同养公田；公事毕，然后敢治私事，所以别野人也。

今日的学者，多有据孟子此语，论证西周的"国"与"野"实行不同的赋税制度：国中"什一使自赋"，而野则是"九一而助"，并进而说明国人、野人的阶级身份不同。其实孟子此处并非在讲"国""野"剥削方式的不同。我们细审原文，会发现他的重点在头一句话："夫滕，壤地偏小，将为君子焉，将为野人焉。"他是在向滕文公建言，先设问一句：以滕这样偏小之国，到底该实行怎样的政治？所谓"将为君子"，并非说要做君子，而是说要施行君子之政；同样地，"将为野人"，也不是说要做野人，而是说要迁就野人的积习，按照野人的传统习惯进行治理（即施行野人之政）。孟子当然主张前者，"请野九一而助，国中什一使自赋"云云以下直至"公事毕然后敢治私事"，都是他提出的一套方案，孟子认为这样做，"所以别野人也"，这话并不是说国人可以借此区别于野人，而是说施行这套方案，就可以区别于那种开头设问中提到的"野人之政"了。所以，《孟子·滕文公》这段话，只是表达了孟子的政治理想，表达了孟子在农村中普遍推行"九一而助"的助法的主张，并不是在讲西周时期的"野人"所受的剥削与"国人"有什么不同。孟子这段话中的"野人"是相对于"君子"而言的，"野人"应该是指向统治者提供赋税、劳役的农民，并不是与"国人"对举，作为"国人"的对立物存在的。因此，据孟子此语来论证国人与野人的区别，也是不恰当的。

附记：

去年五月接到沈长云君的学生发来的电邮，称2023年将为沈老师八十寿辰出版一本纪念文集，特邀沈君的学生及朋友撰文，我也在被邀者之列。我与沈君相知数十年，看到学生们的这个建议，自然非常高兴，同时却也油然而生一种今昔之感：不经意间，我与沈君，以及我们那一批研究生朋友，居然都已经向八十迈进了（有的已经八十拐弯）！沈君长我几岁，如今虽已满头白发，却身体硬朗，精神矍铄，而且至今仍在学术的园地中钻研探索，笔耕不辍，正所谓"老当益壮，宁知白首之心"，令我感佩不已。遵文集编委会之嘱，草成这样一篇小文，谨以此祝贺沈君八十寿辰，且权当东海南山之颂。搁笔之际，口占一绝云："素仰学优美誉扬，欣闻松鹤庆华堂。书生交谊清如水，笔墨拈来作寿觞。"

2023年1月赵伯雄记于香河

（赵伯雄，南开大学历史学院教授，博士生导师）

曾侯舆编钟1号钟铭文发微

罗运环

曾侯舆编钟，2009年出土于随州市㵐水东岸文峰塔墓地的曾侯舆（M1）墓中。该墓属于春秋晚期，在随州市修建"随州东城区文峰塔还建小区"时发现，墓葬在施工中被毁严重，墓中清理出的曾侯舆编钟10件，皆为甬钟，有文字。其中1号钟保存完好，通高112.6厘米，略小于2号钟，钟体的正、背面钲部及左、右鼓部皆铸有铭文，共计169字（含合文1、重文1）。（摹本及释文见下图1）学者们虽作过不

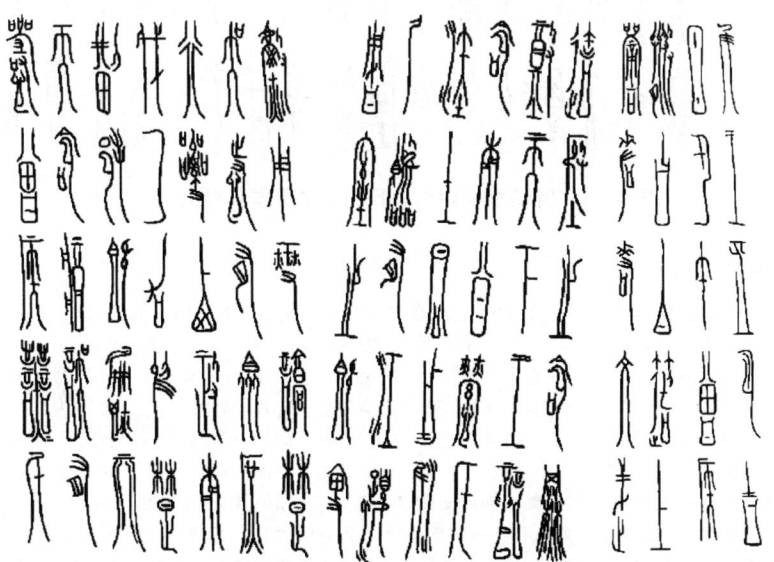

图1 A. 曾侯舆编钟1（上）铭文摹本及释文（←）[①]

[①] 曾侯舆编钟1（上下）铭文摹本，来源于湖北省文物考古研究所、随州市博物馆《随州文峰塔M1（曾侯舆墓）、M2发掘简报》，《江汉考古》2014年第4期。笔者引用时参照原铭照片及拓本对摹本个别地方略有改动。

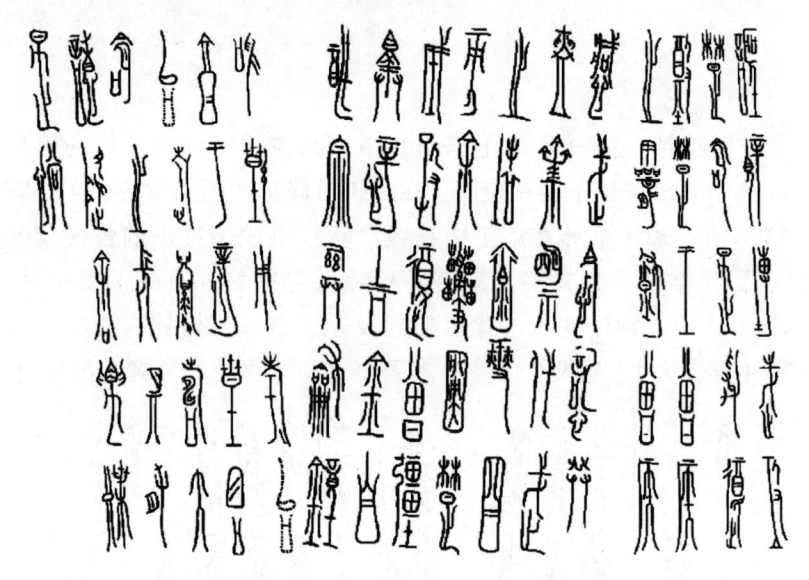

佳（唯）王五月吉日甲午，曾侯腆（與）曰：白（伯）𦤜（适—适）上䚻（音—帝），左（佐）右（佑）文武，【正面征部】/达（彻）殷（殷）之命，① 羉（抚）戜（定）天下。王譎（請—遣）命南公，𩁹（荥—营）宅塗（汭）土，君坒（庇）淮尸（夷），② 甿（临）有江澫（湏—夏）。周室之既庳（卑），【正面左鼓】/敔（吾）用燮譇（就）楚。③ 吴恃有众庶，行乱，西政（征），南伐，乃加于楚，習（荆）邦既霩（削），④ 而天命酒（将）误。有严曾侯，䠗（业—赫）=（赫赫）厥【正面右鼓】

图 1　B. 曾侯腆编钟 1（下）铭文摹本及释文（←）

① 达殷，见于墙盘"达殷畯民"；逑盘"夹召文王武王达殷，膺受天鲁命"；《尚书·顾命》"用克达殷，集大命"等句中。后三者，过去或从唐孔颖达训达为通（变通）；或读为挞。本铭"达殷之命"，学者多作读为"挞"，李学勤据传世文献"黜夏命"（《尚书·汤诰序》《史记·殷本纪》）、"黜殷命"（《《尚书·微子之命序》《尚书·周官序》），疑"达"与"黜"相通，义为黜退、废黜。钟铭"左右文武，达殷之命"即伯括辅佐文王、武王，废黜殷命。由于《尚书序》较为晚出，且"黜"字不见于先秦文字，李学勤先生读"达"为"彻"，训为废除。见李学勤《正月曾侯腆编钟铭文前半详解》，《中原文化研究》2015 年第 4 期。
② 许可：《试说随州文峰塔曾侯與墓编钟铭文中从"匕"之字》，复旦大学出土文献与古文字研究中心网站·甲骨金文栏，2014 年 10 月 9 日。又载《出土文献》第 6 辑，中西书局 2015 年版，第 25 页。
③ 就字，请参见李天虹《曾侯腆（與）编钟铭文补说》，《江汉考古》2014 年第 4 期；章水根《曾侯與编钟"就"字及其反映的曾楚关系》，《黄河文明与可持续发展》2015 年第 11 辑。
④ 削字，原疑释副，陈剑释燸读为削，见董珊《随州文峰塔 M1 出土三种曾侯與编钟铭文考释》文后评论，复旦大学出土文献与古文字研究中心网站·甲骨金文栏，2014 年 10 月 4 日。

誙（声）。亲摶（薄）武攻（功），楚命是争（靖）；遝（复）敨（定）楚王，曾侯之寵（灵）。穆＝（穆穆）曾侯，【背面钲部】/慼（臧—壮）武憪（畏）諰（忌），恭寏（寅）斋罴（盟），伐武之表，襄（怀）燮四旁（方）。余□（申）圉（固）楚成，孜遝（复）曾疆。择悖（辞）吉金，自酫（作）宗彝。龢（和）钟【背面左鼓】/鸣皇，用孝台（以）亯（享）于悖（辞）皇 㠯（祖），台（以）悆（祈）釁（沫—眉）寿、大命之长，期（其）肫（纯）諐（德）降舍（余），万殜（世）是惝（尚—常）。【背面右鼓】

少研究，但问题还不少。下面将就1号铭文中的相关问题作些探讨。

为了便于讨论，先将摹本著录于下，并附以释文（释文是在学界已有研究成果的基础上融合笔者意见而通读写成）。

一　五月吉日甲午、曾侯腆

曾侯腆编钟1：

隹（唯）王五月吉日甲午，曾侯朕（腆）曰：

五月，原先隶定为"正月"。黄杰（暮四郎）先生率先指出"正月"的"正"似当释为"五"。[①]董珊先生依据钟铭下文"西征南伐"之"征"字所从"正"旁作了进一步论证，二位所言甚是，但还有不少学者仍然认为是"正月"不是"五月"。下面将从两方面进一步论证。字形方面，比较"正""五"的写法：（图2）

图2第1字是曾侯腆编钟1铭文第3字，原误为"正"，比较其同钟铭文的"政"字所从之"正"和春秋早中期之际的曾侯子镈"正月"的"正"字明显有别，而与曾侯乙墓所出楚王酓章镈及宋代出土的楚王酓章钟铭的"五"字接近，[②]应以释"五"为是。再从曾人的习俗来考察，曾侯也有"五月吉日"铸器的习惯，如曾侯腆的祖上曾公求自作

[①] 见简帛网·简帛论坛·读书空间，"随州文峰塔曾侯编钟铭文初读"，2014年9月17日，"暮四郎（黄杰）"的意见。又见黄杰《随州文峰塔曾侯與编钟铭文补释》，《中国文字》新42期，台北：艺文印书馆2016年版；又载简帛网，2019年8月22日。

[②] 中国社会科学院考古研究所编辑：《殷周金文集成》，中华书局1983—1994年版，85号；（宋）王厚之：《钟鼎款识》，中华书局1985年影印本。

编钟称"隹(唯)王五月吉日丁亥,曾公求曰"。① 还有曾侯宝也在"五月吉日"铸过器,其铭文曰:"隹(唯)王五月吉日庚申,曾医(侯)宩(宝)择其吉金,自乍(作)阩(升)鼎(鼎),永用之。"② 所以,本钟铭释为"五月"也是合乎曾国情理的。

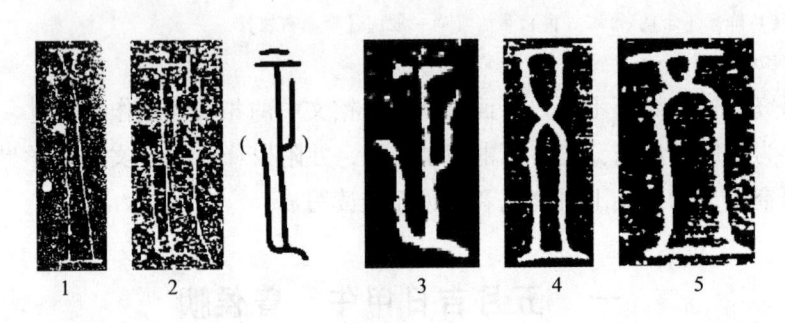

图2

1. 曾侯䑛编钟1拓本"五"(误为"正");2. 钟1"政"(从"正");3. 曾侯子镈正③;4. 楚王畲章钟"五";5. 楚王畲章镈"五"

隹(唯)王五月吉日甲午,是铸造编钟的时间,曾人一般用周历,春秋晚期的《媵盘》"隹(唯)曾八月吉日隹(唯)亥",④ 用历称"曾",也可能曾人还有曾历(此曾历也不排除实指周历)。曾侯䑛钟铭用历称王应为周历,"王"当指周敬王。"吉日"即屈原《九歌·东皇太一》所说的"吉日兮辰良"之吉日,应该没有特指。据钟铭内容,公元前506年吴师破楚入郢,曾侯䑛因保护楚昭王有恩,楚昭王以恢复曾国疆土报答曾侯䑛。故曾侯䑛曰:"余申固楚成,孜复曾疆。择予吉金,自作宗彝。"也就是说铸钟时间是在"孜复曾疆"之时,按理楚这一报恩之举不会时隔太久。据史传,还在吴师破楚入郢之年(公元前

---

① 郭长江、凡国栋、陈虎、李晓杨:《曾公䣄编钟铭文初步释读》,《江汉考古》2020年第1期。

② 吴镇烽:《商周青铜器铭文暨图像集成续编》,上海古籍出版社2016年版,185、186、187号,第147—149页。

③ 吴镇烽:《商周青铜器铭文暨图像集成》,上海古籍出版社2012年版,15746号;《商周青铜器铭文暨图像集成续编》,上海古籍出版社2016年版,1042号略同,第297页。

④ 湖北省文物考古研究所、随州市博物馆:《湖北随州市文峰塔东周墓地》,《考古》2014年第7期。

506年）的冬天，楚昭王逃避随国时，就与曾侯䑶有"盟"，此盟自然包含有"孜复曾疆"的内容。第二年（公元前505年）九月吴军败退，楚昭王返郢之后，论功行赏，楚昭王正式公布"孜复曾疆"当在九月以后，落实到实处当在下半年和次年（公元前504年）。而曾侯䑶铸钟铭记当不会晚于公元前504年或公元前503年。据《中国先秦史历表》，① 周历这两年只有公元前503年五月有甲午日，即28日。此当为曾侯䑶铸钟的具体时间。

曾侯䑶，䑶字异体较多，综合考察，曾侯䑶之名所用字形，似乎可以这样说，即位之前的器物和即位后的"行器"所铸其名一般写作"璵"，个别作"䑶"。曾侯䑶在位时重要礼器上所铸其名多写作"㙛"、"用戠"所见写作"屫"形。㙛、屫，分别从夂、尸，䑶声。《广韵》与改切。《集韵》倚亥切，音佁。肥也。又《集韵》演女切，音与，义同。再从铭文来看，䑶，从肉，与声，可见《广韵》《集韵》所收䑶字来历较古。

其实，在东周时期"䑶"是比较通行的字，这除了曾侯䑶之名使用此字外，春秋晚期蔡国的蔡大师之名也使用过此字，见于蔡大师鼎，② 其字形如图3：

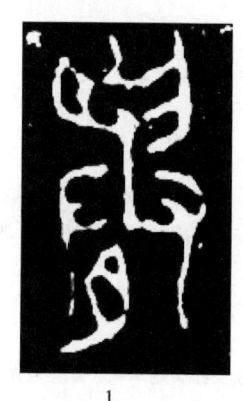

1   2

图3

1. 蔡大师鼎"䑶"字；2. 蔡大师鼎铭文

---

① 张培瑜：《中国先秦史历表》，齐鲁书社1987年版，第163页。
② 中国社会科学院考古研究所编辑：《殷周金文集成》第五册，中华书局1985年版，第133页，2738号。

图 3 第 1 字为蔡大师之名，隶定作"膡"。蔡大师鼎全铭为"唯正月初吉丁亥，蔡大师膡媵许叔姬可母飤繁，用祈眉寿万年无疆，子子孙孙永宝用之。"（见图 3：2）正因为"膡"从"与"声，故曾侯膡之名所用字形除了直接写作"膡"，或以"膡"为声之外，也可写作"㵒"。总体来看选用"膡"为现今对曾侯膡之名的通用字形更为贴切，且网上字库也有此字。

关于曾侯膡的世系，最早在《曾侯乙墓》发掘报告中就已初步明确。曾侯乙墓出土器物铭文中发现有：曾侯乙、曾侯郰、曾侯㵒（膡）3 位曾侯，《曾侯乙墓》发掘报告整理者根据 3 位曾侯有铭器物的多少以及器形，尤其是曾侯乙改刻曾侯㵒（膡）尊盘情况等，认为曾侯郰、曾侯㵒（膡）应是曾侯乙的先君。① 后来张昌平先生综合研究曾国铜器后，明确指出曾侯㵒当早于曾侯郰。②

据曾侯膡编钟铭文所载，曾侯膡不仅是公元前 506 年吴师破楚入郢的见证者，而且还保护过楚昭王，即铭文所言"复定楚王"者（详见下），曾侯膡在位年代当在吴师破楚入郢前到春秋战国之交，③ 这最终证实了曾侯膡、曾侯郰、曾侯乙确为祖孙三代。④

二　伯适、上畲

曾侯膡编钟 1：

曾侯膡曰：白（伯）簉（适—适）上畲（畲—帝），左右文武，【正钲部】达壑（殷）之命，羉（抚）敦（定）天下。王譜（譜—遣）命南公。

---

① 湖北省博物馆：《曾国乙墓》，文物出版社 1989 年版，第 460 页；裘锡圭：《谈谈随县曾侯乙墓的文字资料》，《文物》1979 年第 7 期。

② 张昌平：《曾国青铜器研究》，文物出版社 2009 年版，第 355—359 页。

③ 曾侯膡在位的时间可能比较长。其在位的上限最起码不会晚于吴师入郢，即公元前 506 年。河南上蔡郭庄 M1 楚墓新出土的曾侯膡铜器，很可能是曾侯膡所赠助葬品，该墓有可能晚到春秋战国之交，对判断曾侯膡在位年代的下限很有帮助。

④ 不少学者也有类似的说法，参见黄凤春、胡刚《说西周金文中的"南公"——兼论随州叶家山西周曾国墓地的族属》，《江汉考古》2014 年第 2 期；李天虹《曾侯㬫（與）编钟铭文补说》，《江汉考古》2014 年第 4 期。

伯簋（遃—适），遃字由竹、爪、遃构成，遃是主体部分。清华简《良臣》"伯遃（适）"的遃字正与钟铭主体部分相同，① 钟铭此字可简化隶定为"遃"。《说文》"遃，从辵昏声，读与括同。"又云"昏，从口，氒省声"。在《说文》中凡从"昏"声者隶变后皆与舌头的"舌"相混。"伯遃"即"伯适"，见于《论语·微子》。旅顺博物馆藏西周早期伯趌方鼎（《集成》2190）有"伯趌"，或认为或与本钟铭的为一人。② 古文字走、辵同义，常常通用，遃（适）当为其名之本字。后来公布的曾公求编钟（镈）和加嬭编钟伯遃（适）的遃皆作"昏（舌）"③，应是"遃（适）"字的简化。本钟铭遃（适）字所从昏的上部与毛（其下不从口者）近似，或认为此字从毛声，应隶定为"逪"，借用为"适"。④ 考春秋晚期到战国时期"昏"上部所从之"氒"与"毛"（其下不从口者）形相似，是昏在演变过程中的一种形态，应隶定为"昏"，宽式可隶定为"舌"，故钟铭也以隶定为"遃（适）"为妥当。

上㪔（帝），无论是对"㪔"字的隶定还是对二字的解读皆众说纷纭，主要有7种意见：其一，释为"庸"，认为"上庸"的"庸"，铭文上部从"罒"，其下部为"甬"声，训为"用"。"上庸"与《尚书·尧典》的"登庸"，《舜典》的"征庸"同义，都是为君上录用的意思。⑤ 其二，赞成释庸而解读不同者认为庸通容，并以《史记·仲尼弟子列传》孔子的弟子"南宫括，字子容"为例，说钟铭"伯适上容"的伯适应是南宫括，上容应是伯括的本名，伯括是其字。⑥ 其三，隶定

---

① 清华大学出土文献研究与保护中心编，李学勤主编：《清华大学藏战国竹简（叁）·良臣》，中西书局2012年版，第16—18页。
② 凡国栋：《曾侯與编钟铭文柬释》，《江汉考古》2014年第4期。
③ 郭长江、凡国栋、陈虎、李晓杨：《曾公畎编钟铭文初步释读》，《江汉考古》2020年第1期；郭长江、李晓杨、凡国栋、陈虎：《嬭加编钟铭文的初步释读》，《江汉考古》2019年第3期。
④ 王恩田：《曾侯與编钟释读订补》，复旦大学出土文献与古文字研究中心网站·甲骨金文栏，2015年1月17日。又载中国文化遗产研究院编《出土文献研究》第15辑，中西书局2016年版，第48—55页。
⑤ 李学勤：《曾侯膊（與）编钟铭文前半释读》，《江汉考古》2014年第4期。
⑥ 王恩田：《曾侯與编钟释读订补》，复旦大学出土文献与古文字研究中心网站·甲骨金文栏，2015年1月17日。又载中国文化遗产研究院编《出土文献研究》第15辑，中西书局2016年版，第48—55页。

为"帝",①认为"上帝"即天帝。说伯适（南宫括）与上帝并列，而且放在上帝之前，是曾侯與对其祖先伯适的尊崇已经超过了上帝。② 其四，隶定为"帝"，"上帝"即天帝。伯适与上帝并列出现，是说曾伯德配上帝。③ 其五，读"上"为"尚"，并认为"上"后一字，似从"啻（蒂）"，"罗（尊）"声。"谞"，直言之貌。"上谞"构词与"上贤""上哲"同。"伯适上谞"就是讲伯适直言，诤才超著，以此左右文武。④ 其六，释读为"通"，并据《礼记·儒行》"儒有博学而不穷，笃行而不倦，幽居而不淫，上通而不困。"认为"伯适上通"中的"伯适"当为西周重臣南宫适，"上通"当指出仕，或受到重用。⑤ 其七，认为此字从"啻"，读为帝，"伯适上帝"指南公适为曾侯始祖。⑥

上面对"上啻"之啻原字形的七种释读，实际上也是学者们对此字全方位多种可能的研讨。从字形隶释来看，释庸、通者，认为此字下部为"甬"声；释帝、啻者，认为此字下部主要构形为"帝"，帝或啻是声符。释谞者也认为此字下部从啻，只是不认同其为声符，而认为上部是实体，为"罗（尊）"声。看来多数学者对此字的关注点在其下部，认为是声符所在。综考甬、帝两个独体字及其所当为偏旁的形体，区别是明显的，甬字头上多从右半圆，少数作圆形，帝字头上西周以降一般作辛的省形，二者从不混淆，此字下部当从帝。至于钟铭啻原字形下部的左右斜弯画变成一横画，当为艺术化的结果，这种变化在春秋战国之际的帝字中也少量可见。故此应从罒啻声，简化后，似可直接释为"帝"。

2020年新公布的曾公求编钟铭文有"淑淑伯昏（舌—适），小心有

---

① 隶定为帝，最早见于黄凤春、胡刚《说西周金文中的"南公"——兼论随州叶家山西周曾国墓地的族属》(《江汉考古》2014年第4期）的文章，后来将"帝"字隶定改为"通"，即"上帝"改为"上通"。李天虹也觉得这个字的下部写得更像从"帝"，也可以说从"啻"。见《"随州文峰塔曾侯與墓"专家座谈会纪要》，《江汉考古》2014年第4期。

② 黄杰:《随州文峰塔曾侯與钟铭文补释》，《中国文字》新42期，台北：艺文印书馆2016年版，第187—214页。又载简帛网，2019年8月9日。

③ 黄锦前:《曾侯與编钟铭文读释》，《中国国家博物馆馆刊》2017年第3期。

④ 董珊:《随州文峰塔M1出土三种曾侯與编钟铭文考释》，复旦大学出土文献与古文字研究中心网站·甲骨金文栏，2014年10月4日。

⑤ 黄凤春、胡刚:《再说西周金文中的"南公"——二论叶家山西周曾国墓地的族属》，《江汉考古》2014年第5期。

⑥ 李零:《文峰塔M1出土钟铭补释》，《江汉考古》2015年第1期。

德。召事一〈上〉帝，遹（聿）裏（怀）多福"。与《诗经·大雅·大明》行文相似（应属抄袭），其曰："维此文王，小心翼翼。昭事上帝，聿怀多福"高亨注："昭，借为劭。《说文》：'劭，勉也。'"其中"昭事上帝，聿怀多福"意思是勤勉地事奉上帝，带来无数的福祥。钟铭"伯适上帝"即"伯适昭事上帝，聿怀多福"的省语。有关钟铭"上啻（帝）"隶定释读的争议问题，当就此冰释。

三　营宅汭土、君庀淮夷、临有江夏

曾侯舆编钟1：

王譜（譖－遣）命南公，𤇾（熒—营）宅塑（汭）土，君坒（庀）淮尸（夷），① 虧（临）有江瀕（渡—夏）。【正左鼓A】

君坒（庀）淮尸（夷），钟铭庀字作"𠂎"（原摹本右边偏旁上左部无横画），右边的偏旁比较特殊，或释此；② 或隶定为坒，读为庀；③ 或认为从土从匕，读庀；④ 或隶定为扎（必），读为庀。⑤ 但无论哪种隶定，对此字右偏旁的分析都比较勉强。受疕字古文字作"𤴄"（《集成》46毘疕王钟）、𤴅（包山楚简8），𤴆（睡虎地秦简·封诊式52）等形的启示，再考虑到本钟铭浓厚艺术字的特点，似乎也不排除此字隶定为"坒"，读为庀的可能性。庀字义为治理。《左传》襄公二十五年载："楚蔿掩为司马，子木使庀赋"，杜预注："庀，治。"杨伯峻也说："庀音痞，治也。"《国语·鲁语下》载鲁大夫公父文伯之母论内朝与外朝

---

① 许可：《试说随州文峰塔曾侯與墓编钟铭文中从"匕"之字》，复旦大学出土文献与古文字研究中心网站·甲骨金文栏，2014年10月9日。又载《出土文献》第6辑，中西书局2015年版，第25页。
② 湖北省文物考古研究所、随州市博物馆：《随州文峰塔M1（曾侯與墓）、M2发掘简报》；凡国栋：《曾侯與编钟铭文柬释》，《江汉考古》2014年第4期。
③ 李学勤：《正月曾侯舆编钟铭文前半详解》，《中原文化研究》2015年第4期；魏栋：《随州文峰塔曾侯與墓A组编钟铭文拾遗》《中国国家博物馆馆刊》2016年第9期。
④ 李零：《文峰塔M1出土钟铭补释》，《江汉考古》2015年第1期。
⑤ 许可：《试说随州文峰塔曾侯與墓编钟铭文中从"匕"之字》，《出土文献》第6辑，中西书局2015年版，第25页。

时说:"内朝,子(季康子)将庀季氏之政焉。"又载公父文伯之母论劳逸时说:"卿大夫朝考其职,昼讲其庶政,夕序其业,夜庀其家事,而后即安。"凡此可见,"庀"在东周用为治理之义较为流行。

钟铭"君庀淮夷",意即掌领惩治淮夷地区的叛乱。这属于曾国东北方位势力范围。曾公求编钟铭文所言"涉政(征)淮夷,至于繁汤(阳)",指明了曾国的淮夷势力范围区域的东部边界,即"繁汤(阳)"。曾国淮夷势力范围区域春秋早期还承续着,传世铜器曾伯桼簠铭:"唯王九月初吉庚午,曾伯霖(桼)哲圣元武,元武孔黹,克逊(淮)夷,抑燮繁汤(阳),金道锡行,具既俾方。余择其吉金黄铝,余用自作旅簠,以征以行,用盛稻粱,用孝用享于我皇祖文考,天赐之福,曾伯桼叚不黄耇万年,眉寿无疆,子子孙孙永宝用之享。"(《集成》4631)簠铭"繁汤(阳)"应与钟铭同,当即《左传》襄公四年楚军东征陈国所驻扎的"繁阳",或谓今河南新蔡县北,或谓可能在今安徽太和以北地带。尚难准确定位,大体不出今河南和安徽交界的汝水与颍水之间。① 这大概就是曾国在春秋早期以前淮夷势力范围区域的东部边界。其中除了掌领或协助惩治淮夷地区的叛乱之外,还有一项任务,就是簠铭所言协助周天子维护"金道锡行"。

临有江夏,相当于加嬭编钟的"有此南洍",曾公求编钟铭文"至于汉东",即除曾国本土以外的汉水以东地区,范围较广。传世文献中"江夏"连言,最早见于屈原作品《哀郢》,"去故乡而就远兮,遵江夏而流亡"。不过,这里虽"江夏"连言,指的是长江和夏水。《哀郢》后面"惟郢路之辽远兮,江与夏之不可涉"。又将"江"与"夏"分开而言,内证其"江夏"确指长江、夏水。钟铭虽用"江夏"来表述特定的地域范围,但此"江夏"本身也是"长江"和"夏水"的简称。

夏水是长江的岔流,指从荆州长江段分岔向东北至今仙桃市区流入汉水的夏水,以及夏水与汉水合流后的汉水下游段。郦道元在《水经注·夏水》"[夏水]又东至江夏云杜县入于沔"下注曰:"夏水是江流沔(汉)……自堵(杜)口下,沔水通兼夏目,而会于江,谓之夏汭

---

① 杨伯峻编著:《春秋左传注》,中华书局1981年版,第931页;陈伟:《楚"东国"地理研究》,武汉大学出版社1992年版,第36页;徐少华:《曾侯舆编钟铭"君庀淮夷,临有江夏"解析》,《中国史研究》2020年第2期。

也……杜预曰：汉水曲入江，即夏口矣。"这一水道也见于北大秦简水陆里程简册，其曰："江陵水行，行夏水，到汉内（沕）。"（简4—87）"汉内（沕）到夏内（沕）。"（简4—230）。北大秦简、《水经》及郦道元注与屈原《哀郢》"去故乡而就远兮，遵江夏而流亡"的水道相合，可见这一水道格局形成较早。

"临有江夏"就是讲曾国的势力范围，向南一直监临到长江和夏水边。在这个意义上，"临有江夏"也可以解释为曾国监临长江和夏水以北地区，即江夏以北地区。这与曾公求编钟的"汉东"为汉水以东地区的表述方位不同，但其所指的地域则是相同的，即指除曾国本土以外的汉东势力范围。这还可以从加嬭编钟的"帅禹之堵，有此南洰"，得到进一步证实。加嬭编钟对曾国初封之时的本土和势力范围没有像曾侯腆编钟、曾公求编钟表述的那样详细。但其"帅禹之堵"大体包含其始封地曾国本土，以及汉东地区以外的势力范围，而"有此南洰"则相当于曾侯腆编钟的"临有江夏"。洰当读为涘，①《说文》"涘，水厓也"。《诗经·王风·葛藟》："绵绵葛藟，在河之涘。"注"涘，水边"。南洰，就是指曾国的势力范围向南达到长江和夏水水边。也就是说"南洰"以北地区是曾国的势力范围，与曾侯腆编钟"临有江夏"实同而名异，皆与曾公求编钟所言曾人在"汉东"的势力范围相当。同时并由此可知，用"南洰"表述曾国汉东势力范围可能比用"江夏"表述来历古老，而用"江夏"表述汉东地域概念当不晚于春秋晚期。

四　用爕就楚、复定楚王、孜复曾疆

曾侯腆编钟1：

周室之既痺（卑），欷（吾）用爕譑（就）楚。吴恃有众庶，行乱，西政（征），南伐，乃加于楚，荆邦既䤨（削），而天命㡀（将）误。有严曾侯，嚞（业—赫）=（赫赫）厥亲愽（薄）武攻（功），楚命是争（靖）；遑（复）敽（定）楚王，曾侯之龗（灵）。

---

① 王晖：《加嬭编钟铭文研究——兼论曾国从周之方伯到楚之附庸的转变》，《中国史研究》2022年第1期。

穆=（穆穆）曾侯，懋（臧—壮）武恨（畏）忌（忌），恭寅（寅）斋盟（盟），伐武之表，裹（怀）燮四旁（方）。余□（申）圉（固）楚成，孜遷（复）曾疆。

吾用燮就楚，其中的"燮"与下文"怀燮四方"的燮用义相同，《尔雅·释诂》"燮，和也"。《尚书·顾命》"燮和天下"。燮和连言，意即使国家协调和平。春秋晚期楚国的佣戟铭文有"佣用燮不廷"，（《铭图》17355）戟铭"用燮"与钟铭"用燮"义相同，义即以协和。《说文》："就，就高也。"桂馥注："此言人就高以居也。"今人或谓"会高处祭享之意"①。钟铭"就楚"之义与《说文》本义近似，即与强楚和平相处。

"吾用燮就楚"，可与《左传》定公四年随人所言"以随之辟小而密迩于楚，楚实存之，世有盟誓，至于今未改"相对读。其义为：[周室之既卑]，我们以协和（盟誓）的方式与强楚和平相处。需要指出的是，曾国既与楚和平相处，同时也不影响其尊周，如钟铭开头"唯王五月"的"王"就是指的周敬王。钟铭"周室之既卑，吾用燮就楚"在此一并讲清楚了曾与周、楚的三角关系。

复定楚王，其所在钟铭的相关段落是讲复定楚王及其前因和条件，其曰："吴恃有众庶，行乱，西征南伐，乃加于楚。荆邦既残，而天命将虞。有严曾侯，业（赫）业（赫）厥声。亲塼（薄）武功，楚命是争（靖）；复定楚王，曾侯之灵。""楚王"即楚昭王。钟铭中不带私名的"曾侯"指谁？"复定楚王"者是谁？对此，研究者有的含混，有的回避，有的虽已作答但没有讲清之所以然，尚需进一步研究。不带私名的"曾侯"就1号钟铭（2号钟同铭）而言共三见，钟铭除开头语为叙述内容外，通篇都是曾侯腆的话，其中自称写作"我（指我们）""余""亲""自""台"，这与3+5号钟铭曾侯腆自称"余""吾"，不自称为"曾侯"的情况相同。从文义上讲，没有私名的"曾侯"都不是曾侯腆自称，而是对其先君曾侯的称谓，即"先曾侯"。上引钟名段落中"有严曾侯，业（赫）业（赫）厥声"的"曾侯"应是泛指历代威严显赫的"先曾侯"，为曾侯腆能亲自复定楚王作铺垫。当曾侯腆"亲塼

---

① 参见黄德宽主编《古文字谱系疏证》，商务印书馆2007年版，第662页。

（薄）武功，楚命是靖，复定楚王”之后，接着一句“曾侯之灵”，与前面所言威严显赫的“先曾侯”相呼应，即曾侯腆认为自己能“复定楚王”是先曾侯的在天之灵，是先曾侯的佑助。可见将无私名的曾侯释为“先曾侯”，将“亲”视为曾侯腆自称后，此段钟铭通读起来文从字顺，自然得出“复定楚王”者为“曾侯腆”。

曾侯腆“复定楚王”，是曾随一国二名最直接最明确的记载。清华简《系年》第十五章说：“（吴人）以败楚师于柏举，遂入郢。昭王归随，与吴人战于析（沂）。吴王子晨将起祸于吴，吴王阖卢乃归，昭王焉复邦。”《左传》定公四年：“［昭］王奔随。吴人从之，谓随人曰：‘周之子孙在汉川者，楚实尽之。天诱其衷，致罚于楚，而君又窜之，周室何罪？君若顾报周室，施及寡人，以奖天衷，君之惠也。汉阳之田，君实有之。’……［随人］乃辞吴曰：‘以随之辟小而密迩于楚，楚实存之，世有盟誓，至于今未改。若难而弃之，何以事君？执事之患，不唯一人。若鸠楚竟，敢不听命。’吴人乃退。”这是“复定楚王”的具体内容。

曾随为一国二名，过去虽有学者列举一些材料加以证明，说服力欠佳，唯有此钟铭记曾侯腆“复定楚王”之事与《左传》《系年》载随人辞吴保昭王为同一件事，说服力最强。一件“复定楚王”大事只涉及一国而有“曾”“随”二称，此以铁的事实证明“曾”“随”为一国二名。这还可得到有力的新的旁证，如春秋中期隓仲嬭加鼎铭说：“楚王剩（媵）隓仲嬭加飤（食）緐（繁）。”其夫君国名写作“随”。嬭加又称加嬭，而在加嬭编钟（M169：9）中，其自称为楚文王之孙，楚穆王元子（长女），“之邦于曾”，既从楚国出嫁曾国，又将其所嫁的夫君国名写作“曾”。所嫁之国，称“随”又称“曾”，这又力证曾随确为一国二名。至此，长期以来的“曾随之谜”最终得以破解。

余申固楚成，孜复曾疆。讲的是“复定楚王”的后果。“申固楚成”的“成”，《左传》习见，义为讲和、达成和约。“申固”见于《胡簋》《毛公鼎》等金文和《左传》宣公十六年和《国语·楚语下》等传世文献。《国语·楚语下》“申固其姓”，其义为发展巩固自己的族姓，钟铭“申固楚成”与此较为类似。曾侯腆所言是他以实际行动重温并加强了与楚国的盟约。《左传》昭公四年载：“吴人乃退……王割子期之心，以与随人盟。”这是随人“辞退”尾追楚昭王的吴人后，昭王感激之下，划破其兄弟子期的胸皮取血，再次与随人盟誓。从钟铭下文看，此次盟誓在巩固世代旧有盟誓的基础上，又增了"孜复曾疆"的新内容。此即曾侯與所说的"申固楚成"。

孜复曾疆，就是3+5钟铭的"定均庶邦"（详见下节）。"孜"，多隶释为"改"；或释为"整"。释整当为错误的摹本所误导（或为孜字的破读）。笔者曾疑此字当释"孜"，后见陈剑先生也有释"孜"的想法。他说："字形更近于'孜'，其义较虚，释'孜'读为何字尚待再想想。"① 对照2号钟铭，两处写法基本一样，（见图4：1—3）而与"改"字区别明显。其中最突出的区别是"孜"所从"子"有左右相连的小弯画（相当楷书的横画），而"改"字没有（图4：6—7）。又"孜"所从"子"一般收笔向左斜弯，但也有向右斜弯的（图4：4—5）。凡此种种，曾侯與钟铭此字确应释"孜"。

图4

1. 曾侯與钟1拓本孜；2. 钟1摹本孜；3. 钟2孜；4. 吴王光甬钟残片1孜；5. 残片2孜②；6. 加嬭编钟M169：9B改；7. 加嬭编钟M169：10B改

从钟铭文义来看，"孜"义可能有三种：《说文》"'孜，汲汲也'。从攴，子声。《周书》'孜孜无怠'"。《周书》指《尚书·泰誓》，今本原文"尔其孜孜，奉予一人"。孔传"孜孜，勤勉不息"。这是其一。另外两种，是"孜"借用为"兹"后的义项。《古文四声韵》上平二十一"慈"写作"𢆶"。从心孜声的慈借用慈，或谓慈是慈俗字，表明

---

① 见于董珊《随州文峰塔M1出土三种曾侯與编钟铭文考释》文后评论。复旦大学出土文献与古文字研究中心网站·甲骨金文栏，2014年10月4日。

② 吴王光甬钟残片1见《铭图》15375.6（《集成》224.47）；残片2见《铭图》15398.29（《集成》224.22）。

"孜"是可借用为"兹"的。"孜复曾疆"的孜（兹）可能义为"此"，也不排除为发语词。综合考虑，义训为"此（此时）"更贴切文义。"孜复曾疆"，承上句"余申固楚成"，义谓在此时恢复了曾国原有疆域。这是曾侯䐛"复定楚王"的最大硕果，也是曾侯䐛铸编钟纪功的主要动因。

"申固楚成，孜复曾疆"前面的主语"余"是曾侯䐛的自称，此又明证曾侯䐛是"复定楚王"并与楚昭王"申固楚成"之人，他既可称"曾侯䐛"，当然也是可以称为"随侯䐛"的，此可填补《左传》之漏载。也为楚惠王"作曾侯乙（曾侯䐛之孙）宗彝"（见楚王酓章镈）找到了确切的直接缘由，即其为父（楚昭王）感恩。这进一步证实曾随为一国二名之说不可移。

（罗运环，武汉大学历史学院教授、中国先秦史学会顾问）

广惩楚荆析疑

杜 勇

昭王南征，楚荆是伐，为多种文献所共见。如史墙盘铭即云："宏鲁昭王，广惩楚荆，唯奂南行。"（《集成》10175）然近年来，此事的真实性备受质疑，理由是楚国在当时还是一个国势卑弱的弹丸小邦，远居丹阳，与昭王南征死难之地相距遥远，并不构成周人大兴六师的征伐对象。于是有学者提出新说以解其惑，以为昭王南征对象或为殷遗民，[1]或为与楚有别的荆，[2]或汉江土著亦即楚蛮，[3]一言以蔽之不是习称的芈姓之楚。

昭王南征殷遗民的说法，有悖于多种文献记载，对殷遗民的政治走向也未做出正确的观察。殷遗民是指原居殷商王畿内的子姓大族。周公东征之后，为防止他们继续反抗，采取分割肢解的策略，或封鲁卫，或徙洛邑，或迁关中，大都成了周人治下之民，并不具备兴风作浪的政治条件。即使有少量殷商旧族逃往南土，生存已属不易，更难于形成强大的反周力量，与周王朝兵戎相向。至于世居南土的方国部落，有的可能原为商代贵族国家联合体的成员，且有一定政治实力，甚或与新建的周王朝处于敌对状态，然不属于殷遗民的范畴。

论者或谓楚与荆别为二国，昭王所伐是荆非楚，亦非解决问题的正途。文献与金文或单称楚、荆，或合称楚荆，用名虽异，其义则一。

---

[1] 龚维英：《周昭王南征史实索隐》，《人文杂志》1984年第6期；曹建国：《昭王南征诸事辩考》，《阜阳师范学院学报》2003年第5期。

[2] 王光镐：《黄陂鲁台山西周遗存国属初论》，《江汉考古》1983年第4期；牛世山：《西周时期的楚与荆》，《古代文明》(5)，文物出版社2006年版，第285—299页。

[3] 张正明：《楚史》，中国人民大学出版社2010年版，第33页；尹弘兵：《地理学与考古学视野下的昭王南征》，《历史研究》2015年第1期。

《说文·林部》:"楚,丛木。一名荆也。"从文字的本源上说明了荆、楚的同一性。清华简《楚居》说:"妣㑗宾于天,巫并该其胁以楚,抵今曰楚人。"妣㑗为楚先鬻熊之妻,相传因难产而死,死后巫师用荆条包扎胁下伤口,故其后裔称"抵今曰楚人"。此即楚人又称荆的来历,并不带任何褒贬色彩。包山楚简246称"祷荆王,自楚绎以庚武王",①说明荆与楚并无分别。强分楚、荆为二国,以论昭王所伐是荆非楚,断不可从。

有的学者虽不认为楚、荆有别,但主张楚或荆作为国族概念,有芈姓楚国和楚蛮族群之分,昭王南征的对象是汉东地区的楚蛮族群,② 这也是缺乏依据的。一则,《史记·楚世家》称"封熊绎于楚蛮",不能证明西周时期的楚蛮与楚国并立。"楚蛮"在这里是区域名,如同《楚世家》又称"江上楚蛮之地",本是用后起地名述说前事,不能视为一个带有共同体性质的国族。否则封熊绎于楚蛮,就等于把一个国族封给了另一个国族,如同封殷民六族于鲁,封怀姓九宗于唐。《国语·晋语八》说"楚为荆蛮",楚君熊渠自谓"我蛮夷也"③,均表明楚国与楚蛮并无实质性区别。二则,《诗·商颂·殷武》"挞彼殷武,奋伐荆楚"云云,是宋襄公称美其父的诗句,非谓商王武丁征伐楚蛮。商代有楚,为季连之后,久居中原,其中一支在周初南迁江汉。④ 因居后世所谓蛮夷之地,故又称其国族为楚蛮,而不是另有楚蛮国族,先于芈姓楚国世居江汉。三则,商周时期江汉地区土著部族众多,黄陂盘龙城、长子国的属民即其代表。这些国族各自分立,不相统属,并未形成一个名为"楚蛮"的统一共同体。周人征伐楚地土著,也是各称其名,如康王"伐反虎方"(或释豺方),并非笼统地以"楚蛮"言之。可见把昭王"广惩楚荆"说成是征伐"楚蛮",亦非允当。

昭王兴师南征,讨伐芈姓之楚,或许材料过于简略,容易产生歧义。但《左传》僖公四年的记载可让我们摆脱概念之争,洞明事实的真相。其文云:

---

① 湖北省荆沙铁路考古队:《包山楚简》,文物出版社1991年版,第36页。
② 尹弘兵:《地理学与考古学视野下的昭王南征》,《历史研究》2015年第1期。
③ 《史记》卷40《楚世家》,中华书局1982年版,第1692页。
④ 杜勇:《清华简与古史探赜》,科学出版社2018年版,第306—311页。

西周历史研究

　　　　四年春，齐侯以诸侯之师侵蔡。蔡溃，遂伐楚。楚子使与师言曰："君处北海，寡人处南海，唯是风马牛不相及也，不虞君之涉吾地也，何故？"管仲对曰："昔召康公命我先君大公曰：'五侯九伯，女实征之，以夹辅周室。'赐我先君履，东至于海，西至于河，南至于穆陵，北至于无棣。尔贡包茅不入，王祭不共，无以缩酒，寡人是征。昭王南征而不复，寡人是问。"对曰："贡之不入，寡君之罪也，敢不共给？昭王之不复，君其问诸水滨！"

　　在这里，管仲为了说明齐之伐楚，师出有名，列举了楚人两条罪状：一是不可申辩的现实，即"包茅不入"；一是难以道清的历史，即"昭王南征而不复"。楚使认可前者，表示"贡之不入，寡君之罪"。对于后者并不服罪，但请管仲"问诸水滨"，答语巧妙而又俏皮。杜预解释说："昭王时汉非楚境，故不受罪。"孔疏引宋仲子云："丹阳，南郡枝江县也。枝江去汉，其路甚遥。昭王时汉非楚境，故不受罪也。"① 今人据此认为昭王南征对象并非芈楚，故楚使矢口否认。楚境是否远至汉南，留待后文再议。这里所要讨论的是，楚国对昭王之死不予承担责任，是否可以得出昭王所伐非楚的结论。

　　昭王南征归途之中，殁于汉水，按照东汉学者王逸的说法是："昭王背成王之制而出游，南至于楚，楚人沈（沉）之，而遂不还也。"② 《帝王世纪》更是铺张其事，以楚人进献胶船以言昭王死难之由。胶船说不过后世牵强附会的笑料，不能据以言说昭王"遭楚人之暗算"③。古本《竹书纪年》所记暴雨骤至，洪水急袭，才是导致昭王死难的直接原因。唐兰说："昭王的死，不知是什么季节，很可能在夏历六七月间，那时间是常常有暴风雨的。"④ 尹弘兵也认为，昭王南征，六师尽出，没有秋季洪水这一不可抗力因素，是不可能全军覆没的。⑤ 这说明

---

① 《左传》僖公四年杜注，（清）阮元校刻：《十三经注疏》，中华书局1982年版，第1793页。
② （宋）洪兴祖：《楚辞补注》，中华书局1983年版，第110页。
③ 童书业：《春秋左传研究》（校订本），中华书局2006年版，第34页。
④ 唐兰：《论周昭王时代的青铜器铭刻》，《唐兰先生金文论集》，紫禁城出版社1995年版。
⑤ 尹弘兵：《地理学与考古学视野下的昭王南征》，《历史研究》2015年第1期。

418

昭王并非死于周楚争锋的战场，与楚国没有直接的关系，所以楚使才能把责任推给奔流无言的汉水。而管仲也不是真要楚国承担连昭王之子穆王也不曾追究的罪责，只不过以此为口实，表明齐师伐楚的正当性。昭王虽非死于楚人的暗算，但毕竟是因为伐楚遭致的意外。所以就事情的起因讲，多少与楚国有关。否则管仲以此问罪于楚，就成了无中生有，乱扣帽子，无法取信于诸侯，争取齐国的霸主地位。假设昭王死难与楚国没有半点关系，楚使完全可以对整个事件全部否认，甚至责难管仲歪曲事实，张冠李戴，让楚国代人受过，而不仅仅是对昭王之死诿责于汉水。齐楚双方都习于使用外交辞令，委婉之中颇多机智。管仲说"昭王南征而不复"是讲事情的缘起与后果，南征对象不言自明。而楚使让"问诸水滨"却是偷换概念，说的是昭王直接的死因，楚国不负任何责任。此番对话机锋隐现，饶有意趣，但相关事实是清楚的。不能因为楚国否认对昭王之死负有直接责任，就说昭王南征的对象不是楚国，而是殷遗民，或者荆国，或者楚蛮，给昭昭史事笼罩上本不该有的层层迷雾。

周初楚国南迁以后，抓住周室分封的契机，加快发展步伐，到周昭王已非弹丸小邦。《史记·楚世家》说："当周成王之时，举文、武勤劳之后嗣，而封熊绎于楚蛮，封以子男之田。"子男的爵秩较低，封土不大，成王岐阳之会时楚国因此不得与盟。《史记·孔子世家》记楚令尹子西说："且楚之祖封于周，号为子男五十里。"孟子言及周室爵禄等级说："天子之制，地方千里，公侯皆方百里，伯七十里，子男五十里。"① 《礼记·王制》也有类似说法。《史记·十二诸侯年表》亦云："齐、晋、秦、楚其在成周甚微，封或百里或五十里。""百里或五十里"主要是说明诸侯禄田的多少及其爵秩的高低，并不是用来框定诸侯统辖的疆域，必须以此画地为牢。早在熊绎分封之前，其祖、父即熊丽、熊狂，尽管都邑仍在"京宗"，却对丹阳地区的荆山睢水进行了先期开发。《墨子·非攻下》："楚熊丽始讨此睢山之间……地方数百里。"清人梁玉绳说："丽为绎祖，睢为楚望。然则绎之前已建国楚地，成王盖因而封之，非成王封绎始有国也。"② 至熊绎受封后，南迁丹阳，统治疆域进一步扩大。《左传》昭公二十三年说：楚君"若敖、蚡冒至于武、文，土不过同……今土数圻。"

---

① （清）阮元校刻：《孟子》卷10，《十三经注疏》，中华书局1980年版，第2741页。
② （清）梁玉绳：《史记志疑》，中华书局1981年版，第1006页。

方百里为一同，方千里为一圻。圻与同相对为言，是说春秋初年楚国疆土尚未超过以同计量，故杜注"言未满一圻"，非谓楚国此时仍未达到方百里之地。从成王继位到昭王末季，依夏商周断代工程拟定的年表已有66年。而新出觉公簋表明成王在位当有37年而不是22年，则昭王末季楚国南迁约有80年。这已不是一个很短的时间了。《孟子·公孙丑上》说"文王犹方百里起"，说明文王治岐时辖境也不大，经过50年的苦心经营，不仅尽占关中之地，而且后来周武王据以兴师伐纣，一举灭商。而楚人南迁，同样意在寻求更大的发展空间，乃至"筚路蓝缕，以启山林"，不畏艰辛，砥砺前行，使其国力迅速增强。到熊黑统治之时，楚国竟可与宗主国分庭抗礼，敢与周室争高下了。

楚国与周室发生冲突，主要是由于经济上的原因。康王南巡，贯通成周至江汉地区的交通道路，除了便于伐虎方，也是为了获取江南的铜料资源。铜料资源是一种非常重要的战略性物资，不只可以制造生产工具，更重要的是可用来制作青铜礼器和武器，以满足"国之大事，在祀与戎"对铜料的需求，从而使青铜器成为"中国古代政治权力的工具"[1]。青铜原料不独为周王朝所需求，对其他方国部族来说也是稀缺资源。楚国居于丹阳，铜料匮乏，不免染指周人大力控制的江南铜料贸易，因而触及周王朝的经济利益，导致周楚战争的发生。张光直说："在古代社会里面，贸易的主要对象是与政治有关的物资，而战略性物资的流通则是以战争的形式来实现的。"[2] 金文所记昭王第一次南征，每每可见从楚人手中"俘金"的记载，即可说明周楚之战的起因和性质。

由于昭王南征楚荆所要解决的是争夺铜料资源问题，因而战争发生的地点远离楚都丹阳，临近鄂东南矿冶中心的汉水末梢一带。从楚国发展的历史看，常常是以都邑为中心，进行远距离的点状势力扩张。如熊丽、熊狂时期，都城虽在"京宗"（今洛阳一带），其政治势力却发展到了丹水流域。又如《楚世家》说：

  熊渠生子三人。当周夷王时，王室微，诸侯或不朝，相伐。熊渠甚得江汉间民和，乃兴兵伐庸、杨粤、至于鄂。熊渠曰："我蛮

---

[1] 张光直：《中国青铜时代》，生活·读书·新知三联书店1999年版，第476页。
[2] 张光直：《中国青铜时代》，生活·读书·新知三联书店1999年版，第481页。

夷也，不与中国之号谥。"乃立其长子康为句亶王，中子红为鄂王，少子执疵为越章王，皆在江上楚蛮之地。及周厉王之时，暴虐，熊渠畏其伐楚，亦去其王。

《世本》《大戴礼记》亦有类似记载。熊渠时楚居丹阳，所伐三地，庸在上庸（今湖北竹山西南），杨粤（越）当为江汉间古族，鄂可能是指东鄂州（今湖北武昌），与铜绿山矿冶区相近。熊渠占领三地后，又立其三子为王，建立政权分支机构，以加强统治。楚国这种政治传统表明，周昭王时，楚子熊艱（或作䵣）为了掠取铜料资源，也有可能在汉尾一带建有军事据点，甚至与其他土著部落联手，合力截断了周王朝的铜料贸易通道。因而导致昭王大兴六师，南征荆楚。六师是指来自宗周的精锐部队，不一定是悉数出动。楚人经过昭王第一次南征的打击，仍未收手，故有第二次南征之役。此役具体战况不详，即使周人克敌制胜，也因还师途中丧六师于汉，在实际上归于失败。

昭王兴师南征，丧师殒命，标志着康昭时期重点经营南土的战略严重受阻，也使周王朝从此消蚀了开疆拓土的坚强意志。相反，楚国此后的发展步伐不断加快，国力迅速增强，至夷厉时期熊渠竟以蛮夷自嘲，藐视周礼和宗主的权威，在江汉地区一度称王。周室东迁以后，楚国迁都于郢，发展势头更为强劲，乃至要问鼎中原。中央王朝丧失了统驭天下的宗主地位，楚国再也不装作臣属于周的样子了。

附记

沈长云教授是中国先秦史研究大家，著述甚丰，见解深邃，多为传世之作。其论著旗帜鲜明，目光如炬，每每可发千年之覆。如谓郑桓公死于幽王之难，实为史迁误读《国语》所致，即为清华简《郑文公问太伯（甲本）》等新材料所证实。此事两千多年竟无人察觉，经他一语道破，可谓拨云见日！沈长云教授是我们赵（讳光贤）门大师兄，承宣师范，蜚声学林。三十年来，不以师弟为弩，时加关照，几度合作，其高情厚谊令人深铭五内！今值师兄八十大寿，谨以此小文为贺！恭祝长云教授：智者长乐，仁者永寿！

（杜勇，天津师范大学历史文化学院教授）

周代裼袭礼辨疑

彭 林

裼袭礼,是周代服饰与礼仪中的常见现象之一,《礼记》时有所见,如《乐记》云"升降、上下、周还、裼袭,礼之文也"[①];《内则》"不有敬事,不敢袒裼"[②];《明堂位》"朱干玉戚,冕而舞《大武》;皮弁素积,裼而舞《大夏》"[③];《玉藻》"礼不盛,服不充,故大裘不裼,乘路车不式"[④];《曲礼下》"执玉,其有藉者则裼,无藉者则袭"[⑤]等,皆是。两汉以后,此礼湮灭不存,学界反复考辨,莫衷一是。清初,江永《乡党图考》试图将争议作结,岂料治丝益棼,异说腾嚣。1998年,杨向奎先生发表《裼袭礼与"礼不下庶人"解》,[⑥]肯定江永之说,可惜当时研礼者殊少,故未能在学界掀起波澜。2021年,笔者在与研究生的"《三礼》月讲"例会上,先后以《关于裼袭礼的十二个问题点》《再论裼袭礼的几个问题》等为题发言,并与学生连续讨论数月之久。

[①] (汉)郑玄注,(唐)孔颖达正义,邵同麟点校:《礼记正义》第2册,浙江大学出版社2019年版,第944页。

[②] (汉)郑玄注,(唐)孔颖达正义,邵同麟点校:《礼记正义》第2册,浙江大学出版社2019年版,第728页。

[③] (汉)郑玄注,(唐)孔颖达正义,邵同麟点校:《礼记正义》第2册,浙江大学出版社2019年版,第816页。

[④] (汉)郑玄注,(唐)孔颖达正义,邵同麟点校:《礼记正义》第2册,浙江大学出版社2019年版,第803页。

[⑤] (汉)郑玄注,(唐)孔颖达正义,邵同麟点校:《礼记正义》第1册,浙江大学出版社2019年版,第88页。

[⑥] 杨向奎:《裼袭礼与"礼不下庶人"解》,载《庆祝杨向奎先生教研六十周年论文集》,河北教育出版社1998年版,第52页。

本文为笔者研索所得的若干浅见,"嘤其鸣矣,求其友声",希冀借此推动对裼袭礼的研究。

一 裼、袭皆缘裘而设

先秦文献有关裼袭礼之记载比较零散,骤读之不易入手。《礼记·檀弓上》如下一段话,可略得裼袭礼之梗概,故以之作为讨论的引子:

> 曾子袭裘而吊,子游裼裘而吊。曾子指子游而示人曰:"夫夫也为习于礼者,如之何其裼裘而吊也?"主人既小敛,袒、括发,子游趋而出,袭裘、带、绖而入。曾子曰:"我过矣!我过矣!夫夫是也。"①

曾子与子游的友人亡故,两人前往吊丧。曾子"袭裘而吊",而子游却是"裼裘而吊"。曾子以子游不懂临丧无饰之规矩,而对众人指责道:"此位丈夫是专门学礼之人,为何裼裘而吊?"曾子不知,死者初逝,丧主尚未改穿丧服,吊丧者可与吉时一样,穿朝服前往吊唁,"裼裘"即可,孔疏:"袒去上服,以露裼衣,则此'裼裘而吊'是也。"②若是丧家已改穿丧服,则吊丧者需要"袭裘",孔疏:"朝服而加武以绖,又掩其上服。若是朋友,又加带,则此'袭裘、带、绖而入'是也。"③子游精于礼学,其往吊之时,未知丧礼进展情况,故随身带着绖带,以为备用。到达时,丧家尚未变服,故裼裘而吊,进门后知小殓已毕,丧主正"袒、括发",改穿丧服,遂"趋",小步快速出门,"袭裘带绖"后再入门。曾子得见此情,由衷认错,称赞此夫(子游)"是也"。曾子、子游同为孔子高足,往吊同一人,而所穿衣服或裼、或袭,问题之复杂,可见一斑。

---

① (汉)郑玄注,(唐)孔颖达正义,郜同麟点校:《礼记正义》第1册,浙江大学出版社2019年版,第191页。
② (汉)郑玄注,(唐)孔颖达正义,郜同麟点校:《礼记正义》第1册,浙江大学出版社2019年版,第191页。
③ (汉)郑玄注,(唐)孔颖达正义,郜同麟点校:《礼记正义》第1册,浙江大学出版社2019年版,第191页。

何谓"裼裘"？何谓"袭裘"？两者的穿着有何定则？《檀弓上》语焉不详，《礼记·玉藻》有专门记载，可为释疑之一助：

> 君衣狐白裘，锦衣以裼之。……君子狐青裘豹褎，玄绡衣以裼之；麑裘青豻褎，绞衣以裼之；羔裘豹饰，缁衣以裼之；狐裘，黄衣以裼之。锦衣狐裘，诸侯之服也。犬羊之裘不裼。不文饰也，不裼。裘之裼也，见美也。吊则袭，不尽饰也。君在则裼，尽饰也。服之袭也，充美也。是故尸袭。执玉、龟，袭。无事则裼，弗敢充也。①

上文所述，为周代贵族穿着裘衣之法、裘衣与裼衣色泽配合的原则，以及裼裘与袭裘的礼义等，要点如下：

首先，裼衣与裘必须同色。周人穿裘服，不得直接穿裘衣出外会客，其上必须罩一件称为"裼衣"的衣服。郑注："君子，大夫、士也。绡，绮属也，染之以玄，于狐青裘相宜。狐青裘盖玄衣之裘。""绞，苍黄之色也。孔子曰：'素衣麑裘。'"豻是胡地野犬。"黄衣，大蜡时腊先祖之服也。孔子曰：'黄衣狐裘。'""非诸侯则不用锦衣为裼。"②孔疏：狐白裘为白色，皮弁服亦白色，覆于狐白裘之上的锦衣亦白色，三者皆白。但凡是裼衣，均与裘色相近。由狐白裘用锦衣为裼例之，则狐青裘用玄绡衣（玄衣）为裼，麑裘青绞衣为裼，羔裘用缁衣为裼。狐裘，黄衣以裼之。"凡裼衣，象裘色也"③。因身份或礼仪性质不同，裘服的质料有狐白裘、狐青裘、麑裘、羔裘、狐裘五种，色泽并不相同。裼衣用丝绸制作，色泽必须与裘服之色一致。需要提及的例外是，在所有裘衣中，唯独犬羊之裘不罩裼衣，因其质地太过低贱，无需纹饰。

其次，裘必须以裼衣覆之的原因，经文阙如，郑玄给出的解释是

---

① （汉）郑玄注，（唐）孔颖达正义，郜同麟点校：《礼记正义》第2册，浙江大学出版社2019年版，第784—787页。
② （汉）郑玄注，（唐）孔颖达正义，郜同麟点校：《礼记正义》第2册，浙江大学出版社2019年版，第785页。
③ （汉）郑玄注，（唐）孔颖达正义，郜同麟点校：《礼记正义》第2册，浙江大学出版社2019年版，第784页。

"裘袭也"。《玉藻》云"君衣狐白裘，锦衣以裼之"，郑注："袒而有衣曰裼。必覆之者，裘袭也。"① 《聘礼》"公侧授宰玉，裼"，郑注"裘者为温，表之为其袭也"，贾疏："案《月令》云孟冬'天子始裘'，是裘为温。云'表之'者，则裼衣是也。"② 《檀弓上》"袪，裼之可也"，郑注："裼，表裘也。"③ 表是表面、上面，《说文》："表，上衣也。"④ 表衣，即穿着于表层、外表之衣。

周代服饰文化极为讲究，无论寒暑，均不得随心由性。《论语·乡党》"当暑，袗絺绤，必表而出之"，袗，单层之衣。葛布，制作精细者为絺，粗疏者为绤。朱子："表而出之，谓先着里衣，表絺绤而出之于外，欲其不见体也。"⑤ 暑热季节，在家可以穿单层的葛衣，精粗皆可；若要出门见宾客，则须在外面再加一件"表衣"，目的是不露出体肤。

《玉藻》"表裘不入公门"，郑曰："表裘，外裘也。（外裘，今本作外衣，误）。"⑥ 袗絺绤与裘，二者形且亵，皆当表之方可出门。"表之为袭"，犹言"为其亵而表之"，裘亵，不登大雅之堂，故用裼衣表其外。

郑玄云："寒暑之服，冬则裘，夏则葛。"⑦ 寒冬服裘，其上有裼袭之服。夏季服葛，其上是否亦有裼袭之服？江永见《仪礼·聘礼》有裼袭礼，而断言其他季节亦当有之："聘礼不必行于冬，故四时皆有裼袭。"⑧ 此说一出，学者响应不绝，如胡培翚《仪礼正义》云，"'寒暑

---

① （汉）郑玄注，（唐）孔颖达正义，鄀同麟点校：《礼记正义》第2册，浙江大学出版社2019年版，第784页。
② （汉）郑玄注，（唐）贾公彦疏：《仪礼注疏》，北京大学《儒藏》编纂与研究中心编：《儒藏》精华编第42册，北京大学出版社2016年版，第418、419页。
③ （汉）郑玄注，（唐）孔颖达正义，鄀同麟点校：《礼记正义》第1册，浙江大学出版社2019年版，第216页。
④ （汉）许慎撰，（清）段玉裁注：《说文解字注》八篇上，上海古籍出版社1988年版，第389页。
⑤ （宋）朱熹：《四书章句集注》论语集注卷5，中华书局1983年版，第119页。
⑥ （汉）郑玄注，（唐）孔颖达正义，鄀同麟点校：《礼记正义》第2册，浙江大学出版社2019年版，第780页。
⑦ （汉）郑玄注，（唐）贾公彦疏：《仪礼注疏》，北京大学《儒藏》编纂与研究中心编：《儒藏》精华编第42册，北京大学出版社2016年版，第418页。
⑧ （清）胡培翚：《仪礼正义》卷16，北京大学《儒藏》编纂与研究中心：《儒藏》精华编第47册，北京大学出版社2016年版，第775页。

之服，冬则裘，夏则葛'者，见裘葛皆有裼袭也。"胡氏引王士让云："夏葛冬裘，皆有袭裼之宜，春与秋亦然，故经文只言袭裼而不言袭裘裼裘。学者第据《玉藻》文谓惟裘有袭裼，误矣。"①

鄙见，裼袭乃是专为裘而设，因裘而有裼与袭，绝非为聘礼而设。若说裼袭行于四时，则《檀弓上》单言裼、袭即可，何必言子游裼裘、曾子袭裘，以裼袭与裘连言？若聘礼行于冬，则裘上有裼袭；若行于春夏，则葛衣之外加罩衣。葛衣之上有罩衣，或有裼袭之义，但不得蒙裼袭之名。此外，葛衣与罩衣之间，并无色泽之对应关系。故两者不可混同。

二 "见美"与"充美"

上引《玉藻》文云："裘之裼也，见美也。"此语涉及裼裘与袭裘之礼义，不可忽略。裘衣之外加裼衣作为文饰，谓之"见美"。此外，在某些特别隆重的场合，要在裼衣之上再加"袭衣"。"服之袭也，充美也"，加袭衣，谓之"充美"。"充"，意即将"美"裹藏于内，如今人将气充于气球之内谓之"充气"。"充美"，乃是用另一件衣服罩在裼衣外，将其覆盖，是为"袭"。

《玉藻》云"礼不盛，服不充"，郑注："礼盛者服充。"孔疏："充犹袭也。服袭，是充美于内，唯盛礼乃然也。故聘及执玉龟皆袭，是为盛礼故也。"② 袭裘为盛，"无事则裼，弗敢充也"，可见服裘者以裼为常态，而以"充美"（袭）为殊态（隆礼），"袭"，亦即"充美"。郑玄注《仪礼·聘礼》"公侧授宰玉，裼"一语作注时云："凡当盛礼者，以充美为敬，非盛礼者，以见美为敬，礼尚相变也。"③ 礼有"盛礼"与"非盛礼"不同，前者要求"充美"，后者则要求"见美"，故礼仪设计所崇尚的，是通过服饰等要素的变化来凸显其重点与非重点。

---

① （清）胡培翚：《仪礼正义》卷16，北京大学《儒藏》编纂与研究中心编：《儒藏》精华编第47册，北京大学出版社2016年版，第775页。
② （汉）郑玄注，（唐）孔颖达正义，鄂同麟点校：《礼记正义》第2册，浙江大学出版社2019年版，第803页。
③ （汉）郑玄注，（唐）贾公彦疏：《仪礼注疏》，北京大学《儒藏》编纂与研究中心编：《儒藏》精华编第42册，北京大学出版社2016年版，第418页。

所谓"见美",是见裼衣之美,抑或见裘衣之美?学者理解有异。孔疏以为见裼衣之美,江永认为:"见美者,见裘之美也。裘虽在裼衣内,裼衣与裘同色,见裼衣则知其是某裘。孔疏谓见裼衣之美,非是。"① 江永似已忘却郑注所云,"裘者为温,表之为其亵也。"服裘,是因其"为温",可以保暖;在裘衣外"表之"者,乃是裼衣。蔡德晋踵江永之说:"见美充美,以羔裘麛裘之类言;若缁衣素衣之属,何足言美。孔疏皆以为裼衣之美,亦误。"② 如前所述,裼衣表其外是因为裘"亵"。亵,本义为贴身之衣。《乡党》"红紫不以为亵服",朱子《章句》:"亵服,私居服也。"③ 亵服不可为朝祭之服,足见其不雅。既嫌其亵,又何美可见?

学者多以为,裘服名贵,见美当是显现裘服之美。鄙见,若此说不误,则"裼"即是"充美",充裘衣之美在内。今裼表于裘,裼可见而裘不可见,是为见美,见锦衣、玄绡衣等之美。经注皆以"袭"为充美,袭在裼外,可知美在于裼上。

周人为何以裘为"亵"?江永称古人著裘,兽毛在外,并引《新序》为证:"今人服裘或以毛向外,古人正是如此,故有'虞人反裘而负薪'之喻。"④ 胡培翚认同江永之说,裘必以裼衣表之,只因"毛在外则亵","表之谓裘外有裼衣,且有上服也。"裘皮原本贴于兽体,即有亵义。裘可保暖,但服于人身,兽毛露于外,究竟不雅。

鄙见,以裘为亵,源于周人"鸟兽不可与同群"之理念,严人与禽兽之别,耻与禽兽为伍,耻于成为"虽能言",而有"鸟兽之心"者。故生活之中,不免处处避嫌。试想,若满朝君臣皆身穿狐皮、麛皮、羔皮之服,且兽毛历历在目,岂非给人以"麋鹿满庭,狐狸遍地"之联想,成何体貌!既是裘亵,又何美可谈?若必以裘为美,又何必"锦衣以裼之"?江永以见美为彰显裘衣之美,恐谬。

---

① (清)胡培翚:《仪礼正义》卷16,北京大学《儒藏》编纂与研究中心编:《儒藏》精华编第47册,北京大学出版社2016年版,第775页。
② (清)黄以周:《礼书通故》衣服通故三,北京大学《儒藏》编纂与研究中心编:《儒藏》精华编第71册,北京大学出版社2016年版,第151页。
③ (宋)朱熹:《四书章句集注》论语集注卷5,中华书局1983年版,第119页。
④ (清)胡培翚:《仪礼正义》卷16,北京大学《儒藏》编纂与研究中心编:《儒藏》精华编第47册,北京大学出版社2016年版,第775页。

三 丧袒、射袒、罪袒非裼袭之袒

祖裼之礼之所以纷繁无比，鄙见，与《聘礼》"公侧授宰玉，裼"一语的注疏有关，郑注云："裼者，免上衣见裼衣。……凡禮裼者左。"① 贾疏云：

> 云"凡禮裼者左"者，吉凶皆袒左是也。是以《士丧礼》主人左袒，《檀弓》云吴季札"左袒，右还其封"，《大射》亦左袒。若受刑则袒右，故《觐礼》侯氏袒右受刑是也。②

上文起首，是郑玄解释经文中的"裼"字："免上衣，见裼衣。"说裼是免上衣，即是将裼衣之上的那件衣服免除、脱去，而非免左袖。此为裼袭礼裼字的正解，至确。郑注此文较长，下文谈及"禮裼"，这是与上文的"裼"不同的概念，如何不同，我们放在下文再谈。由于禮裼与祖裼看起来很相似，而且郑玄在同一段注里提及，故不少人混淆为一。问题还不止于此，贾疏又将词义扩展到所有吉凶之礼，"云'凡禮裼者左'者，吉凶皆袒左是也"，并且分别列举《士丧礼》《大射》《觐礼》所见"左袒"，江永不辨于此，将裼袭礼理解为"袒左"的重要依据，或以此证彼，或以此攻彼，以致自乱阵脚。

江永引《士丧礼》"主人出，南面，左袒，扱诸面之右"一语，略去下文，而继引贾疏："谓袒左袖，扱于右腋之下带之内。"③ 如此，"左袒"一词被掐头去尾后脱离语境，单独提取，纳入其词汇比较范围，并由此引出古有袒袖礼的结论："古人有袒袖之礼，行礼时开出上服前衿，袒出左袖。《士丧礼》'主人左袒，扱诸面之右'，扱即插字。

---

① （汉）郑玄注，（唐）贾公彦疏：《仪礼注疏》，北京大学《儒藏》编纂与研究中心编：《儒藏》精华编第42册，北京大学出版社2016年版，第418页。
② （汉）郑玄注，（唐）贾公彦疏：《仪礼注疏》，北京大学《儒藏》编纂与研究中心编：《儒藏》精华编第42册，北京大学出版社2016年版，第419、420页。
③ （汉）郑玄注，（唐）贾公彦疏：《仪礼注疏》，北京大学《儒藏》编纂与研究中心编：《儒藏》精华编第43册，北京大学出版社2016年版，第703页。

吉礼亦当以左袖插诸前衿之右也。"① 江永将《士丧礼》中"主人左袒"一语的动作加以铺衍放大，进而定义为古代普遍施行之"礼例"，由于"左袒"一词礼书习见，故学者靡然从之。初看，此说并无瑕疵。但若细一思之，便有疑点，丧主为何要袒左袖？意在要对某人、某事或某一仪节表示特别敬意？皆非。《士丧礼》"扱诸面之右"之下，其下尚有"盥于盆上，洗贝，执以入"② 一语，若将前后两语贯通读之，即可知主人此处左袒，而不过是将要前往盆上盥手后洗贝，故贾疏紧接着用"取便也"三字，表示将左袖"扱诸面之右"，不过是为丧主做事"取便"，方便洗贝，与袒裼之袒无关。

袒左袖之举，亦见于各种射礼。如《乡射礼》"司射请射"节，"司射适堂西，袒、决、遂"，经文未提及袒左抑或袒右，郑注云："袒，左免衣也。"贾疏："知袒左者，凡事无问吉凶皆袒左，是以《士丧》主人左袒，此及《大射》亦皆袒左，不以吉凶相反。"③ 周代礼仪时有以吉凶作为区别标准者，如揖礼，左右手在胸部高处前后相叠，吉礼，男子左手在上，女子右手在上；凶礼反是，男子右手在上，女子左手在上。而射礼之左袒，与吉凶无关，与仪节的隆盛与否亦无关，仅是出于射箭的安全需要。射手在发射箭矢时，弓弦回弹时可能擦扯左袖或划伤皮肤，为此需要脱去衣袖、在左手小臂绑缚射䪌，以便"遂弦"与"蔽肤敛衣"。华夏民族日常生活多用右手，出土酒爵之鋬与鎏之设计，唯有右手可以使用，即可为证；鲜有"左撇子"，故射手皆左袒，亦是"取便"，更与裼袭礼无关，学者不必凿高求深，牵强为说。

礼从生活中来，而非由概念而出。因是源于生活，故必须以顺势而为，尊重民众在长期的社会生活中养成的正当习惯、行为方式为行礼的基础，而非向壁虚造，捏造某些概念，命令万民照办。射箭、饮酒、洗涤用右手、褪左袖，便是自然而然，各行其是，令人易于接受，尽管同样具有整齐划一的效果，但绝不是礼家刻意设计而成。今人研究古礼，

---

① （清）胡培翚：《仪礼正义》卷16，北京大学《儒藏》编纂与研究中心编：《儒藏》精华编第47册，北京大学出版社2016年版，第776页。
② （汉）郑玄注，（唐）贾公彦疏：《仪礼注疏》，北京大学《儒藏》编纂与研究中心编：《儒藏》精华编第43册，北京大学出版社2016年版，第703页。
③ （汉）郑玄注，（唐）贾公彦疏：《仪礼注疏》，北京大学《儒藏》编纂与研究中心编：《儒藏》精华编第42册，北京大学出版社2016年版，第206、207页。

应该清楚其中的区别。

此外，古代文献中每每有"禮裼"与"袒裼"，由于有"裼"字，故亦每每与裼袭混淆为一。《诗·郑风·大叔于田》"禮裼暴虎，献于公所"，毛传："禮裼，肉袒也。"① 即今人所谓赤膊。《孟子·公孙丑上》："尔为尔，我为我，虽袒裼裸裎于我侧，尔焉能浼我哉？"注："袒裼，露臂也。裸裎，露身也。"② 袒裼裸裎，犹言赤身裸体。是上举禮裼、袒裼，无一丝礼义，与裼袭礼尤其无关。

鄙见，郑注、贾疏论裼袭之裼，连累及于与裼相关之文献记载。后儒不察，自以为巨细无遗，将相关资料一网打尽，实则滚作一团，溺陷不起。

四 袒、袒裼、禮裼纠葛之源在文字讹误

裼袭礼之裼与袭衣有关，与礼之隆盛与否相关，丧袒、射袒、刑袒、肉袒之袒则未必。如何分析其间的关系？是礼经研究的重要课题之一。毛奇龄《经问》将"袒裼"区分为二："有去衣之袒裼，有加衣之袒裼"：

> 去衣之袒裼，如《射礼》"袒决"、《丧礼》"袒括发"、郑《诗》"袒裼暴虎"、《郊特牲》"肉袒割牲"、《左传》"郑伯肉袒牵羊"、《史记·微子世家》"面缚肉袒"，俱是也。此脱衣见体，不必皆敬事也。若加衣之袒裼，则《卫风》"衣锦绚衣，裳锦绚裳"，谓夫人衣锦必加单衣于其上谓之裼衣，但又加一衣，袒而不袭，则其美见焉。又有裼袭，如狐白加锦衣、狐青加绚衣、狐黄加黄衣、羔裘加缁衣，皆加单衣于裘上，但外又加一衣，袒裼之而美见，袭掩之而美不见，《檀弓》所云"袭裘而吊，裼裘而吊"是也。去衣之袒裼为亵，加衣之袒裼为敬，明有分别矣。③

---

① （汉）郑玄笺，（唐）孔颖达疏：《毛诗注疏》卷4，上海古籍出版社2013年版，第391页。
② （宋）朱熹：《四书章句集注》孟子集注卷3，中华书局1983年版，第240页。
③ （清）胡培翚：《仪礼正义》卷16，北京大学《儒藏》编纂与研究中心编：《儒藏》精华编第47册，北京大学出版社2016年版，第777页。

胡培翚称毛氏以去衣、加衣为说"未确",将两者之差别定义为"去衣而见体之袒裼为肉袒","去衣而见衣之袒裼为文饰"①。胡氏之说较毛氏为确,但依然犹差一间。

段玉裁最早发现,袒、袒裼、襢裼的纠葛,皆源于"袒"字的讹误,造成经义混淆,段氏辨析精审,其要点如下:②

1. 礼书所见袒字之义多为袒露,与《说文》袒字不符。《说文》衣部:"袒,衣缝解也。"本义为衣缝绽裂,即《内则》"衣裳绽裂"之绽,或作"䋎"。《说文》无绽字,此即绽字本字。

2. 《说文》衣部:"裼,袒也。""裎者,但也。"人部:"但,裼也。"段氏云,"裼,袒也"之袒当作"但";但与裼,"二篆为转注,古但裼字如此。"自许至今,经传子史皆为袒裼,不为但裼。赖许书仅存,可识字之本形本义"。

3. "经传凡单言裼者,谓免上衣也。凡单言袒者,谓免衣肉袒也。肉袒或谓之袒裼。《释言》《毛传》皆曰:'袒裼,肉袒也'是也。许君肉袒字作膻,在肉部;而袒作但,与裼互训。裼为无上衣之但。臝裎为无衣之但,臝裎亦肉膻也。"

4. "按覆裘之衣曰裼,行礼袒其上衣、见裼衣谓之裼,不露裼衣谓之袭。郑注《玉藻》曰:袒而有衣曰裼,以别于无衣曰袒也。"

但,与裼互训,为无上衣之袒,即去上衣之后,其下依然有衣。袒,有褪去之义,故无衣之肉袒,乃至裸裎、肉膻、臝裎、襢裼,凡褪去衣服之后见肉身者,均可称袒。上列丧袒、射袒、刑袒、肉袒,共同之处均为肉袒,即褪去衣袖后即见肉体。《乡射记》有袒纁襦者,乃是大夫尊于士,故袒而露朱襦,此为权变,并非通例,故可不论。因文献多将袒、裼混言,致使读者迷茫。若依段说,将"袒裼"改正为"但裼",则许多无谓争议自然烟消云散。

鄙见,仅仅从有衣、无衣区分但与裼,尚未触及二者本质;但与袒相异的核心,但是由裘服而生的服饰仪节,适用于少数隆礼的场合;而诸种

---

① (清)胡培翚:《仪礼正义》卷16,北京大学《儒藏》编纂与研究中心编:《儒藏》精华编第47册,北京大学出版社2016年版,第777页。

② (汉)许慎撰,(清)段玉裁注:《说文解字注》八篇上,上海古籍出版社1988年版,第382、395、396页。

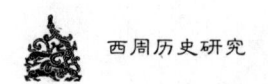

之祖皆行于普通礼节，多为便于行事而起；二者不啻天壤，岂可混同。

五　裼衣之上是否有专用之袭衣？

周人服饰，从内至外，自有规范。郑注说裘外有裼、袭二衣。《曲礼》"执玉，其有藉者则裼"，孔疏申述郑义：

> 裼所以异于袭者，凡衣，近体有袍襗之属，其外有裘。夏月则衣葛，其上有裼衣，裼衣上有袭衣，袭衣之上有常著之服，则皮弁之属也。①

裘上之服，孔疏云顺序有裼衣、袭衣、皮弁等，袭衣为穿着于裼衣与正服之间。六朝经师崔灵恩、皇侃不从孔疏，以为先着明衣，次中衣，次裘，次裼衣，裼衣上加朝祭之服，要之，裼衣上无袭衣。《聘礼》贾疏说同：

> 凡服四时不同，假令冬有裘，倮身裤衫，又有襦袴，襦袴之上有裘，裘上有裼衣，裼衣之上又有上服皮弁、祭服之等。若夏则以绨绤，绨绤之上则有中衣，中衣之上复有上服皮弁、祭服之等。若春秋二时，则衣袷褶，袷褶之上加以中衣，中衣之上加以上服也。②

胡培翚从贾疏："裼与袭对，袒去上服，以露裼衣，谓之裼。掩其上服，不露裼衣，谓之袭。上服内即是裼衣，裼衣内即是裘葛，别无一重袭衣。"③ 若依此说，则所谓袭衣，凡能充美之衣，均得称袭衣。

孔贾之别，界限清晰，仅在裘服外有二重衣、三重衣而已。而后儒异说纷呈，莫衷一是。如郝敬云裘外裼衣即是朝祭之服："裘外裼衣即

---

① （汉）郑玄注，（唐）孔颖达正义，郜同麟点校：《礼记正义》第1册，浙江大学出版社2019年版，第92页。
② （汉）郑玄注，（唐）贾公彦疏：《仪礼注疏》，北京大学《儒藏》编纂与研究中心编：《儒藏》精华编第42册，北京大学出版社2016年版，第419页。
③ （清）胡培翚：《仪礼正义》卷16，北京大学《儒藏》编纂与研究中心编：《儒藏》精华编第47册，北京大学出版社2016年版，第774、775页。

是朝祭服，非裼衣之外又着朝祭服。"① 任大椿说同："《玉藻》'羔裘缁衣'，是朝服之裼衣；《诗》'缁衣之宜兮'，是朝服。"② 蔡德晋亦然："古人裘上加正服，正服有裼有袭。以其裼而露裘谓之裼衣，亦曰裼裘；以其袭而掩裘谓之袭衣，亦曰袭裘。"③

黄以周认为："郑注谓裘外有裼袭二衣，是也。裼衣在裘之外，故《玉藻》曰'裘之裼也'。袭衣又在裼衣之外，故《玉藻》曰'服之袭也'。二服分别甚明。凡服袭衣者可以裼，为内本有裼衣也。服裼衣者，无上服不可为袭。"④

裼衣上是否有独立存在的袭服，孔、贾各执一端，不易遽断。《礼记·丧大记》"吊者袭裘，加武、带、绖，与主人拾踊"，孔疏："若未小敛之前来吊者，裘上有裼衣，裼衣上有朝服，开朝服露裼衣。"⑤ 古人事死如事生，丧事处置，多以死者生前所行为准。若依贾氏此疏，则裼衣之上无袭衣。然已如前指，孔疏持裘上三重衣说，与此说相左。不过，丧礼仪节或冥器若有省简，亦在情理之中。

鄙见，《礼记·玉藻》有关"入公门"之服饰规定，或可为判断袭裘之有无提供线索：

> 非列采不入公门，振𫄨绤不入公门，表裘不入公门。袭裘不入公门。⑥

据郑注，"列采，正服"。"表裘，外衣也。二者形且亵，皆当表之

---

① （清）黄以周：《礼书通故》衣服通故三，北京大学《儒藏》编纂与研究中心编：《儒藏》精华编第71册，北京大学出版社2016年版，第149页。
② （清）黄以周：《礼书通故》衣服通故三，北京大学《儒藏》编纂与研究中心编：《儒藏》精华编第71册，北京大学出版社2016年版，第150页。
③ （清）黄以周：《礼书通故》衣服通故三，北京大学《儒藏》编纂与研究中心编：《儒藏》精华编第71册，北京大学出版社2016年版，第152页。
④ （清）黄以周：《礼书通故》衣服通故三，北京大学《儒藏》编纂与研究中心编：《儒藏》精华编第71册，北京大学出版社2016年版，第152页。
⑤ （汉）郑玄注，（唐）孔颖达正义，郜同麟点校：《礼记正义》第3册，浙江大学出版社2019年版，第1081、1083、1084页。
⑥ （汉）郑玄注，（唐）孔颖达正义，郜同麟点校：《礼记正义》第2册，浙江大学出版社2019年版，第780、782页。

乃出。衣裘必当裼也。"① 公门整肃，不穿正服者不得入内。振，读为袗，单衣。细葛布称绤，粗葛布称绤。表裘，是罩在裘衣外表的衣服。二者均非正式场合所宜，故外面穿此二衣者均不得入公门。孔疏："云'形且亵'者，'形'解'袗绤绤'，其形露见。'亵'解'表裘'，在衣外，可鄙亵。二者上加表衣乃出也。"又论裼、袭与裘服的关系："裘上有裼衣，裼衣之上有袭衣，袭衣之上有正服，但据露裼衣、不露裼衣为异耳。若袭裘，不得入公门也。"② 为何袭裘不得入公门？曾子"袭裘而入"，当如何解释？

黄以周对《玉藻》这段话的解读与孔疏不同，认为是非盛礼、非敬事的情况下，表裘、袭裘入公门。属于不恭、不敬：

<blockquote>
云"礼不盛，服不充"，郑注云："大事不崇曲敬。"是以非盛礼而袭谓之不敬，故曰"袭裘不入公门"，又曰"无事则裼，弗敢充也"。非敬事而裼，谓之不恭，故曰"不有敬事，不敢袒裼"。③
</blockquote>

若黄氏此说成立，则又与其袭裘即公服之说抵牾。故仍当另求解释。鄙见，《玉藻》此语，提及列采、振绤绤、表裘、袭裘四物，从语言习惯而言，四者当属同一性质、程度相当。若此推断不误，则列采与振绤绤既然同为服装名，则表裘、袭裘亦当是如此。若将两者理解为表裘之衣与袭裘之衣，即未与裘服配合使用之裼衣、袭衣。如此，则《玉藻》此四物可豁然贯通：唯服列采者可入公门，其他单独服振绤绤、表裘、袭裘者，均不得入内。若此说成立，则袭衣确为充美之衣之专名。

六　袖饰与丧袖的意蕴

裼袭礼的讨论，牵连周代服饰研究的许多领域，触及诸多以往很少

---

① （汉）郑玄注，（唐）孔颖达正义，郜同麟点校：《礼记正义》第 2 册，浙江大学出版社 2019 年版，第 780、782 页。

② （汉）郑玄注，（唐）孔颖达正义，郜同麟点校：《礼记正义》第 2 册，浙江大学出版社 2019 年版，第 782 页。

③ （清）黄以周：《礼书通故》衣服通故三，北京大学《儒藏》编纂与研究中心编：《儒藏》精华编第 71 册，北京大学出版社 2016 年版，第 151 页。

关注的细节的兴趣，下文有关袌（古"袖"字）的两点解读，即是笔者读书的意外收获之一。

《玉藻》云："君子狐青裘豹袌，玄绡衣以裼之。麛裘青犴袌，绞衣以裼之。狐裘，黄衣以裼之。"郑注："君子，大夫、士也。绡，绮属也，染之以玄，于狐青裘相宜。狐青裘盖玄衣之裘。饰犹袌也。黄衣，大蜡时腊先祖之服也。"①

由郑注可知，经文此处所记，乃是大夫、士，即诸侯之臣的服饰规制。诸侯与臣，同朝理政，服色理应一致，如在国内视朔，君臣同以素衣为裼；若是两国交聘，则君臣同服麛裘，而主国之君以素衣为裼，使臣以绞衣为裼。素衣与绞衣，色泽较近而有别，意在细微处体现差异。

大夫、士在朝，所服之裘与诸侯同，但不得完全相同，否则就有无君无臣之讥或者僭越之嫌，故需要选择衣服的某个部位做处理，以示身份的区别。于是就选在袖口用另一种兽皮作为装饰：狐青之裘用豹皮装饰袖口，麛（鹿子）裘用青犴（胡犬）之皮装饰袖口，羊羔之裘用豹皮装饰袖口，而国君则无需如此，裘服与袖，纯然一体即可。贾疏："诸侯与其臣视朔与行聘礼皆服麛裘。但君则麛裘还用麛袌，臣则不敢纯如君，麛裘则青犴袌。"②例如君用纯狐青，大夫、士杂以豹饰袖。要之，君用纯色，臣用杂色。礼服在整体上保持君臣一体，而于细微处体现君臣名分，用意精深，值得玩味。

此外，《礼记·檀弓上》记丧礼小祥祭后服饰之变化，亦为周代服制研究需要考察的要点之一：

> 父母之丧哭无时，使，必知其反也。练，练衣黄里，縓缘。葛要绖，绳屦无绚，角瑱。鹿裘衡长袪。袪，裼之可也。③

---

① （汉）郑玄注，（唐）孔颖达正义，郜同麟点校：《礼记正义》第 2 册，浙江大学出版社 2019 年版，第 785 页。

② （汉）郑玄注，（唐）贾公彦疏：《仪礼注疏》，北京大学《儒藏》编纂与研究中心编：《儒藏》精华编第 42 册，北京大学出版社 2016 年版，第 419 页。

③ （汉）郑玄注，（唐）孔颖达正义，郜同麟点校：《礼记正义》第 1 册，浙江大学出版社 2019 年版，第 215、216 页。

郑注："小祥练冠，练中衣，以黄为内，縓为饰。"① 练，丧礼中的小祥之祭。至此，男子去葛绖，唯余要葛，着练冠与练中衣。縓，浅绛色。缘，中衣领及袖缘。绚，屦头之饰件。瑱，充耳，掩于耳际，初丧时无，小祥微饰而有，以角为之。鹿裘，小祥后之服。孔疏："冬时吉凶衣里皆有裘，吉时则贵贱有异，丧时则同用大鹿皮为之。鹿色近白，与丧相宜也。"② 衡，当为横字之误。袪，袖缘袂口。练祭之后所为之裘，加宽加长，加袪与裼衣。此处可注意者，为有关裘的袖的变化，孔疏：

"丧已后，既凶、质，虽有裘，裘上未有裼衣。""小祥之前，裘狭而短，袂又无袪。""至小祥更作大长者，横广之，又长之，为袪，更新造之。"③

礼缘情而作。三年之丧，孝子的心情从初丧时的心如刀斩，到渐次走向平复，最终回归常态，在丧服上亦有相应变化，而以小祥、大祥、禫为主要节点。丧服的变除，除麻布的精粗等外在体现之外，内里之裘，亦有变化：初丧，虽着裘，但狭而短袂、无袪，与凶质的丧礼对应。小祥祭后，丧期已过一年，孝子悲情已减轻，故新造之丧服变为长大、横广，并且加有袪（袖口），堪称与时俱变。

（彭林，清华大学首批文科资深教授，浙江大学马一浮书院兼任教授）

---

① （汉）郑玄注，（唐）孔颖达正义，郜同麟点校：《礼记正义》第1册，浙江大学出版社2019年版，第215页。

② （汉）郑玄注，（唐）孔颖达正义，郜同麟点校：《礼记正义》第1册，浙江大学出版社2019年版，第216页。

③ （汉）郑玄注，（唐）孔颖达正义，郜同麟点校：《礼记正义》第1册，浙江大学出版社2019年版，第216页。

井田制度中的户籍管理问题

邢 铁

史学界对井田制问题一直存在不同见解,这些不同见解有一个共同的出发点,都从"田"字入手,把井田制作为土地制度来考察。这只是抓住了问题的一个方面。井田制度包括户籍制和土地制两项内容,并且首先是户籍制度。本文从"井"字入手,从户籍管理的角度对井田制度的内容再作考索,希望能纠偏匡误,为全面认识井田制度做一点基础性的工作。

一 井田制是户籍和田制的综合体

先秦时期的户籍制度不是独立的,是与土地制度结合在一起的。所谓井田制度是井制和田制的合称,其中的井制就是户籍制度。

井字最初的含义是凿井而饮的生活用井,而不是田野上的灌溉用井。西周以前的农田灌溉主要靠雨水和自然河流,[1] 虽有商周时代即已用桔槔、辘轳汲井水的传说,但土井浅、含水量小,用于灌溉作用不大,所以最初的井不是与耕地农作相连,而是与家户生活相连,《周易·井卦》有"改邑不改井"之语,杜佑《通典》卷三说黄帝"经土设计",以井为起点按邻、朋、里、邑、州编贯,"夫始分之于井则地著,计之于州则数详"……说的就是这种情况。可能是由于邻近几家共用一井汲水,"井"便被借指为最基础的户籍编制单位了。不仅乡村居民按井编贯,由先秦时期用"市井之臣"来称国邑之人,城市居民可能也

---

[1] 《周礼·小司徒》郑注云"沟洫以除水害",做排涝用,非灌溉用。赵俪生:《有关井田制的一些辨析》,《历史研究》1980年第4期。

是如此。夏商以前姑且不说，西周时期的"井"已经派生出户籍名称的含义了。

再看田制。田的含义是原野，田字是以道路沟壑交叉的自然形状为基础的象形文字，从划成四块、八块、九块和十六块的混乱情形看，证明这是与农耕有关的水渠所划分尚属牵强，用来证明井田制度是难以令人信服的。田字具备井田制含义之时即井田制产生的时间，古人传说为黄帝或大禹时代，近年出版的有关论著认为始于夏初。[①] 具体时间虽难确知，可以推想，自然性质的农田只有与作为户籍制度的井制结合在一起时才能成为一种制度，井制应该产生于井田制之前。"井田"二字到西汉中期《谷梁传》注解"初税亩"时才合用，但此前《孟子·滕文公》篇说的经界、井地，《周礼·司徒》讲的均土地、经土地，应该与井田的含义相同。

后人之所以对井田制的内容认识不全面，主要是只注意字形含义，没从语法角度去理解。从字形看，井字源于井口所架木栏的交叉形状，田字源于道路沟壑的交叉形状，二者各有特定含义，本无直接联系；从语法上讲，井字原是名词（户籍名称），在动宾结构的"井田"一词中则是名词动用，意思是"以井划田"，按户籍人口规划土地，可以由经界、经土地的"经"字得以证明。后人多依郑玄注《周礼》所说的"其制似井之字，因取名焉"，把"井"字解释为形容词性的定语，把"井田"解释为"像井字形状的田"了。

井田制下的户籍称之为"井"，可能是因为超出家户之上的编制单位是井。在井田制时期也有不直接称为井的户籍，如《周礼》等书中有图、版、版籍等称谓。《大司徒》称图为"天下土地之图"，《说文》释图从口，有规划之意；《论语集解》卷五《乡党》郑注宫伯职云"版，名籍也"，孔安国曰"版谓邦国图籍也"。《说文》释版为板，有平面之意，从字形字义看当与土地有关。图和版都是指井田制下按家户规划土地，是与土地制结合在一起的户籍制，与后来的敦煌户籍那样，不是单纯的户籍制。

这样解释井田制有一个潜在的前提，即井田制确实实行过。一些论

[①] 参见金景芳《论井田制度》，齐鲁书社1982年版；吴慧《井田制考索》，农业出版社1985年版；徐喜辰《井田制度研究》，吉林人民出版社1984年版。

著否认井田制曾存在的理由主要是对有关史料的怀疑。将《孟子》《周礼》有关内容中的设想成分剔除，抓住其所追述古制的实质，结合其他记载来看，井田制在西周存在过的，但不是单纯的土地制度，而是户籍和田制的综合体。井田制，称作"井田编制"更合适。

二 井田编制中的户籍管理方法

杜佑《通典·食货》卷三讲述西周乡党版籍之后注曰："家于乡遂则其户可详，五人为伍则其人之众寡可知。故管子曰：欲理其国者必先知其人，欲知其人者必先知其地。自昭穆之后王室中衰，井田废坏，不足以纪人之众寡，宣王是以料人于太原。"这段话勾勒出了先秦时期户籍与土地制度的关系和后来的变化线索，宣王之前不用单另"料人（民）"，通过井田编制就能掌握户籍。具体分析井田制下的户籍管理方法，主要有两个方面：

一是通过定期分配土地来掌握人口数量。

用井邑编定户籍人口，再按人口来划分土地；一旦划定，土地便与人口互为估算依据，一定数量的土地代表一定户数（百亩为夫），一定数量的民户也代表一定土地（一夫百亩），即"百亩＝一夫"。掌握了土地便掌握了户口，就能做到《国语·鲁语》虢文公所说的"不料民而知其多少"了。

孟子说三代税制为"夏后氏五十而贡，殷人七十而助，周人百亩而彻"，五十、七十和百亩都是不同时期"一夫"所代表的不同土地数量，并且都是以户口为中心调节田亩数的，即以"一夫"应耕或能耕的土地限量，随时调整土地（税收）单位。夏商不可确知，西周时期一夫实耕百亩是可信的，"一夫百亩"正是孟子井田说的实质所在。对于孟子井田说的真伪，人们一直争论不休，其实细读《滕文公》篇原文便可明确地看出，孟子回答滕文公"问为国"讲三代税制进，既有追述又有推论，讲的是古制；接下来回答毕战"问井地"时口气就不同了：

请野九一而助，国中什一使自赋。死徙无出乡，乡田同井，出入相友，守望相助，疾病相扶持，则百姓和睦。方里儿井，井九百亩，其中为公田，八家皆私百亩，同养公田。公事毕然后敢治私事。

由"请"字及最后对毕战说"此其大略也，若夫润泽之，则在君与子矣"来看，这是孟子自己的设想。①孟子的设想并不是乌托邦，有着真实的历史背景。所谓八家皆私百亩、同养公田的井田图式，实际是西周分封制——全国土地和居民编制形式的浓缩，百亩公田源于天子王畿的公田及诸侯封地上的甫田，而八家皆私百亩即一夫百亩，才是已经消失了的西周旧制的真实反映，也是孟子井田说的实质所在。孟子这段话分两层意思，先讲"乡田同井"即户籍编制，然后再说"井九百亩"即土地制度，反映出井田编制中井与田的关系。孟子的设想比较笼统，结合《周礼》所载西周之制来看就具体了。《周礼》的主要内容是讲官司职掌，在六官中都从不同的角度设有管理户籍民数的官职，②特别是《地官·司徒》既掌人口又掌土地：

大司徒掌管"建邦之土地之图与其人民之数"，按公侯伯子男分封土地与人民。"凡造都鄙，制其地域而沟封之，以其室数制之。不易之地家百亩，一易之地家二百亩，再易之地家三百亩。"

小司徒具体掌管征役征赋，"均土地，以稽其人民而周知其数。……经土地而井牧其田野，九夫为井，四井为邑，四邑为丘，四丘为甸，四甸为县，四县为都。"

遂人掌管"以土地之图经田野。造县鄙形体之法，五家为邻，五邻为里，四里为酇，五酇为鄙，五鄙为县，五县为遂，皆有地域而沟封之。使各掌其政令刑禁，以岁时稽其人民而授之田野。"

可以看出，《地官》所属各级官吏掌管人口和土地的基本方法，就

---

① 齐思和已经指出《孟子》井田说分两章，"其论贡助彻一章，乃评论三代田制之得失也；其论井田一章，乃为滕国规划田制也。二章宗旨各有不同，而注疏家不察，将两章混为一谈，以为皆系述旧，而非创制。"见《孟子井田说辨》，《燕京学报》1948年第35期。

② 何休《公羊解诂》初税亩条说按地之优劣"三年一换土易居"，调节人口变动与土地数量，由司空掌管。司徒的徒原训为土，即职掌土地，沈长云《周代司徒之职辨非》（《中国史研究》1985年第3期）文论证为"管万民"，已纠其偏。

是按"一夫百亩"的统一标准来编贯划地（编制程序不同或与国野划分有关，详下）。该书以户籍编制为主，土地划分为辅来叙述井田编制，与《孟子》反映出井田编制下通过分配土地而掌握户口的古制。

另外几部书的记载也是这样。汉代韩婴《韩诗外传》说井田规划为"八家为井，田方一里为井"；何休《公羊解诂》宣公十五年注井田为"圣人制井田之法而口分之"；《汉书·食货志》记载"亩百为夫，夫三为屋，屋三为井，井方一里，是为九夫"，《正义》释曰"谓可以式划分，无待扯算"……无论九夫八家或一里一井，都同样含人口和土地两项内容。抓住户籍和田制的综合体这条线索来分析，这些记载的主要内容都是有历史根据的，特别是《周礼》和《孟子》所载的具体编制无论有何不同，其基本点——亩百为夫或一夫百亩——都是相同的。证明在井田编制下"一夫"与"百亩"已经成为可以互相代替的同义语，加之人民赖土地以为生，安土重迁，人口与土地维持着固定搭配，一般情况下通过登记有多少个"百亩"的土地也就可以掌握人口的数量，反之亦然。

二是通过定期重分土地掌握人口变动。

定期重分土地是休耕制（菑新畬）引起的，进而成了调节人口与土地搭配数量的方法。先秦时期的农田按质量分为每年可耕、休耕一年和休耕两年三种，《周礼·遂人》说要"辨其野之土上地中地下地，以颁田里"；《汉书·食货志》载须按三类土地"三岁更耕之"；何休《公羊解诂》也在"初税亩"条下详细地讲了休耕制与土地重分的关系：

> 司空谨别田之高下善恶分为三品，上田一岁一垦，中田二岁一垦，下田三岁一垦。肥饶不得独乐，墝埆不得独苦，故三年一换土易居，财均力平。

这是从土地质量和数量的均平来考虑，在三年中各类土地的使用者都已实际耕种了相当于三百亩的土地之后，[①] 根据各家人口变化情况再

[①] 即三年间上田每年耕种，已耕三遍；中田一百亩耕两遍，另一百亩耕一遍；下田三个百亩各耕种一遍。设每家有三种田地各一百亩，三年间都耕种了相当于六百亩的田地。所以三年是农业生产的一个周期，人口与土地每三年一调整。

一井或一邑的范围内进行调整，而不是打乱重分。① 值得注意的是，三年也恰是整顿户籍的周期。《周礼·秋官·司民》载其职为"掌万民之教，自生齿以上皆书于版，辨其国中与都鄙及其郊野，异其男女，岁登下其生死。及三年大比，以万民之数诏司寇。"该书《均人》之职有"三年大比则大均"句，郑注为"三年大数民之众寡"，又说大比"谓使天下更简阅民数及其财物也"，唐人贾公颜疏郑注"要谓其簿"的意思是"谓若今造籍，户口宅地具陈于簿也"；《周礼·天官·司书》掌管"邦中之版，土地之图"，三年一清查称为"大计"，具体内容是"以知田野夫家六畜之数"，疏云"盖田野之芜阙，户口之息耗"……可见"大比"的内容不仅是清查户数，也涉及土地，证明调整土地与整顿户籍是同时同步进行的，所谓"三年一换土易居"是通过调配土地来适应和掌握人口变动的方法，与"大比""大计"是一个制度的两个方面。"井田"一词在《周礼》中作经土地、均土地，细绎其含义，经土地是指最初的"井牧其田野"，即以户籍规划土地；而均土地可能是指分定后每三年定期调配人口与土地占有数量之事。《国语·周语》虢文公说只有经、均结合，才能既做到"不料民而知其多少"，又能保证"死生、出入、往来者可知"，准确地掌握户口数。

由此产生一个问题，如果分配和调整土地时都以百亩为单位，不够百亩的零散土地又如何分配？这牵涉"圭田"的问题。《孟子》说"卿以下必有圭田，圭田五十亩，余夫二十五亩"，②《周礼·司徒》载有土圭测影量地之法，《九章算术·方田》中有计算圭田面积之法，《说文》云"田五十亩曰畦"……知圭田即分给余夫的"零星不井之田"，《礼记·王制》说有"圭田不征"的规定，至于五十或二十五亩，是不同地区的不同情况。这是就数量而言。从形状上考虑，无论一夫之田或一井之地，不一定都是矩形，当是有圆有方。③我们对形状不必过多地考

---

① 马曜考察过解放前西双版纳傣族地区的土地有抽补调整之法，如挤地、并地、挖地、割地、补地、调地等，而不是全部打乱重分。可作为西周之制的参照。见《从西双版纳看西周》，云南《学术研究》1963年第1期。

② 通常认为这段话是指余夫分零散之田。"卿"的含义与文意不切，莫非斯认为是"圭田五千亩"误笔，即卿分田五千亩（见《食货》2卷1期），但与下文"余夫二十五亩"不合。

③ 《楚辞》有"滋兰之九畹"句，注云"十二亩为畹"，与宛转相通，喻为圆形；倪今生亦释《诗·公刘》"乃宣乃亩"的宣为圆，见《食货》5卷5期倪文。

虑，只须抓住数量（一夫百亩）这个基本点，把握住井田编制的户籍与田制合一的特性，就能解决单纯从土地制的角度考察时的一些费解之处：如在全国划分整齐划一的井田的可能性问题，一易再易之田打乱九百亩格局的问题，以及高低不平的土地如何划分的问题等等。

以上是井田编制下户籍管理的两个主要方法。为了进一步印证户籍管理在井田编制中的突出地位和作用，我们再从西周的税制兵制和行政区划方面来简单考察一下。

三代税制中与井田制关系最密切的是助法。郑注《周礼》所补《考工记》说"助者，借民之力，以治公田，又使收敛焉"，属于劳役性质。孟子设想的井田图中的中间百亩公田应该源于西周王畿行籍田礼的公田，所谓"助者籍也"。王畿公田集中在都城周围，农夫按规定时间到公田去耕种，即《国语·周语》所说的籍田礼后"庶人终于千亩"。助法是原来分封制下的税制，也是孟子设想的井田制下的税制，助法下劳役的征发依据和计算单位是"一夫百亩"，征发的直接对象是人夫，只有通过井田编制中的户籍制度才能实现；自周宣王"不籍千亩"，劳役性质的助法便为实物性质的彻税所代替了。实行实物税法必须单独登记土地的数量，不能再以"一夫百亩"的固定单位来作大致推算，于是户籍也就相应地从土地制度中独立出来了（详后）。但这已经是井田编制废弛后的情形了。

军赋兵士的征派也以井田编制下的民户土地为基础，《周礼·春官·大司马》说"凡令贡赋，以地与民制之"，即此证。兵士征发直接以"家"为单位，《小司徒》载其法为："乃均土地以稽其人民而周知其数。上地家七人，可任也者家三人；中地家六人，可任也者二家五人；下地家五人，可任也者家二人。凡起徒役毋过家一人。"按地亩肥瘠或人口稠稀将地分三等，分别按可养七口、六口、五口计算，再从中计算出可任役的丁夫数。其中军事性质的伍、两、卒、旅、师、军的编制与《遂人》所记邻、里、酂、鄙、县、遂的户籍行政编制吻合，且"四两为卒"与"四里为酂"相对应（以凑整百故），其余皆以五进位，遂是最高行政区划，相应地，军也是最高的军队编制单位。说明西周的兵士征发既依据于地亩也依据于户籍编制，甚至可以设想在兵农合一制下的西周，全国的士兵数可能就是依据井田制下所掌握的户数来直接推算和编制的。

西周的行政区划是以井田编制为基础而制定的。《周礼·大司徒》记载六乡（国）的编制是家、比、闾、族、党、州、乡，《遂人》载六遂（野）的编制是家、邻、里、酇、鄙、县、遂，除"四里为酇"外都是五进位，乡、遂为最高编制单位，都直接从"家"记起，未言及井。《小司徒》又载"九夫为井，四井为邑，四邑为丘，四丘为甸，四甸为县，四县为都"，《遂人》也载"凡治野，夫间有遂……十夫有沟"，后人据此认为有十夫为井之制。史学界对九夫十夫各为何处之制有不同看法，但无论九夫十夫都与上述"五家"的编制相吻合。据前引《小司徒》"上地家七人，可任也者家三人"及郑注引《司马法》关于"夫三为屋，屋三为井"的记载来看，可知井田编制中"亩百为夫"的夫即后来所说的男丁，而不是家户，一般五口之家有男丁二人左右，故一井九夫或十夫实际上就是指四家或五家（八家是孟子的设想）。五家为比和五家为邻主要是从治安或征发兵役着眼，九夫为井和十夫为井主要是从财政税收着眼，记载的角度虽不同，其实都是以"一夫百亩"为基础的。

以井田编制为基础的行政区划还带有浓郁的宗法色彩。西周金文中邑、里是以血缘关系组成的居民点，《论语》和《左传》等书常有十室之邑、百室之邑及千室之邑的记载。邑自商代即已有之，只是在西周井田编制下才将大小不同的邑、里统一起来了。"九夫为井，四井为邑"；"五家为邻，五邻为里"，邑里都是二十余家。清人金鹗《求古录礼说》卷九《邑考》说"一井亦可为邑"，认为"《论语》谓十室之邑，即一井之邑"，除数量不同外，还说明了宗法制下的邑与井田编制下的井的关系。孟子设想的井田图中"乡田同井，出入相友，守望相助，疾病相扶持"，也有明显的宗法色彩，并由"死徙无出乡"透露出以宗法观念协助行政编制来控制人口的意图，这都是西周旧制的反映。

西周时期地方官吏的政绩考核、治安维持及灾荒赈济等也是通过井田编制下的户籍进行的，限于篇幅，不再具体说了。

三　井田编制废弛后户籍的独立

到西周末年，人口与土地已经不能继续维持"一夫百亩"的固定搭配，井田编制便逐渐废弛了。不论周王室还是各侯国都需要赋税和兵士，离不开户籍这个基本工具，所以井田编制废弛的过程也就是户籍制与土地制相分离的过程。我们仍从税制兵赋和行政编制方面略加考察。

前面谈到，西周井田制下税法主要是劳役性质的助法，孟子由《诗经》"雨我公田，遂及我私"句推论说"虽周亦助也"即讲的这种情况，而"周人百亩而彻"则是说的井田编制废弛后的情形，西周末年"宣王继位，不籍千亩"是助法转为彻法的开始。只是宣王继位后五十余年便周室东迁，新税法没来得及推行到各侯国便夭折了。尽管各侯国既不听从东周王室的调遣，又互不统属，各行其是，税制变化的客观趋势则是一致的。因此，相继出现了鲁国的"初税亩"、齐国的"相地而衰征"和秦国的"初租禾"等税制，名称虽异，都是履亩而征，与彻法的基本精神相同。"初税亩"所以称为"初"，是因为在鲁国第一次实行，《春秋》是鲁国的编年史，正如此后180年秦国用此法仍然称为"初租禾"一样，不能理解为第一次在历史上出现这类税制。劳役税为实物税所取代的事实说明，井田编制下人口与土地的固定搭配被破坏了。

兵制方面的变化也是这样。原先可按夫、井、邑等户籍编制来征兵征赋，宣王不籍千亩即井田编制废弛后三十余年，便为征发兵士而"料民于太原"，因为井田制下的户籍已经混乱了。东周列国时期先后出现了"作丘甲""作丘赋""用田赋"和"作州兵"等新制，杜注《左传》"作丘赋"说："丘十六井，当出马一匹牛三头（按：此系旧制），今子产别赋其田，如鲁之田赋。"鲁之田赋即"税亩"，可知兵士与军赋征发方式的变化趋势与税制是一致的，不能再以井田编制下的户籍或田制作为工具，直接依据地亩征收军赋、按人口征发兵士了。

税制兵制的变化是由井田编制下的户籍管理方式的变化引起的，反过来又促使户籍管理方式发生变化。原来有"一夫百亩"的基础，税赋兵役的征发虽然基于百亩之田，直接计算单位则是夫（家），井田编制废弛后的彻法，初税亩、初租禾等直接间接都是依据土地，不再针对人了。对于国家政权来说，人口控制仍很重要，徭役兵役的征发及治安的维持都必须严格地掌握户口，必须有完整的户籍制度，于是自宣王"料民"开始，就逐渐出现了一些新的户籍管理办法。

首先是作为过渡方式的"书社"在春秋时期的普遍出现。杨倞注《荀子》曰"书社谓以社之户口书于版图"；尹知章注《管子·小称》

说"古者群居二十五家则共置社谓以书社书于策"……书社是以传统的村社为基础编定的户籍单位，也是最基层的行政管理单位。井田编制下的村社只有同族互助作用，与行政户籍关系不大；①井田编制废弛后户籍制度开始独立时，正值社会大动荡时期，原有的维系户籍编制的纽带都松散了，同族共助的观念显得重要起来，户籍制便回过头来与古老的村社制结合在一起，并对村社制加以改进，形成了二十五家为一单位的书社。书社制的建立与井田编制下户籍管理方式的废弛是一个此消彼长的过程，井田编制下的井邑邻里以地域划分为主，以血缘关系为纽带的书社制实际上只是一个过渡方式。在春秋时期诸侯割据的形势下，东周王室已无力统辖列国，各侯国互相招徕他国民众，加大民众的逃亡流徙，使得以宗族血缘关系为纽带的书社制难以长久地维持下去。于是，在初税亩和作丘甲的同时，各侯国陆续出现了一些既脱离开井田编制、又不同于书社制的户籍管理方式：

《左传》襄公二十五年（公元前548年）楚国"量入修赋"后即"书土田"，重新登记土地，相应地也必然单独登记户口；《史记·六国年表》载秦国于前408年"初租禾"，《秦始皇本纪》载三十年后秦国便初"为户籍相伍"；《国语·晋语》载晋国"作爰田"后尹铎治晋阳时"损其户数"，即整饬户籍，其他地区想必亦当如是；《管子·国蓄》载齐国"相地而衰征"前后为使"民不移"，曾采取几种登记户口的方法，以室庑籍、以正人籍，以正户籍。

尽管这些制度的名称和形式不同，其基本精神是一致的，都是在井田编制日趋废弛和废弛，已经不能依据土地来掌握人口的情况下，为了继续有效地控制人口而设立的；从这些制度放弃"井"的名号，大都改版籍版图为户籍来看，这个时候户籍制度已经从田制中独立出来，②但还没有统一起来。将这些不同名称和形式的户籍管理方式统一起来的是秦朝，而秦朝又直接承袭的商鞅变法时所创行的制度。

战国时期商鞅以耕战为急务的变法运动的主要措施之一便是制定户

---

① 《说文》释社曰"《周礼》二十五家为社"，把西周的村庄与春秋时期的书社混淆了。前者是以血缘关系为基础自然形成的；后者谓之"书"，表明已经有了行政编制因素。

② 这是就总体而言。《管子·禁藏》说"户籍田结者，所以知贫富之不訾也。故善（牧民）者必先知其田，乃知其人"；《国语·晋语》韦注云"五百人为旅，为田五百顷；百人为卒，为田百顷。"当是沿用井田制下以地算人的方法。

籍，控制人口。《商君书·境内篇》规定"四境之内，丈夫子女，皆有名于上，生者著，死者削"；《去强篇》规定还要区分"竟（境）内仓□之数，壮男壮女之数，老弱之数，官士之数，以言说取食者之数，利民之数，马牛刍藁之数。"据《史记·商君列传》记载，商鞅还强行改变了秦国以前"父子无别，同室而居"的旧习，强令父子异居，"民有二男以上不分异者倍其赋"，用行政手段建立和巩固个体小农家庭——户籍管理的对象。为实行严格的户籍管理，商鞅还采取了两个重要措施，一是抑商抑兼并，① 抑制商人兼并农人，争夺劳动人手，并招徕三晋之民，以便使更多的农业劳动者编入户籍；二是制爰田，亦称辕田。②《汉书·地理志》注引孟康说："三年爰土易居，古制也，末世浸废。商鞅相秦，复立爰田……爰自在其处，不复易居也。"即由官府按"为国分田，数小亩五百"的标准一次性分给农民，③ 不再搞定期重分了。虽然这时户籍与田制已经分离，但土地是维持小农家庭的物质基础，整顿户籍离不开田制方面的措施，二者仍然是相辅相成的。从商鞅变法的情况看，其户籍制度确实广泛推行了，有学者认为："在全国经常进行人口调查登记的，商鞅是历史上的第一人。"④ 也应该是创行独立户籍制度的第一人。

在制定户籍管理制度的基础上，商鞅又把秦国曾经实行过的以地域编制为基础的行政区划"县"重新整饬推行，如《史记·商君列传》说的"集小都乡邑为县，置令丞，凡三十一县"，县下设乡，令乡间"民为什伍"，防止匿户逃户，形成了完整的由户到乡到县的户籍与行政编制。秦统一后又将商鞅创立的户籍制度推行到了全国，奠定了中国

---

① 兼并一词在先秦的含义如韩非所说是"商人兼并农人"，不是兼并土地，此时地旷人稀，土地还不成为重要的社会问题；西汉以后才把兼并的含义扩展到土地方面。商鞅通过抑商来抑制商人兼并农业人口，防止农人逃匿，是秦国实行户籍管理的重要措施。

② 《汉书·食货志》记载董仲舒说商鞅"除井田，开阡陌"，《战国策·秦策》和《史记》《秦本纪》《商君列传》及《蔡泽传》等都只记"开阡陌"一句，无"除井田"之语。按实际情况推论，商鞅变法在周宣王"不籍千亩"之后约五百年，秦国即西周故地已不存在井田制，商鞅改变土地制可能只有"开阡陌"一项，如《汉书·地理志》所说的"制辕田，开阡陌"，变革户籍之时也不需要从改变井田制下的户籍方式入手了。

③ 《商君书·算地》。小亩即周制长百步、宽一步，以别于秦制长二百四十步的大亩。数量虽多，目的在于鼓励垦耕，不一定实分，仍含有按人口计算、划分土地的意思。

④ 胡寄窗：《中国经济思想史》上册，上海人民出版社1962年版，第400页。

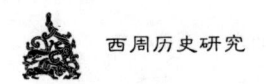

古代两千年间户籍管理制度的模式。

后记

这是一篇意义大于内容的旧文，是为祝贺沈长云老师八秩华诞整理的。四十多年前我读研究生的时候经常看到沈老师的文章，1985年我到河北师范学院历史系（今河北师范大学历史文化学院）教书，得知沈老师也在这里，急趋访晤，印象有二：一是帅气，美男子；二是率真，有性格。

新世纪之初，沈老师已经誉满史学界，我们开始申报博士点。彼时我被公投为院长（系主任），具体张罗此事，颇知个中原委。有的专业老一代先生年龄过限，中年一代力量单薄，只好不惜代价招贤加盟，三个带头人引进两个；我们中国古代史自力更生不假外援，沈老师正值盛年，雄踞第一带头人，专业梯队顺势而成。我们能在惨烈竞争中一路披靡，端赖沈老师独树一帜；实事求是地说，我们的古代史博士点就是沈老师创建的。我们不只是借重沈老师的学问和声望，还有沈老师的辛劳——几次带我等京城走动，游说掌有定盘之握的大腕，或拜见于公厅，或叩谒于府上，所到之处赐座赏茶迎送有加。没有沈老师出面，我等可能连门也进不去。

前几年应约写回忆高考的《一路走来四十年》，介绍我们中国古代史专业最有学问的教授，第一代是张恒寿先生，第二代是胡如雷老师，第三代就是沈老师。面对往日辉煌，我感慨道："对于出身京城名校的张老、胡老师和沈老师来说，我们这个平台确实小了些，他们的学术影响本来应该更大。"我只说了一半，后边的话我没好意思说："我们这里以后不会再有这样的教授了。真有学问的教授，沈老师是最后一位。"所以我觉得，今天我们祝贺沈老师八秩华诞，也是在向我们学院的一个学术时代致敬。

（邢铁，河北师范大学历史文化学院教授）

试论清华简《蟋蟀》的"作者"问题及周公的戒慎思想

许兆昌

战国竹简文献"清华简（壹）"《耆夜》记武王八年征耆大胜之后，在文太室举行饮宴礼庆功，其所述史事正发生在西周王朝的创建时期。在饮宴过程中，武王先"作歌"两首，分酬毕公和周公，之后是周公分别酬酢毕公和祝诵武王，也"作歌"两首。从行文看，这应是饮宴礼中事先安排好的规定流程。不过，规定流程完成之后，又发生了一个小小的插曲，即在周公祝诵武王之后将饮未饮之际，一只蟋蟀偶然出现在饮酒的堂上，周公睹物思情，于是再赋《蟋蟀》诗一首。《耆夜》全篇的主体部分即由此五首诗歌构成。显然，这些诗歌应是研究克商之前周人高等级贵族观念、意识的重要史料。

一 《耆夜》的文献特征

《耆夜》虽然主体部分为诗歌，但其通篇行文却非诗体，而是记叙体。这与《逸周书》及《尚书》中所收早期"语类"文献的诗体特征迥然不同。因此，其文本通篇的编纂年代应该比较晚，整体的史料价值无法与《逸周书》《尚书》所汇辑的各篇文献相比。

首先，《耆夜》文首之叙事与早期"语类"文献的文首之序不同。早期"语类"文献的文首之序主要用于说明语录出处，简单地交代时间、人物及当时场景即可，绝不做细致描述，其服务于文献主体——"语录"的行文特点非常突出。换句话说，早期"语类"文献中的文首之序，是真正的"序"。将这些文首之序摘出来单独汇辑在一起，往往就成了"书序"一类的作品。而《耆夜》的文首叙事则明显是一个独立的段落。它详细地记录了饮宴礼的场景、过程,而且还记录了一些与后文"语录"完全无关的人物,这在《尚书》《逸周书》所收早期"语类"文献中是从没有见到过的现象:

> 武王八年,征伐耆,大戡之。还,乃饮至于文太室。毕公高为客,召公保奭为夹,周公叔旦为宝,辛公誩甲为位,作策逸为东堂之客,吕尚父命为司政,监饮酒。

只要作简单对比,就能发现《耆夜》中的场面描述和《尚书》《逸周书》等"语类"文献的文首之序在行文上有很大的差异。该段叙事所涉人物甚多,除武王、周公之外,还包括毕公、召公、辛公、作策逸、吕尚父等一系列周初名臣。但这些人物只出现在首段的叙事之中,后面的行文中就不再提起。特别是毕公高,他表面上看是这场饮宴礼中最重要的角色——"客",即主宾,但事实上也仅用作通篇叙事的一个"道具",并非其中的行为主体。早期"语类"文献的文首之序,其目的就是服务于所述之"语录",加上又主要通过口述的方式流传,因而只能简明扼要、言简意赅,不可能出现这种复杂的、铺垫式的叙事行文。

其次,《耆夜》通篇行文并非诗体,这与早期"语类"文献有着巨大的差别。除文首叙事外,由于《耆夜》的主体部分由武王、周公所作之五首诗歌组成,因此从表面上看,其诗体文字的字数最多。但是,这些诗歌对于该篇文献整体行文的发展不起任何作用。也就是说,它们只是被表述的对象,并不构成该篇文献叙事发展的线索或脉络。而真正串联起该篇文献之前后行文的,恰是为数不多的记述性文字。按文首叙事之后,《耆夜》的文章结构如下:

第一段"王夜爵酬毕公,作歌一终曰《乐乐旨酒》",以下是《乐乐旨酒》的歌词。

第二段"王夜爵酬周公,作歌一终曰《輶乘》",以下是《輶乘》的歌词。

第三段"周公夜爵酬毕公,作歌一终曰《赑赑》"以下是《赑赑》的歌词。

第四段"周公又夜爵酬王,作祝诵一终曰《明明上帝》",以下是

试论清华简《蟋蟀》的"作者"问题及周公的戒慎思想

《明明上帝》的歌词。

第五段"周公秉爵未饮,蟋蟀造降于堂,周公作歌一终曰《蟋蟀》",以下是《蟋蟀》的歌词。

显然,推动《耆夜》整篇叙事发展的并不是文中唱诵的五首诗歌,而是这些并不具有诗歌特征的记述性文字。

最后,《耆夜》虽是记述体,但又与《逸周书》中的几篇早期记述体文献如《克殷》《世俘》《作雒》等篇的行文并不相同。《逸周书》中的这些叙事单篇,都是大事记的行文风格,不会涉及事件的细节描述,而《耆夜》中却有非常故事化甚至是戏剧化的细节描述。如周公作《蟋蟀》之前即有这样的细节描述:"周公秉爵未饮,蟋蟀造降于堂,周公作歌一终曰《蟋蟀》。"这种细节描述与《左传》的记述体行文有较大的相似性。《左传》多载春秋贵族聚会赋诗之场景,其场景、过程等细节描述栩栩如生,文学性很强。如《襄公二十七年》载:

> 郑伯享赵孟于垂陇,子展、伯有、子西、子产、子大叔、二子石从。赵孟曰:"七子从君,以宠武也。请皆赋以卒君贶,武亦以观七子之志。"子展赋《草虫》,赵孟曰:"善哉!民之主也。抑武也不足以当之。"伯有赋《鹑之贲贲》,赵孟曰:"床笫之言不逾阈,况在野乎?非使人之所得闻也。"子西赋《黍苗》之四章,赵孟曰:"寡君在,武何能焉?"子产赋《隰桑》,赵孟曰:"武请受其卒章。"子大叔赋《野有蔓草》,赵孟曰:"吾子之惠也。"印段赋《蟋蟀》,赵孟曰:"善哉!保家之主也。吾有望矣。"公孙段赋《桑扈》,赵孟曰:"匪交匪敖,福将焉往?若保是言也,欲辞福禄,得乎?"卒享。①

虽然《耆夜》的细节描述还达不到《左传》这样的文学性高度,但已初具端倪。而这些具有戏剧效果的文学性细节因素在《逸周书》所收的早期文献中是不会出现的。这是因为当时书写不便,既不允许秉笔记述事件的史官关注这些细节性的内容,也不会给这些内容留下书写

---

① (晋)杜预注,(唐)孔颖达疏:《春秋左传正义》卷38,(清)阮元校刻:《十三经注疏》下册,中华书局1980年影印本,第1997页。

空间。因此,《耆夜》整篇的最终完成年代应与《左传》相当,不会早过春秋晚期,极大可能应在战国时期。但是,篇中所记武王、周公作歌献酬之实事,也当如《左传》一样,不会完全出自杜撰。就是说,其故事中的细节应有想象、拟构的成分,但故事本身又应是历史事实。

二 《蟋蟀》的作者及其相关问题

按《诗·唐风》中有《蟋蟀》篇,其中的一些诗句,文字及内容与《耆夜》所载都大致相同。两首《蟋蟀》关系显然十分密切。但据《毛诗序》,《蟋蟀》之作,实为"刺晋僖公也。俭不中礼,故作是诗以闵之。"① 这与《耆夜》所载周公作《蟋蟀》显然构成了文本来源的冲突。春秋时期,《诗》在贵族群体中流传非常广泛,是当时贵族从政、社交中的一种特殊语言。上引《左传·襄公二十七年》文中,郑大夫印段所赋即此《唐风·蟋蟀》。而在印段赋诗之后,赵孟即对印段作出了"善哉!保家之主也"的评价。杜预注:"《蟋蟀》,《诗·唐风》。曰:'无以大康,职思其居。好乐无荒,良士瞿瞿。'言瞿瞿然顾礼仪","能瞿瞿然不荒,所以保家。"显然,从印段赋诗到赵孟评印段赋诗,都说明该篇的基本诗义在贵族群体中是一种常识。这也就是说,《蟋蟀》并非偏僻之作。《耆夜》的创作可以确认不会晚于战国,同样,《毛诗序》也是由战国经师相传的旧说汇集而成。《蟋蟀》既非偏僻之作,则战国时期有关该诗的创作时代和作者,出现了两种说法同时并存,且相安无事,不互相争论的现象,则未免不合逻辑。从《毛诗序》这边讲,《耆夜》已明确指认周公为《蟋蟀》的作者,而周公又是战国儒家尊奉的先圣,《毛诗序》既由战国儒家经师汇辑旧说而成,却把这首诗歌的创作权交给了另外一位无名诗人,且连诗歌讥刺的对象也只是一个连在位时代都不甚翔实的晋国国君,却对周公作《蟋蟀》一事毫不涉及,这一点显然不合乎逻辑。从《耆夜》这边讲,该篇虽或为楚地学者所作,但从该篇文献的主体内容一共引述了五首诗歌,且其中四首今传《毛诗》都没有收录来看,其作者显然是一位熟悉周诗的通人,

---

① (汉)郑玄笺,(唐)孔颖达疏:《毛诗正义》卷6—1,(清)阮元校刻:《十三经注疏》上册,中华书局1980年影印本,第361页。

试论清华简《蟋蟀》的"作者"问题及周公的戒慎思想

说他因为缺乏简单的诗学背景知识，犯了张冠李戴的低级错误，显然也不合乎逻辑。总之，据《左传》描述，春秋时期，"诗学"在贵族群体中广泛流传，相关知识应只是尽人皆知的一般性常识，因此，无论是《耆夜》的作者，还是《毛诗序》的作者及战国时期的历位授受者，总之无论是哪一方，说他们犯这种常识性的低级错误，都是不合逻辑的。

按先秦时人所说的诗歌"作者"，可能与我们今天理解的并不一致。这种将同一诗篇置于不同"作者"名下的现象，并不只出现在《蟋蟀》这一首诗上。《周颂》中的《时迈》篇，其"作者"在先秦文献中就有两说。一为武王所作。《左传·宣公十二年》云："武王克商，作《颂》曰：'载戢干戈，载櫜弓矢。我求懿德，肆于时夏，允王保之。'"[①] 一为周公所作。《国语·周语上》云："周文公之《颂》曰：'载戢干戈，载櫜弓矢。我求懿德，肆于时夏，允王保之。'"韦昭注曾调和此两说云："武王既伐纣，周公为作此诗，巡守、告祭之乐歌也。"[②] 如此，《左传》中的武王"作《颂》"就演变成周公代武王作《颂》，显然，这种强为调和，不顾原文的问题很大。学者认为，《耆夜》中的"作"并不指创作，而是指演奏。这五首诗歌并不是由武王和周公现场即兴创作，而是事先选定，"由乐官提前配以乐曲、编辑好的"，武王、周公只是"届时吟唱、演奏而已"[③]。应该说这一观点很具启发性。不过，"作"字确有"创作"之义，这一点没有疑义。若只是照本吟唱，则先秦文献中一般称作"赋"或"诵"，不会称之为"作"。孔子说自己"述而不作"，已将"作"字之义辨析得非常清楚，否定这一点不太容易。更重要的是，蟋蟀出现在堂上是一个非常戏剧化的偶然事件，绝不可能是事先安排好的剧本内容。

按《耆夜》记武王、周公作歌都明确指出了诗的名称，这是一个很特别的现象。如武王酬毕公，"作歌一终曰《乐乐旨酒》"；酬周公，则"作歌一终曰《輶乘》"。周公酬毕公，"作歌一终曰《赑赑》"；酬王，则"作祝诵一终曰《明明上帝》"；其偶见蟋蟀，又"作歌一终曰《蟋

[①] （晋）杜预注，（唐）孔颖达疏：《春秋左传正义》卷23，（清）阮元校刻：《十三经注疏》下册，中华书局1980年影印本，第1882页。
[②] 上海师范大学古籍整理组校点：《国语》卷1，上海古籍出版社1978年版，第1页。
[③] 参见刘光胜《清华简〈耆夜〉考论》，《中华文化论坛》2011年第1期。

蟀》"。自《耆夜》公布后，学者都惊叹武王、周公作诗之才思敏捷，即后世能七步为诗的曹植，置于西周王朝的这些开国元勋中似乎也不见得能高明到哪儿去，因而推测《耆夜》所记并非历史事实，只是后人借武王和周公之口将五首诗歌串联起来而已。也就是说，武王和周公都不是这些诗歌的真正作者。但反过来想，若武王、周公完全不可能即兴创作这些诗歌，这是一个简单的事实，那么，《耆夜》的作者何以能置此难能之事实于不顾，竟言武王、周公在当时就作出了这些诗歌来呢？其实，一种文本的形成，离不开其所置身的历史背景，尤其是文化背景。否则不仅是作者难以想象出这些文本所包含的内容，即读者也不能接受这种难以想象的文本内容。今天的学者之所以认为武王、周公不可能当场就做出这些诗歌，是因为已经脱离了这些早期诗歌文本之形成所依赖的历史背景和文化背景。事实上，除文人外，武人甚至是不识字的文盲，即兴创作出优美的诗歌，历史上并不是不存在。关于这一点，现代民族学材料完全可以证明。例如，在很多少数民族地区甚至于晋陕北部的汉族聚居区，即使是不通文墨的人，也能即兴吟唱出很多优美的歌曲来，这些歌曲一旦记录下来就是诗。这些诗歌没有完全固定下来的文本，因而在吟唱时都有即兴创作的成分，但它们又都有一些基本的腔调和初始文本或大家共同熟知的"经验文本"，因此歌唱者唱奏起来很方便，也很容易，具体的歌词既可以按照初始文本或"经验文本"的思路接着往下编，也可以根据当时的语境自作歌词，稍加变化，唱出一些新意来。显然，华夏文明早期发展阶段，当文字尚未成为人们相互沟通的主要手段，而唱诵还是人们从事社会交往的一种重要形式时，这种即兴唱作就并不是什么难事。当然，这个"即兴"并不是我们今天所理解的全新创作，而是有腔调可循，有歌词可用，稍加变化就可以表达个人意见和想法的那种"即兴"。《耆夜》的文本，就是在这种历史背景、文化背景下形成的。也就是说，武王、周公在此次饮宴礼中一共"即兴"创作了五首歌，这种记述对于《耆夜》的作者和他当时要面对的读者而言，是在完全能够接受的经验范围之内的。但是，这种记述却不在我们能够接受的经验范围之内，就是因为我们和古人已经生活在不同的文化语境之中了。武王、周公之所以能够"即兴"创作出这五首诗歌，只是因为已有类似的初始文本（经验文本）及基本的"唱腔"，并不是说他们有多高的文学素养和音乐素养。如果没有这两个前提条件，则武王、周公就不仅是卓越的"文学家",而且至少还应是训练有素的"作曲家"(这一点学者似未曾措意),显然这是不可能的。《耆夜》记述武王、周公作歌时,都明确指出了所歌之名称,应该就是指其唱诵时所据之"母本"。唱诵者根据这个"母本",在不同的场合,根据不同的需要,分别吟唱,既有所"本",亦有所"创"。像《耆夜》所录周公作《蟋蟀》一歌,与收入《唐风》中的《蟋蟀》诗句及段落编排相比,或重复,或相似,正是在不同场合中由不同的歌唱者即兴处理与创造所造成的。因此,对周公而言,《耆夜》所载《蟋蟀》是他的"创作";对于后来刺晋僖公的诗人而言,现收入《毛诗·唐风》中的《蟋蟀》也是他的"创作"。今天的学者们仅从两种《蟋蟀》文本出发,讨论其何为初本,何为发展本,这种单线思考并不是正确的思路。因为周公在此饮宴场合中所歌《蟋蟀》,以及后来诗人歌以刺晋僖公的《蟋蟀》,本来就不是什么前后发展的单线关系,而是拥有一个共同的"母本",在民间以歌谣的形式流传,也有很大可能是在方国或王朝的乐官体系中流传,并且是贵族子弟在学校学习的必修课目。河南信阳长台关一号楚墓战国竹简文献记载先秦学制云:"教书三岁,教言三岁,教射与御……"① 其中所谓"教言"介于"教书"和"教射与御"之间,显非指儿童咿呀学语,而且时间跨度不小,与教书三岁的时间相当。按《礼记·内则》载周代男子基础教育阶段的学制亦云:

> 十年,出就外傅,居宿于外,学书记,衣不帛襦裤。礼帅初,朝夕学幼仪,请肄简、谅。十有三年,学乐诵诗,舞勺。成童,舞象,学射御。二十而冠,始学礼。②

其自十年出就外傅始学书记,到十有三年开始学乐诵诗,与简文所谓"教书三岁"正相吻合。因此,《礼记·内则》所谓"十有三年,学乐诵诗"正当简文之"教言三岁"。当然,在学制上略有差距,简文之

---

① 河南文物研究所:《信阳楚墓》,文物出版社1986年版,第125页,简号1—03。简文释读参见李零《长台关楚简〈申徒狄〉研究》,李零:《简帛古书与学术源流》,生活·读书·新知三联书店2004年版,第176页。
② (汉)郑玄注,(唐)孔颖达正义,郜同麟点校:《礼记正义》卷28,(清)阮元校刻:《十三经注疏》下册,中华书局1980年影印本,第1471页。

教言需三年时间,《内则》"成童,舞象"郑玄注:"成童,十五以上。"因此《礼记》之学乐时间,约为两年,简文与《礼记》的记载相差了一年。不过,据《内则》,成童之后,仍需学"舞象",因此,《礼记》所载周人基础教育阶段的乐教也应该超过了两年时间,这样就仍与简文所谓"教言三岁"大致相当。对比两种材料的记载,可知自师的角度所谓"教言",在生的立场就是"学乐诵诗"及舞勺、舞象而已。又"请肄简、谅"郑玄注云:"肄,习也;谅,信也。请习简,谓所书篇数也。请习信,谓应对之言也。"孔颖达疏:"谅,信也,谓言语信实。"① 显然,应对辞令之类的教育,在十三岁之前就已完成。因此,简文之"教言"及《内则》之"学乐诵诗",是指日常社会交往辞令之外的其他教学内容,这种教学内容,就是《内则》所谓的"诵诗",实际所指的就是记诵各类诗歌文本,当然也要学习一些唱诵的规范和技巧,但不会是主要内容,因为如果只是一些规范及技巧之类的内容,实在不需要学习三年这么长的时间。显然,正是在这个教育阶段,周代及周代以前的贵族记诵了大量的诗歌文本和各类吟唱曲调。由于有大量的文本和曲调储备,这些贵族在日后的不同场合,"即兴"作诗或作歌时自然就能够做到游刃有余、信口道出了。这种出现在饮宴礼上由周公作出的《蟋蟀》,以及后来诗人歌以刺晋僖公的《蟋蟀》,都是在原来的"母本"之上,根据具体的语境和当时的唱诵者或创作者自己的目的再进一步即兴吟唱"创作"而成。也就是说,周公之《蟋蟀》及收入《唐风》中的《蟋蟀》虽然有前后时代的差距,但从文本的属性看却在同一级别,两者是一种并列关系,它们与母本《蟋蟀》之间,则构成为一种复式的线性关系。因此,既不能据《耆夜》中有周公作《蟋蟀》的记载,就简单地否定《毛诗序》将《蟋蟀》定为刺晋僖公之作的说法,也不能根据《毛诗序》的说法,就否定《耆夜》里的记载。周公及后来的无名诗人,都是《蟋蟀》这一诗篇的"创作"者。只不过这种文本"创作"不能以现代的观念去理解。现代文学中的文本创作,其行为具有独占性,而且一旦形成后,其文本内容及形式又具有很强的稳定性。早期文学中的文本创作,其行为具有开放性,其形式和内容则

---

① (汉)郑玄注,(唐)孔颖达正义,郜同麟点校:《礼记正义》卷28,(清)阮元校刻:《十三经注疏》下册,中华书局1980年影印本,第1471页。

兼具静态和动态两种属性。

由于今传本《毛诗》只存《蟋蟀》一篇，《乐乐旨酒》《輶乘》《䟅䟅》《明明上帝》都不见于今传本《毛诗》，所以无法针对同一名称却为不同作品的诗篇做进一步论证。但上述四首佚诗的一些句子或习惯用语，如"旨酒""穆穆""赳赳""明明""上帝"等等，都在今传本《毛诗》中屡屡出现。而像《耆夜》中的"明明上帝，临下之光"，与《小雅·小明》中的"明明上天，照临下土"，更是句义相同，文字也非常接近。像《耆夜》中的"恁仁兄弟，庶民和同"，与《小雅·角弓》："此令兄弟，绰绰有裕"，行文与诗义亦有相似之处。这些材料也可以间接地说明先秦时期的这种"即兴"创作不是真正的全新创作，而是往往有人们熟知的"语料库"及"曲调库"可以随时备用备选。

按诗虽无达诂，但基本诗义还是可以确定的。武王、周公虽不是这些诗歌现代意义上的所谓创作者，但在其有所作的过程中，必因具体事件而有所感触，此时既要考虑到原诗的本义，也要照顾到唱作者的意见表达要求。因此，这些即兴创作的诗歌，无疑也是研究武王、周公思想的珍贵资料。

三　《蟋蟀》与周公的进取精神

从《耆夜》通篇内容看，它主要记述的不是饮宴礼制，而是借饮宴礼来记述武王、周公所作的五首诗歌。其中，第五首《蟋蟀》是全文的重中之重。前四首诗歌能够再现殷周之际的祝酒文化，但歌词内容具有格式化特征，不一定能反映祝酒者本人的个体思想或主张。而最后一首《蟋蟀》则是临时起意，更能反映周公个人的一些思想倾向。

《蟋蟀》又见《诗·唐风》，毛诗序谓其"刺晋僖公也。俭不中礼，故作是诗以闵之。欲其及时以礼自虞乐也。"《唐风·蟋蟀》三章，章八句：

　　蟋蟀在堂，岁聿其莫。今我不乐，日月其除。无已大康，职思其居。好乐无荒，良士瞿瞿。
　　蟋蟀在堂，岁聿其逝。今我不乐，日月其迈。无已大康，职思其外。好乐无荒，良士蹶蹶。

蟋蟀在堂，役车其休。今我不乐，日月其慆。无已大康，职思其忧。好乐无荒，良士休休。

《耆夜》所载《蟋蟀》亦三章，但章十句，与《唐风》不同：

蟋蟀在堂，役车其行；今夫君子，不喜不乐；夫日□□，□□荒；毋已大乐，则终以康，康乐而毋荒，是惟良士之方。

蟋蟀在席，岁聿云莫；今夫君子，不喜不乐；日月其迈，从朝及夕；毋已大康，则终以祚；康乐而毋荒，是惟良士之惧。

蟋蟀在舒，岁聿【云】□；□□□□，□□□□；□□□□，□□□□①；毋已大康，则终以惧；康乐而毋荒，是惟良士之惧。

比较两首《蟋蟀》，《耆夜》之《蟋蟀》虽章十句，每章各多出两句，但内容却并没有实质性的增加，和《唐风·蟋蟀》章八句保持着一致。因为《唐风·蟋蟀》中第三、四合两句的诗义，在《耆夜·蟋蟀》中，则由第三、四、五、六句共四句来表达。仅就文字完整的诗句看，《耆夜·蟋蟀》第一章、第二章之第三、四句"今夫君子，不喜不乐"两句，与《唐风·蟋蟀》第一章、第二章的"今我不乐"一句意义一致，只不过前者所述繁复，后者所述简捷，似是由前者合并而成。《耆夜·蟋蟀》第五、六两句，缺字较多，唯第二章字数完整，其所谓"日月其迈，从朝及夕"，在《唐风·蟋蟀》第二章中，则仅有"日月其迈"一句，虽然诗句节省了，但所表达的意义完全一致，因为《耆夜·蟋蟀》中的"从朝及夕"，不过是描摹性的内容，使"日月其迈"更加形象，但有没有此句，并不影响诗所要表达的意义。两首《蟋蟀》的其他差别，也多是文字性的，从理解诗的基本内容看，影响不大。但是，若从文学成就看，这两首《蟋蟀》的差别就比较大了。总体上讲，《耆夜·蟋蟀》显然比《唐风·蟋蟀》在细节描摹上更加丰富、生动，其文学性成就更高。如《唐风·蟋蟀》三章首句都仅是"蟋蟀在堂"，因此蟋蟀作为一个被观察之物，始终处在一种静止的状态中，观察者与

---

① 此简（第14简）前半端损坏，整理者或应根据缺简长度，拟定缺10字。不过，从诗句前后整齐的一般格式看，还是以缺8字为宜。

观察物之间也缺乏互动。而在《耆夜·蟋蟀》中，蟋蟀则分别出现在"在堂""在席""在舒（序）"等三处，蟋蟀不再是一个静止的形象。通过周公的描摹，读者可以清楚地感受到这只蟋蟀机敏而又灵动的形象。作者（即观察者）与蟋蟀（即被观察物）之间的互动自然也蕴含其中。此外，句与句的搭配，两《蟋蟀》亦有不同。如两首《蟋蟀》的第二章均有"日月其迈"，但在《耆夜》中，它搭配的前句是"岁裔（聿）云莫"，而在《唐风》中，它搭配的是"岁聿其逝"。《唐风》中亦有"岁聿其莫"句，然而它被安排在第一章，与后句"日月其除"搭配。章的前后安排也有不同。如"役车"句，在《耆夜》中为首章，在《唐风》中则为末章。当然，《唐风》称"役车其休"，《耆夜》称"役车其行"，两者意义也有一定的差别。总之，这些章句、文字上的变化，都能说明《蟋蟀》这样的诗歌，应该有它在民间传唱的"母本"。这个母本有基本的章句和内容，这些基本的章句乃至具体的字词，相当于诗歌创作的"模块"，可以根据"作"诗者的需要来调配组合，从而形成虽然同名，但"作者"不一的诗篇。当然，由于这个母本也是以"口述本"的形式存在和流传，它本身也不会像"版式本"那样，章句和文字都十分确定。因此它的每一位作者，又都既是母本的受益者，同时还是母本众多创作者中的一员。

《毛诗》中，刺俭者不止《唐风·蟋蟀》一首。《魏风》中亦有多首诗义为刺俭。如《汾沮洳》序云："刺俭也。其君俭以能勤，刺不得礼也。"《园有桃》序云："刺时也。大夫忧其君国小而迫，而俭以啬，不能用其民而无德教，日以侵削，故作是诗也。"[1] 另《葛屦》序云："刺褊也。魏地狭隘，其民机巧趋利，其君俭啬褊急，而无德以将之。"[2] 刺褊亦与刺俭义近。先秦时期，俭已发展成为一种美德。不过，从礼制的角度看，合乎礼制的安排才是最重要的，因此，不合礼制的俭，也会受到时人的批评。另外，统治者饮食宴乐，从其应然的礼制生活角度看，也不是绝对要予以批判的。《周易·需》："有孚，光亨贞

---

[1] （汉）郑玄笺，（唐）孔颖达疏：《毛诗正义》卷5—3，（清）阮元校刻：《十三经注疏》上册，中华书局1980年影印本，第357页。
[2] （汉）郑玄笺，（唐）孔颖达疏：《毛诗正义》卷5—3，（清）阮元校刻：《十三经注疏》上册，中华书局1980年影印本，第356—357页。

吉，利涉大川。"其象辞即云："云上于天，需。君子以饮食宴乐。"可见此卦之象正是叫人饮食宴乐。其彖辞谓："需，须也，险在前也。刚健而不陷，其义不困穷矣。"即有险在前，要做到刚健而不陷，则需做到耐心等待。"君子以饮食宴乐"，不是大吃大喝，奢靡无度，而是该饮则饮，该食则食，该宴则宴，该乐则乐，一切如常，刚健（即需卦下乾之所谓）以待之，则不为前险（即需卦上坎之所谓）所乱也。墨家非礼又非乐，就是因为儒家倡导礼、乐包含了相当多的"侈靡"成分，但这本是西周以来礼制中的正常内容，并不是儒家的创造。礼以教民，若俭而不中礼，表面上看节省了财力物力，但不能起到教民的作用，在当时统治者看来，引起的社会问题可能更多。在这种历史语境下，《唐风》中的诗人，用《蟋蟀》诗中的"岁聿其莫""岁聿其逝""役车其休"以及日月"其除""其迈""其慆"之义，教晋僖公虞以自乐，是完全可行的。蟋蟀夏日为户外之物，蟋蟀登堂入室，即有象征一岁之终的意义。《诗·豳风·七月》谓："五月斯螽动股，六月莎鸡振羽，七月在野，八月在宇，九月在户，十月蟋蟀入我床下。穹窒熏鼠，塞向墐户。嗟我妇子，曰为改岁，入此室处。"可见蟋蟀本有表现岁月迟暮的文学意向，用以提醒不负韶华"及时以礼虞乐"是完全合理的。当然，《唐风·蟋蟀》虽提醒要及时"虞乐"，但还是要礼为节制，所以诗中又不断提醒"毋已大康""好乐无荒"等。这一提醒又不仅仅只是理性思考的结论，同样利用了蟋蟀一物所具有的另一文学表现意义。蟋蟀所现之时，可喻岁月已暮，而蟋蟀所发之声，又可暗喻"惧"义。显然，《唐风·蟋蟀》表达的意义并不简简单单地只是强调要"虞乐"，而是合岁月迟暮和忧惧两种文学意向共同形成了及时"虞乐"主题，即忧惧岁月迟暮而主张及时"虞乐"。但是，忧惧岁月迟暮并不仅指向及时"虞乐"，也可以指向功业未竟，需及时努力。《耆夜》中，周公作《蟋蟀》，所用正是后者。因此，仅言《耆夜·蟋蟀》反映了周公从政的警惧思想，还不够表达该首诗歌的全部意蕴。因为在《唐风·蟋蟀》中，作者同样运用了蟋蟀所包含的"惧"的意向。由惊惧日月其迈、岁聿其暮而进一步衍生出来的意义，才是作诗者最终要表达的。对于《唐风·蟋蟀》而言，是惧岁月其暮，晋僖公虽俭而不能中礼，无以教民，因此，强调礼才是该篇作者的作诗本义。对于周公而言，是惧时光流逝，灭商大业尚未最终完成，因此，主张及时进取，早日完成灭商大业才是周公的作诗本义。总之,《耆夜·蟋蟀》不能仅理解为周公对岁月其暮的感慨和忧惧,——若仅仅如此,周公倒好似后来凭栏吊月、伤春洒泪的婉约词人,这显然不符合周公人格特征。作为殷周之际的著名政治家,周公在伐耆大胜之后的饮宴活动中"创作"了这首《蟋蟀》,体现的更是一种积极进取的为政态度和从政精神。

(许兆昌,吉林大学文学院中国史系教授)

由 "卿士" 一词的源流说
《厚父》 的性质及周人的经典重建*

宁镇疆

《厚父》是清华简第五辑中的一篇，由于语言古奥与《尚书》周初八诰近同，且篇中内容又涉时王与夏人后裔厚父的对话，公布以来备受学者重视。对于此篇的性质，学者间有 "夏书" "商书" "周书" 等多种不同说法。[①] 我们认为此篇为 "周书"，本文拟通过 "卿事" 一词源流的考订对此作进一步论证，并就与《厚父》有关的周人经典重建的问题谈谈我们的看法。

一 简帛文献中的 "卿士" 与 "卿士" 考源

传世文献中，"卿士" 是周王朝高级别职官，地位尊隆。有意思的是，"卿士" 西周金文中一律作 "卿事"，从无例外，这是学者们熟悉的。晚近简帛文献中 "卿士" 要么如金文般作 "卿事"，要么其中的

---

* 国家社科基金重大项目 "出土简帛文献与古书形成问题研究" （19ZDA250），"古文字与中华文明传承发展工程" 规划项目 "简帛古书中的思想史料探研" （项目号 G3453）阶段性研究成果。

① 持 "夏书" 说者以郭永秉为代表，参其《论清华简〈厚父〉应为〈夏书〉之一篇》，《出土文献》第 7 辑，中西书局 2015 年版，第 118 页。持 "商书" 说者可参见福田哲之《清华简〈厚父〉的时代暨其性质》，台湾大学文学院编《先秦两汉出土文献与学术新视野国际研讨会论文集》，2015 年，第 173—187 页；张利军《清华简〈厚父〉的性质与时代》，《管子学刊》2016 年第 3 期；王晖《清华简〈厚父〉属性及时代背景新认识——从 "之匿王乃渴失其命" 的断句释读说起》，《史学集刊》2019 年第 4 期。持 "周书" 说者可参见李学勤《清华简〈厚父〉与〈孟子〉引〈书〉》，《深圳大学学报》2015 年第 3 期；程浩《清华简〈厚父〉"周书" 说》，《出土文献》第 5 辑，中西书局 2014 年版，第 145 页；刘国忠《也谈〈厚父〉的撰作时代和性质》，《扬州大学学报》2017 年第 6 期。

"事"就作其他字形，总之仍然不是如传世文献般作"卿士"。那么问题来了，这种刻意的区分说明了什么呢？早期"卿事"的本义如何？它是如何演变为"卿士"的？这些问题前人或偶有关注，但并不系统，本文拟对此作一全面的梳理。

简帛文献中较早出现"卿士"一词是郭店及上博简《缁衣》所引《祭公》篇的一处文字。今本《礼记·缁衣》篇有引所谓"叶公之顾命"（"叶"当为"祭"之误）的话，其中云"毋以嬖御士疾庄士、大夫、卿士"，明有"卿士"。郭店简、上博简都有《缁衣》篇，《祭公》篇对应的话，郭店简作"毋以嬖士息大夫、卿事"①，上博简作"毋以嬖士疾大夫向使"②，可以看出，对应今本"卿士"，郭店作"卿事"，上博简作"向使"，均与今本不同。但请注意，前面的"嬖士"用"士"，两种文献却与今本一致。由于有今本参照，郭店简的整理者直接在"事"后括注"士"。上博简"向使"之"向"与"鄉"读音相近，而"鄉"与"卿"古本一字；其中的"使"与"事"也是分化字的关系，就像金文中早期"卿事"往往写作"卿𣃚"，③其中的"𣃚"从"史"，其实与"事"也是分化字的关系，所以上博简"向使"无疑也应该释为"卿事"。也就是说，在前有"嬖士"之"士"对照的情况下，上博简的"使"仍然没有与"士"轻易趋同。

《缁衣》篇所引为《逸周书·祭公》，此后清华简此篇公布，对应文句作"毋以俾（嬖）士息大夫卿𠩊"，整理者直接将"𠩊"括注为"士"。与《祭公》篇同辑公布的《系年》篇又有"卿𠩊、诸正、万民弗忍于厥心"，"𠩊"与《祭公》篇同形，整理者说即"李"字，并谓"李"与"士"读音相近，显然是以今本的"卿士"作标尺。但也有学者敏锐地指出，鉴于郭店、上博、清华简前文都有"嬖士"，而后文却或作"卿事"，或作"向使"，或作"卿𠩊"，总之就是没有直接写成"卿士"，参考金文中的"卿事"，因此认为"卿𠩊"之"𠩊"以括注为

---

① 荆门博物馆：《郭店楚墓竹简》，文物出版社1998年版，第130页。本文简帛文献释文一般径用宽式。
② 参见侯乃峰《上博楚简儒学文献校理》，上海古籍出版社2018年版，第60页。
③ 如矢令方尊、方彝（集成6016、9901）及近出韩伯丰鼎都是如此。

"事"为妥当，① 我们认为是正确的。稍后公布的清华简《厚父》篇有文"命咎繇下为之卿事"，"卿事"与西周金文同，其中之"事"同样并未写作"士"。这一来说明学者的审慎处理颇有道理，二来似乎也暗示郭店、上博、清华简所引（见）《祭公》在前有"嬖士"的情况下，后面的"卿事""向使""卿㣇"却始终没有径作"卿士"，并不是偶然的。

由清华简"卿事"写作"卿㣇"，又要提到更早公布的包山楚简"阴侯之庆㣇"以及北大汉简《堪舆》之"庆㣇"，俱有"庆㣇"，学者受清华简启发认为"庆㣇"即"卿事"，"庆"乃"卿"之假借，② 良是。我们还可以为此说补充一条传世文献的证据。《礼记·祭统》载卫孔悝之鼎铭文云："乃考文叔，兴旧耆欲，作率庆士，躬恤卫国，其勤公家，夙夜不解……"其中的"庆士"，前人即已指出当读作"卿士"，③ 这说明"卿士"之"卿"确有假作"庆"者。另外，由清华简"卿㣇"假"㣇"为"事"，学者还联系提到传世文献的"行李"一词，并指出"行李"本指"人"（《左传》"行李""行理"都有：僖公三十年"行李之往来"，昭公十三年"行理之命，无月不至"），④ 其说是。有意思的是，出土文献也有"行李"，清华简《越公其事》第60简云："焉始绝吴之行㣇"，其中的"行㣇"显然就是"行李"，整理者指出"行李"即"使人"。⑤ 网友"海天游踪"认为"行李"可扩读为"行使"，行人、使人也。"李"是"使"的假借字，且引清华简《系年》简137"王命平夜悼武君李（使）人于齐陈淏求师"即为例。⑥ 子

---

① 张富海：《清华简〈系年〉通假柬释》，李守奎主编：《清华简〈系年〉与古史新探》，中西书局2017年版，第447页。
② 王挺斌：《战国秦汉简帛古书训释研究》，中国社会科学出版社2022年版，第119—121页。
③ 于省吾引"应子容"之说谓"庆士"即"卿士"，于省吾：《双剑誃吉金文选》，《于省吾著作集》，中华书局2009年版，第153页。
④ 张富海：《清华简〈系年〉通假柬释》，李守奎主编：《清华简〈系年〉与古史新探》，中西书局2017年版，第447页。
⑤ 李学勤主编：《清华大学藏战国竹简》（柒），中西书局2017年版，第146页。
⑥ 海天游踪：《清华七〈越公其事〉初读》，武汉大学简帛网"简帛论坛"，http：//www.bsm.org.cn/bbs/read.php?tid=34566&page=10，2017年4月30日。

居以为"行人"是标准称谓,"行李""行理""行使"皆为晚出。① 既然"卿李"是"卿事"之假借,我们怀疑"行李"之"李"恐也是"事"之借字,即指人的"行李"本当作"行事"。这方面的有力证据是,近来荆州考古工作者又公布了发掘品枣纸简《吴王夫差起师伐越》,此与清华简《越公其事》内容基本相同,其中《越公其事》的"行李",枣纸简《吴王夫差起师伐越》作"行叓(使)",对应"李"的字作"叓(使)",就像前举上博简《缁衣》"卿事"作"向使",此处"行叓(使)"恐亦当是"行事"之借。由于早期文献中"事"与"士"常相通用,且"卿事"传世文献俱作"卿士",笔者以为这种近乎使者的"行李"或"行使",都当读为"行士",指往来、奔走之"士"。② 由于早期文献中"人"与"士"俱可作为笼统的他称,甚至合并称"人士"(《小雅·都人士》有"彼都人士"),这恐怕也是文献中他们又多被称"行人"的缘故:"行士"与"行人","人"与"士"的语法位置相当,故常可互换。③ "行士"与"行人"都当是指代那些出行、往来之人的称呼,而且同样有他称意味。

由上可见,传世文献"卿士"在简帛文献中以写作"卿事"为常,或者"事"假借为"李"或"使",总之,就是没有径写作传世文献的"卿士"。尤其是清华简《祭公》及郭店、上博简《缁衣》所引以"嬖士"与"卿事(李)"对举,在两者相距如此之近的情况下,"卿事(李)"仍然没有率尔趋同为"卿士"。然则,为什么会有这种刻意的区分?我们认为这要从"卿事"的词源上才能找到答案。

此前学者考镜"卿士"一职的源头,大多追溯到甲骨卜辞中,如罗

---

① 子居:《清华简七〈越公其事〉第十、十一章解析》,中国先秦史网,http://www.360doc.com/showweb/0/0/915514358.aspx,2017年12月13日。

② 学者或将"行李"理解为并列结构的同义连言(兰碧仙、叶玉英:《据清华简再谈"行李"之"李"》,《中国文字研究》第28辑,上海书店出版社2018年版,第128页),恐非是。

③ 关于早期文献中"人"与"士"作为他称及常可互换,拙文《西周金文中的"出入事人"研究》(《青铜器与金文》第十一辑,上海古籍出版社2024年版,第56页)有详细讨论。此文曾于2022年12月22日应华东师范大学中国文字研究与应用中心之邀做线上讲座,听众提问环节承吉林大学许世和博士告:战国兵器铭文亦常以"冶事(士)"与"冶人"对举,不惟可以证成拙说,亦足证直到战国晚期用"事"以指人仍是很常见的。

振玉、王国维均指卜辞即有"卿士"。① 郭沫若也赞同罗氏的意见,而且认为《合集》37468"其令鄉史(事)"犹《大雅·常武》的"赫赫明明,王命卿士"②。后来唐兰、李学勤都肯定此上述卜辞即最早的"卿士"③。但姚孝遂对此持否定意见,比如其读卜辞"鄉史于[ ]北宗"(《合集》38231)为"饗使于[ ]北宗也",也就是将"鄉(饗)使"理解为动宾结构,即"宴饗""使"的意思。姚氏遂谓罗振玉说卜辞有"卿事"之官,实为误解。④

其实,卜辞"鄉史(事)"这样的结构,除了罗振玉所举说外,还有:

其执/弜执,呼归,克鄉王事。引[吉](《合集》27796)

学者已经指出此条之"鄉"与《合集》37468之"鄉"用法相同,⑤ 然则《合集》27796"克鄉王事"其实不过是上举两条中"鄉史(事)"的繁构。也就是说,卜辞"鄉史(事)"也应与《合集》27796"克鄉王事"合并理解。在更多辞例参照的情况下,可知像姚孝遂那样读"鄉史(事)"为"饗使"也是有问题的。因为无论是"克鄉王事",还是"其令鄉史(事)",其中的"克鄉""其令"云云者,都意指某人可以承担或堪任某事,语较严肃,如果仅仅是"饗"某人,语境则似有不合。黄天树先生则认为"鄉"用为"向",理解为面向、趋向,因此将《合集》27796"弜执,呼归,克鄉王事"翻译为"不要执捕而呼令其归来,能为王事尽力"⑥,虽然"趋向""王事"这样的表达较为可怪,但将"克鄉王事"理解为"能为王事尽力"则是大致准确

---

① 罗振玉:《增订殷虚书契考释三卷》卷下,东方学会1927年印;王国维:《释史》,《王国维手定观堂集林》(黄爱梅点校),浙江教育出版社2014年版,第139页。
② 郭沫若:《卜辞通纂》,《郭沫若全集·考古编》,科学出版社1982年版,第489—490页。
③ 唐兰:《作册令尊及作册令彝铭文考释》,《唐兰先生金文论集》,紫禁城出版社1995年版,第6页;李学勤:《卿事寮、太史寮》,《缀古集》,上海古籍出版社1998年版,第28页。
④ 参见于省吾主编《甲骨文字诂林》,中华书局1996年版,第378页姚孝遂按语。
⑤ 蔡哲茂:《释殷卜辞的"字(簪)》,台湾《东华人文学报》2007年第10期。
⑥ 黄天树:《殷墟甲骨文助动词补说》,《古汉语研究》2008年第4期。

的。因为学者已经认识到,像卜辞"鄉史(事)"这样的结构中,"'鄉'应该是行、做一类意义的动词"①,这是很正确的意见。这样看来,"鄉史(事)"结构中,"事"以本字读即可,也就是当"事情"来讲,不必读为"使"。那么"鄉"字到底该作何读呢?"鄉事"与后来作为职官的"卿事(士)"是否还有关联呢?

考虑到"'卿'应该是行、做一类意义的动词",而"趋向""王事"之说又于文献无征,我们认为"卿"不当理解为"向",而当读为"享"。"鄉"与"享"义近,金文中"用鄉"有时又作"用享"。但"享"当理解为"服",《左传·昭公二十六年》"诸侯服享","服"与"享"为同义复指。因此,卜辞"鄉事"即"享事",而"享事"就是"服事"的意思。伯或父鼎(《铭续》231)有铭文:"宗人其用朝夕享事于嫡宗室",即为"享事"的搭配,虽着眼于宗庙祭祀,但"享事"于宗庙,其实即"服事"于宗庙也。清华简《周公之琴舞》"其余冲人,服在清庙",于宗庙之中,正用"服"字。《周颂·清庙》"骏奔走在庙",即"奔走""服事"于宗庙。另外,"享"可训"服",金文及早期文献中屡见其例。如克罍、克盉"享于乃辟"②,即"服"于"乃辟"也。《尚书·洛诰》"汝其敬识百辟享",孔传:"奉上之谓享",所谓"奉上"即"服事"也。述钟有"享辟先王","享辟"也是同义词连用,指服事、辟事先王。清华简《周公之琴舞》"无侮享君","享君"即"服君"也。其又云:"恒称其有若,曰享会余一人",学者已经指出,"享""会"系同义复指,乃服事、辅佐的意思③,是很正确的。而且,将卜辞"鄉(享)事"理解为"服事"或履职还有更接近的辞例以为佐证。如周初大盂鼎铭(《集成》2837):"(王曰)今余唯命汝盂……敏朝夕入谏,享奔走"。所谓"享奔走",即"鄉奔走",也就是"服奔走"之"职事"。《尚书·酒诰》"奔走事厥考厥长",召圜(《集成》10360)铭文的"奔走事皇辟君",均"奔走"与"事"连言,然则"奔走"即"事"也。不唯辞例接近,它们所处的语言环境

---

① 陈剑:《释"山"》,《出土文献与古文字研究》第三辑,复旦大学出版社2010年版,第1页。
② 刘雨、卢岩:《近出殷周金文集录》第三册,中华书局2002年版,第466页。
③ 陈剑:《清华简与〈尚书〉字词合证零札》,《出土文献与古代文明——李学勤先生八十寿诞纪念文集》,中西书局2016年版,第211页。

也是类似的。大盂鼎："命汝盂……享奔走"，与卜辞"其令鄉史（事）"，"享""鄉"通用，又同为"令（命）"语义下的祈使语气，其实都是指令臣子服某职事。实际上，后来已明显职官化的"卿事"还保留这样的特点。如作册令方彝（《集成》9901）："王令周公子明保尹三事四方，受卿事寮……"《大雅·常武》："王命卿士。"这些王命"卿事（士）"之职的例子，实际上也可以理解为王命鄉（享）事、服事，或曰履职的意思。再如《尚书·多方》："多士……尔亦则惟不克享。""不克享"与卜辞"克鄉王事"构词方式非常接近，均强调"享（鄉）"能否"克"，即承担的问题。《逸周书·商誓》又云"成汤克辟上帝"，参考前举述钟"享辟先王"，"享辟"同义词连用，则"辟"也当是"服事"的意思，然则"克辟"实与"克鄉"近同，都是强调能够承担服事之职。

如将卜辞"鄉"理解为"服"，代入上述卜辞辞例，可以说都文从句顺。《合集》38231"鄉事于[ ]北宗"，指"服事"或"履职"于"[ ]北宗"。《合集》37468"其令鄉事"，就是令某人服事、履职的意思，而《合集》27796"弜执，呼归，克鄉王事"的意思则是说：不要执捕，让他们归附，以服王事。总之，我们认为上述卜辞的"鄉事"结构应该读为"享事"，理解为"服事"、履职的意思。卜辞"克鄉王事"，是希望某人能够承担王事，"其令鄉史（事）"，则是以祈使的语气命臣子服其职事。进而论之，我们认为卜辞"享事"或"服事"这样的动宾结构，正是"鄉事"后来职官化变为成词"卿事"的语义本源，因为臣子都有为"王事"（卜辞习见"由王事"）"服享"的基本义务。换言之，"卿事"就是指那些"鄉（享）事"或"服事"的臣子。虽然罗振玉将上述动宾结构的"鄉事"径指为职官"卿事"有欠严谨，但就指出"鄉事"与文献中职官"卿士"的关联看，倒是不错的。当然，我们不要以为商代"卿事"只有"鄉事"这样动宾结构的散文式表达，因为商代晚期的小子䵼簋（《集成》3904）云："乙未，卿事赐小子䵼贝二百"，此"卿事"指职官，明显已经成词化了，与西周金文习见的"卿事"完全一致。这说明尽管卜辞中尚有散文式动宾结构的"鄉事"一词，但商代作为成词和职官化的"卿事"与散文化的"鄉事"是"共时"存在的。实际上，我们从大盂鼎"享奔走"来看，"奔走"貌似具体的动作词，但由上述《酒诰》、召卣中的"奔走事"辞例来看,"享奔走"其实也明显有职官的特征。

由散文化的"鄉事"到职官义的"卿事",可知"卿事"之"事"主要指事情之"事",并非指"人",而"士"最初就是指"人"的,并没有"事情"的意思。从文献及金文来看,指"人"的"士"甚至还可以作为男子之通称,《小雅·甫田》"以穀我士女",所谓"士女"即"男女"也。《大雅·既醉》云:"其仆维何?釐尔女士",此"女士"与《甫田》"士女"不过颠倒为文。郑笺解"女士"为"女而有士行者",其实是望文生义。高亨先生解为"女男",谓"男女奴仆",吴闿生同之,① 良是。西周凤雏卜甲H11:1"王其礿祝成唐,肆御报士女"讲到献祭祖先的人牲为"士女",② 师寰簋(《集成》4313、4314西周晚)中记载周王室讨伐淮夷的俘获有"士女牛羊",亦涉"士女",它们的意思均应与《甫田》"士女"同,理解为"男女"(秦子簋也有"士女")。如此,则指"人"的"士"作为男子之通称可谓至为显豁。林沄还曾注意到卜辞多见"士某"之称,且这样的"士"隐有标识身份的意味,并将其与金文中的"士卿""士上"等称谓联系起来(指出"士""王"同源)。③ 从最普遍的称谓来看,作为男子通称的"士"与卜辞中的"士某"之"士"其实亦有相通之处。总之,从最基本的意义上看,"士"作为男子之通称,始终是指人的。不过,正如我们熟知的文献中"卿士"金文中多作"卿事",其实从很早的时候起,单称的"事"也常可借指"人"。如清华简《周公之琴舞》"陟降其事",今《周颂·敬之》对应的句子作"陟降其士",学者早已指出"事"当指"人"。麦盉(《集成》9451)有铭文"厥事麦",辞例与叔虞方鼎"厥士唐叔虞"一致,麦盉的"事"显然也是借为指人的"士"。农卣(《集成》05424)有"小大事(《集成》5424)",训匜(《集成》10285)有"小大史(《集成》10285)",其中的"小大事(史)",都应该读为"小大士",指大小官员。"事"可借为"士",从训诂上也可以看出点痕迹。《说文》云:"士,事也。"这其实本于毛诗对"士"的训诂,如《豳风·东山》"勿士行枚"、

---

① 吴闿生:《诗义会通》,中西书局2012年版,第240页。
② 董珊:《重论凤雏H11出土的殷末卜甲刻辞》,蔡玫芬主编:《赫赫宗周:西周文化特展图录》,台北"故宫博物院"2012年版,第338页。
③ 林沄:《王、士同源及相关问题》,《林沄学术文集》,中国大百科全书出版社1998年版,第22页。

《小雅·祈父》"予王之爪士"、《敬之》"陟降厥士"、《桓》"保有厥士"，其中的"士"，毛传俱解："士，事也。"作为王臣的"士"，又自有其所"事"之职守，也就是说，他们都是为君王服务、办事的。《假乐》郑笺即云："卿士，卿之有事也。"如西周金文中习见的"出入事人"，其实即出入办"事"的"人"。像小子生尊（《集成》6001）甚至"辨事于公宗"与"出入事人"并见，这都暗示金文中"事"可指"人"，或者说假"事"为"士"也有必然性。但应该指出的是，前述金文中作为男女通称的"士女"一般不写作"事女"，这也显示作为男子之通称，"士"也有无可替代之处。从另一方面说，"乡事"或"卿事"中之"事"本指"事情"之"事"，这与指人的"士"也有明显区别。换言之，由于"乡（享—服）事"这样的语义本源，"卿"与"事"的搭配是很早就固定的，并不会因为"事"与"士"通，就可以随便将其中的"事"替换为"士"而成"卿士"。传世文献中"卿士"之"士"，只是"事"的借字，而且从"乡（享）事"当理解为"服事"这样的语义本源看，"卿士"一词其实是不合文法的。这恐怕也是金文及简帛文献中"卿事"始终没有写成"卿士"的原因。我们看直到春秋甚至战国早期，出土文献中"卿士"都是写作"卿事"的，如伯硕父鼎（《铭图》2438）："用孝用享于卿事、辟王、庶弟、元兄"，曾卿事季宣匜（《铭三》41247）也有"曾卿事"，这是曾国的"卿事"。既明了"卿事"本义为"服事"以及作为成词的稳固，同样可以解释前举清华简《祭公》篇及郭店、上博简《缁衣》所引"卿事"之"事"没有与前面的"嬖士"之"士"率尔趋同。从构词上看，"嬖士"乃散文式的偏正结构，指受"嬖"的"士"，即受周王宠嬖的服御之人，重点在强调"人"，与"卿事"本义在强调"事"完全不同。而且，从上下文看，"嬖士"一语还隐有贬义，这与"卿事（士）"一般指高等级贵族就更加不契合了。

二 《厚父》的性质与周人的经典重建

既明了"卿士"一职实是由卜辞"乡（享）事"演变而来，以及从"乡事"到"卿士"的大致过程，我们就可以对含有这一职官的文献进行简捷的年代学判断。比如清华简《厚父》说"帝亦弗恐启之经德少，命皋陶下为之卿事"，这是讲皋陶为夏启之"卿事"，这里的"卿事"已经是明显成词化的职官。从上举卜辞及小子𦉢簋看，晚商尽

由"卿士"一词的源流说《厚父》的性质及周人的经典重建

管"卿事"亦已成词为职官,但犹存在不少散文式的"鄉事",或者说其时犹是散文化与成词并行的时代。因此,若说夏初即有职官化的"卿事"而皋陶任其职,无论如何是无法想象的,《厚父》的记载只能理解为后人追溯其事。如前所述,关于《厚父》的性质,学界目前有"夏书""商书""周书"等不同意见,即以成词化的"卿事"来看,所谓"夏书"说也绝不可信。虽然小子𪉗簋表明"卿事"于晚商已经职官化,似乎"商书"说也存在理论上的可能,但从《厚父》一篇对此职的熟练运用以及该篇语言上与西周金文的诸多相合看,"商书"说其实也不可信。与此类似的还有《商颂·长发》篇,其中有云:"允也天子,降予卿士。实维阿衡,实左右商王",这是说降下伊尹为"卿士"以辅佐商王。说夏、殷之际就有了职官化的"卿士",也不可信,这明显也是后人追溯口吻。前人谓"商颂"准确地说应为"宋颂",于此可见有理。另外,"卿事(士)"成词化为职官之称后,还有进一步的简省,那就是单称"卿"而不言"事(士)",从而衍生出诸如"上卿""正卿""孤卿""六卿"等偏正词组。如果说"事"单称亦可指人的话,"卿"字在早期材料中则从来没有单称可指人的情况。从前述"卿事"的语义源于"享事"——"服事"来看,这本来也是很自然的,故单称"卿"来指人,只能是"卿事(士)"的进一步简省。上述由"卿士"简省而来的"上卿""正卿""孤卿""六卿"诸称在传世文献如《左传》《国语》《周礼》等书中可以说极为常见,侧面亦可证这些文献的年代学特征。由此要提到传世《夏书》之《甘誓》,其中云"大战于甘,乃召六卿",我们前面既已说夏代不可能有职官化的"卿士",故在此基础上进一步简省的"六卿"就更成子虚,所以《甘誓》之文亦当是后人的附会之词,① 而绝不会是夏代的实录。由此还要提到清华

---

① 学者谓:"此经之'六卿'是否西周写定《甘誓》的人使用当时用语指称夏代的事情,亦不得而知。今存疑可也,未可遽作结论"(金景芳、吕绍纲:《〈尚书·虞夏书〉新解》,辽宁古籍出版社 1996 年版,第 442—443 页),是审慎的。《墨子·明鬼下》引《禹誓》作"王乃命左右六人",似无"卿"字,但其下文又说"且尔卿、大夫、庶人……"(今本《甘誓》无此内容),则"卿"明显已单称。学者谓"六卿"系后来妄改(顾颉刚、刘起釪《尚书校释译论》,中华书局 2005 年版,第 855 页),显然失察于《墨子》下文的"且尔卿、大夫、庶人"。

简《摄命》篇开头的"亡承朕鄉",整理者最初读"鄉"为"向",理解为往昔。学者多不同意此意见,或读"鄉"为"卿",[1] 因此将"朕卿"理解为"我的卿士",这就明显是把"卿"看成"卿事(士)"的简省了。《摄命》篇内容的年代为西周早期,其时"卿事(士)"绝没有简省到单称"卿"的情况,故"朕卿"之说绝不可信。[2]

有人可能会说,既然像《甘誓》这样不必是夏代的实录都可以是《夏书》,那《厚父》虽然依"卿事"来看是后人的追溯之词,为什么不可以是"夏书"?这还要提到"夏书"归类的基本原则。那就是尽管它们语言可以是后人追溯,即相对"晚出",但篇中所讲内容则是夏代的,就像《甘誓》所讲与有扈氏大战于甘一样。类似例子还有《尧典》,今天大部分学者都已承认它也是后人追溯和整合的(开篇就明确说"曰若稽古"),但其内容毕竟是讲尧时君臣谋议。以这个标准来看《厚父》,则所谓"夏书"说明显也有问题。该篇虽然提到禹、启、皋陶等"夏"时人,但从全篇内容来看,他们只是铺垫,是"背景板",它的重点还是当下的治民鉴戒,如"兹小人之德惟如怡""民心难测""民式克恭心敬畏""亦惟祸之攸及,惟司民之所取""民心惟本,厥作惟叶""民式克敬德,毋湛于酒"。尤其应该指出的是,作为"背景板",它提到了"夏"的"亡厥邦",也就是说它虽然也涉"夏事",但那只是陈迹,而非像《甘誓》这样的"当时事"。这一点可以参考《墨子·非命上》所引《仲虺之告》:"我闻于夏人矫天命,布命于下。帝伐之恶,袭丧厥师。"这里夏的"袭丧厥师"与《厚父》的"亡厥邦"义近,说明在《仲虺之告》篇中夏也是"背景板",而《仲虺之告》明属"商书",与夏有明显的时序落差。以前朝为"背景板"来讲当下的治民鉴戒,我们还可举《尚书·召诰》。此篇提到"有夏""有殷"都"既坠厥命",此又与《厚父》的"亡厥邦"义近,说明"有夏""有殷"都是铺垫或"背景板",该篇又说"其惟王勿以小民淫用非彝,亦敢殄戮用乂民,若有功。其惟王位在德元,小民乃惟刑用于天

---

[1] 许文献持此说,参见刘信芳《清华藏竹书〈摄命〉释读》,《清华简〈摄命〉研究高端论坛论文集》,上海大学古代文明研究中心2019年版,第56页。
[2] 《摄命》此处的"鄉"同样当读为"享",参见拙文《清华简〈摄命〉"亡承朕鄉"句解——兼说师询簋相关文句的断读和理解问题》,《中华文化论坛》2019年第2期。

下,越王显。上下勤恤……欲王以小民受天永命",落脚点在"乂民""欲王以小民受天永命",也是当下的治民鉴戒,此与《厚父》高度一致,而《召诰》明属《周书》。另外,《厚父》篇中王的口吻说"惟时余经念乃高祖……"王的话同样说明时王与厚父的祖先(王既称厚父的祖先为"乃高祖",明著"乃"字,这个王显然也不会是"夏王")即夏史已有明显的时序落差。且此篇厚父又自述云:"今民莫不曰:余保效明德,亦鲜克以悔。"厚父说"今民""保效明德,亦鲜克以悔",突出"民"的明德知化,这显然不会是"亡厥邦"或"时日曷丧,予及汝皆亡"(《孟子·梁惠王上》引《汤誓》)时民众能说的话。有人可能会说既然时王与夏事有明显的时序落差,那为什么不能是《商书》而一定是《周书》?这主要是就该篇语言上说的,学者们都已注意到的《厚父》语言与《尚书》周初诸篇及西周金文多有相合处。比如《厚父》的"今民莫不曰:余保效明德,亦鲜克以悔"与豳公盨铭文"民唯克用兹德,无悔",语式及语义均极近,而豳公盨为西周中期器。上述这些情况说明,《厚父》绝不可能是"夏书",而应该是《周书》。

当然,我们说《厚父》为《周书》,时王为周王,也丝毫无损于该篇作为夏史资料的史料价值。周相对于夏,中间隔了"商"这么一个朝代,然则周人的夏史记忆从何而来?周人的夏史言说是否可信?这始终是一个惹人兴味,直到今天仍然是历史、考古学者高度关注的话题。《厚父》篇最大的价值就是提示我们,作为夏的口述史载体,夏的后人如厚父者于周初仍然存在。关于周初的夏人后裔,《史记·陈杞世家》载"周武王克殷纣,求禹之后,得东楼公",看来确非虚言。当然,"东楼公"之名与"厚父"不合,但《陈杞世家》又说东楼公之子名西楼公,然则东、西楼公之名似仅以地称,并非"厚父"这样的私名[1],其间信息缺失太多,他们之间是何关系已经无法质言了,但夏人后裔于周初尚存应该是可信的。由《厚父》这样的周初"书"类文献可知,周灭商后时王曾问计于夏人后裔厚父,这种情形与《洪范》篇"王访于箕子"类似,而箕子是殷遗民。《厚父》篇王的口吻说"厚父!我闻

---

[1] 刘国忠:《也谈清华简〈厚父〉的撰作时代与性质》,《扬州大学学报》2017 年第 6 期。

禹……川，乃降之民，建夏邦……"这是在厚父发话之前，表明问计于厚父之时，周人对夏史已经有相当的历史认知。我们看《尚书》中周人对殷遗多士说"今尔又曰：'夏迪简在王庭，有服在百僚'"（《多士》），其对旧殷多方国说："厥图帝之命，不克开于民之丽，乃大降罚，崇乱有夏。……亦惟有夏之民叨懫，日钦劓割夏邑。于惟时求民主，乃大降显休命于成汤，刑殄在夏。"（《多方》）从这些记载可以看出，周人对殷遗民大讲夏的兴亡逻辑，说明这些夏史信息即使在殷遗民那里也是公认的。周人原是商的臣民，这些历史信息，本不劳商灭之后夏人后裔来告诉他们，它们在殷商时应该就是"公共知识"。如《洪范》篇作为殷遗民的箕子对武王言："……禹乃嗣兴，天乃锡禹'洪范'九畴，彝伦攸叙。"正是殷商旧人讲夏史。即便夏史作为"公共知识"早就存在，但时王仍要问计于厚父，说明在周人看来，厚父作为夏的后人其所言说的夏史信息无疑更直接、更有权威性。就像《洪范》篇武王"访于箕子"，而箕子是商遗民，其间道理可以说是一样的。

虽然是周王问计于夏人后裔厚父之篇，但从篇中"王若曰"来看，在时王与厚父问对的背景下，恐怕亦有史官事后润色、整理的成分。由此我们还想指出，厚父所说的"天命不可忱""民式克共心敬畏，畏不祥，保教明德""民式克敬德，毋湛于酒……民亦惟酒用败威仪"云云，与我们在传世《诗》《书》等经典文献中读到的"天命棐忱""明德慎罚"[1] "罔敢湎于酒……用燕丧威仪"等也基本一致。也就是说，厚父所讲的与周人灭商后反复强调的天命靡常、敬德保民、谨慎于酒等思想基本一致。我们不敢说厚父的言说就是照着周人给定的"脚本"进行的，但此篇的内容及思想倾向又很明显代表了周室的官方立场，因此也不能排除史官的润色和"选择"。当然，这些符合周人历史认知与统治思想的话出自夏人后裔厚父之口，无疑也加强了其权威性。这可能正是《厚父》篇问计于夏人后裔背景的现实考量：从"于周为客"（《左传》僖公二十四年、昭公二十五年）的角度讲，厚父代表的是夏王朝，其典范性是不言而喻的。这种典范性就像武王问计于箕子，其篇

---

[1] 《墨子·非命下》引《禹之总德》亦有："不慎厥德，天命焉葆？"虽题名"禹"，但"慎德"观念亦与周人同。

曰"洪范"即题名"范",该篇作为治国"大法"也为学人所熟知,它们都应该是周人典范性重塑之举。

说到周人的典范性重塑,就不能不提到《尚书》中的《夏书》。虽然题名"夏书",今天恐怕没有多少人相信那是夏代的实录,学者多认为它出于后人的整理,系后人对夏史的追溯和整合,而非夏时经典原本当时还有留存。因此,如果说《周书》特别是周初八诰基本上来自周人的原始文件的话,《夏书》的性质显然不会是夏时的原始文件,它们应源于周人对夏的经典重建。这种经典重建从可以利用的材料看,既有自古相传的关于夏史的"公共知识",同时也有类似厚父这样夏人后裔的口述史资料,周室史官据此将它们整合成篇。由于非夏时的原始文件,周人对《夏书》的经典重建本质上可视为文献学上的"依托",这种"依托"特征还可参考清华简中的《程寤》甚至《保训》等篇。从清华简的这些篇目看,周人对"依托"这种经典重建技术的运用应该是很自觉、很纯熟的。而且,周人这种经典重建形式上虽是"依托",但出现的绝对年代可能也并不晚。李学勤先生已就《程寤》中语言与《尚书·吕刑》的相合指出过这一点。[①] 我们还可举一个类似的例子。《左传·襄公四年》记周之太史辛甲云:"《虞人之箴》曰:'芒芒禹迹,画为九州。经启九道,民有寝庙,兽有茂草,各有攸处,德用不扰。在帝夷羿,冒于原兽,忘其国恤,而思其麀牡。……'《虞箴》如是,可不惩乎?"这是周室虞官立意于箴诫田乐的文体。其中的"德用不扰",晚近不少学者都已陆续认识到大盂鼎铭文"有柴烝祀,无敢扰"、启卣(《集成》5410)"启从征,谨不扰"、训匜(《集成》10285)"自今余敢扰乃小大史(士)"之"无敢扰""谨不扰""余敢扰",均当联系《虞人之箴》中"德用不扰"来理解,说明这是当时习用之语,而《虞人之箴》又为传世文献所仅见者。大盂鼎、启卣、训匜属西周早、中期器,侧面说明《虞人之箴》的早出,但其文风较之《周书》中的命诰之体浅显不少。前人习惯以文体差别论时序之异,这很片面,实际上它们完全可能是"共时"的。当初王国维即指出《虞夏书》中之《尧典》《皋陶谟》《甘誓》等篇虽"文字稍平易简洁,或系后世重编",但又认

---

① 李学勤:《清华简九篇综述》,《文物》2010年第5期。

为"然至少亦必为周初人所作"①，就没有将文风与时序简单画等号，实际上也是对周人以"依托"的手法进行经典重建的恰当估计。今由清华简中文风明显与周初八诰等篇有异的《程寤》《保训》等篇看，王氏的这个估计还是很有预见性的。其实，即周初的命诰中同样也有述"夏史"内容，如《召诰》篇有"相古先民有夏，天迪从子保……我不可不监于有夏，亦不可不监于有殷"，《多士》篇有"有夏不适逸……乃命尔先祖成汤革夏……"《立政》篇有"古之人迪惟有夏……桀德，惟乃弗作往任，是惟暴德罔后。亦越成汤陟……"都属周人讲夏（殷）时事（所谓"周监于二代"），甚至史墙盘的"曰古文王"（类乎《尧典》的"曰若稽古"），也是周人在追溯自己的历史。它们与"依托"的异时性时序逻辑本质上并无不同，而绝对年代却是很早的。另外，《虞人之箴》是以韵体文讲夏史，这可参照《左传·哀公六年》载《夏书》："惟彼陶唐，帅彼天常。有此冀方，今失其行。乱其纪纲，乃灭而亡。"②体裁上两者可以说非常接近。后者明署"夏书"，而前者虽用"夏史"劝谏时王（与《厚父》类似），但显然辛甲没把它看成"夏书"。哀公六年讲陶唐氏兴衰，明显属后人"依托"但却谓之《夏书》：作者与所讲时代明显存在落差。依此原理，绝对年代很早的《虞人之箴》讲"夏史"其实同样可视为周室虞官的"依托"：就"依托"这种经典重建方式来讲，它们确有共性。如果有人将《虞人之箴》截取而谓之"夏书"，那真的是真假莫辨。

正因为多是"依托"的重编，而非官方的原始文件，现存《夏书》中的大部分内容较之佶屈聱牙的周初命诰来说，确实像王国维所说的更为"平易简洁"。这种"平易简洁"的一大特征就是还常见"以后当先"的名物疏漏。就像明属《周书》的《厚父》述说夏史时却用到了"卿事"一词，《夏书·甘誓》中甚至还出现了"六卿"，如前所言，这

---

① 王国维：《古史新证》，湖南人民出版社 2010 年版，第 2 页；金景芳、吕绍纲则以为《尧典》《皋陶谟》作于周室东迁以后，《甘誓》作于西周，参其《〈尚书·虞夏书〉新解》，辽宁古籍出版社 1996 年版，第 9、187、441 页。
② 伪古文采入《五子之歌》。又，清华简《四告一》云："（司慎皋繇）……惠汝度天心，兹德（天德）用歆，名四方，氏尹九州，夏用配天……"（黄德宽主编：《清华大学藏战国竹简》（拾），中西书局 2020 年版，第 110—111 页），语式与此哀公六年引《夏书》及《虞人之箴》都很接近。

更是在"卿士"基础上的进一步简省，绝不可能是夏代的东西。类似例子还可举《左传·昭公十七年》引《夏书》："辰不集于房，瞽奏鼓，啬夫驰，庶人走．'"（伪古文采入《胤征》），"啬夫"一职晚近秦汉简牍中多有发现，虽然《左传》所引说明此职先秦即有，① 但要说夏代已有此职也是不可想象的。此处"夏书"所记明显也是"以后当先"，故定出"依托"无疑。另外，《左传·襄公十四年》亦引《夏书》"遒人以木铎徇于路。官师相规，工执艺事以谏"（伪古文亦采入《胤征》），引文中描述的臣工各以其技谏净，案之《国语·周语上》，这可能本来是周代才完备的制度。名物疏漏之外，语言上的"平易简洁"就更为明显了，试看《左传》中所引"夏书"："《夏书》曰：'赋纳以言，明试以功，车服以庸．'"② "《夏书》曰：'戒之用休，董之用威，劝之以《九歌》，勿使坏．'"③ "《夏书》曰：'与其杀不辜，宁失不经．'"④ "《夏书》曰：'官占，唯能蔽志，昆命于元龟．'"⑤ 我们前面说这种依托的经典重建就绝对年代看，可能也不晚，但就《左传》所引上述"夏书"看，其相对晚出应该是很明显的。《吕氏春秋》引《夏书》又曰："天子之德广运，乃神，乃武，乃文。"⑥ 简直像大白话。由此，我们认为《尚书》中的"夏书"，不但是周人用"依托"的手法进行的经典重建，而这样的重建也是"历时态"、绵延很长时间的。这也与"书"类文献一贯地不断充实、"叠代"相一致。比如前举清华简《程寤》篇亦见今《逸周书》，而《逸周书·大开武》云"天降寤于程，程降因于商……"李学勤先生谓此即暗引《程寤》，⑦ 则《大开武》实可视为对《程寤》的"叠代"，故在《逸周书》这样同一部书中，其中篇目之时序已有明显落差。再如《周书》中就既有周初八诰，也有《文侯之命》和《秦誓》，虽不是篇目对位的"叠代"，但时序之差异也是很明显的。《礼记·大学》又载："……《康诰》曰：'惟命不于常！'

---

① 《仪礼·觐礼》亦载："天子衮冕，负斧依。啬夫承命，告于天子。"
② 参僖公二十七年，文见今《益稷》篇。
③ 参文公七年，伪古文采入《大禹谟》篇。
④ 参襄公二十六年，伪古文采入《大禹谟》。《礼记·大学》载孟献子曰："与其有聚敛之臣，宁有盗臣。"语式与此"夏书"绝类。
⑤ 参哀公十八年，伪古文采入《大禹谟》篇。
⑥ 《吕氏春秋·有始》，中华书局2009年版，第724页。
⑦ 李学勤：《清华简九篇综述》，《文物》2010年第5期。

道善则得之，不善则失之矣。《楚书》曰：'楚国无以为宝，惟善以为宝。'舅犯曰：'亡人无以为宝，仁亲以为宝。'"语言相对浅近的《楚书》① 明显较属《周书》的《康诰》要晚，舅犯的言论可能就更晚了，但《大学》作者却把他们等量齐观。我们认为"夏书"也应该是汇集来源多途、不同时代讲"夏史"文献而成（类似《虞人之箴》这样本属周人作品被收录）。这么说就意味着，"夏书"的归类和作为整体、独立板块的自觉，可能也是比较晚起的。从朝代时序来说，由夏、历商，至周，但就经典生成的顺序来说，我们认为其实大体是逆序的过程："周书"最早，"夏书"相对最晚。《墨子·非命下》有个说法："子胡不尚考之乎商、周、虞、夏之记？"所谓四代之"记"其实即四代之"书"，而"虞夏"还要后于"商周"，这种奇特顺序恐怕也是有深义的。正因为"夏书"的自觉相对较晚，就典范性来说恐怕也不能与《周书》相比。由此还要提到前人曾经指出的一个事实，那就是"尚书"类文献中，也以《夏书》亡佚、消失得最多，这并非由于它们更久远，实由于"夏书"相对晚出、较晚自觉，由此导致典范性上远逊《周书》的缘故。如果说周人对《夏书》的经典重建是有意为之的话，那么《夏书》的消亡最甚恐怕更多的是流传领域的自然选择。

（宁镇疆，上海大学古代文明研究中心教授）

---

① 《左传》襄公三十年、昭公二十八年还引有《郑书》。

今本《逸图书·武寤》"约期于牧"笺释

张怀通

"约期于牧"是《武寤》中的一句话，《武寤》是今本《逸周书》的第三十五篇。《武寤》的体裁与其他篇章有较大差异，不是散文，而是诗歌，篇幅也较短，类似《诗经》的"颂"。因此，唐大沛认为，"此篇颂美武王之功德，似周颂，疑是周颂逸篇"[①]。笔者曾认为，该篇是颂扬武王伐纣的歌舞《大武》的第二乐章。[②] 为了便于考察，现将其全文抄录于下。

> 王赫奋烈，八方咸发。高城若地，商庶若化。约期于牧，案用师旅。商不足灭，分祷上下。王食无疆，王不食言，庶赦定宗。大师三公，咸作有绩。神无不飨，王克配天。合于四海，惟乃永宁。[③]

全诗没有疑难字词，内容也较为平实，所以历代学者对之注释，着眼点主要是串解大意，而较少挖掘背后所隐藏的史实，因此对其含义的认识，既不深入，也不真切，甚至有明显的错误，"约期于牧"等几句话就存在这样的问题，致使对于全诗性质的认识也未达一间。

---

① 唐大沛：《逸周书分编句释》，宋志英、晁岳佩选编：《〈逸周书〉研究文献辑刊》第七册，国家图书馆出版社2015年版，第376页。
② 张怀通：《〈武寤〉是〈大武〉的第二乐章》，《天津师范大学学报》2005年第5期。
③ 朱右曾：《逸周书集训校释》，宋志英、晁岳佩选编：《〈逸周书〉研究文献辑刊》第八册，国家图书馆出版社2015年版，第88页。

一 学者对"约期于牧"的解释

学者对"约期于牧"的解释,方式主要有两种类型:一是疏通词意,代表学者是潘振、黄怀信。潘振云:"约,约信也。期,日期,二月甲子四日也。"① 黄怀信云:"相约会师于商郊牧野。"②

二是简单地联系一下史实,代表学者是朱右曾。朱右曾云:"《吕氏春秋》曰:'武王伐纣至鲔水,纣使膠鬲候周师,曰:"将何之?"武王曰:"将之殷。"膠鬲曰:"将以何日至?"曰:"将以甲子至商郊。"'是约期于牧也。"③ 这两种解释相互矛盾,前者理解的"约"的双方是武王与方国,后者理解的"约"的双方是武王与商纣。由《武寤》的主题,以及"约期于牧"的语境看,前者的解释是正确的,后者的解释显然是错误的。那么,朱右曾所引《吕氏春秋》是否准确,其原文是怎样的呢?

《吕氏春秋·慎大览·贵因》云:"武王至鲔水。殷使膠鬲候周师,武王见之。膠鬲曰:'西伯将何之?无欺我也!'武王曰:'不子欺,将之殷也。'膠鬲曰:'曷至?'武王曰:'将以甲子至殷郊,子以是报矣。'膠鬲行。天雨,日夜不休,武王疾行不辍。军师皆谏曰:'卒病,请休之。'武王曰:'吾已令膠鬲以甲子之期报其主矣。今甲子不至,是令膠鬲不信也。膠鬲不信也,其主必杀之。吾疾行以救膠鬲之死也。'武王果以甲子至殷郊。殷已先陈矣。至殷,因战,大克之。"④ 通读引文,仔细吟味,读者不难发现朱右曾可能误解了这段话。武王奋然伐纣,大军已经压境,即将兵临城下,商纣对此却浑然不知,竟然派遣膠鬲询问"何之""曷至",这哪里有"约"的意思?武王分明有"出其不意"的预谋,有"趁其不备"的打算!至于武王为了保全膠鬲性命而命令军士冒雨前进,只是践行他们个人之间的私"约"(膠鬲与周人

---

① 潘振:《周书解义》,宋志英、晁岳佩选编:《〈逸周书〉研究文献辑刊》第二册,国家图书馆出版社2015年版,第4页。
② 黄怀信:《逸周书校补注译》(修订本),三秦出版社2006年版,第165页。
③ 朱右曾:《逸周书集训校释》,宋志英、晁岳佩选编:《〈逸周书〉研究文献辑刊》第八册,国家图书馆出版社2015年版,第88页。
④ 许维遹撰,梁运华整理:《吕氏春秋集释》,中华书局2009年版,第387—388页。

暗中勾结,见下文论述),与战争大局无关,当然就不能视为"约期于牧"了。

二 由《大武》看"约期于牧"真相

"约期于牧"之"约"的双方是武王与方国,传世文献与出土文献均有明确记载。

《史记·周本纪》两次记载了牧野决战之前武王与方国的会师:一是"十一年十二月戊午,师毕渡盟津,诸侯咸会",这是在渡过盟津之后;二是"二月甲子昧爽,武王朝至于商郊牧野,乃誓。……誓已,诸侯兵会者车四千乘",这是在牧野决战之前。这是大家都熟知的材料,此处不必细讲。

新近刊布的上博简《容成氏》也记载了武王与方国的会师,可以与《周本纪》互证。《容成氏》云:

> 文王崩,武王即位。武王曰:"盛德者,吾说而代之。其次,吾伐而代之。今纣为无道,昏屠百姓,桎约诸侯,天将诛焉,吾勵天威之。"武王于是乎作为革车千乘,带甲万人,戊午之日,涉于孟津,至于共、滕之间,三军大犯。武王乃出革车五百乘,带甲三千,以宵会诸侯之师于牧之野。纣不知其未有成政,而得失行于民之唇也,或亦起师以逆之。①

其中的"宵会诸侯之师于牧之野",即甲子日前一天癸亥日夜晚武王与方国军队会师于商郊牧野,应该就是《周本纪》记载的"诸侯兵会者车四千乘"等情景。

《容成氏》可能是战国时代的作品,其特点是通过讲述历史故事来

---

① 笔者按:引文的隶定采用宽式。重点字词的解释,采纳了李零、孙飞燕、单育辰等学者的观点,分别见氏著《〈容成氏〉释文考释》,马承源主编:《上海博物馆藏战国楚竹书(二)》,上海古籍出版社2002年版,第289—293页;《上博简〈容成氏〉文本整理及研究》,中国社会科学出版社2014年版,第21—22、123—133页;《新出楚简〈容成氏〉研究》,中华书局2016年版,第29、261—282页。下文所引《容成氏》文句的出处及处理方式,皆与此同,不再出注。

阐发禅让等政治主张，因而对于其中所载武王伐纣的史实，应当辩证地看待。例如：（1）武王发动的军队是"革车千乘，带甲万人"，而与方国会师的军队却是"革车五百乘，带甲三千"，前者少了二分之一，后者少了三分之二强，为什么？（2）这组数字与《周本纪》记载的"戎车三百乘，虎贲三千人，甲士四万五千人""车四千乘"，有较大出入，也与《克殷》《孟子》记载的"三百五十乘""革车三百两，虎贲三千人"①，有较大出入，为什么？（3）武王与方国会师的经过，与《周本纪》的记述有所不同，为什么？

第一个问题，王志平的解释是"简选"的结果。其思路是，此前的"三军大犯"应是"三军大乏"，因为大军乏困，武王才"简选"以利战斗。②可备一说。第二个问题，笔者认为，或是传闻异辞的结果。《礼记·乐记》记载孔子与宾牟贾讨论武王伐纣事迹时，曾提到春秋末期社会上流传"牧野之语"③，这说明牧野之战是世人津津乐道的故事。战国时期学者为阐发政治观点而对这一故事有所铺展，是可以理解的事情。但无论如何铺展，要取信于人，故事梗概，即基本史实，应该真实。那么，可以互证的"宵会诸侯之师于牧之野"与"诸侯咸会""诸侯兵会者车四千乘"应当就是可信的基本史实之一。第三个问题，这是叙述方式不同造成的结果。由实际情况揣度，应是诸侯先会师，然后武王再立誓。角度不同，行文不同，着眼点不同，史实必然有些参差，无可厚非。

肯定了"约期于牧"之"约"的双方是武王与方国，只是初步地完成了考证任务，因为"宵会诸侯之师于牧之野"虽然是"约期于牧"，但不是"约期于牧"的全部内容，而只是其结果，在此之前还应有武王与方国"约"的行为及心理活动。这就需要以"宵会诸侯之师于牧之野"为起点，回溯武王伐纣出发时的情景。要做到这一点，须沿

---

① 笔者按：这些数字来源分别是：（汉）司马迁：《史记》，中华书局1982年版，第121、123页；朱右曾：《逸周书集训校释》，宋志英、晁岳佩选编：《〈逸周书〉研究文献辑刊》第八册，国家图书馆出版社2015年版，第89页；杨伯峻《孟子译注》，中华书局2005年版，第325页。

② 王志平：《上博简（二）札记》，《上博馆藏战国楚竹书研究续编》，上海书店出版社2004年版。

③ 王文锦：《礼记译解》，中华书局2001年版，第555页。

着学者指出的《武寤》可能是周颂逸篇、可能与《大武》有关的方向去求索。

《大武》是一首歌颂武王伐纣事迹的大型史诗级乐歌，融合了音乐、舞蹈、诗歌等多种艺术形式。创作于西周初期，流行于春秋战国时期。《大武》共有六成即六章，《礼记·乐记》对其六章具体内容的记载是：

> 夫《武》，始而北出，再成而灭商，三成而南，四成而南国是疆，五成而分，周公左，召公右，六成复缀，以崇天子。①

"始而北出"是《大武》的第一章，是乐歌的开始，描绘的是武王伐纣之准备、出发、向北（东北）进军的情景。其中有一些音乐、舞蹈的细节特别引人注目，例如"备戒之已久"，即"《武舞》开始前长时间的击鼓警戒"；"咏叹之，淫液之"，即"长声咏叹，连绵不绝"；"久立于缀"，即"扮演战士的演员们，停在原位歌舞，久不移动"。春秋晚期的孔子、宾牟贾对这几个细节特地摘出，并加以深入讨论，形成了共同认识。《礼记·乐记》云："宾牟贾侍坐于孔子，孔子与之言，及乐，曰：'夫《武》之备戒之已久，何也？'对曰：'病不得其众也。''咏叹之，淫液之，何也？'对曰：'恐不逮事也。'"又云："宾牟贾……曰：'夫《武》之备戒之已久，则既闻命矣，敢问迟之迟而又久，何也？'子曰：'……久立于缀，以待诸侯之至也。'"对此，王文锦的翻译分别是：（1）"宾牟贾陪同孔子坐着，孔子跟他谈话，涉及到乐舞，孔子提问：'那《武舞》开始前长时间的击鼓警戒，这是什么意思？'宾牟贾回答说：'这是表现周武王出兵伐纣前忧虑得不到士众的拥护，需要长时间的准备。'孔子问：'长声咏叹，连绵不绝，又是什么意思呢？'宾牟贾回答说：'这是表现武王担心诸侯不能及时到达，失去战机。'"（2）"至于最初，扮演战士的演员们，停在原位歌舞，久不移动，那就是表示武王等待各路诸侯前来会师。"②

---

① 王文锦：《礼记译解》，中华书局2001年版，第555页。
② 笔者按：以上引用的《大武》乐辞，以及对于乐辞含义的解释、翻译，俱见王文锦《礼记译解》，中华书局2001年版，第553—558页。

综合孔子、宾牟贾、王文锦的议论与解释，可知：武王伐纣出发时，第一，约集各地方国，以会师于牧野。第二，在内部，忧虑得不到士众的拥护。第三，在外部，担心各地方国不能及时到达。第四，因为忧虑担心而长声咏叹。[①] 笔者认为，武王伐纣出发之时的这些行为与心理活动，以及师渡盟津之后的"诸侯咸会"；牧野决战之前的"诸侯兵会者车四千乘""宵会诸侯之师于牧之野"等，才是"约期于牧"的真相。

三 "武王尝穷于毕裎"的经历

武王伐纣出发时之所以有所忧虑担心，从整个政治军事形势看，是因为商是中央王朝，天下共主，而周是西部方国，蕞尔小邦。虽经公亶父、季历、文王三代不懈努力，至文王时已经"三分天下有其二"[②]，但要推翻商的统治，对于武王来说，也绝非易事。

在这次"约期于牧"之前的两年，武王曾有过一次不成功的伐商举动，《吕氏春秋·审应览·具备》云："夫立功名亦有具，不得其具，贤虽过汤、武，则劳而无功矣。汤尝约于郼薄矣，武王尝穷于毕裎矣"[③]。郼薄，商汤之都。毕裎，季历、文王之都，在岐山之阳，周原西部，武王时为故都。唐兰认为，所谓"武王尝穷于毕裎"，"就是指

---

① 笔者按：关于夏商周时代的"王权""王国""王朝"的关系，王震中先生说："三代王朝中，夏王、商王和周王所具有的'天下共主'的地位和'支配天下'的王权，都是在复合制大国家结构中得以固化和传承的。仅就王权与王朝国家内王国的关系而言，由于王国并非王朝国家的全部，而是王朝国家的主体和核心，所以作为王朝的王权，强有力的王国是其根本性的依托，但又不能等同于王国的君长。因而从王国与诸侯邦国的关系上讲，是复合制国家结构产生了夏商周三代王朝的王权。夏商周三代王权与其复合制国家结构具有互为依托的辩证关系：强大的王权使复合制国家结构中的'多元'得以'一统'，而合法的王权也需要众诸侯邦国的高度认同，这二者的辩证统一构成华夏礼制中的王朝政治等级秩序。从反面讲，随着时代的推移，因王国综合实力的显著下降而造成的王朝王权的衰落，与复合制国家结构的名存实亡以及所谓'礼崩乐坏'，将是一体三面的关联关系。"见氏著《中国王权的诞生——兼论王权与夏商西周复合制国家结构之关系》，《中国社会科学》2016 年第 6 期。商周鼎革之际，商王朝的王权权威在消解，周王朝虽然还没有建立，但王权正在积聚力量，接近完成。双方的生死较量，使得各自阵营中的有识之士忧心如焚，此处的武王，《微子》中的微子、父师、少师，都显示了类似的心理状态，而这种心理状态深深地根植于商王朝的复合制国家结构之中。
② 杨伯峻译注：《论语译注》，中华书局 1980 年版，第 84 页。
③ 许维遹撰，梁运华整理：《吕氏春秋集释》，中华书局 2009 年版，第 506 页。

武王第一次伐商没有成功。"①《史记·周本纪》对这次伐商情况的记载是："九年，武王……东观兵，至于盟津。……是时，诸侯不期而会盟津者八百诸侯。诸侯皆曰：'纣可伐矣。'武王曰：'女未知天命，未可也。'乃还师归。"②大军已发，方国已会，誓言已出，最后竟然"乃还师归"，真是蹊跷。一句"未知天命"，隐藏了武王对于自己与方国、自己与商纣关系的诸多盘算，其中不知包含了几多无奈，几多窘迫！③

就因为有"尝穷于毕程"的经历，两年后的"约期于牧"，虽然局势已经发生根本性变化，但武王仍然"咏叹之，淫液之"，不也是符合情理的吗？其实，不惟武王，后世的霸主、雄主，在战前对于同盟者也有所担忧，对于敌人的实力也有所忌惮。

例如晋文公，《左传》僖公二十八年云："宋人使门尹般如晋师告急。（晋文）公曰：'宋人告急，舍之则绝，告楚不许。我欲战矣，齐、秦未可，若之何？'先轸曰：'使宋舍我而赂齐、秦，藉之告楚。我执曹君而分曹、卫之田以赐宋人。楚爱曹、卫，必不许也。喜赂怒顽，能无战乎？'公说。"④这是晋楚城濮之战前，晋文公对于齐、秦两国能否参战而表现出的担忧，是先轸的计策——让宋贿赂齐、秦，分楚之与国曹、卫之地给宋，来牵制楚，致楚于不义之地，以激怒齐、秦，让齐、

---

① 唐兰：《西周青铜器铭文分代史征》，上海古籍出版社2016年版，第2页。
② （汉）司马迁：《史记》，中华书局1982年版，第120页。
③ 笔者按：《周本纪》云："九年，武王上祭于毕。东观兵，至于盟津。……武王……乃告司马、司徒、司空、诸节：'齐栗，信哉！予无知，以先祖有德臣，小子受先功，毕立赏罚，以定其功。'遂兴师。师尚父号曰：'总尔众庶，与尔舟楫，后至者斩。'……是时，诸侯不期而会盟津者八百诸侯。"[（汉）司马迁：《史记》，中华书局1982年版，第120页] 与第二次伐纣比较，武王这次伐纣之所以半途而废，笔者推测原因可能有两个方面：一方面殷纣尚未"昏乱暴虐滋甚"，《说苑·权谋》云："汤欲伐桀。伊尹曰：'请阻乏贡职，以观其动。'桀怒，起九夷之师以伐之。伊尹曰：'未可！彼尚犹能起九夷之师，是罪在我也。'汤乃谢罪请服，复入贡职。明年，又不供贡职。桀怒，起九夷之师，九夷之师不起。伊尹曰：'可矣！'汤乃兴师伐而残之，迁桀南巢氏焉。"[（汉）刘向撰，向宗鲁校证：《说苑校证》，中华书局1987年版，第329页] 可作参考。另一方面可能没有与方国"约期"有关。《后汉书·刘玄刘盆子列传》解释云："论曰：周武王观兵孟津，退而还师，以为纣可伐，斯时有未至者也。"见范晔撰，李贤等注《后汉书》，中华书局1965年版，第476页。没有准备充分，诸侯有不听令者，才审时度势，不得不罢兵。"不期而会"看起来轰轰烈烈，实际上包含着离心离德的隐忧。因此，第二次伐纣之前"武王遍告诸侯"[（汉）司马迁：《史记》，中华书局1982年版，第121页]，可能接受了第一次伐纣的教训。
④ 杨伯峻编著：《春秋左传注》，中华书局1990年版，第455—456页。

秦不得不参战——打消了晋文公的顾虑，坚定了晋文公与楚一决胜负的信心。

再如汉高祖刘邦，《史记·项羽本纪》云："汉五年，汉王乃追项王至阳夏南，止军，与淮阴侯韩信、建成侯彭越期会而击楚军。至固陵，而信、越之兵不会。楚击汉军，大破之。汉王复入壁，深堑而自守。谓张子房曰：'诸侯不从约，为之奈何？'对曰：'楚兵且破，信、越未有分地，其不至固宜。君王能与共分天下，今可立致也。即不能，事未可知也。君王能自陈以东傅海，尽与韩信；睢阳以北至谷城，以与彭越：使各自为战，则楚易败也。'汉王曰：'善。'"① 此时的刘邦是汉王，还不是皇帝，其与韩信、彭越在名义上是平等的，所以对于项羽的最后一击，刘邦只能与韩信、彭越"期会"，而不能命令，对于韩信、彭越的"不会"，也只能分地以笼络。刘邦为此慨叹"为之奈何"，不无流露了极为担忧的心理。②

由晋文公、汉高祖看武王，其在伐纣出发时对于士众方国是否听命赴约有所担忧，是很正常的心理活动，无可厚非，不能因为后来战争较为顺利，"高城若地，商庶若化"，就否认武王曾有此心理。事实上，周虽然最后战胜了商，但这样的心理影响深远，直至东征平叛，并为此昭告天下，周公仍然自称"小邦周"；而东征胜利后，面对殷遗民，周公仍然表白"非我小国，敢弋殷命"；即使致政后面对自己人，周公也

---

① （汉）司马迁：《史记》，中华书局1982年版，第331—332页。
② 笔者按：中国古代历史上凭借武力而改朝换代的方式主要有两种类型：一是武王方式，约集方国诸侯一起举兵，协力推翻旧王朝，建立新王朝，刘邦属于此类。二是始皇方式，依靠自己强大武力，各个击破敌人，从而建立新王朝，李世民属于此类。刘邦是第一类的尾声，始皇是第二类的先声，一个探下，一个探上，二者在时间上形成瓦状扣合形态。对于秦汉转折时期的历史走向，田余庆说："陈胜张楚之立，可以说是诸侯旧地皆王的开端，是'兴灭国'；项梁立楚怀王，可以说是诸侯王室后人皆可兴复的标志，是'继绝世'。'兴灭国，继绝世'，旧典所载，影响至深。陈胜走一步，项氏再走一步，这两步连在一起，使一场农民反秦暴政的战争无可避免地转化为诸侯合纵攻秦。看来在这个关键时刻，历史前进并没有直路可走，非出现'之'字路不可。"又说："我们看到，当渊源于楚的汉王刘邦东向与诸侯盟主楚王项羽交锋之时，他确实是不期而然地居于当年版秦始皇灭六国的地位。客观形势要求居于关中的刘邦之楚消灭居关东的项羽之楚，步秦始皇的后尘，再造帝业。这又出现了反秦而又不得不承认秦的问题，出现了以后的汉承秦制，首先而又最根本的是承秦帝制。以帝制为标志，张楚以来历史所呈现的'之'字路走到头了。"见氏著《说张楚》，《秦汉魏晋史探微》（重订本），中华书局2011年版。田先生描述的秦汉"之"字形历史路线很形象，生动地表达了本文所持始皇刘邦是瓦状扣合形态的主张，值得借鉴。

仍然不忘强调周家是"寡邑小邦",都是这种心理的表现。①

四 "分祷上下"诸句附释

"约期于牧"的考释已如上述,现在对与之处于同一语境中的"分祷上下""王不食言,庶赦定宗"两句话,进行附带笺释。

第一,"分祷上下"笺释。"分祷上下"的意思很显明,就是分别向天地神祇祭祀祈祷。但对于实施的时间,学者有不同看法,孔晁认为是"牧野将战"②,于鬯认为是"灭商之后"③。从上下文看,孔晁的观点有些道理;与《克殷》所载牧野决战之后"(武王)乃命宗祝崇宾,飨祷之于军"④对读,于鬯的主张似乎有材料的支持。

现在这个问题可以解决了。上博简《容成氏》记载牧野决战之前武王的言行云:

> 武王于是乎素冠弁,以造类于天,曰:"纣为无道,昏屠百姓,桎约诸侯,绝种侮姓,土玉水酒,天将诛焉,吾勮天威之。"武王素甲以陈于殷郊,而殷……

---

① 杨筠如:《尚书核诂》,陕西人民出版社1959年版,第163、226页。清华大学出土文献研究与保护中心编,李学勤主编:《清华大学藏战国竹简》(壹),中西书局2010年版,第164页。

笔者按:与"小邦周""我小国"相对,周人在有些场合也自称"大邑周""大邦周",如《孟子·滕文公下》引《书》云:"有攸不惟臣,东征,绥厥士女,篚厥玄黄,绍我周王见休,惟臣附于大邑周。"(杨伯峻:《孟子译注》,中华书局2005年版,第148页)。再如清华简《四告》云:"我亦永念天威,王家亡常,周邦之亡纪纪,畏闻丧文武所作周邦刑法典律,用创兴立谋惟猷,渊祚繇绎,效士鬎男,允厥元良,以傅辅王身,咸作左右爪牙,用经纬大邦周。"[清华大学出土文献研究与保护中心编、黄德宽主编:《清华大学藏战国竹简》(拾),中西书局2020年版,第110页]孟子所引没有标示时间、人物,时代不明,但由"征"意看,是居高临下;《四告》的第一篇是周公在将殁之时祭祀皋陶典礼之上发布的祷词,显然也是居高临下,因此自称与之前不同,语气也有所变化。时移世易,不足为奇。

② (晋)孔晁注,(清)卢文弨校:《逸周书》,宋志英、晁岳佩选编:《〈逸周书〉研究文献辑刊》第一册,国家图书馆出版社2015年版,第119页。

③ 于鬯:《香草校书》,中华书局1984年版,第181页。

④ (晋)孔晁注,(清)卢文弨校:《逸周书》,宋志英、晁岳佩选编:《〈逸周书〉研究文献辑刊》第一册,国家图书馆出版社2015年版,第124—125页。

其中的"武王于是乎素冠弁,以造类于天",就是向天神祭祀祈祷,以求得保佑的意思。造、类,是两种祭祀方法,《周礼·春官·大祝》云:"掌六祈以同鬼神示:一曰类,二曰造,三曰禬,四曰禜,五曰攻,六曰说。"《肆师》云:"类造上帝。"《礼记·王制》云:"天子将出征,类乎上帝,宜乎社造乎祢。"① 三条材料共同说明,作为祭祀方法的造、类,与最高统治者的军事行动有着密切的关系。

《容成氏》明确记载,武王对于天神的祭祀祈祷是在牧野决战之前,这与"分祷上下"所处的连续描写武王、太师、三公功绩的语境相符合,证明孔晁的主张正确。不唯如此,武王的"素冠弁",是对这次祭祷天神活动的细节描写,使得我们对于武王在牧野决战之前的举动,较之以往有了更为具体而生动的认识。

需要特别说明的是,"武王于是乎素冠弁,以造类于天"或只是"分祷上下"的部分内容,武王如何对于地祇施祭,目前还不得而知,只能等待新材料的发现。不过,这已不影响本节的主旨了。

第二,"王不食言,庶赦定宗"笺释。(1)王不食言。食,潘振云:"吐而复吞曰食。"② 食言,将已说出的话收回,也就是今天的习语——说话不算数,没有信用。"王不食言",即武王说话算数,信守诺言。这意味着在牧野决战之前,武王曾与一些人有约信行为。(2)庶赦定宗。孔晁注:"言当赦其罪人,定其宗主。"③ 大意是,赦免一般商人民众的罪过,并为其确定宗主。由这句话的意思,结合《武癝》的文势,以及牧野决战前后武王采取的政治措施——"昔在西土,我其有言,胥告商之百【姓】无罪,其维一夫"④,"武王克殷反【及】商……下车……投殷之后于宋"⑤——看,武王约信的对象应该是商人。

这与战国后期社会上仍然流行的,个别商人高层人物与周人暗通款

---

① 笔者按:以上对于《容成氏》中造、类的解释,俱见孙飞燕《上博简〈容成氏〉文本整理及研究》,中国社会科学出版社2014年版,第131—132页。
② 潘振:《周书解义》,宋志英、晁岳佩选编:《〈逸周书〉研究文献辑刊》第二册,国家图书馆出版社2015年版,第4页。
③ (晋)孔晁注,(清)卢文弨校:《逸周书》,宋志英、晁岳佩选编:《〈逸周书〉研究文献辑刊》第一册,国家图书馆出版社2015年版,第119页。
④ 朱右曾:《逸周书集训校释》,宋志英、晁岳佩选编:《〈逸周书〉研究文献辑刊》第八册,国家图书馆出版社2015年版,第114页。
⑤ 王文锦:《礼记译解》,中华书局2001年版,第555页。

曲，内外勾结，以颠覆商纣统治的传说，正可相互印证。《吕氏春秋·季冬纪·诚廉》云："武王即位……则王使叔旦就膠鬲于次四内，而与之盟曰：'加富三等，就官一列。'为三书同辞，血之以牲，埋一于四内，皆以一归。又使保召公就微子开于共头之下，而与之盟曰：'世为长侯，守殷常祀，相奉桑林，宜私孟诸。'为三书同辞，血之以牲，埋一于共头之下，皆以一归。"① 丁宗洛云："庶赦，指无罪而为纣所囚者，如下篇所言释箕子之囚、出百姓之囚是也。"② 朱右曾云："庶赦犹云胁从罔治。定宗者，定其宗主，立武庚也。"③ 丁、朱二氏的解释，似是而非。释箕子之囚、出百姓之囚、立武庚，都是牧野之战的结果，有较大或然性，不存在此前约信的问题，也就无所谓食言与否的问题。所以将"王不食言"与"庶赦定宗"结合起来看，再考虑二者之间既存在因果关系，又存在前后照应关系的情况，可以确定，"庶赦定宗"应该就是《吕氏春秋》记载的武王派遣周公、召公分别与膠鬲、微子约信的史实。

五　余论

本文的主体部分已经完成，现在就一些相关问题作一引申论述，以为全文的结束。共有三点。

第一，《武寤》性质问题。由"约期于牧""王不食言，庶赦定宗"等史实看，《武寤》记载的是商周牧野之战的全过程，而不是其中的一个部分，因此唐大沛说，兼备诗与史两个特点的《武寤》"疑是周颂逸篇"，是正确的、准确的。笔者说，《武寤》是《大武》的第二乐章"再成而灭商"，相对而言，太过具体。失去了弹性，反而令人转信为疑。总起来讲，《武寤》应是一篇歌颂武王伐纣事迹的与《大武》平行并列的英雄史诗。

第二，商周"王政"问题。武王伐纣，与方国"约期于牧"，并

---

① 许维遹：《吕氏春秋集释》，中华书局2009年版，第267—268页。
② 丁宗洛：《逸周书管笺》，宋志英、晁岳佩选编：《〈逸周书〉研究文献辑刊》第六册，国家图书馆出版社2015年版，第77页。
③ 朱右曾：《逸周书集训校释》，宋志英、晁岳佩选编：《〈逸周书〉研究文献辑刊》第八册，国家图书馆出版社2015年版，第88页。

为之担忧，反映了商周之际王政的特殊性。关于商代国家形态及王权行使方式，王震中说："商代的诸侯属邦与王邦的关系，绝非有些学者所谓'平等的'邦国联盟关系。此外，这些诸侯属邦虽然隶属于商王，但它们也不是秦汉以来类似郡县制的地方行政区划内的行政机构。因此，无论是从商王与诸侯的臣属关系，还是从'内服'与'外服'的结构关系来看，商王所直接统治的商国（王邦）与商国周边的诸侯国之间，是以商王为天下共主的、以商的王邦为'国上之国'、以诸侯国为'国中之国'的复合制国家结构关系"；这些"国中之国"，"若臣服或服属于王朝，只是使得该邦国的主权变得不完整，主权不能完全独立，但它们作为邦国的其他性能都是存在的"①。作为"国中之国"，周与其他方国的关系原先应该是基本平等的，但随着实力的增强，商末时周既在王朝中作"牧师"②，在地方上称"西伯"③，又向天下宣称自己获得了天命。④ 于是武王时期的周便形成主权独立、形态类似于商、足以与商抗衡且能取而代之的邦国。⑤

这种邦国的政治结构的特点，是王与方国之间君臣关系的"未全定"，王国维说："自殷以前，天子、诸侯君臣之分未定也。……盖诸侯之于天子，犹后世诸侯之于盟主，未有君臣之分也。周初亦然，于《牧誓》、《大诰》皆称诸侯曰'友邦君'，是君臣之分亦未全定也。逮克殷践奄，灭国数十，而新建之国皆其功臣、昆弟、甥舅，本周之臣子；而鲁、卫、晋、齐四国，又以王室至亲为东方大藩，夏、殷以来古

---

① 王震中：《论商代复合制国家结构》，《中国史研究》2012 年第 3 期。

② 方诗铭、王修龄：《古本竹书纪年辑证》（修订本），上海古籍出版社 2005 年版，第 36 页。

③ （汉）司马迁：《史记》，中华书局 1982 年版，第 106 页。

④ 清华大学出土文献研究与保护中心编，李学勤主编：《清华大学藏战国竹简》（壹），中西书局 2011 年版，第 136 页。

⑤ 笔者按：《牧誓》云："王左杖黄钺，右秉白旄以麾。曰：逖矣，西土之人！王曰：嗟！友邦冢君，御事：司徒、司马、司空，亚旅：师氏，千夫长、百夫长，及庸、蜀、羌、髳、微、卢、彭、濮人。"[孔氏传，（唐）孔颖达疏：《尚书正义》，中华书局 1980 年版，第 183 页] 友邦冢君，参战的方国诸侯。御事，邦君执政之官。亚旅，将兵之官。庸蜀等，"盖八国近周西都，素所服役，乃受约束以战者"（对于字词的解释，综合采纳了蔡沉、杨筠如的观点，见氏著《书集传》，中华书局 2017 年版，第 117—118 页；《尚书核诂》，陕西人民出版社 1959 年版，第 132—133 页）。武王与之"约期于牧"的方国，可能包含在这些"友邦冢君"之中。这是一个以与武王关系远近为准则的呈等级状的政治秩序，其国家结构大约与中央王朝的商近似。

国，方之蔑矣。由是天子之尊，非复诸侯之长而为诸侯之君。"① 王先生将商周王政分为三个阶段，一是殷以前"君臣之分未定"。② 二是武王时期"君臣之分亦未全定"。三是周公东征胜利以后，"天子……为诸侯之君"。王先生对于第一个阶段王政性质的认识或可商榷，但他把武王时期单独列出，将其看作前后两个时代的转折阶段，可谓慧眼独具。

因为与方国之间君臣关系的"未全定"，即有些已经确定，有些尚未确定，使得武王依据能够确定的部分而断然采取伐纣的行动，而另外不确定的部分，又使得武王在大军出发之时对于方国的动向又有些担忧。车马喧腾、战旗猎猎，武王的"咏叹之，淫液之"，似乎是一个即将远去时代的袅袅余音，又是一个即将来临时代的舒缓前奏。

第三，孟子"王道"问题。武王以方国之君，联合各路盟友，一举推翻商人统治，建立西周王朝，成为天下共主，为后人阐发政治思想与社会主张，提供了丰富的历史资源。开发这一资源最为充分的学者，先秦时代当属孟子。

孟子的理想政治是"王道"。所谓王道，就是以仁政、德政治理天下。在孟子的王道社会中，武王与商汤等帝王是实行王道政治的圣王。《孟子·尽心下》云："孟子曰：有人曰：'我善为陈，我善为战。'大罪也。国君好仁，天下无敌焉。（商汤）南面而征，北狄怨；东面而征，西夷怨，曰：'奚为后我？'武王之伐殷也，革车三百两，虎贲三千人。王曰：'无畏！宁尔也，非敌百姓也。'若崩厥角稽首。征之为言正也，各欲正己也，焉用战？"③ 将陈战与仁德对立，使得孟子有意回避武王伐纣过程中惨烈的一面。《孟子·尽心下》云："孟子曰：尽信'书'，则不如无'书'。吾于《武成》，取二三策而已矣。仁人无敌

---

① 王国维：《殷周制度论》，《观堂集林》，河北教育出版社2001年版，第296页。
② 笔者按：商代王与方国诸侯的关系，王国维之后的学者有不同认识，林沄认为，"商代有许多方国和商王发生联盟关系"，并且"推想在和商王敌对的诸方国之间，也是存在着同样的联盟的。"见氏著《甲骨文中的商代方国联盟》，《古文字研究》第六辑，中华书局1981年版。这是延续发挥了王国维的观点。王宇信、徐义华认为，"商王与方国之间存在着上下级从属关系，商王朝是一种集权的立体权力结构"。见氏著《商代的国家与社会》，宋镇豪主编：《商代史》卷4，中国社会科学出版社2011年版，第550—552页。这是一个全新的看法。笔者认为，相对于这两种观点，正文所引王震中的主张可能较为切近实际。
③ 杨伯峻：《孟子译注》，中华书局2005年版，第325页。

于天下，以至仁伐至不仁，而何其血之流杵也？"① 依照孟子的逻辑，武王与方国"约期于牧"，并为之有所担忧；武王与膠鬲、微子暗通款曲，内外勾结等，所谓不高尚、不光明、不正大的史实，当然也在回避之列了。

  回避历史真相，王道思想虽然很崇高，但缺乏现实基础，必然实践性较差，也就是司马迁说的"迂远而阔于事情"②。因此，以孟子王道思想为核心内容之一的儒家，在中国历史上扮演的角色，主要是进行道德教化、维持政治秩序。在重大历史转折时期，儒家往往无所作为，反倒是在儒家教化之外的人物中英雄辈出，例如"不读书"的刘邦、项羽，崇尚"汤武革命"的孙中山、毛泽东。由此可见，武王的真精神从古至今都是在实践中被政治家发扬光大，而孟子王道思想中的武王，只是一场虚幻。不过，这个虚幻有一层令人炫目的光彩而已。

（张怀通，河北师范大学历史文化学院教授）

---

① 杨伯峻：《孟子译注》，中华书局 2005 年版，第 325 页。
② （汉）司马迁：《史记》，中华书局 1982 年版，第 2343 页。

论两周之际鲁国非平王继立的支持者[*]

白国红

两周之际,王室动荡不安,骊山之役幽王死难后,由谁继统成为摆在各方政治势力面前的现实问题,在这一大背景下,有幽王故太子宜臼被立为王,史称天王或平王;又有幽王之弟余臣被立为王,史称携王、携惠王或惠王。[①] 从此,出现了长达二十一年的"二王并立"政治局面。在纷繁的政局中,各方政治势力出于不同的利益考量,或选择支持平王,或选择支持携王。鲁国,虽然地处东方,远离宗周,但是由于历史的原因,其地位举足轻重,它的政治态度不论对于平王还是对于携王来说均至关重要,这一东方诸侯领袖到底是哪一方的支持者呢?带着这一疑问,我们梳理了相关史料,却没有发现鲁国对携王之立的表态,而对于平王的继立,鲁国则是有自己的政治态度的,简言之,就是经历了从开始的不承认到后来的无奈认可这样一个过程。试论之如下:

第一,《汲冢书纪年》提到的"鲁侯"支持"平王之立"不可信。《左传》昭公二十六年孔疏引《汲冢书纪年》记载了这样一段话:

> 平王奔西申,而立伯盘以为太子,与幽王俱死于戏。先是,申侯、鲁侯及许文公立平王于申,以本太子,故称天王。幽王既死,而虢公翰又立王子余臣于携,周二王并立。二十一年,携王

---

[*] 本文为天津市2019年度哲学社会科学规划项目"新材料视域下两周之际郑史研究"(TJZL19-001)阶段性成果。

[①] 清华大学出土文献研究与保护中心编,李学勤主编:《清华大学藏战国竹简》(贰),中西书局2011年版,第138页。

为晋文公（笔者按：应为晋文侯，学界无异议）所杀，以本非适，故称携王。①

这条史料明确讲到鲁侯是支持平王继统的外服诸侯之一。然而，我们梳理现在所能见到的各种资料后，却生疑窦。《汲冢书纪年》提到的扶立平王的外服诸侯有三人：申侯、鲁侯和许文公。其中，申侯扶立平王出力甚多，传世文献多有记载，新出清华简《系年》也有提到，毋庸置疑。许文公的事迹虽然不甚清楚，但许与申同为姜姓，两国地域相邻，为了共同的政治利益站在一起也说得过去。而鲁国支持平王，却让人怀疑：首先，鲁国向来是号称"秉持周礼"②的诸侯国，而平王政治集团悖逆宗法，弑君屠父，倾覆宗周，遵守礼法的鲁国为何会支持平王呢？其次，由上面所引文献可知，平王实际上在幽王被弑之前就已失去宗法上的正统身份，急于让伯盘上位的周幽王绝不会隐瞒这一重大人事变动，而会从快、尽早赴告各诸侯国，各诸侯国的史册上应该早已注明平王废太子的身份，秉持周礼的鲁国缘何会支持一位没有正统身份的人呢？再次，鲁国地处东方，发生动乱的宗周远在西方，在政治形势并不明朗的情况下，鲁国为何会贸然支持平王？最后，除《汲冢书纪年》的这条记载之外，其他先秦文献与新出清华简都没有鲁侯支持平王的证据，这难免引人怀疑。

有此疑问的不只是我们，前辈学者中怀疑"鲁侯"之"鲁"为讹字的大有人在。梳理诸说，主要观点有三：或认为"鲁侯"为"曾侯"之讹，③或认为"鲁侯"是"郑侯"之讹，④或认为"鲁侯"为"吕侯"之讹。⑤这三种观点的立论依据相似：一是"鲁"与"曾""郑"

---

① （晋）杜预注，（唐）孔颖达疏：《春秋左传正义》，（清）阮元校刻：《十三经注疏》，中华书局1980年版，第2114页。

② 《左传》闵公元年齐国仲孙湫说鲁国"犹秉周礼"，"鲁不弃周礼"。（晋）杜预注，（唐）孔颖达疏：《春秋左传正义》，（清）阮元校刻：《十三经注疏》，中华书局1980年版，第1786页。

③ 杨宽：《西周史》，上海人民出版社1999年版，第575页。

④ 王玉哲：《周平王东迁乃避秦非避犬戎说》，收入《古史集林》，中华书局2002年版，第362页。

⑤ 王雷生：《论骊山之役与西周的灭亡》，《人文杂志》1995年第4期。

(奠)①"吕"（膚）②字形相近，故而有致误的可能；二是文献中多有申人、曾人召犬戎灭西周的记载，而吕人与申人的政治立场一致，③郑武公力助平王也屡屡见载于史册，他们拥立平王都在情理之中。分析可知，以上这三种观点之中，认为"鲁侯"是"郑侯"之讹的观点是不成立的，因为郑国本为畿内邦君，其国君从不称"侯"，其余两种观点都有成立的可能。

其实，我们认为，还有另外一种更大的可能性，即"鲁侯"为"晋侯"之讹。在传世文献中虽然有"晋文侯于是乎定天子"④以及周平王感念晋文侯"扞我于艰"⑤的概括性记载，于文侯扶立平王之功稍有透露，但是这些文献并没有清楚地记述晋文侯的具体功绩，因此，后人往往忽视晋文侯在平王之立中所发挥的作用。清华简《系年》第二章详细陈述了晋文侯扶立平王的经过和作为，行文如下：

> 周幽王取妻于西申，生平王。王或娶褒人之女，是褒姒，生伯盘。褒姒嬖于王，王与伯盘逐平王，平王走西申。幽王起师，围平王于西申，申人弗畀，曾人乃降西戎，以攻幽王，幽王及伯盘乃灭，周乃亡。邦君诸正乃立幽王之弟余臣于虢，是携惠王。立廿又一年，晋文侯仇乃杀惠王于虢。周亡王九年，邦君诸侯焉始不朝于周，晋文侯乃逆平王于少鄂，立之于京师。三年，乃东徙，止于成周。晋人焉始启于京师，郑武公亦正东方之诸侯。⑥

这段记载让我们恍然大悟晋文侯在平王之立中起到的作用竟然是决

---

① 王玉哲认为："按《竹书纪年》写于战国，'郑'原简当作'奠'，……'奠'与'鲁'字形近，译者误释为'鲁'字也。"见氏著《周平王东迁乃避秦非避犬戎说》，《古史集林》，中华书局2002年版，第362页。

② 王雷生说"膚"就是"吕"，"而'膚'与'鲁'形更相近易讹。"见氏著《论骊山之役与西周的灭亡》，《人文杂志》1995年第4期。

③ 《国语·郑语》有言："申、吕方强，其隩爱太子亦必可知也，王师若在，其救之亦必然矣。"上海古籍出版社1978年版，第519页。

④ 《国语》卷16，第524页。

⑤（汉）孔安国注，（唐）孔颖达疏：《尚书正义》，（清）阮元校刻：《十三经注疏》，中华书局1980年版，第254页。

⑥ 清华大学出土文献研究与保护中心编，李学勤主编：《清华大学藏战国竹简》（贰），中西书局2011年版，第138页。

定性的，而"鲁"与"晋"字形也相近，有致误的可能。因此，"鲁侯"为"晋侯"之讹也许更接近历史的真实。

故而，我们的观点是否认《汲冢书纪年》记载的支持平王之立的外服诸侯中包括鲁侯。而且，除上面所讲的理由之外，我们还有其他证据支持这个判断，且看下面的论述。

第二，从《春秋》对以平王为首的王室事迹的记录可知鲁国并不真心礼敬平王。

《春秋》一书对平王时期王室事迹是有记载的，从中我们能够略窥鲁国对"平王之立"的态度。《春秋》所记平王时期王室事迹如下：

隐公元年："秋七月，天王使宰咺来归惠公、仲子之赗。"
"冬十有二月，祭伯来。"
隐公三年："三月庚戌，天王崩。"
"秋，武氏子来求赙。"①

以上是《春秋》对平王时期王室事迹的全部记载，我们逐条分析之。

其一，关于隐公元年"天王使宰咺来归惠公、仲子之赗"。《左传》记作："天王使宰咺来归惠公、仲子之赗。缓，且子氏未薨，故名……赠死不及尸，吊生不及哀，豫凶事，非礼也。"杨伯峻注曰："缓者，言惠公死已逾年（惠公之死不知何月。春秋时，旧君死，新君逾年始称元年，此时是隐公元年七月，则已逾年矣），始来馈赠助丧之物，太迟缓矣。""子氏即仲子。仲子此时犹在，未死而助其丧，尤不合理。"②

其二，关于隐公元年"祭伯来"。《左传》记作："祭伯来，非王命也。"因为祭伯此来不是受王命出使，故而我们忽略这一记载，不多分析。

其三，关于隐公三年"三月庚戌，天王崩"。《左传》记作："三年春，王三月，壬戌，平王崩。赴以庚戌，故书之。"杨伯峻注曰："赴，

---

① （晋）杜预注，（唐）孔颖达疏：《春秋左传正义》，（清）阮元校刻：《十三经注疏》，中华书局1980年版，第1714—1715、1722页。

② 杨伯峻编著：《春秋左传注》，中华书局1981年版，第16—17页。

今作讣，告丧也。此谓周平王实以三月壬戌日死，而赴告却云庚戌日（十二日），故《春秋经》从讣告，亦书庚戌日。赴告何以将死日误提早十二日，杜注云'欲诸侯之速至，故远日以赴'，恐是臆测之辞。襄公二十八年《经》云：'十有二月甲寅，天王崩。'《传》云：'癸巳，天王崩，未来赴，亦未书，礼也。王人来告丧，问崩日，以甲寅告，故书之，以徵过也。'与此可以互相发明。"① 这是说，《春秋》一书将周平王的死日由实际的"壬戌"提早十二天记为"庚戌"，是因为王室派人来报丧时即以"庚戌"告，鲁史以告丧之言为准进行记录实则是为了"徵过"，即：清楚表明王室此举为失礼行为。

其四，隐公三年"武氏子来求赙"。杨伯峻注曰："赙，助丧之财务。此乃周平王死，周室使人来求赙。杜注以为由于鲁不供奉王丧，致使王室来有求，《经》文直书以示不敬。而《公羊》以为'丧事无求，求赙非礼'，故书以讥之。《穀梁》则以为'周虽不求，鲁不可以不归；鲁虽不归，周不可求之'，故书以'交讥之'。考《周礼·宰夫》郑玄注云：'凡丧，始死，吊而含襚（送死者口中所含之珠玉及所著衣），葬而赗赠，其间加恩厚则有赙焉，《春秋》讥武氏子求赙。'推郑玄之意，则以为含襚赗赠是正礼，鲁已行之。赙以大量财币是加礼，鲁未如此，故使人求之，非礼。郑说可采。"②

由上文可知，《春秋》仅有的四条有关平王时期王室的记载，除一条无关紧要之外，其余三条无一例外都是记载以平王为首的王室的"非礼"行为。虽然《春秋》的记载看似客观，没有褒、贬字眼，但是懂得周礼的人一眼就能从中读出对平王的讥讽。这与西周强盛时期各级诸侯、贵族对周王的无上崇敬和顶礼膜拜形成了鲜明的对比。

当然，在这三年的《春秋》记载之中，鲁国对周平王也并非毫无敬意，主要体现在两点：一是文中称平王为"天王"。晁福林先生曾论道："殷周以来，'天'、'大'、'太'由于渊源相同而常混用无别，'天王'亦即大王，义为太子为王。宜臼此称的本意是表示其为太子的特殊地位，是要说明他是周天子的当然继承人。"③西周共有十二位周

---

① 杨伯峻编著：《春秋左传注》，中华书局1981年版，第25页。
② 杨伯峻编著：《春秋左传注》，中华书局1981年版，第24页。
③ 晁福林：《论平王东迁》，《历史研究》1991年第6期。

497

王，虽然他们一直都以各种方式证明周王朝是受天命而统治天下，但从未有一位周王毫不掩饰地直称"天王"。平王号称"天王"，反映出平王及其支持者极力强调其正统地位的迫切心态。鲁国能在国史中以"天王"称平王，在某种意义上实际是对其合法地位的一种认可。二是以王历纪年。杨伯峻在为《春秋》隐公"元年春王正月"条作注时说："相传周王朝于每年末颁明年历书于诸侯，诸侯奉而行之。考之两周彝铭，西周彝器大抵为王朝卿士所作……悉用王历。但东周彝器多为列国诸侯或巨族所制，则有用本国之历者。鲁……奉周历唯谨，自隐公迄哀公历十二公，二百四十二年，皆用王正。"① 这无疑也是对以平王为首的东周王室正统地位的一种承认。

《春秋》对待平王及平王王室的矛盾态度，折射出此一时期鲁国对于平王王室不愿承认，却又不得不承认的一种无奈。如果像《汲冢书纪年》记载的那样早在"二王并立"时，鲁国就已坚定地站在平王一方，那么，《春秋》对于平王的态度就令人费解了——大乱过后，树立平王的威信是当务之急，支持平王的鲁国为何要在国史中专挑平王王室的失礼之处进行记载呢。

第三，周平王直至在位的晚年，依然在倾心竭力争取鲁国的支持。

众所周知，鲁国在西周王朝分封的诸侯国中具有特殊的地位，与王室关系的亲密程度非其他诸侯国可比，是天下诸侯，尤其是东方诸侯的领袖。现有文献透露出，平王继立，尤其是东迁成周之后，一直在努力争取鲁国对其正统地位的认可。

周平王在位共51年（前770—前720），而《春秋》始于隐公元年（前722），这一年已经是平王在位的第49年，所以《春秋》对平王王室的记载仅有三年。可是，我们看到这短暂的三年时间里，在王室与鲁国的政治互动中，行为的主动者均是王室，没有一次是鲁国对平王王室的主动行为。细揣其中滋味，似有平王王室主动示好鲁国这个东方诸侯的深意。

当此之时，平王登基已有半个世纪，携王早已被晋文侯所杀，平王处于独尊的地位。然而，面对平王王室的刻意示好，鲁国对待他的态度，依然是不冷不热，用貌似认可，实有不敬来概括毫不为过。

---

① 杨伯峻编著：《春秋左传注》，中华书局1981年版，第6页。

由此我们可以反推，在平王初立时，鲁国对他肯定不是持支持态度的，而周平王在东迁成周之后，为了获得东方诸侯的承认，将突破的重点放在了地位特殊的鲁国，只要取得鲁国对他的认可和支持，东方诸侯自然会望风影从。为此，平王不惜纡尊降贵，放下身段，倾力结交鲁国，而这项工作的推进竟然耗费了平王一生的时间。

第四，从后世学者对春秋时期王室与鲁国关系的评价，可知鲁国对平王王室的态度经历了从否认到勉强承认的过程。

杨伯峻在《春秋左传注·前言》中谈道："齐国仲孙湫说鲁国'犹秉周礼'，'鲁不弃周礼'（见闵元年传）。既然鲁国还实行周代礼制、礼节，为什么二百四十二年间，《春秋》书鲁大夫到京师去的仅仅七次，聘问者仅仅二次呢？可见一定有漏载的。"[①] 杨伯峻先生疑惑于鲁国对周王室朝聘的疏落，以"漏载"来释疑。然而，从前文的分析可知，此并非漏载所致，周平王因弑父灭周，人设崩塌，站在"秉周礼"的鲁国角度，是不愿意承认其正统地位的，礼仪上的疏漏实质是其政治态度的反映。

钱穆在《国史大纲》中曾言："观于平王东迁后，鲁国采取不理睬态度，知以前决不主张立平王也。"继后，他又说："平王崩，鲁不奔丧。桓王二十余年，五聘鲁。"对此句他自注曰："鲁为东方姬姓诸侯之宗国，平王之立，鲁盖不之拥戴，王室命令因此不行于东诸侯。故桓王继位，乃竭意联欢于鲁也。"[②] 钱穆先生在这里非常清晰地指出了平、桓时期王室对鲁国有曲意笼络的行为，而这种行为的初衷不外乎争取鲁国对王室的认可和支持。

顾颉刚对春秋时期王室与鲁国的关系有精到的分析，他在《春秋史讲义·鲁国与王朝之关系》一节中讲道："以鲁与周族谊之亲，鲁又称为'秉周礼'之国，顾隐公之世，天王来归惠公之赗，及平王崩而鲁未如周会葬也；桓庄之世，王室聘鲁之使屡至，鲁又未尝一遣使报聘也。至于僖公，两值齐桓、晋文之霸，尊王之义，霸者倡之，故鲁亦数厕会盟，谋宁王室，践土、河阳，再朝王所，此岂其本心然哉，势迫之而已。自此关系寖密：僖公之薨，则叔服来会葬；文公之立，则毛伯来

---

① 杨伯峻编著：《春秋左传注》，中华书局1981年版，第22页。
② 钱穆：《国史大纲》，商务印书馆1996年修订版，第48、54页。

锡命；而成风之薨，荣叔归含，及其葬也，召伯来会；即王叔之卒，亦来赴告。鲁则于襄王之崩，既遣穆伯吊丧，又遣庄叔会葬：虽镐京盛世威仪，无以过之。宣公远晋亲齐，周使几绝；王来征聘，始使孟献子一至周。成公从晋伐秦，道出京师，与诸侯同朝王，盖二百四十年间蒞王朝行朝礼者惟此一事而已。自此以还，往来绝少，敬王之立，王室大乱，鲁亦无一使以相存问，势利之所不归，亦礼节之所不至矣。善乎马骕之计之也，曰：'鲁诸公之朝齐、晋、楚三十有三，而朝周仅三；诸大夫之聘列国五十有六，而聘周仅五。'（《左传事纬》卷十二）噫，王者之迹息，已不必征之于他事矣。"①按照顾颉刚先生的分析，不止平王时期，甚至整个春秋时期鲁国对待王室的态度都是忽冷忽热、忽远忽近、飘忽不定的。虽然春秋时期政局已变，礼乐征伐不再出自天子，这应该是鲁国轻视王室的重要因素，但从根本上讲，鲁国对平王正统性的犹疑态度，应该是春秋一代鲁国不礼敬王室的根源所在。

综上所论，我们可以断言，在两周之际的政治变局中，鲁国作为具有风向标意义的东方诸侯领袖，对待平王的继统，它起初是否认的。携惠王死后，平王成为周王室唯一的血脉，又有晋、郑诸国的强力扶持，鲁国囿于形势，最终不得不承认了平王的正统地位，但从其对平王王室的态度来看，就知这种认可并非心甘情愿。很显然，两周之际，鲁国绝非平王继统的真正支持者。

（白国红，天津师范大学历史文化学院教授，博士生导师）

---

① 顾颉刚：《顾颉刚古史论文集》卷4，中华书局2011年版，第188页。

再论西周时期的君统与宗统

耿 超

西周时期是一个全面建立秩序的时代，周初"制礼作乐"的实质是全面制定社会规范与社会秩序。而"君统"与"宗统"是既涉及政治伦理又与宗法思想密切相关的重要课题，历来争议颇多。本文拟在前人研究成果基础上，结合近年来新出的金文资料，对"君统"与"宗统"的实质及关系问题提出自己的粗浅看法，以就教于方家。

一 天子、诸侯与宗法系统

所谓"君统"指以政治等级关系为统系的组织，"宗统"则是指以家族血缘关系为统系的组织。[①] 争论的源起在于毛传与郑笺对于《诗经》中乐歌的不同解释。《诗经·大雅·公刘》："食之饮之，君之宗之。"毛传："为之君，为之大宗也。"郑笺："宗，尊也。公刘虽去邰来迁，群臣从而君之宗之，犹在邰也。"[②] 毛传认为周天子、诸侯均在宗法系统内，君主同时也是天下之大宗，"君统"与"宗统"是统一的。而郑玄将"宗"释为"尊"，从政治角度解释公刘与族人的关系。又如《诗经·大雅·板》："价人维藩，大师维垣，大邦维屏，大宗维翰。怀德维宁，宗子维城。无俾城坏，无独斯畏。"毛传曰："王者，

[①] 所谓"统"，陈恩林先生认为指的是"继承系统"，李承德先生认为不单指"继承法"，而是指一整套彼此牵连，具有层次结构的社会构成体。本文赞同后一种观点。详参陈恩林《关于周代宗法制度中君统与宗统的关系问题》，《社会科学战线》1989 年第 2 期；李勤德《周代君统、宗统的系统分析》，《上饶师专学报（社）》1986 年第 3 期。

[②] （清）阮元校刻：《十三经注疏（附校勘记）》（中华书局影印本），中华书局 2008 年版，第 542 页。

天下之大宗。翰，干也。"郑笺云："大宗，王之同姓之嫡子也。王当用公卿诸侯及宗室之贵者为藩屏垣干，为辅弼，无疏远之。"① 毛传指出君统与宗统是等同关系，而郑玄则认为乐歌中的"大宗"并非指周王，而是指分封出去"为藩屏垣干"的同姓诸侯。清代学者多赞成郑说。但也有持相反意见者，如陈奂《毛诗传疏》指出君统与宗统是统一的，"宗室，大宗之室，是天子亦称大宗，故传谓王者天下之大宗"②。

现代史学家对此的争论亦持两种观点。赞同郑说的以金景芳先生为代表，他在解释《礼记·大传》时指出：

"别子"之所以称"别"，就是表明他与君统相区分，自立宗统。"别子"则为这一宗的始祖。……继别为宗，就是继承别子自成一宗。在这个宗里也实行嫡长子继承制。在宗法中有大宗、小宗之分也是有嫡长子继承制中发生的。继别子的嫡长子叫宗子。这个由别子的嫡长子世代相袭的宗，就是"百世不迁"的大宗。……③

陈恩林先生赞同金说，也认为"君统"与"宗统"并不是统一的。④ 而更多的学者则持不同意见，如郭沫若、范文澜、翦伯赞、李玄伯、钱宗范、晁福林、赵伯雄等先生都认为西周时期君统与宗统是统一的。范文澜先生指出天子是天下之大宗，诸侯是一国之大宗，卿大夫是采邑内的大宗。⑤ 翦伯赞先生也指出"天子与诸侯除了君臣关系外，还保持血缘关系联系起来的宗法关系"⑥。赵伯雄先生认为"在公刘时代，周人早期的国家政权恐怕已经出现，作为政治首脑的邦君和作为氏族首领的大宗宗子是合一的，也就是说君统与宗统是合一的"⑦。晁福林先

---

① （清）阮元校刻：《十三经注疏（附校勘记）》（中华书局影印本），中华书局2008年版，第550页。
② （清）阮元、王先谦：《清经解》，凤凰出版集团2005年版，第4109页。
③ 金景芳：《中国奴隶社会史》，上海人民出版社1983年版，第147—148页。
④ 陈恩林：《关于周代宗法制度中君统与宗统的关系问题》，《社会科学战线》1989年第2期。
⑤ 范文澜：《中国通史》（第一册），人民出版社1995年版，第76页。
⑥ 翦伯赞：《中国史纲要》（第一册），人民出版社1979年版，第43页。
⑦ 赵伯雄：《周代国家形态研究》，湖南教育出版社1990年版，第83页。

生指出宗统与君统最初是完全合二为一的,《诗经·公刘》言"君之宗之"是颂扬公刘既为异族姓的君主,又为姬宗族的宗子。可见从公刘的时代起,周王已在宗法系统里占了最重要而显著的位置。"祖天子"之事在西周春秋时期是普遍存在的现象。[①]

对于君统与宗统是否合一的争论,主要集中于天子、诸侯是否属于宗法系统,以及天子、诸侯和卿大夫之间的关系是政治关系为主导还是宗法关系为主导。[②] 由文献资料来看,天子、诸侯与其臣属也是存在宗法关系的。《尚书·酒诰》:"文王诰教小子,有正有事,无彝酒。"曾运乾《尚书正读》注释云:"小子,盖同姓小宗也。"[③] 文王作为大宗之长告诫同姓小宗不要常常喝酒,体现了君统与宗统的统一。《左传》文公二年记载:"宋祖帝乙,郑祖厉王,犹上祖也。"[④] 帝乙,指微子之父;周厉王,为郑桓公之父。宋国始封于微子,郑国始封于桓公,然而合食之时,微子不能先于帝乙、桓公不能先于周厉王,对商王帝乙、周厉王的尊尚,表明天子亦在宗法系统内。又如《左传》襄公十二年,载曰"凡诸侯之丧,异姓临于外,同姓于宗庙,同宗于祖庙,同族于祢庙。是故鲁为诸姬,临于周庙。为邢、凡、蒋、茅、胙、祭临于周公之庙。"[⑤] 宗庙,即周庙,周文王之庙。祢庙,杜预注曰:"即父庙也,同族谓高祖以下。"[⑥] 邢、凡、蒋、茅、胙、祭皆周公之子,别封为后,共祖周公。鲁国为周公嫡长子伯禽的封国,以周文王之庙为宗庙,可见西周春秋时期"祖天子"仍是较为普遍的现象,宗统与君统是合二为一的。这在金文中也有诸多体现,如西周中期的盠驹尊:

> 器铭:唯王十又二月,辰在甲申,王初执驹于庌,王呼师豦召盠,王亲旨盠驹赐两,拜稽首,曰:王弗忘厥旧宗小子,懋皇盠身。盠曰:王俪下,不(丕)鼒(则),万年保我万宗,盠曰:余

---

① 晁福林:《"共和行政"与西周后期社会观念的变迁》,《北京师范大学学报》(社会科学版)1992年第3期;晁福林:《试论宗法制的几个问题》,《学习与探讨》1999年第4期。

② 郑子良:《再论"宗统"与"君统"》,《四川大学学报》(哲学社会学科版)2011年第2期。

③ 曾运乾:《尚书正读》,中华书局2015年版,第173页。

④ 杨伯峻:《春秋左传注(修订本)》,中华书局2016年版,第573页。

⑤ 杨伯峻:《春秋左传注(修订本)》,中华书局2016年版,第1095页。

⑥ (清)阮元校刻:《十三经注疏(附校勘记)》,中华书局2008年版,第1951页。

其敢对扬天子之休，余用作朕文考大仲宝尊彝，盨曰：其万年子孙永宝之。

盖铭：王拘驹于岸，赐盨驹勇雷雅子。（《铭图》11812，图1）

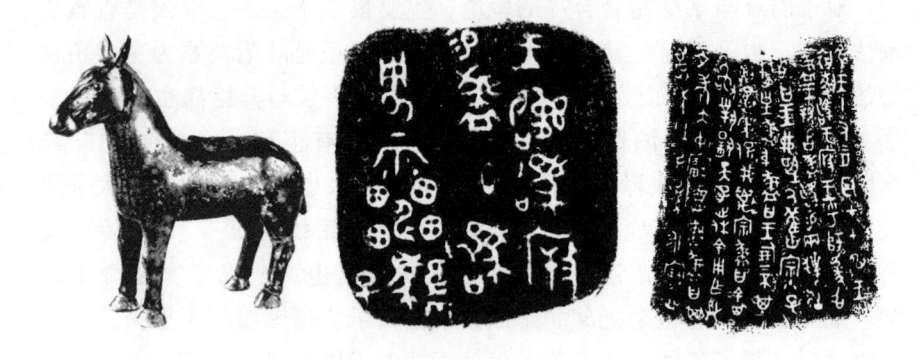

图1　盨驹尊器形及铭文①

执驹，《周礼·夏官司马·校人》："春祭马祖，执驹"，郑玄注曰："执驹，无令近母，犹攻驹也。"② 执驹之礼是小马两岁离开母马而升入王闲为服马时，初系马具所行之礼，因周重马政，所以周王亲自参加。师豙，人名，亦见于师豙方彝与师豙簋。"旨"，假借为"指"，《广雅·释诂》云："指为语也。"王亲旨盨驹赐两，是说周王亲自宣命于盨，赐以驹两匹。旧宗小子，指盨与周王同宗。佣下，马承源认为即"不叚"，佣下不其，为作器者颂美天子之辞。盨驹尊铭文记载了周王亲自宣命赏赐盨驹后，盨作祭祀先父之器，并感念受赐之荣宠，在铭文中盨自称"旧宗小子"，表明盨所在家族为大宗周王的小宗，反映了君统与宗统合一的思想。

二　家族关系的政治化

西周时期，贵族家族成员间的关系不仅是宗法关系，也已政治化。③ 西周早期，宗子、宗妇已称"君"，胡应姬鼎（《铭图续》30221）铭文

---

① 吴镇烽编著：《商周青铜器铭文暨图像集成》，上海古籍出版社2012年版。
② （清）阮元校刻：《十三经注疏（附校勘记）》，中华书局2008年版，第860页。
③ 朱凤瀚：《商周家族形态研究（增订本）》，天津古籍出版社2004年版，第310页。

记载了昭王伐楚途中，胡应姬觐见周王，受赐后"对扬王休，用作厥啻（嫡）君公叔乙尊鼎"，公叔乙应为嫡君之名、胡国小宗宗子，胡应姬所在家族之族长。① 西周中期以后，宗子、宗妇称"君"的记载更为常见。具鼎（《铭图续》30229，西周中期前段）铭文记载了器主具受"公"赏赐后，"对扬朕皇君休"，表明"公"即为"皇君"，身份为具所在家族之族长。又如射壶甲（《铭图》12443，西周晚期），其铭文载"皇君尹叔命射嗣（司）贮"，"皇君尹叔"身份应为"尹氏贵族"，行辈为叔，器主射称尹叔为"皇君"，则射为尹叔之家臣，"尹叔"身份为宗子。同为西周晚期时器的几父壶（《铭图》12438）铭中言"对扬朕皇君休"，"皇君"应指赏赐几父的宗子同仲。

宗人簋为近年公布器物，铭文记载了大宗之长伯氏在家族内设宴款待祭伯，命令器主宗人献舞之事，其铭曰：

> 唯正月初吉庚寅，伯氏召溓伯飮渍，醻，内乐，伯氏命宗人舞。宗人卒舞，溓伯乃赐宗人。伯氏侃宴，乃赐宗人册、戈。册五钖，戈：琱威、厚柲、彤沙，仆五家。厥师曰：学［若］。宗人拜稽首，敢对扬王父之休，用作朕文母釐姬宝簋，其万年子子孙孙其永宝用。（《铭图》30461，图2）

伯氏，即宗子，指宗族之长。召，召请。溓伯，人名，封于溓邑以地名为氏的姬姓宗族之长，李学勤、吴振武等先生认为假作"祭"。② 宗人，指同宗之人。舞，指配合音乐跳舞；卒舞，指跳舞完毕。侃，喜欢。伯氏侃宴，指伯氏对这次宴会很高兴。对扬，金文习语，凡臣受君赐时多用之，兼有答受称扬的意思。杨树达曾指出："寻金文对扬王休之句，必为述作器之原因，君上赏赐臣下，臣下作器纪其事以为光宠，

---

① 李春桃：《胡应姬鼎铭文新释》，载李学勤、冯克坚主编《第五届中国文字发展论坛论文集》，中州古籍出版社2015年版，第51—57页；黄锦前：《新刊两件胡国铜鼎试释》，载李学勤主编《出土文献（第十辑）》，中西书局2017年版，第37—46页；耿超：《胡应姬鼎铭文及相关问题再探》，载北京大学出土文献研究所编《青铜器与金文（第四辑）》，上海古籍出版社2020年版，第76—83页。

② 李学勤：《释郭店简祭公之顾命》，《文物》1998年第7期；吴振武：《假设之上的假设——金文"棸公"的文字学解释》，吉林大学古籍研究所：《吉林大学古籍研究所建所二十周年纪年文集》，吉林文史出版社2003年版。

图 2　宗人簋器形及铭文①

此所谓扬君之赐也。"② 铭文记载了宗人受赐后,"扬王父休",为"文母釐姬"做了这件祭器,宗人身份当为小宗之长。"命舞""赏赐""对扬",反映了大宗对小宗的绝对权威,正如李玄伯先生在《中国古代社会新研·大宗对小宗》言"宗主在宗内就等于君在邦中,当时君统与宗统是统一的。宗主对宗人具有极高的权威"③。

穆王时期的繁卣,其铭曰:

> 唯九月初吉癸丑,公酌祀,霎旬又一日辛亥,公禘酌辛公祀,卒事无尤,公蔑繁历,赐宗彝一肆、车、马两,繁拜手稽首,对扬公休,用作文考辛公宝尊彝,其万年宝。或。(《铭图》13343,图3)

铭文末之"或"为族名。繁,为作器者。公,繁的长兄,"或"族之长。辛公,繁与公的"文考"。宗彝为宗庙内祭祀之礼器。铭文中记载了"或"族之长公赏赐弟繁宗彝等财物后,繁作祭祀文考之器,并采

---

① 吴镇烽编著:《商周青铜器铭文暨图像集成》,上海古籍出版社2012年版。
② 杨树达:《积微居小学述林》,中华书局1983年版,第226页。
③ 李玄伯:《中国古代社会新研》,开明书店1948年版,第49页。

图3 繁卣器形及铭文①

用了西周时期臣下对君主的礼仪"对扬公休",表明西周家族成员间的亲属关系已属于君臣间的政治隶属关系,体现了宗统与君统的统一。又如西周中期的虡簋,铭文言:

> 虡拜稽首,休朕匋（宝）君公伯赐厥臣弟虡井五量,赐甲、冑、干、戈。虡弗敢望公伯休,对扬伯休,用作祖考宝尊彝。（《铭图》5173）

虡,人名。公伯,虡的君和兄。陈梦家《西周铜器断代》云:"作器者对'公伯'称'臣弟',就君臣关系言为君和臣,就兄弟关系言为伯与弟。"② 受赐的虡具有两种身份,即政治属性的臣和血缘属性的弟,赏赐者也同时有两种身份即政治属性的君公和血缘属性的伯（行次）,是宗族同时具有两种属性和功能的反映,也表明了君统与宗统思想对贵族家族的影响。

---

① 吴镇烽编著:《商周青铜器铭文暨图像集成》,上海古籍出版社2012年版。
② 陈梦家:《西周铜器断代》,中华书局2004年版,第167页。

不只兄弟关系，父子关系亦如此，如效尊，铭文记载为：

> 唯四月初吉甲午，王观于尝，公东宫纳飨于王，王赐公贝五十朋。公赐厥顺子效王休贝廿朋，效对公休，用作宝尊彝。呜呼，效不敢不万年夙夜奔走扬公休，亦其子子孙孙永宝。(《铭图》11809，图4)

图4 效尊器形及铭文①

效，器主名，即曶鼎铭文中的效父。东宫，为人名。王观于尝，周王观于尝地。纳飨于王，接受了王的宴飨。休贝，赐贝。顺，原字从川，从二止，郭沫若《两周金文辞大系考释》认为即"顺"之通假，为孝顺之意，②表明"效"为"公"之子。休，即好。休贝，指赐贝。铭文记载了效之父"公"把王所赐之贝赏赐给效，效作器纪念并对扬其父之休，铭文"不敢不万年夙夜奔走扬公休"，反映了西周贵族家族内的父子关系已政治化为君臣关系，表明君统思想对家族亲属关系的影响。

宗统与君统合一的思想，也体现在宗妇的权力与地位上，春秋早期

---

① 吴镇烽编著：《商周青铜器铭文暨图像集成》，上海古籍出版社2012年版。
② 郭沫若：《两周金文辞大系图录考释》，上海书店出版社1999年版，第101页。

的宗妇簋，据《商周彝器通考》记载，光绪年间出土于陕西户县，敛口、折肩、收腹，圈足外撇，下有三个小兽足，兽首耳无珥。① 该器器盖同铭，各25字，铭文曰：

> 王子剌公之宗妇䣙（郜）嬰，为宗彝䵼鼎，永宝用，以降大福，保辪（嬖）䣙（郜）国。(《铭图》5037，图5)

图5 宗妇簋器形及铭文②

䣙即"郜"，《说文》："昔，籀文从肉作䣙"，在此为国名，其地望虽未见记载，推测应在此组器物的出土地附近，即宗周地区。对于作器者，铭文中称之为"宗妇䣙（郜）嬰"，䣙嬰为女子名，其身份为宗妇，则其夫王子剌公应为宗子。剌为烈字，唐兰指出："王在周康剌宫，剌字金文一般作为烈字用，剌祖剌考就是烈祖烈考。"③ 烈，在此可能为谥号，王子剌公可能已经去世。"辪"字在彝器铭文中常见，或作"辥"字，王国维认为即经典中乂、艾之本字。《尔雅·释诂》："乂，治也；艾，相也、养也。"孙诒让云："辥字金文常见，皆辅翼正治之义，疑与嬖通。"其说甚确，金文中的"辪"字有辅佐、治理之义。宗

---

① 容庚：《商周彝器通考》，中华书局2012年版，第273页。
② 吴镇烽编著：《商周青铜器铭文暨图像集成》，上海古籍出版社2012年版。
③ 唐兰：《西周铜器断代中的"康宫"问题》，载故宫博物院编《唐兰先生金文论集》，紫禁城出版社1995年版，第115—167页。

妇酅嫛作这组器物的目的是"保辥（嬖）酅（酅）国"，由此可见，作为宗妇的酅嫛不仅是家族中的"女君"，同时作为国君夫人，在酅国中也拥有特殊的政治地位与职责，体现了君统与宗统的合一。与之相似的还有晋姜鼎，其年代亦为春秋早期，铭文为：

> 唯王九月乙亥，晋姜曰：余唯嗣朕先姑君晋邦，余不叚（暇）妄宁，坙雍明德，宣邲我猷，用召匹辥辟，每（敏）扬厥光，剌（烈）虔不家（坠）。魯覃京师，辥我万民，嘉遣我，赐卤责（积）千两，勿灋（废）文医（侯）覵（显）令。卑串通弘，征鲧汤雎。取厥吉金，用作宝尊鼎。用康龏（柔）妥（绥）怀远孹君子。晋姜用祈绰绾、眉寿，作寷为亟。万年无疆，用享用德，龀保其孙子，三寿是利。（《铭图》2491，春秋早期，图6）

图6 晋姜鼎器形及铭文①

"唯王九月"，"王"应指周平王。晋姜，即姜姓之女嫁于晋者。嗣，继承。先姑，已去世之姑。"君晋邦"者，君谓女君，这里用作动词，应与晋公盆（《铭图》6274）铭文"宗妇楚邦"句法相同，指做晋邦的女君。可见晋姜对晋国的职责，承自先姑。"余不叚（暇）妄宁，坙雍明德"，"余"指晋姜，此句大意为我没有闲暇贪图安逸享乐，而

---

① 吴镇烽编著：《商周青铜器铭文暨图像集成》，上海古籍出版社2012年版。

要遵循常规、拥护明德。"宣邲我獻，用召匹辥辟"，则是说辅助丈夫文侯处理政事、谋划事情非常慎重。"文侯"为谥号，应指晋文侯仇，作此器时文侯已去世，则此器的成器年代可能在文侯之子昭侯时，晋姜的自述语应是对往事的追述。此句大意是不违背文侯的命令，与上铭中的"嘉遣我""召匹辥辟"正相呼应，说明晋姜的身份为文侯夫人。前半段为晋君夫人晋姜的自述语，其身份、地位、责任都交代得甚为明晰。晋姜作为晋文侯夫人，既是晋国大宗宗妇，也是晋邦之女君，她继承了先姑君晋邦的家业，兢兢业业，深谋远虑，承担着辅弼文侯，治理晋国的责任，其美德并被传颂到京师，反映了君统与宗统合一的思想。

三　君统高于宗统

如果君统与宗统发生冲突，君统则高于宗统。《穀梁传》文公二年载："不以亲亲害尊尊，此春秋之义也。""亲亲"指以家族血缘关系为基础的宗统。"尊尊"指以君主为基础的宗统。范甯注曰："尊卑有序，不可乱也"，杨士勋疏："天道先尊而后亲。"① 表明君主的权力高于一切，体现了君统高于宗统的思想。《公羊传》哀公三年亦载"不以家事辞王事，以王事辞家事，是上之行乎下也"②。王事是君统的体现，家事是宗统的体现，当君统与宗统发生矛盾时，要优先服从君主的命令，体现了君统高于宗统的思想，这是维持统治的需要。又如《礼记·大传》："君有合族之道，族人不得以其戚戚君，位也。"③ 国君同时作为族长，有统率、团结族人的责任，但族人不能凭借血缘来与国君排列辈分，仅仅把国君看成自己的族亲，这是由国君的地位决定的，体现了君统高于宗统的思想。

四　结语

综上所述，对于西周时期的君统与宗统及其关系问题所作的探讨，

---

① （清）阮元校刻：《十三经注疏（附校勘记）》，中华书局2008年版，第2405页。
② （清）阮元校刻：《十三经注疏（附校勘记）》，中华书局2008年版，第2346页。
③ 王文锦：《礼记译解》，中华书局2001年版，第485页。

可归纳为如下几点：

1. 由金文与文献资料来看，天子、诸侯与其臣属是存在宗法关系的，周王作为大宗之长亦在宗法系统内。西周春秋时期，诸侯"祖天子"仍是较为普遍的现象，表明宗统与君统是统一的。

2. 西周时期，大宗与小宗间的关系以及贵族家族成员间的关系，如夫妻关系、兄弟关系、父子关系不仅表现为宗法血缘关系，也已政治化为君臣等级关系。宗子、宗妇被称为"君"，在家族内拥有绝对的权威。

3. 当君统与宗统发生矛盾时，要优先服从君主的命令，体现了君统高于宗统的思想，这是维护统治的需要，也是政治体制发展的必然要求。

（耿超，河北大学宋史研究中心教授）

汉阳诸姬始封年代辨析

赵燕姣

"汉阳诸姬"首见于《左传》僖公二十八年（公元前632年），晋楚城濮之战时晋大夫栾枝语"汉阳诸姬，楚实尽之"，杜预注："水北曰阳，姬姓之国在汉北者，楚尽灭之。"其后解经者多沿用此说。然囿于对"汉阳"区域的不同理解及相关封国族属的不同隶定，先贤们对"汉阳诸姬"若干问题，如汉阳诸姬的真伪、分封时间及历史背景等问题仍存分歧，随着出土材料的日益丰富为我们今日来重新思考如上问题提供了良好契机。笔者不揣陋见对此试析之，不当之处祈请方家见谅！

一 西周的分封并非移民

武王克商后采取了一系列的建国措施，其中最重要的一项就是"封国土，建诸侯"的分封制，典籍称为"封建"，史墙盘铭（《集成》10175，西周晚期）曰"分君亿疆"。二者实为一，即封给一定面积的国土，并在此基础上建置诸侯。古人在相当长的时间里，将分封制起源推至天地初生之时或上古传说时代，学界目前多认为无论分封制萌芽于何时，其形成成熟期当为西周王朝时期。西周封建的实质并非一些学者所谓的武装殖民，[1] 朱凤瀚先生曾指出：

> 选用殖民一词来概括其（案封建）实质有一定道理，但似不够

---

[1] 杜正胜：《周代封建的建立》（上），《中央研究院历史语言研究所集刊》五十本三分，1979年，第486页；童书业：《春秋左传研究》，上海人民出版社1980年版，第34页。

严格。所谓殖民，本义是指母国向被征服地区移民，而其主要的目的则在于经济的盘剥与掠夺。部分周人从故土迁到新封的侯国，当然也是一种移民，但周初周民族本身人口不多，原僻居西土周原至丰镐一带尚能繁衍，克商后入主中原，已获相当数量土地，当时地广人稀，作为农耕为主的民族，中原地区已足以容其族人生存，何必要远封亲戚至边远荒芜的落后地区，且受封贵族对新征服地区土著居民的剥削似主要是为了自身的生存，而不是为了向宗主国输纳。故封建之本义当主要不在经济之掠夺。东周人论及西周封建之目的，最强调者乃所谓封国的藩屏作用……即是说，封建最初的目的是出于一种政治与军事的考虑……但所谓设立屏藩，绝非朝夕即成之易事，其最初之举，实际上只是在新征服地区建立军事据点。封国之间尚多空白，则受封贵族的义务之一即是由此据点向外扩张，开疆拓土，以确实联筑成对周王朝中心地区的屏障。正如成王封伯禽时所言："王曰叔父，建尔元子，俾侯于鲁，大启尔宇，为周室辅。"(《诗经·鲁颂·閟宫》)①

据朱凤瀚先生估算，周人当时的人口约 15 万人，除了相当一部分留在王畿，剩下分到数十个国中，各国受封人口之少可想而知。② 周初分封的这种特殊的政治环境，造就了受封诸国"强烈的'自群'意识"。③ 西周统治者通过政治权力层级分化在战略要津建立了一批诸侯国，这些封国错居杂厕于王朝四方，他们是周王在地方的代理，与西周王朝彼此紧密相连、休戚相关，以便达到"封建亲戚，以藩屏周"的效果，从而形成了西周国家宏观的地缘政治统一体。

"封建亲戚，以藩屏周"最早出自《左传》僖公二十四年，富辰言："臣闻之，大上以德抚民，其次亲亲以相及也。昔周公吊二叔之不咸，故封建亲戚以蕃屏周。管蔡郕霍，鲁卫毛聃，郜雍曹滕，毕原酆郇，文之昭也。邘晋应韩，武之穆也。凡蒋邢茅胙祭，周公之胤也。"

---

① 朱凤瀚：《商周家族形态研究》(增订本)，天津古籍出版社 2004 年版，第 238—239 页。
② 朱凤瀚：《商周家族形态研究》(增订本)，天津古籍出版社 2004 年版，第 239 页。
③ 许倬云：《西周史》(增补本)，生活·读书·新知三联书店 2001 年版，第 146 页。

又近出清华简《系年》言"周成王、周公既迁殷民于洛邑，乃追念夏商之亡，由（故）旁设出宗子，以作周厚屏"[1]，即借鉴夏商之亡的历史教训才实施分封，唐孔颖达亦有类似表达：

> 伯仲叔季，长幼之次也，故通谓国衰为叔世，将亡为季世。昔周公伤彼夏、殷二国叔世，疏其亲戚，令使宗族之不同心以相匡辅，至于灭亡。故封立亲戚为诸侯之君，以为藩篱，屏蔽周室。言封此以下文、武、周公之子孙为二十六国也。此二十六国，武王克商之后，下及成康之世，乃可封建毕矣。非是一时封建，非尽周公所为，富辰尽以其事属周公者，以武王克殷、周公为辅，又摄政制礼，成一代大法。

由此可见，西周王朝实施分封的初衷是借鉴夏商既败的历史教训实施的亲亲之举，这均与西欧、古希腊、罗马之海外移民是为了向宗主国输纳财富有着本质区别。尽管在经济上天子有向诸侯征赋的权利，诸侯有向天子纳贡的义务，而当时各方国部落缴纳的贡品种类多为任土作贡，这一点也可从出土金文师衮簋（《集成》4313）和兮甲盘（《集成》10174）中得以印实。尽管贡品多为当地地方特产，且贡纳时还要遵循"厚往而薄来"的原则，即子产所谓"昔天子班贡，轻重以列，列尊贡重，周之制也"（《左传》昭公十三年），但是由于各方国的贡品并非简单的礼尚往来，而是被赋予表示臣服的特殊意义，故子曰："昔武王克商，通道于九夷百蛮，使各以其方贿来贡，使无忘职业。"（《国语·鲁语下》"仲尼在陈"），即为了确认双方的臣属关系健全"服"制。

至于周代"分君亿疆"的对象，以往研究多据《史记·周本纪》：

> 封商纣子禄父殷之余民。武王为殷初定未集，乃使其弟管叔鲜、蔡叔度相禄父治殷。……武王追思先圣王，乃褒封神农之后于焦，黄帝之后于祝，帝尧之后于蓟，帝舜之后于陈，大禹之后于杞。于是封功臣谋士，而师尚父为首封，封尚父于营丘，曰齐。封

---

[1] 此处隶定从李锐先生说，详参氏著《〈系年〉零札》，《清华简〈系年〉与古史新探》，中西书局2016年版，第214页。

弟周公旦于曲阜,曰鲁。封召公奭于燕,封弟叔鲜于管,弟叔度于蔡。余各以次受封。

近出清华简也有相关记载:

> 周成王、周公既迁殷民于洛邑,乃追念夏商之亡,故方设出宗子,以作周厚屏。乃先建卫叔封于康丘,以俟殷之余民。①(《系年》)

> 惠皇帝命周文王据受殷命,烈祖武王大戡厥酋(敌),今皇辟天子图厥万亿之亡(无)后嗣孙,乃建侯设卫、甸,出分子。②(《四告》)

综合传世文献与出土文献可知当时的分封或有如下几类:第一类是"褒封",对象多为古代圣胄后裔,焦、祝、蓟、陈、杞等是也,主要集中在武王克商后,多为收揽民心之举。第二类是"册封",此类分封又可分为以下几种情形:原属殷商旧国,后臣服于周的所谓"服国";为了求得相安无事,周王对他们采取妥协政策所封;虽非周室所封,且非周室愿封,因鞭长莫及,或势力悬殊,在无可奈何下,不得不封,如越、楚;或命其自行开发土地,而予以承认(如秦)。此类分封多出现在周王室实力尚微的初期,实无可奈何之举。第三类是授民授疆土的"实封",对象主要是周王的同姓亲戚(宗子③、分子④)、异姓姻亲及功臣谋士,此类分封数量最多,持续时间最久,是西周分封制的核心,也是历来研究西周封建的关键所在。时间应始于周公东征后的成、康二

---

① 李学勤主编:《清华大学藏战国竹简》(贰),中西书局2011年版,第144页。
② 黄德宽主编:《清华大学藏战国竹简》(拾),中西书局2020年版,第109、118页。
③ 朱凤瀚先生认为,宗子或即指由本宗分出另立宗氏(即氏)而自为其宗子者,即各同姓诸侯国之始封,如晋唐叔、卫康叔、鲁伯禽等。详参氏著《清华简〈系年〉所记西周史事考》,《第四届国际汉学会议论文集——出土材料与新视野》,台北:"中研院"史语所2013年版,第7—10页。
④ 整理者引婤加编钟铭记载南宫括受封"出邦于曾"之事,李学勤先生认为:"南宫括的后裔分为两系,一系留于周王朝,历代多居显职,称南宫氏;另一系为曾国诸侯,远在江汉",这与鲁、燕等国情景类似,分子即father父实际就封的显贵后裔。详参氏著《试说南公与南宫氏》,《清华简及古代文明》,江西教育出版社2017年版,第116—121页。

世，汉阳诸姬的分封即属此类。

二 汉阳诸姬的存在

对"汉阳诸姬"最早做出解释的是杜预注："水北曰阳，姬姓之国在北者，楚尽灭之。"此注语焉不详，既未言明汉阳的具体地望，又未提及具体封国，其后解经者多袭此说，至清人易本烺开始细究此说，易氏在《春秋楚地答问》认为汉阳的基本范围："西自汉水以东，南自汉水以北，东至于光黄、北至于淮汝"，至于汉阳诸姬应包括唐、厉、随、贰、轸、郧、黄、弦、申、息、江、道、柏、沈、邔十五国。[1] 易氏之说虽明晰了汉阳的范围，但所列诸国显然不够缜密，如申实为姜姓，至于郧、邔实为一国。后李玉洁《楚史稿》虽沿用了易氏的汉阳范围说，却将"弦、江、沈、邔"四国更为了"曾、吕、应、房"。[2] 杨东晨、杨建国则将"汉阳"的范围扩大化，认为整个"终南山（秦岭）以南，淮水、汉水的南北流域之区，大体相当于今陕西南部、湖北西北部与中部、河南省的南部"，在这个范围内的"巴、曾、随、唐、贰、应、息、蔡、蒋、霍、隩"均为汉阳诸姬。[3] 又有学者认为汉阳诸姬当是指位于汉淮两岸的诸多姬姓封国，范围包括了江汉平原、南阳盆地与淮汝地区。[4]

与此相对，一些学者则谨慎地认为汉阳有明确的分界。于薇先生认为"汉阳"有明显的东部边界——桐柏山和大别山——它们同时也是汉水与淮河的分水岭。虽然山体北中段相对低矮破碎，但在当时的交通条件下，这道山弧却是中原与汉水之间的一道天然界限。至于南阳盆地由第三纪断陷形成，整个盆地低于周边地区，平均海拔只有100—150米，大洪山、桐柏山与盆地南端连接，成为盆地天然的南部边界，虽然与汉水以北的这片区域紧邻，但具有明显的独立地理单元的特征。所以，所

---

[1]（清）易本烺：《春秋楚地答问》，沈钦韩：《春秋左氏传地名补注》后附，《丛书集成初编》，中华书局1985年版，附第1页。
[2] 李玉洁：《楚史稿》，河南大学出版社1988年版，第27页。
[3] 杨东晨、杨建国：《汉阳诸姬国史述考》，《学术月刊》1997年第8期。
[4] 吴三元：《"汉阳诸姬"分封及地理考》，《楚学论丛》第八辑，湖北人民出版社2019年版，第190—203页。

谓"汉阳"，既不应包括淮阳，也不应包括南阳，而就是汉水以北、"方城"以内这片不大的丘陵、山谷、平原交错的地区。周代汉阳地区恐怕并不存在一个姬姓封国群体，"汉阳诸姬"是一个文本讹传与地理错觉共同造成的误解。① 黄凤春等先生同样认为汉阳的指称不应无限度地扩大，他认为汉阳实应就是指南阳盆地、桐柏山——大别山以南，迤至黄陂、孝感即今汉水以东的这一片区域，即我们所说的随枣走廊一带。在地理空间上，虽说这一区域是汉水以东之地，但以汉水为地理坐标，仍属于水之阳的方位。并认为传世文献中的所谓"汉阳""汉东""汉川"其实所指的都是同一区域，就是我们所认为的南阳盆地、桐柏山——大别山以南，迤至黄陂、孝感即今汉水以东的这一片区域。②

上举二说颇具启发性，窃以为汉阳的范围确实不应无限扩大，但是考虑到古人的地理观念局限性，时人眼里的汉阳流域应包括汉淮两岸。诚如于薇先生所言汉、淮之间的分山岭，高高的大别山，虽然不可谓不明显，但到战国时楚占领了淮域之后，汉、淮之间在政治和族群上都发生了充分的融合，在战国以后形成了一个以楚文化为特点的淮汉政治文化区。这一政治文化区对人们对于自然地理区域的感觉显然是产生了深刻的影响，模糊了汉水和淮水之间的地理界限，而当时人们对当地的地理情况本来就了解有限，那么将淮河流域的小国误认为汉水流域也就完全可以理解了。③ 且这些汉淮间的小国多数均亡于楚，情形完全符合晋大夫栾枝"汉阳诸姬，楚实尽之"之语。栾枝虽远居北地，但姬姓宗国先后亡于异族定会令其有切肤之痛，故而在典籍中留下了如此珍贵的记载。

在此范围内，西周王朝曾先后分封了多位姬姓宗亲，如应、蒋、息、顿、道、沈、蔡、唐、随（曾）、贰、郧及其他一些文献失载的小国，如此多的姬姓封国群体，完全符合古人"汉阳诸姬"或者准确说"汉淮诸姬"这一集合称谓的记载。

---

① 于薇：《"汉阳诸姬"：基于地理学的证伪》，《历史地理》（第二十四辑），上海人民出版社2010年版，第231—243页。
② 黄凤春、王龙明：《鄂国由姞姓向姬姓转变及其迁徙的背景分析——兼论鄂国灭国后应属汉阳诸姬之一》，《中原文化研究》2020年第6期。
③ 于薇：《"汉阳诸姬"：基于地理学的证伪》，《历史地理》（第二十四辑），上海人民出版社2010年版，第231—243页。

三 汉淮诸姬国史简述

曾（随） 《左传》桓公六年载"汉东之国随为大"，然而长期以来此地却出土大量曾器，近年来随着随仲芈加缶、曾侯乙镈钟等器物的问世，"曾随一国说"随占上风。据随州枣树林曾侯墓地 M190 出土的镈钟铭"王客（格）我于康宫，呼厥命，皇祖建于南土，蔽蔡南山，质应京社适于汉东"①。此处"皇祖"即曾侯舆钟铭中"伯括"，多数学者认为这里的伯适即南公，也就是传世文献中的南宫括，姬姓，与文王、武王同时，分封时代约西周初年。② 担负着"君庇淮夷、临有江夏"③ 的使命，是周王朝经营汉淮流域的重要诸侯国。通过对叶家山、郭家庙、义地岗（包括文峰塔）和擂鼓墩等遗址的分析，发现它们是曾国的国君从西周早期、春秋早期、春秋晚期至战国早期不同时期的墓地。叶家山揭示了曾国始封的秘密，让我们知道曾国是西周初年的核心诸侯国；郭家庙诠释了春秋早期"汉东之国随为大"和楚武王三代伐随的历史，表明曾国在春秋时期仍是军事强国；义地岗和擂鼓墩揭开了曾、随之谜，展示了曾楚之间"周室之既卑，吾用燮就楚"的历史。④ 目前考古发现的最后一代曾侯墓是文峰塔墓地的曾侯丙墓，其年代约战国中期，以往学者多认曾灭于楚，⑤ 方勤先生认为曾国并不是被楚所灭，很可能在战国中期后秦统一的大背景下，随着秦占楚国故地之后，与楚国一并迁移。⑥ 可以毫不夸张地讲，曾国完全是一个被挖出来的古国，立国时代更是横跨西周、春秋至战国。

---

① 郭长江、凡国栋、陈虎、李晓杨：《曾公畎编钟铭文初步释读》，《江汉考古》2020 年第 1 期。

② 黄凤春、胡刚：《说西周金文中的"南公"——兼论随州叶家山西周曾国墓地的族属》，《江汉考古》2014 年第 2 期；李学勤：《曾侯腆（舆）编钟铭文前半释读》，《江汉考古》2014 年第 4 期；方勤：《曾国历史的考古学观察》，《江汉考古》2014 年第 4 期。

③ 凡国栋：《曾侯舆编钟铭文柬释》，《江汉考古》2014 年第 4 期。

④ 方勤：《曾国历史的考古学观察》，《江汉考古》2014 年第 4 期。

⑤ 刘彬徽、王世振：《曾国灭亡年代小考》，《江汉考古》1984 年第 4 期；李家浩：《从曾姬无恤壶铭文谈楚灭曾的年代》，《文史》第 33 辑，中华书局 1990 年版，第 11—18 页。

⑥ 方勤：《曾国历史与文化——从"左右文武"到"左右楚王"》，上海古籍出版社 2019 年版，第 161—163 页。

应 据《左传》僖公二十四年应国乃武王之后，姬姓，此应或是殷周鼎革后因商应故地而改封姬周宗亲所建，立国于西周初年周公东征之后，成康之际。至于应国的地望随着平顶山应侯墓地的问世得以确定，通过对大量的传世及出土的应公诸器分析可知，历代应君颇受王室恩宠，与周公、召公、毕公之位相当，西周中晚期，曾先后与嫚姓邓国和姜姓诸国通婚。进入春秋后，有关应国的史实失载，何浩先生结合当时列国的形势和楚国北部疆域的发展，认为当灭于春秋早期偏晚的楚文王"封畛于汝"之时。①

唐 汉水流域与汾水流域均有唐地，二者之间可能存在迁徙。汉水流域的唐见于《国语·郑语》史伯曰："当成周者，南有荆蛮、申、吕、应、邓、陈、蔡、随、唐。"韦昭解："应、蔡、随、唐皆姬姓也。"著名的"安州六器"之一的中觯铭（《集成》6514）载"王大省公族于庚"，"庚"字李学勤先生释"唐"，据《郑语》注是姬姓国，所以周王在唐检阅公族。②可见至晚昭王南征时唐已立国，其具体地望石泉、徐少华二先生以《索隐》和《春秋地理考实》所载将古唐国定于今河南唐河县一带。③《左传》哀公十七年载观丁父"克州、蓼，服随、唐"，由此可知唐在春秋早期已被楚征服。鲁宣公十二年（公元前597年），晋楚邲之战时唐惠侯还曾率军队随楚"左拒"晋师，杜预注云："唐，属楚之小国"，孔颖达《正义》："《经》不书唐侯者，为楚私属"，至此唐已彻底沦为楚之附庸。春秋晚期鲁定公四年，唐成公背楚从吴参加了吴、蔡联军攻楚郢都，楚昭王仓皇间奔随，次年秦军援楚，这年七月，秦楚联军大败吴师于沂之后，又一举灭唐，时间约公元前505年，是汉淮诸姬中立国较久的诸侯之一。

蔡 《史记·管蔡世家》曰："武王已克殷纣……于是封叔鲜于管，封叔度于蔡"，蔡之始封应在商王畿内的今河南省修武县以西地带，三监之乱后，蔡仲复封至淮域上蔡。④通过对传世文献和出土蔡器的分析可

---

① 何浩：《楚灭国研究》，武汉出版社2019年版，第142—143页。
② 江鸿：《盘龙城与商朝的南土》，《文物》1976年第2期。
③ 石泉：《从春秋吴师入郢之役看古代荆楚地理》，《古代荆楚地理新探》，武汉大学出版社1988年版，第360—376页；徐少华：《周代南土历史地理与文化》，中西书局2021年版，第73—81页。
④ 徐少华：《周代南土历史地理与文化》，中西书局2021年版，第196页。

知，蔡国曾先后与王室重臣尹氏等通婚，长期担负着屏藩王室的重任，自春秋中期后蔡逐渐成为楚、齐、晋大国争霸的重点之一。据《史记·管蔡世家》与《楚世家》载，战国初年楚惠王四十二年（公元前447年）蔡终被楚所并，何浩先生认为楚惠王灭蔡之后，随后（蔡人）确曾复国，并且经历楚之简王、声王、悼王、肃王直至宣王时，又存在了近百年之久……实际上是迟至宣王二十七年即公元前343年才终为楚所灭。①

蓼 在今河南省固始县城有一东蓼国，在有周一代，长期与南阳盆地的己姓之蓼（西蓼）及安徽境内的偃姓舒蓼并存。东蓼乃庭坚之后，为姬姓，据《左传》文公十八年记载，庭坚乃高阳氏"才子八人"之一，系出黄帝。② 传世铜器有三件鄝生盨（《集成》4459—4461），器铭记载戮生随从周厉王攻打南淮夷凯旋的史实，但此时的淮河流域主要是嬴、偃集团为主的淮夷集中分布地，直至周宣王"复命召公伐而平之"，周王朝才有条件在淮河中上游一线封建诸侯，姬姓蓼国的分封或在此时。③《左传》文公五年载："冬，楚子燮灭蓼"，文公五年即楚穆王四年，公元前622年。

息 周代的姬姓息国可能是从商代息国的旧地（河南罗山一带）东徙而来，故曰"新息"，位于今河南省息县城附近。其立国的确切时代约在西周早期的成康之际，是有周一代王朝在江、淮之间的重要屏障。④ 进入春秋之后，《左传》鲁庄公十年（公元前684年），蔡侯因无礼于息妫而致怒了连襟息侯，息侯设计邀楚伐蔡，终致蔡侯被拘。蔡哀侯困楚期间，对息侯怀恨在心，于是在楚文王面前以息妫美貌引诱伐息，终至息国灭亡，降为楚国附庸。此后，楚人于息国故地设置息县，组建息师，借以北突中原、东击强吴，奠定数世霸业。

沈 淮域沈国春秋以前文献失载，《世本》《元和姓纂》《新唐书》《广韵》等并以此为姬姓。立国年代不详，地望约在今河南平舆县。⑤

---

① 何浩：《楚灭国研究》，武汉出版社2019年版，第255—258页。
② 何浩：《楚灭国研究》，武汉出版社2019年版，第194页。
③ 徐少华：《周代南土历史地理与文化》，中西书局2021年版，第148—155页；田成方：《鄂器与姬姓鄂国、楚鄂县》，《中原文物》2021年第6期。
④ 拙作《古息国变迁考》，《中原文物》2014年第3期；田成方、陈鑫远：《息器与周代息国、楚息县》，《出土文献》（第十五辑），中西书局2019年版，第69—85页。
⑤ 徐少华：《周代南土历史地理与文化》，中西书局2021年版，第191—194页。

进入春秋后，随着晋楚二霸的相继崛起，夹杂其间的小国不得不时而附楚时而从晋，唯沈国一直附楚不二。《左传》定公四年（公元前506年）载，晋国为伐楚而大会诸侯于召陵，慑于晋国的威力一向附楚的陈、蔡、郑、许、胡都来参会，沈国却未到会，会后蔡国就近灭了邻国沈，并杀了沈子嘉。①

蒋　《左传》僖公二十四年载蒋为周公之胤，姬姓，周室宗亲。周公之后，除鲁封于周公东征之后，其余诸子（凡、蒋、邢、茅、胙、祭）之封未必是周公在世之时，也绝非一时之事。② 徐少华先生认为蒋初封在河南尉氏县西之蒋城，西周晚期召公平淮夷之后，为加强对淮夷诸国的管理和控制，进一步稳定淮域局势而将其迁徙至淮南固始县。蒋之灭亡应在楚穆王四年（公元前622年）或稍早。③

顿　班固《汉书·汉理志》汝南郡"南顿"县注姬姓，春秋会盟中顿虽为子爵，但排序较靠前，姬姓的可能性极大。分封时间不详，或在周初。《汉书·地理志》汝南郡"南顿"下注："顿，故顿子国也，周之同姓"，在今河南商水县，因其地毗邻陈国。西周时期顿的历史文献失载，进入春秋后因其地毗邻陈国，故而常受其威胁。鲁定公四年（公元前506年），顿背楚附吴、晋，惹怒了楚昭王，后在楚、陈夹击下灭国。

鄂　2012年南阳夏响铺发现了春秋鄂侯墓，虽然在年代上可与随州西周晚期的鄂国相衔接，但族群却从姞姓变成了姬姓。黄凤春等先生认为春秋时的鄂国已转变为姬姓，说明鄂国灭亡后，同曾国一样，周人也应是在原姞姓之国的基础上重新分封了一个姬姓鄂国，重分封的鄂国可能也应属汉阳诸姬之一，只是在春秋初期因迫于楚国东进的势力，汉东姬姓鄂国才被迫迁往南阳。④

四　余论

西周王朝在汉淮两岸曾分封了一大批同姓诸侯，汉、淮之间虽有高高

---

① 拙作《"汉阳诸姬"之唐、沈二国考》，《文博》2010年第6期。
② 齐思和：《西周地理考》，《中国史探研》，中华书局1981年版，第45页。
③ 徐少华：《周代南土历史地理与文化》，中西书局2021年版，第147页。
④ 黄凤春、王龙明：《鄂国由姞姓向姬姓转变及其迁徙的背景分析——兼论鄂国灭国后应属汉阳诸姬之一》，《中原文化研究》2020年第6期。

的大别山作分界，但到战国时楚占领了淮域之后，汉、淮之间在政治和族群上都发生了充分的融合，在战国以后形成了一个以楚文化为特点的淮汉政治文化区。这一政治文化区的人们对于自然地理区域的感觉显然是产生了深刻的影响，模糊了汉水和淮水之间的地理界限，而当时人们对当地的地理情况本来就了解有限，那么将淮河流域的小国误认为汉水流域也就完全可以理解了。且这些汉淮间的小国多数均亡于楚，情形完全符合晋大夫栾枝"汉阳诸姬，楚实尽之"之语。栾枝虽远居北地，但姬姓宗国先后亡于异族定会令其有切肤之痛，故而在典籍中留下了如此珍贵的记载。

颇为遗憾的是，《左传》僖公二十四年记载不全，前文上举曾、应、唐、蔡、蓼、息、沈、蒋、邘、鄂诸国同样也不是全部的封国。究其原因：一方面，或在于汉淮诸姬中的若干封国因其族较疏、其国较狭、其势也蹇，故漏载于僖公二十四年的周初分封名单中；另一方面，似也说明这些封国在周初尚未就封，周人的封建前后进程相当复杂，以往学者多认为汉阳诸姬的分封当在周初成康之时，[1] 实则分封既不限于周初，亦可下延至西周晚期，甚至还有春秋时期，诸如鄂。由此可见，分封制实贯彻西周王朝的始终，傅斯年、钱穆两位先生曾指出：封建和周人势力之扩张是结成一体的，[2] 其言至确。

西周王朝实施分封的初衷是借鉴夏商既败的历史教训实施的亲亲之举，这与西欧、古希腊、罗马之海外移民是为了向宗主国输纳财富有着本质区别。诸国的分封看似庞杂无序，实则有着严格的战略部署。是周王随着政治、军事等多方面的需求，而不断精心打造的地缘政治空间。正如徐良高先生所言，西周政体的基本设计，即畿外封邦建，畿内分赐采邑，通过畿外封国和畿内采邑，以实现地缘政治统治的效果。[3] 这些封国彼此间遥相呼应，成掎角之势，这一点在西周王朝对南方的经营上显得为突出。

---

[1] 沈长云：《论周康王》，《西周史论文集》（下册），陕西人民教育出版社1993年版，第954—965页。

[2] 傅斯年：《大东小东说——兼论鲁燕齐初封在成周东南后乃东迁》，《中央研究院历史语言研究所集刊》第2本第1分本，1930年，第101—109页；钱穆：《国史大纲》，商务印书馆1996年版，第25—28页。

[3] 徐良高：《家国天下——西周的社会与政体》，《三代考古》（七），科学出版社2017年版，第476—494页。

汉淮诸姬的分封是随着西周王朝的政治和军事需要而不断推进的，同姓封国无疑是西周分封制的主体，这些散落汉淮的诸姬小国将周王朝的文化、礼乐乃至政治等化行南国，极大地促进了中华民族共同体的形成，为我们今日理解中华民族的多元一体提供了绝佳的范例。需要补充一点的是，汉淮诸姬特别是西周初年分封的小国，其分封的最初目的或非防御淮夷，大量的出土材料表明淮夷直到西周中后期才逐渐称强于淮河两岸，[①] 西周初年的统治者实不可能有如此先见之明。窃以为如同其他的封国一样，汉淮诸姬的分封只是王朝精心打造的地缘政治空间，如此多的封国宛如王朝在地方设置的一个个据点，通过据点的不断扩疆以达到将点连线进而达面的效果，历史也证明了汉淮诸姬确实做到了"屏周拓疆"的最初设想，从而奠定了周王朝数百年的基业。

（赵燕姣，山东社会科学院研究员）

---

① 拙作《西周时期的淮夷及相关族群》，《东岳论丛》2016年第7期；鄢国盛：《曾侯與编钟"君庇淮夷说"献疑》，《故宫博物院院刊》2019年第6期。

清华简《四告》所见周公告祭皋陶新解[*]

杜 勇　旷开源

在近年公布的《清华大学藏战国竹简（拾）》中，有一组整理者拟题为《四告》的文献，其内容为周公、伯禽、周穆王、召伯虎等的告神之辞[①]。其中《四告》第一部分（下称《四告一》）有周公告祭皋陶的告辞，也有箴告成王的告辞，与《尚书·立政》等篇关系密切，可能是周公致政、成王亲政后的作品。然皋陶本为偃姓部族的祖神，周公何以告祭异族神灵，学者有不同意见。[②] 本文拟从商周告祭对象的选择和司慎皋陶的神性、权能及政治教化意义等方面入手，对此略作探索，以求赐正。

一　商周告祭对象的选择

清华简《四告一》记载周公奠献"二元父羊、父豕"，即用两只公羊、公猪告祭司慎皋陶，以期"非讨余有周"。这里的"讨"字，整理者训为治，"非讨"即不惩罚，其正面意义实即佑助我有周。所谓告祭

---

[*] 本文系国家社科基金重大项目"多卷本《西周史》"（项目编号：17ZDA1789）、天津师范大学研究生科研创新项目"商周祖先神向职能神的转化——以'河'神与司慎为例"（项目编号：2023KYCX035Z）阶段性成果。

[①] 清华大学出土文献研究与保护中心编，黄德宽主编：《清华大学藏战国竹简（拾）》，中西书局2020年版。

[②] 赵平安：《清华简〈四告〉的文本形态及其意义》，《文物》2020年第9期；程浩：《清华简〈四告〉的性质与结构》，《出土文献》2020年第3期；马楠：《〈尚书·立政〉与〈四告〉周公之告》，《出土文献》2020年第3期。

即以某事祈求或告诉神灵的"祈告之祭",①属于商周时期最为常见的临时祭祀活动之一。②关于商周告祭的对象、事由或告神内容等,前辈学者有过深入考察③,但较少涉及如何选择告祭对象的问题。

在商周宗教信仰中,不同的神灵具有不同的神性权能,也有相应的政治教化意义。殷墟卜辞显示,与时王血缘较近的先王先妣大多具有降祸、作祟于商王或子姓贵族的人事权能,而血缘较远的高祖先公则主要掌握作用于风、雨等气象的自然权能。④此外,商周祭祀很多并非"纯粹的宗教活动",而是具有"巨大影响力量的政治活动",⑤被视作"国家'神道设教'的工具",⑥蕴含深刻的政治教化意义,体现了"宗教仪式具有整合行为模式、团结社会群体的价值与功能"。⑦所以商周告祭对象的选择,既取决于神灵的神性、权能,也与政治教化意义有关。前者主要体现在殷商,后者则流行于周代。

商人举行告祭的事由非常广泛,包括方国来犯、商王出兵征伐、巡省、田猎和发生疾病、自然灾害等诸多方面⑧。不过,商人对告祭对象的选择不是盲目的,而是根据告祭事由的性质,选择具有相应神性、权能的神灵。如遇疾病或其他人事灾祸而举行告祭时,商人往往选择与时王血缘较为亲近,即具有突出人事权能的祖乙、祖辛、羌甲(沃甲)、祖丁、小乙、妣庚(即小乙配偶)等先王先妣。但当发生日食或虫祸等与农业生产有关的自然灾异时,商人往往告祭河、岳、夔和上甲等血缘较为疏远,却具有突出自然权能的高祖先公。

---

① 陈梦家:《古文字中之商周祭祀》,《陈梦家学术论文集》,中华书局2016年版,第13页。
② 刘源:《商周祭祖礼研究》,商务印书馆2004年版,第76页。
③ 陈梦家:《古文字中之商周祭祀》,《陈梦家学术论文集》,中华书局2016年版,第13页;[日]岛邦男:《殷墟卜辞研究》,濮茅左、顾伟良译,上海古籍出版社2006年版,第513—524页;刘雨:《西周金文中的祭祖礼》,《考古学报》1989年第4期,等等。
④ 参见陈梦家《殷虚卜辞综述》,中华书局1988年版,第350—351页;朱凤瀚:《商人诸神之权能与其类型》,《甲骨与青铜的王朝》,上海古籍出版社2022年版,第94—96页。
⑤ 张秉权:《殷代的祭祀与巫术》,台北《"中央"研究院历史语言研究所集刊》第49本第3分,1978年版,第445页。
⑥ 张鹤泉:《周代祭祀研究》,文津出版社1993年版,第6—14页。
⑦ 吕大吉:《宗教学通论新编》,中国社会科学出版社2010年版,第348页。
⑧ [日]岛邦男:《殷墟卜辞研究》,濮茅左、顾伟良译,上海古籍出版社2006年版,第513—524页;郭新和:《卜辞中的"告"》,《殷都学刊》1999年第2期。

至于因敌对方国侵犯或商王出兵征伐而举行告祭时，商人主要选择那些具有赫赫武功或对商族发展有过重大贡献的先公先王，如大乙、祖乙、上甲、武丁、大甲等。在商人的宗教信仰中，这些先公先王具有影响战争胜负的神性与权能。[①] 因此，当与方国发生战争时，他们便成了告祭的主要选择对象。这种选择与疾病等人事灾祸和日食、虫灾等自然灾异不同，显然具有一定政治教化意义。在商人心目中，历史上那些具有赫赫武功的祖先神是战无不胜的。商王通过告祭他们，可以"借助广大士兵对神祇的信仰，来祈求神的威灵以鼓舞士气，达到克敌制胜的目的"。[②]

商人的祭祀主要受宗教鬼神信仰的制约，在确定告祭对象时，往往根据告祭事由的性质，选择具有相应神性、权能的神灵，而政治教化意义则居于次要地位。与迷信鬼神的商人不同，周人对鬼神敬而远之。周代的祭祀礼仪虽然主要沿袭商人文化制度而有所损益，[③] 但其宗教精神却大不相同。相对于商代祭祀来说，周代告祭更加重视政治教化意义，而宗教信仰相对微弱。如西周金文所见告祭即是如此：

　　殳簋："相侯休于厥臣殳，锡帛、金，殳扬侯休，告于文考。"（《集成》[④] 4136）
　　何尊："唯武王既克大邑商，则廷告于天。"（《集成》6014）
　　班簋："王令毛伯更虢城公服……诞城卫父身，三年靖东国，亡不成肬天威，否畀纯陟。公告厥事于上。"（《集成》4341）

殳簋铭记殳得到相侯的赏赐而对父考进行告祭，何尊铭记武王克商后"廷告于天"，班簋铭记毛公在平定东国叛乱后"告厥事于上"，"上"即上天[⑤]。这说明周人告祭父祖，主要是彰显其德业。而战胜强敌归

---

　　① 朱凤瀚：《商人诸神之权能与其类型》，《甲骨与青铜的王朝》，上海古籍出版社2022年版，第92—96页；常玉芝：《商代宗教祭祀》，中国社会科学出版社2010年版。
　　② 张鹤泉：《周代祭祀研究》，文津出版社1993年版，第23—24页。
　　③ 参见陈梦家《古文字中之商周祭祀》，《陈梦家学术论文集》，中华书局2016年版，第51页；刘源《商周祭祖礼研究》，商务印书馆2004年版，第150—155页。
　　④ 中国社会科学院考古研究所编：《殷周金文集成》（修订增补本），简称《集成》，中华书局2007年版。
　　⑤ 刘雨：《西周金文中的祭祖礼》《考古学报》1989年第4期。

来，举行重大告祭活动，告祭对象都是上天（帝）。在周人的宗教信仰中，上天（帝）是主宰包括战争在内一切事务的至上神。周人出征誓师时，往往称说自己膺受天命，征伐无道。如《诗·大雅·皇矣》云："帝谓文王，询尔仇方，同尔兄弟，以尔钩援，与尔临冲，以伐崇墉。"《尚书·牧誓》云："今予发惟恭行天之罚。"《逸周书·商誓》云："予言非敢顾天命，予来致上帝之威命明罚。"[1] 说明周人战胜归来而告祭上帝，主要是为了借助向上帝复命的形式，申明自己战胜敌人是获得天命支持的结果，从而起到团结部族、鼓舞士气，打击敌对势力的政治教化作用。

不过，依据告祭事由的性质而选择具有相应神性、权能的告祭对象，在周代并未绝迹。如清华简《金縢》载：

> 武王既克殷三年，王不抒有迟……周公乃为三坛同墠，为一坛于南方，周公立焉，秉璧植珪。史乃册祝告先王曰："尔元孙发也，遘害虐疾，尔毋乃有服子之责在上……尔之许我，我则厌璧与珪；尔不我许，我乃以璧与珪归。"周公乃纳其所为功自以代王之说于金縢之匮，乃命执事人曰："勿敢言。"[2]

此言周武王完成克商大业不久，即不幸身染重病，周公为了给武王禳除疾病，于是对太王、王季、文王等近祖举行告祭，表示自己愿意代替武王死，升天侍奉他们。在告祭结束后，周公将告神册书藏于金縢之匮，同时命令参与此事的官员"勿敢言"。可见这次告祭是秘密进行的，没有太多的政治教化意味。而是周公相信武王染病是太王、王季、文王等降祸所致，故设坛告祭父祖。

总之，在商周告祭活动中，告祭对象的选择主要由神灵的神性、权能和政治教化意义所决定。商代主要根据告祭事由的性质，选择具有相应神性、权能的神灵，而周代则比较重视祭祀活动的政治教化意义。

---

[1] 黄怀信、张懋镕、田旭东撰：《逸周书汇校集注》（修订本），上海古籍出版社2007年版，第452页。

[2] 清华大学出土文献研究与保护中心编，李学勤主编：《清华大学藏战国竹简（壹）》，中西书局2010年版，第158页。

《四告一》中周公选择告祭司慎皋陶，即与司慎皋陶的神性、权能和政治教化意义有关。

二 司慎皋陶的天神性质

在《四告一》中，周公告祭的神灵为"天尹皋陶"，又称"天丁辟子司慎皋陶"。"天尹"意即天庭的官长，"天丁辟子"或谓天帝的属官，"司慎"为皋陶在天庭的神职。[①] 从文献上看，司慎当为执掌降罚、降祸之权的刑罚之神。《左传》襄公十一年记载，攻打郑国的各路诸侯在亳地结盟，盟书说：

> 凡我同盟，毋蕴年，毋壅利，毋保奸，毋留慝，救灾患，恤祸乱，同好恶，奖王室。或间兹命，司慎、司盟，名山、名川，群神、群祀，先王、先公，七姓十二国之祖，明神殛之，俾失其民，坠命亡氏，踣其国家。

盟誓中的"二司"，杜注为"天神"。孔疏："盟告诸神，而先称二司，知其是天神也。"《仪礼》卷二十七《觐礼》贾疏："司慎司不敬者，司盟司察盟者，是为天之司盟也。"司慎与司盟同为"天之司盟"，属于天神系统，具有监察诸侯盟誓的职责。违反盟誓者将受到"俾失其民，坠命亡氏，踣其国家"的严厉惩罚，说明司慎、司盟为不同族群所共同奉祀，对任何会盟诸侯都有降罚、降祸的权能。

司慎与司命等神灵，还主宰着人类的生死寿夭，也是其降罚、降祸权能的体现。春秋齐国铜器洹子孟姜壶铭文说：

> 齐侯拜嘉命，于上天子用璧、玉佩一笥，于大巫、司慎，于大司命用璧、两壶、八鼎……洹子孟姜用乞嘉命，用祈眉寿，万年无疆，用御尔事。（《集成》9730）

[①] 参见赵平安《"司慎"考——兼及〈四告〉"受命""天丁""辟子"的解释及相关问题》，《简帛》（第二十四辑），上海古籍出版社2022年版，第25—31页。

铭文中"司慎"之慎，过去多释为折或誓，陈剑先生释为"慎"①，其说可信。齐侯祭拜司慎、司命等神，乃是希望他们保佑女儿洹子孟姜"用乞嘉命，用祈眉寿"。河南新蔡楚墓出土的卜筮祭祷简显示，战国时楚人同样为了禳病祈寿而祭祀司慎、司命等神：

>……卫萤祈福于太，一驿牡、一熊牡；司浸、司慎……（《新蔡》甲一：7）
>[司]慎、公北、司命、司祸……（《新蔡》零：266）②

简文中"司慎"的慎，原释"折"，其实应即"慎"字③。司慎与司命、司祸一同作为祭祀对象，正因其权能有相近之处。"司命"或称大司命，是"主知生死"的生命之神④。"司祸"的祸原从骨，是战国文字的一种特殊写法，这里读为"过"⑤。《开元占经》引《黄帝占》曰："文昌六星……第五星为司中，主司过诘咎。"⑥ 过即过失，咎即罪殃，可见司祸（过）亦即司中。司中主夺人命算，因人过失扣其寿数，同司命是一对密切相关的神。司慎与司命、司中一样，若不降罚、降祸于人，自可保人生命无虞，福寿绵长。

皋陶在天庭担任司慎，成为主司刑罚之神，与其生前在尧舜共同体中担任士师职务而卓有建树的传说有关。相传他在尧时即被举用，舜时佐禹平水土，有功于民。《史记·殷本纪》引《汤诰》说："古禹、皋陶久劳于外，其有功乎民，民乃有安。东为江，北为济，西为河，南为淮，四渎已修，万民乃有居。"⑦ 其后又被任命为管理刑政的"士"或"理"。如《尚书·舜典》说："皋陶，蛮夷猾夏，寇贼奸宄，女（汝）作士。"《大戴礼记·五帝德》说："皋陶作士。"上博简《容成氏》

---

① 陈剑：《说慎》，《甲骨金文考释论集》，线装书局2007年版，第39—53页。
② 河南省文物考古研究所编著：《新蔡葛陵楚墓》，大象出版社2003年版，第187、217页。
③ 何琳仪：《新蔡竹简选释》，《安徽大学学报》（哲社版）2004年第3期。
④ （宋）洪兴祖：《楚辞补注》，中华书局1983年版，第71页。
⑤ 李零：《考古发现与神话传说》，《李零自选集》，广西师范大学出版社1998年版，第62页。
⑥ （清）孙诒让撰：《周礼正义》卷三十三《大宗伯》，中华书局1987年版，第1306页。
⑦ 《史记》卷三《殷本纪》，中华书局2014年版，第126页。

说：" 乃立皋陶以为理。"① 皋陶对刑罚的制定和运用讲究公正平允，"忠信疏通，知民之情"②，掌刑"三年而天下之人亡讼狱者，天下大和均"③。由于古者兵刑无别，刑事亦囊括军事。④ 如《左传》宣公十二年曰："楚君讨郑，怒其贰而哀其卑。叛而伐之，服而舍之，德、刑成矣。伐叛，刑也；柔服，德也，二者立矣。"又《左传》僖公二十五年说："德以柔中国，刑以威四夷。"都表明古时伐叛邦、威四夷的军事行动也属于刑罚范畴。皋陶作士，即有内治奸宄，外伐蛮夷的双重职责。郭店简《唐虞之道》说："皋陶入用五刑，出载兵革。"⑤《大戴礼记·五帝德》说："（禹）举皋陶与益，以赞其身，举干戈以征不享不庭无道之民，四海之内，舟车所至，莫不宾服。"在后世宗教信仰中，皋陶既在人间有此功业，死后便成了帝廷主司刑政的司慎之神，执掌刑事惩罚和武力征讨，具备降罚、降祸的权能。

皋陶本是尧舜传说时代东夷族的一个部落首领，生于曲阜（今山东曲阜市），偃姓，与姬姓周人属于不同的族群。按照"神不歆非类，民不祀非族"⑥的祭祀原则，周公祭祀异族神灵皋陶，似乎有违礼规。实则不然。在殷周时人的祭祀体系中，只有人鬼即祖先神祭祀有严格的族姓限制，至于天神地祇通常可以超越族群的藩篱，成为人们共同奉祀的神灵。即使那些由英雄崇拜演变而来的神灵亦不例外，《国语·鲁语上》说：

> 夫圣王之制祀也，法施于民则祀之，以死勤事则祀之，以劳定国则祀之，能御大灾则祀之，能捍大患则祀之。非是族也，不在祀典。昔烈山氏之有天下也，其子曰柱，能殖百谷百蔬；夏之兴也，周弃继之，故祀以为稷。共工氏之伯九有也，其子曰后土，能平九

---

① 俞绍宏：《上海博物馆藏楚简校注·容成氏》，中国社会科学出版社2016年版，第154页。
② （清）孔广森：《大戴礼记补注》卷七《五帝德》，中华书局2013年版，第133页。
③ 俞绍宏：《上海博物馆藏楚简校注·容成氏》，中国社会科学出版社2016年版，第154页。
④ 顾颉刚：《史林杂识初编》，中华书局1963年版，第82页。
⑤ 李零：《郭店楚简校读记》（增订本），北京大学出版社2002年版，第96页。
⑥ 《春秋左传正义》卷十三，（清）阮元校刻：《十三经注疏》，中华书局1980年版，第1801页。

土，故祀以为社。黄帝能成命百物，以明民共财……故有虞氏禘黄帝而祖颛顼，郊尧而宗舜；夏后氏禘黄帝而祖颛顼，郊鲧而宗禹。

这里涉及的"制祀"原则，所祀神灵已超越族群的限制。只要生前有大功于民者，都可纳入不同国族的祀典。如炎帝烈山氏之子"柱"，"能殖百谷百蔬"，而周弃承继其业，"自商以来祀之"①，即都被奉祀为稷神。共工氏之子后土，"能平水土"，也被后世祀为社神。"黄帝能成命百物，以明民共财"，遂成为妫姓有虞氏和姒姓夏后氏的共同禘祭对象。还有展禽提到的"勤其官而水死"的冥，有学者考证就是殷人先祖"河"，卜辞称"高祖河"。② 由于冥为水官，勤于职守而死在水中，被后世奉为河神，从而具有祖先神和自然神的双重性质。③ 说明那些生前有功于民，为社会发展做出巨大贡献者，可以不分族别而纳入祀典。类似宗教学上承担"某一社会职能的职能神"④，能够超脱血缘族姓的束缚，受到广泛崇拜与普遍祭祀。如在亳地结盟的十二诸侯虽然族姓各异，如晋、鲁、卫、曹、滕为姬姓，邾、小邾为曹姓，宋为子姓，齐为姜姓，莒为己姓，杞为姒姓，薛为任姓，但他们对天神地祇有着共同信仰。因此，谁违背了盟誓，就要受到"司慎、司盟、名山、名川"等天神地祇的惩罚。说明在当时的宗教信仰中，"司慎、司盟"作为执掌降罚、降祸的天神，对不同族姓的诸侯都能起到约束作用。

在这样的宗教传统影响下，皋陶死后成为主司刑罚、兵革的天神，受到社会的广泛奉祀。周公利用社会的普遍信仰，告祭司慎皋陶，不仅没有悖礼逆制之处，反而有利于促进国家的社会稳定和法制建设。

三　周公告祭的事由与政治目的

司慎皋陶虽可为不同部族所祭祀，然周公何以告祭皋陶，还需要给

---

① 《春秋左传正义》卷五十三，（清）阮元校刻：《十三经注疏》，中华书局1980年版，第2124页。
② 常玉芝：《商代宗教祭祀》，中国社会科学出版社2010年版，第173—186页。
③ 杨升南：《殷墟甲骨卜辞中的"河"》，《甲骨文商史丛考》，线装书局2007年版，第492—511页。
④ 吕大吉：《宗教学通论新编》，中国社会科学出版社2010年版，第136页。

予恰当的说明。对此，一种意见认为，周公摄政期间告祭皋陶，是为了乞求他"不要惩罚有周"，"希望掌管刑罚的最高权威能理解他、护佑他，希望借由皋繇的支持能够更果断、更有效地行使权力。"① 另一种意见认为，周公在东征践奄后告祭皋陶，是对身为皋陶后裔的商奄之民进行安抚。② 还有一种意见认为，周公摄政七年还政成王后，祝祷皋陶俊保成王选官得人，刑法平正。③ 这些看法都很有启发性，特别是根据皋陶与刑罚关系的讨论很值得重视。商周告祭对象的选择不是随意的，而是取决于神灵的神性、权能和政治教化意义。司慎皋陶作为执掌降罚、降祸的刑罚之神，周公对其告祭自然与刑罚有关。

周公在告祭司慎皋陶的次日，举行了盛大的会同典礼，并发布了箴戒成王诵的告辞。《周礼·春官宗伯·大宗伯》说："时见曰会，殷见曰同。"郑玄注："时见者，言无常期。……殷犹众也，十二岁王如不巡守，则六服尽朝。"可见会同礼是周天子临时接受诸侯、大臣朝觐的政治典礼。据礼书记载，周代举行会同礼往往伴随祭祀活动，《周礼·秋官司寇·司盟》说："凡邦国有疑、会同，则掌其盟约之载及其礼仪，北面诏明神。"西周铜器保卣、犁子鼎铭文亦见周王室因会同诸侯而举行祭祀之事。④ 故周公在举行会同礼前，进行了告祭司慎皋陶的活动。周代会同祭祀的神灵很多，如《周礼·春官宗伯·大宗伯》说："大会同，造于庙，宜于社。"说明会同礼需要祭祀祖神和社神，但并无规定必须祭祀司慎皋陶。显然周公在会同礼前告祭司慎皋陶，必有深意。

清华简《四告一》中有对成王诵的告辞，比较清楚地反映了周公告祭皋陶的目的：

> 翌日，其会邦君、诸侯、大正、小子、师氏、御事，箴告："孺子诵，弗敢纵觅。先告受命天丁辟子司慎皋繇，忻素成德，秉有三俊，惠汝度天心，兹德天德用歆，名四方，氏尹九州，夏

---

① 赵平安：《清华简〈四告〉的文本形态及其意义》，《文物》2020年第9期。
② 程浩：《清华简〈四告〉的性质与结构》，《出土文献》2020年第3期。
③ 马楠：《〈尚书·立政〉与周公之告》，《出土文献》2020年第3期。
④ 黄益飞：《周初会同礼考——从保卣和犁子鼎谈起》，《江汉考古》2020年第5期。

用配天。者鲁天尹皋繇，毋忍戡哉，骏保王身，广启厥心，示之明猷，渊心优优，勿违朕言，眔余和协，惟作立政立事，百尹庶师，俾助相我邦国，和我庶狱庶慎，阱用中型（刑），以光周民，懋我王国，万世无奸，文子文孙，保兹下土，式配享兹，宜尔祐福。"①

简文"翌日，其会邦君"的"其"指周公，"孺子诵"指成王，但不是刚继位的成王，而是开始亲政的孺子王。故周公告诫他："勿违朕言，眔余和协，惟作立政立事。"若周公此时仍摄王政，成王尚未亲政，则不便使用这种口气。是知周公告祭皋陶当在他致政成王以后，而非周公摄政称王时期。《四告一》同《尚书·立政》一样，都与周公箴告亲政之初的成王密切相关。故其语言或内容多有相通之处。周公发布对成王的告辞是极为正式的，到场的不仅有成王诵，还有参加会同典礼的邦君、诸侯和百官，实际与宣告周邦的治国方略无异。

周公箴告成王前，"先告受命天丁辟子司慎皋繇"，历陈周人膺受天命，新造周邦的艰难，祈请司慎皋陶"非讨余有周"。周公告辞说："有殷竞蠢不若，竭失天命"，因而上帝"乃命朕文考周王殪戎有殷，达有四方"。武王继承文王遗志，"弗敢忘天威命明罚，致戎于殷，咸戡厥敌"。武王死后，"孺子（成王）肇嗣，商邑兴反，四方祸乱未定，多侯邦伯率去不朝，乃惟余旦明弼保兹辟王孺子，用肇强三台，以讨征不服，方行天下。"周公深感周得天下不易，时刻怀有天威可畏、天命无常的忧患意识。在周公看来，此时国家治理面临的最大问题是国无纲纪，需要厉行法治，以安天下：

我亦永念天威，王家无常，周邦之无纲纪，畏闻丧文武所作周邦刑法典律，用创兴立谋惟猷……以傅辅王身，咸作左右爪牙，用经纬大邦周。②

---

① 清华大学出土文献研究与保护中心编，黄德宽主编：《清华大学藏战国竹简（拾）》，中西书局2020年版，第110—111页。

② 清华大学出土文献研究与保护中心编，黄德宽主编：《清华大学藏战国竹简（拾）》，中西书局2020年版，第110页。

"刑法典律"是国家纲纪，对维护和巩固周邦天下共主的地位极为重要。因而周公希冀掌管刑罚的天神皋陶，佑助成王推行公平的刑法典律以"经纬大邦周"。而在箴告成王诵时，周公更是明确吐露了告祭司慎皋陶的目的，即为了"畎保王身，广启厥心……惟作立政立事，百尹庶师，俾助相我邦国，和我庶狱庶慎，阱用中刑，以光周民，懋我王国，万世无奸"。周公强调"和我庶狱庶慎，阱用中刑"，即平允公正地处理刑狱，是光大周邦、懋成王业的执政要务。他告祭司慎皋陶，不仅祈请天神佑助成王，还要借此会同典礼大力张扬以法治国的政治教化意义。

周公对国家法制建设的重视是其一贯的治国理念。据《尚书·康诰》记载，早在摄政四年封建卫国之时，周公即谆谆告诫康叔治卫，要像文王那样"克明德慎罚，不敢侮鳏寡，庸庸，祗祗，威威，显民"。明德是施政的根本前提，慎罚是明德的具体体现。"明德慎罚"的具体要求，主要是"罚蔽殷彝"。"慎罚"不是不罚，也不是滥罚，而是根据事实以法律为准绳，积极有效地推行宽严相济的刑罚制度。

周公摄政六年，"制礼作乐"①，是其克殷践奄、营洛迁殷之后，全面加强法制建设所做的一项重要工作。"制礼作乐"不限于一般性礼仪规定，还包括制定国家的政制典章，刑法律例亦在其中。《左传》文公十八年说：

> 先君周公制《周礼》曰："则以观德，德以处事，事以度功，功以食民。"作《誓命》曰："毁则为贼，掩贼为藏，窃贿为盗，盗器为奸。主藏之名，赖奸之用，为大凶德，有常无赦。在《九刑》不忘。"

"则"训礼则，"毁则为贼"即与刑罚有关，《誓命》可能是周公颁布《九刑》时所作诰命。所谓《九刑》当是经周公修订完善的刑罚制度，具体应指墨、劓、刖、宫、大辟和流、赎、鞭、扑等九种刑罚。

摄政七年后，成王即政，周公告以设官理政之道，事见《尚书·立政》。《立政》的主旨虽是告诫成王选贤用能，"用劢相我国家"，但仍

---

① （清）皮锡瑞：《尚书大传疏证》，中华书局2015年版，第262页。

可看到周公反复强调公正处理刑狱的内容。如周公说:"孺子王矣,继自今我其立政。立事、准人、牧夫,我其克灼知厥若,丕乃俾乱,相我受民,和我庶狱庶慎。"又说:"司寇苏公,式敬尔由狱,以长我王国,兹式有慎,以列用中罚。"可见重视法制建设,在周公的政治生涯中是贯彻始终的。合理运用刑罚,一方面能够推进国家法制建设,保障社会公平正义;另一方面还有武力镇压反叛势力,维系社会稳定的作用。因此,周公选择祭祀刑罚之神司慎皋陶,除了厉行法治外,还有告诫成王加强军事力量,讨伐反叛势力,维护周人统治的深刻用意。《四告一》说周公经过艰难东征,使得天下诸侯方国"即服于天,效命于周"。然而,一时的军事胜利,并不能保证周人统治的长久稳定。那些不甘失败的殷遗民以及不服周人统治的四夷族邦,还在时刻等待摆脱周人控制的机会。为此,周公不仅在原属殷人统治的东方地区广建诸侯,以蕃屏周,而且积极营建成周,大规模迁徙和离散殷遗民,努力分化瓦解可能危害周人统治的潜在威胁。《尚书·洛诰》记成王说:"予小子其退,即辟于周,命公后,四方迪乱未定,于宗礼亦未克敉公功迪将其后,监我士师工,诞保文武受命,乱为四辅。"是说成王决定让周公留守洛邑,掌治百官以主东都大政,解救四方治乱未定的潜在危机,巩固文王、武王创立的江山而不致坠失。周公在《尚书·立政》中要求成王"其克诘尔戎兵,以陟禹之迹,方行天下,至于海表,罔有不服。以觐文王之耿光,以扬武王之大烈"。这些告辞连同周公对皋陶的告祭,预示着周公在加强法制建设的同时,还将偕同成王继续东征,进一步打开拓疆建国的新局面。

综言之,当周公致政成王后,借此会同典礼的机会,告祭司慎皋陶,继而箴戒成王,是在当时"四方迪乱未定"的情况下,采取德刑并用的治国措施,内重法治,外征不庭,实施拓土开疆战略,以确保周人统治的长治久安。

结　语

商周告祭对象的选择往往与神灵的神性、权能及政治教化意义有关。清华简《四告一》中的司慎皋陶,代表天神系统中执掌降罚、降祸且象征用刑公正的刑罚之神,正好适应了成王即政后治国理政的现实需要，因而成为周公告祭的对象。皋陶本为偃姓部族的祖神，但传说中他曾辅佐尧舜，担任刑官用刑平允，兼掌兵革战事，为尧舜共同体的发展做出重大贡献，于是从部族祖神转化为了普天之下共同奉祀的天神。在周公致政、成王亲政后，周公为了推进国家法制建设，维护天下安宁的政治局面，在会同典礼前告祭司慎皋陶。一方面出于宗教信仰的驱使，祈求神灵皋陶佑助成王，光大周邦事业；另一方面则意在发挥祭祀刑罚之神的政治教化作用，统一西周君臣的思想意识，对内采取以法治国、保证公平正义的举措，对外实施开疆拓土、镇抚四方的战略，以推进国家的长治久安和社会的发展进步。

（杜勇，天津师范大学历史文化学院教授，中国历史研究院中国早期文明研究基地特邀研究员；旷开源，天津师范大学历史文化学院博士研究生）

目 录

（下 册）

春秋历史研究

孔子思想核心问题再讨论
　　——读金景芳先生名作《论孔子思想的两个核心》
　　　有感 ……………………………………………… 宫长为 / 541
"汤之盘铭"与东周箴规类器物铭 ………………… 鲁　鑫 / 548
论两周之际晋国政治立场的变化及影响 …………… 李玲玲 / 568
鬼方后裔"赤狄说"疑义兼论"廧咎如" ………… 常雅楠 / 582
"郳"立国及其相关史事考论 ……………………… 李爱玲 / 600
清华简《芮良夫毖》所见"国人暴动"之社会
　　背景探析 ………………………………………… 李金璇 / 612
春秋时期"蒐礼"功能刍议 ………………………… 管金蓉 / 624
春秋中期东阳之地三题补证 ………………………… 贾　腾 / 633
出土文献与齐国基层地域组织研究 ………………… 李秀亮 / 642
赵文化的内涵结构与渊源 …………………………… 张渭莲 / 660
《赵世家》中"霍泰山三神竹中书"与赵国史事 …… 雷鹄宇 / 685
试论三孔布"南行唐"的辖境 ……………………… 张润泽 / 692
《史记·十二诸侯年表》校勘札记一则 …………… 李　腾 / 704

战国历史研究

战国秦汉时期商学和兵学的互用与融通 …………… 王子今 / 718

平等与效率
　　——墨法两家政治学说之对立 ···················· 张荣明 / 735
《周易》"谦"卦中的治国理政之道 ···················· 郭君铭 / 745
从苏秦事迹看《战国纵横家书》的史料价值 ············ 魏建震 / 754
《韩非子》"重刑"思想解读 ············ 陈春君　刘俊男 / 766
汪中、焦循与墨学"十论"
　　——兼与戴卡琳教授商榷 ························ 李若晖 / 781
《管子》中富民、爱民的民本思想 ···················· 王威威 / 787
考古学视野下的先秦杂技研究 ························ 何艳杰 / 799
先秦时期的"中华"观念 ···························· 杨　博 / 831
诗的歧义和《诗经》学中的因循与存真
　　——以《大雅·韩奕》为例 ···················· 张　海 / 850

其他研究

邯郸铁牌祈雨的政治文化意蕴 ························ 董丛林 / 872
民国时期大名水利环境整治研究 ······················ 徐建平 / 882
董仲舒《山川颂》解析 ······························ 曹迎春 / 891
学术史视野下批校本的价值及研究方法 ················ 樊　宁 / 905
写在导师沈长云先生八十寿辰之际（贺寿诗） ·········· 赵艳霞 / 920
它山之石，可以攻玉
　　——受益终身的"方法论" ······················ 石延博 / 921
师门琐记
　　——贺业师沈长云先生八十华诞 ·················· 李　晶 / 927

后　　记 ·· 何艳杰 / 932

春秋历史研究

孔子思想核心问题再讨论

——读金景芳先生名作《论孔子思想的两个核心》有感

宫长为

孔子思想核心问题，历来聚讼纷纭，莫衷一是，它不仅关乎孔子思想的理解和认识，也关乎中华优秀传统文化的理解和认识。

大约三十六年前，在金老门下问学。记得20世纪90年代初夏，有一天上午去金老家，金老拿着新作《论孔子思想的两个核心》一文，问我有怎样的看法，金老说孔子思想有两个核心，如同我们居住的地球本是一个椭球体，椭球体有两个焦点，如同两个核心一样。金老的大作，后来发表于《历史研究》1990年第5期上，并收录《金景芳古史论集》一书，吉林大学出版社1991年7月第一版。

在《论孔子思想的两个核心》一文中，金老明确地提出孔子的思想，如果说得全面、具体些，不妨说它有两个核心：一个是"时"；另一个是"仁义"。第一个核心是基本的，第二个核心是从属的。第一个核心偏重在自然方面，第二个核心偏重在社会方面。孔子又特别重视"中"，实际上中是从时派生出来的。孔子还特别重视"礼"，实际上礼是从仁义派生出来的。

金老的大作给予我们很大的启发，每每读来都有一种不一样的感受，我们也正是沿着金老的这样的思路，做进一步的探索。

一

《论语·卫灵公》篇有这样的记载，即孔子与弟子端木赐（子贡）的一段对话，从中可以折射出孔子学术思想体系。

子曰:"赐也,女以予为多学而识之者与?"
对曰:"然,非与?"
曰:"非也,予一以贯之。"

孔子明确地告诉弟子端木赐,不要以为"予为多学而识之者",相反,而是"予一以贯之"。所谓的"一以贯之",我们用曾子的话说,就是"忠恕而已矣"。

原来孔子与曾子也有过这样的一段对话,《论语·里仁》篇记载:子曰:

"参乎!吾道一以贯之。"
曾子曰:"唯。"
子出,门人问曰:"何谓也?"
曾子曰:"夫子之道,忠恕而已矣。"

这里,我们从孔子与曾子的对话,包括曾子与孔门弟子的交流中,可以得到如下认知:

孔子反复强调"吾道一以贯之",或者曰"予一以贯之","予"即指"吾道",这个"道",乃是"一",用"一"贯穿孔子之道,说明孔子有自己的学术思想体系,此其一也;

曾子作为孔子的弟子,虽然"少孔子四十六岁",承绪孔门师教,深谙孔子"吾道一以贯之",被后世尊为"宗圣",此其二也;

从"门人问曰"到"赐也,女以予为"之问,不但孔门的一般弟子,甚至包括孔门高足子贡在内,都没有很好理解孔子之"道",此其三也;

曾子曰:"夫子之道,忠恕而已矣。"不仅是对孔子之"道"的概括和总结,也应当是孔子与曾子的共识,此其四也。

如是,我们引用《礼记·中庸》篇孔子的话说,"忠恕违道不远",它是我们理解和认识孔子思想核心问题的关键所在。诚如金老所说,《论语》上记载孔子怕他的学生对他的学术思想有误解,曾一再对他的学生说,"吾道一以贯之","予一以贯之"。看来这个"一以贯之",对于了解孔子的思想至为重要。毋宁说,它是了解孔子思想的一把钥匙。

孔子思想核心问题再讨论——读金景芳先生名作《论孔子思想的两个核心》有感

二

既然"夫子之道，忠恕而已矣"，那么，我们讨论孔子思想的核心问题，什么是"忠"呢？什么又是"恕"呢？

我们先来看看，什么是"恕"呢？《论语·卫灵公》篇有这样的明确记载：

> 子贡问曰："有一言而可以终身行之者乎？"
> 子曰："其恕乎！己所不欲，勿施于人。"

"一言"，即一字，子贡向孔子请教"有一言而可以终身行之者乎？"孔子便回答一字，即"其恕乎！"进而解释道，"己所不欲，勿施于人。"如同《礼记·中庸》篇所说，"施诸己而不愿，亦勿施于人"一样，自己所不愿意做的，就不要强加给别人，这是对"恕"的最好诠释。

接下来，我们要讨论什么是"忠"呢？这个问题，在整个《论语》书中，孔子并没有给予正面回答，需要我们略加阐释。不过，在《论语·雍也》篇中，也有这样的记载：

> 子贡曰："如有博施于民而能济众，何如？可谓仁乎？"
> 子曰："何事于仁！必也圣乎！尧舜其犹病诸！夫仁者，己欲立而立人，己欲达而达人。能近取譬，可谓仁之方也已。"

孔子与子贡讨论"仁"的问题，在子贡看来，如果做到"博施于民而能济众"，"何如？可谓仁乎？"孔子则直言"何事于仁！必也圣乎！尧舜其犹病诸！"强调如果真能做到"博施于民而能济众"，岂止是仁，那一定是圣人了，恐怕就连尧舜都不一定能做到呀！

"夫仁者，己欲立而立人，己欲达而达人。能近取譬，可谓仁之方也已。"孔子的回答，直面"仁"的问题，在阐述"仁"的问题过程中，明确提出"己欲立而立人，己欲达而达人。"也可以说，间接地回答了"忠"的问题。

前人讨论问题时，在《礼记·中庸》篇有这样一段话，子曰"道不远人。人之为道而远人，不可以为道。……忠恕违道不远，施诸己而不愿，亦勿施于人。"朱熹《中庸章句集注》云："尽己之心为忠，推己及人为恕。"明确辨析"忠"与"恕"的关系，强调"忠"，可谓"尽己之心"，由己之心，而人之心，即孔子所言："己欲立而立人，己欲达而达人"；强调"恕"，可谓"推己及人"，由己之人，而人之人，亦即孔子所言："己所不欲，勿施于人。"

值得我们注意，孔子回答子贡之问，"夫仁者"的判断标准，即为"忠"，所谓"己欲立而立人，己欲达而达人。"自己要想有建树，也要帮助别人有建树；自己要想有前途，也要帮助别人有前途，并且，孔子告诉子贡，行"仁之方也"，"能近取譬"，由己推人，"可谓仁之方也己。"

讨论到这里，我们还要引述《论语·颜渊》篇"仲弓问仁"一段记载：

> 仲弓问仁。
> 子曰："出门如见大宾，使民如承大祭。己所不欲，勿施于人。在邦无怨，在家无怨。"
> 仲弓曰："雍虽不敏，请事斯语矣。"

子贡与仲弓同样"谓仁"或"问仁"，孔子给予不同的回答，前者言："夫仁者，己欲立而立人，己欲达而达人"；后者言："己所不欲，勿施于人"。我们看似矛盾的两种说法，实则是一个问题的两个方面，借用《周易·系辞传上》的话说，可谓"一阴一阳之谓道"，这个"道"，它包括了"忠"与"恕"两个方面，亦如朱熹《中庸章句集注》所云："道，即其不远人者是也。施诸己而不愿，亦勿施于人，忠恕之事也。以己之心度人之心，未尝不同，则道之不远于人者可见。故己之所不欲，则勿以施之于人，亦不远人以为道之事。"

在我们看来，一方面，"忠"，"尽己之心"，真正做到"己欲立而立人，己欲达而达人"，则"在家无怨"；另一方面，"恕"，"推己及人"，真正做到"己所不欲，勿施于人"，则"在邦无怨"。"仁"以"忠"出发，由"忠"而及"恕"，由"家"而及"邦"；反之，"恕"

孔子思想核心问题再讨论——读金景芳先生名作《论孔子思想的两个核心》有感

以"仁"归,由"恕"而及"忠",由"邦"而及"家",两者相辅相成,相得益彰,再借用《周易·系辞传上》的话说,可谓"继之者善也,成之者性也"。

《礼记·中庸》篇记载"哀公问政"一段,孔子以为,"夫政也者,蒲卢也。故为政在人,取人以身,修身以道,修道以仁。"进而特别强调:

> 仁者,人也,亲亲为大。义者,宜也,尊贤为大。亲亲之杀,尊贤之等,礼所生也。

"仁者,人也,亲亲为大。"正是强调血缘关系、家庭关系;"义者,宜也,尊贤为大。"正是强调社会关系、政治关系;而"亲亲之杀,尊贤之等,礼所生也。"正是基于这种血缘关系、家庭关系之上,建立起来的社会关系、政治关系,"忠"之于"恕",如同"家"之于"邦",由内而外,由下而上,也正是基于这种关系的真实写照。

三

过去,在《家庭、私有制和国家的起源》一书的序言中,恩格斯尝有这样一段话,其云:

> 根据唯物主义观点,历史中的决定性因素,归根结底是直接生活的生产和再生产。但是,生产本身又有两种。一方面是生活资料即食物、衣服、住房以及为此所必需的工具的生产;另一方面是人自身的生产,即种的蕃繁衍。

并且,进一步地强调指出:

> 一定历史时代和一定地区内的人们生活于其下的社会制度,受着两种生产的制约:一方面受劳动的发展阶段的制约,另一方面受家庭的发展阶段的制约。劳动越不发展,劳动产品的数量,从而社会的财富越受限制,社会制度就越在较大程度上受血缘关

系的支配。①

在这里，恩格斯主要阐述两种生产关系，即血缘关系或曰家庭关系、社会关系或曰政治关系。我们不妨说，血缘关系或曰家庭关系，也就是"忠"的问题，具有其内在的属性，强调"己欲立而立人，己欲达而达人"，从而"在家无怨"；社会关系或曰政治关系，也就是"恕"的问题，具有其外在的属性，强调"己所不欲，勿施于人"，从而"在邦无怨"，也就是说，"忠"与"恕"的问题，本身受到两种生产关系的发展变化制约，一方面，受到"家庭的发展阶段的制约"，另一方面，也受到"劳动的发展阶段的制约"，而且，"劳动愈不发展，劳动产品的数量、从而社会的财富愈受限制，社会制度就愈在较大程度上受血缘关系的支配"。

由是，我们可以这样地说，"忠"之于"恕"，"恕"之于"忠"，本是辩证统一的关系，本是两种生产关系发展变化的必然结果。"忠"，也可以说是体，具有其内在的属性，或者说是自然属性；"恕"，也可以说是用，具有其外在的属性，或者说是社会属性，明体达用，体用贯通，也可以说是对孔子思想核心问题"忠"与"恕"的最好诠释。

《孟子·万章下》篇记载，孟子曰："伯夷，圣之清者也；伊尹，圣之任者也；柳下惠，圣之和者也；孔子，圣之时者也。孔子之谓集大成。集大成也者，金声而玉振之也。"在孟子看来，"孔子之谓集大成"，突出"圣之时者也"。这个"时"，用孔子自己的话来说，就是"时中"，也就是"中庸"，或者说"中和"。《礼记·中庸》篇中，仲尼曰："君子中庸，小人反中庸。君子之中庸也，君子而时中；小人之中庸也，小人而无忌惮也。""喜怒哀乐之未发，谓之中；发而皆中节，谓之和。"能够"致中和，天地位焉，万物育焉。"所以，"中也者"，作为"天下之大本也"；"和也者"，作为"天下之达道也"。这个"道"，就是"天命之谓性，率性之谓道，修道之谓教。"孔子反复强调"吾道一以贯之"，或者曰"予一以贯之"，就是这个"道"，突出特点就是"中"，也可以说是"时中"，或者说"中庸"，以至"中和"，集中体现孔子思想核心"忠"与"恕"两个核心方面。

---

① ［德］恩格斯：《家庭、私有制和国家的起源》，人民出版社2018年版，第4页。

近年出土的清华简《保训》篇，有关虞舜的历史传说，"求中""得中"的过程，正好印证了《尚书·尧典》《舜典》篇等文献记载的相关内容，也就是修身、齐家、治国之事。当然，在这个过程中，也包含着唐尧对虞舜的培养和教诲，我们按照《论语·尧曰》篇的记载："咨！尔舜！天之历数在尔躬，允执其中。四海困穷，天禄永终。"似乎更加明确这样的传授过程，而且"舜亦以命禹"一语，也似乎更加明确这样的传授系统，唐尧、虞舜和大禹之间的传授关系，朱熹作《中庸章句集注》已有说明，《尚书·大禹谟》篇的记载，也需要我们重新审视。

我们可以预见，在这样的传授系统当中，实际上大禹肩负起承上启下的历史作用，从《尚书·大禹谟》篇虞舜反复申述的"民协于中"之"中"和"允执厥中"之"中"，也即清华简《保训》篇明确记载的虞舜"求中""得中"之"中"，亦如上甲微"假中""师中"之"中"，它是中华优秀传统文化的道统所在，孔子作为"集大成"，值得我们认真加以总结，不断地深化理解和认识。

2024 年 8 月 22 日午夜

（宫长为，中国社会科学院古代史研究所研究员）

"汤之盘铭"与东周箴规类器物铭*

鲁 鑫

《礼记·大学》篇所载"汤之盘铭"属于东周箴规类器物铭。此类文体借助双关或隐喻的修辞手法，将器物的形状、功能与所要表达的道德训诫巧妙编织在一起。据此特点，同属箴规类器物铭的"鱼鼎匕"铭文、"鸟虫书带钩"铭文均可得到重新解读。与西周青铜器铭文相较，东周箴规类器物铭更强调器物的实用功能，而非其宗教、礼仪功能；其所表达的道德训诫多与个人道德修养相关，而非贵族在政治与家族层面所要遵循的义务。东周箴规类器物铭的内容与同时期的"语"类文献、口头文本都存在密切关系。

一 "汤之盘铭"诸说辨析

《礼记·大学》篇所载"汤之盘铭"曰："苟日新，日日新，又日新。"朱熹《四书章句集注》解释道：

> 盘，沐浴之盘也。铭，名其器以自警之辞也。苟，诚也。汤以人之洗濯其心以去恶，如沐浴其身以去垢，故铭其盘，言诚能一日有以涤其旧染之污而自新，则当因其已新者而日日新之，又日新之，不可略有间断也。①

---

* 本文是国家社科基金重大项目"多卷本《西周史》"（17ZDA179）及天津市教委科研计划项目"甲骨文所见商代动物资源研究"（2020SK026）的阶段性研究成果。

① （宋）朱熹：《四书章句集注》，中华书局1983年版，第5页。

从《大学》各章的关系来看,自"汤之盘铭"至"是故君子无所不用其极"一章是大学三纲之一"在新民"的传,所讲正是君子当日新其德的意思,所以朱熹对盘铭的理解基本正确。不过,"汤之盘铭"借水器盘的盥洗用途引发联想,表达了勤于修身、日日自新的道德追求,这与商代青铜器上那些由族氏、日名、作器原因、祭祀对象等内容构成的铭文很不相同。[1]

关于"汤之盘铭"的作者,古代学者从未有过怀疑,一致认为是商汤。近代以来,疑古思潮兴起,中国学者对很多传世典籍的作者、时代都产生了疑问,"汤之盘铭"也不例外。最早质疑"汤之盘铭"的是郭沫若,他举出两点怀疑的理由:"第一,铭辞简单,何以遽知为成汤之器?第二,殷周古器传世颇多……曾无一例纯作箴规语者,此铭何以全不相侔?"[2] 因此,郭沫若认为,盘铭"如非伪托,则必系前人之所误读"。至于误读的原因,郭沫若推测,盘铭原作"兄日辛,祖日辛,父日辛",后来"铭之上端当稍有泐损",以致"误'兄'为'苟',误'且'(古文祖)为'日',误父为'又'","古之读者既误其字,又依儒家伦理以附会之",遂致盘铭被引入《大学》篇中。[3]

郭氏此说一出,可谓石破天惊,后之学者在钦佩其卓越想象力的同时,也从相关史料真伪及铭文辞例两方面对郭说提出反驳。史料真伪方面,有学者对启发郭沫若复原盘铭的重要依据——保定所出祖父兄三戈的真伪发生怀疑。例如董作宾认为戈铭伪作,其证有四:其一,戈铭位置不合商戈通例;其二,戈铭倒书;其三,三戈若属一人,则其父兄12人,以癸为日名者竟达6人,似不可能;其四,卜辞中日名相同者必于日名上加字以示区别,戈铭则否。[4] 不过,也有学者认为祖父兄三戈不伪:例如陈梦家依据《尚书·顾命》的记载解释戈铭倒置问题;[5]马承源则从目验感受、三戈用途、商周金文所见日名规律以及与上海博

---

[1] 有关商代青铜器铭文的特点,参见严志斌《商代青铜器铭文研究》,上海古籍出版社2013年版,第128—136页。
[2] 郭沫若:《金文丛考》,人民出版社1954年版,第82页。
[3] 郭沫若:《金文丛考》,人民出版社1954年版,第83—84页。
[4] 董作宾:《汤盘与商三戈》,《台湾大学文史哲学报》1950年第1期,《甲骨文献集成》第20册,四川大学出版社2001年版,第297—298页。
[5] 陈梦家:《殷虚卜辞综述》,中华书局1988年版,第499—500页。

物馆藏祖乙戈之对比四个方面论证三戈真实可信。①

铭文辞例方面，董作宾认为郭氏的改读并不合于"殷代世次严整之体例"，"'祖日辛'居中，左行读之，兄在祖前，右行读之，祖居父后，左右两难，不能合于祖、父、兄之三代世次也"，不仅如此，"殷代王室世系十七代中，极少三世同一日名之例"。② 对此，朱彦民曾撰文指出，汤盘铭文并非"不合于殷代世次严整之列"，而是反映了左昭右穆的宗庙制度："《汤盘铭》的祖、父、兄三辈顺序正是按照昭穆位次排列的，祖居中，父居左，兄居右。按照古人行文行款习惯，从右向左读，就成了'先兄次祖次父'的'兄祖父'次序。"至于"三世同一日名"的现象，朱彦民认为当与商人祭祀先公重辛日的传统有关。③

总之，郭沫若及其支持者的研究代表了判断"汤之盘铭"创作时代的第一种思路，即通过改读或阐释，尽量使之符合已知的商代青铜器铭文或甲骨文的辞例。这种思路的出发点固无可议，但毋庸讳言，其前提毕竟是"铭之上端当稍有泐损"这样一个有赖巧合的假设，所以其观点可视为假说，而不宜当作定论。

董作宾也认为"汤之盘铭"是从商代留传下来的文字，不过他并未采纳郭沫若有关铭文"泐损"的假说。董作宾指出，盘铭中的"苟"字虽不见于卜辞，却习见于金文，读作"敬"，其余"日""新""又"三字皆见于卜辞。董作宾将甲骨文"又"字的使用分为前后两期，"武丁、祖庚以上为前期，祖甲以下为后期。前期'又'字仅有'佑助'、'左右'两义，'侑祭'、'又再'、'有无'字皆用ㄓ"，他推断："汤盘之铭在殷代如置之祖甲以前，则仅可以'佑助'之义释'又日新'，祖甲以后乃有又再之义也。"因此，盘铭"苟日新，日日新，又日新"可以理解为"敬日新，日日新之，此盘佑助汝之日新"④。廖名春也将盘铭中的"苟"字读为"敬"，释作"勤而不懈""勤而不止"，然后他

---

① 马承源：《关于商周贵族使用日干称谓问题的探讨》，载于吴泽主编《王国维学术研究论集（二）》，华东师范大学出版社1987年版，第19—42页。

② 董作宾：《汤盘与商三戈》，《甲骨文献集成》第20册，四川大学出版社2001年版，第297—298页。

③ 朱彦民：《"苟日新，日日新，又日新"新解——〈汤盘铭〉郭说补正》，《殷都学刊》2018年第1期。

④ 董作宾：《汤盘与商三戈》，《甲骨文献集成》第20册，四川大学出版社2001年版，第297—298页。

根据《艺文类聚》、曾巩《隆平集》、杨万里《诚斋易传》、严粲《诗缉》中的引文,将"汤之盘铭"的语序调整为"苟(敬):日新,又日新,日日新",廖名春认为,盘铭的意思"是说'勤而不懈',绝不能停止松懈:'第一天洗垢自新,第二天也要洗垢自新,每天都要洗垢自新。'"[①]

上述两位学者的研究代表了判断"汤之盘铭"创作时代的第二种思路,即不再附会已知商代青铜器铭文或甲骨文辞例,而是默认殷商时期存在此类文体,然后从具体的字词文义对"汤之盘铭"进行解释。

从以上学术史回顾来看,对"汤之盘铭"的解读充分展示了近代以来中国古史学界研究范式的两次重大转型,即从"信古"到"疑古",再从"疑古"到"释古"的转变。最早提出"释古"概念的冯友兰曾说:"释古一派人所作的工作,即是将史料融会贯通。"[②] 这一点在近现代学者对"汤之盘铭"的讨论过程中表现得尤为突出:文献学、古文字学、考古学、人类学等多学科理论与材料先后加入。不过,多元化的研究非但没有取得殊途同归的效果,反而使这篇短短九字的文献之时代与含义显得更加扑朔迷离。

笔者认为,欲判断"汤之盘铭"的创作时代既不能依据巧合立论,也不能以反对"默证法"为由,无视已知商代古文字材料的辞例,不假思索地将其视为商代遗文。我们要做的,是去寻找那些在文体风格、修辞手法、思想观念等方面与"汤之盘铭"类似的文本,进而判断这一文本系列所反映的时代风貌。

二 鱼鼎匕及鸟虫书带钩铭文新解

"汤之盘铭"呈现为短小精悍的韵文格式,其内容是借助器用功能引发联想,从而表达某种道德训诫。类似形式的铭文,学者或称之为"箴铭",或称之为"座右铭",本文借用郭沫若文中的提法,称之为箴规类器物铭。除"汤之盘铭"外,传世文献及古文字材料中还有一些典型的箴规类器物铭,如鱼鼎匕铭文、鸟虫书带钩铭文、《大戴礼记·

---

① 廖名春:《〈大学〉篇"汤之盘铭"新释》,《国学学刊》2015年第2期。
② 顾颉刚主编:《古史辨》第六册,海南出版社2005年版,第1页。

武王践阼》篇所载器物铭等,这些材料为我们判断其制作和流行的时代背景提供了重要依据。

以道德训诫为主要内容的青铜器铭文最早见于西周中期,但仅存孤例——燹公盨(又名豳公盨、遂公盨)。燹公盨铭文从天命禹治水、导民以德开篇,以燹公所言民当用德的训诫作结,其间用了较多文字讲民之好德者当如何行事。① 不过,燹公盨铭文并未将道德训诫与青铜盨的实用功能联系起来。借助器用功能传达道德训诫的较早例证是《左传》昭公七年所记宋国正考父之鼎铭:

> 一命而偻,再命而伛,三命而俯。循墙而走,亦莫余敢侮。饘于是,粥于是,以糊余口。②

鼎本是烹调肉食的器皿,正考父却用它来煮粥糊口,器物的常规功能与特殊用法之间的反差形成一种张力,凸显了正考父恭俭、节制的美德。不过,同后文所举鱼鼎匕铭文及鸟虫书带钩铭文这两篇典型的箴规类器物铭相比,正考父鼎铭建立的器用功能与道德训诫之间的关系还比较直接,缺乏巧妙的譬喻和委婉的双关。

鱼鼎匕传出山西浑源,现藏辽宁省博物馆,铭文错金,谲诡难读。③ 先后对之进行考释的有王国维、李零、詹鄞鑫、臧克和、董莲池、吴镇烽诸家。④ 笔者综合前贤之说,间以己意,将铭文隶定如下:

> 曰:诞有蚰匕,坠王鱼鼎。曰:钦哉,出游水虫(虺)!下民

---

① 裘锡圭:《燹公盨铭文考释》,《中国历史文物》2002年第6期。
② 杨伯峻编著:《春秋左传注》,中华书局1990年版,第1295页。
③ 2010年,山西又发现一件新的"鱼鼎匕",见吴镇烽《"鱼鼎匕"新释》,《考古与文物》2015年第2期。考虑到新见鱼鼎匕与传世鱼鼎匕铭文大同小异,且其真伪尚难遽断,故本文仅讨论传世鱼鼎匕铭文。
④ 王国维:《鱼匕跋》,载《观堂集林(附别集)》,中华书局1959年版,第1210—1211页;李零:《考古发现与神话传说》,《学人》第五辑,江苏文艺出版社1994年版,第115—150页,又载氏著《李零自选集》,广西师范大学出版社1998年版,第58—84页;詹鄞鑫《〈鱼鼎匕〉考释》,《中国文字研究》第二辑,广西教育出版社2001年版,第175—179页;臧克和《〈鱼鼎匕〉铭文有关器名性质新释》,《考古与文物》2004年第5期;董莲池《说山西浑源所出鱼鼎匕铭文中的"鼎"字》,《山西大学学报》(哲学社会科学版)2012年第1期;吴镇烽《"鱼鼎匕"新释》,《考古与文物》2015年第2期。

无知，参蠱（蚩）蚘（尤）命，迫命入羹，汨入汨出，毋处其所。

铭文大意是，有一件虵形铜匕，坠入王的鱼鼎，王说：努力啊，你这条出游的水虫（虵）！下界之民无知，且看蚩尤的下场，被迫在沸羹中进进出出，永远不得离开。

王国维《鱼匕跋》曰："铭义虽不可知，约以匕形似虫，故以虫为喻。"① 其说可从。"虫"字，② 传世典籍中多写作"虺"，《说文解字》："虫，一名蝮。"今观鱼鼎匕之形，圆首修尾，正与细颈大头的蝮蛇相似，故铭文作者称之曰"虵匕"，比之为"水虫（虺）"。铭文"蚩尤"二字是理解全篇的关键，李零不但将此二字释出，还从马王堆汉墓帛书《十六经》中觅得与铭文相关的记载。③ 据《十六经》记载，黄帝战胜蚩尤后，剥其皮以为箭靶，断其发以作旌旗，填其胃而成鞠，醢其骨肉以供人食用。蚩尤之所以遭受如此酷刑，是因为他"乱民绝道，反义逆时，非而行之，过极失当，擅制更爽，心欲是行，其上帝未先而擅兴兵"。以往学者或认为，鱼鼎中的鼎实才是蚩尤的化身或象征。④ 不过，从铭文"蠱（蚩）蚘（尤）"二字一从"虵"、一从"虫"的情况来看，铭文作者显然是把这件形似"水虫（虺）"的"虵匕"想象成蚩尤的化身。因为匕的用途是没入沸鼎捞取鼎实或搅动肉羹，所以铭文作者将它比作正在遭受鼎烹之刑的蚩尤，永世不得解脱，由此警告鱼鼎匕的使用者不要效仿蚩尤的恶德。借器物形状和器用功能引发联想，从而传达道德训诫，这正是箴规类器物铭特有的方式。鱼鼎匕的时代，有春秋晚期与战国早期两种说法。考虑到其器形与侯马铸铜遗址出土匕范ⅡT96F7：4所能铸造的铜匕近同，仍以定在春秋晚期为宜。⑤

---

① 王国维：《鱼匕跋》，载《观堂集林（附别集）》，中华书局1959年版，第1211页。
② 笔者按，此非《说文解字》"有足谓之蠱"的"蠱"字。
③ 李零：《考古发现与神话传说》，《李零自选集》，广西师范大学出版社1998年版，第78—79页。
④ 李零：《考古发现与神话传说》，《李零自选集》，广西师范大学出版社1998年版，第79页；詹鄞鑫：《〈鱼鼎匕〉考释》，《中国文字研究》第二辑，广西教育出版社2001年版，第175页；吴镇烽：《"鱼鼎匕"新释》，《考古与文物》2015年第2期。
⑤ 山西省考古研究所：《侯马铸铜遗址》，文物出版社1993年版，第176—178页。《侯马铸铜遗址》将ⅡT96F7单位划归"中期Ⅲ段"，时代属春秋晚期。此外，鱼鼎匕传出浑源李峪，据李夏廷先生的研究，李峪铜器群的时代下限即为春秋晚期，参见李夏廷《浑源彝器研究》，《文物》1992年第10期。

春秋历史研究

鸟虫书带钩铭文著录于宋代薛尚功的《历代钟鼎彝器款识法帖》及王俅《啸堂集古录》,①薛书称之为"夏钩带"。不过从钩上错金铭文的书体来看,应为战国晚期之物。最早将该篇铭文全部释出的是李零,②此后曹锦炎亦对铭文的部分内容有所疏证。③今参酌两家释文,稍作修改,将铭文隶写如下:

物可慎终,册复毋反。毋怍毋悔,不汲于利。民产有敬,不择贵贱。宜曲则曲,宜直则直。允。

鸟虫书带钩铭文简奥难懂,不过箴规类器物铭的特点是铭文内容与器用功能或器物形状密切相关,这为我们理解铭文提供了线索。

"物可慎终"的"慎"字原篆作"䚔",李零读为"折",今依陈剑《说慎》一文改释为"慎"。④"物可慎终"一句,据《历代钟鼎彝器款识法帖》是在钩尾,据《啸堂集古录》所言则在钩首,推测两书所指实为同一位置,即带钩前端弯曲处。"册复毋反"至"宜直则直"一段位于钩腹。"允"字位于钩喙,与其他铭文无涉,也许是作为带钩印章单独使用的。⑤曹锦炎将"物可慎终"一句缀于钩腹铭文之后,李零则将此句置于篇首。从浙江绍兴西施山出土的吴王光铜带钩铭文行款来看,⑥先秦铜带钩上的长篇铭文应从钩首开始阅读,进而及于钩腹,所以笔者赞同李零的意见,将"物可慎终"置于"册复毋反"一段之前。

"册复毋反"的"册"字,曹锦炎释为册命、册封,其说可从。不过,曹锦炎将这句铭文解释为"接受任命去了就不要返回",其意是将

---

① 薛尚功:《历代钟鼎彝器款识法帖》,《宋人著录金文丛刊(初编)》,中华书局影印2005年版,第323页;王俅:《啸堂集古录》,《宋人著录金文丛刊(初编)》,中华书局影印2005年版,第706页。
② 李零:《战国鸟书箴铭带钩考释》,《古文字研究》第八辑,中华书局1983年版,第59—62页。
③ 曹锦炎:《鸟虫书通考》(增订版),上海辞书出版社2014年版,第497—498页。
④ 陈剑:《说慎》,载氏著《甲骨金文考释论集》,线装书局2007年版,第39—53页。
⑤ 《说文解字》:"允,信也。"战国古玺中多见以"信"为文的单字玺,参见罗福颐主编《古玺汇编》,第5283、5287、5508号,文物出版社1981年版。由此推测,钩喙的"允"字也许是作为印章使用,表示凭信之意。不过已知战国、秦汉带钩印的印文多位于带钩纽部,未见设于钩喙者,故此说尚需存疑。
⑥ 曹锦炎:《吴王光铜带钩小考》,《东南文化》2013年第2期。

"复"读为"復",训为"去"。今按《说文解字》"復,往来也",段玉裁注曰:"辵部曰:返,还也;还,復也。皆训往而仍来。"① 故"復"字之义侧重于还来,而非去往。笔者认为,"复"可读作"覆",② 倾覆也。"反"可读作"返",③ 表示恢复之意。"物可慎终,册复(覆)毋反(返)"两句连读,大意是凡事皆需慎终,所受册命封赏一旦倾覆,就再难恢复。这一训诫应该是从战国时期带钩的身份象征功能引申出来的。春秋以前中原贵族的礼服是上衣下裳,内束革带以悬韨佩,外束绅带以彰显身份等级。春秋以后,随着带钩的渐趋流行,革带逐渐摆脱了从属于绅带的地位。从战国时期采用错金银及宝石镶嵌工艺制作的各种铜、铁带钩来看,此时的革带已不再压于绅带之下,而是显露在外,并且逐渐具备了彰显使用者身份等级的作用。《旧唐书·舆服志》记载,皇帝之"衮冕"需搭配"革带、玉钩",太子之"衮冕"搭配"革带、金钩",大臣之"衮冕"搭配"革带、钩",④ 由此可知,唐朝时带钩已是贵族官僚礼服的重要组成部分,此种情况当始于战国。据《战国策·赵策二》记载,赵武灵王在立周绍为王子傅时,曾赐给周绍"胡服衣冠、贝带、黄金师比",⑤ "师比"即带钩,可见在当时的册命礼上,与官职、爵位一起赏给受赐者的还有带钩。鸟虫书带钩铭文的作者借此告诫带钩主人要慎守禄命,这种从器用功能引发道德训诫的方式符合箴规类器物铭的特点。

"毋咋毋悔,不汲于利"一句,李零认为"钩字古有钩取之义,作者认为钩取财利是不好的行为,所以深以'不汲于利'为戒,说是不追求财利,就不会有愧悔",其说借"钩"字引申义立论,虽可讲通,但缺乏书证。笔者认为,此句的含义当与带钩另一种特殊功能密切相

---

① (汉)许慎撰,(清)段玉裁注:《说文解字注》,上海古籍出版社1988年版,第76页上。
② "覆"是"复"的繁化,在传世文献与古文字资料中,"复""覆"二字通假之例颇多,读者可参见王辉编著《古文字通假字典》,中华书局2008年版,第339页。亦可参见高亨纂《古字通假会典》,齐鲁书社1989年版,第768页。
③ 有关"反""返"二字通假的例证,读者可参见高亨纂《古字通假会典》,齐鲁书社1989年版,第224—225页。
④ 孙机:《两唐书舆(车)服志校释稿》,载于氏著《中国古舆服论丛》,上海古籍出版社2013年版,第381、403、408页。
⑤ 诸祖耿编纂:《战国策集注汇考》(增补本),凤凰出版社2008年版,第991页。

关。带钩多为金属制成，且轻巧便携，故常被用作财货的象征。《庄子·胠箧》曰："窃钩者诛，窃国者为诸侯。"① 《列子·黄帝》曰："以瓦抠者巧，以钩抠者惮，以黄金抠者惛。"② 由此可见，无论是作为盗窃的对象，还是赌博的筹码，带钩均被视作一笔不大不小的财富。钩铭作者借助此种象征意义，引出只有不汲汲于蝇头小利才能保证没有惭怍悔恨之事的道德训诫。

"民产有敬，不择贵贱"一句则与带钩所附之革带的功能有关。《淮南子·说林》："满堂之坐，视钩各异，于环、带一也。"③ 可见革带乃人所常服，无论贵贱皆需系之。铭文于此采用一语双关的修辞方法，表面是在说革带的功能，实则传达了不分贵贱、泛敬众人的道德要求。

战国时常见的琵琶形带钩末端弯曲，钩身近直，正所谓"宜曲则曲，宜直则直"。《左传》昭公二十五年："故人之能自曲直以赴礼者，谓之成人。"④ 钩铭借助带钩形状的曲直变化，传达了"自曲直以赴礼"的道德训诫。

两汉时期，器物铭的创作已蔚然成风，其中一些箴规类器物铭的内容与形式就与战国同类作品相仿。例如东汉李尤所作《屏风铭》："舍则潜避，用则设张；立必端直，处必廉方；雍阏风邪，雾露是抗；奉上蔽下，不失其常。"⑤ 铭文内容一语双关，表面是在陈述屏风的外形与功能，实则表彰了君子的出处之道与为臣之节。这与鸟虫书带钩铭文"民产有敬，不择贵贱""宜曲则曲，宜直则直"两句的修辞方法如出一辙。

通观鱼鼎匕及鸟虫书带钩上的箴规类器物铭，我们发现其共同的修辞手法是借助双关或隐喻，将器物的形状、功能与所要表达的道德训诫巧妙编织在一起，寓教于无形。由此回顾《大学》篇中的"汤之盘铭"，我们发现盘铭表面是在描述水器盘的盥洗功能，实则一语双关地表达了勤于修身、日日自新的道德追求。这种修辞手法与东周、两汉时期流行的箴规类器物铭基本一致。

---

① 郭庆藩：《庄子集释》，中华书局1961年版，第350页。
② 杨伯峻：《列子集释》，中华书局1979年版，第91页。
③ 何宁：《淮南子集释》，中华书局1998年版，第1214页。
④ 杨伯峻编著：《春秋左传注》，中华书局1990年版，第1459页。
⑤ 李昉：《太平御览》第六册，河北教育出版社1994年版，第497页。

三 东周箴规类器物铭与西周青铜器铭文的时代差异

载有箴规类器物铭的先秦传世文献，以《大戴礼记·武王践阼》篇最为典型。该篇记载周武王为达到"托于物以自警"的目的，曾经"于席之四端为铭焉，于机为铭焉，于鉴为铭焉，于盥盘为铭焉，于楹为铭焉，于杖为铭焉，于带为铭焉，于履屦为铭焉，于觞豆为铭焉，于牖为铭焉，于剑为铭焉，于弓为铭焉，于矛为铭焉"①。其中，鉴之铭曰："见尔前，虑尔后。"② 表面是讲揽镜自照，顾盼前后的意思，实则蕴含了瞻前顾后，预作准备的处事态度；弓之铭曰："屈伸之义，废兴之行，无忘自过。" ③ 表面是讲弓的调试与修理皆当从其自身寻找问题的根源，④ 实则传达了反躬自省的道德训诫。《武王践阼》篇多首器物铭都采用了双关或隐喻的修辞手法，通过器物形状、器用功能来传达道德训诫。这是否意味着箴规类器物铭在西周早期就已经出现了呢？

《武王践阼》篇所载器物包括青铜、竹木、丝帛等不同质料，不过目前我们可资比较的西周时代器物铭文的实例只有青铜器铭文。以下，笔者从器物形状描写、器用功能陈述、道德训诫内容三个方面，比较西周青铜器铭文与箴规类器物铭的差异。

就器物形状而言，西周早、中期青铜器铭文中缺乏对器物形状的记述，直到西周晚期，青铜器铭文中才出现少数描述器物颜色的辞例，如：

---

① 黄怀信主撰，孔德立、周海生参撰：《大戴礼记汇校集注》，三秦出版社2005年版，第651页。
② 黄怀信主撰，孔德立、周海生参撰：《大戴礼记汇校集注》，三秦出版社2005年版，第657页。
③ 黄怀信主撰，孔德立、周海生参撰：《大戴礼记汇校集注》，三秦出版社2005年版，第665页。
④ "屈伸"指弓的张弛。"废兴"之"废"可读为"发"，《考工记·弓人》："下柎之弓，末应将兴。为柎而发，必动于骹，弓而羽骹，末将发。"孙诒让认为《武王践阼》之"废兴"即《弓人》篇之"兴发"，"二事皆为弓病，故云'无忘自过'"，见氏著《大戴礼记斠补》，中华书局2010年版，第56页。

弭仲作宝🔲，择之金，矿钕镁炉铝，其缁、其玄、其黄。(弭仲簠，《集成》4627，西周晚期)①

伯大师小子伯公父作盨，择之金，唯铦唯铝，其金孔吉，亦玄亦黄。(伯公父簠，《集成》4628，西周晚期)②

但是对器物形状的描写仍然付之阙如。从后文所述西周早、中期的青铜器用途铭文来看，彼时器主的注意力似乎被一种更为宏大的目的或仪式吸引，以致不能聚焦于器物本身。

就器用功能而言，虽然西周早、中期铜器铭文已经存在描述器物用途的内容，但其中从不涉及烹饪、盛储等实用功能。在陈英杰对西周青铜器用途铭辞研究的基础上，③笔者将西周早、中期铭文对于青铜器用途的描述进一步归并为以下四种：祭祀、宴飨、祈福、对扬。

祭祀类用途铭文的辞例如下：

用作宝尊彝，用夙夜明享于邵伯日庚。(伯姜鼎，《集成》2791，西周早期)④

肇作朕文考甲公宝尊彝，其日朝夕用鹑祀于氒百神。(狱鼎，《考古与文物》2006年第6期，西周中期)⑤

用为宝器，鼎二、簠二，其用享于氒嫡考。(恩簠，《集成》4097，西周中期)⑥

霈肇諆作宝尊彝，用夙夕享孝。(霈卣，《文物》1998年第9期，西周中期)⑦

---

① 中国社会科学院考古研究所编：《殷周金文集成（修订增补本）》第四册，中华书局2007年版，第3003页。
② 中国社会科学院考古研究所编：《殷周金文集成（修订增补本）》第四册，中华书局2007年版，第3004页。
③ 陈英杰：《西周金文作器用途铭辞研究》，线装书局2008年版，第684—722页。
④ 中国社会科学院考古研究所编：《殷周金文集成（修订增补本）》第二册，中华书局2007年版，第1386页。
⑤ 吴镇烽：《狱器铭文考释》，《考古与文物》2006年第6期。
⑥ 中国社会科学院考古研究所编：《殷周金文集成（修订增补本）》第三册，中华书局2007年版，第2264页。
⑦ 王正龙、夏麦陵等：《平顶山应国墓地八十四号墓发掘简报》，《文物》1998年第9期。

作遣盉，用追孝。(遣盉，《集成》9433，西周早期)①

此类用途铭文强调对祭祀对象的追孝与享祀，凸显的是器物在祭祀仪式中承担的角色。上举数例虽然涵盖了食器、酒器、水器三种具有不同实用功能的器类，但铭文表述的器物用途却没有大的区别。

宴飨类用途铭文的辞例如下：

甲作宝尊彝，其万年用飨宾。(甲盉，《集成》9431，西周早期)②

其万年永宝，用飨出入使人。(小子生尊，《集成》6001，西周早期)③

义叔闻肇作彝，用飨宾。(义叔闻簋，《集成》3695，西周早期)④

用作宝鼎，用飨朋友。(七年趞曹鼎，《集成》2783，西周中期)⑤

乃用飨王出入使人，眔多朋友。(卫鼎，《集成》2733，西周中期)⑥

此类用途铭文强调的是对不同对象的宴飨行为，上举数例虽然涵盖了食器、酒器、水器三种具有不同实用功能的器类，但铭文中表述的器物用途仍然没有本质的区别。

祈福类用途铭文的辞例如下：

---

① 中国社会科学院考古研究所编：《殷周金文集成（修订增补本）》第六册，中华书局2007年版，第4956页。

② 中国社会科学院考古研究所编：《殷周金文集成（修订增补本）》第六册，中华书局2007年版，第4955页。

③ 中国社会科学院考古研究所编：《殷周金文集成（修订增补本）》第五册，中华书局2007年版，第3692页。

④ 中国社会科学院考古研究所编：《殷周金文集成（修订增补本）》第三册，中华书局2007年版，第1957页。

⑤ 中国社会科学院考古研究所编：《殷周金文集成（修订增补本）》第二册，中华书局2007年版，第1450页。

⑥ 中国社会科学院考古研究所编：《殷周金文集成（修订增补本）》第二册，中华书局2007年版，第1405页。

作祖丁宝旅尊彝，用丐鲁福。（启卣，《集成》5410，西周早期）①

季宁作宝尊彝，用求福。（季宁尊，《集成》5940，西周早期）②

用作皇考武侯尊簋，用锡眉寿、永命。（应侯见工簋，《文物》2002年第7期，西周中期）③

用祈纯禄、永命、鲁寿、子孙。（乖伯归夆簋，《集成》4331，西周中期）④

此类用途铭文强调求福的内容，有时兼及求福对象，在这种语境中，器物仅仅是用来取悦神明的条件，而非某种实用功能的载体。

对扬类用途铭文的辞例如下：

王侃大保，锡休沐⑤土，用兹彝对命。（太保簋，《集成》4140，西周早期）

敢对王休，用作宝尊彝，其万年对扬王光氒士。（叔矢方鼎，《文物》2001年第8期，西周早期）

狱拜稽首，对扬王休，用作朕文祖戊公盘盂。（狱盘，《考古与文物》2006年第6期，西周中期）

效对公休，用作宝尊彝。（效尊，《集成》6009，西周中期）⑥

对扬天子氒休，用作朕文考叀仲尊宝簋。（同簋，《集成》

---

① 中国社会科学院考古研究所编：《殷周金文集成（修订增补本）》第四册，中华书局2007年版，第3380页。

② 中国社会科学院考古研究所编：《殷周金文集成（修订增补本）》第五册，中华书局2007年版，第3658页。

③ 中国社会科学院考古研究所编：《殷周金文集成（修订增补本）》第四册，中华书局2007年版，第2718页。

④ 中国社会科学院考古研究所编：《殷周金文集成（修订增补本）》第三册，中华书局2007年版，第2315页。

⑤ 有关铭文"沐"字的考释，见周波《战国铭文分域研究》，上海古籍出版社2019年版，第71页。

⑥ 中国社会科学院考古研究所编：《殷周金文集成（修订增补本）》第五册，中华书局2007年版，第3699页。

4271，西周中期）①

此类用途铭文重在彰显器物的纪念意义，并不关注其实用功能。

常见的西周早、中期青铜器用途铭文形式往往是由上述四类铭文中的两种或两种以上组合而成。从中可见，当时的制器者对器物用途进行表述时，是将青铜礼器视作一个整体，其所强调的是礼器在宗教、礼仪活动中承载的功能，而非将之视作具体的食器、酒器或水器来强调其实用功能方面的差异。

到了西周晚期，一种记述器物盛实内容的用途铭文逐渐流行起来，例如：

<u>用盛秝稻穛粱</u>，用享大正，歆王宾，羞具旨食。（弭仲簠，《集成》04627）②

<u>用盛穛稻糯粱</u>，我用招卿士、辟王，用招诸考诸兄，用祈眉寿、多福无疆。（伯公父簠，《集成》04628）③

史免作旅匡，从王征行，<u>用盛稻粱</u>。（史免簠，《集成》04579）④

<u>用盛旨酒</u>，用享孝于兄弟、婚媾、诸老，用祈匄眉寿，其万年灵终难老。（殳季良父壶，《集成》09713）⑤

此类用途铭文的出现说明，自西周晚期以后，器主已不再单纯强调青铜礼器的宗教、礼仪功能，也开始关注其实用功能了。

及至春秋时期，青铜器的宗教、礼仪功能进一步弱化，生活实用功

---

① 中国社会科学院考古研究所编：《殷周金文集成（修订增补本）》第四册，中华书局2007年版，第2602页。
② 中国社会科学院考古研究所编：《殷周金文集成（修订增补本）》第四册，中华书局2007年版，第3003页。
③ 中国社会科学院考古研究所编：《殷周金文集成（修订增补本）》第四册，中华书局2007年版，第3004页。
④ 中国社会科学院考古研究所编：《殷周金文集成（修订增补本）》第四册，中华书局2007年版，第2948页。
⑤ 中国社会科学院考古研究所编：《殷周金文集成（修订增补本）》第六册，中华书局2007年版，第5100页。

能却更加突出，这一转变也体现在青铜器的装饰艺术方面：首先，春秋中期以后，描绘人类社会生活的现实主义纹饰主题逐渐取代此前颇具神秘色彩和宗教意识的纹饰内容；其次，蟠螭纹、蟠虺纹等繁缛精细的纹饰出现，对于此类纹饰，只有凝神观察才能将之分辨清楚，这说明相当一部分青铜器已经成为可供用器者近距离欣赏的对象，而非"敬鬼神而远之"的祭器了。① 春秋中期以后，有一类自铭为"弄器"的青铜器数量逐渐增加，从"弄"字的训诂来看，这类器物本身就是供器主把玩而非供于庙堂的。② 不难想象，在对这些造型新颖、纹饰精美的器物进行摩挲与欣赏的同时，器主势必会将个体情感与道德倾向寄托其中，一旦形诸文字，琢于盘盂，即成为本文讨论的"箴规类器物铭"。

从道德训诫来看，西周青铜器铭文中存在一些程式化的道德训诫，不过铭文作者在表达它们时均采取直接陈述的方式，并未使之与器物的形状或实用功能发生联系。而且这些道德训诫的内容有着明确的身份指向，即针对贵族在政治与家族两个层面的义务而发。

政治层面上，西周青铜器铭文中的道德训诫强调器主在为周王或上级贵族服务时应有的表现，较为常见的内容包括"敬夙夜，勿废朕命""恭勤大命""克慎厥德""敬明乃心"等，如：

王若曰：虎，载先王既令乃祖考事商官，司左右戏繁荆，今余唯帅型先王令，令汝庚乃祖考商官，司左右戏繁荆，敬夙夜，勿废朕令。（师虎簋，《集成》04316）③

王乎𠭰册令师酉：司乃祖商官邑人、虎臣、西门夷、𣄧夷、秦夷、京夷、弁人新。易汝赤市、攸勒，敬夙夜，勿废朕令。（师酉盘，《铭续》卷三，第307页）④

王若曰：逨，丕显文武，膺受大命，匍有四方，则繇唯乃先圣

---

① 朱凤瀚：《中国青铜器综论》，上海古籍出版社2009年版，第614页。
② 有关先秦青铜器中"弄器"资料的搜集与研究，见李零《说匜——中国早期的妇女用品：首饰盒、化妆盒和香盒》，《故宫博物院院刊》2009年第3期。
③ 中国社会科学院考古研究所编：《殷周金文集成（修订增补本）》第四册，中华书局2007年版，第2686页。
④ 吴镇烽编著：《商周青铜器铭文暨图像集成续编》，上海古籍出版社2016年版，第307页。

祖考夹召先王，恭勤大命，奠周邦。（四十二年逨鼎，《文物》2003年第6期）①

单伯昊生曰：丕显皇祖烈考，仇匹先王，恭勤大命。（单伯昊生钟《集成》00082）②

邢人人妄曰：覭淑文祖皇考，克慎厥德，得纯用鲁，永终于吉。（邢人人妄钟，《集成》00109）③

梁其曰：丕显皇祖考，穆穆异异，克慎厥德，农臣先王，得纯亡敃。（梁其钟，《集成》00187）④

王曰：太保，唯乃明乃心，享于乃辟。（克盉，《考古》1990年第1期）⑤

王曰：师询……敬明乃心，率以乃友捍御王身。（师询簋，《集成》04342）⑥

这些道德训诫中蕴含了勤劳不懈、服从命令、谨慎从事、忠诚坦白等周王或上级贵族对于下级贵族要求。

家族层面上，西周青铜器铭文中的道德训诫要求器主效法先代遗德、发扬家族荣光，较为常见的"帅型"祖考之德即蕴含此种意思，如：

旅敢肇帅型皇考威仪，虞御于天子。（虢叔旅钟，《集成》00238）⑦

---

① 陕西省考古研究所、宝鸡市考古工作队、眉县文化馆杨家村联合考古队编：《陕西眉县杨家村西周青铜器窖藏发掘简报》，《文物》2003年第6期。
② 中国社会科学院考古研究所编：《殷周金文集成（修订增补本）》第一册，中华书局2007年版，第73页。
③ 中国社会科学院考古研究所编：《殷周金文集成（修订增补本）》第一册，中华书局2007年版，第102页。
④ 中国社会科学院考古研究所编：《殷周金文集成（修订增补本）》第一册，中华书局2007年版，第200页。
⑤ 中国社会科学院考古研究所、北京市文物研究所琉璃河考古队编：《北京琉璃河1193号大墓发掘简报》，《考古》1990年第1期。
⑥ 中国社会科学院考古研究所编：《殷周金文集成（修订增补本）》第四册，中华书局2007年版，第2746页。
⑦ 中国社会科学院考古研究所编：《殷周金文集成（修订增补本）》第一册，中华书局2007年版，第281页。

太师小子师望曰：……望肇帅型皇考，虔夙夜出入王命。（师望鼎，《集成》02812）①

叔向父禹曰：余小子嗣朕皇考，肇帅型先文祖，恭明德，秉威仪。（叔向禹父簋，《集成》04242）②

番生不敢弗帅型皇祖考丕丕元德。（番生簋盖，《集成》04326）③

相较于西周青铜器铭文中的道德训诫，箴规类器物铭的训诫内容不再局限于治国、理家，而是出现了大量与修身、处世相关的内容。许兆昌、李大鸣在讨论《武王践阼》篇武王勒铭自戒一段时曾经指出，其中有些铭文的内容"不能说与治国为政完全无关，但大多数内容主要体现的是个体修身的意义"④。此种现象恰恰提示了箴规类器物铭制作和流行的时代背景。

晁福林认为，"春秋以降，则个人的位置渐渐凸显，个人在发展中除了先祖的荫庇之外，更重要的是个人的才能与奋斗，所以个人要知晓处世做人的道理和知识，浓缩这些道理和知识的格言、警句，越来越受到人们的青睐，书铭而自我警戒，遂成社会习尚。"⑤ 从另一个角度来说，春秋战国时期宗法封建制的解体以及社会流动性的增加，促使新兴知识阶层重新建构伦理道德规范，通过占据道德制高点的方法，来提升本阶层的社会地位，界定本阶层的特殊身份。《墨子·尚贤上》曰："况又有贤良之士，厚乎德行，辩乎言谈，博乎道术者乎，此固国家之珍而社稷之佐也，亦必且富之、贵之、敬之、誉之，然后国之良士亦将可得而众也。"⑥《孟子·尽心上》曰："古之人得志，泽加于民；不得

---

① 中国社会科学院考古研究所编：《殷周金文集成（修订增补本）》第二册，中华书局2007年版，第1481页。
② 中国社会科学院考古研究所编：《殷周金文集成（修订增补本）》第三册，中华书局2007年版，第2458页。
③ 中国社会科学院考古研究所编：《殷周金文集成（修订增补本）》第四册，中华书局2007年版，第2708页。
④ 许兆昌、李大鸣：《试论〈武王践阼〉的文本流变》，《古代文明》2015年第2期。
⑤ 晁福林：《从上博简〈武王践阼〉看战国时期的古史编撰》，《史学理论研究》2011年第1期。
⑥ （清）孙诒让：《墨子间诂》，中华书局2001年版，第44页。

志，修身见于世。穷则独善其身，达则兼善天下。"① 由此可见，修身立德既是新兴知识阶层向上流动、博取富贵的阶梯，也是他们放弃与政权合作后仍能保持其独立性的精神支柱。箴规类器物铭所反映的正是这种时代精神。

四　东周箴规类器物铭同"语"类文献及口头文本的交流

东周箴规类器物铭与同时期以写本形式流传的"语"类文献存在密切关系。仍以前述《武王践阼》篇为例，其中记载武王盥盘之铭曰："与其溺于人也，宁溺于渊；溺于渊犹可游也，溺于人不可救也。"② 盥盘是水器，故铭文借其实用功能引发联想，从而得出溺于谗臣比溺水更加可怖的训诫。但是，《太平御览·器物部》引《大戴礼》曰："随武子盘之铭曰：与其溺于人也，宁溺于渊。"③ 相近文句又见于中山王壶铭文："呜呼，语不废哉！寡人闻之：蔓其汋于人也，宁汋于渊。"④ 壶铭在征引这段文字时称之为"语"。

据学者研究，先秦时期语类文献的文体形态可分为格言体、对话体、事语体三个类型，⑤ 中山王䏇壶所引之"语"应属于其中的格言体类型，即一种富于教益、短小精悍的格言体话语。那么，"武王盥盘之铭""随武子盘之铭"与中山王䏇壶所引之"语"，三者究竟孰早孰晚？笔者认为，考虑到战国时期盛行的托古行为，它们之间未必是前后相承的线性关系，而是分享了"同一思想资源"或"社会上共同的话语资源"。⑥

格言体"语"类文献在某些传世文献中又被称作"鄙语"或

---

① 《孟子注疏》，台北：艺文印书馆影印"嘉庆二十年南昌府学重刊宋本十三经注疏"，第八册，第230页。
② 黄怀信主撰，孔德立、周海生参撰：《大戴礼记汇校集注》，三秦出版社2005年版，第657页。
③ 李昉：《太平御览》第七册，河北教育出版社1994年版，第112页。
④ 张守中撰集：《中山王䏇器文字编》，人民美术出版社2011年版，第101页。
⑤ 夏德靠：《论先秦语类文献形态的演变及其文体意义》，《学术界》2011年第3期。
⑥ 晁福林：《从上博简〈武王践阼〉看战国时期的古史编撰》，《史学理论研究》2011年第1期。

"谚",如《大戴礼记·保傅》:"鄙语曰:'不习为吏,如视已事。'又曰:'前车覆,后车诫。'"①贾谊《新书·连语》则作"周谚曰:'前车覆而后车戒。'"②"前车覆,后车诫"属于典型的格言体"语"类文献,其被称作"鄙语"或"周谚",表明了它的民间口头来源。同"语"类文献关系密切的箴规类器物铭与民间口头文本之间也存在分享共同话语资源的情况。《史记·陈涉世家》:"陈涉少时,尝与人佣耕,辍耕之垄上,怅恨久之,曰:'苟富贵,无相忘。'"③《武王践阼》篇记载武王之杖铭曰:"恶乎危?于忿疐。恶乎失道?于嗜欲。恶乎相忘?于富贵。"④杖是扶身辅行之物,所以铭文通过隐喻的方式指出,人们往往因为忿疐而陷入危险,因为嗜欲而迷失道路,人与杖相需相依,恰如患难之交不得不相呴以湿,相濡以沫,待需求消失,彼此亦将相忘于"富贵"。杖铭中的"恶乎相忘?于富贵"与陈涉慨叹的"苟富贵,无相忘"显然有关。从陈涉所属的社会阶层推测其教育背景,他未必读过《武王践阼》一类的典籍,故其垄上所叹"苟富贵,无相忘"一句很可能源自当时民间口头流传的谚语。

  古代中国写本对口头文本的吸纳与改编现象出现较早,西周金文嘏辞即为其典型代表。根据徐中舒先生的研究,西周青铜器铭文中的"嘏辞"是制器者在宗教仪式中对天或祖先神口头陈说的祈丐之辞。⑤考虑到"嘏辞"的程式化及韵文特征,其初始形态为口头文本的可能性不小。⑥不过,作为写本的"嘏辞"与作为口头文本的"祈丐之辞"之间的交流仍然属于同一社会阶层内部不同文本形式间的交流,而东周箴规类器物铭与民间俗谚、鄙语之间的交流却发生在不同社会阶层之间,其历史背景当与春秋战国时期社会流动性增加所导致的不同阶层之间思想

---

  ① 黄怀信主撰,孔德立、周海生参撰:《大戴礼记汇校集注》,三秦出版社2005年版,第368—369页。
  ② 贾谊撰,阎振益、钟夏校注:《新书校注》,中华书局2000年版,第198页。此例据夏德靠:《论先秦语类文献形态的演变及其文体意义》,第172—182页。
  ③ (汉)司马迁:《史记》,中华书局1997年版,第1949页。
  ④ 黄怀信主撰,孔德立、周海生参撰:《大戴礼记汇校集注》,三秦出版社2005年版,第659页。
  ⑤ 徐中舒:《徐中舒历史论文选辑》,中华书局1998年版,第502—564页。
  ⑥ 有关口头叙事文本的特征,见魏玮《先秦史传口头叙事的词汇表现——以韵语、语气词和方言词为中心》,《求是学刊》2018年第2期。

和文化的融合有关。

五　结语

综上所述,《礼记·大学》篇所载"汤之盘铭"属于比较典型的箴规类器物铭,其创作时代在东周时期,不会早到商代。至于该篇铭文的作者何以被附会为商汤,这与东周箴规类器物铭往往假托先代圣主、贤臣所作的现象有关。如《大戴礼记·武王践阼》所记诸铭假托周武王;《鬻子》所载"笋簴铭"则被归功于大禹;《汉书·艺文志》有《黄帝铭》六篇,另有托名黄帝史官孔甲所作的《孔甲盘盂》二十六篇。

东周箴规类器物铭具有三个特点:第一,在修辞手法方面,箴规类器物铭借助双关或隐喻,将器物的形状、功能与所要表达的道德训诫巧妙编织在一起;第二,在内容方面,箴规类器物铭的道德训诫多与个人道德修养相关;第三,箴规类器物铭与同时期的"语"类文献、口头文本有分享共同思想或话语资源的现象。从中我们可以看到东周时期人、物关系的微妙变化,考察宗法封建制解体后新兴知识阶层对于伦理道德规范的建构,以及由社会阶层流动带来的写本文献与社会下层口头文本之间的交流与融合。

(鲁鑫,天津师范大学历史文化学院讲师)

论两周之际晋国政治立场的变化及影响

李玲玲

据《史记》记载幽王死后第二年平王便在晋、郑、秦三国的护送下东迁洛邑，但《左传》和古本《竹书纪年》却显示幽王覆灭至平王东迁之间存在一段二王并立时期。二者孰是孰非，以文献不足征，一直存在争议。近因清华简《系年》的面世，为两周之际史事的重构提供了新材料，也为二王并立阶段的存在提供了新证明，使这一段尘封已久的历史渐次清晰。学者结合清华简《系年》和《左传》、古本《竹书纪年》等传世文献，对这段历史进行细致探考，普遍认为，幽王覆灭至平王东迁之间有一段二王并立和无王时期。在这段时间内周室统治发生了重大变局，其中晋、郑、秦三国起到了重要作用，尤以晋最为突出。但对晋国在这一时期的政治立场学界却一直有不同认识，或认为晋国一直是平王政权的支持者[1]，或认为晋在二王并立之初政治态度不明显，后期才有支持平王的态度转变[2]，或认为晋国最初为携王政权的支持者，后转为支持平王。[3] 本文拟就此问题进一步加以探讨，以期对两周之际的历史有更为全面的认知。

---

[1] 此为学界多数人的观点，参见李学勤《由清华简〈系年〉论〈文侯之命〉》，《扬州大学学报》（人文社会科学版）2013年第2期；杨永生《清华简〈系年〉"京师"与平王东迁》，《史学月刊》2021年第5期；杨博《由清华简郑国史料重拟两周之际编年》，《学术月刊》2021年第8期，等等。

[2] 程平山：《唐叔虞至晋武公年代事迹考》，《文史》2015年第3辑。

[3] 杜勇：《平王东迁年代与史实新探》，《中州学刊》2023年第2期。

一　晋国与西周中央政权的关系

晋国能够深刻影响两周之际的政局，它所凭借的力量何在？与东方诸侯相比有何独特之处？这是探讨晋国在两周之际政治立场和作用的首要前提。

首先，晋国的分封并非"桐叶封弟"的随意之举，而是精心布局的战略举措，其在立国之初便承担着重要职责。

晋国的封地位于戎狄环伺之处，其首要职责便是征伐和防御戎狄，巩固周王朝在晋中南地区的统治。晋地及其以北地区，商代便是戎狄聚集之地，卜辞中常见的土方、舌方、鬼方等，季历奉命所征伐的鬼戎、燕京之戎、余无之戎、始呼之戎等，也大多活动于今晋中南和陕东北黄河两岸一带。[①] 除戎人部族外，该区域作为商王朝的西境，还分布有商王朝的附庸国如卜辞中的"沚"，文献中的黎等。周文王时期，对晋中南地区的戎人部族和商附庸国大加挞伐，基本控制了该区域，但没有军队的驻扎，控制力度是有限的。因此，周公东征后封晋于此，其政治上的首要目的便是防御该区域的戎狄族群，扼控戎狄南下侵犯的通道，同时监管商人故国势力，稳定局势。

晋中南地区不仅是北方戎狄族群的南下通道，而且是关中平原经由汾河谷地进入东部地区的重要通道，在地理区位上对西周王朝至关重要。学者研究表明，晋南地区通往洛阳盆地的交通道路至少有三条。[②] 因此晋中南地区直接关系周王室的稳定和对广大东部地区的控制，从交通防御角度来看基本等同于王畿之地。此外，晋南地区有着丰富的池盐资源及中条山的铜矿，都是关乎国家经济命脉的重要资源。晋国分封于此，承担着重要的经济功能，以保障周王朝对池盐资源和铜矿资源的有

[①] 王玉哲：《鬼方考》，《古史集林》，中华书局2002年版，第289—308页；李伯谦：《从灵石旌介商墓的发现看晋陕高原青铜文化的归属》，《北京大学学报》（哲学社会科学版）1988年第2期；张映文、吕智荣：《陕西清涧县李家崖古城址发掘简报》，《考古与文物》1988年第1期。

[②] 高江涛：《洛阳盆地与晋南早期交通道路之"中条洰津道"》，《中原文物》2019年第1期；《洛阳盆地与晋南早期交通道路之"虞坂巅軨道"》，《中原文物》2019年第2期；《洛阳盆地与晋南早期交通道路之"轵关陉道"》，《中原文物》2019年第3期。

效控制。相较于东方诸侯国，晋国在晋中南地区的防控直接关系着西周王朝统治的稳定、东西国土的联通、重要资源的获取，这也决定了它在畿外诸侯中特殊的地位和作用。虽然晋南地区还分封有其他姬姓诸侯国，如《左传》僖公二十四年提到的霍、韩等，[①] 但文献对其具体情况几无所载，其地位及与周王室的关系，均远逊于晋国。

其次，晋国的军事力量最为周王室所倚重，尤其是西周晚期，双方协同关系极为密切。

从铜器铭文中关于西周中晚期周王室对外征伐的相关内容来看，西周王朝的对外征伐皆以王师为主力，地方诸侯军队的介入是有条件的，即征伐途中所经过的诸侯国或被征伐对象周边的诸侯国，需派兵协助王室军队，其他区域无关的诸侯国一般不参与。如征伐东夷和淮夷时，辅助王师的基本以东方和南方诸侯国为主。周穆王时期的班簋铭文记载穆王命毛公担任王师主帅征伐东国痛戎。痛戎，据唐兰考证，当是徐戎的别称，痛即"厌"字，读为偃，应该是徐偃王。[②] 此次征伐，毛公、吴伯、吕伯率领王室军队，以洛阳成周为中心，向东南徐偃王所在的潢川、汉东地区进攻。除以王室军队为主力外，毛公还执掌繁（今河南新蔡）、蜀（今河南长葛）、巢（今河南新野）三国政令，[③] 取得地方诸侯对王室军队的支援，征集此三国军队的原因主要在于其处于征伐途经之地，因此这些诸侯国有责任和义务协助王室军队作战。厉世柞伯鼎铭文显示，虢仲南征淮夷时，柞伯、蔡侯率自己的军队与之配合，共同作战。其中的柞国，位于今河南延津北，[④] 蔡国则位于今河南上蔡，二者地域临近，均在此次南征淮夷的途中，所以要出兵配合王师。类似的例子还有史密簋（《铭图》5327）、师寰簋（《集成》4313）等铭文中东方诸侯齐、冀、莱、僰、尸等军队配合王师共同征伐淮夷，等等。而在征伐北部和西北地区的戎狄族群时，协助王师征伐的则多为晋国之师。如《后汉书·西羌传》引古本《竹书纪年》提到宣王时期多次发生的伐戎之战，除王师之外，只有晋国："及宣王立四年，使秦仲伐戎，为

---

① 李峰：《西周的灭亡——中国早期国家的地理和政治危机》，上海古籍出版社2016年版，第94页。
② 唐兰：《西周铜器断代中的"康宫"问题》，《考古学报》1962年第1期。
③ 杜勇：《说甲骨文中的蜀国地望》，《殷都学刊》2005年第1期。
④ 朱凤瀚：《柞伯鼎与周公南征》，《文物》2006年第5期。

戎所杀……后二十七年，王遣兵伐太原戎，不克。后五年，王伐条戎、奔戎，王师败绩。后二年，晋人败北戎于汾隰，戎人灭姜侯之邑。明年，王征申戎，破之。"

从文献和有关铜器铭文记载来看，晋国不仅是配合周王室征伐西北地区的戎狄，也是王室伐东夷和淮夷的重要军事辅助力量。晋侯苏钟铭文（《铭图》15298—15313）记载有周王巡狩东国、南国时，命令晋侯苏率领晋师作为主力伐夙夷，晋侯苏获胜受赐之事。晋侯铜人铭也记载南淮夷入侵至成周伊洛河流域时，晋侯率军配合王师主力"搏戎，获厥君冢"（《近出二》968）。[①] 可见，在西周晚期的对外征伐中，晋国一直是王室军队的枝辅，这是晋与其他诸侯国最为不同的一点，在某种程度上也说明晋国对周王室的重要性有别于其他东方诸侯。

再次，从大的地理空间看，晋国所在的汾河谷地和周王室所在的渭河谷地，由于水运交通的便利，基本上连为一体，共处于一个大的地理单元。由于中条山和太行山的阻挡，汾河谷地虽与成周地区并不遥远，但因山势陡峭，东行的道路并不通畅。但与渭河谷地之间却不存在这种翻山越岭的障碍，渭水、黄河、汾水将这两个河谷地带连为一体，共同构成了一片"连续的低海拔地带"，[②] 为晋国与周王室之间提供了便利的交通条件。如《左传》僖公十三年载，当年冬天晋国发生严重饥荒向秦国求救，秦慷慨相助，"输粟于晋，自雍及绛相继，命之曰泛舟之役"。秦援助晋便是充分利用便利的水运交通，"沿渭河而东，至华阴转黄河，又东入汾河转浍河"，直接抵达晋国都城。交通上的便利，是晋国与西周王室之间保持密切关系的重要前提和保障，也是东方诸侯所不具备的。

最后，晋国本身经济实力与军事实力都比较强大，是其能够成为周王室支持者的基础。

晋之初封实力并不强大，《左传》昭公十五年晋臣籍曾说："晋居深山，戎狄之与邻，而远于王室，王灵不及，拜戎不暇。"故有学者认为，整个西周，晋国周围戎狄环伺，小国林立，实力有限，只是在两周

[①] 刘雨、严志斌：《近出殷周金文集录二编》（简称《近出二》），中华书局2010年版。
[②] 李峰：《西周的灭亡——中国早期国家的地理和政治危机》，上海古籍出版社2016年版，第90页。

之际和春秋早期时才开始吞并周边小国，逐渐发展强大起来。① 我们认为可能并非如此。周之封国在初封时都不太大，《史记·十二诸侯年表》曰："齐、晋、秦、楚，其在成周微甚，封或百里或五十里。"所谓封邦建国，只是被封的王室贵族带领自己的族人及周王分封的附属人口，前往封地就国，人口数量和实力是有限的。但因有强大的西周王室作为支撑，在或长或短的时间内都能站稳脚跟，如《史记》记载齐国"简其君臣礼，从其俗"，"五月而报政周公"；鲁国则"变其俗，革其礼"，"三年而后报政周公"。当时周公曾断言："鲁后世其北面事齐矣。"说明诸侯国的发展还是要靠后期的经营与治理，与初封时的状况关系不大。当时人少地广，诸侯国都邑附近可供开发的无主之地比较多，所以各诸侯国可以开疆扩土，灭掉周边地区小的土著部族，开垦无主荒地，从而拓展自己的疆域和势力。这是造成西周晚期各诸侯国实力差异的重要原因之一。晋国虽然深处戎狄环伺之处，但同时也为其攘除周边戎狄势力，开疆扩土，提供了有利条件和广阔空间。

考古资料显示晋国所在的晋中南地区分布着较多的西周文化遗存，整体文化面貌与宗周地区一致，属于周文化。学者结合文献记载的该区域封国，认为这种现象显示的可能是该区域"几乎完全为周王室后裔所建立的封国所瓜分"②。但在具体的文化特征上，如以晋侯墓地显示的晋文化为参照，其周边地区发现的西周墓地与西周遗存在文化特征上与晋国的文化面貌更为接近，基本属于晋文化范畴，③ 因此，也有可能是晋国卿大夫的采邑或附庸。④ 如此推测不错，则说明晋国在西周长期的发展中已经成为晋南地区的核心和领导力量。此外，晋国的经济实力和军事力量最直接的体现是天马曲村晋侯墓地出土的大量青铜重器与殉葬车马坑。青铜重器和玉器等遗物彰显着晋国发达的手工业技术和雄厚的财力；而成规模的车马坑则体现着晋国军事力量的强大。晋侯墓地一号车马坑是目前发掘的西周时期最大的车马坑，也是我国先秦时期殉葬车

---

① 陈康：《论晋国早期都城和疆域》，《中国史研究》2021年第4期。
② 李峰：《西周的灭亡——中国早期国家的地理和政治危机》，上海古籍出版社2016年版，第94页。
③ 张素琳：《晋南地区西周墓葬初探》，《中国历史博物馆馆刊》1998年第1期。
④ 张天恩：《晋南已发现的西周国族新析》，《考古与文物》2010年第1期；田伟：《由新见材料再论绛县横水、翼城大河口墓地的性质》，《故宫博物院院刊》2022年第8期。

最多的车马坑，形成了一个庞大的车马战阵。另外，战车中还发现几辆车舆带青铜甲片的车辆，铜甲片类似铠甲，被称为"装甲车"，是同时代唯一发现的装甲车，也是目前我国发现的装甲车里最早的实物。① 晋侯墓地发现的各种类型的战车及先进的装甲车，说明晋国军事力量的强大及所拥有的丰富的阵战经验。这与文献记载中晋作为周王室对外征伐的主要辅助者的地位也是一致的。

由上述分析可以看出，与其他诸侯国相比，晋国与西周王室的关系更为密切，一直是西周中央政权的重要支持者，因此，当周王室发生变故后，首要的求助对象应该是具有强大实力，与中央王朝关系密切，交通又方便的晋国。正如周厉王时期，国人暴动后，厉王出奔晋南地区的彘地（今山西霍州东北），其目的同样可能是出于寻求晋国支持。而幽王被灭后，在王室大臣、国家建制依然存在的情况下，幸存的以虢公翰为首的王朝大臣退守虢地，其求助的首选对象必然也是晋国，而非远在东部地区交通不便的东方诸侯。也只有晋国才有实力与申、曾及西戎联军抗衡，能在最快的时间给予幸存的西周中央政权以有效的支持。

二　晋文侯对"二王并立"政治立场的转变

从清华简《系年》、古本《竹书纪年》《左传》等文献反映的情况看，幽王覆灭后出现了携王政权与平王政权的并立及无王九年的局面。对此学者有过诸多讨论，虽然对二王并立的时间、无王九年的起始点有不同见解，但基本认可二王并立和无王九年事实的存在。如李学勤先生认为周无王九年从幽王覆灭算起，晋文侯于平王十二年助其东迁，九年后杀携王，巩固平王政权。② 朱凤瀚先生则认为周无王九年是携王被杀

---

① 山西省考古研究所、北京大学考古文博学院：《山西北赵晋侯墓地一号车马坑发掘简报》，《文物》2010年第2期；王瑞华：《小议西周晋侯装甲战车》，《文化产业》2020年第5期。
② 参见李学勤《由清华简〈系年〉论〈文侯之命〉》，《扬州大学学报》（人文社会科学版）2013年第2期。此观点得到不少学者赞同，见徐少华《清华简〈系年〉"周亡（无）王九年"浅议》，《吉林大学社会科学学报》2016年第4期；代生《清华简〈系年〉所见两周之际史事说》，《学术界》2014年第11期，等等。

后的九年，是平王二十三年东迁，但携王平王二王并立的时间只有十一年，《系年》中的"二十一年"是晋文侯纪年。① 刘国忠先生认为，幽王覆灭后携王被立，立二十一年后被晋文侯所杀，之后出现无王九年的局面，后晋文公迎立平王，三年后东迁，即平王东迁的时间在平王三十四年。② 上述三种观点是目前关于两周之际史实和年代的代表性意见，前两种观点虽然都照顾到《史记》中所载晋文侯、郑武公在位年代下限与平王东迁时间的一致性，但与清华简《系年》简文的语序、文意都有出入，第三种观点遵循简文文意，敢于冲破《史记》旧有年代体系的迷障，但对其与《史记》年代体系的冲突未能提出解决方案，令人欲信还疑。

杜勇先生对两周之际相关事实和纪年问题进行了全面考订，认为《史记》关于晋文侯、郑武公、秦襄公的在位年代记载有误，校正后的三君在位年代如下：晋文侯即位当周平王元年（前770），卒于平王三十五年（前736）；郑武公元年当平王十一年，尽平王三十七年（前734）；秦襄公在位52年，其卒年当在平王东迁后十二年，即平王四十五年（前726）。三君在位的年代下限均在平王三十四年之后，与清华简《系年》所示平王三十四年（前737）东迁洛邑并无冲突。③ 这一解释重构了两周之际的王室和诸侯国纪年体系，比较合理地解决了《史记》与清华简《系年》中史事和年代相抵牾的问题。由此可以厘清相关史事及时间序列，即：幽王覆灭后，携王政权与平王政权并立二十一年；之后晋文侯杀掉携王，出现九年的无王时期；晋文侯迎立平王于少鄂，南北两个政权合流，三年后辅佐平王东迁，平王东迁的时间在平王三十四年（前737）。此可作为我们探讨晋国政治立场的基础和前提。

为便于分析，先将清华简《系年》和古本《竹书纪年》有关两周之际史实的记载胪列于下：

---

① 朱凤瀚：《清华简〈系年〉"周亡王九年"再议》，《吉林大学社会科学学报》2016年第4期。

② 参见刘国忠《从清华简〈系年〉看平王东迁的相关史实》，陈致主编《简帛·经典·古史》，上海古籍出版社2013年版，第173—179页。此说遵循简文文意，也多有学者支持。见王晖《春秋早期周王室王位世系变局考异——兼说清华简〈系年〉"周无王九年"》，《人文杂志》2013年第5期；程平山《两周之际"二王并立"历史再解读》，《历史研究》2015年第6期等。

③ 杜勇：《平王东迁年代与史事新探》，《中州学刊》2023年第2期。

清华简《系年》云："幽王及伯盘乃灭，周乃亡。邦君诸正乃立幽王之弟余臣于虢，是携惠王。立二十又一年，晋文侯仇乃杀惠王于虢。周亡王九年，邦君诸侯焉始不朝于周。晋文侯乃逆平王于少鄂，立之于京师。三年，乃东徙，止于成周。"①

古本《竹书纪年》云："平王奔西申，而立伯盘以为大子，与幽王俱死于戏。先是，申侯、鲁[曾]侯及许文公立平王于申，以本大子，故称天王。幽王既死，而虢公翰又立王子余臣于携，周二王并立。二十一年，携王为晋文公[侯]所杀。以本非适，故称携王。"束皙云："案《左传》携王奸命，旧说携王为伯服，伯服古文作伯盘，非携王。"伯服立为王积年，诸侯始废之而立平王。其事或当然。②

从文献内容看，晋文侯在位后期杀携王立平王，并辅助平王东迁是很明确的，故学者多据此认为晋文侯是平王政权的支持者。但晋是否有政治立场的转变，必须要考察其与携王政权的关系。从上文晋国与西周中央政权的关系看，晋国一直是西周中央政权的重要支持者。而携王政权是否代表幽王覆灭后的中央政权，就成为判断晋国政治立场的关键。

从清华简和古本《竹书纪年》的叙事视角分析，携王政权应该是幽王覆灭后中央政权的代表。清华简《系年》是战国楚简，是以楚人的视角所记载两周之际史实。清华简《系年》记载幽王覆灭后的史事，只提及邦君诸正立携王之事，对申、曾立平王之事并无涉及，晋文侯迎立平王是在杀携王，周无王九年之后才发生的，故有学者甚至怀疑平王即位在幽王辞世30年以后，当时可能没有出现"二王并立"局面。③但申曾立平王，与携王政权并立之事又明确见载于古本《竹书纪年》，这种差异性的出现该与撰写者的视角有关。楚国与周王朝的关系与其

---

① 清华大学出土文献研究与保护中心编，李学勤主编：《清华大学藏战国竹简》（二），中西书局2011年版，第138页。
② （清）阮元校刻：《十三经注疏·春秋左传正义》，中华书局2009年版，第4591—4592页。
③ 刘国忠：《从清华简〈系年〉看周平王东迁的相关史实》，陈致主编：《简帛·经典·古史》，上海古籍出版社2013年版，第173—180页。

他中原诸侯国不同，更多的是一种名义上的附庸，尤其是春秋战国以后，更是长期与中原诸侯抗衡争霸。因此，其对西周王朝的记载应该是以当时的中央政权为主体，不会考虑其他忌讳问题。幽王死后，周王室并未随之灭亡，中央政权和基本建制依然存在，邦君诸正另立携王继续维持王室统治，携王政权所代表的即是中央政权。所以在楚人的历史叙事中，只有携王政权而没有申曾集团建立的平王政权。申曾集团引犬戎入京导致京师失陷，幽王丧命，是一种反叛王室的行为，不可能得到朝臣和诸侯的认可。但古本《竹书纪年》是魏国史书，是从晋国分化而出的姬姓诸侯，其对西周史实的描述，应有所顾忌，毕竟是平王最后延续周室正统，所以在古本《竹书纪年》的记事体系中，先提平王政权的建立，后接携王政权，对王位继统的合法性表现出明显的先嫡后庶倾向。所以，从叙史者这一视角来看，楚人的记载应是相对客观，也代表了相对中立者对携王政权和平王政权的态度。这种视角差异从两种文献对两个政权拥立者的描述也有体现。清华简《系年》中携王政权的拥立者为"邦君诸正"，携王被杀后"邦君诸侯焉始不朝"，这种表述明显是站在天下全局的角度。但古本《竹书纪年》则不同，其平王的拥立者为"申侯、鲁（曾）侯及许文公"，携王的拥立者为"虢公翰"等朝臣，其视角明显是王朝建制之内，与《系年》的叙述风格完全不同。因此，相比之下，清华简《系年》的叙事更为客观可信。

从携王的拥立者来看，相比平王政权，携王政权应该是得到众多封君诸侯认可的。清华简《系年》记载携王政权的拥立者为"邦君诸正"。所谓"邦君诸正"，是指畿内封君出任王官者，大都是幽王朝廷的执政大臣。这与古本《竹书纪年》中虢公翰立携王是一致的。幽王时期的执政大臣为虢石父，《吕氏春秋·当染》称其为"虢公鼓"，因此虢公翰可能是下一代的虢君，[①] 仍担任执政大臣之职。王朝的执政大臣在非常时期如国无君主或发生动乱暴乱等情况下，有重新拥立君主或组成合议制政府共同维护中央政权有序运行的权力和责任。如厉王时期的国人暴动，厉王被赶走后，畿内诸侯共伯和以三公首席执政的身份，

---

① 李学勤：《由清华简〈系年〉论〈文侯之命〉》，《扬州大学学报》（人文社会科学版）2013年第2期。

会同召公、周公执掌王室大政,以共伯和的名义发布国家政令,以共和作为年号,组成贵族合议制政府,维持中央政权的运行。①厉王出奔后,"太子静长于召公家",及至厉王死后,周公召公"乃共立之为王,是为宣王"②。可见,王朝执政大臣有权力拥立继承制度之内的合法继承人,以维护中央政权的有序运行。幽王被杀时,可能会有一些随行官员一起遇难,但不可能全员覆没,劫后余生的公卿大臣逃往虢地,在虢公翰的带领下重建中央政权,择立新主,维持国家正常运行,是合乎当时制度的。而且,下文还提到"周亡王九年,邦君诸侯焉始不朝于周",此处的"邦君诸侯"与前文的"邦君诸正"是有区别的,涉及朝觐则主要指的是畿外诸侯。这说明携王在位时,携王政权是受到诸侯认可并受到朝觐的。只是携王被杀以后,国无君主,才逐渐失去凝聚力和威信,导致诸侯不朝。

此外,从携王谥"惠"可知,其正统地位是得到认可的。关于携王,传世文献中未见有谥号,清华简《系年》则称其为"携惠王",此"惠"当是携王被杀后的谥号"惠"。谥法称"柔质受课(谏)曰惠"③,"慈仁好与曰惠,柔质慈仁曰惠,柔质受谏曰惠"④。以"惠"为谥,说明携王在位时为人仁慈,甚或生性柔弱,这种性格在乱世之中只能受制于他人,难以控制局面,可能也是其最终被晋文侯杀掉的原因之一。所谓"杀携王"的具体过程不明,或许只是楚人归罪于晋文侯亦未可知。而谥号的存在,从一个侧面也反映了携王继统的合法性。另外,只有清华简《系年》提到携王谥号,也再次印证了上文提出的叙事视角的差异。

故此,幽王覆灭后,由邦君诸正拥立的携王政权应该是得到认可并受诸侯朝觐的周朝中央政权的代表,并非有学者所认为的当时携王政权和平王政权都未得到认可。⑤幽王死后,东逃的公卿大臣首要的求助对

---

① 杜勇:《西周"共和行政"历史真相新探》,《人文杂志》2019年第5期。
② (汉)司马迁:《史记·周本纪》,中华书局1982年版,第144页。
③ 黄怀信、张懋镕、田旭东撰:《逸周书汇校集注》(修订本),上海古籍出版社2007年版,第665页。
④ 王溥:《唐会要》卷79《谥法上》,上海古籍出版社1991年版,第1727页。
⑤ 李学勤:《由清华简〈系年〉论〈文侯之命〉》,《扬州大学学报》(人文社会科学版)2013年第2期。

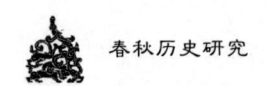

象自然是长期与周中央王朝保持密切关系，且有强大实力，与关中地区距离最近且交通便利的晋国，而晋国同样给予了携王政权以支持和辅助，并且成为携王政权的实际掌控者，这从晋文侯杀携王一事也可略窥一斑。

晋文侯能以诸侯身份杀掉君主，只能是因为晋文侯是携王政权的实际掌控者，其与朝中大臣达成一定协议，在朝堂内部发生政变，就如同国人暴动一样，是都城内的贵族和民众发生暴乱，赶走国君，如此才能解释晋文侯能够轻易杀掉携王一事。如果晋文侯一直支持平王或处于中立状态，仅以畿外诸侯的身份怎么可能轻易诛杀中央政权设立的正式君主呢？果如此，这等于又是一次覆灭王朝的谋逆之举，势必会引起政局大乱。而且如果晋文侯支持平王政权，杀携王后完全可以直接迎立平王，不可能再出现"无王九年"的局面。"无王九年"类似于"共和行政"，应该是以晋文侯为首，联合其他王朝大臣共同执政，维持国家运转。但国无君主，晋文侯和朝中大臣不可能替代君主的位置，所以长此以往，诸侯离心不朝。故在此态势下，晋文侯只能与平王政权达成协议，迎立平王。至于其为何只能与平王政权达成一致，可能与王室除平王之外余无其他继承者有关。但凡还有其他继承者可立，当不至于出现"无王九年"的局面以及迎立平王之举。

晋文侯杀殇叔，稳定晋国政权后，接着参与了代表中央政权的携王朝廷事务，成为携王政权的实际支持者。从文献记载看，二王并立期间，东方诸侯大国基本没有介入国事，虽有朝觐携王之举，那只是一种礼仪性的政治支持。如果没有实力强大的晋国支持，仅靠作为朝廷王官的畿内封君，在经济与军事方面无法与姜姓诸侯集团支持的平王政权抗衡二十一年之久。或许是因为携王生性仁惠缺乏魄力，难以结束乱世局面，或许还有其他未知原因，致使晋文侯杀携王。携王被杀后因缺乏合法的王位继承人，以致出现无王九年的局面。在这种情况下，为维系王室的统治，晋文侯不得已改变政治立场，与平王政权妥协，成为拥立平王继位的头等功臣。由此可见，晋文侯以畿外诸侯的身份直接干预王位嗣立，可谓是左右两周之际政局的核心和关键力量。

三 晋文侯"夹辅平王"对东周政局的影响

晋文侯拥立平王，助力平王东迁，不仅得到周平王的嘉奖，而且在后世文献中一直被作为稳定周人统治的首功之臣而受到赞扬，称其"股肱周室，夹辅平王""定天子"。从出发点来看，晋文侯不管是其早期助力携王政权，还是后期改变立场，迎立平王，其本意在于尽忠职守，维护周王室既有的政治秩序，延续周王室的统治。但客观上，晋文侯以畿外诸侯的身份，直接干涉朝政，决定王位嗣立，严重破坏了周代延续已久的内外分职制度。其僭越之举，对东周王室地位衰落，诸侯争霸，政由方伯，挟天子以令诸侯等混乱局面的形成，都产生了的重要影响。

晋文侯稳固周王室统治的功绩，文献多有记载。《左传》隐公六年载："周桓公言于王曰：'我周之东迁，晋、郑焉依。'"《国语·郑语》曰："晋文侯于是乎定天子。"清华简《系年》记载："晋文侯乃逆坪（平）王于少鄂，立之于京师。三年，乃东徙，止于成周。晋人焉始启于京师。"《吕氏春秋》曰："平王所以东徙也，秦襄、晋文之所以劳王劳而赐地也。"正是因为晋文侯在关键时刻改变政治立场，迎立平王并辅助其东迁，使平王最终能够回归正统，重新接续西周文明。所以平王东迁后，晋文侯返归晋国，《尚书·文侯之命》记平王嘉奖晋文侯，称"汝多修，扞我于艰，若汝，予嘉"。关于《文侯之命》的性质，《书序》称为平王赐晋文侯之作，《史记·晋世家》则记作襄王命晋文公。随着清华简《系年》的出土，学者结合传统文献对《文侯之命》重新进行考证，认为其中所用的语言为西周金文常用语，所述史实与两周之际晋文侯助力平王之事在时代和内容上都是吻合的，[①] 因此《史记》将其归于晋文公是错误的，应从《书序》为平王赐晋文侯所作。晋文侯对东周可谓有开创之功，清华简《系年》论及平王东迁之结果时提到"晋人焉始启于京师，郑武公亦政（正）东方之诸侯"，即晋与共同助

[①] 李学勤：《由清华简〈系年〉论〈文侯之命〉》，《扬州大学学报》（人文社会科学版）2013年第2期。

力平王东迁有功的郑国，自此后地位迅速上升。

晋文侯迎立平王，助力东迁，挽狂澜于既倒，功不可没。但晋文侯在两周之际杀携王立平王之举，在当时带来的负面影响却鲜有学者论及。西周时期，畿内封君与畿外诸侯有着比较严格的职责划分。[①] 畿内封君多出任王官，组成各级行政管理机构，协助周王处理政务，对国家实施全面的管理和统治。畿外诸侯则为地方行政机构，为政一方，管理自己诸侯国内的各项事务，政治、经济和军事上有一定的独立性，其国君未继任之前或可出任王官加以历练，但继任国君后就不会再出任王官，参与王室政务，更不要说对王位擅行废立。即使周天子拥有支配诸侯嗣立的权力，也很少使用。如夷王时，齐哀公荒淫田游，严重违背礼制，夷王"三年，致诸侯，烹齐哀公于鼎"[②]，"而立其弟静，是为胡公"[③]。宣王时，因爱鲁武公少子戏，提出废长立少，让戏继承鲁国君位。这是周天子对诸侯国君主嗣立的干涉，因其违背嫡长子继承制度而造成严重后果，致使齐国、鲁国发生君位争夺与长期动荡不安。天子尚且如此，诸侯国君干涉王位嗣立，就更是严重违背礼制的僭越行为。周代畿外诸侯没有权力介入王位嗣立，而晋文侯却首开先例。

幽王时期的废嫡立庶对西周嫡长子继承制度造成了根本性破坏，是周王自毁制度，导致诸侯反叛，王室动荡，整个国家陷入失序状态。申曾联合西戎攻周，不是诸侯可以合法干预王位的嗣立，而是一种反叛行为。这种情况下其他诸侯国有责任和义务勤王，但这种勤王的职责应该是限于出兵打击叛军，维护中央政权的稳定而已，不应该有干涉王位之举。晋文侯帮助携王政权的重建是应该的，但其杀携王立平王，则明显是破坏制度的僭越之举，从而成为东周时期诸侯争霸，挟天子以令诸侯的先声。此后，王室权威不断受到挑战，地位日益下降，被王朝卿士、诸侯国挟制成为常有之事。平王晚期，就出现了"周郑交质"事件，这在西周王权强大的时候是不可想象的。

晋文侯干涉王位之举不仅导致周王室权威下降，对诸侯大国的依赖性增强，引发了诸侯国的争霸之心和兼并之举，而且对晋国本身也带来

[①] 杜勇：《西周"共和行政"历史真相新探》，《人文杂志》2019年第5期。
[②] 《史记·周本纪》正义引《竹书纪年》，中华书局1982年版，第141页。
[③] 《史记·齐太公世家》，中华书局1982年版，第1481页。

负面影响。晋文侯之后,晋国内部在君位继承上也发生严重动荡,小宗和大宗之间斗争不断。《史记·晋世家》记晋昭侯七年,"晋大臣潘父弑其君昭侯,而迎曲沃桓叔……桓叔败,还归曲沃。晋人共立昭侯子平为君,是为孝侯"。到"孝侯十五年",曲沃庄伯伐翼,弑孝侯。晋人立其弟鄂侯。晋国内部发生的臣弑君,小宗攻伐大宗的事件,某种程度上也受到晋文侯干涉王政的恶劣影响。

综上所述,晋国是两周之际王室政局变化的决定性力量。正是由于晋文侯的支持,幽王覆灭后由王室执政大臣拥立的携王政权才能与申曾拥立的平王政权抗衡二十一年之久。随着政局的变换,携王既不能灭平王政权实现国家的统一,又不能消除戎祸安定民生,于是晋文侯杀携王,以合议制政府的形式维持中央政权运转。但国无君王,势必会影响国家的凝聚力,导致诸侯离心。为了维护周王室的统治,晋文侯与平王政权达成协议,迎立平王,助其东迁。后世文献对晋文侯襄助携王政权之事不置一词,而是着力讴歌其藩屏周室,辅助平王的功绩,与平王回归正统之后,贯通纪年,抹杀早期与携王政权并立时期的非正统性质有关。随着平王正统地位的确立,曾经取得合法地位的携王政权被完全抹杀,只落得"携王奸命"的诬名,而迎立平王具有首功的晋文侯自不会再与携王政权有所瓜葛,而是重点突出其杀携王立平王之功。晋文侯确实对周代文明的延续和东周国家的开创立下大功,但他以畿外诸侯身份干预朝政,擅行王位废立,严重破坏了西周王朝的政治制度,激发了诸侯争霸的政治野心,埋下了东周时期王权迭落,诸侯力政,政由方伯的祸根。这种不利影响也是不能忽略的。

(李玲玲,河南省社会科学院中原文化研究杂志社副研究员)

鬼方后裔"赤狄说"疑义兼论"廧咎如"

常雅楠

近代王国维认为"其见于商周间者曰鬼方,曰混夷,曰獯鬻。其在宗周之季,则曰玁狁。入春秋后,则始谓之戎,继号曰狄。战国以降,又称之曰胡,曰匈奴。"[①] 其中隗姓狄人及鬼方后裔的论述,[②] 尤其吸引后来学者的关注,即学界往往将赤狄视为春秋时期鬼方后裔,[③] 众口一词几成定谳,然而仔细考察赤狄即鬼方后裔这一观点的相关证据,不免让人产生些许疑义。笔者在对族姓、地域和盂伐鬼方后的族群规模分析以后,可知春秋时期的廧咎如实乃鬼方遗裔。

[①] 王国维:《鬼方昆夷玁狁考》载《观堂集林》卷13,中华书局1959年版,第583页。
[②] "此隗国者,殆指晋之西北诸侯,即唐叔所受之'怀姓九宗'。春秋隗姓,诸狄之祖也。原其国姓之名,皆出于古之畏方,可得而征论也。案:《春秋左传》凡狄女称'隗氏',而见于古金文中则皆作'媿'。经典所以作隗字者,凡女姓之字,金文皆从女作,而先秦以后所写经传,往往省去女旁。……然则媿字依晚周省字之例,自当作'鬼'。"见王国维《鬼方昆夷玁狁考》,载氏著《观堂集林》,中华书局1959年版,第590页。
[③] "春秋时代的赤狄即殷代的鬼方。"见陈梦家《殷虚卜辞综述》,中华书局1988年版,第276页;"伐鬼戎曰俘翟王,知春秋之赤狄隗姓,亦即鬼方,则鬼戎固名狄也。"蒙文通:《周秦少数民族研究》,龙门联合书局1958年版,第102页;"春秋时的赤狄(翟)是隗姓,当即鬼方的遗族。"唐兰:《西周青铜器铭文分代史征》(上),上海古籍出版社2016年版,第193页;"春秋时隗姓之赤狄为鬼方后。"见王玉哲《中华远古史》,上海人民出版社2000年版,第378页;"赤狄隗姓(经典作隗,从阜与从土同意,示其为穴居之人)乃鬼方氏之后。"见徐中舒《西周史论述》(上),《四川大学学报》1979年第3期;隗姓为鬼方之姓,赤狄隗姓说明与鬼方有渊源关系。见王钟翰《中国民族史》,中国社会科学出版社1994年版,第134页;"鬼方是春秋战国时期'赤狄'族群的祖先",见宋亦箫《鬼方种族考》,《晋阳学刊》2008年第4期;"鬼方民族史赤狄民族的直接来源",见何海斌《试论春秋时期太行山区赤狄民族的历史渊源》,《长治学院学报》2010年第1期等。

一　鬼方与赤狄同为隗姓的质疑

小盂鼎铭文"□越伯□□鬼闻，鬼闻虘以新□从"，古代诸侯国君都以国为氏，鬼方之君名闻，故称"鬼闻"。① 唐兰认为"此处所说鬼闻，疑是鬼方（隗）氏之名闻的人"②，"鬼"乃鬼方的族名、国名，其国君也以鬼为姓。《大戴礼·帝系》载："陆终氏娶于鬼方氏，鬼方氏之妹，谓僓氏。"③"媿""隗"与"鬼"，音同形近相通，"僓""嬇"为其同音之变，④"隤、隗、媿、怀都是鬼姓。鬼方实为媿姓方国。"⑤故鬼方之族为鬼姓无疑。

（一）赤狄集团成员考证

赤狄之称，传世文献中最早见于古本《竹书纪年》献公十七年（前660）载："卫懿公及赤翟战于洞泽。"《春秋》则最早见于宣公三年（前606）。欲探究赤狄的姓氏，必须首先弄清楚赤狄集团的成员。顾栋高《赤狄白狄论》说："赤狄之种有六：曰东山皋落氏、曰廧咎如、曰潞氏、曰甲氏、曰留吁、曰铎辰。"⑥ 这一说法被较多学者所采纳。⑦ 吕思勉曾对史籍考查认为"以《春秋》《左传》，于潞氏、甲氏、留吁、铎辰，皆明言为赤狄，于廧咎如则不言也"⑧。杨伯峻《春秋左传注》说："赤狄部落甚多，如潞氏、甲氏、留吁、铎辰之属。"⑨ 清华

---

① 李学勤：《小盂鼎与西周制度》，《历史研究》1987年第5期。
② 唐兰：《西周青铜器铭文分代史征》（上），上海古籍出版社2016年版，第194页。
③ 王聘珍撰，王文锦点校：《大戴礼记解诂》，中华书局1983年版，第127页。
④ 王国维：《鬼方昆夷玁狁考》，载氏著《观堂集林》，中华书局1959年版，第591—592页。
⑤ 陈梦家：《殷虚卜辞综述》，中华书局1988年版，第275页。
⑥ （清）顾栋高辑，吴树平、李解民点校：《春秋大事表》，中华书局1993年版，第2195页。
⑦ 马长寿：《北狄与匈奴》，生活·读书·新知三联书店1962年版，第5页；舒大刚：《春秋少数民族分布研究》，文津出版社1994年版，第26页；段连勤：《北狄族与中山国》，广西师范大学出版社2007年版，第18—20页；周伟洲、王欣主编：《丝绸之路辞典》，陕西人民出版社2018年版，第359—360页；杨宽：《西周史》，上海人民出版社2019年版，第627页；等等。
⑧ 吕思勉：《中国民族史》，东方出版社1996年版，第63页。
⑨ 杨伯峻编著：《春秋左传注》（修订本），中华书局2009年版，第814页。

简《系年》有"赤翟王峊虎"①的记载,"峊虎"即为"留吁"。②可见潞氏、甲氏、留吁、铎辰为赤狄集团成员无疑。李孟存、李尚师认为东山皋落氏解体分成五部,潞氏、甲氏、留吁、铎辰、廧咎如,③但未见有证据提出。《十三经注疏》云:"此族(皋落)之人狄之渠帅也。"④皋落氏是否曾是赤狄首领,现难以考证。皋落氏《左传》不言为赤狄。只有杜预注云:"赤狄别种也,皋落其氏族。"皋落氏的居地有三说,分别为今山西垣曲、长治、昔阳。⑤此三地均在晋东。赤狄潞氏在山西潞城,⑥古今学者均无异辞。那么,皋落氏距赤狄潞氏居地不远,"潞氏而疆域之广亘千有余里"⑦。赤狄占地如此广大,皋落氏概为赤狄潞氏附属成员。

根据《春秋》与《左传》分析,廧咎如并非赤狄集团成员。廧咎如之名,在《左传》中共出现两次分别为:

《左传》僖公二十三年(前637年)载:"狄人伐廧咎如,获其二女:叔隗、季隗。"

---

① 清华大学出土文献研究与保护中心编,李学勤主编:《清华大学藏战国竹简》(贰),中西书局2011年版,第144页;本文所用释文用宽式以便利行文,且下文引用《系年》释文不再一一注明。
② 华东师范大学读书会:《读〈清华大学藏战国竹简(贰)·系年版〉书后(二)》,简帛网,http://m.bsm.org.cn/,2011年12月30日;苏建洲、吴雯雯、赖怡璇:《清华二〈系年版〉集解》,万卷楼图书股份公司2013年版,第234—235页;李松儒:《清华简〈系年版〉集释》,中西书局2015年版,第102页。
③ 李孟存、李尚师:《晋国史》,三晋出版社2015年版,第465页。
④ (清)阮元校刻:《十三经注疏》,中华书局2009年版,第3881页。
⑤ 舒大刚、段连勤等对三地均有讨论。舒大刚:《春秋少数民族分布研究》,文津出版社1994年版,第28—29页;段连勤:《北狄族与中山国》,广西师范大学出版社2007年版,第25—27页。
⑥ (清)顾栋高辑,吴树平、李解民点校:《春秋大事表》,中华书局1993年版,第514页;(清)刘沅著,谭继和、祁和辉笺解:《十三经恒解》,巴蜀书社2016年版,第192页;(宋)王应麟著,傅林祥点校:《通鉴地理通释》,中华书局2013年版,第165页;顾祖禹撰,贺次均、施和金点校:《读书方舆纪要》,中华书局2005年版,第22页;蒙文通:《周秦少数民族研究》,龙门联合书局1958年版,第77页;杨伯峻编著:《春秋左传注》(修订本),中华书局2009年版,第758页;段连勤:《北狄族与中山国》,广西师范大学出版社2007年版,第18—20页;舒大刚:《春秋少数民族分布研究》,文津出版社1994年版,第30页;等等。
⑦ (清)顾栋高辑,吴树平、李解民点校:《春秋大事表》,中华书局1993年版,第2170页。

《左传》成公三年（前582）载："晋郤克、卫孙良夫伐廧咎如，讨赤狄之余焉。廧咎如溃，上失民也。"

《史记》中廧咎如的记载也源自《左传》，后代文献及有关研究也基于此两条记载而展开。"讨赤狄之余焉"杜预注曰："廧咎如，赤狄别种。潞氏余民散入廧咎如，故讨之。"杨伯峻《春秋左传注》则认为："赤狄部落甚多……先后皆为晋所灭，所余唯廧咎如，故云'讨赤狄之余'。孔疏引刘炫说及惠栋补注，释均如此。"[①] 《春秋》与《左传》并未明言廧咎如为赤狄，而杜预与杨伯峻对"讨赤狄之余"的理解存在分歧。若按杜说晋、卫伐廧咎如目的是为讨伐赤狄潞氏逃入廧咎如的余民，而杨说认为廧咎如即为赤狄余民。《左传》中"之余"二字连称的还有以下五处，细考之以正其意。

《左传》僖公十五年："其卦遇蛊䷑，曰：'千乘三去，三去之余，获其雄狐。'夫狐蛊，必其君也。"

《左传》僖公二十二年："古之为军也，不以阻隘也。寡人虽亡国之余，不鼓不成列。"

《左传》僖公二十三年："其波及晋国者，君之余也；其何以报君？"

《左传》宣公十二年："晋之余师不能军，宵济，亦终夜有声。"

《左传》昭公十二年："楚子谓成虎，若敖之余也，遂杀之。"

"三去之余"指三次以后，"亡国之余"为商朝亡国余民，"君之余"意为剩余，"晋之余师"指剩余的军队，"若敖之余"作余党解。检索《春秋》与《左传》赤狄之名在成公三年以后再不复见，"讨赤狄之余"廧咎如可能战败，赤狄余民在此次战争中也被灭。分析可知"讨赤狄之余"之意，杜预之言正确可从，即《左传》之意并非认为廧咎如是赤狄余民，而是赤狄灭亡后其族人逃入廧咎如。故吕思勉曾说

[①] 杨伯峻编著：《春秋左传注》（修订本），中华书局2009年版，第814页。

"然则《左氏》之意,盖不以廧咎如为赤狄"①。廧咎如居地在南流黄河晋西侧(后文将探讨其居地),赤狄潞氏、甲氏、留吁、铎辰等均居于晋东,根据史籍分析廧咎如与赤狄关系疏远,其中可能有地理阻隔的原因,所以将廧咎如视为赤狄集团如潞氏等一样的成员,缺乏坚实证据。另外,《左传》宣公十一年(前594)云:"众狄疾赤狄之役,遂服于晋。""众狄"说明赤狄之外当存在较多其他族名的狄人,赤狄可能与这些狄人维持较为松散的联盟关系,当他们不满赤狄的统治时,便不服从赤狄了。

再者,春秋时期戎狄种类繁杂,"安得谓凡狄皆可分属赤狄、白狄乎?"②《左传》僖公二十三年(前637)载:"狄人伐廧咎如,获其二女:叔隗、季隗。"如果廧咎如是赤狄部落成员,为何赤狄不来相救,以赤狄当时的强大势力,也不可能惧怕讨伐廧咎如的狄人(白狄)。其中缘由可能因为廧咎如并非赤狄成员,廧咎如居地与赤狄大本营距离疏远,二者关系也十分疏离。廧咎如之名用汉语可以解释,可能指其族群居住于沟谷山涧之中(见后文),而赤狄主要部族的名称用汉语多无法释读。赤狄的语言与文字一直是未解之谜。有学者提出"狄"的名称可能是后世"狄历"或"丁零"的简译,是由"Türk"的原音翻译而来。③ 实际上是肯定了狄族有属于自己的语言系统。"留吁"为赤狄之别种之名,"留吁"之义,难以训诂,所记词汇是否为汉语,也不可知。④ 赤狄集团中的甲氏、铎辰、鄋瞒,他们的名称用汉语也难以解释,是否为赤狄语后音译为汉语不得而知。故我们认为廧咎如并非赤狄种类。

长狄以往观点通常将其与赤狄、白狄并称,但沈长云认为长狄仅指狄人鄋瞒中一二身体长大之豪酋,鄋瞒为赤狄部落之成员。⑤ 杨建华也

---

① 吕思勉:《中国民族史》,东方出版社1996年版,第63页。
② 吕思勉:《中国民族史》,东方出版社1996年版,第63页。
③ 马长寿:《北狄与匈奴》,生活·读书·新知三联书店1962年版,第1页。
④ 华东师范大学读书会:《读〈清华大学藏战国竹简(贰)·系年版〉书后(二)》,简帛网,2011年12月30日;苏建洲、吴雯雯、赖怡璇:《清华二〈系年版〉集解》,万卷楼图书股份有限公司2013年版,第234—235页;李松儒:《清华简〈系年版〉集释》,第101页。
⑤ 沈长云:《"长狄"解》,《中国史研究》2004年第4期;辛迪:《两周戎狄考》,博士学位论文,北京大学,2006年。

认为"郑瞒长狄与赤狄关系甚密，或属于赤狄的一支"①。沈先生举证充足，论证缜密其观点可从。赤狄和长狄的所在地分别在长治一带，②这为长狄郑瞒属于赤狄集团增加了可能性。综上所述，赤狄集团成员应为潞氏、甲氏、留吁、铎辰、皋落氏、郑瞒，但并不包括廧咎如。

（二）赤狄集团成员的族姓

上文明确了赤狄集团所属成员，此处便可以探索赤狄的族姓问题。若赤狄为鬼方后裔，那么赤狄绝大部分部落当为隗姓，至少其主要部族应为隗姓，然而实际情况却并非如此。《左传》"众狄疾赤狄之役遂服于晋"，杜预注"赤狄潞氏最强故服役众狄"。故潞氏为赤狄诸部之核心，其他各部应附属于潞氏。然而潞氏非为隗姓。《潜夫论·志氏姓》"妘姓之后封于鄢、会、路、偪阳"。《国语·郑语》"妘姓邬、郐、路、偪阳"。"路，妘姓。春秋赤狄潞氏。今潞州潞城县。"③ 另有《元和姓纂》："路，炎帝之后，黄帝封其支子于路，春秋时路子婴儿是也。"④《左传》宣公十五年（前594）注："路"今作"潞"。可见路、潞古通用，同在一地，《国语·郑语》载："史伯谓郑桓公曰：'北有狄路。'"《潜夫志》卷九"赤狄潞子亦作'路'"。所以，路与潞相通，所指为赤狄潞氏，其或为妘姓。

赤狄中也可能有姬姓部族。《左传》宣公十五年（前594）："潞子婴儿之夫人晋景公之之姊也。酆舒为政而杀之，又伤潞子之目。"杜预注："酆舒，潞相。""潞子婴儿，赤狄潞氏国国君，名婴儿。"⑤ 酆舒为赤狄之相，且敢伤及其国君之目，在赤狄中势力庞大可见一斑。酆舒在赤狄中如此跋扈，其背后当有强大的酆氏家族势力对其支持。酆姓"文王第十七子酆侯之后"⑥。顾栋高《春秋大事表》曰："僖二十四年传富辰曰：'管、蔡、郕、霍、鲁、卫、毛、聃、郜、雍、曹、滕、毕、原、

---

① 杨建华：《〈春秋〉与〈左传〉中所见的狄》，《史学集刊》1999年第2期。
② 杨建华：《〈春秋〉与〈左传〉中所见的狄》，《史学集刊》1999年第2期。
③ （宋）王应麟著，傅林祥点校：《通鉴地理通释》，中华书局2013年版，第165页。
④ （唐）林宝撰，岑仲勉校记：《元和姓纂》，中华书局1994年版，第1213页。
⑤ 刘尚慈：《春秋公羊传译注》，中华书局2010年版，第372页。
⑥ （唐）林宝撰，岑仲勉点校：《元和姓纂》，中华书局1994年版，第25页。

酆、郇，文之昭也。'"① 王相《百家姓考略》曰："酆宫音，京兆郡。系出姬姓。文王少子封于酆，其后有酆舒，相潞国。"② 酆姓为姬姓分支无疑。酆舒为赤狄相显赫一时，这离不开他个人能力，但更应看到其背后当有同姓家族的强大支持，如赵盾之于晋。故我们认为赤狄族群中有姬姓部族的存在。

赤狄集团成员鄋瞒非为隗姓。鄋瞒《左传》文公十一年（前616年）云"鄋瞒侵齐"，又伐鲁，"鲁败狄于咸，获长狄侨如"。杜预注曰："鄋瞒，狄国名，防风之后，漆姓。"《国语·鲁语》载孔子之言"汪芒氏之君也，守封、隅之山者也，为漆姓。在虞、夏、商为汪芒氏，于周为长狄氏，今为大人。"故《左传》和《国语》鄋瞒为漆姓。但沈长云认为漆为鄋字之讹，鄋瞒所属的赤狄当是鄋姓。③ 无论漆姓或为鄋姓，鄋瞒当不为隗姓。

甲氏、留吁与铎辰族姓无考。甲氏、留吁在《春秋》和《左传》中各一见，而铎辰仅见于《左传》，留吁又一见于《系年》。分别为：

《春秋》十六年："春王正月，晋人灭赤狄甲氏及留吁。"

《左传》宣公十六年："春，晋士会帅师灭赤狄甲氏及留吁、铎辰。"

《系年》载"周惠王立十又七年，赤翟王峁虎起师伐卫"。

此三族史料缺乏，难考其族姓。

可考订为赤狄集团成员的族群并没有隗姓，赤狄执政酆舒为姬姓。而学者将赤狄考订为隗姓，主要源自以下史料。

《潜夫论·志氏姓》说："隗姓赤狄，姮姓白狄。"

《国语·周语》："王德狄人，将以其女为后，富辰谏曰：'不可……狄，隗姓也。'韦昭注：'隗姓赤狄也。'"

---

① （清）顾栋高辑，吴树平、李解民校：《春秋大事表》，中华书局1993年版，第1151页。
② （清）王相撰，黄曙辉点校：《百家姓考略》，华东师范大学出版社2010年版，第13页。
③ 沈长云：《"长狄"解》，《中国史研究》2004年第4期。

《国语·周语》："北有卫、燕、狄、鲜虞、潞、泉、徐、蒲。"
韦昭注："潞、洛、泉、徐、蒲，皆赤狄，隗姓也。"
《左传》僖公二十三年（前637）："狄人伐廧咎如，获其二女：叔隗、季隗，纳诸公子。"杜预注："廧咎如，赤狄之别种也，隗姓"

《潜夫志》白狄姬姓，以李学勤为代表的多数学者均认定白狄为姬姓。[1] 故而赤狄为隗姓十分可疑。余太山认为"《潜夫论·志氏姓》也有'隗姓赤狄'之说。这是说有部分赤狄为隗姓，但赤狄绝不等于鬼方"[2]，赤狄为众多部落的共同组成的部落联盟，不可能是单一的姓氏，赤狄潞氏是其强者却为妘氏。

学者将赤狄视为隗姓，其主要的证据即廧咎如为赤狄部落成员。廧咎如为隗姓史籍明确，但通过上文分析可知廧咎如不是赤狄集团成员。"赤狄的统治阶层，或隗姓，或妘姓，或酆姓，姓氏不同由于他们的祖源不同，正可说明部落联盟的组成部分不是单一的，而是许多部落集团形成的。"[3] 赤狄是由多个族群成员组成的部落联盟，以隗姓指整个赤狄部落的族姓，这实难让人信服。

综之，鬼方是以鬼姓为其族名和国名的方国，赤狄是由众多部落组成的部落联盟，文献中可考的赤狄联盟成员中潞氏为其核心族群，但潞氏为妘姓非隗姓。通过对潞氏执政酆舒的讨论，我们认为以酆舒为代表的赤狄酆氏部族为姬姓。赤狄成员鄋瞒非为隗姓，甲氏、留吁和铎辰族姓难以考证。故以赤狄与鬼方同为隗姓为依据，认为赤狄为鬼方后裔的观点难以令人信服。

二 鬼方与赤狄地望均在晋南的质疑

鬼方之名见于传世文献者共以下六条，分别为：

《诗经·大雅·荡》："内奰于中国，覃及鬼方。"
《易·既济》："高宗伐鬼方，三年乃克。"

---

[1] 李学勤、李零：《平山三器与中山国史的若干问题》，《考古学报》1979年第2期。
[2] 余太山：《犬方、鬼方、工方与猃狁、匈奴同源说》，《欧亚学刊》1999年第1辑。
[3] 马长寿：《北狄与匈奴》，生活·读书·新知三联书店1962年版，第5页。

《易·未济》:"震用伐鬼方,三年有赏于大国。"

古本《竹书纪年》:"武乙三十五年,周王季伐西落鬼戎,俘其二十翟王。"

今本《竹书纪年》:"武丁三十二年,伐鬼方,次于荆。三十四年,克鬼方,氐羌来宾。"

今本《竹书纪年》中鬼方居地记载南辕北辙不可信,① 《诗经》《易》、古本《竹书纪年》的记载只言片语,未能直接明确鬼方居地。《诗经·大雅·荡》毛传云"鬼方,远方也。"干宝易注:"鬼方,北方国。"师古曰:"鬼方,绝远之地,一曰国名。《汉书·匡衡传》应劭曰:"鬼方,远方也。"《文选》杨雄《赵充国颂》,李善注引宋衷《世本注》云:"鬼方于汉。则先零戎是也。"可见,对鬼方的居地"自是泛训,未指实言之。"② 汉唐时期可能已不能明确其地域了。③ 近代以来学者在对文献的考释基础上以及考古发现的推动下,对鬼方居地的研究不断深入,有关鬼方居地的研究共产生八种观点,④ 其中以王国维的汧陇以西说⑤和王玉哲、陈梦家、李学勤等⑥的晋南说影响较广。

赤狄各部居地古今学者考辨者较多,但赤狄各部居地的大致范围学界观点基本一致,⑦ 即赤狄各部分布于以潞城为中心的晋东南一带。但

---

① 关于鬼方居地在长江以南的说法,已有学者辨误。见王燕玉《殷周鬼方考辨》,《贵州史专题考》,贵州人民出版社 1980 年版,第 1—21 页;侯绍庄《鬼方西南说证误》,《贵州社会科学》1980 年第 3 期;侯绍庄《"鬼方"讨论述评》,《贵州文史丛刊》1984 年第 4 期。

② 徐世昌等编纂,沈芝盈、梁运华点校:《清儒学案》,中华书局 2008 年版,第 5595 页。

③ 辛迪:《两周戎狄考》,博士学位论文,北京大学,2006 年。

④ 姚磊:《先秦戎族研究》,武汉大学出版社 2016 年版,第 119—120 页。

⑤ "鬼方地在汧、陇之间,或更在其西,盖无疑义。"见王国维《观堂集林》,第 585 页。

⑥ 王玉哲:《中华远古史》,上海人民出版社 2000 年版,第 379 页;陈梦家:《殷虚卜辞综述》,中华书局 1988 年版,第 293 页;李学勤:《殷代地理简论》,科学出版社 1959 年版,第 75 页。

⑦ 顾栋高:《春秋大事表》认为:"'今潞安府潞城县东北四十里有古潞城,为赤狄潞氏国。''今潞安府屯留县东南十里有纯留城,即留吁地。晋灭之为纯留邑。铎辰亦在潞安府境。甲氏在今直隶广平府之鸡泽县。''今绛州垣曲县西北六十里有皋落镇,为东山皋落氏国。''(鄋瞒)春秋时为长狄,在今山东济南府北境。'"(清)顾栋高辑,吴树平、李解民点校:《春秋大事表》,中华书局 1993 年版,第 514、515、512、601 页;杨宽认为"赤狄有潞氏、留吁(今屯留东)、铎辰(今长治东南)、甲氏(今河北鸡泽南)……东山皋落氏(先在昔阳东南,后迁垣曲东南)等。"杨宽:《西周史》,上海人民出版社 2019 年版,第 627 页;舒大刚结合古今学者对赤狄各部的分布认为皋落先居于昔阳、壶关两地,后迁徙垣曲;潞氏的势力控及山西东南与河北南部;甲氏在山西侯甲山、水一带;留吁今山西屯留县;铎辰屯留县;舒大刚:《春秋少数民族分布研究》,文津出版社 1994 年版,第 26—34 页;子居(网名)认为"赤狄之居在山西长治盆地,今潞城、长治、屯留地区。"苏建洲、吴雯雯、赖怡璇:《清华二〈系年〉集解》,台北:万卷楼图书股份有限公司 2013 年版,第 235 页;等等。

王玉哲《鬼方考》将鬼方与赤狄先后居于晋南一带，作为赤狄是鬼方后裔证据，① 后辈学者也多有从者，同声一辞，几成定说。结合文献和李家崖文化考古材料，我们认为今陕北清涧、绥德一带为商周时期鬼方的中心聚落，鬼方居于晋南一带的说法难以成立。②

晚商时期鬼方的居地应在以陕北清涧、绥德为中心的周边一带。吕智荣认为"鬼方是商周时期盘踞在我国北方地区的一个强大部族，活动地域大致在今天的陕北、晋西北一带"③。唐晓峰也认为"鬼方的一部或一支生活于山陕北部地区是没有问题的"④。何艳杰指出"西周晚期赤狄主要分布于子午岭西侧的泾河上游和东侧的洛河上游；春秋早期，在秦晋的威逼利诱之下，东迁到太行山东西两麓"⑤。可见，鬼方与春秋时期赤狄各部的居地悬远，以鬼方与赤狄居地相近，来论证赤狄为鬼方后裔的说法不足为据。

三　小盂鼎铭文对鬼方后裔"赤狄说"的否定

小盂鼎铭文是所有文献中对鬼方史事记载最为详尽的，同时也是最可靠的资料，故其进行细致研究十分重要。小盂鼎的年代为康王时期，学界观点基本一致。从盂报告的战况分析，战事分为大小两次战役，具体俘获情况如下表：

表1　　　　　　　　　　盂伐鬼方俘获数目表

战役	执酋	获馘	俘人	俘车	俘马	俘牛	俘羊
大战役	3	4812	13081	30	残	355	38
小战役	1	237	残	100+残	104		

---

①　"春秋时隗姓之赤狄为鬼方后……这些与隗姓赤狄有关的地名洛、潞、东山皋落等，实即《竹书纪年》所说商末年周王季所伐西落鬼戎之西落……我们断定商、周时期王季所伐的赤狄的祖先鬼方也在山西"，见王玉哲《中华远古史》，上海人民出版社2000年版，第378页。

②　关于鬼方居地非在晋南，在今陕北地区的考述，在此不再赘述，详见拙文《李家崖文化年代、族属及鬼方与殷商关系研究》，《历史教学·下半月》2022年第6期。

③　吕智荣：《姬周文化与鬼方文化关系浅议》，《两周封国论衡——陕西韩城出土芮国文物暨周代封国考古学研究国际学术研讨会论文集》，上海古籍出版社2014年版，第337页。

④　唐晓峰：《鬼方：殷周时代北方的农牧混合族群》，《中国历史地理论丛》2000年第2期。

⑤　何艳杰：《赤狄新考》，《殷都学刊》2022年第1期。

从小盂鼎两次战役的俘获数量和类目观察，大战役除了在俘车上少于小战役，其他不同类目俘获数量都远远大于小战役，而且俘获有小战役不见的牛羊。"早期俘获车马分计，车称辆，马称匹"①，故这里的车马指战车和驾车之马，大战役与小战役俘获战车和马匹不成比例，这说明小战役发生在前，双方交战于旷野之上发生了激烈车战，鬼方战败退至中心聚落，进行保卫都邑的防守战争。从另一方面看，山陕地区商周时代的鬼方农业定居是主要的，蓄养与狩猎占有一定比例，他们是一支半农半牧的民族。②杜勇师认为即使鬼方是游牧民族，作战过程中也没有必要驱赶牛羊随行，俘获牛羊的战役应是攻下某一聚落中心的俘获。③此言甚确，一语中的。盂凯旋后，周王朝举行了隆重的献俘礼，"康王在献俘中所举行的饮酒礼正是规格最高的飨礼"④。周王朝的军队定然对鬼方取得绝对性的胜利。在小盂鼎即康王以后的西周铜器再未见有周王朝伐鬼方的铭文记载，文献中也没有鬼方在西周早期以后的活动。可见，鬼方当受到康王的沉重打击，从此衰微不振。⑤

从小盂鼎铭中弄清楚鬼方灭亡的情况，将对鬼方后裔"赤狄说"的考辨有重要帮助。一方面，"怀姓九宗"被授予唐叔虞的时间与小盂鼎铭中鬼方灭亡的时间不符。《左传》定公四年载："分唐叔以大路、密须之鼓、阙巩、沽洗、怀姓九宗，职官五正。"杜预注云："怀姓，唐之余民，九宗一姓，为九族。"孔颖达《正义》曰："怀姓居在晋地而不言殷民，知是唐之余民也"。李孟存、李尚师认为怀姓九宗是"周王室领导下的异姓贵族，其来源很可能是原古唐国的遗民。"⑥但王国维不同意此说，其《鬼方昆夷玁狁考》说："唐叔所受之怀姓九宗，春秋隗姓诸狄之祖也。"⑦王氏认为的春秋隗姓诸狄，当为赤狄及其部落成

---

① 刘雨：《西周金文中的军事》，《胡厚宣先生纪念文集》，科学出版社1998年版，第233页。
② 唐晓峰：《鬼方：殷周时代北方的农牧混合族群》，《中国历史地理论丛》2000年第2期。
③ 杜勇：《孟伐鬼方新考》，《中国社会科学报》2021年10月25日第5版。
④ 高智群：《献俘礼研究》（上），《文史》1992年第35期。
⑤ 杜勇：《清华简与古史探赜》，科学出版社2018年版，第204页。
⑥ 李孟存、李尚师：《晋国史》，三晋出版社2015年版，第10页。
⑦ 王国维：《鬼方昆夷玁狁考》，载氏著《观堂集林》卷13，中华书局1959年版，第590页。

员。这一认识引起后来学者关注，学者们以王说为基础，便将鬼方、怀姓九宗、赤狄相互联系，① 似乎鬼方在西周为怀姓九宗，春秋时期即为赤狄，一脉相连。唐叔虞分封于唐在成王时期，对小盂鼎铭文分析，鬼方在康王时期已受到沉重打击，根据小盂鼎铭文中的俘获来看，在康王之前鬼方应该是人口众多，较为强大的族群，缘何"怀姓九宗"作为鬼方后裔，却在鬼方强大之时被授予唐叔虞？在康王时周人在小盂鼎中还用鬼方称呼其族，而在成王时却不用鬼方之名，用怀姓九宗称鬼方，这岂不矛盾？将怀姓九宗之名产生置于鬼方之名产生之前，怀姓九宗为鬼方后裔的说法不攻自破。"怀姓九宗不可能是春秋隗姓诸狄之祖。"② 沈长云认为这九支隗姓氏族，是夏墟地区的土著居民，所以要求唐叔对他们"启以夏政，疆以戎索"③，谢维扬也质疑怀姓九宗为鬼方遗民后裔，他认为"怀姓九宗很可能是与隗姓同血缘，但已与华夏族同化的一部分居民；或者反过来，隗姓是与怀姓同源而演化为少数民族的一部分居民；由于民族不同，故称姓时在用字上加以区别。怀、隗二姓起源皆不明"④。

另一方面，春秋时期赤狄的实力和族群规模，与小盂鼎铭文中周王朝沉重打击鬼方不符。《春秋》宣公三年（前606）："秋，赤狄侵齐。"赤狄之名首见于史籍，之后赤狄与晋、齐等国不断发生战争。

《春秋》宣公四年（前605年）："赤狄侵齐。"
《左传》宣公六年（前603年）："秋，赤狄伐晋，围怀及邢丘。"
《左传》宣公七年（前602年）："赤狄侵晋，取向阴之禾。"
《左传》宣公十三年（前596年）"秋，赤狄伐晋，及清，先

---

① 陈梦家：《殷虚卜辞综述》"作为姬姓晋国属民的怀姓九宗，就是古鬼方的后裔。"见张海《怀姓九宗研究》，硕士学位论文，河北师范大学，2008年，第5页；"唐叔所受的怀姓九宗，既为鬼方，则其地当在山西的夏墟附近。"见王玉哲《中华远古史》，上海人民出版社2000年版，第379页；"周公分配给唐的'怀姓九宗'，就是赤狄族的隗姓方国的贵族。"杨宽：《西周史》，第401页；"后者（赤狄）可能就是怀姓九宗的后裔。"李零：《冯伯和毕姬——山西绛县横水西周墓 M2 和 M1 的墓主》，《中国文物报》2006年12月8日第7版。
② 马保春：《晋国历史地理研究》，文物出版社2007年版，第93页。
③ 沈长云：《先秦史》，人民出版社2006年版，第141页。
④ 谢维扬：《周代家庭形态》，黑龙江人民出版社2005年版，第117页。

縠召之也。"

除此之外，赤狄支系部族也不时入侵各诸侯国，《左传》闵公二年（前660）载："晋侯使大子申生伐东山皋落氏。"《国语·晋语》骊姬曰："皋落狄之朝夕苛我边鄙，使我无日以牧田野。"皋落为赤狄集团成员，其不断的侵范晋边境，使晋疲于应对。"春秋中期赤狄十分强盛，趁晋霸中衰，屡次侵入齐、晋诸国。"① 晋、齐、鲁皆为春秋前期重要诸侯国，赤狄却不断与之发生战争，说明赤狄有足够实力去挑衅这些强国。

赤狄可考的部落有潞氏、甲氏、留吁、皋落、鄋瞒等，《左传》宣公十一年（前598）云："众狄疾赤狄之役，遂服于晋。"赤狄应该是部落联盟，其中包含许多狄族部落。从康王二十五年（前996）盂对鬼方征伐大获全胜，到赤狄之名首见史籍的公元前660年，中间悬隔三百多年，而赤狄首次出现就是一个强大的部落集团，且就是能与中原大国进行对抗的族群，后代学者将赤狄看作商代鬼方后裔，几百年间难道鬼方又壮大起来了？从赤狄不断侵略各诸侯国来看，赤狄当为周王朝此前并未征服的族群，而鬼方在盂伐鬼方中被周王朝攻陷中心都邑，鬼方之君也被周人俘获史实不符，鬼方在康王之后不见于传世文献，也知鬼方大部被康王征服，鬼方退出了历史舞台，而轻易将鬼方与春秋赤狄挂钩，让人产生疑惑。

小盂鼎铭反映出的杀掠数量之大，战争激烈之强，商周时期甚为少见。因此我们认为盂伐鬼方，可能对其造成了毁灭性打击。② "鬼方受到这次沉重打击之后，从此衰落不振，可能迁徙他地，或改名易帜，迁徙他地了。"③ 当然，鬼方边鄙之地的族人可能还有幸存，但实力和规模已经极其微弱难成气候，此役奠定康王及以后周王朝北方地区的长期稳定。仅剩的鬼方族人能够幸存当属困难，即使经过三百多年，其发展成为赤狄一样的族群可能性也是微乎其微的。

---

① 顾德融、朱顺龙：《春秋史》，上海人民出版社2001年版，第272页。
② 见拙文《李家崖文化年代、族属及鬼方与殷商关系研究》，《历史教学·下半月》2022年第6期。
③ 吕智荣：《姬周文化与鬼方文化关系浅议》，《两周封国论衡——陕西韩城出土芮国文物暨周代封国考古学研究国际学术研讨会论文集》，上海古籍出版社2014年版，第340页。

四　鬼方后裔实乃廧咎如

春秋时期鬼方族人仍存在，其后裔为廧咎如。经过周初孟伐鬼方的沉重打击，鬼方实力已大为削弱，其中心都邑李家崖古城也遭废弃，整个西周时期陕北地区文化、人口凋零，而未被周人征服的鬼方族人，则主要生活在晋西一带，实力已不能与康王二十五年（前996）之前的鬼方同日而语了，至春秋时期鬼方后裔易名应为廧咎如。对于鬼方后裔为廧咎如的认识，我们主要基于如下三方面理由。

首先，鬼方与廧咎如均为隗姓。鬼方为鬼姓已被学界广泛认可，上文已有交代，兹不赘述。《左传》僖公二十三年（前637）："狄人伐廧咎如，获其二女：叔隗、季隗，纳诸公子。""廧咎如，隗姓也。凡狄女称隗氏，见于古金文者……皆作'媿'，从女。"[①] 从廧咎如女子叔隗和季隗，廧咎如是隗姓[②]无疑。隗字"而见于古金文中则皆作媿，经典所以作隗字者。凡女姓之字金文皆从女作。而先秦以后所写经传往往省去女旁"[③]。隗与鬼相通。鬼方主要活动在晚商周初，廧咎如见于春秋时期，二者时间上前后相应，故疑其为鬼姓一族，即廧咎如似鬼方后裔。

其次，廧咎如与鬼方活动的地域相近。廧咎如的居地，《太平寰宇记》卷四十八河东道九慈州"赤狄廧咎如之国在春秋时晋之屈邑"《史记·晋世家》载："蒲边秦，屈边翟"，《集解》引韦昭曰："蒲，今蒲阪；屈，北屈：皆在河东。"屈地，《春秋传说汇纂》曰："今平阳府吉州东北二十一里有北屈故城。"《大清一统志》北屈废县在吉州东北，即屈地为今吉县以北。《读史方舆纪要》卷一曰："廧咎如，或曰在山西太原府境"。也有观点据《左传》成公三年（前582）"晋郤克、卫孙良夫伐廧咎如，讨赤狄之余焉"。将廧咎如居地判定为晋东一带，如《春秋辩义》曰："廧咎如正当晋东卫西"。蒙文通认为重耳在狄之年，

---

① 杨伯峻编著：《春秋左传注》（修订本），中华书局2009年版，第405页。
② 张淑一：《先秦姓氏制度考索》，福建人民出版社2008年版，第57页。
③ 王国维：《观堂集林》，中华书局1959年版，第590页。

廧咎如在晋西，晋既灭潞氏，讨赤狄之余焉，廧咎如已在晋东。① 廧咎如居地后迁徙于晋、卫之间。② 但《左传》宣公十五年（前594）晋灭赤狄潞氏，在宣公十六年（前593）又灭赤狄甲氏、留吁、铎辰。赤狄潞氏居地在今山西长治潞城一带，其成员甲氏、留吁等与其居地相近，所以晋国灭赤狄潞氏接连将其邻近附属成员也伐灭，但廧咎如灭于成公三年（前588），此时距离潞氏灭亡已过去六年，其中缘由可能是廧咎如既不属于赤狄成员，也与赤狄潞氏及其附属部落成员居地悬远故。《左传》闵公二年（前660）载"冬十二月，狄人伐卫。……卫师败绩，遂灭卫"。《系年》载"周惠王立十又七年，赤翟王峟虎起师伐卫，大败卫师于睘，幽侯灭焉。翟遂居卫"。可知灭卫的狄人为赤狄留吁，卫国与赤狄当有灭国之恨。《左传》宣公十五年（前594）赤狄潞氏灭亡后："酆舒奔卫，卫人归诸晋，晋人杀之。"酆舒为赤狄潞氏执政被卫国送往晋国后被杀，卫与晋在共同对付赤狄方面有共识，故在讨伐逃避在廧咎如的赤狄余民时，卫国随晋出兵，而非廧咎如居晋、卫之间的缘故。

从传世文献分析廧咎如距白狄居地不远，当在南流黄河东岸晋西一带。《左传》"狄人伐廧咎如"。《史记·晋世家》载："重耳遂奔狄。狄，其母国也。"又有"狄伐咎如"。因此想知道廧咎如的居地，必须搞清重耳所奔之狄。晋国曾因狄收留重耳而与之战于采桑。《史记·晋世家》载："（献公）二十五年，晋伐翟，翟以重耳故，亦击晋于啮桑，晋兵解而去。"索隐："裴氏云《左传》作'采桑'。按：今平阳县南七十里河水有采桑津，是晋境。"采桑津"在州（吉州）西，大河津济处也。"③ "晋与翟战之啮桑，即采桑，在北屈西南，今乡宁县西是也。"④

---

① 蒙文通：《周秦少数民族研究》，龙门联合书局1958年版，第110页。
② "廧咎如只得又东跨太行山，窜至河北南部魏县与大名一带，分别与晋、卫、齐为邻。"舒大刚：《春秋少数民族分布研究》，文津出版社1994年版，第33页；"廧咎如起初居于晋国西边，后来才东迁到今河北魏县、元城一带。"马长寿：《北狄与匈奴》，生活·读书·新知三联书店1962年版，第5页；等等。
③ （清）顾祖禹撰，贺次君、施和金点校：《读史方舆纪要》，中华书局2005年版，第1930页。
④ 杨守敬、熊会贞疏，杨甦宏、杨世灿、杨未冬补：《水经注疏补》（上编），中华书局2014年版，第264页。

马保春认为采桑在今山西省吉县西南近黄河处。① 吉县与乡宁县相接壤，均位于南流黄河东岸晋西一带，故采桑当在晋西地区。杨建华认为《春秋》《左传》前期的狄，狄伐中原各国分为以晋为目标的西区和以其他国家为目标的东区，与晋作战的狄来自陕西，就是后来的白狄。② 重耳避难于其舅氏中山（白狄之一部），位于今陕西省绥德、延川一带，与晋隔河而望，以观国内动静。③ 白狄处于秦晋之间，并占据陕北和晋西北一带，④ 故重耳所奔之狄为白狄。"狄伐廧咎如"之狄为白狄。"白狄存在于渭河北岸、渭北高原和晋西北地区，但白狄的分布是以一些聚邑的形式存在，呈点状穿插分布的状态。"⑤ 所以，廧咎如的居地当距白狄的分布地域不远，可能在黄河东岸晋西一带。⑥

晚商及西周早期鬼方分布于今陕西洛河以北、韩城以北，以清涧李家崖古城为中心的地区。廧咎如"按：玉篇'廧'同'墙'。《战国策》：'赵皆以获蒿苫楚廧之。'《汉书·邹阳传》：'牵帷廧之制。'李善《文选注》引韩非子曰：'董阏于为上地守，行石邑山中深涧，峭如廧，深百仞。'"⑦ 黄河东岸晋西地区恰多山且沟谷纵横，故廧咎如或居于沟谷山涧之中。那么，春秋时期廧咎如的居地，应在今南流黄河东岸晋西一带的山涧之中，而将廧咎如居地在晋、卫之间的观点，则缺乏有力证据支持，不足为信。可见，商代鬼方的分布区域与春秋廧咎如的居地相近，廧咎如或为孟伐鬼方后幸存支系跨过黄河东迁的结果，或为鬼方散落在晋西未灭的后裔族人。

最后，廧咎如的族群规模与实力，符合孟伐鬼方后的鬼方后裔的情况。《左传》："狄人伐廧咎如，获其二女：叔隗、季隗，纳诸公子。"我们已知道此狄为白狄，白狄主动讨伐廧咎如并获其二女，此役廧咎如应败于白狄，军事的失败可能是因为其整体实力弱于白狄。梁伯戈铭：

---

① 马保春：《晋国地名考》，学苑出版社2010年版，第75页。
② 杨建华：《〈春秋〉与〈左传〉中所见的狄》，《史学集刊》1999年第2期。
③ 李孟存、李尚师：《晋国史》，三晋出版社2015年版，第74—75页。
④ 常雅楠：《春秋时期白狄的地理分布及与晋秦关系》，《地域文化研究》2022年第5期。
⑤ 常雅楠：《春秋时期白狄的地理分布及与晋秦关系》，《地域文化研究》2022年第5期。
⑥ 舒大刚：《春秋少数民族分布研究》，文津出版社1994年版，第33页。
⑦ （清）洪亮吉撰，李解民点校：《春秋左传诂》，中华书局1987年版，第310页。

"抑鬼方蛮。"① 鬼方后裔廧咎如在春秋时期可能与梁存在战争。《史记·秦本纪》载："成公元年，梁伯、芮伯来朝。"梁国为春秋时期的小国依附于秦国，后梁国为秦所灭。梁伐鬼方后裔廧咎如，定然梁国有能力抵御廧咎如，廧咎如实力当不及梁国。《国语·晋语》骊姬说："以皋落狄之朝夕苟我边鄙，使无日以牧田野。"可知皋落侵晋不断。相较之廧咎如与晋邻，但文献中未见有伐晋，可能因为惧怕晋国这样的大国。所以，我们认为廧咎如实力也弱于皋落狄。

康王以后鬼方之名不见于传世文献，春秋时期鬼方之名也仅梁伯戈铭一见，晚商时期的强大的鬼方似乎瞬间退出历史舞台，其中缘由便是康王二十五年盂伐鬼方，使鬼方遭受沉重打击。未被周人征服幸存下来的鬼方族人，定然已成为一个规模较小的族群，难以再与周王朝及各诸侯国抗衡，故其史籍中难见。春秋时期的廧咎如实力不及白狄、梁国和皋落狄，在《左传》中也仅出现两次。据此我们判断廧咎如在族群规模及实力层面符合盂伐鬼方以后，鬼方后裔族群弱小的情况。

综上所述，春秋时期的廧咎如与鬼方同为鬼姓，廧咎如活动于南流黄河的晋西一带，靠近商周时期鬼方的中心聚邑清涧李家崖，康王对鬼

---

① 李学勤将梁伯戈铭释为"抑威方蛮"（李学勤：《论史墙盘及其意义》，《考古学报》1978年第2期）；石小力认同王国维观点"敫"，从鬼，从支，即古文"畏"字，梁伯戈铭应读为"抑威方蛮"，即压制和震慑方国之意（石小力：《故宫博物院藏梁伯戈铭文新释》，《文字、文献与文明——第七届出土文献青年学者论坛暨国际学术研讨会》，2018年，第126页；后收入田炜主编：《文字·文献·文明》，上海古籍出版社2019年版，第83页）。鞠焕文也持相同观点（鞠焕文：《梁伯戈铭新释》，《古文字研究》第三十二辑，中华书局2018年版，第304—309页）。据此观点梁伯戈便与鬼方无关了，但"抑鬼方蛮"与"抑威方蛮"，二者根本区别在于对"敫"字的释文和断句的不同，而以上学者并未对梁伯戈铭中的"敫"字作细致考证，只是侧重于断句是否通顺。"方蛮"意为方国无疑，小盂鼎铭中"鬼"释为鬼，指鬼方。"支旁与戈旁属义近形旁通用"（杜锋：《花东卜辞中的"敫"、"心敫"、"鬼心"及相关问题》，《出土文献》2019年第14辑，第16页），那么"鬼"和"敫"应均为"鬼"字，即为鬼方。王国维认为鬼方之名金古文作"威"或作"魈"，"㷗""威"二字见于周初之器，后从卜之字变而作"魈"，从戈之字变而作"威"（王国维：《鬼方昆夷玁狁考》，载氏著《观堂集林》，中华书局1959年版，第588—589页）。可见王国维支持梁伯戈铭中的"敫"字和小盂鼎铭中"鬼"字，均为鬼方之鬼，并且认为小盂鼎铭"威"从戈之字后变而作"威"，但"抑威方蛮"的观点，实将"魈"释为"威"，那么"抑威方蛮"可能不确。另外，"畏"字实从母字"鬼"分化而来（沈兼士：《"鬼"字原始意义之试探》，《沈兼士学术论文集》，中华书局1986年版，第199—201页），"敫"释为罹患心脏异常之疾（杜锋：《花东卜辞中的"敫""心敫""鬼心"及相关问题》，《出土文献》2019年第14辑），"敫"即"畏"，故将梁伯戈铭中的"敫"字归为"畏"进而释为"威"，若依此或许已有误。最后，"抑鬼方蛮"的说法，从文意和断句方面也能够讲得通。因此，本文暂从梁伯戈铭"抑鬼方蛮"这一传统观点。

方进行征伐以后，廧咎如可能是鬼方散落在晋西未被征服的族人，从族群实力的角度考虑廧咎如不及白狄，也难与小国梁国抗衡，未有侵晋实力并弱于皋落狄，据此我们判断这符合盂伐鬼方后，遗留的鬼方后裔族群实力弱小的情况。故我们认为廧咎如即鬼方后裔。

（常雅楠，榆林学院政法学院）

"郳" 立国及其相关史事考论

李爱玲

郳为山东地区的古国之一,自西周受封为附庸直至战国后期为楚所灭。文献对郳国的记载较少,所以学界对其认识较为笼统。目前学者多是对郳国族源世系、联姻、郳器铭文等方面的考察,其立国方面的探讨尚存在有待深入和拓展之处。枣庄东江小邾国墓地与近年郳国的考古发掘,以及清华简《系年》的面世,给我们带来了认识这一问题的新资料。

《春秋大事表·春秋列国爵姓及存灭表》中载春秋时期的八个附庸,郳和小邾不同于其他六国,书为"本附庸"。[①] 足见郳有其独特的一面,且与普通附庸不同。史载:"天子之田方千里,公侯田方百里,伯七十里,子男五十里。不能五十里者,不合于天子,附于诸侯,曰附庸。"[②] 附庸虽从属于诸侯,没有资格直接向周天子尽义务,但"附庸之君,虽无爵命,而分地建国,南面之主,得立宗庙,守祭祀。"[③] 春秋时,附庸只有两种结局:终为附庸、晋升为诸侯国,无疑只有晋升才是最优之路,但并不是所有附庸都能晋升成功。在众多附庸中,郳便是成功晋升的典范,分析其立国颇有意义,对春秋周王权与政治制度的探讨亦有帮助。

---

① (清)顾栋高辑,吴树平、李解民点校:《春秋大事表》,中华书局1993年版,第569—570页。
② (汉)郑玄注,(唐)孔颖达正义:《礼记正义》,(清)阮元校刻:《十三经注疏》,中华书局1980年版,第1322页。
③ (晋)杜预注,(唐)孔颖达疏:《春秋左传正义》,(清)阮元校刻:《十三经注疏》,中华书局1980年版,第1763页。

一 邾受封为附庸

"邾",金文作"鼄",且一国多名,《左传》《谷梁传》称"邾",《公羊传》称"邾娄",《国语》《战国策》等称"邹"。邾在西周时受封为附庸已成定谳,但何时受封颇有争议,或曰武王时分封、或曰周公东征后分封。我们认为邾在周公东征后受封为附庸更为讲得通,① 理由如下:

邾受封为附庸后,地望位于今山东邹城、滕州和枣庄一带已被考古发掘所证。② 武王克商后虽广伐四方,但被征伐之国族均在商都附近,即"周人主要对商王畿的都城附近和王畿南部进行了直接的征服,周人势力所达的范围局限于河南中北部地区"③。也就是说,武王克商后所控地区"除了周原有的西土以外,只占有殷原来的京畿以及南国,包括今河南的北部、中部,河北东南角,山西南边以及山东东边"④。

目前,没有确切证据说明,武王时王朝势力已深入邹、滕等地。相反武王逝世于"天下未宁"之时,武庚、东夷国族联合叛乱,周公为"宁天下"进行了东征,传世文献有多处记载。"三叔及殷东徐奄及熊盈以略。……二年,又作师旅,临卫政殷。……王子禄父北奔。"⑤ "管、蔡启商,惎间王室。"⑥ "三年,王师灭殷,杀武庚禄父。"⑦ 清华简对此亦有载,简文"武王陟,商邑兴反,杀三监而立彔子耿。成王屎

---

① 王洪军、朱承山、朱广平等持此说。参见王洪军《邾国史钩沉——山东古国史研究之一》,《济宁师专学报》1999 年第 2 期;朱承山《邾国与小邾国》,载《小邾国文化》,中国文史出版社 2006 年版,第 274 页;朱广平《邾国史话——朱姓起源》,中国文联出版公司 1998 年版,第 73 页。

② 李光雨、张云:《山东枣庄春秋时期小邾国墓地的发掘》,《中国历史文物》2003 年第 5 期;路国权、王青:《山东邹城市邾国故城遗址 2015 年发掘简报》,《考古》2018 年第 3 期。

③ 宫长为、徐义华:《殷遗与殷鉴》,中国社会科学出版社 2011 年版,第 101 页。

④ 杨宽:《西周史》,上海人民出版社 2019 年版,第 168 页。

⑤ 黄怀信、张懋镕、田旭东撰:《逸周书汇校集注》(修订本),上海古籍出版社 2007 年版,第 514—517 页。

⑥ 杨伯峻编著:《春秋左传注》,中华书局 2016 年版,第 1716 页。

⑦ 方诗铭、王修龄撰:《古本竹书纪年辑证》,上海古籍出版社 2005 年版,第 244 页。

伐商邑，杀䇓子耿，飞廉东逃于商盖氏，成王伐商盖，杀飞廉……"①其中"伐商邑"，应指平定商畿附近殷人势力。②伐商盖，应指"践奄"。周公最终征服商奄，将其纳入麾下。

有关周公东征，除传世文献和清华简外，亦有多处金文材料的原始记录，塱方鼎铭"周公于征伐东夷，丰伯、薄姑咸伐。"（《集成》2739）禽簋铭"王伐盖侯，周公谋。"（《集成》4041）大保簋铭"王伐录子耵，厰厥反，王降征令于太保。"（《集成》4140）简文中的䇓子耿即金文中的录子耵，③白川静指出为纣之子武庚禄父。④王红亮综合传世文献、大保簋、《系年》等资料，认为武庚、禄父、录子耿、录子圣为同一人。⑤卿盘铭"周公来伐商"。（《铭图》14432）不烦备举。不难看出盖侯、薄姑、丰伯是周公东征的主要对象，盖侯亦即奄侯。⑥奄，其地望或曰山东曲阜东，⑦或曰滕州一带。⑧薄姑，古为齐地，地望之争主要集中在山东博兴县一带⑨和临淄一带。⑩丰，地望亦有争议，或曰今曲阜西南、⑪或曰临淄附近。⑫虽然奄、薄姑、丰之地望说法不一，但基本可划定为古齐、鲁两国及周边国族地区。学者亦对周公

---

① 清华大学出土文献研究与保护中心编，李学勤主编：《清华大学藏战国竹简》贰，中西书局2011年版，第141页。

② 沈长云：《中国历史·先秦史》，人民出版社2006年版，第103页。

③ 清华大学出土文献研究与保护中心编，李学勤主编：《清华大学藏战国竹简》贰，中西书局2011年版，第142页。

④ [日]白川静：《金文的世界：殷周社会史》，温天河、蔡哲茂译，联经出版事业公司1989年版，第36页。

⑤ 王红亮：《清华简〈系年〉所载"录子耿"及相关史事考》，《殷都学刊》2022年第3期。

⑥ 唐兰：《西周青铜器铭文分代史征》，中华书局2016年版，第37页。

⑦ 杨伯峻编著：《春秋左传注》，中华书局2016年版，第1450页。

⑧ 邵望平：《〈禹贡〉"九州"的考古学研究》，《考古学文化论集》二，文物出版社1989年版，第21页；黄锦前：《卿器系联与周公东征》，《东岳论丛》2018年第7期。

⑨ 有博兴县东南和东北两种看法。博兴县东南说，参见陈梦家《西周铜器断代》，中华书局2004年版，第18页；谭戒甫《西周〈䚅鼎铭〉研究》，《考古》1963年第12期；杨伯峻编著《春秋左传注》，中华书局2016年版，第1450页。博兴县东北说，参见黄锦前《卿器系联与周公东征》，《东岳论丛》2018年第7期。

⑩ 陈絜：《塱方鼎铭与周公东征路线初探》，载李宗焜《古文字与古代史》第四辑，台北："中研院"历史语言研究所2015年版，第268页。

⑪ 陈梦家：《西周铜器断代》，中华书局2004年版，第18页。

⑫ 陈絜：《塱方鼎铭与周公东征路线初探》，载李宗焜《古文字与古代史》第四辑，台北："中研院"历史语言研究所2015年版，第269页。

东征路线进行了考证，认为由汶水而淄水，沿汶水两岸向北可入鲁北、向南可顺洙泗而至薛滕。① 所言甚是。

邾处于鲁国环抱之中，南与宋、滕、薛等国相邻，地理位置十分重要，为东征的必征之地，所以极可能在周公东征胜利后才被纳入王朝势力范围。

周公征东夷胜利后，对叛乱者采取了不同的处置政策。一是严惩罪大恶极者，同时迁其民。传世文献与出土文献均有载，《史记·周本纪》云："召公为保，周公为师，东伐淮夷，残奄，迁其君薄姑。"② 㸔方鼎铭："丰伯、薄姑咸戈。"（《集成》2739）简文："成王伐商盖，杀飞廉，西迁商盖之民于邾虘。"③ 二是在新征服之地大肆分封。周初封建多是在周公抚有东土后至成康时期，如滕便是周公东征胜利后所封。④

我们认为邾亦在此次受封之列，只不过因最初的叛乱和功勋不著未受爵封。

邾因何受封为附庸亦有争议，代表性的观点为继香火说和立功说。我们试分析如下，《论语·尧曰》云："兴灭国，继绝世，举逸民，天下之民归心焉。"但这似乎并不适用于邾。周初分封的主要对象为同姓子弟、古帝王之后、功臣。文献载邾为陆终（陆终即陆融）之后，邾人亦是如此认为，邾公钘钟铭"陆融之孙邾公钘"（《集成》102）。周初虽大肆分封，但对受封对象的选择伴随着功利取舍的原则。特别是"兴灭国"当"为无罪之国，若有罪当灭者，亦不兴之也"⑤。如微子在三监之乱中保持中立，周公东征后重封宋国，宋取得了完整的祭祀权，成为商王朝的承袭者和象征。⑥ 显然，曾参与叛乱的邾不可能轻易获封，其受封必以"造勋于周"为前提。在周公东征时，邾极可能审时度势不但归周，而且参与平乱并立有功勋。邾的识时务使统治者较为满

---

① 陈絜：《两周金文中的繁地与西周早期的东土经略》，《中原文物》2020 年第 1 期。
② （汉）司马迁：《史记》卷 4《周本纪》，中华书局 2014 年版，第 170 页。
③ 清华大学出土文献研究与保护中心编，李学勤主编：《清华大学藏战国竹简》贰，中西书局 2011 年版，第 141 页。
④ 杨宽：《西周史》，上海人民出版社 1999 年版，第 135 页。
⑤ 刘宝楠撰，高流水点校：《论语正义》卷 23《尧曰》，中华书局 1990 年版，第 764 页。
⑥ 徐义华：《商周更替之际的微子与宋国》，《南方文物》2019 年第 3 期。

意，亦符合周人分而治之的需要。① 正如学者所说"西周统治者为了分化瓦解当时还十分强大的夷人势力，便仍让曹侠统帅其族，居其旧地。"② 可以说，邾的受封是以"有功"为前提条件的，"继香火"仅为"有功"之下的产物。

二　邾晋升子爵国

春秋时，邾附齐勤王得以晋升已被多数学者认可，但在何时受封这一问题上分歧颇多，主要有三种重要观点：

一是北杏之会（前681）说。"北杏之会，邾人在焉。今而称子，故云盖齐侯请王命以为诸侯，得为子爵。"③

二是邾与小邾封爵相同，年次亦相先后。④

三是鲁庄公十五年（前679）说。"由于邾国的附齐制鲁行动大利于齐国称霸，因此，当年（鲁庄公十五年）齐桓公奏请周天子僖王，敕封邾惠公为子爵。"⑤

以上诸说见仁见智，非常值得重视。我们通过梳理史料，受到了新的启发，对"邾何时晋升"这一问题产生了一些新的想法。

邾、鲁三面接壤，注定了两国纠葛颇多。《春秋》作为同时代的史料其价值颇高，亦是记载邾国较早、较多的文献。为清楚地分析邾之晋升，我们以鲁庄公十六年（前678）（此年直书"邾子"）作为分界点，将之前"邾"出现在《春秋经》的情况进行梳理，从中分析邾国的政治活动。

鲁隐公时仅三条与邾相关的记载，隐元年："三月，公及邾仪父盟于蔑。"《左传》曰："未王命，故不书爵。曰仪父，贵之也。"⑥《公羊传》《谷梁传》等亦有相似记载。鲁隐公五年载：邾人、郑人伐宋。杨

---

① 分而治之是周灭商后采取的重要手段，如周诛杀助纣的飞廉与恶来，而飞廉另一子季胜因"不与殷乱"得以保全本族不被杀戮。
② 聂凤峻、王洪军、高善东：《邾鲁春秋》，齐鲁书社2016年版，第94页。
③ （晋）杜预注，（唐）孔颖达疏：《春秋左传正义》，（清）阮元校刻：《十三经注疏》，中华书局1980年版，第1772页。
④ 王献唐：《春秋邾分三国考　三邾疆邑图考》，齐鲁书社1982年版，第7页。
⑤ 枣庄市山亭区政协编：《小邾国文化》，中国文史出版社2006年版，第14页。
⑥ 杨伯峻编著：《春秋左传注》，中华书局2016年版，第10页。

伯峻注曰："邾国小，且邾仪父此时犹未受王命，尚是附庸。"① 隐公七年仅载鲁公伐邾。鲁隐公时并未透露邾国晋升的信息。

鲁桓公时，记载了对邾的讨伐、会盟以及邾朝见鲁国。桓公十五年载"邾人、牟人、葛人来朝。"杨伯峻注曰："三国皆其君来朝，以国小，故称人。"② 亦有学者认为："三人皆附庸之世子也，其君应称名，故其子降称人。"③ 学者对《春秋经》中"邾称人"的看法各有所持，我们则对"邾称人"产生了一些新的想法。

春秋时邾国的地位仅次于鲁国，直至战国仍有"邹鲁"之称。在夷父颜的治理下，邾的政治地位有所提高，国力日益强盛，且"（邾）地大不甘示弱，辄与啑血之会，邻国来侵，亦时以兵戎相见。……与鲁战争最力者，莫如邾"④。后来，因有功于王室，邾获封一子为附庸的殊荣。可见，邾武公时其国力与鲁国当在伯仲之间。后来，虽然邾之疆邑被鲁蚕食而国力日衰，但直至鲁哀公七年时仍有"邾赋六百乘"的记载，仅次于"鲁赋八百乘"，成为三邾中唯一可与鲁国抗衡者。正如童书业所说："邾之国力亦稍次于鲁而已。"⑤ 另外，据学者统计，目前出土的春秋晚期的有铭乐钟，邾是山东古国中最多的国家，⑥ 说明邾之礼乐文明较为发达，从侧面亦反映了邾国应有不俗的实力。因此，我们不能将邾笼统地以小国视之。

《春秋经》中称人之国甚多，其中不乏霸主国。鲁隐公十年"翚帅师会齐人、郑人伐宋。"这里的齐人、郑人实指齐僖公、郑庄公。鲁庄公十三年，"齐侯、宋人、陈人、蔡人、邾人会于北杏。"除霸主齐称爵外，宋、陈、邾之君皆称人。亦有非君称人者，如鲁成公二年"公及楚人、秦人、宋人、陈人、卫人、郑人、齐人、曹人、邾人、薛人、鄫人盟于蜀。"(《春秋经·成公二年》)鲁襄公三十年"晋人、齐人、宋人、卫人、郑人、曹人、莒人、邾人、滕人、薛人、杞人、小邾人会于

---

① 杨伯峻编著：《春秋左传注》，中华书局2016年版，第44页。
② 杨伯峻编著：《春秋左传注》，中华书局2016年版，第153页。
③ （晋）杜预注，（唐）孔颖达疏：《春秋左传正义》，（清）阮元校刻：《十三经注疏》，中华书局1980年版，第1758页。
④ 王献唐：《春秋邾分三国考　三邾疆邑图考》，齐鲁书社1982年版，第2页。
⑤ 童书业：《春秋左传研究》，上海人民出版社2019年版，第73页。
⑥ 朱晓芳：《齐鲁金声——山东地区两周乐钟研究》，上海古籍出版社2016年版，第219—228页。

澶渊。"（《春秋经·襄公三十年》）可见并非仅"国小称人"。

观《春秋经》对君主之称谓，通常情况下有爵者多书爵，形式多为国、爵共称，亦有国、爵、名三者并称者，如卫侯毁；无爵者多称字或名，如邾仪父。然"某人"亦用于对国君之称呼，如多称秦、楚两国之君为秦人、楚人。邾、牟为附庸，葛为伯爵，《春秋经》桓公十五年均直书"某人"，极可能因三国政治地位不高，鲁对他们的轻视。

鲁庄公十六年直书"邾子克卒"。晋杜预注："称子者，盖齐桓请王命以为诸侯。"①《谷梁传》载："其曰子，进之也。"晋范甯曰："附齐而尊周室，王命进其爵。"②

清钟文烝补注曰："至是爵命于周则进矣。"③ 此时称"邾子"，说明邾君已有爵位。那么邾之爵位是何时获得，又是在怎样的条件和契机下晋升的呢？霸政时期，邾要立足于社会就必须寻求霸主的庇护，所以邾附齐、勤王、受封是完全可能的。要得到周王的册封，邾和霸主齐必须具备相应的条件，即邾依附霸主勤王且多建功勋、霸主齐具备一定的实力与号召力。

鲁桓公十八年至鲁庄公十二年间，邾之活动不见载，那么在此期间有无受封的可能呢？我们认为可能性极小。

首先，齐桓公即君位正值鲁庄公九年，此时齐国因内乱而元气大伤，且齐、鲁矛盾尖锐，如齐桓公即位的第二年，爆发了齐鲁长勺之战且齐国战败，显然不具为之请王命的条件。齐桓公为提升国力和政治地位，广泛笼络中原诸侯，联姻便成为重要的手段。鲁庄公十一年，齐桓公娶王姬，并亲迎示好于周，从而强化与周王室的联系。此外，齐桓公亦与鲁、徐、蔡、卫、郑、宋等国通婚。鲁庄公九年至鲁庄公十二年是齐桓公积蓄力量的重要时期，而非霸政时期，因此我们认为齐虽已在诸侯国中崭露头角，但并未成为名副其实的伯主。

其次，春秋初期，宋、鲁对邾构成重要威胁，邾与两国矛盾尖锐，

---

① （晋）杜预注，（唐）孔颖达疏：《春秋左传正义》，（清）阮元校刻：《十三经注疏》，中华书局1980年版，第1772页。

② （东晋）范甯集解，（唐）杨士勋疏：《春秋谷梁传注疏》，（清）阮元校刻：《十三经注疏》，中华书局1980年版，第2384页。

③ （清）钟文烝撰，骈宇骞、郝淑慧点校：《春秋谷梁经传补注》，中华书局1996年版，第184页。

时常爆发战争。如鲁隐公五年邾、郑伐宋，鲁隐公七年鲁为宋伐邾，鲁桓公八年鲁伐邾，鲁桓公十七年邾遭鲁、宋、卫三国征伐受到重创，此后的十多年间不见载。这给了我们一个信息，即邾的生存异常艰辛，且此时极可能并未追随于齐。此后，邾君揣摩生存之道，即"附齐、制鲁、抗宋、晋升"。

事实证明的确如此，此后邾开始转变外交策略，积极依附霸主。一些国家更是将命运寄托在霸主身上。① 在众多国家中，邾犹为甚，李琪在《春秋王霸列国世纪编》中云："考之经二百余年，小国之睦于交邻，谨于事伯，最为有常者，莫邾若也。"② 且当宋、鲁均对邾构成威胁时，追随霸主齐是其生存的前提。

北杏之会，齐桓公"以诸侯而主天下之盟会，以此为始"③。《谷梁传》云："桓非受命之伯也。"④ 春秋之时，方伯之身份是需周王认可的，未得周王之认可者"名不正，则言不顺；言不顺，则事不成"⑤。显然此时齐桓公亦不具备条件。

北杏之会至鲁庄公十六年正值齐桓霸政时期，齐桓公已是名副其实的"伯主"，并开始彰显霸权，如鲁庄公十四年齐桓公请周师平宋，鲁庄公十五年再次召集盟会等，足见此时齐国已具有较强的号召力。特别是周王应齐桓公之请参与平宋，说明在周王眼中齐已不同于其他诸侯国，齐桓公方伯身份极可能已得到了周王认可。齐桓公"名""实"皆具，所以此时是最有可能为邾请王命的。

从邾在春秋经中出现的次数来看，自鲁隐公元年到鲁庄公十二年的40余年中仅出现了6次；从北杏之会至鲁庄公十六年的4年中就出现了3次。自北杏之会邾出现在《春秋经》中的频率增加，这极可能是受爵封后邾之地位提高，才会如此活跃，《春秋经》对邾国的记载才会较之前增多。

---

① 郭克煜：《邾国历史略说》，载刘敦愿、逄振镐编《东夷古国史研究》第一辑，三秦出版社1988年版，第251页。
② 李琪：《春秋王霸列国世纪编》，文津阁四库全书本，第266页。
③ 杨伯峻编著：《春秋左传注》，中华书局2016年版，第210页。
④ （东晋）范甯集解，（唐）杨士勋疏：《春秋谷梁传注疏》，（清）阮元校刻：《十三经注疏》，中华书局1980年版，第2383页。
⑤ 刘宝楠撰，高流水点校：《论语正义》卷16《子路》，中华书局1990年版，第521页。

另外，在《春秋》经、传中，郳受爵封前多称名，受爵封后多称爵，如自鲁庄公十六年书"郳子克卒"后，其余五君亦称"郳子某卒"。爵封后郳君朝鲁6次，均书"郳子来朝"，郳与诸侯国会盟时亦多称爵。

我们再从小邾受爵封的角度分析，同为附庸的郳与小邾均由齐桓公为之请王命受封，文献中有明确的记载。西周晚期郳因有功于周王，获封一子为附庸的殊荣，小邾便以附庸身份诞生了。小邾无论从实力上，还是地位上均略逊于母国。夹缝中生存的小邾，以母国为榜样，积极地追随霸主齐"勤王造勋"，终得齐桓公为之请王命晋升子爵。无疑小邾封爵是略晚于郳的，经考证小邾受封的上限为鲁庄公十五年（前679），下限为鲁僖公七年（前653）。[①] 郳受封的下限应为小邾受封之上限，所以其晋升时间推定为北杏之会即鲁庄公十三年（前681）至鲁庄公十五年（前679）年，更精确的时间要待新的出土资料的出现。

三　郳立国反映的周王权问题

春秋时期，王室衰微、霸权迭兴，周王权威受到了前所未有的挑战。鲁国国史《鲁春秋》等传世文献均多着墨于周王失权，王权衰微亦被历代学者所关注。近年来，随着出土文献的刊布以及考古工作的全面开展，周王所具之权与威成为学界的重要关注点。我们从郳的立国或可以补证这一问题。

郳在周公东征后，因功受封为附庸。郳因附庸身份没有资格直接向天子尽义务，当然亦不能直接获得周王的册封，最终选择了首建霸业的齐桓公为其晋升的跳板。郳积极地追随齐桓公"建业"和"尊王"，终得齐桓公为之请王命受封。可以说，无论是郳受封为附庸，还是晋升为子爵国，均以"尊王造勋"为前提，周王是其立国的关键。正因得到了周王的册封，郳才能名正言顺摆脱附庸身份，成为合法的诸侯国。

霸权填补了王权跌落所形成的政坛空旷，[②] 霸主似乎成为凌驾于周王之上的存在，然尊王并获得周王之认可是霸主称霸的前提，而周王未

[①] 李爱玲：《"小邾"何以立国》，《中国社会科学报》2020年9月23日第10版。
[②] 晁福林：《论春秋霸主》，《史学月刊》1991年第5期。

成为霸主的附庸。① 齐桓公亦是如此。在册封诸侯国问题上齐桓公只能请王命为之，这虽为齐桓称霸的策略之一，但不排除身为霸主的齐桓公是没有册封权的。这证明了册封权为周王独有，亦是春秋时期周王共主地位的重要表征。

邾"尊王受封"并非孤例，小邾便完全模仿了其母国，其晋升过程与邾如出一辙。秦的成功立国，亦是周王共主地位的铁证。殷周鼎革之际，由于恶来始终与周为敌，致使秦人周后很长一段时间未受到周王重视。秦人抓住机会"尊王建功"，如抗戎、助周东迁，终获周王"赐予立国之命"。由秦成功立国可以看出，周王的认可与册封是其立国的关键。

春秋时，小宗代大宗而立异常艰辛，郑、晋两国的大小宗之争是当时的经典案例。郑国小宗共叔段深受其母武姜的喜爱，武姜先是为其争取太子之位，争立失败后又为之得到大邑"京"为封地，竭力助其夺位。正统继承人庄公虽亦为武姜之子，但并不得武姜所爱，清华简《郑武夫人规孺子》中便有相关记载。简文载武姜之言曰："今吾君即世，孺子汝毋知邦政，属之大夫。"② 可以看出，武夫人极力阻止庄公的顺利登基理政。③ 共叔段虽有了"如二君"④ 的地位，但仍以失败告终，个中缘由学者已详论之。⑤ 我们认为共叔段未得周王之认可是其失败的重要因素。

与共叔段结局截然相反的是曲沃小宗成功代翼。在晋国的大小宗之争中，周王起到了决定性作用。晋大宗在周王的支持下，抵抗住了曲沃小宗的多次攻伐。曲沃小宗因未得到周王之认可，即使杀多位晋君之后亦未夺权成功。曲沃庄伯更是在即将胜利之际因周王立场的转变而走向失败。曲沃历经三代、历时六七十年，终领悟出"尊王求封"这一诀

---

① 晁福林：《论春秋霸主》，《史学月刊》1991年第5期。
② 清华大学出土文献研究与保护中心编，李学勤主编：《清华大学藏战国竹简》陆，中西书局2016年版，第104页。
③ 李守奎：《〈郑武夫人规孺子〉中的丧礼用语与相关的礼制问题》，《中国史研究》2016年第1期。
④ （晋）杜预注，（唐）孔颖达疏：《春秋左传正义》，（清）阮元校刻：《十三经注疏》，中华书局1980年版，第1716页。
⑤ 白国红：《〈春秋〉"郑伯克段于鄢"史事新论——以共叔段为中心的考察》，《历史教学》2020年第4期。

窃，曲沃武公"尽以其宝器赂献于周釐王"，① 终因争取到了周王对其身份的认可而成功立国。从两国小宗夺权的结局，我们不难看出周王的认可才是成功上位的关键。

随州枣树林曾国贵族墓地 M190 出土了曾公畋编钟，据目前所见考古资料，曾国之君多称"曾侯"，曾公畋是最早的曾国"公"爵。诸侯爵位非周王不能动，② 曾公畋正是得到了周襄王的赐命才得以升爵为公，③ 这是春秋时期周王依然握有册封权的证据之一。

此外，周王在会盟中的座次居前④和诸侯国采用周天子纪年等亦是其共主身份的体现，春秋时期各国采用天子纪年是较为普遍的，⑤ 除文献外铭文中亦多有体现。⑥

战国时期，周王室虽已日薄西山，但余晖仍存，三晋立国和田氏代齐因周王的册封最终成功便可说明问题。骉羌钟铭和秦封宗邑瓦书铭中亦多处彰显周王之余威。骉羌钟铭"征秦迮齐"这一行动应是假托王命，故要昭于天子，⑦ 天子之威仍及于列国诸侯及大夫。骉羌因军功获赐于天子，亦被时人视为荣耀之事，⑧ 所以骉羌要载之于铭。而铭文"用明（命）"的直接发出者很可能就是身居天王之位的周威烈王。⑨ 秦封宗邑瓦书铭第一部分为天子使卿大夫赐秦文武胙，第二部分是封歇宗邑。铭文将前后无涉的两件事同书，盖秦受周王之赐是无上殊荣之事，为彰显其荣故书之瓦书。⑩ 从大事铭器的角度看，亦能体现此事之重

---

① （汉）司马迁：《史记》卷39《晋世家》，第1982页。

② 郭长江、凡国栋、陈虎、李晓杨：《曾公畋编钟铭文初步释读》，《江汉考古》2020年第1期。

③ 杨理胜：《曾公求编钟铭文所见春秋周王赐命制度补论》，《江汉考古》2021年第2期。

④ 学者认为，周王权威虽降但共主地位未变，盟会中周天子的座次居于前列。见罗银川《论东周时期盟会的社会功能》，《晋阳学刊》2004年第4期。

⑤ 叶正渤：《金文历朔研究》，上海古籍出版社2016年版，第264页。

⑥ 如春秋早期器晋姜鼎铭云："唯王九月乙亥"（《集成》2826），春秋晚期器邵黛钟铭云："唯王正月"（《集成》225—237）等。

⑦ 董珊：《清华简〈系年〉与骉羌钟对读》，载董珊《简帛文献考释论丛》，上海古籍出版社2014年版，第98页。

⑧ 谢乃和：《高青陈庄〈引簋〉与周代军制》，《管子学刊》2015年第3期。

⑨ 杨蒙生：《骉羌编钟铭文与清华简〈系年〉》，上海古籍出版社2020年版，第72页。

⑩ 汪中文：《秦封宗邑瓦书文补释》，台湾师大国文系、中国文字学学会编著：《鲁实先先生学术讨论会论文集》，台北：万卷楼图书有限公司1993年版。

要性。

由上可知，春秋时王权虽衰，但周王共主地位未变。直至战国之时周王之余威仍在，册封权仍被卿大夫乃至诸侯所重视。我们应正视周王所具有的权与威。

结　语

西周时，邾因助周公平乱有功，受封为附庸。春秋初期，邾适时地调整外交策略，积极追随霸主齐"勤王造勋"，终在鲁庄公十三年（前681）至鲁庄公十五年（前679）得周僖王册封成功晋升。邾的立国过程反映出，春秋初期册封权为周王独有，而"王命"是晋升的唯一合法途径。

邾的成功立国，有助于我们认识春秋初期的政治制度和政治格局。王权与霸权相互依存、相互制约，霸主合法地位的获得与霸权的行使，需以"尊王"为手段进而获得周王之认可。周王通过独有的权力彰显"共主"之身份，说明春秋时周天子在政权结构中仍有一定的地位与作用。

（李爱玲，石家庄学院文学与历史学院讲师）

清华简《芮良夫毖》所见"国人暴动"之社会背景探析

李金璇

"国人暴动"是西周王朝统治上的一次重大危机,直接导致了长达十四年的共和行政,使王统中断,成为西周由盛而衰的转折点。重大事件的背后往往有着复杂的社会背景,所以弄清"国人暴动"的社会背景对于了解暴动的发生具有重要意义。过去由于材料的匮乏,此方面的研究长期以来没有得到很好的发展,直到 2012 年清华简《芮良夫毖》的面世,才为相关研究带来了新的契机。

《芮良夫毖》记载的是芮良夫对厉王的劝诫之辞,一经发布就受到了学者们的广泛重视,涌现了不少优秀的研究成果。但是学者们多年来的关注点往往集中在简文的整理与释读、文本的性质、"毖"的体例以及简文的年代等方面。对于简文反映的社会情况,也有部分研究成果,如杜勇先生在《多重文献所见厉世政治与厉王再评价》[1]一文中,通过《芮良夫毖》中的记载论述了厉王时期的政治危机,对厉世的战争情况与专利政策也做了详细的探讨,并评价了周厉王其人。程薇女士的《清华简〈芮良夫毖〉与周厉王时期的外患》[2]一文阐述了周厉王统治时期面临着严重外患的局面。王坤鹏先生的《清华简〈芮良夫毖〉学术价值新论》[3]中也对简文背后的史事背景进行了一定的分析。张巧巧女士

---

[1] 杜勇:《多重文献所见厉世政治与厉王再评价》,《历史研究》2017 年第 1 期。
[2] 程薇:《清华简〈芮良夫毖〉与周厉王时期的外患》,载李学勤主编《出土文献》第三辑,中西书局 2012 年版。
[3] 王坤鹏:《清华简〈芮良夫毖〉学术价值新论》,《孔子研究》2017 年第 4 期。

《从清华简〈芮良夫毖〉看厉世之治》[①]一文,在前人基础上,对周厉王时期的政治情况做了更进一步的梳理。虽然以上学者对周厉王统治时的社会背景进行了精彩的论述,但是由于各自的侧重点不同,在某些具体问题上探讨得还不够细致深入。因此,在《芮良夫毖》这一篇简文上仍然还有再进一步研究的必要,从而深化前人的研究成果,使相关问题的论证更加全面可靠。

一 《芮良夫毖》的作者、年代再探讨

在使用出土文献时,必须先弄清所述内容的作者身份和所属年代,只有这样才能保证史料的真实性,才能放心地对其进行深入的研究探讨。对于《芮良夫毖》的研究自然也应如此,且《芮良夫毖》的作者与年代的确存在着一定的争议。因此,我们在对《芮良夫毖》进行进一步发掘讨论之前,有必要说明其作者身份及简文内容的年代问题。

关于简文作者的身份,学界普遍认为,《芮良夫毖》的作者应为周厉王时期的贤臣芮良夫,他本是畿内封国芮国的封君,后进入周王朝出任王官,以忧心国事、劝谏厉王而青史留名。与他相关的文献还有《诗经·大雅·桑柔》(以下简称《桑柔》)、《逸周书·芮良夫》以及《国语·周语上》等。但是,关于《芮良夫毖》的作者,学界还有另外几种声音值得我们注意。

有学者认为,《芮良夫毖》的作者与《桑柔》的作者芮良夫并非一人,而是当时的一位低级官员;[②] 也有学者认为,《芮良夫毖》为战国时人的托古之作,作者自然不会是西周贤臣芮良夫。[③] 这些拥有"不同声音"的学者们的主要依据为:一是认为《芮良夫毖》与《桑柔》二者对戎祸的认识有差异,《芮良夫毖》对寇戎为患深感忧虑,而《桑柔》却未提寇戎为患的问题,说明二者在时政问题上的关注点不同;二是《芮良夫毖》与《桑柔》的写作风格及写作水平不一致,

---

[①] 张巧巧:《从清华简〈芮良夫毖〉看厉世之治》,《烟台大学学报》(哲学社会科学版) 2020 年第 5 期。

[②] 杜勇:《多重文献所见厉世政治与厉王再评价》,《历史研究》2017 年第 1 期。

[③] 曹建国:《清华简〈芮良夫毖〉试论》,《复旦学报》(社会科学版) 2016 年第 1 期。

如代词的使用、引诗情况以及词句的工整等方面；三是认为《芮良夫毖》简文中透露出作者无法直接向周厉王进谏的现象，如"心之忧矣，靡所告怀"以及"朕惟冲人，则如禾之有稺，非豰哲人，吾靡所援□诣"等，且措辞的严厉程度也无法与《桑柔》等材料相比，说明了作者地位有别；四是认为《芮良夫毖》中的重刑、尚贤思想与西周晚期的时代不符，且在对天文知识的掌握、文体以及用韵方面也与西周不甚吻合，从而判定该篇成于战国中期以后，且为战国时人的托古之作。

笔者认为，清华简《芮良夫毖》的确是西周晚期芮良夫对周厉王的劝诫之辞，与《桑柔》为同一作者。首先，《桑柔》并非没有提到寇戎为患这一现象。"四牡骙骙，旟旐有翩。乱生不夷，靡国不泯。民靡有黎，具祸以烬。于乎有哀，国步斯频。"① 讲的就是战争给社会带来的祸乱不息，导致民众多死于祸乱，不复从前的众多，并感叹国家的命运已经十分地危急。"四牡骙骙，旟旐有翩"描绘的就是军队出征时马匹奔腾，旌旗翻飞的景象。此外，《桑柔》还有"自西徂东，靡所定处。多我觏痻，孔棘我圉"② 一句，讲的是周王朝自西到东，没有能安身的地方，诗的作者见到了许多灾难，边疆的局势非常吃紧。"圉"为边疆之义，与《左传》隐公十一年"亦聊以固我圉"可互相发明。在西周，周王室为天下共主，拥有无上的威严，得众诸侯国拥护，因此，当时与周王朝作战的只能是周边的寇戎，且史料记载的情况也的确如此。可见《桑柔》篇不仅提到了周王朝寇戎为患的情况，还对此祸患进行了着重的描写。

其次，在写作风格方面，《芮良夫毖》与《桑柔》二者之间有差异并不足以说明其作者写作水平不等。"毖"作为一种新发现的文体，其性质到底是属于《诗经》类文献还是《尚书》类文献或者是其他类型，到现在还没有定论。如《芮良夫毖》的整理者赵平安先生认为其应属于《尚书》类文献。③ 陈鹏宇先生考察《芮良夫毖》可能是献诗制度下

---

① （晋）郑玄注，（唐）孔颖达疏：《毛诗正义》，（清）阮元校刻：《十三经注疏》本，中华书局1980年版，第558页。
② （晋）郑玄注，（唐）孔颖达疏：《毛诗正义》，（清）阮元校刻：《十三经注疏》本，中华书局1980年版，第559页。
③ 赵平安：《〈芮良夫毖〉初读》，《文物》2012年第8期。

芮良夫呈进的一篇规谏性质的作品，类似后世谏臣的表奏。① 姚小鸥先生则认为《芮良夫毖》为《诗经》类文献。② 即使《芮良夫毖》可以归为《诗经》类文献，学界对它性质的争论也反映了它与一般的"诗"不同，具有独特性。因此，《芮良夫毖》与《桑柔》在写作风格上存在不同是正常的现象。

再次，在措辞方面出现的不同可能与《芮良夫毖》和《桑柔》的写作背景有关。《芮良夫毖》作于"国人暴动"发生之前，此时周厉王正在施行严厉的"弭谤"政策，时人自然不敢大肆言论，忧心国政的芮良夫在劝谏的同时小心发言是符合当时形势的。而《桑柔》作于厉王被逐之后，周厉王此时大势已去，"弭谤"政策也随之消散，芮良夫对周王朝的政变痛心疾首，措辞严厉也是情理之中。

最后是关于《芮良夫毖》所属年代的问题，主要围绕"重刑"和"尚贤"的思想以及文体、用韵等方面。关于这些问题，已经有学者进行过细致的论述。③ 总的来说，就是《芮良夫毖》简文中对德刑的叙述并不是后世强调的"重刑"，而是"慎刑"，这是西周早期就有的德刑观念。而"尚贤"思想在简文中也并未提及，所提到的"迪求圣人"等内容与战国时期"尚贤"的思想并不相同。"圣人"一词在《桑柔》中也有出现，"维此圣人，瞻言百里"说的是圣人十分有远见，下一句的"维此良人，弗求弗迪"中的"良人"与"圣人"同义，讲的是圣人不能奢求求取，与《芮良夫毖》中"迪求圣人"用法一致。至于文体、用韵等问题，如前文所述，由于"毖"这一体裁的特殊性，与同时期传统的文体相比存在一定差异是不足为奇的。

综上所述，清华简《芮良夫毖》的作者为西周厉王时期的贤臣芮良夫，简文内容为芮良夫对周厉王的劝诫之辞是完全可信的。且"《芮良夫毖》有谏阻专利和弭谤的内容，由此可以推断《芮良夫毖》大约写作于厉王在位的最后几年，真实地反映了当时的社会状况。"④ 也就是

---

① 陈鹏宇：《清华简〈芮良夫毖〉套语成分分析》，《深圳大学学报》（人文社会科学版）2014年第2期。
② 姚小鸥：《〈清华大学藏战国竹简·芮良夫毖·小序〉研究》，《中州学刊》2014年第5期。
③ 王坤鹏：《清华简〈芮良夫毖〉学术价值新论》，《孔子研究》2017年第4期。
④ 杜勇：《多重文献所见厉世政治与厉王再评价》，《历史研究》2017年第1期。

说，我们使用《芮良夫毖》来探索"国人暴动"发生时的社会背景是真实可靠的。

二 "寇戎方晋"——外部形势的严峻

清华简《芮良夫毖》开篇指出芮良夫作毖时的社会背景"周邦聚（骤）又（有）褙（祸）"①，《说文解字注》中指出"骤"字"古则为屡然之词"，说明当时周王朝多有祸患。紧接着，"寇（寇）戎方晋"被首先提出，可见是当时社会上的重要问题。"寇戎"，清华简整理者谓"来犯之戎"。"晋"，整理者指出为"进长"之意。"寇戎方晋"即指戎人来犯周王朝的情形日益严重。众所周知，古代有东夷、西戎、南蛮、北狄这样的说法。实际上，蛮、夷、戎、狄最初只是华夏族对周边民族的泛称，彼此之间并没有太清楚的界限，"寇戎方晋"显示的就是周厉王时期周王朝与周边民族之间紧张严峻的形势。

在传世文献中，对于周厉王时期戎夷交相入侵的紧张局势也有相关的记载，同为芮良夫所作的《诗经·大雅·桑柔》篇中有"多我觏痻，孔棘我圉"②一句，意为"我们遭遇到很多灾祸，我们的边境情况十分紧张"，与清华简《芮良夫毖》中的"周邦骤有祸，寇戎方晋"③正好对应。除此之外，还有《史记·秦本纪》载"秦仲立三年，周厉王无道，诸侯或叛之。西戎反王室，灭犬丘大骆之族"④，《帝王世纪》载"自厉王失政，猃狁荆蛮，交侵中国，官政隳废，百姓离散"⑤，《古本竹书纪年》载"厉王无道，戎狄寇掠，乃入犬丘，杀秦仲之族。王命伐戎，不克"⑥等。多种文献的记载反映了厉王时期的确面临着严峻的外部形势。

---

① 清华大学出土文献研究与保护中心编，李学勤主编：《清华大学藏战国竹简》（叁），中西书局2012年版，第145页。
② （晋）郑玄注，（唐）孔颖达疏：《毛诗正义》，（清）阮元校刻：《十三经注疏》本，中华书局1980年版，第559页。
③ 清华大学出土文献研究与保护中心编，李学勤主编：《清华大学藏战国竹简》（叁），中西书局2012年版，第145页。
④ （汉）司马迁：《史记》卷5《秦本纪》，中华书局1959年版，第178页。
⑤ 《太平御览》卷85《皇王部十》引。
⑥ （南朝宋）范晔：《后汉书》卷117《西羌传》引，中华书局2016年标点本，第2871页。

清华简《芮良夫毖》所见"国人暴动"之社会背景探析

厉王时期严峻的外部局势具体表现为东南和西北两个方向的战争。关于东南方向的战争，多件青铜器铭文都有记载：

> 翏生盨载："王征南淮夷，伐角、津，伐桐、遹……"（《集成》4460）
> 虢仲盨盖载："虢仲以王南征，伐南淮夷……"（《集成》4435）
> 应侯视工鼎载："用南夷卢，敢作非良，广伐南国。"[1]
> 禹鼎载："用天降大丧于下国，亦唯鄂侯驭方率南【淮】夷、东【尸】广【伐】南国东国，至于历内……"（《集成》2834）

以上青铜器判定为厉王时期在学界已经比较确定，在此无须赘述。在目前发现的出土文献十分有限的情况下，还有如此多条厉王时期与南夷、淮夷等地区的战争铭文记载，可见当时东南地区战争的频繁。而"用天降大丧于下国"等记载则透露出周王朝在战争中应对无力的状态。东南方向的战争已经让周王朝压力颇大，但是这还不是全部，西北方向的猃狁等戎狄也来势汹汹，给本就紧张的王朝外部形势雪上加霜。关于西北方向的战争，有如下记载：

> 多友鼎载："唯十月，用獫狁放興，广伐京师……"（《集成》2835）
> 《史记·秦本纪》载："秦仲立三年，周厉王无道，诸侯或叛之。西戎反王室，灭犬丘大骆之族。"[2]
> 《古本竹书纪年》载："厉王无道，戎狄寇掠，乃入犬丘，杀秦仲之族。王命伐戎，不克。"[3]

虽然目前可见的有关西北方向战争的记载比东南方向的记载略少，

---

[1] 铭文转引自陈鹏宇《西周厉王时期战争铭文的对比研究》，《中国国家博物馆馆刊》2014年第7期。
[2] （汉）司马迁撰：《史记》卷5《秦本纪》，第178页。
[3] （南朝宋）范晔：《后汉书》卷117《西羌传》引，中华书局2016年标点本，第2871页。

617

但是对周王朝的威胁很大,不容小觑。如多友鼎铭文所记,玁狁已经"广伐京师",在青铜器铭文中,"广伐"指外族入侵,① 因此可知玁狁已经入侵京师。再如《史记·秦本纪》所记的"灭犬丘大骆之族"及《古本竹书纪年》所记的"乃入犬丘,杀秦仲之族。王命伐戎,不克"。犬丘距离宗周不远,西戎攻入犬丘并灭人家族,可见其势力的强盛已能对周王朝造成严重威胁。有学者指出:"东方'夷患'固然可怕,然而西方'戎祸'则更为恐怖,前者是'肘腋之患',不可忽视,后者则是'心腹大患',需要严加防范。"② 确实如此。

通过上述内容可知,厉王时期周王朝处于东南和西北两个方向的多处夹击之中,形势十分严峻,战争相当频繁。众所周知,战争对于国家的消耗巨大,再加上当时厉王的无道与各种社会问题交织在一起,无疑为最后"国人暴动"的爆发埋下重大隐患。

三 "恒争于富"——贵族统治阶层的失职

如前文所述,战争已使周王朝国库空虚,人民苦不堪言,作为周王朝的统治者们,理应更加兢于职守,团结起来安抚民众,协力稳定统治。然而根据清华简《芮良夫毖》所透露出的内容上看,现实中统治者的作为却与理想中的状态恰恰相反,他们在当时的一个明显表现就是"恒争于富"。清华简《芮良夫毖》记载:

> 厥辟、御事各营其身,恒争于富,莫治庶难,莫恤邦之不宁。③

厥辟:意为"其主",清华简整理者认为此处指周厉王。"辟"在同时期的《诗经·大雅·荡》中亦有出现,"荡荡上帝,下民之辟"中的"辟"也是"君主"之义,因此认为"厥辟"指周厉王应当是合理

---

① 陈梦家:《西周铜器断代》,中华书局2004年版,第230页。
② 陶兴华:《衰落与崛起——关陇区域周秦势力兴替研究》,博士学位论文,复旦大学,2014年。
③ 清华大学出土文献研究与保护中心编,李学勤主编:《清华大学藏战国竹简》(叁),中西书局2012年版,第145页。

清华简《芮良夫毖》所见"国人暴动"之社会背景探析

的。御事：整理者认为"此处当指荣夷公之辈"①。然观《尚书》等文献记载，"御事"应为主政官员的概括性称呼。如《尚书·牧誓》中"我有邦冢君、御事、司徒、司马、司空、亚旅、师氏、千夫长、百夫长……"②除此之外，《大诰》《酒诰》《梓材》《召诰》《洛诰》《顾命》等《尚书》篇章都有"御事"的出现，刘起釪先生认为："它与庶士、多士、尹氏、百官并列，分别概指一类官职，不像司徒、司马、小子、少正、虎臣等确切指某一具体官职。"③综合分析，笔者认同刘起釪先生的观点，将"御事"理解为主政的官员群体更为合适。故清华简《芮良夫毖》的此处记载可译为："周厉王与主政官员们各自营治自身，长久地争夺财富，不治理众多的危难，不忧虑周邦的不安宁。"这句话作为芮良夫作毖时的背景出现，真实地反映了当时的社会状态。

"恒争于富"这四个字尤其值得关注。周厉王的"专利"政策是"国人暴动"发生的重要原因可谓学界共识，而"专利"政策是周厉王欲改善王室经济的举措，可以说是周厉王"敛财"的一种行为，与清华简《芮良夫毖》所提到的"恒争于富"正好相符。但是，简文不仅提到了"厥辟"，还提到了另外一个重要的群体——御事，也就是主政的百官，这是更加值得关注的。这说明不仅周厉王为了积累财富而有"敛财"的行为，当时的王朝主政官员也是如此。《芮良夫毖》中还反映了贵族官员们因争夺财富而产生了不和之象，简文提到"兄弟慝矣，恐不和均，屯圆满溢，曰予未均"④。意为：兄弟相怨恶，唯恐不能调和，自己已经丰盈满溢，还说"布施得不均匀"，可见当时贵族之间关系之不和。西周贵族之间关系不和的现象也屡见于传世文献，《诗经·大雅·板》是凡伯借批评同僚为名来劝诫周厉王的诗篇，其中"天之方难，无然宪宪。天之方蹶，无然泄泄。辞之辑矣，民之洽矣。辞之怿矣，民之莫矣"。一句所讲述的就是天降灾难，同僚之间要和顺相处，人民才能融洽勉力。由于这是凡伯劝诫同僚的言论，所以可以看出当时

---

① 清华大学出土文献研究与保护中心编，李学勤主编：《清华大学藏战国竹简》（叁），中西书局2012年版，第145页。
② 顾颉刚、刘起釪：《尚书校释译论》，中华书局2005年版，第1095页。
③ 顾颉刚、刘起釪：《尚书校释译论》，中华书局2005年版，第1386页。
④ 清华大学出土文献研究与保护中心编，李学勤主编：《清华大学藏战国竹简》（叁），中西书局2012年版，第145页。

贵族官僚之间的关系并不和睦。《诗经·大雅·桑柔》中也有"朋友已谮，不胥以穀"的记载，西周时期的"朋友"指的是同族兄弟，因此这句诗所展现的正是同族兄弟之间互相欺骗，不相友善的景象。同族兄弟之间关系尚且如此，不同族的官员之间的关系可想而知。

周王及百官"恒争于富"与他们之间恶劣的关系给当时社会带来了十分消极的影响，主要是因为他们长久地争夺财富而"莫治庶难，莫恤邦之不宁"①。㝬盨铭文在记载"国人暴动"的同时反映了此现象："……有进退□雩邦人、正人、师氏人，有辠罪有辜，乃协倗即汝，乃䛐宕，俾复虐逐厥君、厥师，乃作余一人咎。"② 对于此记载，郭沫若先生解释为："上级之有司平时怠于政事，不善检束，待到欲于僚属有所进退，以及下属民众有罪有辜时，乃谴属员奉闻于㝬，已仍淫怠，复使僚属民众终至猖獗，至有逐君逐师之事。"③ 可见暴动发生之前的王朝主政官员怠于政事现象已经十分严重，存在着失职的行为，正是清华简《芮良夫毖》所说的"莫治庶难，莫恤邦之不宁"。

通过分析我们可以看出，周厉王时期王朝的主政官员"恒争于富"，在治理国家方面，不理政事、不顾国之危难；在宗族内部方面，兄弟相怨，彼此不满。这些统治阶级官员的严重失职再加上周边战争的频繁发生，导致周王朝社会动荡不安，民不聊生，而"国人暴动"正酝酿其中，风雨欲来。

四 "德刑不齐"——厉王的暴虐昏庸

周厉王的"专利"政策虽是"国人暴动"的导火索，但是从经济方面来看，厉王的出发点无疑是想要发展王室经济，只不过由于他自身"德刑不齐"，导致政策问题颇多，扰乱了常道，落得了被逐于彘地的悲惨下场。

清华简《芮良夫毖》作为芮良夫对周厉王的劝诫之辞，自然不会出

---

① 清华大学出土文献研究与保护中心编，李学勤主编：《清华大学藏战国竹简》（叁），中西书局2012年版，第145页。
② 中国社会科学院考古研究所编：《殷周金文集成（修订增补本）》，中华书局2007年版，第2878页。
③ 郭沫若：《两周金文辞大系图录考释》，上海书店出版社1999年版，第141页。

现直指厉王暴虐昏庸的语句，但是作为劝诫的话语，所说的应当都是有目的性和针对性的，所以我们可以从芮良夫的话语中发现周厉王的一些问题，主要有以下几个方面。

（一）不顾"听民"

在芮良夫劝诫的部分中，首先提到"载听民之䌛，间隔若否，以自訾讟。"① 整理者认为，"䌛"即"繇"道也。这句话的大意是芮良夫劝诫厉王要注意听取民众言论这一道理，不要与民众有距离，使自己最终被民众的言论所毁。联系到周厉王"弭谤"的行为，可知这是芮良夫对于厉王"钳口"行为的提醒。劝诫厉王重"听"之道的材料，在同时期的其他传世文献中也多见，如《国语·周语上》中召公对厉王说："防民之口，甚于防川。……故天子听政，使公卿至于列士献诗，瞽献曲，史献书，师箴，瞍赋，矇诵，百工谏，庶人传语，近臣尽规，亲戚补察，瞽、史教诲，耇、艾修之，而后王斟酌焉，是以事行而不悖。"② 再如召穆公刺厉王所作的《诗经·大雅·民劳》中反复提到"无纵诡随"，即提醒厉王不要听从狡诈欺骗的人。"国人暴动"发生后，芮良夫所作《桑柔》中又指出厉王"听言则对，诵言如醉。匪用其良，复俾我悖。"③ 几句话就将周厉王不用良言，最终导致民众反叛之事全然展现。种种记载说明，周厉王是一个不听众言、不顾"听道"的君主。

（二）失于"法度"

芮良夫的劝诫内容中多次提到了"法度"这个问题，有"度毋有咎""毋自纵于逸以邀，不图难，变改常术，而无有纪纲"④"其度用失营"等句。作为劝诫之内容，多次提到的地方必然是希望引起重视之处，因此可以推知周厉王很可能"法度有咎"。此外简文中还有"变改

---

① 清华大学出土文献研究与保护中心编，李学勤主编：《清华大学藏战国竹简》（叁），中西书局 2012 年版，第 145 页。
② （三国吴）韦昭注，徐元诰集解，王树民、沈长云点校：《国语集解》，中华书局 2019 年版，第 11 页。
③ （晋）郑玄注，（唐）孔颖达疏：《毛诗正义》，（清）阮元校刻：《十三经注疏》本，中华书局 1980 年版，第 560 页。
④ 清华大学出土文献研究与保护中心编，李学勤主编：《清华大学藏战国竹简》（叁），中西书局 2012 年版，第 145 页。

常术""毋害天常"等文字,可知厉王有变改常道的行为。这里的变改常道指的应当不仅仅是厉王某次改变常规的行为或政策,而是批评厉王变改常道而无有纲纪,反复无常,芮良夫在《桑柔》中刺厉王说"维彼忍心,是顾是复",即指出厉王瞻前顾后、反复无常的特点。由此可以推知,厉王实行"专利"政策过程中可能存在失于法度且反复无常等问题,这些问题可能是导致该政策失败的原因之一。

(三)"德刑不齐"

芮良夫劝诫内容中亦多次提到"德刑"问题。在道德品质方面,有"毋婪贪、讃悷、满盈、康戏而不智薔告"、①"毋自纵于逸以遨,不图难,变改常术,而无有纪纲"等。在德刑方面,有"和德定刑""曰其罚时偿,其德刑宜利,如关枑不闭,而绳断失樊"②等。虽然这些语句只是芮良夫对周厉王提出的劝诫之辞,并没有说明就是厉王存在的问题,但是在简文中,"德刑"问题被反复强调,甚至还用枑和绳等物品来进行比喻,一是说明了此问题的重要性,二是说明了此问题在当时情况下尤为值得注意。而周厉王如果善于以德刑治理国家,则不需要如此着重强调,这进而证明了周厉王在治国上确实有失策之处。

传世文献中所记载的周厉王确为德刑不齐之君,《诗经·大雅》中的《民劳》《板》《荡》《桑柔》等篇均是当时贤臣劝谏厉王之诗,在他们的诗中,厉王是个违反正道、自以为是、贪婪暴虐、不听良言、不顾天威、一意孤行之人。其中提到厉王有出尔反尔,政令不诚信的诗句值得注意,如《板》中的"出话不然,为犹未远。"讲的是厉王说出的话并没有做到,政策没有远见;还有《荡》中的"天生烝民,其命匪谌?靡不有初,鲜克有终。"反映了厉王的政令对民众没有做到诚信,有始无终。从这两处记载中可以看出,周厉王所颁布的政令存在着言行不一致的问题,政令的不诚信以及有始无终可能也是"专利"政策走向失败的原因。

---

① 清华大学出土文献研究与保护中心编,李学勤主编:《清华大学藏战国竹简》(叁),中西书局2012年版,第145页。
② 清华大学出土文献研究与保护中心编,李学勤主编:《清华大学藏战国竹简》(叁),中西书局2012年版,第146页。

在周王朝内忧外患的危机情况下，周厉王作为周王朝最高统治者，并没有担负起拯救王朝的责任，其不仅没能尽责，还采取暴虐高压的统治手段，施行危及众多民众利益的"专利"政策，为陷于危难中的统治火上浇油，终成为众人群起反对的对象。

综上所述，清华简《芮良夫毖》显示了周厉王时期王朝周边战争频繁以及统治阶级内部"恒争于富"的社会背景，而"国人暴动"正是酝酿在这种背景之下。在这危机四伏之时，周厉王没有听从贤臣芮良夫的肺腑之言，其暴虐昏庸以及"专利"政策的施行直接引发了"国人暴动"，造成了西周王朝统治的重大危机，也改变了西周王朝历史的发展方向。

（李金璇，天津师范大学历史文化学院博士生）

春秋时期 "蒐礼" 功能刍议

管金蓉

传世文献中关于蒐礼的相关记载比较零散，如《周礼》《左传》《国语》《诗经》等。学界对"大蒐礼"有一定的研究，但是未见专题性学术著作。由于时代的局限性，关于蒐礼的研究还是存在争论，如杨宽认为蒐礼具有处罚违法者、处理社会救济问题的功能，所使用的材料为楚国治兵礼与简兵，并不等同于蒐礼，仅一则材料缺乏说服力，无法证明是蒐礼的一般作用。李亚农只关注了蒐礼的军事演习和检阅的作用，对其他作用未进行探讨。春秋时期是社会大变革时代，各种礼仪随着社会发展的需要而发生变化，军事礼仪也产生了明显变化。《周礼·春官·大宗伯》记载："大田之礼，简众也。"[①] 此处所指"大田之礼"即为"蒐礼"，即进行军队的检阅，早期蒐礼将狩猎活动与军事演练相结合，但是到春秋战国时期这种情况有所改变。本文将以传统典籍所载以及出土资料为主，以探究春秋时期的"蒐礼"功能。

一 蒐礼的概念界定

蒐礼包含春蒐、夏苗、秋狝、冬狩四个部分。关于"蒐"字的定义，《尔雅·释天》解释为"春猎为蒐。"郭璞注："蒐，搜索不任（妊）者"[②]；《周礼·夏官·大司马》中"蒐，搜也。春时鸟兽孚乳，

[①] 《十三经注疏》整理委员会整理，李学勤主编：《十三经注疏·周礼注疏》，北京大学出版社1999年版，第467页。

[②] （清）阮元：《十三经注疏·尔雅注疏》，中华书局1979年版，第100页。

搜择取不孕任者，故以蒐为名。"① 可以看出"蒐"通"搜"，有搜集、聚集的意思。《说文解字》中"蒐，茅蒐，茹茅蒐，茹藘。人血所生，可以染绛。从艸从鬼。"② 可知"蒐"是一种植物。《左传·文公十八年》载："靖譖庸回，服谗蒐慝，以诬盛德。"杜预注："蒐，隐也。"③ 此处"蒐"为隐匿之意。"蒐"字意义众多，但在"蒐礼"中一般指田猎，尤其是春天的狩猎活动。

夏苗是指在夏天的田猎活动。《周礼》郑玄注："夏田为苗，择取不孕者，若治苗去不秀实者云。"④《汉书·刑法志》载"夏拔舍以苗"，颜师古注曰："拔舍，草止，不妨农也。苗，为苗除害也。"⑤ 所以夏苗的重点为治苗，狩猎为次要活动。狝是秋猎名称。《尔雅·释诂》云："秋猎为狝，应杀气也……言秋气肃杀。"杜注："狝，杀也；以杀为名，顺秋气也。"⑥ 因此狝有杀的含义。狩是冬猎名称，《周礼·夏官·大司马》孔颖达疏："释曰：云'冬田为狩，言守取之，无所择'者，对春夏言蒐、言苗有所择。又秋名狝，中杀者多，对此围守之，此又多于狝，故得守名也。"⑦ 狩有围守之义，且冬狩时火焚烧草木，一为方便田猎，二为来年庄稼长势更好。

根据蒐礼名称的来源解释可以看出，蒐礼实际上是国君借一年四季的狩猎活动来达到军事和政治目的的一种手段。春蒐、夏苗、秋狝、冬狩其实也顺应了四季节气，遵循了自然规律。

二　蒐礼的功能

《周礼》虽成书于战国甚至秦汉，其内容也存在理想化的因素，但

---

① 《十三经注疏》整理委员会整理，李学勤主编：《十三经注疏·周礼注疏》，北京大学出版社1999年版，第466页。
② （汉）许慎撰，（清）段玉裁注：《说文解字注》，上海古籍出版社1988年版，第121页。
③ 杨伯峻编著：《春秋左传注》，中华书局2016年版，第639页。
④ 《十三经注疏》整理委员会整理，李学勤主编：《十三经注疏·周礼注疏》，北京大学出版社1999年版，第772页。
⑤ （汉）班固撰，（唐）颜师古注：《汉书》，中华书局1962年版，第1082页。
⑥ 《十三经注疏》整理委员会整理，李学勤主编：《十三经注疏·尔雅注疏》，北京大学出版社1999年版，第23页。
⑦ 《十三经注疏》整理委员会整理，李学勤主编：《十三经注疏·周礼注疏》，北京大学出版社1999年版，第769页。

是对研究春秋甚至更早之前的历史有参考意义，因此"春蒐、夏苗、秋狝、冬狩"这些名称应该是真实存在的，四时田猎的名称并非"后人增添的花样"①，蒐礼在商代是有固定日期的，②集中于乙、丁、戊、辛、壬五日，田猎前要告于先王，进行祭祀，商王率众进行田猎，借以进行军事训练。③ 西周时顺应季节举行，④ 在西周之前其军事作用比较突出。春秋时期不再按季节举行，不借用田猎进行，只是单纯的军事校阅与演练，并发展出其政治和社会性作用。

（一）军事检阅与演习

"蒐礼"最基本的功能是军事检阅，姚孝遂先生认为："我们必须承认这一事实：在古代社会，田猎与军旅活动，有着非常密切的关系。平时在田猎的过程中，可以寓有军事训练的内容。在作战凯旋时，每每举行大蒐，借以炫耀武功，检阅车马徒众。"⑤《礼记·仲尼燕居》云"以之田猎有礼，故戎事闲也，以之军旅有礼，故武功成也。"⑥《左传》昭公八年（前534）记载了鲁国的一次蒐礼："秋，大蒐于红，自根牟至于商、卫，革车千乘。"⑦ 鲁国所举行的这场"大蒐礼"不知为何举行，推测是昭公七年发生日食，士文伯认为鲁国要受灾，鲁国为拔除灾祸而蒐。这是一次大规模的军事检阅。根牟在鲁东部，商即宋，与鲁西南边境相邻，卫与鲁西北边境相邻，横跨东西，说明这是一次动员全国兵力的军事检阅，且"革车千乘"，按四马一车为一乘，一乘三人计算，至少4000匹马，1000辆车，3000名战士，再加上步兵和国君及随行人员，人数可达上万，不可能是单纯的游猎。可见

---

① 李亚农：《"大蒐"解》，《学术月刊》1957年第1期。
② 李学勤认为："商王狩猎是有一定日期的……大体说来，在文丁以前，商王猎日以乙戊辛壬为常，丁日为变；帝乙、帝辛时略予放宽，以乙丁戊辛壬五日为常，庚日为变。"（参见李学勤《殷代地理简论》，科学出版社1959年版，第2—4页）
③ 刘桓：《卜辞所见商王田猎的过程、礼俗及方法》，《考古学报》2009年第3期。
④ 杨宽认为："西周时天子举行大蒐，常召集诸侯会盟，在战争前后举行的大蒐，则具有军事部署和整顿部队的性质。"（杨宽：《西周史》，上海人民出版社1999年版，第693—715页）
⑤ 姚孝遂：《甲骨刻辞狩猎考》，《古文字研究》（第6辑），中华书局1981年版，第63页。
⑥ 杨天宇：《礼记译注》，上海古籍出版社2004年版，第663页。
⑦ 杨伯峻编著：《春秋左传注》，中华书局2016年版，第1302页。

此时鲁国国力之强盛，能够组织起如此规模的军事行动。昭公十八年（前524）记载了郑国子产主持举行的蒐礼："七月，郑子产为火故，大为社，祓禳于四方，振除火灾，礼也。乃简兵大蒐，将为蒐除。"① 这是郑国为禳灾，精选车徒进行的一次大检阅、大演习。《左传》中关于齐国举行"蒐礼"的记载只有一处，襄公二十四年（齐庄公五年，前549）记载："齐侯既伐晋而惧……蒐军实，使客观之。"② 孟孝伯在这一年因晋而侵扰齐国，齐国为此发兵攻晋，但在发兵后又感到恐慌，想与楚结盟，为向楚人展示军事力量而举行了这次蒐礼。

（二）更改军制与选将任佐

晋国因更改军制和选拔人才而蒐四次。

第一次在僖公二十七年（前633），楚国联合其他诸侯，围攻宋国，宋国向晋国请援，晋"蒐于被庐，作三军，谋元帅"③，这次晋国新建三军，任命郤縠率领中军，狐毛率上军，栾枝率下军，栾枝、先轸为卿。公元前632年城濮之战，晋军以先轸为元帅，统率中军，郤溱辅佐；狐毛统率上军，狐偃辅佐；栾枝统率下军，胥臣辅佐，结合得当的军事策略，使得晋军大胜。闵公元年（前661），晋献公设置二军，现在又增加中军，完成军制的变更。

第二次在僖公三十一年（前629）秋，晋国为抵抗狄族的侵犯，"蒐于清原，作五军以御狄，赵衰为卿"④。设置了五军，任命赵衰为卿。这次"蒐礼"更新晋国军制为五军并选定了新军统帅。僖公三十三年（前627），"狄伐晋，及箕。八月戊子，晋侯败狄于箕。郤缺获白狄子"⑤。这次作战在清原之蒐之后，晋军获胜可能与更换主帅有关。

---

① 杨伯峻编著：《春秋左传注》，中华书局2016年版，第1398页。
② 杨伯峻编著：《春秋左传注》，中华书局2016年版，第1090页。
③ 杨伯峻编著：《春秋左传注》，中华书局2016年版，第445页。
④ 杨伯峻编著：《春秋左传注》，中华书局2016年版，第487页。
⑤ 杨伯峻编著：《春秋左传注》，中华书局2016年版，第416页。

表1　　　　　　　　　　　春秋列国蒐礼统计表

时间	事件	国家	原因	季节	地点
1. 僖公二十七年（前633）	于是乎蒐于被庐，作三军，谋元帅	晋	权力更迭	冬	被庐（今地不详）
2. 僖公三十一年（前629）	秋，晋蒐于清原，作五军以御狄	晋	战争	秋	清原（今山西稷山县）
3. 文公六年（前621）	六年春，晋蒐于夷，舍二军。使狐射姑将中军，赵盾佐之	晋	权力更迭	春	夷（今地不详）
4. 文公六年（前621）	阳处父至自温，改蒐于董，易中军	晋	权力更迭	春	董（一说为山西万荣县，一说为闻喜）
5. 文公十七年（前610）	晋侯蒐于黄父，遂复合诸侯于扈，平宋也	晋	战争	夏	黄父（今山西翼城县）
6. 宣公十四年（前595）	夏，晋侯伐郑，为邲故也。告于诸侯，蒐焉而还	晋	战争	夏	不详（晋在郑地举行）
7. 成公十六年（前575）	蒐乘、补卒（鄢陵之战）	晋	战争	夏	鄢陵（今河南鄢陵）
8. 成公十八年（前573）	简兵蒐乘（彭城之战）	晋	战争	夏	彭城（今江苏徐州）
9. 襄公十三年（前560）	晋侯蒐于绵上以治兵	晋	权力更迭	夏	绵上（今山西翼城）
10. 襄公二十四年（前549）	齐社蒐军实，使客观之	齐	检阅	夏	不详
11. 昭公八年（前534）	秋，大蒐于红，自根牟至于商、卫，革车千乘	鲁	检阅	秋	根牟（今山东莒县）
12. 昭公十一年（前531）	五月，齐归薨。大蒐于比蒲，非礼也	鲁	检阅	春	比蒲（今地不详）
13. 昭公十八年（前524）	乃简兵大蒐，将为蒐除	郑	检阅	夏	国都
14. 昭公二十二年（前520）	大蒐于昌间	鲁	检阅	春	昌间（今地不详）
总计14次		晋国：9次；齐国：1次；鲁国：3次；郑国：1次	权力更迭：4次 战争：5次 检阅：5次	夏季：7次；冬季：1次；秋季：2次；春季：4次	国都外：12次 国都内：1次 异国：1次

第三次在文公六年（前621）春，"晋蒐于夷，舍二军。使狐射姑将中军，赵盾佐之，阳处父至自温，改蒐于董，易中军"①。这次废除了之前所设的上下军，恢复到原来的三军，任命了中军之将与卿。但阳处父从卫国返回晋国后不满这次的选将，又在董地举行了"蒐礼"，以太傅的身份向襄公举荐了赵盾为中军之将，狐射姑佐之。由于这次更改将佐激化了统治阶级内部矛盾，箕郑父、先都、士縠、梁益耳、蒯得作乱。狐射姑不满阳处父更改他的职位，派人杀了阳处父，出奔狄。

第四次在襄公十三年（前560），"晋侯蒐于绵上以治兵"②。最终赵武将上军，韩起佐之，栾黡将下军，魏绛佐之。根据周苏平的研究，荀偃、韩起、赵武、栾黡等人实为卿族，军队大权已经掌握在卿族手中，这几次蒐礼实际上表现了晋国公室权力的下移，卿大夫地位的提高，确实出现了"礼乐征伐自大夫出"的情况。③

通过这四次"蒐礼"，晋国完成了变更军制与选将任佐的任务，在城濮之战与抵御狄人进犯发挥了重要作用。

（三）制定法令与示威

"蒐礼"的另一重要作用就是制定法令。僖公二十七年（前633），在被庐举行"蒐礼"后，"于是乎大蒐以示礼，作执秩以正其官"④。执秩是记录法令的官员，规定着各级公卿的禄爵等级。昭公二十九年（前513）载："文公是以作执秩之官，为被庐之法……且夫宣子之刑，夷之蒐也，晋国之乱制也。"⑤ 范宣子所作的刑法之书，是夷地举行"蒐礼"时确定的，这次颁布的法律被铸刻在铁鼎之上公布，后世再未更改。

文公十七年（前610），"晋侯蒐于黄父，遂复合诸侯于扈，平宋也"⑥。这次"蒐礼"是为鼓舞士气，威慑别国，向别国展示强大的军

---

① 杨伯峻编著：《春秋左传注》，中华书局2016年版，第545页。
② 杨伯峻编著：《春秋左传注》，中华书局2016年版，第999页。
③ 周苏平：《春秋时期晋国政权的演变及其原因之分析》，《西北大学学报》（哲学社会科学版）1987年第2期。
④ 杨伯峻编著：《春秋左传注》，中华书局2016年版，第1504页。
⑤ 杨伯峻编著：《春秋左传注》，中华书局2016年版，第1314页。
⑥ 杨伯峻编著：《春秋左传注》，中华书局2016年版，第624页。

事实力。宣公十四年,"夏,晋侯伐郑,为邲故也。告于诸侯,蒐焉而还"①。晋因邲之战郑国帮助楚国而伐郑,中行桓子建议在郑国举行蒐礼以整齐军队,严明军纪,借此震慑郑国,使郑国臣服。昭公十一年(前531),鲁国"齐归薨,大蒐于比浦,非礼也"②;昭公二十二年(前520),《春秋经》记载鲁国"大蒐于昌间"③。昭公年间举行的这几次蒐礼,史书没有明确记载原因,但晋国在昭公十年至二十二年间,多次攻打鲁国周边国家莒、曹、卫等国,举行蒐礼可能是向晋国展示其军事实力,实施威慑。此外,这时为鲁国三桓专政,三桓在国丧期间(昭公母亲去世)举行蒐礼不符合礼制,举行蒐礼可能没有经过昭公的同意,这也反映出春秋时期君主权力的下移,卿大夫势力的提升。

清华简《子仪》篇载"乃张大侯于东奇之外",经学者考证应释读为"乃张(帐),大厎(校)于东奇之外"④。意为张设帷幕,在东奇之外举行军事检阅。从简文来看,背景为秦晋崤之战后,秦国奋发图强,国力有了极大的提升,与被俘的楚子仪会面,向子仪展示军事力量,炫耀武功。

所以通过举行蒐礼,诸侯制定了法律也起到了震慑别国的作用,达到示威的目的。

(四)知礼、明尊卑

《尔雅·释天》云:"出为治兵,尚威武也;入为振旅,反尊卑也。"⑤孙炎注曰:"尊老在前,复常仪也。"振旅时将年长的士兵排在队伍的前面以示尊敬,恢复日常礼仪规则。《左传·隐公五年》载:"故春蒐夏苗、秋狝冬狩……昭文章,明贵贱,辨等列,顺少长,习威仪也。"⑥"被庐之蒐"后子犯曰:"民未知礼,未生其共。"于是"大蒐以示之礼"⑦。襄公十三年(前560)"绵上之蒐"中士匄、韩起、栾

---

① 杨伯峻编著:《春秋左传注》,中华书局2016年版,第754页。
② 杨伯峻编著:《春秋左传注》,中华书局2016年版,第1151页。
③ 杨伯峻编著:《春秋左传注》,中华书局2016年版,第1248页。
④ 范常喜:《清华简〈子仪〉所记"大蒐"事考析》,《出土文献》2020年第4期。
⑤ (清)阮元:《十三经注疏·尔雅注疏》,中华书局1979年版,第100页。
⑥ 杨伯峻编著:《春秋左传注》,中华书局2016年版,第45页。
⑦ 杨伯峻编著:《春秋左传注》,中华书局2016年版,第447页。

魘等人担任上军、中军将领都经过了一番辞让。"新军无帅，晋侯难其人，使其什吏，率其卒乘官属，以从于下军，礼也。晋国之民，是以大和，诸侯遂睦。"① 晋侯对新军统帅难以抉择，就让新军的十个官吏率领其下属附着在下军中，这是合礼的，所展现的谦虚礼让使得晋国百姓和谐，诸侯亲睦。因此"蒐礼"的举行也达到了教化人民的作用，使百姓能够团结在一起，使国家安定和谐，诸侯也因此对晋更加礼待。

三　结语

综上所述，春秋时期蒐礼大多都是由诸侯国举行，春秋年间共举行14次蒐礼，其中晋国举行最多，共9次，3次因权力更迭而蒐，6次为战争而蒐；鲁国3次，推测与消除日食影响和晋屡次攻打鲁周边国家有关，借以威慑；齐、郑各1次，皆因事而蒐，郑国被除灾祸而蒐，齐国因害怕与晋国交战，展示军事实力而蒐。几次"蒐礼"中也未见狩猎活动，田猎的作用被弱化。"蒐礼"的作用更偏向于检阅军队与军事演习、更改军制与选将任佐，以调节统治阶级内部关系；制定法令与示威和知礼、明尊卑以教化百姓。文献中已不见周天子主持蒐礼的记载，蒐礼由国家性行为转变为地方性行为，尤其鲁国三桓不顾国丧举行蒐礼，说明鲁国的实权已下移到卿大夫。表现出春秋时期礼崩乐坏，权力下移，出现了"礼乐征伐自天子出"到"礼乐征伐自诸侯出"再到"政逮于大夫"的转变。到战国时期，由于传统作战方式的改变以及新的兵种的出现，蒐礼的作用日益被忽视，且在礼崩乐坏的大环境下，诸侯也不会遵守礼制要求而去举行制度烦琐的蒐礼，因此在战国典籍中也难以找到相关记载。

蒐礼也对后世王朝产生了深远影响。秦、汉、唐、宋时均举行蒐礼来维持统治，耀武扬威。秦朝称之为田猎，秦代简牍《睡虎地秦简·秦律杂抄》7—9简载："故大夫斩首者，甖（迁）。分甲以为二甲蒐者，耐。县毋敢包卒为弟子，尉赀二甲，免；令，二甲。轻车、跂张、张强、中卒所载傅（传）到军，县勿夺。夺中卒传，令、尉赀各二甲。"②

---

① 杨伯峻编著：《春秋左传注》，中华书局2016年版，第999页。
② 陈伟：《秦简牍合集》，武汉大学出版社2014年版，第172页。

简文为田猎的法律规定，此处"蒐"即指蒐礼，仍具有军事训练的作用。两汉时期多称之为校猎，扬雄《长杨赋》记载了校猎的场景，点出校猎是为训练军队，"有年出兵，整舆竦戎，振师五柞，习马长杨，简力狡兽"[1]。班固《西都赋》："尔乃盛娱游之壮观，奋大武乎上囿，因兹以威戎夸狄，耀威而讲事。"[2] 具有向别国进行军事震慑，夸耀武力之效。唐代又称为为田狩礼、讲武礼，二者有联系又有区别。先天二年（713）十一月，玄宗"癸卯，讲武于骊山……甲辰，畋猎于渭川"[3]。《唐会要》载"贞观五年正月十三日，大狩于昆明池，蕃夷君长咸从"[4]。讲武与田狩相结合，进行军事演练，向外邦宣扬武力。宋代皇帝亦多次进行田猎，《宋史·礼志二十四》载："诏以古者蒐狩，以所获之禽荐享宗庙……顺时田猎，取鲜杀而登庙俎，所以昭孝德也；即高原而阅军实，所以讲武事也。"[5] 帝王田猎能够"昭孝德""讲武事"。可见后世举行蒐礼，也均有先秦时期训练军队、军事震慑、知礼明礼的作用。

（管金蓉，河北师范大学历史文化学院研究生）

---

[1] 赵逵夫：《历代赋评注（汉代卷）》，巴蜀书社2010年版，第289页。
[2] 赵逵夫：《历代赋评注（汉代卷）》，巴蜀书社2010年版，第483页。
[3] （后晋）刘昫：《旧唐书》，中华书局1975年版，第171页。
[4] （宋）王溥：《唐会要》，中华书局1960年版，第453页。
[5] （元）脱脱等撰：《宋史》卷121，中华书局1985年版，第2840页。

春秋中期东阳之地三题补证

贾 腾

"东阳"一词首见于《左传》襄公二十三年（前550）："齐侯遂伐晋，取朝歌，为二队，入孟门，登太行，张武军于荧庭，戍郫邵，封少水，以报平阴之役，乃还。赵胜帅东阳之师以追之，获晏氂。"杜预注："东阳，晋之山东邑，魏郡广平以北。"[1] 杨伯峻注："东阳乃泛指晋属太行山以东之地，大略有今河北邢台地区及邯郸地区一带地。"[2] 春秋早期，邢国在今河北邢台一带坚持对狄族的防御和抵抗。至前659年，狄人强盛，邢国无力抗衡，迁往夷仪。前550年，赵胜率东阳之师追齐，说明晋国在东阳的势力已强。至春秋晚期，东阳之地更是成为卿室内战、诸侯争衡的舞台，史书中的记录渐丰。而从前659年到前550年相当于春秋中期的这段时间中，东阳之地的大致情况如何，史籍所记晦暗不明，学者也对此展开了不少探讨。在此，我们结合一些新的材料，就其中的三个问题进行补充论证。

一 邢迁之夷仪在山东聊城

据《左传》，"闵公元年（前661）……狄人伐邢……齐人救邢"，"僖之元年（前659），齐桓公迁邢于夷仪"。

夷仪之地望，主要有两种说法。一是河北邢台说。《汉书·地理志》瓒注曰"《春秋传》狄人伐邢，邢迁于夷仪……今襄国西（今属河

---

[1] （晋）杜预：《春秋左传集解》，上海古籍出版社1977年版，第998页。
[2] 杨伯峻编著：《春秋左传注》，中华书局2009年版，第1078页。

北邢台县）有夷仪城，去襄国百余里"①。二是山东聊城说。《后汉书·郡国志》"东郡聊城有夷仪聚"，刘昭注"《左传》僖公元年邢迁于夷仪也。"②

古人杜佑等认同聊城说，王夫之、顾栋高、沈钦韩等则认同邢台说。当代学者对此用力颇勤，对于《左传》所记之夷仪进行了逐条分析，段宏广认为"夷仪"全在邢台，③庞小霞认为全在聊城，④杨虎军则认为有的在邢台、有的在聊城。⑤

对夷仪位置的认识直接影响我们对春秋中期东阳形势的判断，由于前635年，卫灭邢，若邢迁之夷仪仍在邢台，不仅表示前659年后，邢继续坚守东阳，更表示卫国势力曾经一度深入东阳；若夷仪在聊城，则会得出相反的结论。

讨论夷仪地望，有一条文献十分值得注意，即《左传》襄公二十五年（前548）："晋侯济自泮，会于夷仪，伐齐，以报朝歌之役。"对"泮"的认识是解决夷仪地望问题的一个关键。

以往学者认为"泮"可能是鲁国的泮水，杨伯峻对此表示质疑："夷仪有三，皆在泰安西北，晋侯若先从泰安南济，又折回而至夷仪会诸侯，恐无此理。"⑥其质疑非常有力，但未指出泮的位置究竟在何处。

我们认为，此"泮"即《诗经·卫风·氓》中"淇则有岸，隰则有泮"之"泮"，在卫地。

历代学者多认为"隰"为低湿之地的通称，而近人闻一多《风诗类钞》中却指出："隰，湿，即漯水。"⑦余冠英《诗经选》、周振甫《诗经译注》等也都持相同看法。今人孙铁林对漯水上游的关键节点做了详细考证，认为其发源于河南武陟，流经新乡、卫辉、滑县、浚县、

---

① （汉）班固：《汉书》，中华书局1962年版，第1554页。
② （晋）司马彪：《后汉书志》，中华书局1965年版，第3405页。
③ 段宏广：《先秦邢地综合研究》，硕士学位论文，河北师范大学，2008年。
④ 庞小霞：《商周时期邢都邢国邢地综合研究》，博士学位论文，郑州大学，2007年。
⑤ 杨虎军：《两周夷仪考》，载杨文山、翁振军《邢台历史文化论丛》，河北人民出版社1990年版，第175—184页。
⑥ 杨伯峻编著：《春秋左传注》，中华书局2009年版，第1101页。
⑦ 闻一多：《闻一多全集·诗选与校笺》，生活·读书·新知三联书店1982年版，第58页。

濮阳、清丰、南乐等地，正是卫国所在之地。①罗培深对"隰""濕""漯"相互通假的现象做了诸多举例，充分证明了"隰即漯水"的正确性，此不详述。②

传统认为"隰则有泮"之"泮"通"畔"，为涯岸的通称，持"隰即漯水"之说的学者也未有异议。然而，《诗经》中"泮"字见于三处，除"隰则有泮"外，另外两处分别为《诗经·邶风·匏有苦叶》中的"迨冰未泮"和《诗经·鲁颂·泮水》中的"思乐泮水"，一为动词冰融化，一为鲁国泮水的地名专称，均无涯岸之意。考诸其他先秦文献也是如此。可见旧说并不完善。我们认为："泮"可能也是一个地名专称，与晋侯济河之"泮"地为一处。退一步讲，即便《诗经》中的隰水之"泮"为涯岸之通称，它仍然可以因为人们长期、固定的使用而转化为专称。

漯（隰）水是黄河支津，主要流经河南、山东二省，主体呈西南—东北流向。《禹贡锥指》曰："自周定王五年（前602）河徙，从宿胥口东行漯川，至长寿津始与漯别，其津以西，漯水之故道悉为河所占。"③如是，则泮地必在宿胥口与长寿津之间，晋侯可由此一次性地渡过黄河与漯水。顾栋高曾推断："大抵河徙以后，诸国适晋者必由卫，由卫适晋者必由开州长寿津。"④或许泮地即近于此。长寿津以下，《水经注·河水五》明确说"漯水又北，迳聊城县故城西"，⑤则聊城正临漯水长寿津之下游东岸。看来，将晋侯渡河后的目的地夷仪定在聊城是合理的。由晋都出发，经南阳，再由卫地之泮渡黄河（漯水故道），再沿漯水之东岸向东北行至聊城之夷仪，正是晋侯此行的路线。

晋会诸侯于夷仪目的是报前550年齐伐晋的朝歌之役，必是率师而往。对此，《清华简·系年》有明确记录："平公率师会诸侯，伐齐，以复朝歌之师"。⑥行军征战不同于个人出行，其路线的选择一定是合

---

① 孙铁林：《从黄河下游河道历史变迁探寻古漯川流经轨迹》，《濮阳职业技术学院学报》2016年第3期。
② 罗培深：《〈古代汉语〉文选训诂商兑》，《湖南广播电视大学学报》2003年第3期。
③ 胡渭：《禹贡锥指》，上海古籍出版社2006年版，第82页。
④ （清）顾栋高辑，吴树平、李解民点校：《春秋大事表》，中华书局1993年版，第963页。
⑤ （北魏）郦道元：《水经注》，岳麓书社1995年版，第81页。
⑥ 清华大学出土文献研究与保护中心：《清华大学藏战国竹简（二）》，中西书局2011年版，第177页。

理高效的。若夷仪在河北邢台，则不知其渡河何为了。

晋侯会诸侯于夷仪后，"齐人以庄公说，使隰钼请成。"《通志·氏族略》载："隰氏，齐庄公子廖封于隰阴，故以为氏。杜预云：济南有隰阴县。"① 后世多认为隰阴在今济阳、禹城、齐河一带，正与聊城相近。齐人使隰钼向晋侯请成，应与其封地近于聊城夷仪有关。

襄公二十五年晋侯所会之夷仪在山东聊城，那么不论春秋时有几个夷仪，至少山东聊城之夷仪是确定存在的。《管子·大匡》记："狄人伐邢，邢君出，至于齐，桓公筑夷仪以封之"②，则邢所迁之夷仪应当近于齐。《左传》言"邢迁如归，卫国忘亡"，意在赞颂齐桓公的功绩，"归"是有方向性的，若夷仪在邢台故都以西，更加远离齐国，就不恰当了。所以，即便邢台也有夷仪，相较之下，山东聊城的夷仪也更可能是邢侯所迁之地。

前659年以后，邢国迁往山东聊城，退出东阳之地，那么所谓卫灭邢也不意味其深入东阳。肖扬认为今河北省元氏县之名来源于卫大夫元喧，从另外一个角度论证卫入东阳。③ 然而《元和姓纂》言："元，《左传》卫大夫元喧之后，其先食采于元，因氏焉，今元城是也。"④ 唐元城为今河北大名，春秋中前期与楚丘、帝丘等同在大河以西。相较之下，以大名元城为元喧封邑更为合适。

二 赤狄长期占领太行山东麓南部地区

《左传》宣公十五年（前594）："六月癸卯，晋荀林父败赤狄于曲梁，辛亥，灭潞。"宣公十六年（前593）："晋士会帅师灭赤狄甲氏及留吁、铎辰。"

杜预《春秋左传集解》认为曲梁应为"今广平之曲梁"⑤，即现在邯郸永年一带。高士奇同意杜预的说法，认为"曲梁则潞之边境耳，荀林父先披其旁邑，而后及其国都"，同时认为"甲氏地在今广平鸡泽县

---

① （宋）郑樵：《通志》，中华书局1987年版，第456页。
② 黎翔凤：《管子校注》，中华书局2009年版，第1101页。
③ 肖扬：《春秋邢邑邢域归属考略》，《邢台师范高专学报》1999年第1期。
④ 林宝：《元和姓纂》卷四，金陵书局1880年版，第2页。
⑤ （晋）杜预：《春秋左传集解》，上海古籍出版社1977年版，第619页。

地，留吁在广平"，皆在今河北邯郸境内。①

刘昭注《后汉书·郡国志》引《上党记》谓"曲梁在潞城西十里"②。郦道元《水经注》谓"屯留县故城南，故留吁国也"③。杨伯峻同意上述说法，认为："曲梁当在潞国附近，不应远在河北"，并推断"甲氏或在今屯留百里内外"。④ 马保春认为："晋人所灭的甲氏、留吁乃赤狄别种……其地当仍在赤狄范围内。赤狄居山区，故将甲氏、留吁置于潞安府更为妥切。"⑤

其实，造成以上对曲梁等地望不同论断的内在分歧之一在于赤狄是否在太行山东麓、大河以内地区实施占领，这也是探讨春秋中期东阳形势的重要问题之一。

虽然我们也不能判定曲梁、甲氏、留吁等地的具体位置，但我们认为仅以"远于潞城""不在太行山"等来否定其在河北邯郸的可能性，是不合理的。赤狄并非只在太行山内常驻，其在太行山东麓也可能实施了长期的占领。

以卫国为例，《左传》闵公二年（前660）："狄入卫，遂从之，又败诸河。"过去我们只知道狄曾入于卫都，然后继续追击到黄河边再败卫人，但之后狄人是否长期占领卫地不得而知。而据新公布的《清华简·系年》记载："周惠王立十又七年（前660），赤翟王峉虘起师伐卫，大败卫师于睘，幽侯灭焉，翟遂居卫，卫人乃东涉河。"⑥ "翟遂居卫"说明狄人对黄河以内的卫都一带实施了较长时间的占领。《左传》僖公三十二年（前628）："夏，狄有乱。卫人侵狄，狄请平焉。秋，卫人及狄盟。"其时卫国国力并不强盛，在此前一年，刚刚因为狄人的攻伐将都城由楚丘迁于帝丘（今河南濮阳）。若赤狄仅以太行山西麓为根据地，那卫人此时远攻山西是难以理解的。

---

① 高士奇：《春秋地名考略》，《文渊阁四库全书》第176册，台湾商务印书馆1986年版，第540、659页。
② （晋）司马彪：《后汉书志》，中华书局1965年版，第3523页。
③ （北魏）郦道元：《水经注》，岳麓书社1995年版，第155页。
④ 杨伯峻编著：《春秋左传注》，中华书局2009年版，第763、767页。
⑤ 马保春：《晋国地名考》，学苑出版社2010年版，第153页。
⑥ 《清华大学藏战国竹简（二）》，中西书局2011年版，第144页。

东阳之地紧邻卫地，均在太行山东麓、大河以内，其状况应与卫地相似，同样被狄所占。不少学者将《清华简·系年》中的"皋㫷"释为"留吁"，即前593年士会所灭之部族。① 既然留吁能居于卫，并适应当地的生活，那么其迁居于地理环境与卫地相似的东阳地区亦有其可能。高士奇说的"留吁在广平"或有一定道理。

1993—1997年，考古工作者在邢台葛家庄发掘西周墓葬230座，均出现了毁墓现象。发掘者称："早期坑均把骨盆以上扰乱，有的大、中型墓墓室被整个揭开，一些没有晚期长方形盗洞的小墓亦有毁坑，随葬品并未拿走，有的铜戈就出土于毁坑中"，毁墓的时间在春秋晚期之前，可能是狄人所为。② 古代毁墓多出于政治目的，意在"压气破势"。如殷墟王陵大约在周公东征后遭到周人的毁坏，应与周人威慑殷遗，巩固东方统治相关。狄人既毁邢墓，尽量抹除邢国在当地的影响，说明其攻邢绝不只是简单地骚扰劫掠，而是要将邢地纳入自己的地盘。由此也可以推断狄人可能常驻东阳。

顾栋高《春秋大事表》曰："且闵、僖之世，狄灭邢、灭卫、灭温、伐齐、伐鲁、伐郑、伐晋，并蹂躏王室，藉非境壤相接，何以能为患至此？则自山西以讫直隶、河南，直接山东之境，皆其所出没。特其俗不城郭，就山野庐帐而居，莫能指明何处耳。"③ 一方面认为狄人确实占领了包括东阳之地在内的广大地区，另一方面也认为狄人因其独特的生活方式而并没有在此留下痕迹。河北南部邢台邯郸地区春秋中期考古遗存确实发现较少，即便偶有发现，其中也不见明确的戎狄因素。段宏振考察考古材料，认为："邢文化衰落后，代之而起的是春秋晋赵氏文化。"④ 可以说，到目前为止，我们所推断的"赤狄长期占领太行山东麓南部地区"这一结论还缺乏明确的考古材料支持，相关问题还有待新材料公布后再进行深化研究。

---

① 李松儒：《清华简系年集释》，中西书局2015年版，第100页。
② 任亚珊：《1993—1997年邢台葛家庄先商遗址、两周贵族墓地考古工作的主要收获》，《三代文明研究（一）》，科学出版社1999年版，第23页。
③ （清）顾栋高辑，吴树平、李解民点校：《春秋大事表》，中华书局1993年版，第2170页。
④ 段宏振：《邢台商周遗址》，文物出版社2011年版，第273页。

三　申公巫臣之封邑在河北邢台

《左传》襄公二十三年（前550）："齐侯遂伐晋……以报平阴之役，乃还。赵胜帅东阳之师以追之，获晏氂。"可见到前550年时，晋国显然已有东阳之地，而且此地还有专门驻扎的军队，由邯郸赵氏统帅。《左传·文公十二年》孔颖达疏："（赵）穿别为邯郸氏，赵旃、赵胜、邯郸午是其后也。"① 但其说孤证难立。我们不宜据此将晋人东阳的时间提早到史籍中可见赵穿的活动前615年至前607年前后。其他一些能说明晋人东阳的材料还有：成公十二年（前570）"公会晋侯、卫侯于琐泽"。襄公三年（前579）"公会单子、晋侯、宋公、卫侯、郑伯、莒子、邾子、齐世子光。己未，同盟于鸡泽"。琐泽、鸡泽在今河北邯郸境内②，这些地点成为华夏族人的会盟地，意味着当时东阳之地可能已隶属于晋国。

再往前追溯，我们认为最早的晋国明确控制东阳地区的标志是《左传》成公二年（前589）"晋人使（巫臣）为邢大夫"。

关于巫臣所封之邢的地望，主要有邢台说和温县说。

顾栋高《春秋大事表》认为："今邢台县西南为邢国，后入晋为邢邑，晋以申公巫臣为邢大夫，哀四年齐国夏伐晋取邢，即此。"③ 江永《春秋地理考实》、庞小霞《商周时期邢都邢邑综合研究》等认同此说。

梁履绳《左通补释》认为："邢，晋地也，亦曰邢丘。"④ 即今河南温县东北之平皋故城。杨伯峻《春秋左传注》、李占扬《河南温县发现晋国邢邑遗址》、段宏广《先秦邢地综合研究》等认同此说。

我们可以借助"邢侯与雍子争鄐田"的材料解决这一问题。《左传》昭公十四年（前528）："晋邢侯与雍子争鄐田，久而无成……叔鱼摄理……叔鱼蔽罪邢侯。邢侯怒，杀叔鱼与雍子于朝。宣子问其罪于叔向……乃施邢侯而尸雍子与叔鱼于市。"

---

① （唐）孔颖达：《春秋左传正义》，北京大学出版社1999年版，第541页。
② 杨伯峻编著：《春秋左传注》，中华书局2009年版，第855、925页。
③ （清）顾栋高辑，吴树平、李解民点校：《春秋大事表》，中华书局1993年版，第638页。
④ 梁履绳：《左通补释》，《续修四库全书》第123册，上海古籍出版社2002年版，第386页。

邢侯非姬姓邢国之君。此时邢国灭亡已久，即便假设晋国兴灭继绝，帮助邢国重建宗庙，但由大夫断诸侯国君之讼已是违礼，更何况最终杀之陈尸于市。而孔子却对此做出了正面评价："邢侯之狱，言其贪也，以正刑书，晋不为颇。"完全不符合其思想观念。可见这种假设难以成立。

杜注："邢侯，楚申公巫臣之子也。"《左传·襄公二十六年》声子在论述楚才晋用时说"子灵（巫臣）奔晋，晋人与之邢……雍子奔晋，晋人与之鄐。"可见雍子也为楚国入晋之臣。巫臣与雍子身份相近，或许封地亦近。则巫臣后人与雍子后人发生争田之事是可能的，由晋大夫判案并做处置亦合情理。《左传·昭公二十八年》记载叔向娶于申公巫臣氏，而叔鱼为叔向之弟。那么，涉案的三人中，两人为叔向之亲戚，韩宣子问案于叔向，除了因为叔向之贤外，也因为其中涉及叔向家事。《清华简·系年》记载："庄王立十又五年（前599），陈公子征舒杀其君灵公，庄王率师围陈。王命申公屈巫跖秦求师，得师以来。"①《左传》宣公十一年（前598）："冬，楚子……入陈。"巫臣求师在楚子入陈之前，以其年20岁计算，则巫臣至晚生于前618年前后。邢侯于前528年坐法，则两代人活动的时间跨度在90年以上，看似较大，但也不无可能。退一步讲，即便此争田之邢侯非巫臣之子而是巫臣之孙，将其宽泛地定为巫臣之后，大体不谬。

邢侯与雍子所争鄐田在何处，过往难有定论，通常认为邢在温县者就认为鄐在温县，认为邢在邢台者就认为鄐在邢台。陕西褒城北石门原有"开通褒斜道"石刻一块，新中国成立后移于汉中博物馆。其文有："永平六年，汉中郡以诏书受广汉、蜀郡、巴郡徒二千六百九十人开通褒余道。太守钜鹿鄐君部掾治级王弘、史荀茂、张宇、韩岑等典功作。"②鄐姓是罕见姓氏，这类姓氏的源流一般比较单一，易于追溯。"鄐"有"邑"旁，此姓显然是来自其家族所在地的地名。鄐君为钜鹿人氏，则鄐地也应在钜鹿。东汉钜鹿在今邢台一带。则鄐地亦在邢台可证。

---

① 《清华大学藏战国竹简（二）》，中西书局2011年版，第170页。
② 郭荣章：《〈晏袤释鄐君开通褒斜道摩崖〉识评》，《石门摩崖刻石研究》，陕西人民美术出版社1985年版，第29页。

由鄐在邢台则可知争田之邢侯亦在邢台。前文已论证争田之邢侯即巫臣之后，按其封地因袭，则可知巫臣即封于今邢台一带。声子在描述巫臣功绩时提到其曾"捍御北狄"，正与邢台所在位置相合。

巫臣能够封于邢台，说明此时晋国已占据东阳之地。需要指出的是，由于巫臣的叛臣身份，其封邑不应该过大，采邑于东阳地的晋臣还有别家。如前文所述，雍子之封也在邢台。我们虽然不能肯定赵穿已有邯郸，但赵氏确实有可能在前550年赵胜追齐之前很长一段时间就已占据邯郸。

四 结论

经过对以上三个问题的分析，我们大致能描绘春秋中期东阳地区的情况如下：

前659年，狄人伐邢，邢迁于山东聊城之夷仪，西周时期东阳地区最重要的华夏据点被拔除。之后狄人长期占据东阳之地。直到前594年，晋开始大举攻狄，与潞氏战于曲梁、消灭甲氏、留吁等部，逐步进入东阳。前589年，巫臣奔晋，晋使为邢大夫，说明此时晋已占据东阳的邢台一带。至前550年，晋已形成东阳之师，对东阳的控制已经非常稳固了。

（贾腾，天津师范大学历史文化学院博士生）

出土文献与齐国基层地域组织研究*

李秀亮

两周时期，齐国的社会结构经历了国野制到都邑制的发展历程。在国、都之内，居住着齐国公室成员和各级宗族贵族，他们拥有着显赫的政治地位，享受着极高的政治资源，是齐国重要的劳心者和治人者。而在国都、城邑外的广大乡村，则住着数量众多的普通平民，他们日出而作，日落而息，每天奔波劳作，服役纳税，为齐国政权的正常运转提供源源不断的人力支持和经济保障。现有出土文献中，除了对历史事件、政治制度和军事战争等史事有较多呈现外，还提供了齐国基层社会的有关信息，足以补正传世文献记载的阙佚。以往学界对两周时期齐国史事和制度的研究成果较为丰硕，但对齐国基层社会的关注却稍嫌不足[①]。今笔者不揣浅陋，愿对此作进一步探讨。

一 齐国基层地域组织考述

现有资料显示，自春秋时期开始，直至战国末期，齐、鲁、郑、晋、楚等诸侯国内都逐渐产生了乡、里、丘、州、党、书社等名称各异的基层地域组织，它们的名称虽然不同，但结构与规模却相差无几。至战国晚期时，其中的乡里组织在经过长期演变后，最终在多个诸侯国内

---

* 本文系济宁政德教育干部学院考题课程重点项目"中华优秀传统文化在基层社会治理中心价值"（23ZDXYKC05）阶段性成果。

① 目前所见的相关研究成果有：朱凤瀚：《春秋战国时期齐国行政组织与居民状况的变化》，《管子与齐文化》，北京经济学院出版社1990年版；鲁西奇：《齐国的乡里控制体系及其变化》，《文史哲》2020年第1期；张宝允：《齐国"编户齐民"和基层社会组织研究》，硕士学位论文，陕西师范大学，2011年；等等。

普遍存在并稳定发展，而与其同时产生的邑、州、党、书社等地域组织，却渐渐退出了历史的舞台。这些地域组织从产生、发展，到演变、消亡的历程，在各诸侯国内并不统一。对于秦、楚等国家的地域组织情况，学者已利用新出简帛资料作了不同程度论述。现利用相关资料，对春秋战国时期齐国的基层地域组织情况作一系统梳理。概而言之，当时齐国的地域组织机构，主要包括这样几种：

（一）乡

乡是当时各国都普遍设立的基层管民机构。西周时期齐国乡的情况因文献阙如已无从得知，自春秋前期的齐桓公时起，齐国之乡便屡次见诸各类文献记载之中。

据《国语》和《管子》交代，齐桓公在管仲的辅佐下进行政治改革时，曾在国野内外都广泛设立了乡之组织：

《国语·齐语》：

> （制国）五家为轨，轨为之长。十轨为里，里有司。四里为连，连为之长。十连为乡，乡有良人。
>
> （制鄙）三十家为邑，邑有司。十邑为卒，卒有卒帅。十卒为乡，乡有乡帅。三乡为县，县有县帅。十县为属，属有大夫。五属，故立五大夫。

《管子·小匡》：

> （制国）制五家为轨，轨有长。十轨为里，里有司。四里为连，连有长。十连为乡，乡有良人。
>
> （制鄙）五家为轨，轨有长。六轨为邑，邑有司。十邑为率，率有长。十率为乡，乡有良人。三乡为属，属有帅，五属一大夫。

两者关于国、鄙中乡的记载基本上是一样的。在国之内，乡下设连，十连一乡，乡设良人，一乡辖二千家。在鄙之内，乡下设卒，十卒一乡；乡设乡帅，辖三千家。《管子》中的率，即《国语》中的卒。乡之上的机构，《国语》认为是县，《管子》认为是属，但长官皆称帅，

643

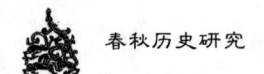

说明其中一个当有所误。

除《小匡》篇外,《管子》的其他诸篇中也有关于乡的记载：

> 《立政》：分国以为五乡,乡为之师。分乡以为五州,州为之长。分州以为十里,里为之尉。分里以为十游,游为之宗。十家为什,五家为伍,什伍皆有长焉。

> 《度地》：不满州者谓之术,不满术者谓之里。故百家为里,里十为术,术十为州,州十为都,都十为霸国。

> 《乘马》：五家而伍,十家而连,五连而暴,五暴而长,命之曰某乡,四乡命之曰都。

这些篇章中的乡,无论是上下层级吏属机构名称,还是所管辖的农户数量等,都互不相同,更与《齐语》和《小匡》的记载有较大差别。其中的原因,虽然还无法考证清楚,但它们既然都集中出现于齐国文献内,应该即是对齐国境内乡组织设立情况的直接反映。很可能在齐国境内的不同区域内,乡的设立情况并不统一,而是因地制宜灵活设置。但这些不同的记载却给我们提供了一个重要信息,即乡之组织在春秋时期的齐国境内是普遍存在的。

齐国的乡直到战国时期仍然广泛存在。如20世纪70年代在临沂地区发现的银雀山竹简《田法》篇中,曾记载战国时期齐国乡村中以乡为单位授民于田的情况,其文曰：

> 五十家为里,十里而为州,十州而为乡。州乡以地次受田于野。百人为区,千人为域。

地次,指所分田地的等级,根据田的肥沃贫瘠程度,分为"上田""中田"和"下田"三个等级,乡内居民根据田地的等级领有数量不等的土地。这里的乡,下辖十州,治五千家民众,其规模比较春秋时期的乡还要大。很可能到战国时期,随着政治机构的严密和社会治理的规范化,乡在国家行政系统中已普遍设立,其规模也不断整齐划一。

在齐国境内发现的数量众多的陶器铭文中有一字（暂用＊代替）常与"里"相伴出现,且多位于其前,如：

繇＊蔓⬚南里迷
繇＊东酷里人頧
鯀＊东匋里戎
鯀＊大匋里犬
楚郭＊关里五
楚郭＊芮里隻
楚郭＊北里□□
楚郭＊芦里賧
楚郭＊蘆里通
丘齐＊□里☒
丘齐＊焰里王和
丘齐＊桼彫里得
左南郭＊辛陶里佑
王卒左＊城中岳里人曰得

从陶文字义分析，＊当为里之上的一级行政组织，其字常写作以下几种形体：

🀄（《陶汇》3.329）、🀄（《陶汇》3.483）、🀄（《陶汇》3.676）、🀄（《陶汇》3.692）、🀄（《陶汇》3.479）、🀄（《陶汇》3.89）、🀄（《陶汇》0196）、🀄（《陶汇》3.673）

关于＊的释读，学者们历来多有纷争，或释为"鄳"，或释为"迁"，或释为"鄙"，① 或释为"县"，② 或释为"廛"，③ 或释为"州"，④ 或释为"巷"。⑤ 唯方濬益首释为"乡"，认为是乡里组织之

---

① 李学勤：《战国题铭概述》，《文物》1959年第7期。
② 李先登：《天津师院图书馆藏陶文选释》，《天津师院学报》1978年第2期。
③ 李零：《齐、燕、邾、滕陶文的分类与题铭格式——新编〈季木藏陶〉介绍》，《新编全本季木藏陶》，中华书局1998年版，第6页。
④ 董珊：《战国题铭与工官制度》，博士学位论文，北京大学，2002年。
⑤ 李学勤：《秦封泥与齐陶文中的"巷"字》，《中国古代文明研究》，华东师范大学出版社2005年版，第190—192页。

乡。郑超从之，高明则从字形、字音、字义三个方面综论该字当隶定为"迁"，古迁、乡同音，可相互借用，迁即乡里组织之乡的古体。① 依此，则齐陶文"繇迁、楚郭迁、王卒左迁、丘齐迁、左南郭迁、贮迁、𤰔迁、䔧迁、卢丘迁、孟棠迁、墧间迁"中的"迁"字都释为乡。据此，战国时期齐国境内乡之组织可得以进一步研究。②

通过系统梳理现有陶文资料可知，其中能找到的齐之乡至少有24个，分别是：

大蒉阳乡、蒉阳乡、中蒉阳乡、东蒉阳乡、丘齐乡、龛乡、厭乡、臧阳乡、左阳乡、城阳乡、楚郭乡、繇乡、南郭乡、左南郭乡、虚丘乡、贾乡、陶乡、黍郡乡、东乡、茉乡、洛乡、思乡、墧间乡、孟常乡。

除陶文外，传世玺印资料中也有齐乡的记载，如：

粕鹍枳③䔧④（《古封泥集成》4）
高合鹍玺（《封泥汇编》1148）

这里的鹍字，从卿从邑。卿字旧或释为会，或释为合，李家浩等释为乡，并指出玺文中的"东卿"，即齐国的复姓"东乡"。⑤ 与此不同，裘锡圭先生也将此字隶释为乡，粕鹍，即粕乡；高合鹍，即高合乡。它们都是齐国境内管民的基层地域组织名称。⑥

---

① 高明：《从临淄陶文看迁里制陶业》，载中国古文字研究会《古文字研究》第十九辑，中华书局1992年版，第318—319页。
② 有学者指出，齐陶文中已有乡的专字，与此有明显有别，不当再释为乡。故此字的具体隶释，当需作进一步考究，似很难将其作为研究齐之乡组织的明确资料。详见田炜《古玺探研》，华东师范大学出版社2010年版，第94页。
③ 此字李学勤先生释枳，今从之。详见李学勤《释东周器名卮及有关文字》，载李学勤《文物中的古文明》，商务印书馆2008年版，第330—334页。
④ 此字学者或释为"𤰔"，或释为"节"，或释为"僕"，高明结合齐国陶文、玺印、青铜器铭文以及包山楚简等文字资料重释为"䔧"，今从之。详见高明《说"䔧"及其相关问题》，载高明《高明论著选集》，科学出版社2001年版，第266—272页。
⑤ 刘钊：《古文字构形学》，福建人民出版社2006年版，第309页。
⑥ 裘锡圭：《战国文字中的"市"》，《裘锡圭自选集》，大象出版社1999年版，第106—128页。

（二）里

据相关文献记载，两周时期齐国境内至少存在两种性质的里。

其一是贵族的居里。如《左传》襄公二十五年记载了春秋时期齐国的土孙之里：

> 崔氏侧庄公于北郭。丁亥，葬诸土孙之里。

类似的记载又见于《左传》襄公三十年：

> 丰卷将祭，请田焉，弗许……丰卷奔晋。子产请其田里，三年而复之，反其田里及其入焉。

杨伯峻根据《说文》"里，居也"的记载，断定这两处的里都是住宅。[①] 所谓田里，即指田宅。所谓田，指丰卷所拥有的封地，也是丰卷所在家族的主要经济收入来源；所谓里，即为住宅，指丰卷与其族人生活聚居的场所。这种里，与耕田共同组成了丰卷家族的全部财产。丰卷因罪出逃后，田里作为他的全部财产便被官府没收；待其返回后，又作为他的全部财产被悉数奉还。这种可以被随时没收和返还的田里，主要作为丰卷的私产而存在。

依此，齐国的土孙之里当与丰卷之里同义，都是指世家贵族的居里。所谓土孙之里，即是指土孙氏家族所在居住区域。

其二是行政单位之里。如《国语·齐语》所说的："十轨为里，里有司；四里为连，连为之长。"这类行政单位之里，直接隶属国家政权所有，里的长官既是行政官吏，又与州、乡等行政单位构成上下层级关系。

行政单位之里与贵族居里相比，具有浓厚的行政建置色彩。《国语·齐语》中的里，上面有连与乡，下面有轨，轨、里、连、乡已构成齐国地方政权的四级机构。而里有司，则是国家政权直接设置并代替国君治理里中各项事务的行政官吏。齐桓公曾经命令他们将辖区内"居处

[①] 杨伯峻编著：《春秋左传注》，中华书局2017年版，第1181页。

好学、慈孝父母、聪慧质仁、发闻于乡里者"以及"拳勇、股肱之力秀出于众者"的人定期上报，以作为官府选拔役官之资。在得到命令后，诸乡里官吏便马上落实到位，从而使齐国境内便出现了"乡退而修连，连退而修里，里退而修轨，轨退而修伍"的景观。这说明，齐国里中的官吏是完全遵循国君的旨意在行事，他们已经成为国家政权直属下的一级行政官吏。

到战国时期，作为贵族居里的里已很少见，但具有基层行政机构性质的里组织已经在各类文献记载中频繁出现了，如：

《晏子春秋·内篇上》：景公之时，霖雨十有七日……怀宝乡有数十，饥氓里有数家，百姓老弱，冻寒不得短褐，饥饿不得糟糠……君当幸游吾乡……令出裘发粟，与饥寒。令所睹于涂者，无问其乡；所睹于里者，无问其家。

《晏子春秋·问篇上》：人有酤酒者，为器甚洁清，置表甚长而酒酸不售，问之里人其故，里人云：公狗之猛，人挈器而入，且酤公酒，狗迎而噬之，此酒所以酸而不售也。

《管子·立政》：劝勉百姓，使力作毋偷，怀乐家室，重去乡里，乡师之事也。

《战国策·齐负郭之民有孤咺者章》载向子杀齐闵王于鼓里。

《战国策·韩傀相韩章》：轵深井里聂政，勇敢士也。

《晏子春秋》与《管子》所描述的虽然是春秋之人的言语，但两书的成书年代却是战国时期，[①] 故其所体现的主要是战国时期齐国社会的现状。

除文献记载外，在齐国境内发现的数量众多的陶器铭文中，也发现了大量有关齐国里的信息，从而为我们认识齐国的里组织提供了丰富的第一手资料。据周进《季木藏陶》所收陶文可知，齐国制陶的工匠在

---

① 认为《晏子春秋》成书于战国时期的学者可举出：蒋伯潜：《诸子通考·诸子著述考》，浙江古籍出版社1985年版，第365—369页；董治安：《与吴则虞先生谈〈晏子春秋〉的时代》，《文史哲》1962年第2期；郑良树：《论〈晏子春秋〉的编写与成书过程》（上、下），《管子学刊》2000年第1、2期；等等。

记载自己的市籍姓名时，主要采用五种格式：[①]

其一，某里人陶者某，如：豆里人陶者曰🈶（季0162），酷里人陶者□。

其二，某里人某，如陶里丹（季0170），陶里人忎（季0178）

其三，陶者某，如陶者如（季0262）、陶者乙（季0260）

其四，某里曰某，如中垂里人曰🈶（季0037），棋里曰臧（季0160）

其五，某里某，如：檴里土（季0030），奋陶里思（季0056）

其中的里，便是陶工所居住的邑里。当时的制陶业，"都是民间经营的小作坊，生产的陶器，主要是供市场上销售的商品。作为商品出售的陶器，必须是价格廉、质量好才能畅销。各个衢里的民间制陶作坊，无不为达到此一目的而竞争。他们为了迎合消费者的心理，竭力使自己产品的质量和价格满足消费者的要求，并设法让他们了解自己产品的优点，认识自己产品的特征和标记。这就是衢里制陶作坊生产的陶器一定要注明制陶者居住的衢里和名字的原因和目的。"[②] 他们的这一习惯，便给我们留下了齐国境内大量里的名称。据不完全统计，从现有陶文资料中，我们至少可以考证出53个齐国里组织，分别是：

匋里；辛匋里；大匋里；中匋里；东匋里；辛陶里；蘆里；豆里；左里；右里；南里；南左里；北左里；南右里；尚毕里；带里；北里；昌里；中昔里；檴里；䣛彫里；炻里；上炻里；下炻里；平里；辛里；武里；茵里；关里；杨里；鱼里；易里；中里；鄢阳里；䯍里；上□里；酷里；东酷里；西酷里；䯍里；新里；棋里；子裤子里；子淼子里；阳里；六攻里；东里；鲍里；丘里；酉里；

[①] 李零：《齐、燕、邾、滕陶文的分类与题铭格式——新编全本〈季木藏陶〉介绍》，《管子学刊》1990年第1期。

[②] 高明：《从临淄陶文看衢里制陶业》，载中国古文字研究会《古文字研究》第十九辑，中华书局1992年版，第318—319页；后收入《高明论著选集》，科学出版社2001年版，第253—265页。

异里；攀里；柤里。

由于不同地区的里往往有很多同名现象，故齐国实际的里组织要远远多于此。

(三) 邑

邑字在商周时期即已出现，到春秋战国时期主要是作为普通居民的聚落单位而存在，到秦汉时期仍然如此。[①] 出土文献关于齐国邑的记载，主要见于叔夷钟与齐侯镈等器中，其铭文作：

叔夷钟：余赐汝莱都䣄其县三百……余命汝司莱邑（《集成》272—278）

齐侯镈：鲍叔有成劳于齐邦，侯氏赐之邑二百又九十又九邑（《集成》271）

铭文中的叔夷和陶叔，都因有功于齐国而被赏赐了数量众多的邑。其中，鲍叔一次便被赏赐了299个邑，这一方面是由于其战功卓著，同时也应该与当时邑的规模不大有关。这种邑，不会是指城邑，而是普通村邑，或即与当时的一个里相似。叔夷钟铭中的县三百，李家浩考证是位于䣄城周围之县区域中的三百个村邑。[②]

可与这些以数百相称的邑相参照的，还有《论语·宪问》中孔子所讲的齐国骈氏之邑：

管仲……夺伯氏骈邑三百，饭疏食，没齿无怨言。

杨伯峻注曰："骈邑：地名。阮元曾得伯爵彝，说是乾隆五十年出土于山东临朐县柳山寨。他在《积古斋钟鼎彝器款识》中说，柳山寨

[①] 战国时期的邑落组织，云梦睡虎地秦简、包山楚简及新蔡葛陵楚简中皆有体现，学者也作了详细的研究。详情可参见陈伟《包山楚简初探》，武汉大学出版社1996年版，第68—76页。

[②] 李家浩：《先秦文字中的县》，《文史》第28辑，中华书局1987年版，第49—58页。

有古城的城基。即春秋的骈邑。用《水经注·巨洋水注》证之，阮元之言很可信。"① 依此，则骈或为当时的一个县，"邑三百"应当就是归属骈地所辖的所有邑落的一部分，也可能是其全部，即骈地所属的三百个村邑。

（四）州

州，《说文》："水中可居者曰州，水周绕其旁。昔尧遭洪水，民居水中高土，故曰九州。"说明其本义是指水中的高地，因为可供人类居住，因此又有了聚居之义。春秋时期，州多出现于南方的楚国。如《左传》宣公十一年载楚国在灭亡陈国后："乃复封陈。乡取一人焉以归，谓之夏州。"杜预注："州，乡属。"《正义》曰："谓之夏州者，讨夏氏乡，取一人以归楚，而成一州，故谓之夏州。"

楚国之外，齐国境内也有州之组织。前举银雀山汉简《田法》篇中，齐人在授田过程中便以州、乡为基本单位：

> 五十家为里，十里而为州，十州而为乡。州乡以地次授田于野。

此处的州，下为里，上为乡，一州辖10里500家，其规模已相当可观。

《管子》诸篇也记载有齐国州的情况：

《问篇》：问州之大夫也，何里之士也。

《山至数》：于是县州里受公钱……君失大夫为无伍，失民为失下。故守大夫以县之策，守一县以一乡之策，守一乡以一家之策，守家以一人之策……君实乡州藏焉，曰：某月某日，苟从责者，乡决州决。

《轻重甲》：桓公曰：何谓致天下之民？管子对曰：请使州有一掌，里有积五窌。

《度地》：州者谓之术，不满州者谓之里。故百家为里，里十为

---

① 杨伯峻译注：《论语译注》，中华书局1980年版，第143页。

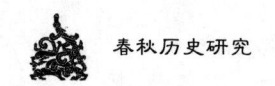

术，术十为州，州十为都，都十为霸国。

由于《管子》不是成于一人之手，故其所述州的规模也大小不一。如，《山至数》《轻重甲》等篇中的州下为里，州乡连称，与后世乡的规模相似。而《度地》篇中的州比里高两级，一里百家，一州万家，已经非常庞大。此外，《周礼·地官·大司徒》还记载："五家为比……五比为闾……四闾为族……五族为党……五党为州。"贾公彦疏："二千五百家为州，立一中大夫为州长。"这种州的规模，与《国语·晋语》中晋国的州相类，韦昭在注释晋的州时称："二千五百家为州，使州长各帅其属缮甲兵。"这种州，也与《国语·齐语》中乡的规模相似。

（五）党

春秋文献中有很多关于党的记载，"邻里乡党"或"州闾乡党"之称多见。《礼记·玉藻》郑玄注称："党，乡之细者。"说明党是比乡小的一级聚落单位。《论语·宪问》篇记载了鲁国的"阙党"，杨伯峻注曰："阙党，顾炎武的《日知录》说：《史记·鲁世家》'炀公筑茅阙门'，盖阙门之下，其里即名阙里，夫子之宅在焉。亦谓之阙党。案顾氏此说很对，《荀子·儒效篇》也有孔子'居于阙党'的记载，可见阙党为孔子所居之地名。"①

齐国陶文资料中还记载了战国时期齐国党的情况，如：

孟棠陶里可（《陶汇》3.428）
孟棠陶里籲（《陶汇》3.430）
孟棠陶里人罡（《陶汇》3.427）

此处之棠，学者认为即乡党之党，孟棠即孟氏聚居之党。② 这种党，比里略高，与乡相似。

---

① 杨伯峻译注：《论语译注》，中华书局1980年版，第160页。
② 郑超：《齐国陶文初探》（油印本），转引自高明《从临淄陶文看衢里制陶业》，载中国古文字研究会《古文字研究》第19辑，中华书局1992年版，第458页。

（六）书社

书社又称社或里社。社的本义是指土地神。古人相信社神能够保佑农作物丰收，故常在固定的时间和地域内对其进行拜祭，从而渐成一种习俗。《礼记·祭法》载："大夫以下成群立社曰置社。"贾疏云："置社者，大夫以下，包士庶成群聚而居，满百家以上得以立社。"所谓书社《荀子·仲尼》已点明"谓以社之户口书于版图"，《史记·孔子世家》司马贞索引也认为是"书其社之人名于籍"，说明其意思是指将每一社中居民的户口人数书于国家户籍版图中，以便征收赋税。这种做法的长期实行，便使书社逐渐成为一种基层聚落单位的名称。

从现有文献资料看，春秋时期的齐国、越国和楚国中都有书社存在，但顾颉刚先生则力证在诸国中只有齐国确实存在书社，其他的都是后世学者的误记。[①] 童书业先生亦认为："凡春秋时小邑及书社大体上与'井田'相当，故之村社制也。"[②]

《晏子春秋·杂下篇》在记载齐桓公称霸时，曾"以书社五百封管仲"。其数量之多，足可与齐侯钟所载齐侯赏赐鲍叔"邑二百九十又九"之邑相参照。两相对比可知，齐之书社规模当与邑相差无几。顾先生认为所谓书社其实与邑为同实之异名而已。

书社出现的时间，《管子·版法解》《吕氏春秋·慎大览》等都记载了商汤、周武王在得天下之后，都曾用书社赏赐参战之军士，从而将其时间拉伸到了商周时期。但顾颉刚先生却认为这些都是"齐东之野语也"[③]。不足为凭。书社作为一种基层管民组织，其上限不会早于春秋时期。

据现有资料来看，战国文献未见有书社的影子，说明它很可能仅仅是春秋时期的齐国在一特定时期内实行的一个临时性的地域行政单位，而并没有延续太长时间。

综上可知，除乡、里外，齐国在春秋战国时期还出现了邑、州、

[①] 顾颉刚：《书社》，顾颉刚：《浪口村随笔》，辽宁教育出版社1998年版，第48—49页。

[②] 童书业：《春秋左传研究》，上海人民出版社1980年版，第188页。

[③] 顾颉刚：《书社》，顾颉刚：《浪口村随笔》，辽宁教育出版社1998年版，第48页。

党、书社等其他几种管民机构。它们无论在组织规模、机构建制还是官吏设置上都自成系统，并且与乡、里组织并行不悖，各自独立发展。它们的存在，是了解春秋战国时期齐国基层居民组织发展状况的重要见证。

二 齐国基层行政官吏的称谓、选拔与职能

作为乡村社会的管理者，乡官里吏在乡村社会的稳定和治理上发挥了重要功用。宋代著名历史学家马端临在其所著《文献通考·自序》中，曾总结道："役民者官也，役于官者民也。郡有守，县有令，乡有长，里有正，其位不同而皆役民者也。"说明乡官里吏虽然处于国家行政系统的最末端，但仍然属于官方认可的基层社会的正式行政长官。他们直接面对数量众多的乡村庶民，并代表国家政权对其实施直接管理。他们的政治素养和管理水平，直接决定了乡村社会的稳定与否；而乡村社会的稳定和治理，则是整个国家政权有效运转的重要保障。从这个角度来讲，乡官里吏在国家治理中仍然属于非常重要的一环。对先秦时期的乡官里吏，学者多有研究，[①] 但专门研究齐国乡里官吏的成果却不多。现结合相关记载，详细总结如下：

（一）乡官里吏的职官称谓

春秋战国时期，乡里组织尚处于发展的初级阶段，且各诸侯国之间又各自独立发展，自成系统，彼此之间存在较大差异。与此相适应，乡官里吏的称谓在不同诸侯国内也有较大的差别。

1. 齐之乡官

在齐国，乡的最高级官吏有乡长、乡良人和乡师等三种不同的称谓：

[①] 谢之勃：《先秦两汉乡官考》，《国专月刊》1936 年第 5 期；徐杰令：《试论先秦乡官制度》，《求是学刊》2000 年第 2 期；王彦辉、徐杰令：《论东周秦汉时代的乡官》，《史学集刊》2001 年第 3 期；牟发松：《汉代三老："非吏而得与吏比"的地方社会领袖》，《文史哲》2006 年第 6 期。

《国语·齐语》：四里为连，连为之长；十连为乡，乡有良人焉。

《国语·齐语》：正月之朝，乡长复事。

《管子·立政》：劝勉百姓，使力作毋偷，怀乐家室，重去乡里，乡师之事也。

《管子·权修》：乡置师以说道之。

《国语·齐语》在交代齐桓公改革时，先讲乡的长官称良人，接着又称"乡长复事"，说明乡良人和乡长是一回事。《周礼·地官·叙官》郑注曰："师，长也"，说明乡师与乡长无别，为一名之异称。《周礼·地官·乡师》篇中交代乡师的职责是"掌其所治乡之都，而听其治"，与文献中记载的乡长的职责是相同的，可见二者之间没有质的差别。所谓乡良人、乡长、乡师，都是乡内最高行政长官的不同称谓而已。

在乡长之下，又分设了许多下级属吏，他们都是乡中各类具体事务的直接负责人，归乡长统一管理。他们的身份，在齐地文献中被统称为乡属：

《管子·立政》：五乡之师出朝，遂于乡官，致乡属，及于游宗，皆受宪。

此乡属，应该等同于文献中经常出现的"属役"，指归乡师所属的诸下级官吏，钟肇鹏等人认为是"乡师以下州长、里尉之属"[①]。

除乡长、乡佐等行政官员外，齐国乡中应该还存在乡三老一职。他们虽不是乡中的正式官吏，但在一乡中的地位却异常突出。《左传》昭公三年载："三老冻馁"，《史记·滑稽列传》载西门豹在作管理魏之业地时，境内的："三老、廷掾常岁赋敛百姓"，《墨子》的《号令》和《备城门》等篇中也有三老的记载。这说明战国时各诸侯国内都有乡三老的存在，齐国当也不会例外，只可惜尚没有直接资料予以佐证。

2. 齐之里吏

齐国里吏的称谓与乡官类似，有里旅和里尉两种不同的称谓。

---

① 钟肇鹏等：《管子简释》，齐鲁书社1997年版，第42页。

据《左传》昭公三年记载，齐国里的官吏称作"里旅"。当时，齐景公想要为名相晏婴更换住宅，没想到却遭到晏婴的坚决反对："小人近市，朝夕得所求，小人之利也。敢烦里旅？"此"里旅"应该即是齐国里中的行政官吏。

有时又称作"里尉"，《管子·立政》载："分国以为五乡，乡为之师。分乡以为五州，州为之长。分州以为十里，里为之尉……审闾闬，慎筦键，筦藏于里尉，置闾有司以时开闭。"这里的"里尉"，既与乡师、州长等乡中的正职官吏并称，说明它也属于里中的最高长官。

与乡相似，里吏之下也有里属和三老等下级官吏，他们协助里长管理里中居民，处理相关事务。如《管子·度地》篇曾记载："三老、里有司、伍长行里，因父母案行阅具备水之器。"这里所提及的都是里中的官吏，伍长、里有司和三老等都属于其中的成员。里三老的职责，当与乡三老类似，主要负责教化民众和引导民风民俗。

（二）乡官里吏的选拔和考核

2003年公布的湖南里耶秦简中曾详细记录秦国乡里官吏的选拔方式和任命情况：①

> T1（8）157正面：卅二年正月戊寅朔甲午，启陵乡夫敢言之：成里典、启陵邮人缺，除士伍成里匄成，（成）为典，匄为邮人。谒令、尉以从事，敢言之。

> T1（8）157背面：正月戊寅朔丁酉，迁陵丞欧之启陵，廿七户已有一典，今又除成为典，何律令？应尉已除成、匄为启陵邮人，其以律令。

启陵乡是秦国迁陵县下属之乡，成属于启陵乡所辖。简文中的乡夫，指乡长；里典，即里正；邮人，传递政府公文和主管驿站之官。简

---

① 湖南省文物考古研究所、湘西土家族苗族自治州文物处、龙山县文物管理所：《湖南龙山里耶战国—秦代古城一号井发掘简报》，《文物》2003年第1期；湖南省文物考古研究所、湘西土家族苗族自治州文物处：《湘西里耶秦代简牍选释》，《中国历史文物》2003年第1期；湖南省文物考古研究所：《里耶发掘报告》，岳麓书社2007年版，第184页。

文中明确提到，启陵乡长向迁陵县府报告说，其所辖的成里中现有里典与邮人两个职位空缺，而里中的成和匄二人都是合适人选，于是将他们作为候选人上报给迁陵县。迁陵县接到公函后，便派人专程到启陵乡考察详情。经考察后才发现，成里内已经有一名里典了，故对启陵乡夫所举荐的里典之职不予批准，只同意了匄为启陵乡邮人的任命。

通过启陵乡成里官吏的产生过程我们可以知晓，战国时期秦国里吏的产生一般要经历这样几道程序：

（1）乡将所空缺职位上报县，并先拟定候选人
（2）乡将候选人上报给县
（3）县派专人前往乡里实地审核
（4）审核合格后，发布正式任命
（5）被任命人员走马上任

依此，里耶秦简中里吏的产生主要经过了推举和任命两道程序。推举指所属乡向县推荐候选人，任命则是由县最终发布任命策书。在推举和任命中间，还存在考察审核的过程。这种程序是否也适用于乡官的产生，简文没有明确交代，传世文献中也少有直接记载，暂且存疑。

据《国语》与《管子》等文献记载，秦国里吏的产生程序和流程，也同样适用于齐国社会：

《国语·齐语》：正月之朝，乡长复事。君亲问焉，曰："于子之乡，有居处好学、慈孝于父母、聪慧质仁、发闻于乡里者，有则以告。有而不以告，谓之蔽明，其罪五。"有司已于事而竣。桓公又问焉，曰："于子之乡，有拳勇股肱之力秀出于众者，有则以告。有而不以告，谓之蔽贤，其罪五。"……是故乡长退而修德进贤，桓公亲见之，遂使役官。

《管子·大匡》：凡于父兄无过，州里称之，吏进之，君用之。

这里所说的"州里称之""吏进之""桓公亲见之""君用之"等选官任官程序，与秦简所反映的秦国里吏的产生过程如出一辙，说明两国选任乡里官吏的方式是大致相同的。

《庄子·田子方》篇还记载了田子方向魏文侯举荐自己乡人之事，其文曰：

> 田子方侍坐于魏文侯，数称溪工。文侯曰：溪工，子之师耶？子方曰：非也，无择之里人也。称道数当，故无择称之。

田子方在此向魏文侯推举的溪工，既然是他的"里人"，说明两人同居一乡。溪工被田子方举荐后要出任的，虽然不是魏国的乡里官吏，但他的经历至少能够反映出，当时魏国的乡里之贤者，有被推举为吏的可能。如溪工一样有大才能之人可以直接被举荐给国君，担任国家的高级官吏，而才能不如他的次级贤能之士，便很有可能会被举荐给县廷来担任里中的治民小吏。

通过文献对秦、齐和魏三国里吏的记载可知，通过自下而上的推举和自上而下的任命的方式选拔乡官里吏的行为，在春秋战国时期的各诸侯国中应该是普遍存在的。这种方式在传世文献中还有一个专门的名称，叫作"乡举里选"。①

"乡举里选"的首要前提，便是自下而上的推举。一个人要想出任乡里官吏，首先要得到现任行政官吏的大力推荐。而要获得被推荐的资格，他自身首先应该具备被推荐的条件和资格。

经过"乡举里选"的方式被选择上来后，乡官里吏便成为由上级官府直接任命的正式官吏。对他们的工作，理应还当有一套相应的奖惩机制。对其中的政绩优异者，可以给予提拔和奖赏；而对政绩不佳、无有作为者，则可以予以惩治和罢黜。对此，《国语·齐语》和《管子·小匡》所载齐桓公改革时的内容可作相应的参照：

> 正月之朝，乡长复事。君亲问焉，曰："于子之乡，有居处好学、慈孝于父母、聪慧质仁、发闻于乡里者，有则以告。有而不以告，谓之蔽明，其罪五。"
> 桓公令官长期而书伐，以告且选，选其官之贤者而复用之。

---

① 卜宪群：《秦汉"乡举里选"考辨》，《社会科学战线》2008年第5期。

很明显，齐桓公对乡长的政令是及时发现并举荐治域内聪慧学习、孝敬父母、才智出众和名闻乡里的贤才，如果完不成任务，便要用"罪五"予以惩戒。此外，还对他们定期进行考核，凡政绩突出者，则"复用之"。这些"罪五"和"复用"的政策，形象体现了齐国对乡里官吏的考核措施。至于齐桓公改革时制定的这类措施是否到战国时期依然还适用，尚需要更多资料的佐证。

(李秀亮，山东师范大学齐鲁文化研究院副教授)

赵文化的内涵结构与渊源[*]

张渭莲

作为战国时期万乘七国之一的赵国，东临燕齐，南边韩魏，西接强秦，北与中山和诸胡为邻，尤其是随着赵国版图的扩展而不断北拓，以邯郸、晋阳为依托向北直至阴山脚下。新辟疆域及邻近地区的许多新文化元素因此而汇入赵国文化之中，丰富了赵国考古学文化的内涵及面貌。赵国考古学文化纷繁复杂的内涵在考古学上有着充分的体现。多年来积累的与此相关的考古资料极其丰富，既有数量较多的各类遗迹，又有质地不同的诸多遗物。其中遗迹包括城邑、长城及大量普通居址和墓地，遗物则以青铜器、陶器、骨器和玉石器最为多见。与城邑、居址和墓葬等遗迹相比，出土遗物因其变化周期较短，文化特征的标志性更强，因此本文即主要以赵国疆域范围内出土的青铜器、陶器等器物为主，对赵国考古学文化的内涵结构特征进行剖析，进而探寻赵文化独特面貌形成的途径。

一 内涵与结构

东周赵国考古学文化的内涵，依其文化来源与特征的不同，可分为如下六组：

A 组：主要包括有立耳鼎、子母口盖鼎、鬲鼎、鬲、甗、方壶、簠、子母口盖豆、罍、盘等青铜器和鬲、鼎、盆、豆、罐、盂、钵、盘口壶、小口高领罐、匜等陶器。（图1）

---

[*] 本文系国家社科基金项目"赵国北疆地区的居民构成与文化融合"（23BKG010）的阶段性成果。

图1 A组因素

1. 鼎 M251：541；2. 盖鼎 M674；3. 鬲鼎 M251：611；4. 壶 M251：579；5. 豆 M251：576；6. 鬲 M89：3；7. 豆 M89：2；8. 壶 1957M（6—7. 猫儿岭，8. 百家村，余均金胜村）

B组：主要包括有高柄小方壶；双耳方座豆；鸟尊；球体敦；敞口圈足匜；虎头匜、无首无格扁鋋铍等青铜器，以及鸭尊、鸟柱盘、筒形器、兽形盉、兽头盆、高柄小壶、带鸟状盖钮的鼎和豆等陶器。（图2）

C组：主要包括有大口高圈足镦；圆角长方形带盖镦；双耳大口平底罐；侈口双耳鼓腹罐；无胡銎内戈；三角援短胡銎内戈；圆环形鸟首带扣；鹤嘴斧；竿头饰等铜器，以及大口带耳罐、三足罐、小口鼓腹双耳瓮等陶器，还有包金泡饰、丁形骨器等。（图3）

D组：发现数量较少，包括盖带三兽钮的蹄足鼎和双环耳深腹簋等。

E组：主要包括有深腹圜底蹄足鼎、束颈扁腹带耳钅它、带环角形钮的子母口球体敦等。（图4）

F组：包括刻纹匜；鼎腹和器盖铸有S形纹的箍口鼎；中胡三穿，内呈鱼尾形的戈；窄格有首无箍剑、宽格有首有箍实圆茎剑、暗纹剑；合瓦形铜铎等。（图5）

以上六组中，以A、B两组数量最多，C组次之，其余各组数量较少。

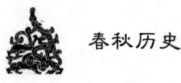

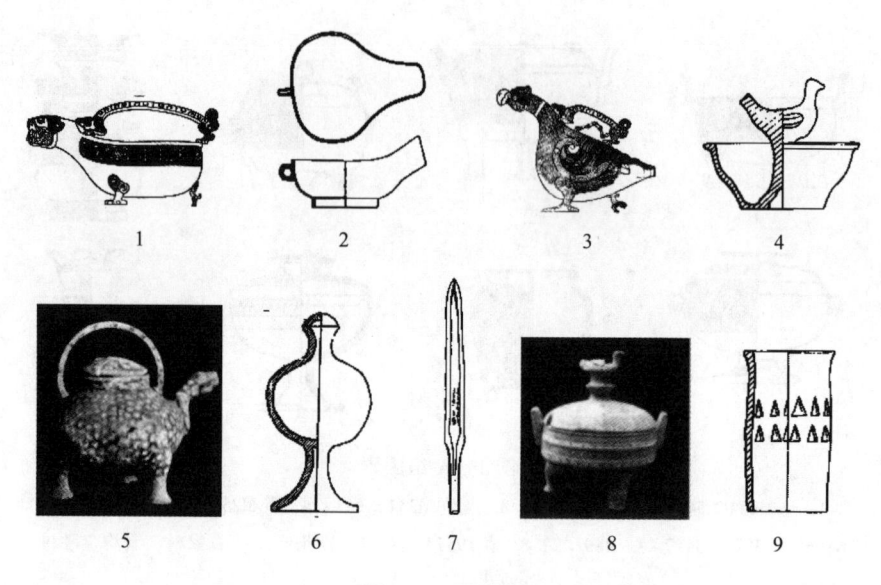

图2　B组因素

1. M251：614；2. M25：42；3. M251：600；4. M1：16；5. 58M1；6. M40：1；7. TZG2：0390；8. M140：5；9. M1：16（2. 分水岭，4、9. 奇村　5. 南大汪，6. 百家村，7. 磁县白阳，8. 榆次东外环，余均金胜村）

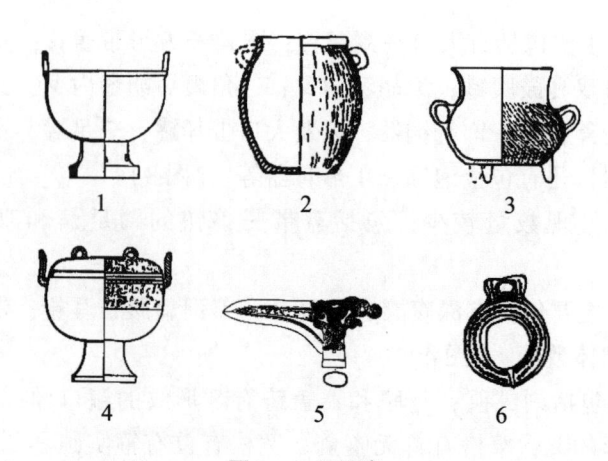

图3　C组因素

1. M251：46；2. M1：2；3. M212：2；4. 1963M；5. M251：287；6. 1991M（2. 杨家坪，3. 后寨，4. 李峪，6. 杨谷庄，余均金胜村）

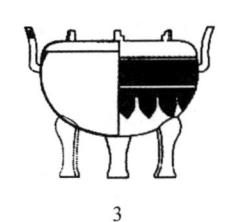

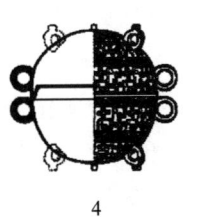

图 4　E 组因素

1. M674∶27；2. 土匀錍①；3. 97M01∶1；4. M12∶6（1. 金胜村，2. 太原拣选，3. 李家巷，4. 分水岭）

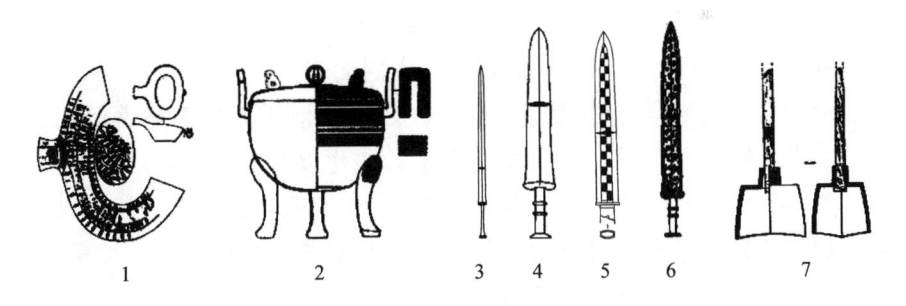

图 5　F 组因素

1. M251∶540；2. M674；3. M9；4. M258∶18；5. M251∶705；6. 1964M；7. M251∶63（3. 杨谷庄，4. 分水岭，6. 峙峪，余均金胜村）

二　文化来源

以上六组文化因素的存在，显示出赵文化内涵的特殊性与复杂性。青铜器、陶器等器物群的构成内涵不仅仅是技术与工艺等方面的物质体现，而且还反映了赵国政事、文化传统、地域特色以及与周边互动影响等诸多层面的多重因素。因此，赵文化的内涵结构在宏观上是整合而统一的，在微观方面又是可析分与组合的，主要表现在依托形制与风格所

---

① 胡振祺：《太原检选到土匀錍》，《文物》1981 年第 8 期；黄盛璋：《关于壶的形制发展与名称演变考略》，《中原文物》1983 年第 2 期。

呈现出来的文化属性或传承渊源的差异。揭示不同文化因素的来源，便可以从更深层面找寻出造成赵文化复杂内涵的原因所在。

A组属于周晋文化系统。这类器物主要分布在周晋文化核心区，或受周晋文化影响较深的地区。以青铜器为例，属于该组的立耳鼎、附耳鼎、鬲、甗、簠、壶、罍、盘等器物，其造型与纹饰均与包括晋在内的周文化分布区所见同类器几乎完全相同。这些器物之中，有些是自西周以来沿用已久的器型，有些则是进入春秋以后经过改造的样式。此外，赵地所见墓葬出土青铜器的组合亦与周晋文化核心区基本相同。

以出土数量最多的陶器而论，晋文化最为常见的器类如鬲、盆、豆、罐、盂、钵、盘口壶、小口高领罐等，在早期赵文化中不仅皆有发现，而且形制大致相同。尤其是属于春秋晚期和战国早期的赵文化遗存，在文化面貌上与春秋中晚期晋文化别无二致，如二者的鬲、鼎、豆、高领罐、莲瓣壶、小盖壶、匜等，在总体特征上有着显著的连续性。从墓葬陶器组合看，春秋中期以来晋文化以鬲、鼎、豆、莲瓣壶、盘、匜为固定组合，这一组合为早期赵文化全盘吸收。及至进入战国中期，赵文化逐渐形成了自己独有的特色，造型繁缛的鸟柱盘、提梁盉、鸭尊等器物的大规模流行即是证明。

B组属于赵国特有的器物。高柄小方壶曾于金胜村M251出土过一对，形制、大小和纹样完全相同。盠顶盖，四坡面上各附环形钮。壶体为小方口，溜肩鼓腹，下腹内收，下有喇叭形高圈足。盠顶顶面饰有二龙，昂首卷尾。盠顶坡面以环形钮为界，分为四隅，各饰心形图案。壶面饰菱形和亚腰纹。高圈足饰三组神鸟。与此类似的铜器仅在咸阳任家嘴秦墓发现一件，[①] 但此墓的年代属于战国中期（BC384），[②] 明显晚于金胜村M251。虽然铜制的高柄小壶数量并不多，但与此形制近似的陶制高足小壶却在邯郸百家村M3、邢台东董村M50、M13、M59、曹演庄M19、尹郭村M1等分属于战国早、中、晚期的赵国墓葬屡屡被发现，

[①] 咸阳市博物馆：《咸阳任家嘴殉人秦墓清理简报》，《考古与文物》1986年第6期。朱凤瀚先生认为：咸阳任家嘴墓中出土一件高柄钫，腹部纹饰有双角双翼人和鸟纹，此器非秦人所制，乃取自中原。参见朱凤瀚《中国青铜器综论》，上海古籍出版社2009年版，第2102页。

[②] 朱凤瀚：《中国青铜器综论》，上海古籍出版社2009年版，第2103页。

由此看来，此类铜器的来源应该是陶制的高柄小壶。战国中期时铜钫开始在长治、新绛和洛阳出现，其中以长治数量最多，有可能此高杯小方壶即为铜钫的最初原型。

金胜村 M251 出土四件方座豆，大小形状纹饰完全相同。束颈鼓腹，圜底，喇叭状圈足下有方形底座。上腹有 4 个对称的圆环耳。方座豆与东周时期常见的带盖圈足豆外形相似，只是底部附有方形底座。其来源应与普通盖豆有关。普通盖豆于春秋中期时出现于晋地和东周王室所在地洛阳，其后主要流行于三晋地区。普通盖豆虽不是最早出现于赵地，却于春秋晚期和战国早期时在赵国境内大量被发现，由此推测，包括太原在内的赵国属地居民在此基础上加以改造，创造出方座豆，应该是极可能的事。

金胜村出土的鸟尊，昂首长颈，头上有冠及双角，双目圆瞪，尖喙，鸟腹肥硕，下有二足直立，鸟尾下有虎形支脚，虎昂首，前足撑地，后足贴于鸟身，卷尾。背部有一蹲坐的虎形提梁。属于西周早期偏晚的曲沃北赵晋侯墓地 M114 曾出土一件与此类似的器物，[①] 只不过该器的鸟作回首状，顶部有高冠，尾部以象尾支撑，背部的盖上为鸟形钮，其余与金胜村出土者相类。传出太原的"子作弄"鸟尊，[②] 造型与金胜村出土者亦较相似。此外，在辽宁喀左马厂沟和宝鸡茹家庄亦曾出土过两件禽尊，[③] 但从形制和花纹看，似与上述几件属于不同的系统。有趣的是，金胜村 M251 还出土了一件带盖匏壶，盖上的鸟有冠和角，双目圆瞪，尖勾喙，短尾，俯伏于盖之上，利爪抓有 2 条小龙，其形态与鸟尊所描绘的形象几乎完全相同。此外，邯郸、长治等地发现的属于战国中晚期的赵国墓葬中，也常见形制各异、变化多样的以鸟为主题的陶器，如鸭尊、鸟柱盘等，可见，鸟尊一类器物虽源自晋国，但流传至赵后，经赵人的改造加工，俨然已成为赵文化的标志性器物。

带有三蹄足的球体敦在百家村、分水岭等地常有发现。此类器的

[①] 北京大学考古文博院、山西省考古研究所：《天马——曲村遗址北赵晋侯墓地第六次发掘》，《文物》2001 年第 8 期。

[②] 现藏于美国华盛顿弗利尔美术馆。

[③] 热河省博物馆筹备组：《热河凌源县海岛营子村发现的古代青铜器》，《文物参考资料》1955 年第 8 期；宝鸡茹家庄西周墓发掘队：《陕西省宝鸡市茹家庄西周墓发掘简报》，《文物》1976 年第 4 期。

雏形当源自山东齐地,春秋晚期在济南、淄博等地曾发现器、盖均带有三蹄足的敦,①但山东该类器的器体与盖并不对称,而在邯郸、长治等地出现器体与盖相同的敦,应为赵地吸收齐国因素后自创之器物。(图6)

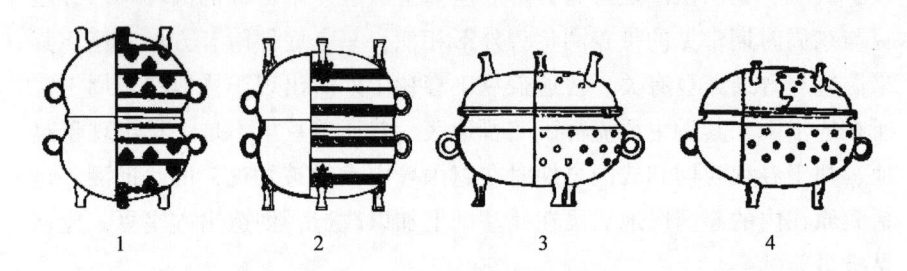

图6 敦

1. M3:16;2. M25:30;3. 1985M1:8;4. M3:02(1. 百家村,2. 分水岭,3. 左家洼,4. 磁村)

敞口圈足匜为东周时期习见的水器。周文化系统的匜底部多有三足或四足,而楚地以平底匜居多,邯钢1989M、分水岭M25:42等器下有圈足,此类器物应该是受楚式器影响而加以改造,后成为三晋地区特色器物。此外,流部封口作兽首状的匜,在楚地较为流行,金胜村M251出土的虎头匜,其流部处理方式明显与楚式器相类,但金胜村的匜加有提梁,又为楚器所不见,应为赵人所加入的新元素。(图7)

无銎铜鈹虽在赵、韩、魏、燕、楚等东周诸国均有铸造,然而赵鈹自身至茎呈凹弧线缓延而下,鈹的前后宽度相差不大,铤呈扁棱形,无首无格,与其他各国同类器完全不同。②此外,现今所见的鈹的数量以赵最多,据统计,有铭文者多达37件。③若加上无铭文者,数量应该更多。

此外,陶器中亦有若干赵国独有的器物,如邯郸百家村、邢台东董

---

① 济南市文化局文物处等:《山东济南市左家洼出土战国青铜器》,《考古》1995年第3期;淄博市博物馆:《山东淄博磁村发现四座春秋墓》,《考古》1991年第6期。
② 参见黄盛璋《朔县战国秦汉墓若干文物与墓葬断代问题》,《文物》1994年第5期。
③ 王学理:《长鈹春秋》,《考古与文物》1985年第2期。

赵文化的内涵结构与渊源

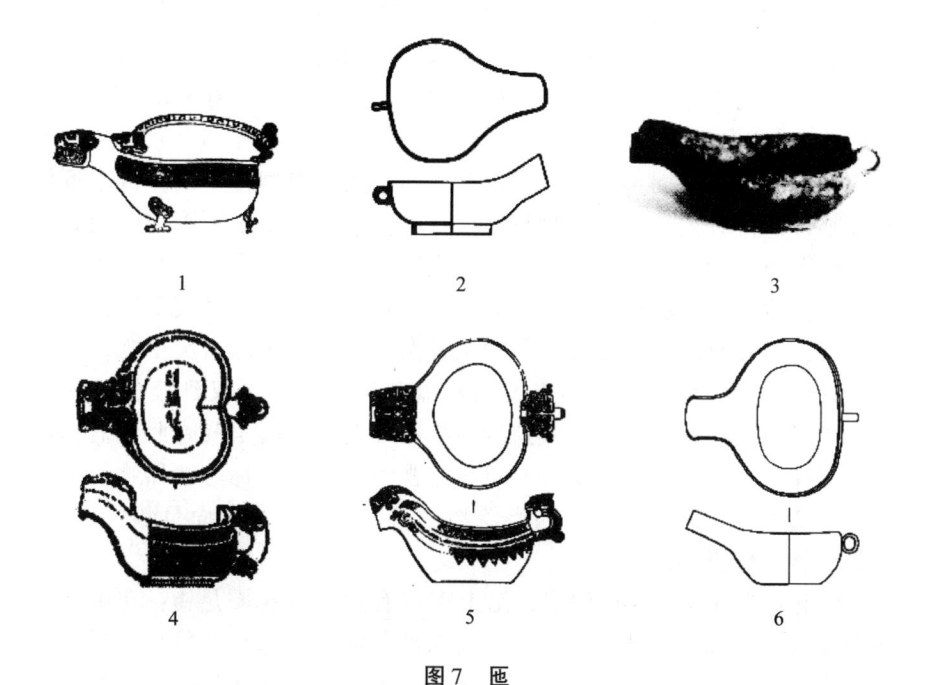

图 7 匜

1. M251：614；2. M25：42；3. 1989M；4. 78M1：C147；5. M10：40；6. M6：3（1. 金胜村，2. 分水岭，3. 邯钢，4. 随州擂鼓墩，5. 淅川下寺，6. 随州义地岗）

村、榆次猫儿岭等地出土的鸭尊、兽形盉、兽头盆、鸟柱盘和筒形器等均为精品，可视为赵国特色器物。

目前考古发现的年代最早的鸟柱盘和筒形器出现于邯郸百家村。该墓地属于战国早期的 M21 出土的鸟柱盘，外壁斜直，平底，筒形器为直腹，下腹内收，大平底。二器上下相叠而出，形制原始，显示出此类器物最初发明之时的样貌。较此年代略晚的侯马下平望 M1002 亦出土有鸟柱盘和筒形器，[①] 鸟柱盘外壁微鼓，大平底，筒形器敛口，斜直腹，大平底，腹部附有双耳，近下腹处有镂刻的三角纹，显然，鸟柱盘与筒形器的形制至此已完全定型。

除百家村和下平望之外，此二件器物在陕县后川的 M2071、

---

① 山西省考古研究所侯马工作站：《山西侯马下平望两座东周墓》，《文物季刊》1993 年第 4 期。

M2503，①万荣庙前61M1，②辉县固围村M1、M3③等战国中期的魏墓，以及平山三汲M6④和中山王厝墓⑤等战国中期的中山国墓葬中也时有发现，甚至在属于同一时期的韩墓如郑州二里岗M221亦有零星发现，但相较而言，以赵墓中出土数量最多。而赵墓之中，除邯郸百家村外，邢台东董村的战国早期墓葬中亦有发现。到了战国中期，不仅邢台东董村和邯郸百家村有大量的鸟柱盘与筒形器出土，而且在距东阳地区距离较远的榆次猫儿岭、忻州奇村、临县三交等地亦有不少发现。其中属于早期的鸟柱盘，盘腹较深，中柱较矮，筒形器口部微敛，然腹部极深。晚期之时，鸟柱盘的盘腹变浅，但中柱升高，筒形器腹部渐次变矮。

总体而言，赵墓之中出土的鸟柱盘和筒形器，不仅延续的时间较长，年代由战国早期偏早一直持续至战国晚期，且由早及晚此二器的形制演变存在着完整的序列，因此可将之视为赵文化的标志性器物。至于部分魏墓和中山墓葬发现的同类器物，不仅数量较少，而且年代偏晚，当是受赵文化影响而产生。

C组为北方器。大口深腹，沿上多带有双耳的高圈足鍑；在中国北方内蒙古中南部、陕西、山西、甘肃东部、河北北部均有发现，时代自西周晚期至战国前期。赵国境内出土的这类器物，显然是受北方系文化的影响而产生。⑥

值得注意的是，1963年在浑源李峪征集的子母口带盖鍑，器呈圆角长方形，下有高圈足，绹索状耳上带有乳突，盖上有四环钮，盖与器体上部饰云雷纹。⑦类似的器物在山西原平刘庄塔岗梁亦有发现，⑧1985

---

① 中国社会科学院考古研究所：《陕县东周秦汉墓》，科学出版社1994年版，第37页。
② 山西省考古研究所：《万荣庙前东周墓葬发掘收获》，《三晋考古》（一），山西人民出版社1994年版，第218—250页。
③ 中国科学院考古研究所：《辉县发掘报告》，科学出版社1956年版，第75、102页。
④ 河北省文物研究所：《战国中山国灵寿城——1975—1993年考古发掘报告》，文物出版社2005年版，第184页。
⑤ 河北省文物研究所：《厝墓——战国中山国国王之墓》，文物出版社1996年版，第131—132页。
⑥ 关于铜鍑的产生与流布，参见李朝远《新见秦式青铜研究》，《文物》2004年第1期；滕铭予《中国北方地区两周时期铜鍑的再探讨——兼论秦文化中所见铜鍑》，《边疆考古研究》第1辑，科学出版社2002年版，第34—54页。
⑦ 山西省考古研究所：《山西浑源县李峪村东周墓》，《考古》1983年第3期。
⑧ 山西忻州地区文物管理处：《原平县刘庄塔岗梁东周墓》，《文物》1986年第11期；忻州地区文物管理处、原平市博物馆：《山西原平刘庄塔岗梁东周墓第二次清理简报》，《文物季刊》1998年第1期。

年清理的 M3∶2 出土的"豆形器"与李峪 1963 年征集的镦，从纹饰到器形完全相同，二者时代亦应相当。此外在内蒙古准格尔旗的宝亥社亦发现同样器物。[①] 此类器物与北方系青铜器中常见的器身呈圆形的镦存在某些相似之处，但亦有明显的区别，如多为附耳；器身呈椭方形；子母口，多有盖，盖上有四环钮；器表多有勾连云纹状变形蟠螭纹等，应该是受中原铜器影响改造而成，可以视为北方系青铜器的变体。（图 8）

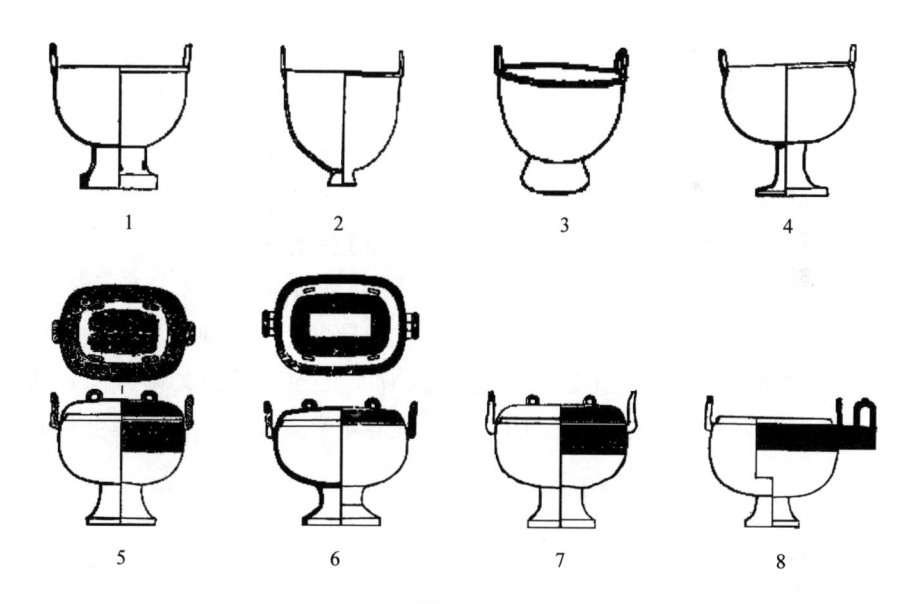

图 8　镦

1. M251∶46；2. 王家村；3. 甘峪；4. M250∶1；5. 1963；6. 1991M；7. 1985M3∶2；8. 1984（1. 金胜村，4. 玉皇庙，5. 李峪，6. —7. 刘庄，8. 宝亥社）

带耳罐是东周时期流行于北方长城沿线内外地区的典型器物，材质有陶质和铜质两类。赵国境内发现的带耳罐有 5 类：大口窄沿罐、叠唇鼓腹罐、小口鼓腹罐、束颈敞口罐以及三足罐。这些罐类的颈部多附有双耳或单耳。

涉县李家巷出土的大口窄沿罐，口径大于或略等于肩径，颈下附有

---

① 伊克昭盟文物工作站：《内蒙古准格尔旗宝亥社发现青铜器》，《文物》1987 年第 12 期。

双耳，类似的器物在凉城的忻州窑子①、崞县窑子②、甘谷毛家坪③、延庆玉皇庙④、滦平梨树沟门⑤等地均有发现，但前者为铜器，内蒙古、河北、宁夏、甘肃等地发现的均为陶质。

柳林杨家坪所见的叠唇鼓腹罐，与敖汉水泉墓地⑥同类器极为相似，唯器表饰有绳纹，与后者的素面不同。

分水岭 M106 出土的小口鼓腹罐小口广肩，腹部鼓出，下有小平底，肩部饰有双耳。与此相类的器物在忻州窑子和崞县窑子均有发现，但后二者体较瘦高，分水岭陶罐体较粗矮。天水马家塬 M2∶8⑦出土的小口罐，丰肩鼓腹，体型矮胖，形制与分水岭所见最为接近，唯口部和两耳略有不同。

金胜村 M251 出土的束颈敞口罐，长颈外侈，鼓腹平底，颈下饰有双耳。此器与凉城崞县窑子、毛庆沟⑧、伊金霍洛旗明安木独⑨、清涧李家崖、平鲁井坪⑩等地所见极为相似，惟前者体较粗矮。

带耳三足罐在朔州后寨、蔚县代王城以及岚县梁家庄等地均有发现，尤其是朔州和蔚县中小型墓中出土数量最多，但二地所见此类三足罐的形制略有不同。三足罐向来为长城沿线北方系青铜文化的代表器物，这类器物不仅在延庆玉皇庙和平山灵寿城常有发现，甚至在宝鸡西

---

① 内蒙古文物考古研究所：《内蒙古凉城县忻州窑子墓地发掘简报》，《考古》2009 年第 3 期。
② 内蒙古文物考古研究所：《凉城崞县窑子墓地》，《考古学报》1989 年第 1 期。
③ 甘肃省文物工作队、北京大学考古学系：《甘肃甘谷毛家坪遗址发掘报告》，《考古学报》1987 年第 3 期。
④ 北京市文物研究所：《军都山墓地——玉皇庙》，文物出版社 2007 年版，第 842 页。
⑤ 承德地区文物保护管理所、滦平县文物保护管理所：《河北省滦平县梨树沟门墓群清理发掘简报》，《文物春秋》1991 年第 2 期。
⑥ 郭治中：《水泉墓地及相关问题之探索》，《中国考古学跨世纪的回顾与前瞻》，科学出版社 2000 年版，第 297—309 页。
⑦ 甘肃省文物考古研究所、张家川回族自治县博物馆：《2006 年度甘肃张家川回族自治县马家塬战国墓地发掘简报》，《文物》2008 年第 9 期。
⑧ 内蒙古文物工作队：《毛庆沟墓地》，载田广金、郭素新编《鄂尔多斯式青铜器》文物出版社 1986 年版，第 227—315 页。
⑨ 伊克昭盟文物工作站、伊金霍洛旗文物保护管理所：《内蒙古伊金霍洛旗匈奴墓》，《文物》1992 年第 5 期。
⑩ 支配勇、高平如：《平鲁井坪楼烦墓》，《文物季刊》1992 年第 1 期。

高泉 M1① 和谭家村 M24② 等地春秋早中期墓葬中亦有出土。

上述五种形制的双耳罐流行于内蒙古中南部、晋北、冀北、宁夏南部以及甘肃东部等地，显然属于北方系文化特色。（图9）

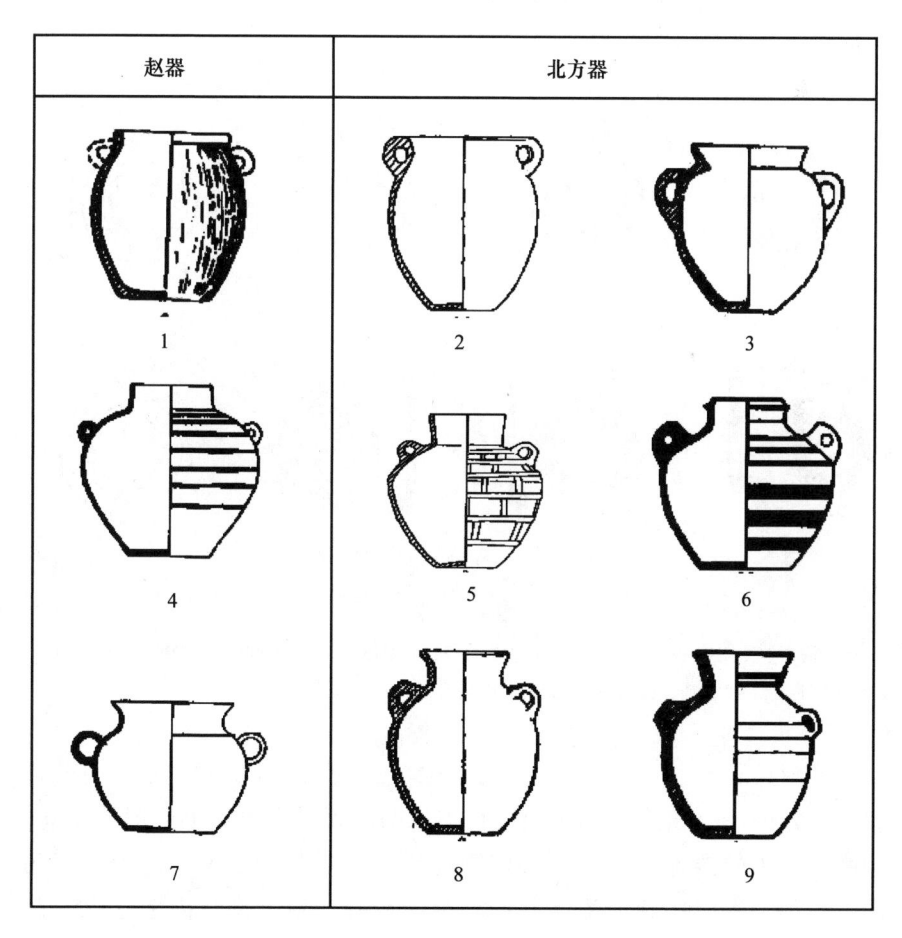

赵器	北方器
1	2 3
4	5 6
7	8 9

图9　陶罐

1. M1∶2；2. M21∶1；3. L∶1481；4. M106∶2；5. M2∶1；6. M2∶8；7. M251∶557；8. M23∶1；9. M43∶1（1. 杨家坪，2.—3. 梨树沟门，4. 分水岭，5. 忻州窑子，6. 天水马家塬，7. 金胜村，8. 崞县窑子，9. 毛庆沟）

---

① 宝鸡市博物馆等：《宝鸡县西高泉村春秋秦墓发掘记》，《文物》1980年第9期。
② 宝鸡市考古工作队：《宝鸡市谭家村春秋及唐代墓》，《考古》1991年第5期。

带扣亦为北方草原地带东周时期的居民习用之物。怀仁杨谷庄发现的鸟状环形带扣为圆环状，上部做成梯形近似鸟尾，对称一侧有小钩突出环外呈鸟首状。类似的器物在凉城崞县窑子、忻州窑子、准格尔旗宝亥社、西麻青①、伊金霍洛旗明安木独、延庆玉皇庙②等地均有发现，因此属于北方系器物无疑。③（图10）

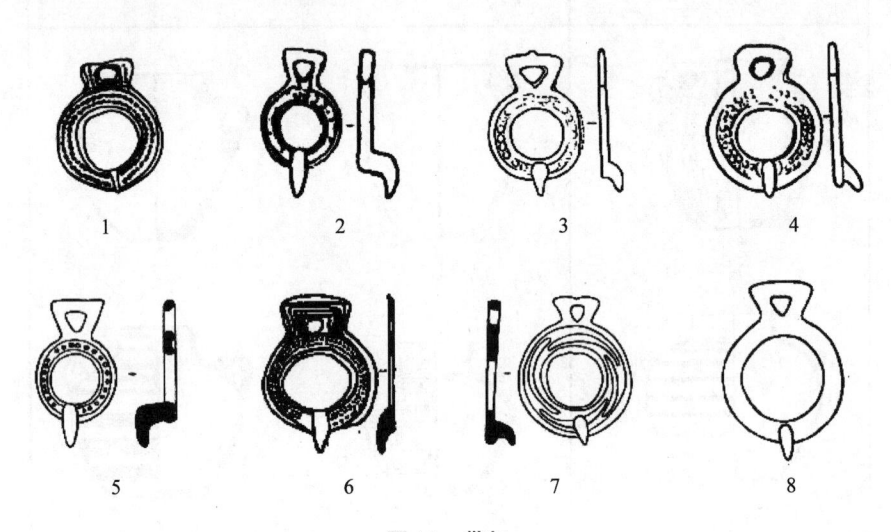

图10 带扣

1. 杨谷庄；2. 1998；3. M5：6；4. M31：5；5. M13：4；6. 1988M；7. M28：2；8. 1984
（2. 西麻青，5. 玉皇庙，6. 明安木独，7. 忻州窑子，8. 宝亥社，余均崞县窑子）

銎内兵器是中原居民"不断接触管銎式的北方系武器之后，对改进安柄方式的一个尝试"④。銎内戈在中原的出现最早可追溯到殷墟文化。金胜村出土的两件戈，一件与妇好墓所见基本相同，另一件援呈三角形，短胡，带有椭圆形銎，上端有圆形穿孔，銎上部与内上立雕一猛

---

① 曹建恩：《内蒙古中南部商周考古研究的新进展》，《内蒙古文物考古》2006年第2期。
② 北京市文物研究所：《军都山墓地——玉皇庙》，文物出版社2007年版，第1228页。
③ 参[日]宫本一夫《鄂尔多斯青铜文化的地域性变迁》，《岱海考古（二）》，科学出版社2001年版，第454—481页；参见豆海锋、丁利娜《北方地区东周时期环状青铜带扣研究》，《边疆考古研究》第6辑，科学出版社2007年版，第198—213页。
④ 林沄：《商文化青铜器与北方地区青铜器关系之再研究》，载《林沄学术文集》，中国大百科全书出版社1998年版，第271页。

虎，虎爪正好扼住雄鹰。虎与鹰均为草原系文化最常见的动物形象。

鹤嘴斧和竿头饰在甘肃东南部和宁夏南部地区、鄂尔多斯高原和岱海盆地等长城沿线地区都有大量发现，代王城周边地区出土的这两类器物显然属于北方系文化典型器。

此外，怀仁杨谷庄 M21 出土的丁字形骨器，与平鲁井坪 1986M54、M57、M192、M303①的同类器极为相似。

D 组为燕文化因素。浑源李峪出土的盖带三兽钮的蹄足鼎、双环耳深腹簋，分别与唐山贾各庄 M18、M28、易县燕下都 M31 所见同类器的形制与纹饰基本相同，应属于燕文化因素。

E 组为齐鲁等东方诸国文化因素。盖呈平顶、其上有曲尺形钮的鼎，于春秋早期几乎同时出现于山东和安徽中部的舒城地区，但其后安徽地区基本绝迹，却在山东地区得到迅速发展，在淄川磁村②、滕州薛国故城③、临沂凤凰岭④、长清仙人台⑤等齐、鲁、莒、薛、邾、郜等国墓地均有大量发现。虽然此种类型的鼎在河南、湖北以及山西侯马等地也有发现，但与山东相比数量极少，且不成系列。

铍多见于山东，属于春秋早期的长清仙人台 M6：B12 即有出土。在春秋中期时大量发现，如临淄齐国故城东古城村 M1⑥、海阳嘴子前 M1⑦、薛国故城尤楼 M1 等亦有出土。虽然琉璃阁甲墓⑧、蔡侯墓⑨亦见此类器，但以山东发现数量最多且年代较早，因此可以基本确定其来源。

带有环角钮的子母口球体敦，春秋晚期时出现在山东莱芜西上崮⑩、

---

① 支配勇、高平如：《平鲁井坪楼烦墓》，《文物季刊》1992 年第 1 期。
② 淄博市博物馆：《山东淄博磁村发现四座春秋墓》，《考古》1991 年第 6 期。
③ 山东省济宁市文物管理局：《薛国故城勘查和墓葬发掘报告》，《考古学报》1991 年第 4 期。
④ 山东省兖石铁路文物考古工作队：《临沂凤凰岭东周墓》，齐鲁书社 1987 年版，第 8—9 页。
⑤ 山东大学考古系：《山东长清县仙人台周代墓地》，《考古》1998 年第 9 期。
⑥ 齐国故城遗址博物馆等：《山东临淄齐国故城西周墓》，《考古》1988 年第 1 期。
⑦ 烟台市博物馆等：《海阳嘴子前》，齐鲁书社 2002 年版，第 9—33 页。
⑧ 李琴：《故宫博物院藏辉县琉璃阁甲乙墓青铜器》，《中原文物》2010 年第 12 期。
⑨ 安徽省文物管理委员会等：《寿县蔡侯墓出土遗物》，科学出版社 1956 年版，图版拾，2。
⑩ 刘慧：《山东莱芜西上崮出土青铜器及双凤牙梳》，《文物》1990 年第 11 期。

济南左家洼①等地，至战国早期以临淄为中心的齐地大量出土，同时燕国境内亦有发现，应属受齐国影响而产生。分水岭 M12 所见的敦，时代上属于战国中期，除纹饰有所区别外，形制与临淄相家庄 M6X∶26②几乎完全相同，可能亦是受到齐国影响出现的。（图 11）

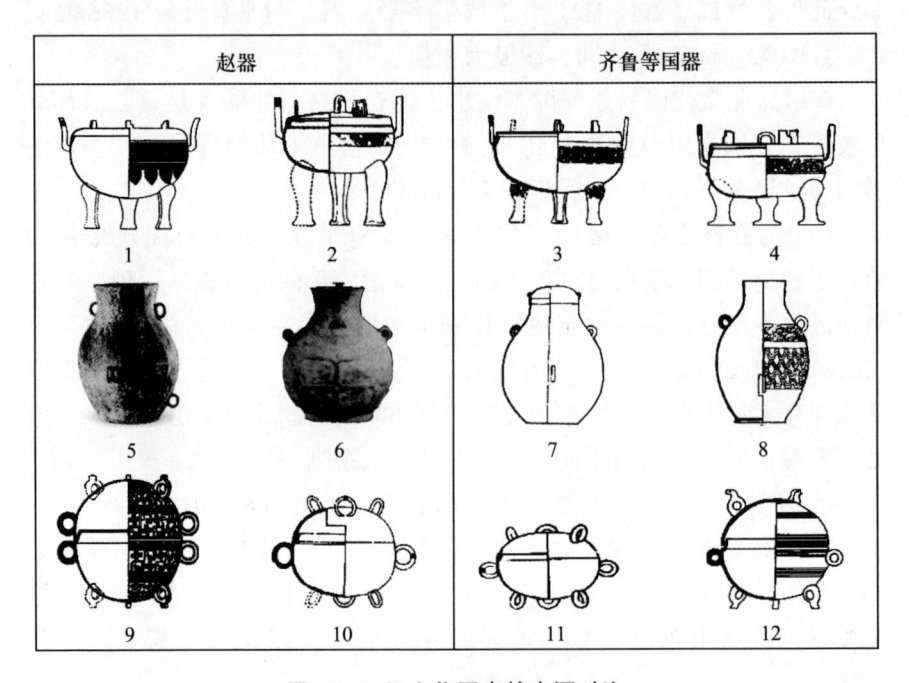

图 11　E 组文化因素的来源对比

1. 97M01∶1；2. M01∶1；3. 凤凰岭坑∶4；4. M4∶30；5. M674∶27；6. 土匀锌；7. M6∶B12；8. M1∶63；9. M12∶6；10. 1973M；11. 1985M1∶9；12. M6X∶26（1. 李家巷，2. 淄川磁村，3. 临沂，4.、8. 薛国故城龙楼，5. 金胜村，7. 长清仙人台，9. 分水岭，10. 莱芜西上崮，11. 济南左家洼，12. 临淄相家庄）

F 组为吴越文化因素。吴、越是最早铸造青铜剑的地区之一，其中窄格圆茎无箍剑、宽格圆茎带箍剑，在吴越地区出现年代早，数量众多，且存在完整的发展序列。

---

① 济南市文化局文物处等：《山东济南市左家洼出土战国青铜器》，《考古》1995 年第 3 期。

② 山东省文物考古研究所：《临淄齐墓》（第一集），文物出版社 2007 年版，第 275—299 页。

窄格平首无箍剑在赵境之内发现较多。怀仁杨谷庄 M9[1]、1985 年榆社城关[2]和正定吴兴 M62[3] 等地均有发现，形制与淮南蔡家岗赵家孤堆 1959M2∶18∶6[4]、襄阳蔡坡 1976M12 吴王夫差剑[5]几乎完全相同，此类剑春秋中晚期时流行于吴越地区。其中淮南蔡家岗赵家孤堆 M2 所见为此类剑中年代最早者，由剑身两侧所铸铭文知其铸成年代约为前 585 年至前 561 年期间。[6]

宽格圆茎圆首剑在赵境之内亦多有发现，如邯郸百家村 M20、长治分水岭 M258 出土的剑，圆首圆茎，茎部有两道凸箍。原平峙峪 1964M[7]发现的铜剑形制与之基本相同，但剑身双面饰火焰状花纹，剑身两侧铸铭两行八字："攻敌王光自作用剑。"类似的剑在襄阳蔡坡 1982M[8]、六合程桥 1964M[9]、江陵望山 WM1[10] 等地多有发现。有箍剑原本起源于吴越地区，其年代最早者可至春秋早、中期。[11]

原平峙峪发现的吴王光剑，[12] 剑身双面呈火焰状花纹。金胜村 M251 出土的铜剑，发掘者称"剑身有隐方块纹"[13]。这两件铜剑表面的纹饰其实即是吴越地区习见的暗纹。原平吴王光剑的几何形火焰纹与郎溪土

---

[1] 大同市考古研究所、怀仁县文管所：《怀仁县杨谷庄战国墓清理简报》，《山西省考古学会论文集》（三），山西古籍出版社 2000 年版，第 65—71 页。

[2] 晋华：《山西榆社出土一件吴王胐发剑》，《文物》1990 年第 2 期。

[3] 辽宁省文物考古研究所、朝阳市博物馆：《河北正定县吴兴墓地战国墓葬发掘简报》，《考古》2012 年第 6 期。

[4] 安徽省文化局文物工作队：《安徽淮南市蔡家岗赵家孤堆战国墓》，《考古》1963 年第 4 期。

[5] 襄阳首届亦工亦农考古训练班：《襄阳蔡坡 12 号墓出土吴王夫差剑等文物》，《文物》1976 年第 11 期。

[6] 周亚：《春秋时期吴王室有铭青铜剑概述》，《上海博物馆集刊》2012 年第 12 辑。

[7] 戴遵德：《原平峙峪出土的东周铜器》，《文物》1972 年第 4 期。

[8] 朱俊英、刘信芳：《攻虞王姑发郎之子曹䖒剑铭文简介》，《文物》1998 年第 6 期。

[9] 江苏省文物管理委员会、南京博物院：《江苏六合程桥东周墓》，《考古》1965 年第 3 期。

[10] 湖北省文化局文物工作队：《湖北江陵三座楚墓出土大批重要文物》，《文物》1966 年第 5 期；湖北省文物考古研究所：《江陵望山沙冢楚墓》，文物出版社 1996 年版，第 49—53 页。

[11] 冯峰：《郧县乔家院春秋墓初识》，《南方文物》2009 年第 4 期。

[12] 戴遵德：《原平峙峪出土的东周铜器》，《文物》1972 年第 4 期。

[13] 山西省考古研究所：《太原晋国赵卿墓》，文物出版社 1996 年版，第 103 页。

墩墓 M4①所见极为相似，而金胜村 M251：705 的"隐方块纹"则与越王勾践剑②的菱形暗纹类似。

剑身饰有几何形暗纹，是吴越地区铜剑的独有特色。此种暗纹剑最早见于安徽屯溪土墩墓 M8，③ 此外在铜陵④、郎溪等地亦有发现。⑤ 其中最有名者莫过于江陵望山楚墓发现的越王勾践剑。⑥ 此剑剑身两面均满饰黑色的菱形共纹，同墓出土的 WM1：B127 亦有同样纹饰。（图 12）

对于青铜剑剑身的暗纹，自然科学研究表明，其形成是采用了硫化处理工艺所致。⑦ 近年来越来越多的学者赞同金属膏剂涂层加热扩散工艺说。⑧ 赵国境内发现的有几何暗纹的青铜剑，显然受到了吴越地区青铜兵器铸造工艺的影响。

《说文解字》载："铎，大铃也。"青铜器中自名为铎者，均呈合瓦形，口沿内凹，腔体内有舌，顶有銎可装木柄。金胜村出土的铜铎，口部呈凹弧形，底部有长方形的銎。銎表面饰雷纹、三角回纹和对称的两组四条小蛇纹。此件铜铎无论从形制，还是装饰都与印山越王陵⑨、青阳庙前龙岗⑩出土同类器极为相似。（图 13）

百家村 M57 曾发现一件刻纹匜，胎壁极薄，内壁施有线刻细纹。因腐蚀过甚，纹饰已很难辨别。所幸太原金胜村 M251 出土的薄胎匜保存较好，可借此了解此类器物的纹饰特征。该器的内壁刻划有多组纹饰，包括树木、游鱼、投壶、燕射等内容。刻纹铜器萌芽于春秋晚期，

---

① 宋永祥：《郎溪土墩墓初探》，《文物研究》第 2 辑，黄山书社 1986 年版，第 86 页。
② 湖北省文物考古研究所：《江陵望山沙冢楚墓》，文物出版社 1996 年版，第 49—53 页。
③ 李国梁主编：《屯溪土墩墓发掘报告》，安徽人民出版社 2006 年版，第 63 页。
④ 安徽大学、安徽省文物考古研究所编著：《皖南商周青铜器》，文物出版社 2006 年版，第 203 页。
⑤ 参见肖梦龙《试论吴越青铜兵器》，《考古与文物》1996 年第 6 期；朱华东《皖南发现的青铜剑纹饰及初步研究》，《东南文化》2011 年第 4 期。
⑥ 湖北省文物考古研究所：《江陵望山沙冢楚墓》，文物出版社 1996 年版，第 49 页。
⑦ 马肇曾、韩汝玢：《越王勾践剑表面黑色纹饰的研究》，《自然科学史研究》1987 年第 6 卷第 2 期。
⑧ 谭德睿、廉海萍等：《东周铜兵器菱形纹饰技术研究》，《考古学报》2000 年第 1 期。
⑨ 浙江省文物考古研究所、绍兴县文物保护管理局：《印山越王陵》，文物出版社 2002 年版。
⑩ 青阳县文物管理所：《安徽青阳县龙岗春秋墓的发掘》，《考古》1998 年第 2 期。

成熟于战国早、中期。春秋刻纹铜器的出土以吴国最为集中,① 如六合程桥一号墓,② 丹徒谏壁王家山墓③等,因此邯郸百家村和太原金胜村

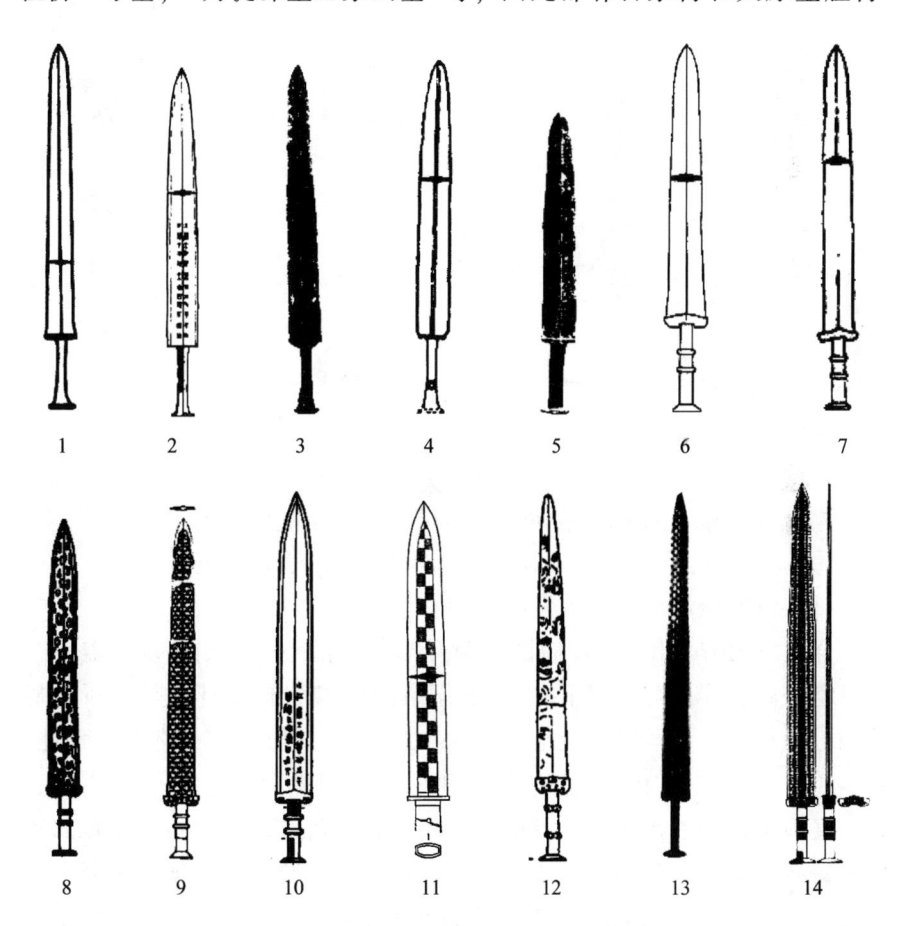

图 12 铜剑来源对比

1. M9; 2. 1985; 3. M62 : 1; 4. M12; 5. 1959M2 : 18 : 6; 6. M258 : 18; 7. M20 : 6; 8. 1964; 9. 东周墓; 10. 1982M; 11. M251 : 705; 12. M8 : 1; 13. WM1 : G9 越王勾践剑; 14. WM1 : B127 (1. 怀仁杨谷庄, 2. 榆社城关, 3. 正定吴兴, 4. 襄阳蔡坡, 5. 淮南蔡家岗, 6. 分水岭, 7. 百家村, 8. 原平峙峪, 9. 六合程桥, 10. 襄阳蔡坡, 11. 金胜村, 12. 屯溪土墩墓, 余均江陵望山)

---

① 参见叶小燕《东周刻纹铜器》,《考古》1983 年第 2 期; 刘建国《春秋刻纹铜器初论》,《东南文化》1988 年第 5 期。

② 江苏省文物管理委员会、南京博物院:《江苏六和程桥东周墓》,《考古》1965 年第 2 期。

③ 镇江博物馆:《江苏镇江谏壁王家山东周墓》,《南方文物》2009 年第 12 期。

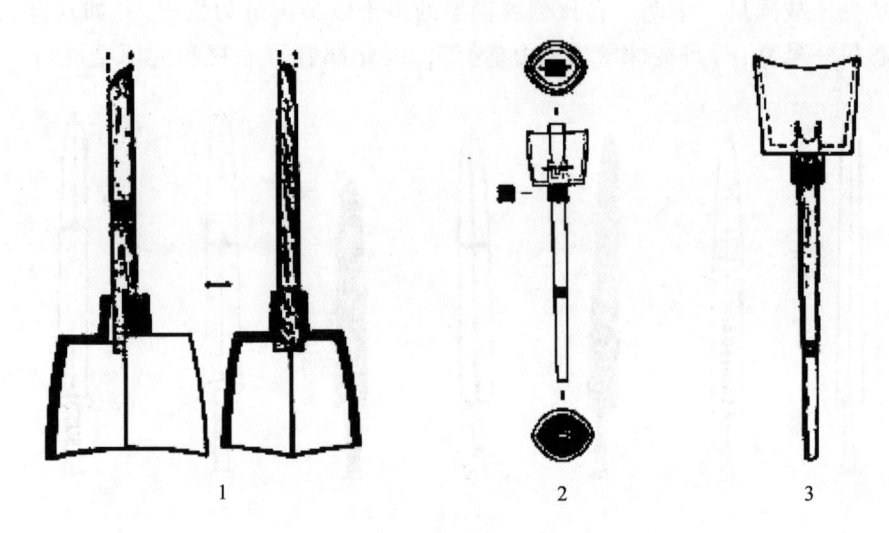

图 13　铜铎来源对比
1. 太原金胜村 M251：63；2. 印山越王陵 M1：02；3. 青阳庙前龙岗 M1：23

所见刻纹铜器应属吴文化因素。

金胜村 M674 出土的深腹圜底附耳鼎，口沿下一周凸棱以承盖，三高足略外撇，器形与淅川下寺①、襄阳余岗②、随州义地岗③等地所见楚式鼎极为相似，尤与随州义地岗 1994M2：4 似，均为口径略大于腹径，弧顶盖，上有三环角状钮，底部近平，三高足略外撇。但值得注意的是，义地岗鼎的三足与腹为浑铸，鼎底设有三角形底范，同时鼎腹部和器盖铸有 S 形纹，从铸造方式和纹饰看与长江下游地区吴越地区同类器极为接近。④ 在吴县何山⑤、青阳龙岗⑥、丹徒北山顶⑦等地春秋时期的

---

① 河南省文物研究所、河南省丹江库区考古发掘队、淅川县博物馆：《淅川下寺春秋楚墓》，文物出版社 1991 年版，第 53 页。
② 襄阳市文物考古研究所：《余岗楚墓》上，科学出版社 2011 年版，第 54—55 页。
③ 湖北省文物考古研究所等：《湖北随州义地岗墓地曾国墓 1994 年发掘简报》，《文物》2008 年第 2 期。
④ 张昌平：《曾国青铜器研究》，文物出版社 2009 年版，第 308—309 页。
⑤ 吴县文物管理委员会：《江苏吴县何山东周墓》，《文物》1984 年第 5 期。
⑥ 青阳县文物管理所：《安徽青阳县龙岗春秋墓的发掘》，《考古》1998 年第 2 期。
⑦ 江苏省丹徒考古队：《江苏丹徒北山顶春秋墓发掘报告》，《东南文化》1988 年第 Z1 期。

吴国墓葬中，亦常见器物外表饰有双线 S 形纹的深腹圜底鼎，而金胜村 M674 的鼎，不仅器物外表饰有细密 S 形纹，而且器内有"吴王"字样的铭文，因此可将之归入吴器。（图 14）

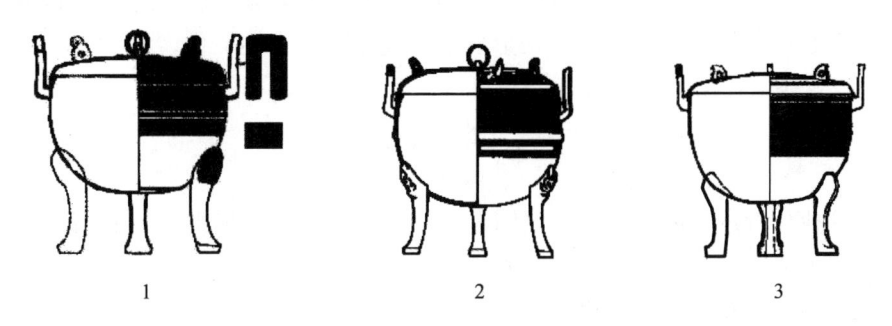

图 14　深腹 S 形纹鼎 1
1. M674；2. M1∶10；3. 1994M2∶4（1. 金胜村，2. 龙岗，3. 义地岗）

以上各组器物中，以 A 组即周晋文化因素数量最多，在铜器群中所占比重最高，并且延续时间较长，自春秋晚期直到战国晚期一直存在。本组器物的来源可追溯至周与晋。赵乃三晋之一，自然是周晋文化的重要传承者，因此包含浓厚的周晋文化传统应属自然之事。

B 组乃赵国青铜器群的主体，数量比重虽略次于 A 组，但自春秋晚期即已开始出现，一直延续至战国晚期，而且其自身风格突出，是赵国青铜器群的核心本体，彰显着赵文化更新晋文化而生成自身独特文化之后的新风尚。

C 组是赵国青铜文化北拓与纳新的结果，这些北方文化因素汇入赵国青铜器群的本体之中，共同构成了赵国北疆地区独特的青铜文化面貌。

至于 D、E、F 组文化因素，其出现的时间与所处的地位各不相同，但总体而言持续时间均较短，所占比重亦较小，应该是赵与燕、齐、吴越等国之间文化交流的结果。

值得注意的是，考古资料的发现与获得原本就具有特殊性和偶然性，而文化因素的观察仅仅从现有资料出发，故而难免会有某些不太准确之处。如中山长期处于赵之腹心，制约与阻碍着赵国向四周的发展，因此二国之间连年争战，但在考古资料上却很难找到相关线索。韩、魏与赵同源于晋，然而囿于资料的缺乏，尚无法对这三支考古学文化的异同进行更深一步的剖析。

总之，周晋文化是赵国青铜文化的主流渊源，赵国传承之并进行了革新与发展，同时又广泛吸收了周边诸多文化的因素。所有这些文化因素在赵国的统一整合下，汇聚形成了一支崭新的青铜文化。

三　形成途径

独具特色、内涵复杂的赵国考古学文化之所以能够形成，有着较为深层的原因。自然地理位置固然重要，人文环境的制约和历史文化传承也是不容忽视的一个方面。

若从文化传承的角度而言，赵文化原本由周晋文化裂变而来，因此在赵文化中能清楚看到传承自周晋本体文化的浓厚因素。如 A 组文化因素中，不仅青铜鼎、鬲、甗、簠、壶、罍、盘和陶鬲、盆、豆、罐、盂、钵、盘口壶、小口高领罐等器物，明显来源于周晋文化核心区，而且青铜器和陶器的组合亦与周晋文化几乎完全相同，显示出周晋文化对赵文化的强烈影响。

晋为成王时分封的姬姓诸侯国，始封之君唐叔虞为成王之胞弟，曾"左右武王"，因此晋文化可视为姬周文化的重要传承者。晋文化由受封后始，终于韩赵魏三家分晋。从这个意义上说，裂变于晋文化母体的韩、赵、魏文化，亦可视为晋文化的延续。关于此问题，有学者分析道，"韩赵魏三家均出自晋，他们对晋君的取代不同于夏商周王朝的更替，在考古学文化方面并未因晋君被废而发生本质变化，这有如田齐取代姜齐一样。因此，广义地说，三晋文化也属晋文化。"[①] 此说极是。因此，赵国考古学文化中含有数量极多的周晋本体文化因素乃是极为自然之事。从某种意义上而言，周晋文化乃母体文化，作为子文化的赵文化孕育其中，承袭了母体文化的诸多精华，故而与母体文化存在着若干相似之处。

赵文化自身所具有的进取心与包容性，亦为赵文化独特面貌之所以形成的重要原因。晋国自献公以来尽杀群公子，导致公室卑弱，异族反

[①] 刘绪：《晋与晋文化的年代问题》，《文物季刊》1993 年第 4 期。

而强盛。赵氏一族便为晋国诸卿之一。终春秋数百年时间，赵氏政治集团的势力不断发展壮大，赵盾、赵武、赵鞅等赵氏宗族代表人物，长期把持晋国朝政，权高位重，并于春秋末年与韩、魏一起瓜分了晋国。初始之时，赵氏以晋阳作为政治中心，然而晋阳以北气候寒冷，土地贫瘠，且长期以来为林胡、楼烦以及诸狄等习于游牧之民族所占据，因此向北的拓展受到限制。赵之南境上党于三家分晋之初便为三国瓜分，迫于韩、魏军力的强劲，赵国始终无法占得上风。在此种情境之下，赵氏尝试向东越过太行山，在太行山东麓广袤富饶的土地上求得生存，至赵敬侯时迁都邯郸，国力渐趋强盛。及至赵武灵王时，又推行胡服骑射，在吞并中山，将赵国国土被中山分隔的南北部分连为一体之后，继而向北将更为遥远的河套地区纳入自己的控制之下。

赵国在频繁地与韩、魏、齐、鲁、燕等中原诸国和赵之周边的蛮夷戎狄诸部族交往过程中，积极学习其他各国或各部族文化的优点，并加以改造，形成了若干有别于其他文化的独特特征。此方面的物质证据颇为丰富。高柄小方壶、方座豆、鸟尊、带有三蹄足的球体敦、敞口圈足匜等青铜器，在赵国的出现和流行便是证明。这些器物中大多数初创于其他地区，但流传至赵地后，经过赵国工匠的加工与改造，成为赵文化的独有特色。如盖豆本于春秋中期之时出现于晋地和洛阳，但在春秋晚期和战国早期时在赵地大量发现，赵地居民在普通盖豆的基础上创造出了方座豆。带有三蹄足的青铜敦原本是春秋时期盛行于齐地的器物，其器体与盖并不对称，但流传至赵境之后，赵地工匠将之改造为上下对称的形制。青铜匜本为周文化系统常见的水器，底部多有三足或四足，但楚地却流行平底匜。楚式匜传入赵地之后，赵地居民为之添加圈足，形成为有别于周文化和楚文化的独有特色。

此外，赵国所处的独特的地理环境亦使得其文化丰富多彩。东周时期的赵国处于四战之地，东临齐、燕，西接强秦，南边韩、魏，北与戎狄为邻，因此不同文化之间的交流十分频繁。

赵的北境与戎狄相邻，而赵氏亦有与诸狄联姻的传统。如赵盾为狄氏之女叔隗所生，赵简子亦娶狄女为婢，赵襄子更娶西戎空同氏之女为妻等。虽然赵氏数次与戎狄联姻，但二者之间的战争亦很频繁，其中又以赵武灵王时期最为激烈。赵武灵王在胡服骑射改革之后，北破林胡、楼烦，辟地千里，并于此后筑起长城，以阻挡北方少数民族的南下。与戎狄的联姻或战争，导致赵文化中含有大量的北方文化因素。带有双耳的深腹高圈足镂、双耳罐和带扣是东周时期流行于北方长城沿线地区的典型器物，赵国境内发现的器呈圆形的高圈足镂和圆角长方形的带盖镂，以及四种形制略有差异的双耳罐，与西周晚期以来流行于内蒙古中南部、陕西、山西、甘肃东部，河北北部等中国北方广大地区的器物基本相同，显然是受北方系文化影响而产生，甚至不排除部分器物是通过战争或婚姻的方式获自北方地方的可能。

赵国的东境与齐国等东方诸国为邻。齐为西周时期分封的异姓诸侯国，自齐僖公在位时起，齐国国力渐强。早在三分知氏之地时，赵氏占有的原知氏在太行山东麓的土地，与齐犬牙交错。其后赵国不断地向华北平原的扩张，对以齐为代表的东方国家造成了威胁，导致两国之间多次发生较为激烈的冲突。赵文化中含有较多的东方因素可能即源于此。如盖呈平顶、其上有曲尺形钮的鼎，春秋时期盛行于齐、鲁、莒、薛、邾、郜等国；直口长颈带有双环耳的鈚，春秋早期以来流行于齐、薛等国；带有环角钮的子母口球体敦，春秋晚期以来流行于以临淄为中心的齐地；等等，均属东方诸国的文化因素。

吴国和赵国远在长江下游，与赵国相距上千千米之遥。然而，赵文化中却含有不少的吴文化因素。其中的原因较为复杂。

吴、越是最早铸造青铜剑的地区之一，其中窄格圆茎无箍剑、宽格圆茎带箍剑，在吴越地区出现年代早，数量众多，且有存在完整的发展序列。赵境之内发现的窄格平首无箍剑，宽格圆茎圆首剑以及剑身施加暗纹的技术，显示出赵国青铜剑铸造技术和工艺深受吴越地区的影响，甚至有些器物可能是直接来自吴越地区。刻纹铜器萌芽于春秋晚期，成熟于战国早、中期。春秋刻纹铜器的出土以吴国最为集中，[1] 因此邯郸百家村和太原金胜村所见刻纹铜器以及器物外表饰有双线S形纹的深腹圜底鼎等，均应属吴文化因素。此外，合瓦形铜铎、内呈鱼尾形的中胡三穿戈，不见或少见于中原地区，亦应来源于吴越地区。

从传世文献记载来看，晋吴关系较为密切。晋楚争霸之时，为了牵制南方的楚国，晋国曾与吴国结为联盟，彼此间不仅时有盟会，亦屡为

---

[1] 参见叶小燕《东周刻纹铜器》，《考古》1983年第2期；刘建国《春秋刻纹铜器初论》，《东南文化》1988年第5期。

姻亲。《左传》记载了晋吴之间多次会盟的情况。如《左传》成公七年："（晋）巫臣请使于吴，晋侯许之。吴子寿梦说之。乃通吴于晋。以两之一卒适吴，舍偏两之一焉。与其射御，教吴乘车，教之战陈，教之叛楚。"①《左传》哀公二十年："晋简公会诸侯，以与夫秦（差）王相见于黄池。"②《左传》昭公二十七年："自屈巫衔分室之怨，导晋通吴，又使其子狐庸往为谋主，凡中国之长技，皆与吴共之，于是渡江争长，楚之边鄙无岁不有吴师。于蒲、鸡泽二役……吴自是益大。寿梦遂僭号称王，晋之意不过谓用吴可以制楚。"③ 其中影响最大者莫过于黄池之会。而此次晋吴盟会，是由晋正卿赵鞅代表晋国，与吴约定"好恶同之"。此外还有不少二国结为姻亲的记录：《左传》襄公二十三年："晋将嫁女于吴，齐侯使析归父媵之。"《左传》襄公三十一年："吴子使屈狐庸聘于晋。"

近年发现的清华简《系年》也有晋悼公与吴王寿梦会于虢、晋简公与吴王夫差会于黄池类似的记述，与《左传》的记载若合符节。但除此之外，《系年》还记有晋吴联军伐楚之事，不见于传世文献。《左传》定公四年曾载："楚自昭王即位，无岁不有吴师。"而《系年》则明确地说："晋与吴会为一，以伐楚，门方城"；"晋简公立五年，与吴王阖闾伐楚"。

由此看来，自申公巫臣通吴以来，晋与吴一直保持着较为友好的关系，两国之间频繁地聘使、会盟、媵女，借此机会将吴器送入晋国，亦属可能之事。晋吴之间如此亲密的关系，甚至延续到吴被越灭亡之后。有学者搜罗相关资料，以为公元前473年延陵季子一族中有人于吴亡国之后流亡至三晋地区。④ 如果此说可信，那么在晋和赵的辖境之内发现屡屡发现吴器便在情理之中。

晋吴两国结为联盟的目的在于与楚越抗衡，但当越灭吴之后，晋越之间又承袭了这种关系。如《系年》云："越王勾践克吴，越人因袭吴

---

① 杨伯峻编著：《春秋左传注》，中华书局2009年版，第834页。
② 清华大学出土文献研究与保护中心：《清华大学藏战国竹简（二）》，中西书局2011年版，第186页。
③ 高士奇：《左传纪事本末》，中华书局2015年版，第727页。
④ 陶正刚：《山西出土的吴越地区青铜器及其研究》，载郭俊卿主编《忻州考古论文集》，山西科学技术出版社2008年版，第444—447页。

之与晋为好。"① 此外,《系年》还记载了晋国与越国多次联兵伐齐之事:"晋敬公立十又一年,赵桓子会[诸]侯之大夫,以与越令尹宋盟于巩,遂以伐齐";"晋幽公立四年,赵狗率师与越公朱句伐齐";"楚声桓王即位……韩虔、赵籍、魏击率师与越公翳伐齐",经此一事,"晋、越以为好",而这三次与齐国的战争,均由晋卿赵氏率晋师参加。可见,为了共同的利益,晋越之间亦曾来往密切。

由于有传世文献和出土文献的佐证,对于晋赵与吴越的关系可以得到较为清楚的认识。二者之间虽相距千里,且为大山大河所阻隔,但文化之间的交流却并未因此受到影响。

(张渭莲,河北师范大学历史文化学院教授)

---

① 李学勤主编:《清华大学藏战国竹简》(贰),中西书局2011年版,第184—199页。

《赵世家》中"霍泰山三神竹中书"与赵国史事

雷鹊宇

《史记·赵世家》叙述战国初年赵襄子为避开晋国知伯的攻击而退守晋阳时，其家臣原过在路经王泽途中收到三位神人命他转交襄子的竹节。竹中朱书的内容预言了后来赵襄子与赵武灵王之事，被严可均辑《全上古三代文》时收录。类似的传说亦见于《论衡·纪妖》和《风俗通义·皇霸》，只是文字略有差异。这则神话传说在战国秦汉时能广为传播，恐怕与赵国统治者的大力宣扬有关。神话传说固然并非史实，但在当时及后世流传甚广，其中必然包含一定历史的原型。历代学者对竹节内朱书内容多有关注，然仍有剩义。笔者不揣浅陋作札记二则，分别就朱书内隐藏的赵襄子与赵武灵王史事略称浅见，以就教于方家。

一 赵襄子兼并林胡地之事

《史记·赵世家》载三神人授予赵襄子竹节内的朱书全文如下：

> 赵毋恤，余霍泰山山阳侯，天使也。三月丙戌，余将使女反灭知氏。女亦立我百邑，余将赐女林胡之地。至于后世，且有伉王，亦黑，龙面而鸟噣，鬓麋髭髯，大膺大胸，修下而冯，左衽界乘，奄有河宗，至于休溷诸貉，南伐晋别，北灭黑姑。

作为唯物主义者，我们当然知道所谓赵襄子收到过霍泰山三神竹中朱书之事是赵国统治者为神化自己而编造的。但竹中朱书预言的赵襄子与赵武灵王之事后来都基本成真，表明编造神话传说之时亦是以后世确实发生的事件为基础的。其中预言中提到战国初年赵襄子曾对胡地有过兼并之事向来不为学者所注意。

竹节内朱书有"余将赐女林胡之地"一语,学者或以为是预言日后赵武灵王能拥有林胡之地。①但推敲原文,似乎与原意不合。因为谶语所言可分为两节:第一节是天使保证赵襄子"反灭知氏"和有"林胡之地";第二节是预言"至于后世"的"伉王"即赵武灵王最终"奄有河宗,至于休溷诸貉,南伐晋别,北灭黑姑"。赵襄子与赵武灵王之事在两节中分别言之,绝不相混。天使对赵襄子既言"赐女林胡之地",应当与"使女反灭知氏"一样,是赵襄子本人之事。如果是预言赵武灵王,那就应当放在"至于后世,且有伉王"之后。笔者以为,谶语是作为政治宣传的工具,必然要以事实为依据,否则难以服人。赵襄子如果未得林胡之地,这条谶语本身就会授人以柄。赵襄子确实曾兼并部分胡地,其中亦包括部分林胡之地,当可论定。

其他文献中也偶有提到赵襄子在兼并代地后,与"诸胡"或"胡貉"交往。如《战国策·赵策二》记载赵武灵王曰:"先君襄主兼戎取代,以攘诸胡。"《史记·匈奴列传》曰:"赵襄子逾句注而破并代,以临胡貉。"可知赵襄子兼并代戎之后,确实与被称为"胡"的一些部族接触过的。且言"攘诸胡",可知赵襄子确实也曾兼并过部分胡地。

赵襄子之后,很长时期内再不见文献中有关赵国与胡地交涉的记载。虽然有因文献的阙轶的可能,不能断言赵国与胡地完全无交往。但这段时期赵国内乱频仍,国力开始衰落,都城也南迁,赵国对胡地的开辟从此中断也并不让人意外。而之前赵襄子所开辟的有限胡地能否保存也未可知。直到赵肃侯时林胡才又见于历史。赵肃侯时林胡又名林人。《史记·赵世家》载赵武灵王之语:"我先王因世之变,以长南藩之地,属阻漳、滏之险,立长城,又取蔺、郭狼,败林人于荏,而功未遂。"所谓先王指赵肃侯。林人,《史记正义》曰"即林胡也"。郭狼据王应麟说即为皋狼,《汉书·地理志》中蔺与皋狼郡属西河郡也,学者考证蔺在今山西离石以西,皋狼在今离石西北,②二地均为赵国西境重镇。

---

① 吴荣曾:《战国胡貉各族考》,载吴荣曾《先秦两汉史研究》,中华书局1995年版,第124页。

② 缪文远:《战国制度通考》,巴蜀书社1998年版,第162—163页。

茌地不可考，但既然赵取蔺与郭狼后即与林胡战于茌，茌与二地相距亦不会太远。可知赵肃侯时林胡当在离石以西以北一带，这也与赵武灵王时林胡在赵国西北相一致。雍正朝《山西通志》曰"保德州，春秋时晋林涛寨，后为林胡澹林所据"，其语虽未必确切，但林胡确当活动于山西西北吕梁山一带。

　　赵肃侯虽打败林胡，但"功未遂"，故而赵武灵王实行胡服骑射之后首先向林胡用兵。《赵世家》载武灵王十九年"遂胡服招骑射"，第二年就"王略中山地，至宁葭。西略胡地，至榆中。林胡王献马"。而《战国策·赵策》记载赵武灵王在"王破原阳以为骑邑"后，即"王遂胡服，率骑入胡，出于遗遗之门，逾九限之固，绝五陉之险，至榆中，辟地千里"。比较两书所记的军事行动均在胡服骑射后不久，且均"至榆中"，可知两书所记必为一事。《赵策》所说"入胡"，未明言何种之胡，但根据《赵世家》这次所征服的胡地部族是以林胡为主的。而从文献中的具体地名来考察，遗遗之门，学者考证即是所谓的挺关，《史记·赵世家》曰"秦之上郡近挺关，至于榆中者，千五百里"，故址当在及陕西榆林北的内蒙古毛乌素沙漠东缘。① 九限、五陉俱不可考，② 榆中一地，诸说甚多，张守节《史记正义》曰"胜州北河北岸也"，大致与实际情况相合。胜州即今鄂尔多斯高原之东胜，北河指鄂尔多斯高原北部的一段黄河，其地即今内蒙古河套东北岸。由此可知赵武灵王取林胡之地当从离石一带出发西进，继而北上过挺关，而后至于鄂尔多斯一带。而林胡的活动地域，亦在沿线一带，即相当于从今天山西省离石至保德一带的吕梁山区向西，至陕北榆林地区，再北至内蒙古鄂尔多斯地区。战国末期，李牧守于代与雁门，曾降林胡，可知林胡仍居于雁门之西。根据林胡地理来推断，赵襄子兼并部分林胡之地也在情理之中。也可能赵襄子之后赵国一度放弃向北扩张，林胡之地得而复失。后世诸王也大都不在意这段历史，只有锐意北进的赵武灵王才会认为这是其先祖的重要勋业。

---

　　① 缪文远：《战国制度通考》，巴蜀书社1998年版，第174页。
　　② 或以为九限乃九原之讹，五陉即井陉，恐皆不确。赵武灵王二十六年才"西有云中、九原"，此时似还不到。而井陉在太行山，西略胡地更不会路过。其地大致也当在今陕北至内蒙古之间。

二　竹中朱书的赵武灵王神化王权

霍泰山三神授予赵襄子竹中朱书的神话传说，可能是赵襄子时代就已经出现。当时赵襄子与知氏艰难对抗时，亟须提高自己与追随者们的自信。之所以选择霍泰山之神来神化自己，与赵氏与霍泰山的关系有关。《史记·秦本纪》记载周武王伐纣之时，秦、赵两国王族的祖先蜚廉曾"为坛霍太山而报"，去世后"葬于霍太山"。霍太山即霍泰山。白国红先生以为飞廉（即蜚廉）时期霍太山正是赵氏先祖族人的大本营。[①] 关于蜚廉死于何处文献中有不同记载，《秦本纪》与《赵世家》中的记载表明秦人和赵人心中霍泰山的特殊地位是不容置疑的。《史记·赵世家》还记载春秋晋献公灭霍国后，霍太山作祟导致晋国大旱，不得已赵襄子的祖先赵夙召回流亡在齐国的霍君来主持霍太山祭祀，晋国才重新获得丰收。这则霍太山为祟之事不见于《左传》《国语》等其他文献，反映出赵人心中对霍太山的格外重视。所以赵襄子借助霍泰山之神为自己造势也就顺理成章了。霍泰山三神自称"天使"，与《左传》成公五年所载春秋时晋国赵氏族人赵婴齐梦到天使对其所言："祭余，余福女"的口气几乎一模一样。这也当是赵氏家族宗教观念的传统。

不过今天我们看到所谓霍泰山三神授予赵襄子竹中朱书，共一百余字的内容，提到的赵襄子之事并不多，却是多半篇幅在预言赵武灵王时的事情。故推测今天看到的竹中朱书的文本正式形成于赵武灵王时期，应当是合理的。而赵王灵王时期出现了赵襄子时代的神秘预言，自然是为了神化武灵王的王权。文献记载赵武灵王神化王权之事颇多。《韩非子·外储说左上》载："赵主父令工施钩梯而缘播吾，刻疏人迹其上，广三尺，长五尺，而勒之曰：'主父常游于此。'"就是赵武灵王为自己建造神迹之事。

赵武灵王神化王权的一个方向就是以赵简子和赵襄子事业的继承人自命。文献中赵武灵王动辄言要继承"简、襄主之烈"。《史记·赵世家》记载赵简子时代也出现过一个神秘预言，是说赵简子梦到上帝对他

[①] 白国红：《飞廉考》，《学术月刊》2005年第6期。

说:"今余思虞舜之勋,适余将以其胄女孟姚配而七世之孙。"正好与赵武灵王娶吴娃之事相合,显然这则预言也是赵武灵王时代出现,为强调赵武灵与赵简子冥冥之中的联系。霍泰山三神竹中朱书中涉及赵襄子的事是:"三月丙戌,余将使女反灭知氏。女亦立我百邑,余将赐女林胡之地。"不过寥寥数语。而预言中所提到的赵襄子之功业,也只有灭知氏与有林胡之地二事。赵襄子的功勋当然远不止于此。沈长云师在《赵国史稿》中认为,赵襄子的继立是赵氏国家建立的标志。[1] 白国红先生也以为春秋战国之际的赵襄子虽仍有晋卿的名分,实为赵国的开国之君。[2]《淮南子·氾论训》甚至说"赵襄子以晋阳之城霸",认为赵襄子是战国之初的一代霸主。但赵襄子的功业除了灭知氏外,还有收复中牟、吞并代戎等比获得林胡之地更重要的成就,而预言中皆不涉及。显然这则预言主要宣传的对象并非赵襄子。预言赵襄子时提到的灭知氏之事是这则神话的背景,故不得不提。而预言赵襄子的内容重点强调了其他文献都不大提及的获取林胡地之事,这正是因为兼并胡地是赵武灵王时期的国策。

  竹中朱书中预言赵武灵王的功绩主要是"左衽界乘,奄有河宗,至于休溷诸貉,南伐晋别,北灭黑姑"这几项。"左衽界乘"即是胡服骑射。"奄有河宗,至于休溷诸貉"就是兼并胡地。赵武灵王兼并胡地大体分为两个阶段:第一个阶段从武灵王十九年(前307年)实行胡服骑射开始,第二年(前306年)即将势力扩张至榆中而征服林胡,即《赵世家》所谓"林胡王献马"是也。《水经注·河水》引《竹书纪年》云:"魏襄王十七年,邯郸命吏大夫奴迁于九原,又命将军、大夫、适子、戍吏皆貉服。"魏襄王十七年(前301年)赵国已开始往九原移民,可知其时已有九原,《史记·赵世家》也谓武灵王二十六年(前300年)赵国疆域"西至云中、九原"。可见此时赵国征服胡地已颇有所获。第二个阶段是赵武灵王退位之后,到了赵惠文王二年(前297年)赵国才将楼烦彻底征服,即《赵世家》所谓"遂出代,西遇楼烦王于西河而致其兵"。历十年之功,方成此伟业。但需要注意的是赵国的这两次征伐行军路线并不相同:第一次是"出于遗遗之门,逾九限

---

[1] 沈长云等:《赵国史稿》,中华书局2000年版,第111页。
[2] 白国红:《春秋晋国赵氏研究》,中华书局2007年版,第157页。

之固，绝五陉之险，至榆中"，即从晋西离石一带向西，到达陕北之后北上，所征服的是林胡及其邻近部族；第二次则是从代地直接西进，征服的主要是楼烦及其邻近部族。

赵国征服胡地后在其地设郡县统治。共设雁门、云中、九原三郡：雁门郡得名于境内雁门山。九原、云中的得名据杨宽先生的说法，就是来源于上文所引谶语中"休""溷"二字。① 郡之下亦设有县，从战国时的货币、兵器铭文中均可证。但由于长期以来胡地自成体系的文化传统和独特的自然环境以及在此基础上形成的社会结构，赵国对胡地的统治也仍属于羁縻性质。因为赵武灵王对胡地的统治较为松散，竹中朱书中预言时用了"奄有"一词，类似于《诗经》中说周王"奄有四方"一样，是获得各部族对赵国的宗主权。即便赵国在胡地设立郡县也只是军事上的压制，胡人对赵亦只是暂时性的臣服。各个部族原有的组织并未打破，所以一旦赵人在胡地的统治削弱或撤出，原有部族很有可能仍与赵人为敌，或投靠其他与赵为敌的部族。预言中"北灭黑姑"之事文献无征，《史记正义》称亦是"戎国"。

竹中朱书中预言"南伐晋别"之事，《史记正义》谓赵国伐韩、魏之邑。但目前可见的文献中并无赵武灵王伐韩的记载，终赵武灵王之世，赵、韩二国关系一直良好。《史记·赵世家》记载有赵武灵王十四年"赵何攻魏"，所谓伐"晋别"之事，应当是赵国伐魏。"南伐晋别"也是暗示赵武灵王对赵襄子灭知氏事业有所继承，知氏也是"晋别"。

赵武灵王神化王权的另一个方向是暗示自己继承了远古时代赵氏先祖的神性。《史记·赵世家》中记载赵简子梦到上帝对他预言中也刻意强调赵为嬴姓，这则预言也是形成于赵武灵时期。竹中朱书对赵武灵王的外貌亦有神化。朱书中预言了赵武灵王的外貌形象是"至于后世，且有伉王，亦黑，龙面而鸟噣，鬓麋髭髯，大膺大胸，修下而冯上"。"伉王"即强健之王。预言中赵武灵王长得"鸟噣"与"大膺大胸"，都是鸟的特征。《史记·秦本纪》中描述秦、赵二国王室共同的祖先就多与鸟有关。比如《秦本纪》说秦、赵二国共同的女性始祖女修在纺织时"玄鸟陨卵，女修吞之，生子大业"，其中一位男性祖先大廉称"鸟俗氏"，大廉的玄孙曰孟戏、中衍的形象是"鸟身人言"。魏建震先

---

① 杨宽：《西周史》，上海人民出版社2003年版，第613页。

生认为先秦赵氏崇拜的图腾为玄鸟,即人们常说的凤凰,而凤凰这一神鸟来源于形体较大的孔雀与鸿鹄。[①] 竹中朱书中赵武灵王的外形特征与传说时代的祖先类似,暗示赵武灵王也会拥有与传说中英雄祖先相同的能力。

总之,有关赵襄子获得霍泰山三神授予竹中朱书的神话,或许在赵襄子时代就已经出现,用来提振赵氏家族与知氏家族对抗的士气。但朱书完整文本应当还是形成于赵武灵王时期。赵武灵王为了强化自己胡服骑射的正当性,刻意强调了其他赵王忽略的赵襄子兼并林胡之地事,并借此进一步神化王权。

(雷鹄宇,山西师范大学历史与旅游文化学院副教授)

[①] 魏建震:《先秦赵氏多神崇拜试探》,《石家庄学院学报》2006 年第 4 期。

试论三孔布"南行唐"的辖境

张润泽

一 学者关于三孔布铭文"南行唐"地名隶定

关于三孔布"南行唐"（图1），有大型三孔布"南行昜"（《货系》2462），小型三孔布"南行昜"（《货系》2463），裘锡圭先生释读是可信的。以前古钱专家释作"鱼昜行二""衡阳""鱼阳""葡阳"等都不妥当。"𧗟"下面有"二"是指此字是"行""昜"二字的合文。裘锡圭先生认为"昜""唐"二声相通，并举例地名常见。他认为这个币文应该释读为"南行唐"（图2），亦即《史记·赵世家》有：赵惠文王八年，城南行唐。[①]他指出南行唐的地望在汉代属于常山郡，其地在今河北省行唐县附近，战国时属于赵国。黄锡全先生认为"南行昜，有大小二型。'昜'居'行'字中间，右下方有合文符号。'南行昜'见

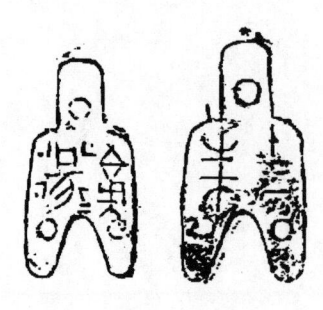

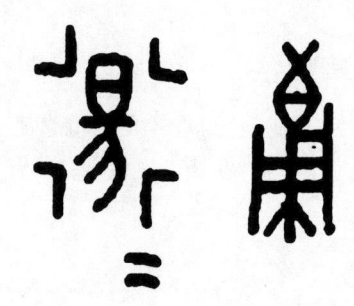

图1 三孔布"南行唐"　　图2 三孔布"南行唐"摹写

---

① 本文为中国钱币学会学术课题"先秦赵国货币地名研究"（课题号201815）的阶段性成果；裘锡圭：《战国货币考（十二篇）》，《北京大学学报》1978年第2期。

于战国兵器铭文。易、唐二字古可相通。'南行易'即'南行唐'"。并指出"其地在今河北行唐附近，战国晚期属赵。战国早中期属中山国"①。何琳仪也同意裘锡圭先生释为南行唐的意见，认为南行唐在《汉书·地理志》隶常山郡，位于今河北行唐附近。并在其《战国文字通论》提出"南行易（唐），《录遗》五九九剑，② 河北行唐"。笔者查阅《殷周金文集成》11674，有一战国兵器铍，铭文有"王立事南行唐令瞿卯左库工师司马部冶得执剂"。裘锡圭认为铍中"南行唐"写作"南**=**"，"南"是三孔布"南"的异体字。"**=**"为"行易"两字的合文，"易"与"唐"相通。③ 侯马盟书"邯郸"的合文写作"邯"，"甘""丹"共"邑"，"二"为合文符号。黄盛璋认为铍铭文有"执剂"二字应该为赵国兵器。铭文中的"南行唐"是"王立事"铍中文字，战国赵国"南行唐"应是置县，所以有"南行唐令"。钱穆《史记地名考》赵地名有"南行唐"条："惠文八，城南行唐。（赵世家）《集解》徐广曰：在常山。《正义》括地志云：行唐县属冀州。钱穆案：今行唐县北。"④

有的三孔布地名，存在"南""北"对峙的地名，如"上曲阳""下曲阳"。三孔布"南行唐"也不例外，黄锡全先生曾考定过一枚"北行唐"三孔布，文字"北"在合文"行易"的上部，与三孔布"南行唐"文字分左右布局不同。黄先生认为其地望应该位于南行唐的北部，具体地望待考证。⑤ 笔者认为此"北行唐"三孔布应为真，但尚缺少传世文献和其他出土资料的支持，地望也难以搞清楚，本文暂不作讨论。

关于秦汉时期南行唐，后晓荣认为秦代恒山郡有南行唐。黄盛璋也认为，其地原属中山，属赵时在赵惠文王三年灭中山之后，故八年城新城。⑥ 南行唐，《汉志》为常山郡属县。《清一统志》引《旧

---

① 黄锡全：《先秦货币研究》，中华书局2001年版，第183页。
② 一些学者常把赵国后期的"铍"释为"剑"。裘锡圭、何琳仪、黄盛璋论及的铍应该是同一件兵器。
③ 裘锡圭：《战国货币考（十二篇）》，《北京大学学报》1978年第2期。
④ 钱穆：《史记地名考》，商务印书馆2001年版，第786页。
⑤ 黄锡全：《新见"北行易"三孔布简析》，载杜勇《叩问三代文明——中国出土文献与上古史国际学术研讨会论文集》，中国社会科学出版社2014年版。
⑥ 黄盛璋：《试论三晋兵器的国别和年代及其相关问题》，《考古学报》1974年第1期。

志》:"今(行唐)县北三十里有行唐故城,俗谓之故郡城。"后晓荣认为,赵国置南行唐县,秦、西汉沿置,其地在今河北行唐县东北。①

三孔布"南行唐"地名的隶定,最早由裘锡圭的释读为正确,也得到何琳仪、黄锡全等古文字学者的赞同。该地名有兵器铭文和《赵世家》等文献资料相印证。学者们认为该地名地望为"今河北行唐县附近""今河北行唐县北""在今河北行唐县东北"。行唐县北或东北的地望指向应该是以县治所而言。这个地望指向由于资料所限仍是很模糊的、很笼统的提法。战国南行唐地域范围或辖境能否更清晰些呢?那就期待新材料的发现。

二 从汉代"南行唐北界"摩崖石刻看战国时期赵国南行唐的辖境

在河北省社科院原副院长孙继民先生的指导和带领下,笔者在2016年10月9—11日对山西省北部灵丘、浑源、繁峙三县进行了考察,在繁峙县专门考察了"南行唐北界"摩崖石刻(图3)。据山西繁峙县李宏如考察研究,此汉代地界摩崖石刻位于山西省繁峙县神堂堡乡大寨口村北1千米,大沙河上游西岸,王子口北侧。在距河床高约8米的石壁上,刻一方格,格高127厘米,宽47厘米,格内刻字四行,24字,隶书。石刻文字录文如下(图4):

冀州常山南
行唐北界
去其廷四百八十里
北到卤城六十里②

---

① 后晓荣:《秦代政区地理》,社会科学文献出版社2009年版,第357—358页。
② 李宏如:《繁峙碑文集》,内蒙古人民出版社2003年版,第1—22页。

试论三孔布"南行唐"的辖境

图3 "南行唐北界"摩崖石刻照片　　图4 "南行唐北界"摩崖石刻摹本

李裕民先生曾发表过《汉代南行唐地界碑与卤城的考察》[①]一文，对该石刻的字体、涉及的距离、卤城遗址进行了考察研究，但对战国南行唐地域范围未提及。李裕民通过对石刻字体的分析，认为这是东汉时期的摩崖石刻。笔者对此摩崖石刻也进行了实地确认，碑文中的冀州，西汉时期武帝置，东汉时期的治所应在高邑县，后移至邺城（今邯郸临漳县西南）。西汉设置常山郡，治所在元氏县，东汉初为常山国，此处石刻的"常山"是常山国。这里的"南行唐"，即南行唐县，治所在今河北行唐县的东北。北魏时，改为行唐县。卤城，是西汉的卤城县，东汉建安中废除。卤城城址今仍保留许多城垣遗存，位于今山西繁峙县大营镇卤城村。

笔者考察所见，"南行唐北界"摩崖石刻位于在今天繁峙县东南的神堂堡附近，应该是战国赵国南行唐的西北部。即今天的北界石刻所在即战国南行唐的西北界，辖境范围由此地向东南延伸至今

---

① 李裕民：《汉代南行唐地界碑与卤城的考察》，《考古与文物》2007年增刊。孙继民先生读到李裕民先生此文，开始关注"南行唐北界"摩崖石刻。这次考察，孙先生之前联系了山西繁峙县政协周志强、当地学者李宏如、糜晓平，多凭借他们的帮助才使考察得以顺利进行。这次考察活动是孙继民先生带领张润泽、刘广瑞亲临山西省繁峙县南行唐北界摩崖石刻实地，并进行了测量、勘察。

695

天的河北行唐县区域内,中间地带包括今河北省阜平县大部,皆为战国南行唐的行政区域范围。这从历代地理志和县志资料中可以得到证明。下面我们逐步梳理一下历代地理志和县志对南行唐行政沿革的记载。

施和金的《北周地理志》目录。卷一河北地区有常山郡。包括:九门县、恒山县、真定县、行唐县、蒲吾县、灵寿县、井陉县、石邑县。其中,行唐县历史沿革为:

> 行唐县,今河北行唐县北。魏书地形志云:"行唐,二汉、晋曰南行唐,属常山郡,后改为行唐。熙平中移犊乾城,治唐城。"元和郡县志亦云:"本赵南行唐邑,汉因为县,属恒县郡。后魏去南字,为行唐县。"则汉、晋之南行唐至魏改为行唐县也。《读史方舆纪要》行唐县下有南行唐城,云在行唐县北,又引《城冢记》曰:"今县北三十里有行唐故城,俗亦谓之故郡城,以后魏尝置唐郡于此也。"此《城冢记》称行唐故城,不称南行唐故城,盖后魏已改南行唐为行唐故也。据此,知北魏、北齐世之行唐县在今河北行唐县北三十里也。①

从《北周地理志》所见,战国以来,汉晋的"南行唐",至北魏已经称"行唐县"了,所辖范围未变。唐朝时的行唐县的范围可能与汉代行唐差不多。《括地志》卷二"恒州""行唐县"条:"行唐县属(冀)[恒]州。《史记·赵世家》'城南行唐'正义引。按:唐行唐县即汉南行唐,为恒州属县,'冀'字误。"②

唐代《元和郡县图志》"河北道二""恒冀节度使""恒州""行唐县"条:

> 行唐县,本赵南行唐邑,惠文王初置,汉因为县,属恒山郡。后魏去"南"字为行唐县。隋开皇三年改属恒州,皇朝因之。③

---

① 施和金:《北齐地理志》,中华书局2008年版,第49页。
② (唐)李泰著,贺次君辑校:《括地志辑校》,中华书局1980年版,第102页。
③ 李吉甫:《元和郡县图志》,中华书局1983年版,第479页。

《太平寰宇记》卷之六十一，河北道十，镇州，包括"真定、藁城、石邑、获鹿、井陉、平山、灵寿、行唐、九门、元氏、栾城、束鹿、鼓城"，其中：

> 行唐县，本赵南行唐邑，史记云：赵惠文王八年，"城南行唐"。秦为真定地。汉初割真定地置为县，因旧名，后汉因之，属常山郡。后魏去"南"字，为行唐县，太和初移置夫人城，孝昌四年复行唐县于旧城，即今理是也。唐长寿二年改为章武县。神龙初仍旧为南行唐。至大历三年于此置泒州，以界内泒水为名，割恒州灵寿、定州恒阳二县以隶焉；至九年废泒州，县复还旧。梁开平二年改为彰武县，后唐同光初复旧。晋改为永昌县，汉复旧名。①

我们看到，隋唐五代时期行唐县所辖区域仍没有改变。
《读史方舆纪要》卷十四"北直五定州府行唐县"条：

> 行唐县州西南九十里。南至府五十里，西至灵寿县四十五里。战国时赵邑。汉置南行唐县，属常山国。后汉、晋因之。后魏为行唐县。太和十四年，置唐郡于此。二十一年，郡废，仍属常山。隋属恒州。唐因之。长寿二年，改曰章武。神龙初，复故。大历初，置泒州于此。九年，废，仍属恒州。五代梁初，又改为彰武县，寻复旧。晋改曰永昌。汉复曰行唐。宋因之。元改属保定路。明初改今属。"南行唐城在县北，县旧治此。战国赵惠文王八年，城南行唐，是也。汉因置县。晋太元十年，慕容垂击丁零翟成于行唐，灭之。魏收《志》：熙平中，移县治犊乾城，即今治云。《城冢记》：今县北三十里，有行唐故城，俗亦谓之故郡城，以后魏尝置唐郡于此也。"

清代顾祖禹也没有记载行唐县辖境的变化。但《大明一统志》记载了阜平县辖境乃隋行唐县地，即金代的北镇，但行唐县沿革未涉及分割出的北镇。

---

① （宋）乐史：《太平寰宇记》，中华书局2007年点校本，第1255页。

《大明一统志》"本朝改为真定府直隶京师领州五县二十七"：

阜平县在府城西北二百五十里，本隋行唐县地，唐因之。宋置北寨，金改为北镇，明昌中升阜平县，元仍旧。本朝因之。①

行唐县　在州城西九十里。秦割真定地置南行唐县，汉属常山国，晋属中山国。后魏去"南"字为行唐县。隋属恒山郡，唐置玉城县；长寿初，又改章武；神龙初，复名行唐；大历初，置泜州，寻废，以县属恒州。五代梁改彰武县。晋改永昌县，寻复旧。宋金俱属真定府。元属保定路。本朝改。②

《乾隆行唐县新志》之《地理志》"疆域"记载了行唐在金代明昌四年（1193）分出北寨置阜平县：

初帝尧封于唐，今定州北唐城府村，即其地。后诸侯来归。诣平阳即帝位，南行经历行唐邑，之名由此始也。迨分九州，遂属冀州，周分九州，行唐亦属恒阳地，属并州。春秋为羿子国及鲜虞灭改为中山国，属中山。威烈王二十三年魏使乐羊伐中山，李克守之。后中山复立至王十年，赵伐中山数邑，中山复献四邑以和。十四年，赵又伐中山。中山君奔齐二十年。赵主父偃以燕齐之师灭中山，属于赵。秦始皇二十六年，分天下为三十六郡，属巨鹿郡，割正定地置南行唐县。二世元年，武臣立为赵王，仍属赵。西汉初，犹属赵国。文帝时改恒山为常山郡，属常山。景帝三年，复改为中山国，属中山。东汉因之。魏改属常山国。晋初属常山郡，后魏去"南"字为行唐县，附属恒山郡。北齐废中山置博陵郡，属博陵。隋属恒山郡，唐置玉城县，长寿改章武，神龙初复名行唐县，大历初置泜州，寻废。以县属恒州，五代梁又改彰武县，晋改永昌县，寻复旧。宋改为行唐县，隶正定府，又与行唐西北境改立行唐北寨，金初改为行唐北镇。明昌四年，始分割而置阜平县，行唐之名如故，而境土已去其半。元改为恒阳县，隶保定路，明仍为行唐，

---

① （明）李贤：《大明一统志》，三秦出版社1990年版，第258页。
② （明）李贤：《大明一统志》，三秦出版社1990年版，第259页。

隶正定府定州。国朝因之。顺治十六年裁并阜平一县，以西五社复归行唐管辖。原里分二十三社，东西广五十里，南北袤一百二十里，加阜平西五社附之，共计二十八社。至康熙二十二年，复置阜平县，而本邑社里如故，东抵新乐县界二十里，西抵灵寿县界三十里，南达府治七十里。北抵曲阳县界二十里；西北抵阜平县界七十里，又西北抵王快镇九十里；自龙泉关以往其境北接灵丘西，接五台，抵行唐三百余里。东北抵定州九十里；自东而北达于京师五百五十里。①

《同治阜平县志》之《地理》，《建置》篇也记载了阜平县来自行唐县分割出的北镇：

战国为东垣地，秦罢侯置守，置南行唐县，于秦为南行唐，地属巨鹿郡，西汉属常山郡行唐地，东汉为中山国地，魏晋因之。元魏时为常山郡行唐地，北齐、后周皆行唐地。唐为镇州行唐地。宋辽时，改行唐西北境为行唐北砦，金初改北镇。章宗明昌四年，始置阜平县，隶正定府。②《同治阜平县志》之《疆域》"阜平属正定府县置，在府治西北二百十里，东抵曲阳县界六十里、县治百二十里。西抵山西五台县界九十里、县治二百七十里。南抵灵寿县界九十里，县治百五十里。北抵山西灵邱县界九十五里，县治二百一十里。东南抵行唐县界七十里，县治百四十里。西北抵山西繁峙县界百六十里，县治二百七十里。东西广一百五十里，南北袤一百八十五里，幅员辽阔，道路艰险，东北临大茂曰岳曰镇望祀之所宗也，西望五台，北通宣大，屹然为燕晋门户，接中山犬交牙错形势，所互相首尾也。重峦叠嶂，万峭连天，畿辅西南锁钥，实在于此而其关隘最要者有二，曰龙泉，曰茨沟。……"③

严耕望《唐代交通图考》（河东河北区）"五台山进香道"提及

---

① 《中国地方志集成·乾隆行唐县新志》，第351—352页。
② 《中国地方志集成·同治阜平县志》，第21页。
③ 《中国地方志集成·同治阜平县志》，第22页。

"行唐县即今县治。元和志一七恒州，行唐县南至州七十里"。"检一统志正定府卷关隘目，龙泉关在阜平县西七十里，有上下两关，皆明代所建，为戍守要地。东北至倒马关一百五十里"，"阜平县在府西北二百十里，东南至行唐县界六十里，行唐县在府北七十里，西北至阜平县界八十里，则由正定府至龙泉关之道，可经行唐、阜平两县。由府北行七十里至行唐，又西北一百四十里至阜平，又七十里至龙泉关也"。①

从以上南行唐到行唐县的历史沿革看，《乾隆行唐县新志》交代得比较清楚。北魏时期南行唐县去掉了"南"字。南行唐辖境变小是从金代明昌四年（1193）开始的，如"宋改为行唐县，隶正定府，又与行唐西北境改立行唐北寨，金初改为行唐北镇。明昌四年，始分割而置阜平县，行唐之名如故，而境土已去其半"。笔者判断，今日阜平县的范围，在战汉时期属于南行唐统辖。这在《同治阜平县志》也反映出来。阜平县"元魏时为常山郡行唐地，北齐、后周皆行唐地。唐为镇州行唐地。宋辽时，改行唐西北境为行唐北砦，金初改北镇。章宗明昌四年，始置阜平县，隶正定府"。阜平县"东西广一百五十里，南北袤一百八十五里"皆属于南行唐的疆域范围。在先秦赵国后期，南行唐北界就抵达今天山西繁峙县的东南神堂堡附近了。后晓荣认为，赵国平首尖足布有"繁寺"布，目前发现有三枚，其中一枚传出自山西北部。根据字形，黄锡全隶定"繁寺"为"繁畤"，②可通。《汉志》雁门郡属县繁畤县，"莽曰当要"，在今山西浑源县西南，战国属赵地。从布币知，赵置繁畤县，西汉沿置。③我们考察战国时期的地名，主要参照东汉时期成书的《汉书·地理志》，"南行唐北界"摩崖石刻也属于东汉时期。④战国赵国的南行唐，应该包括今河北省行唐县、河北省阜平县（北寨），西北界抵达到今山西繁峙县东南神堂堡附近。

从以上疆域沿革可以看出，战国南行唐应该是今天的行唐县向西北延伸至山西繁峙县东南神堂堡附近，即南行唐北界石刻所在地。战国赵

---

① 严耕望：《唐代交通图考》（河东河北区），上海古籍出版社2007年版，第1509页。
② 黄锡全：《平首尖足布新品种考述》，载黄锡全《先秦货币研究》，中华书局2001年版，第67页。
③ 后晓荣：《秦代政区地理》，社会科学文献出版社2009年版，第340页。
④ 张润泽：《试论"南行唐北界"摩崖石刻的年代及价值》，《邯郸学院学报》2020年第1期。

国三孔布"南行唐"辖境,应该包括今河北行唐县范围,向西北部呈长条状延伸,把今天的阜平县及周边范围包裹在内,并越过太行山脉延伸至今山西繁峙县境内,西北部边界抵达大沙河北岸的神堂堡附近。这便是战国赵国南行唐的辖境。

三 赵国南行唐与"代道大通":对于赵国交通地理的战略意义

"南行唐北界"摩崖石刻尽管是东汉的,但作为现存石刻资料,在山西却是最早的。笔者联想到赵国三孔布和兵器铍上的"南行唐"地名,学者指出其地望在今河北行唐县北,或者河北行唐县附近,甚至说在今河北行唐县东北(可能指治所)。以上看出,战国南行唐北界抵达太行山西部今天山西繁峙县境内,此"南行唐北界"摩崖石刻到今河北行唐县西北至少超过180里,中间主要间隔着今河北省阜平县和河北与山西交界一些地区。赵国南行唐是处于赵都邯郸通往代地交通道上的重要城址,上接太行八陉之一"飞狐道",对赵国具有重要的战略意义。

南行唐在战国时期属于赵国。关于三孔布的地名有三个主要观点:一认为是中山国所铸货币,学者认为三孔布地名多在中山国范围,所以,应该是中山国所铸货币。还有学者认为三孔布是战国晚期秦国占领赵国后所铸货币。第三种,认为是赵国货币,李学勤先生持此说。黄锡全先生认为是战国早期魏占领中山国时期所铸货币,也备一说。笔者认为三孔布是赵国货币。比如笔者曾考察过赵国重要城邑阏与(三孔布地名),地望在今天的山西和顺西,这是战国时期的中山国范围所延伸不到的地方。南行唐令铍铭文有"执剂"二字,《史记》记载赵"城南行唐",可以判断"南行唐"为赵国城邑,所以,三孔布地名为赵国说比较可靠,三孔布为赵国灭中山后所铸货币可能性大。

严耕望在"飞狐口及飞狐地区四出诸关隘"中认为:"太行山脉北段,即五台山、恒山迤东至燕山之一段山脉","先秦时代,此段山脉之南北,分别建立中山国与代国,皆非华夏民族。代国据有北麓之桑干河河谷盆地,都于代城,在今蔚县东郊。中山国据有南麓,在今河北西部石家庄以北易水以南地区,建都中山,在今灵寿或定县地区。赵国居两国之南，据有今山西中部与河北西南部。其后，赵国发展，先出雁门，东兼代地。中山虽在赵国势力包围之下，但甚强，且北有崇岭之阻，能与赵抗。赵武灵王胡服骑射，国力大振，遂屡伐中山，至代地，终灭中山，而'代道大通'"。① 打通邯郸到代地的交通，是赵氏从赵简子到赵武灵王一以贯之的努力目标。严耕望认为"先秦时代，中山北通代国道，即今考之飞狐道也；唯当时不见飞狐之名耳"，"大抵中山、代国间虽有高山之阻，但有通道，赵简子已有常山北取代地之志，其后武灵王屡由中山北行代地，终灭中山，使代道大通也。"②

作为钱币铸造地、兵器铸造地的南行唐，在战国时期应该是一个大的城邑。战国南行唐从今行唐县向西北界延伸到今天繁峙县境内，可以想见，战国赵国南行唐的北部连接飞狐道，是赵武灵王灭中山国后，所谓的"北地方从，代道大通"的交通要道。《史记·赵世家》"北略中山之地"，就是沿着赵国与中山国的边境巡视。"惠文王二年（公元前297年），主父行新地，遂出代"，就是指赵武灵王巡视其在北方新开拓的地区。"三年（公元前296年），灭中山，迁其王于肤施。起灵寿，北地方从，代道大通。"赵灭中山后，今天山西、陕西北部和与之临近的内蒙古一带也并入赵国，以灵寿为起点，赵都邯郸到代地的道路得以大通。"八年（公元前291年），城南行唐。"《赵世家》的这段史料，专门在此提及"城南行唐"，说明了南行唐为赵都邯郸到代地、赵长城之间的战略要地。

严耕望《唐代交通图考》提及的唐代所谓五台山进香道（见严耕望《唐代交通图考》图18）。其实，在战国时期，这个道路可能也是《赵世家》所谓的"代道大通"一条支线。这里从南行唐（从今行唐县到宋时北砦即阜平）到龙泉关，通过五台③，抵达雁门关的代地。

总之，关于三孔布"南行唐"地望，学者一般认为位于"今河北行唐县附近"，或"今河北行唐县北"，或"在今河北行唐县东北"等比较模糊的说法。山西省繁峙县神堂堡东汉"南行唐北界"摩崖石刻

---

① 严耕望：《唐代交通图考》（第5卷，河东河北区），上海古籍出版社2007年版，第1461页。

② 严耕望：《唐代交通图考》（第5卷，河东河北区），上海古籍出版社2007年版，第1461页。

③ 亦即赵国尖足布铸地虑虒。

的发现，使得战国南行唐所辖有比较具体的范围。从南行唐的历代沿革，特别是明清地理志可以考证出三孔布"南行唐"所辖范围包括今河北行唐县范围，向西北部呈长条状延伸，把今河北阜平县及周边范围包裹在内，并越过太行山脉延伸至今山西繁峙县境内，西北部边界抵达大沙河北岸的神堂堡附近。三孔布"南行唐"辖境的廓清，对认识赵国"代道大通"等西北交通有重要意义。

(张润泽，邯郸学院文史学院教授)

《史记·十二诸侯年表》校勘札记一则

李 腾

《史记·十二诸侯年表》于晋昭侯元年下载有一段话，其首句作"晋昭侯元年封季弟成师于曲沃"①。因成师与晋昭侯是叔侄关系，故昭侯称成师为季弟明显不符合他们之间的亲属关系。基于这样的错误，为使文意通顺，中华书局点校本《史记》将"弟"改为"父"，作"晋昭侯元年，封季父成师于曲沃"②，修订本《史记》则怀疑"季弟"上脱"文侯"二字。③尽管点校本、修订本的点校、校勘意见可以使这句原本矛盾的话变得通顺，但毕竟涉及对原文的妄改、妄添，终归不如人意。本文从《史记》版本、《年表》义例处着手，结合当时的时代背景，利用金文资料校勘《年表》中的这一则史料。

上述点校本、修订本《史记》的校勘意见实则也代表了古今研究《史记》者对这一句话的主要两种意见：一是认为"弟"是"父"字之误，清人梁玉绳首倡，④日本学者泷川资言从之，⑤点校本《史记》即采用梁氏观点，此说影响颇大，信从者众；二是认为"季弟"上脱"文侯"二字，此观点代表者有清人汪越，⑥修订本《史记》校勘记即

---

① 《史记》卷14《十二诸侯年表》，中华书局2013年版，第677—679页。为便利行文，下文涉及《十二诸侯年表》时简称《年表》。
② 《史记》卷14《十二诸侯年表》，中华书局1959年版，第539—541页。
③ 《史记》卷14《十二诸侯年表》，中华书局2013年版，第825—826页。
④ （清）梁玉绳撰，贺次君点校：《史记志疑》，中华书局1981年版，第311页。
⑤ ［日］泷川资言考证，杨海峥整理：《史记会注考证》，上海古籍出版社2015年版，第833页。
⑥ 汪越作"晋昭侯元年封文侯弟成师于曲沃"。详见（清）汪越撰，（清）徐克范补：《读史记十表》，《景印文渊阁四库全书》第248册，台湾商务印书馆1982—1986年版，第441—442页。

持这种意见。① 前一种意见涉及改字，而后一种意见则须添字，两者皆没有古本的依据，抱着"书不可以意轻改"的态度，一般校勘《史记》者对这句话的处理是保持原貌，没有妄改、妄添，只是给出校勘意见而已，如泷川资言的《史记会注考证》、修订本《史记》即如此处理。那么问题是，在改、添字的基础上所作出的解释是否就合理呢？笔者认为解释毕竟是建立在对原文的改、添之上，其合理性自然要大打折扣。其实这句话本身文意通顺，原本无误，有着其自身合理解释的素地，本文试解之，祈请方家批评指正。

一

黄善夫本系统的《史记》所载说明"封季弟成师"者非晋昭侯，提示我们赐封者当另有其人。与后来通行的殿本、金陵书局本《史记》不同，南宋黄善夫本《史记》作"晋昭侯元年封其季弟成师于曲沃"②，"封"下有"其"字。除黄善夫本外，张文虎在《校刊史记集解索隐正义札记》中言："王、柯、凌'封'下有'其'字。"③ 水泽利忠《史记会注考证校补》言："庆、彭、凌：封其季弟成……"④ 此处"庆"是"南宋庆元黄善夫刊集解索隐正义三注合刻本"的简称，亦即黄善夫本。那么，"封"下有"其"字的《史记》版本有南宋的黄善夫本，元朝的彭本（至元二十五年彭寅翁刊三注合刻本），以及明朝的王本（明震泽王延喆翻宋合刻集解索隐正义本）、柯本（明金台汪谅刻本）、凌本（明吴兴凌稚隆刻本）。关于这些版本之间的关系，据相关学者研究，彭、王、柯本俱来源于黄善夫本，⑤ 而凌本又以柯本为底本。⑥ 是知这些《史记》版本同属于黄善夫本系统的《史记》。尽管黄善夫本《史记》校勘不精、刊刻粗疏，但作为传世最早的三家注合刻本，其刻

---

① 《史记》卷14《十二诸侯年表》，中华书局2013年版，第825—826页。
② 《宋本史记》第5册，国家图书馆出版社2018年版，第55页。
③ （清）张文虎撰：《校刊史记集解索隐正义札记》，中华书局2012年版，第122页。
④ ［日］水泽利忠：《史记会注考证校补》，台北：广文书局1972年版，第840页。
⑤ 张玉春：《〈史记〉版本研究》，商务印书馆2001年版，第264—275、280—301、337—339页。
⑥ 周录祥：《凌稚隆〈史记评林〉研究》，博士学位论文，南京师范大学，2008年。

印早，刻印精美，流传稀少，①"是历时近千年流传至今的古本，自有其重要的文献学价值"②。因此，黄善夫本《史记》中"封"下的"其"字，想必渊源有自，且"嘉靖三刻"和南北监本中最好的本子——柯本③中也保留"其"字，亦说明"其"字存在的合理性。"封"下"其"字的存在即"封其季弟成师"，说明封"季弟成师"的主语必不是晋昭侯，也提示我们封"季弟成师"的主语或另有其人。

《年表》的体例证明"封季弟成师于曲沃"是属于主语阙略的情况。《年表》于诸侯纪年下载列的史实存在阙略主语的情况，阙略的主语不必皆为诸侯，其他个体亦可作为主语。《年表》的义例决定了史实的主语可以是国家这个政治实体，因国家囊括了所有个体，又国家意志统摄于个体意志，因此从集体层面来说，国家可以代表所有个人；然而从个体层面和实际执行者来考虑，个人特别是突出的个人，他们的行为和贡献却也不可轻易忽略，且很多情况下个人意志和国家意志是相统一的，故个体的行为有时候也代表着国家行为。诸侯是国家的主人、象征，于个体中最能代表国家这个政治实体的自然是诸侯。就《年表》中所载史实来说，《年表》的编年体例须将史实系于诸侯纪年之下，因而当《年表》中所载事件的主语被省略或阙载时，这种情况下人们自然想到将诸侯与阙略的主语对应起来。然而事实却是阙略的主语不一定皆是诸侯，尽管诸侯是代表国家的最佳人选，但考虑到实际发生的事件往往需要不同的个体去执行，因此载于诸侯纪年下的事件的主语可以是诸侯之外的一些个体，由于书写及其他原因，这些个体有时会被省略或阙载。

我们试举几个《年表》中个体作为事件的实际主语却阙略了的例子。《年表》于卫宣公元年下载"卫宣公晋元年共立之。讨州吁"。晋献公九年下载"始城绛都"。鲁文公十一年下载"败长翟于咸而归，得长翟"。宋昭公四年下载"败长翟长丘"。④ 这些事件，若不了解相关史实的话，乍看上去极易将诸侯视为阙略的主语，然而根据《左传》的

---

① 杜泽逊：《论南宋黄善夫本〈史记〉及其涵芬楼影印本》，《中国典籍与文化》编辑部编：《中国典籍与文化论丛》第三辑，中华书局1995年版，第301—315页。
② 苏芃：《南宋黄善夫本〈史记〉校勘研究》，博士学位论文，南京师范大学，2010年。
③ 周录祥：《凌稚隆〈史记评林〉研究》，博士学位论文，南京师范大学，2008年。
④ 《史记》卷14《十二诸侯年表》，中华书局2013年版，第689、715、745页。

相关记载可知以上事件的主要执行者即主语分别乃是石碏、士蒍、叔孙得臣、皇父①。当然,《年表》中亦有写明主语者,例如于齐惠公二年下载"王子成父败长翟"②,即把主语给表明了。这些例子表明《年表》于诸侯纪年下载列的历史事件,存在阙略主语的情况,而阙略的主语不一定皆是诸侯,亦有可能是他人。假若我们不熟悉相关史实的话,就会习惯性地将诸侯当作阙略的主语。拿"晋昭侯元年封季弟成师于曲沃"这句话来说,因"晋昭侯"与"季弟成师"亲属称谓的不符,我们可知"封季弟成师于曲沃"的主语不是晋昭侯,而是阙略了,亦知"封季弟成师于曲沃"是载于"晋昭侯元年"下的史实。

与改字说、添字说者不同,我们认为宾语"季弟成师"无误,文意不顺是因为主语另有他人。改字说、添字说者皆坚持主语即赐封者是晋昭侯,文意的不通是因为宾语"季弟成师"有误,为使文意通顺,他们将宾语或改为"季父成师"或添为"文侯季弟成师"。之所以执着于宾语,是因为他们忽略了一个重要的事实,即《年表》体例所导致的载列于诸侯纪年下的历史事件的主语,存在被阙略的情况,这些阙略的主语不必皆是诸侯,亦存在诸侯之外的其他个体充当阙略的主语的情况。因此,与其纠结于宾语而妄改、妄添,不如从《年表》的义例着手,根据相关文献记载,结合当时的时代背景,审慎分析"晋昭侯元年封季弟成师于曲沃",得出这句话的真正含义。

二

跳出传统解释的窠臼,其实"晋昭侯元年"是纪年,"封季弟成师于曲沃"是系于"晋昭侯元年"下的历史事件,由于"晋昭侯"与"季弟成师"亲属称谓的不符,可知"封季弟成师于曲沃"的主语阙略。尽管这个阙略的主语从广义上来说可以是晋国这个政治实体,然亦需要有实际的赐封者,基于宾语"季弟成师"的限制,所以代表晋国的只能是与宾语"季弟成师"相匹配的主语,这个主语只能是当时还在世的文侯夫人、昭侯的母亲也即成师之嫂——晋姜。

---

① 杨伯峻编著:《春秋左传注》,中华书局 2009 年版,第 37—38、234、581—584 页。
② 《史记》卷 14《十二诸侯年表》,中华书局 2013 年版,第 750 页。

第一，西周、春秋时期宗妇所拥有的高贵政治地位为晋姜"封季弟成师"提供了可能。与早期典籍中记录的周代妇女形象迥异，西周金文所揭示的贵族妇女的政治地位颇高，且有着由高向低的逐渐转化过程，① 研究表明贵族妇女地位的下降应始于春秋中后期。② 在西周、春秋时期，宗妇具有祭祀、合族以及从政等权力，③ 而郑武夫人、芮姜和穆姜的例子可具体说明春秋时期诸侯夫人的权力之大。清华简《郑武夫人规孺子》中郑武夫人为限制其子郑庄公行使权力，立约说"老妇亦将纠修宫中之政，门槛之外毋敢有知焉，老妇亦不敢以兄弟婚姻之言以乱大夫之政"④，言下之意是郑武夫人有着将权力伸向门槛之外、干涉大夫之政的能力。芮伯万之母芮姜因为厌恶芮伯之多宠人，于是把芮伯逐出芮国。⑤ 鲁成公之母穆姜曾威胁成公说"女不可，是皆君也"，吓得成公"申宫、儆备、设守，而后行"⑥。此皆可说明春秋时期诸侯夫人的权力之盛，而宗妇权力正盛的时代背景为晋姜"封季弟成师"提供了可能。

第二，晋姜本人的尊贵地位及"毋废文侯显命"的政治合法性亦支持她作为"封季弟成师"的授封者。晋姜其人，典籍中阙载，北宋时著录的晋姜鼎铭文（《集成》⑦ 2826）有助于我们认识这位巾帼（释文综合各家意见，用宽式）：

唯王九月乙亥，晋姜曰：余唯嗣朕先姑君晋邦，余不暇荒宁，经雍明德，宣卲我猷，用绍匹台辟，敏扬厥光烈，虔不坠，鲁覃京师，𤔲我万民，嘉遣我，赐卤积千辆，勿废文侯显命，俾贯通弘，征繁阳䧴，取厥吉金，用作宝尊鼎，用康柔绥怀远迩君子，晋姜用

---

① 谢乃和：《西周后妃无与政事说考论》，《中国历史文物》2006 年第 1 期；谢乃和：《金文中所见西周王后事迹考》，《华夏考古》2008 年第 3 期。
② 耿超：《性别视角下的商周婚姻、家族与政治》，人民出版社 2017 年版，第 316 页。
③ 耿超：《性别视角下的商周婚姻、家族与政治》，人民出版社 2017 年版，第 152—176 页。
④ 李学勤主编：《清华大学藏战国竹简》（陆），中西书局 2016 年版，第 104 页。
⑤ 杨伯峻编著：《春秋左传注》，中华书局 2009 年版，第 99 页。
⑥ 杨伯峻编著：《春秋左传注》，中华书局 2009 年版，第 890—891 页。
⑦ 中国社会科学院考古研究所编：《殷周金文集成》（修订增补本），中华书局 2007 年版。(以下简称《集成》)。

祈绰绾眉寿，作疐为极，万年无疆，用享用德，畯保其孙子，三寿是利。

铭文开头晋姜追述了她继承其先姑为晋邦之女君，尽心尽力地用她的智慧辅佐文侯，并取得了骄傲的治绩，接着说去繁阳以卤积换取吉金之事，① 而"作宝尊鼎"的原料就是这次远行贸易所得。关于器物的年代，李学勤先生认为铭文中"文侯"是死谥，器物应制作于文侯身后，即文侯之子昭侯在位的时期，而昭侯在位的六年中（周平王二十六年至三十一年，前745—740年），只有昭侯六年的九月有乙亥日，因此鼎的制作时间是在昭侯六年（周平王三十一年，前740年）。② 作器时文侯已逝，晋姜说"余唯嗣朕先姑君晋邦"，正是国君之母的口气，③ 并且晋姜还自称为晋邦的根柢和准极（"作疐为极"），④ 其实根据铭文记载可知，文侯在世时，晋姜亦是"用绍匹台辟"，与其夫一同君临晋国。如此种种，皆可见晋姜政治地位之尊，因此在文侯逝世昭侯新立之时，晋姜作为"封季弟成师"的授封者完全说得通，且还有着"勿废文侯显命"的政治合法性，名正而言顺。

第三，春秋时期夫妇二位一体观念的强化以及家国同构的政治组织形式也支持晋姜作为"封季弟成师"的对象。金文资料中可见到"夫妇共同作器""夫妇祭祀对象相同""祖妣合祭、父母合祭"的现象，⑤

---

① 李学勤先生认为嘉遣卤积与征繁阳其实是一件事，即前往繁阳用食盐交换铜料。吴毅强、张程昊从之。详见李学勤《戎生编钟论释》，《文物》1999年第9期；吴毅强《晋姜鼎补论》，《中国历史文物》2009年第6期；张程昊《晋姜鼎铭文"繁阳虇（榷）"考释》，《考古与文物》2019年第2期。
② 李学勤：《戎生编钟论释》，《文物》1999年第9期。但李先生认为戎生编钟与晋姜鼎所载"遣卤积与取金繁阳"为一事，却是我们所无法认同的，因为戎生的父亲"绍匹晋侯，用恭王命"，主要活动于恭王时期，说明戎生活动年代大致在懿孝夷时代，而晋姜鼎所载事件在周平王三十一年（前740），戎生、晋姜乃不同时代之人，则戎生编钟与晋姜鼎所载"遣卤积与取金繁阳"之事自然不是同一件事。
③ 李学勤：《戎生编钟论释》，《文物》1999年第9期。
④ 陈连庆：《〈晋姜鼎〉铭新释》，中国古文字研究会等编：《古文字研究》（第十三辑），中华书局1986年版，第194页。
⑤ 耿超：《性别视角下的商周婚姻、家族与政治》，人民出版社2017年版，第97—111页。

这些现象说明在夫妇二位一体的观念下，晋姜亦可称呼成师为季弟。①不仅如此，在此观念的影响下，贵族妇女以其夫所处的宗法地位为标杆，亦被纳入家族内的宗法体系当中，在家族内拥有着仅次于宗子的政治地位和权力，②这成为晋姜"封季弟成师"的权力基础。家天下制度的确立，决定了中国古代社会家国同构的国家形式，而周王朝所创行的宗法制使家国同构这种国家权力形式得到最大发展，周朝的宗法制将宗族的血缘亲疏关系与周人整个政权结构结合起来，即所谓宗统与君统的结合。③由金文与文献资料可知，周王常以"我邦"与"我家"并提，也常常任命自己的家族成员或亲信奴仆管理国家事务，④这使得宗妇作为宗子之妻参与政事便是顺理成章的事了，亦是晋姜"封季弟成师"的权力来源。概言之，夫妇二位一体的伦理观念、家国同构的政治组织形式使晋姜拥有着极高的地位，成为晋姜"封季弟成师"的权力来源。

无独有偶，近出加嬭编钟铭文记载的加嬭事迹既可作为晋姜高贵政治地位的参照，亦体现了夫妇二位一体的伦理观念，其铭文第二段言（释文用宽式）：

> 余孺小子加嬭曰：呜呼，恭公早陟，余保其疆鄙，行相曾邦，以长台夏。余典册厥德，殹民之氐巨，攸攸羌羌。余为妇为夫，余灭没下夷，恭畏倗公及我大夫，齹齹豫政，作台邦家。⑤

这是加嬭的讲话，说她的丈夫恭公早逝，便由她守护、治理曾邦，并将她的德行载入典册，而"殹民之氐巨"，与晋姜自称"作壐为极"

---

① 《尔雅·释亲》言妇称"夫之弟为叔"，应是基于"母从子"的考虑，若从"妻从夫"的角度出发，则称"弟"亦说得通，何况本文探讨的封成师必然是在公共场合下以国家层面进行的仪式，此种环境下晋姜自当称呼成师为"弟"，且下文加嬭言"父兄及我大夫"，亦非如《尔雅·释亲》那样称"夫之兄为兄公"，亦可证明我们所说不误。（晋）郭璞注，（宋）邢昺疏：《尔雅注疏》卷4《释亲》，（清）阮元校刻：《十三经注疏》（清嘉庆刊本），中华书局2009年版，第5641页。
② 耿超：《性别视角下的商周婚姻、家族与政治》，人民出版社2017年版，第152—173页。
③ 沈长云：《古代中国政治组织的产生及其模式》，《史学理论研究》1998年第2期。
④ 耿超：《性别视角下的商周婚姻、家族与政治》，人民出版社2017年版，第267页。
⑤ 郭长江、李晓杨、凡国栋、陈虎：《嬭加编钟铭文的初步释读》，《江汉考古》2019年第3期。

相似。"恭畏俦公及我大夫"及第三段铭文中"以乐好宾嘉客、父兄及我大夫"①，加嬭以主人翁自居，尽管加嬭的丈夫恭公已经逝世，但夫妇二位一体的性别观念依旧在发挥作用，此可侧面支持晋姜称成师为季弟并作为成师的赐封者，何况晋姜还有着封成师的合法且尊贵的政治地位。

第四，由宗子封其弟的传统亦支持晋姜"封季弟成师"。从周朝分封的情况来看，周天子分封的对象主要以同姓为主，而同姓之中又以王母弟为重，《左传》昭公九年、二十六年载："文、武、成、康之建母弟，以蕃屏周"，"昔武王克殷，成王靖四方，康王息民，并建母弟，以蕃屏周"。② 这里着重强调了"母弟"的重要性，问题是由于材料记载有限，王之母弟是否皆由时任宗子的宗兄所封，的确不甚清楚，但也不是无迹可寻，一些史籍中记载了武王封其母弟的线索：

> 武王克殷，乃立王子禄父，俾守商祀。建管叔于东，建蔡叔、霍叔于殷，俾监殷臣。(《逸周书·作雒》)③

> (武王)封弟周公旦于曲阜，曰鲁。封召公奭于燕。封弟叔鲜于管，弟叔度于蔡。余各以次受封。(《史记·周本纪》)④

> 武王已克殷纣，平天下，封功臣昆弟。于是封叔鲜于管，封叔度于蔡：二人相纣子武庚禄父，治殷遗民。封叔旦于鲁而相周，为周公。封叔振铎于曹，封叔武于成，封叔处于霍。康叔封、冉季载皆少，未得封。(《史记·管蔡世家》)⑤

根据《左传》僖公二十四年所载"管、蔡、郕、霍、鲁、卫、毛、聃、郜、雍、曹、滕、毕、原、酆、郇，文之昭也"⑥，可知以上受封于鲁、管、蔡、霍和曹的诸人皆是武王之弟，且为武王时所封。虽然近

---

① 郭长江、李晓杨、凡国栋、陈虎：《嬭加编钟铭文的初步释读》，《江汉考古》2019年第3期。
② 杨伯峻编著：《春秋左传注》，中华书局2009年版，第1308、1475页。
③ 黄怀信、张懋镕、田旭东撰：《逸周书汇校集注》(修订本)，上海古籍出版社2007年版，第510—524页。
④ 《史记》卷4《周本纪》，第163页。
⑤ 《史记》卷35《管蔡世家》，第1892页。
⑥ 杨伯峻编著：《春秋左传注》，中华书局2009年版，第421页。

世学者多认为鲁、燕、齐等国之封应在周公东征后，但亦有学者认为鲁燕齐初封在成周东南后乃东迁，① 总之，"武王于克商之后就已开始为建立起周人下的政治秩序而分封诸侯是可以肯定的"②，管、蔡和霍即应封于武王时。成王封唐叔虞也是宗子封其弟的显例，③ 再往后，郑国始祖桓公友亦是由其兄宣王所封，④ 诸侯国内的有郑庄公封其弟叔段，⑤ 此皆是宗子封其弟之例。由宗子封其弟，某种程度上是由现实统治的环境条件所决定的，由于实际统治的需要，作为受封者，自然要具备一定的行为能力，年龄幼小则不能胜任统治，故武王分封诸弟时有因年龄少小而"未得封"者。⑥ 在嫡长子继承制下，太子诸弟很难在其父亲为君时达到受封者的年龄要求，故多数受封者是在其兄为君时被封，久而久之也就形成了宗子建其母弟的传统，在夫妇二位一体的伦理观念和"毋废文侯显命"的政治合法性下，由晋姜封成师正符合这一习惯。

第五，今本《竹书纪年》所言"晋封其弟成师"亦支持晋姜为封成师者。虽然学界关于今本《竹书纪年》的真伪与价值问题还在争论，但今本的史料价值不能轻易否定。拿今本所载晋国史实来说，近出觊公簋铭文所载"王命唐伯侯于晋"⑦，正可与今本《竹书纪年》康王九年"唐迁于晋"相印证，⑧ 诚如学者所言"无论是今本还是古本，都包含了传自早期的真实历史信息。"⑨ 今本《竹书纪年》平王二十六年"晋封其弟成师于曲沃"，沈约于"二十六年"下注曰"丙申晋昭侯元年"⑩，可知与《年表》所载封成师之事同。此处"晋封其弟成师于曲沃"之"晋"显然是指晋国国家这个政治实体，因为时君晋昭侯不能

---

① 傅斯年：《大东小东说——兼论鲁燕齐初封在成周东南后乃东迁》，《中央研究院历史语言研究所集刊论文类编》之《历史编·先秦卷》（一），中华书局2009年版，第19—27页。
② 葛志毅：《周代分封制度研究》，黑龙江人民出版社2004年版，第35页。
③ 《史记》卷39《晋世家》，第1977—1978页。
④ 《史记》卷42《郑世家》，第2121页。
⑤ 杨伯峻编著：《春秋左传注》，中华书局2009年版，第10—12页；《史记》卷42《郑世家》，第2124页。
⑥ 《史记》卷35《管蔡世家》，第1892页。
⑦ 朱凤瀚：《觊公簋与唐伯侯于晋》，《考古》2007年第3期。
⑧ 《竹书纪年》，《四部丛刊初编》（影印天一阁刊本），商务印书馆1936年版。
⑨ 李峰：《西周的灭亡：中国早期国家的地理和政治危机》（增订本），徐峰译，汤惠生校，上海古籍出版社2016年版，第16页。
⑩ 《竹书纪年》，《四部丛刊初编》（影印天一阁刊本），商务印书馆1936年版。

称呼成师为弟,所以此处代表晋国的实际个体不是晋昭侯,由于宾语"弟"的限制以及成师的哥哥也即文侯已经去世,因而代表晋国"封其弟"的实际个体只能是成师之嫂晋姜。基于此,今本《竹书纪年》"晋封其弟成师"之言可佐证"封季弟成师"者为晋姜。

综上,宗妇地位颇高的时代背景、夫妇二位一体的伦理观念、家国同构的政治组织形式、建母弟的传统等均支持"封季弟成师"者为晋姜,而晋姜鼎铭所揭示的晋姜其人及其拥有的"毋废文侯显命"的合法性,则从诸侯夫人地位及其权力的法理性来源方面证明了晋姜为"封季弟成师"者,今本《竹书纪年》所载更是从侧面证明了这一点。

三

需要说明的是《年表》《世家》关于"封成师"的记载略有不同,造成这种略微差异的原因是《年表》《世家》的结构、叙事的不同。为方便下文阐释,先将早期文献中有关"封成师"之事的史料列出:

1. 惠之二十四年,晋始乱,故封桓叔于曲沃,靖侯之孙栾宾傅之。师服曰:"吾闻国家之立也,本大而末小,是以能固。故天子建国,诸侯立家,卿置侧室,大夫有贰宗,士有隶子弟,庶人工商各有分亲,皆有等衰。是以民服事其上而下无觊觎。今晋,甸侯也,而建国。本既弱矣,其能久乎。"(《左传》桓公二年)①

2. (平王)二十六年晋封其弟成师于曲沃。(今本《竹书纪年》)②

3. 晋昭侯元年,封季弟成师于曲沃。曲沃大于国,君子讥曰:"晋人乱自曲沃始矣。"(《十二诸侯年表》)③

4. 昭侯元年,封文侯弟成师于曲沃。曲沃邑大于翼。翼,晋君都邑也。成师封曲沃,号为桓叔。靖侯庶孙栾宾相桓叔。桓叔是时年五十八矣,好德,晋国之众皆附焉。君子曰:"晋之乱其在曲

---

① 杨伯峻编著:《春秋左传注》,中华书局2009年版,第93—95页。
② 《竹书纪年》,《四部丛刊初编》(影印天一阁刊本),商务印书馆1936年版。
③ 《史记》卷14《十二诸侯年表》,中华书局2013年版,第677—679页。

沃矣。末大于本，而得民心，不乱何待！"（《晋世家》①）

《年表》言"封季弟成师"，《晋世家》则作"封文侯弟成师"，多了"文侯"二字，这也是添字说认为《年表》"封季弟成师"中"季弟"上脱"文侯"二字的依据，其实造成《年表》与《世家》差异的原因在于各自文本、叙述的不同。《年表》"以大事记的形式载列天下兴亡治乱的大略，更多的是受到了《春秋》的启发"②；《世家》则是在《年表》的时间要素的支撑上叙事，③抛却所引用的史实外，还进行了一定的创作、塑造。因此相较《世家》来说，《年表》所载文本则更具史料的原始性，这从《年表》与今本《竹书纪年》所载"封成师"的相似性中可得知。从上述引文中可知"封成师""栾宾傅桓叔""本大末小"等关键情节在《左传》《晋世家》中皆有记载，可知司马迁撰写《晋世家》的这段史料主要来源于《左传》，并在《左传》史料的基础上有所创作。当然，除了《春秋》《左传》外，《年表》《晋世家》还有着其他的史料来源，如桓叔（成师）的卒年、曲沃庄伯的立、卒、曲沃武公的即位等就不见于《春秋》《左传》，这些记载应当取材于晋国史记。④从《年表》作成时间早于《世家》，并辅助《世家》的编撰来看，《年表》所载史实更接近原始史料，而《史记》取材于诸侯史记及《年表》《世家》多有不见于《春秋》《左传》中的事件，则说明《年表》所载"封季弟成师"之事甚有可能本自晋国史记。要之，《年表》所载更具史料原始性，而《晋世家》则是基础史料上的再创作，史料原始性更差些，《晋世家》是在原始史料"封季弟成师"的基础上进行了一定的创作和说明，因此书写成"封文侯弟成师"。

综上，《年表》的体例决定了载列于诸侯纪年下的史实的主语，存在被阙略的情况，阙略的主语可能是诸侯也可能是其他个体，当然无论

---

① 《史记》卷39《晋世家》，第1980页。
② 赵生群：《〈史记〉编纂学导论》，凤凰出版社2006年版，第72页。
③ 赵四方：《结构、文本、叙事：〈十二诸侯年表〉与〈史记〉编纂新论》（《史学理论研究》2020年第3期）认为《表》体较《本纪》《世家》先完成，《年表》中的时间要素支撑着相关《本纪》《世家》，《年表》的原始功能理应包括对《史记》编纂的辅助。
④ 赵生群：《〈史记〉取材于诸侯史记》，《人文杂志》1984年第2期。认为司马迁父子生活的年代，还有很多秦代以前的史料在流传着，司马迁写《史记》的许多史料即采自各国史记。

是诸侯还是其他个体，某种程度上他们皆代表着国家这个政治实体。当涉及阙略主语的史实，我们若不加辨析的话，省略的主语通常会习惯性地冠于诸侯名下，造成实际的主语被掩盖，进而影响史实的解读。拿本文所讨论的"晋昭侯元年封季弟成师于曲沃"来说，"晋昭侯"与"季弟成师"亲属称谓的不符，使我们获知"封季弟成师于曲沃"是属于主语阙略的情况，亦得知"封季弟成师于曲沃"是载于"晋昭侯元年"下的史实，而阙略的主语即"封季弟成师"者只能是还在世的文侯夫人晋姜。春秋时期宗妇依旧拥有着高贵的政治地位是晋姜作为贵族妇女得以"封季弟成师"的时代背景，夫妇二位一体的性别观念和家国同构的政治组织形式则是晋姜"封季弟成师"的权力来源，而晋姜本人的尊贵地位及"毋废文侯显命"的名义则为晋姜"封季弟成师"提供了政治合法性，此外由宗子封其弟的传统亦支持晋姜作为"封季弟成师"的授封者，今本《竹书纪年》所言"晋封其弟成师"则更加证明了我们这一结论。《年表》"晋昭侯元年封季弟成师于曲沃"的合理解释是："晋昭侯元年"是纪年，"封季弟成师于曲沃"是系于"晋昭侯元年"下的历史事件，"封季弟成师"的是成师之嫂亦即文侯夫人晋姜，后人不识，为通顺本句文意以致强行改、添原文，结果是南辕北辙离原本事实愈远，今发其谬误以正之。这也提醒我们，在涉及到《年表》中阙略主语的史实时，首先要多方查证史料，搞清实际的主语，进而再对文本进行正确的校勘和解读。

(李腾，东北师范大学历史文化学院博士生)

战国历史研究

战国秦汉时期商学和兵学的互用与融通

王子今

战国秦汉时期是中国文化创造和丰收的历史阶段。被称作"百家"之学的不同派别、不同科别的学术得以创始、发育、成熟。兵学,即后人或称之为军事学的战争经验的学术总结,在战国秦汉时期得到显著的发展。而经济生活中商贸活动在这一时期空前繁荣,相关经营心得也有理论积累。当时,商学有用于兵战者,兵学亦有用于商战者。商学和兵学的并荣和互用,构成了学术史的特殊景象。这一情形,值得历史学以及经济学、军事学研究者关注。

一 计然学说

《史记》卷129《货殖列传》记述越王勾践面对吴国军事强权艰苦复国的故事。其中关于强兵备战的策略,实践了计然的建议:

> 昔者越王句践困于会稽之上,乃用范蠡、计然。计然曰:"知斗则修备,时用则知物,二者形则万货之情可得而观已。故岁在金,穰;水,毁;木,饥;火,旱。旱则资舟,水则资车,物之理也。六岁穰,六岁旱,十二岁一大饥。夫粜,二十病农,九十病末。末病则财不出,农病则草不辟矣。上不过八十,下不减三十,则农末俱利,平粜齐物,关市不乏,治国之道也。积着之理,务完

---

* 本文系 2020 年度国家社科基金中国历史研究院重大研究专项("兰台学术计划")"中华文明起源与历史文化研究专题"委托项目"中华文化基因的渊源与演进"(20@WTC004)成果。

物，无息币。以物相贸易，腐败而食之货勿留，无敢居贵。论其有余不足，则知贵贱。贵上极则反贱，贱下极则反贵。贵出如粪土，贱取如珠玉。财币欲其行如流水。"①

计然强调正确的经济理念，以为"治国之道"在于"农末俱利，平粜齐物，关市不乏"，突出强调商业的作用。据说勾践采纳了计然的建议，使得"国富"，又以物质奖励的方式激励战士英勇作战，终于击败"强吴"：

> 修之十年，国富，厚赂战士，士赴矢石，如渴得饮，遂报强吴，观兵中国，称号"五霸"。②

《货殖列传》中论"计然"之策，全说通过经济操作实现自强的策略。然而计然的建议，被称为"亡吴策"③，原本应当包括打击强吴的军事谋划。勾践"厚赂战士，士赴矢石，如渴得饮，遂报强吴，观兵中国"，实践计然的设计，终得"国富"且兵强。

计然学说，是早期商学的结晶。同时应用于战争形势，在某种意义上也帮助了战争学的实践。至于计然学说本身是否具有兵学的内涵，也有必要进行分析。

宋人洪迈《容斋随笔》续笔卷16"计然意林"条写道："予按唐贞元中马总所述《意林》一书，抄类诸子百余家，有《范子》十二卷。"其中言计然事迹："计然者，葵丘濮上人，姓辛，字文子，其先晋国之公子也。为人有内无外，状貌似不及人，少而明，学阴阳，见微知著，其志沈沈，不肯自显，天下莫知。故称曰'计然'。时遨游海泽，号曰'渔父'。范蠡请其见越王。计然曰：'越王为人鸟喙，不可与同利也。'"洪迈写道："据此，则计然姓名出处，皎然可见。裴骃注《史记》亦知引《范子》。《北史》萧大圜云：'留侯追踪于松子，陶朱成术

---

① 《史记》卷129《货殖列传》，第3256页。
② 《史记》卷129《货殖列传》，第3256页。
③ 徐𤊹《笔精》卷4《诗谈》"沈明臣苎萝山诗"条写道："沈明臣《题苎萝山》云：'越国舆图海上多，千岩万壑绕鲸波。计然空奏亡吴策，谁道功成在苎萝。'亦微婉。"清文渊阁《四库全书》本，第50页。

于辛文.'正用此事。曹子建表引《文子》,李善注以为计然,师古盖未能尽也。"① 所谓"明学阴阳,见微知著",提示我们其学术或与"兵阴阳"有关。又明人胡应麟《少室山房笔丛》正集卷15《四部正讹中》:"马总《意林》有范子《计然》十三卷","汉《志》惟兵家有《范子》二篇,而农、杂、道家并亡称计然者。今《意林》所录乃阴阳历数之书,必魏、晋处士因班《传》依托为此。其姓名率乌有类,恶足据哉"。② 虽然持否定态度,然而注意到传《计然》书"乃阴阳历数之书",也使得人们自然会关注计然之学与"兵阴阳"的关系。

所谓"范子《计然》十三卷"及"惟兵家有《范子》二篇"之说,也暗示"计然"之学与"兵家"的关联。

二 范蠡故事:兵战和商战的成功

据说计然是范蠡的老师。《太平御览》卷404引太史公《素王妙论》曰:"计然者,蔡丘濮上人。其先晋国公子也。姓辛氏,字文当。南游越,范蠡师事之。"③《史记》卷129《货殖列传》裴骃《集解》引徐广曰:"计然者,范蠡之师也,名研,故谚曰'研、桑心算'。"裴骃案:"范子曰:'计然者,葵丘濮上人,姓辛氏,字文子,其先晋国亡公子也。尝南游于越,范蠡师事之。'"司马贞《索隐》:"计然,韦昭云范蠡师也。蔡谟云蠡所著书名《计然》,盖非也。徐广亦以为范蠡之师,名研,所谓'研、桑心计'也。范子曰'计然者,葵丘濮上人,姓辛氏,字文,其先晋之公子。南游越,范蠡事之'。《吴越春秋》谓之'计倪'。《汉书·古今人表》计然列在第四,则'倪'之与'研'是一人,声相近而相乱耳。"④ 值得我们特别注意的,是计然和范蠡的师生关系。

据《史记》卷129《货殖列传》记载,范蠡又用"计然之策""治产积居"致富。

---

① 洪迈撰,孔凡礼点校:《容斋随笔》,中华书局2005年版,第414页。
② 胡应麟:《少室山房笔丛》,上海书店出版社2009年版,第304—305页。
③ 李昉等:《太平御览》,中华书局1960年版,第1871页。
④ 《史记》卷129《货殖列传》,第3256—3257页。

战国秦汉时期商学和兵学的互用与融通

> 范蠡既雪会稽之耻,乃喟然而叹曰:"计然之策七,越用其五而得意。既已施于国,吾欲用之家。"乃乘扁舟浮于江湖,变名易姓,适齐为鸱夷子皮,之陶为朱公。朱公以为陶天下之中,诸侯四通,货物所交易也。乃治产积居。与时逐而不责于人。故善治生者,能择人而任时。十九年之中三致千金,再分散与贫交疏昆弟。此所谓富好行其德者也。后年衰老而听子孙,子孙修业而息之,遂至巨万。故言富者皆称陶朱公。[1]

所谓"计然之策""已施于国"的情形,其实有范蠡的贡献。

在吴越战争中,范蠡曾经在军事理论阐述和军事指挥实践两方面都表现出军事才干。《国语·越语下》记录了伐吴的准备,以及范蠡关于强国复仇终于灭吴的策略设计,亦记录了"越伐吴"事及范蠡所起的作用。范蠡前后言论,颇多政治哲学和军事哲学色彩。伐吴战事中范蠡克敌制胜的坚定主张亦有载录。例如:

> 居军三年,吴师自溃。吴王帅其贤良与其重禄以上姑苏。使王孙雒行成于越,曰:"昔者上天降祸于吴,得罪于会稽。今君王其图不穀,不穀请复会稽之和。"王弗忍,欲许之。范蠡进谏曰:"臣闻之,圣人之功,时为之庸。得时不成,天有还形。天节不远,五年复反,小凶则近,大凶则远。先人有言曰:'伐柯者其则不远。'今君王不断,其忘会稽之事乎?"王曰:"诺。"不许。使者往而复来,辞愈卑,礼愈尊,王又欲许之。范蠡谏曰:"孰使我蚤

---

[1] 《史记》卷129《货殖列传》,第3257页。"陶朱公"称号三见《史记》卷41《越王勾践世家》:"范蠡浮海出齐,变姓名,自谓鸱夷子皮,耕于海畔,苦身戮力,父子治产。居无几何,致产数十万。齐人闻其贤,以为相。范蠡喟然叹曰:'居家则致千金,居官则至卿相,此布衣之极也。久受尊名,不祥。'乃归相印,尽散其财,以分与知友乡党,而怀其重宝,间行以去,止于陶,以为此天下之中,交易有无之路通,为生可以致富矣。于是自谓陶朱公。复约要父子耕畜,废居,候时转物,逐什一之利。居无何,则致赀累巨万。天下称陶朱公。""范蠡三徙,成名于天下,非苟去而已,所止必成名。卒老死于陶,故世传曰陶朱公。"第1752—1753、1755页。《史记》卷79《范雎蔡泽列传》:"……范蠡知之,超然辞世,长为陶朱公。"第2423页。关于选择"陶"取得经营成功的事迹,参见史念海《释〈史记·货殖列传〉所说的"陶为天下之中"兼论战国时代的经济都会》,《河山集》,生活·读书·新知三联书店1963年版。

朝而晏罢者，非吴乎？与我争三江、五湖之利者，非吴耶？夫十年谋之，一朝而弃之，其可乎？王姑勿许，其事将易冀已。"王曰："吾欲勿许，而难对其使者，子其对之。"范蠡乃左提鼓，右援枹，以应使者，曰："昔者上天降祸于越，委制于吴，而吴不受。今将反此义以报此祸，吾王敢无听天之命，而听君王之命乎？"王孙雒曰："子范子，先人有言曰：'无助天为虐，助天为虐者不祥。'今吾稻蟹不遗种，子将助天为虐，不忌其不祥乎？"范蠡曰："王孙子，昔吾先君固周室之不成子也，故滨于东海之陂，鼋鼍鱼鳖之与处，而蛙黾之与同渚。余虽腼然而人面哉，吾犹禽兽也，又安知是諓諓者乎？"王孙雒曰："子范子将助天为虐，助天为虐不祥。雒请反辞于王。"范蠡曰："君王已委制于执事之人矣。子往矣，无使执事之人得罪于子。"使者辞反。范蠡不报于王，击鼓兴师以随使者，至于姑苏之宫，不伤越民，遂灭吴。①

范蠡会见敌国使者时"左提鼓，右援枹"姿态以及"不报于王，击鼓兴师以随使者，至于姑苏之宫"的果断举动，表现出一个老练的军事指挥家的素养。《国语·吴语》记载公元前482年事，吴王夫差北上与晋定公会于黄池，"于是越王句践乃命范蠡、舌庸，率师沿海泝淮以绝吴路，败王子友于姑熊夷。越王句践乃率中军泝江以袭吴，入其郛，焚其姑苏，徙其大舟"②。也说范蠡是有独当一面的军事指挥的功绩的。《史记》卷41《越王勾践世家》则记述：范蠡与文种辅佐勾践艰苦复国，终于"灭吴，报会稽之耻"，又"北渡兵于淮以临齐、晋，号令中国，以尊周室，句践以霸，而范蠡称上将军"。③《史记》卷92《淮阴侯列传》可见"范蠡存亡越，霸句践，立功成名"的历史评价④，也指出了范蠡对于越国救亡复兴图霸的重要作用。后人于是有"句践非范蠡

---

① 徐元诰撰，王树民、沈长云点校：《国语集解》（修订本），中华书局2002年版，第586—588页。

② 徐元诰撰，王树民、沈长云点校：《国语集解》（修订本），中华书局2002年版，第545—546页。

③ 《史记》卷41《越王勾践世家》，第1751—1752页。

④ 《史记》卷92《淮阴侯列传》，第2625页。

无以存国"的说法。①

宋人吕祖谦《大事记解题》卷1"周元王元年"指出："《越语》下篇所载范蠡之词，多与《管子·势篇》相出入，辞气奇峻，不类春秋时语。意者，战国之初，为管仲、范蠡之学者润色之。然围之三年，以待其衰，必蠡之谋也。"②论者以为《国语·越语下》"范蠡之词"未必当时言语，然而指出"战国之初"有"范蠡之学"，值得我们注意。此所谓"范蠡之学"，应是兵学。

《汉书》卷30《艺文志》著录的兵学名著"兵权谋"一类中，于《吴孙子兵法》《齐孙子》《公孙鞅》《吴起》之后，列有：

《范蠡》二篇。

原注："越王勾践臣也。"随后为"《大夫种》二篇"，原注："与范蠡俱事勾践。"③《范蠡》二篇和《大夫种》二篇皆以为亡佚。王应麟曰："《甘延寿传注》《左传桓五年疏》《文选潘安仁赋注》，并引《范蠡兵法》。"④ 张舜徽《汉书艺文志通释》引《史记》卷41《越王勾践世家》"范蠡称上将军"事，指出："可知蠡固长于用兵，以助勾践雪耻兴邦，卒成霸业。《汉志》著录之兵书二篇，盖其克敌制胜之要论也。唐人注书，犹多引《范蠡兵法》，则唐世犹有存者。顾《隋志》已不著录，是传本已稀。"⑤ 顾实说："唐人注书引《范蠡兵法》（《后汉书·甘延寿传》注，《左传》桓五年《疏》，《文选》潘安仁赋注），则唐世犹未亡也。""范蠡、大夫种二人兵法言，今当犹散见《越语》《史

---

① 《后汉书》卷74上《袁绍传》，中华书局2007年版，第2378页。

② 原注："《势》篇在《管子》十五卷。"吕祖谦：《大事记》，浙江古籍出版社2017年版，第234页。

③ 《汉书》卷30《艺文志》，中华书局1962年版，第1757页。

④ 今按：《左传·桓公五年》："旝动而鼓。"杜预注："本亦作桧，建大木，置石其上，发机以碴敌。"孔颖达疏："贾逵以旝为发石，一曰飞石，引《范蠡兵法》作飞石之事以证之。"（清）阮元校刻：《十三经注疏》清嘉庆刊本，中华书局2009年版，第3795页。"贾云：'《范蠡兵法》曰：飞石重十二斤，为机发行二百步。'"刘文淇：《春秋左氏传旧注疏证》"桓公五年"，科学出版社1959年版，第88页。《文选》卷16潘安仁《闲居赋》李善注："《范蠡兵法》：'飞石重二十斤，为机发行三百步。'"

⑤ 张舜徽：《汉书艺文志通释》，载张舜徽《张舜徽集》第1辑，华中师范大学出版社2004年版，第376页。

记》《越绝书》《吴越春秋》。"① 《史记》卷73《白起王翦列传》裴骃《集解》引张晏曰，说到"《范蠡兵法》"：

《范蠡兵法》："飞石重十二斤，为机发行三百步。"②

又《汉书》卷70《甘延寿传》颜师古注引张晏曰：

《范蠡兵法》："飞石重十二斤，为机发行二百步。"③

可见范蠡作为军事家，确实曾有兵学论著传世。明人徐伯龄《卢生传》："以文章举进士不第，遂弃蝌蚪业，学拥剑，读《太史公》《范蠡兵法》，曰：'熟此则取苏秦黄金印易事耳。'"④ 清人孙承泽《春明梦余录》卷43《兵部二·营阵》："范蠡兵法，先用阳后用阴，尽敌阳节盈吾阴节以夺之。其曰设右为牝，益左为牡，早晏以顺天道，盖深于计者也。"⑤ 可知《范蠡兵法》的长久影响。而这位历史人物兵战和商战的相继成功，是有历史启示意义的。⑥

范蠡后来能够成功致富，应当有兵战经验用于商战的因素。宋人夏元鼎撰《阴符经讲义序》这样说："班孟坚志汉艺文，录兵书四种，以权谋言者十三家，以形势言者十一家，以阴阳言者十六家，以技巧言者亦十三家。虽门分户析，各专其一，然血脉未尝不相为贯也。孟坚之言曰：'权谋者，以正守国，以奇用兵，兼形势，包阴阳，用技巧者也。'然则四家实一家也。虽然，孟坚以形势、阴阳、技巧总之

---

① 顾实：《汉书艺文志讲疏》，上海古籍出版社1987年版，第194页。
② 《史记》卷73《白起王翦列传》，第2341页。
③ 中华书局标点本作"为机发，行二百步"。（汉）班固撰，（唐）颜师古注：《汉书》卷70《傅常郑甘陈段传》，中华书局1962年版，第3007页。顾实言"《后汉书·甘延寿传》注"，误。
④ 徐伯龄：《蟫精隽》卷10，清文渊阁《四库全书》本，第46页。
⑤ 孙承泽：《春明梦余录》，清文渊阁《四库全书》本，第603页。
⑥ 王子今：《"千古一陶朱"：范蠡兵战与商战的成功》，《河南科技大学学报》（社会科学版）2008年第1期；王子今：《关于"范蠡之学"》，《光明日报》2007年12月15日；王子今：《范蠡的经营理念》，《中国投资》2009年号；王子今：《范蠡"浮海出齐"事迹考》，《齐鲁文化研究》第8辑（2009年），泰山出版社2009年版。

战国秦汉时期商学和兵学的互用与融通

以权谋。吾独以权谋、形势、技巧总之于阴阳,盖天地之间,一阴一阳而已矣。权谋则有纵闭矣,形势则有离合矣,技巧则有翕张矣。而所以为之纵闭、离合、翕张者,阴阳之变化也,故曰'一阴一阳之谓道'。范蠡之谋吴也,精察于赢缩蚤晏之节,而推极于稻蟹之无种,然一鼓而俘之。既以此谋人之国,亦以此自谋其家,所谓后人发先人至,趋时若猛兽鸷鸟者,非阴阳之用乎?而权谋、形势、技巧,固行乎其间矣。"论者指出,"古人善用兵者,未有不通乎阴阳者也"[1]。范蠡则其典范。

正如明人沈鍊《赠两松郑君五十序》所指出的,"陶朱公以处国则伯天下,以处家则累千金。"[2] 兵战与商战的兼胜,是因为将兵学经验和商学经验实现了成功的融合。

三 吕不韦的实践

范蠡是先作为政治家、军事家,而后成为成功的商人的。另一位在中国历史上形成影响的商人吕不韦,则是先作为商人,而后成为政治家、军事家的。

秦国在公元前3世纪后期以战争方式和军事强权结束战国纷争局面,实现了统一。这是中国古代历史进程中划时代的大事。吕不韦作为秦国上层执政核心中的重要人物,在这一历史演进过程中发挥了不可忽视的作用。唐人李商隐《井泥四十韵》诗所谓"嬴氏并六合,所来因不韦"[3],正指出了吕不韦在统一战争中的重要作用。

从秦庄襄王元年(前249)起,到秦王政十年(前237)免职,吕不韦在秦国专权十二年。而这一历史阶段,正是秦国军威大振,统一战争取得决定性胜利的时期。秦庄襄王元年,吕不韦亲自率领秦军灭东周,扫荡了周王室的残余,真正结束了以周天子为天下宗主的时代。如《吕氏春秋·谨听》所说:"今周室既灭,而天子已绝,乱莫大于无天

---

[1] 曾枣庄主编:《宋代序跋全编》卷45,齐鲁书社2015年版,第1228页。
[2] 沈鍊:《青霞集》卷1,清文渊阁《四库全书》本补配清文津阁《四库全书》本,第2页。
[3] 刘学锴、余恕诚:《李商隐诗词集解》,中华书局2004年版,第1563页。

子。……今之世当之矣。"① 提出了新的"天子"当政的时代要求。同年，秦军伐韩，取得成皋和荥阳，置三川郡。次年，秦军强攻魏、赵，得赵地37城。秦庄襄王三年（前247），秦军又攻韩、赵，置太原郡，并瓦解了进逼函谷关的五国联军。秦王政幼弱，而吕不韦实际执政的数年间，秦军顺利进取韩、赵、魏，又击破五国联军，逼迫楚国迁都。如果以太行山、白河、汉江下游一线贯通南北，这条线以西的辽阔地域，都已经成为秦国的疆土。应当看到，当时这一界线虽然大体两分天下，而西部地区却实际已经占据了能够控制并进取东部地区的优势。后来刘邦战胜项羽，汉景帝平定吴楚七国之乱，都同样是据这一界线以西地方，举军东进，取得成功的。在吕不韦时代，秦国的经济实力已经远远优越于东方六国，秦国的军事实力也已经强锐无敌。当时，"以天下为事"，期望"得志于天下"②，已经成为秦人直接的政治目标。应当说，秦实现统一，在吕不韦专权时大势已定。后来大一统的中央集权的秦王朝的建立，吕不韦是当之无愧的奠基者之一。秦国用客可以专信，如商鞅、楼缓、张仪、魏冉、蔡泽、吕不韦、李斯等，如宋人洪迈《容斋随笔》卷2"秦用他国人"条所说，"皆委国而听之不疑"③，而论其功业，吕不韦可以与商鞅并居前列。④

四 白圭经验之一：犹"孙武用兵"

《史记》卷129《货殖列传》列述诸多成功的工商业主的经验，其中说到"白圭"事迹：

> 白圭，周人也。当魏文侯时，李克务尽地力，而白圭乐观时变，故人弃我取，人取我与。夫岁孰取谷，予之丝漆；茧出取帛

---

① 吕不韦编，许维遹撰：《吕氏春秋集释》，中华书局2009年版，第294页。
② 《史记》卷6《秦始皇本纪》，第227、230页。
③ 洪迈撰，孔凡礼点校：《容斋随笔》，中华书局2005年版，第23页。
④ 王子今：《白描吕不韦》，《光明日报》2001年5月8日；《论吕不韦及其封君河南事》，《洛阳工学院学报》2002年第1期。

絮，予之食。太阴在卯，穰；明岁衰恶。至午，旱；明岁美。至酉，穰；明岁衰恶。至子，大旱；明岁美，有水。至卯，积著率岁倍。欲长钱，取下谷；长石斗，取上种。能薄饮食，忍嗜欲，节衣服，与用事僮仆同苦乐，趋时若猛兽挚鸟之发。① 故曰："吾治生产，犹伊尹、吕尚之谋，孙吴用兵，商鞅行法是也。是故其智不足与权变，勇不足以决断，仁不能以取予，强不能有所守，虽欲学吾术，终不告之矣。"盖天下言治生祖白圭。白圭其有所试矣，能试有所长，非苟而已也。②

白圭"治生产"的经验，有与计然类似的地方。其中所谓"犹……孙吴用兵"，特别指出了其商业经营运用兵战经验即兵学的情形。有人评价司马迁这段论述，以为"迁伤切于世，愤其所为，末作滥而本业衰也"③，似乎并没有准确理解司马迁的心迹。

白圭自述其成功体会时说到的"其智不足与权变，勇不足以决断，仁不能以取予，强不能有所守，虽欲学吾术，终不告之矣"，涉及"智"之"权变"，"勇"之"决断"，"仁"之"取予"，"强"之"所守"，是可以从兵学角度理解的。所谓"趋时若猛兽挚鸟之发"，有人以为是商贾经营的共性，④ 其实这一特征是可以与"兵贵神速"的原则对照理解的。《史记》"猛兽挚鸟"，或作"猛兽鸷鸟"。"猛兽挚鸟"或"猛兽鸷鸟"，是兵戎之象，曾经作为军旗画面主题。《周书》卷5《武帝纪上》记载建德二年六月事："壬子……大选诸军将帅。丙辰，帝御露寝，集诸军将，晷以戎事。庚申，诏诸军旌旗皆画以猛兽、鸷鸟之象。"⑤

---

① 《汉书》卷91《货殖传》亦作"趋时若猛兽鸷鸟之发"；《初学记》卷18引《史记》作"趋时若猛兽鸷鸟之发"，第442页；《齐民要术》卷7《货殖》作"趣时若猛兽鸷鸟之发"；贾思勰原著，缪启愉校释：《齐民要术校释》（第二版），中国农业出版社1998年版，第467页。
② 《史记》卷129《货殖列传》，第3258—3259页。
③ 叶春及：《石洞集》卷2《应诏书四·安民生》"辟土田"条，清文渊阁《四库全书》本补配清文津阁《四库全书》本，第38页。
④ 朱谋㙔：《诗故》卷9写道："商贾趋时若猛兽鸷鸟之发，唯利是竞，故所营常获三倍。"民国《豫章丛书》本，第50页。
⑤ 《周书》卷5，中华书局1971年版，第82页。《北史》卷10《周本纪下·高祖武帝》作"诏诸军旗旌皆画以猛兽鸷鸟之象"。中华书局1974年版，第358页。

兵战追求行军和攻击效率，往往以"猛兽鸷鸟"形容。①

前引宋夏元鼎《阴符经讲义序》说范蠡曾经运用兵学原则"谋吴"，"既以此谋人之国，亦以此自谋其家"。又指出其所用兼行"兵权谋学""兵形势学""兵技巧学"，而以"兵阴阳学"为之总括："所谓后人发，先人至，趋时若猛兽鸷鸟者，非阴阳之用乎？而权谋、形势、技巧，固行乎其间矣。古人善为兵者未有不通乎阴阳者也。"

五　白圭经验之二：犹"伊尹、吕尚之谋""商鞅行法"

白圭说："吾治生产，犹伊尹、吕尚之谋，孙吴用兵，商鞅行法是也。"除了所谓"犹……孙吴用兵"表现出其经营方式借鉴兵学之外，其实所谓"伊尹、吕尚之谋"和"商鞅行法"，和兵学也有密切的关系。

宋代学者石介有《贵谋》一文，其中指出："汤能用伊尹之谋，是以克夏。文武能用吕望、周、召之谋，是以革商。"② 可知通常所说"伊尹、吕尚之谋"，是军事谋略。

伊尹事迹，据《史记》卷3《殷本纪》记载："汤征诸侯。葛伯不祀，汤始伐之。汤曰：'予有言：人视水见形，视民知治不。'伊尹曰：'明哉！言能听，道乃进。君国子民，为善者皆在王官。勉哉，勉哉！'汤曰：'汝不能敬命，予大罚殛之，无有攸赦。'作《汤征》。"③ 可知伊尹是在商汤"专征伐"的军事实践中参与决策的。④ 司马迁又记录了伊尹辅佐商汤伐桀事："当是时，夏桀为虐政淫荒，而诸侯昆吾氏为乱。汤乃兴师率诸侯，伊尹从汤，汤自把钺以伐昆吾，遂伐桀。"商汤进行战前鼓动，"以告令师，作《汤誓》。于是汤曰'吾甚武'，号曰武王"。

---

① 如《明史纪事本末》卷7《平定两广》："谷应泰曰：吴元年，太祖命平章杨璟由湖广取广西，又命征南将军廖永忠自闽之海道取广东。两路进师，尅期同发，趋之如猛兽鸷鸟，追不及待者，盖亦乘新胜之威，振发蒙之势者也。"谷应泰等：《明史纪事本末》，中华书局2015年版，第97页。

② 石介：《徂徕石先生文集》卷8《杂文》，中华书局1984年版，第83页。

③ 《史记》卷3《殷本纪》，第93—94页。

④ 《史记》卷3《殷本纪》："汤征诸侯"，裴骃《集解》："孔安国曰：'为夏方伯，得专征伐。'"第94页。

于是，"桀败于有娀之虚，桀犇于鸣条，夏师败绩。汤遂伐三㚇，俘厥宝玉，义伯、仲伯作典宝。汤既胜夏，欲迁其社不可，作夏社。伊尹报。于是诸侯服，汤乃践天子位，平定海内"。商汤"兴师"，"伊尹从汤"，战事结束，而"伊尹报"。伊尹的角色，是实现成功战争征服的军事领袖。

在《汉书》卷30《艺文志》中，"《伊尹》五十一篇"与"《太公》二百三十七篇"并列。《太公》书中，包括"《谋》八十一篇，《言》七十一篇，《兵》八十五篇"。① 可知主要内容是兵谋。

所谓"吕尚之谋"，《史记》卷4《周本纪》说："武王即位，太公望为师。"武王伐纣，"帝纣闻武王来，亦发兵七十万人距武王。武王使师尚父与百夫致师，以大卒驰帝纣师"。吕尚实际上承担了前敌指挥的职能。所谓"致师"，裴骃《集解》："《周礼》：'环人，掌致师。'郑玄曰：'致师者，致其必战之志也。古者将战，先使勇力之士犯敌焉。'"又引《春秋传》曰："楚许伯御乐伯，摄叔为右，以致晋师。许伯曰：'吾闻致师者，御靡旌，摩垒而还。'乐伯曰：'吾闻致师者，左射以菆，代御执辔，御下两马，掉鞅而还。'摄叔曰：'吾闻致师者，右入垒，折馘，执俘而还。'皆行其所闻而复。"② 对于上古战争中"致师"的理解有所不同，或说阵前动员，或说亲自冲锋陷阵，"入垒，折馘，执俘"。看来，吕尚不仅主持了战略谋划，很有可能也直接参与了战役组织甚至具体的战斗。《史记》卷32《齐太公世家》说武王东伐，"师行，师尚父左杖黄钺，右把白旄以誓，曰：'苍兕苍兕，总尔众庶，与尔舟楫，后至者斩！'遂至盟津。诸侯不期而会者八百诸侯"③。可以看到，吕尚是兼行阵前鼓动与前敌指挥的职任的。

据《齐太公世家》，吕尚更重要的表现应在于战略设计。"周西伯昌之脱羑里归，与吕尚阴谋修德以倾商政，其事多兵权与奇计，故后世之言兵及周之阴权皆宗太公为本谋。"传吕尚所著《六韬》，又称《太公六韬》，因《庄子·徐无鬼》中"金版六弢"字样的出现，可知战国后期以前已经传世。山东临沂银雀山汉简中发现简牍本《六韬》，文字

---

① 《汉书》卷30《艺文志》，第1729页。
② 《史记》卷4《周本纪》，第120、124—125页。
③ 《史记》卷32《齐太公世家》，第1479页。

与传本《文韬》《武韬》《龙韬》中的篇章大多相合，也证实此书成书当在战国时代。① 有学者进行的辑佚工作，② 使我们可以得到对吕尚兵学比较全面的认识。

白圭所谓"吾治生产，犹……商鞅行法是也"，应是强调其果敢决断。然而商鞅作为法家坚定分子，亦是改革领袖，在历史上留下深刻影响。③ 值得我们注意的是，商鞅新法多有与兵战关系密切的内容。如："令民为什伍，而相牧司连坐。不告奸者腰斩，告奸者与斩敌首同赏，匿奸者与降敌同罚。""民……有军功者，各以率受上爵……宗室非有军功论，不得为属籍。""有功者显荣，无功者虽富无所芬华。"④

此外，商鞅同时也是一名卓有建树的军事指挥官，这一历史身份也是我们不应当忽略的。

《史记》卷68《商君列传》写道，变法取得成功，"于是以鞅为大良造。将兵围魏安邑，降之"。随后又有破魏的战役，"其明年，齐败魏兵于马陵，虏其太子申，杀将军庞涓。其明年，卫鞅说孝公曰：'秦之与魏，譬若人之有腹心疾，非魏并秦，秦即并魏。何者？魏居领阨之西，都安邑，与秦界河而独擅山东之利。利则西侵秦，病则东收地。今以君之贤圣，国赖以盛。而魏往年大破于齐，诸侯畔之，可因此时伐魏。魏不支秦，必东徙。东徙，秦据河山之固，东乡以制诸侯，此帝王之业也。'孝公以为然，使卫鞅将而伐魏。魏使公子卬将而击之。军既相距，卫鞅遗魏将公子卬书曰：'吾始与公子驩，今俱为两国将，不忍相攻，可与公子面相见，盟，乐饮而罢兵，以安秦魏。'魏公子卬以为然。会盟已，饮，而卫鞅伏甲士而袭虏魏公子卬，因攻其军，尽破之以归秦。魏惠王兵数破于齐秦，国内空，日以削，恐，乃使使割河西之地献于秦以和。而魏遂去安邑，徙都大梁。梁惠王曰：'寡人恨不用公叔

---

① 盛东铃：《〈六韬〉前言》，《武经七书》下册，中华书局2007年版，第353页。
② 徐勇主编：《先秦兵书佚文辑解》，天津人民出版社2003年版，第222—286页。
③ 王子今：《商鞅〈垦草令〉的文化史意义和生态史意义》，《秦文化论丛》第12辑《"秦俑学第六届学术讨论会"论文集》，三秦出版社2005年版；《商鞅的文化肖像》，《商鞅与秦政的设计》，《学习时报》2000年11月6日；《学习时报》2000年11月20日；《说商君"强国弱民"理念》，《博览群书》2010年第10期。
④ 《史记》卷68《商君列传》，第2230页。

座之言也。'卫鞅既破魏还,秦封之于、商十五邑,号为商君"①。白圭对商鞅的学习和仿效,除了"行法"而外,其破魏战事的成功,也会产生一定的影响。

白圭的经验,体现出商业经营对兵学的利用。除了直接的兵学理论营养被利用于商战而外,兵学家在政治谋略和改革实践中的成就,也受到重视,并有以借鉴。

六 "雒阳贾人子"桑弘羊的轮台军屯建议

秦汉时期,受到沉重社会压迫的商贾有以"適""谪"的方式从军的情形。秦始皇对岭南用兵,曾经调发商人。②汉武帝时代对匈奴的战争,也强迫商人出征。对西域的远征,也曾经征发商人及商人的家属参与军运。③商人成为军人的身份转换,使得这一阶层的许多人们具有了军事实践的经验。

汉武帝时代,又有出身商人的官员参与高层军事战略策划的事迹。例如桑弘羊提出的轮台军屯建议,就在历史上留下了深刻印记。《史记》卷30《平准书》:"以东郭咸阳、孔仅为大农丞,领盐铁事;桑弘羊以计算用事,侍中。咸阳,齐之大煮盐,孔仅,南阳大冶,皆致生累千金,故郑当时进言之。弘羊,雒阳贾人子,以心计,年十三侍中。故三人言利事析秋豪矣。"④

军事屯田,是汉王朝抗击匈奴强化边防的重要方式。随着对匈奴战争形势的进展,北边军屯的规模愈益扩大,其地域也向西扩展。⑤西汉

---

① 《史记》卷68《商君列传》,第2232—2233页。
② 《史记》卷6《秦始皇本纪》:"三十三年,发诸尝逋亡人、赘婿、贾人略取陆梁地,为桂林、象郡、南海,以谪遣戍。"(第253页)
③ 《史记》卷123《大宛列传》:"益发戍甲卒十八万,酒泉、张掖北,置居延、休屠以卫酒泉,而发天下七科適,及载糒给贰师。转车人徒相连属至敦煌。"张守节《正义》:"张晏云:'吏有罪一,亡命二,赘婿三,贾人四,故有市籍五,父母有市籍六,大父母有籍七:凡七科。武帝天汉四年,发天下七科谪出朔方也。'"(第3176页)
④ 《史记》卷30《平准书》,第1428页。
⑤ 《史记》卷81《廉颇蔺相如列传》:"李牧者,赵之北边良将也。"(第2449页)然而此所谓"北边"所指称的地域幅面,较秦汉所谓"北边"要狭小得多。"北边"所指代的地域,在汉武帝时代呈示出历史的变化。《汉书》卷69《赵充国传》:"北边自敦煌至辽东万一千五百余里。"(第2989页)

王朝远征军进入西域之后，军屯最西端的基地至于渠犁（今新疆库尔勒、尉犁）、轮台（今新疆轮台东）地方。《史记》卷 123《大宛列传》："敦煌置酒泉都尉；西至盐水，往往有亭。而仑头有田卒数百人，因置使者护田积粟，以给使外国者。"① 《汉书》卷 28 下《地理志下》："（敦煌郡）广至，宜禾都尉治昆仑障。"② 王先谦《汉书补注》："《后书·明纪》注，伊吾庐城本匈奴中地名，汉破呼衍王，取其地置宜禾都尉，以为屯田。"③《汉书》卷 96 上《西域传上》："自贰师将军伐大宛之后，西域震惧，多遣使来贡献，汉使西域者益得职。于是自敦煌西至盐泽，往往起亭，而轮台、渠犁皆有田卒数百人，置使者校尉领护，以给使外国者。"④《汉书》卷 96 下《西域传下》又说："自武帝初通西域，置校尉，屯田渠犁。"⑤

执政集团上层有关这一时期军屯决策的设定，见诸史籍记载。《资治通鉴》卷 22 "武帝征和二年"写道：太子刘据与汉武帝政见不同。"太子每谏征伐四夷，上笑曰：'吾当其劳，以逸遗汝，不亦可乎！'"⑥ 刘据对于"征伐四夷"的批评，从常理推想，应当是包括对于西北军事屯田的不同意见的。征和二年（前 91）发生的"巫蛊之祸"，暴露了西汉王朝面临的政治危机，当时，长安发生暴乱，戾太子刘据冤死。事后汉武帝有所省悟，于怀念太子刘据的同时，宣布了基本政策的转变，所正式颁布的罪己诏书，包括对西域军事屯田的否定。《汉书》卷 96 下《西域传下》记载："自武帝初通西域，置校尉，屯田渠犁。是时军旅连出，师行三十二年，海内虚耗。"征和年间，贰师将军李广利西域作

---

① 《史记》卷 123《大宛列传》，第 3179 页。"置使者护田积粟"，《汉书》卷 96 上《西域传上》作"置使者校尉领护"。颜师古注："统领保护营田之事也。"（第 3873 页）

② 《汉书》卷 28 下《地理志下》，第 1614 页。

③ 王先谦：《汉书补注》，中华书局 1983 年版，第 800 页。

④ 《汉书》卷 96 上《西域传上》，第 3873 页。王先谦《汉书补注》："徐松曰：西域屯田之官，皆为校尉，此秩尊，加使者以别之，亦称使者，《史记》'置使者护田积粟'是也。"（第 1607 页）

⑤ 《汉书》卷 96 下《西域传下》，第 3912 页。王先谦《汉书补注》："徐松曰：汉通西域，在太初三年。《郑吉传》自张骞通西域，李广利征伐之后，初置校尉，屯田渠犁。"（第 1632 页）

⑥ 《资治通鉴》，中华书局 1956 年版，第 726 页。据《汉书》卷 6《武帝纪》颜师古注引应劭曰，"征和"年号的意义，即"言征伐四夷而天下和平"。（第 208 页）这正是汉武帝的思路。

战失利，以军降匈奴。汉武帝于是"悔远征伐"，然而这时搜粟都尉桑弘羊与丞相御史奏言建议在"故轮台东捷枝、渠犁"扩大屯田规模，"以威西国，辅乌孙"。汉武帝则发表了相反的意见："上乃下诏，深陈既往之悔，曰：'前有司奏，欲益民赋三十助边用，是重困老弱孤独也。而今又请遣卒田轮台。轮台西于车师千余里……乃者贰师败，军士死略离散，悲痛常在朕心。今请远田轮台，欲起亭隧，是扰劳天下，非所以优民也。今朕不忍闻。'"于是，宣布"当今务在禁苛暴，止擅赋，力本农"，"由是不复出军。而封丞相车千秋为富民侯，以明休息，思富养民也"。① 汉武帝认真反思太子刘据政治主张的合理性，决心利用汉王朝西域远征军战事失利的时机，开始了基本政策的转变，于是驳回桑弘羊等人在轮台扩大军事屯田规模的建议。这就是史称"仁圣之所悔"的著名的"轮台诏"。②

"轮台诏"的颁布，在西汉历史上意义极大。③ 有关史实所见"搜粟都尉桑弘羊与丞相御史奏言"所谓"故轮台东捷枝、渠犁皆故国，地广，饶水草，有溉田五千顷以上，处温和，田美，可益通沟渠，种五谷，与中国同时孰"，"可遣屯田卒诣故轮台以东，置校尉三人分护，各举图地形，通利沟渠，务使以时益种五谷"，"田一岁，有积谷，募民壮健有累重敢徙者诣田所，就畜积为本业，垦溉田，稍筑列亭，连城而西，以威西国，辅乌孙，为便"，其实是体现出具有充备军事知识的建议。汉武帝诏文所谓"今请远田轮台，欲起亭隧，是扰劳天下，非所

---

① 《汉书》卷96下《西域传下》，第3912—3914页。
② 田余庆：《论轮台诏》，载《秦汉魏晋史探微》（重订本），中华书局2004年版；王子今：《晚年汉武帝与"巫蛊之祸"》，《固原师专学报》1998年第5期。
③ 《旧唐书》卷80《褚遂良传》："汉负文景之聚财，玩士马之余力，始通西域，初置校尉，军旅连出，将三十年。复得天马于宛城，采蒲萄于安息。而海内虚竭，生人失所，租及六畜，算至舟车。因之凶年，盗贼并起。搜粟都尉桑弘羊复希主意，遣士卒远田轮台，筑城以威西域。帝翻然追悔，情发于中，弃轮台之野，下哀痛之诏，人神感悦，海内乃康。向使武帝复用弘羊之言，天下生灵皆尽之矣。"中华书局1975年版，第2736页。司马光在《资治通鉴》卷22"汉武帝征和四年"一节，曾经这样评价汉武帝的"轮台诏"，他写道："孝武穷奢极欲，繁刑重敛，内侈宫室，外事四夷，信惑神怪，巡游无度，使百姓疲敝，起为盗贼，其所以异于秦始皇无几矣。然秦以之亡，汉以之兴者，孝武能尊王之道，知所统守，受忠直之言，恶人欺蔽，好贤不倦，诛罚严明，晚而改过，顾托得人，此其所以有亡秦之失而免亡秦之祸乎！"第745页。

以优民也"，实际上是全盘考虑整体形势作出的抉择。①

事实上，不久之后，汉昭帝时期虽然继续遵循着汉武帝的政治方向，在西域战略方面，措施却又有所调整，最终又采纳了桑弘羊提出的设计，《汉书》卷96下《西域传下》："昭帝乃用桑弘羊前议，以扜弥太子赖丹为校尉将军田轮台，轮台与渠犁地皆相连也。"② 汉昭帝"用桑弘羊前议"，说明这位"雒阳贾人子"的军事见识和战略策划确实是比较切合西域实际的。由于军事屯田有直接的经济经营的性质，桑弘羊的财政经济方面的高明的经验也可以得以应用。

（王子今，西北大学历史学院教授，"古文字与中华文明传承发展工程"协同攻关创新平台、中国人民大学国学院教授）

---

① 《文献通考》卷7《田赋考·屯田》就此有所评论："武帝征和中，桑弘羊与丞相御史请屯田故轮台地，以威西域，而帝下诏，深陈既往之悔，不从之，其事亦在昭、宣之前。然轮台西于车师千余里，去长安且万里，非张掖、金城之比；而欲驱汉兵远耕之，岂不谬哉！赖其说陈于帝既悔之后耳。武帝通西域，复轮台、渠犁，亦置营田校尉领护，然田卒止数百人。今弘羊建请以为溉田五千顷以上，则徙民多而骚动众矣。帝既悔往事，思富民，宜其不从也。"马端临：《文献通考》，中华书局1986年版，第155页；王子今：《两汉时期的北边军屯论议》，《"1—6世纪中国北方边疆·民族·社会国际学术研讨会"论文集》，科学出版社2008年版。

② 《汉书》卷96下《西域传下》，第3916页。

734

平等与效率

——墨法两家政治学说之对立

张荣明

人与人之间需要平等，每个人都应过上幸福生活。经济发展也需要效率，没有效率就没有国家富强。接下来的问题是：如何实现平等？怎样提高效率？平等与效率可否兼得？战国时代墨法两家的政治学说，以及两家学说的政治实践，为后人提供了宝贵的经验与教训。历史是一面镜子，透过这面镜子可以照见当今的自己。[①]

一 墨家政治学说

概括起来，墨家政治学说有五项基本内容。这五项内容不是并列的，而隐含着线性的逻辑关系，所以我们从墨家学说的原点讲起。

第一，天志与明鬼。《墨子》书中有《天志》《明鬼》二篇，专门论证天鬼的存在。天志，就是上天的意志，老天爷的心思。鬼，就是鬼神。墨家宣称世界上存在上帝和鬼神。别人不信，要求墨家拿出证据。为了证明鬼神存在，墨家引经据典予以证明。比如《诗经·皇矣》说："帝谓文王，予怀明德，不大声以色。不识不知，顺帝之则。"[②] 可见上帝观念是周代人们的普遍意识，人们确信上帝存在。为了证明世上有鬼，墨子还讲了周宣王杀杜伯而后遭鬼神报应的故事。

为什么墨家信奉并宣扬鬼神？这个问题墨家弟子说得简单明了：

[①] 当前关于墨家和法家的研究，多集中于其中的一家，对两家之间的比较研究很少，至于从理论上讨论平等与效率问题的文章更是鲜见。

[②] 《诗经·大雅·皇矣》，《十三经注疏》上，中华书局1979年版，第522页。

"子墨子置立天之〔志〕，以为仪法，若轮人之有规，匠人之有矩也。"①工匠做工需要圆规和方矩，否则无法做好工作。君主治国需要天神上帝，否则政治没有规则和思想根基。墨家继续说："今若使天下之人，偕若信鬼神之能赏贤而罚暴也，则夫天下岂乱哉！"②此话可谓直白透彻。如此看来，墨家信奉鬼神并非盲目迷信，而是具有重要的现实意义。鬼神是正义和道德的秉持者，是人类社会的主宰者，谁破坏人间道德正义，谁就会受到鬼神惩罚；谁做好事，谁就会受到鬼神奖赏。战国时代有人认为，只要你做得对，别人就拥护，不需要什么鬼神。墨家反驳说，没有信仰就没有正义和道德的根基，信仰是道德正义的原点和前提。③

第二，兼爱。众所周知，墨家讲兼爱，什么是兼爱？当今社会人们有本职工作，同时兼任一个次要工作，这叫兼职。墨家的兼爱并非如此。墨家的兼爱是完全相同的、没有差别的爱。这话说起来抽象，举个例子。春节到了，你去看望父母，给他们买些必要的东西。在高铁上，你看到一对老夫妇很慈祥，像自己的父母一样，于是就把所带的东西给了他们。这就是兼爱，兼爱就是把别人的父母当作自己的父母，把别人的孩子当作自己的孩子，把别人当作自己。《兼爱篇》说："视人之国若视其国，视人之家若视其家，视人之身若视其身。"④正是此意。从逻辑学上说，墨家的兼爱是全称判断。作为墨家人，你必须爱世界上每一个应该爱的人，必须排除任何个人好恶，应该没有例外。所以《小取》说："爱人，待周爱人，而后为爱人。不爱人，不待周不爱人；不周爱，因为不爱人矣。"⑤只要这个世界上有一个应该爱而你却没有爱的人，你就没有践行墨家的兼爱。墨家的兼爱，高尚还是卑劣？这是个问题。孟子说："杨朱为我，是无君也；墨子兼爱，是无父也。无君无父，是禽兽也。"儒家为什么痛斥墨家的兼爱学说？根本原因是墨家的兼爱与儒家的仁爱相冲突。什么是仁爱？仁爱是有差别的爱，由己及人

---

① （清）孙诒让：《墨子间诂》，中华书局1986年版，第193页。
② （清）孙诒让：《墨子间诂》，中华书局1986年版，第201页。
③ 研究墨家思想的学者，多将墨家的鬼神说斥为迷信糟粕，而忽略其现实功能，以及鬼神说在墨家思想体系中的原点位置。信仰是社会道德的基石，此乃古今中外有识之士的共识。
④ （清）孙诒让：《墨子间诂》，中华书局1986年版，第95页。
⑤ 张荣明：《墨经公孙龙子译注》，中华书局2021年版，第236页。

的爱，以自己为圆心。墨家的兼爱没有圆心，看不见自己，摆脱了私利。因而，墨家的兼爱具有个人道德主义的性质。

第三，非攻，反对战争。因为讲兼爱，所以必然反对战争。战争是杀人放火，是生灵涂炭、民不聊生。墨子批评说，如果一个人偷了邻居树上的果实，众人异口同辞地谴责，但当自己的国家进攻别国的时候，却狂热支持。这是逻辑混乱，见小而不见大。墨家不但嘴上说，而且行动上做。《墨子·公输》记载了墨家师徒止楚攻宋的事件。不但如此，墨家余脉也坚持反对战争。名家是从墨家分化出来的，名家学者同样反对战争，文献中有记载。质言之，非攻是集体层面的兼爱，具有国家道德主义性质。

第四，尚贤。贤是贤人，尚贤就是崇尚贤人，请贤人管理政治，成为各级政府官员。什么样的人算是贤人？《墨子》中说："贤良之士厚乎德行，辩乎言谈，博乎道术。"① 贤人的品质之一是道德高尚，基于墨家立场，就是具有兼爱精神，一心为人而不利己。贤人的品质之二是能言善辩。这个辩不是狡辩，而是思维敏捷合乎逻辑，能说服别人，能引领一群人。贤人的品质之三是具有特定专长。墨子所说的"道术"比较模糊，应该近似于今人所谓"技术"概念。墨家队伍中有各个行业的工匠，相当于现代的工程师。若要管理木工就应该有木匠的技能，若要领导瓦匠就应有瓦匠的技能，这样才会把本职工作做好。可见，墨家所说的贤人既是道德家，也是实干家。在春秋战国时代，政治制度处于从世卿世禄向选贤任能转型过程中，旧制度的惯性还很大，墨家是选贤任能制度的积极倡导者。墨家大声呼吁，选贤任能与血缘出身无关，与贫富无关，应该任人唯贤而非任人唯亲，有能力者虽远在乡野也应得到任用。简言之，尚贤只有贤良一个标准，必须抛弃贵族世袭制度。贤人的榜样是大禹，墨家最推崇大禹。墨翟所说的大禹是怎样的人呢？大禹治水的故事众所周知。大禹治水九年，三过家门而不入，"腓无胈，胫无毛，沐甚雨，栉疾风，置万国"②。大禹是一心为公的典范，是墨家尚贤的楷模。

第五，立足贫苦大众，呼吁社会平等。在墨家看来，当时社会太不

---

① （清）孙诒让：《墨子间诂》，中华书局1986年版，第40页。
② 郭庆藩：《庄子集释》，中华书局1961年版，第1077页。

平等，百姓生活太艰辛。墨家反对贵族礼乐制度。礼是等级制度，乐制与礼制相配，在什么场合奏什么乐，不同等级有不同的乐舞。《墨子》书中有《非乐篇》，反对礼乐制度，认为礼乐制度是奢侈浪费。比如贵族祭祖的时候奏乐，孔子批评鲁国季孙氏八佾舞于庭是僭越等级制度，墨子则从根本上否定礼乐制度。再比如贵族吃饭也要奏乐，在墨家看来这耗费民脂民膏。墨子为苦难的大众呐喊："民有三患：饥者不得食，寒者不得衣，劳者不得息。"① 百姓生活艰辛，贵族却歌舞升平，这极不合理。墨家也反对贵族丧葬制度。丧是守丧，葬是埋葬。比如春秋战国时期的埋葬制度，在今天看来可谓骇人听闻。陕西凤翔发掘的秦公一号墓，据推测可能是秦穆公的墓葬，规模宏大，陪葬物品相当多。如果参照《诗经·黄鸟》，还有大臣和嫔妃殉葬，场面甚为悲壮。这在春秋战国时期司空见惯，但墨家坚决反对，故有《节葬篇》。墨家的主张是："衣三领，足以朽肉，棺三寸，足以朽骸，堀穴深不通于泉流，不发泄则止。死者既葬，生者毋久丧用哀。"②

墨家倡导节俭，反对贵族奢侈生活。关于春秋战国时期贵族的奢侈生活，我们从墨家文献中看到了令人瞠目的场面。比如贵族的饮食，墨家描述是："美食刍豢，蒸炙鱼鳖。"地上跑的水里游的，蒸着吃的烤着吃的，应有尽有。不但如此，数量更是惊人，大国君主近百个菜品，小国君主几十个菜品，以至于"目不能遍视，手不能遍操，口不能遍味"③。墨家倡导节用，这表现在方方面面。比如贵族的宫殿。墨家说房子的功能是遮风避雨，但贵族宫殿越盖越多、越盖越大，这不过是奢侈炫耀。

概括起来，墨家学说是四方八字：上神、下民、左爱、右贤。这四方八字围绕一个中心：德。用今天的话说，就是道德主义。什么是道德主义？道德主义就是关爱社会上每一个人，特别是关爱弱势群体，主张普天下的人都过上幸福生活。道德主义只讲良心，不讲物质利益；只讲为别人，不讲为自己。

---

① （清）孙诒让：《墨子间诂》，中华书局1986年版，第228页。
② （清）孙诒让：《墨子间诂》，中华书局1986年版，第152页。
③ （清）孙诒让：《墨子间诂》，中华书局1986年版，第33页。

平等与效率——墨法两家政治学说之对立

二　法家政治学说

关于法家政治学说，我们同样概括为如下五个主要方面。这五个方面同样不是一个平面的体系，逻辑起点是人性论。

第一，人的本性。与墨家学说截然不同，法家学说的出发点是人，是有七情六欲的活生生的人。人的本质是什么？人与动物有无区别？这颇具争议。战国中期有一个叫告子的法家人物，[①] 他不同意孟子的性善论，与孟子发生学术争执。他首先给"性"字下了定义："生之谓性。""性"字的构造，左边是"心"字，右边是"生"字，当为形声字，表示生来就有的那颗心。人生来就有、不学而能的那颗心是什么呢？告子的回答是："食色，性也。"[②] 人必须吃饭，否则亡身。人还必须有繁衍后代的行为，否则绝种。这些都不用学，所以是人的本能。所谓的仁义礼智等都由后天习得，不是人的本能，当然不属于人的本性。

因为人性的要素是食与色，所以人天生自私自利。社会生活中有一句流行语：人不为己，天诛地灭。这正是法家的生活信条和人生格言。当然，法家的这一看法受到其他派别批评，认为没有事实依据。对于这种质疑，韩非给予了掷地有声的回应。他举例，两个木匠，一个造乘舆，另一个做棺材。制造乘舆的木匠希望人们生活富裕，如此他的乘舆才卖得多。制造棺材的木匠则希望发生天灾人祸，死人多了，他的棺材才卖得多。人们会问：这两个木匠谁心眼好、心眼坏？韩非纠正说，根本就不该这样问，因为两个木匠都是为了自己的利益，这是他们的正当诉求，人心都一样。今人说，那是两千多年前的事情，如今人类文明思想进步，已然不是如此。此说能否成立？据《健康时报》2022 年 8 月 11 日报道，稍早的时候四川泸州富康医院开会，专门讨论"怎么让病人长期留下来"，怎样让病人排着队交钱。此事曝出，舆论哗然。其实，基于法家立场这是行业效应，其他行业表现不同而已。也有人说，社会上确有此类事情，但家庭内部并非如此。韩非说不然，他又举例。古代

[①] 告子，旧注谓孟子弟子，属之于儒家。误。李斯、韩非皆为荀子弟子，其为法家明矣。故判断学术派别，当以内容为据。况且，告子果否为孟子弟子，亦值得考证。

[②] 杨伯峻译注：《孟子译注》，中华书局 1960 年版，第 255 页。

社会有一事司空见惯,家里生了男孩叫"弄璋之喜",生了女孩叫"弄瓦之喜"。这话说得比较掩饰,民间直白的表达是,"女孩是丫头片子、赔钱货!"为什么?韩非做了分析。他说,男孩将来娶妻生子,可以给父母养老送终。女孩则不然,养大以后结婚嫁人,对父母无益。从投资角度说,生男孩盈利,生女孩亏本。韩非说,主导家庭关系的仍然是一个"利"字。

由上可见,法家是极端的唯物主义——一切从物质利益出发,而非从道德良心出发。极端唯物主义的理论基石是食色人性论,而食色人性论不是人性论,而是兽性论。

第二,崇尚法治。如果人人都追逐私利,社会岂不陷入混乱?法家说不会,应该制定相应的宏观对策,这对策就是实施法治,用今天的话说就是依法治国。所谓依法治国,就是用法律法规治理国家,规范和引导全体国民,无论是谁都应懂法守法。当今时常听到有人说:中国古代不讲法治,中国人没有法治精神。这话似是而非,不切实际。

法家所谓法治,本质上讲的是规范,个人行为的规范,政府做事的规范,无论是谁都必须按规矩办事。法治包括赏和罚两个方面。赏是积极方面,比如当今企业制定的激励政策,政府制定的奖励政策。罚是消极方面,最极端的措施是刑律,谁触犯就受惩处。所以,建设法治社会,一定是两个方面都要讲,说话算数,取信于民。法是人们生活行为的指南,人们知道应该怎样做,不可怎样做,以及相应行为的后果。

法与人情相对立。在这二者的关系上,法家主张一断于法,认法不认人,认法不认权。在法律面前,权力必须失效。依法奖赏,商鞅立木取信可为范例。依法处罚,商鞅惩罚太子之师亦可为范例。这样做,对国家有好处,对执法者无益。为了普及法治,韩非提出了一个重要主张:"以法为教……以吏为师。"[①] 以法为教,而非以楷模为教。法家认为楷模是人为的,可能夹杂着徇私舞弊。以吏为师,各级政府官员都必须是执法、守法的模范,而且还是宣传法治的教师。在考古发现的秦国墓葬中,一些墓葬的随葬品是竹简,其中部分竹简内容与法律有关,既有当时秦国的刑律,也有刑律的实施细则。由此可见,秦国对普及法律是多么重视。

---

① 梁启雄:《韩子浅解》,中华书局1960年版,第482页。

第三，奖励耕战。在法家看来，人人为己并非坏事，可以利用人的天性，调动人们的生产积极性，使之成为经济发展的不竭动力。在经济上，法家重本抑末。古代社会农业为本，商业为末。为了发展生产，法家主张奖励农耕并落实于政治实践。一个农民种田多产粮多，国家予以奖励。相反，一个农民好吃懒做，耽误收成，国家予以惩罚。在法家这里，国民过穷日子还是富日子也是国家的事情，国家有权干预。与此同时，秦国还实施了奖励杀敌的政策。秦有二十等军功爵制度，杀一个敌人给一等爵，杀十个敌人给十等爵。每一等爵都有相应的待遇和社会地位。有人认为杀敌立功很容易。但是，你想杀敌人，敌人也想杀死你领赏！所以，军功爵是用性命换来的，幸福生活是用血汗换来的。

第四，享受生活。法家激励人们积极进取，承诺人们过上富裕的生活。无论是谁，只要为国家作出了贡献，取得了卓越的成绩，都可以理直气壮地享受自己的劳动成果。这天经地义，不应限制。在法家学说中，不存在禁欲主义，因为人性就是食色！在法家的政治实践中，享受生活与纵欲主义没有界限。对于臣民来说，你的物质财富是自己创造的，是自己努力的成果。别人没有享受这样的生活，那是别人不努力。对于君主来说，国家是自己用武力打来的，自己想怎么享受就怎么享受。秦始皇吞噬六国，凡灭掉一个诸侯国家，便命工匠在首都咸阳周围原样复建该国宫殿，并把该国的宫女迁入其中——"钟鼓美人以充之"，供自己肆欲享受。儒家讲礼法，他才不管什么礼法。他的儿子秦二世即位之后的所作所为如出一辙。秦二世对大臣们说："凡所为贵有天下者，得肆意极欲，主重明法，下不敢为非，以制御海内矣。"[①] 这是秦朝君主内心世界的真实表露。

第五，没有信仰，不惧鬼神。法家是唯物主义者，在法家著作中，比如在《商君书》《韩非子》和《慎子》等著作中，几乎看不到神灵主宰世界的踪迹。在法家看来，鬼神没有存在价值，只有负面作用，信奉鬼神会导致亡家亡国，秦皇刻辞可证。人是自己的主人，人是政治的主人，人是自然界的主人，人定胜天。不仅法家，在后期儒家比如荀子的著作中，世界完全是自然的，与神灵没有任何干系。"天行有常，不为

---

① （汉）司马迁：《史记》，中华书局1975年版，第271页。

尧存，不为桀亡。"① 这既是当时思想发展的大势，也是法家学说的底蕴。一次秦始皇到南方巡视，乘船渡过湘水的时候，大风袭来几不得渡。嬴政问随从官员这是怎么回事，随从官员答：据说湘山湘水这里有一位湘君，她是尧的女儿，舜的妻子，可能是她作祟。秦始皇听后大怒，"使刑徒三千人皆伐湘山树，赭其山"。② 他与天斗与人斗，还要与鬼神斗！

综上，法家学说的格局也可概括为四方八字：上君、下民、左赏、右罚。这四方八字也围绕一个中心：利益。墨家学说是道德主义，而法家学说是功利主义或利己主义。

三 墨法两家之对比

在前面分别的归纳分析中，我们已经感觉到墨法两家之间存在对立。但这种对立是个别的还是整体的，是偶然的还是必然的，还缺乏深刻的剖析。至于各自学说在政治实践中的利弊得失，也值得进行对比。

先作理论上的对比。墨法两家政治学说的出发点不同。墨家学说的出发点是至高无上的神灵，这个神灵是正义与道德的化身，天帝是真理的代言人。天帝兼爱天下，爱世界上每一个人，因而人类在社会生活中也应兼爱，体现在政治中就必须反对战争，国家的管理者就应该是贤能之士。替天行道者治天下，这样人民才会过上幸福生活。法家学说的出发点是现实生活中的人，是被生理需求驱动的人。食色既是人的生理需要，也是个人乃至国家经济进步的原动力。在这样的理论背景下，法家主张用法规管理国民，依法治国。法是广义的，既包括奖赏，也包括惩罚，赏是引导，罚是禁止。执法的原则是一断于法，任法而不任人，坚决杜绝徇私舞弊。在君主制度下，赏罚是操控政治的基本手段。法家注重富国强兵，反对空谈，具有求真务实的特色。墨法两家政治学说的本质属性也不同。墨家政治学说基于大众的利益与诉求，属于极端道德主义。法家政治学说基于强者立场，属于极端功利主义。

---

① 梁启雄：《荀子简释》，中华书局1983年版，第220页。
② （汉）司马迁：《史记》，中华书局1975年版，第248页。

再作实践上的对比。墨家倡导兼爱、非攻，他们自己身体力行，但在国家层面却难以实施。战国时期，诸侯相争，弱肉强食，谁兼爱谁灭亡。墨家主张在政治上尚贤，由贤人治理国家。这种主张同样行不通。有一个例子。战国中期，燕国与诸侯各国合纵抗秦，结果没有成功。在这样的背景下，燕王哙在别人的劝导下把王位让给了丞相子之。子之为王三年，燕国陷入动乱，最后由燕王哙的儿子重新夺回君主之位，国家才恢复平静。由此可见，墨家理想很丰满，现实很骨感。与之相反，春秋战国时期诸侯各国或多或少都采用了法家学说，最典型的是地处西陲的秦国。战国中期秦孝公用商鞅进行变法，国家迅速富强。到了秦王政时期，任用法家的李斯，最终吞并诸侯，称帝天下。站在秦国的立场，法家学说是富国强兵的理论武器，秦国的胜利就是法家学说的成功。

四　结论

第一，基于墨家立场，一个有信仰的社会，就是一个有爱的社会，也是一个讲道德的社会；一个没有信仰的社会，是一个唯利是图的社会，也是一个没有爱的社会。基于法家立场，一个崇尚法治的社会，是一个重视个人需求与利益的社会，是强人主导的社会；一个不讲法治的社会，是一个扼杀个人劳动积极性的社会，也是一个没有发展动力的社会。

第二，社会需要公平正义。每个人的天赋不同，既有体力上的强弱，也有智力上的高低。正是由于这样的原因，社会上部分人处于弱势地位。经常听到有人说：只要你努力就会成功！请问：事实果真如此吗？当然不是。对于弱势群体来说，不是我不努力，而是人与人之间先天不平等，是制度设计有问题。什么是文明？文明就是让每个人都过上幸福生活。

第三，国家需要繁荣富强。只要有族群就会有竞争，只要有国家就会有战争。弱肉强食是国家关系的终极法则。若要国家强盛无忧，就必须用利益调动人们的积极性，能者多劳，劳者多得。空谈无益于解决经济问题。战国时期的秦国是典型的例子。

第四，现代社会有一种理想，就是建设一个既平等又富强的社会。

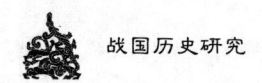

这是鱼和熊掌兼得。古代的历史，近代的历史，甚至当代的历史，都反复证明平等与富强之间是二律背反。可以有一种折中的方案，但这种折中方案既不是人与人之间纯粹平等，也不是国家真正富强。

（张荣明，南开大学历史学院教授，博士生导师）

《周易》"谦"卦中的治国理政之道

郭君铭

《周易》中的"谦"卦,历来受到注家与学者的关注与推崇。究其原由,可能有两点:其一,"谦"卦是《周易》六十四卦中唯一六爻断辞皆吉的卦,十分难得;其二,作为一组文献,"谦"卦卦爻辞及其传文,在六十四卦中道德阐释的意味最为明显,其所倡导的谦德,在中华传统伦理体系中居于核心与基础的地位。《系辞下》称"谦,德之柄也",[①] 以谦德为道德修养的入门处与着力点。历来论易者,多从伦理意义上挖掘"谦"卦的内涵,本文不揣谫陋,以为此卦所陈之谦德,更多的是对统治者的规诫与指引,是一组治国理政的理念。

一

《周易》卦爻辞是先民忧患意识和求生智慧的体现,[②] 六十四卦三百八十六爻,分别记录着先民对不同境遇下生活经验的反思。可以说,《周易》中的每一卦都代表着一种先民的生存模式,每一爻都体现出一种先民与自然或同类互动的情境。

按照《系辞》的说法,《周易》是"圣人有以见天下之赜,而拟诸其形容,象其物宜"[③] 的产物,据此,卦象可以视为理解卦之义理最直

[①] (唐)孔颖达撰:《周易正义》,(清)阮元校刻:《十三经注疏》(清嘉庆刊本),中华书局2009年版,第186页。

[②] 朱伯崑:《谈儒家人文主义占筮观》,载《朱伯崑论著》,沈阳出版社1998年版,第634页。

[③] (唐)孔颖达撰:《周易正义》,(清)阮元校刻:《十三经注疏》(清嘉庆刊本),中华书局2009年版,第163页。

接的门径。谦卦，坤上艮下。艮为山，坤为地，山本高耸于地上，山居地之下，于山是一种卑退之象，于地则是一种内高外卑之象。这种卦象，从两个侧面揭示了谦卦所蕴含的德性特征：一是以艮为本位言之，谦指是本有明显的高高在上的资本却反而退居人下的品格，如陆德明以"屈己下物"、孔颖达以"屈躬下物，先人后己"释"谦"①，朱熹甚至认为"谦者，有而不居之义"②，他们强调的都是谦以高处下的卑退之义，这种理解基本沿袭了《序卦传》"有大者不可以盈，故受之以谦"的思路；如果换个角度，以坤为本位，则是强调内在充实而不事张扬的品质，如张载认为卦之象的寓意为"隐高于卑"③，高亨先生以为谦之义为"内高而外卑"，即"才高而不自许，德高而不自矜，功高而不自居，名高而不自誉，位高而不自傲"④。

尽管各家诠释卦象和挂爻辞的关注点有所出入，但基本的指向还是很清晰的，即谦卦寓意自身盛大但不自满，不张扬，保持谦卑姿态待人应物。这种思维取向，与"乾"《文言》中的"居上位而不骄""益"《象传》中"自上下下，其道大光"，还有"屯"《象传》中的"以贵下贱"等是相通的，这种重谦的思想在《周易》文本中并不罕见，但谦卦所描述的，是典型的强势与弱势互动模式下强势一方的原则与策略，这种强弱互动模式，与现实中统治者与民众的关系极为相似，故而谦道可以理解为统治者在面对民众时应具备的德性和需要把握的行事原则。

谦卦卦爻辞中三次出现"君子"，这个"君子"理解为居于强势地位的统治者较为妥当。君子在古代文献中有"德"与"位"的多重含义。在先秦典籍中，君子多指统治者与贵族男子，常与"小人"或"野人"对举，"位"的属性突出，如《诗·魏风·伐檀》"彼君子兮，不素餐兮！"《孟子·滕文公上》"无君子莫治野人，无野人莫养君子"，又《淮南子·说林训》中"农夫劳而君子养焉"高诱注"君子"为"国君"即是明证。君子一词的道德属性是从汉代之后开始突出，班固

---

① （魏）王弼注，（唐）孔颖达疏：《周易正义》（标点本），北京大学出版社1999年版，第80页。
② 朱熹撰，廖名春点校：《周易本义》，中华书局2009年版，第84页。
③ （宋）张载：《张载集》，中华书局1978年版，第100页。
④ 高亨：《周易大传今注》，齐鲁书社1979年版，第179页。

在《白虎通义·号》中说:"或称君子何?道德之称也。君之为言群也;子者丈夫之通称也。"从此君子"德"的属性逐渐取代"位"的属性,到宋代王安石在《君子斋记》中即称"故天下之有德,通谓之君子"。尽管《周易古经》中不少一般意义上使用的"君子",如"乾"卦爻辞中的"君子终日乾乾"等,其"位"的属性并不明显,但谦卦中的"君子",结合卦象,还有卦爻辞中出现的"涉大川""行师""征邑国"等线索,其"位"的特征还是很明显的。据此,谦卦中以君子为主语的文句可以理解为讲在位者的统御之道。

再有,《象传》等古经早期注解,也凸显了谦卦卦爻辞中所蕴含的治理意味,如九三爻辞的象文"万民服也",即是在君民对待的意义上诠释谦卦古经文句。后世解易者,亦不乏从治国理政来揭示谦卦所含义理者。如唐人史征所著,收录在《永乐大典》和《四库全书》中的《周易口诀义》一书,在疏通谦卦时说:

"初六谦谦君子用涉大川吉"者,处谦更在下,则是卑退之甚也,故曰谦谦也。君子以谦自牧,守谦不失用,济大难,物无见害,故曰"用涉大川,吉"。牧,养也。"六二鸣谦贞吉"者,鸣者声名闻之谓也。处谦之时,位居中正,即谦之声闻于外境,是正而获吉,故曰"鸣谦贞吉"。"九三劳谦君子有终吉"者,九三以刚阳之质为一卦之主,上即承奉于君,下又抚绥万人。劳勤于谦,以君子处之,能保其终而获吉。"六四无不利扌为谦"者,六四上近至尊,下近权臣,处是时不可违于谦巽,故三之于五,有事指扌为,无不从顺,不敢违于法则,故曰"无不利扌为谦也"。"六五不富以其邻利用侵伐无不利"者,六五为谦之君教化大行,下既行谦,人自富贵故,不假以财物赒赡于邻,故曰"不富以其邻"。身既谦卑,不妄加讨伐,若有骄逆不行此道者,故用诛伐,故云"利用侵伐无不利",张氏、云葛、伯仇饷汤往伐之是也。"上六鸣谦利用行师征邑国"者,不预内政,于谦不实,惟有虚声外扬而已,故曰"鸣谦也"。有所兴为,其功未得,但可征旁邑国骄逆之人,故曰"利用行师征邑国也。"①

---

① (唐)史征:《周易口诀义》卷2,据《文渊阁四库全书》电子版。

很显然，史征是以君臣之道和君王教化征伐之理来阐释谦卦六爻。明清之际大思想家王夫之也视谦卦为讲国家治理之道的"忧患之卦"，以为"谦"是不得已而用之的"君子所以待小人之道"①。可见，在不少易家眼里，谦卦所阐释的绝非一般意义上的谦虚忍让之道，而是事关国家存亡兴衰的治国理政之道。

二

《韩诗外传》借周公之口极力推崇《周易》的谦道：

> 成王封伯禽于鲁，周公诫之曰："往矣！子无以鲁国骄士。吾、文王之子，武王之弟，成王之叔父也，又相天下，吾于天下，亦不轻矣。然一沐三握发，一饭三吐哺，犹恐失天下之士。吾闻德行宽裕，守之以恭者荣；土地广大，守之以俭者安；禄位尊盛，守之以卑者贵；人众兵强，守之以畏者胜；聪明睿智，守之以愚者善；博闻强记，守之以浅者智。夫此六者，皆谦德也。夫贵为天子，富有四海，由此德也；不谦而失天下，亡其身者，桀纣是也；可不慎欤！故易有一道，大足以守天下，中足以守其国家，近足以守其身，谦之谓也。"②

守持谦道，可以人尊国富；违背谦道，则会人亡政息。依笔者浅见，《周易》中足以守天下、守国家的谦道，包含如下四点：

其一，统治者要施惠于民，以发展来实现公平。

谦《大象》传文"裒多益寡，称物平施"，是对现在所见对谦卦"地中有山"之象的最早注释，可以说是谦之道的破题之语，因而是理解整个谦卦的基础。后世对"称物平施"的理解没有多大分歧。称，即今天的秤字，衡量的意思；平是公平；施，施予之义。称物平施，即

---

① （清）王夫之：《周易外传》，中华书局1977年版，第39—40页。
② （汉）韩婴撰，许维遹集释：《韩诗外传集释》，中华书局1980年版，第117—118页。

"随物而与，施不失平"①，衡量物之轻重，公平地施予。对"裒多益寡"，却存在着两种截然相反的理解。分歧的焦点是如何解释"裒"字。《说文》中无"裒"字，有人训"裒"为"捊"，捊取之义。如此理解，"裒多益寡"就是按损多补少的原则搞平衡。如程颐在《程氏易传》中说："君子观谦之象，山而在地下，是高者下之，卑者上之，见抑高举下、损过益不及之义；以施于事，则裒取多者，增益寡者，称物之多寡以均其施与，使得其平也。"朱熹更是明确地将"裒多益寡"解释为"损高增卑"②。近人高亨还结合卦象解释道："《象传》又以地比庶民，以山比贵族，以地中有山比广大庶民中间有少数贵族。贵族财多，庶民财寡或无财，此乃不平之现象。君子观此卦象，从而捊取其财多者以益其财寡与无财者，称量其财物之多寡，以定其公平之施予。"③现今很多解易者都受这种解释的影响，如金景芳等人即认为"裒多益寡"是"裒取多者，增益寡者"④。

这样理解"裒多益寡"能够说通，但存在两个问题。一是与通行"裒"字注解矛盾。《尔雅·释名》中称，裒，聚也；又《诗·小雅·常棣》有"原隰裒矣，兄弟求矣"，毛传注：裒，聚也。可见，在与《周易》时期的早期文献中，裒不是减损、捊分的意思，而是聚集之义。唐代孔颖达的《周易正义》即坚持了对"裒"的这一解释："裒多者，君子若能用此谦道，则裒益其多，言多者得谦，物更裒聚，弥益多也……益寡者，谓寡者得谦而更进益。"把"裒多益寡"解释为"损高增卑"。存在的第二个问题是贬损了谦卦所阐发的政治智慧。明清之际的大易学家王夫之以聚释裒，他对谦卦卦象和《大象》传文有一段深刻的分析：

> "地中有山"者，谓于地之中而有山也。山者，地之高者，非地外之别有山也。地溥遍乎高下，山亦其所有尔。人见山之余与地，而不知山外乃地之不足，可增而不可损也。裒，聚也。施者，

---

① （魏）王弼注，（唐）孔颖达疏：《周易正义》（标点本），北京大学出版社1999年版，第81页。
② （宋）朱熹撰，廖名春点校：《周易本义》，中华书局2020年版，第85页。
③ 高亨：《周易大传今注》，齐鲁书社2022年版，第179—180页。
④ 金景芳、吕绍纲：《周易全解》（修订本），上海古籍出版社2005年版，第148页。

惠民之事。地道周行于天下，时有所施化，多者裒聚之而益多，寡者益之使不乏，固不厚高而薄下，抑不损高以补下，各称其本然而无容私焉。固高者自高，卑者自卑，而要之均平。君子施惠于民，务大德，不市小恩。不知治道者，循疲惰之贫民，而铲消富民以快其妬忌，酿乱之道也。固救荒者有蠲赈而无可平之粟价，定赋者有款贷而无可均之徭役。虽有不齐，亦物情之固然也。不然，则为王莽之限田，徒乱而已矣。①

他认为，结合历史的经验，简单的损高补下不仅无益于惠民，反而有很大的消极作用，甚至是引发动乱的隐患。王夫之指出，谦卦给人们的启示是，君子施惠于民要从大处着眼，简单平均的做法无益于民众，只有用发展的方法，使多者益多、寡者不乏，多者和寡者都有所增益才能最终实现公平公正。王夫之的这番分析，为我们揭示出《周易》所蕴含的治国理政之道，其中包含极为深刻的政治智慧，堪称传统治道的精华。

其二，统治者要心怀敬畏之心，以谦卑自守。

《系辞下》说："惧以终始，其要无咎，此之谓易之道也。"保持谨慎戒惧之心，就可以转危为安，免于祸害，这就是《周易》的基本准则。《系辞》作者三陈九德，反复申述忧患之理，认为忧患能够提高人的道德境界。

谦卦是《系辞》忧患"九卦"中的一卦，强调的是人要有敬畏之心。"谦"，《子夏易传》和帛书本都作"嗛"，"嗛"与"谦"同。《说文》谓："敬肃也，谦与敬义相成。"由此可知，谦的原始含义是恭敬，由主体的内在虔诚之心而产生的对客体的敬，对于主体而言即为谦之德。《系辞上》云"德言盛，礼言恭，谦也者，致恭以存其位者也"讲的就是这个意思。

谦卦之初爻强调："谦谦，君子用涉大川，吉。"谦谦，即谦而又谦。程颐解释认为，初六"以柔顺处谦，又居一卦之下，为自处卑下之至"②，谦谦就是极度虔敬，颇有诚惶诚恐的意味，君子持守这样的心

---

① （清）王夫之：《周易内传》，岳麓书社1988年版，第171页。
② （宋）程颐撰，王孝鱼点校：《程氏易传》，中华书局2016年版，第67页。

态，虽涉大川之险，也可平安吉利。用高亨先生的话说，这是因为"自矜善射，多死于矢；自矜善战，多死于兵；自矜善涉，多死于水。若临大川而惕栗，操巨舟而戒慎，则无沉溺之患"①。

《象传》在初六爻辞的基础上，进一步提出了"卑以自牧"的命题。孔颖达《正义》疏：牧，养也。卑以自牧，就是"恒以谦卑自养其德也"，即是说，君子要经常保持谦卑的心态，以此来培养自己的道德，这样才能永葆吉无不利。保持谦卑心态，其实质是在客体面前放低自己的位置，这对于互动中处于强势的一方来说显得尤为重要。后世统治者"水可载舟，亦可覆舟"的感慨，其思想源头应该和谦卦所说的"卑以自牧"不无关系。

其三，统治者不仅要坚持谦道，还要以谦道教化民众。

君子要保持谦卑心态，而且还要坚持不懈地保持谦卑。谦卦六爻中两次出现"鸣谦"。鸣，通名。《广雅·释诂》："鸣，名也。"闻名的意思，如《庄子·大宗师》："子以坚白鸣。"《列子·仲尼》："子以公孙龙之鸣皆条也。"鸣谦，即以谦闻名。"豫"卦初六的"鸣豫"与此同。故张载以"以谦获誉"② 解"鸣谦"，朱熹"以谦有闻"说③亦同。程颐解释说："二以柔顺居中，是为谦德积于中。谦德充积于中，故发于外，见于声音颜色，故曰鸣谦。"这种"内显于外"说与张朱二家之言异曲同工。以义理思维来看，二爻居初六之后，象征初六"卑以自牧"的效果显现出来，君子的谦德获得了外界的认可，"其名益章，其德益进，其助益多"④，这种情况下坚持谦德，当然会是吉象。谦卦另一处"鸣谦"出现在上六，朱熹以为这象征着"谦极有闻"，因为坚持不懈第持守谦德，获得了广泛的声誉。上六虽居谦卦之极，有衰退之象，但因为能守谦之德，故而即使君子行侵伐之事，也能得到吉利的结局。

九三爻是谦卦唯一阳爻，被视为统领全卦的一爻。九三爻辞为："劳谦，君子有终，吉。"劳，功劳的意思。《周礼·司勋》谓："事功曰劳。"《礼记·明堂位》："成王以周公为大有勋劳于天下。"劳谦，即

---

① 高亨：《周易古经今注》，中华书局1984年版，第205页。
② （宋）张载：《张载集》，中华书局1978年版，第100页。
③ （宋）朱熹撰，廖名春点校：《周易本义》，中华书局2009年版，第86页。
④ 高亨：《周易古经今注》，中华书局1984年版，第205页。

《系辞上》所云："劳而不伐，有功而不德，厚之至也，语以其功下人者也。"君子有大功，但不以自傲，仍能以谦卑自守。统治者如果能够做到这一点，自然能得到民众的拥戴，这就是《象传》所说："劳谦君子，万民服也。"

两处"鸣谦"和"劳谦"昭示给君子的道理是，不管在什么时候，在发展的哪个阶段，都要坚持谦德，唯其如此，才能得到民众的拥护，才有一个好的结果。

君子不仅自己要始终坚守谦德，保持谦卑心态，还要以谦德感化民众。这一思想在六四爻辞得到了体现。六四爻辞为"无不利，㧑谦"。"㧑"，帛书本作"譌"。邓球柏认为通行本中"㧑"与此"譌"因形近而误，"譌"为正字。邓球伯指出，"譌"即"讹"，感化教化义。他举《诗·小雅·节南山》"式讹尔心，以畜万邦"为证。以教化感化训"譌"，则六四爻辞"无不利，㧑谦"可解释为：以谦德感化教化民众，在民众中推行谦德，就可以在治内行事无所不利。①案：郑康成曾有周易注本行世，宋王应麟辑有《周易郑康成注》一卷收录于《四库全书》经部。郑注"㧑谦"之"㧑"读作"宣"。宣，传布、彰明义，如《书·皋陶谟》"日宣三德，夙夜浚明有家"，《荀子·解蔽》"宣而成，隐而败，暗君无之有也"。郑注训"㧑"为"宣"，可做邓注的佐证。

其四，统治者奉行谦道，并不排斥必要的武力征伐

谦卦六爻有两爻爻辞涉及"侵伐""行师"。《周易》中涉及征伐、行师等武力活动，多为凶险之象，如"师""归妹"等卦，但谦卦六五爻"利用侵伐"、上六"利用行师，征邑国"的断辞为"无不利"，可见《周易》并非一味地排斥武力。

程颐对谦卦六五爻辞"不富以其邻，利用侵伐，无不利"的解释是：

富者众之所归，唯财为能聚人。五以君位之尊，而执谦顺以接于下，众所归也，故不富而能有其邻也。邻，近也。不富而得人之

---

① 历来注家大都以"㧑"同"挥"，㧑谦，为发挥谦德之义。高亨先生训"㧑"为"为"，如此"㧑谦"即为"为谦"，和"挥谦"大义相同。这样理解虽能讲通，但不如"讹谦"或"宣谦"顺畅。

亲也，为人君而持谦顺，天下所归心也。然君道不可专尚谦柔，必须威武相济，然后能怀服天下，故利用行侵伐也。威德并著，然后尽君道之宜，而无所不利也。①

"不富以其邻"是君子行谦道的结果，但君子也不可一味讲谦让，必须威武相济，威德并著。对于那些不讲谦道、违逆道义的害群之马，君子行侵征杀伐之举也不会招来不利。

上六爻辞"行师，征邑国"，《象传》的解释其原因是"志未得也"。这里所言未得之志，就是作为统治者的君子所力行的"裒多益寡"的惠民之志。君子行师征讨，为的就是捍卫谦道。因为君子有"鸣谦"之誉，"有名而谦，则四方响应，万民慕德，有东征西怨之意，箪食壶浆之迎"②，如此"征邑国"，当然是有利的。《周易》在这里昭示的治国之道，充满着辩证思维的智慧，成为后世为政者治国理政的圭臬。

(郭君铭，河北省委党校文史教研部教授)

---

① （宋）程颐撰，王孝鱼点校：《程氏易传》，中华书局2016年版，第69页。
② 高亨：《周易古经今注》，中华书局1984年版，第206页。

从苏秦事迹看《战国纵横家书》的史料价值

魏建震

苏秦是战国纵横家的代表人物，《史记·苏秦列传》记述有一个相对完整的苏秦事迹框架。其事迹主要是在赵、燕、楚、魏、韩、齐等国间从事合纵活动，时代为燕惠王时期。但这一事迹框架与《战国策》所载苏秦事迹只能部分吻合。这主要是由于《战国策》所记载苏秦事迹，还有一个与《史记》不同的说法，说苏秦在燕昭王时入燕，后为燕入齐做间谍，挑拨齐赵关系，发动五国攻秦，鼓动齐闵王乘机攻宋，导致秦、赵、燕等国联合攻齐，齐几亡国，事泄被杀。《战国纵横家书》出土后，证明《战国策》的后一种说法比较可信。《战国纵横家书》多为私人书信，与战国秦汉时期学者所构拟的纵横家文献有较大区别。从苏秦事迹的研究中可以看出，《战国纵横家书》具有非常重要的史料价值。

引 言

研究战国纵横家苏秦事迹，最主要的史料有《战国策》《史记》、马王堆所出《战国纵横家书》等。此外，秦汉时期的其他文献中也有关于苏秦事迹的零星记载。

《史记》所记载的苏秦事迹，有一个相对完整的故事框架，其主要内容是，苏秦、张仪同学于鬼谷子，苏秦合纵取得一定成就后，暗中激怒张仪并资助其入秦，实行连横策略。苏秦时代略早于张仪，苏秦生活的时代大约在燕惠文王、齐宣王时期，在齐湣王时期被嫉妒者刺杀。《史记》记载的纵横家的故事框架，许多学者认为并不可信。

《战国策》所记载的苏秦事迹,自身存在矛盾与冲突,苏秦事迹在《战国策》中可以勾勒出两个框架,一个非常清晰的苏秦事迹框架与《史记》记载的框架基本相同,另一个相对比较隐秘的框架是苏秦在燕昭王时入燕,后为燕入齐做间谍,挑拨齐赵关系,发动五国攻秦,鼓动齐闵王乘机攻宋,导致秦、赵、燕等国联合攻齐,齐几亡国。

1973年,长沙马王堆三号汉墓出土大批帛书,其中部分与纵横家相关的帛书,被整理者定名为《战国纵横家书》。该书由二十七篇组成,其中十篇见于《战国策》,八篇见于《史记》,除去重复篇章,共十一章见于以往的文献,十六章为古佚书。整理者根据内容将二十七篇分为三组,第一组十四章整理者认为应是最早流传的关于苏秦的书信和谈话。根据《战国纵横家书》的记载,苏秦主要活动在燕昭王时期,是由燕入齐的燕国间谍。《战国纵横家书》所构筑的苏秦年代框架,与《战国策》中的第二种框架大致相同。《战国纵横家书》的出土,可以说在某种程度上印证了以往徐中舒、杨宽等先生的苏秦事迹的研究结论。《战国纵横家书》中的十六章古佚书,被唐兰等先生称为司马迁、刘向没有见过的珍贵史料。[①] 学者认为利用这批史料,有可能纠正《史记》关于苏秦记载的错误。

《史记》与《战国纵横家书》所记载的苏秦事迹究竟哪一个更可信,现在学术界存在不同看法。唐兰[②]、杨宽[③]、马雍[④]、缪文远[⑤]、蔡运章[⑥]等先生,认为《战国纵横家书》中的前十四章,是研究苏秦的最原始资料。司马迁所作《苏秦列传》《张仪列传》,都是根据后世小说

---

① 唐兰:《司马迁没有见过的珍贵史料》,载马王堆汉墓帛书整理小组编《战国纵横家书》,文物出版社1976年版,第123—153页。

② 唐兰:《司马迁没有见过的珍贵史料》,载马王堆汉墓帛书整理小组编《战国纵横家书》,文物出版社1976年版,第123—153页。

③ 杨宽:《马王堆帛书〈战国纵横家书〉的史料价值》,马王堆汉墓帛书整理小组编:《战国纵横家书》,文物出版社1976年版,第154—172页。

④ 马雍:《〈战国纵横家书〉各篇年代和历史背景》,马王堆汉墓帛书整理小组编:《战国纵横家书》,文物出版社1976年版,第173—201页。

⑤ 缪文远:《战国策考辨》,中华书局1984年版,第29页。

⑥ 蔡运章:《〈苏子〉及其相关问题——为纪念苏秦逝世2300周年而作》,《中华文化论坛》2016年第3期。

家言而作，不可信。这是帛书出土后曾经很有影响的一种观点。诸祖庚①、赵生群②、张烈③、杜勇④等先生，认为《史记》记载的苏秦事迹更可信，《战国纵横家书》只不过是当时流传的纵横家学习纵横之术的学习范本中的一种，或者是《战国策》佚文，还有可能是司马迁见而未采信之史料，其史料价值无法与司马迁见过的纵横家史料价值相比。帛书记载的苏秦事迹晚于张仪的说法，并不可信。

学者们的诸多意见中究竟哪一家的说法更可信，苏秦究竟主要活动在齐宣王还是燕昭王时期？《史记》与《战国纵横家书》的记载究竟哪个更可信？这一系列有关战国纵横家的重要问题，都还有进一步研究的必要。

一 《史记·苏秦列传》与《战国策》对苏秦事迹的记载

尽管各家对《史记》记载苏秦事迹评价分歧很大，但有一点却是大家都认同的，这便是司马迁所说："然世言苏秦多异，异时事有类之者皆附之苏秦。"司马迁既有此断语，他撰写《史记》时应该是对不同的苏秦记载进行了整齐划一的编纂工作。从《史记》记载苏秦、张仪事迹来看，浑然一体，矛盾冲突的地方较少。司马迁究竟对有关苏秦的不同说法做了哪些整齐划一的工作，张烈先生指出："司马迁经过周密审慎的调查思考，断定'世言苏秦多异，异时事有类之者皆附之苏秦'，决意摒弃张仪连横之后有关附会于苏秦的史料，或者干脆将这些史料中的'苏秦'字样改为苏代或他人。《国策》中有关苏秦的记载抵牾矛盾

---

① 诸祖耿编撰：《战国策新集注汇考》（下），凤凰出版社2008年版，第1935页；《关于马王堆汉墓帛书类似〈战国策〉部分的名称问题》，《南京师范大学学报》1978年第4期。诸先生对苏秦年代早于张仪的论证，受到学者的反驳，参见周鹏飞《苏秦张仪年辈问题考辨》，《人文杂志》1985年第6期。

② 赵生群：《〈史记〉相关重要问题和新版〈史记〉修订情况》，《文史哲》2017年第4期；《〈战国纵横家书〉所载苏秦事迹不可信》，《浙江师范大学学报》2007年第1期。

③ 张烈：《战国纵横家辨——兼与徐仲舒诸先生商榷苏秦等问题》，《社会科学战线》1986年第3期。

④ 杜勇：《苏秦年代问题再检视》，《西华师范大学学报》2017年第6期。

之处甚多,司马迁都作了慎重鉴别和统一处理。"① 张烈先生的说法,应该是符合历史事实的。司马迁采用的说法,据我们的判断,应该是当时材料比较丰富、在学术界属于比较主流的一种说法。《战国策》记载苏秦故事,大部分材料与《史记》记载相符,很有可能是司马迁与刘向同时采用了大致相同的材料来源,也有可能是《战国策》编纂时参考了《史记》的相关内容。但是问题的关键点是,司马迁所进行的慎重鉴定和整齐划一的处理,以及他所采信的有关史料,是否反映了苏秦历史的本来面目?这是解决这一问题的关键点。②

司马迁撰写《苏秦列传》,故事看似非常完整,矛盾之处不是很多。关于苏秦之死,《列传》中说苏秦因被人嫉妒遭刺杀而死,这与其在"太史公"曰中所说苏秦"被反间以死"似乎有矛盾。司马迁受矛盾材料的影响,在判断苏秦的历史影响力时也是存在矛盾的。他说:"苏秦兄弟三人,皆游说诸侯以显名,其术长于权变。而苏秦被反间以死,天下共笑之,讳学其术。然世言苏秦多异,异时事有类之者皆附之苏秦。"天下既然共笑苏秦,"讳学其术",那么苏秦便不会有多少影响力,后人何以又"异时事皆附之苏秦?""异时事有类之者皆附之苏秦",应该是其影响力很大的一种反应。我们推测,司马迁根据其"异时事有类之者皆附之苏秦"的判断将文献记载苏秦在燕昭王时期的材料进行了剔除后,文献中所留下的苏秦的事迹除了几篇长篇游说辞之外,便所剩无几了。因此司马迁说"苏秦被反间以死,天下共笑之,讳学其术"。司马迁对其认为真的苏秦材料进行了编纂,"列其行事,次其时序"。《苏秦列传》中的苏秦事迹与行年,是经过司马迁加工的。这一点应该是没有任何问题的。经过司马迁对苏秦事迹的"次其时序",苏秦事迹被安排在了燕惠王时期。

由于编纂与整理文献方式的不同,司马迁与刘向对有关苏秦的材料做了不同的处理。刘向在编辑《战国策》时,保留了部分有关苏秦的

---

① 张烈:《战国纵横家辨——兼与徐仲舒诸先生商榷苏秦等问题》,《社会科学战线》1986年第3期。
② 赵生群先生曾试图论证司马迁所依据材料的可靠性,见其所著《〈战国纵横家书〉所载"苏秦事迹"不可信》,《浙江师范大学学报》2007年第1期;《〈史记〉相关重要问题和新版〈史记〉修订情况》,《文史哲》2017年第4期。由于战国准确纪年材料的稀少,赵先生论证的《史记》记载苏秦事迹依据可信材料的证明显得不够充分。

不同记载。车新亭先生指出:"《战国策》与《史记》体例不同,处理'权变'故事的方法也不大相同。刘向在校补除重复的工作外,没有更动'权变'的内容。今天的《战国策》依然保持了各章独立为篇的面貌,《史记》中大量袭用'权变',甚至经常只字不改地把整章的'权变'照搬过去。但司马迁把各种材料编排连缀在一起,到底哪些来源于'权变',哪些来源于别的出处?从《史记》本身找不到明确的答案。要回答这个问题,不得不借助于《战国策》。"[1] 借助《战国策》的记载,可以部分恢复司马迁编纂《史记》以前有关苏秦记载的材料的原始状况。这为后人研究苏秦问题提供了契机。徐中舒、杨宽、唐兰等先生,根据《战国策》苏秦记载的矛盾,参照其他先秦、秦汉文献,论证苏秦生活年代晚于张仪,可以说是纵横家研究方面的重大突破。

二 《战国纵横家书》的文献性质

《战国纵横家书》的出土,为研究战国纵横家提供了珍贵的资料。尽管唐兰等先生所说司马迁没有见过这批材料可能有些武断,[2] 不一定符合历史事实,但《战国纵横家书》的出土,为还原苏秦历史真相提供了更大的可能性。

现在的学术界对《战国纵横家书》的史料价值判断存在较大差别,判断《史记》《战国策》和《战国纵横家书》关于苏秦的记载哪个更可信,还需要进行更深入而系统地分析与研究。

《战国纵横家书》的出土,首先为我们提供了一种非常重要的纵横家的文献样式,这就是单篇文献不署辞主。《战国策》中也存有这种文献样式,《史记》中则很少见。对于内容基本相同的文献而言,署有辞主的文献,从理论上应该晚于不署辞主者。有学者指出:"帛书'无主辞',《策》文、《史记》加了辞主,从文章形态的演进而言,帛书为原始。"[3] 这种论断应该是比较可信的。

---

[1] 车新亭:《〈战国纵横家书〉与苏秦史料辨证》,《北京师范大学学报》1990 年第 3 期。
[2] 认为帛书记载苏秦事迹不可信的诸祖耿先生,认为司马迁没有见过帛书中不见于《史记》与《战国策》的十六篇。见《战国策集注汇考》下,凤凰出版社 2008 年版,第 1936 页。
[3] 裴登峰:《〈战国纵横家书〉〈战国策〉文相关辞主问题考论》,《文献》2013 年第 6 期。

从苏秦事迹看《战国纵横家书》的史料价值

关于帛书中无辞主帛书的辞主，杨宽等先生认为多是苏秦。赵生群先生提出反对意见，认为"帛书中无主名的资料多与苏秦无关"，① 我们以为后一种说法的论证是有问题的。比如他关于第一章至第三章的主名问题，认为"帛书第一至第三章，与《战国策·燕策二·苏代为奉阳君说燕于赵以伐齐》的内容有关，主人公当为'苏代'"。第一章帛书中"封秦也，任秦也，比燕于赵。今秦与兑"，和第三章的"今齐王使宋窍谓臣曰'奉阳君使周纳告寡人曰：燕王请毋任苏秦以事"，明确提到当事人苏秦，应属于苏秦无疑。帛书二十一章无辞主，《战国策·赵策》辞主为苏秦，《史记·赵氏家》记载辞主为苏代，赵先生将辞主归于苏代，但没有指出《战国策》何以出现错误。帛书二十二章，《史记》记载辞主为苏代，赵先生从《史记》，帛书中有"今者秦立于门"，此应如何解释，赵先生并没有论证。我们认为，《战国纵横家书》的辞主，应如杨宽先生所说："帛书《战国纵横家书》中十四章苏秦资料，起首皆未署名，惟其中有六章游说者自称秦或苏秦，其为苏秦所作无疑。"赵先生的论证，根本不足以推翻旧说。

关于帛书何以没有主名，学者们也在讨论。诸祖耿先生推测："认为这些材料，都是一派纵横家言，特别是主张合纵一派的话，是战国后期学习苏氏学者们流传下来的东西。他们学习的主要目的，是要掌握他们一套游说的本领，重点在于'揣'情'摩'势，而不在于考核事实。只要能够掌握到'纵横长短之术'的一套本领，那就达到了目的，完成了学习的任务。至于哪是张三，哪是李四，这根本是次要的事，不必予以重视。"② 除了诸先生的推测，还有学者认为，不署主名，因为文献"这暗喻着它们最原始的出处是熟知苏秦行迹的某个知情者的一个收藏本，这个知情者应是苏秦本人或他的亲信。"③ 因文献持有者或编纂者非常清楚主名是谁，而且文献之中也有一些主名记载，因此没有必要每篇署出主名，署出后反觉重复烦琐。还有学者认为，没有署主名的帛书，是因为它们抄自《苏子》，"原来《苏子》书既已标明是苏秦其人

---

① 赵生群：《〈战国纵横家书〉所载"苏秦事迹"不可信》，《浙江师范大学学报》2007年第1期。
② 诸祖耿编撰：《战国策集注汇考》下，凤凰出版社2008年版，第1974页。
③ 车新亭：《〈战国纵横家书〉与苏秦史料辨证》，《北京师范大学学报》1990年第3期。

的言行录了"①。相较之下，后两种说法中的一种有可能更接近实际。诸先生说学习揣摩者不重事实，而帛书中的篇章列举了大量的史实，这与《史记》《战国策》中著名的苏秦八篇少记史实而多为夸浮之言的华丽文风形成鲜明的对照。

判断帛书的史料价值，首先应该弄清楚帛书的材料性质。诸祖耿先生认为："本文从这份材料里的一些章节，特别是第二十四章，和其他有关材料的相互核对中，初步认识到这份材料，就是东汉末年服虔所说的'苏秦法百家书说'之一。它的来源，出于战国后期学习长短纵横术的游士的笔录，而为学习'苏秦纵横'的人们所传布。正因为它来源于游士们的各种笔录，所以和其他同时流传的各种同样的材料，存在着很多的差异，必须加以仔细核实，才能解决问题。"② 诸先生认为"苏秦法百家书说"，即为百家说苏秦法，也就是后代诸子所述苏秦法。我们认为服虔"苏秦法百家书说"还有另外一个解读法，这就是苏秦效法诸子百家而作书说，如此解读法，"苏秦法百家书说"便成了真正的苏秦作品。只是帛书是否能和"苏秦法百家书说"很好地联系起来，还需要研究。诸先生研究帛书性质，使用时代较晚的一篇文献，将这篇与苏秦无关的第二十四篇与《韩非子》《战国策》等进行比较研究，这对研究帛书第三部分内容有效，但将结论用于推断与第三部分有着重大差别的关于苏秦事迹的第一部分的文献性质，则完全不可信。

学者或认为："帛书是与《战国策》性质接近的材料之一，所记不一定为史实。用帛书、《策》文、《史记》互证，是将性质相同、来源渠道或不同的材料强与之类比。"③ 将帛书材料与《战国策》的材料进行类比，方法失之简单。刘向在编纂《战国策》时，将其根据的《国策》《国事》等定性为"战国时游士辅所用之国，为之策谋"的产物。刘向的这个判断，并不十分准确。《战国策》中，除了战国策士的作品外，还有模拟与假托战国策士的作品，或供秦汉士人学习纵横之术者学

---

① 叶玉华著，黄人二、鲁月媛整理：《论帛书"纵横家"佚文二十七篇的错简、辞例、编排》，《诸子学刊》第四辑，2010年。
② 诸祖耿编撰：《战国策集注汇考》下，凤凰出版社2008年版，第1935页。
③ 裴登峰：《〈战国纵横家书〉〈战国策〉文相关辞主问题考论》，《文献》2013年第6期。

从苏秦事迹看《战国纵横家书》的史料价值

习用的教材之类的范本文章。①《战国策》中使用的材料,各篇性质与价值是有所不同的。帛书的性质究竟与《战国策》中哪一类材料相近,还需要仔细甄别。

帛书第一部分与《战国策》的材料性质虽然相近,但区别也是很明显的。帛书第一部分为清一色的书信,文风朴实,用词不华,没有刻意铺张文辞以取信或说动对方的表达方式。学者或将其特点概括为"非故事性的情节发展,非故事性的事件和人物出现,极具体极隐秘曲折","前十四章没有华丽的辞藻,着意的编排,外观上不足以动摇人心,在后人模拟的游说辞面前,显得逊色"。② 从以上方面考虑,杨宽等先生所说的此部分(第十三章除外)为苏秦本人作品的说法应该还是可信的。这样,帛书该部分的材料价值,远胜于经过后人编辑加工的《战国策》中的同类作品。

判断帛书的价值,还涉及帛书的形成与版本问题。赵生群先生说:"刘向校理《战国策》,底本有《国策》《国事》《短长》《事语》《长书》《修书》诸名,这些材料是'战国时游士辅所用之国,为之策谋'的底本,它们的定型,都在帛书《战国纵横家书》之前(帛书写定当在汉初)。从文献流传的角度看,《战国纵横家书》不过是此类材料中的一种而已。"③ 将帛书的性质确定为与刘向编订《战国策》时所使用的材料《国策》《国事》属于同等性质,也许是可信的。但说《国策》《国事》等材料定型早于帛书,将帛书内容的写定时间定在汉初,则是存在问题的。因为《战国纵横家书》的抄写时间可以定在汉初,其形成时间的下限是其抄写时间,至于其上限,则无法判断。我们不能将其抄写时间作为其形成时间。帛书本《战国纵横家书》并非最早底本,根据学者研究,它是根据竹书本抄写而成。④ 至于竹书本的形成时间,我们无法确定,但应该不会晚于《国策》《国事》等。由于帛书汉初便

---

① 《战国策·齐策三·楚王死》章便是策士假托苏秦之名以为揣摩之文,为供后人学习纵横之术的学习范本,所记史实不可信。
② 车新亭:《〈战国纵横家书〉与苏秦史料辨证》,《北京师范大学学报》1990年第3期。
③ 赵生群:《〈史记〉相关重要问题和新版〈史记〉修订情况》,《文史哲》2017年第4期。
④ 叶玉华著,黄人二、鲁月媛整理:《论帛书"纵横家"佚文二十七篇的错简、辞例、编制》,《诸子学刊》第四辑,2010年。

埋藏地下，没有经过后世学者的改动，从这个角度判断，其史料价值不会低于《战国策》《史记》等文献。

反对帛书十五章是苏秦作品的学者，还提出了一个问题，"若帛书二十七章中的十五章果真为苏秦的书信、谈话，那么苏秦分别自赵、齐、梁献书燕王，其书信应在燕，自赵献书齐王，其书信应在齐。不管在何国，这些书信应该在朝廷，属于国家最高机密，一般人不得而知，要将分散在燕、齐两个朝廷的苏秦书信收集到一起，难度太大。假如前284年乐毅攻破齐都临淄与苏秦反间有关，至前279年齐田单反攻燕，尽收齐之失地，历经多年战乱，即使有这样的书信，也难以完整保留下来。"① 其实这种说法并不足以反对帛书十五章为苏秦作品。因为苏秦作为齐、燕高官，其书信或经过书童之类的从者抄写，或许随从者保留有苏秦书信的初稿，还有可能是苏秦出于其间谍身份的考虑，自己秘密保留一份书信，以便日后自证清白，解决帛书中有记载的曾经发生过的燕昭王怀疑苏秦这一类的事情。苏秦书信在苏秦死后才泄露，其为间谍之事才为世人所知。能够向世人表明苏秦在齐为燕国做间谍和其忠诚燕国为燕之尾生的证据，可以说只有这些书信。这些材料为苏秦作品，应该是没有问题的。

三　苏秦事迹考略

最后，我们对苏秦事迹进行简要概述。

苏秦，东周洛阳人。曾在齐国师事鬼谷子。苏秦的弟弟，《苏秦列传》记载有苏代、苏厉。《史记索隐》引谯周云："秦兄弟五人，秦最少。兄代，代弟厉，及辟、鹄，并为游说之士。"关于苏秦的兄弟排行，《战国策·秦策一》说苏秦游说失败，"嫂不为炊"，《史记·苏秦列传》记载苏秦有"兄弟嫂妹妻妾""昆弟妻嫂"，其嫂称苏秦"见季子位高金多"，苏秦在兄弟中的排行，应非长兄。谯周言苏秦兄弟五人的说法也许可信。只是苏秦恐怕也不是最少。《战国纵横家书》第十四章有"臣使苏厉告楚王曰"语，苏秦派遣苏厉帮助其游说，苏厉为苏秦弟弟的可能性更大。据唐兰先生研究，苏代当为苏秦之兄，其活动年代在苏

---

① 裴登峰：《〈战国纵横家书〉〈战国策〉文相关辞主问题考论》，《文献》2013年第6期。

从苏秦事迹看《战国纵横家书》的史料价值

秦之前。①

在《战国纵横家书》中，苏秦活动的最早年代是公元前312年。《家书》二十二章"谓陈轸"，记载"齐宋攻魏（魏），垄（楚）回（围）翁（雍）是（氏），秦败屈匄"②之年，即公元前312年，苏秦立于陈轸之门，尊称陈轸为公，游说陈轸。苏秦当时应该是一年轻人，文献记载张仪公元前309年去世。苏秦年代晚于张仪，此条材料可为确证。③

苏秦的纵横活动，主要在燕昭王时期。《说苑·君道》载："于是燕王常置郭隗上座南面。居三年，苏子闻之，从周归燕；邹衍闻之，从齐归燕；乐毅闻之，从赵归燕；屈景闻之，从楚归燕。四子毕至，果以弱燕并强齐。"《说苑·尊贤》载："燕昭王得郭隗，而邹衍、乐毅以齐、赵至，苏子、屈景以周、楚至。于是举兵而攻齐，栖闵王于莒。燕校地计众，非与齐均也。然所以能信意至此者，由得士也。"

苏秦入燕的时间，唐兰先生认为是在公元前308年。④苏秦的主要活动，是作为燕国使者出使到齐，委质于齐，任为齐臣。苏秦在齐国为燕国从事间谍活动，最终导致齐国被赵、秦、魏、燕等国打败，几乎亡国，苏秦因间谍之事被齐王处死。《战国纵横家书》的出土，为这段历史提供了诸多传世文献没有记载的历史细节。

苏秦自燕入齐的时间，唐兰先生认为是在公元前306年，马雍先生认为是在前300年。⑤据《战国纵横家书》第四章《苏秦自齐献书于燕王》章记载，苏秦出使齐国，与燕昭王约定："臣循用于齐，大者可以使齐毋谋燕，次可以恶齐勺（赵）之交，以便王之大事，是王之所与

---

① 唐兰：《司马迁没有见过的珍贵史料》，马王堆汉墓帛书整理小组编：《战国纵横家书》，文物出版社1976年版，第130页。
② 裘锡圭主编：《长沙马王堆汉墓简帛集成》叁，中华书局2014年版，第98页。
③ 《史记·田敬仲完世家》有与此章内容大致相同的文字，辞主为苏代，帛书中的"今者秦立于门"《史记》作"今者臣立于门"，或当为太史公误改秦为臣，或太史公所据原始材料为臣，太史公加辞主为苏代。
④ 唐兰：《司马迁没有见过的珍贵史料》，马王堆汉墓帛书整理小组编：《战国纵横家书》，文物出版社1976年版，第146页。
⑤ 唐兰：《司马迁没有见过的珍贵史料》，载马王堆汉墓帛书整理小组《战国纵横家书》，文物出版社1976年版，第146页；马雍：《〈战国纵横家书〉各篇年代和历史背景》，马王堆汉墓帛书整理小组编：《战国纵横家书》，文物出版社1976年版，178页。

臣期也。"因为担心燕昭王听信谗言对其行动产生怀疑，便与燕昭王订立了类似誓约之类的约定，燕昭王向苏秦承诺"鱼（吾）必不听众口与造言，鱼（吾）信若迤（犹）齕也。大，可以得用于齐；次，可以得信；下，苟毋死。若无不为也。以奴（孥）自信，可；与言去燕之齐，可；甚者，与谋燕，可。期于成事而已"①。为了完成间谍任务，燕昭王给予苏秦极大的处事权力，其最终目的是"期于成事"。苏秦与燕王订立以燕敌齐之计的时间，唐兰认为是在公元前294年，马雍认为是在公元前300年。

苏秦作为燕国使者在齐任职，取得了齐王的信任，齐国应该是听信了苏秦的游说之辞，从建立燕齐联盟的角度来任用苏秦的。苏秦与齐国大臣韩眉订立盟约："子以齐大重秦，秦将以燕事齐。齐燕为一，乾（韩）、梁（梁）必从。勺（赵）悍则伐之，愿则挚而功（攻）宋。眉以为善。"② 苏秦在齐国，得到齐王与齐国权臣的双重信任。

公元前288年十月，秦国为了联合齐国等，实现五国攻赵，派穰侯至齐，相约互称东、西帝。齐王听从苏秦的建议，决定联合赵国、魏国等，攻秦去帝。在诸侯攻秦时齐国乘机攻取宋国。苏秦的真实意图，在于利用齐国攻宋之机，将诸侯之兵引向齐国，最终实现与燕昭王商定的灭齐以复燕仇之计。齐王听信苏秦之策，齐、赵两国国君相会于阿。苏秦受齐王委派，先后到燕、赵、魏等联络合纵攻秦事宜。赵国权相李兑为了实现取封地于齐的目的，利用赵国的强大，积极参与联合攻秦之事。齐国之相孟尝君，也利用自己在诸侯中的影响，筹划五国攻秦。在巨大的压力下，秦于当年十二月去帝号，并返还给赵国、魏国几个曾经侵占的城邑。公元前287年，赵封苏秦为武安君，五国联合攻秦。因攻秦各国各怀目的，攻秦无果，齐国继续攻宋，赵、燕等国准备乘机攻齐。齐国从宋撤兵。为了实现自己攻宋的目的，齐与秦讲和，在取得秦的支持后，于公元前286年第三次攻宋，灭掉宋国。公元前285年，秦与赵、魏等国联合攻齐。齐王因听信苏秦所说燕国为齐国最忠实的盟友，在燕齐边境没有设防。乐毅带领燕军，从齐北部边境长驱直入，直捣齐国首都。齐王仓皇出逃，苏秦在齐国被杀。

---

① 马王堆汉墓帛书整理小组编：《战国纵横家书》，文物出版社1976年版，第9、11页。
② 马王堆汉墓帛书整理小组编：《战国纵横家书》，文物出版社1976年版，第27—28页。

在诸侯军队即将攻破齐军之时，苏秦意识到了自身所处的危险境地。为了保护自身安全，他曾写信游说秦将起贾和赵王，劝说他们不要联合攻齐。此事见于帛书第十七章、二十一章。可惜此时的秦国、赵国不可能再听从他的游说之词，放弃攻破齐国这一最好时机。齐国被攻破，苏秦身死。其"弃祸存身"的希望破灭。燕人蔡泽评价苏秦之死说："苏秦、智伯之智，非不足以辟辱远死也，而所以死者，惑于贪利不止也。"①

关于苏秦为间一事，除了《史记·苏秦列传》记载太史公说"苏秦被反间以死"外，《淮南子·说林》载："苏秦以百诞成一诚。"《史记·邹阳列传》说："苏秦不信于天下，而为燕之尾生。"银雀山汉墓竹简《孙子兵法·用间篇》有"燕之兴也，苏秦在齐"②。苏秦在齐为燕间谍一事，在《战国纵横家书》出土后，可以被确定为历史定案。

总之，从苏秦事迹的考证可以看出，《战国纵横家书》许多篇章确实属于苏秦个人书信，其史料价值是非常珍贵的。它的出土，对研究战国纵横家历史，具有重要意义。

（魏建震，河北省社科院哲学所研究员）

---

① 《史记·范雎蔡泽列传》，第 2422 页。
② 银雀山汉墓竹简整理小组：《孙子兵法》，文物出版社 1976 年版，第 89 页。

《韩非子》"重刑"思想解读

陈春君　刘俊男

近年来,学术界对韩非子思想研究较多,宋洪兵先生尤其突出,其系列论文与专著,有"循法成德"之说,[①] 但暂未见专门讨论重刑思想的专论。其他学者对"重刑"思想有一定研究。[②] 对其形成原因、渊源、主要内容等方面有较多阐述,而关于韩非"重刑"概念的界定及客观评价还存在不足,或者说还未真正弄清"重刑"的含义,似乎一提到"重刑"就将其和酷刑、滥刑相提并论,总是与剥削阶级的残酷统治相联系。还有人认为:"重刑主义学说荒谬、残忍,必然导致对生命的蔑视、民生的摧残、基本人权的践踏。"[③] "'重刑'理论缺乏仁爱之心和对人的关怀。"[④] 韩非的理论是极端的,严刑峻法是高压诡诈手段。[⑤] 虽也有学者指出"法家的重刑有明显的合理性,是一份值得珍视的法学遗产","这一思想的核心观点,在今天的立法和执法中仍有借鉴意义"。[⑥] 但由于未阐释重刑的精确含义及韩非的完整的法治思想,

---

① 宋洪兵:《循法成德——韩非子真精神的当代诠释》,生活·读书·新知三联书店2015年版。
② 张甘雨:《浅议韩非重刑思想及渊源》,《长春教育学院学报》2018年第4期;曹莎莎:《韩非子重刑思想研究》,硕士学位论文,湘潭大学,2014年;罗妍静:《浅论韩非的性恶论及其重刑思想的内在逻辑》,《法制与社会》2011年第9期;石贞贞:《浅谈韩非的性恶论及重刑思想》,《法制与社会》2010年第7期;王小丹:《韩非重刑思想的渊源》,《郑州航空工业管理学院学报》(社会科学版)2009年第1期;王旭艳:《浅析韩非重刑主义下的刑罚思想》,《商丘师范学院学报》2008年第10期;王小丹:《韩非的重刑思想研究——一种法律文化学的视角》,硕士学位论文,中南民族大学,2007年。
③ 马作武:《先秦法家重刑主义批判》,《中外法学》2012年第6期。
④ 杨荣东:《法家法律思想概说及其现代启示》,《云南警官学院学报》2009年第2期。
⑤ 李泽厚:《中国古代思想史论》,生活·读书·新知三联书店2017年版,第126页。
⑥ 艾永明:《法家的重刑思想值得借鉴》,《法学》1996年第11期。

因而对学术界的影响尚存局限。本文拟通过多角度探讨何为"重"的问题，说明"重刑"思想的广泛内涵及其合理性，期望对学术研究有所补益，并促成当今法律界对古人智慧的借鉴。

一　何为"重刑"？

人们之所以对《韩非子》重刑思想产生误解，关键是未弄清韩非重刑的基本含义。那么，什么是重刑呢？

（一）犯罪所受惩罚大于屡次犯罪之所得

韩非对"重刑"有明确的界定，《六反》篇云："所谓重刑者，奸之所利者细，而上之所加焉者大也。……所谓轻刑者，奸之所利者大，上之所加焉者小也。"[①] 由此可知，韩非所说的"重刑"是相对于为奸获利的大小而言的，受到的惩罚大于为非作歹得来的利益即为"重刑"。

那么，为奸获利的大小该如何计算？他认为，若重罪连重刑，轻罪连轻刑，则犯罪所得利益和因犯罪受到惩罚所丧失的利益相等，加之罪犯作案多有未被抓到的情况，会使罪犯存有侥幸之心，这样是不能制止犯罪的。对于犯了罪没被抓到的情况，《内储说上七术》中有一段精辟的描述："荆南之地，丽水之中生金，人多窃采金。采金之禁，得而辄辜磔（辜磔：因犯罪而被分裂尸体，古代的一种酷刑）于市，甚众，壅离（壅离：堵塞之意）其水也，而人窃金不止。夫罪莫重辜磔于市，犹不止者，不必得也。故今有于此，曰：'予汝天下而杀汝身。'庸人不为也。夫有天下，大利也，犹不为者，知必死。故不必得也，则虽辜磔，窃金不止；知必死，则天下不为也。"[②] 从此段描述可知，"予汝天下"被处"杀汝身"，"窃采金"被处"磔于市"，同样都是给予处死的重罚，对于"有天下"这种大利的事情，没有人去做；而违反采金

[①]（清）王先慎撰，钟哲点校：《新编诸子集成·韩非子集解》，中华书局1998年版，第420页。

[②]（清）王先慎撰，钟哲点校：《新编诸子集成·韩非子集解》，中华书局1998年版，第225—226页。

禁令被抓到分尸示众的"窃采金"者"甚众",尸体都将河道堵塞,却"窃金"仍不停止。为什么?韩非认为,这是因为人们知道得天下后"必死",而偷采金子"不必得"即不一定会被抓获的缘故。可见,韩非所说的"重刑"应包含针对犯了罪而没有被抓到的情况,为奸获利应是指违法乱纪所得的总收入,包括未被发现的所得,这种所得的计算涉及犯罪被发现、被处罚的概率问题。这种概率也可以通过发案与破案之数计算出来。若不将未被发现的犯罪概率考虑进去,那么违法乱纪的人总觉得有利可图。

韩非的"重刑"思想与他讲究实际功效的思想是相通的。他认为做事要有一定原则,要权衡利弊,收入超过支出而有利可图的事才可以做。正所谓"举事有道,计其入多,其出者少,可为也"①。那么,对于违法乱纪行为的处罚也是同样的道理。由于好利恶害的本性,人们会以利害得失来衡量自己的行为。如果犯罪所得来的利益小于因此而受到的损失,那么民众就不会轻视犯罪而冒着重罚的风险去行奸邪之事。正如他所说:"轻刑","民慕其利而傲其罪,故奸不止","重刑",则"民不以小利蒙大罪",② 从而达到"奸必止"的效果。从这种功利主义的角度来看,韩非的"重刑"思想无疑是合理的,"重刑"的主旨在于以重避轻。

(二) 重刑不等于处罚过当甚至滥罚

韩非主张的"重刑"并不等于处罚过当甚至滥用刑罚。这一思想贯穿于他的整个思想体系。

第一,他指出,明主应设立可让人避免的刑罚。

他在《用人》篇说:"明主立可为之赏,设可避之罚,故贤者劝赏而不见子胥之祸,不肖者少罪而不见伛剖背……"③ "劝赏"即乐于行赏之意;"不肖"指品行不好,没有出息。他认为,英明的君主设立的

---

① (清)王先慎撰,钟哲点校:《新编诸子集成·韩非子集解》,中华书局1998年版,第120页。

② (清)王先慎撰,钟哲点校:《新编诸子集成·韩非子集解》,中华书局1998年版,第420页。

③ (清)王先慎撰,钟哲点校:《新编诸子集成·韩非子集解》,中华书局1998年版,第205页。

赏赐是人们可以得到的，制定的刑罚是可以避免的，所以有道德、有才干的人乐于行赏则不会出现伍子胥那样的灾祸，品行不好的人少犯罪而不会出现驼背的人因为天生的畸形而遭到被剖背的冤枉刑罚。

第二，他明确提出"罚不加于无罪"的观点。

他主张"明主赏不加于无功，罚不加于无罪"（《难一》篇），若"憎心见则下怨其上，妄诛则民将背叛。暴人在位，则法令妄而臣主乖，民怨而乱心生"（《八说》篇）。"简侮大臣，无礼父兄，劳苦百姓，杀戮不辜者，可亡也。"（《亡征》篇）①"妄"是胡乱、不合理之意；"乖"指分离，不和谐；"不辜"即无罪。可见，他认为，英明的君主不会奖赏无功的人，亦不会处罚无罪的人。如果随意杀害无辜会导致民心背叛，法令不合理会导致君臣不和谐，从而产生扰乱之心。他在《安危》篇列举国家危亡的途径中还说："危道：一曰斲削于绳之内，二曰斲割于法之外……"②"斲"同"斫"，砍的意思。"绳"，原义为木工用的墨线，引申指法律的准绳。他认为，如果君主像砍削木材砍到墨线之内那样对遵纪守法的臣民都乱加杀害，对法律规定之外的行为乱加制裁，都会使国家危亡。

第三，他提出顺人省刑、慎刑，主张依法办事。

在《用人》篇，他说："闻古之善用人者，必循天顺人而明赏罚。循天则用力寡而功立，顺人则刑罚省而令行。明赏罚则伯夷、盗跖不乱。如此则白黑分矣。"③这里明确提出顺人之心而"刑罚省"的主张。

他又说："释仪的而妄发，虽中小不巧；释法制而妄怒，虽杀戮而奸人不恐。罪生甲，祸归乙，伏怨乃结。故至治之国，有赏罚而无喜怒。故圣人极有刑法，而死无螫毒，故奸人服。发矢中的，赏罚当符，故尧复生，羿复立。如此则上无殷夏之患，下无比干之祸，君高枕而臣乐业，道蔽天地，德极万世矣。"④笔者认为，此段"故至治之国，有

---

① （清）王先慎撰，钟哲点校：《新编诸子集成·韩非子集解》，中华书局1998年版，第354、428、111页。
② （清）王先慎撰，钟哲点校：《新编诸子集成·韩非子集解》，中华书局1998年版，第198页。
③ （清）王先慎撰，钟哲点校：《新编诸子集成·韩非子集解》，中华书局1998年版，第204页。
④ （清）王先慎撰，钟哲点校：《新编诸子集成·韩非子集解》，中华书局1998年版，第204—207页。

赏罚而无喜怒。故圣人极有刑法，而死无螯毒，故奸人服"的断句似有些不妥，应如"故至治之国，有赏罚而无喜怒，故圣人极；有刑法而死无螯毒，故奸人服"更为妥当，这样，前后两句结构才相似，语意更明了。"释"是放开、抛弃之意。"仪的"指箭靶。"圣人极"，指实行法治去掉心治后圣明的法术之士能尽心竭力地奉行法制，这"极"是指极智力于法制。① 这段话的意思是说：抛开箭靶而胡乱地射箭，即使射中了很小的东西也不能算作技术高超；抛弃法律制度而胡乱地发怒，即使屠杀刑戮，邪恶的坏人也不会恐惧。罪是甲犯的，处罚却落到乙头上，那么人们心头潜藏的怨恨就会积聚。治理得好的国家不凭君主的喜怒来办事，而是尽心竭力地奉行法制，有因触犯刑法而被杀死的，没有因君主愤怒而造成毒害的，邪恶的坏人也就被慑服了。赏罚能够符合法度，就像圣明的尧复活、神箭手羿再生，就没有商纣王、夏桀那样被灭亡的灾难，也没有比干那样被剖心的祸患，君主高枕无忧而臣下安居乐业，治国的原则就能通行于天下，恩德就能流传千秋万代。可见，韩非主张依法办事，同时又推崇仁慈的尧，而非议残酷的纣王与夏桀。

第四，韩非反对过重处罚，而主张赏罚适度。

其《用人》篇载："不察私门之内，轻虑重事，厚诛薄罪，久怨细过，长侮偷快，数以德追祸，是断手而续以玉也，故世有易身之患。"② "薄"，轻微之意；"德"指恩惠。"追祸"，指补偿给臣民造成的灾难。韩非认为，轻率地决定重大的事情，过重地处罚犯轻罪的人，长期怨恨臣下的小过错，经常侮弄下手来偷得一时快乐，屡次用赏赐来补偿自己给臣民造成的灾难，这就像砍断了别人的手臂又用玉去给他接上一样，这会导致被臣下取而代之的祸患。

其《饰邪》篇云："明于治之数，则国虽小，富；赏罚敬信，民虽寡，强。赏罚无度，国虽大兵弱者，地非其地，民非其民也。无地无民，尧、舜不能以王，三代不能以强。……故用赏过者失民，用刑过者民不畏。有赏不足以劝，有刑不足以禁，则国虽大，必危。"③ 他认为，

---

① （战国）韩非著，张觉译注：《韩非子全译》，贵州人民出版社1992年版，第454页。
② （清）王先慎撰，钟哲点校：《新编诸子集成·韩非子集解》，中华书局1998年版，第206页。
③ （清）王先慎撰，钟哲点校：《新编诸子集成·韩非子集解》，中华书局1998年版，第124页。

用刑如果没有一定的标准,"赏过"会导致失去民众,"刑过"会导致民众不畏惧;不合法度地奖赏不足以鼓励民众为国出力,不合法度地用刑不足以禁止邪恶。那么,国家即使再大,也必定是危险的。

《扬权》篇中又说:"内索出圈,必身自执其度量。厚者亏之,薄者靡之。亏靡有量,毋使民比周,同欺其上。"① "内"是"纳"的古字,纳入之意;"索"指古代常用来捆绑犯人的大绳子;"圈"指监狱;"比周",即结党营私。他认为,囚禁、释放犯人,君主一定要亲自掌握好法度,对于处刑太重的要给予减轻,处刑太轻的则要予以加重,并且做到增减有一定的标准,不要让民众狼狈为奸共同欺负君主。

第五,他认为赏罚不是万能的。

其《忠孝》篇说:"天下太上之士,不可以赏劝也;天下太下之士,不可以为刑禁也。然为太上士不设赏,为太下士不设刑,则治国用民之道失矣。"② 这里明确表示天下有不听赏劝、不受刑法左右的人,"重刑"当然也不是万能的。即便如此,赏罚亦不可不设,否则无法治国用民。

第六,"重刑"思想并不否认道德的作用。

韩非也强调仁慈和德行的作用。在《解老》篇云:"慈于子者不敢绝衣食,慈于身者不敢离法度,慈于方圆者不敢舍规矩。故临兵而慈于士吏则战胜敌,慈于器械则城坚固。故曰:'慈于战则胜,以守则固。'"又说:"身以积精为德,家以资财为德,乡国天下皆以民为德。故曰:'修之身,其德乃真……修之家,其德有余……修之乡,其德乃长……修之邦,其德乃丰……修之天下,其德乃普。'修身者,以此别君子小人,治乡治邦莅天下者,各以此科适观息耗;则万不失一。"③可见,他主张修身养性、经营家庭、治里乡邦和天下,都要奉行相应的道德准则。

《外储说左下》又载:"孔子曰:'善为吏者树德,不能为吏者树

---

① (清)王先慎撰,钟哲点校:《新编诸子集成·韩非子集解》,中华书局1998年版,第51页。
② (清)王先慎撰,钟哲点校:《新编诸子集成·韩非子集解》,中华书局1998年版,第469页。
③ (清)王先慎撰,钟哲点校:《新编诸子集成·韩非子集解》,中华书局1998年版,第152—155页。

怨。概者，平量者也；吏者，平法者也。治国者，不可失平也。'"① 这里既强调"树德"，也强调公正执法。韩非还强调气节，《难一》篇说："夫为人臣者，君有过则谏，谏不听则轻爵禄以待之。此人臣之礼义。"② 指出君主有过错就应积极进谏，如果进谏君主不听，就不必留恋君主的俸禄而隐居。这表明了为人臣的气节。

《说疑》又云："是以群臣居则修身，动则任力，非上之令不敢擅作疾言诬事，此圣王之所以牧臣下也。"③ 此处修身，指品德修养。

另外，他还反对狱讼之繁，并阐述了狱讼与民众、国家之间的关系。说："狱讼繁则田荒，田荒则府仓虚，府仓虚则国贫，国贫而民俗淫侈，民俗淫侈则衣食之业绝，衣食之业绝则民不得无饰巧诈，饰巧诈则知采文，知采文之谓服文采。……国有若是者，则愚民不得无术而效之，效之则小盗生。由是观之，大奸作则小盗随，大奸唱则小盗和。竽也者，五声之长者也。故竽先则钟瑟皆随，竽唱则诸乐皆和。今大奸作则俗之民唱，俗之民唱则小盗必和。故'服文采，带利剑，厌饮食，而货资有余者，是之谓盗竽矣。'"④ 这里明确阐述了上梁不正下梁歪的道理，阐明狱讼之繁给国家带来的祸害。

在《安危》篇，他还进一步阐述人们犯法的原因是君主剥削太甚。他说："上以无厌责已尽，则下对'无有'，无有则轻法。法所以为国也而轻之，则功不立，名不成。"⑤ 他认为，君主贪得无厌地征敛财富已尽的民众，致使民众一无所有，就会导致民众轻视用来治理国家的法令，那么君主的功业就不能建立，名声就无法成就。

韩非以上的论述，表明他在强调法制的同时也强调道德的作用，并揭示了人们犯罪的原因，是上面有"大奸""盗竽"，是君主对民众剥

---

① （清）王先慎撰，钟哲点校：《新编诸子集成·韩非子集解》，中华书局1998年版，第295页。
② （清）王先慎撰，钟哲点校：《新编诸子集成·韩非子集解》，中华书局1998年版，第355页。
③ （清）王先慎撰，钟哲点校：《新编诸子集成·韩非子集解》，中华书局1998年版，第409页。
④ （清）王先慎撰，钟哲点校：《新编诸子集成·韩非子集解》，中华书局1998年版，第153—154页。
⑤ （清）王先慎撰，钟哲点校：《新编诸子集成·韩非子集解》，中华书局1998年版，第199页。

削太甚。从上面论述也可知，韩非并未说"重刑"可以完全止刑，而是认为"太下之士"不受刑法左右。

二 为何实行"重刑"

关于韩非为何要实行重刑的问题，我们认为，可从如下几方面得以解释。

（一）"重刑"基于民众趋利避害心理试图达到以刑去刑的目的

韩非主张重刑的理论基础在于人皆有趋利避害的本性。他在《奸劫弑臣》篇说："夫安利者就之，危害者去之，此人之情也。"《难二》篇云："好利恶害，夫人之所有也。……喜利畏罪，人莫不然。"《八经》篇云："凡治天下，必因人情。人情有好恶，故赏罚可用，故禁令可立，而治道具矣。"[①] 他认为，对安全有利的就靠近，对危险有害的则离开，这是人之常情。喜欢得到好处、厌恶遭受刑罚，趋利避害也是人们固有的本性。

基于这种人性好利恶害的现实依据，所以他在《制分》篇云："法重者得人情……而好恶者，上之所制也。民者好利禄而恶刑罚，上掌好恶以御民力，事实不宜失矣。"[②] 认为"法重"是适合人之常情的，君主掌握了民众这种好恶心理来实施统治，政事的实际效果就不会丧失。他主张，用严厉的刑罚使民众明确什么事不可以做，用法律制度指使人们去做该做的事，是最好的，即其《饬令》中所说的"重刑明民，大制使人，则上利。"[③]

韩非还认为，治国之道是要通过法律让人们减少容易犯的小过错的发生，从而避免遭受重罪带来的苦难。他很欣赏商鞅"重罚"的主张，认为用重罚来治轻罪，可以预防犯罪，甚至消灭犯罪，达到"以刑去

[①] （清）王先慎撰，钟哲点校：《新编诸子集成·韩非子集解》，中华书局1998年版，第98、369、430—431页。

[②] （清）王先慎撰，钟哲点校：《新编诸子集成·韩非子集解》，中华书局1998年版，第1122页。

[③] （清）王先慎撰，钟哲点校：《新编诸子集成·韩非子集解》，中华书局1998年版，第473页。

刑"的效果。其引公孙鞅的话说："'行刑重其轻者。轻者不至,重者不来,是谓以刑去刑'。"① 把轻罪当重罪来处罚,这样可以"轻者不至,重者不来",这就叫以刑去刑。这里的"轻""重"也当是前面所阐述的韩非所持的特别含义,指重于犯罪之所得。

韩非还从孔子那里寻找理论根据。如在《内储说上七术》篇引用孔子与学生讨论"殷之法,刑弃灰于街"的故事进行说明:"殷之法,刑弃灰于街者。子贡以为重,问之仲尼。仲尼曰:'知治之道也。夫弃灰于街必掩人,掩人,人必怒,怒则斗,斗必三族相残也。此残三族之道也,虽刑之可也。且夫重罚者,人之所恶也;而无弃灰,人之所易也。使人行之所易,而无离所恶,此治之道也。'一曰,殷之法弃灰于公道者断其手。子贡曰:'弃灰之罪轻,断手之罚重,古人何太毅(毅,酷义)也?'曰:'无弃灰,所易也;断手,所恶也。行所易,不关所恶,古人以为易,故行之。'"② 这里引了两种说法,韩非显然是相信第一种说法,所以将它放在前面叙述,另一说法只录于其书,以备一说。韩非的《内储说上七术》只是收集一些材料以备论述,并不表明他的观点。他收集了孔子的这则材料说明"使人行之所易,而无离所恶"的道理,韩非的主张符合孔夫子的思想。

在韩非看来,重刑不仅是基于民众的现实心理,也是古代明君治国的正确措施,最终目的是达到不用刑。正如《守道》篇所云:"古之善守者,以其所重禁其所轻,以其所难止其所易。"③ 可知古代善于守住国家的人,以严厉的刑罚来禁止人们轻的犯罪,用难以接受的处罚来制止人们容易犯的错误。

另外,需要说明的是,韩非主张重刑是有其前提的,须先制定好成文的法律,并告之于民众。他说:"法者,编著之图籍,设之于官府,而布之于百姓者也。……法莫如显。"④ 他认为国家的法律应是"编著

---

① (清)王先慎撰,钟哲点校:《新编诸子集成·韩非子集解》,中华书局1998年版,第225页。

② (清)王先慎撰,钟哲点校:《新编诸子集成·韩非子集解》,中华书局1998年版,第224页。

③ (清)王先慎撰,钟哲点校:《新编诸子集成·韩非子集解》,中华书局1998年版,第202、224页。

④ (清)王先慎撰,钟哲点校:《新编诸子集成·韩非子集解》,中华书局1998年版,第380页。

之图籍"，是不可以随心所欲地任意改动。同时认为，法律须"布之于百姓"，让老百姓知道，避免老百姓不知法而犯法，而对于知法犯法的，则要处以重刑。

（二）重刑不以处罚人为目的而要达到安邦治国的目标

韩非的"重刑"思想并非以处治人为目的，而是强调法律的威慑作用。其在《六反》篇说："夫重刑者，非为罪人也。明主之法，揆也。治贼，非治所揆也，治所揆也者，是治死人也。刑盗，非治所刑也，治所刑也者，是治胥靡也。故曰：重一奸之罪而止境内之邪，此所以为治也。重罚者，盗贼也；而悼惧者，良民也。欲治者奚疑于重刑！"①《广雅·释诂》："揆，度也。"指应遵行的法则、标准。"胥靡"指古代服劳役的囚犯。"奚"，相当于疑问代词"何"。这段引文是说，加重刑罚的目的并不是为了惩处人，圣明君主的法律是一种约束人们的行为准则，而不是用来陷人于死地的罗网。惩治处罚盗贼并不仅仅是为了惩治违法乱纪的罪犯，而是通过对盗贼的重罚让善良百姓敬畏，加重对一个坏人的惩罚是为了杀一儆百，从而制止国内的邪恶，这才是惩治的最终目的。

韩非认为，重罚虽是民众厌恶的，但能将国家治理好。只有懂得这个道理的人，才会赞同这种做法而不苟于世俗的偏见。即《奸劫弑臣》篇所说："夫严刑重罚者，民之所恶也，而国之所治也；哀怜百姓，轻刑罚者，民之所喜，而国之所以危也。……知之者，同于义而异于俗。"②"义"，合宜的道德、行为或道理，此处指韩非所提倡的法术主张。③他又说："故圣人陈其所畏以禁其邪，设其所恶以防其奸，是以国安而暴乱不起。"④主张通过设立民众害怕和民众讨厌的严刑和重罚来防止他们的邪恶和狡诈，通过这样以达到国家安定而暴虐作乱的事情

---

① （清）王先慎撰，钟哲点校：《新编诸子集成·韩非子集解》，中华书局1998年版，第419—420页。
② （清）王先慎撰，钟哲点校：《新编诸子集成·韩非子集解》，中华书局1998年版，第103页。
③ （战国）韩非著，张觉译注：《韩非子全译》，贵州人民出版社1992年版，第200页。
④ （清）王先慎撰，钟哲点校：《新编诸子集成·韩非子集解》，中华书局1998年版，第105页。

不会发生的目的。

韩非还引用游吉治国、秦孝公推行商君法令的例证来阐明自己的观点。《内储说上七术》载:"子产相郑,病将死,谓游吉曰:'我死后,子必用郑,必以严莅人。夫火形严,故人鲜灼;水形懦,人多溺。子必严子之形,无令溺子之懦。'子产死。游吉不肯严形,郑少年相率为盗,处于萑泽,将遂以为郑祸。"①"严子之形"和"不肯严形"的"形"字语带双关,既指形象,又暗指刑罚。②游吉不听子产临死之前要他推行严法进行统治的告诫,结果国家出现祸患。

《奸劫弑臣》载,孝公不顾民众对商君新法的怨恨与责难,"遂行商君之法。民后知有罪之必诛,而告奸者众也,故民莫犯,其刑无所加。是以国治而兵强,地广而主尊。此其所以然者,匿罪之罚重,而告奸之赏厚也。此亦使天下必为己视听之道也。"③韩非对秦孝公推行商鞅之法大加赞扬,主张通过重罚隐瞒犯罪和厚赏检举揭发奸邪的行为,严格做到有罪必诛,使人们不敢再违法,从而达到"国治而兵强,地广而主尊"的目标。

针对社会上反对重刑的言论,韩非则反驳道:"今不知治者皆曰:'重刑伤民,轻刑可以止奸,何必于重哉?'此不察于治者也。夫以重止者,未必以轻止也;以轻者止,必以重止矣。是以上设重刑者而奸尽止,奸尽止,则此奚伤于民也?"④在他看来,那些认为重刑会伤害民众而用轻刑即可以禁止奸邪的人,是不懂得治国之道的。他认为,用重刑能制止的,并不一定用轻刑能加以制止;用轻刑能制止的,就一定能用重刑来制止。君主设立重刑,犯刑的人就没有了,这重刑对于民众又有什么伤害呢?按:这里的"尽"指轻刑、重刑犯"皆"可被制止,但非指消除全部犯罪,这一点前文已经论及。他还引先人谚语"不蹟于山,而蹟于垤"来说明,他说:"山大者,故人顺之;垤微小,故人易

---

① (清)王先慎撰,钟哲点校:《新编诸子集成·韩非子集解》,中华书局1998年版,第223页。

② (战国)韩非著,张觉译注:《韩非子全译》,贵州人民出版社1992年版,第493页。

③ (清)王先慎撰,钟哲点校:《新编诸子集成·韩非子集解》,中华书局1998年版,第101页。

④ (清)王先慎撰,钟哲点校:《新编诸子集成·韩非子集解》,中华书局1998年版,第420页。

之也。今轻刑罚……犯而不诛，是为民设陷也。"① 踬，被东西绊倒之意；垤，指小土丘。他认为，如果刑罚轻，民众会像忽视小土丘一样忽视它，这无异于给民众设置陷阱，诱惑民众犯罪。只有采取"重刑"，才能使"臣尽力而奸不生"。②

可见，韩非所主张的"重刑"，不是消极的制裁手段，而是积极的防范措施，目的在于起到杀一儆百的警示和惩戒作用。他在《说疑》云："禁奸之法：太上禁其心，其次禁其言，其次禁其事。……卑主危国者必以仁义智能也。故有道之主，远仁义，去智能，服之以法。"③他认为，禁止邪恶的最上等方法是禁止邪恶的思想，其次是禁止邪恶的言论，再次是禁止邪恶的行为。靠仁爱、道义、才智、贤能会使君主地位卑下、国家局势危急，那些有治国之道的君主，都用法制来制服臣民。其"重刑"主张无疑可达到禁奸的目的。

（三）重刑是先秦明君贤臣的传统

据文献记载，重刑思想在韩非之前的历史时期即已屡见。如《尚书·甘誓》载：夏王启带兵作战时对将士颁布军令说："……弗用命戮于社予则孥戮汝。"④ 学者们对于此句虽有些争议，⑤ 但认为是处以重刑是一致的。如《汉语大字典》解释说：孥，通"奴"。以为奴婢。《书·甘誓》："予则孥戮汝。"唐颜师古《匡谬正俗》卷二："孥戮，或以为奴，或加刑戮，无有所赦耳。此非孥子之孥。"清孙志祖《读书脞录》卷一："孥戮者，戮之以为奴。孥、奴古通字。《周礼》郑司农注引《尚书》曰：'予则奴戮汝。'《汉书·王莽传》亦作'奴'。"⑥

---

① （清）王先慎撰，钟哲点校：《新编诸子集成·韩非子集解》，中华书局1998年版，第420—421页。

② （清）王先慎撰，钟哲点校：《新编诸子集成·韩非子集解》，中华书局1998年版，第352页。

③ （清）王先慎撰，钟哲点校：《新编诸子集成·韩非子集解》，中华书局1998年版，第400页。

④ （清）阮元校刻：《十三经注疏·尚书正义》，中华书局1980年版，第155页。

⑤ 易宁：《〈尚书·甘誓〉"予则孥戮汝"考释》，《史学史研究》2002年第1期；冯怡青：《〈尚书〉"予则孥戮汝"考释》，《赤峰学院学报》（汉文哲学社会科学版）2015年第12期；许华峰：《〈甘誓〉"予则孥戮汝"的解释与经学》，《励耘学刊》（文学卷）2006年第2期。

⑥ 《汉语大字典》编辑委员会：《汉语大字典》，四川辞书出版社、湖北辞书出版社1987年版，第1015页。

《尚书·盘庚中》载,盘庚告诫不满其迁都的民众说:"乃有不吉不迪,颠越不恭,暂遇奸宄,我乃劓殄灭之,无遗育,无俾易种于兹新邑。"①劓,割鼻的刑罚。殄,灭绝。劓殄,商朝的一种死刑名称,即刑殄,将罪犯的家人全部杀绝。意思是说,假若有人不行善事,不走正道,狂放不羁,欺诈奸狡,蓄意谋反,都要被杀掉,并且还要杀掉他们的后代,不让他们的后代在这个新邑里繁衍生息。

《国语·吴语》记越王勾践伐吴前整肃军纪时说:"谓二三子归而不归,处而不处,进而不进,退而不退,左而不左,右而不右,身斩,妻子鬻(鬻,卖也)。"②可知,勾践对不听命令的人处以腰斩,并将他的妻子和孩子卖掉。在这种严明军纪下结果大败吴军。

以上记载都实行"连坐制",是重刑的例子。当然,这种连坐的做法当今是不可取的,但在上古以家为纽带的社会里,一人犯禁牟取私利,全家皆可得其利,因此,一人犯禁难免连坐全家,及至明清时代亦然。

春秋时期郑国的子产也主张严明刑法,认为治理国家要像火一样猛烈,让民望而生畏。据《春秋左传》载,子产在临死前对大叔说:为政,除德之外,"其次莫如猛……夫火烈,民望而畏之,故鲜死焉。水懦弱,民狎而翫之,则多死焉,故宽难。……大叔为政,不忍猛而宽。郑国多盗,取人于萑苻之泽"③。"猛"此为严厉之意;"狎"意思是不重视,不注意;"鲜"即少;"翫"同"玩";"取"即聚。子产以水、火为例,火猛烈使人望而生畏,而带来的死亡少,水懦弱让人容易轻视而玩弄,带来的死亡多,认为执政,除德外莫过如严厉,以此劝告大叔执政要严,不能宽仁。大叔不听,结果出现群盗聚集的局面。

至战国时期,李悝、商鞅进一步发展了"重刑"理论。商鞅认为,对于较轻的犯罪施以重罚,那么轻的犯罪就不会来,重的犯罪也不会发生。主张从重量刑,使百姓畏惧而不敢犯法,以收到不用刑的效果,正如《商君书·靳令》载:"行罚,重其轻者……轻者不至,重者不来,

---

① (清)阮元校刻:《十三经注疏·尚书正义》,中华书局1980年版,第171页。
② (三国吴)韦昭注,徐元诰集解,王树民、沈长云点校:《国语集解》,中华书局2019年版,第560页。
③ 杨伯峻编著:《春秋左传注》,中华书局1981年版,第1421页。

此谓以刑去刑，刑去事成。"① 他还指出："重刑少赏，上爱民，民死赏。重赏轻刑，上不爱民，民不死赏。注：死赏，即谓死上之赏也。"②意思是说，加重刑罚而减少赏赐，这才是君主爱护民众，民众才愿意为君主死，反之，不然。

韩非在前人"重刑"思想的基础上，提出："凡国博君尊者，未尝非法重而可以至乎令行禁止于天下者也。"（《制分篇》）他认为凡是"国博君尊者"，从来没有法制不严厉而可达到有令必行、有禁必止于天下的；施行严厉的刑罚，虽然是民众所厌恶的，却是能治理好国家的办法；处罚要严厉且执行严格，使民众害怕它；只要严厉惩罚，人们所厌恶的东西则能很快得到禁止。

三　余论

通过以上论述，我们认为，韩非的所谓"重刑"，是指累次犯罪所得到的利益应低于因犯罪被罚所受损失，换句话说：给罪犯的处罚应考虑犯罪未被发现的情况，使其所受处罚大于累次犯罪所得到的利益。他还主张"重刑"不等于处罚太过，更不是滥用刑罚，而应"执其度量"，依法办事。

史实证明，"重刑"思想与实践在夏王启、商王盘庚、越王勾践、郑国子产、魏国李悝等人都有先例，他们都是历史上有名的君主或名臣。秦国商鞅的重刑思想付诸实践，结果出现了"行之十年，秦民大说，道不拾遗，山无盗贼，家给人足。民勇于公战，怯于私斗，乡邑大治"③ 的局面。

韩非将"重刑"作为积极的防范措施，通过"重刑"以期达到"以刑去刑""民蕃息而积蓄盛"的有德境界，从而实现治国安邦的目标。这一思想也是中国先秦长期"重刑"实践的经验总结，但与先秦其他法家不同的是，韩非更详尽地阐述了这一思想，是法家思想的集大

---

① 蒋礼鸿：《新编诸子集成（第一辑）·商君书锥指》，中华书局1986年版，第81页。
② 蒋礼鸿：《新编诸子集成（第一辑）·商君书锥指》，中华书局1986年版，第80页。
③ （汉）司马迁撰，（宋）裴骃集解，（唐）司马贞索隐，（唐）张守节正义：《史记》（简体字本），中华书局1999年版，第1766页。

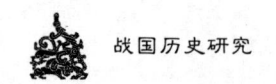

成者。他的法治思想闪烁着智慧的光芒。

联想现代法治实际，诸多违法犯罪现象得不到及时根治，根本原因之一是处罚太轻，让犯法者觉得有利可图，违法者总觉得有利可图，于是铤而走险。因此，在制定法律条文时，量刑处罚的轻重应考虑案件破获的概率，适当加权不能破获的因素。本着从严从重的"重刑"原则，提高犯罪成本，使犯罪者得不偿失，这样才会较好地制止犯罪案件发生。

当然，实行"重刑"时也要像《韩非子》所说的"明其法禁，必其赏罚"那样，做到有法可依，违法必究，执法必严。还应从根本上使民富裕，革去国家的"大奸"与"盗竽"，实行德政，减轻对百姓的盘剥，最终实现富国强兵、人民安居乐业的美好愿景。

那么从什么时候开始人们误解了韩非子呢？笔者认为大约是从晋代袁宏开始，他说"陵迟至于战国，商鞅设连坐之令以治秦，韩非论捐灰之禁以教国，而修之者不足以济一时，持之者不能以经易世。何则？彼诚任一切之权利而不通分理之至数也"[1]。他将韩非子与商鞅并列为不通圣人之理的人。而从前面所引所谓"捐灰之禁"可知，韩非子只是引用了两段关于孔子的故事，即同一故事有二说，未见韩非的不合理主张。但因法家思想"严而少恩"，其正确的一面也往往被人忘却。

总之，我们应重新考量韩非的重刑主张，取其智慧精华，避免对他的误解，以服务于当今社会。

（陈春君，重庆文化艺术职业学院讲师；刘俊男，重庆师范大学历史与社会学院二级教授。该文曾发表于《湖南社会科学》2023年第5期）

---

[1] （晋）袁宏：《后汉纪》卷6，见张烈点校《两汉纪》下，中华书局2017年版，第115页。

汪中、焦循与墨学"十论"
——兼与戴卡琳教授商榷

李若晖

比利时鲁汶大学戴卡琳教授为海外汉学名家,近年戴卡琳教授集中精力研究墨学,成绩斐然,海内外争相传颂。末学拜读大作,获益匪浅,然亦略有疑义,兹谨呈陋见,以就正于戴卡琳教授及诸方家。

戴卡琳教授认为:"现今墨学界的主流看法,是早期墨学主张尚贤、尚同、兼爱、非攻、节用、节葬、天志、明鬼、非乐及非命等'十论'。我姑且将这个看法称之为'墨学十论说'。'墨学十论说'的普遍性可以从当代关于早期墨学的导论中看出来。这些导论作品都预设墨学中有个'十论'的体系,并以此为出发点来讨论其他议题,像是兼爱与节用哪个才是墨子'十论'中最为根本的学说等等。虽然,自战国以来就有人用十论其中的几条来描绘墨子的思想,但一直到晚清时期'十论'之说才被确立下来。这大约发生于孙诒让的年代,并且孙诒让也参与其中。"[①]

戴卡琳教授对此进行了详细的考察,发现事实上只有两条具有说服力的文本证据来支持"墨学十论说":"这两条证据分别是《墨子》核心篇章(即第八到三十七篇)的标题,和《墨子·鲁问》中魏越与墨子的对话。"在《墨子·鲁问》中,魏越询问墨子打算对四方君子说些什么,墨子答道:"凡入国,必择务而从事焉。国家昏乱,则语之尚贤尚同;国家贫,则语之节用节葬;国家憙音湛湎,则语之非乐非命;国

[①] [比]戴卡琳:《古代的墨学,现代的建构:孙诒让的〈墨子间诂〉》,李庭绵译,载《中国文哲研究通讯》2015年第3期。该文全文页码为第123—140页。下引该文不再逐一出注。

家淫辟无礼,则语之尊天事鬼;国家务夺侵凌,则语之兼爱非［攻。故］曰择务而从事焉。"戴卡琳教授强调:"除了这两条证据以外,古代文献(包括《墨子》)都没有指出墨子有一套十论的学说;没有任何墨家的论敌、批评者、门徒或是古代文献学者像现代学者那样看待墨学。我翻检了18世纪以前的文献,没有发现任何文献以核心篇章这十个标题,又或是《鲁问》篇的那段对话来描绘墨学的内涵。或许我的检索不够全面,忽略了某些材料。但这并不影响我们看见这个强烈的对比:古籍中极少提及'十论',但'墨学十论说'却在当代学术占有指导地位。"

接下来,戴卡琳教授指出:"无论是在《道藏》本还是《四库》本《墨子》中,上述的《鲁问》段落都只提到九个主张,而不是十个。它的最后一句是'国家务夺侵凌,则语之兼爱',后接'非曰',并没有提到'非攻'。虽然有'非'字,但'攻'字被遗漏;而且对比今本,还缺了个'故'字。当时没有学者对此提出修正或怀疑。"此后,清代中叶学者开始进行《墨子》的校订工作。首先是毕沅的校订,没有改正《鲁问》这个段落,其1783年写成的序文中,没有提到核心篇章的标题,引用了《鲁问》那个段落,但没有校改。

值得注意的是,毕沅的宾客汪中于1780年撰写了一篇《墨子序》(该序收录于《述学》)。戴卡琳教授说:"就我所知,汪中这篇序文是墨学史上第一个引用了包含'十论'的《鲁问》(意即,包括'非攻')……这样看来,汪中似乎是现代墨学诠释的先驱:他明确将墨学与整套的'十论'联系在一起,但他没有提到核心篇章的标题。"然而,事情并不这么简单。戴卡琳教授认为:"我们有理由怀疑汪中的原稿未必引用了那段完整的《鲁问》段落。"第一,"作为毕沅的协作者,汪中参考的应该是毕沅的《墨子》版本。而毕沅并没有修正《鲁问》这段对话。"第二,"汪中的毕生好友王念孙在汪中死后多年编辑了《述学》一书(其序写于1815年)。然而,当他于1832年提出自己的修正时并未提及汪中的著作。"第三,汪中的《墨子序》遭到后人篡改,"汪中于1792年刊刻其《述学》,但该版本早已遗失了……从汪中序的复杂淆乱的历史来看,《述学》的流传恐怕经历多人之手。他们当中或许有人出于善意或是无意识地根据当时对《墨子》的新看法,对这段话加以修改"。第四,"其他毕沅圈子以外的学者,也没有提出'十论'为《墨子》思想

汪中、焦循与墨学"十论"——兼与戴卡琳教授商榷

的核心……这或许是因为十论说在当时还未确立"。第五，王念孙的修正并不为多数人所知。即使是著名学者俞樾，在1870年写成的《诸子平议》中也完全忽略了这个部分。于是，戴卡琳教授认为，孙诒让为自己的《墨子间诂》所写的序文"明白地同时强调'十论'与《鲁问》篇的对话。序文在简要描述《墨子》一书的篇幅规模后，就紧接地引用修订过的《鲁问》对话，并总结道：'今书虽残缺，然自《尚贤》至《非命》三十篇，所论略备，足以尽其恉要矣。'……自此以后，《墨子》核心篇章的篇题，以及《鲁问》的那段对话，就被学界牢牢地视作墨学思想的代表论述……很少人留意到它是经过修订后的产物"。

现在我们逐条检视戴卡琳教授的论证。

第一，"作为毕沅的协作者，汪中参考的应该是毕沅的《墨子》版本。"没有任何证据可以证明这一点，戴卡琳教授本人也没有就此提供任何论证——这仅仅是想当然地推测。在《墨子序》中，汪中（1744—1794）说："其书多误字，文义昧晦，不可读，今以意粗为是正，阙所不知。"① 明确表示汪中自己对《墨子》进行了校订。不止于此，汪中还说："今定其书为《内》《外》二篇，而以其徒之所附著为《杂篇》，仿刘向校《晏子春秋》例，辄于篇末述所以进退之意，览者详之。"② 这表明汪中对于《墨子》不仅校订文字，且依其内容对《墨子》进行了重新分类编排。虽然汪中所校订重编的《墨子》已经失传，但是从《墨子序》的整体论述来看，其分类的标准是每一篇的著作时代与对于墨学阐述的重要性——此绝不同于毕沅（1730—1797）校本。③《序》中引用《鲁问》之"墨学十论"时，题之曰"墨子之学，其自言者曰"④，则可确信其所编《内篇》应当就是"十论"之篇。

第二，"汪中的毕生好友王念孙在汪中死后多年编辑了《述学》一书（其序写于1815年）。然而，当他于1832年提出自己的修正时并未

---

① （清）汪中撰，李金松校笺：《述学校笺》上册，中华书局2014年版，第213页。标点有改动。

② （清）汪中撰，李金松校笺：《述学校笺》上册，中华书局2014年版，第216页。标点有改动。

③ 杨俊光《墨子新论》所附《清—民国墨学论著简明目录》第一种即汪中《墨子》（校本），第二种为毕沅《墨子注》。杨俊光：《墨子新论》，江苏教育出版社1992年版，第335页。

④ （清）汪中撰，李金松校笺：《述学校笺》上册，中华书局2014年版，第229页。

提及汪中的著作。"王念孙（1744—1832）的确是汪中的毕生好友，但是同样没有任何证据可以证明王念孙曾经编辑了《述学》一书。汪中去世不久，王念孙曾写信给刘端临（1751—1805），慨叹自己手头竟然没有汪中的文章："惟文章一事，须急为收拾。念孙京邸仅存文十篇，其《释阙》《释三九》二篇，遍检无存。此外，念孙所未见者必多。又闻其《述学》一书业经付梓，远客燕邸，不获为之整顿，得先生身任其事，俾不朽之文悬诸日月，实生死所共慰也。编录已毕，祈将附帙见寄，以便参酌付梓，幸甚幸甚。"① 就王念孙《述学序》而言，其所序的《述学》乃是汪中之子汪喜孙所编，且自言在汪中殁后"欲求其遗书而未果"②。王念孙在《读书杂志》中为什么没有提到汪中，是一个可以继续讨论的问题。但是《读书杂志》没有提到汪中的校订，并不能逆推汪中没有对《鲁问》"非攻"进行校订。至少我们翻检汪远孙（1789—1835）所刻冠有王念孙序的《述学》，其中《墨子序》所引《鲁问》就是有着"非攻"二字的。③

第三，"汪中于1792年刊刻其《述学》，但该版本早已遗失……从汪中序的复杂淆乱的历史来看，《述学》的流传恐怕经历多人之手。他们当中或许有人出于善意或是无意识地根据当时对《墨子》的新看法，对这段话加以修改"。首先，汪中的初刻本并未遗失，李金松先生作《述学校笺》还曾取以为参校本。④ 其次，不仅现存所有版本《墨子序》引《鲁问》都有"非攻"二字，而且《墨子序》在引用《鲁问》之后，对墨子学说进行了阐释，其论"兼爱"曰："若夫兼爱，特墨之一端。然其所谓兼者，欲国家慎其封守，而无虐其邻之人民、畜产也。虽昔先王制为聘问、吊恤之礼，以睦诸侯之邦交者，岂有异哉？"⑤ 这毫无疑问是以"非攻"释"兼爱"。因此，如果假设汪中没有补足"非攻"，今传《墨子序》的"非攻"出于后人之手的话，那么就必须同时

---

① （清）王念孙：《与刘端临书》，舒怀等辑校：《高邮二王合集》第1册，上海古籍出版社2019年版，第124页。
② （清）王念孙：《述学序》，载（清）汪中撰，李金松校笺《述学校笺》上册，中华书局2014年版，序，第1页。
③ （清）汪中：《述学》，载《清代诗文集汇编》第410册，上海古籍出版社2010年版，第49页。
④ （清）汪中撰，李金松校笺：《述学校笺》上册，中华书局2014年版，凡例，第1页。
⑤ （清）汪中撰，李金松校笺：《述学校笺》上册，中华书局2014年版，第230页。

假设后人还篡改了《墨子序》的文字——也就是说，补足"非攻"尤其不可能是"无意识"的。在笔者看来，这不能仅仅假设，必须提供有效的证据。

第四，"其他毕沅圈子以外的学者，也没有提出'十论'为《墨子》思想的核心。"这一点存在明确反证。孟子辟杨墨，《孟子·尽心》上："所恶执一者，为其贼道也。举一而废百也。"焦循（1763—1820）《正义》："至墨翟以救世为心，其言曰：'国家昏乱，则语之尚贤尚同；国家贫，则语之节用节葬；国家喜音沉湎，则语之非乐非命；国家淫僻，则语之尊天事鬼；国家务夺侵凌，则语之兼爱非攻。'读其书，岂不谓之仁人君子，非孟子深明乎变通神化之道，确有以见其异乎尧舜孔子之权，安能反复申明以距之哉。"① 焦循为汪中好友，二人时相过从。田汉云点校《新编汪中集》卷首影印焦循书赠汪中之楹联："湖光山色都娱目，和璧隋珠弗动心。"注曰："容甫老学兄尝过北湖村居，谓余曰：'湖光山色都娱目矣。'强余属对，并索书作楹帖。嗜痂之爱，情不可却，草草应教，以博一笑。"② 焦循《雕菰集》卷二十一《亡友汪晋藩传》且忆及与汪中等人的交往："余尝冬夜与晋藩饮容甫斋阁，快论至三鼓，雪深二尺许，容甫酣卧榻上，睨曰：'他人不易有也。'不二十年，超宗、容甫、晋藩先后没世，回思若旦夕事，悲哉！"③ 我们现在虽然不能确认究竟是汪中还是焦循或者其他什么人首先认识到《鲁问》应当补为"非攻"，但是可以推断，汪中在世时应该已经存在以补足"非攻"的《鲁问》文字即"十论"为墨学核心思想的认知。

第五，王念孙的修正并不为多数人所知。即便俞樾（1821—1907）没有提到，但是引用补足"非攻"的《鲁问》"十论"者仍然另有其人，刘毓崧（1818—1867）《通义堂文集》卷十一《墨家出于清庙之官》中即是如此。④

---

① （清）焦循：《孟子正义》，载（清）阮元主编：《清经解》第6册，上海书店1988年版，第601页。影印道光五年学海堂刻本。
② （清）汪中：《新编汪中集》，广陵书社2005年版，卷首，第4页。
③ （清）焦循：《雕菰集》，载刘建臻整理《焦循全集》第13册，广陵书社2016年版，第6044页。
④ （清）刘毓崧：《通义堂文集》，载《清代诗文集汇编》第670册，上海古籍出版社2010年版，第450页。

综上所述，戴卡琳教授试图取消汪中对于墨学"十论"的贡献，贬低王念孙在墨学"十论"上的学术影响，而将墨学"十论"学说的确立拉后到孙诒让。由于其在文献梳理上不够严密，其论证与结论都不能成立。

(李若晖，中国人民大学国学院教授)

《管子》中富民、爱民的民本思想

王威威

在春秋战国这一大变、大争的时代，政治家和思想家越来越认识到民众在国家兴衰、政治成败中的重要性，民本思想在这一时期得到充分的发展。孟子的"民为贵，社稷次之，君为轻"（《孟子·尽心下》）和荀子的"君者，舟也，庶人者，水也；水则载舟，水则覆舟"（《荀子·王制》）为大家所熟知，而《管子》所明确提出的"以人为本"更是有着极其重要的价值和深远的影响力。当前学界已从爱民、富民、利民等角度阐发了《管子》的民本思想，并探讨其民本思想的特征、理论来源及社会背景等。但是，其中还有需要进一步探讨的问题，如"以人为本"与"民本"的关系，富民与富国的关系，爱民与利民的关系等。

一 "以人为本"与"以民为本"

"以人为本"出自《管子·霸言》。该篇讲道："夫霸王之所始也，以人为本。"作者认为成就霸王的事业要从"以人为本"开始。"本"的本义是树木的根或者靠近根的茎干。《说文·木部》："本，木下曰本。"[1] 引申为事物的根基、主体。"以人为本"的意思就是以"人"为根基。张分田认为"'以人为本'既可以作为比'以民为本'更抽象的命题使用，又可以作为'以民为本'的同义命题使用。"[2] 这里涉及

---

[1] （汉）许慎撰，（清）段玉裁注：《说文解字注》，浙江古籍出版社2002年版，第248页。

[2] 张分田：《民本思想与中国古代统治思想》（上），南开大学出版社2009年版，第138—139页。

"人"和"民"的异同问题。

"民"为象形字，本义为奴隶。《说文·民部》云："民，众萌（氓）也。"郭沫若讲："（在周代彝器中）作一左目形，而有刃物以刺之。""然其字均作左目，而以之为奴隶之总称。""周人初以敌囚为民时，乃盲其左目以为奴隶。"[1] 引申指被统治的庶人百姓，与君、官、上相对而言。但"民"也可泛指"人"。《诗·大雅·生民》云："厥初生民，时维姜嫄。"朱熹集传："民，人也。"[2]《左传·成公十三年》云："民受天地之中以生。"孔颖达疏："民者，人也。"[3]《庄子·齐物论》讲："民湿寝则腰疾偏死，鳅然乎哉？木处则惴栗恂惧，猿猴然乎哉？三者孰知正处？民食刍豢，麋鹿食荐，蝍蛆甘带，鸱鸦耆鼠，四者孰知正味？猿猵狙以为雌，麋与鹿交，鳅与鱼游。毛嫱丽姬，人之所美也；鱼见之深入，鸟见之高飞，麋鹿见之决骤，四者孰知天下之正色哉？"这里的两处"民"与鳅、猿猴、麋鹿、蝍蛆、鸱鸦等物类做比较，指人类，同于下文中的"人"。"人"在泛指人类的同时，也可专指与"民"相对的统治者。《诗·大雅·假乐》云："宜民宜人，受禄于天。"朱熹集传："民，庶民也。人，在位者也。"[4]

在《管子》中，"民"一般与"君""主""上"对称，在特定语境中，"民"可包含"臣""官"。《明法解》这样解释《明法》篇中的"百官识，非惠也，刑罚必也"："明主之治也，县爵禄以劝其民；民有利于上，故主有以使之；立刑罚以威其下，下有畏于上，故主有以牧之。故无爵禄则主无以劝民；无刑罚则主无以威众。故人臣之行理奉命者，非以爱主也，且以就利而避害也；百官之奉法无奸者，非以爱主也，欲以爱爵禄而避罚也。"这里的"臣""官"也属于可以被爵禄、利益所激励的"民"。"民"也会与"君""臣"（"官""吏"）并称形成三方的关系。《任法》讲："夫生法者，君也；守法者，臣也；法于法者，民也。""夫君臣者，天地之位也。民者，众物之象也。"可以说，《管子》中的"民"是"君"以外的群体，或是"君""臣""官"

---

[1] 郭沫若：《甲骨文字研究》，科学出版社1952年版，第34页。
[2] （宋）朱熹：《诗经集传》，中国书店1994年版，第198页。
[3] （晋）杜预注，孔颖达等正义：《春秋左传正义》，《十三经注疏》（下），上海古籍出版社2007年版，第461页。
[4] （宋）朱熹：《诗经集传》，中国书店1994年版，第204页。

之外的被统治的庶人。在《管子》中,"人"与"民"常混用。《权修》讲:"人情不二,故民情可得而御也。"《正世》讲:"有爱人之心,而实合于伤民。"《禁藏》讲:"夫凡人之情,见利莫能勿就,见害莫能勿避。……故善者势利之在,而民自美安,不推而往,不引而来,不烦不扰,而民自富。"《形势解》讲:"民之情,莫不欲生而恶死,莫不欲利而恶害。故上令于生利人则令行,禁于杀害人则禁止。"《君臣上》讲:"夫民别而听之则愚,合而听之则圣。……是以明君顺人心,安情性,而发于众心之所聚。"此外,《管子》各篇常讲"得人",也就是得到人民的拥护,《霸言》《五辅》《侈靡》均有"得人",《形势解》中则为"得民"。从"以人为本"的上下文来看,"以人为本"关系到的是国家的安危,即"本理则国固,本乱则国危",其目标是要实现君人者的霸王之业,所体现的主要是"民惟邦本,本固邦宁"(《尚书·五子之歌》)的民本思想。

《管子·霸言》认为,要争夺天下,首先要得到人民的拥护和支持,这就是"得人"。得到天下大多数人拥护的,就能成就王业,得到半数拥护的,就能成就霸业,即"得天下之众者王,得其半者霸"。《管子·五辅》中也讲:"古之圣王,所以取明名广誉,厚功大业,显于天下,不忘于后世,非得人者未之尝闻。……今有士之君,皆处欲安,动欲威,战欲胜,守欲固。大者欲王天下,小者欲霸诸侯,而不务得人。是以小者兵挫而地削,大者身死而国亡。"古代的圣王,建功立业,名扬天下,都是因为"得人";当今的君主,大的想一统天下,小的也想称霸诸侯,却不重视"得人",轻则兵败地削,重则国亡身死。《管子·形势解》中有一个形象的比喻,蛟龙是水族的神灵,凭借水而显示神威,离开水神威就会消失,"人主,天下之有威者也。得民则威立,失民则威废","蛟龙待得水而后立其神,人主待得民而后成其威",就像蛟龙凭借水而显示神威一样,君主是因为得到民众的拥护才具有威势,也会因为失去民众的拥护而失去了威势。蛟龙和水的比喻很容易让人想到慎到所讲的"腾蛇游雾,飞龙乘云"的比喻。不同之处在于,慎到的云雾是在讲"势"的重要性,而这里的"水"是讲"民"的重要性,而"威"相当于"势"。慎到认为君主拥有了"势"才能够服众,而《形势解》认为君主得到民众的拥护才有了威势。

要得到民众的拥护和支持,就要"顺民心"。《管子·牧民》讲:

"政之所兴,在顺民心。政之所废,在逆民心。"政令之所以能够推行,在于顺应民心;政令之所以废弛,在于违背民心。"民心"指民众的意见、情感和愿望等,"民知""民情""民意"都可包含在"民心"之内。"顺民心"就要听取民众的意见、了解民众的好恶、满足民众的愿望。

《管子·君臣上》提出要全面听取民众的意见:"夫民别而听之则愚,合而听之则圣,虽有汤、武之德,复合于市人之言。"每个人都有自己的立场和视角,对相同的事情会有不同的意见和看法。如果分别地听取,偏听偏信,就是愚蠢的;将民众的意见综合起来,就能了解全面而真实的情况,这就是圣明的。即使是商汤、周武王这样具有高尚道德的君主,也要综合吸取众人的意见。"是以明君顺人心,安情性,而发于众心之所聚。是以令出而不稽,刑设而不用。"君主能够了解民众的意见,顺从人心,安适人情,一切从众人的心意出发,这样,命令发出就不会有阻碍,设置了刑罚却不必使用。这是说,君主听取民众的意见来制定法令,法令顺应民心,民众就会守法听令。

《管子》认为人之情(人性)有所"欲",有所"恶"。《管子·版法解》讲:"凡人者,莫不欲利而恶害。"《管子·形势解》也讲:"民之情,莫不欲生而恶死,莫不欲利而恶害。"《禁藏》讲:"夫凡人之情,见利莫能勿就,见害莫能勿避。"《管子·牧民》提出民众有"四欲"和"四恶","四欲"即人对"佚乐""富贵""存安""生育"的欲望,"四恶"即对"忧劳""贫贱""危坠""灭绝"的厌恶。人性中的"欲"和"恶"是法令之所以能够发挥作用的根据。《管子·明法解》认为,人们之所以服从法令,是"以欲生而恶死也","使人不欲生,不恶死,则不可得而制也"。与此同时,《管子》也强调要满足人的欲求。《管子·侈靡》讲:"饮食者也,侈乐者也,民之所愿也,足其所欲,赡其所愿,则能用之耳。"满足民众的欲求和愿望,民力方能为君主所用。《管子·牧民》讲:"民恶忧劳,我佚乐之;民恶贫贱,我富贵之;民恶危坠,我存安之;民恶灭绝,我生育之。"民众厌恶忧患辛劳、贫穷低贱、危险困难、毁灭断绝,君主就让他们安逸快乐、富有尊贵、安全稳定、生育繁衍。该篇还讲道:"能佚乐之则民为之忧劳,能富贵之则民为之贫贱,能存安之则民为之危坠,能生育之则民为之灭绝。"君主能给民众带来安逸快乐、富有尊贵、安全稳定、生育繁衍,他们就可以承受忧患辛劳、贫穷低贱、危险困难,甚至不惜献出生命。这是说,如果君主能够让民众确信自己的欲求能够满足,自己的愿望终会实现,即使君主的命令会让他们承受自己所厌恶的一切,他们也会服从。与此相反,无论出于何种目的,如果君主不能让民众得到他们所喜欢的,却总是让民众承受他们所厌恶的,那么,即使有严刑和杀戮,民众也不会服从君主的命令,更不会真心地拥护和支持,这就是"故刑罚不足以畏其意,杀戮不足以服其心"。刑罚繁重而民众内心却没有真正畏惧,法令就无法推行;杀戮众多而民众内心却不屈服,君主的地位就很危险,"故刑罚繁而意不恐,则令不行矣;杀戮众而心不服,则上位危矣"。

总之,"顺民心"就可以"得民",得到民众的支持、拥护和顺从,"逆民心"就会"失民",民众就会疏离、背叛。

二　富民与富国

在民众的各种喜好和欲求中,财富尤为重要。《管子·治国》讲:"凡治国之道,必先富民。"《治国》的作者认为"民富则易治也,民贫则难治也",民众生活富裕就容易治理,民众生活贫穷就难以治理。为何如此呢?作者这样说明:"民富则安乡重家,安乡重家则敬上畏罪,敬上畏罪则易治也。民贫则危乡轻家,危乡轻家则敢凌上犯禁,凌上犯禁则难治也。故治国常富,而乱国必贫。"民众生活富裕就能安居乡里、重视家庭,就能尊敬君上而不敢犯罪,这样的民众就容易治理;民众生活贫穷就不安于乡居、不在意家庭,就敢于对抗君上而违反禁令,这样的民众就难以治理。其中的逻辑也很好理解,民众过上富裕的生活,满足于自己现有的生活状态,就不愿意因为犯罪而失去这一切,而生活贫困甚至一无所有的人没有什么可以珍惜的,没有什么害怕失去的,就敢于为了利益铤而走险。《管子·版法》也讲:"民不足,令乃辱;民苦殃,令不行。"因此,要治理好一个国家,首先要让民众过上富裕的生活。

《管子》提出了一系列的富民措施,其中最重要的就是发展农业。《管子·五辅》讲:"明王之务,在于强本事,去无用,然后民可使富。"何为"本事"?《管子·治国》说"粟者,王之本事也",《管子

·牧民》批评"有地不务本事",《管子·形势解》主张"入则务本疾作以实仓廪",对照可知,"本事"指农业、粮食生产。《管子·治国》讲道:"昔者,七十九代之君,法制不一,号令不同,然俱王天下者,何也?必国富而粟多也。夫富国多粟生于农,故先王贵之。"过去的七十九代君主,所使用的法律制度各异,号令也各不相同,却都能够称王天下,其原因就是国家富有而粮食众多。国家富有、粮食众多来自于农业,要发展农业一定要"禁末作文巧":

> 凡为国之急者,必先禁末作文巧。末作文巧禁则民无所游食,民无所游食则必农。民事农则田垦,田垦则粟多,粟多则国富,国富者兵强,兵强者战胜,战胜者地广。是以先王知众民、强兵、广地、富国之必生于粟也,故禁末作,止奇巧,而利农事。

杨玲曾列举《商君书》《韩非子》和《管子》中"末"的使用情况,并辨析了"末"在具体文本中的含义。她认为"必先禁末作文巧"中的"末"意义不确定,而"故禁末作,止奇巧,而利农事"中的"末"意义较确定,指对民众生活不重要的奢侈品。[①] 这一解释首先不符合文本自身逻辑,"凡为国之急者,必先禁末作文巧"是作者提出的观点,接下来作者对这一观点进行了论证,"末作文巧禁"能使民众致力于农业生产,从而提高粮食产量,进而实现国家富有、兵力强大、战争胜利、土地扩大,也就是说,人口众多、国家富有、兵力强大、土地扩大的根源在于粮食生产,所以要"禁末作,止奇巧,而利农事"。"禁末作,止奇巧"同于"禁末作文巧","奇巧"即"文巧",其中的"末"也不宜做不同的解释。另一方面,"故禁末作,止奇巧,而利农事"中的"末作"与"奇巧"相应,又共同与"农事"相对,但并不意味着"末作"和"奇巧"意义相同,"奇巧""文巧"指工艺巧妙而无益于实用的物品,可以解释为"对民众生活不重要的奢侈品",但将"末"直接解释为"对民众生活不重要的奢侈品"也不合适。杨玲认为《幼官》中的"务本饬末,则富"和《侈靡》中的"本善而末事起"

---

① 杨玲:《中和与绝对的抗衡:先秦法家思想比较研究》,中国社会科学出版社2007年版,第86页。

中的"末"与"本"相对，指工商业。① 她将与"本"相对的"末"理解为工商业，没有与"本"相对出现的就认为意义不确定，过于机械。即使依照这一标准，作者紧接着讲："今为末作奇巧者，一日作而五日食。农夫终岁之作，不足以自食也。然则民舍本事而事末作。舍本事而事末作，则田荒而国贫矣。""本事"与"末作"相对出现，"舍本事"会导致"田荒而国贫"的后果，完全可以确定"本事"为农业，那么，此篇中的"末作"应理解为与农业相对的工商业。那么，"末作"和"奇巧"是何种关系呢？从"故禁末作，止奇巧，而利农事"看，二者是并列关系，但是，"奇巧"的制作和销售也应属于"末作"的内容，二者具有包含和被包含的关系。《管子·立政》篇总结了决定国家贫富的五个条件：

> 君之所务者五：一曰山泽不救于火，草木不得成，国之贫也；二曰沟渎不遂于隘，鄣水不安其藏，国之贫也；三曰桑麻不殖于野，五谷不宜其地，国之贫也；四曰六畜不育于家，瓜瓠荤菜百果不备具，国之贫也；五曰工事竞于刻镂，女事繁于文章，国之贫也。故曰，山泽救于火，草木殖成，国之富也；沟渎遂于隘，障水安其藏，国之富也；桑麻殖于野，五谷宜其地，国之富也；六畜育于家，瓜瓠荤菜百果备具，国之富也；工事无刻镂，女事无文章，国之富也。

山泽是否能防火，草木是否能成长；沟渠是否全线通畅，洪水能否存于堤坝；田野是否种植桑麻，五谷有没有因地制宜；农家是否养育六畜，蔬菜瓜果是否齐备；工匠是否追求复杂的雕刻，女工是否追求繁复的文饰，这些条件决定了国家富有还是贫穷。以上五个方面基本围绕农业展开，而农业的范围不仅仅包括粮食生产，还包括桑麻、瓜果的种植，六畜的养育等。手工业并不是被禁止的，而是主张其生产应以实用为目的而不追求工艺繁复却没有实用价值的装饰，这里的"刻镂""文章"就是《治国》中的"文巧""奇巧"。对比来看，将"禁末作"中

---

① 杨玲：《中和与绝对的抗衡：先秦法家思想比较研究》，中国社会科学出版社2007年版，第85—86页。

的"禁"解为"禁止"并不适当,不如解为"限制",而"止"为"禁止","末作"中的"文巧"需要被"禁止"。作者认为,农业为"本事",工商业为"末作",应该限制、规范工商业的发展,禁止工艺繁复却没有实用价值的物品的生产和销售,避免妨害农业生产。

当时应该存在着比较严重的农业与工商业的收入差距,作者讲:"今为末作奇巧者,一日作而五日食。农夫终岁之作,不足以自食也。然则民舍本事而事末作。舍本事而事末作,则田荒而国贫矣。"从事奢侈品制作和销售的人,工作一天的收入可以满足五天的吃用,而农民终年辛苦劳动,还无法维持一家的生活。这样,民众就会放弃农业生产而从事奢侈品的制作和销售,土地也就荒芜,国家就会贫穷。要解决这样的问题,君主就要采取措施均衡不同行业的收入:"故先王使农士商工四民交能易作,终岁之利,无道相过也。是以民作一而得均。民作一,则田垦,奸巧不生;田垦,则粟多;粟多,则国富。"农民专一务农的收入可以和其他各业均衡,田野就能得到开垦,粮食就会增多,国家就会富裕。"奸巧不生,则民治而富,此王之道也。"农民收入多了,奸巧之事就不会发生。国家富裕又安定,就可以走上成就王业的道路。

法家有富国强兵的目标,但是对于如何实现国富以及民富和国富的关系会有不同看法。从以上论述可见,《管子》认为,发展农业可实现民富,也能够实现国富,《管子·治国》开篇讲"凡治国之道,必先富民",接下来的文本却在讨论"国富""粟多",说明民富与国富并没有被看作不同的问题去讨论,二者可以说是有共同的内涵。但是,民富和国富也可能发生冲突。《禁藏》讲:"民多私利者,其国贫。"这里的"私利"只能带来民众个人的富裕,却是与"公利"相冲突的,会导致国家的贫穷。该篇主张:

> 故凡治乱之情,皆道上始。故善者圄之以害,牵之以利。能利害者,财多而过寡矣。夫凡人之情,见利莫能勿就,见害莫能勿避。……故善者势利之在,而民自美安,不推而往,不引而来,不烦不扰,而民自富。

人性好利恶害,见到利益就会去追求,见到祸害就会逃避,由此,君主就可以对民众的行为进行约束和引导,即"圄之以害,牵之以利"。君主只要掌握了利益之所在，民众就会朝着利益而行为，这样就可以实现"自富"。该篇又提出：

> 夫民之所主，衣与食也。食之所生，水与土也。所以富民有要，食民有率，率三十亩而足于卒岁。岁兼美恶，亩取一石，则人有三十石。果蓏素食当十石，糠秕六畜当十石，则人有五十石。布帛麻丝，旁入奇利，未在其中也。故国有余藏，民有余食。

作者认为"富民"所要解决的是关系到民众生存的衣食问题。国家应保证一个人有三十亩土地，使其可以通过农业生产收获足够的粮食、瓜果蔬菜、糠秕六畜和布帛麻丝等生活必需品。如果农业生产能带来利益、财富，民众就会被利益吸引而从事农业生产，从而实现富裕。这里还可看到作者对"国富"和"民富"的理解，"国富"就是"国有馀藏"，"民富"就是"民有馀食"。民众如果通过农业生产实现富裕，"民富"和"国富"就是一致的；民众如果通过其他的途径获取利益，这利益就是"私利"，是与"国富"相冲突的。

此外，《管子》主张君主应节制自己的消费，减轻民众的赋税负担；国家应该将财富藏于民间，应该与民众共享利益：这样才能实现"国富"和"民富"。《管子·禁藏》讲"故圣人之制事也，能节宫室、适车舆以实藏，则国必定、位必尊"；《管子·五辅》主张"薄征敛，轻征赋"；《管子·小匡》认为"省刑罚，薄赋敛，则民富矣"；《管子·权修》主张"府不积货，藏于民也"；《管子·霸言》提出"以天下之财，利天下之人"。而君主个人对财富的过多占有和过度消费会给国和民带来双重伤害，导致民贫和国贫的后果。《管子·权修》认为：

> 地博而国贫者，野不辟也，……故末产不禁，则野不辟。
> 地辟而国贫者，舟舆饰、台榭广也；……舟车饰、台榭广，则赋敛厚矣；……赋敛厚，则下怨上矣。

土地广大，国家却贫穷，其原因是没有限制工商业的发展而导致土地没有被开辟。土地已经开辟国家还是贫穷，其原因是君主奢侈浪费而导致赋税繁重。赋税繁重，使民众大量的生产所得被剥夺，因而陷于贫困，就会出现"下怨上"的情况。"下怨上"就是"失民心"的体现。《管子》提醒君主，奢侈浪费、与民争利会给政权带来危机。《管子·版法》讲："安高在乎同利。"《管子·版法解》解释说："凡人者，莫不欲利而恶害。是故与天下同利者，天下持之；擅天下之利者，天下谋之。天下所谋，虽立必隳；天下所持，虽高不危。""与天下同利"就是《管子·霸言》所讲的"以天下之财，利天下之人"。与天下之人同享利益，天下人就支持他，如果将天下之利占为己有，天下人就会图谋推翻他。总之，要实现民富和国富，既要重视农业生产，也要轻税租、薄赋敛。

三　爱民与利民

除了"欲利"和"恶害"之外，《管子》承认父母与子女之间的爱也是出于天性，《管子·侈靡》讲："亲戚之爱，性也。"俞樾云："古人称父母亦曰'亲戚'。……'亲戚之爱，性也'，正见人子之于父母，其爱出于天性。"① 这种"爱"基于血缘，但可以扩展到君臣和君民之间。该篇接着讲道："使君亲之察同索，属故也。"尹知章注："索，求也。君亲之于臣子，同求其爱敬矣。"② 李哲明云："君臣以义属，亲戚以爱合，盖言君之于臣当如亲之于子，相联以爱。"③《管子》重视"利民"，《五辅》讲："然则得人之道，莫如利之。"也强调将爱民与利民结合。《形势解》讲："民，利之则来，害之则去；民之从利也，如水之走下，于四方无择也。故欲来民者，先起其利，虽不召而民自至。""茍民如父母，则民亲爱之。道之纯厚，遇之有实。虽不言曰吾亲民，而民亲矣。"《管子·枢言》讲："'爱之，利之，益之，安之。'四者道之出。帝王者用之，而天下治矣。"《管子·版法解》讲："凡众者，爱之则亲，利之则至。是故明君设利以致之，明爱以亲之。徒利而不爱，则众至而不亲；徒爱而不利，则众亲而不至。"对民众爱护，他们就会亲近；给民众利益，他们就会归附。因此，明君提供利益来招引他们，

---

① 黎翔凤：《管子校注》，中华书局2004年版，第723页。
② 黎翔凤：《管子校注》，中华书局2004年版，第721页。
③ 黎翔凤：《管子校注》，中华书局2004年版，第723页。

显示爱意来亲近他们。只有利益而没有爱护，民众归附却不亲近；只有爱护而没有利益，民众亲近却不会归附。爱民与利民一同施行，民众对君主就不仅归附，还会亲近。《管子》还强调，君主对民众的爱、利要做到没有遗漏、没有偏私，要去除私心，《管子·版法》提出了"兼爱无遗"，"有众在废私"，《管子·版法解》解释说："而众者，不爱则不亲……是故明君兼爱以亲之。""凡君所以有众者，爱施之德也。爱有所移，利有所并，则不能尽有。"君主之所以能够赢得民众的拥护，是因为有爱民和施利于民的品德。如果爱民之心有了偏私，对于利益有所兼并，就不能赢得所有民众的拥护。这就是"有众在废私"。

君主爱民、利民是"以德治国"的要求。《管子·正》讲："爱之生之，养之成之，利民不得，天下亲之，曰德。"爱护民众，生育民众，供养民众，成全民众，利于民众，却不自居有德，让天下人都亲近，这叫作"德"。"爱民无私曰德"，爱护民众而无私心叫作"德"。"致德，其民和平以静"，施行德政，民众就能平和安静。《管子·五辅》篇提出"德有六兴"：

> 辟田畴，利坛宅，修树艺，劝士民，勉稼穑，修墙屋，此谓厚其生。发伏利，输滞积，修道途，便关市，慎将宿，此谓输之以财。导水潦，利陂沟，决潘渚，溃泥滞，通郁闭，慎津梁，此谓遗之以利。薄征敛，轻征赋，弛刑罚，赦罪戾，宥小过，此谓宽其政。养长老，慈幼孤，恤鳏寡，问疾病，吊祸丧，此谓匡其急。衣冻寒，食饥渴，匡贫窭，振罢露，资乏绝，此谓赈其穷。凡此六者，德之兴也。六者既布，则民之所欲，无不得矣。夫民必得其所欲，然后听上，听上，然后政可善为也，故曰德不可不兴也。

"六兴"即"厚其生""输之以财""遗之以利""宽其政""匡其急"和"振其穷"，这是德政的表现。"厚其生"就是使民众生活富足，包括开辟田野、建造住宅、重视种植、勉励士民、鼓励耕作、整修房屋。"输之以财"就是为民众输送财货，包括开发潜藏的财源、输送积压物资、修筑道路、便利关市贸易、慎重送迎商客。"遗之以利"就是给与民众利益，包括疏导积水、修通水沟、排放洪水、清除淤泥、开通河道、修筑桥梁。"宽其政"就是施行宽松政策，包括少收租税、轻征捐赋、放松刑罚、赦免罪恶、宽恕小错。"匡其急"就是救助危急,包括供养老人、体恤幼孤、救济鳏寡、问候疾病、吊慰祸丧。"振其穷"就是救济穷困,包括送衣服给挨冻的人、送饮食给饥渴的人、救助贫寒人家、赈济破败人家、资助面临绝境的人。这些德政措施涉及到民众生活的各个方面,可以保障民众的生存需要,满足民众的欲求和愿望。

施行德政的对象不仅是国内的民众,还包括其他的诸侯国。《管子·霸言》讲:"夫欲用天下之权者,必先布德诸侯。"《管子·君臣下》讲:"故德之以怀也,威之以畏也,则天下归之矣。"《管子·形势解》也讲:"能心行德,则天下莫能与之争矣。"对内行德治,可以赢得民众的支持和拥护,对外行德政,可以得到天下人的归附,这样就可以成就王业。

结　语

《管子》明确提出"以人为本",肯定了民众在成就霸王之业中的根本作用。欲成霸王之业必须得到民众的支持和拥护,而要得到民众的支持和拥护须顺应民心,包括听取民众的意见,了解民众的好恶,满足民众的愿望等。君主治国尤其应重视民众对财富的欲求。为了实现"民富",应重视农业生产,限制工商业的发展,禁止工商业中的奇巧而无益于实用的物品的生产和销售,避免伤害农业。民众通过农业生产致富,国家也可以通过民众的农业生产实现"国富"。此外,君主也要约束自身,避免奢侈浪费,要轻税租,薄赋敛,从而保证"民富"和"国富"。《管子》中还有"爱民"的主张,爱民与利民缺一不可,二者均属于德治。君主推行德政,不仅能赢得本国民众的支持和拥护,还能得到天下人的归附,这样就可以成就王业。

(王威威,中国政法大学人文学院教授)

考古学视野下的先秦杂技研究[*]

何艳杰

杂技，又称"杂伎"。杂技之名，定于1950年中国杂技团成立。狭义的现代杂技特指演员靠自己身体技巧完成一系列高难动作的表演性节目。目前广义的杂技表演主要包括四种类型：驯兽、技能、滑稽、幻术。先秦时期，杂技（杂伎）一词尚未出现，杂技与马戏、歌唱、音乐、舞蹈混为一体，统称为"戏乐"（《史记·货殖列传》）。因而，先秦杂技只适用于广义范畴。先秦杂技相关研究始于1912年，王国维《宋元戏曲史》简略述及先秦杂技特点。至今，先秦杂技相关研究成果为数不少，代表性著作包括《中国古代杂技发展概略》《中国古代杂技》《中国艺术史·杂技卷》《中国古代杂技》《中国杂技文丛：中国古代杂技史》[①] 等。然而众多论著相互因循，缺少创见，且多注重于汉代及之后的杂技研究。限于文献记载有限，先秦时期杂技研究非常薄弱，多依附艺术、乐舞、俳优、神话等研究之中。先秦器物纹样、文字、岩画中的杂技相关资料，多有遗漏。新出三星堆文化杂技相关资料乏人问津。再者，先秦器物多见怪异的设计纹样，令人费解，歧义纷呈。我们从杂技视角审视，却似可以得出比较合理的解释。本文在广泛搜集先秦杂技相关考古资料基础之上，辅之以文献记载，从杂技视角解释器物纹

---

[*] 本文系国家社科基金项目"多元一体视阈下先秦狄夏互融模式研究"（23BZS004）的阶段性成果。

[①] 聂传学：《中国古代杂技发展概略》(《神州文化集成丛书》)，新华出版社1992年版；刘荫伯：《中国古代杂技》（增订版）(《中国文化史知识丛书》)，商务印书馆1997年版；刘峻骧：《中国杂技史》，文化艺术出版社1998年版；史仲文主编：《中国艺术史·杂技卷》，河北人民出版社2006年版；赵芳编著：《中国古代杂技》，中国商业出版社2014年版；傅腾龙、傅起凤、徐庄：《中国杂技文丛：中国古代杂技史》，中国文联出版社2020年版。

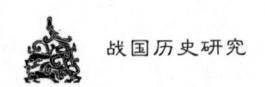

样的原形和含义,分析先秦杂技类型,考证杂技道具,进而探究先秦杂技起源、发展阶段及特性,抛砖引玉,以求教于学界。

一 先秦杂技的主要类型

从考古学资料来看,先秦时期中国杂技仅有三种类型——驯兽,技能(包括力技,技巧驭物,柔术等),滑稽(俳优),缺少幻术表演。

(一)驯兽杂技

五帝时代文献始载驯兽事迹。《史记·五帝本纪》《吕氏春秋·古乐》《尚书·益稷》《列子·黄帝》中都有相似的记载,舜时有一人名"夔",具备特殊的"击石拊石,百兽率舞"驯兽技能。《吕氏春秋》《尚书》益稷篇一般认为成书于战国。《列子》一般认为是魏晋时人所作。《史记·五帝本纪》所载五帝事迹,司马迁认为其言不雅训,相关记载亦是以疑存疑。鉴于众多文献均有记载,夔应该属于载于战国文献的五帝时代人物。因此,文献中最早比较可信的驯兽记载应该出现于五帝时代。另外,先秦诸子、《大戴礼记·五帝德》等文献记载众多帝王如黄帝、颛顼、帝喾等曾驭龙升天,或乘坐龙车巡狩四方。这些帝王神迹以神话传说的形式流传后世,其实质是古代驯兽技艺的折射。

1. 新石器时代的驯兽技艺

考古学龙山时代(新石器时代晚期,相当于文献所载五帝时代)晚期的良渚文化、卑南文化出土玉器中已经出现了多种驯兽杂技相关纹样。

良渚文化的神人兽面纹是最具代表性的驯兽纹饰。龙山时代后期良渚玉器纹饰中盛行神人兽面纹,原始画面是一人骑在野兽背上。随着时代的发展,该纹饰出现了简略、变异、组合和抽象化(图1)。学界对神人兽面纹的解释众说纷纭。笔者以为这种纹饰是驯兽的图像化、神化表现。神人兽面纹以抽象、隐晦的方式展现了良渚人的驯兽技能。追溯这种杂技表演的起源,应该是狩猎时代有特殊才能者驯化野兽。而拥有这种奇异驯兽才能者,一般被当时人视为具有神性的通灵之人,即巫觋。

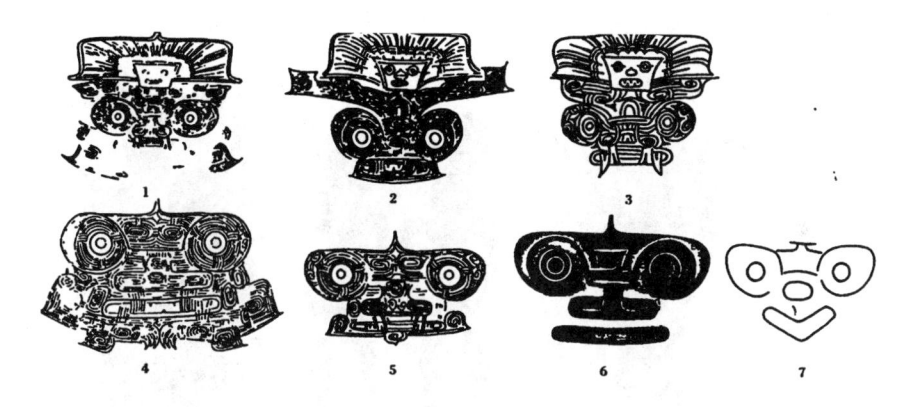

图 1　良渚文化神人兽面纹①

1. 反山 M22：20 璜；2. 反山 M22：8 璜形器；3. 瑶山 M2：1 冠状器；4. 反山 M12：87 柱形器；5. 反山 M22：11 冠状器；6. 反山 M22：78 半圆形饰；7. 反山 M23：67 璜

良渚玉器中有一件奇特的人、鼠、鸟共处的玉器（图2），更加直观地展示了良渚人的驯兽技能。此件玉器白玉质，高5.5厘米，宽1.3厘米，厚0.2—0.4厘米，出土于江苏省昆山市赵陵山77号墓，现藏于南京博物院。整体呈人兽复合形，最下面为屈肢男性像，头戴平冠，冠中突出一粗壮饰物，上面栖息一只鸟，人手上托一小松鼠，松鼠嘴巴与鸟腹相连。该器生动地展现了良渚人驯养鸟、鼠，并用之表演的驯兽技能。以新石器时代之人观之，古人驯化鸟鼠的技艺必然展示了非凡的神力，因此以珍贵的玉雕形式将此神奇表演的瞬间保存下来，晓喻世人。

新石器时代台湾卑南文化也出现了驯兽题材的玉器。卑南文化盛行佩戴玉玦。其中有一种人兽形玉玦的造型颇为奇特，有单人与兽合体形，也有双人与兽合体形（图3）。玉玦整体形象是一人或两人头顶一只四脚兽。该兽张嘴，翘尾，明显是一只活体四脚兽动物。古方先生认为此玉兽是台湾古越人的图腾。②从常识来看，人兽形玉玦表现的更可能是当地人驯兽的杂技表演。因为这种杂技表演非常受欢迎，并且在某种意义上可能展示了灵力，所以卑南人用玉雕的方式将驯兽杂技艺术再

---

① 图片来源：方向明：《中国玉器通史·新石器时代南方卷》，海天出版社2014年版，第234页，图3–161。

② 古方：《台湾史前时代人兽形玉器的用途和宗教意义》，《考古》1996年第4期。

现留存。

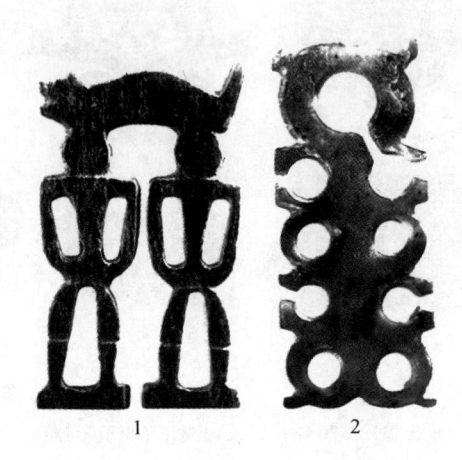

图2 良渚文化赵陵山出土玉人托鼠顶鸟插件（M77∶71）①

图3 台湾卑南文化出土人兽形玉器②

2. 商代考古资料中的驯兽形象

商人已经掌握了驯象的技能。文献中早已记载了商人驯象的事迹。如《吕氏春秋·古乐》载商人曾"服象"。商人服象也表现在文字方面。商代甲骨文"为"字，呈" "（《合集》1855），字形是一手牵一只象，是商人驯象技艺的文字再现。考古资料中也有鲜活的商人服象证据。安阳殷墟祭祀区发现埋有大象的祭祀坑，祭祀所用幼象的颈部悬挂铃铛，表明此象生前曾为人驯化。

商人驯虎的证据主要再现于青铜器纹样中。商代青铜器纹样中经常有虎（龙、鸟）食人的题材，这种纹样从商代开始，一直延续到东周时期。一般为一只虎（或龙）张开巨口，一人毫无惧色地与虎相抱，并将头探入虎口（图4）。此类纹样也有省略简化的图像，只留人头或人身；或者是两个大张巨口之虎，中间有一站立之人，呈一人搏双虎之态（图5）；也有省略人头，只留人身者；后世周代还有人骑虎的纹样

---

① 图片来源：南京博物院：《赵陵山》，文物出版社2012年版，彩版一二七：2。
② 图片来源：方向明：《中国玉器通史·新石器时代南方卷》，海天出版社2014年版，第314页，图5-22：1。

（图6）。《中国青铜器综论》列举了7件虎噬人铜器，1件龙噬人铜器。② 商代奇特的"虎（龙）噬人"纹样释义众多，歧见纷呈，学界主要有四种看法：第一，张光直等认为"作法通天的巫师与他所熟用的动物在一起，借助动物助理帮助巫师上宾于天，使人类世界与祖先和神灵沟通"；第二，石志廉等认为虎口下的人多为奴隶形象，是商周等级制度下奴隶受剥削的实证；第三，徐良高等提出虎口下人为敌方，猛虎为己方代表，将敌方人头置于虎头之下，显示作战中自身的威猛；第四，马承源等认为是体现龙、虎等的威慑力量，作辟邪之用。③ 第二、三种观点无法合理解释人骑虎纹样的意义，也无法解释一人搏双虎图像中，人的手或足化为爪的神化迹象。第四种观点在一定程度上合理解释了人虎结合纹样的功能，但没有阐释人虎结合图像的原形。从杂技视角来审视，最直观、较令人信服的解释自然是张光直先生的看法。无论是人骑虎，虎食人或一人搏双虎，还是省略了人身或人头的简略图像，这些人虎结合纹样原形都是人类驯兽杂技，力图展示表演者具有超凡的巫神之力。驯兽人被视为身具神力灵性，手足神化为爪，又引申为巫术的表现。商末中原地区的杂技已经相当繁盛。《史记·货殖列传》记载，商纣王曾"大聚戏乐之人于沙丘"。这些商代的"戏乐"应该包括了驯虎等杂技。殷商遗民世代传承技艺，一直聚居于该地。直到战汉时期，建国于该地域及周边的中山国依然盛行杂技。

图4　商代后期虎食人卣①

---

① 图片来源：宋镇豪：《中国风俗通史·夏商卷》，上海文艺出版社2001年版，彩版23。
② 朱凤瀚：《中国青铜器综论》，上海古籍出版社2009年版，第607—608页。
③ 张光直：《商周神话与美术中所见人与动物关系之演变》，《中央研究院民族研究所集刊》1963年第16期；石志廉：《谈谈龙虎尊的几个问题》，《文物》1972年第11期；徐良高：《商周青铜器"人兽母题"纹饰考释》，《考古》1991年第5期；上海博物馆青铜器研究组编：《商周青铜器文饰》，文物出版社1984年版，"叙"，第16页。

图 5　阜南龙虎尊图①

图 6　陕西许家胡同铜饰人骑虎纹②

商代晚期三星堆文化新出青铜器纹样中再现了古人驯服怪兽的技艺。2023 年 1 月，三星堆 3 号坑出土的顶尊跪坐人像和 8 号坑出土的青

---

① 图片来源：朱凤瀚：《中国青铜器综论》，上海古籍出版社 2009 年版，第 611 页，图五·四二：2。
② 图片来源：罗红侠：《周原出土的人物形象文物》，《文博》1993 年第 6 期，第 90 页，图一：2。

铜神兽，利用三维扫描技术成功拼合在一起。三星堆青铜骑神兽顶尊跪坐人像（图7）主要由三部分组成，底座是站立的神兽，中间是跪坐人像，最上部是人头顶着的铜尊。该器整体高度超过2米，顶尊跪坐人像高1.15米，神兽高约0.95米。按比例来看，神兽约有一人高，铜尊也有约一人高。最为奇特的是，神兽头顶还站立一头戴神冠，身穿长袍的小人像。长袍小立人和顶尊跪坐人像共同乘坐一只神兽，形象生动地再现了三星堆人高超的驯兽技能。顶尊跪坐人像能够驯服怪兽，并以之为坐骑，已是非同凡响。长袍小立人能够站立在神兽头顶，这种杂技技巧已经出神入化，近于神迹。就两人展示的杂技技巧程度来看，长袍小立人显示的平衡性技巧更为高超，顶尊跪坐人像更侧重于显示力技。长袍小立人体型虽小，却立于顶尊跪坐人像之前，这种排位表示前者是主神，后者可能是神侍，负责驾御神兽，携带铜尊等祭祀鬼神之器。长袍小立人和顶尊跪坐人像的身体大小比例差距很大。这种比例一方面有可能是铸造时因技术问题而失真；另一方面也可能是故意通过夸张神侍巨大的体型，显示其力量非凡。顶尊跪坐人像显示的更多是力量，而非技巧，可能是后世蜀地尊奉的五丁力士神的原初本象。三星堆出土的众多人像中，身穿长袍者最为高大，被视为主神。这印证了骑神兽长袍小立人超凡出圣的身份。借助驯服神兽，臣服力士这些神迹，长袍小立人遂成为三星堆人心目中的主神。

  2号坑出土铜神坛的造型也显示了相似的驯兽杂技表演场景。复原后的铜神坛通高约0.5米，由四部分组成，两只神兽为底层，神兽背驮圆盘上站立4人为第二层，四人头顶的山形器为第三层，山形器顶托神坛及立鸟为第四层（图8）。如果揭去神性的面纱，以最接近普通人的视角来审视此器物的造型，我们发现神坛的纹样实际是一场高超杂技表演的再现，驯服的怪兽为底座，怪兽承载圆盘，圆盘上站立4个表演者，4人密切配合，用高超的技巧保持自身的平稳和头顶器物的平衡。如果神坛中铸造的约20个小人并不是装饰纹样，而是真正的人，那这个神坛显示的杂技技巧是两兽驮4人，4人顶20人的三层叠罗汉杂技。这种杂技的技巧难度明显高于骑兽顶尊人像，其水平之高令人叹为观止。

图7　三星堆骑兽顶尊人像①　　图8　三星堆铜神坛（K2③：296）②

汉代之后的文献（《列女传·孽嬖传·夏桀末传》载："夏桀……收倡优、侏儒、狎徒，能为奇伟之戏者，聚之于旁。"《路史》亦载：夏桀"广优猱，戏奇伟"。）称夏桀创"奇伟之戏"。这种奇伟之戏究竟如何，我们不得而知。学界一般认为夏文化与三星堆文化同源，或曾经有人群、文化的交流和传承。三星堆出土青铜器中高达2米的双人驯兽形象，多达四层的叠罗汉杂技阵容，堪称奇伟，从中或可窥得夏代奇伟之戏的一斑。

西周铜器中也有少量驯兽纹样。周人传承了商人的驯象技能。西周早期青铜器器型中出现驯象题材。如MIHO博物馆所藏象尊（图9），表现为一只大象背驮一只尊，正是西周人驯象形象的再现。

战国时期，驯兽杂技有了全面发展，出现了多种表现形式，包括骑兽、弄蛇、驯鸟、耍猴等。战国青铜器造型中多见骑兽的杂技形象。如

---

① 图片来源：吴晓铃：《四川：高约两米，三星堆青铜神兽与顶尊跪坐人像成功"合体"》，微信公众号《考古中的国》，2023-01-04。
② 图片来源：吴晓铃：《四川：高约两米，三星堆青铜神兽与顶尊跪坐人像成功"合体"》，微信公众号《考古中的国》，2023-01-04。

考古学视野下的先秦杂技研究

战国早期的牺背立人盘（山西博物院藏，1965年出土于山西长治分水岭 M126），展示一束发女性站立在一头稀有的野兽"獏"背上，手扶一巨大的镂空圆盘底柱（图10）。这件器物造型明显是女子表演驯兽杂技的场景再现。此器表现的景象正是动物身上站立一人或多人，做各种动作的杂技表演。该器物的牺兽、女俑都是杂技表演者，镂空圆盘应是底座一类的杂技道具。

图9 西周象尊（MIHO博物馆所藏）[①]

图10 山西长治分水岭出土牺背立人盘（M126：541）[②]

战国中晚期中山国出土器物纹样中也多见杂技题材。如中山国银首人俑灯，人俑一手持握一条蛇，蛇头顶着灯盏，另一手持一竹竿，上一只猴子，明显表现的是弄蛇耍猴的杂技（图11：1）；十五连盏铜灯（图11：2）整体为在一棵大树下两人逗弄树上的猴子，表现的是驯猴杂技。

战国楚地出土中山国玉器纹样中也有杂技场面。战国时期楚国湖北枣阳九连墩2号墓出土一件玉器（图12），三人叠罗汉，一人在最上面，踩在二人头顶，二人踩在一头奔跑的野猪身上。据人物衣服上的纹

[①] 图片来源：朱凤瀚：《中国青铜器综论》，上海古籍出版社2009年版，第10页，彩图一·一〇：3。

[②] 图片来源：山西省考古研究所，山西博物院，长治市博物馆编：《长治分水岭东周墓地》，文物出版社2010年版，彩版一四。

路来看,应为流入楚国中山国玉器。

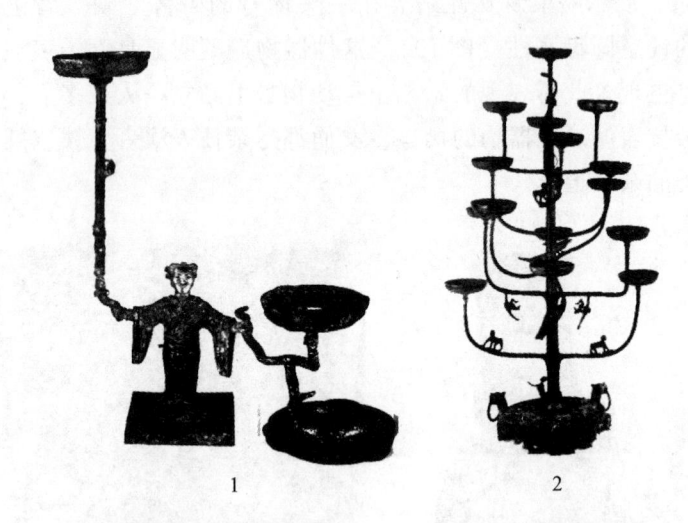

图11 中山王墓出土银首男俑铜灯(1)和十五连盏铜灯(2)①

这件玉器展现了叠罗汉和驯兽两种杂技的综合表演。这与现在的多人共骑一马的杂技非常相似,只不过难度更大一些。此外,有一件流失在美国福格美术馆的中山国玉器(图13),表现的是一人在下,双手托举两人的杂技。沈从文、欧阳摩壹都认为玉人的服饰纹样与上述一致,也应是中山国玉器。②

再者,战国青铜器多以虎、犀等怪兽为器足,这种造型展示的应是驯兽驮物的杂技表演。如战国中山国铜器中的错金银怪兽;以虎、犀牛等异兽为支脚的屏风座(图14)。这些野兽的脖颈上都戴着项圈,必定是经过驯化的表演性质的动物。战国中山王墓出土了两具项戴金银制项圈的狗骨,应是中山王的爱犬,也是中山王驯狗,并热衷于"走狗"杂技的实证。③

---

① 图片来源:河北省文物局编:《战国中山文明》,岭南美术出版社2001年版,图版22,23。
② 转引自陆建芳主编,欧阳摩壹著《中国玉器通史·战国卷》,海天出版社2014年版,第168页。
③ 河北省文物研究所:《厝墓——战国中山国国王之墓》,文物出版社1996年版,第95页。

考古学视野下的先秦杂技研究

图12　战国中山国三人踏豕杂技① 　　图13　美国福格美术馆藏中山国叠罗汉杂技玉器②

图14　战国中山国王墓出土戴项圈的驯服野兽③

---

①　图片来源：陆建芳主编，欧阳摩壹著：《中国玉器通史·战国卷》，海天出版社2014年版，第168页，图5-50。
②　图片来源：沈从文：《中国古代服饰研究》，上海书店出版社2011年版，第44页，图九：4。
③　图片来源：河北省文物局编：《战国中山文明》，岭南美术出版社2001年版，图版24、27。

战国历史研究

通过众多出土青铜器、玉器的纹样，湮没于历史的中山国杂技艺术生动地再现于我们面前。众多杂技相关器物出土于中山王墓中，说明中山王宫中经常上演杂技项目，并且深受中山王喜爱，以致杂技表演场景或动物被铸成器物，并随葬入墓。中山国王宫中应该有一支相当规模的杂技表演队伍。中山国杂技团驯养了虎、犀、野猪、猴、蛇、怪兽等野兽，可以表演弄蛇、耍猴、野兽驮物，野兽驮人，三人叠罗汉等丰富多彩的杂技项目。《史记·货殖列传》记载中山之地男女平时相聚游戏，习为倡优，并且指出这种好游戏的民间风俗起自商末，因为商纣王将大批戏乐之人集中在沙丘的离宫别馆之中，经过世代传承，到战国时期遂成地方习俗。

河南洛阳金村出土一件站立的女孩铜像，两手各持一根棍子，每根棍子顶端停歇一只小鸟，其中一只还拴有链子；河南辉县出土一件骑在虎上嬉戏的玉雕男孩（图15）。上图显示，战国时期儿童弄鸟骑虎都是常见的游戏。儿童游戏一般源自对现实生活实景的模仿。这些玉器、铜器纹样生动有趣，从侧面反映了战国时期儿童喜闻乐见的杂技表演中一定经常出现驯鸟、驯虎的节目。

图15　战国弄雀青铜女孩和骑虎玉男孩[①]

---

① 沈从文：《中国古代服饰研究》，上海书店出版社2011年版，第67页，图二九。骑虎玉男孩图片原出于《辉县发掘报告》；弄雀青铜女孩图片原载《洛阳金村古墓聚英》。

(二) 技能杂技

早在新石器时代，杂技技能表演已经出现萌芽。红山文化内蒙古那斯台遗址发现一件石雕人像（图16），脸部抽象，短发，呈跪坐之姿，头顶三块扁平的石头，双手相对，置于腹部，应该是杂技顶物技能的最初形象。

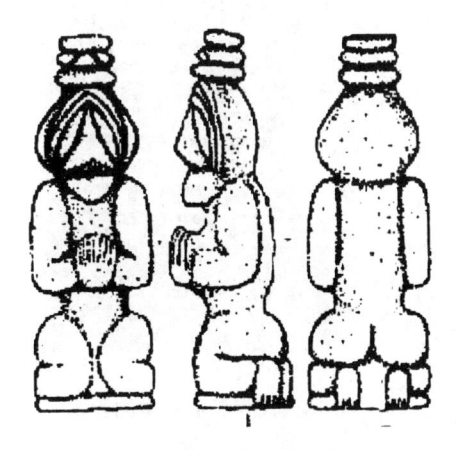

图16　内蒙古那斯台遗址出土石人①

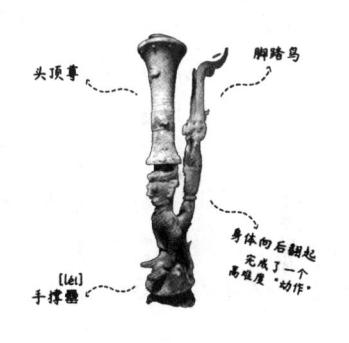

图17　三星堆遗址出土顶尊鸟足铜神像（新华社图片）

商代的甲骨文、青铜器、玉器中都有技能杂技的身影。

1. 柔术

商代晚期三星堆文化中的柔术已经登峰造极，引人入胜。目前，中国最早的柔术再现于三星堆文化出土的顶尊鸟足铜神像（图17）。这尊神像通高超过1.5米，分为三部分：下部是立于方座之上的有盖圆罍；中部是双手撑罍的人物；上部为人像用头顶着的觚形尊。神人头顶铜尊，双手撑于铜罍之上，以手为全身的支点，腰部向上弯曲，脚化为鸟爪抓住一鸟。该器整体呈U字形，双脚的高度已经超过头部。

---

① 图片来源：董文义、韩仁信：《内蒙古巴林右旗那斯台遗址调查》，《考古》1987年第6期。

这种头顶尊、手撑叠、脚抓鸟的高难度体态，显然非常人可以做到，应该是上古柔术的神化。学界一般认为战国时期孟尝君门客的"狗偷"技巧是文献记载最早的柔术。三星堆文化出土的顶尊鸟足铜神像意义巨大，一方面将柔术的出现提前到商代晚期，比文献所载早了一千余年；另一方面也表明杂技起源的多源性。商代晚期，不仅殷商文化中心地区盛行杂技，遥远的西南地区三星堆文化也萌生了技巧类杂技。商代晚期巴蜀地区的杂技发展水平已经非常高超，以神像的形式留存在青铜器造型中。其中最具代表性的柔术当属 U 字形的高难度体态的顶尊鸟足神像。三星堆人将此杂技之术视为神术，掌握并表演此技巧的杂技艺术家则被神化为鸟神，在表演时脸上还要佩戴鸟形面具，脚穿鸟爪形的道具。三星堆文化顶尊鸟足铜神像既是古代技巧型杂技的再现，也折射了娱神应是杂技的重要起源之一。令人惊异的是，在汉代画像石（图18）中，类似的柔术杂技形象比比皆是，大同小异，反映出从商代到汉代柔术技巧的一脉相承。

图 18　汉代画像石中的柔术[①]

2. 顶物、倒立等平衡性技巧

平衡性技巧杂技早在商代已经出现。商代已经出现了高跷这一杂技。甲骨文"尧"字，作""，其形即为一人头顶一支横杆，杆两头各立一物。这一高难度动作显然是最早的顶物杂技在文字上的体现。中国历史博物馆收藏一只商代顶碗玉人，玉人双腿叉立，头顶三只碗，碗上有一状似果实的圆形物。甲骨文中的""，字形即为一人头下脚上

---

① 图片来源：严福昌、肖宗弟主编：《中国音乐文物大系·四川卷》，大象出版社1996年版，第172页，图3.3.19：彭县征集东汉盘鼓舞画像砖。

倒立之形"🙋",也是商代存在倒立杂技的文字学证据。① 可知,顶碗、倒立等平衡性技巧类杂技在商代已经出现了。

3. 力技

力量性表演杂技也出现于商代。商代晚期三星堆遗址出土铜神坛中有五丁力士,以头、肩、手托举起另一层神仙境界。这无疑是力量型杂技的神化再现。商周青铜器中多见力士举鼎、扛鼎的形象。一般表现为各种青铜器器足为人形。一个人如果力能扛鼎,必非常人。因此这些常见的人形足青铜器也是力量型杂技的体现。

4. 角抵之戏

商代已经出现表演性质的摔跤,也属于杂技。卢金峰通过对甲骨文"鬥"字形和卜辞记载内容的考证,认为"摔跤运动早在殷商时期就已经存在,其在商代被广泛称为'鬥',其本义就是指两人徒手相搏,其性质表现的是技击与对抗"②。

周代依然存在角抵之戏。战国时期,陕西长安沣西客省庄战国墓葬出土了一件铜牌饰(图19),其上出现两人,头发散开垂至肩膀,上身赤裸,下身着长裤,互相搂抱摔跤,头上有一只飞翔的鸟,两旁树下还有两匹戴着笼头、背上有鞍垫的马。从发型、裤子来看,铜牌刻画人物应该是中国古代北方民族形象。目前,这个铜牌饰上的摔跤场景是我国历史上最早的角抵戏图。③

故宫博物院藏战国燕乐渔猎攻战纹铜壶纹饰(图20)中的楼阁宴乐场景中也有杂技表演。纹饰中楼下右下角有两个表演艺人,一人身后有一高高在上的旗杆,双臂向前平伸纵跃在空中,一人跪坐在地,双手握持一种道具,欲承接空中之人,旁边还有一只动物前肢抬起,单足直立。整个场景似乎在表演空中飞人杂技。

---

① 聂传学:《中国古代杂技发展概略》(《神州文化集成丛书》),新华出版社1992年版,第14—15页。
② 芦金峰:《殷墟甲骨文及卜辞所见商代摔跤考》,《成都体育学院学报》2020年第2期。
③ 盖山林:《中国岩画学》,书目文献出版社1995年版,第180页。指出,阴山布敦毛德沟山顶有一幅两人相抱摔跤的角抵图岩画。但是因为岩画的年代无法准确确定,所以此处不用为最早的角抵图。

图 19 战国透雕铜牌饰（陕西长安客省庄 M104 出土）上二的角抵之戏①

图 20 故宫博物院藏战国铜壶纹饰上的杂技②

成都百花潭错银铜壶宴乐纹（图 21）右下角有三个跪坐在地的人

---

① 图片来源：考古研究所沣西发掘队编：《1955—57 年陕西长安沣西发掘简报》，《考古》1959 年第 10 期，第 527 页，图十二下。
② 图片来源：沈从文：《中国古代服饰研究》，上海书店出版社 2011 年版，第 77 页，图三一（部分）。

形，其中一人手持剑状物，对面一人两手伸出，似欲接物，身后有一只鼎，鼎中还竖立一支长杆，显然并非寻常烹饪之器。另一人双膝着地，双手前伸，正在做某种高难度的姿势，左侧有一只浮在空中的碗状物，碗的左侧奔跑着一只形似斗鸡的动物。这三人姿势怪异，且身旁的碗、鼎、剑、长杆都是杂技表演中常见的道具。古代杂技中有顶碗，弄剑，举鼎、爬杆、斗鸡等节目，推测这三人应该是杂技艺人。

图21　成都百花潭错银铜壶宴乐纹中的杂技①

（三）滑稽（俳优）杂技

先秦时期，侏儒因身材矮小肥胖，长相奇特，天生异于常人，引人发笑，一般充当滑稽逗趣的俳优。在文献中，俳优最先见于《国语·晋语》载："侏儒扶卢"，"侏儒不可使援"。战国早期中山鲜虞族墓出土凸铸狩猎宴乐图盖豆（M8101：2，图22），纹饰中有二层楼阁，一楼有一排乐者，从左到右有吹笛者1，击钟者1人，指挥者1人，击磬者1人，舞者1人，舞者右边有一人正在跳跃，左足离地，两臂向左平举，身形明显较为肥胖滑稽，应该就是"俳优"的形象。

无独有偶，山东临淄东古战国墓（M1019）出土了一组7件不同寻常的陶俑。② 这组陶俑滑稽诙谐，极富个性色彩，其中有的面部戴着兽

---

① 图片来源：沈从文：《中国古代服饰研究》，上海书店出版社2011年版，第80页，图二八：1（部分）。

② 山东省文物考古研究所、齐城遗址博物馆：《临淄东古墓地》，《海岱考古（第一辑）》，山东大学出版社1989年版。

头形、猴形面具；有的正在做滑稽的动作（图23）。王廷信认为这组陶俑表现的应该是战国文献所载的俳优形象。①

图 22　战国早期中山国出土铜器纹饰上的优②

图 23　山东临淄东古墓出土战国陶俑③

---

① 王廷信：《值得关注的一组俳优戏俑——兼论战国优人的表演》，《东南大学学报》（哲学社会科学版）2003 年第 1 期。

② 河北省文物研究所：《战国中山国灵寿城：1975—1993 年考古发掘报告》，文物出版社 2005 年版，第 278 页，图二一四（部分）。

③ 图片来源：吴钊：《追寻逝去的音乐踪迹：图说中国音乐史》，东方出版社 1999 年版，第 90—91 页，图上 8.26，27，28，29。

二　先秦杂技道具研究

先秦时期杂技五花八门，多种多样。杂技表演需要使用各种各样的道具。在先秦时期的考古资料中，车形匜、面具、带铃器三种器物可能是杂技使用的道具。

（一）先秦驯兽杂技道具——车形匜

现代马戏杂技团一般拥有装饰华丽的运输车辆，既可扩大宣传以招揽顾客，也可作为活动的表演舞台道具。先秦时期，这种杂技表演车辆以微缩铜器形式随葬入墓。先秦铜器中有一种车形铜盒。这种车形铜盒的用途争议很大，有冥器挽车说、化妆品盒说、玉器首饰盒、非实用"弄器"或"看器"说，等等。[1] 先秦铜器的纹样往往反映了铜器的功用。愚以为分析这些车形铜盒的形制和装饰纹样，或可有助于了解其功用。目前，山西垣曲北白鹅两周之际的 M6[2] 出土 5 件方盒，其中有两件车形盒。其一残，仅存大小车轮，车轴，牛头，立人等；另一件（M6∶53）整体长 10.4 厘米、宽 7.1 厘米、通高 13.5 厘米，形如长方形的两轮车辆，车轮可转动，车顶为两扇可开合的盒盖，上饰两鸟，盒身装饰有两只卧牛、多只龙形（或虎形）动物。尤其特殊的是，与盒体同出一头拉车的铜牛（图 24）。相似车形铜盒还见于山西闻喜上郭村西周墓出土两件（89WSMM7∶2、M374∶14，17，18，19）、甘肃礼县圆顶山春秋秦墓出土一件（98LDM1∶9）。闻喜上郭村西周墓出土铜盒（M7∶2），又名刖人守囿铜挽车（图 25），长 13.7 厘米、宽 11.3 厘米、高 9.1 厘米，为厢式六轮车，有两大、四小六只轮子，车身饰猴、虎、鸟等 14 种立体动物，1 个失去左脚，挂拐的裸体残疾人把守车门。该车饰以各种立体的可以转动的珍禽异兽，匠心独运，宛如一座活动的小型动物园。闻喜上郭村 M374 出土车形盒（原文称铜车），为长方形厢式四轮车，通高 6 厘米、舆长 10.3 厘米、宽 7 厘米，上饰猴、鸟、犬等动物形象（图 26）。圆顶山秦墓 M1 出土的车形铜方盒（图 27），通高

---

[1] 杨及耘、曹俊：《山西垣曲北白鹅墓地出土铜盒》，《江汉考古》2021 年第 2 期。
[2] 杨及耘、曹俊：《山西垣曲北白鹅墓地出土铜盒》，《江汉考古》2021 年第 2 期。

8.8 厘米，盒体长 11.1 厘米、宽 7.5 厘米、高 2.9 厘米，整体仿佛一辆四轮小车，车门、车轮均可开合转动，饰 4 鸟（可转动），4 虎，1 熊，1 人。①

图 24　垣曲北白鹅墓葬出土车形盒（M6∶53）②

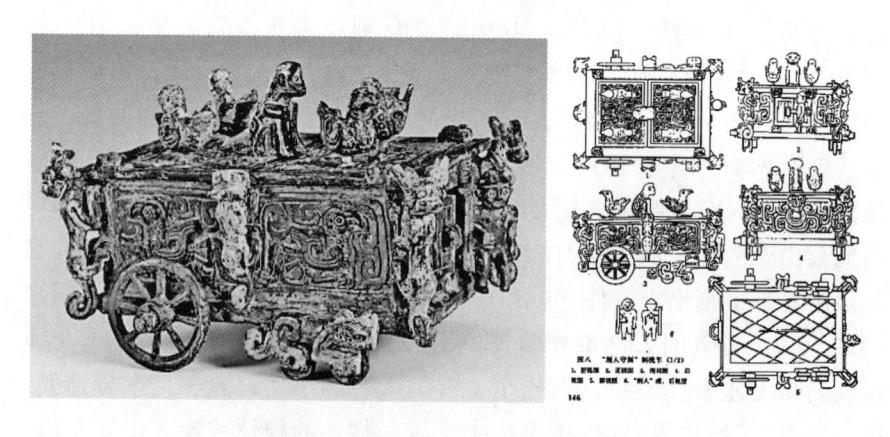

图 25　闻喜上郭 M7 出土铜方盒③

---

①　甘肃省文物考古研究所、礼县博物馆：《礼县圆顶山春秋秦墓》，《文物》2002 年第 2 期。

②　图片来源：杨及耘、曹俊：《山西垣曲北白鹅墓地出土铜盒》，《江汉考古》2021 年第 2 期，第 40 页，图版一∶1。

③　图片来源：胡春良：《闻喜上郭出土的著名青铜器西周〈刖人守囿铜挽车〉》，《铸造设备与工艺》2019 年第 3 期，第 58 页，图 1。线图来源：山西省考古研究所：《闻喜县上郭村 1989 年发掘简报》，《三晋考古》第一辑，山西人民出版社 1994 年版，第 146 页，图八。

考古学视野下的先秦杂技研究

图 26　闻喜上郭 M374 出土铜方盒①

---

①　图片来源：山西省考古研究所编：《闻喜上郭村古墓群试掘》，《三晋考古》第一辑，山西人民出版社 1994 年版，第 110 页，图十四。

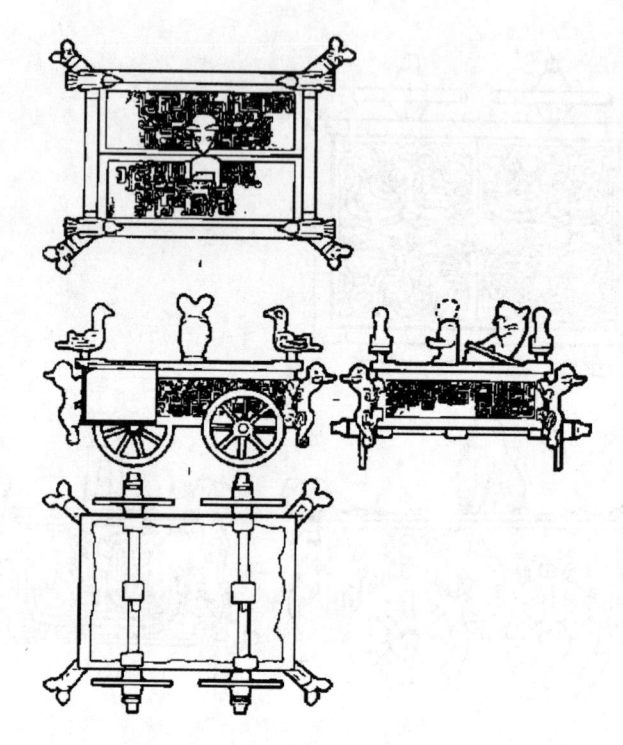

图27　礼县圆顶山秦墓出土铜方盒（98LDM1∶9）①

此外，李零《说匲》②一文中提供了另外两件车形盒，一件见于《西清古鉴》卷三八"唐方车香熏"③（图28），一件现藏于保利博物馆（图29）。

分析以上资料，这六件（共有七件，一件残）完整的车形铜方盒有两轮、四轮、六轮之分，但设计造型非常统一。主要共同之处在于：第一，都呈现车型，且车轮可以自由推动牵引，车门可开合。北白鹅铜盒还特意将拉车的带鼻环的牛一同铸成。这表明车形盒的造型创意来源于现实中用牛驾驶的实用车辆。车辆分别是2轮、4轮、6轮的厢车，明

---

① 甘肃省文物考古研究所，礼县博物馆编：《礼县圆顶山春秋秦墓》，《文物》2002年第2期，第16页，图一八；第19页，图二三。

② 李零：《说匲——中国早期的妇女用品：首饰盒、化妆盒和香盒》，《故宫博物院院刊》2009年第3期，图三十八，图三十九。

③ （清）梁诗正，蒋溥等编撰：《西清古鉴》，学苑出版社1998年版，第846页。

考古学视野下的先秦杂技研究

图 28 《西清古鉴》载铜方盒　　图 29 保利博物馆藏铜匜

显是装载物品的载重车，根据装载物的多少大小而有大、中、小型之分。第二，车身装饰生动有趣的动物。车形盒均以各种可以活动的猴、鸟、熊、虎等立体动物或动物纹饰作为装饰，栩栩如生，精妙异常。这些装饰性动物可能就是车内所载之物。第三，常有专人看管动物。北白鹅铜盒残件中有立人；圆顶山秦墓铜盒盖饰有与熊对坐之人；上郭铜盒（M7∶2）有守门的残疾人，保利博物馆藏铜盒盖上也有立人形。这些人形装饰显然体现了驯化看管动物的管理者形象。尤其应该注意的是，圆顶山秦墓铜盒盒盖之上，铸有一熊与一人相对而坐。这种形象表现的应该是杂技中的驯熊节目。驯熊也是现代社会常见的杂技节目。车饰中的猴、鸟、虎等动物更是驯兽杂技的主要对象。上郭车形盒中老虎踩踏两个小车轮的造型，形象再现了驯虎踩轮的杂技节目。第四，车形盒的器形小巧玲珑，长度都在 10 厘米左右。李零等学者认为出土铜盒的墓葬多属贵族女性。[1] 以此而论，喜爱和使用这种小巧的车形铜盒者应该多为女性。这些无轮、二轮、四轮、六轮的厢车，虽然装饰纹样有的简洁，有的繁复，然而都装载各种灵活可爱的鸟、猴、熊、虎等驯服的珍

---

[1] 李零：《说匜——中国早期的妇女用品：首饰盒、化妆盒和香盒》，《故宫博物院院刊》2009 年第 3 期；方辉：《试论周代的铜匜》，《收藏家》2009 年第 6 期；杨琳：《西周至春秋时期女性贵族墓葬研究》，博士学位论文，吉林大学，2019 年。

禽异兽，并有专人看管，且深受女性喜爱。综合考虑以上特征，显然车形盒的造型创意来源于先秦时期人们驯养动物的笼子。如果驯兽者属杂技马戏团，也可兼做驯兽表演、宣传的车辆。

车形方盒定名为"柙"更为适宜。目前，青铜车形方盒的定名非常混乱，主要有挽车（铜车），方盒（车形方盒，车形器），匲（李零）等说法。挽车说并不可信，戴春阳先生已经撰文驳斥。① 方盒、车形方盒或车形器仅是描述其基本形制的通俗称谓，并非古代器物专有之名。匲说的证据尚且不足，目前为止并未在出土车形盒内找到装饰品、化妆品或香料等物品。匲，一般只是木质的用来藏小型珍贵物品龟、玉之类的盒子，李零先生已经指出不适用于方盒的定名。愚以为此车形盒更接近于"柙"。《说文解字·卷六》曰："柙，槛也，以藏虎兕。从木甲声。古文柙。乌匣切。"《广韵》亦载：（柙）"槛也，以藏虎兕。"《论语·季氏将伐颛臾》载："虎兕出于柙。"《管子·中匡》载："生缚管仲，而柙以予齐。"《庄子·刻意》载："有干将之剑者，柙而藏之。"文献显示"柙"有两个基本含义：原义为关闭猛兽的笼槛，亦指押解犯人的囚笼或囚车。引申出第二个意思，古同"匣"，收藏东西的器具。用作囚笼或囚车的柙应该比较大，缩小的囚车就是车形盒，用来贮藏东西，即是"柙"的第二种释义"匣"。车形盒的原型应是有轮子，可以方便拉动的，用来运输猛兽或押解罪犯的大型囚车。车形盒的造型设计有可以转动的车轮，方便运输；其上装饰的各种动物、人形纹样更符合关押动物或囚犯②的定义，因此，车形方盒定名为"柙"（或匣）更为合理。

（二）杂技表演面具

杂技表演者普遍佩戴各种各样的面具。这种面具起源甚早，最早可

---

① 戴春阳：《礼县春秋秦墓出土四轮方盒非载枢"挽车"考》，《陇右文博》2012年第2期。
② 垣曲北白鹅墓葬出土的两件方形铜盒（M6∶51，M9∶10），虽非车形盒，但其盒盖上都特意装饰有一个跪伏的惊恐裸人，表示的应是与猛兽共同关押于柙中，用来喂养猛兽的奴隶或囚犯形象。

追溯到新石器时代。距今约 8000 年的河北易县北福地遗址①祭祀场所出土了人、猪、猴、猫等各种形态的陶刻面具。这些面具四周有小穿孔，且出土于一片专门建造的平整的长方形祭祀地面周围。可以想见，古人在夜幕中，围绕火塘，佩戴面具，载歌载舞，颂扬鬼神，娱乐自身。这些陶面具无疑应该是表演者佩戴的道具。

商代玉人中多有戴面具者。商代晚期河南省安阳殷墟妇好墓出土了头戴鸟形面具的玉人（图30）。该玉人整体为下蹲形人身，下肢弯曲，人眼，却有尖锐弯曲的鸟嘴，高大的鸟冠，手肩部位生出翅膀，明显是人头戴面具装扮成鸟的形象。这件玉人可能表现的是商人心目中的鸟神形象。

西周玉器中出现了更高级的双面面具。河南省鹿邑县太清宫长子口西周墓出土一件跽坐形玉人佩。玉人正面为虎头人身，老虎大口怒张，双目睁开，小鼻，双耳直立头顶，虎头之下的人体呈跪姿，向前倾斜，双手放于屈膝之上。玉人背面为一蹲立的鸮的形状（图31），双耳直立，环眼大张，尖钩嘴，双翅缩于胸前。长子口玉人形象再现了头戴虎头和鸮头双面面具的表演者。该玉人代表着虎和鸮两种动物集于一人之身。虎和鸮都具有英勇善战的特性。佩戴者应该是以玉比德，希望自己拥有虎和鸮一样的骁勇精神。

图30　商代戴鸟头面具的表演者[②]

（三）驭物杂技道具——带铃器

带铃器物一般都是杂技表演的道具。现今铃铛既是重要的乐器，也是歌舞杂技表演的重要道具。早在史前时期，青海已经出土了铜铃。[③]

[①] 段宏振主编：《北福地：易水流域史前遗址》，文物出版社 2007 年版，第 110—111 页。

[②] 图片来源：陆建芳主编，喻燕姣、方刚著：《中国玉器通史·夏商卷》，海天出版社 2014 年版，第 241 页，图 4-101。

[③] 刘宝山：《青海史前铜铃》，《文物季刊》1995 年第 2 期。

正面

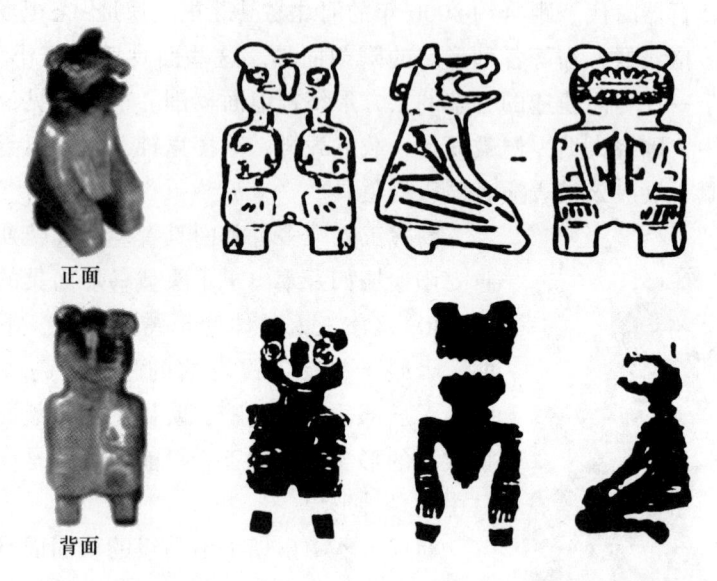

背面

图31　西周戴虎头面具的表演者（西周长子口墓 M1：367）①

中原地区自陶寺文化开始出现铜铃。夏代晚期二里头遗址贵族墓葬出土铜铃，并与绿松石镶嵌的龙形器共存。铜铃与神龙共出，折射出其非同一般的神性，显然铜铃也是祭神乐舞之器用。商代晚期，晋西北地区的李家崖文化出土数量众多的带铃器，器型有球铃器、丸铃容器和悬铃容器三类：球铃器包括刀（匕）②、短剑、弓形器、簪等；丸铃容器包括豆（保德林遮峪出土两件）；悬铃器包括觚、豆、俎等等。在全面搜集悬铃容器资料的基础上，苏荣誉认为悬铃器始于商代中期，衰于东周之初，商代悬铃器品类较多，主要包括觚、簋、尊、罍和俎等，出土地点南北都有。③ 西周至两周之际的悬铃器种类较为单一，主要是方座簋，还有少量的罍、豆、盘、卣、方彝、盉、筒形器等。西周悬铃器主要出土于宝鸡、随州和晋南三地。其中宝鸡、随州所出主要是西周早期之

---

① 图片来源：陆建芳主编，吉琨璋著：《中国玉器通史·周代卷》，海天出版社2014年版，第173页，图2-182。

② 乌恩先生考证，铃首刀最早出现于中国北方。参见乌恩《殷至周初的北方青铜器》，《考古学报》1985年第2期。

③ 苏荣誉、吴世磊：《桃江金泉青铜马簋及其相关问题研究（下）——兼论马形器、长颈牺首饰和悬铃诸器》，《湖南省博物馆馆刊》2018年第14辑。

器，晋南所出则从西周早期延续到西周晚期。

刀、剑、簪等的球形铃首应该是起到装饰和奏乐的双重作用。但平稳放置的容器底座内部所置之丸或所悬之铃一般并不会发出响声，也看不到，不具有装饰功能。独特的设计必然应该有独特的功用。朱华东指出悬铃器的产生可能"源于某地特殊文化，是当地贵族对悦耳铃声的喜好，使用者的身份或较特殊"[1]。孙明视悬铃器为"祭祀仪式上祖先神灵的一种回应，增加仪式的神秘感"[2]。从常识来看，如果没有人来舞动这些悬铃器，悦耳的铃声或祖先的回应铃声都不可能出现。因而以上两种观点都不能令人信服。笔者以为，如果从乐舞祭神的道具视角来审视悬铃器，或可合理解释其功用。商周时期出土的悬铃容器数量稀少，且均为祭祀用礼容器瓿、豆、簋、盘、卣、俎、尊、罍等。带铃容器的使用功能应该与祭祀礼仪中娱神的歌舞杂技表演有关。杂技项目中有一种驭物技能表演，所使用道具中有铃，或其他带铃器。表演歌舞杂技者手执带铃器，随着动作起落，铃声阵阵，既是节奏，也是乐音。可以想象，商周之人以此铃音伴舞，召唤鬼神降临，娱神之舞，迷人之音，共同构成了祭祀请神仪式。商末周初李家崖文化分布区属于鬼方等戎狄民族居住地。戎狄之人社会文化、信仰习俗与中原华夏之人具有明显区别。商周时期大量带铃器集中出土于晋西北、晋南的戎狄分布地，显示带铃器可能源于戎狄之人娱神表演时所用道具。随着戎狄与华夏的交融，这种娱神之器渐渐传入散布于南方等其他地区。

总之，先秦时期杂技有着悠久的发展历程，众多的表演形式。杂技使用的道具必然是纷类杂呈，五花八门。铜车形盒，面具和带铃器只是先秦留存杂技道具的少数。这三种器物应该还具有其他功能，并不仅仅限于杂技表演道具。考古学资料中应该尚存大量的杂技道具，等待着人们去发现。

三　先秦杂技的来源、发展阶段及特性

从新石器时代到商周，考古资料中发现了大量杂技相关资料。通过

---

[1] 朱华东：《人形器足与悬铃——以晋侯墓地出土青铜筒形器为缘起》，《文博》2011年第4期。

[2] 孙明：《商周时期悬铃青铜礼器赏析》，《收藏家》2016年第4期。

对上述资料的分析研究，可以明晰先秦杂技的来源，梳理其两大发展高潮时期，并归纳总结其阶段特征。

（一）先秦杂技的来源

先秦杂技的来源多种多样，纷繁复杂。《中国古代杂技发展概略》指出，"杂技自渔猎农牧起源，经春秋战国勃兴，至此时（秦代），开始有了一个比较完整的规模，并作为真正的表演艺术走进宫廷。"[①] 是杂技起源于渔猎农牧等生产劳动。《中国杂技史》则认为，狩猎生活、农牧劳动、部落战争、原始宗教、上古乐舞都与杂技起源有关。[②]《河南杂技文化史》格外关注军事和祭祀两种重要的杂技起源。[③] 其实，杂技作为表演节目，主要来源并不复杂，仅可以分为竞技和娱乐两个方面。按表演场所不同，竞技可具体划分为劳动竞技（在生产生活等劳动地点举行）和军事竞技（在军事战争相关场所举行）两大类。然而，先秦狩猎等生产劳动与讲武等军事训练常为一体，其中的竞技比赛性质并无法完全区分。按取悦对象不同，娱乐可细分为娱神和娱人两大类。同样，先秦之人在节庆之时表演杂技，既是媚于鬼神，也是娱悦自身，两者也是无法绝对分开的。因此，杂技的来源并不复杂，应该是来源于娱乐和竞技两种表演。

杂技源于娱乐和竞技两种表演，这种观点得到考古学相关资料的印证。技能性杂技最早的萌芽出现在北方的红山文化，朴拙的石雕跪坐人像头顶三块扁平物，表现了最初的驭物技巧（见图16）。为了凸显这种特殊的技能，雕刻者甚至省略了石人的面目，石人双手握于腹前，动作紧张拘束，正襟危坐，显然正处于竞技状态。最初的驯兽杂技则首现于南方良渚文化。神秘的神人兽面纹以及玉人托鼠顶鸟像默默阐释了良渚人对大型怪兽的降服，对小型野兽的驯化，其中蕴含了原始的驯兽技能。神人兽面纹动感十足，神异狰狞，再现了人类降服大型动物的暴烈场景（见图1）；玉人托鼠顶鸟像刻画了一个半蹲的人物，神态自如，

[①] 聂传学：《中国古代杂技发展概略》（《神州文化集成丛书》），新华出版社1992年版，第27页。

[②] 傅起凤、傅腾龙：《中国杂技史》，文化艺术出版社1998年版，第1—27页。

[③] 魏崇周：《河南杂技文化史》，河南人民出版社2016年版，第1页。

自得其乐，耍弄鸟鼠，人兽和谐相依，自娱自乐的场面（见图2）。此外，新石器时代台湾卑南文化也出土了人顶兽纹样的玉饰（见图3）。两个玉人身体并肩直立，双手叉腰，分别用头顶托一只野兽的前脚和后肢，其姿态显然正处于竞技表演状态。这说明台湾也是驯兽杂技的起源地之一。依据目前发现的考古资料，杂技最初萌芽于新石器时代晚期。杂技的产生具有多源性，娱乐和竞技是其两大主要来源。杂技的最早产生地很多，既有北方红山文化，也有南方良渚文化，还有台湾卑南文化。按年代来看，红山文化年代在约公元前4000—前3000年，良渚文化年代在约公元前3300—前2000年，台湾卑南文化年代约在公元前1000年。因此，杂技最早的产生地应该在北方红山文化分布区。

（二）先秦杂技发展阶段和特性

新石器时代晚期是杂技萌芽阶段。纵观杂技题材的考古学资料，可以将杂技的萌芽时间归于新石器时代晚期。此时期北方红山文化那斯台遗址出土石人像展示了顶物的杂技萌芽。南方良渚文化则在玉器纹样中表现出复杂的驭兽杂技，如良渚文化中的神人兽面纹表现了驯化猛兽，玉人顶鸟托鼠的形象表现了对鸟、鼠的驯养。台湾新石器时代卑南文化人顶兽形玉玦也体现了驯兽杂技的初萌。此时期杂技技巧原始，并富有巫术神话色彩。新石器时代杂技出现的地点北有红山文化，南有良渚文化，甚至远及台湾卑南文化。

商代晚期是杂技发展的第一个高潮，驯兽、技能性杂技都已出现。考古资料证实，商人已经掌握了成熟的驯象、驯虎、驯怪兽等驯兽技能。商代甲骨文中的"豫"字字形，殷墟祭祀区发现脖子上戴铜铃的幼象，都印证了商代驯象技艺的成熟。商代青铜器纹样中的虎食人、人虎相搏等形象，证实了商人驯虎技艺的存在。商代晚期三星堆文化出土的双人骑神兽铜神像展示了高超的驯兽杂技，铜神坛更生动形象地再现了驯兽和叠罗汉技能合一的高难度杂技。商代的技能性杂技已经登峰造极。顶尊鸟足铜神像开创了柔术先河，相似的技巧性杂技传承到汉代。甲骨文"尧""芇""鬥"三字保存了商代的顶物、倒立、角抵的杂技形象。顶碗玉人再现了顶碗杂技。三星堆文化铜神坛中的力士形象，商周青铜器中的人形器足等，都是力量形杂技的表现。

商代晚期的杂技技巧相当成熟，奠定了杂技的基本形式，其中柔术等杂技技巧影响深远，甚至传承到汉代都没有太大的改变。商代杂技的用途广泛，大大超出表演艺术这一领域。驯象技能被应用于战争，据文献记载商人在征伐东夷的战争中运用了大象（《吕氏春秋·古乐》）。三星堆出土众多铜神像呈现出一个光怪陆离的巫神世界。这反映出商代杂技已经成为巫术的重要组成部分，杂技表演是祭祀娱神的重要内容，杂技表演者已经神化为神人沟通的灵媒。依据杂技相关器物出土地点，商代的杂技中心有两个，一个是豫北冀南的殷商统治中心，一个是四川成都三星堆文化所在地。

西周发现的杂技相关资料寥寥无几，显示出西周杂技的停滞衰落。国外馆藏的象尊表明西周时期驯象杂技依然存在，已经成为盛大礼仪的组成部分。闻喜上郭村西周墓出土铜盒反映了西周驯兽杂技已经成为贵族喜闻乐见的娱乐方式。长子口西周墓出土虎头鸮首踞坐形玉人佩说明西周已经出现双面杂技面具。西周宝鸡、随州和晋南等地出土数件以悬铃方座簋为主的悬铃器，反映了戎狄祭祀礼仪中的乐舞杂技在中原的扩散、传播和融合。

杂技发展的第二个高潮是东周时期。除驯兽、技能性杂技之外，战国时期的中原之地还出现了新型的俳优表演等滑稽类杂技。战国时期，驯兽杂技已经非常成熟，骑兽、弄蛇、驯鸟，耍蛇等花样百出。长治分水岭出土牺背立人盘表现了艺人立兽杂技；中山国的银首人俑灯、十五连盏铜灯、三人骑兽叠罗汉玉器、三人叠罗汉玉器以及戴项圈的虎、犀等兽形铜器，展示了中山国技巧超凡，规模庞大的杂技团。战国弄鸟铜女孩、骑虎玉男孩两件器物更深层次地反映了战国杂技的普及性。周代的技能性杂技表演也非常普遍。众多的人形足青铜器表明力量型杂技如扛鼎等非常普遍，颇受欢迎。长安沣西客省庄战国双人角抵铜牌说明战国时期域外之人出现了角抵之戏，并传播到中原地区。战国燕乐渔猎攻战纹铜壶（故宫博物院藏）、成都百花潭错银铜壶等器物上的纹饰再现了空中飞人、弄剑、顶碗、扛鼎等杂技场景。中山国出土凸铸狩猎宴乐图盖豆纹饰出现了滑稽的"俳优"的形象；临淄东古战国墓出土陶俑中有戴面具的俳优造型。新兴的滑稽类杂技项目出现于战国时期，表明战国杂技类型比商代有了进一步的丰富发展。

以上考古材料显示，新石器时代杂技艺术初步萌芽。商代晚期驯兽和技能性杂技汇聚成为第一个高潮。西周时期杂技开始被纳入礼仪规范，受到一定制约，出现停滞衰落的趋势。战国时期百家争鸣，兵技巧家的出现，上层统治者的奢靡之风，都成为杂技繁荣兴盛的助推器，杂技发展进入兴盛期。战国时期不仅在驯兽杂技方面规模扩大，种类齐全，而且产生了空中飞人等新式技能性杂技项目，并开创了滑稽这一新型杂技表演项目。战国的杂技中心包括河北中山国，山东齐国都城临淄，山西长治，河南洛阳、辉县等地。杂技中心的增多反映了杂技表演已经相当普遍，成为社会各阶层喜闻乐见的娱乐方式。战国杂技经常与大型宴礼、射礼、讲武训练等共同出现在一个画面中。这表明战国杂技可能已经成为讲武之礼的重要组成部分。《史记·李斯列传》载秦有"觳抵优俳之观"，裴骃（南朝宋）《史记集解》引东汉应劭之语曰："战国之时，稍增讲武之礼，以为戏乐，用相夸示。"战国铜壶纹饰表现场景正好与文献相互印证，证实战国杂技已经被视为讲武之礼的一项内容。

结　语

综上所述，基于目前搜集的杂技相关考古资料，先秦杂技主要包括驯兽、技能、滑稽（俳优）三个类型。其中驯兽杂技从新石器时代出现，贯穿整个先秦时期而长盛不衰。技能杂技中的顶物技巧始现于新石器时代，商代晚期柔术等杂技技巧出现了飞跃性发展，其基本表演形式一直延续至汉代。俳优类杂技出现较晚，到战国时期才趋于成熟。先秦杂技使用的道具主要发现三种，驯兽使用的车形匣，所有杂技均可使用的面具，驭物杂技使用的带铃器。然而，必须指出，先秦杂技使用道具绝非专用器物，其功能复杂，一器多用，具有多样化功能。如车形匣可以作为盛贮器，玩具；面具可以用于驱鬼、充作护尸之葬具；带铃器多用为礼器。先秦杂技来源于娱乐和竞技表演，出现时间始于新石器时代晚期。先秦杂技的发展历程经历了萌芽期（新石器时代晚期）、高潮期（商代晚期）、停滞衰落期（西周、春秋）、兴盛期（战国时期）四大阶段。

另，岩画资料中有大量杂技表演场景，包括驯兽、技能两方面，或者二者结合的杂技。因为难以确定准确时间，本文未能采用。杂技题材的岩画资料数量众多，且多分散于内蒙古、甘肃、宁夏、新疆、广西、江苏、浙江、云南、台湾等地，远离先秦时期中原腹地。这折射出杂技起源的多源性和自发性，杂技发展的分散性、独立性等特征。

本文搜集的资料截至2022年，能力所限，难免挂一漏万，敬请专家指正。

(何艳杰，河北师范大学历史文化学院副教授)

先秦时期的"中华"观念[*]

杨 博

社会变革对于华夏民族的形成具有重要意义。从原始族邦联盟向夏商王朝复合制国家的转变,华夏民族开始萌芽;周人翦商,"夏"始作为以周人贵族为核心的部族联盟的代称。[①] 西周封建,使得东、西方部族打破血缘关系,在各地混居融合,"诸夏""诸华"成为春秋以降华夏形成的基本人群;[②] 春秋时期的争霸兼并,地方邦国群体内部之间的交流融合,是华夏民族形成的"地域化"的直接表现;[③] 战国时期列国的人群凝聚,形成兼具政治认同和族群认同的诸如秦人、楚人、齐人、赵人等"国人"意识;秦代大一统国家的建立,复数之"诸夏"最终成为"单数的统一之华夏"。[④]

上述研究展示出政治体视角对考察"华夏"性质与形成的重要价值,[⑤] 以"文化"和"地域"为标准将"天下"识别为"诸夏"与"夷狄"两个层级,[⑥] 而接受了周人礼乐文化的"诸夏""诸华"居民,

---

[*] 本文系国家社科基金重大项目"出土简帛文献与古书形成问题研究"(19ZDA250)、国家社科基金冷门绝学研究专项学者个人项目"出土文物与文献视野下的六博传统游戏研究"(22VJXG006)的阶段性成果;得到中国社会科学院学科建设"登峰战略"资助计划的资助,编号 DF2023YS15。

[①] 王震中:《从复合制国家结构看华夏民族的形成》,《中国社会科学》2013 年第 10 期。
[②] 沈长云:《华夏民族的起源与形成过程》,《中国社会科学》1993 年第 1 期。
[③] 颜世安:《春秋战国时代的"诸夏"融合与地域族群》,《民族研究》2020 年第 2 期。
[④] 罗志田:《民族主义与近代中国思想》,三民书局 2011 年版,第 32 页。
[⑤] 胡鸿:《能夏则大与渐慕华风——政治体视角下的华夏与华夏化》,北京师范大学出版社 2017 年版,第 35—45 页。
[⑥] 陈恩林:《〈春秋〉和〈公羊传〉的关系》,《史学史研究》1982 年第 4 期;李龙海:《春秋战国时期民族分布格局的变迁》,《贵州民族研究》2008 年第 6 期。

居住在以"中国"为中心的中原地区，这一基本认识，①也激发了人们对"中华"观念、名号溯源的兴趣。只是囿于所见资料，即传世文献中"中华"一词作为天文星象用语，始见于《晋书·天文志》，②观念首见于《三国志·诸葛亮传》裴松之注。③是以学者多据以为"中国"与"华夏"两词融合，"华夏"之称演化为"中华"的时间不早于魏晋时期。④值得重视的是，日渐丰富的出土文献中，也蕴含着在先秦时期"复数诸夏"的"国人"走向"单数华夏"的时代进程中，"中华"观念形成的历史信息。下文拟在前辈时贤研究基础上，就先秦时期"中华"观念的形成问题再作简要讨论，以供师友同好批评。

一 作为地理概念的"中"

在中华文明发展史上，"中"的观念与文明起源、国家形成及中华5000多年不断裂的文明密切相关。⑤由考古实物资料和出土铭刻文献来看，这一观念的起源与"地中""土中""天下之中"等地理概念息息相关。

在有文字资料以前，新石器时代晚期的聚落和都邑形态均已显示出"中"的核心地位。在聚落内部的中心位置均可见兼具祭祀与议事功能的遗迹。陕西临潼姜寨的中央广场，位于围沟以内整个居住区的中心，

---

① 沈长云：《华夏民族的起源与形成过程》，《中国社会科学》1993年第1期；马卫东：《大一统源于西周封建说》，《文史哲》2013年第4期。

② 东蕃四星，南第一星曰上相，其北，东太阳门也；第二星曰次相，其北，中华东门也；第三星曰次将，其北，东太阴门也；第四星曰上将：所谓四辅也。参见（唐）房玄龄等撰《晋书》卷11《天文志》上，中华书局1974年版，第277页。

③ "以诸葛亮之鉴识，岂不能自审其分乎？夫其高吟俟时，情见乎言，志气所存，既已定于其始矣。若使游步中华，骋其龙光，岂夫多士所能沈翳哉！"参见（晋）陈寿撰，（南朝宋）裴松之注《三国志》卷35《蜀书·诸葛亮传》，中华书局1982年版，第912页。

④ 王树民：《中华名号溯源》，《中国历史地理论丛》1985年第1期；姚育松：《中华——中华观念的起源和演变》，东亚观念史集刊审委员会等编：《东亚观念史集刊》，台北：政大出版社2011年版，第329—355页；王震中：《国家认同与中华民族的凝聚》，《红旗文摘》2016年第1期；费孝通：《中华民族多元一体格局》，中央民族大学出版社2018年版，第213—216页；晁福林：《从"华夏"到"中华"——试论"中华民族"观念的渊源》，《史学史研究》2020年第4期。

⑤ 刘庆柱：《"中和"基因维系中华文明绵延不绝》，《中国社会科学报》2020年9月30日第2版。

面积约4000平方米。在广场周围的东、西、南、北四个方向分布着以大房屋为主体的五个建筑群。每个建筑群各有大型房屋一座，其附近分布着十几座或二十几座中小型房屋，全部房屋的门向均朝着中心广场。① 圆形居址的中央广场对于社区所有的房屋有着强大的吸引力和凝聚力，驱使所有的房屋都环绕在它的周围，所有的房门都必须朝向着它。② 由此可见，广场在聚落的中心地位，它象征着聚落的统一。河南灵宝西坡遗址中心部位遗迹稀少，也应是聚落的中心广场。广场四角分别发现了四座大型房址，其中包括已经发掘揭露的位于广场西北角的房址F105、西南角的F106和东南角的F108。③ 这三座大型半地穴式建筑基址的门道方向均朝向中心广场。此外，在广场东北角还有一座未发掘的大型房址，很可能是一座门道朝向西南的第四座大型房屋。由此推断，西坡中部是一个中心广场和四座门道朝向中心广场的大型房屋。大型房屋位于聚落中部，门道朝向中心广场，共同组成了向心式的聚落布局。④ 三星堆青山关F1，地处月亮湾小城中央高地上，长65米、宽16米，建筑面积逾1000平方米，使用与废弃年代大致与一、二号器物坑同时，是三星堆遗址目前所见面积最大的单体建筑基址。青关山F1有宽阔的中轴通道，呈东南—西北走向，方向与三星堆土台的中轴线和一、二号器物坑相同，均北偏西约45°朝向西北方的岷山。红烧土墙基厚实而坚固。南、北、西墙墙基外侧有一排密集排列的凸字形"檐柱"遗迹，总数约百余。在"檐柱"、红烧土墙基和室内夯土中，还发现多处象牙和玉、石璧的掩埋。⑤ 据此推测，青山关F1可能是三星堆古蜀人族群的统治集团，集体举行重大典礼和处理重要政务的典型礼仪建筑，⑥ 具有宗教祭祀活动场地和神像祭器保存场所的双重功能，是古蜀

---

① 西安半坡博物馆、临潼县文化馆：《临潼姜寨遗址第四至十一次发掘纪要》，《考古与文物》1980年第3期。
② 陈雍：《姜寨聚落再检讨》，《华夏考古》1996年第4期。
③ 中国社会科学院考古研究所河南一队、河南省文物考古研究所等：《河南灵宝市西坡遗址庙底沟类型两座大型房址的发掘》，《考古》2015年第5期。
④ 马萧林：《仰韶文化中期的聚落与社会——灵宝西坡遗址微观分析》，《中原文物》2020年第6期。
⑤ 赵殿增：《三星堆祭祀形态探讨》，《四川文物》2018年第2期；四川省文物考古研究院：《四川广汉市三星堆遗址青关山一号建筑基址的发掘》，《四川文物》2020年第5期。
⑥ 杜金鹏：《三星堆遗址青关山一号建筑基址初探》，《四川文物》2020年第5期。

人族群上层集团集体祭祀和集会议事的"殿堂"。① 二里头遗址中心区发现的"井"字形城市主干道路网络和墙垣，显示二里头都城由多个方正、规整的网格区域构成的"九宫格"式的宏大格局，其中宫城居于正中。② 这表明二里头都城严格、清晰规划的目的，是宫殿区居于核心，显示出王权和权力中心的集中。

新石器时代晚期的都邑形态亦已呈现基层聚落环绕中心都邑的布局。鲁东南沿海聚落群数百处龙山文化聚落，可分为两城镇、尧王城两个区域社会单元。以两城镇为例，孙波参考环境、地理、交通和区位等因素，将整个区域社会在空间上分成内外两个层次：内侧是两城镇及丹土和少数基层聚落占据的盆地中心；外侧是由其他多个二级聚落为核组成的小型聚落群占据的环状地带。显然，前者土地资源丰富而肥沃，靠近河流，方便耕种；后者普遍处于盆地边缘，是相对贫瘠偏狭的地方。两者之间主从形势十分明显。虽然居于从属地位，这些二级聚落群在结构上与两城镇所处的核心区一样，在聚落—地理形态层次上是同构的，都是围绕着一个中心形成的相对独立的聚落圈子，可以称作聚落圈。如果放大来看，整个区域也可以看作以两城镇为中心的聚落圈。如此一来，就形成了多层同构的区域社会模式。由此可见，两城镇和尧王城不仅是区域内的社会中心，也是地理中心。③

这种基层聚落环绕中心都邑的布局形态被早期王朝所继承。笔者过去曾有简单讨论，④ 如提到卜辞中商人自己的称呼"中商"：

……勿于中商。(《合集》7837)
□巳卜，王，贞于中商乎御方。(《合集》20453)
戊寅卜，王，贞受中商年？□月。(《合集》20650)

---

① 赵殿增：《浅谈三星堆遗址青关山 F1 的结构与功能——兼与杜金鹏先生商榷》，《四川文物》2021 年第 3 期。
② 中国社会科学院考古研究所二里头工作队：《河南省洛阳市二里头遗址》，载国家文物局《考古中国重大项目成果（2018—2020）》，文物出版社 2021 年版，第 10—15 页。
③ 孙波：《聚落考古与龙山文化社会形态》，《中国社会科学》2020 年第 2 期。
④ 参见拙作《"六王五伯"与"九州十二国"——出土文献所见战国时人的史、地认知》，载牛鹏涛、苏辉编《中国古代文明研究论集》，科学出版社 2018 年版，第 239—256 页。

或将商与四方连言：

南方，西方，北方，东方，商。(《屯南》1126)

商人对于自己的国土亦有清晰的方位概念：

己巳王卜，贞［今］岁商受［年］？
王占曰：吉。
东土受年？
南土受年？吉。
西土受年？吉。
北土受年？吉。(《合集》36975)

上举辞例说明，殷商时期已有后世政治地理区划上"四土"的概念和以商都为天下中心的观念。这种中心加四土的观念为被灭商以后的周人所认同并继承下来。清华简《保训》中借周文王之口透过舜和上甲微的故事，阐明了求中、得中、保中与"践天子位"之间的关系，指出求中、得中、保中才能践天子位，勉励太子发"钦敬勿淫"，要像舜一样求中，像上甲微一样保中，能"祗备不懈"，坚守"中"的精神。这种对古之帝王之世的疏通考古，其目的正是在于验今——守"中"践位。由何尊（《铭图》11819）、天亡簋铭（《铭图》05303），周武王在牧野之战胜利后返回镐京的途中，即登临太室选择所谓"天下之中"雒邑的地址，或可看出二者之间的联系，求中、保中需要通过守"中"践位的形式表现出来。确定政治地理意义上的"地中"似是表达守"中"践位的方式之一。《保训》里的舜求地中于历山，之后，商汤的六世先祖上甲微"遐中于河"，改变了早期由舜所测得的地中，而认定地中在河洛一带的有易之地。"居中而治再不限于同族内部的权力象征，而反映了以华夏民族为中心的居中统驭四夷的新的政治结构与政治观念。"[1]"河洛"即现在所说的"大嵩山"地区，包括今洛阳市、郑州市。学术界一般认为分属夏代早、中、晚都城遗址的登封王城岗城址、

---

[1] 冯时：《〈保训〉故事与地中之变迁》，《考古学报》2015年第2期。

新密新砦城址和偃师二里头遗址,商代早期都城郑州商城、偃师商城等均分布在"大嵩山"地区,这是都城"求中"的体现。①

"地中""土中"的测定亦非无迹可寻。"中"字的一种字义,天文考古学者认为可能就是圭表或圭尺。先民观测天空,日月星辰东升西落,周而复始,只有北极恒居于天之中,接受群星拱卫。河南巩义双槐树、青台遗址均发现有北斗祭祀遗迹。②河南濮阳西水坡45号墓,在墓主人的脚端有蚌塑的三角形图案,其下配置了两根人的胫骨。这个北斗图像证实了"仰韶先民对宇宙模式的初步认识"③。"两根胫骨"所代表的"周髀",就是最早古人测"天"与"地"的"槷表"。④北半球夏至时影长最短,地中强调的是"人为制定"的夏至影长标准。测量夏至影长的工具是圭表或圭尺。山西襄汾陶寺城址中期王墓ⅡM22的头端墓室东南角,出土的ⅡM22:43漆木杆,冯时、何驽等先生提出其可能为当时测量日影的工具——圭表或圭尺。卜辞的"中",萧良琼、冯时、何驽等人亦认为是圭表或圭尺。⑤学者近亦联系《周礼·地官·大司徒》《周髀算经》等文献认为,用圭尺(或圭表)测影来寻求地中,一直是先民的传统。⑥地图的出现也可为测影寻求地中的佐证,如宜侯夨簋铭(《铭图》11819)就提到"王省珷(武)王、成王伐商图,诞省东或(国)图"。有东或(国)图,伐商图,想必亦可能有中或(国)图。

"中国"一词,众已熟知其最早见于1963年出土于陕西宝鸡,现藏宝鸡青铜器博物院的何尊铭文(《铭图》11819)。其中有:

---

① 刘庆柱:《"中和"基因维系中华文明绵延不绝》,《中国社会科学报》2020年9月30日第2版。
② 齐岸青:《河洛古国:原初中国的文明图景》,大象出版社2021年版,第199—230页。
③ 冯时:《河南濮阳西水坡45号墓的天文学研究》,《文物》1990年第3期。
④ 刘庆柱:《历史上的"天人合一"政治意义》,《当代贵州》2016年第31期。
⑤ 萧良琼:《卜辞中的"立中"与商代的圭表测景》,载中国天文学史整理研究小组《科技史文集(10)天文学史专辑(3)》,上海科学技术出版社1983年版,第27—44页;何驽:《山西襄汾陶寺城址中期王级大墓ⅡM22出土漆杆"圭尺"功能试探》,《自然科学史研究》2009年第3期;冯时:《陶寺圭表及相关问题研究》,载刘庆柱主编《考古学集刊》(第19集),科学出版社2013年版,第27—58页。
⑥ 潘明娟:《地中、土中、天下之中概念的演变与认同:基于西周洛邑都城选址实践的考察》,《中国史研究》2021年第1期。

惟王初迁宅于成周……曰：……惟珷（武）王既克大邑商，则廷告于天，曰：余其宅兹中或（国）。……惟王五祀。

这也证明了《尚书》《史记》等文献记载以成周洛邑为天下之中的可靠性，如《史记·周本纪》："成王在丰，使召公复营洛邑，如武王之意。周公复卜申视，卒营筑，居九鼎焉。曰：'此天下之中，四方入贡道里均。'作《召诰》《洛诰》。"[1] 商末周初，周人在一段时间内仍以"中国""中"来指代商人居地。《诗·大雅·荡》："文王曰咨，咨女殷商。女炰烋于中国。……内奰于中国，覃及鬼方。"[2]《尚书·召诰》："王来绍上帝，自服于土中。"[3]《梓材》："皇天既付中国民，越厥疆土，于先王肆。"[4] 此时周人自称其居地为"西土"。《牧誓》："逖矣，西土之人！……弗迓克奔，以役西土。"[5]《康诰》："我西土惟时怙冒，闻于上帝，帝休。我西土岐周……"[6]《酒诰》："乃穆考文王，肇国在西土。……我西土棐徂邦君、御事、小子，尚克用文王教，不腆于酒。我文王在西土……"[7] 至周公和成王克商践奄之后，于雒邑"宅兹中国"，"中国"始指周人居地，以成周雒邑为天下之中。《国语·郑语》记载西周末年郑桓公问史伯，"王室多故，余惧及焉，其何所可以逃死？"史伯对曰："王室将卑，戎、狄必昌，不可偪也。当成周者，南有荆蛮、申、吕、应、邓、陈、蔡、随、唐；北有卫、燕、狄、鲜虞、潞、洛、泉、徐、蒲；西有虞、虢、晋、隗、霍、杨、魏、芮；东

---

[1]《史记》卷4《周本纪》，（汉）司马迁撰，裴骃集解，司马贞索隐，张守节正义：《史记》，中华书局1959年版，第133页。

[2]《毛诗正义》卷18—1《大雅·荡》，毛亨传，（汉）郑玄笺，（唐）孔颖达疏：《毛诗正义》，（清）阮元校刻：《十三经注疏（清嘉庆刊本）》，中华书局2009年版，第1192—1193页。

[3]《尚书正义》卷15《召诰》，（唐）孔颖达疏：《尚书正义》，（清）阮元校刻：《十三经注疏（清嘉庆刊本）》，中华书局2009年版，第451页。

[4]《尚书正义》卷14《梓材》，（清）阮元校刻：《十三经注疏（清嘉庆刊本）》，中华书局2009年版，第443页。

[5]《尚书正义》卷11《牧誓》，（清）阮元校刻：《十三经注疏（清嘉庆刊本）》，中华书局2009年版，第388页。

[6]《尚书正义》卷14《康诰》，（清）阮元校刻：《十三经注疏（清嘉庆刊本）》，中华书局2009年版，第431页。

[7]《尚书正义》卷14《酒诰》，（清）阮元校刻：《十三经注疏（清嘉庆刊本）》，中华书局2009年版，第436页。

有齐、鲁、曹、宋、滕、薛、邹、莒。……"① 史伯的回答就是以成周为中心向四方展开的。

"东国""南国"虽与周人心目中的"我土"存在政治地理概念上的差别;② 但其还是作为地理概念出现的。"中国"虽较前有所丰富,③ 但春秋战国时期仍多作政治地理概念理解,即其由"天下之中"演变为指代中原一带的诸侯国。④《孟子·万章上》:"（舜）夫然后之中国,践天子位焉。"⑤ 此"中国"仍指天下之中的国都。春秋战国时一般把中原地区的诸侯国郑、韩、魏、赵等视为"中国"范围。《左传》多见把"中国"与"四夷""蛮夷""戎"对举的记载,表明"中国"是指中原华夏部族居住地,周边则是蛮夷戎狄的"四夷"。但应该看到,这不完全是血缘种族的划分,而更多是根据地域的划分,因为春秋战国时东方的齐国、南方的楚国和吴越、西方的秦国也都是诸侯大国,却往往被视作蛮夷,被排除在"中国"文化圈之外。如秦穆公在晋使叔虎、齐使东郭蹇使秦请见时,辞曰:"秦国僻陋戎夷,事服其任,人事其事,犹惧为诸侯笑。"⑥ 秦孝公时"河山以东强国六,与齐威、楚宣、魏惠、燕悼、韩哀、赵成侯并。……秦僻在雍州,不与中国诸侯之会盟,夷翟遇之。"⑦ 公孙衍谓义渠君之言有"中国无事于秦";⑧ 范雎对秦昭王之言也有"王若欲霸,必亲中国而以为天下枢"。⑨ 这里的"中国"均指东方六国,是地理概念而非族群意涵。由于秦人"益国十二,开地千

---

① 徐元诰:《国语集解（修订本）》卷16《郑语》,王树民、沈长云点校,中华书局2002年版,第460—462页。
② 朱凤瀚:《论西周时期的"南国"》,《历史研究》2013年第4期。
③ 赵永春:《从多民族视角考察古代"中国"观》,《中国社会科学报》2021年10月11日第5版。
④ 王晖:《从何尊铭看"中国"观念的演变》,《中国社会科学报》2020年9月30日第4版。
⑤ 《孟子注疏》卷9下《万章章句上》,（汉）赵岐注,（宋）孙奭疏:《孟子注疏》,（清）阮元校刻:《十三经注疏（清嘉庆刊本）》,中华书局2009年版,第5954页。
⑥ 许维遹:《吕氏春秋集释》卷24《不苟论·赞能》,梁运华整理,中华书局2009年版,第642—643页。
⑦ 《史记》卷5《秦本纪》,第202页。
⑧ 何建章:《战国策注释》卷4《秦策二·义渠君之魏章》,中华书局1990年版,第126页。
⑨ 何建章:《战国策注释》卷5《秦策三·范雎至秦章》,中华书局1990年版,第172页。

里，遂霸西戎"①，其地僻处西垂，厕身戎狄之间，所以中原地域的"中国"对其"夷狄遇之"。僻处东方的齐国也曾遭受这种歧视。《管子·小匡》中齐桓公自述其"九合诸侯，一匡天下"，"北至北至于孤竹、山戎……西至流沙、西虞，南至吴、越……荆夷之国，莫违寡人之命，而中国卑我。"②《孟子·梁惠王上》记孟子分析齐宣王心理时说："欲辟土地，朝秦楚，莅中国而抚四夷也。"③都说明齐国被认为不在"中国"之列，而这里的"中国"同样指的是中原地区的诸侯。然而在面对戎狄时，秦人的自我认知也是"诸夏"，与楚人自称"蛮夷"似有本质区别。④《秦本纪》记述秦仲为西戎攻杀，其孙世父立誓："戎杀我大父仲，我非杀戎王则不敢入邑"，世父并未将自我与戎相混。秦孝公也因为"夷翟遇之"而表示"诸侯卑秦，丑莫大焉。"秦人的自我认知是诸夏，秦穆公问戎使由余有"中国以诗书礼乐法度为政，然尚时乱，今戎夷无此，何以为治，不亦难乎？"⑤显然亦是以其自我为"中国"的。

二 作为文化概念的"华"

"华"在西周金文中有两类用法：一是作地名或人名用，如"王在华""师华父"等；另一是表示美丽，光鲜、荣耀的意思。《诗·小雅·皇皇者华》"皇皇者华"，⑥即指色彩鲜明辉煌之花。⑦春秋时期已可见"华"与"夏"系联，"华"即是"夏"，"夏"亦是"华"。《国语·晋语七》载晋大夫魏绛论不应当讨伐戎族，因为"劳师于戎，而

---

① 《史记》卷5《秦本纪》，第194页。
② 黎翔凤：《管子校注》卷8《小匡》，梁运华整理，中华书局2004年版，第426页。
③ 《孟子注疏》卷1下《梁惠王章句上》，（清）阮元校刻：《十三经注疏（清嘉庆刊本）》，中华书局2009年版，第5809页。
④ 《史记·楚世家》记熊渠曾自称"我蛮夷也，不与中国之号谥"，楚武王三十五年伐随时，又自称"我蛮夷也"。参见《史记》卷40《楚世家》，第1692、1695页。
⑤ 《史记》卷5《秦本纪》，第178、192页。
⑥ 《毛诗正义》卷92《小雅·皇皇者华》，（清）阮元校刻：《十三经注疏（清嘉庆刊本）》，中华书局2009年版，第868页。
⑦ 晁福林：《从"华夏"到"中华"——试论"中华民族"观念的渊源》，《史学史研究》2020年第4期。

失诸华",得不偿失。韦昭注:"诸华,华夏。"①《左传》定公十年齐、鲁两国夹谷之会,齐国唆使莱国人劫持鲁君,陪同与会的孔子喝退莱人的言辞中提到一个重要的原则是"裔(夷)不谋夏,夷不乱华"。孔颖达疏:"夏,中国有礼义之大,故称'夏';有服章之美,谓之'华'。华、夏一也。"②《左传》襄公二十六年,蔡国大夫公孙归生向楚令尹子木讲楚材晋用之事,提到成公六年(前585)晋、楚两国"绕角之役",晋军因得到原为楚臣的析公的建议,使"楚师宵溃",造成了"楚失华夏"的后果。③"华夏"即指中原诸侯国。

沈长云先生曾有卓论,"华夏"这个称呼源自周人自称。④《尚书·君奭》中周文王"尚克修和我有夏"。⑤ 这个"夏"不同于夏后氏的"夏"。《尚书·立政》中,周公对周成王先谈起"古之人迪惟有夏",⑥已经明白表示"有夏"为"古之人",由于他们的后王表现不好所以被上帝革去了命,"罔后",即没有了继承人,接着周人又自称为"有夏",可知这个"有夏"绝不同于过去建立夏代早期国家的"有夏"。周人自称为"夏"并没有更多的深意,"夏"的意思就是"大、雅"。《方言》:"自关而西,秦晋之间,凡物之壮大者而爱伟之,谓之夏。"⑦周人只是使用了"夏"这个字的本义来表现自己,不过不是只表现自己这个"小邦周",而是表现以周邦为首的灭商联盟。随着周人翦商以及其后对东方地域征服的顺利进行,周王室又把"夏"的名称冠在了自己分封出去的诸侯国的头上,这些诸侯被称作"诸夏""诸华"。《诗

---

① 徐元诰:《国语集解(修订本)》卷13《晋语七》,王树民、沈长云点校,中华书局2002年版,第411页。

② 《春秋左传正义》卷56定公十年,(晋)杜预注,(唐)孔颖达疏:《春秋左传正义》,(清)阮元校刻:《十三经注疏》(清嘉庆刊本),中华书局1979年版,第4324页。

③ 《春秋左传正义》卷37襄公二十六年,(清)阮元校刻:《十三经注疏》(清嘉庆刊本),中华书局1979年版,第4664页。

④ 参见沈长云《华夏民族的起源与形成过程》,《中国社会科学》1993年第1期。

⑤ 《尚书正义》卷16《君奭》,(清)阮元校刻:《十三经注疏(清嘉庆刊本)》,中华书局2009年版,第477页。

⑥ 《尚书正义》卷17《立政》,(清)阮元校刻:《十三经注疏(清嘉庆刊本)》,中华书局2009年版,第490页。

⑦ 钱绎:《方言笺疏》,李发舜、黄建中点校,中华书局1991年版,第43页。

经·周颂·思文》里说"帝命率育，无此疆尔界，陈常于时夏。"① 这是周王祭祀上帝和周人始祖后稷的诗歌，说上帝命令普遍养育人民，对于所有诸夏之民，不要划分彼此。《诗经·周颂·时迈》里也说"我求懿德，肆于时夏"，② 这是周天子在巡行东方诸国时的语言，表示要求懿美之德，以布陈于诸夏。这些诗歌中的"夏"，都是周分封出去的诸侯国。

周人大分封，打破了神州大地过去血缘氏族林立的局面。在我国文明发祥最成熟的中原及其附近地区展开了各氏族部落混居和融合的新局面，这种混居和融合是在一个强大王朝的号令下，并且是以"华夏"为主导进行的。西周时期，除了夏人、商人以外，属于非华夏的部族大致还有东方的夷族，他们的族姓主要有风姓、偃姓、嬴姓和姒姓，此外还包括传说中的高阳氏和祝融氏之后的一部分姓族。这些蛮、夷、戎、狄多数实际上是中原旧族，他们不是居于华夏四境之外的"四裔"，而是长久以来与华夏错居杂处，也是华夏族群的有机组成部分。如欧阳修所说："昔者戎狄蛮夷杂居九州之间，所谓徐戎、白狄、荆蛮、淮夷之类是也。三代既衰，若此之类。"③

前引《国语·郑语》西周末年郑桓公问史伯，成周的南面有荆蛮、申、吕、应、邓、陈、蔡、随、唐；北面有卫、燕、狄、鲜虞、潞、洛、泉、徐、蒲；西面有虞、虢、晋、隗、霍、杨、魏、芮；东面有齐、鲁、曹、宋、滕、薛、邹、莒。这些除了周王室的亲属如母弟甥舅之外，皆属蛮、夷、戎、狄之人。见于文献记载的春秋时期的列国共一百二十多个，已远逊于周初的上千诸侯之数。这里面被兼并的国族当然以非华夏为主，但即使是这样，非华夏势力仍相当强大。从史伯的话可以看出，无论是在成周的东、西、南、北方，都仍有蛮夷戎狄杂厕于华夏族群之间。无独有偶，《左传》昭公九年记"王使詹桓伯辞于晋"事，"我自夏以后稷、魏、骀、芮、岐、毕，吾西土也。及武王克商，

---

① 《毛诗正义》卷19·2《周颂·思文》，（清）阮元校刻：《十三经注疏（清嘉庆刊本）》，中华书局2009年版，第1271页。
② 《毛诗正义》卷19·2《周颂·时迈》，（清）阮元校刻：《十三经注疏（清嘉庆刊本）》，中华书局2009年版，第1269页。
③ 欧阳修：《欧阳修全集》卷17《居士集》，李逸安点校，中华书局2001年版，第292页。

蒲姑、商奄，吾东土也。巴、濮、楚、邓，吾南土也。肃慎、燕、亳，吾北土也。吾何迩封之有？"① 也说到周人从夏代到祖先后稷时期，魏、骀、芮、岐、毕等是他们的西土；周武王克商以后，蒲姑、商奄成为东土，巴、濮、楚、邓是南土，而肃慎、燕、亳是北土。同样，蒲姑、商奄，巴、濮、楚以及肃慎、燕、亳等非华夏族群也在周人视野之内。在周人的观念中，王朝的疆域是一直将"四土"地域内诸夏诸华与蛮、夷、戎、狄各族群包括在内的。

沈长云先生指出，经过西周二三百年各族之间的往还，华夏势力不断壮大，一些弱小的国族渐被兼并，春秋时期的历史使命，就是使中原地区的蛮、夷、戎、狄和"王之支子母弟甥舅"完全融化在统一的华夏族群之中。② 至春秋战国之际，中原地区各古老部族已统一到少数几个大国的版图之下，其中北方的狄族多为晋所兼灭，西方的戎族多为秦所兼并，东方的夷族多入于齐、鲁，南方的苗蛮及华夏小国，则为楚所统一。秦、楚二国，过去华夏各国或视之为蛮夷，但经过春秋三百年间的变迁，通过各种政治、经济及婚姻、文化等方面的交往，它们自身也都完成了华夏化。

可以看出，春秋时是将天下的邦国分为"华夏"与戎狄蛮夷两个类别，两个类别的区分在于文化水平的高低。孔子说："微管仲，吾其被发左衽矣。"③ 从孔子的话可以看出"华夷之辨"的根本区别还在于文化认同。又《吕氏春秋·慎势》："凡冠带之国，舟车之所通，不用象、译、狄鞮，方三千里。古之王者，择天下之中而立国，择国之中而立宫，择宫之中而立庙。天下之地，方千里以为国，所以极治任也。"④ 这里对文化认同提出了"冠带之国""舟车之所通""不用象、译、狄鞮"等三条具体标准，即共同文化、共同地域、共同语言。《荀子·正论》"彼王者之制也，视形埶而制械用，称远迩而等贡献，岂必齐哉！"杨倞注："即《礼记》所谓'广谷大川异制，民生其间者异俗，器械异

---

① 《春秋左传正义》卷45昭公九年，（清）阮元校刻：《十三经注疏》（清嘉庆刊本），中华书局1979年版，第4466页。
② 参见沈长云《华夏民族的起源与形成过程》，《中国社会科学》1993年第1期。
③ 《论语注疏》卷14《宪问》，（三国魏）何晏注，（宋）邢昺疏：《论语注疏》，（清）阮元校刻：《十三经注疏》（清嘉庆刊本），中华书局1979年版，第5457页。
④ 许维遹：《吕氏春秋集释》卷17《审分览·慎势》，梁运华整理，第460页。

制，衣服异宜'也。"[1] 华夏与蛮夷的区别主要在于民俗、服制、用具等方面，这仍可以概括为文化的差异。是故韩愈云："诸侯用夷礼则夷之，而进于中国则中国之。"[2] 文化虽然是夷夏之界限但却完全可以逾越，这也是历代学者的普遍认识。[3] 如顾颉刚、王树民两先生所说："当所谓'蛮夷'国家吸收'诸夏'国家文化，具有了'诸夏'国家的条件时，即可进入'诸夏'的行列。"[4] 是故到孔子的学生子夏时已谈论起"四海之内皆兄弟"的道理。[5] 这就意味着我国燕山以南、长江以北的黄河中下游及淮、汉流域广大地区的居民，此时在语言文字、生活方式、政治制度、礼仪文化等方面已经形成了统一的华夏族群文化。原本用来指称这个地区的诸夏诸华以外的蛮、夷、戎、狄，则变成了中原以外周边少数民族即所谓"四裔"的称呼。而所谓"中国"，也由过去专指以洛邑为中心的一小片"天下之中"地区，变成了整个华夏民族居住的共同地域。

由于作为周王室的"夏"与作为诸侯国的"夏"在宗法关系及姻亲关系下结成一个整体，成了当时中国的主宰。时间一长，凡称作"夏"的东西都带有正统的意味了。《诗经》中的《大雅》《小雅》被视作华夏正声，"雅"就是"夏"，"雅言"即"夏言"。《墨子·天志下》引《大雅·皇矣》，"大雅"即被称作"大夏"。[6] 宫廷中的正式舞曲也多称作"夏"。《左传》襄公四年"三〈夏〉，天子所以享元侯也"。[7] 这"三〈夏〉"，就是《诗经·周颂》中的三篇诗名，"九

---

[1] 王先谦：《荀子集解》卷12《正论》，沈啸寰、王星贤点校，中华书局1988年版，第329页。

[2] 韩愈：《韩愈文集汇校笺注》卷1《原道》，刘真伦、岳珍校注，中华书局2010年版，第3页。

[3] 晁福林：《从"华夏"到"中华"——试论"中华民族"观念的渊源》，《史学史研究》2020年第4期。

[4] 顾颉刚、王树民：《"夏"和"中国"——祖国古代的称号》，载史念海《中国历史地理论丛》（第1辑），陕西人民出版社1981年版，第10页。

[5] 《论语注疏》卷12《颜渊》，（清）阮元校刻：《十三经注疏》（清嘉庆刊本），中华书局1979年版，第5436页。

[6] （清）孙诒让：《墨子间诂》卷7《天志下》，孙启治点校，中华书局2001年版，第218页。

[7] 《春秋左传正义》卷29襄公四年，（清）阮元校刻：《十三经注疏》（清嘉庆刊本），中华书局1979年版，第4193页。

〈夏〉",郑玄等人也认为是诗篇名,并且是"颂之族类也",① 即称颂本族的诗篇。所谓"雅言",即"夏言""正言"。《论语·述而》"子所雅言,《诗》《书》、执礼,皆雅言也",② 说的是各诸侯国在举行礼仪活动等场合使用的标准语言。③ 这样"夏"不仅带有政治联盟的色彩,也带有共同文化的意味了。因此,当自称为"夏"的共同体通过分封播撒向中原各地,并在此基础之上与其他中原部族融为一体以后,人们将这个新融铸成的民族共同体继续称为"夏""华",或"华夏",也就顺理成章了。

三 春秋战国时期"中华"观念的内涵

"华夏"观念从一开始就不是一个固定不变的封闭的观念,而是一个开放的、充满自信的,有博大襟怀的、不断发展的观念。西周春秋时期,"华夏"高度的文明与文化,具有巨大的吸引力,许多邦国部族的逐渐融入,给"华夏"注入新的活力。"华夏"族群的不断进步与发展,为战国晚期"中华"观念的出现奠定了坚实的基础。北京大学藏秦简《日书杂抄》为此提供了可靠的证据:

> 大(太)皞(皞),庚午、辛未、壬申、癸酉·闻忧终吉,闻喜不长,闻兵不至。寇地东。(简39)
> 赤遆(帝),壬午、癸未、甲申、乙酉·闻忧终吉,闻喜不长,闻兵不至。寇地南。(简42)
> 黄遆(帝),壬辰、癸巳、甲午、乙未·闻忧忧,闻喜喜,闻兵必郸(战),必央(殃)。下中华。(简45)
> [□□],丙午、丁未、戊申]、己酉·闻忧终吉,闻喜不喜,闻兵行不至。寇地西。(简48)
> □[颛]区(顼),戊午、己未、庚申、辛酉·闻忧终吉,闻

---

① 《毛诗正义》卷19·2《周颂·时迈》,(清)阮元校刻:《十三经注疏》(清嘉庆刊本),中华书局2009年版,第1269页。
② 《论语注疏》卷7《述而》,(清)阮元校刻:《十三经注疏》(清嘉庆刊本),中华书局1979年版,第5392页。
③ 马卫东:《大一统源于西周封建说》,《文史哲》2013年第4期。

喜不长,闻兵不至。寇地北。(简51)

简文以东方太皞、南方赤帝、中央黄帝、西方少皞、北方颛顼五帝依次分领六十甲子,占测闻忧、闻喜、闻兵的结果。篇中四方帝每一帝所领的十二甲子各以六、四、二个为一组,三组占辞内容各异,而分别与其他三帝所领日中对应组别的占辞相同,差异仅在"寇地"的方位各随其帝。五方帝分领六十甲子的现象在秦汉数术文献中较为常见,而"下中华",与四方帝占辞"寇地某方"相对应,指攻克中央华夏之地,[1] 这里的"中华"已具有地域与文化的双重指征。简文中的五帝,既与"五人帝"系统不同,也不是纯以颜色命名的黑、赤、黄、白、青五帝。其最早见于《吕氏春秋》的十二《纪》,《礼记·月令》所载与之几乎全同。[2]《吕氏春秋》的撰作年代在秦统一之前不久,北京大学藏秦简牍的抄写年代,虽有《禹九策》《祠祝之道》等篇抄写在统一前,但《日书杂抄》由用字习惯和书写风格来看当抄写在统一之后。[3] 由此即说明在战国晚期的秦统一前后,"中华"观念已然产生。自产生之时,"中华"观念基本内涵似即包括以"华夏"文化为共同文化标准,以"禹迹""九州"为共同活动地域,以黄帝子孙为共同世系认同。

《史记·太史公自序》云:"维禹之功,九州攸同。"[4] 因九州传说是大禹所划定,因而作为地理概念的"禹迹"又被视作"九州"的同义语。"九州"观念的具体产生时间与过程,已然于史无征。上博楚简《容成氏》中有大禹治水决九州之水的记述。[5] 又据《左传》襄公四年

---

[1] 北京大学出土文献研究所编:《北京大学藏秦简牍(肆)》,上海古籍出版社2023年版,第60—66页。
[2] 田天:《海昏竹书"祠祝"简初论》,载朱凤瀚《海昏简牍初论》,北京大学出版社2021年版,第255—267页。
[3] 田炜:《论秦始皇"书同文字"政策的内涵及影响——兼论判断出土秦文献文本年代的重要标尺》,《中央研究院史语所集刊》第89本第3分册,2018年;翁明鹏:《说睡虎地秦简〈马禖〉等篇与北大藏秦简〈祠祝之道〉的抄写特点和年代问题》,载邬文玲、戴卫红《简帛研究》(二〇一九秋冬卷),广西师范大学出版社2019年版,第162—180页;翁明鹏:《从〈禹九策〉的用字特征说到北大秦简牍诸篇的抄写年代》,《文史》2020年第1辑。
[4] 《史记》卷130《太史公自序》,第3301页。
[5] 李零:《〈容成氏〉释文考释》,载马承源《上海博物馆藏战国楚竹书(二)》,上海古籍出版社2002年版,第247—293页;《三代考古的历史断想——从最近发表的上博楚简〈容成氏〉、燹公盨和虞逨诸器想到的》,《中国学术》2003年第2期;陈伟:《竹书〈容成氏〉所见的九州》,《中国史研究》2003年第3期。

魏绛为晋侯引《虞人之箴》说："茫茫禹迹，画为九州，经启九道。"①其确与"禹迹"存在联系。故约成书于战国时期的《尚书·禹贡》将"九州"与禹系联在一起，"禹别九州，随山浚川，任土作贡。禹敷土，随山刊木，奠高山大川。"②

"九州"的划分当有其更早的根源，③"有着源远流长的自龙山文化时期已自然形成后历三代继续存在的一种人文地理区系"，④ 大致是以自然地理与经济地理为表征的政治地理格局。⑤清华简《四告·一》简11所见"氏尹九州，顕（夏）用配天"，⑥已出现"九州"一语。《四告·一》的内容是周初向皋陶祝祷之辞，准此，则"九州"的地理概念或可追溯至周初。清华简《厚父》也提到皋陶曾辅佐启治理夏邦，如果夏时期的皋陶与"九州"存在联系，那么周初已有禹定九州的说法，亦可以理解。在2002年5月保利博物馆收藏的，西周共王时期的燹公盨铭文中，有"天令（命）禹尃（敷）土，隓（堕）山、叙（浚）川，乃奏方、埶（设）征，降民监德"的记述。"敷土"即《禹贡》的"禹敷土，随山刊木，奠高山大川。"诸家多从马融所释读"敷"为"分"，"敷土"即所谓别九州。⑦

春秋早期的金文中亦出现禹迹，并将其与"受国"联系起来，表现出中华地域一体概念的雏形。民国初年出土于甘肃天水，现藏国家博物馆的秦公簋铭文（《铭图》05370）有："秦公曰：丕显朕皇且（祖），受天命，鼏（幂）宅禹责（迹），十又二公。"是讲从某位先公于"禹迹"起，至作器者父辈已历十二世。1978年陕西宝鸡太公庙出土的秦公钟（《铭图》15565—15569）、镈（《铭图》15824—15826），铭文格

---

① 《春秋左传正义》卷29襄公四年，（清）阮元校刻：《十三经注疏》（清嘉庆刊本），中华书局1979年版，第4196—4197页。
② 《尚书正义》卷6《禹贡》，（清）阮元校刻：《十三经注疏》（清嘉庆刊本），中华书局1979年版，第307页。
③ 邵望平：《〈禹贡〉"九州"的考古学研究》，载邵望平《邵望平史学、考古学文选》，山东大学出版社2013年版，第3—27页。
④ 刘起釪：《〈禹贡〉写成年代与九州来源诸问题探研》，载唐晓峰《九州》（第3辑），商务印书馆2003年版，第9页。
⑤ 周振鹤：《中国历史政治地理十六讲》，中华书局2013年版，第48页。
⑥ 清华大学出土文献研究与保护中心编，黄德宽主编：《清华大学藏战国竹简》（拾），中西书局2020年版，第111页。
⑦ 朱凤瀚：《燹公盨铭文初释》，《中国历史文物》2002年第6期。

式与之相似，云："秦公曰：'我先且（祖）受天命，赏宅受或（国）。'""鼏（冪）宅禹责（迹）"与"赏宅受或（国）"二者结合，铭文记载的是秦从周受封定居于"禹迹"而立国的事迹。"禹迹"是一个大范围的概念，封国是从属于"禹迹"的。① 春秋中晚期的金文中，已有将"禹"与"九州"连称的例子了。宋代出土山东临淄齐故城的叔夷钟铭文（《铭图》15555—15556）作："赫赫成唐（汤），又（有）敢在帝所，専（溥）受天命……咸有九州，处禹之堵（土）。"在商人后裔的追述中，禹被尊崇，成汤也是立国于"九州禹土"之上的。这里的"九州禹土"仍是作为大略的概念出现，似表示出与"天下"相同的意义。

不同于以往作为大略的概念，"九州"的记载在战国以后的文献中开始与具体的州名区划联系在一起，除《容成氏》外，尚见于《尚书·禹贡》《周礼·夏官·职方氏》《吕氏春秋·有始》《尔雅·释地》等多种文献，几处"九州"记述的具体州名虽存在差异，但是《容成氏》的"九州"说明战国时期在前代"九州"观念的广泛流传上，将其与具体的政治地理区划联系起来，建构出一种整合式的中华一统的局面。②

今传本《世本》所含内容除却帝系、氏姓以外，尚有作篇、居篇。李零先生亦曾据楚卜筮祭祷简中"三楚先"的老童、祝融等指出，其属于由感生祖先向上追溯，至某个代表其地域集团之"古帝"的一类世系。先祖间或不存在直接的血缘关系，血缘关系淡化并会逐渐让位于地缘关系。③ 感生祖先以下代表的是血缘认同，以上至"古帝"层次的世系体现的是地缘认同。④ 就此意义而言，清华简《楚居》自始祖季连至楚悼王共23代先公先王的居处、迁徙中，季连是先祖，简文讲其求娶盘庚后裔，将其与殷人后裔系联，以抬升本族群地位，其下更详细记述了历代楚公楚王居于何处。这种强调先祖所处地域的叙述模式，《诗

---

① 唐晓峰：《从混沌到秩序：中国上古地理思想史述论》，中华书局2010年版，第215页。
② 参见拙作："六王五伯"与"九州十二国"——出土文献所见战国时人的史、地认知"，《中国古代文明研究论集》，第239—256页。
③ 李零：《楚国族源、世系的文字学证明》，《文物》1991年第2期。
④ 洪澄：《先秦世系类文献生成与演变研究》，硕士学位论文，西北师范大学，2018年。

经·鲁颂·閟宫》有"居岐之阳，实始翦商。"① 春秋战国金文中更尤为多见，如上举叔夷钟铭，在商人后裔的追述中，禹被尊崇，成汤的功绩之一即是立国于"九州禹土"之上。

上述"世系"类文献的追溯体系，简言之为氏→姓→帝。"帝系"是各种"帝"的综合的整合、串联。不同族姓在文化交流、兼并战争等过程中不断组合，最终形成大一统的世系。《大戴礼记·帝系》及以其为蓝本的《史记·五帝本纪》即为典型代表。

当然，类似《帝系》这样形式完备的篇章以外，如《国语·周语下》刘文公与苌弘欲城周，卫彪傒适周闻此事与单穆公言有：

> 昔孔甲乱夏，四世而陨。玄王勤商，十有四世而兴。帝甲乱之，七世而陨。后稷勤周，十有五世而兴。幽王乱之十有四世矣。②

卫彪傒只是将夏、商、周世系并列而言，并未将其追溯到某一古"帝"。上举秦公簋、叔夷钟铭仅是提到商汤、秦先立足于"禹迹"，商人、秦人与禹亦并无血缘之联系。陈介祺、刘体智旧藏之战国中期陈侯因𰯼敦铭（《铭图》06080）称其高祖为"黄啻（帝）"。因𰯼即齐威王婴齐，陈氏为妫姓。《说文·女部》："妫，虞舜居妫汭，因以为氏。"③ 在司马迁时代已混淆姓、氏之别，④ 故按《说文》则妫姓为虞舜之后。《国语·鲁语上》云"有虞氏禘黄帝而祖颛顼，郊尧而宗舜"，⑤ 与铭文所述相合。是故铭文中提供了由氏（陈）而姓（妫）以至帝（舜、黄帝）的实例。《国语·晋语四》中司空季子论"黄帝之子二十五人"则将包含姬姓周人始祖在内的 12 姓均溯至黄帝：

> 凡黄帝之子，二十五宗，其得姓者十四人，为十二姓。姬、

---

① 《毛诗正义》卷 20·2《鲁颂·閟宫》，（清）阮元校刻：《十三经注疏（清嘉庆刊本）》，中华书局 2009 年版，第 1327 页。

② 徐元诰：《国语集解（修订本）》卷 3《周语下》，王树民、沈长云点校，中华书局 2002 年版，第 130—131 页。

③ 许慎撰，徐铉校定：《说文解字》，中华书局 1963 年版，第 258 页。

④ 陈絜：《商周姓氏制度研究》，商务印书馆 2007 年版，第 411—412 页。

⑤ 徐元诰：《国语集解（修订本）》卷 4《鲁语上》，王树民、沈长云点校，中华书局 2002 年版，第 159 页。

酉、祁、己、滕、箴、任、荀、僖、姞、儇、依是也。唯青阳与苍林氏同于黄帝，故皆为姬姓。同德之难也如是。昔少典娶于有蟜氏，生黄帝、炎帝。黄帝以姬水成，炎帝以姜水成。①

此段记述即提供了由姓→帝的典型范例，周人先祖与黄帝产生血缘关系，一方面作为"黄帝"帝系传说整合的典型材料；② 另一方面说明中华观念以黄帝子孙为共同世系认同的情形。

总之，先秦秦汉以降的中华民族，是在春秋战国时期以中原为核心的华夏族群的基础上，融合了众多其他族群而形成的。春秋战国时期为塑造"中华"观念进行的政治与文化实践，基本为后世所继承。早在秦统一前后，"中华"一词已开始逐渐代替"华夏"成为中国境内各民族的集合称谓。近代以来"中华民族"的称谓更是深入人心。出土文献让我们重新审视中华大地上各族群繁衍演化、文明滋长繁荣、文化交流融合的复杂进程，以及以华夏族群为核心的古代中国强大的文化辐射力、凝聚力和向心力。中华民族伟大复兴的实现过程必然伴随对"华夏"→"中华"族群悠久文化自信的重拾与重塑。

(杨博，中国历史研究院古代史研究所、"古文字与中华文明传承发展工程"协同攻关创新平台副研究员)

---

① 徐元诰：《国语集解（修订本）》卷10《晋语四》，王树民、沈长云点校，中华书局2002年版，第333—337页。
② 洪澄：《先秦世系类文献生成与演变研究》，硕士学位论文，西北师范大学，2018年。

诗的歧义和《诗经》学中的因循与存真

——以《大雅·韩奕》为例*

张 海

《韩奕》属《大雅·荡之什》，《诗谱序》云："……政教尤衰，周室大坏。《十月之交》《民劳》《板》《荡》勃而俱作，众国分然，刺怨相寻。"[①]《荡序》云："《荡》，召穆公伤周室大坏也。厉王无道，天下荡荡，无纲纪文章，故作是诗也。"[②]与《韩奕》同在《大雅》中的《民劳》《板》《荡》及《召旻》皆是刺诗，除《召旻》是刺幽王外，其他三首为刺厉王之诗。而《韩奕序》则云："尹吉甫美宣王也。"[③]则《诗序》不仅将这几首诗的年代点明，更是指出了它们各自的主旨与性质。《韩奕》中之梁山及"韩城"的地望，自古及今颇有争议。这虽是对诗篇中具体史地事实的讨论，更是于诗意的理解中的歧见。尤其是在古代学者之间，对诗意、诗句等的理解产生歧义，本是寻常事。然于此之中，后世之人可窥探出其既有保守的因循守旧，亦有不墨守成规的反思与考证。然无论是谁，皆是为求得真知。故下文将借古今学者之高见，以资深解其要，求方家斧正。

---

* 本文系国家社科后期资助项目"命侯建邦与商周王朝政治地理研究"（23FZSB001）阶段性成果。

① （清）阮元校刻：《诗谱序》，《十三经注疏》（清嘉庆刊本）第 2 册，台北：艺文印书馆 2007 年版，第 6 页。

② （清）阮元校刻：《毛诗正义》卷 18·1《大雅·韩奕》，第 641 页。

③ （清）阮元校刻：《毛诗正义》卷 18·4《大雅·韩奕》，第 679 页。

一 清代以前的《韩奕》"美宣王"说与梁山、韩城"夏阳"说

《毛诗韩奕序》曰：

《韩奕》，尹吉甫美宣王也，能锡命诸侯。①

是说《韩奕》诗乃由尹吉甫所作，为周宣王能向诸侯赐命而赞美之。又据《大雅序》，《崧高》《烝民》《江汉》三篇诗亦是由尹吉甫所作，其中之《崧高》《江汉》亦涉及西周王朝建诸侯、平定异族之事。《小雅·六月》亦提到"文武吉甫，万邦为宪"②。尹吉甫，西周晚期时王室重要大臣，尹是其官职，吉甫为其字。③ 其人即是铜器铭文中之"兮吉父""兮伯吉父""兮甲"，兮氏，名甲。④ 传世有兮吉父簋（《铭图》04968）、兮伯吉父盨（《铭图》05615）、兮甲盘（《铭图》14539），从其形制、纹饰、铭文风格观之，皆西周晚期后段时器，正与《韩奕》等属西周晚期之诗篇的时代相同。⑤《诗序》所云则不谬。

关于此诗为何以《韩奕》为名，郑玄笺曰："梁山于韩国之山最高

---

① （清）阮元校刻：《毛诗正义》卷18·4《大雅·韩奕》，第679页。
② （清）阮元校刻：《毛诗正义》卷10·2《小雅·六月》，第360页。
③ 吉甫官职称"尹"，且能从王出征、出纳王命，令"万邦为宪"，其人在王朝中的地位非同一般。王国维曰："作册尹氏，皆《周礼》内史之职，而尹氏为其长。百官之长皆曰尹。而内史尹、作册尹独单称尹氏者，以其位尊而地要也。尹氏之职，掌书王命及制禄命官，与太师同秉国政。"参见氏著《书作册诗尹氏说》，收入《观堂集林》（附别集），中华书局1959年版，第1122—1124页。张亚初认为，内史之长铭文称为内史尹或内史尹氏，可能相当于《周礼·春官·宗伯》序官"内史中大夫一人"之中大夫。据《小雅·十月之交》，内史尹在当时的政治生活中举足轻重。从甲金文字和传世文献来看，作册始见于商代，盛行于西周早中期，消失于西周晚期。西周中晚期以后被内史及内史尹（尹氏）所代替。又据金文材料，认为尹是古代官吏的泛称，但有时也用以称固定的某种长官，即作册尹和内史尹。商周时期对国王辅弼之臣就称为尹或多尹（诸尹），参见氏著《西周金文官制研究》，中华书局2004年版，第28—29、34、57页。
④ 王国维：《兮甲盘跋》，载王国维《观堂集林》（附别集），中华书局1959年版，第1206—1209页；陈梦家：《西周铜器断代》，中华书局2004年版，第326页。
⑤ 关于《诗经》各篇的时代，可参见孙作云《从读史的方面谈谈"诗经"的时代和地域性》，《历史教学》1957年第3期。

851

大,为国之镇,所望祀焉。故美大其貌奕奕然,谓之《韩奕》也。"[1] 是以其辖境内有山名梁山者之高大巍峨貌为诗篇名。

此梁山之地望,郑氏云:"今左冯翊夏阳西北。"[2] 汉代的夏阳县在今陕西省韩城市。《汉书·地理志》:"夏阳,故少梁,秦惠文王十一年更名,《禹贡》梁山在西北,龙门山在北。……临晋,故大荔,秦获之,更名。有河水祠。芮乡,故芮国。莽曰监晋。"[3] 则周汉时期的韩城境内确有山名梁山者,且其地原名少梁,是曾有以"梁"为名的邦所在。[4] 2005 年发现的梁带村遗址,居出土的文物及青铜器铭文,是西周晚期到春秋早期的芮之墓地。[5] 至此,上述文献及考古发掘材料能证梁、芮在汉代的夏阳一带。

郑氏又云:"韩,姬姓之国也。后为晋所灭,故大夫韩氏以为邑名焉。幽王九年,王室始骚,郑桓公问于史伯曰:'周衰其孰兴乎?'对曰:'武实昭文之功,文之祚尽,武其嗣乎!武王之子应、韩不在其晋乎!'"[6] 他提到韩氏为姬姓,乃周武王之后,虽被晋吞并,但崛起为晋卿之一。《左传》僖公二十四年载富辰之言:"邘、晋、应、韩,武之穆也。"杜预注曰:"四国皆武王子。"[7] 此是说韩乃周武王之一子之后,

---

[1] (清)阮元校刻:《毛诗正义》卷 18·4《大雅·韩奕》,《十三经注疏》(清嘉庆刊本)第 2 册,台北:艺文印书馆 2007 年版,第 679 页。

[2] (清)阮元校刻:《毛诗正义》卷 18·4《大雅·韩奕》,《十三经注疏》(清嘉庆刊本)第 2 册,台北:艺文印书馆 2007 年版,第 679 页。

[3] (汉)班固撰,(唐)颜师古注:《汉书》卷 28 上《地理志》第八上,中华书局 1962 年版,第 1545 页。

[4] 《史记·秦本纪》:"(穆公)二十年,秦灭梁、芮。"《正义》曰:"梁、芮国皆在同州。秦得其地,故灭二国之君。"(汉)司马迁撰,(宋)裴骃集解,(唐)司马贞索隐,(唐)张守节正义:《史记》卷 5《秦本纪》第五,中华书局 2014 年版,第 242 页。唐代同州治所在今大荔县,其辖区包括今韩城市。

[5] 陕西省考古研究院、渭南市考古所、韩城市文物局编:《陕西韩城梁带村芮国墓地西区发掘简报》,《考古与文物》2010 年第 1 期;陕西省考古研究院、渭南市文物保护考古研究所、韩城市文物旅游局编:《陕西韩城梁带村墓地北区 2007 年发掘简报》,《文物》2010 年第 6 期。

[6] (清)阮元校刻:《毛诗正义》卷 18·4《大雅·韩奕》,《十三经注疏》(清嘉庆刊本)第 2 册,台北:艺文印书馆 2007 年版,第 679 页。

[7] (清)阮元校刻:《春秋左传正义》第 15 卷,僖公二十四年,《十三经注疏》(清嘉庆刊本)第 6 册,台北:艺文印书馆 2007 年版,第 255 页。

与郑氏所引史料说法一致。然杜预对韩之地望则云"韩国在河东郡界"①，即以韩在今山西西南部一带。杜氏并未完全遵循郑氏之说而对韩之地望提出己见，亦算是勇于打破权威之学。

传世有䚄（韩）伯豐鼎（《铭图》02426），西周早期器，其铭文记述了地方史官接受中央王朝卿事司、内史之命，传达于地方，为韩伯、蕨伯二氏度量、析分土田，并返回成周向王朝复命之事。② 鼎铭中韩氏称"伯"，不称"侯"，是周人贵族中大宗的一般称谓，则此时的韩氏应暂未被王朝建为诸侯。

孔颖达在《韩奕》诗下对郑玄之说的疏解亦颇有见地。其云："谓赏锡韩侯，命为侯伯也。不言韩侯者，欲见宣王之所锡命非独一国而已。故变言诸侯以广之锡。"③ 意即《序》察觉到王朝封建韩侯只是当时若干诸侯中的一例，韩侯用以举例而已，被用来表明宣王对地方诸侯的赏赐与控制。以此说来，《崧高》篇中的南申伯也是一例。

于梁山，《正义》补充曰："梁山于韩国之山最高大者，以韩后属晋，释山云梁山，晋望也。孙炎曰：'晋国所望祭也。'晋为大国，尚以为望，明于韩地最高大也。《夏官·职方氏》每州皆云其山镇曰某山，是其大者谓之为镇，故知梁山为韩国之重镇也。礼诸侯之于山川，在其地祭以祈福，山必望而祀之，故云祈望祀焉。经云奕奕梁山是美其貌奕奕然，以其韩国之奕，故谓其篇为《韩奕》也。"④ 在疏解诗篇得

---

① （清）阮元校刻：《春秋左传正义》第15卷，僖公二十四年，《十三经注疏》（清嘉庆刊本）第6册，台北：艺文印书馆2007年版，第255页。
② 关于此鼎铭文考释及其相关研究，请参见谢明文《释西周金文中的"垣"字》，载黄德宽《中国文字学报》第6辑，商务印书馆2015年版，第69—72页，后收入谢氏著《商周文字论集》，上海古籍出版社2017年版，第265—270页；李学勤：《一篇记述土地转让的西周金文论》，《故宫博物院院刊》2015年第5期；沈培：《西周金文"宕"字释义重探》，载李宗焜《第四届国际汉学会议论文集：出土材料与新视野》，台北："中研院"史语所2013年版，第381—417页；董珊：《韩伯豐方鼎铭文新论》，载杨荣祥、胡敕瑞《源远流长：汉字国际学术研讨会暨AEARU第三届汉字文化研讨会论文集》，北京大学出版社2017年版，第46—64页；单育辰：《䚄伯豐鼎考》，载中国社会科学院语言研究所《历史语言学研究》编辑部《历史语言学研究》第10辑，商务印书馆2016年版，第217—220页；刘源：《从韩伯豐鼎铭文看西周贵族政体运作机制》，《史学集刊》2018年第3期。
③ （清）阮元校刻：《毛诗正义》卷18·4《大雅·韩奕》，《十三经注疏》（清嘉庆刊本）第2册，台北：艺文印书馆2007年版，第679页。
④ （清）阮元校刻：《毛诗正义》卷18·4《大雅·韩奕》，《十三经注疏》（清嘉庆刊本）第2册，台北：艺文印书馆2007年版，第679页。

名的缘由中，孔颖达特意将"望祀""望祭"作为其论据。① 望祭，又见于《尚书·舜典》，曰："望于山川，徧于群神。"伪孔《传》："九州名山、大川、五岳、四渎之属，皆一时望祭之。群神谓丘陵坟衍，古之圣贤者皆祭之。"②《公羊传》僖公三十一年："三望者何？望祭也。然则曷祭？祭泰山、河、海。"③ 望祭是一种自然崇拜的祭祀形式。其主要对象是名山、大川，而其层级可大致分为全国与地方两种。梁山是韩境内的最高大山，为地方性名山，是其地之"镇"，即韩地的护佑之山，故会受到其人的祭祀以祈福佑。依孔氏引孙炎言之意，是晋灭韩后，梁山虽不必是晋境内最高大之山，但仍为晋人所望祭，为晋境内名山之一。故而《正义》亦认可了韩地在汉代左冯翊夏阳县之说。

夏阳之韩被晋灭亡的时间，《正义》云："晋之灭韩未知何君之世。宣王之时韩为侯伯，武公之时万已受之。盖晋文侯辅平王为方伯之时灭之也。故韦昭云近宣王时命韩侯为侯伯，其后为晋所灭以为邑，以赐桓叔之子万，是为韩万。则其亡在平王时也。"④ 是说此韩于东周初年被护送平王东迁的晋文侯所灭并入晋境。其所据乃是韦昭注《国语》之说。曲沃并晋的过程中，韩地为曲沃所控制，因曲沃桓叔之子万曾为曲沃武公（即后来的晋武公）御戎立下战功，故受封韩邑，成为后世晋六卿之一韩氏的始祖。

朱熹《诗集传》曰："梁山，韩之镇也。今在同州韩城县。……韩，国名。侯爵，武王之后也。受命，盖即位除丧，以士服入见天子而听命也。缵，继。戎，汝也。言王锡命之，使继世而为诸侯也。……韩侯初立来朝，始受王命而归，诗人作此以送之。序亦以为尹吉甫作，今

---

① 有人认为"望祭""望祀"起初在内涵上有区别，汉代以后二者才逐渐通用，参见韩梅、孙福轩《"望祭""望祀"议》，《中国史研究》2006 年第 4 期。从甲骨卜辞看，至迟于晚商时即已对名山、大川进行望祭，参见常玉芝《商代宗教祭祀》，中国社会科学出版社 2010 年版，第 159—165 页。

② （清）阮元校刻：《尚书正义》卷 3《舜典》第二，《十三经注疏》（清嘉庆刊本）第 1 册，台北：艺文印书馆 2007 年版，第 36 页。

③ （清）阮元校刻：《春秋公羊传注疏》卷 12，僖公三十一年，《十三经注疏》（清嘉庆刊本）第 7 册，台北：艺文印书馆 2007 年版，第 157 页。

④ （清）阮元校刻：《毛诗正义》卷 18·4《大雅·韩奕》，《十三经注疏》（清嘉庆刊本）第 2 册，台北：艺文印书馆 2007 年版，第 679 页。

未有据。"① 宋金时代的同州韩城县,即是汉代左冯翊夏阳县,是朱子在梁山与韩的地望上认同了郑玄、孔颖达的说法。同时,朱子也认为《韩奕》中的韩乃武王之后。然朱子对诗篇的作者为尹吉甫则提出了质疑。其对"受命"等的解释似可理解为与《韩奕》诗旨有关,因为朱子也意识到了此诗主要是为记叙册命韩侯一事而作。

王应麟在《诗地理考》中对"韩""梁山""燕""追""貊"等地名、族邦名的考证,主要是备列汉唐学者们的说法。王氏以"燕"为召公所建之北燕,唯对韩之地望备下了在汉晋时期的范阳郡方城县一说。②

汉唐宋间对《诗经》有阐述的代表性学者们,对《韩奕》诗的主旨、梁山与韩的地望、韩的先祖等问题的看法几乎一致。唯朱熹对《韩奕》诗的作者是否为宣王时的重要大臣尹吉甫则为存疑态度。

二 清人《经》解对"美宣王""夏阳" "范阳方城"等说的疏解考证

明末清初学者王夫之在其《诗经稗疏》专门对《韩奕》诗中的梁山、韩、貊进行了疏释。他对郑玄的梁山、韩在汉代左冯翊夏阳县境内(其地在明末清初分属乾州、韩城)的说法表示质疑,指出诗篇中"燕师所完"之"燕师"应是北燕,故梁山、韩地近之才合理。他认为梁山是《山海经》中的"梁渠之山","当在山西忻、代之境,居庸之西,与燕邻近,故燕师就近往役"③。

王夫之又据诗篇内容,以韩地产熊、罴、猫、虎,"韩国之贡赤豹、黄罴,皆北方山谷所产。《一统志》载:忻州产豹,代州产熊皮、豹尾。古今物产有恒,与诗脗合。若乾州、韩城,滨河之野,未闻有此。且诗称川泽之美,不及黄河。则梁山非夏阳之梁山又明矣"④。此是从

---

① (宋)朱熹集注:《诗集传》卷18《大雅·韩奕》,中华书局上海编辑所1958年版,第216页。
② (宋)王应麟撰,张保见校注:《诗地理考校注》,四川大学出版社2009年版,第196—202页。
③ (清)王夫之:《诗经稗疏》(附考异、叶韵辨),《船山全书》第三册,岳麓书社2008年版,第198页。
④ (清)王夫之:《诗经稗疏》(附考异、叶韵辨),《船山全书》第三册,岳麓书社2008年版,第198页。

地方物产的方面来考证《韩奕》中之梁山、韩在今山西忻州、代县一带。其说未必正确，但否定了汉以来的"夏阳说"，则是其有见地之处。

诗中"貊"之地望，王氏以为"又貊为韩之附庸，地必近韩"①。意即其地或在忻、代一带，或在其周边地区。其云："按《山海经》：'貊国在汉水东北，地近于燕，燕灭之。'所云汉水者，未详其地，然漾、沔皆名汉，而去燕甚远。则汉字或涞字传写之误。貊国在涞水东北，东界燕之西境，与燕接壤，为燕所并。而其初附庸于韩，固其宜矣。"②涞水即今拒马河的古称，其中段白沟河为南北流向，白沟河的东北方向为河北固安、永清及廊坊市区等地。然固安等地距离在山西的忻、代之地亦有些悬远，以此悬远之地作为"属国"似于理不合，更是违背周人利用近亲贵族与当地土著相结合而巩固领土做法的本意。

王夫之又以《韩奕》中之韩侯所受赐为"革路"，并不是周代同姓懿亲所应受的"金路"，且韩侯被称"女（汝）"，如是武王之后，必不会被如此疏远称呼，故此诗中的韩应与"武之穆"之韩不同。其曰："若以一时有二韩国，则亦犹召公之后封于蓟，姞姓之国封于胙城，皆名曰燕，不嫌于同。"③王氏即已指出西周时期有两个韩，并举出南北二燕（且不同姓）之例。

陈启源《毛诗稽古编》于《韩奕》条下认为其诗旨："首章以禹比宣王，言王能平大乱、命诸侯，有倬然显明之道。是道乃宣王之治道也，故以倬然美之。"④此虽就首章内容而，然亦有全诗主旨之意，明显是对《毛传》的认同与发挥。又陈氏对当时学者据《水经注》中所引王肃之语及王符《潜夫论》之说以韩在顺天府固安县的看法"未必然也"。陈氏以为"周公作洛，四方民大和会，五服咸至，无间远迩。

---

① （清）王夫之：《诗经稗疏》（附考异、叶韵辨），《船山全书》第三册，岳麓书社2008年版，第198页。

② （清）王夫之：《诗经稗疏》（附考异、叶韵辨），《船山全书》第三册，岳麓书社2008年版，第198页。

③ （清）王夫之：《诗经稗疏》（附考异、叶韵辨），《船山全书》第三册，岳麓书社2008年版，第199页。

④ （清）陈启源：《毛诗稽古编》卷22之《韩奕》，（清）阮元编：《清经解》册一之卷八十一，上海书店1988年版，第434页。

山甫城齐，自镐而往，与燕之去韩路亦相等"①，故其认为燕为北燕，而韩地在清代的西安府韩城县，两者虽地隔悬远，然北燕仍可远赴为之筑城。对"燕师"，陈氏以为"直是燕国之民，而召公子孙受封于燕者率之以城韩耳"②，他对《诗集传》所云召公率众城韩之说则持否定态度。此外，陈氏将貊视为"北垂荒裔"③。

惠周惕于《答吴超士书》中云王肃、郦道元、王应麟、顾炎武等人对韩城地望的考证已然详备，④其意似认同固安说且以为不必再做所谓标新立异无用之功。戴震后在其《毛郑诗考正》中也列举先贤之说，亦持固安之说。⑤

姚际恒《诗经通论》对《韩奕》之主旨云："按《序》但谓宣王，涉泛。且谓能锡命诸侯，按'锡命'之语已见于诗，不必更标举为宣王夸大也。惟谓尹吉甫作，笔意差近；但未见其必然。《集传》驳其未有据，然则亦非全无据耳。此韩侯初立，入觐宣王，遣其归国，显父饯之，诗人美之之作。"⑥其文并未对梁山、韩之地望进行讨论。

李黼平《毛诗紬义》对《韩奕》诗旨的看法近于陈启源。李氏认为"韩是武王之子……（韩）武子本是韩侯之后，晋又封之于韩原，即今之冯翊韩原是也"⑦。李氏以为后世晋卿之一的始祖韩武子并非晋曲沃桓叔之后，其就是诗中的韩侯之后，被曲沃吞并后仍被封于韩原，且对韩原的地望仍采郑玄之说。

"北国"，李氏认为当时是指雍州以北之地，具体指今陕北榆林长城以北地区。是故韩侯的治所应在雍州，不在并州，即否定了王肃等人

---

① （清）陈启源：《毛诗稽古编》卷22之《韩奕》，（清）阮元编：《清经解》册一之卷八十一，上海书店1988年版，第435页。

② （清）陈启源：《毛诗稽古编》卷22之《韩奕》，（清）阮元编：《清经解》册一之卷八十一，上海书店1988年版，第435页。

③ （清）陈启源：《毛诗稽古编》卷22之《韩奕》，（清）阮元编：《清经解》册一之卷八十一，上海书店1988年版，第435页。

④ （清）惠周惕：《诗说》卷4之《答吴超士书》，（清）阮元编：《清经解》册一之卷193，上海书店1988年版，第774页。

⑤ （清）戴震：《毛郑诗考正》卷3，（清）阮元编：《清经解》册三之卷559，上海书店1988年版，第853—854页。

⑥ （清）姚际恒著，顾颉刚标点：《诗经通论》，中华书局1958年版，第314页。

⑦ （清）李黼平：《毛诗紬义》卷21之《韩奕》，（清）阮元编：《清经解》册七之卷1351，上海书店1988年版，第646页。

的"范阳方城说",而追、貊等所谓蛮夷之属正分布于雍州以北地界。①

陈寿祺、陈乔枞父子对今文《诗》学的研究也涉及《韩奕》中的名物制度及史地方面。《鲁诗遗说考》,对"玄衮赤舄"(为避清圣祖之讳,其文中"玄"作"元")、"鉤膺镂钖""韩侯出祖""清酒百壶""诸娣从之,祁祁如云。韩侯顾之,烂其盈门""有貓有虎"等分别引用《周官·屦人》郑注、张衡《东京赋》《风俗通义》《白虎通义·嫁娶》《尔雅·释兽》《淮南子·天文训》高诱注中的相关内容来加以补证,不赘述。②

鲁诗《韩奕》之"普彼韩城,燕师所完","普"在毛诗中作"溥"。此处之韩城,陈乔枞以《水经注·圣水注》《魏书·地形志》对汉代范阳方城县的记载,认为"今按固安县有方城村,即汉县也"③。今河北廊坊固安县彭村乡有方城一、二、三村,其地应是陈氏所云韩城地望之所在。

俞正燮之《韩奕燕师义》,"案'禹甸梁山'必当为《禹贡》之梁山,在今韩城。……今案燕乃蹶父国也,周初有燕有北燕。……《诗》云韩姞、《左传》有燕姞,则蹶父本燕支庶。春秋时南燕止称燕也。其在蓟之燕正谓之北燕。……《诗》言'汾王之甥,蹶父之子',则蹶父姞姓为厉王婿以燕公族入为卿士。《诗》言'韩侯迎止,于蹶之里',知蹶父不在燕久居。周已有族里,如鲁、凡、蒋、邢、胙在周圻内。《诗》言'溥彼韩城,燕师所完,奄受北国',韩城在河西居镐东北,得受王命为北诸侯长"④。其仍是认为梁山及韩侯在清代韩城县,即赞同夏阳之说。于诗中的"燕师",则以为此燕为姞姓南燕,蹶父为其居于王畿的一支,且可假王命动用其本邦的力量为韩侯建城。

胡承珙于《毛诗后笺》之《韩奕》的诗旨,否定了朱熹之说,认

---

① （清）李黼平：《毛诗紬义》卷21之《韩奕》，（清）阮元编：《清经解》册七之卷1351，上海书店1988年版，第646—647页。
② （清）陈寿祺撰，（清）陈乔枞述：《三家诗遗说考·鲁诗遗说考》，上海古籍出版社1996年版，第286—287页。
③ （清）陈寿祺撰，（清）陈乔枞述：《三家诗遗说考·鲁诗遗说考》，上海古籍出版社1996年版，第287页。
④ （清）俞正燮：《癸巳类稿》二之《韩奕燕师义》，（清）王先谦编：《清经解续编》册三卷835，上海书店1988年版，第1324—1325页。

诗的歧义和《诗经》学中的因循与存真——以《大雅·韩奕》为例

为韩侯是"修常朝之礼",被"命为侯伯""兼领诸夷部也"①。又胡氏在案语中认为梁山、韩在清代的顺天府境内及韩在解州府芮城县两说皆为非,并指出"盖是山(梁山)绵亘百里,今自郃阳西北抵韩城县西北之麻线岭皆是。……周之韩国当在梁山左右或其境跨河之东,故,故河东河北县有韩亭"②。是说支持郑注中的梁山、韩在汉代夏阳县之说,且进一步以梁山为一分布于两县境内的高大山脉来解释为何诗举梁山"奕奕"之貌。至于秦晋"韩原之战"中的韩原为何在山西芮城,则以当年韩之辖境地跨黄河两岸为由,有其独到之处。

跟韩之地望有关系的追、貊,胡氏以追于经传无考,且不同意陆奎勋的追同"堆",是夷人累土以为保障之说。胡氏以貊为其他典籍中的"貉",认为其地"亘秦之北,周都雍州,貊正为其北面之国"③。

马瑞辰在《毛诗传笺通释》中对《韩奕》一诗着墨不少。马氏认为梁山在左冯翊夏阳县之说为误,他引江永《诗补义》:"然诗言韩城燕师所完,受追、貊北国,则韩当不在关中。……潞县,今之通州,其西有梁山,正当固安县之东北。然则韩始封在同州韩城,至宣王时徙封于燕之方城与?"④是江永曾提到韩在周宣王时被徙封的问题。⑤

关于始封之韩的灭亡时间,马氏结合罗泌《路史·后纪》的说法,认为:"又按始封之韩灭于晋,《正义》谓当在晋文侯辅平王、为方伯之时灭之,特以诗之韩侯即始封之韩,宣王时其国犹存,故谓国灭当在平王时耳。不知宣之锡命已为徙封之韩,则晋之灭韩在宣王前,当从《路史》谓在厉王时为允。"⑥是马氏认同了韩曾存在徙封的情况,且重新考订了夏阳之韩的灭亡时间在周厉王时。

"韩侯受命",马氏以为朱熹"韩侯初立,受命为诸侯"之说本自《韩诗》,并进一步认为,"其宣王徙封韩侯,更在作此诗以前。下又云'因以其伯'者,盖命为诸侯,兼命为牧伯耳。"⑦

---

① (清)胡承珙撰:《毛诗后笺》卷25之《韩奕》,清光绪广雅丛书本。
② (清)胡承珙撰:《毛诗后笺》卷25之《韩奕》,清光绪广雅丛书本。
③ (清)胡承珙撰:《毛诗后笺》卷25之《韩奕》,清光绪广雅丛书本。
④ (清)马瑞辰撰,陈金生点校:《毛诗传笺通释》,中华书局1989年版,第1004页。
⑤ (清)江永:《群经补义》卷2之《诗》,(清)阮元编:《清经解》册二之卷257,上海书店1988年版,第264页。
⑥ (清)马瑞辰撰,陈金生点校:《毛诗传笺通释》,中华书局1989年版,第1005页。
⑦ (清)马瑞辰撰,陈金生点校:《毛诗传笺通释》,中华书局1989年版,第1006页。

"燕师所完"中的"燕",马氏据《经典释文》及《潜夫论》之说法,以为"则燕指燕国为是。《路史》云北燕伯款亦姞姓,则燕与蹶父为同姓。蹶父疑即北燕之君入为王卿士者,以女妻韩侯,因为韩侯完其城与?"① 其以此"燕"为北燕,而北燕亦是姞姓,也是蹶父所出,与燕分南、北,且分别为姞、姬二姓之说法异。

"追""貊",马氏曰:"下云'奄受北国',则追与貊皆当为北狄。惟追于经传无徵。"② 是说追、貊属北狄族群。又曰:"追即自之假借,追琢通作敦琢,又转为雕。《周官·追师注》:'追之言雕也。'《逸周书·王会篇》载'伊尹朝献《商书》',云'正西曰彫题',《孔晁注》:'西戎之别名也。'此诗追疑即雕之假借,雕题可单称雕,犹交趾可单称交也。"③ 是以追为《王会》中所提到的彫题之简称,为西戎。并进一步释曰:"《传》云'追、貊,戎狄国'者,殆以追为西戎,貊为北狄欤?其实蛮、夷、戎、狄,对言则异,散言则北国可称百蛮,亦可通称雕耳。貊通作貉,《职方氏》郑司农《注》:'北方曰貉狄。'《说文》:'貉,北方豸种。孔子曰:貉之为言恶也。'《周官·职方》:有九貉,郑《注》以九貉为九夷,则东夷又通称貉。" 是言追为雕、貊亦可作貉,可为四方蛮夷的通称。

徐璈《诗经广诂》在《韩奕》之下的按语曰:"以此篇首言梁山故两汉志以在同州之韩城当之。而末章言追、貊、北国,则宜为涿郡之韩城矣。同之距涿殆二千里,不得并为一谈。岂韩先封之国在同州,为晋所并,今所来朝之韩侯乃改封于近燕之涿郡耶?"④ 徐氏亦是认为诗中的韩侯为后来改封在涿郡的韩,而同州之韩此前为晋所吞并。

徐氏对蹶父的看法,"又按贾逵《左传注》:'南燕,姞姓。'《诗》云韩姞,则蹶父为姞姓。盖南燕之后入为王卿士者。燕师城韩,先祖时事,因此日之婚媾述旧时之邦交也"⑤。是认同蹶父出自姞姓南燕,但燕师城韩之事不是其所为,而是其祖先曾为之事,于此诗中提出是为韩、南燕再次联姻的好事中再增加一份旧日的交情。

---

① (清)马瑞辰撰,陈金生点校:《毛诗传笺通释》,中华书局1989年版,第1015页。
② (清)马瑞辰撰,陈金生点校:《毛诗传笺通释》,中华书局1989年版,第1015页。
③ (清)马瑞辰撰,陈金生点校:《毛诗传笺通释》,中华书局1989年版,第1015页。
④ 徐璈:《诗经广诂》册七,《荡之什》第二十五,道光十年(1830)洪颐煊序本。
⑤ 徐璈:《诗经广诂》册七,《荡之什》第二十五,道光十年(1830)洪颐煊序本。

诗的歧义和《诗经》学中的因涩与存真——以《大雅·韩奕》为例

韩、梁山的地望，徐氏备列顾炎武、阎若璩、江永等人之说，三人皆指二地近北燕，不在所谓畿内。①

陈奂《诗毛氏传疏》疏解《韩奕序》云："韩，韩侯。奕，犹奕奕也。宣王命韩侯为侯伯，奕奕然大，故诗以《韩奕》名篇。此诗当在《六月》北伐后而作。"② 其说对诗旨的见解仍是受汉唐学者之影响，却提出《韩奕》作于尹吉甫征伐狁之后，隐约将册命韩侯与尹吉甫出征狁之地的善后相联系。陈氏又谓："近儒能辨韩侯为近燕之韩。……则又误梁山为近燕矣。梁自夏阳之梁山，韩自北国之韩侯，解者胶泥一处，龃龉难通。"③ 是认为梁山与韩分处两地，一在汉代的夏阳县，一在今河北。

陈氏以诗中之燕为召公之后，并将韩分为"武穆之韩"与"姬姓之韩"。"姬姓之韩"应该封于武王之世，后被晋灭，而《韩奕》诗中的韩为"武穆之韩"。"武穆之韩"在周宣王时被封于北国，为当地"蛮服百国之长"。韩侯所受的追、貊，陈氏认为应是秽貊，为东夷别种，并引服虔之说，以之在辰韩之北，高句丽、沃沮之南，④ 即大致在今朝鲜半岛中北部。

朱右曾之《诗地理征》，列举前儒诸说且加以考证，认为"夏阳渡河为河津、荣河二县。河津则耿国所处，荣河乃魏之膰地，韩安得越之而有梁山哉？至若燕师、北国、追貊、百蛮之窀穸者，河北与夏阳同也。实事求是，自不得违王肃而从郑氏矣"⑤。是认同梁山在今北京房山良乡，韩城在今固安方城之说。然朱氏于"燕师"之燕则定为北燕。

朱氏亦以追、貊为戎狄之属，于其地则以为："《晋书·东夷传》：'夫余国在元（玄）菟北千余里有秽城，本秽貊之城也。'是所谓貊也。计周时追、貊当在今宣化府以东北塞外，故汉初貊与燕人来献马后渐东

---

① 徐璈：《诗经广诂》册七，《荡之什》第二十五，道光十年（1830）洪颐煊序本。
② （清）陈奂：《诗毛氏传疏》25 之《韩奕》，（清）王先谦编：《清经解续编》册三卷 802，上海书店 1988 年版，第 1185 页。
③ （清）陈奂：《诗毛氏传疏》25 之《韩奕》，（清）王先谦编：《清经解续编》册三卷 802，上海书店 1988 年版，第 1185 页。
④ （清）陈奂：《诗毛氏传疏》25 之《韩奕》，（清）王先谦编：《清经解续编》册三卷 802，上海书店 1988 年版，第 1186—1187 页。
⑤ （清）朱右曾：《诗地理征》五，（清）王先谦编：《清经解续编》册四卷 1043，上海书店 1988 年版，第 746—747 页。

徙，而韩侯之裔亦已为貊矣。"① 其亦以追、貊为分布在今中国东北与朝鲜半岛北部的族属，且以韩侯的后裔貊化。

魏源《诗古微》中对梁山、韩等的看法，"韩即《春秋》河东之韩原，梁山即《禹贡》冀州所治之吕梁山，燕师即蹶父南燕姞姓之属，乃韩姞之父，以卿士奉王命城韩也"②。是同意韩在河东之说，且以梁山为今山西之吕梁山，应是指其在山西境内的南端余脉。对诗中之燕，魏氏则采用了姞姓南燕之说。

俞樾《群经平议》在论及《韩奕》诗时，以"燕师"为姞姓南燕，然俞氏却将"汾王之甥"与"韩姞"解作两人。他认为"汾王疑是西戎之王"，故韩侯娶其甥是"服西戎之策"，是后世和亲政策的滥觞。韩姞则是蹶父之女，是出身于姞姓南燕的君主之女。③ 俞氏此意是诗中韩侯娶两妻，一是戎王之女，一是王朝卿士之女，既为周人和戎作出贡献，又与周人大贵族联姻巩固和抬高了自己在王朝中的地位。

王先谦《诗三家义集疏》对《韩奕》诗"梁山""韩"之地望的诸多说法之中，倾向于陈奂《诗毛氏传疏》的梁山、韩分属两地之论。王氏已论云："今固安县有方城村，即是汉县，韩侯城近在其地，与河东姬姓为晋所灭之韩确为二地，《笺》合为一，误也。追，未闻。貊，在辽东，汉魏之间，见于史志，其后无考。当韩侯总领时，尚是北方中较著之戎狄大国。"④ 即认为《韩奕》中的韩在今固安方城，并不在郑注所云的夏阳或他作所云之河东芮城。于貊却不脱传统说法，仍以之为所谓"戎狄大国"。

清代学者对《韩奕》诗旨的看法几乎不脱汉唐学者的窠臼，然亦有个别的补充疏解。于梁山、韩城的地望，清代学者们则意见颇有分歧，主要分信从郑玄的"夏阳说"及支持王肃的"固安说"两派。其中也有调和两说的学者，更有学者向北及东北极远之地考证。

----

① （清）朱右曾：《诗地理徵》五，（清）王先谦编：《清经解续编》册四卷1043，上海书店1988年版，第747页。

② （清）魏源：《诗古微》十四《大雅答问下》，（清）王先谦编：《清经解续编》册五卷1305，上海书店1988年版，第748页。

③ （清）俞樾：《群经平议》十一《毛诗四》，（清）王先谦编：《清经解续编》册五卷1372，上海书店1988年版，第1089页。

④ （清）王先谦撰，吴格点校：《诗三家义集疏》，中华书局1987年版，第981页。

故而清代学者对其诗旨的见解受传统经学的影响之下，仍未能切中其要。

三　《韩奕》实为记叙西周晚期在灅水下游建韩侯之诗

《大雅·韩奕》的内容实质上是记载了西周晚期之时宣王建韩侯于"北国"之事。梁山，是韩侯所在之地标。《韩奕序》郑玄笺曰："梁山，今左冯翊夏阳西北。"① 是说梁山在今陕西省韩城市境内。然诗篇言韩侯"奄受北国"，是梁山亦位于"北国"地区，不在关中之内。《水经注·灅水注》：

> 灅水又东南迳良乡县之北界，历梁山南，高梁水出焉。②

北齐时之良乡县为今北京市房山区良乡镇，在永定河（即古灅水下游）西南岸。灅水"历梁山南"，是梁山在良乡以东的？水故道东北岸，应是今河北省廊坊市固安县西北一带的山峦。③ 这也为许多魏晋至清代的学者所考见。

韩侯，郑玄笺又云："韩，姬姓之国也，后为晋所灭，故大夫韩氏以为邑名焉。"④ 按，周人确在今山西芮城县境内建有一韩邦，在春秋早期被晋吞并，成为韩氏的采邑。郑玄以《韩奕》中之韩为入晋之韩，且其地在陕西韩城，非也。

《潜夫论·志氏姓》有云："昔周宣王亦有韩侯，其国也近燕，故《诗》云：'普彼韩城，燕师所完。'"⑤ 是以西周晚期的韩侯在匽（燕）

---

① （清）阮元校刻：《毛诗正义》卷18·4《大雅·韩奕》，《十三经注疏》（清嘉庆刊本）第2册，台北：艺文印书馆2007年版，第679页。
② （北魏）郦道元著，陈桥驿校证：《水经注校证》卷13《灅水》，中华书局2007年版，第324页。
③ 沈长云：《西周二韩国地望考》，《中国史研究》1982年第2期。
④ （清）阮元校刻：《毛诗正义》卷18·4《大雅·韩奕》，《十三经注疏》（清嘉庆刊本）第2册，台北：艺文印书馆2007年版，第679页。
⑤ （汉）王符撰，（清）汪继培校正：《潜夫论笺校正》卷9《志氏姓》第三十五，中华书局1985年版，第446页。

侯附近，然其将为韩侯筑城之"燕师"误认作北燕之师。又《水经注·圣水注》：

> 圣水又东迳长兴城南，又东迳方城县故城北，李牧伐燕取方城是也。……圣水又东南迳韩城东，《诗·韩奕章》曰：溥彼韩城，燕师所完，王锡韩侯，其追其貊，奄受北国。郑玄曰：周封韩侯，居韩城为侯伯，言为猃夷所逼，稍稍东迁也。王肃曰：今涿郡方城县有韩侯城，世谓之寒号城，非也。①

汉晋之方城县故城在今固安县治之南，王肃以故韩侯城在方城县境内。圣水先从方城县城之北经过，向东南流经故韩侯城东，说明两地皆在圣水南岸，韩侯之城应在今固安县城附近某处。

《左传》僖公二十四年载富辰之言：

> 邗晋应韩，武之穆也。②

杜预注曰："四国皆武王子。……韩国在河东郡界。"③是以韩之始封君乃武王之子，其地在汉晋河东郡，当今山西运城地区。又襄公二十九年载叔侯曰：

> 虞、虢、焦、滑、霍、扬、韩、魏，皆姬姓也，晋是以大。④

此是言为晋所灭之韩亦为姬姓。从地缘上看，此处之韩应是杜预所言河东之韩。因上引《左传》两处关于韩的记载，故有学者将周代的韩分为"武穆之韩""姬姓之韩"，前者在河北固安县境，后者在山西

---

① （北魏）郦道元著，陈桥驿校证：《水经注校证》卷12《圣水》，中华书局2007年版，第302页。
② （清）阮元校刻：《春秋左传正义》第15卷，僖公二十四年，《十三经注疏》（清嘉庆刊本）第6册，台北：艺文印书馆2007年版，第255页。
③ （清）阮元校刻：《春秋左传正义》第15卷，僖公二十四年，《十三经注疏》（清嘉庆刊本）第6册，台北：艺文印书馆2007年版，第255页。
④ （清）阮元校刻：《春秋左传正义》第39卷，襄公二十九年，《十三经注疏》（清嘉庆刊本）第6册，台北：艺文印书馆2007年版，第667页。

芮城县境。①

诗中从"无废朕命"到"侯氏燕胥",是讲宣王赐命,韩侯觐王,王赏之器物以及王室大臣显父为韩侯饯行之事,其语言与铜器铭文相关内容十分相似。

"韩侯取妻,汾王之甥,蹶父之子",是言韩侯夫人为汾王之外甥女、蹶父之女。郑玄笺云:"汾王,厉王也。厉王流于彘,彘在汾水之上,故时人因以号之。犹言莒郊公、黎比公也。姊妹之子为甥。王之甥、卿士之子,言尊贵也。"②言"汾王"乃指周厉王,韩姞为其某位姐妹所生。清人马瑞辰依《尔雅·释亲》及《猗嗟》篇《毛传》,以为"汾王之甥"是指汾王之外孙。③则韩侯夫人与周厉王有亲缘关系,出身较为尊贵。

诗篇下文称韩侯夫人为"韩姞",是蹶父与韩侯夫人出自某个姞姓族氏。又云"溥彼韩城,燕师所完",是韩侯之城乃由燕之军队所修筑而成。此"燕",旧多以为是韩侯所近姬姓之燕,然其意似不近情理。《左传》隐公五年载:

卫人以燕师伐郑。④

杜预注:"南燕国,今东郡燕县。"孔颖达疏曰:"燕有二国,一称北燕,故此注言南燕以别之。《世本》:燕国,姞姓。"⑤又《汉书·地

---

① (清)陈奂:《诗毛氏传疏》二十五之《韩奕》,(清)王先谦编:《清经解续编》册三卷802,上海书店1988年版,第1186页;王先谦:《诗三家义集疏》,中华书局1987年版,第981页;黄焯:《诗疏平议》,上海古籍出版社1985年版,第559页。沈长云先生亦认为西周有两个韩国,但"武穆之韩"与"姬姓之韩"皆指河东之韩,"北国"之韩在周初就已封建,作为燕之羽翼,与之共同镇抚北国,其亦属姬姓,存在到宣王以后,参见《西周二韩国地望考》一文。
② (清)阮元校刻:《毛诗正义》卷18·4《大雅·韩奕》,《十三经注疏》(清嘉庆刊本)第2册,台北:艺文印书馆2007年版,第682页。
③ (清)马瑞辰撰,陈金生点校:《毛诗传笺通释》,中华书局1989年版,第1012—1013页。
④ (清)阮元校刻:《春秋左传正义》第3卷,隐公五年,《十三经注疏》(清嘉庆刊本)第6册,台北:艺文印书馆2007年版,第61页。
⑤ (清)阮元校刻:《春秋左传正义》第3卷,隐公五年,《十三经注疏》(清嘉庆刊本)第6册,台北:艺文印书馆2007年版,第61页。

理志》东郡南燕县条云：

> 南燕国，姞姓，黄帝后。①

是西周王朝曾在汉晋东郡之地建有姞姓之燕。

南燕县于西汉时始置，东汉改为燕县，西晋时省。十六国时期，燕县由石勒复置，兼置东燕郡。其后，慕容德据之，改为东燕县，北魏因之，仍属东郡。隋文帝开皇十八年始称胙城县，此后至清雍正初年因之。雍正五年（1727），省胙城县入延津县，其地今为河南新乡市延津县城之北四十四里之胙城乡。因之，则姞姓燕邦在今延津县北之胙城乡一带。②

蹶父能嫁女于韩侯，表明其身份应不低于邦君，又为姞姓贵族，故其应是南燕邦邦君。又其为周王室姻亲，亦可能在王朝中任职，南燕地离成周也较近，蹶父应无王朝之"侯"职，似是西周晚期的一代南燕伯。蹶父乃韩侯之岳父，王朝命其率本邦之师具体落实建韩侯一事自在情理之中，这与《崧高》诗中召穆公率众在谢地为申伯筑城的情况相类似。

"以先祖受命"，是说韩侯之先祖早已被先代周王赐过命，《毛传》云："韩侯之先祖，武王之子也。"③ 亦以韩侯为"武之穆"。"因时百蛮"，《毛传》云："长是蛮服之百国也。"④ 孔颖达疏曰："因时百蛮者，与百蛮为时节，是为之宗长以揔领之，故云长此蛮服之百国也。"⑤ 此说受"五服制"的影响，是认为宣王命韩侯作治理"蛮服"之中的大小各邦的总长官。

---

① （汉）班固撰，（唐）颜师古注：《汉书》卷28上《地理志》第八上，中华书局1962年版，第1557页。

② 顾祖禹以原胙城县城之西的东燕城为故南燕之地望，参见（清）顾祖禹撰，贺次君、施和金点校《读史方舆纪要》卷49，河南四，中华书局2005年版，第2306—2307页。

③ （清）阮元校刻：《毛诗正义》卷18·4《大雅·韩奕》，《十三经注疏》（清嘉庆刊本）第2册，台北：艺文印书馆2007年版，第683页。

④ （清）阮元校刻：《毛诗正义》卷18·4《大雅·韩奕》，《十三经注疏》（清嘉庆刊本）第2册，台北：艺文印书馆2007年版，第683页。

⑤ （清）阮元校刻：《毛诗正义》卷18·4《大雅·韩奕》，《十三经注疏》（清嘉庆刊本）第2册，台北：艺文印书馆2007年版，第684页。

诗的歧义和《诗经》学中的因遁与存真——以《大雅·韩奕》为例

"王锡韩侯，其追其貊，奄受北国，因以其伯"一句，《毛传》云："追、貊，戎狄国也。奄，抚也。"郑玄笺云：

> 韩侯先祖有功德者受先王之命封为韩侯，居韩城为侯伯。其州界外接蛮服，因见使时节百蛮贡献之往来。后君微弱，用失其业。今王以韩侯先祖之事如是而韩侯贤故，于入觐使复其先祖之旧职，赐之蛮服追、貊之戎狄令抚柔其所受王畿北面之国。因以其先祖侯伯之事尽予之，皆美其为人子孙能兴复先祖之功。其后追也、貊也，为玁狁所逼，稍稍东迁。[①]

是毛、郑二人皆以追、貊为戎狄之邦。孔颖达疏曰："是貊者东夷之种，而分居于北，故于此时貊为韩侯所统。"[②] 是以貊为东夷迁居于北方的一支。

又察郑玄之意，其以周早建有韩侯，地邻蛮服，有王朝授予的统领蛮夷诸邦的所谓"侯伯"之职事。其间韩曾渐微弱，失其职守，因诗篇中之韩侯有贤能，故宣王复赐其先祖之职，重新统领戎狄各邦。其云追、貊乃"王畿北面之国""为玁狁所逼，稍稍东迁"，仍是以此韩侯及追、貊在今关中东北边缘的韩城一事，乃谬。

细审文意，"王锡韩侯，其追其貊"实际是指宣王将追、貊两族赐予韩侯为属民，此为建侯时的授民，犹如匽侯克器铭文中的六族。[③]"奄受北国"，是说韩侯的辖区位于"北国"地区。"因以其伯"，"伯"应是指韩侯下属各族氏的宗子、族长，他们为其属官，韩侯通过这些官吏达到对整个韩邦属民的统治。

"实墉实壑"，是指在韩侯辖区内筑城墙、挖城濠。"实亩实藉"，则是谓在韩地疆理农田，耕藉土地，应指韩邦的农业生产方面的管理。

依"溥彼韩城，燕师所完"及"实墉实壑，实亩实藉"等句之意，

[①] （清）阮元校刻：《毛诗正义》卷18·4《大雅·韩奕》，《十三经注疏》（清嘉庆刊本）第2册，台北：艺文印书馆2007年版，第683页。

[②] （清）阮元校刻：《毛诗正义》卷18·4《大雅·韩奕》，《十三经注疏》（清嘉庆刊本）第2册，台北：艺文印书馆2007年版，第684页。

[③] 张海：《西周建"侯"制度与边域政治地理研究》，博士学位论文，北京大学，2017年。

位于今固安县境内的韩邦似为西周晚期宣王时新建的侯邦，此前并无。而位于今山西芮城之韩应是周初所建，其与邻近的魏同守今山西西南角的河曲之渡口。前有虞侯夨改建为宜侯，但虞侯并未被王朝裁撤，而是以他人另代为虞侯。① 故韩之情况亦可能与之相类似。《韩奕》中之韩侯有可能原在河东为邦君，后由宣王迁封至"北国"为"侯"，然河东之韩邦亦未被裁撤，应由韩侯之近亲领之，故有春秋早期晋灭韩之事。

宣王时期虽号为"中兴"，但西周王朝"四土"边域的形势极为紧张，这于其丧"南国之师"于西土，建申、吕于南土可证。宣王在灅水下游的今固安一带增建韩侯，也是因王朝的北土边域出现了紧张情况，是加强王朝在北土的防御与控制的一项重要的军事政治举措。西周晚期，形成匽侯在？水北岸，韩侯在灅水南岸，两侯互为犄角为王朝把守北土边域的格局。唯因史籍与出土材料的缺陷，此韩邦不知所终。

结　语

对《韩奕》诗中的梁山、韩侯地望的考订正确与否，直接关系到我们对此诗主旨的认识与相关语义的解释，亦关系到西周晚期一个较为重要的史事的还原。前虽有汉代学者的笺注，但魏晋以后的学者并不囿于其说，而能根据相关的记载和历史地理变迁作出正确的考证。直到清代，尽管仍有部分学者泥于汉代的经学而信从郑玄之说，整体上却已大部在王肃之说的基础上得出较为几近史实的认识。如今，其诗中之梁山、"韩城"，确定在今河北固安一带几无疑义。此诗是在叙述发生在西周晚期宣王时的一次对一位高等级贵族的政治军事任命。尽管诗中所赐名物及韩侯娶妻占了很大的篇幅，然于其中仍不免看出此是王朝为加强古灅水西岸的控制而采取的措施。故其诗含有称颂"宣王中兴"英明决策、选贤任能，并进而稳定边域局势之意。

故由《大雅·韩奕》的个案来看，《诗经》学在诗旨、诗句之理解，乃至个别词义、地名等方面都会产生歧义。由于成篇的年代久远，再加上中间传抄、删改、秦火、学统等综合因素，不仅会导致文本上的

---

① 张海：《西周建"侯"制度与边域政治地理研究》，博士学位论文，北京大学，2017年。

差异，更会使得后世的研习者间产生不同的学术看法。不管是讲求"微言大义"的今文经学者，还是考证"音韵训诂"的古文经学者，其实在对待那些歧义时，都能表现出严谨求真的态度。尽管宥于传统，因循旧说者，但更多的学者是针对那些主要的问题，或旁征博引，或总结博览之心得，以阐明自己的见解，表现出对《诗经》学中真知的渴求。

汉唐学者所能看到的古籍，尤其是关于某一经的专门书籍，远多于今天。然今之优势除研究方法进步之外，更有各类出土文献的加持。出土文献不仅在典籍文本的形成、异同等方面提供真材实料，其意义更在于对传世文献正确的解读和理解。传统经学中的《诗经》学，"美刺"与政教是其主题，间有突破者，因时世之局限而不能尽其意。而今之相关出土文献已能助力我们对一些诗篇的正确解读与真正理解。这应不是对传统《诗经》学的破除，相反，其正是对之实在性的延续与发展。

(张海，河北大学历史学院讲师)

其他研究

邯郸铁牌祈雨的政治文化意蕴

董丛林

所谓"铁牌祈雨",是旧时从邯郸"圣井"中捞取铁牌用以祈雨的神秘事件。到清同治六年(1867)清廷介入其事,对事局规格的提升和规模的扩展是显著的。清廷的"铁牌祈雨",至少有九次之多。而清朝灭亡后,它又延续到民国年间,以官方祈雨为典型。这里只对其政治文化意蕴略作探析。

一

邯郸铁牌祈雨最初发源于民间传说到民俗信仰,日后才被地方官府认可。而自清廷介入之后,进一步按照官方礼仪对其约束和整饬,而其中的政治文化意蕴也就进一步凸显出来。

首先从相对表象的层面切入,看其铁牌祈雨"灵应"与否问题,这起码得到高官乃至清廷的表态肯定。当然,早先若干年间,铁牌祈雨之事就成为一种民俗信仰,被地方官府认可后,也就同时成为一种"官方信仰"。但是,在同治六年被清廷介入以前,其政治文化意蕴还相对地缺乏典型,是到了清廷介入之后,其政治文化意蕴才提升至最高。当时,总理衙门官员向清廷建议,说是"兹闻直隶邯郸县龙神庙(即'圣井'所在处所)有铁牌一面,迎请到境,祈雨最为灵验";并且其又通过直接咨询直隶总督,得到答复:"邯郸龙神庙有铁牌一面,省中前次迎取,甫入城时得大雷雨一阵,已着灵应。"[①] 这一关于其事"灵验""灵应"共同认定,促使清廷试请铁牌,以成其事。结果,殊为

---

① 国家清史工程数字资源总库"录副奏折",档号03-4674-080。

"灵验"，不日甘霖降下。朝廷大喜之下，有谕旨称："邯郸县铁牌祈雨灵验，着内务府造办处仿照式样制造金牌，并添置金座，以备派员送往申谢。"① 结果，真派员将金牌送至。这首次请牌祈雨，就给予了最高规格的报答。当然，所赠金牌价值昂贵，又是朝廷所赠，邯郸方面未敢存留，是在保定直隶总督署转存多年。而无论怎样，朝廷的首次请牌祈雨，就有了一个令人"欣喜"的结果，这给以后的续行铁牌祈雨，着实奠定了良好的开端。以后的多次请牌祈雨，虽然有不尽如其意，着实存在不是"灵验立显"的时候，但朝廷还是包容下来，不惜屡祈，甚至"下诏责躬"，"至于恸哭"（见下文）的时候。在当时的情况下，即使贵为"天子"，也只有寄望"神灵"，保佑黎民百姓。

其实，铁牌祈雨灵验与否，这是在今天三尺稚童都能说清的事情。但仔细想来，在当时的条件和环境下，确实又值得思考。当年国人科学水平和相应认知能力还颇为低下，从帝王、官员到平民百姓，绝多还不能对气候现象从科学层面理解和认识，而被笼罩在神秘莫测的迷障之中，要靠对"天"的敬畏、依赖和祈求来寄托自己对年景的希望。不仅限于此，当时于诸多方面事物也都是陷于神秘情境当中，神秘文化色彩在整体社会生活中还相当浓重。在这种情况下，面临大旱对降雨寄望于神物"灵应"，既是一种心理安慰，也是一种意愿寄托。所以，多留下肯定其"灵应"的材料。另一方面，承认其"灵应"，才能表示其信仰之诚，否则，岂不有亵渎神灵的意味？如此双重制约，肯定和张扬神异灵应便成为主导倾向。并且，客观事象也或可阴差阳错地为之提供"支持"。"久旱必雨"，这是目不识丁的农夫也惯有的口头禅，同时也是一条自然"铁律"。具体到朝廷的"铁牌祈雨"来说，既然是作为经过偌多无效环节之后"最后的一着"来用，旱情出现历时已经较长，再加上请牌需要的多天时间，近日降雨的概率自在无形中加大，请到供奉铁牌之后较快降雨并不稀奇，实乃正常之事，只是人为地将功劳记给了"铁牌"而已。

事实上，即使请到铁牌多天不雨的情况肯定也有，只是多不刻意记之，也就使之湮没在"灵应"的记载当中。其实，仔细寻找，关于其

---

① 中国第一历史档案馆编：《咸丰同治两朝上谕档》第17册，广西师范大学出版社1998年版，第205页。

其他研究

"失灵"的间接证据乃至直接记载亦皆不乏有之。譬如，关于光绪二年清廷第三次请牌祈雨，翁同龢在其这年四月二十日的日记中有记："昨日邯郸铁牌到京，万尚书复命，闻保定以北皆无雨也。"① 逐日检阅其后日记，几乎每天都有天气情况的记载，直到闰五月十一日，才有记云："辰初微雨，寅正更密，已而大雨，绵绵不绝者数刻……约三时许，旋晴矣。"② 而这中间大约五十天里，多为晴天，或阴而无雨，唯个别日子下过无济于事的"微雨"，"灵应"何来？而直接表述其无效验情形的，还有像大臣那桐光绪二十九年（清廷最后一次请牌祈雨）五月十八日的日记有云："天亢旱已极，自前日邯郸铁牌到，设坛祈雨，仍无消息。"③ 所谓"仍无消息"，即当仍无下雨动静的意思。要说，既然纯粹是自然现象，本来就不存在神物的"灵"与"不灵"的问题。可当年这个问题在人们心里却颇为纠结，即使"失灵"，也希求得到弥缝性解释。

光绪初年曾任邯郸县令的杜受全，有《圣井三善记》之文，其中有谓："邯邑圣井之有铁牌，神灵之调水符也。而要惟善心斯能感其神，善人斯能受其福，善方斯能蒙其泽。所以同此铁牌，而迎而祷之者，此方应或彼方不应，非铁牌之有灵有不灵，抑亦所以感之者异耳。"④ 这是以祈求者的"善"与"不善"来打消对神牌"灵"与"不灵"的怀疑。想来，越是方便请牌的近处（如邯郸本地），可能遇旱即请，没有多少时日耽搁，这样"不灵"的概率自会越大，就越需要像杜氏这样的解释来通融。其时特定的政治文化环境，造就着人们特定的政治心理倾向，这与神道设教密切关联。

所谓"神道设教"，其原始出处，是《周易·观卦·象传》中的"观天之神道，而四时不忒。圣人以神道设教，而天下服矣"句，流衍下来人们对其理解和含义界定颇为复杂。⑤ 窃以为，无论如何，它是属

---

① 陈义杰整理：《翁同龢日记》第三册，中华书局1993年版，第1205页。
② 陈义杰整理：《翁同龢日记》第三册，中华书局1993年版，第1216页。
③ 北京市档案馆编：《那桐日记》上册，新华出版社2006年版，第468页。
④ （民国）《邯郸县志》，1933年刻本，卷14《艺文志》，第39a页。
⑤ 如李定文《"神道设教"诸说考辨》（《福建论坛》（人文社会科学版）2008年第7期）一文中，将人们对"神道设教"的理解概括为"神妙无形说""自然无为说""至诚如一说""礼乐刑政说""祭祀礼仪说""巫筮鬼神说"等六说，并持论"从诠释学的角度来说，不同的理解恰恰是经典生命力的一个标志"，可资参考。

传统政治文化范畴重要而典型的内容，而其最一般含义的把握，应该以社会上层以"神道"来施行"教化"而治理天下为肯綮。在一定意义上，可以说这是一种施治的手段乃至策略，不能排除包含一定的"愚民"因素，但也绝非统治者的纯粹欺人欺世，有着相当程度的与民众融通一体的对"神道"之共认。当然，"神道"包括鬼神又不仅限于鬼神，是涵容复杂神秘事象（包括自然的）的一种理念意境。具体到向神灵祈雨的事情来说：一方面，并非统治层就根本不相信神灵而完全是做样子骗人，上面已经揭示了其同样具有信实倾向的表现及复杂根源，于此也不会有完全超越民众的"独醒"；另一方面，又因其特殊的社会政治地位，有居高临下的优势，有施治社会和民众的权力和责任，基于其特定角色在国家和社会舞台上要有相应的"亮相"和"表演"，这中间，也就又不免有蹈虚作态的成分。在行祀祈雨之事上，就典型地表现为这种"两面性"的杂糅。

当时中国作为典型的农业国，年景的丰歉对国计民生切关紧要，而年景的丰歉很大程度上是取决于"天灾"的有无和轻重。天灾种类繁多，而旱灾影响尤巨。邓拓先生对清朝灾害有这样一个统计："共二百九十六年，灾害总计达一千一百二十一次，较明代更加繁密。其中有：旱灾二〇一次；水灾一九二次；地震一六九次；雹灾一三一次；风灾九七次；蝗灾九三次；歉饥九〇次；疫灾七四次；霜雪之灾七四次。"[①]旱灾次数显然居首。当然，这类全国性统计要求较高的准确性实际是很难的，譬如说，成灾的地域范围多大才能计入，如果就较小地域范围来计，上述灾种除成灾的地震等个别者外，其他灾害在全国之内岂不年年都有，甚至每年多次？不过，将该统计作为一个较广地域的大致参考还是可以的。对北方来说，降雨量较少，灌溉条件又差，旱灾为害尤其严重。当然，水灾亦不少见，不过要具体分析。水灾包括山洪暴发、河道决口造成的灾害，这一般局限于山地和临河地域，范围不会过大；再就是降雨过多形成涝灾，这涉及的地面可能大些，不过，在高低错落的地貌之处，一般主要是对低洼之地影响严重，而高埠之地影响就较小，故有些地方有"怕旱不怕涝、涝是好年景"的农谚，因为旱无论对什么田地来说都是普遍的。总之，当年旱灾最为可怕。光绪初年以山西为最

---

① 邓拓：《中国救荒史》，北京出版社1998年版，第36页。

其他研究

重延及周边多省惨烈无比的"丁戊奇荒",就是由大旱所致(其间也屡有铁牌祈雨之事)。要驱除旱魔,祈雨也就成为那个年代从官到民的"必修课"。顺便说明,所祈"龙神"之类,通常是水旱灾害皆可祈祷的对象,旱则祈降雨,涝则祈止雨,只不过因旱灾更为凸显,使之作为祈雨对象也就更为昭著而已。

二

再从相对隐深的层面来看,祈雨驱旱对官方来说也是一种"礼制"性政务。各级都要按部就班地行常规祀礼,需要的时候还要超常地特殊加祀。皇帝也要以身作则,带头行祀。① 甚至慈禧太后也不顾性别限制,在宫中设坛祈雨。光绪二十五年秋亲与其事的徐琪,在其《南斋日记》该年八月二十一日条记云:"慈圣因秋来少雨,宫中设坛祈祷,命琪为求雨文,命吴士鉴书,用黄绫面黄纸红里折,较平时贺折宽约三分长约一寸,即日撰书呈进。"其文曰:

> 维光绪二十五年岁次己亥八月(此处留空待填)日,臣那拉氏率子臣(此处空光绪帝名)敬祭于昊天上帝曰:时届西成,纳稼盼丰年之瑞;情殷东作,深耕期沃土之滋。乃秋阳倍见夫炎蒸,而甘澍未邀夫滂霈,惟天心之可格,实臣念之弥虔。爰竭丹忱,吁求苍昊,伏肯广施膏泽,渥溉祥霖。俾二麦之怀新,良苗可种;锡(赐)四郊而普润,嘉谷咸登。赖仁爱之潜孚,庶蒸黎之悉慰。仰

---

① 仅从刘锦藻《清朝续文献通考》(商务印书馆1936年"十通第十种")卷151《郊社五》对"雩祀"记载中的相关内容看,自道光至光绪各朝皇帝的"亲诣次数"和具体时间:道光朝"元年四月丁未;三年四月癸卯;四年四月癸卯;六年四月甲子;十一年四月乙酉;十五年四月丁巳;十八年闰四月丙子;十九年四月己卯;二十年四月戊子;二十二年四月甲午;二十五年四月丙午;二十六年四月丙午"。咸丰朝"元年四月乙丑;二年四月壬午;三年四月壬午;四年四月己卯;五年四月甲午;六年四月甲午;七年四月甲午;八年四月己酉;九年四月己酉;十年四月庚午"。同治朝皇帝亲政后"十二年四月辛巳;十三年四月丙子"。光绪朝皇帝亲政后"十三年四月丙子;十四年四月乙酉;十八年四月戊戌;十九年四月乙卯;二十二年四月庚午;二十三年四月乙丑;二十四年四月乙酉;二十九年四月丁酉;三十年四月庚戌;三十一年四月己酉;三十二年四月乙卯;三十四年四月乙丑"。见该书第2册,第9098—9099页。

祈昭格，用荐馨香，不胜祷切待命之至。谨奏。①

据徐琪第二天的日记所记，这天慈禧太后"在仪鸾殿西设坛祈祷"，"当日即大需甘霖也"。但此后又是多日无雨，旱象复成，九月间又有类似的连续祈雨之事，仍由徐琪为慈禧撰拟祈雨之文，格调上与上引一则略同，只是具体语词上根据情况多有改易，而愈发表现出急切焦盼之情。②对臣民专制弄权无所不用其极的这位太后，这时对"昊天上帝"是以"臣"自居，恳切"谨奏"而"祷切待命"。需要注意，上面述及的那次计议增重回赠"圣井"金牌之事，就在此际。当然，无论对铁牌祈雨怎么重视，也未见皇上或太后亲拜铁牌的记载，毕竟这是取之地方，并未能列入皇家大祀的常规对象，故不能"逾礼"。对"昊天上帝"，他们才肯俯首称臣。不过，慈禧太后率皇帝如此行祀，像有人感叹的，"具名称臣某某率子男某某，亦创举也"。并且，有迹象表明，非仅这时，早在慈安太后尚在世时的光绪三年（1877），就有过"两宫皇太后率皇上露祷，长跽历三四时之久，仰望星月皎然，至于恸哭"之事，甚至朝廷"下诏责躬，至有'上天降罚，何不移至宫廷'之语"③。这既是为君国计无奈之下的真实"屈尊"表现，也是展示其"重农""爱民"的一种姿态。当然，表面上的"屈尊"实际也有"显尊"的另面——因为其"受命于天"，才有"通天"的神圣，并且对"龙神"之类可有封赏的资格。不独是对邯郸"圣井"龙神，对各地"龙神"以及其他种种神灵，皇家封号颁匾之类的事情在在多有。就清帝祈雨之事而言，刘锦藻在《清朝续文献通考》中择记诸多事例之后有按语谓："我朝列圣相承，偶遇水旱，虔申祈祷，史不绝书，仅载数事，以见敬天勤民之意。"④所谓"敬天勤民"，也是皇家所高调标榜的，自己作为中介将"天"与"民"联系起来，同时也就有受命于天而治民的意蕴，这在其祈雨的活动中也是一种具体体现，所谓"天

---

① 徐一士著，张继红点校：《近代笔记过眼录》，山西古籍出版社1996年版，第164—165页。引录中个别标点有改动。
② 徐一士著，张继红点校：《近代笔记过眼录》，山西古籍出版社1996年版，第165—166页。
③ 金梁：《道咸同光四朝佚闻》，台北：广文书局1978年版，第11页。
④ 刘锦藻：《清朝续文献通考》卷151《郊社五》，第2册，考9099页。

其他研究

人感应"。

当年的祈雨之事具有"体制"的约束性，从朝廷到地方上都有其特定规范。同时，也都有"特事特办"的机动空间。而无论如何，地方官员都是不能置身其外的，有的在这方面表现得颇为重视和诚挚。像曾国藩在任直隶总督期间，不但积极配合朝廷操办以及自办邯郸请牌的事情，而且平时祈祷雨雪也做得颇为勤谨。譬如光绪八年（1882）四月间，从初九到十六日他连续不断地出（保定）城祷雨，或是到"南门外"或是到"北关外"相关处所。① 甚至还在"署内设龙王神位，下圈虾蟇于土匡之内，令其口含黄纸一卷，纸上朱书火字四十八个，又行礼"②。这岂不大有巫术意味？他又多有在"室中私祷"雨雪之举，譬如从同治九年正月初一到二月初十这四十来天中，其日记中起码有二十四五天记有此事。③ 曾国藩作为进士出身的重臣、名臣，绝非愚昧无知之辈，对该事做得却如此认真，显然是受特定时代政治文化条件的制约。

还有直接因"铁牌"之事留名的地方官，像光绪初年曾短时为邯郸县令的单传及就不失为典型。他为奉天金州人，"丁丑冬月"即光绪三年（1877）十一月到任，正值"丁戊奇荒"之际，政事繁多，应对严重旱灾尤系急务，最终是为祷雨事劳累而致病身亡。继任县令杜受全，有专文记述其事，其中有云：

君（按：指单传及）勤劳之余，益以忧岁。圣井岗有铁牌，调雨符也，相沿已久，祷辄有验，君将数十里徒步往迎。或劝曰："君年六十四矣，筋力衰矣，恐致病，何必徒步，代步可也。"君曰："亢旱如焚，民命在旦夕，苟益于民，死且不惜，病奚恤焉？"遂迎而归，归果病。爰誓身于城隍神，为民请命。颂《云汉》之诗至"宁丁我躬""大命近止"诸句，辄泣下。复不雨，病遂笃，辗转床箦间，时时问雨，仰天叹曰："天乎，天乎！许以予一人命，活千万人命，可乎？"言讫而绝。大雨倾盆，四野霑足。时四月十五日未时也。既卒，士民感之，咸以君以雨死，雨以君致，远近歌

---

① 《曾国藩全集》，岳麓书社2011年版，日记之四，第174—176页。
② 《曾国藩全集》，岳麓书社2011年版，日记之四，第175页。
③ 《曾国藩全集》，岳麓书社2011年版，日记之四，第285—296页。

其事。①

算来，单氏莅任尚不及半年，以此忧劳而死，赢得了民间感颂。现在看来，其忧急于民瘼，为之不惜一己之躯的精神可嘉，但所致力的祷神祈雨毕竟无济于事，徒劳而已，所谓绝命时"大雨倾盆，四野霑足"，即使情节真实也只能说是巧合。但在当年，单氏县令的做法却诚可感人。从相关情节，也可见知他请牌祈雨并不灵应的事实，可补充这方面的又一典型例证。不过，并不乏有的这类事实却不能动摇人们对铁牌灵应的信念，请牌祈雨之事从上到下依然热闹下去，并得到较广泛的社会关注和热烈反应。其事见之公牍、官书、方志之外，也为私家著述甚至文学体裁的篇什取材。② 而这当中，不论是抒感还是纪事，所见都属正面呼应者，在所体现的政治文化方面，显示出与官方的基本一致性。

三

官方倡导的请牌祈雨，甚至一直延续到民国年间，并且起码自清朝就扩及外省，民国这时相继延之。民国九年（1920）初夏，时任山东省省长屈映光（因其曾追随张勋，绰号"屈辫子"），在先请本省即墨县龙牌祈雨效应不佳的情况下，"复派员赴直隶邯郸恭迓铁牌来东，于龙神庙供奉"，并特发布告，宣明自己"虔诚斋沐"，"每日率同僚属，拈香步祷，以冀仰格苍穹（穹），苏我黎庶"，又告明，"设坛及禁屠（按：禁宰杀亦祈雨惯例）等事，仍由历城县知事循旧敬慎办理"。③ 可

---

① 杜受全：《邑令单公祈雨记》，（民国）《邯郸县志》卷14《艺文志》，第38a—b页。引文中所说《云汉》之诗，出于《诗经》，是周王祭神祈雨的长诗，通篇透出旱灾严重、祈雨不得的忧急无奈。由此篇也可知当时祷神祈雨之事已颇典型，其历史悠久由此更可见一斑。

② 晚清以前者及其他体裁者从略不举，单自晚清以后涉及邯郸"圣井铁牌"的诗作，除本文已引及者外，笔者所见还有樊增祥、丘逢甲、李国枢（李鸿章族人）所作和龙顾山人（郭则沄）所纂辑者。分别见涂晓马、陈宇俊校点《樊樊山诗集》中册，上海古籍出版社2004年版，第997—998页；丘逢甲：《岭云海日楼诗钞》，上海古籍出版社1982年版，第398页；贾文昭主编：《皖人诗话八种》，黄山书社2014年版，第612—613页；龙顾山人纂，卞孝萱、姚松点校：《十朝诗乘》，福建人民出版社2000年版，第596—597页；等等。

③ 《屈辫子祈雨的怪象》，《民国日报》（上海）1920年6月17日第6版。

见此番屈映光做得严肃认真,并且也透露出旧例惯有的信息。还有山西,民国十三年(1924)夏大旱,"为迎邯郸铁牌求雨,阎锡山亲率诸员在太原西门外水仙宫祈祷,旋恭送铁牌至福公寺安置,仪仗极盛"①。而圣井岗文物管理处陈列室现存之牌中,唯一的一块银牌是民国三十一年(1942)由河南省省长陈静斋"敬献"的。从该处现存牌中大量是民国年间之物的情况,也可说明当时"铁牌祈雨"仍颇盛行。当然,到这个时候,这类事情在进步舆论声中已成"怪象",旗帜鲜明的批判态势起码在社会精英层中已经形成。

其实,即使在晚清也不是没有批判性言论。在华外国人中就有其例。像曾为来华传教士后来又做过驻华外交官的美国人何天爵(Holcombe Chester),在其清末出版的记述中国见闻和抒发感悟的著作中,就涉及铁牌祈雨的事情,说"中国人在天灾人祸落魄失意之时便想到了迷信","每当干旱缺雨时,就连朝廷所采取的做法也往往十分荒谬可笑",在反复进行常规祀礼祈雨无效后,"便会采取一些更加极端的措施",随后举出的事例就是向"北京西南几百里的地方"请牌祈雨。②如果说,当时西方精英人物能有这般认识并不稀奇,不用说科学知识条件,即使基督教信仰,也是排斥偶像、反对其所认这类"迷信"的,这是一种"中西差异";那么,随着科学启蒙曙光在清末的出现,破除迷信的舆论在国人的精英层中也逐渐兴起,自更值得特别关注。像对铁牌祈雨之事,就出现了直接批判的理性声音。光绪三十二年(1906)夏间袁世凯在天津请牌祈雨之际,同时也出现京城拟请牌祈雨的传闻,《大公报》载"京函"消息及言论有谓,"此举虽属旧例,然行之未开化时代尚无人訾议。近今风气转移,民智半开,若不破此迷信,恐民智更多一障碍。是在当轴者速兴林政,勿为此迷信之举云云"③。不但指出此类迷信妨碍民智,而且作出当政者"兴林政"的呼吁,其意自是

---

① 《中国近现代社会大事记》,敖文蔚:《中国近现代社会与民政(1906—1949)》,武汉大学出版社1992年版,第218页。

② [美]何天爵:《真正的中国佬》,鞠方安译,光明日报出版社1998年版,第116—117页。在未引录的其所述关于此事的某些具体情节上,当有不确之处,如说由"皇子"率人请牌,皇帝"亲自"跪拜铁牌等。此外,译文中未出现"铁牌"字样而作"铁块",从整体情节看即为"铁牌"无疑。

③ 《京畿亢旱》,《大公报》(天津),光绪三十二年闰四月二十七日(1906年6月18日),第4版。

通过植树造林来调节和改善气候，这种认识上的时代性进步可谓难能可贵。

清末尚且如此，到民国年间就大的文化环境上说当更加开化。此时，破除迷信的言论自也愈见繁盛，邯郸铁牌祈雨当亦在其中。这里不举典型的直接批判之例，就说对"屈辫子"铁牌祈雨那次的"如实报导"吧。说是他在常规行祭"竟无灵验"后，"闻即墨有龙牌一面，法力通天，有求必应，即派员驰往恭迓来济，供之上座，每日必沐浴叩齿，焚香膜拜。无如祈雨有心，龙牌无灵"。由此"省长更寝馈不安，复派专员，不远千里，往直隶邯郸县迎来铁牌一面。据个中人言。铁牌之法力如孙行者铁棒相似，一指而风云生，再指而雷雨作，乃如法泡（炮）制，供之龙神庙中，照例膜拜，照例祈祷，心成求之，日复一日"，结果，亦是效果毫无。他又听说"北门一开，时雨即降"，于是开启北门，"又有人言南门一闭，既得甘霖"，他遂又关闭南门。如此弄来弄去，还是不见成效。在此过程中，说是有见此铁牌者，其"铁锈模糊，已不成器"，甚至不无奚落意味地说，这"恐负省长爱民之至诚"。[①] 由此报道，已可见这位未必是"新知派"撰稿人的见识。他把这位省长"爱民"的做法这样如实道来，实际就是对其荒唐颟顸"怪象"一览无余地展示，这和对他的正面批判或有异曲同工之妙。见微知著，由此亦可窥知国人在政治文化这个特定侧面上的趋新态势。

(董丛林，河北师范大学历史文化学院副教授)

[①] 《老新闻——民国旧事（1920—1923）》，天津人民出版社2001年版，第64页。按：照其说明，该文是录自1920年6月17日上海《民国日报》所载《屈辫子祈雨的怪象》，但查文字上有所出入，且不像抄录所致，姑且各注各自，特此说明。

民国时期大名水利环境整治研究

徐建平

大名位于卫河平原的中下游，地势低下，平均海拔 50 米。由于地势低洼，常年积水，造成了大量的盐碱地，农业生产环境恶劣。民国时期，大名涝灾迭现。华北水利委员会成立后，对华北水利环境进行系统整治。其中，漳卫南运河是重点治理对象。大名位于南运河流域上游，南运河又是京杭大运河的重要组成部分，所以，为防止南运河河水泛滥，治理其上游的漳河与卫河显得非常必要。而大名水利环境的大改善就是在这一时期开始的。本文主要从大名整治水利环境之缘起、华北水利委员会整理卫河计划及工程实施，以及大名为改善农田水利建设而进行的治碱工作等几个方面予以论述。

一 漳河、卫河急需整治

漳河、卫河从西到东穿越大名县境，是本地的重要农业用水来源。自古以来，漳河、卫河是大名地区重要的水利资源，历代对于漳、卫两河屡有修护，但溃决亦时有发生，形成了肥沃的卫河平原。民国时期，这两条河因堤坝破败，经常溃决，给当地农业经济和人民社会生活带来了巨大不良影响，漳河、卫河的整治已经提上了日程。

漳河是南运河的支流，上游有两河，一为清漳河、一为浊漳河，均发源于山西长治，至馆陶县与卫河合流，称卫漳河或卫运河，之后进入南运河。漳河流经 3 省 4 市 21 县市区，长约 412 千米，流域面积为 1.82 万平方千米，漳河干流长 179 千米。卫河也是南运河上较大的支流，发源于太行山，流经河南至河北馆陶县与漳河会流，再流经山东临清进入南运河，至天津入海河。卫河全长 400 多千米，其中干流河道长

344.5千米，流域面积14970平方千米。漳河和卫河受自然地理条件的影响，两河经常泛滥，民国时期，华北较大的几次水灾主要发生在1917年、1924年和1931年，但是漳、卫河的范围频次较高，除了上述几次大水之外，在20世纪30年代，漳、卫河年年决口，洪水泛滥，给地方社会经济和百姓生活造成了不良影响。

1932年，漳水在倪辛庄决口，向东流入安阳境内，与洹水（今安阳河）并流。"凡沿河流村庄，尽成泽国。""而卫河前已向东溢出莲花池一片膏腴，尽没水中。""大名全境遍地皆水，秋苗正在晒米结穗之际，一经被淹，收成殆已绝望……灾情颇为奇重。"[1] 视为大名交通命脉的大邯汽车路也损毁严重，8月，"已有数起被水冲断，一在成安境内之沙河，一在本县魏庄漳河第一号桥旁，汽车不能行驶，交通及邮政，已全部停滞"[2]。《大公报》也记载了这次漳河决堤的情况，当时，漳河由倪辛庄决口10余丈，向东流入洹水，洹水亦漫溢。安阳东北70余村水深四五尺，秋收绝望。

1933年，漳水暴涨，在砖寨营决口，向东流入洹水。漳河屡次决口引起了南京国民政府的重视，为此，南京国民政府内政部在第二次全国内政会议通过了议决案——《卫河应亟谋整理》。

1934年，漳河自牙力集决口，城南被淹50余村，积水经年，以致秋麦均无收获，影响民生至重且巨。所以修筑堤坝，疏浚河道为当务之急。当时，大名马县长曾召集各机关及绅商开会研讨办法，决定将漳河加以疏浚，使之分流入卫河，俾流量减少，并培修卫河堤埝，而免溃决漫溢之虞。马县长请求由省财政出资补助一部分，另由华洋义赈会与长芦盐运署拨款协助，不足之数由地丁筹集，秋后兴工。

1935年，漳河在砖寨营再次决口，大名、临漳、安阳、内黄各县征工堵决口。大名境内的漳河南北两岸皆已出槽，南岸淹掉了数十村，水深3尺，北侧也是一片汪洋。据《大公报》记载，在大名小滩镇，20余村被淹。南门外决口3丈余。水势凶猛，东流而下，直入山东境内，

---

[1] 《大名漳卫两河漫溢　秋收绝望　大邯汽车路冲断》，《益世报》1932年8月12日第7版。

[2] 《大名漳卫两河漫溢　秋收绝望　大邯汽车路冲断》，《益世报》1932年8月12日第7版。

附近20余村被淹。①

1936年7月1日,漳河在大名境内的蒲潭营及临漳县的砚花台决口,洪水由大名境内西南向东直灌,淹没百余村庄,宽10余里,长约100里,这次溃堤主要是由于漳河北岸大名境内河堤失修造成的。《大公报》记载:"县属西南蒲潭营已决口,二区双庙集、南仕望、三区德政集、岸上村等七八十村,平地水深而3尺。秋禾尽被淹没,场中麦垛顺水漂流而去者甚多。"②《圣教杂志》也记载了这次水灾,"河北漳河自古为患,去年无秋收,今年春不熟。近者漳河治水滚滚而来。……水灾之重,孰有过与于此者。……此真六十年来未有之大水灾也"③。

作为负责辖区流域内的专门水利机构,华北水利委员会认为,漳、卫河两绵亘千余里,因淤塞使该流域迭遭水患,影响豫冀鲁三省航运。所以决定排泄洪流,加以疏浚,组测量队,预计两年完成测量任务。测量结束后,即拟订初步施工计划,重点修筑漳河、卫河的堤坝。

大名县地方政府也很重视漳卫河的整治工作。1923年,大名县政府为扶持百姓生计牵头组织成立了水利会,主要工作是"实行挖河凿井之政,以资救济"④。在大名水利会成立大会上,选举出了会长、副会长、总务部长、工程部部长,若干干事员。在大名县政府的推动下,在大名水利会的配合下,大名水利整治工作逐渐展开。同时,大名县积极向河北省政府争取改善水利环境资金,河北省政府建设厅还委派华北水利委员会专业人员到大名勘察地形、测量河道,为下一步整治水利环境做准备。

二 整理漳、卫河计划及工程实施

华北水利委员会对于整理漳河、卫河之事十分重视,华北水利委员会会同冀、鲁两省建设厅派员查勘,并由该会组织测量队、前往施测。共商治理卫河卫办法,提出了几项基本原则。(1)裁弯取直。卫河、

---

① 《卫河决口》,《大公报》1935年8月17日第10版。
② 《大名漳河暴涨》,《大公报》1936年7月7日第10版。
③ 《河北大名水灾》,《圣教杂志》1936年第25卷,第635页。
④ 《大名县之水利会成立》,《益世报》1923年11月11日第10版。

安阳河、漳河流量过大,下游泄量过小,所有局部工程如裁弯取直、疏浚等工作均属费巨利微,可暂从缓议。(2)制订治本计划。由华北水利委员会积极进行调查测量,于最短时间完成,再行召集各关系省主管机关讨论施行。(3)做好卫河上下游的协调治理工作。德州以上局部裁湾工程由山东省建设厅设计,河北省建设厅同意后执行,该会在安阳河、漳河各设一临时水文站司测泛期流量、水位、雨量、含沙量等,以供参考。

华北水利委员会工程师王华棠在考察卫河之后提出,卫运水患之原因在支流流量过大,尤以漳河来洪最猛,挟沙最多。卫河容量既小,而下游减河因距离太远,宣泄不及。且河流弯曲太甚,堤坝距离又不一致。障碍既多,河水自难畅流,遂致决堤满溢。随后,他提出了整治计划:(1)于漳河上游择适当地点建筑水库,使洪水峰得以减低而减少泥沙之一部。(2)于漳河两岸实行有计划之放淤工程,尤以大名境内为最要。同时,开挖正流,使有固定之河身。(3)整理堤坝。如培补残缺,划一两堤间距离等。(4)择弯曲过甚之处裁直之,借利宣泄。(5)疏浚四女寺减河。(6)于武城、大名间择适宜地点,再辟减河以分洪流,或即导由马颊入海。华北水利委员会技术长徐世大则认为,治理卫河与南运河,最紧急的是疏浚捷地减河和四女寺减河,同时,希望河北省建设厅组织防堤委员会加强河堤管理。华北水利委员会常务委员会综合各位专家的意见后认为:"卫河根本治理之道,非消纳上游洪流与疏浚下游河身,同时举办不为功。"① 至于如何阻止洪流的问题,华北委员会认为主要措施是建立堤坝。

1933年,华北水利委员会成立了漳卫河地形测量队,测量工作结束后撰写了《查勘卫河报告》与《测量卫河报告》。在这次测量过程中,重点对易泛滥地区进行了测量。报告分析了恩县、武城县连年水灾的原因,主要是因为武城西北刁嘴村之决口所致。对于四女寺减河泛滥的原因,报告认为是由于河身淤高,水闸因淤而废,闸顶残毁,河心作耕田而导致的。为解决这些问题,测量队认为由武城刁嘴决口处东至沙河,再由沙河至四女寺开一泄水减河,引洪入四女寺河内。同时,将四女寺河加以疏浚,这样即可以消除恩县、武城两县之水患。上游临清一

---

① 《华北水委会进行卫河根本治理方案》,《山东省建设月刊》1933年第3卷第10期。

带，应设法泄洪，引漳河之泛水导归马颊河，因马颊河已被疏浚，通流入海，这样临清至武城一段水势可消减，可免泛滥之灾。通过下游的疏浚，位于临清上游的漳、卫两河宣泄才可通畅，避免了沿河地区的河水泛滥。

为从根本上解决南运河上游洪水的问题，1933年，华北水利委员会委派工程师刘锡彤带领技术人员前往上游勘查水库地址，并将勘查结果上报委员会。刘锡彤认为，清漳河上游有两个地点适宜建库蓄水：一为北洋城村西约2千米之地方，该地距平汉线六河沟支路之终点河北磁县观台镇约6千米；二为马鞍绝山岭略西南之地方，东距观台镇约15千米。刘锡彤认为，前者交通较便，以较少之居民迁移费而增加较大之水库面积。后者较易得工程良好之基础，且马鞍绝岭之最狭处仅约700米。两处拦洪坝地址谷宽均约240米，羊城附近山岭高于河底在100米以上。马鞍绝附近山岭更高，高于河底150米以上。经过综合考虑。刘锡彤认为在羊城西或马鞍绝南建筑拦水坝有五个优点：（1）东距六河沟支路不远，工具及材料之运转较为便利。（2）水库所占地面户口不密，农田较少，而多半为山坡地，居民迁移补偿不需巨款。（3）坝址附近有良好的石料，而且随处可得。（4）山坡脚下河底有坚固石层，对于修建坝基较为有利。（5）山高谷狭工费较省，即便建筑高坝以增加水库容积也是有可能的。在浊漳河上游适合建坝之地有三个：（1）天桥断略西之地方，东距涉县张家头村2千米，又东距合漳村约16千米，该处谷宽约250米，河槽宽不到100米，河底石层裸露，利于建坝。（2）山西省平顺县东庄村南约1千米的地方，谷宽约200米，河底亦裸露石层。（3）临河与漳河交汇处以东2千米之地方，谷宽200余米，山势陡峻。这三个方案相比较而言，前两个方案较好，第三个方案因其上游西距襄垣县城仅约15千米，水库面积将会受限。后来由于抗日战争爆发，以及华北水利委员会南迁，修建水库的计划最终搁浅。新中国成立后，在漳河上游的邯郸磁县建起了岳城水库，这是一个国家直管的特大型水库，有防洪、灌溉、发电、城市供水等多种功能。同时，在卫河上游的洹河上，在河南安阳市建起了彰武水库，这座水库同样兼具多种功能，在防洪、灌溉、发电等方面发挥了重要作用。这两座水库建成后，漳卫流域洪水泛滥的情况才得以改观。

三　大名县大力整治农田水利环境

民国时期，大名的土地盐碱化问题严重，改良农田水利环境的任务十分艰巨。据统计，当时大名碱地占全县耕地面积的 1.1%，碱民占全县人口的 4.53%。在碱区生活的农民，如果不改变原有的种植结构，只有淋制私盐。欲绝硝私，很难奏效。这不仅影响了本地居民的生活，而且私盐泛滥，影响了长芦盐务，甚至直接影响了地方的财政收入。为改变这一局面，内政部指令河北省成立长芦碱地委员会，并提出华北水利委员会给予技术支持。就冀南而言，大名是治理的重点区域之一。其主要方法：一是凿井，以井水灌溉；二是种植适应碱地能力较强的棉花，提高土地单位面积生产率。

改良碱地是大名改善农田水利环境的重要工作，长芦盐区改良碱地委员会成立后，将大名作为一个重点区域加以治理。成立了大名区技术分处，在大名县培养碱地改良训练班，训练班的教师由有治碱实践经验的人员组成，主要人员如下：王士高，大名县政府第五科（建设科）科长；顾贞祥，河北棉产改进会邯郸指导区主任；程德龙，长芦盐区盐务稽核所税警第八区区长；漆中权，长芦盐区改良碱地委员会大名区技术分处处长；何茂春，长芦盐区改良碱地委员会大名区技术分处事务主任。[①] 他们通过以往的经验讲授相关课程，如《水利概论》《农民组织问题》《治河》《改良碱地方法概论》《盐务缉私》等。此外，根据大名的情况，他们推广"以水治碱"法。他们在调查大名碱地井泉情况的基础上，认为凿井不仅可行，而且是改善碱地的好办法。适量的灌溉可以加速有机化合物的溶解，便于作物的吸收利用。他们认为，"大名、南乐、清丰等县人民，鲜有凿井灌溉耕地者，故一遇雨水失调，便束手无策，致成旱涝之灾。而在碱地更未有以井水灌溉改良者。碱地既无井水以供灌溉，而原有河道失修，沟洫废弃，旱无水可以利用，雨泽积水不易排泄。因是碱地益重而碱区益广。"[②]

大名县政府重视并鼓励凿井，通过争取省建设厅资金，民众组织联

[①] 《大名区技术分处七月份工作报告》，《改良碱地月刊》1936 年第 1 卷第 3 期。
[②] 《大名区技术分处九月份工作报告》，《改良碱地月刊》1936 年第 1 卷第 5 期。

合会、募捐、贷款等多种办法凿井灌溉，成立凿井模范试验区。从《大名区技术分处七月份工作报告》看，该区训练各县凿井工人，以便推广碱地凿井。对于大名等碱区村庄申请凿井者，令其先到示范井观看，然后领表申请。大名成立了示范井工程处，负责教农民相关的凿井知识。

大名的凿井工作遇到了资金困难，根据测算，"全县除沙城河道之地不堪凿井外，宜于凿井者四百三十村，需井一万七千一百八十二眼始能普及，计每一井需款一百五十元，民力仅能任三分之一，其余三分之二需由官方补助，全凿井共需补助费一百七十一万八千二百元"①。为此，大名县政府一方面呈请省府予以资金支持，另一方面通过贷款扶持农户凿井。对于资金缺乏的农户，大名县政府为他们办理了贷款凿井手续。为扶植农民凿井，大名县碱地改良委员会认为本地盐碱地太多，不能播种五谷，拟定了贷款凿井办法，得到批准后实施。各村组织凿井委员会，委员7—12人，通过向碱地改良委员会申请可以得到抵押贷款。每眼贷款一百五十元，月利四厘。每年归还洋三十元，五年还清。如果遇到灾情不能按期归还，可以申请延期。经过动员，"领款凿井者，计第一区共八村，凿井卅七眼。第二区三村，凿井七眼。第三区五村，凿井三十九眼。第四区五村，凿井四十八眼，共合一百卅一眼"②。大名的凿井工作取得了一定的成绩。

鉴于当时久旱不雨的情况，大名合作联合会提倡多掘井。根据《大名合作联合会贷款凿井办法》，该会向银行商借3000元，以低利分贷给各村。仅这一项资金，可以挖新井并修理旧井100眼。具体办法是：掘井贷款仅限于本会成员每井贷款数目最多不超过100元，如果是修理旧井，不超过50元，贷款分三年本利还清，月利为9厘，每年至少归还三分之一，如到期不还，由保证人"合作社"负责任。社员如果想申请贷款凿井，需要由所属合作社代为请求。在技术方面，掘井的工师由本会代为雇用，其工资由贷款中扣除。为保证质量，本会派员视察掘井情况。经过推广，大名县碱地村庄水井163眼，井深从10尺到100尺不等，大部分井深在30尺以内。其中甜味井133眼，苦味井30眼。而同区的南乐县，仅仅挖掘了91眼，清丰县81眼，大名凿井的成绩还是

---

① 《大名呈请补助凿井》，《大公报》1937年1月17日第10版。
② 《大名各区农户纷起凿井》，《益世报》1936年12月5日第4版。

较为突出的。据调查，大名县种棉的碱地村35个，有井163口。每井价值在120元左右。"如凿井深至三丈以下，则汲淡水灌溉碱地，乃绝对可能者也。"①

大名县还鼓励募捐凿井，大名县政府第五科科长王士高以饮水关系民生，召集各机关学堂开凿井募捐会，由公安局和商会负责，向各机关及商户募捐。此外，大名县议事会因筹办本县水利，工款浩大，民力难胜任，请求省政府拨款。尽管没有达到预期效果，但是他们的工作得到了省政府的认可。

种植抗碱作物也是改造农田水利环境，变碱地为农田的一种重要措施，其中，种植棉花是河北碱区常用的措施。在冀南地区，为扶植种植棉花，河北省建设厅给予资金支持。1935年，在盐碱较轻的地区种植棉花，共72055.5亩，贷出棉籽144150斤，贷款55324元。其中，大名获得贷款资助为14161元。棉花生长情况不错，除武强区武邑县及大名县碱地所植之棉苗有少数发芽不良者外，余均生长颇佳。据实际调查，预计每亩生产量，最高为每斤150斤。最低为50斤。为积极推广碱地植棉，每一村组织一个碱地种棉会，内设干事长一人，干事四人，负责本村宣传调查研究等事项，并在该县组织改良碱地植棉协进会，选拔对农事有研究者为棉业推广员，分赴各地指导碱地改良工作。此外，在一些地区用铺沙法改良碱地。河北省建设厅对于大名区提出了购买轻便铁轨，以便运沙改良碱地。不过，前者是主要方法。

关于河北省碱地如何改良，华北水利委员会的许多专家都极为关注，华北水利委员会崔兴沽灌溉试验场主任韩少琦在《河北省碱地如何改良》一文中，不仅对于河北碱地的性状进行分析，还要对碱地改良的方法进行检讨，其中一个总原则是使含碱量减轻，主要方法有种植水稻、洗碱、养鱼、圈雨水、暗管放水、凿井、客土等。还有专家提出农林混合治碱法。从大名的实际情况看，在当时采取了与本地相适应的凿井和种植抗碱作物的方法，取得了一定成绩。

综上，大名县在民国时期的水利环境整治工作刚刚起步，当时既缺乏资金又缺少技术人员，虽然华北水利委员会对于漳、卫河的治理制定了较为科学的规划，但是工作进展较为缓慢。整体而言，大名县在农田

---

① 《大名区技术分处九月份工作报告》，《改良碱地月刊》1936年第1卷第5期。

水利环境改善方面取得了一定的成绩,尤其是凿井灌溉工作走在了在冀南地区其他县的前列。此外,棉花的种植也开始有组织地推广,这些工作为大名日后的水利环境改善打下了良好的基础。当然,从国家层面而言,南京国民政府制定了相关的政策支持河北碱地改良,成立了长芦区改良碱地委员会,在盐碱地区整理河渠,提倡农业,由河北省政府建设厅厅长、华北水利委员会委员长充任委员,长芦盐运使为常务委员主持会务工作,制定了《长芦盐区改良碱地委员会暂行组织章程》《财政部长芦盐区改良碱地委员会改良碱地农业贷款银行暂行章程草案》《财政部长芦盐区改良碱地委员会碱地种植棉贷种暂行章程草案》《各县改良碱地推广员服务规则草案》《各县改良碱地推广员服务规则草案》《河北省碱地区农民运沙、凿井、放淤、种棉会规程草案》《碱地凿井会模范章程草案》《碱地种棉会模范章程草案》等一系列规章,帮助并指导碱区民众开展改良碱地工作,在这样的大背景下,大名县的水利环境尤其是农田水利环境一定程度上得到了改善。

(徐建平,河北师范大学历史文化学院教授)

董仲舒《山川颂》解析

曹迎春

《山川颂》是现存西汉时期较早的一篇以山水为题材且以颂名篇的散文,存于《春秋繁露》第十六卷,此外,在《古文苑》和《全汉文》中也有收录。这部作品,经学者考证已基本定论为董仲舒的作品。[①]

《山川颂》全篇298字,上章写山,下章写水。全文如下:

> 山则崔嵬巃嵸,摧嵬嶵巍,久不崩陁,似夫仁人志士。孔子曰:"山川神祇立,宝藏殖,器用资,曲直合,大者可以为宫室台榭,小者可以为舟舆浮溅。大者无不中,小者无不入,折斧则斫,折镰则艾,生人立,禽兽伏,死人入,多其功而不言,是以君子取譬也。"且积土成山,无损也;成其高,无害也;成其大,无亏也。小其上,泰其下,久长安,后世无有去就,俨然独处,惟山之意。《诗》云:"节彼南山,惟石岩岩;赫赫师尹,民具尔瞻。"此之谓也。

> 水则源泉混混沄沄,昼夜不竭,既似力者;盈科后行,既似持平者;循微赴下,不遗小间,既似察者;循溪谷不迷,或奏万里而必至,既似知者;障防山而能清净,既似知命者;不清而入,洁清

[①] 关于董仲舒《山川颂》的真伪问题的研究参见桂思卓的《董仲舒研究欧洲北美新趋势》(《中国哲学史》1998年第1期)。该文引用了加里·阿巴克尔的观点:"格里·阿巴克尔的《〈春秋繁露〉真伪考》简单回顾了中日著名学者对文章的质疑,其本旨是要考证现存的《春秋繁露》第73章《山川颂》的真伪及成书年代。在比较了《山川颂》和《说苑》中对应的六段文字后,阿巴克尔认为:《山川颂》成书早于《说苑》,并且是一篇最有可能由这位汉代大师所作的可信著作。"(加里·阿巴克尔:《〈春秋繁露·山川颂〉年代及真伪考》,载《通报》1989年第75期)

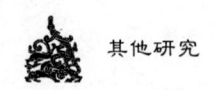

而出，既似善化者；赴千仞之壑，入而不疑，既似勇者。物皆困于火，而水独胜之，既似武者；咸得之而生，失之而死，既似有德者。孔子在川上曰："逝者如斯夫，不舍昼夜。"此之谓也。

一　颂体之文，经学之魂

作为汉代"群儒首""儒者宗"的经学大家董仲舒，其《山川颂》以经学的方式颂美山水之德，阐述儒家思想观念，堪称"经学化"汉颂的代表作。

（一）谋篇布局"经学化"

该颂通篇是对《论语》中"仁者乐山，智者乐水"的解读。《古文苑》注曰："《春秋繁露》有此篇，与《韩诗外传》解'仁者乐山，智者乐水'意颇相类。"①

《韩诗外传》卷三第二十五章解"智者乐水"：

问者曰："夫智者可以乐于水也？"曰："夫水者缘理而行，不遗小间，似有智者。动而之下，似有礼者。蹈深不疑，似有勇者。障防而清，似知命者。历险致远，卒成不毁，似有德者。天地以成，群物以生，国家以平，品物以正。此智者随意乐于水也。"《诗》曰："思乐泮水，薄采其茆。鲁侯戾止，在泮饮酒。"乐水之谓也。

《韩诗外传》卷三第二十六章解"仁者乐山"：

问者曰："夫仁者何以乐于山也？"曰："夫山者，万民之所瞻仰也。草木生焉，万物植焉，飞鸟集焉，走兽休焉，四方益取与焉。出云道风揉乎天地之间。天地以成，国家以宁，此仁者所以乐于山也。"《诗》曰："太山岩岩，鲁邦所瞻。"乐山之谓也。②

---

① 《古文苑》（三），卷12，《四部丛刊初编》，1935年版。
② （汉）韩婴撰，许维遹校释：《韩诗外传集释》，中华书局1980年版，第110—111页。

从《韩诗外传》两章结构看，是以问答的方式展开的，问者针对经典进行询问"智者何以乐于水""仁者何以乐于山"，答者从山水之德进行诠释，采用一问一答的解经常式。此外，《说苑·杂言篇》《孔子家语》中阐释水德的段落，也都是类似的问答式，假托孔子与子贡的对话而展开。考诸来源，这些文献均受了《荀子·宥坐篇》的影响。《荀子·宥坐篇》载：

> 孔子观于东流之水，子贡问于孔子曰："君子之所以见大水必观者是何？"孔子曰："夫水，遍与诸生而无为也，似德。其流也埤下，裾拘必循其理，似义。其洸洸乎不淈尽，似道。若有决行之，其应佚若声响，其赴百仞之谷不惧，似勇。主量必平，似法。盈不求概，似正。淖约微达，似察。以出以入，以就鲜洁，似善化。其万折也必东，似志。是故君子见大水必观焉。"

毫无疑问，《山川颂》对《荀子·宥坐篇》也有很明显的模仿痕迹，但董仲舒设计得更为巧妙，他变显性为隐性，不再托拟对话，从而使文章成为一篇通篇比德的颂作，可以说是，实为解经未言经，解经尽在不言中。

从颂文前后顺序安排看，《山川颂》虽化用《论语》"知者乐水，仁者乐山"的语意，但却调整顺序，先颂山后颂水，这透露出董仲舒"先仁后智"的定位和思考。在仁智关系上，董仲舒将"智"与"仁"相提并论。《春秋繁露·必仁且智》（以下只写篇名）中说："仁而不智，则爱而不别也；智而不仁，则知而不为也。故仁者所以爱人类也，智者所以除其害也。"一方面强调仁与智的相互依存，另一方面明确了这对依存关系的内部结构，即"爱人类"是目的，"除其害"是手段，"智"从属于"仁"。这一观念在《山川颂》中的体现，就是文章的前后内容的安排。

董仲舒十分在意先后顺序，在《郊义》中就强调之所以每年都要在岁首举行郊祭，是因为"先贵之义，尊天之道也"，把尊贵的事情放在前面，这是尊敬上天之道。《郊语》中也说："先享天，乃敢于地，先贵之义也。"先祭天再祭地，是把尊贵的事情放在前面。虽然两篇都是在讲祭祀的先后顺序，但是这种把尊贵的、重要的事情放在前面的思维方式无疑是董仲舒思维方式的重要特点。《春秋繁露》的很多篇章都反映出这种思维方式，比如《阳尊阴卑》中的"先经而后权，贵阳而贱阴也"，《王道通三》中的"先爱而后严"，《郊祭》中的"先贵而后贱"，等等。因此，重要的事情放前面，先山后水，先仁后智。山水比德，德亦有序。

（二）行文方式"经学化"

《山川颂》以说理为主，注重从经书中寻找证据，在行文中大量引用儒家典籍。颂山，引用孔子之言"山川神祇立，宝藏殖，器用资，曲直合，大者可以为宫室台榭，小者可以为舟舆浮溓。大者无不中，小者无不入，持斧则斫，持镰则艾，生人立，禽兽伏，死人入，多其功而不言，是以君子取譬也"，来诠释山之无私奉献。这段话在现存文献中未见记载，应是董仲舒当时所见经典中的语言。颂水，引用《孟子·离娄下》的"源泉混混，不舍昼夜，盈科而后进"来诠释水之公平公正。

最典型的是上下两章皆以引用经典作为收束，并将其化为己意，为我所用。上章写山，最后引用《诗经·小雅·节南山》的"节彼南山，惟石岩岩；赫赫师尹，民具尔瞻"。《小雅·节南山》这首诗是周大夫家父斥责执政者尹氏的诗，属讥讽之诗，但是只看开篇四句，看不出任何讥讽之意，而是把地位高贵显赫的太师比作巍峨的南山一样受人景仰。因此，董仲舒便将其从原诗中截取出来，故意地断章取义，用来颂扬高山好比高贵的君子。

《天人三策》中董仲舒同样也引了这四句诗：

> 古之贤人君子在列位者皆如是，是故下高其行而从其教，民化其廉而不贪鄙。及至周室之衰，其卿大夫缓于谊而急于利，亡推让之风而有争田之讼。故诗人疾而刺之，曰："节彼南山，惟石岩岩；赫赫师尹，民具尔瞻。"①

这一段，董仲舒是在说明"官不与民争利"的道理。他先举了正面

---

① （汉）班固撰，（唐）颜师古注：《汉书》卷56《董仲舒传》，中华书局1962年版，第2521页。

的公仪休拔葵去织的故事，说明古时候的贤人君子做官就是这么做的，对社会民风有良好的影响；然后说到周室衰败之时，卿大夫不讲礼仪而急于求利，所以诗人作了《节南山》这样的诗来进行讥讽。在《天人三策》中，董仲舒对这四句诗的引用，是遵循原诗主旨的，并没有将诗句从全诗当中割裂出来。同一首诗，两处引用，一美一刺，是董仲舒"《诗》无达诂"思想的极好体现。

下章写水，引用《论语·子罕》的"逝者如斯夫，不舍昼夜"作为结语。对此，钱锺书曾经提出批评：

> 就文论文，仲舒此《颂》谋篇又有疵病。……引《诗》四句，与君子俨然之意相映发；引《论语》两句，与得之为德之意了不关属，脱筍失卯。明是刻意经营，力求两半格局平衡，俾乍视前后结处，《论语》若与《诗经》对称；实则不顾义理，拉扯充数。①

他还讽刺董仲舒"不谓明道鸿儒，才竭技穷，出下策而呈窘态，无异空花炫眼、刍人巡城"。钱锺书认为以水喻时始于《论语》此章，孔融那句"'岁月不居，时节如流'正堪为川上之叹作注，'不居'乃'逝者'之的诂，'如流'即'如斯'之明文"。

关于孔子"川上之叹"的这句话，有学者梳理了其阐释历程：东汉以前，多被理解为孔子以水昼夜奔流不息的习性来象征不断学习、不断进取的精神；魏晋南北朝时期，人们对这句话的理解才主要是感叹时光流逝。② 时代情绪影响经典解读，时代情绪昂扬的时候，对"川上之叹"的解读是一往无前、勇猛精进的壮美；时代情绪低迷的时候，对"川上之叹"的解读是时光流逝、世事无常的凄美。从《荀子·宥坐》《孔子家语·三恕篇》《韩诗外传》《说苑·杂言篇》，包括董仲舒的《春秋繁露·山川颂》这些战国、汉代的文献中所记载的对于东流之水的解读看，都是着眼于从水之德中汲取君子之德，而与时间没有关系。由此可知，董仲舒引用这句话作为最后总结，不是在感慨时光流逝，而

---

① 钱锺书：《管锥编》（第2版），生活·读书·新知三联书店2011年版，第1484页。
② 张克锋：《"逝者如斯夫！不舍昼夜"的阐释与学术思想的嬗变》，《贵州社会科学》2006年第4期。

是在说君子应该积极进取，修身进德，这就正与前面所阐述的水的九种品德相呼应。钱锺书的批评显然是不恰当的。

整篇颂，上半部分写山，以《诗经》四句呼应上文，颂扬高山"似仁人志士"；下半部分写水，以《论语》两句呼应上文，劝勉君子应该像水一样进德不已。正如明代学者张燮所说，董仲舒的文章是"文质而核，赡而有体"（《重纂董胶西集小引》）文字质朴而内容精当，旁征博引而不离主题。这八个字用来评价《山川颂》也是十分贴切的。

（三）内在气质"经学化"

董仲舒在颂扬山川的时候，更偏重以经学的方式阐释自己所主张的儒家道德观念。董仲舒继承了先秦儒家的伦理思想并有所创新，进行了适应汉代社会的创造性转化和创新性发展，在仁义关系上主张"以仁安人，以义正我"，在仁智关系上强调"必仁且智"，这些伦理思想的特点在《山川颂》中都有所呈现。在其仁义观、仁智观下，山水之德呈现出独特的样貌。儒家之德、儒家之礼。

在仁义关系上，董仲舒主张"以仁安人，以义正我"。董仲舒赞颂高山之"仁"，前面引用孔子之言，强调高山无私奉献养育万物之功，这其实是赞颂山的"以仁安人"；后面强调山无损、无害、无亏之德，这其实是赞颂山的"以义正我"。董仲舒说："仁之法在爱人，不在爱我；义之法在正我，不在正人。我不自正，虽能正人，弗予为义；人不被其爱，虽厚自爱，不予为仁。"养育万物是"爱人"，"无损无害无亏"是"自正"，如果高山在成其高、成其大过程中有损、有害于万物，那么它就没有做到"自正"，即使仍有养育万物之功，也称不得仁义。董仲舒在上章山颂中很自然地将自己的仁义观融入其中，既强调了山之仁，也强调了山之义。颂扬山长养万物之仁，更多的是对传统儒家的继承，而颂扬山无损无害的"自正"品格，则毫无疑问是董仲舒的创新之见。此外，董仲舒对山之仁的阐发，与其"仁人者，正其道不谋其利，修其理不急其功"的思想也形成呼应关系。

在仁智关系上强调"必仁且智"。《山川颂》中"循溪谷不迷，或奏万里而必至，既似知者"一句充分体现出董仲舒对于"智"的重视。对于此句的解释，历来存在争议，苏舆认为"知"和意思不符合，应为"志"。他列了几条文献证据：《荀子·宥坐篇》："其万折也必东，似志。"《孔子家语·三恕篇》:"发源必东,此似志。"《说苑·杂言篇》:"其万折必东,似意(志)。"但是钟肇鹏认为《古文苑》及《繁露》旧本并作"知",此承上"循溪谷不迷"而言,有类于"智者"。他引用《说苑·杂言篇》中的"浅者流行,深者不测,似智"作为证据。苏舆的"志"说,只针对"或奏万里而必至"而解释,却避而不谈前一句;钟肇鹏的"知"说,只针对"循溪谷不迷"而解释,却避而不谈后一句。

其实,根据董仲舒之意,前后两句都是在谈"知"。董仲舒在《必仁且智》中论述"智"的时候说:"凡人欲舍行为,皆以其智,先规而后为之。其规是者,其所为得其所事。""凡人欲舍行为,皆以其智",意思是人想做什么不想做什么,都是先用智慧来进行谋划的。"先规而后为之",也就是先知后行。苏舆注:"所知有是有非,故又必先有辨别之功",因此《山川颂》里的这句"循溪谷不迷"便是先有辨别之功,后面的"或奏万里而必至",则是明辨之后的笃行。"其规是者,其所为得其所事",意思是谋划正确的人,其行为合乎其欲达成之事业。"循溪谷不迷"是"或奏万里而必至"的前提。董仲舒认为智者具有"思之而有复,及之而不可厌"的德行,也就是他思考谋划的都可以受到行为的重复检验,他为了达到目的而不知厌倦,也是强调谋划正确、行为笃定,明辨且笃行才是智慧之人。因此这里是"知",而非"志"。

二　山水比德,天人作喻

董仲舒以山水为"象",阐述道德之"意",在写作上充分运用"比德"的手法。"比德"也就是与自然物"合德",将山川万物与人的品德、人格相勾连,体现了儒家天人合一的思想观念。用"比德"的眼光看世界,看山不是山,看水不是水,山水在儒者眼中变成了仁人君子,成为道德境界的象征。

孔子最早开启了儒家山水比德的传统。《论语·雍也》载:"知者乐水,仁者乐山。"仁者、智者之所以"乐山""乐水",是因为山水具有类似仁者、智者的某种属性。对此,朱熹给出了更为详尽的解释:"知者达于事理而周流无滞,有似于水,故乐水。仁者安于义理而厚重不迁,有似于山,故乐山。"孔子将自然山水纳入人的伦理道德系统中,从而将自然山水人格化了。

《周易》的彖传、象传也常从山水比德的角度对卦辞进行解释。《小过卦·象传》曰："山上有雷，小过。君子以行过乎恭，丧过乎哀，用过乎俭。"高亨认为："按《象传》乃以山比贤人，以雷比刑，以山上有雷比刑罚加于贤人，因贤人有小错误也，是以卦名曰《小过》。君子观此卦象及卦名，从而谨言慎行，力求无过，其所过者，只是行过于恭，居丧过于哀，用财过于俭而已。"①经过象传的阐释，"山上有雷"之象便具有了君子谨言慎行之意。《坎卦·象传》曰："水流而不盈，行险而不失其信。"水不断奔流，遇到险阻也不停留，这一特性恰可与人之守信之德相合。《坎卦·象传》曰："水洊至，习坎。君子以常德行，习教事。"水接连而至之象，使君子领会到学而不厌、诲人不倦之意。

《诗经》中也有以山比德，将高山与圣人合而为一的表达。《周颂·天作》："天作高山，大王荒之，彼作矣，文王康之。彼徂矣，岐有夷之行，子孙保之。"在这首祭祀大王（古公亶父）和文王的乐歌里，将对岐山的崇拜和对圣王的崇拜结合在一起。岐山是周族的发源之地，"兴云雨而利万物"②，圣王"荒之""康之"，广其德泽，两者都造福万民，都是万民敬畏崇拜的对象。虽然诗中并没有直接将二者比德的表述，但大王、文王之道与天地合德、与岐山合德的意味十分明显。《大雅·嵩高》："嵩高维岳，骏极于天。维岳降神，生甫及申。"《毛诗正义》解释曰："维此至天之大岳，降其神灵和气，以福祐伯夷之后，生此甫国之侯及申国之伯。"③甫侯、申伯是周宣王时的重要卿士，他们秉承神圣高山的灵峻之气而生，因此天赋异禀。《周颂·天作》和《大雅·嵩高》的这种高山与圣人合而为一的表达习惯，无疑是董仲舒《山川颂》创作的灵感之源。

《孟子·离娄下》："源泉混混，不舍昼夜，盈科而后进，放乎四海。"这是孟子对孔子"逝者如斯夫，不舍昼夜"进行的阐释，认为水昼夜不停奔流，是因为有其本源，如果没有本源，虽然七八月间雨水多

---

① 高亨：《周易大传今注》，齐鲁书社2009年版，第433页。
② 李学勤主编：《毛诗正义》，北京大学出版社1999年版，第1294页。
③ 李学勤主编：《毛诗正义》，北京大学出版社1999年版，第1207页。

的时候沟渠会满，但是很快就会干涸。孟子用比德的方式进一步阐发，这就像君子如果没有儒家之道的根本，没有不舍昼夜的修道，即便暂时获得好名声，也是难以长久的。

《荀子·宥坐篇》借孔子之口阐释了"见大水必观"的原因，用比德的方式观照自然界的水，将其表述为"九似"之德：德、义、道、勇、法、正、察、善化、志。荀子指出正是因为水与人的诸多道德品质相类似，所以孔子才如此重视观察流水。荀子确立了"逝者如斯夫"章在先秦、秦汉时期"比德"阐释的体例和大致内容。[①]《孔子家语·三恕篇》《韩诗外传》卷三、《说苑·杂言篇》，包括董仲舒的《山川颂》对水德的阐释无疑都受到了荀子这段话的影响。但这些著作不但描写了水德，还扩展到以山比德，山水相连，其自然属性与儒家的伦理道德相互沟通连贯起来了。

董仲舒充分吸收了先秦儒家的"比德"思想，在其天人哲学、伦理视角下对儒家山水道德观进行了集大成式的阐释和发展，使山水比德呈现出鲜明的董氏特色。

第一，天人哲学下的平等对话。

"天"是董仲舒哲学的最高范畴。山川之德不仅仅是人的道德投射，更是天的意志表达。董仲舒的"天"包含神灵之天、自然之天和道德之天三重含义，[②]董仲舒的山川也具有神灵之山川、自然之山川和道德之山川三重含义。作为神灵之山川，掌握着降雨大权，《山川颂》下面紧接着的《求雨》开篇就说："春旱求雨，令县邑以水日祷社稷山川。"命令县邑在水日这一天祷告社稷山川诸神。后面还提到不同季节的求雨，"季夏祷山陵以助之""冬舞龙六日，祷于名山以助之"，董仲舒继承了古人祭山求雨的习俗，认为山川之神具有行云布雨之伟力。作为自然之山川，蕴藏丰富生产生活资料，供给人类各种器用，董仲舒提出"无伐名木，无斩山林"《求雨》，注重保护山川、森林资源，渗透着人与自然和谐相处的理念。作为道德之山川，体现天之仁爱、智慧。在董仲舒"天论"的逻辑结构中，神灵之天是形式，自然之天是基础，

[①] 程姣：《论〈论语〉"逝者如斯夫"章的阐释历程》，硕士学位论文，浙江大学，2012年。

[②] 金春峰：《汉代思想史》（第3版），中国社会科学出版社2006年版，第122—130页。

道德之天是核心；其山川观的逻辑结构亦是如此，即神灵之山川是形式，自然之山川是基础，道德之山川是核心。

山水有德，是传统儒家的一贯认知，但是传统儒家视野中的"山水比德"，以人为审美的主体，山水为比附的客体，是"以德观山水"。董仲舒将"山水比德"置于天哲学之下，这不但使山水有德成为一种天命必然，而且"以天观山水"使得山水获得了某种独立性，成为与人可以进行平等对话的一方，互相尊重，互相欣赏。董仲舒的比德思想不主山川，不主君子，而是在二者的相互烘托中，透露出儒家天道之消息。

第二，天人感应下的情感共鸣。

在董仲舒天人感应的认识中，人与自然具有诸多一致性，不但"人副天数""人副天形"，而且"人副天德""人副天情"，因此人能够产生与大自然的情感共鸣、生命共振。山川即人，人即山川。山川与人之间是"同类相动"的关系，可通可感。山所具有的高大、雄伟、永恒、物产丰富、无损无害等特征，与仁人志士的"仁者爱人，义者正我"等道德情操有着精神内蕴上的契合。水的昼夜不竭、东流不息等特征，与君子人格中的力、智、察、勇等品质具有精神气质上的相似性。董仲舒的天人感应理论为山水比德提供了理论论证，同时，淡化了比德形式那种理性加工、人为拼合的痕迹，使得《山川颂》具有了更为开阔的眼界和意境，形神兼备，象意皆得，成为开启魏晋山水文学物我合一浑然意境的重要一环。

总之，董仲舒继承先秦儒家山水比德的传统，在其天人哲学下"以天观山水"，使山水与人实现平等对话；在其天人感应思想下，山川与人"同类相动"，可通可感。董仲舒《山川颂》在写作手法上的典型特征就是"山水比德，天人作喻"。

三　政治之思，祭祀之礼

《春秋繁露》十七卷八十二篇（阙三篇），根据美国学者 S. A. 桂思卓的观点，可以分为解经编、礼制编、黄老编、阴阳编、五行编几个部分。其中《山川颂》属于礼制编。礼制编共有十二篇，探讨《春秋》所载的各种礼制，包括《郊语第六十五》《郊义第六十六》《郊祭第六

董仲舒《山川颂》解析

十七》《四祭第六十八》《郊祀第六十九》《顺命第七十》《郊事对第七十一》《执贽第七十二》《山川颂第七十三》《求雨第七十四》《止雨第七十五》《祭义第七十六》。虽然以现代文学的眼光看，《山川颂》是一篇颂体文学作品，但是从董仲舒的主观创作动机看，这不是他有目的的文学创作，和《士不遇赋》完全不同。从《山川颂》在《春秋繁露》中的位置可知，其作品性质属于祭祀之礼一类，这其实是与《诗经》"三颂"的精神气质一脉相承的。

（一）先秦山川祭祀的传统

山川祭祀由来已久，《史记·封禅书》中记载了三皇五帝时期山川祭祀的情况："昔无怀氏封泰山，禅云云；虙羲封泰山，禅云云；神农封泰山，禅云云；炎帝封泰山，禅云云；黄帝封泰山，禅亭亭；颛顼封泰山，禅云云；帝喾封泰山，禅云云；尧封泰山，禅云云；舜封泰山，禅云云；禹封泰山，禅会稽。"这段话乃司马迁引管仲之言，记录了从伏羲之前的无怀氏到伏羲、神农、炎帝、黄帝、尧、舜、禹，这些部落首领封禅的情况。但是《史记·封禅书》中的这段记载，带有更多传说和想象的成分。记载山川祭祀的明确的、可靠的资料是商代的甲骨卜辞。卜辞中出现很多"燎于山""奉于岳""尞于洹"的记载，而且凡祭山都与雨有关。[①]

西周时期，山岳祭祀开始与国家礼制密切结合。《公羊传》僖公三十一年载："天子祭天，诸侯祭土。天子有方望之事，无所不通。诸侯山川有不在其封内者，则不祭也。"周天子享有最高的山川祭祀权，不但拥有祭天的权力，还要祭祀四方群神，"方望"，就是望祭，"望于山川，遍于群神"（《尚书·尧典》），四方群神很多，不能亲至祭祀，只能遥望而祭。诸侯则只能祭祀自己封地内的山川，《左传》哀公六年楚昭王所说"祭不越望"即是此意。董仲舒在《王道》中也说："《春秋》立义，天子祭天地，诸侯祭社稷，诸山川不在封内不祭。"《左传》昭公二十六年记载，周夷王恶疾缠身，"诸侯莫不并走其望，以祈王身"，诸侯在其国内的名山大川奔走祭祀，祈求周王痊愈，严格恪守"祭不越望"的礼制规则。对山川进行祭祀，是统治者的权利也是义

[①] 参见陈梦家《殷虚卜辞综述》，中华书局1988年版，第594—598页。

务,《礼记·王制》载:"山川神祇,有不举者为不敬,不敬者君削以地。"有权利对山川进行祭祀,就意味着有权利统治这片领地;不履行祭祀山川的义务,就要被剥夺统治这片领地的权利。山川祭祀关乎统治的"合法性",成为统治权和领土的象征。可见,周代的山川祭祀已不仅仅是祈求风调雨顺的宗教活动了,而是蕴含着显明的王权观念、等级制度的政治活动,是周王朝巩固等级制和分封制的重要手段。

春秋战国时期,礼崩乐坏,山川祭祀之礼也屡被打破。《左传》宣公十二年记载,楚庄王在邲之战中打败晋国之后就曾"祀于河",祭祀了本不属于其境内的黄河,打破了"祭不越望"的规定。《论语·八佾》记载了鲁国季孙氏违礼僭越旅祭泰山之事。《史记·封禅书》马融注曰:"旅,祭名也。礼,诸侯祭山川在封内者。今陪臣祭泰山,非礼也。"季氏为鲁国大夫,根本没有祭祀泰山的权利,因此受到孔子的批评。

(二)秦汉山川祭祀的一统

秦汉统一王朝建立之后,在山川祭祀方面也进行了与大一统局面相适应的改革。据《史记·封禅书》记载:"及秦并天下,令祠官所常奉天地名山大川鬼神可得而序也。"规定官方祭祀名单,划定等级序列,确立信仰体系,渗透皇权一统的政治理念。但秦始皇在整理划一的过程中,仍是站在秦本土的角度,偏重秦国故地的山川,缺乏一统王朝的视野。

西汉建立初期实行郡国并行制,使得泰山等名山大川不在天子的祭祀区域之内,直到文帝十六年(前164),才收回名山大川的祭祀权,泰山回归国家祭祀。汉武帝十分重视对山川的祭祀,建元元年五月即位之初颁布诏书曰:"河海润千里,其令祠官修山川之祠,为岁事,曲加礼。"(《汉书·武帝纪》)汉武帝立足天下,对全国的山川重新进行规整,理出一个五岳四渎的制度,体现出"大一统"的山川祭祀观。汉武帝重新定义五岳,五岳脱颖而出成为一等名山,大量的巡狩和封禅活动随之兴起。武帝自元封元年(前110)进行第一次封禅后,其在位期间,先后进行了八次对泰山的封禅,借此大肆宣扬自己的统治顺天意、顺民意。

(三) 董仲舒的山川祭祀观

在这样的历史传统与现实氛围之下，董仲舒的《山川颂》也显示出既继承先秦传统观念又呼应现实一统政治，且与其天的哲学、"大一统"政治思想、灾异理论相融通的山川祭祀观。

在董仲舒的哲学体系中，天的位置至高无上，"天者，百神之大君也，王者之所最尊也"（《郊义》），因此祭天之礼"郊祭"是天子最重要的活动。《郊祭》篇说："天子父母事天。"《深察名号》中提出："故号为天子者，宜视天如父，事天以孝道也。"皇帝既然承受了天之子的称号，就要依天子之礼而祭天，就如同为人子要侍奉父母一样。祭天是天子对上天表示尊重，重建社会秩序，分别上下尊卑的重大礼节，不能因任何原因而废除，否则必将引起整个伦理秩序的崩塌。

其次就是祭祀山川百神。《奉本》曰："其得地体者，莫如山阜。"山川祭祀属于地祇祭祀。董仲舒十分重视祭祀之序。《郊语》曰："祭而地神者，《春秋》讥之。"说的是僖公三十一年没有举行郊祭，却望祭泰山、河、海，不守祭祀之礼，因此被孔子批评。《郊祀》曰："故《春秋》凡讥郊，未尝讥君德不成于郊也，乃不郊而祭山川，失祭之叙，逆于礼，故必讥之。"也是认为《春秋》中凡是讥讽郊祭之事的，都是因为颠倒了祭祀的顺序，没有祭天就去祭祀山川，违背了礼制。山川之神，相对于天来说，是小神，应该在祭天之后才能举行祭祀。董仲舒对祭祀之序的强调，其实是对皇权一统的强调。《王道》中描述了五帝三王治理天下时的祭祀规范："郊天祀地，秩山川，以时至封于泰山，禅于梁父，立明堂，宗祀先帝，以祖配天，天下诸侯各以其职来祭，贡土地所有。"遵守祭祀的先后顺序，遵守封禅的时间规定，天下诸侯也要依照自己的职位来助祭、献礼。《三代改制质文》中对于"法商而王""法夏而王""法质而王""法文而王"者在举行封禅祭礼时的位置有不同的规定，分别为上、下、左、右。不管是郊祭还是山川祭祀，都是彰显政权合法性和神圣性的重要手段，都是董仲舒"屈民而伸君，屈君而伸天"政治主张的另类表达。

董仲舒的灾异思想也贯穿在其山川祭祀观念之中。《二端》篇讲"灾异以见天意"时举了楚庄王的事例，"楚庄王以天不见灾，地不见孽，则祷之于山川"①，楚庄王因上天未降灾提醒其为政之失而倍感惶恐，于是向山川之神祈求。山川是沟通天人的重要媒介，可以传达上天与人类之间的重要信息。这种观念由来已久，徐旭生《中国古史的传说时代》中就说过："按着当时人的思想，天地相隔并不太远可以相通。交通的道路就是靠着'上插云霄'的高山。"②董仲舒对《春秋》所记"山崩"现象十分关注，在《王道》《二端》都有提及，《史记·周本纪》记载伯阳父之言："夫国必依山川，山崩川竭，亡国之征也。"山川乃国家之本，国家依赖山川而存，山崩川竭是重大灾难的征兆，意味着人与天交通的渠道断绝，天命不继，国将不国。这也是董仲舒在《山川颂》中一再颂扬高山"久不崩陁""久长安"品格的原因，重视山川祭祀，非为神，乃为人，追求的是江山稳固。

总之，《山川颂》在《春秋繁露》中属于祭祀之礼一类，董仲舒继承先秦山川祭祀的传统观念，又适应汉朝政治的现实需求，提出先祭天后祭山川，凸显皇权一统理念，并在灾异视角下审视山川祭祀的功用，追求江山稳固。从作品性质分析，《山川颂》属于祭祀之礼，蕴含政治之思。

山川是大自然的杰作，自古至今经历了神化、德化、美化的发展历程，产生了大量优秀的山水文学作品，董仲舒的《山川颂》便是山水德化阶段的集大成者，在山水文学史上占有一席之地。

（曹迎春，衡水学院教授）

---

① 旧本在《必仁且智》篇，钟肇鹏校注本移入《二端》篇。
② 徐旭生：《中国古史的传说时代》，文物出版社1985年版，第201页。

学术史视野下批校本的价值及研究方法

樊　宁

批校本是古籍版本形态中的一种,历来受到收藏家的重视,但进入研究视野相对较晚。黄永年《古籍版本学》介绍了批校本的基本情况与特点。[1] 韦力《批校本》是第一部研究专著,全面翔实地论述了批校本的概念、起源、种类、特点、鉴定、作伪、价值等内容,并配有大量图文,丰富直观,特别适合初学者阅读。[2] 近年来,随着学术研究不断深入,国内外各大公私藏书机构公布了众多古籍批校本影像,越来越多学者开始涉足批校本的研究。纵观既有论著,大多是针对某部批校本的个案研究,或梳理递藏过程,或考察批校作者、时间与内容特点,或辑录整理批校语。[3] 虽然探讨较为深入,但是缺少个案基础上的总结性成果。而仅有的几篇宏观理论文章,或从文献学角度分析批校本的类型层次及辨别方法,或结合西方阅读史、书籍史新观念阐述批校本的价值。[4] 依笔者愚见,批校本虽然在整体上拥有一些共同特点,但是作为"永久附在事先存在书籍上的文本"[5],其批校语定然与书籍内容密不

---

* 本文系国家社科基金青年项目"稀见惠栋《十三经注疏》批校本整理及其汉学思想新探"(22CZW036)阶段性研究成果之一。

① 黄永年:《古籍版本学》,江苏教育出版社2009年版,第210—214页。

② 韦力:《批校本》,江苏古籍出版社2003年版,第1—224页。

③ 此方面研究成果较多,如南江涛:《徐康批校本〈聊斋志异〉初探》,《明清小说研究》2020年第1期;刘思亮:《王念孙手批本〈山海经〉初考——兼及〈河源纪略·辨讹〉之纂修者》,《文献》2021年第3期;解树明:《顾颉刚批校本〈新学伪经考〉及其学术价值》,《图书馆杂志》2019年第10期。

④ 如南江涛:《批校本的层次类型及梳理方法刍议——以清人批校本〈文选〉为例》,《文艺研究》2020年第11期;韦胤宗:《阅读史:材料与方法》,《史学理论研究》2018年第3期。

⑤ 韦胤宗:《阅读史:材料与方法》,《史学理论研究》2018年第3期。

其他研究

分，经、史、子、集四部之书的内容特点存在较大差异，是故不可一概而论。此外，单纯从文献本身的视角探讨批校本，没有放入学术史中考察，无法从更深层次挖掘批校本的学术价值。鉴于此，笔者结合自身研究，以清人《十三经注疏》批校本为中心，探讨经部文献批校本在清代学术史上的价值及研究方法，以期有助于推进相关进展。

一 从批校本到稿本、再到刻本：清代学术著作的撰作路径

清代朴学大盛，经学考据类著作数量极多，其撰写体例多采用两种形式：一是有选择地节取《十三经注疏》中某些词句或问题进行考证，一个考证就是一个条目，前或有小标题，条目间相对独立，数量几十条到几百条不等，以此构成全书，如何焯《义门读书记》、惠栋《九经古义》等；二是对某部《十三经注疏》进行通篇阐释，撰作新疏，如焦循《孟子正义》、洪亮吉《春秋左传诂》等。这两种体例的产生与清儒读书治学的方法密切相关，基本遵循从批校本到稿本，再到刻本的路径，即早岁阅读《十三经注疏》，将初步所得以批校语的方式记于书册眉端行间，后随着年龄增加，读书渐多，学识愈加精进，从批校语中择取若干较为重要的条目（亦有新增条目），详参众书，进一步考释，形成稿本，再不断修订增补，最终定本，刊刻成书。

例如笔者通过详细比较惠栋《春秋左传注疏》批校本[①]、《春秋左传补注》稿本[②]与刻本[③]的内容异同，得以探析《春秋左传补注》的成书过程。翻阅该书批校本与稿本序文，可知惠栋曾祖父惠有声已对杜预的注解持批评态度。惠栋"少习是书，长闻庭训"，自幼就对杜注之失有所认识，指出有两大不足"虽根本前修而不著其说"与"解经颇多违误"，可见惠栋自幼承袭家学，治《左传》主纠杜注之失。批校本与稿本广引众籍诸说以纠杜注之失，不仅引用了三十多种唐以前典籍，还

[①]（清）惠栋：《春秋左传注疏》批校本，今藏湖北省图书馆，底本是毛氏汲古阁《十三经注疏》本。

[②]（清）惠栋：《春秋左传补注》，稿本今藏上海图书馆。

[③]（清）惠栋：《春秋左传补注》，清乾隆年间李文藻潮阳县衙初刻本。

择引诸多唐宋以降之书，甚至还有肯定的条目。如襄公十九年"诸子"条，稿本云："杜亦用服注，此当从明儒傅逊说，以诸子为内官也。"据此可明晰批校本与稿本的特点：征引论著上，博采众籍，不分时代，旁搜广摭，凡有可取者皆抄录汇集；撰述体例上，多直录原书，罗列各说，无所专主，较少裁断，尚缺乏详细严谨的分析考释，体现出未经深入阐述的杂乱，故批校本与稿本似是惠栋早岁初治《左传》所得的零言碎语，俨然一材料汇编之书，此与序中"集为《补注》四卷，用以广异闻，祛俗说"之言正相合。可见，惠栋早期的《左传》学思想并不是崇尚汉学，而是以无所专主、汉宋兼采为主。

稿本完成后，惠栋又用了数年时间进行大量删增修订。而经此一过程，其《左传》学思想倾向发生了巨大变化，主要有两个方面表现：一是对唐宋以降诸儒之说由信奉转向怀疑、否定与批驳。如惠栋早岁并不知道《古文尚书》及孔传是伪书，尚加以引用，如隐公八年"因生以赐姓"条，稿本作：

> 王充曰："因其所生赐之姓也。若夏吞薏苡而生，则姓苡氏；商吞燕子而生，则姓子氏；周履大人迹，则姓姬氏。"孔安国云："谓有德之人生此地，以此地名赐之姓以显之。"

然刻本此条已删伪孔传，且进一步指出《古文尚书》是"伪古文"，如襄公二十五年"书曰慎始而敬终"条，刻本作：

> 案，《周书·常训解》云："慎微以始而敬终，乃不困。"《正义》以《蔡仲之命》云云证之，此晋时伪古文，袭《左传》而为之者也。徐干《中论》引《书》云："慎始而敬终，以不困。"

又如宣公二年"以视于朝"条，稿本作：

> 《毛诗·鹿鸣》曰"视民不恌"，郑笺曰"视，古示字"。《士昏礼》曰"视诸衿鞶"，郑注云"视乃正字，今文作示，俗误行之"。郭忠恕曰"郑君此说，大与《说文》、石经相乖"。未可详也。

其他研究

刻本改作：

> ……郭忠恕曰"郑君此说，大与《说文》、石经相乖"。栋案，康成之说必有所据，《说文》古文"祀"作古文"示"字，郭氏不识古文，其说非也。

惠氏稿本意见未定，而刻本增引《说文》古文加以分析，批判宋儒郭忠恕不识古文，否定其说，故删稿本"未可详也"。

二是有意识地汇集汉儒古注以辨字审音，如襄公二十九年"则明主也"条，稿本作：

> 《史记》作"盟主"。栋案，"盟"字亦有作"明"，《毛诗·黄鸟》曰"此邦之人，不可与明"，笺云"明，当为盟"。《释名》："盟，明也，告其事于神明也。"

刻本增补作：

> 《史记》作"盟主"。案，古"盟"字从囧，贾侍中说"读与明同"，古文从明，或作盟字，省为囧，贾逵传《古文春秋》必得其实。《啸堂集古录》载《齐侯鱼鏄钟》曰："继命于外内之事，中敦盟？""盟？"即"明刑"也。《毛诗·黄鸟》曰"此邦之人，不可与明"，笺云"明，当为盟"。《释名》："盟，明也，告其事于神明也。"

稿本初疑"盟"作"明"字，意见未定。后经考寻"盟"的古文从囧，或作明，并引贾逵之说与青铜铭文为证，确信"盟"与"明"二字相通，"贾逵传《古文春秋》必得其实"显现出惠栋思想的汉学化倾向。

综上，通过考稽惠氏批校本、稿本、刻本内容之异同，可得惠栋《左传》学思想有一逐渐演进之过程，历经了"无所专主、汉宋兼采"到"独尊汉学"两个阶段。惠栋早岁继承家学传统，治《左传》主纠杜注之失，故参详群书，不分时代，博采众说，无所专主。然随着学术不断积累，学识愈加精进，惠氏在详参旧训的基础上，对唐宋以降的解经之说进行了深刻的反思、怀疑、否定、批驳，进而转向广辑汉儒旧说，从而使得《左传》的古音古义逐渐明朗，辨字审音的考求方法日益成熟，尊崇汉儒的《左传》学思想最终形成。

又如清儒卢文弨《群书拾补》对儒家经典《十三经注疏》进行校正，书前《小引》云："梁曜北语余曰'所校之书，势不能皆流通于世……意莫若先举缺文断简、讹缪尤甚者，摘录以传诸人，则以传一书之力，分而传数书，费省而功倍，宜若可为也'。余感其言，就余力所能，友朋所助，次第出之，名曰《群书拾补》。"① 由上，卢氏接受梁玉绳的建议，将其《十三经注疏》批校语删繁就简，取其精粹而成诸经校正，收入《群书拾补》。惜卢氏《十三经注疏》批校本今已不存，故只能依靠《群书拾补》来窥见卢氏校勘《十三经注疏》的具体情况。然笔者近来得见一部清人过录的卢文弨《周易注疏》批校本②，经过认真比勘，发现《群书拾补·周易注疏校正》并非一字不变地径直抄录《周易注疏》批校本，而是作了一定程度的修改增补，主要体现在两个方面：

其一，《周易注疏》批校本没有，《群书拾补·周易注疏校正》后增的条目。如"先儒以孔子《十翼》之次"条云："观此云云，则'第九'等次序当有明矣。或别作原目，因截此段载于首，向来并不如是。"③"以象天地以少阴少阳、长阴长阳之气共相交接"条云："案，上下文义不当有'少阳长阴'四字。"④

其二，二书皆有，但文字存在不一致。如"纳奔水氏女，曰听訞"条，《周易注疏》批校本云："钱'谈'，宋同。"《群书拾补·周易注疏校正》增补作：

---

① （清）卢文弨：《群书拾补小引》，载陈东辉主编《卢文弨全集》第1册，浙江大学出版社2017年版，第1—2页。
② （清）卢文弨：《周易注疏》批校本为清人张尔耆过录本，今藏湖北省图书馆，底本是毛氏汲古阁本。
③ （清）卢文弨：《周易注疏校正》，载陈东辉主编《卢文弨全集》第1册《群书拾补》，浙江大学出版社2017年版，第17页。
④ （清）卢文弨：《周易注疏校正》，载陈东辉主编《卢文弨全集》第1册《群书拾补》，浙江大学出版社2017年版，第12页。

其他研究

《路史》云：“《汉书》作'桑水氏'，《书传》多作'奔水氏'，字转失也。"《太平御览》"听訞"，音"妖"，或作"谈"、作"郯"，转失也。案，宋本、钱本皆作"谈"。①

卢氏批校语仅罗列版本异文，未有定见，《群书拾补》增引《路史》《太平御览》进行具体考辨，由疑至确。据上，或增补新的条目，或完善旧有条目，使得《群书拾补》所采纳的校语翔实有据，颇具价值。

综上两个例子，我们可以看到批校本在学术史研究方面有着重要价值。在了解某位学者生平经历、主要著述、学术思想的基础上，通过比勘批校本、稿本与刻本内容异同，可以更为深入地认识到作者在不同时期的治学方式有哪些，学术思想发生了怎样变化等一系列问题，较为清晰地呈现出一条从批校本到稿本，再到刻本的纵向脉络，展示出作者撰作的全过程，还原其治学与写作历程，从而深化学界既有研究成果。

二 纵向比勘：清代经书批校本与学术著作间的承袭与推进关系

从学术史的角度来看，每一部著作绝非凭空出现，都是在借鉴、吸收、批判前人成果的基础上，取得更多创获，以此形成一条纵向脉络，推动学术不断向前发展。因此，我们在研究过程中，除了关注著作本身之外，更应该从学术史的角度入手，进行比较研究，分析同类著作之间的承袭与推进关系，哪些内容是承袭前人而来，哪些内容是推进独创，对后代有何影响，变静态为动态，才能更清楚、更准确地认识每部著作内在的学术地位与价值，给予一个合理的学术评价。

基于上述理论，使用清代经书批校本进行纵向比勘不仅可以重新审视很多学界存在已久、颇有争议的问题，还能发现一些未曾注意、独具学术价值的新问题。前者如阮元《十三经注疏校勘记》的编纂缘起问题，学者们讨论甚多，主要有两种看法：一是"卢氏启发说"，认为卢

---

① （清）卢文弨：《周易注疏校正》，载陈东辉主编《卢文弨全集》第1册《群书拾补》，浙江大学出版社2017年版，第16页。

文弨《十三经注疏》批校本对阮元等人编纂《十三经注疏校勘记》的启发与影响是巨大的、多方面的，甚至可以称为《十三经注疏校勘记》的蓝本。① 二是"阮氏自发说"，代表人物是刘玉才。他通过考察国家图书馆所藏《周易注疏校勘记》稿本、膳清本与刻本之间的异同，得出"阮元延客校勘《十三经注疏》，应主要是受到当时学术氛围的影响，卢文弨只是启发者之一。阮元《十三经注疏校勘记》与卢文弨手校《十三经注疏》并没有直接继承关系，故今存李锐《周易注疏校勘记》原始稿本甚至没有直接引用卢文弨本人的校勘意见，是严杰补校时方与浦镗的校勘成果一起增加进去"②。这两种观点都有合理之处，但依据的都是一些外缘资料，如清人文集、书信、题跋等，并没有直接使用卢文弨《十三经注疏》批校本，以致争论不断。

湖北省图书馆藏有清人张尔耆过录的卢文弨《周易注疏》批校本，可谓弥足珍贵。笔者通过比勘，发现二书重合的内容有百余条，这意味着《周易注疏校勘记》有超过一半的条目存在参考卢氏《周易注疏》批校本的可能。进一步探究这些重合条目，可得《周易注疏校勘记》采用卢文弨校勘成果的类型与数量相当多，不仅从卢文弨批校本中转引一些版本异文，如钱求赤钞本《周易注疏》、清武英殿本《周易注疏》等，还转引诸多前人成果，如浦镗《十三经注疏正字》、李鼎祚《周易集解》等。尤其是卢氏批校本所引材料本身有误，《周易注疏校勘记》未翻检原书，径直承袭其错误，此类例子是探讨二书关系最有力证据。如《周易注疏校勘记》卷八"情谓情实"条云："闽、监、毛本同。钱本、宋本'情实'作'实情'。"③ 此例原文作"正义曰：情谓实情，伪谓虚伪，虚实相感。若以情实相感，则利生"。卢氏批校本将"情谓实情"之"实情"互乙，云"钱、宋乙"，然翻阅《七经孟子考文·周

---

① 支持该观点的学者如汪绍楹：《阮氏重刻宋本〈十三经注疏〉考》，《文史》第3辑，中华书局1963年版；李慧玲：《阮刻〈毛诗注疏（附校勘记）〉研究》，博士学位论文，华东师范大学，2008年；黄庆雄：《阮元辑书刻书考》，台北：花木兰文化出版社2007年版。

② 刘玉才：《阮元〈十三经注疏校勘记〉成书蠡测》，《国学研究》第35卷，北京大学出版社2015年版。

③ （清）阮元：《周易注疏校勘记》，《续修四库全书》第180册，上海古籍出版社2002年版，第343页。

易注疏》卷八仅有一句"若以情实相感,'情实'作'实情'"。① 可见卢氏将"若以情实相感"之"情实"误看成前一句"情谓实情"之"实情"。《周易注疏校勘记》没有翻阅原书,径直承袭卢氏的错误,是故《周易注疏校勘记》存在承袭卢氏批校本的痕迹。

另一方面,《周易注疏校勘记》对卢氏批校本并不是完全承袭,又有新的推进。从参引版本上看,《周易注疏校勘记》在卢氏批校本的基础上又增加了多种新的版本异文,如元刻明修十行本、清武英殿翻刻岳本等,仅这一项工作所得的校记数量就非常多,成为对卢氏批校本最重要的增补工作;从引用他人著作上看,《周易注疏校勘记》增加了参考诸家的数量,如惠栋、钱大昕、孙志祖、王念孙、张惠言等人;从校勘深度上看,《周易注疏校勘记》包含许多有按语或结论的条目,其中有不少独到的见解。由此可见,卢氏批校本不仅在校勘步骤、方法上给予《周易注疏校勘记》很多参考便利,还提供了基本的工作思路,而《周易注疏校勘记》在卢氏批校本的基础上,进行借鉴、吸收与批判,从而推陈出众多发明创造,终成典要之作。

再如阮元《春秋左传注疏校勘记》的成书过程问题,袁媛从他书文献引用、他人校勘成果引用、揭示顾炎武勘唐石经之失、陈树华案断语四个方面层层探讨,分析严谨,得出"《春秋左传注疏校勘记》在很大程度上依托清人陈树华《春秋经传集解考正》而来"②。笔者亦发现此种情况,故基本赞同该结论。然问题并没有得到彻底解决,陈氏《春秋经传集解考正》在当时学界颇具影响,名儒如翁方纲、卢文弨、段玉裁等皆盛誉推许。然通过比勘,笔者却认为陈氏著作之所以取得如此成就,很大程度上是深受惠栋影响。如袁媛指出《春秋左传注疏校勘记》对惠栋观点的引用多达 93 次,然有半数不见于惠栋《春秋左传补注》,却见于陈氏《春秋经传集解考正》③。查阅《春秋经传集解考正》卷首

---

① [日]山井鼎撰,[日]物观补遗:《七经孟子考文补遗》,国家图书馆出版社 2016 年版,第 50 页。
② 袁媛:《阮元〈春秋左传注疏校勘记〉成书管窥——从陈树华〈春秋经传集解考正〉到阮书》,载刘玉才、水上雅晴主编《经典与校勘论丛》,北京大学出版社 2015 年版,第 353—380 页。
③ 袁媛:《阮元〈春秋左传注疏校勘记〉成书管窥——从陈树华〈春秋经传集解考正〉到阮书》,载刘玉才、水上雅晴主编《经典与校勘论丛》,北京大学出版社 2015 年版,第 361 页。

《论例》云："又于蒋氏元泰贮书楼借金氏凤翔校本，并红豆斋惠氏栋手校本，与岳本及元明诸刻本互勘。"① 可见陈氏参考了惠氏《春秋左传注疏》批校本，经一一核对，《春秋左传注疏校勘记》征引的不见于《春秋左传补注》的惠氏之说确实见于惠氏《春秋左传注疏》批校本。进一步而言，陈氏对惠氏批校本的成果进行了大规模借鉴与吸收，二书关系相当密切。除了明确标出"惠氏云"的条目外，《春秋经传集解考正》中存在大量暗引惠氏批校语的现象，可分为以下类型：承袭致误、与惠氏同误、暗从惠氏之说、略调论证顺序、增补文字、径直抄录，从征引材料、论证过程，到所得结论，甚至小到夹注，皆有因袭惠氏批校本之痕迹。如《春秋左传》昭公十七年"在宋卫陈郑乎"，《春秋经传集解考正》云："唐石经有'六物之占'四字。按，唐石经四字旁添，非唐刻，蜀石经有此四字"。② 学界一般认为蜀石经在南宋末年开始散佚，至明朝初年已无碑可观，其形制详情不得而知。陈氏《春秋经传集解考正》卷前《论例》云："乾隆三十九年（1774）四月朔，芦墟沈刚中示余蜀石经《左传》六纸，字体仿佛唐石经……传文每行十四字，注双行，疏密不能画一，约十五、六字。昭二年传'夫子君子也'，下'子'字起至'而又何请焉'之'而'字止。因知海内尚有存者，倘能睹其全，则又毕生之厚幸也。"③ 可见陈氏所据的蜀石经残本来自沈刚中，仅有昭公二年传文部分，然上举之例出自昭公十七年，陈氏所引蜀石经源自何处？翻阅惠氏《春秋左传注疏》批校本，此处云："唐石经此下云'六物之占'。案，晁公武所引与石经同，《御览》八百七十五卷所引有此四字，盖据贾、服本如此。案，碑四字旁增，当是晁公武据蜀石经增入，晁曾以蜀石经校唐石经，碑中所增疑皆出晁氏之手，学者详焉。"据此，惠氏并不是直接引自蜀石经，而是怀疑晁公武据蜀石经增入此四字。可见陈氏所言蜀石经当是从惠氏批校本转引而来，但删除了惠氏原文的关键信息，使我们误以为陈氏引自蜀石经。

---

① 陈树华：《春秋经传集解考正》，《续修四库全书》第142册，上海古籍出版社2002年版，第16页。
② 陈树华：《春秋经传集解考正》，《续修四库全书》第142册，上海古籍出版社2002年版，第322页。
③ 陈树华：《春秋经传集解考正》，《续修四库全书》第142册，上海古籍出版社2002年版，第7页。

其他研究

又，陈氏书中有不少关于唐石经初刻、改刻、补刻的条目，惠氏批校本亦有大量同类校语。经比勘发现，《春秋经传集解考正》的这类条目基本都见于惠氏批校本，有些甚至连结论都一致。如桓公十年"周谚有之"，《春秋经传集解考正》云"石经初刻'之'下有'曰'字，后刊去。李善《鹪鹩赋》注引作'周任有言'①，惠氏批校本"李善《文选·鹪鹩赋》注引《左传》曰'周任有言，匹夫无罪'。石经初刻'周谚有之曰'，后改刻刊去'曰'字"。庄公九年"鲍叔率师来言曰子纠"，《春秋经传集解考正》云"石经此行九字，疑初刻'鲍叔'下有'牙'字，刊去重刻也"②，惠氏批校本"石经九字，原刻'鲍叔'下多一字，后改刻，故九字。或是'鲍叔牙'多'牙'字"。

以上两个例子阐述了一种使用清人经书批校本考察学术史的研究方法。不论是从卢文弨《周易注疏》批校本到阮元《周易注疏校勘记》，还是从惠栋《春秋左传注疏》批校本、陈树华《春秋经传集解考正》，到阮元《春秋左传注疏校勘记》，每一部书都是在前人成果的基础上，推陈出新。只有进行比较研究，厘清研究对象与前、后著作之间的承袭与推进关系，方能明晰学术不断向前发展的内在理路，这对于清代经学与学术史而言，有着相当重要的意义。

三 家学、师承视角下的清人经书批校本

清代考据学主要以吴派与皖派最具代表。其中吴派的开创者为东吴惠氏，治学最大特点是家学相承，渊源深厚，从惠有声始，经惠周惕、惠士奇，至惠栋集四世之大成，著述遍及群经。而皖派学者主要是师徒相授，传承不息，如戴震，到段玉裁、王念孙，发前人所未发，将乾嘉朴学推至顶峰。由此可见清代学术主要遵循"父子相传，师徒相授"的传授体系，培养了一大批饱学之士，取得不少超越前代的成就，促进清代学术的繁荣兴盛。

---

① 陈树华：《春秋经传集解考正》，《续修四库全书》第142册，上海古籍出版社2002年版，第112页。
② 陈树华：《春秋经传集解考正》，《续修四库全书》第142册，上海古籍出版社2002年版，第141页。

吴派惠氏家学的核心特征是治学宗旨、方法的承袭性。惠栋治学以精研诂训、尊古崇汉为宗旨，这种思想的形成与其家学传统有着相当密切的关系。此种说法源自惠栋本人，其著作中常言"四世传经"。但由于没有过多材料可以使用，故研究者较少涉及该问题，以致不甚清晰。今湖北省图书馆藏有惠氏《毛诗注疏》批校本与《春秋左传注疏》批校本，包含有惠有声、惠周惕、惠士奇、惠栋四代人的批校语，可见时间跨度相当长，为我们探讨惠氏家学的传承提供了宝贵材料。笔者通过考察总结，认为主要表现有二：

一是惠栋多在惠有声、惠周惕、惠士奇批校语的基础上增补，继承家学观念。

如《毛诗注疏》批校本[1]云：

> 康成以《诗序》为子夏所为，而后人谓卫宏撰。先君谓："卫敬仲《诗序》亡来久矣，非今《诗序》也。"
>
> 半农先生云："若《小序》非先秦旧典，则康成何故曲为之解乎？"
>
> 郑樵谓"《诗序》至魏黄初时始行"，断以为卫宏作。栋谓，卫宏作《诗序》，郑康成注礼时不容不见，何待笺诗时始见之也。郑樵之武断如此。盖《毛诗》与《诗序》并传，三家皆未之见。《毛诗》与《左传》《周礼》皆为古学，故至后汉始行。蔡邕、李尤、服虔皆引《诗序》也。
>
> 康成以《序》子夏所为，亲受圣人，宋儒生于千载之后，独议其非而斥之，则吾岂敢。

惠栋在惠周惕、惠士奇观点的基础上补充论证，认同子夏作《诗序》，斥责宋儒郑樵之说，可见深受家学影响，遵信《诗序》，驳斥宋以降经说，"求古"之意甚为明显。

又如《春秋左传注疏》定公九年"衣貍制注制裘也"，惠氏批校本有朱笔作：

---

[1] （清）惠栋《毛诗注疏》批校本，今藏湖北省图书馆，其底本为毛氏汲古阁《十三经注疏》本。

其他研究

《说苑》"吴赤市使于智氏,假道于卫。宁文子具纻绤三百制,将以送之"。《左传》"貍制"注云"裘"。此云"纻绤",非"裘"也,乃衣耳,裘名为"制",不见经传,疑杜注误。

惠栋《春秋左传补注》有该句,言"子惠子(惠有声)云",其后惠栋增补云:

栋案,传曰"貍制",故注云"裘",谓"貍裘"也。哀廿七年"陈成子救郑,及濮,雨,成子衣制杖戈",注云"制,雨衣也"。杜皆望文为义,然以制为裘,似有脱文。

惠有声初疑杜注有误,惠栋在其基础上,结合哀公二十七传文,进一步指责杜预望文生义,并怀疑有脱文。由是可见惠有声已开始批判杜注,惠栋秉承家学,亦认为杜注颇多违误,因而治《左传》专纠杜注之失。

二是继承"以礼说经"的家学传统。惠有声认为"汉注多旧典遗言,杜预尽去之,而益以臆说";惠士奇著有《春秋说》,《四库全书总目》评论此书"以礼为纲"[①];惠栋沿袭该传统,发扬光大。如隐公元年"赠死不及尸吊生不及哀",惠氏批校本作:

朴庵子惠子曰:"荀卿云'货财曰赙,舆马曰赗,衣死也。送死不及柩尸,吊生不及悲哀,非礼也。赠吊及事,礼之大也'。荀卿所称乃时王之礼,故《左氏》依以为说。杜元凯遂借以文其短丧之说,诞之甚!妄之甚!"

家君曰:"杜预'既葬称君'之说,至此而辞穷矣。"

惠栋《九曜斋笔记》云:

《左传》不用服虔而用杜预,此孔颖达、颜师古之无识。杜预

---

① (清)永瑢等:《钦定四库全书总目》,中华书局1965年版,第240页。

创"短丧之说"以媚时君,《春秋》之罪人也。①

该条惠有声、惠士奇、惠栋一再驳斥杜预短丧之说,言辞相当激烈。惠氏"以礼说经"有助于辨明《春秋》的书法义例,受到后世学者如戴震、刘文淇、沈钦韩的高度称赞。戴震曾云:"松崖先生之为经也,欲学者事于汉经师之古训,以博稽三古典章制度,由是推求理义,确有据依。"②

皖派师徒相授,传续不息。徐世昌《清儒学案》卷九十一有"懋堂学派",创始人为段玉裁,弟子包括陈奂、严杰、龚丽正、沈涛等。③其中严杰精于校勘,久在阮元幕府,曾参与编修《经籍籑诂》,撰作《十三经注疏校勘记》之《春秋左传注疏校勘记》与《孝经注疏校勘记》,襄助阮元搜访《四库全书》未收书,参与辑刻《清经解》。严杰作为段玉裁的弟子,受段氏学说影响甚大,如《春秋左传注疏校勘记》大量征引惠氏之说,没有一条明确反对之语,但严杰征引的部分段氏校语不见于段氏著作,不知从何而来。今复旦大学图书馆藏有一部段玉裁《春秋左传注疏》批校本,经笔者核对,有58条段氏引文见于该批校本,而进一步考察这些校语,可窥见段玉裁、严杰的师徒相承特点。如《春秋左传》闵公二年"立戴公以庐于曹",段氏《春秋左传注疏》批校本云:

《说文》"漕"者"水转榖也"。

《春秋左传注疏校勘记》云

《诗》郑笺引亦作"漕",惠栋云"《诗序》'曹'字从水旁曹,传作'曹',古文省也"。按,《说文》"漕"者"水转榖也",

---

① (清)惠栋:《九曜斋笔记》卷2,清光绪贵池刘世珩《聚学轩丛书》本。
② (清)戴震:《题惠定宇先生授经图》,载杨应芹编《东原文集》(增编),黄山书社2008年版,第285页。
③ 徐世昌编:《清儒学案》,中国书店出版社2013年版,第1653页。

地名字不必从水，今本《毛诗》郑笺恐非。①

段氏认为大徐本《说文解字》存在讹误，加以校改，力求恢复许书原貌，故段氏改订本与传世的大徐本有诸多差异。查阅大徐本《说文解字》"漕"字，作"水转毂也"②，而段氏《说文解字注》则作"水转毂也"，云"'毂'，各本讹'毂'，今依《韵会》《平准书》索隐、《芜城赋》注订"③。严杰所引《说文解字》是段氏改订本，而非大徐本，可见严杰确信段氏所改，堪称"徒循师愿"。

综上，清人经书批校本保存了大量刻本没有收入的批校语，其中有不少内容涉及清代学术最为重要的两个传授体系——家学与师承，如上文所举的惠氏家学与段玉裁师徒之例，有助于补充学界研究的不足与疏漏。

结　语

批校本作为一种特殊的古籍版本形态，承载了丰富的学术信息，不仅在版本学、文献学颇为重要，如层次类型较为复杂，文本变异形式多样等，还具有多方面的学术史研究价值，值得进一步深入挖掘。本文以清人经书批校本为例，从三个方面详细探讨了其在清代学术史中的研究意义，亦可视为研究方法的总结。

首先，通过考稽清人经书批校本、稿本、刻本内容之异同，可以更深入地了解作者在不同时期不同特点的治学方式及学术思想的变化，较为清晰地呈现出一条从批校本到稿本，再到刻本的纵向脉络，展示出撰作的全过程，还原其治学与写作历程。

其次，每一部著作绝非凭空出现，都是在借鉴、吸收、批判前人成果的基础上，推陈出新，取得更多创获，以此形成一条纵向脉络，推动学术不断向前发展。

---

① （清）阮元：《春秋左传注疏校勘记》，《续修四库全书》第 182 册，上海古籍出版社 2002 年版，第 369 页。
② （汉）许慎撰，（宋）徐铉校定：《说文解字》，中华书局 2013 年版，第 237 页。
③ （汉）许慎著，（清）段玉裁注：《说文解字注》，上海古籍出版社 1981 年版，第 566 页。

最后，一部分批校本时间跨度比较长，保存了家族几代或师徒之间的批校语，这对于考察清代学术两个主要传授体系——家学与师承具有巨大价值，如上文所举吴派惠氏家学、皖派段玉裁师徒之例，使我们对清代学术思想如何生成、演进与传承有了新的认识，有助于深化清代学术史的研究进展。

（樊宁，华中师范大学历史文化学院副教授）

写在导师沈长云先生八十寿辰之际（贺寿诗）

赵艳霞

文质彬彬沈君子，
德才皆高树先秦。
弟子云集庆华诞，
桃李丰硕共北辰。

2022 年 5 月于北京

（赵艳霞，北京联合大学副研究员）

它山之石，可以攻玉

——受益终身的"方法论"

石延博

时光荏苒，自师从沈长云师读研究生已过三十年。虽时间流逝，世事变迁，然而师生之间犹如父子般的这段情谊却绵延不绝，成为日常温暖的回忆。师兄弟中多数人从事学术研究与教学工作，而我却半路出家，步入出版行业，未能继续从事先秦史研究，留在导师身边，时时聆听师尊教诲，一直是心中的一大憾事。然而研究生期间系统而完善的学术训练，不仅使我学会如何进行学术研究，处理学术问题，还成为指导我工作和生活的重要"方法论"，像照亮人生道路的一盏明灯，一直受益至今。以下，我把自己近三十年的心路历程作一简单梳理，虽零零杂杂，却都是发自内心的真情实感。

1992年，经过研究生考试，我以压分数线的成绩被录取，进入河北师范学院历史系沈长云师门下。大学时期，正值中国改革开放时代，到处一派朝气蓬勃欣欣向荣的景象，人们反思传统，批判现实，构想未来，那是一个理想主义的黄金时代，是开放包容、充满情怀、思想自由、百花争艳的时代。我们虽然身处其中，却懵懵懂懂，并未懂得那是中国最好的时期。那时没有互联网，人们生活简单淳朴，在慢节奏中享受着生活的乐趣。由于我痴迷足球，课余时间多泡在球场，其他时间则都在图书馆度过，阅读杂乱无章，除了一些世界文学名著，多为中国古代历史和思想史方面的图书或文章，这或许受那个思想解放时代人们热衷反思传统的影响吧。

对于先秦史，自己起初并没有一个清楚的认识，对这段历史缺乏宏观了解，读研前只读过一些关于古史分期问题的著作和论文，还有郭沫若、范文澜、徐中舒、金景芳、赵光贤、田昌五等人的相关著作。读研之后，沈老师开的第一门课是先秦史研究概述，是了解先秦史的入门课，从沈老师的讲述中我了解到，先秦史是中国古代史中跨度时间最长、大家公认最难出学术成果的领域，它涉及许多交叉学科，如文献学、考古学、古文字学、音韵训诂学、历史地理学、民族学、人类学、地质学等，这才觉得先秦史很难学，而恰恰这一认识的转变，又使自己顿时有醍醐灌顶之感。

此后一年多的时间，开始系统的学术训练。沈老师除了自己开设先秦史专题，如先秦史概述、金文选读等课程，还聘请中国社科院历史研究所孟世凯先生来师院讲授甲骨文，中文系赵伯义先生讲授音韵训诂，历史系张翠莲老师讲授商周考古，使我们的学术视野不断开阔。与我同届的国红师姐大学成绩优秀，保送沈老师的研究生，她基础扎实，让贪玩的我倍感压力，每次上课都惴惴不安。我俩的专业课都去沈老师家里上，沈老师上课，会提前布置讲课内容，让我们去准备，上课时让我们先讲，如某个问题有什么不同观点，你认为怎么样，有什么优缺点，这对我来说是一个很大的挑战，每次课前都要钻到图书馆拼命翻阅资料，每次上课都如临大敌。正是这种训练，让我从懒散的学习状态进入学术训练的轨道，逐渐摸到学术门径，对学术研究有了一个全新的认识，研究生期间是我读书最多的一段时间，弥补了很多之前该读而未读的书。

除了日常学术训练，沈老师还为我们提供参与学术活动的机会，邀请李学勤先生学术交流时，陪同李先生参观邢台春秋大墓挖掘现场，切身体会考古对历史研究的重要性；孟世凯先生授课之余，陪孟先生参观赵州桥，现场领略古代科技之光的魅力；沈老师参加《中国大通史》写作时，拜会项目召集人北京师范大学赵世瑜先生，现场聆听知名学者之间纵论学术争鸣。1994年沈老师带建震师兄、国红师姐和我赴四川德阳参加先秦史年会，会后游览成都、都江堰、青城山、乐山、峨眉山，收获颇丰。会上见到李学勤、孟世凯、赵世超、黄朴民、常金仓、彭裕商、段瑜、杨朝明等学者，对先秦史学界的情况有了大致了解。后来，我们研究生毕业答辩，又请来北京师范大学晁福林先生，河北师范大学张文先生，通过与这些知名学者见面交流，大大拓宽了学术视野。

此外，沈老师还为我们提供练笔机会，除了日常作业，还参与一些项目的撰写工作，如《中华风云人物通览》中先秦人物部分，《赵国史稿》由沈老师主持，建震师兄、国红师姐、历史系张怀通老师和我参与撰写。通过这些训练，使自己的学术写作能力得以提升，毕业前还在师院学报发表了习作。

沈老师勤奋严谨，扎扎实实，走的是一条独立探索、锐意创新的学术道路，他尊重前人的研究成果，但从不人云亦云，更不搞学术投机，在注重理论研究的同时，锐意考信，力求摆脱前人研究的窠臼。沈老师的学术研究特别讲求科学的方法，在坚持以马克思主义思想为指导的前提下，提出宏观指导与微观研究相结合的研究方法，也就是在宏观思想的指导下进行微观研究，而反过来，微观研究又能体现宏观思想的指导。他的论文《殷契"王作三师"解》便是从一片甲骨文的几个文字入手，阐幽发微，进而把研究的最终目光放到商代的军事制度乃至商代的社会形态上，可以说这是他研究方法在实践中的绝好应用。沈老师的很多文章都考证严谨，以小见大，既有宏大主题，又有多学科材料支撑，观点新颖别致，极具说服力。

我觉得研究生三年最大的收益是学到的方法，俗话说"工欲善其事，必先利其器"，方法的重要性不言而喻。沈老师在先秦史研究概述中讲到赵光贤先生研究心得之作《中国历史研究法》，我找来细读，赵先生从相关学科、理论、史料、考证等方面，阐述学习先秦史的方法，既高屋建瓴，又深入浅出，宏观与微观相结合的研究思路清晰明了，使我受益良多。加之沈老师授课时，将这一研究思路贯穿于每门课程，使我们受到很好的方法论训练，这对以后的工作、生活有很大的帮助，可谓事半功倍。

1995年，研究生毕业后我留校任教，先在教务工作一年，后进入文博旅游教研室从事教学工作，讲授课程与先秦史有些距离，为文博专业讲授《中国古代钱币》，备课时，日常学术训练的效果显现出来，课程讲述有多种方法，有流水账式的，也可以进行提炼上升到一定高度。经过分析，我把这门课抽出四条纵线，先秦货币比较特殊，商代使用贝币，西周贝币、原始布币共用，春秋战国货币形态复杂，布币、刀币、圜钱、仪鼻钱、金币在不同地区流行，可作为一条独立线索。铜钱，尤其是圆形方孔钱，自秦统一中国一直流通到清代晚期，期间虽有重量钱、年号钱之别，但圆形方孔的形式基本未变，历朝均有铸造，可作为一条独立线索。纸币，始于宋代，元、明、清各朝均有使用，是商品经济发展的产物，也可作为一条独立线索。金银币，自先秦至清代均有使

其他研究

用,但不是主要流通货币,也可作为一条独立线索。这样一来,四条独立线索让学生对中国古代钱币有了一个宏观了解,之后再针对每条线索之下的内容进行分类讲解,这正好体现了宏观与微观相结合的思想。

工作之后,参加的科研项目逐渐增多,研究生期间的学术训练起了很大作用,项目操作起来得心应手。几年间接触的出版社和出版人比较多,教学之余,工作重心开始向出版转移。2002年因爱人考上博士,我们举家北上,迁居北京。2004年,我调入出版社结束了八年的大学工作,并渐渐远离学术研究。

进入出版社后,因前几年的出版工作围绕少儿图书进行,所以在出版社组建少儿图书出版中心,招聘出版人才,十几年间把少儿图书做成占出版社半壁江山的板块,一些图书获得新闻出版总署设立的奖项,并帮助出版社评为全国百佳出版单位。在出版社的这段时间,工作中我始终秉持以做学术的心态来做出版,坚守文化品质,既传承和弘扬中华优秀传统文化,又注重吸收国外优秀文化和先进出版理念;不以经济指标作为衡量出版工作的唯一标杆,但又重视市场经营,多出具有经济效益和社会效益双赢的图书。在坚守这一出版理念的过程中,策划出版了多种具有文化品位且销售业绩良好的图书,形成一套经典与时尚并重,原创与引进并重,畅销与常销并重的经营思路。

在日常管理工作中,我一直秉持宏观规划与微观管理相结合的思路,做出版既要了解国内出版形势,也要洞察国际出版大势,不能闭门造车。要进军某个领域,必须对该领域有充分的认识,做到知己知彼,才能百战不殆。这一点和学术研究很相似,如果你不了解学术动态,不了解学科前沿,只知道闷头苦干,很有可能就在炒别人吃剩的"冷饭"。在这一思路指导下,我组织部门员工进行市场调研,了解其他出版社的经营状况,学习经营效果好出版社的经验,同时与合作者取长补短,发挥各自优势,很快就搭建起由多个产品线组成的少儿出版分社营造出良性经营环境,并在传统文化、绘本、益智、百科、课外读物等多个板块取得不错的销售业绩。

我觉得,任何事情都是相通的,从事出版工作近二十年,取得的一些成绩还是得益于研究生阶段接受的系统学术训练,正是历史学严谨的学术训练,改变了我认识世界和思考问题的视角,时时以做学术研究的方法对待工作和生活,所以才能塑造一个完全不同于过去的自己。正确的方法往往能让人举一反三，使工作和生活轻松自如。

与其他师兄弟相比，我与沈老师日常生活中的交往会多一些，主要是因为沈老师的孙女婉如和我女儿年龄相仿，自幼一起长大，幼儿园同班，小学二人在两地学习，初中婉如来北京就读，二人经常在一起玩，有时还在各自家里住一住，亲如姐妹。大学毕业，二人又同赴国外留学，在同一个国家，虽身处两地，但假期都会相聚玩耍，用师母于老师的话说，二人是从小到大难得的闺蜜。

师母于老师是北京人，每年都会回京看望老人，这些年沈老师和于老师往来于石家庄和北京之间，每年我们都会有相聚的机会。孩子们分居两地时，心心念念想着对方，期盼见面玩耍，我们也同样期待每年的相聚，这成为过往时光的温暖回忆。这两年，沈老师一家搬来北京定居，虽然有疫情的干扰，但见面的机会要比过去多了，期待生活正常下的常来常往。

这些年，我虽然远离学术，但对先秦史的关注却从未改变，国内外一些新的著作会及时购买，有关先秦史的文章也会找来阅读，因为爱人在大学工作，近水楼台，能享受大学图书馆的数字资源，学界的最新成果大多能第一时间查到，尤其是沈老师的文章和著作，我都了然于胸，他发表在《历史研究》《中国史研究》《史学理论研究》《史学月刊》《文史哲》等刊物上的文章，以及《光明日报》《社会科学报》等报纸上的文章都会找来阅读。我深为沈老师的学术活力所折服，为他持续不竭的创新能力所震撼，并由衷为他感到高兴。他在史学理论、夏代历史、古文字、华夏民族形成、中国古代国家起源与形成、古籍整理等领域的研究成果，为我们构筑起古史研究的摩天大厦，令人敬仰，难以望其项背。正如师母于老师所言，沈老师醉心于学术，心无旁骛，数十年如一日，锲而不舍，这种精神在当今浮躁之风盛行的社会中着实难得。润泽师兄则说，沈老师是出于热爱，所以从未觉得做学问是一门苦差事，可谓一语中的。

沈老师不仅学术研究能力出众，其人格魅力更是我们为人处世的典范。在历届研究生培养中，他不仅尽到一个教师传道、授业、解惑的职责，而且毫无保留地把自己治学的方法和心得传授给学生，更重要的是把自己做人的原则传递给大家。沈老师为人正直，心胸豁达，时常告诫学生做人要实实在在，不要徒务虚名；做学问如同做人一样，不能存在

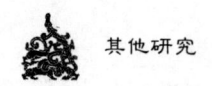

投机心理，一个人除了要有社会责任感，更要有坚持真理，勇于创新的勇气。他是这样说的，也是这样为学生做表率的。

　　以上拉拉杂杂说了一些近三十年的求学、工作和生活的经历，由衷感叹在人生之路上能结识仁者风范的老师，为自己提供终身受益的"方法论"，虽然没有继续学术研究之路，但学术研究的训练和方法，却照亮了自己的人生之路，这也许是命定的缘分吧！适逢沈老师八十诞辰，谨以此小文恭祝沈老师福寿安康，并永葆学术青春！

（石延博，中国人口出版社副编审）

师门琐记

——贺业师沈长云先生八十华诞

李 晶

石家庄,"天下第一大庄"。

主城区被京广铁路纵贯,一分为二。路西,叫"桥西区"。路东,叫"桥东区"。

我们大学入学的时候(1997年),桥西区红旗大街上的河北师范学院,已在前一年与桥东区裕华路上的河北师范大学、桥西区新石南路上的河北教育学院,以及只知道很远很远、不了解具体位置的河北职业技术师范学院,合并成了一个超级大盘——崭新的"河北师范大学"。

师院有两个大门。东门开在红旗大街,正对着河北经贸学院的西门,也就是河北经贸大学南校区。北门开在新石南路,与家属院门对门。彼时的师院所在地有个呦口且确切的名称:河北师范大学西校区东院,然而老师和同学们还是习惯地称为"师院"。

沈长云先生就住在师院家属院。家属院与校园,一路之隔。新石南路的路南是师院校园,路北即是家属院,两个院门正对着。新石南路两侧,邮局、书店、小吃店,热热闹闹、烟火气十足。

先生家的楼号,我怎么也记不住。毕业多年之后,有一年过年给老师寄些东西,不知是几号楼。问白国红师姐,她也是不记得,因为楼门太好认,谁也不注意楼号。进了院大门,往里一直走,走到幼儿园,园门是朝东的,挨着园门最近的单元就是了。老师家客厅的窗朝西,俯视幼儿园操场。有时我们上课去得早,进门见先生背着手站在窗前,正看着小朋友们做早操,乐呵呵的。

其实这已是二十余年前的场景了,老师与师母早已搬离旧居,师大西区东院变成了汇华学院,路边的店铺亦不知转易了几手。但彼时彼

其他研究

境，当年在先生身边读书的场景，不时会在眼前浮现，格外清晰。今年是恩师沈长云先生的八十寿诞，作为授业弟子，我想把自己在老师身边读书时的几个片断记录下来，以作为沈长云先生硕士研究生培养工作的回顾。

从1997年9月至2004年6月，我在河北师范大学度过了本科和硕士阶段。入学以后多次听过老师们笑称：咱们这里是"三流的学校、二流的院系、一流的教授"。老师院历史系具备优厚的史学传承和学风，张恒寿、王树民、胡如雷几位老先生的名字如雷贯耳，苑书义、沈长云等先生素有威望。系里的老师大多待人谦和、德才兼备。往届学长的考研率、录取率很高，在整个师大所有院系中学风是有名的好。其实刚上大学的时候，因为高考志愿的失误而录取至河北师大，我的心里多少是遗憾与沮丧的。但是回想起来，我很怀念和珍惜在师大求学的时光，感恩在河北师范大学历史文化学院遇到的老师们。

因为那几年沈老师未给本科生开课，所以本科期间只是听过老师的讲座。在我们小本科生的印象中，沈老师总是翩翩君子之风，颇具学者气质。老师当时戴的那副眼镜也很特别，镜框宽、镜腿也宽，粗厚的镜腿镀着金边，更添儒雅。现在想来，老师那时也只不过五十多岁，但当时年轻的我们已视为是德高望重的"老先生"了。有一次我在院楼门口遇到先生，他大概是要去二楼收发室取信，眼看着沈老师轻快地、蹦跳着上了楼梯，意外打破了我们心中"老"先生的固有形象。回到宿舍，同学们还讨论着，今天我们竟然见到老先生是"跳"着上楼梯的。

2001年9月起我继续在本校读硕士研究生。当时历史文化学院的硕士生培养体系还秉承着老河北师院的传统，硕导三年一招，一届毕业再收新生，所以多年来沈门弟子总人数并不算多。导师的专业课贯穿三年，研三时我们仍在系统地上课。先秦史的学习，跨越时段长，材料的时代、来源和性质复杂，在硕士阶段要注重打牢进一步深造的学术基础。虽然如今我也带研究生，深切感受到还是以前的培养体系更适合先秦史，甚或历史学专业的研究生教学。

专业课是在老师家里上的，这又是与本科阶段的极大不同。据老师说，当年他和晁福林先生跟着赵光贤先生读书时，也是在家里上课的。而现在的研究生培养体系要求固定教室，入门问学的体验很难再经历了。

所以，穿过新石南路去老师家上课、上课的小书房、老师家可爱的小孙女婉如，是硕士三年中深深的印象。

老师的小书房，朝南。向阳的窗下摆着一张书桌，是小时候几乎家家都有的那种办公桌，上面还得压块玻璃的那种。一把老式的单人沙发作为办公椅，也是小时候几乎家家都有的样式。椅子宽大，老师讲课兴起时，不自觉地会将一条腿盘坐着，小臂小幅度挥舞，随着语气手指指点空中，即是一场全情投入的主题讲座。书房门朝北，进门右手是一张两人位简易沙发。老师说中午他也不去卧室休息，就在这儿躺一会儿，然后继续下午的工作。往年的学生都是坐在这里听课。但我们这一年招了四个学生，人数已是破纪录，以至于老师书房的小沙发坐不下，唯一的男生马兴同学要坐在婉如的小椅子上听课。三名女生挤在沙发上一起坐，沙发前方有一个小案几，可以当桌子，记笔记用。

东西两墙摆了满满的书橱，一年级时上"先秦史史料学"，讲到哪种典籍、资料或是哪本著作，沈老师就从书架里找出来，给我们最直观的讲解。郭店简、上博简，各种考古报告，经史子集种种典籍，老师的书架就是哆啦A梦的口袋，装配起先秦史研究的小型图书馆。史学界动态、新材料新发现，我们对先秦史的基本认知就是在这个小书房里实现的。在上古文字课和金文选读课需要黑板时，也会去学校里语文周报楼上的古籍所办公室。虽然那里地方大、有黑板，但我还是喜欢大家一起挤在小沙发的热闹。

直到今天，我还清楚地记得沈老师给我们上的第一堂专业课，这是我第一次全面地认识究竟什么是先秦史、学习先秦史需要什么样的知识架构。现在本科同学确定方向或是硕士新生入学，我也会和学生们谈一次话，讲讲如何入门、知识体系、基本典籍与资料等，这类教学的方法和内容都是从老师这里学来的。

老师经常会讲起当年追随赵光贤先生读书时，老先生请王宁先生来讲音韵学、训诂学的事情，提醒我们要多学科、多方面地建构自己的知识体系。沈老师鼓励我们去中文系旁听赵伯义教授讲授的《尔雅》、苏宝荣教授讲授的《说文解字》。以前老师还请孟世凯先生来讲授甲骨文，遗憾的是我们这届没赶上。

授课之余，沈老师还会讲到自己的求学和研究经历，我们都很爱听。老师说过赵光贤先生带领他们师兄弟两人去河南、陕西调研考察的故事。赵先生不怕辛苦，和学生一起坐绿皮火车，风吹得白胡须飘呀飘的。也说过自己硕士答辩时，王玉哲先生对后生小辈的关爱。还拿出当年的硕士学位论文给我们看，厚厚的油印本。这是因为页与页之间几乎夹满了大大小小的纸片，只要有新资料、新想法就补充进去，准备以后的进一步修改。我也从中学到了，论文是需要搁着的，是改出来的，不要急于发表。

沈老师说搞研究要做到两条腿走路，史学理论与先秦史就是互为支撑的"两条腿"。马克思、恩格斯的经典著作老师会反复研读，翻检得书脊都残破了。正是因为这番功夫，沈老师才能在中国古代社会形态、古史分期、中国古代国家的起源与形成等研究领域多有创获。

以上在小书房里上课与聊天的景象，不知为什么总是特别清晰，像胶片一样展现在眼前。我有时候会想，沈老师的书房、八里台的范孙楼古籍所、爱知大学东洋哲学研究室，在这三个地方向老师的问学与讨论，应当是我的生命中最松弛、最富有求知热情的时光吧。

其实上课的时候，我们作为学生的感觉并不轻松。上课即是检验我们的时候，这一周有没有进步，有没有发现新问题，沈老师都会一一考查。老师会要求我们向他提问题，那么这个"问题"的质量，能直接反映出同学读书的深入程度，所以我们都不敢掉以轻心。马兴同学尤其容易紧张，被提问的时候，汗水总是大颗大颗地往下掉，无论四季。我们就是这样一步一步成长起来，完成了硕士三年的学业。

记得硕士一年级开始练习写论文。我的第一篇习作，具体题目已经忘记了，大致是关于先秦时期卿大夫的出现时代、地位和职司之类。那时候电脑还不普及，是手写的草稿，有一部分写从"卿""大夫"的字形演变探寻职官的起源。改过二稿以后，沈老师严肃地批评了我，说修改稿还不如第一稿。所以第一次写学术论文的尝试，以挫败而结局，受到的打击很大，但收获颇丰。从老师的修改和讲解，去体会、琢磨应当怎么写文章，同时也引发了我对职官制度研究的兴趣。要确定硕士学位论文题目的时候，沈老师提议可以考辨《周礼》的成书时代。最终题目定为《春秋官制与〈周礼〉职官系统比较研究——以〈周礼〉成书年代的考察为目的》，从官制的角度讨论《周礼》的时代，因为时间有限仅选取了春秋时期作为断代，而且传世文献较多，好入手。后来经过老师的重新撰写，合名发表在《历史研究》。博士学位论文也是在硕论的研究基础上定的选题。

2004年夏去南开读博前，我又回师大一趟，把暂存学校的行李和书寄到天津。去老师家辞别时，沈老师和我讲了许多治学与做人的道理。让我到了南开以后，跟着赵伯雄老师、陈絜老师好好学习。印象最深的是，沈老师说："都说'板凳要坐十年冷'，其实谁能坐得住冷板凳呢？谁愿意坐呢？所以要将兴趣爱好与你谋生的专业结合一起。"老师的心里装的都是研究的问题，心无旁骛。爱好，可能只留下了一个围棋。其实老师是多才多艺、爱好广泛的，因为听院里的老师说过，沈老师唱蒙古歌曲是专业水平，田径也是很好的。我钦佩老师对学术的追求与痴迷，为人的纯真与率直。老师即是这样以身作则，几十年如一日，所有精力都投在史学研究上，勤勤勉勉，笔耕不辍。

"师也者，教之以事而喻诸德者也。"沈长云先生曾获得河北省优秀人民教师、曾宪梓全国高师优秀教师、河北省高校首届教学名师、全国师德先进个人等荣誉称号。教学方面的诸多荣誉，是对沈老师数十年投身于教学工作的肯定。但在我看来，沈老师为学生们种下热爱历史研究的种子，言传身教，立德于行，这正是作为新时代优秀人民教师的最宝贵的品质，给予我们永无止境的榜样的力量。

能够成为沈老师的学生，我引以为傲，也深感自己的幸运。祝愿先生学术常青、身体康健！

(李晶，南开大学历史学院副教授)

后 记

两三年前,沈师 80 寿辰在即,诸位同门非常盼望能再次相聚,共同为师祝寿。我和魏师兄自石家庄,张润泽自邯郸,王玉亮自天津,纷纷赶赴北京,与在京的杨博、石延博一起,于中国历史研究院开了一个小型座谈会。会议由魏师兄主持,确定了 2024 年 8 月底、9 月初为师祝寿的安排。初步确定由杨博草拟第一稿的邀请函,何艳杰负责与河北师范大学历史文化学院联系,魏建震师兄统筹全局,并与中国先秦史学会和中国殷商文化学会联系共同筹办庆寿事宜。庆寿会预计为沈先生本人出版一本论文集,然后再为此次会议出版一本论文集。这两本论文集都要保证在 2024 年会议召开之前出版,确保人手两册。这是沈师庆寿会的筹备之始。

其后,沈门弟子多次召开线上会议,共商此事。会后向河北师范大学、中国先秦史学会等学术单位和团体汇报,最后商定:由河北师范大学历史文化学院、中国先秦史学会、中国殷商文化学会、中华炎黄文化研究会史前文化研究分会共同举办沈先生 80 寿辰纪念活动,同时召开相关学术研讨会。

2022 年 5 月,杨博草拟了《沈长云先生 80 华诞纪念文集》邀稿函第一稿。邀稿函中确定:《沈长云先生 80 华诞庆寿会》由中国先秦史学会、中国殷商文化学会和河北师范大学历史文化学院等共同主办。此后,经由沈长云、宫长为、王震中、任会斌等先生商讨,拟定了预邀参会人员名单,并发邀请函。2023 年 2 月,杨博又草拟了邀稿函第二稿,发送到各位拟参会人员手中。沈师学识渊博,众望所归,邀稿函一经发出,各种稿约纷至沓来,至今已经有 60 余篇。

很早之前,沈师一直有出版一本自己论文集的愿望。这本论文集具体的出版发行得到了河北师范大学历史文化研究院的大力支持。贾丽英院长慨允由学校院资助出版基金,并由宋坤副院长与中国社会科学出版

后　记

社签订合同。沈师个人论文集主要由李腾和我编排校对。2022年8月，沈师的个人论文集《寻找夏朝——夏代史与中国早期国家问题研究》一书顺利出版。至此，沈师庆寿会的第一本论文集终于顺利完成。这是会议的第一个阶段性成果。

此后，由于疫情原因，数次进行线上会议，反复商讨各种关于会议的进程和事宜。会议商定，沈师庆寿会由河北师范大学历史文化学院主办，预计2024年9月初在石家庄举办。2023年初，中国先秦史学会，中国殷商文化学会和河北师范大学历史文化学院签订了举办会议的正式协议。

线上会议商定会议论文集的稿件由我接收，交由邯郸学院张润泽先生编排，其他沈门弟子共同协助。2023年初，共收到外部邀请专家赐稿33篇，加上本门弟子和再传弟子提供的稿件，共61篇，沈先生又亲自撰写了论文集"前言"，共计62篇稿子，名为《中国古代文明探研——沈长云先生80寿辰纪念文集》。至此，沈师庆寿会的准备工作已经基本完成。

本书编辑组：魏建震、何艳杰、杨博、张润泽。

感谢河北师范大学历史文化学院贾丽英院长，宋坤副院长，以及其他老师和学生的大力支持。

感谢中国先秦史学会会长宫长为先生，感谢中国殷商文化学会会长王震中先生多次莅临石家庄，为此次会议签订协议，商议相关事宜。

感谢沈门弟子魏建震、杨博、张润泽、白国红、王玉亮、李秀亮等众同门为召开会议和出版论文集献计献策。

感谢沈门再传弟子李腾、管金蓉、赵立欣、陈志豪、李雨辰、黄霏凡、郭奥康、黄紫薇等，为编排校对论文集，派发邮寄邀请函等一应会务，付出的大量时间和精力。

感谢所有支持和帮助这次会议的朋友。

在此一并致以深深的谢意！

河北师范大学历史文化学院　何艳杰
2023年11月